ENCYCLOPÉDIE

DES

HUISSIERS.

III.

Nota. L'*Encyclopédie des Huissiers* forme la tête du *Journal des Huissiers ;* les deux ouvrages sont constamment mis en corrélation par des renvois et se complètent l'un par l'autre.

Voyez, page 505, la nomenclature des *Mots* contenus dans ce volume.

Paris.—Impr. de Cosse et J. Dumaine, rue Christine, 2.

ENCYCLOPÉDIE

DES

HUISSIERS

OU

DICTIONNAIRE GÉNÉRAL ET RAISONNÉ

DE LÉGISLATION, DE DOCTRINE ET DE JURISPRUDENCE EN MATIÈRE CIVILE, COMMERCIALE, CRIMINELLE ET ADMINISTRATIVE,

Avec les Formules à la suite de chaque mot,

PRÉCÉDÉ DU CODE DE L'HUISSIER,

Contenant par ordre chronologique toute la Législation ancienne et moderne relative à la profession d'huissier;

2e *ÉDITION*

PAR M. MARC DEFFAUX,

ANCIEN HUISSIER, JUGE DE PAIX A LONJUMEAU (AUTEUR DE LA 1re ÉDITION),

ET ADRIEN HAREL,

AVOCAT, ANCIEN MAGISTRAT,

Rédacteur en chef de Journaux de procédure.

TOME TROISIÈME.

PARIS

IMPRIMERIE ET LIBRAIRIE GÉNÉRALE DE JURISPRUDENCE

DE COSSE, IMPRIMEUR-ÉDITEUR,

Libraire de l'Ordre des Avocats à la Cour de cassation,

PLACE DAUPHINE, 27.

1854

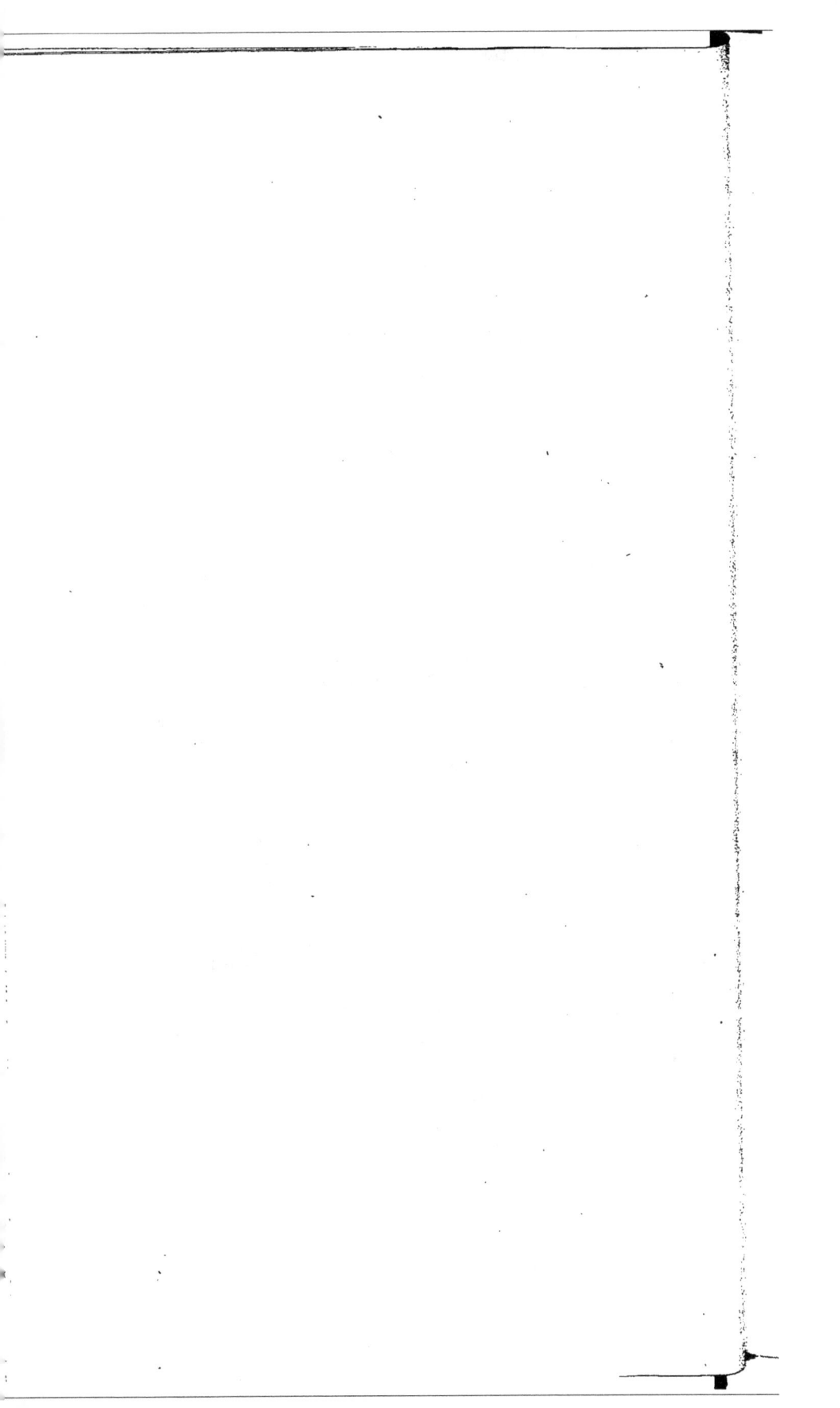

ENCYCLOPÉDIE

DES

HUISSIERS.

C (*Suite*).

COMPÉTENCE. — **1.** Ce mot, pris dans un sens général, signifie la mesure du pouvoir attribué par la loi à chaque fonctionnaire public, et, dans un sens plus restreint, il désigne le droit que la loi attribue à un juge ou à un tribunal de connaître de certaines matières et dans les limites par elle déterminées.

2. Quoique les mots *compétence* et *juridiction* soient souvent employés indistinctement pour exprimer la même idée, ils ne doivent cependant pas être confondus. Le premier a, dans le langage du droit, un sens moins abstrait que le second. Ainsi, la *juridiction* est le pouvoir de juger, c'est-à-dire le droit donné au juge d'exercer ses fonctions. La *compétence*, au contraire, est la mesure dans laquelle le pouvoir de juger peut être exercé (Carré, *Compétence*, t. 1er, *introduction*, p. 53).

Indication alphabétique des matières.

---

§ Ier. — *Nature de la compétence.—Notions générales.*

3. La juridiction et la compétence doivent être envisagées sous plusieurs aspects principaux.

4. La juridiction est propre ou déléguée; elle est ordinaire ou extraordinaire; elle est naturelle ou prorogée; enfin, elle est de premier ou dernier ressort.

5. *Propre* ou *déléguée.* La juridiction est *propre*, non plus en ce sens que, comme autrefois, sous les premiers rois de France, le magistrat soit *propriétaire* du droit de juger, mais en ce sens qu'il exerce le pouvoir qui lui est conféré avec une indépendance garantie par l'inamovibilité, et qu'il ne doit compte à personne de la mission qu'il a accomplie. Elle est *déléguée*, lorsqu'un magistrat confie à un autre magistrat le mandat de faire des actes d'instruction qui exigeraient un déplacement considérable (Sebire et Carteret, *Encyclopédie du droit*, v° *Compétence*, n° 15).

6. Toutefois, cette distinction ne saurait s'appliquer au conseil d'Etat, qui, même en matière contentieuse, n'a aucune juridiction qui lui soit propre. Ses actes ne sont que de simples avis qui n'acquièrent le caractère de décisions que par l'approbation du chef du pouvoir exécutif. — V. *Compétence administrative, conseil d'Etat.*

7. *Ordinaire* ou *extraordinaire.* La juridiction ordinaire est celle à laquelle la loi a conféré la plénitude de l'autorité judiciaire, dans une circonscription déterminée. La juridiction extraordinaire est celle qui ne peut connaître que des affaires qui lui ont été spécialement et formellement attribuées par la loi.

8. La première appartient, pour les matières civiles, aux tribunaux de première instance et aux Cours impériales, et, pour les matières criminelles, aux Cours d'assises, qui, même en cas d'acquittement, peuvent prononcer sur les dommages-intérêts respectivement demandés. La seconde appartient, pour les matières civiles, aux juges de paix; pour les matières commerciales, aux tribunaux de commerce et aux conseils de prud'hommes; pour les matières administratives, aux maires, sous-préfets, préfets, conseils de préfecture, ministres, et au conseil d'Etat; pour les matières de simple police et correctionnelles, et pour certaines matières criminelles, aux tribunaux de simple police, aux tribunaux de police correctionnelle, aux conseils de guerre, aux tribunaux maritimes, à la Haute Cour de justice, et en général à tous les tribunaux dont la juridiction est bornée à un certain genre de délits ou de crimes.

9. Les tribunaux ordinaires, étant investis d'un droit universel, tout, dans l'étendue de leur territoire, est soumis à leur juridiction; leur autorité s'exerce également sur les personnes qui y sont domiciliées et sur les choses qui y sont situées; ils connaissent de toutes les affaires, même de celles que la loi ne leur a pas expressément attribuées; leur compétence ne souffre d'exception qu'à l'égard des matières qui leur ont été enlevées par une loi expresse (Carré, *Compétence*, art. 254; Boncenne, *Théorie de la proc. civ.*, t. 1er, p. 92).

10. Une prérogative essentielle appartient de plus aux tribunaux ordinaires, c'est qu'ils connaissent non-seulement de l'exécution de leurs propres jugements, mais même de l'exécution des jugements rendus par les tribunaux extraordinaires et d'exception. Toutefois, les Cours d'assises ne connaissent pas des difficultés qui peuvent s'élever sur les dispositions de leurs arrêts, relatives aux condamnations civiles qu'elles ont prononcées. Ces difficultés doivent être portées devant les tribunaux civils ordinaires. Lorsqu'un jugement de première instance a été réformé en appel, la connaissance des contestations qui s'élèvent sur l'exécution de l'arrêt appartient à la Cour qui l'a rendu ou au tribunal qu'elle charge de cette exécution (C. p. c., art. 472.— V. *Appel en matière civile*, n° 392, et *Exécution des jugements*).

11. Si un même titre donne naissance à plusieurs actions, par exemple, à une action de la compétence du juge de paix, et à une action de la compétence du tribunal de première instance, ces deux actions peuvent être confondues en une seule, portée devant ce dernier tribunal, qui ne peut scinder la demande et doit prononcer sur tous les chefs (Paris, 8 août 1807).

12. Quant aux tribunaux qui n'ont qu'une juridiction extraordinaire, ils ne peuvent statuer que sur les matières qui leur sont expressément attribuées par la loi, et doivent se déclarer d'office incompétents, nonobstant le consentement exprès ou tacite des parties, impuissantes pour leur conférer une juridiction que la loi leur a refusée dans l'intérêt de l'ordre public. Ainsi, ils n'ont pas le droit de connaître de l'exécution de leurs jugements. Mais interpréter un jugement n'est pas connaître de son exécution. Par conséquent, si un jugement rendu par un tribunal d'exception présente quelque ambiguïté, c'est à ce tribunal lui-même qu'il appartient de l'expliquer (Caen, 17 mai 1826; Sebire et Carteret, *Encyclopédie du droit*, v° *Compétence*, n°s 22 et 23).

13. Les tribunaux extraordinaires peuvent également statuer sur les oppositions ou tierces oppositions formées à leurs jugements, ainsi que sur la régularité d'opérations d'expertise, de comptes, etc., faits en vertu de leurs jugements interlocutoires (Bioche, *Dict. de procéd.*, 3e édit., v° *Compétence*, n° 38).

14. Enfin, les tribunaux extraordinaires répressifs n'ont le droit, à la différence des Cours d'assises (Voy. *suprà*, n° 8), de prononcer une condamnation civile qu'autant qu'ils appliquent une peine, et accessoirement à l'exercice de leur juridiction.

15. *Naturelle* ou *prorogée*. La juridiction naturelle est celle qui est conférée par la loi, et la juridiction prorogée, celle que confèrent les parties, dans le cas où la loi le permet, à un tribunal qui, à défaut de prorogation, aurait été incompétent, soit à raison du domicile des parties, soit à raison de la situation de l'objet litigieux. Mais, indépendamment de cette prorogation, qui est volontaire, il en est une autre qui procède de la loi et est connue sous le nom de *reconvention*.— V. *Prorogation de juridiction*, *Reconvention*.

16. *De premier ou de dernier ressort*. Le juge de premier ressort est celui qui statue le premier sur une contestation. Sa décision peut, en général, être soumise par les parties à un tribunal supérieur qui prononce en dernier ressort. Le premier juge prononce aussi quelquefois en dernier ressort; et, dans ce cas, sa décision, comme celle du tribunal supérieur, sont inattaquables, si ce n'est par la voie de recours en cassation pour vice de forme ou violation expresse de la loi. Le premier et le dernier ressort forment les deux degrés de juridiction (V. *Degrés de juridiction*). Mais la Cour de cassation ne forme pas un troisième degré (V. *Cassation*).

17. Chaque tribunal, si ce n'est le conseil d'Etat et la Haute Cour de justice, a un territoire circonscrit, au delà duquel il est incompétent (Cass., 9 juill. 1849).

18. Un tribunal civil, quoique compétent et régulièrement saisi, peut quelquefois être obligé de suspendre son jugement. C'est ce qui arrive lorsque les faits qui ont donné lieu à l'action civile portée devant lui ont également donné naissance à une action criminelle. Dans ce cas, l'action criminelle doit être jugée préalablement à l'action civile (C. p. c., art. 240 et 250; C. instr.

crim., art. 3 ; C. Nap., art. 235). Il n'y a d'exception à cette règle que si l'action civile a pour objet une question d'Etat (C. Nap., art. 327).—V. *Action civile*, *Action publique*, *Question d'état*, *Question préjudicielle*.

19. Tout tribunal qui a été régulièrement saisi d'une contestation ne peut refuser d'en connaître, à moins qu'il ne soit en droit de se déclarer incompétent, soit d'office, soit sur la demande du défendeur (C. Nap., art. 4). Autrement, il commettrait un déni de justice (V. *Déni de justice*). Lorsque l'incompétence n'est pas d'ordre public, elle constitue une exception qui doit nécessairement être proposée par les parties. V. à cet égard *Exception*.

§ 2. — *Séparation entre le pouvoir judiciaire, la puissance législative et l'autorité administrative.*

20. Dans toute société libre, le pouvoir de juger doit être séparé de la puissance législative. Si, en France, avant 1789, la séparation entre le pouvoir judiciaire et la puissance législative existait en droit, elle avait complétement disparu, en fait, sous les usurpations des parlements. Mais la séparation de ces deux pouvoirs, après avoir été d'abord posée en principe et traduite en fait par l'Assemblée constituante (L. 24 août 1792, tit. 2, art. 3), fut définitivement consacrée par les rédacteurs du Code civil, dont l'art. 5 est ainsi conçu : « Il est défendu aux juges de prononcer par voie de disposition générale et réglementaire sur les causes qui leur sont soumises. » Et cette défense est sanctionnée par l'art. 127, C. pén., qui déclare coupables de forfaiture e frappe de la dégradation civique les juges qui se seraient immiscés dans l'exercice du pouvoir législatif.

21. Ainsi, notamment, un tribunal ne peut, sans excéder ses pouvoirs et usurper la puissance législative, prendre un arrêté ayant pour objet de réglementer la procédure à suivre dans l'étendue de son ressort (Cass., 24 prair. an 9);

22. ...Déclarer fiscale telle prétention de la régie, en ordonnant en même temps l'impression d'un ouvrage qui tend à propager cette doctrine, et l'envoi de cet ouvrage à tous les tribunaux (Cass., 4 pluv. an 12) ;

23. ...Déterminer le sens d'un article de loi, par voie de disposition ou décision générale, et sans application à aucune contestation dont il ait été saisi (Cass., 14 avril 1824) ;

24. ...Déléguer d'avance au juge de paix le plus voisin la connaissance de toutes les contestations nées ou à naître dans le canton dont le juge ou les suppléants sont absents ou empêchés, sous prétexte de rendre son cours provisoire à l'administration de la justice (Cass., 1er oct. 1830 ; 25 mai 1831). Il ne peut que déléguer par jugement séparé rendu sur chaque contestation particulière (Bioche, *Dict. de proc.*, 3e édit., v° *Compétence*, n° 11) ;

25. ...Ordonner à une administration de restituer des droits par elle perçus, et, en même temps, de prendre des mesures pour que semblable restitution ait lieu désormais, sans obstacle, en pareille circonstance (Cass., 7 juin 1830) ;

26. ...Défendre aux avoués de son ressort, par voie de disposition générale et réglementaire, d'assister aux interrogatoires, en matière d'interdiction (Cass., 26 janv. 1841) ;

27. ...Disposer, par voie de mesure générale, même en rappelant un ancien arrêté de règlement de la province, que les huissiers du ressort qui se transporteront hors de leur résidence ne pourront exiger que le salaire qui serait passé à l'huissier le plus prochain, et que les huissiers seront obligés de numéroter chaque jour leurs exploits, et de répartir le voyage entre les différentes commissions pour lesquelles ils l'auront fait (Cass., 22 mars 1825) ;

28. ...Décider, d'une manière générale et pour l'avenir, que les avoués pourront seuls, et à l'exclusion des huissiers, dresser les copies de pièces à signifier en tête des exploits, et, par suite, en percevoir les émoluments (Caen, 31 mai 1851 : V. *J. Huiss.*, t. 32, p. 313; *Bull. spéc. des Huiss.*, t. 7, p. 309);

29. ...Statuer sur une demande tendant à faire ordonner, par voie de disposition générale et réglementaire, que tout huissier sera tenu de notifier les actes qui lui seront remis rédigés par les parties ou les avoués (Trib. civ. de Foix, 11 août 1851 : V. *J. Huiss.*, t. 33, p. 19; *Bull. spéc. des Huiss.*, t. 8, p. 23).

30. Les tribunaux ne sont autorisés à faire que des arrêtés relatifs à la police de leurs audiences (L. 27 mars 1791, art. 35; Cass., 4 pluv. an 12).

31. Le pouvoir judiciaire ne doit pas seulement s'abstenir de tout empiétement sur le pouvoir législatif : il doit encore respecter les actes de l'autorité administrative. Ainsi, il ne peut pas plus s'immiscer dans les attributions de cette dernière autorité que dans l'exercice du pouvoir législatif. La séparation du pouvoir judiciaire et de l'autorité administrative constitue aussi un principe fondamental de la juridiction et de la compétence (L. 24 août 1790, tit. 2, art. 13; Décr., 16 fruct. an 3).

32. S'il importe à l'ordre public de maintenir ce principe, il n'est pas moins essentiel, dans l'intérêt du même ordre public, qu'il soit sainement entendu. Or, la seule conséquence qui en résulte est que les Cours et tribunaux sont dans la double impuissance d'exercer les fonctions administratives et de soumettre les actes de l'administration à leur censure, en les infirmant ou modifiant, en arrêtant ou suspendant leur exécution. Mais, si un acte administratif attribue à quelqu'un la propriété d'un objet, les Cours et tribunaux, juges exclusifs de toutes les questions qui dérivent du droit de propriété, doivent nécessairement prendre connaissance de cet acte, pour y appliquer les principes de la législation commune, sous la seule condition de n'y point porter atteinte (Décr., 30 therm. an 12; Cass., 13 mai 1824).

33. Il résulte de là que, toutes les fois qu'une contestation ne porte que sur les effets, l'étendue et les conséquences d'un acte administratif, alors que les faits et les droits qui en découlent sont reconnus, les tribunaux ordinaires doivent retenir la cause et la juger d'après les règles du droit commun, parce qu'il ne s'agit là que d'une question d'*application*. Au contraire, si la contestation qui s'élève devant eux, au sujet d'un acte administratif, remet en litige les faits qu'il déclare et les droits qu'il attribue, ils doivent renvoyer les parties devant l'autorité administrative, parce qu'il y a lieu alors à *interprétation* de l'acte, et qu'ils sont incompétents, d'une manière absolue, pour interpréter les actes administratifs.

34. Par exemple, la question de savoir si une société formée pour le dessèchement d'un marais existe encore ou se trouve dissoute par la consommation de l'opération, se rattachant à l'interprétation de l'ordonnance ou du décret de concession, les tribunaux civils, qui sont saisis de cette question, doivent en renvoyer la connaissance à l'autorité administrative (Cass., 29 mars 1837).

35. Et, dans le cas où les tribunaux civils ont été saisis d'une question d'interprétation de titres administratifs, l'incompétence peut être proposée même par la partie qui leur a déféré la contestation (Cass., 12 mai 1824).

36. Mais, lorsqu'un acte administratif ne présente ni obscurité, ni ambiguïté, ni doute, les tribunaux peuvent, sans s'arrêter à l'exception de l'une des parties, qui prétend que l'acte n'a pas le sens que lui prête l'adversaire, retenir la cause et la juger (Cass., 13 mai 1834; 20 déc. 1836; 9 juill. 1838).

37. Si la contestation soumise à un tribunal civil a été précédemment réglée par un acte ou arrêté administratif, le tribunal doit, encore bien que ces acte ou arrêté aient été incompétemment rendus, surseoir jusqu'à ce qu'ils aient été infirmés par l'autorité administrative supérieure (Décr., 16 janv. 1809; Cass., 13 mars 1810; 18 avril 1833; Bourges, 19 avril 1837).

38. Dans le doute sur la question de savoir si les lois sur la compétence ont entendu attribuer la connaissance de telle contestation à l'autorité judiciaire ou à l'autorité administrative, le question doit être résolue en faveur de l'autorité judiciaire (Carré, *Compétence*, introduction, n° 79).

39. Lorsque l'autorité judiciaire a incompétemment statué sur une question qui a été formellement rangée au nombre des attributions exclusives de l'autorité administrative, son jugement ou arrêt ne fait point obstacle à ce que la question soit ultérieurement jugée par cette dernière autorité, et, si sa décision se trouve contraire à celle de l'autorité judiciaire, cette autorité ne peut, sans excès de pouvoir, se saisir de nouveau de l'affaire et ordonner de plus fort l'exécution de sa précédente décision (Cass., 29 janv. 1839).

40. Les lois sur les juridictions étant d'ordre public, il s'ensuit que l'autorité judiciaire doit d'office, malgré le silence des parties, se dessaisir d'une contestation qui lui a été déférée à tort et est de la compétence exclusive de l'autorité administrative. Il en est de même de cette dernière juridiction, à l'égard des affaires qui ne lui ont pas été expressément attribuées (Boncenne, *Théorie de la proc. civ.*, t. 1er, p. 93).

41. Pour la même raison, il ne peut être dérogé aux juridictions par des conventions particulières. Ainsi, les parties ne peuvent elles-mêmes attribuer à l'autorité administrative la connaissance de contestations que la loi soumet à la juridiction des tribunaux (Cass., 11 mars 1839; Ord. cons. d'Etat, 12 avril 1832).

42. Encore bien qu'une contestation soumise aux tribunaux doive être en définitive jugée par eux, ils doivent néanmoins surseoir à statuer, et même se dessaisir, dès qu'un arrêté de conflit leur a été légalement notifié. — Voy. *Conflit*.

COMPÉTENCE ADMINISTRATIVE. — 1. Mesure du pouvoir départi par la loi aux différents tribunaux administratifs.

Indication alphabétique des matières.

§ 1er. — *Maires.*
§ 2. — *Sous-préfets.*
§ 3. — *Préfets.*
§ 4. — *Conseils de préfecture.*
§ 5. — *Ministres.*
§ 6. — *Conseil d'Etat.*
§ 7. — *Cour des comptes.*

§ 1er. — *Maires.*

2. La juridiction contentieuse des maires est excessivement restreinte. Ainsi, les contestations sur lesquelles il leur est permis de statuer comme juges administratifs sont : 1° celles qui s'élèvent entre les employés des contributions indirectes et les débitants de boissons, relativement à l'exactitude de la déclaration des prix de vente en détail ; le droit déterminé par la décision du maire doit être perçu provisoirement, sauf restitution ; la décision du maire est, en effet, susceptible de recours au préfet, qui juge définitivement dans la huitaine, en conseil de préfecture, après avoir pris l'avis du sous-préfet et du directeur des contributions indirectes (**L. 28 avril 1816, art. 47, 48 et 49**) ; — et 2° celles que peut soulever l'exécution des règlements concernant le poids des voitures et la police du roulage ; ces dernières contestations sont jugées sommairement et sans frais ; les décisions du maire sont également exécutées provisoirement, sauf le recours au conseil de préfecture et même au conseil d'Etat (**Décr. 23 juin 1806**).

§ 2. — *Sous-Préfets.*

3. Les attributions des sous-préfets comme juges ne sont pas moins restreintes que celles des maires. S'ils peuvent prononcer soit sur une demande, soit même sur un véritable litige, ce n'est que dans des circonstances où les considérations d'ordre public sont d'une appréciation simple ou réclament une mesure urgente.

4. Ainsi, les sous-préfets peuvent :

1° Autoriser l'extraction de la tourbe (**L. 21 avril 1810, art. 84**), et les établissements insalubres de troisième classe (**Ordonn. 14 janv. 1815, art. 3**) ;

2° Rectifier, lorsqu'il y a lieu, en matière de recrutement de l'armée de terre, les tableaux de recensement dressés par les maires, et arrêter définitivement le nombre des jeunes gens soumis à la révision : leurs décisions à cet égard sont portées, par voie d'appel, devant les conseils de révision (**L. 21 mars 1832, art. 8, 10, 63 et 84**) ;

3° Statuer, par provision, et sauf recours au préfet, sur certaines contraventions en matière de grande voirie (LL. 29 flor. an 10, art. 3; 7 vent. an 12, art. 4; décr. 13 juin 1806, art. 1er);

4° Prononcer sur les contestations relatives au paiement de l'octroi de navigation, sauf recours au préfet en conseil de préfecture (Arrêté, 8 prair. an 11). V. *infrà*, n° 16.

5. En ce qui concerne le recours au préfet contre les arrêtés des sous-préfets, il n'y a aucun délai dans lequel il doive, à peine de déchéance, être formé. La loi ne détermine pas non plus le délai dans lequel le préfet doit statuer sur le recours dont il est saisi.

§ 3. — *Préfets.*

6. Bien que, en général, les préfets ne puissent statuer que sur des matières de pure administration, et qu'ils n'aient point, à vrai dire, de juridiction proprement dite, il est cependant un certain nombre de cas dans lesquels ils sont appelés par les lois à prendre des décisions qui ont tous les caractères des décisions contentieuses.

7. Les actes de pure administration qui émanent des préfets ne constituent que de simples avis sur des points généraux ou particuliers, et non des décisions susceptibles d'être attaquées comme telles (Ord. cons. d'Etat, 2 juin 1832). Si ces actes sont entachés d'incompétence, il n'y a aucun délai pour les attaquer (Ord. cons. d'Etat, 28 juill. 1820; 2 juin 1832).

8. Toutefois, les préfets peuvent rapporter ou modifier leurs propres arrêtés ou ceux de leurs prédécesseurs, à moins qu'ils n'aient constitué des droits acquis, ou qu'ils n'aient servi de base à des jugements de tribunaux, arrêtés de conseils de préfecture, ou décisions ministérielles, passés en force de chose irrévocablement jugée (Ord. cons. d'Etat, 11 janv. 1813; 22 juin 1825; De Cormenin, *Droit administratif*, t. 1er, p. 169), ou qu'ils n'aient été volontairement exécutés par les parties (Ord. cons. d'Etat, 30 sept. 1811; 19 août 1818; De Cormenin, *loco cit.*), ou enfin qu'ils n'aient été pris en exécution de décisions ministérielles encore en vigueur (De Cormenin, *loc. cit.*).

9. Ils peuvent aussi rapporter ou modifier les arrêtés pris par les maires ou les sous-préfets en matière de pure administration (Ord. cons. d'Etat, 1er avril 1809).

10. Mais ils ne peuvent, en aucun cas, ni directement, ni indirectement, modifier les arrêtés des préfets des autres départements (Arrêté, 9 vent. an 10).

11. Les préfets étant chargés de l'administration des intérêts généraux et de représenter l'Etat dans la circonscription de leur département, il s'ensuit qu'ils ne sont point tenus, pour intenter, au nom de l'Etat, une action judiciaire, de se munir préalablement d'une autorisation ou d'un avis du conseil de préfecture, et qu'ils sont seuls compétents pour recevoir les mémoires présentés par les particuliers en défense aux actions judiciaires dirigées contre eux par les préfets au nom de l'Etat (Ord. cons. d'Etat, 28 août 1823).

12. Mais, comme les préfets ne sont que des administrateurs subordonnés, auxquels il n'a été délégué aucune haute juridiction administrative ni civile, ils ne peuvent ni modifier les arrêtés ou décrets du Gouvernement, ou les décisions ministérielles, ni refuser de les faire exécuter, ni dresser, interpréter, restreindre ou étendre des règlements d'administration publique, ni statuer sur des prétentions rejetées par l'administration supérieure (Arrêté, 23 prair. an 11), ni interdire ou permettre définitivement l'établissement des usines (Ord. cons. d'Etat, 29 août 1821).

13. Ils ne peuvent non plus rapporter les arrêtés des conseils de préfecture pris en matière contentieuse (Décret 29 mai 1808), ni en entraver l'exécution, ni modifier l'application des arrêts du conseil d'Etat, ni autoriser les communes à plaider (V. ***Autorisation de plaider***), ni suspendre l'action des tribunaux autrement que par la voie du conflit (V. *Conflit*), ni réformer les jugements des tribunaux, quels qu'ils soient, même ceux par défaut d'un juge de paix, ni ordonner l'exécution, même provisoire, des arrêtés des conseils de préfecture, incompétemment rendus (Ord. cons. d'Etat, 30 mai 1821).

14. La règle que les préfets n'ont pas de juridiction proprement dite souffre exception à l'égard d'un grand nombre de cas, dans lesquels ils rendent de véritables décisions contentieuses, soit *seuls*, soit en *conseil de préfecture*, c'est-à-dire après avoir pris l'avis du conseil de préfecture; mais il est bien à remarquer que, même lorsque le préfet est tenu de prendre préalablement l'avis du conseil de préfecture, les décisions qu'il rend ne sont pas des arrêtés du conseil de préfecture, et n'émanent toujours que du préfet seul.

15. Les préfets statuent *seuls*, notamment, sur les contestations relatives au paiement des fournitures faites pour le compte du Gouvernement entre les particuliers et les agents du Gouvernement (Arrêté, 19 therm. an 9, art. 1er), sur le recours contre les arrêtés des maires en matière de voirie urbaine, et des sous-préfets, en matière de grande voirie (L. 29 flor. an 10, art. 2), en matière de conflit d'attribution (V. *Conflit*), sur les difficultés qui peuvent naître dans les courses de chevaux, relativement à l'application des règlements entre les concurrents (Ord. 17 août 1825), sur les contestations entre maîtres de forges en concurrence pour la même exploitation (L. 21 avril 1810, art. 60 et suiv.), sur les demandes en remise et modération de contributions directes pour cause de pertes éprouvées par des événements extraordinaires (Arrêté, 24 flor. an 8), et sur les réclamations contre les délibérations des conseils municipaux, en matière de changement de mode de jouissance des biens communaux (L. 18 juill. 1837, art. 18).

16. Ils statuent, *en conseil de préfecture,* sur les réclamations concernant le cadastre (L. 15 sept. 1807; ord. cons. d'Etat, 18 déc. 1822; 21 juin 1826); sur le règlement des comptes des comptables des communes et établissements publics (Ord. cons. d'Etat, 21 mars 1816; 7 déc. 1825), et, dans ce dernier cas, les arrêtés des préfets sont exécutoires sur les biens des comptables, comme les jugements des tribunaux; sur le recours contre les décisions des sous-préfets, en matière de paiement d'octroi de navigation (V. *suprà*, n° 4); en matière d'autorisation pour les acquisitions, aliénations et échanges concernant les chemins communaux et leur entretien (Ord. 16 août 1833); sur les contestations entre deux communes relativement à des chemins qui les intéressent (L. 28 juill. 1824, art. 9); sur les contestations entre une commune et le fermier de l'octroi (Décr., 17 mai 1809, art. 136); et en matière d'abonnement de droits de vente de boissons en détail (L. 28 avril 1846).

17. La procédure devant les préfets statuant en matière contentieuse n'est soumise à aucune forme ni à aucun délai. Elle a lieu par simple mémoire, sans aucuns frais (Bioche, *Dict. de procéd.*, 3e édit., v° *Compétence des trib. administr.*, n° 29).

18. Les arrêtés des préfets en matière contentieuse, soit qu'ils aient été rendus par les préfets seuls, soit qu'ils l'aient été par les préfets en conseil de préfecture, ne peuvent, lorsqu'ils froissent des intérêts ou droits acquis, être attaqués que devant le ministre que la matière concerne, et la décision du ministre est susceptible de recours devant le conseil d'Etat.

19. Lorsque les arrêtés sont attaqués pour excès de pouvoir ou pour incompétence, le recours des parties peut être indistinctement porté par les parties, soit devant le conseil d'Etat, soit devant le ministre que la matière concerne (De Cormenin, *Droit administratif*, t. 1er, p. 177).

20. Le délai du pourvoi contre les arrêtés préfectoraux est de trois mois à partir du jour de leur notification (Ord. cons. d'Etat, 5 déc. 1833).

§ 4. — *Conseils de préfecture.*

21. Les conseils de préfecture sont de véritables tribunaux chargés de rendre la justice dans les matières du domaine de l'administration. Mais, quelque immenses que soient leurs attributions en matière contentieuse, les conseils de préfecture n'en sont pas moins des juges spéciaux ; il résulte de là qu'ils ne peuvent juger que les matières et dans les cas qui leur ont été spécialement déférés.

22. Pour que leur juridiction puisse s'exercer, il faut qu'il y ait débat au sujet d'un acte administratif, soit entre deux particuliers, soit entre deux établissements publics, soit entre un particulier et l'administration ou un établissement public. Ainsi, les conseils de préfecture ne peuvent pas plus que les préfets dresser des règlements d'administration publique, ni modifier dans leur exécution les mesures réglementaires contenues dans les arrêtés ou décrets du Gouvernement, ni même s'immiscer dans les actes de pure administration.

23. Au nombre des difficultés sur lesquelles les conseils de préfecture sont compétents pour prononcer, comme tribunaux, il faut ranger celles qui peuvent s'élever en matière de grande voirie et de navigation. Toutefois, il est à remarquer que les conseils de préfecture n'ont de juridiction, en cette matière, que pour prononcer dans un intérêt public, et non dans l'intérêt privé des particuliers. Ainsi, ce n'est point à eux, mais aux tribunaux ordinaires, qu'il appartient de statuer sur la demande en réparation d'un dommage causé à un particulier, sur une route ou dans un canal de navigation, par le résultat de faits qui ne proviennent pas de l'administration, mais de la négligence de l'un de ses préposés (Colmar, 19 août 1844).

24. Ce n'est aussi qu'autant que les contraventions de grande voirie ont été commises dans l'étendue de leur juridiction que les conseils de préfecture sont compétents pour en connaître. Ils excéderaient les bornes de leurs attributions s'ils statuaient sur des contraventions de cette nature commises hors du département dans lequel ils exercent leur juridiction (Ord. cons. d'État, 29 janv. 1823).

25. De ce que, comme nous l'avons dit, les conseils de préfecture ne peuvent connaître du contentieux administratif que dans les cas et dans les limites définis par les lois et règlements, il suit que leurs attributions ne s'étendent pas sur toutes les matières contentieuses de l'administration. Il est, en effet, quelques-unes de ces matières qui sont, en première instance, du ressort des préfets, et d'autres qui sont également, en première instance, du ressort des ministres.

26. Par exemple, les conseils de préfecture ne peuvent prononcer sur les marchés passés avec des tiers par les ministres ou leurs agents (Décr., 11 juin 1806), ni élever de conflit (Arrêté, 13 brum. an 10), ni prononcer par voie de jugement, même sous la présidence du préfet, dans les matières spéciales où il est seul juge, et où ils ne doivent donner que leur avis (Ord. cons. d'État, 7 déc. 1825), ni conférer à des particuliers des droits qu'ils ne peuvent tenir que de l'administration (Ord. cons. d'État, 2 août 1816).

27. Ils sont aussi incompétents pour statuer, même provisoirement, sur une question de propriété (Ord. cons. d'État, 18 janv. 1813), par exemple, pour décider la question de savoir si un immeuble est communal ou domanial, à titre d'engagement, et pour ordonner l'exécution d'un jugement arbitral qui réintègre diverses communes dans la propriété de plusieurs cantons de bois faisant partie de cet immeuble litigieux, les tribunaux ordinaires étant seuls juges de ces questions, sauf à l'administration des domaines à intervenir, s'il y a lieu, dans l'instance (Ord. cons. d'État, 18 mars 1816), ou pour réprimer une anticipation commise sur un chemin vicinal.

28. De même, un conseil de préfecture est incompétent pour statuer sur une demande en paiement de frais, faits devant le juge de paix, soulevée dans une instance dont ce conseil est ultérieurement saisi (Ord. cons. d'Etat, 27 août 1823), et, plus généralement, pour prononcer sur une question incidente qui, de sa nature, ne serait pas administrative, telle qu'une question de compensation ou d'inscription de faux.

29. Mais les conseils de préfecture sont compétents pour juger notamment les contestations relatives à l'assiette et au recouvrement des contributions directes et des taxes qui leur sont assimilées, celles qui s'élèvent à l'occasion des travaux publics, marchés, entreprises, etc., lorsqu'ils ne ressortissent pas de l'administration des ministres, et celles qui concernent le domaine public, s'engagent entre les communes et les établissements publics, et ces derniers et les particuliers, et pour prononcer sur les autorisations de plaider demandées par les communes, fabriques, hospices (V. *Autorisation de plaider*).

30. Les travaux entrepris dans l'intérêt d'une commune, par exemple, sur un chemin communal, ne cessent pas d'avoir le caractère de travaux publics, par cela seul que l'exécution en a eu lieu par voie de régie. En conséquence, les difficultés qui s'élèvent entre les entrepreneurs de ces travaux et l'administration, au sujet des clauses de leurs marchés, sont de la compétence des conseils de préfecture, et non des tribunaux civils (Rouen, 23 janv. 1852 : V. *J. Huiss.*, t. 33, p. 274).

31. Ils peuvent recevoir et juger les oppositions à leurs arrêtés par défaut, et jusqu'à exécution (Ord. cons. d'Etat, 8 fév. 1833; 1er août 1834), et les tierces oppositions à leurs arrêtés définitifs (Ord. cons. d'Etat, 20 fév. 1835). —L'appel ou le recours contre les arrêtés contradictoires des conseils de préfecture doit être porté devant le conseil d'Etat.

32. Les arrêtés des conseils de préfecture, lorsqu'ils sont revêtus des formalités usitées en cette matière, produisent les mêmes effets que les jugements des tribunaux ordinaires. Ainsi, ils emportent hypothèque et contrainte par corps (L. 29 flor. an 10), et sont exécutoires par eux-mêmes, sans visa des préfets ni mandement (De Cormenin, *Droit administr.*, t. 1er, p. 273), et par les mêmes voies que les jugements des tribunaux.

33. Mais ils doivent être préalablement signifiés, comme les jugements ordinaires, à personne ou domicile, et la signification doit être faite par le ministère d'un huissier (L. 29 flor. an 10).

34. S'ils ont été rendus par défaut, il n'y a point de délai, à partir de la signification, dans lequel l'opposition doive être faite à peine de déchéance; l'opposition est recevable tant que les arrêtés n'ont pas été exécutés (Ord. cons. d'Etat, 11 janv. 1837).—V. *suprà*, n° 31.

35. Il en est autrement en ce qui concerne le recours au conseil d'Etat contre les arrêtés contradictoires des conseils de préfecture. Ce recours doit être formé dans les trois mois à partir de la signification; et cette règle s'applique aux communes et établissements publics comme aux particuliers.

36. Enfin, les conseils de préfecture sont incompétents pour connaître de l'exécution de leurs arrêtés définitifs. Il n'appartient qu'aux tribunaux ordinaires de statuer sur les difficultés qui naissent de l'exécution des arrêtés rendus par les conseils de préfecture, sur les demandes en validité de saisies, etc. (Bioche, *Dict. de procéd.*, 3e édit., v° *Compét. des trib. administratifs*, n° 53).

§ 5. — *Ministres.*

37. Si les ministres, dépositaires et agents principaux du pouvoir exécutif, sont quelquefois juges en matière contentieuse, ce n'est que par exception. Ils sont, d'ailleurs, indépendants dans le ressort et les limites de leur juridiction. Il suit de là que leurs décisions ne peuvent être rapportées ni par leurs collègues, ni par les conseils de préfecture, ni par les tribunaux (Ord. cons. d'Etat, 23 nov. 1813; 1er juin 1838), ni même par le conseil d'Etat, lorsqu'elles ne sont que l'exécution des arrêtés ou décrets du Gouvernement rendus par la voie gracieuse, et qu'un ministre ne peut statuer sur une question contentieuse qui ressortit à un autre ministre, et que, s'il le fait, sa décision n'a aucune force obligatoire vis-à-vis du ministre compétent (Ord. cons. d'Etat, 31 mars 1825).

38. Comme juges en matière contentieuse, les ministres statuent, en appel, sur le recours contre les décisions contentieuses des préfets, qui ont excédé la compétence de ces derniers, ou sont prises dans les limites de leurs attributions (Décr. 23 fév. 1811 ; ord. cons. d'Etat, 25 juill. 1827).

39. Ils statuent aussi, mais en première instance, sur toutes les difficultés qui concernent la liquidation de la dette publique, et sur les contestations en matière d'entreprise de travaux publics, de marchés passés en leur nom ou avec leurs agents, de pensions, etc.

40. Ils peuvent également se pourvoir devant le conseil d'Etat, pour violation des formes ou de la loi, contre les arrêtés des conseils de préfecture ou des conseils privés des colonies, sans préjudice des droits acquis aux parties (Ord. cons. d'Etat, 9 août 1836), ou contre les arrêts de la Cour des comptes (L. 16 fév. 1807).

41. Mais ils ne peuvent statuer sur des questions de propriété, d'état ou de titres, qui sont du ressort des tribunaux ordinaires, ni prendre de décisions qui tendraient à remettre en question ce qui a été irrévocablement jugé par les autorités judiciaires et administratives (Décret 27 déc. 1812), ni se livrer à des interprétations d'actes, de lois ou règlements, réservées aux conseils de préfecture ou au conseil d'Etat (Ord. 6 sept. 1825), ni annuler les jugements des tribunaux, soit définitifs, soit par défaut, ou les arrêtés des conseils de préfecture, ni même suspendre ou modifier l'exécution des arrêtés des conseils de préfecture, ou, à plus forte raison, celle des arrêtés ou décrets du Gouvernement rendus en matière contentieuse, ni enfin élever le conflit d'attribution (Ord. cons. d'Etat, 12 déc. 1821).

42. Ils ne peuvent pas davantage, sans une autorisation expresse de la loi, mettre en arbitrage les affaires qui intéressent l'Etat (Décret 30 janv. 1809). Mais ils peuvent quelquefois transiger avec les débiteurs de l'Etat, sous forme de modération et pour éviter des frais, prévenir des insolvabilités et des déchéances (Ord. 31 mars 1825).

43. Les ministres ne peuvent rapporter les décisions par eux prises en matière contentieuse et dans les limites de leur compétence, lorsqu'elles sont contradictoires. Mais ils le peuvent, si elles sont par défaut, sur l'opposition formée par les parties. Les décisions contradictoires des ministres ne peuvent être attaquées que devant le conseil d'Etat par la voie contentieuse.

44. Le recours au conseil d'Etat contre les décisions ministérielles doit être formé dans le délai de trois mois à partir de la notification. Cette notification peut avoir lieu soit extrajudiciairement, c'est-à-dire par huissier, soit administrativement, c'est-à-dire par lettre à la partie ou à son fondé de pouvoir.

45. Les décisions définitives des ministres en matière contentieuse ont le caractère, la force et les effets des jugements des tribunaux ordinaires. Elles emportent contrainte, et sont même exécutoires nonobstant recours au conseil d'Etat, à moins qu'il n'en soit autrement ordonné.

§ 6. — *Conseil d'Etat.*

46. Le conseil d'Etat est à la fois ***pouvoir consultatif*** et ***autorité judiciaire.*** Comme ***pouvoir consultatif***, il rédige les projets de loi, propose les décrets qui statuent sur les affaires administratives dont l'examen lui est déféré par des dispositions législatives ou règlementaires, et donne son avis sur tous les décrets portant règlement d'administration publique ou qui doivent être rendus dans la forme de ces règlements (Décr. organiq. sur le conseil d'Etat, des 25 janv.-18 fév. 1852, art. 1er). Comme *autorité judiciaire*, il délibère et propose les ordonnances qui statuent sur les matières contentieuses dont la loi lui attribue la connaissance et le jugement (même décr., art. 1er et 17). Nous n'avons ici à nous occuper que des attributions judiciaires du conseil d'Etat.

47. Le conseil d'Etat exerce sa juridiction en matière contentieuse sur toutes les branches de l'administration. Il prononce soit en premier et dernier ressort sur certaines contestations, soit comme juge d'appel et en dernier ressort à l'égard des autres tribunaux administratifs, soit comme Cour de cassation.

48. Les contestations sur lesquelles il prononce *en premier et dernier ressort* sont celles qui s'élèvent relativement aux lois et règlements de la Banque de France et des comptoirs d'escompte, à leur police et à leur administration, et celles qui concernent les rectifications à faire sur le grand-livre de la dette publique, pour les erreurs commises, quant aux noms, prénoms et date de naissance des créanciers.

49. Comme *juge d'appel*, il statue en dernier ressort sur les recours formés contre les arrêtés rendus contradictoirement par les préfets, dans les cas où ils sont autorisés (V. *suprà*, nos 18 et 19), contre les arrêtés contradictoires des conseils de préfecture, en toute matière, et contre les décisions contentieuses des ministres.

50. Comme *Cour de cassation*, il prononce soit sur les recours formés contre les arrêts de la Cour des comptes pour vices de forme et violation de la loi, soit sur ceux formés par les ministres dans l'intérêt de la loi contre les arrêtés des maires, sous-préfets, préfets et conseils de préfecture, rendus en matière contentieuse, même en dernier ressort (L. 16 sept. 1807).

51. Avant la constitution du 4 nov. 1848, le conseil d'Etat était chargé de statuer sur les conflits d'attributions entre l'autorité administrative et l'autorité judiciaire. Par son art. 89, la constitution précitée détacha le jugement des conflits des attributions du conseil d'Etat, pour l'attribuer à un tribunal spécial qu'elle institua, au *tribunal des conflits*. Mais le décret organique du conseil d'Etat, des 25 janv.-18 fév. 1852, a investi de nouveau ce conseil du droit de statuer sur les conflits d'attributions entre l'autorité administrative et l'autorité judiciaire (art. 1er et 17). Mais il est incompétent pour prononcer sur une demande en règlement de juges dans les matières ordinaires. Ce droit n'appartient qu'à la Cour de cassation (Ord. cons. d'Etat, 12 mai 1819). — V. *Conflits*.

52. Indépendamment des attributions ci-dessus, le conseil d'Etat statue encore sur les appels comme d'abus (Ord. 29 juin 1814), et sur les autorisations à accorder pour la mise en jugement de tous les fonctionnaires publics inculpés à raison de leurs fonctions (Constit. 22 frim. an 8, art. 175; décr. org. du cons. d'Etat, 25 janv.-18 fév. 1852, art. 16).

53. Mais le conseil d'Etat ne peut, pour quelque raison que ce soit, étendre sa juridiction au delà des limites dans lesquelles elle a été circonscrite. Ainsi, il ne peut connaître des décisions ministérielles ou des arrêtés de maires ou préfets pris en matière de pure administration et de règlement de police, ni, hors le cas de conflit, faire tomber un acte extrajudiciaire, un exploit donné devant un tribunal, ni annuler indirectement aucun jugement, quel qu'il soit, ni en empêcher ou paralyser l'exécution, à moins que le tribunal n'ait passé outre au jugement du fond, nonobstant la déclaration et la notification du conflit (Ord. cons. d'Etat, 20 juin 1821).

54. Il ne peut également juger, en se fondant sur des titres anciens, sur la prescription, et sur les règles et moyens de droit civil, les questions d'état, de validité de contrats et de propriété, lesquelles sont du ressort exclusif des tribunaux ordinaires, ni évoquer ou retenir par voie d'examen l'interprétation des anciens arrêts du conseil rendus en matière judiciaire.

55. L'interprétation des actes administratifs n'appartient pas même de plein droit au conseil d'Etat. Il ne peut être saisi d'une demande en interprétation d'actes de cette nature que sur une contestation existante et par suite d'une décision administrative ou judiciaire qui rend cette interprétation nécessaire (Ord. cons. d'Etat, 5 nov. 1823; 26 oct. 1825; Serrigny, *Compét. et procéd. administr.*, t. 1er, n° 254; Chauveau (Adolphe), *Code d'inst. administr.*, n° 121).

56. Nous avons dit que le conseil d'Etat ne connaissait que des conflits entre l'autorité administrative et judiciaire. Il résulte de là que, lorsqu'un tribunal se déclare mal à propos incompétent, sous le prétexte que la question ressort de l'autorité administrative, par exemple, parce qu'il s'agit de l'interprétation d'un acte du Gouvernement, la réformation du jugement ou de l'arrêt ne peut être demandée qu'à la Cour d'appel ou à la Cour de cassation (Ord. cons. d'Etat, 18 juill. 1809; 6 nov. 1813; 20 nov. 1815). On ne peut, en effet, en aucun cas, se pourvoir directement devant le conseil d'Etat contre une décision de l'autorité judiciaire (Ord. cons. d'Etat, 10 sept. 1817).

57. La juridiction du conseil d'Etat ne peut jamais s'exercer que sur des contestations élevées à l'occasion d'actes ou de matières compris dans les limites de sa compétence. Par exemple, il est incompétent pour statuer, par voie contentieuse, sur les actes émanant de l'autorité et dépendant de son pouvoir discrétionnaire (Daviel, *Cours d'eau*, t. 1er, n° 421; Serrigny, *Compét. et procéd. administ.*, t. 1er, n° 28).

58. On ne peut notamment lui déférer par la voie contentieuse les décrets ou arrêtés du Gouvernement qui créent de nouveaux offices ministériels, ou qui portent destitution d'officiers ministériels (Serrigny, t. 1er, n° 31).

59. Le conseil d'Etat, n'étant pas législateur, mais seulement juge, ne peut prononcer sur les espèces qui lui sont soumises que par voie de décision, et non par voie de règlement.

60. Il doit aussi respecter la chose jugée et les droits acquis. Ainsi, il ne peut ni annuler les décisions des préfets, conseils de préfecture et ministres, qui reposent sur des jugements ou arrêts qui ont acquis la force de chose jugée, ni même interpréter une décision rendue par lui en matière contentieuse, et qui a servi de base à un jugement déjà déféré à la Cour de cassation pour fausse interprétation de la même décision, alors du moins que la contestation n'est relative qu'à des intérêts privés (Ord. cons. d'Etat, 30 mai 1821).

61. Lorsque le conseil d'Etat ne doit connaître d'une affaire que comme juge d'appel, si cette affaire n'a pas été préalablement instruite et jugée par le juge de première instance, il doit, dans le cas où il est saisi directement de cette affaire, ordonner le renvoi devant l'autorité administrative compétente.

62. Les décisions du conseil d'Etat rendues par défaut sont susceptibles d'opposition. L'opposition doit être formée dans le délai de trois mois à compter du jour de leur notification (Décr., 22 juill. 1807, art. 29). Elle n'a point d'effet suspensif, à moins qu'il en soit autrement ordonné.

63. Quant aux décisions contradictoires, elles ne peuvent être attaquées que dans le cas où elles ont été rendues sur pièces fausses, ou si la partie a été condamnée faute de représenter une pièce décisive qui était retenue par son adversaire (Ord. cons. d'Etat, 10 juill. 1835).

64. Toutes les décisions du conseil d'Etat sont susceptibles d'être attaquées par voie de tierce opposition, et, à cet égard, il n'y a aucun délai de rigueur.

65. C'est notamment par voie de tierce opposition que le tiers, qui n'a pas figuré dans l'instance où une décision administrative a été rendue, doit se pourvoir en interprétation de cette décision (Ord. cons. d'Etat, 13 juin 1821; 14 août 1822).

66. Aucune décision du conseil d'Etat ne peut être mise à exécution contre une partie qu'après avoir été préalablement signifiée à l'avocat au conseil qui a occupé pour elle (Décr., 22 juill. 1806, art. 27 et 28).

67. Dans la liquidation et la taxe des dépens, il ne doit être compté aucuns frais de voyage, séjour et retour des parties, ni aucuns frais de voyage d'huissier au delà d'une journée (Décr., 22 juill. 1806, art. 42; ord., 13 janv. 1826, art. 2).

§ 7. — *Cour des comptes.*

68. La Cour des comptes, instituée pour mettre dans toutes les comptabilités de deniers publics l'ordre, la centralisation et l'uniformité, a pour attributions l'examen et le jugement en premier et dernier ressort des comptes de tous les comptables des deniers publics, en recette et en dépense (L. 16 sept. 1807, art. 11 et 12), et, comme Cour d'appel, les comptes des communes dont les revenus sont inférieurs à 10,000 fr., des hôpitaux et établissements de charité (Ord. 28 janv. 1815; 25 mars 1816; 21 mai 1817; 31 oct. 1821).

69. Les arrêts de la Cour des comptes peuvent être attaqués devant elle pour erreurs matérielles, et devant le conseil d'Etat pour violation des formes et de la loi (V. *suprà*, n° 50).

70. Lorsqu'il y a lieu à pourvoi devant le conseil d'Etat contre les arrêts définitifs de la Cour des comptes, soit de la part des comptables, soit de la part des ministres, le recours doit, à peine de non-recevabilité, être formé dans les trois mois de la signification de ces arrêts (L. 16 sept. 1807, art. 17).

71. Pour faire courir le délai du pourvoi, la signification des arrêts définitifs de la Cour des comptes doit être faite par huissier, à personne ou à domicile, à l'agent judiciaire du trésor ou à sa requête (Bioche, *Dict. de procéd.*, 3e édit., v° *Compétence des trib. administr.*, n° 166).

72. Les arrêts définitifs de la Cour des comptes sont exécutoires nonobstant le pourvoi au conseil d'Etat (L. 29 frim. an 9; décr., 12 janv. 1806; L. 16 sept. 1807). L'exécution a lieu à la diligence et poursuite du ministre des finances, et, suivant les prescriptions de la Cour, les circonstances et la position des comptables, les voies d'exécution à employer peuvent être la contrainte, les saisies, l'amende, le séquestre, la vente des biens et l'emprisonnement.

COMPÉTENCE CIVILE. — 1. Mesure des attributions dévolues aux tribunaux qui jugent en matière civile.

Indication alphabétique des matières.

Sect. III. — *Cours impériales.*
Sect. IV. — *Cour de cassation.*

Sect. Ire. — *Justices de paix.*

2. Comme juges civils, les juges de paix ont été institués pour juger les contestations d'un modique intérêt; ils ne sont que des dérivés de la juridiction ordinaire. Ainsi, tribunaux exceptionnels ou extraordinaires, les justices de paix n'ont pas, en matière civile, comme les tribunaux d'arrondissement et les Cours impériales, la plénitude de la juridiction.

3. Les attributions conférées aux juges de paix sont néanmoins très-nombreuses et très-variées. V., en ce qui concerne leur compétence, le mot *Justice de paix.*

Sect. II. — *Tribunaux civils ou d'arrondissement.*

§ 1er. — *Compétence d'attribution*, RATIONE MATERIÆ, *des tribunaux civils.*

4. Les tribunaux civils, qu'on nomme aussi tribunaux d'arrondissement ou de première instance, ont, avec les Cours impériales, la plénitude de la juridiction civile. Toutes les fois, par conséquent, qu'une matière purement civile est portée devant un tribunal civil, il ne peut y avoir lieu à l'incompétence *ratione materiæ* (Montpellier, 22 juill. 1836). — V. *infrà*, n° 49.

5. A l'inverse de ce qui a lieu pour les tribunaux d'exception, la compétence des tribunaux civils est générale, et leur incompétence, relative. Ainsi, ils connaissent naturellement de toutes les matières, sous la seule exception de celles qui sont expressément attribuées à d'autres juridictions.

6. Les tribunaux civils ou d'arrondissement sont, à la fois, juges de second degré et juges de premier degré. Les décisions rendues par les tribunaux civils, comme juges de premier degré, le sont en premier et dernier ressort, ou à charge d'appel.

7. Comme juges de second degré, les tribunaux civils statuent : 1° sur les appels des sentences des juges de paix, qui sont susceptibles de cette voie de recours (L. 27 vent. an 8, art. 1er).

8. Mais alors, ils ne peuvent prononcer que sur les demandes et défenses pour lesquelles les juges de paix étaient compétents. Spécialement, un tribunal civil saisi de l'appel d'une sentence de juge de paix, statuant sur une demande en dommages-intérêts pour exercice illicite d'un droit de passage, ne peut connaître d'une question de servitude en dehors de la compétence du juge de paix, alors même que le défendeur n'aurait excipé du droit de servitude que par exception à l'action principale (Cass., 11 avril 1837).

9. Le tribunal civil qui, sur l'appel, annule la sentence d'un juge de paix, ne peut ordonner que son propre jugement sera transcrit sur les registres de la justice de paix (Cass., 10 brum. an 12).

10. 2° Sur les appels de sentences arbitrales rendues sur des matières qui, si les parties ne fussent pas convenues de les faire juger par des arbitres, eussent été de la compétence du juge de paix, soit en premier, soit en dernier ressort. — V. *Arbitrage*, n° 103.

11. Comme juges de premier degré, les tribunaux civils connaissent de toutes les actions qui ne rentrent pas dans les attributions de l'autorité administrative (V. *Compétence administrative*), et qui n'ont pas été attribuées formellement soit aux justices de paix (V. *Justice de paix*), soit aux tribunaux de commerce (V. *Compétence commerciale*), soit aux conseils de prud'hommes (V. *Prud'hommes*).

12. Ainsi, spécialement, est de la compétence du tribunal civil, et non de l'autorité administrative : 1° l'action que des propriétaires riverains d'un cours d'eau intentent à l'effet d'obtenir le rétablissement d'un batardeau ou barrage détruit par le concessionnaire d'une usine établie en avant de leurs propriétés, à l'irrigation desquelles servait ledit barrage, en se fondant sur des titres administratifs qui en ont reconnu l'existence et à l'appui desquels ils allèguent une longue possession (Caen, 27 janv. 1852 : V. *J. Huiss.*, t. 33, p. 275).

13. 2° La question de savoir si le mandat en vertu duquel un tiers a touché une créance, due par le trésor public au mandant, autorisait ce paiement, et si, par suite, le trésor est valablement libéré (Paris, 5 juill. 1836).

14. De même, un tribunal civil ne s'immisce point dans l'interprétation d'actes administratifs, en déclarant nul le paiement fait par le trésor au préjudice d'une opposition formée entre les mains du ministre des finances (Cass., 8 mai 1833 : V. *J. Huiss.*, t. 14, p. 302).

15. Est de la compétence du tribunal civil, et non du juge de paix, la demande en paiement de leur salaire formée par des ouvriers qui ont travaillé sous les ordres d'un architecte, et qui n'ont contracté qu'avec lui, contre le propriétaire pour le compte duquel ils ont été employés (Cass., 7 juin 1848 : V. *J. Huiss.*, t. 29, p. 352).

16. C'est le tribunal civil, et non le tribunal de commerce, qui doit connaître de la demande en paiement de travaux ou en dommages-intérêts, formée par des ouvriers contre le propriétaire d'une mine, encore bien que l'exploitation de cette mine ait lieu par lui sans concession de l'autorité administrative (Paris, 21 août 1852 ; V. *J. Huiss.*, t. 33, p. 275).

17. ...Des contestations qui s'élèvent entre associés pour l'exploitation d'une mine (Rennes, 13 juin 1833 : V. *J. Huiss.*, t. 15, p. 263).

18. ...Des contestations qui surgissent entre le propriétaire d'un fonds de commerce et un agent d'affaires auquel il a donné le mandat de lui chercher un locataire ou un acquéreur, au sujet de l'exécution de ce mandat, et notamment de la demande formée par le mandataire contre son mandant en paiement de l'indemnité que ce dernier lui a promise (Paris, 5 mai 1852 : V. *J. Huiss.*, t. 33, p. 248).

19. Par suite du principe qui les investit de la plénitude de juridiction, les tribunaux civils connaissent des affaires commerciales, tant de terre que de mer, lorsqu'il n'existe pas de tribunal de commerce dans leur ressort (C. comm., art. 640).

20. Mais l'établissement d'un tribunal de commerce, dans un lieu où il n'en existait pas auparavant, dessaisit la juridiction civile des causes commerciales qui y étaient pendantes, comme il l'empêche de connaître des causes du même genre qui s'élèveront à l'avenir (Bruxelles, 21 déc. 1812).

21. Si, par suite de l'abstention de tous les membres d'un tribunal de commerce, il y a impossibilité de faire juger l'instance portée devant lui, c'est devant le tribunal civil de l'arrondissement qu'elle doit être renvoyée, et non devant le tribunal de commerce le plus voisin (Rouen, 4 nov. 1836 : V. *J. Huiss.*, t. 22, p. 217).

22. L'incompétence des tribunaux civils pour connaître, hors des cas cidessus, des matières commerciales, n'est pas absolue. Les individus en faveur desquels est établie la juridiction commerciale peuvent y renoncer et consentir à procéder devant la juridiction civile; et leur consentement, à cet égard, peut s'induire de ce qu'ils n'ont pas demandé leur renvoi *à limine litis* (Besançon, 1er août 1809 ; Caen, 25 fév. 1825 ; Bordeaux, 1er fév. 1831 ; Bourges, 11 juin 1831 ; Cass., 10 juill. 1816 ; 9 janv. 1838 ; 18 mars 1839). C'est aussi ce qui est enseigné par la généralité des auteurs.

23. Il a même été décidé qu'il n'était pas permis à un tribunal civil saisi d'une affaire commerciale de se déclarer d'office incompétent (Colmar, 6 août 1827; Orléans, 25 juin 1850).

24. Pareillement, l'incompétence des tribunaux de première instance pour connaître des contestations placées dans les attributions des justices de paix peut être couverte par le silence des parties, et, à plus forte raison, par leur acquiescement. Ainsi, par exemple, les tribunaux de première instance peuvent, lorsque les parties ne s'y opposent pas, connaître : 1° d'une action pou dommages aux champs (Nancy, 5 juill. 1837 ; Douai, 10 juill. 1837) ;

25. 2° Des actions relatives aux constructions et travaux à faire en exécution de l'art. 674, C. Nap. (Orléans, 14 mars 1840) ;

26. 3° D'une action en réparation de dégradations commises par un fermier aux bâtiments de la ferme (Bruxelles, 16 juin 1820).

27. Ce n'est que lorsque l'objet de la contestation est tout à fait étranger, par sa nature, aux attributions du tribunal civil, et non lorsqu'il n'est enlevé à sa juridiction que par exception et pour être attribué à un tribunal occupant un autre degré, mais dans la même hiérarchie de pouvoirs, que l'incompétence *ratione materiæ* est d'ordre public et ne peut être couverte (Orléans, 14 mars 1840). — V., au surplus, *Prorogation de juridiction.*

28. La compétence des tribunaux civils embrasse encore :

1° Les demandes en règlement de juges, lorsqu'un même différend est porté devant deux ou plusieurs juges de paix du même ressort (C. proc. civ., art. 363). — V. *Règlement de juges ;*

29. 2° Les contestations dévolues par leur nature à des juridictions exceptionnelles, mais qui sont connexes à des affaires ressortissant de la juridiction ordinaire (Cass., 29 juin 1820) ;

30. Ainsi, l'action qui comprend des chefs de demande attribués aux juges de paix, et d'autres réservés aux tribunaux d'arrondissement, mais tous dérivant du même titre, doit être portée aux tribunaux d'arrondissement (Paris, 8 août 1807) ;

31. 3° Les actions en nullité ou déchéance des brevets d'invention (L. 25 mai 1838, art. 20; L. 5 juill. 1844, art. 34). — V. *Brevet d'invention*, n° 51 ;

32. 4° Les actions civiles relatives à la perception des contributions indirectes, quelle qu'en soit la valeur (L. 11 sept. 1790, tit. 4, art. 2) ;

33. 5° Les difficultés d'exécution de leurs jugements et des jugements rendus par les tribunaux de commerce, les arbitres, les juges de paix et les tribunaux criminels, en ce qui concerne les réparations civiles. — V. *Compétence*, n° 10, et *infrà*, n° 42.

34. Spécialement, c'est au tribunal civil, et non au tribunal de commerce, qu'il appartient de juger si un débiteur a valablement acquiescé au jugement d'un tribunal de commerce prononçant contre lui la contrainte par corps (Cass., 17 juill. 1833 : V. *J. Huiss.*, t. 15, p. 283).

35. Il a été jugé aussi que les tribunaux civils sont seuls compétents pour connaître des demandes formées sur l'exécution des jugements rendus par les tribunaux de commerce, quoiqu'elles résultent d'actes commerciaux (Cass., 17 fév. 1844 : V. *J. Huiss.*, t. 25, p. 158) ;

36. 6° Les actions civiles en réparation du préjudice résultant d'un fait qualifié délit par la loi, lorsqu'il n'existe pas d'action au criminel de la part du ministère public (C. Nap., art. 1382; C. inst. crim., art. 3, 52 et 408 ; Paris, 16 nov. 1833) ;

37. 7° Les demandes en dommages-intérêts intentées contre le dénonciateur ou contre la partie civile par le prévenu acquitté par une chambre du conseil ou d'accusation (Lyon, 18 janv. 1828) ;

38. 8° Les demandes en dommages-intérêts formées contre leurs dénonciateurs par les individus témérairement poursuivis devant les tribunaux militaires (Cass., 1er therm. an 10).

39. Mais, lorsqu'il a été statué sur la prévention ou sur l'accusation par une Cour d'assises, c'est devant cette Cour que doit être portée l'action en dommages-intérêts contre le dénonciateur téméraire (Lyon, 18 janv. 1828).

40. Notre but n'a été ici que d'exposer d'une manière générale les principales attributions, *ratione materiæ*, des tribunaux civils. Quant aux solutions spéciales touchant leur compétence en certaines matières, que nous aurions omis d'indiquer, il faut plus particulièrement consulter les mots sous lesquels chacune de ces matières a été traitée.

41. Il nous reste, pour compléter l'exposé général qui précède, à dire quelques mots des pouvoirs des tribunaux de première instance comme juges de premier ou de dernier ressort.

42. En principe, les tribunaux civils ou d'arrondissement ne statuent sur le procès qu'en *premier ressort*, c'est-à-dire à la charge de l'appel. C'est en premier ressort qu'ils jugent toutes les affaires personnelles, réelles ou mixtes, d'une valeur indéterminée, ou excédant 1,500 fr. de principal, ou 60 fr. de revenu (L. 11 avril 1838, art. 1er), soit qu'elles s'élèvent entre particuliers, ou entre particuliers et l'Etat (Cass., 23 mars 1808) ou un établissement public, et les contestations relatives à l'exécution des jugements rendus par les tribunaux de commerce ou par les arbitres, et à l'exécution des condamnations civiles prononcées par les tribunaux criminels.

43. Ils connaissent en *dernier ressort* seulement des appels des sentences de juges de paix contre lesquelles la voie de l'appel a été ouverte (V. *Justice de paix*), et des appels des sentences arbitrales qui eussent été, en premier ou dernier ressort, de la compétence des juges de paix (V. *Arbitrage*, n° 103), si les parties n'ont pas, par le compromis, renoncé à l'appel (V. *eod. verb.*, n° 100).

44. Ils connaissent, en *premier et dernier ressort*, des actions personnelles et mobilières jusqu'à la valeur de 1,500 fr. de principal, et des actions immobilières jusqu'à 60 fr. de revenu déterminé, soit en rente, soit par prix de bail (L. 11 avril 1838, art. 1er) ; de toutes les contestations relatives à la perception des droits de timbre et d'enregistrement (L. 22 frim. an 8, art. 65. — V. *Enregistrement*, *Timbre*) ; des actions civiles relatives à la perception des contributions indirectes, quelle qu'en soit la valeur (L. 11 septemb. 1790, tit. 14, art. 2. — V. *Contributions indirectes*) ; des actions en rétablissement de productions communiquées à des avoués (V. *Instruction par écrit*) ; dans certains cas, des actions discipinaires dirigées contre des officiers ministériels (Décr., 30 mars 1808, art. 103.—V. *Discipline*) ; et enfin de la taxe des dépens, s'il n'y a pas appel sur le fond (Décr., 16 fév. 1807, art. 6. — V. *Frais et dépens*).

45. Mais, de même que la prorogation de juridiction peut couvrir l'incompétence (V. *suprà*, nos 22 et suiv.), de même aussi elle peut étendre la limite du dernier ressort. Ainsi, des parties capables et majeures peuvent autoriser un tribunal civil à juger en dernier ressort un différend dont il ne doit, cependant, d'après les règles ordinaires, connaître qu'en premier ressort (Sebire et Carteret, *Encyclop. du droit*, v° *Compétence civile*, n° 25). — V., au surplus, *Prorogation de juridiction*.

46. Toutefois, quoique l'art. 1er de la loi du 11 avril 1838 ait fixé la limite du dernier ressort pour les tribunaux civils, le chiffre d'une demande n'est pas toujours facile à déterminer. La question présente, dans un grand nombre de cas, des difficultés sérieuses, dont on trouvera la solution au mot *Degré de juridiction*.

47. Nous ajouterons encore que, lorsqu'il y a doute sur la nature d'une contestation, l'action doit être portée de préférence devant les tribunaux civils, les lois de compétence devant, dans le doute, s'interpréter en faveur de la juridiction ordinaire (V. *Compétence*, n° 38).

§ 2. — *Compétence territoriale*, ratione personæ, *des tribunaux civils.*

48. La répartition des affaires civiles entre les différents tribunaux de première instance constitue la compétence territoriale. Pour l'attribution de la connaissance d'une action à tel tribunal civil plutôt qu'à tel autre, le législateur s'est déterminé tantôt par la situation des biens litigieux, tantôt par le domicile de l'une des parties, tantôt enfin par le lieu où le droit d'intenter l'action a pris naissance, indépendamment de la nature de la contestation et du domicile des parties.

49. L'infraction aux règles de la compétence respective des tribunaux civils ne constitue pas une incompétence *ratione materiæ* (Cass., 27 avril 1825). Tous les tribunaux civils sont également compétents à raison de la matière, pour connaître d'une affaire civile quelconque. Si donc la partie assignée devant d'autres juges que ses juges naturels ne demande pas son renvoi, *à limine litis*, ou avant toutes exceptions et défenses au fond, l'incompétence qui en résulte est couverte par son acquiescement tacite, et ne peut plus être invoquée (C. p. c., art. 169 et 170). — Voy. *Acquiescement, Exception.*

ART. 1er. — Cas où la compétence est déterminée par le domicile des parties ou la situation des objets litigieux.

50. *Actions personnelles et mobilières* (V. pour leur définition les mots *Action*, n° 26 et suiv., et *Action mobilière*). Ces actions doivent être intentées devant le tribunal du domicile du défendeur; s'il n'a pas de domicile, devant le tribunal de sa résidence (C. p. c., art. 59) : *Actor sequitur forum rei.*

51. Spécialement, la demande formée par le vendeur contre l'acquéreur à fin de réalisation du contrat de vente et de paiement du prix doit être portée devant le tribunal du domicile de l'acquéreur (Paris, 22 juill. 1848).—V. *infrà*, n° 64.

52. De même, la demande en nullité d'une vente d'immeubles formée par l'acquéreur est une action purement personnelle, qui doit être portée devant le tribunal du domicile du défendeur, et non devant le tribunal de la situation de l'immeuble (Riom, 30 déc. 1825 : V. *J. Huiss.*, t. 8, p. 158).

53. L'individu qui a son domicile de fait dans une ville, où il occupe habituellement un appartement meublé à ses frais, et paie la contribution personnelle, est justiciable du tribunal civil de cette ville, au moins pour raison des objets de consommation qui lui ont été fournis, encore bien qu'il ait dans une ville du ressort d'un autre tribunal civil son domicile politique (Paris, 2 juill. 1830). C'est ce qui a été décidé notamment à l'égard d'un député (Paris, 25 mai 1826).

54. Les comédiens, et tous ceux qui, d'après la profession qu'ils exercent, ne sauraient être considérés comme ayant un domicile fixe, peuvent, même en matière personnelle, être traduits devant le tribunal du lieu où ils ont contracté (Nîmes, 4 pluv. an 9). — V. *Comédien.*

55. Lorsqu'il y a plusieurs défendeurs, obligés d'une manière égale et semblable, même non solidairement, s'ils sont domiciliés dans le ressort de divers tribunaux, l'action doit être portée devant le tribunal du domicile de l'un d'eux, au choix du demandeur (C. p. c., art. 59, alin. 2). Mais, si l'engagement de l'un n'est qu'accessoire à celui de l'autre, c'est devant le tribunal du domicile de ce dernier que l'action doit être intentée (V. *infrà*, n° 59).

56. Il y a lieu de considérer comme codéfendeurs, et par conséquent comme pouvant indistinctement être traduits devant le tribunal du domicile de l'un d'eux, les individus qui se sont engagés ensemble par un seul et même acte, quoiqu'ils ne soient pas obligés solidairement, et que la dette soit divisible.

57. A plus forte raison, lorsqu'il y a un obligé principal et une caution solidaire, le demandeur peut, comme s'il y avait deux obligés principaux, les assigner au domicile de la caution (Grenoble, 2 avril 1830).

58. De même, le créancier qui demande la nullité d'une constitution de dot, comme faite en fraude de ses droits par son débiteur à sa fille, peut, à son choix, porter son action devant le tribunal du domicile des époux donataires, ou du domicile du donateur (Cass., 1er août 1833).

59. Mais la disposition de l'art. 59, C. p. c., cesse d'avoir son effet lorsqu'il résulte des faits de la cause que le demandeur s'est donné fictivement plusieurs adversaires pour avoir occasion de distraire le seul qu'il ait réellement de ses juges naturels (Cass., 5 juill. 1808; V. *J. Huiss.*, t. 5, p. 89), comme au cas où, de deux obligés, l'un ne l'est qu'accessoirement (V. *suprà*, n° 55).

60. L'étranger résidant en France, qui n'a pas encore obtenu l'autorisation d'y fixer son domicile, doit être assigné devant le tribunal de sa résidence de fait, et non au lieu où sont situées ses principales propriétés (Paris, 9 mai 1835; V. *J. Huiss.*, t. 16, p. 340). — V. au surplus, sur la question de savoir devant quel tribunal de première instance doivent être portées les actions en matière civile intentées en France par des Français contre des étrangers, ou par des étrangers contre des étrangers qui y habitent, le mot *Etranger*.

61. *Actions réelles immobilières* (V. pour la définition, *Action*, nos 22, 39 et suiv.). Ces actions doivent être portées devant le tribunal de la situation des immeubles litigieux (C. p. c., art. 59). — Cependant, le défendeur doit être cité en conciliation devant le juge de paix de son domicile (art. 50. —V. *Conciliation*).

62. Spécialement, la demande formée par un créancier en nullité pour cause de fraude d'une donation d'immeubles faite par son débiteur à un tiers est une action réelle qui doit être portée devant le tribunal de la situation des biens (Amiens, 16 mars 1839).

63. Il en est de même de l'action formée par une femme, après sa séparation de biens, en revendication de ses immeubles dotaux aliénés pendant le mariage. Ainsi, cette action ne peut être intentée devant le tribunal du domicile du premier acquéreur (Cass., 29 avril 1835).

64. De même, lorsque, par suite d'un jugement de séparation de biens, des immeubles ont été attribués à la femme par le notaire chargé de la liquidation de ses reprises, la demande en validité ou en mainlevée de la saisie-arrêt qu'elle a fait pratiquer entre les mains des fermiers de ces immeubles doit être portée devant le tribunal du lieu de leur situation, et non devant celui qui a prononcé la séparation (Cass., 15 mars 1842).

65. Quoique l'action en expropriation forcée ne soit pas essentiellement réelle, néanmoins elle est assimilée aux actions réelles, alors même qu'elle est exercée par un créancier hypothécaire, et doit se poursuivre devant le juge de la situation (C. civ., art. 2210).

66. Par un arrêt du 26 décembre 1836 (V. *J. Huiss.*, t. 17, p. 182), la Cour de Paris a décidé que la demande à fin de conversion d'une saisie immobilière en vente sur publications volontaires pouvait, si les parties y consentaient, être portée devant un tribunal autre que celui de la situation des biens. Mais il nous semble que c'est à tort : suivant nous, la demande dont il s'agit, étant une action réelle, ne peut pas ne pas être poursuivie devant le tribunal de la situation des biens (V. en ce sens Paris, 29 avril et 17 juill. 1829; Cass., 25 avril 1832 : *J. Huiss.*, t. 13, p. 217 et suiv., et les observations qui suivent cet arrêt; Paris, 30 juin 1834 : *J. Huiss.*, t. 15, p. 310). Si le tribunal, saisi de la demande en conversion, n'est pas celui de la situation des biens, il doit même se déclarer, d'office, incompétent, fût-il celui du domicile du saisi et du saisissant (arrêts de Paris précités, des 29 avril et 17 juill. 1829).— V. *Saisie immobilière.*

67. L'action en radiation d'inscription hypothécaire doit également être portée devant le tribunal du lieu où l'inscription a été faite, à moins qu'il ne s'agisse d'une inscription prise pour sûreté d'une condamnation éventuelle ou indéterminée, sur l'exécution ou la liquidation de laquelle le débiteur et le créancier prétendu sont en instance devant un autre tribunal, auquel cas la demande en radiation doit y être portée ou renvoyée, ou à moins qu'il n'y ait convention contraire (C. civ., art. 2159). Toutefois, la stipulation que, en cas de contestation, la demande en radiation sera portée devant le tribunal que les parties désigneront, ne lie que le débiteur et le créancier, et jamais les tiers (Persil, *Régime hypothécaire*, t. 2, p. 147).

68. Mais l'action tendant à ce qu'un débiteur soit tenu de désigner un immeuble sur lequel un créancier puisse prendre inscription, en vertu d'une stipulation d'hypothèque, sans désignation spéciale, appartient au tribunal du domicile du défendeur, parce que l'action naît ici d'un contrat.

69. Si plusieurs immeubles situés en différents arrondissements sont l'objet d'une action revendicatoire, elle est exercée, savoir : 1° s'ils font partie d'une seule et même exploitation, devant le tribunal du chef-lieu de l'exploitation; 2° à défaut de chef-lieu, ou si les biens sont absolument distincts, devant le tribunal du lieu où se trouve la partie des biens qui présente le plus grand revenu, d'après la matrice du rôle (Arg., art. 2210, C. civ.; 628 et 676, C. p. c.).

70. *Actions mixtes* (V. *Action*, n°s 45 et suiv.). Ces actions doivent être portées, au choix du demandeur, soit devant le tribunal de la situation de l'objet litigieux, soit devant celui du domicile du défendeur (C. p. c., art. 59).

71. Et le demandeur peut assigner le défendeur devant le tribunal de la situation des biens litigieux, quoiqu'il ait cité en conciliation devant le juge de paix du domicile de celui-ci (Bourges, 24 nov. 1815). — V. *suprà*, n° 61.

72. Nous avons dit précédemment (V. n° 45) que la demande formée par le vendeur contre l'acquéreur à fin de réalisation du contrat de vente devait être portée devant le tribunal du domicile de l'acquéreur. Au contraire, la demande à même fin, formée par l'acquéreur contre le vendeur, peut être portée indistinctement devant le tribunal de la situation de l'immeuble ou devant celui du domicile du vendeur. C'est là, en effet, une action mixte, puisque l'acquéreur peut, indépendamment de l'obligation personnelle pour laquelle il a droit de poursuivre le vendeur, agir en revendication de l'immeuble en vertu du *jus in re*, dont il a été saisi par la convention (Cass., 2 fév. 1809; Paris, 26 août 1835; Cass., 31 mai 1837; Troplong, *de la Vente*, t. 1er, n° 262; Boitard, *Leçons de procédure*, t. 1er, p. 151; Rodière, *Explication raisonnée du Code de procéd.*, t. 1er, p. 115).

73. Est mixte, et peut être portée soit devant le tribunal de la situation de l'immeuble, soit devant celui de l'adjudicataire, l'action que forme contre ce dernier l'acquéreur, dépossédé par l'effet d'une surenchère, en restitution de ses frais et loyaux coûts opérée par prélèvement sur le prix de l'immeuble adjugé (Bordeaux, 5 juill. 1833).

74. De même, une demande tendant à la fois au délaissement d'un immeuble, à la restitution des fruits et aux dommages-intérêts pour l'indue jouissance, est non une action réelle, mais une action mixte, qui peut être portée devant le tribunal du domicile du défendeur comme devant celui de la situation des biens (Grenoble, 29 avril 1824 : V. *J. Huiss.*, t. 8, p. 16).

75. Mais l'action en résiliation, pour défaut de paiement des loyers, du bail à ferme d'un terrain pour en extraire de la pierre, est une action personnelle de la compétence du tribunal civil du domicile du défendeur, et non une action mixte que le demandeur puisse porter, à son choix, devant ce tribunal ou devant celui de la situation du terrain (Bourges, 27 fév. 1852 : V. *J. Huiss.*, t. 33, p. 249).

ART. 2. — Cas où la compétence est fixée à raison du lieu où le droit d'intenter l'action a pris naissance.

76. En *matière de comptes judiciaires*, les actions dirigées contre les comptables doivent être portées devant le tribunal qui les a commis (C. p. c., art. 527 et 541).—V. *Compte.*—De même, en *matière de compte de tutelle*, les tuteurs doivent être poursuivis devant le tribunal du lieu où la tutelle a été déférée (C. p. c., mêmes art.).—V. *Tutelle.*

77. En *matière de désaveu*, l'action est intentée devant le tribunal où s'est fait l'acte *judiciaire* désavoué; mais, si le désaveu porte sur un acte *extrajudiciaire*, on suit la règle générale du domicile (C. proc. civ., art. 356 et 358).—V. *Désaveu.*

78. La demande en nullité d'*emprisonnement* ou en élargissement, formée par un débiteur incarcéré, doit être portée devant le tribunal du lieu où il est détenu (C. p. c., art. 794 et 805).—V. *Contrainte par corps.*

79. En *matière de droits d'enregistrement*, l'action se porte devant le tribunal du bureau de perception (L. 22 frim. an 7, art. 64). —V. *Enregistrement.*

80. Dans le cas d'*élection de domicile* pour l'exécution d'un acte, le défendeur est valablement assigné devant le tribunal du domicile élu, qu'il s'agisse d'une action réelle ou personnelle. Mais le demandeur peut également, à son choix, porter son action devant le tribunal du domicile réel du défendeur (C. proc. civ., art. 59). Toutefois, si l'élection de domicile n'a été faite que dans l'intérêt de ce dernier, il ne peut être poursuivi que devant le tribunal du domicile élu; le demandeur n'a plus l'option.

81. L'élection de domicile dans un acte n'attribue pas seulement juridiction au tribunal du domicile élu pour le cas où la contestation a pour objet *l'exécution* de cet acte : la contestation qui porte sur sa *validité* doit également être portée devant le tribunal du domicile élu (Montpellier, 4 janv. 1841 : V. *J. Huiss.*, t. 22, p. 218).

82. L'élection de domicile exprimée dans un exploit qui contient refus d'exécuter une convention autorise l'assignation au tribunal de ce domicile pour l'exécution, comme le ferait une élection dans la convention même (Cass., 25 nov. 1840 : V. *J. Huiss.*, t. 22, p. 85).

83. Lorsque, dans un acte, il a été fait élection de domicile pour son exécution, s'il est fait au débiteur par le créancier, en vertu de cet acte, un commandement dans un autre lieu où le créancier élit de son côté domicile, le débiteur a le droit de porter sa demande en nullité des poursuites dirigées contre lui, soit devant le tribunal du domicile exprimé dans l'acte (Paris, 6 janv. 1835), soit devant celui du domicile élu dans le commandement, encore bien que la demande soit fondée sur la nullité du titre ou le défaut de qualité du créancier (Trib. civ. de Bordeaux, 30 août 1848 : V. *J. Huiss.*, t. 31, p. 325).

84. Mais il n'est pas permis de se procurer le choix d'un tribunal par l'élection arbitraire d'un domicile. Ainsi, le Français qui a une résidence connue ne peut, par une élection de domicile, se soustraire à ses juges naturels et contraindre son adversaire à le traduire devant un tribunal de son choix (Cass., 8 therm. an 10).—V., au surplus, *Domicile élu.*

85. En *matière d'opposition à mariage*, l'élection de domicile prescrite par l'art. 176, C. Nap., nous paraît être, contrairement à ce qu'a décidé la Cour de Paris par arrêt du 23 mars 1829, attributive de juridiction au tribunal du lieu où le mariage doit être célébré. Dès lors, la demande en mainlevée est valablement portée devant le tribunal de ce lieu. C'est, du reste, cette opinion qui a généralement prévalu (Bruxelles, 6 déc. 1830; Liége, 9 mars 1831; Duranton, t. 2, n° 212; Vazeilles, *du Mariage*, t. 1er, n° 174; Rieff, *Actes de l'état civil*, n° 173).

86. Toutefois, et en admettant que l'assignation au domicile élu soit régulière, elle ne doit, ce semble, être que facultative, et le demandeur peut toujours, s'il le veut, saisir le tribunal du domicile réel de l'opposant (Duranton, t. 2, n° 212).

87. En *matière de société*, tant qu'elle existe, le défendeur doit être assigné devant le juge du lieu où elle est établie (C. proc. civ., 59).

88. Cette règle s'applique aux sociétés civiles et aux sociétés commerciales (Cass., 18 pluv. an 12). Mais elle ne s'étend pas aux sociétés en participation (Cass., 14 mars 1810; 28 mai 1817; Nancy, 5 déc. 1828), à l'égard desquelles on suit la règle tracée par les quatre premiers paragraphes de l'art. 59 précité.

89. Cet article suppose nécessairement que le siége de la société est connu. Ce siége est au lieu où elle a son principal établissement. Ainsi, par exemple, lorsqu'une société a son établissement principal dans une ville, et une simple maison de dépôt dans une autre, la demande intentée contre elle ne peut être portée devant le tribunal de cette dernière ville, mais doit l'être devant le tribunal de la première (Cass., 18 pluv. an 12; 16 mars 1809; 19 juill. 1838).

90. En cas d'incertitude sur le siége de la société, ou en cas d'impossibilité de connaître son principal établissement, ce qui n'est pas rare à l'égard des sociétés civiles, il y a lieu d'en revenir à la règle qui attribue compétence au juge du domicile de l'un des défendeurs, au choix du demandeur (Sebire et Carteret, *Encyclop. du droit*, v° *Compétence civile*, n° 30).

91. Il semblerait résulter des termes de l'art. 59 que toutes les actions, indistinctement, dirigées contre une société, devraient être portées devant le tribunal du lieu où elle est établie. Mais nous ne croyons pas que la pensée du législateur ait été de donner à cet article un sens aussi étendu, aussi absolu. Le siége de la société n'est attributif de juridiction que pour les actions personnelles et mobilières. A l'égard des actions réelles immobilières, elles doivent, même quand elles sont dirigées contre une société, être portées devant le tribunal de la situation des biens litigieux. S'il s'agit d'actions mixtes, le demandeur a l'option d'en saisir le tribunal de la situation ou celui du siége de la société (Thomine-Desmazures, *Comment. sur le Code de procédure*, t. 1er, n° 80).

92. L'art. 59, ainsi entendu, doit recevoir son application *tant que la société existe.* Or, une société, quoique dissoute, est réputée exister encore, tant que la liquidation n'est pas terminée (Douai, 17 juill. 1841). En conséquence, la contestation qui s'élève entre les associés, dans ce cas, doit être jugée, non par le tribunal du domicile des associés, mais par le tribunal du siége de la société (Cass., 16 nov. 1815; Paris, 27 fév. 1838; Cass., 18 août 1840 : V. *J. Huiss.*, t. 22, p. 206).

93. De même, la société qui se trouve en liquidation doit être actionnée par un tiers en règlement ou solde d'opérations par compte courant, devant le tribunal du lieu où elle est établie, en la personne de son liquidateur (Douai, 18 juill. 1833).

94. L'individu, qui a été assigné comme associé, par les créanciers d'une société, devant le tribunal du lieu où elle a son principal établissement, ne peut même, quoiqu'il produise l'acte par lequel cette société a été dissoute à son égard, obtenir son renvoi devant les juges de son domicile (Cass., 10 déc. 1806). Le simple fait d'une dissolution de société ne peut être considéré comme une renonciation, vis-à-vis des tiers, à la juridiction qui appartenait à la société et à laquelle elle reste soumise pour l'achèvement des affaires commencées (Aix, 13 nov. 1837).

95. Mais, lorsque la société est liquidée, et la liquidation est opérée par le règlement des comptes entre les ayants droit (Cass., 18 août 1840), ou bien encore lorsque les associés se séparent sans établir de liquidateurs, les règles ordinaires de compétence reprennent leur empire, et il y a lieu alors d'actionner les divers associés devant le tribunal du domicile de chacun d'eux.

96. Ainsi, spécialement, la demande tendant à faire annuler un acte de liquidation de société, soit qu'elle soit formée par l'un des associés signataires de la liquidation ou par des tiers, doit être portée, non devant le tribunal du lieu de l'établissement de la société, mais devant celui de domicile personnel du défendeur (Cass., 18 août 1840).

97. En *matière de succession*, on doit porter devant le tribunal du lieu où la succession est ouverte : 1° toutes les demandes entre héritiers jusqu'au partage inclusivement; 2° les demandes intentées par les créanciers du défunt avant le partage; 3° celles relatives à l'exécution des dispositions à cause de mort, jusqu'au jugement définitif (C. proc. civ., art. 59); et 4° les demandes relatives à la garantie des lots entre copartageants, et celles en rescision de partage (C. Nap., art. 822).

98. Les demandes entre héritiers devant, jusqu'au partage inclusivement, être portées devant le tribunal de l'ouverture de la succession, il s'ensuit que ce tribunal est compétent pour connaître : 1° de la demande en *pétition d'hérédité*, et, par là, il faut entendre même la demande qui n'aurait pour objet que la revendication *d'une partie* de l'hérédité;

99. ...2° De la demande de l'enfant naturel contre l'héritier légitime à fin de délivrance de la portion de biens que la loi lui accorde (Cass., 25 août 1813);

100. ...3° De la demande dirigée contre l'héritier pour qu'il ait à accepter ou répudier la succession qui lui est échue (Bruxelles, 25 mars 1808);

101. ...4° De la demande en reddition du compte de l'administration d'une succession, lorsque l'administrateur a été nommé par le tribunal du lieu de l'ouverture de la succession, ou lorsque la demande est formée contre un exécuteur testamentaire (Paris, 17 août 1809; Cass., 1er juill. 1817; Carré et Chauveau, *Lois de la procédure, quest.* 3238; Thomine-Desmazures, *Comment. sur le Code de proc.*, n° 1190). Et l'administrateur ou exécuteur testamentaire ne peut demander son renvoi devant un autre tribunal, où il est en instance avec des mandataires particuliers en reddition du compte du mandat qu'il leur a donné pour le même objet (Cass., 1er juill. 1817). Mais, si l'administrateur avait été nommé par un tribunal autre que celui de l'ouverture de la succession, ou par les héritiers eux-mêmes, sans qu'il fût l'un d'eux, il ne pourrait alors être assigné en reddition de compte que devant le tribunal qui l'aurait nommé, ou devant celui de son domicile;

102. ...5° De la demande formée par les légataires particuliers en paiement de leur legs contre le légataire universel, encore qu'il y ait eu règlement définitif entre ce dernier et les héritiers à réserve, ce règlement n'équivalant pas à un partage à l'égard des légataires particuliers avec lesquels il n'y a pas eu liquidation (Paris, 15 juin 1825).

103. Mais, une fois le partage consommé, le tribunal de l'ouverture de la succession cesse d'être compétent. Il ne pourrait pas même être saisi, à moins que sa compétence ne fût établie en vertu des règles ordinaires, de la demande en licitation de quelques immeubles déterminés qui seraient restés indivis entre des cohéritiers (Cass., 11 mai 1807; Sebire et Carteret, *Encyclop. du droit*, v° *Compétence civile*, n° 33, *in fine*).

104. En ce qui concerne les demandes intentées par les créanciers du défunt avant le partage, il a été jugé, spécialement, par application de l'art. 59, C. proc. civ., que la demande en validité d'une saisie-arrêt, faite par un créancier du défunt sur des sommes appartenant à la succession, devait être portée devant le tribunal de l'ouverture de la succession, lorsqu'elle était intentée avant le partage (Cass., 21 juill. 1821). — V., au surplus, *Saisie-arrêt*.

105. Lorsqu'il n'y a qu'un seul héritier, comme il n'y a lieu ni à liquidation ni à partage, et que, d'ailleurs, l'héritier peut avoir transporté les titres à son domicile aussitôt après le décès, la disposition de l'art. 59 cesse d'être applicable, et les règles ordinaires de compétence reprennent leur empire. Ainsi, dans cette hypothèse, le tribunal du domicile de l'héritier est compétent pour connaître de la demande formée par le créancier. Il n'y a même pas lieu de distinguer, à cet égard, entre le cas où l'héritier unique est pur et simple, et celui où il n'a accepté la succession que sous bénéfice d'inventaire (Cass., 18 juin 1807; 20 avril 1830; Bourges, 2 mai 1841; Orléans, 11 nov. 1845: V. *J. Huiss.*, t. 28, p. 37; Merlin, *Répert.*, v° *Héritier*, sect. 2, § 3, n° 5; Chabot, *des Successions*, t. 2, sur l'art. 822, n° 6; Toullier, t. 4, n° 414; Sebire et Carteret, *Encyclop. du droit*, v° *Compét. civile*, n° 34).

106. De même, le légataire universel, seul appelé à recueillir la succession, peut être actionné par les créanciers du défunt devant le tribunal de son domicile, quoique ce tribunal ne soit pas celui de l'ouverture de la succession (Paris, 26 fév. 1810).

107. Mais l'héritier unique, assigné devant le tribunal de l'ouverture de la succession, pourrait-il demander son renvoi devant les juges de son domicile? Non, selon M. Toullier (t. 4, n° 414), si les créanciers ont formé opposition lors de l'apposition ou de la levée des scellés, ou lors de l'inventaire; — oui, selon le même auteur, si les créanciers ne se sont pas opposés, si l'héritier a vendu ou enlevé les meubles sans opposition.

108. Lorsque la succession est dévolue en entier à deux légataires, l'un pour la nue propriété et l'autre pour l'usufruit, un légataire particulier ne peut les actionner en délivrance de son legs que devant le tribunal de l'ouverture de la succession (Toulouse, 25 janv. 1838).

109. Le principe qui veut que, jusqu'au partage, les créanciers du défunt portent leur demande devant le tribunal de l'ouverture de la succession, ne déroge point à la règle d'après laquelle les expropriations et autres actions réelles sont attribuées aux tribunaux de la situation des biens. Il suit de là que les créanciers hypothécaires d'une succession bénéficiaire doivent poursuivre la vente de l'immeuble hypothéqué devant le tribunal du lieu où il est situé, lors même que les héritiers provoquent la licitation du même immeuble devant le tribunal de l'ouverture de la succession (Cass., 29 oct. 1807), et que c'est devant le tribunal de la situation de l'immeuble que l'ordre doit être ouvert (Cass., 18 avril 1809; 3 sept. 1812).

110. Le même principe n'est pas applicable au cas où l'action n'est qu'une reprise de l'instance commencée par le défunt contre un ou plusieurs de ses héritiers. Cette instance doit être continuée devant le tribunal qui en a été précédemment saisi (Poitiers, 7 therm. an 12).

111. Quant aux demandes relatives à l'exécution des dispositions à cause de mort, elles doivent être portées, comme on l'a vu (nº 97), devant le tribunal de l'ouverture de la succession, *jusqu'au jugement définitif.* Parmi ces demandes, il faut ranger celle qui est formée contre les héritiers en délivrance d'un legs particulier (Turin, 18 avril 1810).

112. Mais les mots : *jusqu'au jugement définitif*, ont été diversement interprétés. Suivant les uns, les mots *jugement définitif* signifient *partage définitif.* Or, le partage ne devient définitif que par le jugement qui l'homologue : d'où il suit que, jusqu'à ce jugement, les légataires doivent se pourvoir devant le tribunal de l'ouverture de la succession (Orléans, 11 nov. 1845; Boitard, *Leçons de procéd.*, t. 1er, p. 226; Chauveau sur Carré, *Lois de la procéd.*, t. 1er, *quest.* 203 *quat.*). D'autres, au contraire, pensent que, par *jugement définitif*, il faut entendre le jugement qui fixe les droits du légataire; de sorte que les légataires peuvent, même après le partage, tant qu'un jugement définitif n'est pas venu reconnaître leur droit vis-à-vis des héritiers, porter leur demande en délivrance devant le tribunal de l'ouverture de la succession (Pigeau, *Comment.*, t. 1er, p. 157; Rodière, *Explication raisonnée des lois de la compét. et de la procéd.*, t. 1er, p. 118; Sebire et Carteret, *Encyclop. du droit*, vº *Compétence civile*, nº 35). Il nous semble que le premier système doit être préféré. Il n'est guère possible, en effet, qu'un jugement reconnaisse le droit du légataire sans ordonner en même temps la délivrance de son legs. La demande en délivrance doit toujours précéder le jugement qui intervient sur les contestations entre le légataire et l'héritier. Il est donc vraisemblable que c'est pour éviter de répéter le mot *partage* que, ainsi que le fait remarquer avec raison M. Boitard (*loc. cit.*), le législateur s'est servi du mot *jugement.*

113. En *matière de partage* d'objets communs ne dépendant pas d'une succession, l'action s'intente devant le tribunal du domicile du défendeur, s'il ne s'agit que de meubles; devant celui de la situation, s'il ne s'agit que d'immeubles, et devant l'un ou l'autre, s'il s'agit à la fois de meubles et d'immeubles indivis.

114. En *matière de faillite*, le défendeur doit être assigné, aux termes de l'art. 59, C. p. c., devant le juge du domicile du failli. Mais sur le point de savoir ce qu'on doit entendre par ces mots *en matière de faillite*, ou, en d'autres termes, quelles sont les contestations qui doivent être, comme se rattachant à la faillite, portées devant le tribunal du domicile du failli, V. *Faillite.*

115. En *matière de garantie*, le défendeur doit être assigné devant le juge où la demande originaire est pendante (C. p. c., art. 59), quelle que soit la partie qui exerce le recours. Lorsque l'instance principale est terminée au moment où l'action en garantie est formée, cette action ne plus être portée que devant le tribunal du domicile du garant.

116. Toutefois, l'exception faite en cette matière aux règles ordinaires n'atteint que la compétence *ratione personæ* et non la compétence *ratione materiæ.* Ainsi, par exemple, l'action en garantie formée par le porteur d'un effet de commerce contre l'huissier qui a signifié un protêt nul par sa faute ne peut être portée que devant le tribunal civil du domicile de l'huissier, et non devant le tribunal de commerce saisi de la demande en paiement de l'effet protesté. A cet égard, la jurisprudence est constante.—V. *Huissier, Responsabilité.*—V. au surplus *Exception, Garantie.*

117. Lorsqu'il s'agit de contestations relatives à l'*exécution des jugements*, la connaissance en appartient en général au tribunal qui a rendu ces jugements (C. p. c., art. 472).—V. *Appel en matière civile*, nº 392, *Exécution des jugements.*

118. Mais cette règle souffre exception dans le cas où les difficultés s'élèvent sur l'exécution de jugements rendus par les tribunaux d'exception (V. *Compétence administrative* et *Compétence commerciale*), et dans le cas où l'exécution est poursuivie dans un autre ressort que celui du tribunal qui a rendu le jugement (C. p. c., art. 472 et 554), ou lorsqu'elle est poursuivie dans différents ressorts à la fois.—V. *Exécution des jugements.*

119. En ce qui concerne les *demandes en paiement de frais* formées par les officiers ministériels, elles doivent être portées devant le tribunal où les frais ont été faits (C. p. c., art. 60).—V. *Frais.*

120. Indépendamment des exceptions que nous avons indiquées à la règle générale qui attribue compétence au tribunal civil du domicile du défendeur, il existe encore quelques autres exceptions particulières qui ont été fixées pour certaines matières. — V. *Requête civile*, *Saisie-arrêt*, *Saisie-exécution*, *Saisie foraine*, *Saisie immobilière*, *Saisie-revendication*, *Tierce opposition.*

§ 3. — *Compétence des diverses chambres d'un tribunal.*

121. Dans les tribunaux divisés en plusieurs chambres, les affaires autres que celles qui sont expressément attribuées à une chambre par une disposition de la loi sont distribuées entre toutes les chambres de la manière que le président juge convenable (Décr. 30 mars 1808, art. 61).

122. Les affaires que la loi réserve à la chambre où le président siége habituellement sont les contestations relatives aux avis de parents, aux interdictions, à l'envoi en possession des biens des absents, à l'autorisation des femmes pour absence ou refus de leurs maris, à la réformation d'erreurs dans les actes de l'état civil et autres de même nature, ainsi que les contestations qui intéressent le Gouvernement, les communes et les établissements publics (Même décr., art. 60).

123. Les prestations de serment qui doivent se faire devant le tribunal sont également reçues à l'audience de la chambre où siége le président (Carré, *Compétence*, t. 2, nº 470).

124. Les affaires relatives aux droits d'enregistrement, d'hypothèque et de timbre, et aux contributions, doivent être portées à la chambre indiquée d'avance par le président (Même décr., art. 56).

125. Les homologations d'avis des chambres de discipline des officiers ministériels sont portées devant le tribunal entier, lorsqu'ils intéressent le corps de ces officiers (Même décr., art. 64).

126. Mais, dès qu'une des chambres d'un tribunal a été régulièrement saisie d'une affaire, les autres chambres du tribunal sont incompétentes pour en connaître. Cependant cette incompétence n'est point telle qu'elle ne puisse pas être couverte par les conclusions des parties consignées dans le jugement (Carré, *Compétence*, t. 2, nº 467).

127. Pour le temps des vacances, c'est-à-dire du 1er septembre au 1er novembre de chaque année, il est formé une chambre particulière appelée *Chambre des vacations*, qui est chargée de statuer sur les affaires sommaires et sur celles qui requièrent célérité (Décr., 30 mars 1808, art. 44 et 78).

128. Toutefois, l'incompétence de la chambre des vacations pour juger les affaires autres que celles qui lui sont expressément réservées n'est point absolue; le consentement des parties suffit pour proroger sa juridiction (Carré, *Compétence*, t. 2, nº 473). — V. *Chambre des vacations*, *Vacations.*

§ 4. — *Compétence particulière du président du tribunal.*

129. Dans certains cas expressément prévus par la loi, les présidents des tribunaux civils, ou les juges qui les remplacent, exercent seuls la juridiction tant en matière contentieuse qu'en matière non contentieuse. Les attributions des présidents des tribunaux civils sont spécialement traitées avec les matières auxquelles elles se rattachent. — V. *Arbitrage, Assignation à bref délai, Audience, Contrainte par corps, Exécution, Huissier commis, Ordonnance, Président, Référé, Requête, Saisie-arrêt, Saisie-exécution, Saisie foraine, Saisie immobilière, Saisie-revendication, Scellés, Séparation de corps, Taxe*, etc.

130. Quant aux attributions particulières du procureur impérial près les tribunaux civils d'arrondissement, V. *Chambre de discipline des huissiers, Discipline, Ministère public.*

Section III. — *Cours impériales.*

131. Les Cours impériales sont principalement chargées de statuer sur les appels des jugements des tribunaux civils d'arrondissement, ou des tribunaux de commerce (L. 27 vent. an 8, art. 22; C. comm., art. 664), et sur les appels des jugements des arbitres volontaires, lorsque le différend eût été de nature à être soumis aux tribunaux civils (V. *Arbitrage*, n° 103), et, dans tous les cas, des jugements des arbitres forcés (V. *eod. verb.*, nos 113 et suiv.). —V. au surplus *Appel en matière civile*, chap. II, sect. 1re, §§ 1, 2, 3 et 4.

132. Elles ne peuvent connaître des appels formés contre les sentences des juges de paix (V. *suprà*, nos 6 et suiv.) ou des conseils de prud'hommes (V. *Compétence commerciale*). Mais elles prononcent sur l'appel de certaines ordonnances rendues par les présidents des tribunaux civils ou les juges qui les remplacent (V. *Appel en matière civile*, nos 94 et suiv.).

133. Toutefois, une Cour impériale est incompétente pour connaître de la demande en nullité d'une enquête par appel de l'ordonnance du juge commis pour y procéder ; cette demande doit être portée devant le tribunal qui a ordonné l'enquête (Paris, 3 juill. 1848 : V. *J. Huiss.*, t. 29, p. 294).

134. En principe, les Cours impériales ne peuvent pas connaître des affaires qui n'ont pas subi un premier degré de juridiction. Ce principe souffre cependant quelques exceptions.

135. Ainsi, les Cours impériales connaissent en première et dernière instance tout à la fois :

1° Des demandes en péremption d'une instance d'appel (V. *Appel en matière civile*, nos 393 et suiv.) ;

136. 2° Dans certains cas, de l'exécution des jugements rendus par les tribunaux de première instance (V. C. p. c., art. 472; *Appel en matière civile*, n° 392, et *Exécution des jugements*).

137. Spécialement, lorsqu'un jugement est exécuté au mépris d'un appel, c'est à la Cour impériale saisie de l'appel qu'il appartient de statuer sur les suites de cette exécution prématurée (Bruxelles, 5 mars 1829 : V. *J. Huiss.*, t. 10, p. 293);

138. 3° Des fautes de discipline (Décr. 30 mars 1808, art. 103). — V. *Discipline.*

139. La Cour impériale, qui infirme pour incompétence un jugement rendu en matière de discipline, peut retenir le fond, s'il est en état de recevoir une décision définitive, et statuer par un seul et même arrêt sur l'action disciplinaire, en vertu de l'art. 473, C. p. c. (Cass. 15 janv. 1835 : V. *J. Huiss.*, t. 16, p. 106) ;

140. 4° Des demandes en garantie ou responsabilité formées contre des officiers ministériels.

141. Par exemple, la demande en garantie formée par un huissier contre l'avoué qui l'a chargé de signifier un acte d'appel argué de nullité peut être jugée *de plano* par la Cour impériale saisie de la demande en nullité de l'exploit (Grenoble, 14 déc. 1832 : V. *J. Huiss.*, t. 14, p. 266). — V. *Huissier, Responsabilité ;*

142. 5° Des demandes en paiement de frais formées par les officiers ministériels, lorsque ces frais ont été faits devant elle (C. p. c., art. 60). — V. *Frais et dépens ;*

143. 6° Des prises à partie (C. p. c., art. 509). — V. *Prises à partie ;*

144. 7° Des règlements de juges, dans certains cas déterminés. — V. *Règlement de juges ;*

145. 8° De la réhabilitation des faillis (C. comm., art. 605). — V. *Faillite.*

146. Les exceptions au principe qui veut que les Cours impériales ne puissent pas connaître des affaires qui n'ont point subi un premier degré de juridiction ne peuvent être étendus au delà des cas qui sont expressément déterminés. Ainsi, hors ces cas, l'incompétence des Cours impériales est absolue, et ne peut être couverte par le silence des parties (Sebire et Carteret, *Encyclopédie du droit*, v° *Compétence civile*, n° 52).

147. Toutefois, lorsque les Cours impériales sont déjà saisies d'ue affaire, elles peuvent apprécier et juger certaines demandes se rattachant à cette affaire, telles que celles qui tendent à la compensation ou ne sont qu'une défense à l'action principale, encore bien qu'elles n'aient pas été décidées par les premiers juges. — V. *Appel en matière civile*, n°s 359 et suiv., *Evocation*, *Demande nouvelle.*

148. La compétence des Cours impériales est, au surplus, restreinte aux limites du territoire dans lesquelles leur juridiction a été circonscrite. Elles ne peuvent statuer que sur les appels des jugements rendus par les tribunaux de leur ressort. L'appel des sentences arbitrales doit être porté devant la Cour dans le ressort de laquelle ces sentences ont été déposées.

149. Le premier président des Cours impériales a, comme les présidents des tribunaux civils, quelques attributions particulières ; il statue : 1° sur les requêtes en abréviation de délai présentées avant la distribution des causes (Décr. 30 mars 1808, art. 18) ; 2° sur les difficultés qui s'élèvent, soit sur la distribution, soit sur la litispendance ou la connexité des causes (Même décr., art. 25) ; 3° sur les réclamations faites par un enfant à fin de révocation ou de modification des ordres de détention donnés par les présidents des tribunaux civils (C. civ., art. 382) ; et 4° sur la demande en indication du jour où il sera statué sur le pourvoi formé contre un jugement de rectification d'actes de l'état civil, quand il n'y a pas d'autres parties en cause que le demandeur en rectification (C. p. c., art. 858).

150. A ces attributions principales du premier président, il faut ajouter celles que la loi lui confère pour la direction et la surveillance du service intérieur (V. Décr. 30 mars 1808, art. 19 et 23 ; 6 juill. 1810, art. 61 et 65).

151. En ce qui concerne la compétence spéciale que les procureurs généraux près les Cours impériales ont en certaines matières, V. *Discipline*, *Ministère public.*

SECTION IV. — *Cour de cassation.*

152. Les demandes ou pourvois en cassation contre les jugements en dernier ressort des tribunaux civils, contre les jugements arbitraux, lorsque les parties n'ont pas déclaré y renoncer, et contre les arrêts des Cours impériales, doivent être portés devant la Cour de cassation. — V. *Cassation*, *Cour de cassation.*

COMPÉTENCE COMMERCIALE. — **1.** Mesure d'attribution dévolue aux tribunaux qui jugent en matière commerciale.

2. Les tribunaux, qui ont été institués pour prononcer sur les contestations commerciales, sont des tribunaux extraordinaires ou d'exception : d'où il suit que leurs attributions sont essentiellement restreintes aux cas que la loi détermine.

3. Les diverses autorités dont l'ensemble constitue la juridiction commerciale sont les consuls, les prud'hommes, les arbitres et les tribunaux de commerce. Les juges de paix ont aussi quelques attributions en matière commerciale. Enfin, au-dessus de ces autorités, sont les Cours impériales, auxquelles est dévolu le pouvoir de statuer sur l'appel de ceux des jugements rendus par les tribunaux de commerce qui sont susceptibles de cette voie de recours, et la Cour de cassation, qui apprécie, au point de vue du droit, le mérite des arrêts rendus sur cet appel par les Cours impériales, et des décisions en dernier ressort des consuls, des prud'hommes, des arbitres et des tribunaux de commerce.

4. Pour tout ce qui concerne les attributions, en matière commerciale, des arbitres, des consuls et des prud'hommes, V. ***Arbitrage***, ***Consuls*** et ***Prud'hommes***, et les attributions des juges de paix en cette matière, V. ***Justice de paix***.—V. aussi ***Cassation***.

5. Nous ne nous occuperons ici que des ***tribunaux de commerce***, dont nous nous bornerons à déterminer le caractère général de la compétence, en en indiquant les principales conséquences.

Indication alphabétique des matières.

---

§ 1. *Compétence* RATIONE MATERIÆ.

6. 1° *Engagements entre commerçants.* — Les tribunaux de commerce connaissent : 1° de toutes contestations relatives aux engagements et transactions entre négociants, marchands et banquiers (C. comm., art. 631, alin. 1er). Cette disposition établit une présomption que les engagements et transactions entre négociants sont des actes de commerce (Paris, 12 fév. 1814). Mais cette présomption peut être détruite par la preuve contraire (Rouen, 23 juill. 1842; Orillard, *Compétence commerciale*, p. 174).

7. Ainsi, pour qu'un engagement soit de la compétence du tribunal de commerce, il ne suffit pas qu'il soit intervenu entre commerçants; il faut, de plus, qu'il ait trait au commerce, qu'il soit un acte de commerce (Toulouse, 5 mars 1825; Lyon, 11 déc. 1840; 14 janv. 1841; Orillard, *loc. cit.*). — V. *Actes de commerce, Commerçant.*

8. Du principe que les tribunaux de commerce ne doivent connaître des engagements entre commerçants qu'autant que ces engagements sont commerciaux, il suit qu'ils ne sont pas compétents pour statuer sur l'action dirigée contre un commerçant pour fournitures de bureau, telles que registres et papiers, faites à ce commerçant pour l'usage de sa maison de commerce (Cass., 21 niv. an 5; Carré, *Lois de la compétence*, n° 491), et, à plus forte raison, pour fournitures, de quelque nature qu'elles soient, faites pour son usage personnel (Nîmes, 19 août 1819; Lyon, 16 janv. 1838; Aix, 22 janv. 1840; Pardessus, *Droit commercial*, t. 1, n° 12; Merlin, *Répert.*, v° *Tribunaux de commerce*, n° 6), ni même sur l'action en paiement de fourniture de pain faite par un boulanger à un commerçant pour la nourriture de ses ouvriers (Bourges, 18 janv. 1840). Les engagements du commerçant à raison des fournitures dont il s'agit n'ont de sa part qu'un caractère purement civil.

9. Il en est de même de la promesse d'une somme faite par un négociant à un agent d'affaires pour lui trouver un acquéreur de son fonds (Paris, 30 janv. 1839; 5 mai 1852. — *Contrà*, Paris, 14 nov. 1840); — V. *Compétence civile*, n° 18.

10. ...De l'action formée contre un créancier négociant à raison d'opérations qu'il a faites par suite du mandat que lui ont donné ses cocréanciers négociants pour administrer les biens cédés par le débiteur (Limoges, 8 déc. 1836).

11. Mais l'action dérivant d'un mandat qui avait pour objet des opérations commerciales est de la compétence des tribunaux de commerce (Montpellier, 21 mars 1831).

12. Les tribunaux de commerce sont également compétents pour connaître de l'action formée par un marchand contre un autre marchand, à l'effet d'empêcher que celui-ci fasse vendre à l'encan des marchandises neuves (Grenoble, 16 mars 1837);

13. ...Pour statuer sur la demande en restitution, formée par un commerçant contre un autre commerçant, de marchandises que le dernier s'est fait remettre, comme lui ayant été promises à titre de gage d'une créance, par le mandataire du premier, et que celui-ci prétend avoir été enlevées sans droit (Cass., 31 mai 1836);

14. ...Sur la demande formée par un aubergiste contre un marchand de bois, à raison des dépenses faites dans l'auberge pour la nourriture des voituriers et des chevaux employés pour le transport du bois (Caen, 25 mars 1846: V. *J. Huiss.*, t. 27, p. 266);

15. ...Sur la demande en paiement intentée contre un commerçant, qui s'est porté caution envers un autre commerçant, par ce dernier, car le cautionnement doit être ici réputé acte de commerce, à moins qu'il n'ait été dit et qu'il ne soit vrai que ce cautionnement a un caractère purement civil : car, en principe, la caution suit le sort du principal obligé; et elle devra être d'autant plus facilement présumée avoir voulu le suivre qu'elle se sera engagée solidairement et par le même acte, surtout si cet acte a le caractère d'un acte de commerce (Angers, 8 fév. 1830; Toulouse, 16 avril 1836).

16. A l'égard de la question de savoir si l'individu non commerçant qui a cautionné une obligation commerciale, souscrite par un commerçant au profit d'un autre commerçant, devient, pour ce fait, justiciable du tribunal de commerce, la jurisprudence offre une grande divergence.

Arrêts qui se sont prononcés pour l'affirmative : Caen, 25 fév. 1825; Paris, 6 juin 1831; 12 avril 1834; Lyon, 4 fév. 1835 (V. *J. Huiss.*, t. 16, p. 154); Rouen, 6 août 1838; 26 déc. 1840; Bourges, 18 janv. 1840; Limoges, 9 fév. 1839; 27 janv. 1848; Bordeaux, 25 mai 1841.

Arrêts qui se sont prononcés pour la négative : Poitiers, 29 juill. 1824; 14 mai 1834; Angers, 8 fév. 1830; Cass., 26 mai 1830; Bruxelles, 30 oct. 1830; Dijon, 15 fév. 1841; Rouen, 10 déc. 1841; Toulouse, 10 août 1850 (V. *J. Huiss.*, t. 31, p. 321). V. aussi en ce sens, jugement du trib. de comm. de la Seine, du 8 mars 1850 (*J. Huiss.*, t. 31, p. 139).

Quant à nous, nous croyons que la solution de cette question dépend des circonstances. Ainsi, pour savoir si c'est devant le tribunal de commerce ou devant le tribunal civil que doit être actionné l'individu non commerçant qui s'est porté caution, il y a lieu de rechercher quelle a été l'intention de cet individu, s'il a entendu s'associer à un acte de commerce, et s'y est associé en effet par la nature de son engagement, ou s'il n'a voulu, au contraire, prendre, en ce qui le concerne, qu'un engagement purement civil. A défaut de faits suffisamment probants, il nous semble que, à la différence de ce qui a lieu pour le commerçant qui se porte caution d'un commerçant, l'individu non commerçant devra toujours, de préférence, être réputé avoir voulu, en cautionnant un commerçant, ne s'obliger que civilement.—V. *infrà*, nos 24 et suiv.

17. Pour apprécier si un engagement pris par un commerçant envers un autre commerçant doit être réputé commercial, il n'y a pas lieu, en général, de s'attacher à la forme de l'acte d'où il dérive. Ainsi, que cet engagement résulte d'un compte courant, d'un arrêté de compte, d'une facture acceptée, d'une simple reconnaissance, ou même d'un prêt fait verbalement, il peut être considéré comme présentant un caractère commercial, et comme rentrant dès lors dans les attributions du tribunal de commerce.

18. 2° *Engagements des commerçants envers des non-commerçants.*— Lorsque les obligations contractées par des commerçants envers des non-commerçants l'ont été par billets, elles sont censées l'avoir été pour leur commerce, si aucune autre cause n'y est énoncée (C. comm., art. 638, alin. 2). C'est par application de cette règle qu'il a été décidé que les billets souscrits au profit d'un non-commerçant par un individu qui fait le commerce de banque (Rouen, 13 mai 1813) ou par un marchand pour *valeur reçue comptant* (Paris, 1er oct. 1806), ont, à l'égard des souscripteurs, un caractère commercial qui les rend justiciables du tribunal de commerce, encore bien qu'il s'agisse de billets *non négociables* (Paris, 23 juin 1807; 6 déc. 1814).

19. Il a été jugé cependant que si un billet souscrit par un commerçant au profit d'un non-commerçant exprime qu'il a eu lieu pour *prêt*, sans énoncer que l'emprunt ait été fait ou non pour le commerce de l'emprunteur, le tribunal de commerce est incompétent pour en connaître (Rennes, 13 déc. 1825). Mais cette décision ne saurait être admise en principe : car l'énonciation du *prêt* comme cause du billet n'est pas l'énonciation de la *cause* dont entend parler l'art. 638 précité. Ainsi, ce qui doit déterminer la compétence, c'est que le prêt est ou non commercial, qu'il a été fait ou non pour les besoins du commerce de l'emprunteur. Et la présomption doit toujours être qu'il est commercial; il conserve ce caractère tant que l'emprunteur n'établit pas le contraire (Douai, 11 juill. 1821; Bourges, 29 mai 1824).

20. Aussi, est-ce avec raison qu'un prêt fait à un négociant, même par acte notarié et avec stipulation d'intérêts à 5 pour 100, a été déclaré, à défaut d'énonciation d'une autre cause dans l'acte, fait pour le commerce de ce négociant, et qu'il a été, par suite, décidé que le tribunal de commerce était compétent pour connaître de l'action en remboursement de la somme prêtée (Douai, 7 fév. 1825; Bordeaux, 28 août 1835; Pardessus, *Droit commercial*, t. 1er, n° 50).

21. Est également de la compétence du tribunal de commerce, l'action intentée par un non-commerçant contre un brasseur pour achat d'un cheval destiné non pas à être revendu, mais à transporter la bière, parce que ce cheval est réputé acheté pour le commerce du brasseur (Metz, 21 juin 1811).

22. Toutefois, il nous semble, bien que ce soit là un point contesté, que l'individu non commerçant peut, dans les cas qui viennent d'être indiqués, comme dans tous autres cas analogues, actionner, à son choix, le commerçant qui s'est obligé envers lui, même pour un fait de son commerce, devant le tribunal civil ou devant le tribunal de commerce (V. en ce sens, Cass., 12 déc. 1836; Bourges, 17 juillet 1837; 31 mars 1841.—*Contrà*, Bourges, 25 août 1830; Carré, *Compétence*, t. 2, p. 385, à la note); et, si, l'action étant portée devant le tribunal civil, le commerçant ne demande pas son renvoi devant la juridiction commerciale, le tribunal civil ne peut même d'office se déclarer incompétent, parce que l'incompétence des tribunaux civils pour statuer sur les matières commerciales est simplement relative et par suite susceptible d'être couverte par les parties (Rennes, 2 déc. 1815; Cass., 10 juill. 1816; 9 janv. 1838; Bordeaux, 1er fév. 1831; Douai, 9 déc. 1843; Henrion de Pansey, *Traité de la compétence des juges de paix*, 7e édit., chap. 4).

23. Mais le négociant, assigné devant un tribunal civil à raison d'une obligation par lui contractée envers un non-commerçant, n'est pas déchu du droit de demander son renvoi devant la juridiction commerciale, parce que, cité préalablement en conciliation, il a comparu au bureau de paix (Bastia, 10 août 1831; Orléans, 5 mars 1842).—Cependant, à cause de la possibilité qu'a le commerçant, lorsqu'il est actionné devant le tribunal civil, d'opposer le déclinatoire, nous croyons qu'il est prudent, si aucun doute n'existe sur la nature de l'obligation, et pour ne pas exposer le demandeur à des frais inutiles, d'appeler de préférence le commerçant devant le tribunal de commerce.

24. Dans le cas d'une obligation solidaire contractée par des commerçants et des non-commerçants, lorsqu'elle ne résulte ni d'une lettre de change ou d'un billet à ordre portant la signature de commerçants, ni d'un autre acte que la loi répute *acte de commerce*, le créancier peut poursuivre chacun des débiteurs séparément devant leur tribunal respectif, les commerçants devant le tribunal de commerce, et les non-commerçants devant le tribunal civil. Il peut aussi les assigner tous collectivement devant le tribunal civil, parce qu'il a la plénitude de la juridiction, sans que les débiteurs commerçants puissent être renvoyés sous prétexte d'incompétence. Mais il ne peut traduire les non-commerçants, puisqu'ils ne sont obligés que civilement, collectivement avec les commerçants, devant la juridiction commerciale (Orillard, p. 227).

25. Au contraire, lorsque les non-commerçants, obligés conjointement avec des commerçants, le sont en vertu d'un engagement qui présente à leur égard un caractère commercial, comme par exemple en vertu d'un billet à ordre (Paris, 25 nov. **1834** ; V. *J. Huiss.*, t. **16**, p. **158**), ils sont valablement assignés, seuls ou collectivement avec les commerçants, devant le tribunal de commerce, et ne peuvent, ni dans l'un ni dans l'autre cas, demander leur renvoi devant la juridiction civile.

26. Spécialement, la femme d'un marchand, qui a souscrit solidairement avec lui une obligation commerciale, peut être poursuivie, conjointement avec son mari, devant le tribunal de commerce, encore bien qu'elle ne soit pas marchande publique (Cass., **19** frim. an **13**).

27. Nous avons pensé aussi (V. *suprà*, n° **16**) que le cautionnement d'une obligation commerciale par un non-commerçant ne pouvait le rendre justiciable du tribunal de commerce qu'autant que la nature du cautionnement, le caractère que les parties avaient entendu y attribuer, ne laissaient aucun doute sur l'intention de la caution de s'obliger commercialement.

28. L'interprétation d'une obligation purement civile, dans une instance engagée entre le débiteur et le cessionnaire du créancier, n'appartient pas au tribunal de commerce, par cela seul que le créancier appelé en cause et son cessionnaire seraient tous deux commerçants : le tribunal de commerce est ici incompétent *ratione materiæ* (Cass., **27** juin **1831**).

29. Le tribunal de commerce est aussi incompétent pour statuer sur l'action en paiement du prix d'achat d'immeubles, pour revendre, quoique l'acheteur fasse habituellement des achats pareils, ces achats ne constituant pas des actes de commerce (Paris, **14** mai **1812**. — V. *Actes de commerce*, nos **19** et **80**).

30. 3° *Actions contre les facteurs, commis des marchands ou leurs serviteurs.* — Aux termes de l'art. 634, alinéa 1er, C. comm., les tribunaux de commerce connaissent des actions contre les facteurs, commis des marchands ou leurs serviteurs, mais pour le fait seulement du trafic du marchand auquel ils sont attachés.

31. La généralité de cette disposition autorise évidemment les tiers à porter devant la juridiction commerciale les actions qu'ils croient pouvoir intenter contre les facteurs ou commis des marchands, surtout lorsqu'ils sont fondés à prétendre que ces facteurs ou commis se sont engagés personnellement à raison du commerce de leurs patrons, ou, s'il s'agit d'achats, qu'ils les ont faits pour leur compte. C'est ce qui résulte d'un arrêt de la Cour de Bordeaux du 25 juillet 1838.

32. Il n'est pas douteux également que la disposition précitée de l'art. 634 attribue aux tribunaux de commerce la connaissance des actions intentées par les commerçants eux-mêmes contre leurs facteurs ou commis pour le fait du trafic auquel ils les ont employés (Paris, 11 juill. 1840 ; 3 juill. 1851 ; Rouen, 13 mars 1847 ; Douai, 23 mars 1848 ; Cass., 10 fév. 1851), par exemple, en restitution de carnets de commission, de vente, ou remboursement de sommes surpayées, etc., en réparation du préjudice qu'un commis leur a causé en manquant à ses engagements (Montpellier, 24 janv. 1851). Il est vrai que la Cour de Nîmes, par arrêt du 16 août 1839, a restreint la compétence de ces tribunaux aux actions qui sont formées par des tiers. Mais cette décision nous paraît inadmissible. Il n'y a rien, en effet, dans les termes de la disposition dont il s'agit, qui puisse justifier cette restriction.

33. Sous l'empire de l'ordonnance de 1673 (tit. 12, art. 13), la compétence du tribunal de commerce s'étendait aussi aux actions pour gages et salaires des facteurs ou commis contre les marchands. En est-il de même aujourd'hui ?

34. Cette question divise la jurisprudence. Dans le sens de l'opinion qui attribue compétence aux tribunaux de commerce pour connaître des actions des facteurs ou commis contre leurs patrons en paiement de leurs gages ou appointements, on peut citer les arrêts suivants : Liége, 27 déc. 1811 ; Lyon, 17 janv. 1821 ; 7 mai 1841 ; Paris, 29 nov. 1825 ; 24 août 1829 ; 11 mars 1834 ; Cass., 3 janv. 1828 ; 15 déc. 1835 ; 12 déc. 1836 ; Limoges, 30 juill. 1836 ; Bordeaux, 10 janv. 1843 ; Aix, 3 juin 1843 ; Orléans, 6 mars 1844 ; Besançon, 3 août 1844.

35. Il a été jugé pareillement que le commis peut agir devant les tribunaux de commerce pour les avances et fournitures à lui faites par son maître, et en général pour l'exécution des engagements qu'il prétend avoir été contractés envers lui par son patron, de même que pour ses appointements (Bordeaux, 4 août 1840).

36. Mais le système qui refuse aux facteurs et commis le droit de poursuivre leurs maîtres ou patrons en paiement de leurs salaires ou appointements devant le tribunal de commerce, et restreint la compétence de la juridiction consulaire aux actions intentées par les maîtres ou patrons contre leurs facteurs ou commis, a été également consacré par un grand nombre d'arrêts, dont voici quelques-uns : Rouen, 19 janv. 1813 ; 26 mai 1828 ; Grenoble, 31 août 1814 ; Metz, 13 juill. 1818 ; 16 fév. 1819 ; Amiens, 8 mai 1821 ; Caen, 8 mars 1825 ; Nancy, 9 juin 1826 ; Poitiers, 27 janv. 1830 ; Montpellier, 10 juill. 1830 ; Nîmes, 28 juin 1839.

37. Quant à nous, nous adoptons l'opinion qui fait entrer dans les attributions des tribunaux de commerce la connaissance des actions des facteurs ou commis contre leurs maîtres ou patrons, parce que les engagements formés par les facteurs ou commis le sont à raison de fonctions commerciales, que la commission donnée par un commerçant est un fait de commerce, que la loi ne fait plus de distinction entre les personnes et les met toutes sur le pied de l'égalité, et que, enfin, les tribunaux de commerce sont plus à même que tous autres juges de prononcer sur des actions de cette nature (V. aussi en ce sens, Delvincourt, *Institutes de droit commercial*, t. 2, p. 505, note 1, sur la p. 310 ; Orillard, *Compét. comm.*, p. 435).

38. Décidé aussi que le tribunal de commerce est compétent pour connaître d'une demande en paiement d'un dédit, formée par un contre-maître contre un fabricant, aux termes d'un traité passé entre eux (Paris, 11 mars 1834 : V. *J. Huiss.*, t. 15, p. 260. — V. aussi, dans le même sens, Pardessus, *Droit comm.*, t. 5, n° 1346).

39. ...De l'action intentée par un caissier de société ou son cessionnaire contre un négociant, en restitution d'une somme qu'il lui a versée à titre de cautionnement (Bourges, 30 déc. 1843 : V. *J. Huiss.*, t. 25, p. 204).

40. 4° *Billets faits par les comptables de deniers publics.* — L'art. 634, alin. 2, C. comm., attribue encore aux tribunaux de commerce la connaissance des billets faits par les receveurs, payeurs, percepteurs, ou autres comptables des deniers publics.

41. Peu importe que la valeur de ces billets y soit énoncée pour amiable prêt (Aix, 30 mai 1829), ou que les billets ne soient pas négociables par la voie de l'endossement (Rouen, 29 nov. 1814 ; Poitiers, 24 janv. 1832). Il suffit qu'ils aient été faits à propos de la gestion du comptable, ou que ce dernier, encore bien qu'il n'en soit pas le souscripteur, y ait apposé sa signature pour une cause non étrangère à sa gestion.

42. Ainsi, le tribunal de commerce est compétent pour connaître d'un billet fait par le fermier d'un octroi municipal, encore que ce billet ait une date antérieure à l'époque où a commencé l'administration du fermier, s'il est relatif à cette administration (Caen, 12 mai 1814).

43. Mais le percepteur de deniers publics qui a cessé d'avoir cette qualité à l'époque où il a souscrit un billet à ordre, et qui faisait alors seulement quelques recouvrements arriérés, n'est pas justiciable du tribunal de commerce à raison de ce billet à ordre (Aix, 2 août 1808).

44. Le tribunal de commerce est également incompétent pour connaître de billets souscrits par un comptable, lorsqu'ils énoncent une cause étrangère à leur gestion (C. comm., art. 638).

45. 5° *Faillite.*— Les tribunaux de commerce connaissent de tout ce qui concerne les faillites, conformément à ce qui est prescrit au livre 3e du Code de commerce (C. comm., art. 635).— V. *Faillite.*

46. 6° *Actes de commerce entre toutes personnes.* — Les tribunaux de commerce connaissent, porte l'art. 631, alin. 2, C. comm., *entre toutes personnes*, des contestations relatives aux actes de commerce.

47. Ainsi, par cela seul qu'un acte est commercial, il y a lieu de traduire devant le tribunal de commerce, à raison des contestations qu'il fait naître, toutes les personnes, quelle que soit d'ailleurs leur condition, qui y ont participé (Toulouse, 21 juin 1827), encore bien qu'il ne soit, de la part de quelques-unes, qu'une exception (Goujet et Merger, *Dict. du droit comm.*, v° *Compétence*, n° 63).

48. Spécialement, est justiciable du tribunal de commerce l'individu qui exploite une mine dans un terrain dont il n'est point propriétaire, et qui ne lui a point été concédée (Montpellier, 28 août 1833 : V. *J. Huiss.*, t. 15, p. 264).—V. *Actes de commerce*, nos 83 et 84.

49. La question de savoir quels sont les actes qui doivent être considérés comme actes de commerce, a été, au surplus, traitée ailleurs (V. *Actes de commerce*, *Commerçant*). Nous devons nous borner ici à mentionner quelques décisions qui se rattachent à cette importante question et ont été rendues depuis l'impression des mots : *Actes de commerce* et *Commerçant.*

50. Ainsi, il a été jugé notamment :

1° Que l'action intentée contre un fermier en paiement du prix de grains ou denrées qu'il a achetés dans le but de les revendre est de la compétence du tribunal de commerce, cet achat constituant de la part du fermier un acte de commerce (Caen, 1er mars 1852 : V. *J. Huiss.*, t. 33, p. 275) ; — V. *Actes de commerce*, n° 33.

51. 2° Que c'est devant le tribunal de commerce qu'un entrepreneur de bâtiments doit être assigné en paiement de matériaux qu'il a achetés pour être employés à la construction de propriétés qu'il bâtit pour les revendre

(Bruxelles, 8 mai 1851 : V. *J. Huiss.*, t. 34, p. 55) ; — V. *Actes de commerce*, n° 85.

52. 3° Que, dans le cas de location d'une usine à gaz, faite à la condition par le preneur de l'exploiter et de remplir les engagements précédemment contractés par le bailleur, les contestations, qui surviennent entre le bailleur et le preneur relativement à l'exécution de cette location, sont de la compétence du tribunal de commerce (Paris, 22 juillet 1852 : V. *J. Huiss.*, t. 33, p. 249) ;

53. 4° Que c'est le tribunal de commerce, et non le tribunal civil qui, dans le cas où un commerçant a souscrit un contrat d'assurance, doit connaître de la demande en paiement de la prime d'assurance (Cass., 28 avril 1852 : V. *J. Huiss.*, t. 33, p. 168);

54. 5° Qu'il doit également connaître de la demande formée par un voyageur non commerçant contre une compagnie de chemin de fer, à raison de la perte ou de la détérioration d'objets transportés (Jugement du trib. civ. de la Seine, 11 oct. 1850 : V. *J. Huiss.*, t. 34, p. 55) ;

55. 6° Que la demande en nullité, pour défaut de formalités de publicité, d'une société d'assurances mutuelles contre les faillites, est de la compétence du tribunal de commerce, encore bien que cette société ait été qualifiée de société civile (Paris, 6 déc. 1852 : V. *J. Huiss.*, t. 34, p. 55) ;

56. 7° Qu'il appartient au tribunal de commerce, et non au conseil des prud'hommes, de statuer sur les difficultés qui s'élèvent entre le mécanicien d'un bateau à vapeur et le propriétaire de ce bateau, au sujet de l'exécution de leurs engagements respectifs (Trib. de comm. de la Seine, 27 juill. 1852 : V. *J. Huiss.*, t. 33, p. 250).

57. Il a été décidé aussi que le tribunal de commerce est compétent pour statuer sur toutes les difficultés relatives à la vente d'un fonds de commerce faite à une personne qui, jusque-là, n'avait jamais eu la qualité de commerçant (Paris, 2 mars 1850 : V. *J. Huiss.*, t. 31, p. 72).

58. 7° *Lettres de change et billets à ordre.* — En ce qui concerne la compétence des tribunaux de commerce en matière de lettres de change et de billets à ordre, V. *Effets de commerce.*

59. 8° ***Actions contre les veuves et héritiers des commerçants.*** — La juridiction commerciale s'étend non-seulement aux commerçants, mais encore à leurs veuves et héritiers. Ainsi, ces derniers peuvent être assignés devant les tribunaux de commerce en reprise ou par ***action nouvelle***, sauf, si les qualités sont contestées, à les renvoyer aux tribunaux ordinaires pour y être réglés, et ensuite, être jugés sur le fond, au tribunal de commerce (Ord. 1673, tit. 12, art. 16; C. proc. civ., art. 426).

60. Les mots ***action nouvelle*** indiquent qu'il n'est pas nécessaire qu'il ait déjà existé une action contre le défunt. L'action ne peut s'ouvrir qu'après la mort de celui que la veuve ou les héritiers représentent (Paris, 16 mars 1812).

61. C'est devant le tribunal de commerce dont le défunt aurait été justiciable, et non devant le tribunal de leur propre domicile, que les héritiers de commerçants doivent être assignés à raison d'une action qui aurait pu être intentée contre leur auteur (Cass., 1er sept. 1806 ; Bruxelles, 27 juin 1809 ; Paris, 16 mars 1812; Liége, 11 avril 1821).

§ 2.— *Compétence territoriale.*

62. Tous les tribunaux de commerce ne sont pas indistinctement compétents pour statuer sur toutes les affaires commerciales. L'art. 59, C. proc. civ., qui autorise, en matière personnelle, le demandeur à assigner à son choix tous les défendeurs devant le tribunal du domicile de l'un d'eux, doit se combiner avec l'art. 420, même Code, qui attribue juridiction : 1° au tribunal du lieu où la promesse et la livraison de la marchandise ont été faites ; et 2° à celui du lieu où le paiement devait être effectué.

63. 1° *Compétence à raison du domicile du défendeur.* — En matière commerciale, comme en matière civile, il est de principe que le défendeur doit être assigné devant le tribunal de son domicile, et, s'il n'a pas de domicile, devant le tribunal de sa résidence (C. proc. civ., art. 59 et 420). Le tribunal saisi de l'action au fond est juge des contestations qui s'élèvent sur le siége du domicile du défendeur.

64. Lorsqu'un commerçant a déclaré vouloir fixer son domicile dans une ville où il a établi son commerce, c'est devant le tribunal de commerce de cette ville qu'il doit être assigné, encore qu'il n'y demeure pas (Paris, 27 sept. 1809).

65. Toutefois, s'il s'agissait d'obligations qu'il aurait contractées, à raison de son commerce, dans le lieu de son premier domicile, le demandeur pourrait l'assigner en paiement aussi bien devant le tribunal de ce domicile que devant celui de son nouveau domicile (Aix, 14 janv. 1825).

66. Lorsqu'il y a plusieurs défendeurs, l'assignation peut être donnée devant le tribunal du domicile de l'un d'eux, au choix du demandeur (C. proc. civ., art. 59 ; Pardessus, n° 1356-2° ; Orillard, n° 598 ; Nouguier, *des Tribunaux de commerce*, t. 2, p. 360). Par exemple, l'accepteur d'une lettre de change et le souscripteur d'un billet à ordre peuvent être assignés en paiement, avec l'un des endosseurs devant le tribunal du domicile de ce dernier (Paris, 14 sept. 1808 ; 20 mai 1811).

67. Le principe qui veut que, dans le cas où il y a plusieurs défendeurs, le demandeur puisse les assigner tous au domicile de l'un d'eux, recevrait son application quoique l'obligation fût divisible et contractée sans solidarité (Cass., 29 août 1821 ; Orillard, *loc. cit.*).

68. Le demandeur peut même assigner devant le tribunal du domicile de l'un d'eux les divers défendeurs habitant dans des arrondissements différents, sans être obligé de préférer soit le tribunal du lieu où la promesse a été faite et la marchandise livrée, soit celui du lieu où le paiement devait être effectué (Lepage, *Quest. sur la procéd.*, p. 274).

69. En matière de garantie d'obligations commerciales, de même qu'en matière de garantie civile, la demande doit être portée devant le tribunal saisi de l'action principale, pourvu toutefois que cette dernière action soit sérieuse (C. proc. civ., art. 181 ; Rouen, 30 août 1813 ; Cass., 12 juill. 1814).

70. Il suit de là que chacun des endosseurs d'une lettre de change a le droit d'appeler son garant devant le tribunal où l'action est pendante. Mais celui qui n'a ni créé, ni accepté, ni endossé une lettre de change ne peut, sous prétexte qu'il en doit le montant au tireur, soit comme débiteur de la traite, soit comme mandataire ou commissionnaire du tireur, soit enfin comme ayant reçu les marchandises pour le montant desquelles la lettre de change a été tirée, être assigné en garantie pour le paiement de la traite devant un tribunal autre que celui de son domicile (Cass., 12 fév. 1811 ; Angers, 3 janv. 1810 ; 26 nov. 1828 ; Bordeaux, 22 avril 1828 ; Limoges, 21 mars 1825 ; 22 juin 1837 ; Bourges, 7 mars 1840).

71. Si le tribunal de commerce est incompétent, *ratione materiæ*, pour connaître de la contestation qui lui a été déférée, le garant peut opposer cette incompétence, encore bien que le garanti ne l'ait point invoquée (Cass., 4 oct. 1808). — V., au surplus, *Garantie*.

72. En matière de société, tant qu'elle existe, c'est-à-dire jusqu'à ce que la liquidation en soit définitivement opérée, les actions doivent être portées devant le tribunal du siége de la société. — V. *Compétence civile*, n°s 87 et suiv.

73. Comme en matière civile, l'élection de domicile pour l'exécution d'un acte de commerce attribue juridiction au tribunal de commerce du domicile élu, sauf, néanmoins, le droit réservé au demandeur d'actionner le défendeur, quand l'élection n'a pas été faite dans l'intérêt de ce dernier, devant le tribunal de son domicile réel (Cass., 13 janv. 1829; Poitiers, 11 fév. 1829; Pardessus, n° 1353).— V. *Compétence civile*, nos 80 et suiv.

74. Lorsqu'il s'agit d'un marin, son domicile étant, pour tout ce qui concerne l'expédition, à bord de son navire, il s'ensuit que la demande à l'effet de congédier le capitaine d'un navire prêt à mettre à la voile, formée par le propriétaire de ce navire (Bruxelles, 16 mai 1815), et que la demande intentée par le capitaine d'un navire, dont il est en même temps copropriétaire, en mainlevée de saisies-arrêts sur les expéditions du navire (Rouen, 15 août 1819; 21 juin 1825), doivent être portées devant le tribunal de commerce établi dans le port où le navire est amarré (Orillard, n° 600).

75. 2° *Compétence du tribunal dans l'arrondissement duquel la promesse a été faite et la marchandise livrée.* — L'art. 420, C. proc. civ., crée, pour le cas où il y a promesse faite et marchandise livrée dans un même lieu, une exception au principe d'après lequel le demandeur doit suivre le juge du domicile du défendeur. Mais, pour que le défendeur puisse être assigné devant le tribunal dans l'arrondissement duquel la promesse a été faite et la marchandise livrée, il faut le concours simultané de ces deux circonstances : de la promesse faite et de la marchandise livrée. Si l'une d'elles vient à manquer, si, par exemple, la livraison n'a pas été faite dans le même lieu que la promesse, le demandeur rentre dans la règle générale et est tenu d'assigner le défendeur devant le tribunal de son domicile (Cass., 3 fév. 1806; 16 déc. 1812; 20 janv. 1818; 7 juin 1821; 8 mars 1827; Angers, 3 janv. 1810; 13 nov. 1811; Caen, 7 août 1820; 12 août 1846; Limoges, 10 fév. 1821; Lyon, 31 août 1831; Bordeaux, 15 déc. 1835; Nancy, 21 nov. 1842; — Despréaux, *Compét. des trib. de comm.*, n° 221; Pardessus, n° 1354; Orillard, n° 607 *bis*).

76. La disposition de l'art. 420 est spéciale et doit être restreinte au cas où il s'agit de *marchandises ;* elle ne s'applique point à une souscription ou négociation de lettres de change, le mot *marchandise* n'embrassant pas la monnaie ou les effets de commerce. Ainsi, ce n'est pas devant le tribunal de commerce du lieu où la lettre de change a été promise et souscrite ou négociée, mais devant celui du domicile du tireur ou endosseur, que la demande en paiement doit être portée (Cass., 4 oct. 1808; Toulouse, 12 janv. 1833).

77. Cette disposition n'a aussi en vue que les opérations commerciales entre commerçants, que les trafics auxquels ils se livrent entre eux; elle ne peut être attributive de compétence à l'égard des personnes non commerçantes qu'au cas où ces personnes ont fait un de ces actes que la loi répute commerciaux à l'égard de toutes personnes.

78. Le négociant qui se rend caution d'une obligation commerciale peut, aussi bien que le débiteur principal, être assigné devant le tribunal de commerce du lieu où la promesse a été faite et la marchandise livrée (Toulouse, 16 avril 1836).

79. Il est, du reste, indifférent, pour l'application de l'art. 420, que l'action soit intentée par le vendeur ou par l'acheteur (Nouguier, *des Trib. de comm.*, t. 2, p. 36).

80. Mais que doit-on entendre par le *lieu où la promesse a été faite ?* Quand un marché est conclu par les parties contractantes *en présence l'une de l'autre*, le lieu de la promesse est celui où la convention est arrêtée (Angers, 17 déc. 1847; Orillard, n° 608). Lorsque le marché intervient entre des parties contractantes qui ne sont pas en présence, on doit considérer comme le *lieu de la promesse* celui où l'acceptation est donnée.

81. Ainsi, dans un marché qui se fait par correspondance, le lieu de la promesse est celui d'où part la lettre acceptant l'offre de vendre ou d'acheter, et non celui où l'auteur de cette offre a connu l'acceptation (Metz, 5 fév. 1820; Colmar, 17 fév. 1840), ni celui d'où est partie la proposition.

82. En conséquence, lorsque, dans un marché par correspondance, c'est l'acheteur qui a accepté la proposition à lui faite par le vendeur, il ne peut être assigné en paiement que devant le tribunal de son domicile, encore bien que la livraison en ait été faite au domicile du vendeur (Toulouse, 12 juill. 1807; Metz, 30 nov. 1808; Limoges, 10 fév. 1821; Bordeaux, 15 déc. 1835; Paris, 23 nov. 1841).

83. Au contraire, la promesse est réputée faite au domicile du vendeur, et devient alors attributive de juridiction au tribunal de ce domicile, lorsque, recevant par lettre une commande de l'acheteur, le vendeur expédie les marchandises qui lui sont demandées.

84. Il est à remarquer que ce n'est pas le tribunal du domicile de l'acceptant qui est compétent, mais celui du lieu de l'acceptation. Il résulte de là que le tribunal du lieu où une demande d'envoi de marchandises a été adressée par voie de correspondance, et acceptée par le fait de l'expédition desdites marchandises, est compétent pour juger les contestations relatives à ce marché, encore bien qu'il ne soit pas celui du domicile de l'acceptant (Cass., 17 juill. 1810; Bourges, 10 janv. 1823; Douai, 24 mai 1835; Bordeaux, 15 déc. 1835).

85. Lorsque les achats et ventes se font par commis voyageurs, dans quel lieu la promesse est-elle faite? Des arrêts ont décidé que le lieu de la promesse était celui où le commis voyageur, quels que fussent les pouvoirs qui lui avaient été donnés, avait traité, et qu'ainsi c'était le tribunal de ce lieu, ordinairement celui du domicile de l'acheteur, lorsqu'il s'agit d'une vente faite par le commis voyageur, ou celui du domicile du vendeur lorsque c'est un achat que le commis voyageur a fait, qui était compétent pour connaître des contestations élevées à l'occasion du marché (Cass., 14 nov. 1821; 3 mars 1835; Poitiers, 25 fév. 1823; Toulouse, 12 avril 1824; Paris, 2 janv. 1828; Limoges, 23 fév. et 14 mars 1828; Bordeaux, 22 avril 1828). Mais d'autres arrêts ont jugé qu'il n'en devait être ainsi qu'autant que le commis voyageur était porteur du pouvoir exprès et formel d'obliger la maison qui l'employait; que, dans le cas contraire, celui où il était simple solliciteur, simple agent porteur de propositions, sans aucun mandat pour conclure le marché, le marché devait être réputé conclu au lieu où le commettant l'avait ratifié; et que, par suite, ce dernier avait le droit d'actionner l'acheteur ou le vendeur devant le tribunal de commerce de ce lieu (Cass., 19 déc. 1821; Montpellier, 21 déc. 1826; Lyon, 28 mars 1827; Poitiers, 11 juin 1829; Bordeaux, 16 nov. 1830; 4 avril 1842; Rouen, 7 juin 1839; Aix, 24 juin 1842). Nous croyons, avec M. Orillard (nº 609), qu'on ne doit pas distinguer entre le cas où le commis-voyageur avait pouvoir d'obliger sa maison, et celui où il n'était qu'un simple solliciteur, et que la promesse doit toujours être censée faite, conformément au premier des deux systèmes admis par la jurisprudence, au lieu de la convention passée avec le commis voyageur, parce que la ratification du commettant, soit qu'elle résulte d'une lettre, de l'expédition ou de l'acceptation des marchandises, équivaut au mandat. D'ailleurs, de cette manière, on évite les difficultés nombreuses que fait naître l'opinion contraire pour la vérification du mandat donné aux commis voyageurs.

86. Quant aux contestations entre le commettant et le commissionnaire aux achats, relativement à l'exécution des commissions prises par le commissionnaire, elles doivent être portées devant le tribunal du domicile de ce commissionnaire, et non devant celui du domicile du commettant (Riom, 6 fév. 1818; Limoges, 3 juill. 1823; Cass., 14 mars 1826; Colmar, 30 août 1831; Rennes, 8 juill. 1839).

87. Nous avons dit précédemment que le tribunal de l'arrondissement dans lequel la promesse avait été faite n'était compétent qu'autant que la marchandise avait été livrée dans le même arrondissement. Or, par le *lieu de la livraison* il faut entendre, à moins de conventions contraires, le lieu d'où la marchandise est expédiée, et non celui où elle est remise entre les mains du destinataire, encore bien qu'elle soit transportée aux frais et aux risques de ce dernier (Nîmes, 19 avril 1819 ; Cass., 19 déc. 1821 ; Lyon, 31 août 1831; Caen, 3 avril 1843), et, quoiqu'elle soit de nature à être pesée et vérifiée à sa réception (Limoges, 19 janv. 1828). Ainsi, lorsque la promesse a été faite et la marchandise expédiée dans le même arrondissement, le tribunal de cet arrondissement est compétent pour connaître du marché, et notamment de la demande en paiement du prix de la marchandise.

88. 3° *Compétence du tribunal de l'arrondissement dans lequel le paiement doit être effectué.* — Aux termes de l'art. 420, C. proc. civ., le demandeur peut assigner le défendeur devant le tribunal dans l'arrondissement duquel le paiement devait être effectué, encore bien qu'il ne soit ni celui de son domicile, ni celui du lieu dans lequel la promesse a été faite et la marchandise livrée.

89. Il n'y a pas lieu, pour l'application de cette disposition de l'art. 420, de distinguer si le litige a pour objet le paiement lui-même ou toute autre prétention résultant de la convention (Bruxelles, 22 oct. 1831).

90. Le mot *paiement* doit, d'ailleurs, être pris dans un sens général; il exprime non-seulement la numération du prix de marchandises livrées, mais encore l'accomplissement de toute *obligation de faire* (Paris, 23 avril 1825 ; Pardessus, *Droit comm.*, n° 1355).

91. Ainsi, spécialement, le commerçant domicilié à Troyes, qui reçoit, d'un commerçant domicilié à Paris, des toiles pour les faire blanchir, peut être assigné par le commerçant de Paris, en cas de retard dans la restitution, devant le tribunal de Paris, où il devait faire la restitution (Arrêt de Paris précité, du 23 avril 1825).

92. Lorsque le lieu du paiement n'a pas été déterminé à l'avance, il doit, d'abord, si cela est possible, s'induire de la nature de l'acte (Pardessus, n° 1354). Par exemple, en matière de transport de marchandises, on peut, dans le silence de la convention, considérer, suivant les circonstances, comme le lieu du paiement, à l'égard du voiturier, celui où il doit déposer les marchandises (Cass., 26 fév. 1839), et même celui où il est obligé, par force majeure, de les déposer, bien que ce ne soit pas le lieu pour lequel elles sont destinées (Trèves, 26 janv. 1810).

93. Mais la stipulation, lithographiée dans une facture, que le prix de marchandises vendues sera payé au domicile du vendeur, ne peut attribuer juridiction au tribunal de ce domicile, pour l'action en paiement, qu'autant qu'il est établi d'une manière expresse et formelle que l'acheteur a accepté la facture : cette preuve ne résulte pas du simple envoi et de la réception de la facture (Orléans, 3 fév. 1846 : V. *J. Huiss.*, t. 27, p. 187).

94. Quand le lieu du paiement n'a point été stipulé, et qu'on ne saurait l'induire de la convention, il faut, pour le déterminer, distinguer entre les marchés ou ventes au comptant, et les marchés ou ventes à terme.

95. Dans le cas où il s'agit de marchés ou ventes *au comptant*, plusieurs hypothèses peuvent se présenter : 1° lorsque l'acheteur veut contraindre le vendeur à lui faire délivrance des marchandises par lui achetées, il doit porter son action devant le tribunal du lieu où elles étaient au moment du contrat, si les marchandises ont été déterminées, et devant celui du domicile du vendeur, si elles étaient indéterminées; 2° le vendeur qui veut obliger l'acheteur à prendre livraison doit, si la marchandise est déterminée, porter sa demande devant le tribunal du lieu où elle était au moment du contrat, et si elle est indéterminée, devant le tribunal du lieu de son domicile à lui vendeur; 3° la livraison étant faite, le vendeur, qui veut obtenir le paiement, citera l'acheteur devant le juge du lieu de la livraison, puisque c'est dans ce lieu que le prix devait être payé; et 4° enfin, lorsque l'acheteur veut faire condamner le vendeur à reprendre les marchandises laissées pour son compte et à rembourser les frais qu'il a payés indûment, il doit, pour la même raison, l'actionner devant le tribunal du lieu de la livraison (Orillard, n° 618).

96. Pour les marchés ou ventes *à terme*, comme, à défaut de conventions sur le lieu du paiement, c'est au domicile du débiteur, c'est-à-dire de l'acheteur, que le paiement doit s'effectuer (C. civ., art. 1247), il s'ensuit que c'est devant le tribunal du domicile de l'acheteur que doivent être portées les contestations relatives à ces marchés ou ventes (Cass., 13 nov. 1811; 14 nov. 1821; Limoges, 10 fév. 1821; Toulouse, 12 avril 1824; Pardessus, *Droit comm.*, n° 1354; Orillard, *loc. cit.*).

§ 3. — *Compétence de premier ou de dernier ressort.*

97. Comme les tribunaux civils, les tribunaux de commerce jugent tantôt en premier ressort, tantôt en premier et dernier ressort à la fois, tantôt en dernier ressort.

98. Ils jugent, en premier ressort seulement, tous les différends commerciaux qui excèdent, en principal, la somme de 1500 fr. (C. comm., art. 639).

99. Ils jugent, en premier et dernier ressort à la fois, toutes les demandes dont le principal n'excède pas la valeur de 1500 fr., et les demandes reconventionnelles ou en compensation, lors même que, réunies à la demande principale, elles excèderaient 1500 fr. (C. comm., même art.).

100. Peu importe que les demandes ne dépassent pas 200 fr. La loi du 25 mai 1838, qui attribue aux juges de paix la connaissance de toutes les causes personnelles et mobilières jusqu'à concurrence de cette somme, ne comprend pas les matières commerciales.

101. Si l'une des demandes principale ou reconventionnelle s'élève au-dessus de 1500 fr., le tribunal ne prononce sur toutes qu'en premier ressort (C. comm., art. 639).

102. Néanmoins, il statue en premier et dernier ressort sur les demandes en dommages-intérêts lorsqu'elles sont fondées exclusivement sur la demande principale, et que celle-ci n'excède pas 1500 fr. (même art.).

103. Enfin, les tribunaux de commerce jugent, en dernier ressort seulement, les appels dirigés contre les sentences de prud'hommes, quand ces sentences sont sujettes à appel (V. *Prud'hommes*), et toutes les demandes dans lesquelles les parties justiciables de ces tribunaux, et usant de leurs droits, déclarent vouloir être jugées définitivement et sans appel (même art.).

104. Relativement aux règles qui servent à déterminer les limites du premier et du dernier ressort, V. *Degrés de juridiction.*

105. Nous avons vu que les parties peuvent étendre le cercle des attributions du tribunal de commerce en consentant à ce qu'il juge souverainement une affaire qui était soumise aux deux degrés de juridiction. Elles peuvent également proroger la compétence de ces tribunaux, en portant leurs contestations devant un tribunal qui n'est ni celui du domicile du défendeur, ni celui du lieu dans lequel est intervenu le contrat. Mais il n'en peut être ainsi qu'autant que les contestations sont d'une nature commerciale. Ainsi, l'incompétence du tribunal de commerce, relativement aux matières civiles ne peut être couverte par la prorogation. — V., au surplus, *Prorogation de juridiction.*

§ 4. — *Compétence en matière non contentieuse.*

106. La compétence non contentieuse des tribunaux de commerce s'exerce soit par le tribunal entier, soit par le président du tribunal, soit par un juge commissaire.

107. Ainsi, notamment, les tribunaux de commerce sont consultés sur le choix de leurs greffiers et reçoivent leur serment; ils choisissent parmi les huissiers ordinaires leurs huissiers audienciers; ils nomment les agréés et reçoivent leur serment; ils présentent à la nomination de l'Empereur les gardes du commerce, et donnent leur avis sur l'aptitude et la réputation de probité des candidats aux fonctions d'agent de change.

108. Ils nomment, en matière de société, les arbitres et le tiers arbitre, lorsque les parties ne s'accordent pas à cet égard, fixent le délai pour leur sentence, et reçoivent à leur greffe le dépôt de la minute de ces sentences (V. *Arbitrage*, *Société*); ils autorisent, dans certains cas, la *vente de marchandises neuves* (V. ce mot); ils reçoivent à leur greffe le dépôt des extraits des contrats de mariage des commerçants, entendent la lecture des jugements qui prononcent la séparation de biens entre commerçants, et ordonnent l'insertion au tableau placé dans l'auditoire d'un extrait de la demande et des jugements (V. *Séparation de biens*).

109. Pour ce qui concerne les attributions du tribunal de commerce en matière de commerce maritime, V. C. comm., art. 234, 343, 414 et 416, et en matière de faillite, V. *Faillite*.

110. Des attributions particulières ont été aussi conférées au président du tribunal de commerce. Il peut, par exemple, dans les cas qui requièrent célérité, autoriser les assignations à bref délai et ordonner des saisies conservatoires (V. *Assignation à bref délai*, *Saisie conservatoire*). Pour les autres attributions du président du tribunal de commerce. V. C. comm., art. 61, 106, 151, 152, 172, 196, — n° 3, 233, 242, 243, 245, 246, 606, 607 et 609, et C. proc. civ., art. 417.

111. Les attributions du juge-commissaire sont relatives aux faillites. — V. *Faillite*.

§ 5. — *Incompétence des tribunaux de commerce.*

112. La juridiction des tribunaux de commerce étant exceptionnelle, il s'ensuit qu'ils ne peuvent connaître que des affaires qui leur sont expressément attribuées par la loi (Cass., 6 sept. 1814), et que leur incompétence à l'égard de toutes autres contestations est d'ordre public, ne peut être couverte par le consentement réciproque des parties (V. *suprà*, n°s 2, 22 et 28), et doit être suppléée d'office par les tribunaux.

113. Ainsi, les tribunaux de commerce ne peuvent jamais statuer sur des contestations relatives à des actes qui ne seraient pas commerciaux, à des actes qui n'ont qu'un caractère purement civil (Cass., 15 mai 1815; Besançon, 6 janv. 1818; Pardessus, n° 1348), ni même interpréter une convention civile (Cass., 27 juin 1831).

114. Ils ne peuvent connaître entre commerçants de la question de propriété d'un immeuble, quand bien même cet immeuble serait destiné à un établissement de commerce (Douai, 3 juin 1812), ni de la question de propriété de marchandises qui ne se rattacherait pas à une opération commerciale, par exemple de la revendication d'un cheval prêté ou loué par un marchand de chevaux à un commerçant pour son usage personnel, et compris dans une saisie mobilière faite au domicile de ce commerçant (Cass., 13 oct. 1806).

115. Ils ne peuvent connaître, même incidemment, de l'état et de la qualité des personnes (Cass., 13 juin 1808), spécialement de la question de savoir si, au moment de l'engagement, le débiteur était majeur ou mineur (Trèves, 10 juill. 1807); s'il était ou non en état d'interdiction (Toulouse, 3 janv. 1820); si une femme mariée est ou non commune en biens; si elle a pu, d'après les clauses de son contrat de mariage, endosser un billet à ordre ou une lettre de change (Nîmes, 12 mars 1828), et, enfin, si tel individu est Français ou étranger.

116. Mais il leur appartient de décider si la personne assignée devant eux est commerçante, si elle est associée et en état de faillite (Pardessus, n° 1348).

117. Certaines affaires commerciales ont aussi été exclues de la compétence des tribunaux de commerce : ce sont les contestations entre les membres des sociétés commerciales (V. *Arbitrage*, *Société*); celles qui s'élèvent entre fabricants, chefs d'ateliers, contre-maîtres, ouvriers, apprentis, lorsqu'il existe dans les lieux un conseil des prud'hommes (*V. Apprentissage, Prud'hommes*); et les plaintes en contrefaçon d'un procédé breveté (V. *Brevet d'invention*, n°s 28 et suiv.).

118. Quoique compétents pour statuer sur l'exécution d'un acte notarié, contenant obligation hypothécaire entre commerçants à raison d'une opération commerciale (Cass., 23 mars 1824), ou sur la nullité d'un tel acte attaqué pour dol, lorsqu'il a pour objet une opération commerciale, quoique l'obligé ne soit pas commerçant (Cass., 11 fév. 1834), les tribunaux de commerce ne peuvent cependant statuer sur la validité d'un acte notarié contenant une obligation commerciale, s'il est attaqué pour vice de forme (Trèves, 27 juill. 1810).

119. En cas de contestations élevées incidemment, les tribunaux de commerce sont incompétents pour en connaître, si elles ne sont pas de la même nature que l'affaire principale dont ils sont saisis. Ainsi, ils ne peuvent connaître, sur la demande principale en paiement d'un billet à ordre, de l'exception de nullité invoquée incidemment par le débiteur et fondée sur ce que le mandataire, par lequel ce billet a été souscrit en son nom, n'avait pas le pouvoir d'obliger le mandant par des billets à ordre (Poitiers, 26 août 1828), ni des incidents relatifs aux vérifications de pièces méconnues ou déniées, ni des incidents criminels et correctionnels.

120. Mais, lorsqu'à une demande en paiement d'un billet souscrit par un commerçant on oppose l'état actuel d'interdiction du souscripteur, le tribunal de commerce peut fixer la date de ce billet, afin de déterminer s'il est antérieur ou postérieur à l'interdiction (Rennes, 2 janv. 1827).

121. Lorsque le tribunal de commerce est incompétent, *à raison de la matière*, pour connaître, par voie principale, d'une vente par un individu non commerçant, par exemple, de la vente d'un cheval par un propriétaire ou fermier, il est également incompétent pour en connaître par voie récursoire de garantie.—V. *Vices rédhibitoires.*

122. La disposition de l'art. 181, C. proc. civ., qui veut que les personnes assignées en garantie procèdent devant le tribunal où la demande originaire est pendante, ne peut être, en effet, applicable aux tribunaux de commerce, lorsque les faits qui motivent la demande en garantie sont étrangers à leurs attributions (Amiens, 7 avril 1840; Carré et Chauveau, *Lois de la procédure*, t. 2, *quest.* 772).

123. Aussi, est-ce à tort qu'il a été jugé, par un arrêt de la Cour de Rouen, du 8 juill. 1811, que le tribunal de commerce, saisi de la question de validité d'un protêt, était compétent pour prononcer sur la demande en garantie formée incidemment contre l'huissier pour le cas où le protêt serait déclaré nul. D'une part, il s'agissait, en ce qui concernait l'huissier, de savoir s'il avait bien ou mal opéré, et le tribunal de commerce n'était pas compétent pour statuer sur cette question. D'un autre côté, ce n'était point, en réalité, une demande en garantie, quoiqu'elle fût qualifiée telle, qui devait être et était formée contre lui, car il ne pouvait être garant du billet dont il avait été chargé de faire le protêt, puisqu'il ne l'avait ni endossé ni cautionné. Cette demande n'était autre chose qu'une action en dommages-intérêts, fondée sur ce qu'il n'aurait pas fait ce qu'il devait faire en sa qualité d'huissier, et résultant, par conséquent, d'un fait de charge. Or, cette action ne rentrait à aucun titre dans les attributions du tribunal de commerce.

124. La décision de l'arrêt précité de la Cour de Rouen ne pouvait donc pas être suivie, et ne l'a point été en effet. Ainsi, depuis cet arrêt, il a été constamment décidé que le tribunal de commerce saisi de la question de validité d'un protêt est incompétent, *ratione materiæ*, pour prononcer sur la demande en garantie formée contre l'huissier par le fait duquel ce protêt est nul. Son incompétence, dans ce cas, est absolue; elle doit être prononcée d'office, et, si elle ne l'a point été, l'huissier peut l'opposer pour la première fois en cassation (Cass., 30 nov. 1813; 19 juill. 1814; 20 juill. 1815; 2 janv. et 16 mai 1816; 2 juin 1817; 8 nov. 1820).—V. au surplus, *Responsabilité*.

125. Lorsqu'il s'agit d'une demande reconventionnelle, le tribunal de commerce, saisi de la demande principale, ne peut en connaître, si cette demande reconventionnelle sort des limites de sa juridiction et n'a aucun rapport avec la demande principale : car, alors, elle constitue une demande nouvelle soumise à la juridiction que comporte le droit ou l'acte sur lequel elle repose (Bruxelles, 28 avril 1818; Bourges, 23 déc. 1831). Mais, si la demande reconventionnelle a quelque rapport avec la demande principale, et n'est qu'une exception à cette première demande, le tribunal de commerce peut statuer sur le mérite de cette exception (Cass., 22 janv. 1833).

126. En ce qui concerne la question de savoir si les tribunaux de commerce sont ou non compétents pour connaître des demandes en paiement de frais ou d'honoraires par les agréés qui exercent auprès d'eux, ou par les huissiers qui ont instrumenté devant leur juridiction, V. *Frais*.

127. Les tribunaux de commerce sont-ils incompétents pour statuer sur la validité ou les demandes en mainlevée de saisies-arrêts, qui ont pour cause des opérations de commerce entre commerçants?—V. *Saisie-Arrêt*.

128. ...Pour connaître d'une demande en mainlevée de scellés apposés sur les papiers et marchandises d'un commerçant?—V. *Scellés*.

129. Enfin, l'art. 442, C. proc. civ., interdit aux tribunaux de commerce de connaître de l'exécution de leurs jugements. Ils sont donc incompétents pour statuer sur les contestations relatives à l'exécution de leurs jugements, lorsqu'elles dérivent non de l'obscurité des termes dans lesquels ils sont conçus, mais des faits par lesquels les parties prétendent les avoir exécutés (Florence, 28 janv. 1811), et, notamment, sur la demande en validité d'offres réelles et consignations faites en vertu de leurs jugements (Paris, 21 août 1810. —V. *Offres réelles*), ou sur les demandes en péremption de leurs jugements, faute d'exécution dans les délais légaux (Dijon, 6 avril 1819; Aix, 12 mars 1825.—V. *Péremption*). C'est aux tribunaux civils qu'il appartient de connaître de l'exécution des jugements des tribunaux de commerce.—V. *Compétence*, n° 10; *Compétence civile*, n°s 33 et 42.

130. Toutefois, quelque générale que soit la règle posée dans l'art. 442, C. proc. civ., elle n'empêche pas les tribunaux de commerce de connaître des oppositions et tierces oppositions faites à leurs jugements, ni de l'exécution de leurs jugements préparatoires et interlocutoires.

131. Ainsi, ils peuvent statuer sur la régularité d'opérations d'expertise, de comptes et vérifications par eux ordonnés (Paris, 18 déc. 1812).

132. Pour ce qui concerne la procédure en matière commerciale, soit devant les tribunaux de commerce, soit devant les Cours impériales, V. ***Ajournement*, *Appel en matière civile*, *Assignation à bref délai*, *Exploit*, *Huissier*, *Tribunaux de commerce*.**

COMPÉTENCE CRIMINELLE. — **1.** Mesure de la juridiction des tribunaux chargés de la poursuite et de la répression des crimes, des délits et des contraventions.

2. Les tribunaux criminels se divisent, comme les tribunaux civils, en ordinaires et extraordinaires.

3. Au premier rang des tribunaux ordinaires sont les tribunaux de simple police, dont la compétence s'étend à toutes les contraventions de police prévues et punies par les art. 471, 475 et 479, C. pén., par les règlements de police pris en vertu de l'art. 471, n° 15, même Code, et par les anciens règlements maintenus par l'art. 484, même Code. — V. *Justice de paix, Tribunal de police.*

4. Viennent ensuite les tribunaux correctionnels, qui connaissent de tous les délits prévus et punis par le Code pénal, des délits de presse (V. *Presse*), et des contraventions matérielles commises en matière forestière, en matière d'imprimerie, de chasse (V. *Chasse*), de contributions indirectes, etc. — V. *Tribunaux correctionnels.*

5. L'appel des tribunaux correctionnels est porté devant la chambre correctionnelle des Cours impériales. —V. *Appel en matière criminelle.*

6. Quant aux faits qualifiés crimes par la loi, le droit de les juger et d'appliquer la peine aux coupables appartient aux Cours d'assises qui connaissent aussi, et par exception, de certains délits. — V. *Cour d'assises.*

7. Les tribunaux extraordinaires sont: 1° pour l'armée de terre, les conseils de guerre permanents et les conseils permanents de révision; — V. *Tribunaux militaires.*

8. 2° Pour l'armée de mer, les tribunaux maritimes, au nombre de six;— V. *Tribunaux maritimes.*

9. 3° La Haute-Cour de justice, instituée pour juger les personnes renvoyées devant elles comme prévenues de crimes, attentats ou complots, contre l'Empereur et contre la sûreté intérieure ou extérieure de l'Etat (Constit. des 14-22 janv. 1852; sénat.-cons. du 10 juill. 1852); — V. *Haute-Cour.*

10. 4° Les conseils de discipline des avocats, des avoués, des huissiers et des notaires (V. *Chambre de discipline des huissiers, Discipline*), et les conseils de l'Université, les conseils de discipline des gardes nationales (V. *Garde nationale*);

11. 5° Les tribunaux civils, dans le cas où la loi leur attribue le droit de connaître de certaines infractions ou contraventions, par exemple, des contraventions aux lois sur l'enregistrement, sur le timbre, sur les ventes publiques de meubles, etc. (V. aussi C. proc. civ., art. 56, 246, 247, 263, 374, 390, 413, 432, 471, 494, 500, 512, 513, 516, 813, 1025, 1030 et 1039; C. civ., art. 34, 35, 36, 37, 38, 40, 41, 42, 43, 44, 45 ,49, 50, 192 et 193), ou de certains délits, tels que ceux qui sont commis à leurs audiences, lorsqu'ils ne méritent pas peine afflictive ou infamante (V. C. proc. civ., art. 89, 90, 91 et 92.— V. *Audience*);

12. 6° La Cour de cassation, à l'égard des crimes commis par des magistrats (C. instr. crim., art. 480 et 482), et à l'égard des crimes qui sont commis à son audience (C. instr. crim., art. 507);

13. 7° Les conseils des prud'hommes (V. *Prud'hommes*), et les autorités sanitaires.

14. Les décisions rendues en dernier ressort par les tribunaux criminels ordinaires ou extraordinaires, hormis les arrêts rendus par la Haute-Cour de justice, sont, comme les décisions en dernier ressort rendues en matière civile, susceptibles de recours en cassation. — V. *Cassation.*

COMPLAINTE. — V. *Action possessoire*, n°s 35 et suiv.

COMPLANT. — V. *Bail à complant.*

COMPLÉMENTAIRES (JOURS). — V. *Calendrier, Jours complémentaires.*

COMPLICITÉ, COMPLICE. — **1.** On entend par *complicité*, en général, toute participation, directe ou indirecte, à un crime ou délit dont un autre est l'auteur. Les contraventions n'admettent point de complices (C. pén., art. 59 et 60).

2. L'art. 59, C. pén., applique, en principe, une peine égale aux auteurs principaux et aux complices. « Les complices d'un crime ou d'un délit, porte cet article, seront punis de la même peine que les auteurs mêmes de ce crime ou de ce délit, sauf les cas où la loi en aurait disposé autrement ».

3. Les exceptions à l'art. 59 sont prévues par les art. 63, 67, 100, 102, 107, 108, 114, 116, 138, 144, 190, 213, 267, 268, 284, 285, 288, 293, 415, 438 et 441 du Code pénal.

4. L'art. 60 de ce Code énumère les différents actes de complicité : « Seront punis comme complices d'une action qualifiée crime ou délit ceux qui, par dons, promesses, menaces, abus d'autorité ou de pouvoir, machinations ou artifices coupables, auront provoqué à cette action, ou donné des instructions pour la commettre ; ceux qui auront procuré des armes, des instruments, ou tout autre moyen qui aura servi à l'action, sachant qu'ils devaient y servir ; ceux qui auront, avec connaissance, aidé ou assisté l'auteur ou les auteurs de l'action, dans les faits qui l'auront préparée ou facilitée, ou dans ceux qui l'auront consommée..... ». Les art. 61 et 62 du même Code complètent cette énumération.

5. L'énumération des circonstances constitutives de la complicité est essentiellement limitative ; elle ne peut exister que par les faits matériels et particuliers que le Code détermine (Cass., 2 juill. 1813).

6. En 1846, l'application des art. 59 et 60, C. pén., avait été, notamment, provoquée contre un huissier, auquel le ministère public imputait de s'être rendu complice du délit d'immixtion dans les fonctions d'huissier, en procurant sciemment à celui qui était poursuivi comme l'auteur de ce délit les moyens de le commettre, et en l'aidant et assistant même dans sa perpétration. Et l'auteur et le complice de ce délit avaient été condamnés par un jugement du tribunal correctionnel de la Seine, du 30 juill. 1846 (V. *J. Huiss.*, t. 27, p. 193 et suiv.). Mais, sur l'appel de ce jugement, la chambre correctionnelle de la Cour de Paris, considérant que les faits incriminés ne présentaient pas suffisamment les caractères du délit d'immixtion dans les fonctions d'huissier, déchargea l'auteur et le complice, par arrêt du 17 fév. 1847 (V. même recueil, t. 28, p. 43), des condamnations prononcées contre eux.

COMPOSITION. — Ce mot s'emploie, en général, pour désigner l'accommodement par lequel l'une des parties ou toutes deux à la fois renoncent à une partie de leurs prétentions, et, plus spécialement, le sacrifice qu'on fait, en matière de prises maritimes, pour obtenir qu'un navire capturé soit relâché (V. C. comm., art. 395 et 396).

COMPROMIS. — **1.** Convention synallagmatique par laquelle deux ou plusieurs personnes prennent l'engagement de soumettre à un ou plusieurs arbitres le jugement de la contestation qui les divise. — On donne aussi ce nom à l'acte destiné à constater la convention.

2. Tout ce qui concerne la nomination des arbitres, leurs pouvoirs, la procédure à suivre devant eux, la forme, les effets et l'exécution des sentences arbitrales, fait l'objet du mot *Arbitrage* (V. ce mot). Il n'est parlé ici que de la convention qui vient d'être définie et de l'acte qui la constate.

3. En principe, la nécessité du compromis n'existe point en matière d'arbitrage forcé : car la loi, en instituant les arbitres pour le jugement des contestations entre associés, a déterminé leurs pouvoirs. Les conditions de l'arbitrage peuvent d'ailleurs être réglées par le procès-verbal de constitution du tribunal. Mais un compromis devrait intervenir dans le cas où les associés voudraient déférer en même temps aux arbitres des contestations ne rentrant point directement dans les attributions que la loi leur confère.

4. Quant à l'arbitrage volontaire, il ne peut jamais avoir lieu sans compromis, c'est-à-dire sans l'engagement de se soumettre au jugement d'arbitres. Et, à cet égard, il y a lieu, pour la validité du compromis, de considérer la capacité des contractants, les objets soumis à l'arbitrage et la forme du compromis.

Indication alphabétique des matières.

§ 1er. — *Personnes qui peuvent compromettre.*

5. Toutes personnes peuvent compromettre sur les droits dont elles ont la libre disposition (C. pr. civ., art. 1003). De là il résulte que les personnes frappées d'une incapacité personnelle ou relative à la matière du compromis ne peuvent compromettre.

6. Ainsi, sont incapables de consentir aucun compromis : le mineur non émancipé (C. Nap., art. 481 et 1124) ;

7. .... Le mineur émancipé sur les droits dont il n'a pas la libre disposition (Carré et Chauveau, *Lois de la procédure*, *Quest.* 3252; C. Nap., art. 481);

8. .... L'interdit (C. Nap., art. 509);

9. .... Les femmes mariées, sans l'autorisation de leurs maris ou de la justice (Montgalvy, *de l'Arbitrage*, nº 272);

10. .... Le mari, sur la dot immobilière de sa femme mariée sous le régime dotal (C. Nap., art. 1554; Montpellier, 27 juin 1825);

11. .... Le tuteur, même avec l'autorisation du conseil de famille, et encore qu'il ne s'agisse que d'objets mobiliers (Carré et Chauveau, *Quest.* 3251);

12. .... L'héritier bénéficiaire, en ce sens qu'il ne peut conserver sa qualité : ainsi, le compromis qu'il ferait serait valable, mais il aurait pour résultat de le rendre héritier pur et simple (Cass., 20 juill. 1814);

12 *bis*. .... Le curateur à un absent ou à une succession vacante, sans autorisation spéciale (Cass., 5 oct. 1808);

13. .... Les envoyés en possession des biens de l'absent (C. Nap., art. 128);

14. .... Les syndics, à l'égard des intérêts du failli (Cass., 15 fév. 1808; 6 avril 1818);

15. .... Le failli, ou celui qui a fait cession de biens;

16. .... Le condamné par contumace à une peine emportant mort civile (C. Nap., art. 27 et 28);

17. .... Le mort civilement (C. Nap., art. 25);

18. .... Le condamné à une peine afflictive et infamante, pendant la durée de sa peine (C. pén., art. 29);

19. .... Le mandataire, à moins qu'il ne soit porteur d'un pouvoir spécial (C. Nap., art. 1988);

20. .... Les maires et les administrateurs des hospices et des établissements publics, sans autorisation (Cass., 22 janv. et 9 déc. 1806).

21. La nullité d'un compromis consenti par un mineur, un interdit, ou une femme mariée sans autorisation, ne peut être demandée que par eux (C. Nap., art. 1125; Cass., 1er mai 1811; 28 août 1812; Pau, 18 juill. 1834; Toulouse, 18 août 1837).

22. De même, une commune, un établissement public, peuvent seuls se prévaloir de ce qu'ils n'ont point été autorisés à compromettre, pour demander la nullité du compromis (Cass., 23 juin 1835).

23. Mais, si le compromis a été consenti, sans autorisation, par le curateur d'un absent (Cass., 5 oct. 1808), toutes les parties peuvent en demander la nullité.

24. Lorsque la nullité est prononcée, elle profite à toutes les parties, sans qu'il y ait lieu de distinguer à la requête de quelle partie elle l'a été ni pour quelle cause, et elle entraîne avec elle la nullité de tous les actes qui ont été la suite du compromis (Cass., 4 fév. 1807).

§ 2. — *Choses sur lesquelles on peut compromettre.*

25. En général, on peut compromettre sur toutes les choses dont on a la libre disposition. Toutefois, il faut excepter, 1° les matières qui intéressent l'ordre public; 2° les dons et legs d'aliments, de logements et vêtements (C. proc. civ., art. 1004. — V. *Aliments*, nos 30 et 31); 3° les séparations soit de corps, soit de biens seulement, les questions d'état, les mariages et toutes les contestations sujettes à communication au ministère public (C. proc. civ., art. 1004; Cass., 6 pluv. an 11).

26. Mais on pourrait compromettre 1° sur les réparations civiles résultant d'un délit (C. Nap., art. 204), sans que cependant le compromis empêchât l'action du ministère public; 2° sur l'intérêt pécuniaire résultant d'une question d'état (Carré et Chauveau, *Quest.* 3267); 3° sur les questions relatives à l'exécution d'un arrêté administratif (Cass., 17 janv. 1811); 4° sur des aliments ne résultant point de dons et legs.

27. On peut compromettre non-seulement lorsqu'il y a contestation entre les parties, mais encore lorsqu'il n'existe aucun litige (Cass., 10 nov. 1829).

§ 3. — *Formes du compromis. — Clauses qu'il peut et doit renfermer.*

28. Le compromis doit nécessairement être rédigé par écrit (C. proc. civ., art. 1005 et 1006).

29. Il peut être fait 1° par procès-verbal devant les arbitres choisis; 2° par acte notarié; 3° par acte sous seing privé (C. proc. civ., art. 1005). Dans ce dernier cas, il doit y avoir autant d'originaux qu'il y a d'intérêts distincts (C. Nap., art. 1325; Cass., 15 fév. 1814). Si le compromis par acte sous seing privé est nul, la comparution des parties devant les arbitres couvre cette nullité (Cass., 12 fév. 1812; 15 fév. 1814).

30. Le compromis peut encore avoir lieu par procès-verbal de conciliation devant le juge de paix (C. proc. civ., art. 54; Cass., 11 fév. 1824; Bordeaux, 5 fév. et 13 juill. 1830; Toulouse, 25 juin 1831); et, dans ce cas, il n'est pas nécessaire que le compromis soit signé de toutes les parties. — Pour ce qui concerne l'enregistrement du compromis, V. *Arbitrage*, nos 125 et suiv.

31. Si, après avoir signé le compromis, l'une des parties refuse de désigner un arbitre, ce refus est constaté par un exploit qui lui est signifié à la requête de l'autre partie, lequel contient notification du nom de l'arbitre choisi par cette dernière, et sommation de faire choix d'un arbitre dans un délai déterminé. Si la partie n'obtempère point à cette sommation, elle est assignée devant le tribunal civil, encore bien que la contestation soit commerciale, pour voir dire que, faute par elle d'avoir désigné un arbitre dans le délai qui lui était imparti par la sommation, il en sera nommé un d'office. —V. *Arbitrage, Formules* 1 et 2.

32. Le compromis doit, à peine de nullité, désigner les objets en litige et les noms des arbitres (C. proc. civ., art. 1006).

33. On peut cependant convenir que les arbitres statueront sur des difficultés qui leur seront présentées par état signé des parties, pourvu que cet état leur soit soumis (Bourges, 14 juill. 1830; Carré et Chauveau, *Quest.* 3274; Pardessus, *Droit comm.*, n° 1391); — ou sur un procès pendant devant tel tribunal (Rennes, 13 déc. 1809; Paris, 13 avril 1810; Bordeaux, 22 mai 1832); — ou sur les contestations élevées entre les parties à l'occasion de *tel* contrat (Pardessus, Carré et Chauveau, *loc. cit.*).

34. Il arrive quelquefois que des personnes, qui font entre elles un contrat autre qu'un contrat de société commerciale, conviennent que toutes les contestations auxquelles ce contrat pourra donner lieu seront jugées par des arbitres, sans les désigner. Cette convention, qui s'appelle *clause compromissoire*, diffère du compromis, en ce qu'elle s'applique à des différends à venir, qui peut-être ne s'élèveront jamais, tandis que le compromis intervient sur une difficulté qui existe, dont les éléments sont déterminés. La clause compromissoire n'est donc qu'une promesse ou obligation de compromettre.

La question de savoir si cette clause est valable est une de celles qui divisent le plus la jurisprudence et la doctrine.

Pour l'affirmative, on peut citer les autorités suivantes : Paris, 14 fév. 1809; 28 août 1841; Cass., 2 sept. 1812; 15 juill. 1818; Amiens, 5 août 1823; 15 juin 1824; Bourges, 14 juin 1830; 31 mars 1841; Colmar, 24 août 1835; 21 juin 1841; Lyon, 25 mars 1840; Nancy, 2 juin 1842; Agen, 1er juin 1843; — Montgalvy, 2e édit., nos 246 et suiv.; Goubeau, *de l'Arbitrage*, t. 1er, p. 120; Pardessus, t. 6, n° 1391; de Vatimesnil, ***Encyclopédie du droit***, v^is *Arbitrage*, n° 49, et *Clause compromissoire*; Rodière, *Exposit.*

rait. des lois de la procéd., t. 3, p. 39 ; Carré et Chauveau, *Quest.* 3276 et 3279 *bis ;* Alauzet, *Traité des Assurances*, t. 1er, nos 205 et suiv.

Mais, si la nullité de la clause dont il s'agit n'a été admise que par quelques auteurs (Merlin, *Quest. de droit*, v° *Arbitrage ;* Thomine-Desmazures, t. 2, n° 1212 ; Malpeyre et Jourdain, *des Sociétés commerciales*, p. 379 ; Championnière, *Revue de législation*, année 1843, p. 237 et suiv.), elle l'a, au contraire, été plus généralement par la jurisprudence : Limoges, 24 nov. 1832 ; 5 janv. 1839 ; Lyon, 4 mars et 9 juin 1840 ; Colmar, 12 août 1840 ; 28 nov. 1849 ; Nîmes, 16 mars 1842 ; Paris, 9 et 31 janv. 1843 ; 3 juill. 1844 ; 13 août 1847 ; Cass., 10 juill. 1843 ; Douai, 30 août 1843 ; 29 juill. 1850 ; Metz, 31 août 1843 ; Grenoble, 14 nov. 1843 ; Rouen, 4 déc. 1843 ; Orléans, 5 avril 1845.

35. Quoique la loi exige que le compromis contienne les noms des arbitres, si cependant l'un des arbitres n'y avait été désigné que par sa qualité, comme le maire ou le juge de paix de telle ville, cette désignation serait suffisante pour la validité du compromis (Montgalvy, nos 242 et 243 ; de Vatimesnil, *Encyclop. du droit*, v° *Arbitrage*, n° 42 ; Carré et Chauveau, *Quest.* 3275).

36. Le compromis peut donner aux arbitres le pouvoir de juger comme amiables compositeurs, sans suivre les règles du droit et en prenant l'équité pour base (C. proc. civ., art. 1019. — V. *Arbitrage*, nos 66 et 67). Il peut aussi contenir la stipulation que l'instruction se fera de *telle* manière, et que les arbitres rendront leur décision à *telle* majorité (C. proc. civ., arg. art. 1028).

37. Les parties peuvent, par le compromis, renoncer à l'appel de la sentence arbitrale (C. proc. civ., art. 1010). Cette renonciation résulte, au surplus, de la clause accordant aux arbitres le pouvoir de statuer comme amiables compositeurs (Limoges, 3 avril 1835 ; Bourges, 24 mai 1837 ; Cass., 31 déc. 1816 ; Thomine-Desmazures, nos 1223 et 1245. — V. *Arbitrage*, n° 68).

38. Elles peuvent aussi renoncer à se pourvoir par requête civile (Cass., 18 juin 1816 ; Carré et Chauveau, *Quest.* 3297 ; Thomine-Desmazures, n° 1223.—V. *Arbitrage*, nos 105 et suiv.).

38 *bis*. Mais on ne pourrait renoncer par le compromis à s'opposer à l'ordonnance d'exécution (Cass., 21 juin 1831 ; Bastia, 22 mars 1831 ; Toulouse, 23 mai 1832 ; Pau, 37 juill. 1832 ; Grenoble, 14 août 1834 ; Pardessus, n° 1408. — *Contrà*, Cass., 10 fév. 1817 ; Montpellier, 8 juill. 1828).

§ 4. — *Comment le compromis prend fin.*

39. Les causes qui mettent fin au compromis ont été énumérées dans les art. 1012 et 1013, C. proc. civ. Ainsi, le compromis finit : 1° par le décès, refus, déport ou empêchement de l'un des arbitres, s'il n'y a clause qu'il sera passé outre, ou que le remplacement sera au choix des parties ou au choix de l'arbitre ou des arbitres restants. — V. *Arbitrage*, nos 32 et suiv.

40. Si, dans le cas de cette clause, les parties ou les arbitres ne s'entendaient point pour le remplacement de l'arbitre, les parties devraient s'adresser au président du tribunal civil qui aurait le droit de le désigner (Arg. art. 1017, C. proc. civ.).

41. Le décès des parties, lorsque tous les héritiers sont majeurs, ne met pas fin au compromis ; seulement, le délai pour instruire et juger est suspendu pendant celui pour faire inventaire et délibérer (C. proc. civ., art. 1013).

42. 2° Par le décès d'une des parties, si elle laisse des héritiers mineurs (Montpellier, 15 janv. 1816 ; Cass., 28 janv. 1839). C'est ce qui résulte d'ailleurs virtuellement de l'art. 1013. Mais il n'en est ainsi qu'en matière d'arbitrage volontaire, et non en matière d'arbitrage forcé (V. *Arbitrage*, nos 50 et suiv.).

43. 3° Par l'incapacité de l'une des parties, survenue depuis le compromis, par exemple, si elle a été frappée d'interdiction, pourvu toujours qu'il s'agisse d'arbitrage volontaire.

44. 4° Par le partage, si les arbitres n'ont pas reçu des parties qui se sont volontairement soumises à leur juridiction le pouvoir de prendre un tiers arbitre (C. proc. civ., art. 1012). Mais le partage ne met pas fin à l'arbitrage forcé; le tiers arbitre est nommé par le tribunal de commerce.

45. 5° Par la perte de la chose ou l'extinction de l'obligation qui faisait l'objet du compromis.

46. 6° Par l'expiration du délai stipulé, ou de celui de trois mois (à partir du compromis), s'il n'en a pas été réglé (C. proc. civ., art. 1012); mais les parties peuvent proroger, soit le délai stipulé, soit le délai légal. L'arbitrage forcé, au contraire, ne finit pas par l'expiration du délai imparti aux arbitres soit par les parties, soit par le tribunal de commerce. Si l'une des parties ne veut pas proroger leurs pouvoirs ou consentir à la nomination d'autres arbitres, le tribunal de commerce en désigne d'office, sur la demande de son adversaire.

47. La prorogation ne doit pas nécessairement être expresse; elle peut n'être que tacite. Par exemple, elle s'induit suffisamment de la comparution et de la plaidoirie de toutes les parties après l'expiration du délai (Cass., 17 janv. 1826; 12 mai 1828; 23 juill. 1833; Bordeaux, 9 fév. 1827).

48. La seule volonté d'une des parties ne suffit pas pour mettre fin au compromis. Si elle persistait, malgré les sommations à elle faites, à ne point comparaître aux audiences du tribunal arbitral, ce tribunal pourrait statuer par défaut à son égard sur la contestation.

49. Le compromis, comme tout autre acte, peut être annulé, lorsqu'il y a eu dol et fraude de la part de l'un des compromettants (Cass., 3 fév. 1807).

50. Enfin, il ne prend pas fin par cela seul qu'il est formé inscription de faux ou qu'un incident criminel a été élevé; il se trouve seulement suspendu jusqu'au jour du jugement de l'inscription de faux ou de l'incident criminel (C. proc. civ., art. 1015).

51. Mais la simple allégation d'une inscription de faux ou d'un incident criminel ne suffit pas pour obliger les arbitres à surseoir au jugement de la contestation. Ils ne peuvent être tenus de le faire que lorsqu'il leur est justifié d'une manière légale qu'il y a véritablement inscription de faux ou incident criminel.

COMPTABLES PUBLICS. — **1.** Agents préposés aux recettes de deniers appartenant à l'Etat, aux départements, aux communes et aux établissements publics.

2. Outre l'obligation de fournir un cautionnement, les comptables publics sont soumis, pour la garantie de leur gestion, à certaines conditions.

3. Ainsi, d'abord, tous les biens possédés par eux avant leur nomination, et ceux qu'ils acquièrent postérieurement à titre gratuit, sont frappés d'une *hypothèque légale* (C. Nap., art. 2121; L. 5 sep. 1807, art. 6). Mais cette hypothèque doit être inscrite (arr. 6 therm. an 11). Par conséquent, elle ne prend rang qu'à dater du jour où l'inscription a été régulièrement prise.

4. Les biens que les comptables acquièrent à titre onéreux pendant l'exercice de leurs fonctions sont frappés d'un *privilége*. Ce privilége s'étend aussi sur les biens acquis au même titre par les femmes des comptables, même séparées de biens, à moins qu'elles ne justifient que les deniers employés à l'acquisition leur appartenaient (L. 5 sept. 1807, art. 4). Toutefois, il n'a lieu également qu'à la charge d'une inscription, qui doit être faite dans les deux mois de l'enregistrement de l'acte translatif de propriété (Même loi, art. 5).

5. En aucun cas, ce privilége ne peut préjudicier : 1° aux créanciers privilégiés désignés dans l'art. 2103, C. Nap., lorsqu'ils ont rempli les conditions prescrites pour obtenir le privilége ; 2° aux créanciers désignés aux art. 2101, 2104 et 2105, C. Nap., dans le cas prévu par le dernier de ces articles ; 3° aux créanciers du précédent propriétaire qui auraient sur le bien acquis des hypothèques légales existantes indépendamment de l'inscription, ou toute autre hypothèque valablement inscrite (Même art.).

6. L'art. 7 de la loi du 5 sept. 1807 exige, comme sanction des dispositions précédentes, que les receveurs généraux et particuliers et les payeurs énoncent leurs titres et qualités dans les actes de vente, d'acquisition, de partage, d'échange et autres translatifs de propriété, et ce, à peine de destitution, et, en cas d'insolvabilité envers le Trésor public, d'être poursuivis comme banqueroutiers frauduleux. De plus, les receveurs de l'enregistrement et les conservateurs des hypothèques sont tenus aussi, à peine de destitution et en outre de tous dommages-intérêts, de requérir ou de faire, au vu desdits actes, l'inscription au nom du Trésor public.

7. Enfin, le Trésor public a privilége sur tous les biens meubles des comptables, même à l'égard des femmes séparées de biens, pour les meubles trouvés dans les maisons d'habitation du mari, à moins qu'elles ne justifient légalement que lesdits meubles leur sont échus de leur chef, ou que les deniers employés à l'acquisition leur appartenaient. Ce privilége ne s'exerce néanmoins qu'après les priviléges généraux et particuliers énoncés aux art. 2101 et 2102, C. Nap. (L. 5 sept. 1807, art. 2).

8. Le Gouvernement a contre les comptables une action en reddition de comptes, qui ne se prescrit que par trente ans (C. Nap., art. 2227 ; Paris, 25 mars 1825). La prescription court au profit des comptables du jour où leur gestion a cessé (L. 5 sept. 1807, art. 10).

9. Le jugement des comptes appartient soit à la Cour des comptes, soit aux conseils de préfecture, suivant qu'il s'agit de deniers de l'Etat, des communes ou des établissements publics, ou encore suivant l'importance de la recette.

10. Lorsqu'il s'agit de contestations entre le Trésor et les comptables ou leurs cautions pour opposition aux contraintes décernées contre eux (Décr., 12 nov. 1806 ; 14 nov. 1807 ; 28 mai 1812), entre un receveur général et des receveurs particuliers pour comptes respectifs (Ord. 19 déc. 1816 ; 14 nov. 1821 ; 28 août 1827 ; 8 déc. 1832), entre le Trésor et un percepteur (Décr., 1er sept. 1808), entre un receveur municipal et une commune pour vérification des perceptions ou pour déficit de deniers communaux (Ord. 14 nov. 1834), entre un percepteur et son prédécesseur pour non-émargement de paiement ou pour subrogation dans l'obligation du prédécesseur débiteur du Trésor (Ord. 6 janv. 1830), entre l'administration des domaines et les préposés pour questions de comptabilité (Avis cons. d'Et., 20 juill. 1808), entre un comptable et les héritiers ou ayants cause d'un comptable décédé pour actes de gestion respectifs (Ord. 16 déc. 1835), entre le Trésor, les entrepreneurs, fournisseurs, soumissionnaires et agents quelconques rétentionnaires de deniers publics, pour exécutoires décernés contre eux par provision (Ord. 15 mars 1833), et entre les officiers de justice criminelle et l'administration pour taxes indûment perçues sur le Trésor (Décr. 26 nov. 1808), le droit de les juger appartient au ministre des finances. Mais ses décisions, lorqu'elles portent en elles-mêmes un caractère contentieux, peuvent être déférée au conseil d'Etat. — V. *Compétence administrative*, *Conseil d'Etat*.

11. Au contraire, sont de la compétence des tribunaux ordinaires les contestations entre un comptable et son préposé pour répétition ou remboursement de deniers reçus par ce dernier (Ord. 11 fév. 1818), entre un adjudicataire de bois et un receveur communal au sujet d'un paiement contesté (Décr. 29 avril 1809), entre l'administration des finances et les comptables sur l'opposition aux contraintes pour inobservation des formes légales (Ord. 6 déc. 1820 ; 20 août 1827), entre un comptable et sa caution sur les garanties particulières exigées du comptable par la caution (Décr. 23 oct. 1811 ; Ord. 24 janv. 1827), entre le Trésor et les comptables ou leurs cautions sur les questions de mainlevée, de réduction et de radiation d'inscriptions hypothécaires (Ord. 13 fév. 1816), et entre l'administration et un comptable en débet relativement à l'opposition aux poursuites dirigées contre ce dernier, si cette opposition est fondée sur l'irrégularité des actes de la procédure en expropriation (Décr. 26 août 1806).

12. Les contraintes contre les comptables constitués redevables sont décernées par le ministre des finances, et, dans certains cas, par les préfets. Ces contraintes, lorsqu'elles sont revêtues des formalités prescrites par la loi, obtiennent la même exécution que les jugements des tribunaux, sont exécutoires par provision, emportent contrainte par corps, et sont suivies du séquestre et de la vente des biens des comptables (Avis cons. d'Et., 29 oct. 1811 ; 24 mars 1812).

13. L'expropriation et la vente des biens d'un comptable en débet ne peuvent avoir lieu que dans les formes déterminées par le Code Napoléon et par le Code de procédure civile, et non dans les formes usitées pour la vente des domaines nationaux (Avis cons. d'Et., 3 mai 1806 ; Décr. 6 janv. 1807).

14. Toutefois, comme les comptables ont trois mois pour se pourvoir au conseil d'Etat contre les actes administratifs qui les constituent débiteurs, il ne peut être procédé à l'adjudication définitive de leurs biens qu'après l'expiration de ce délai ou qu'après qu'il a été statué sur le pourvoi (Avis cons. d'Et., 21 fév. 1809).

15. Les comptables et leurs cautions, les agents ou préposés des comptables, qui ont personnellement géré ou fait la recette, sont soumis à la contrainte par corps, pour raison du reliquat de leurs comptes, déficit ou débet constatés à leur charge, et dont ils ont été déclarés responsables (L. 17 avril 1832, art. 8).

16. Si cette voie d'exécution peut être pratiquée en vertu d'une contrainte décernée par le ministre des finances ou les préfets (V. *suprà*, n° 12), c'est au tribunal civil du domicile du comptable qu'il appartient de fixer la durée de la contrainte par corps (L. 17 avril 1832, art. 7, § 1er).

17. Les difficultés auxquelles donne lieu l'exercice de la contrainte par corps, par exemple, la demande en élargissement fondée sur l'inobservation des formes reconnues, doivent être soumises aux tribunaux civils, qui statuent à charge d'appel (Décis. minist. des 18 brum. an 14 et 22 avril 1806).

18. Les comptables et leurs agents ne sont pas seulement soumis à la contrainte par corps par suite du *jugement* de leurs comptes, et dans les formes tracées par la loi du 17 avril 1832 ; ils peuvent aussi être poursuivis par la même voie, sans jugement préalable, préventivement, sur un simple arrêté en forme exécutoire de l'autorité administrative, au cas où, par suite de vérification, un déficit vient à être constaté dans leur gestion (LL. 12 vend. et 13 frim. an 8).

19. A raison des billets par eux souscrits, les receveurs, payeurs, percepteurs ou autres comptables des deniers publics, sont justiciables du tribunal de commerce (C. comm., art. 634. — V. *Actes de commerce*, n° 172), à moins que ces billets ne contiennent une cause étrangère à leur comptabilité et au commerce (Pardessus, *Droit comm.*, t. 1er, n° 54 ; Sebire et Carteret, *Encyclop. du droit*, v° *Comptables publics*, n° 24).

20. A cette première exception, il faut en ajouter une seconde. Ainsi, l'art. 634, C. comm., ne parlant que des billets, c'est-à-dire des obligations *écrites*, il s'ensuit que les engagements *verbaux* des comptables ne donnent pas lieu à la compétence commerciale (Mêmes auteurs, *loc. cit.*).

21. Les billets souscrits par les comptables, à raison de leur comptabilité, soit au profit du Trésor, des communes et des établissements publics, soit au profit de particuliers, constituent des *dettes commerciales*. En conséquence, nous croyons avec MM. Coin-Delisle, *Comment. sur la loi du 17 avril 1832*, p. 84, n° 14, et Sebire et Carteret, *verb. cit.*, n° 26, et contrairement à un arrêt de Toulouse du 21 août 1835, que les billets de la seconde classe aussi bien que ceux de la première soumettent les comptables à la contrainte par corps.

COMPTE. — **1.** C'est, en droit civil, un état détaillé de recettes et de dépenses, présenté par celui qui a été chargé d'administrer les affaires d'autrui, pour établir sa situation, comme débiteur ou comme créancier, vis-à-vis de celui à qui le compte est rendu, et, en droit commercial, un tableau des opérations de toute nature faites entre deux négociants.

2. La présentation de cet état ou de ce tableau se nomme *reddition de compte*, et l'on appelle *rendant* celui qui doit le compte, *oyant* celui qui le reçoit, *reliquat* l'excédant de la recette sur la dépense, *avance* l'excédant de la dépense sur la recette, et *arrêté de compte* la fixation définitive faite par l'oyant et le rendant de la recette et de la dépense (V. *Arrêté de compte*).

Indication alphabétique des matières.

§ 1er. — *Personnes qui doivent rendre compte et ont droit de le demander.*

3. *Personnes qui doivent rendre un compte.* — Tous ceux qui ont géré ou administré les biens ou les affaires d'autrui doivent rendre compte de leur gestion ou administration, fussent-ils même copropriétaires ou coïntéressés. Jusqu'à ce que le compte ait été rendu, les gérants ou administrateurs sont réputés débiteurs, sauf certaines restrictions.

4. Sont tenus de rendre compte :

Les envoyés en possession provisoire des biens de l'absent (C. Nap., art. 125). — V. *Absence*, nos 28 et suiv.

5. Le père qui, durant le mariage, administre les biens personnels de ses enfants mineurs (C. Nap., art. 389). — V. *Usufruit légal.*

6. Le tuteur, à l'expiration de ses fonctions (C. Nap., art. 469 et 2208). — V. *Tutelle.*

7. L'administrateur provisoire donné à celui dont on poursuit l'interdiction (C. Nap., art. 497). — V. *Interdiction.*

8. Le curateur au ventre (C. Nap., art. 393), à l'émancipation (art. 482), et le curateur à une succession vacante (art. 813 et 814), à l'immeuble délaissé (art. 2174). — V. *Tutelle, Curatelle, Emancipation, Succession, Hypothèque, Délaissement d'immeubles.*

9. L'héritier bénéficiaire (C. Nap., art. 803). — V. *Bénéfice d'inventaire*, nos 33 et suiv.

10. Les copartageants pour raison des sommes qu'ils peuvent se devoir (C. Nap., art. 828). — V. *Partage.*

11. Les exécuteurs testamentaires (C. Nap., art. 1031 et 1032). — V. *Testament.*

12. L'époux survivant dans le cas de communauté (C. Nap., art. 1442, 1454 et 1476). — V. *Communauté de biens entre époux*, nos 247 et suiv., 261 et suiv.

13. Le mari, lorsque sa femme séparée lui a laissé la jouissance de ses biens (C. Nap., art. 1539). — V. *Communauté de biens entre époux*, nos 495 et 496; — ou lorsqu'il administre les biens paraphernaux (art. 1577 et 1578). — V. *Dot.*

14. Les associés (C. Nap., art. 1872). — V. *Société.*

15. Le dépositaire (art. 1937). — V. *Dépôt.*

16. Celui qui a été chargé du séquestre conventionnel ou judiciaire (C. Nap., art. 1956 et 1962; C. instr. crim., art. 471). — V. *Séquestre.*

17. Le créancier gagiste (art. 2079 et 2081). — V. *Gage.*

18. Le créancier antichrésiste (art. 2085 et 2086).—V. *Antichrèse*, n° 17.

19. Le simple possesseur (C. Nap., art. 549 et 2060-2°). — V. *Restitution de fruits.*

20. Tout mandataire ou gérant (art. 1372 et 1793). — V. *Mandat.*

21. Les comptables des deniers publics. — V. *Comptables publics.*

22. On a contesté au mari, qui avait donné procuration à sa femme pour administrer les biens de la communauté, le droit de lui demander compte de sa gestion. Mais nous croyons que c'est à tort, car rien ne justifie l'exemption qu'on voudrait établir ici en faveur de la femme. Le droit de demander compte appartient dans ce cas au mari, comme à tout autre mandant. Seulement, il ne peut exercer ce droit qu'après la dissolution de la communauté (Agen, 16 juill. 1833; Cass., 18 déc. 1834; Sebire et Carteret, *Encyclopédie du droit*, v° *Compte*, n° 10).

23. Du reste, il n'est pas douteux que la femme doive rendre compte de sa gestion et de son administration dans le cas où, les époux étant mariés sans communauté ou sous la clause de séparation de biens, le mari a donné à sa femme le mandat de gérer ses affaires, et dans le cas où, les époux étant mariés sous le régime de la communauté, la femme a, en l'absence de son mari, administré les biens de la communauté (Sebire et Carteret, *verb. cit.*, n° 11).

24. Le fils qui a géré les biens de son père ne peut être assimilé à un mandataire ordinaire; il ne doit au plus qu'un compte par bref état (Paris, 17 fév. 1821).

25. *Personnes qui ont le droit d'exiger un compte.* — Le droit d'exiger un compte appartient à tous ceux dont les affaires ont été gérées ou les biens administrés, s'ils ont le libre exercice de leurs droits, ou, dans le cas d'incapacité, à leurs représentants légaux.

26. Ainsi, lorsque le compte est dû à un mineur, la demande en reddition doit être formée par le tuteur, et, comme l'action est mobilière, le tuteur n'a pas besoin de l'autorisation du conseil de famille (arg. art. 457, C. Nap. — V. *Tutelle*). Si le mineur est émancipé, la demande peut être formée par lui avec l'assistance de son curateur (C. Nap., art. 480).— V. *Emancipation.*

27. Le compte dû à une femme mariée peut être demandé par le mari seul, lorsque les époux sont mariés sous le régime de la communauté (V. *Communauté de biens entre époux*, nos 146 et suiv.), lorsqu'il y a exclusion de communauté (C. Nap., art. 1531), et même lorsque les époux sont mariés sous le régime dotal (C. Nap., art. 1549). Mais, si la femme est séparée de biens, ou si le compte est relatif à ses biens paraphernaux, c'est à elle qu'il appartient de le demander, avec l'assistance de son mari (C. Nap., art. 215 et 1576). — V. *Dot.*

28. L'individu qui est pourvu d'un conseil judiciaire ne peut, sans l'assistance de ce conseil, exiger une reddition de compte (C. Nap., art. 513).

29. Les notaires, commis par justice à l'effet de représenter les absents, peuvent bien procéder à toutes les opérations qui se rattachent à l'audition d'un compte (V. *Absence*, n° 9); mais ils ne peuvent intenter une action en reddition de compte ou y défendre, sans y avoir été spécialement autorisés par le tribunal (Sebire et Carteret, v° *Compte*, n° 21).

30. Les créanciers de celui auquel le compte est dû peuvent, comme exerçant les actions de celui-ci, exiger la reddition du compte (Arg. art. **1166**, C. Nap.). — V. *infrà*, n° 55.

31. Mais le droit d'exiger la reddition du compte n'autorise pas celui à qui ce compte doit être rendu à saisir-arrêter les sommes dues au comptable. Il ne pourrait même faire pratiquer une saisie-arrêt en vertu d'une simple mise en demeure (Arg. art. 534, C. proc. civ.). La saisie-arrêt ne peut être formée qu'après l'expiration du délai accordé par les juges pour la reddition du compte (Rennes, 2 août 1820).

§ 2. — *Des comptes rendus à l'amiable. — Formes.*

32. Lorsque toutes les parties sont majeures et maîtresses de leurs droits, le compte peut être rendu à l'amiable, et, dans ce cas, la reddition du compte peut être faite et acceptée soit par acte authentique, soit par acte sous seing privé; elle peut même avoir lieu devant arbitres (Sebire et Carteret, v° *Compte*, n° 27). Les comptes peuvent aussi, à plus forte raison, être l'objet d'une transaction (Arg. art. 2045, C. Nap.).

33. Le compte rendu devant notaire peut être débattu, fait et clos sans l'assistance d'avoués; leur ministère ne devient nécessaire que pour l'homologation (Riom, 14 janv. 1842).

34. Le compte devant contenir la balance exacte de toutes les recettes et de toutes les dépenses, détermine la situation respective des parties. S'il n'est pas signé par le rendant, il ne forme pas titre contre lui, et peut, tout au plus, servir de commencement de preuve par écrit. Il ne devient un titre obligatoire contre le rendant que lorsqu'il est revêtu de sa signature, et que si, n'étant pas écrit en entier de sa main, il porte un *bon* ou *approuvé* des sommes en toutes lettres (C. Nap., art. 1326).

35. Lorsque celui à qui le compte est rendu, après l'avoir examiné, en reconnaît l'exactitude et l'accepte, il intervient alors entre les parties un *arrêté de compte*, dont l'objet est de constater l'obligation qui résulte du compte. Cet arrêté forme le titre de cette obligation, et, comme il contient un contrat synallagmatique, il doit être fait double. Mais il n'est pas soumis à l'approbation. — V. *Approbation d'écritures*, n° 5.

36. L'arrêté de compte fait par acte sous seing privé doit être rédigé sur timbre. Il n'y a pas lieu de distinguer à cet égard entre le cas où l'arrêté est inscrit au bas du compte, et celui où il est fait par acte séparé.

37. Le compte, une fois arrêté, ne peut plus être révisé; il n'est attaquable que pour erreurs, omissions, faux ou doubles emplois, dans les termes de l'art. 541, C. proc. civ.

38. Mais les comptes rendus à l'amiable ou devant arbitres ne sont pas soumis aux règles tracées par le Code de procédure civile. Ces règles ne s'appliquent qu'aux comptes judiciaires. Toutefois, les comptes rendus amiablement par les tuteurs à leurs pupilles devenus majeurs, ou émancipés, doivent avoir lieu dans les formes prescrites par les art. 472 et 480, C. civ.

§ 3. — *Des comptes rendus en justice.*

39. Les comptes judiciaires sont ceux dont la reddition est poursuivie par action principale, lorsque les parties n'ont pu s'entendre pour les faire d'une autre manière, ou est ordonnée par jugement, conséquemment par suite d'instance. Les comptes doivent aussi être rendus en justice lorsqu'il se trouve parmi les parties des incapables.

40. Tous les comptes judiciaires, quels qu'en soient l'objet et le titre, sont assujettis aux formalités prescrites par les art. 527 et suiv. du Code de procédure, formalités desquelles les juges ne peuvent eux-mêmes s'écarter, à peine de nullité.

41. Cependant les dispositions du Code de procédure ne sont point applicables aux comptables de deniers publics (V. *Comptables publics*), aux copartageants, à l'égard des comptes qu'ils peuvent se devoir (C. Nap., art. 828 et 1872 ; C. proc. civ., art. 976), aux transactions sur les difficultés d'un compte judiciaire, au cas où le tribunal renvoie les parties devant l'avoué le plus ancien, pour vérifier si des offres faites par l'une d'elles sont ou non suffisantes (Cass., 19 mai 1830) au compte qu'un tribunal ordonne à un avoué de rendre à ses confrères, des sommes qu'il a reçues en qualité de secrétaire de leur chambre (Cass., 11 nov. 1828), et aux liquidations de succession (Cass., 22 fév. 1830).

42. Elles ne s'appliquent pas non plus aux matières commerciales (Rennes, 9 mars 1810 ; 23 août 1817 ; Cass., 6 déc. 1832).

43. Mais, si une société commerciale vient à être déclarée nulle, comme le caractère commercial de l'acte disparaît, le compte à régler entre les parties n'est plus qu'un compte de communauté, qu'il n'est pas nécessaire de soumettre à des arbitres, et pour lequel il y a lieu d'observer, non les formalités prescrites pour les comptes entre associés, mais les dispositions du Code de procédure civile (Metz, 24 nov. 1819).

44. L'instance qui a pour objet de savoir s'il y a lieu à rendre compte (Sebire et Carteret, v° *Compte*, n° 41), et la demande en paiement d'une somme déterminée, avec offre de compenser jusqu'à due concurrence une autre somme due par le demandeur, suivant un compte arrêté en justice (Cass., 21 janv. 1811), ne sont pas soumises aux règles prescrites pour la reddition de compte.

45. Enfin, l'action en reddition de compte se prescrit par trente ans. C'est ainsi qu'il a été décidé, par un arrêt de la Cour de Rouen, du 1er juill. 1828, que c'était par ce laps de temps que devait se prescrire l'action contre un huissier en reddition de compte des sommes qu'il avait reçues pour son client (V. aussi, dans le même sens, Vazeille, *des Prescriptions*, t. 2, p, 576 ; Troplong, *des Prescriptions*, n° 1000 ; Sébire et Carteret, n° 134).

ART. 1er. — Demande. — Procédure. — Compétence.

46. *Demande.* — La demande en reddition de compte est une action mobilière de sa nature ; elle est ordinairement formée par action principale ; mais une reddition de compte peut aussi être réclamée incidemment à une instance engagée (Amiens, 16 déc. 1825 ; Sebire et Carteret, n° 42).

47. La demande en reddition de compte n'est point dispensée du préliminaire de conciliation (C. proc. civ., art. 48 ; Carré et Chauveau, *Lois de la procédure, Quest.* 1848 ; Sebire et Carteret, n° 43). — V. *Conciliation.*

48. Elle s'introduit, à la requête, soit de l'oyant, soit du rendant, par un ajournement en la forme ordinaire. — V. *Ajournement.*

49. Celui à qui un compte est dû n'est jamais tenu, avant de former sa demande, de signifier préalablement au défendeur une mise en demeure (Amiens, 14 mai 1823).

50. Lorsque la demande est formée par le comptable, celui-ci assigne pour *voir ordonner qu'il sera admis à la reddition de son compte et qu'il sera procédé à l'apurement de ce compte.* — V. *Formule*, n° 3. — Si elle est formée par l'oyant, ce dernier conclut à ce que le comptable soit condamné *à rendre ses comptes suivant la loi, et à payer le reliquat avec les intérêts du jour de la clôture ;* si le comptable est tuteur, séquestre ou administrateur nommé par justice, il demande en outre que la contrainte par corps soit prononcée en vertu de l'art. 126-2°, C. proc. civ. — V. *Formule*, n° 2.

51. *Procédure.* — La procédure à suivre en matière de reddition de compte est sommaire. Ainsi, elle est régie par les principes généraux de l'art. 404, C. proc. civ., modifié par l'art. 1er de la loi du 11 avril 1838 (Chauveau sur Carré, t. 4, *Quest.* 1849; Sebire et Carteret, n° 56).

52. Lorsque la demande est formée par plusieurs oyants, la poursuite appartient à celui qui a fait viser le premier l'original de son exploit par le greffier du tribunal. Le visa est daté du jour et de l'heure (Arg. art. 967, C. proc. civ.; Chauveau sur Carré, *Quest.* 1850; Sebire et Carteret, n° 57).

53. Les oyants qui ont le même intérêt, c'est-à-dire pour lesquels la recette et la dépense sont les mêmes (Carré et Chauveau, *Quest.* 1852), ou ne diffèrent que par des articles peu importants, doivent nommer un seul avoué; s'ils ne s'accordent pas sur le choix, le plus ancien occupera; néanmoins, chacun des oyants a le droit de constituer particulièrement un avoué, à la charge seulement de payer les frais occasionnés par cette constitution, tant activement que passivement (C. proc. civ., art. 529).

54. C'est au tribunal saisi de la demande qu'il appartient de décider s'il y a lieu d'imposer aux oyants l'obligation de nommer un seul avoué pour tous ou de payer les frais des constitutions particulières.

55. Les créanciers de l'oyant ou du rendant n'ont pas seulement le droit d'exiger la reddition du compte (V. *suprà*, n° 30); ils peuvent aussi intervenir, en la forme ordinaire (V. *Intervention*), dans l'instance, pour assister aux opérations du compte, afin d'empêcher qu'il soit rendu au préjudice de leurs droits (Arg. art. 536, C. proc. civ.).

56. Dans ce cas, ils ne sont pas obligés de prendre le même avoué que leur débiteur. Mais, s'ils ont tous le même intérêt, ils ne doivent prendre pour eux tous qu'un seul avoué (Sebire et Carteret, n° 59).

57. Le cédant du reliquat éventuel d'un compte a également le droit d'intervenir dans l'instance engagée entre le cessionnaire et le comptable sur la reddition de ce compte (Rennes, 27 avril 1818).

58. *Compétence.* — L'art. 527, C. proc. civ., est ainsi conçu : « Les comptables commis par justice seront poursuivis devant les juges qui les auront commis; les tuteurs, devant les juges du lieu où la tutelle a été déférée; tous autres comptables, devant les juges de leur domicile ».

59. Ainsi, d'après cet article, le comptable commis par justice doit être assigné devant les juges qui l'ont commis, lors même que ces juges formeraient un tribunal d'appel (Carré, *Lois de la procédure*, t. 4, *Quest.* 1846; Thomine-Desmazures, *Commentaire sur le Code de procédure*, t. 2, p. 16; Sebire et Carteret, n° 49. — *Contrà*, Chauveau sur Carré, *Quest.* 1846).

60. Parmi les comptables commis par la justice, on doit comprendre le séquestre, le gardien, l'envoyé en possession des biens d'un absent, le curateur à une succession vacante. Mais l'héritier bénéficiaire, administrant en vertu de son titre d'héritier, et non en vertu d'une mission de la justice, ne rentre pas dans cette catégorie (Carré et Chauveau, *Quest.* 1847; Sebire et Carteret, n° 45). Dans ce cas, toutefois, l'héritier bénéficiaire ne doit point être actionné devant les juges de son domicile; il doit l'être devant le tribunal dans le ressort duquel la succession a été ouverte (C. proc. civ., art. 59; Sebire et Carteret, n° 46). Au contraire, s'il existait plusieurs héritiers bénéficiaires, et que l'un d'eux eût été chargé par un jugement de l'administration de la succession, il devrait alors être poursuivi devant les juges qui auraient rendu le jugement, par application de la première disposition de l'art. 527 (Sebire et Carteret, n° 45).

61. Si le comptable est un tuteur, il doit, aux termes de l'art. 527 précité, être poursuivi devant le tribunal du lieu où la tutelle a été déférée, c'est-à-dire, lorsque la tutelle est légitime, devant le juge du lieu où demeurait le mineur ou l'interdit au moment où le tuteur a été investi (Sebire et Carteret, n° 50); lorsqu'elle est testamentaire, devant le tribunal du lieu où demeurait le testateur à l'époque de son décès (Chauveau sur Carré, *Quest.* 1847 *bis*) ; et, lorsqu'elle est déférée par le conseil de famille, devant le juge du lieu où s'est tenu ce conseil (Sebire et Carteret, *loc. cit.*).

62. Dans le cas où une mère, investie de la tutelle légale dans un lieu, a perdu cette tutelle par suite de son convol à de secondes noces, si plus tard elle est de nouveau et dans un autre lieu appelée à la tutelle par le conseil de famille, c'est devant le tribunal du lieu de l'ouverture de la tutelle légale qu'elle doit être actionnée en reddition de compte (Bordeaux, 3 août 1827). M. Chauveau, *quest. cit.*, pense, au contraire, que, dans ce cas, il doit y avoir autant de comptes que de tutelles, et, par conséquent, autant d'actions différentes que de lieux divers où les tutelles ont été conférées.

63. Les autres comptables doivent, d'après le même art. 527, être poursuivis devant les juges de leur domicile. En conséquence, la demande en reddition de compte, formée contre le mandataire gérant d'un établissement de commerce, doit être portée devant le tribunal du domicile du défendeur, et ne peut être déférée au tribunal du lieu où siége l'établissement (Agen, 6 mai 1824). Ici ne s'applique pas l'art. 420, § 3, C. proc. civ.

64. En matière de société, tant qu'elle existe, c'est-à-dire jusqu'au partage inclusivement, la demande en reddition de compte doit être portée devant le juge du lieu où elle est établie (Arg. art. 59, C. proc. civ.).

65. Si le compte est à débattre entre un entrepreneur et ses préposés qui ne sont ni sous-entrepreneurs ni commissionnaires, la demande est de la compétence du tribunal du lieu où l'engagement a été contracté et où il a été convenu que le paiement serait effectué (Cass., 14 mars 1826).

66. En matière de communauté et de succession, la demande en reddition de compte est du ressort du tribunal du lieu où la succession s'est ouverte et où la communauté s'est dissoute. — V. *Communauté de biens entre époux*, n° 262 ; *Succession*.—V. aussi *suprà*, n°s 22 et 23.

67. Les règles de compétence qui viennent d'être indiquées sont tellement rigoureuses, que, si les comptables commis par justice ou les tuteurs étaient assignés devant un tribunal autre que celui désigné par l'art. 527, fût-il même celui de leur domicile, ils seraient fondés à opposer le déclinatoire (Carré et Chauveau, *Quest.* 1845 ; Thomine-Desmazures, sur l'art. 527, t. 2, p. 17 ; Sebire et Carteret, n° 47).

68. Mais le comptable, assigné devant un tribunal autre que celui désigné par l'art. 527, peut accepter la juridiction de ce tribunal, soit expressément, soit tacitement, en ne proposant pas l'incompétence en temps utile. Car la compétence que détermine cet article n'est que personnelle, et non *ratione materiæ*.

69. Jusqu'à présent, nous avons supposé que la demande en reddition de compte était formée par celui à qui le compte est dû. Mais, si c'est le comptable qui poursuit lui-même la reddition du compte dont il veut se décharger, nous ne croyons pas qu'il puisse, dans tous les cas, assigner l'oyant devant le tribunal de ce dernier ; il nous semble qu'il doit suivre les règles de compétence qui viennent d'être tracées.

Art. 2. — Jugement qui ordonne ou refuse le compte. — Appel de ce jugement.

70. *Jugement.* — Lorsque le tribunal ne trouve pas la demande en reddition de compte bien fondée, il en déboute le demandeur et le condamne aux frais. Si, au contraire, il la trouve juste, il ordonne que le compte sera rendu en la forme prescrite. Dans ce dernier cas, le jugement fixe le délai dans lequel le compte sera rendu, et commet un juge (C. proc. civ., art. 530).

71. Tout autre qu'un membre du tribunal ne peut être commis. Ainsi, le tribunal ne peut renvoyer les parties devant un expert en comptabilité (Cass., 6 juin 1820). Mais il n'est pas nécessaire que le juge commis soit pris parmi ceux des membres du tribunal qui ont participé au jugement (Metz, 24 nov. 1819).

72. Toutefois, l'omission de fixer le délai et de commettre un juge n'entraînerait pas la nullité du jugement ; cette omission pourrait être réparée par un jugement postérieur (Rennes, 29 (et non 20) janv. 1813 ; Cass., 11 nov. 1828 ; 25 mars 1835 ; 23 janv. 1837 ; Chauveau sur Carré, *Quest.* 2852 *bis ;* Sebire et Carteret, n° 61).

73. Le délai fixé pour rendre compte, lorsque le point de départ n'en a pas été déterminé par le tribunal, ne court que du jour de la signification du jugement : peu importe que ce jugement soit contradictoire ou par défaut (Rennes, 9 mars 1810 ; Carré et Chauveau, *Quest.* 1853 ; Sebire et Carteret, n° 64). Ce délai peut être prorogé, s'il y a lieu, par le tribunal sur la demande du rendant, mais seulement pour des causes graves, telles que la maladie, l'absence forcée du rendant (Carré et Chauveau, *Quest.* 1866 ; Besançon, 30 nov. 1822) ; les oyants doivent être appelés à cette prorogation par acte d'avoué à avoué, s'ils ont constitué avoué, sinon, par exploit à personne ou à domicile. — V. *Formule* n° 4.

74. Le jugement qui ordonne le compte peut fixer de suite la somme jusqu'à concurrence de laquelle le rendant pourra être contraint, par saisie et vente de ses biens, à présenter son compte (C. proc. civ., art. 534 ; Bruxelles, 24 juin 1812) ; il peut également prononcer éventuellement la contrainte par corps contre le rendant pour le cas où il ne présenterait pas son compte dans le délai fixé (C. proc. civ., même article ; Carré et Chauveau, *Quest.* 1869).

75. Le jugement qui ordonne le compte, comprenant implicitement la condamnation de payer le reliquat, s'il en existe, produit une hypothèque judiciaire. L'oyant peut donc prendre inscription, sauf à la restreindre ou même à la radier, s'il y a lieu, après l'apurement du compte (Cass., 21 août 1810 ; 4 août 1825 ; Paris, 16 mars 1822 ; Metz, 29 janv. 1808 et 28 août 1823 ; Thomine-Desmazures, sur l'art. 530).

76. *Appel.*— On peut appeler du jugement rendu sur la demande à fin de compte, toutes les fois que cette demande est indéterminée dans sa valeur, ou que, dans l'exploit, le demandeur a évalué le reliquat à une somme supérieure au dernier ressort. Mais on ne peut appeler des ordonnances rendues par le juge commis à l'examen d'un compte.—V. *Appel en matière civile*, n° 101.

77. L'appel doit être interjeté dans les trois mois du jour de la signification du jugement, s'il est définitif, par exemple, si la contestation qu'il a réglée portait sur le point de savoir s'il y avait lieu ou non à la reddition du compte demandé (Cass., 21 juill. 1817).

Si le jugement est interlocutoire, comme dans le cas où la production du compte est ordonnée accessoirement à une instance, pour éclairer les juges sur le fond de la contestation, il peut être attaqué par la voie de l'appel, soit avant, soit après le jugement définitif, soit conjointement avec l'appel de ce jugement (Arg. art. 450, C. proc. civ.).

78. Mais le jugement qui commet un notaire pour l'éclaircissement d'un compte n'étant que préparatoire, ne peut être attaqué par appel qu'avec le jugement définitif (Colmar, 18 mai (et non mars) 1816).

79. Si la Cour rejette la demande en reddition de compte, le procès est terminé ; si, au contraire, elle l'admet, en infirmant le jugement de première instance, elle doit renvoyer, pour la reddition et le jugement du compte, au tribunal où la demande a été formée, ou à tout autre tribunal indiqué par son arrêt (C. proc. civ., art. 528).

80. La Cour ne pourrait, par application de l'art. 472, C. proc. civ., retenir la connaissance du compte, car ce serait enlever aux parties le premier degré de juridiction, puisque le compte n'aurait été ni rendu ni jugé en première instance. Elle ne pourrait pas davantage, en prononçant le renvoi, fixer le délai dans lequel le compte sera rendu et nommer un commissaire. Ce droit n'appartient qu'au tribunal auquel le renvoi est fait (Cass., 23 janv. 1837 ; Sebire et Carteret, n° 68).

ART. 3. — Formes du compte. — Présentation et affirmation.— Exécutoire.

81. *Formes du compte.* — Le jugement rendu et signifié, ainsi que l'arrêt, s'il y a eu appel, le rendant dresse son compte, lequel doit être rédigé en grosse, et il ne sera fait qu'une seule grosse (Tarif, art. 75).

82. Le compte doit contenir :

1° Le *préambule*, c'est-à-dire l'exposé nécessaire pour donner les motifs et l'intelligence du compte. Ce préambule ne doit point excéder six rôles, en y comprenant la mention de l'acte ou du jugement qui a commis le rendant ; l'excédant, s'il y en a, ne passe point en taxe (Tarif, art. 75 ; C. proc. civ., art. 531).

83. 2° Les *recettes effectives*. Suivant quelques auteurs, on doit entendre par *recettes effectives* tout ce que le rendant a pu ou dû recevoir, encore qu'il n'ait pas tout reçu : ainsi, il est comptable, non-seulement de ce qu'il a reçu, mais encore de ce qu'il a dû recevoir (Thomine-Desmazures, sur l'art. 533, n° 582 ; Carré et Chauveau, *Quest.* 1861). Mais nous ne croyons pas que cette opinion puisse être admise. Il nous semble qu'on ne doit considérer comme *recettes effectives* que celles qui ont été réellement effectuées. C'est ce qui résulte de l'art. 533, C. proc. civ., qui veut qu'il soit fait un chapitre particulier des sommes ou objets à recouvrer. Autrement, personne ne voudrait se charger d'un mandat. Si la responsabilité du rendant peut se trouver engagée à cause de recouvrements qu'il n'a pas faits et qu'il aurait pu faire, c'est là une question en dehors de l'état matériel du compte. On ne doit donc porter aux *recettes effectives* que les sommes encaissées (Sebire et Carteret, n° 73).

84. 3° Les *dépenses effectives*. On entend par là toutes les dépenses que le rendant a dû raisonnablement faire dans l'intérêt du mandant, lors même qu'elles auraient été inutiles, si on ne peut lui imputer faute lourde ni imprudence.

85. Cependant, à l'égard des dépenses faites par le rendant, il faut distinguer celles qui ont eu pour objet l'accomplissement de sa mission et sont antérieures à la demande en reddition de compte, et celles qui sont faites pour arriver à la reddition du compte. C'est seulement de ces dernières que s'occupe l'art. 532, C. proc. civ., qui les qualifie *dépenses communes*, par ce qu'elles sont faites par les deux parties pour arriver à la reddition du compte.

86. Les dépenses communes sont à la charge de l'oyant, lors même que le compte a été nécessité par le fait de celui qui l'a rendu (Cass., 1er août 1832).

87. Or, sont rangés au nombre des dépenses communes : 1° les *frais de voyage* (C. proc. civ., art. 532), c'est-à-dire ceux faits pour venir rendre le compte. Mais il faut qu'ils soient affirmés au greffe (Tarif, art. 146) ; 2° les *vacations de l'avoué*, soit à l'affirmation au greffe des frais de voyage (Tarif, art. 146), soit à l'audition et au jugement du compte, soit pour la mise en ordre des pièces du compte (Tarif, art. 92) ; 3° les *grosses et copies du compte*, les *frais de présentation et d'affirmation* (C. proc. civ., art. 532). Aucun droit ne peut être réclamé pour le dressé du compte (Carré et Chauveau, *Quest.* 1829 ; Sebire et Carteret, n° 79).

88. Le rendant ne serait pas admis à employer, pour dépenses communes : 1° les frais de la contestation sur laquelle il a succombé ; 2° les frais du jugement qui ordonne le compte, s'il s'est refusé de rendre compte à l'amiable : ce refus est constaté par une intimation à se trouver chez un notaire (V. *Formule*, n° 1), ou par le procès-verbal de non-conciliation, lorsqu'il y a lieu de remplir cette formalité, et si, consentant à rendre compte, il a laissé prendre le jugement qui l'y condamne, sans faire connaître son consentement ; 3° tous les frais de procédure, s'il s'agit d'un compte à rendre par un possesseur de mauvaise foi, ou d'un compte d'administration par celui qui s'est immiscé, sans droit, dans les affaires d'autrui. — Tous ces frais restent à la charge du rendant ; ils sont au surplus réglés par le jugement définitif. — Cependant, les frais du jugement qui ordonne le compte peuvent, suivant les circonstances, être laissés à la charge de l'oyant, même lorsqu'il y a eu résistance de la part du rendant (Cass., 1er août 1832).

89. Certains frais, quoique ne pouvant être employés pour dépenses communes, sont néanmoins à la charge de l'oyant. Tels sont ceux faits par l'oyant, lorsque, sur ses poursuites et avant le jugement, le rendant consent à rendre le compte, à moins qu'il ne soit établi que la demande judiciaire a été déterminée par le refus du comptable de procéder à l'amiable à la reddition du compte ; ceux faits pour la nomination d'un juge-commissaire, lorsque la reddition a été amiablement consentie entre les parties ; et enfin ceux du jugement qui ordonne le compte, lorsque le comptable forme lui-même la demande.

90. 4° Enfin, la *récapitulation de la balance* des recettes et des dépenses (C. proc. civ., art. 533).

91. Au surplus, la forme ou contexture du compte appartient à celui qui le rend ; il est le maître de le composer à son gré, pourvu qu'il l'établisse sur les bases constitutives d'un compte ; il convient qu'il fasse suivre le compte d'un inventaire des pièces produites à l'appui. L'oyant ne peut, pour les débats, présenter un compte nouveau ; il doit suivre la méthode et l'ordre adoptés par le rendant (Carré et Chauveau, *Quest.* 1863).

92. *Présentation et affirmation.* — Lorsque le compte est dressé, le rendant obtient, sur une requête non grossoyée (Tarif, art. 96), une ordonnance du juge-commissaire, qui fixe le jour, le lieu et l'heure où le compte sera présenté et affirmé. Ces requêtes et ordonnances sont signifiées aux oyants par acte d'avoué, s'ils en ont constitué, et par exploit, s'ils n'en ont pas, avec sommation de se trouver à la présentation (C. proc. civ., art. 534). — V. *Formule* n° 5.

93. Aux jour et heure indiqués, et dans le délai fixé par le jugement, le rendant présente et affirme son compte, en personne ou par procureur spécial (C. proc. civ., art. 534). Si le rendant laisse passer le délai sans présenter son compte, l'oyant peut lui-même obtenir l'ordonnance du juge et la signifier dans la forme prescrite au numéro précédent (Carré et Chauveau, *Quest.* 1865).

94. Mais il n'est pas tenu d'obtenir cette ordonnance ni de la signifier. Dès que le délai est expiré, il peut contraindre le rendant à présenter son compte par *saisie* et *vente* de ses biens jusqu'à concurrence de la somme arbitrée par le tribunal, et même par corps (C. proc. civ., art. 534). — V. *suprà*, n° 74. — La somme arbitrée par le tribunal n'est qu'une provision imputable sur le reliquat du compte, et, en la payant, le comptable n'est pas libéré de l'obligation de rendre compte (Carré et Chauveau, *Quest.* 1868).

95. Lorsque la contrainte par corps n'a pas été prononcée par le jugement qui ordonne le compte, l'oyant fait faire sommation au rendant par acte d'avoué, s'il en a un, et par exploit, s'il n'en a pas (V. *Formule* n° 6), de comparaître à l'audience pour la voir ordonner.

96. Dans tous les cas, il suffit de signifier le jugement qui prononce la contrainte, pour pouvoir l'exécuter.

97. *Exécutoire.* — Lorsque le compte est présenté et affirmé, si la recette excède la dépense, l'oyant peut requérir du juge-commissaire exécutoire de cet excédant, sans approbation du compte (C. proc. civ., art. 535), soit lors des présentation et affirmation, soit même après (Tarif, art. 92 ; Besançon,

2 mai 1811; Carré et Chauveau, *Quest.* 1871). Cet exécutoire ne confère pas hypothèque à l'oyant. — V. *Hypothèque.*

98. L'exécutoire peut être attaqué, soit lorsqu'il s'agit de faire statuer sur une exception de compensation, soit pour obtenir un sursis de paiement, soit pour la rectification d'erreurs commises et faciles à vérifier. Dans ces cas, il ne peut être interjeté appel à la Cour de l'exécutoire (Turin, 1er juin 1812). Cet exécutoire ne peut être déféré qu'au tribunal de première instance (C. proc. civ., art. 539); et, à cet égard, que l'exécutoire soit par défaut ou contradictoire, la voie de la requête peut être employée.

ART. 4. — Signification du compte. — Communication de pièces. — Débats. — Jugement sur le compte. — Appel.

99. *Signification du compte.* — Après la présentation et l'affirmation, le compte est signifié à l'avoué de l'oyant (C. proc. civ., art. 536), et s'il n'a pas d'avoué, à l'oyant lui-même, à personne ou à domicile (Arg. art. 534, C. proc. civ.; Carré et Chauveau, *Quest.* 1875; Sebire et Carteret, n° 104).

100. *Communication de pièces.* — Les pièces justificatives sont mises en ordre, cotées et parafées par l'avoué du rendant et communiquées aux oyants et aux créanciers intervenants (C. proc. civ., art. 536).

101. *Débats et soutènements du compte.* — Le compte, une fois signifié, doit être discuté devant le juge-commissaire, aux jour et heure indiqués par ce magistrat, soit lors de l'affirmation, soit par une ordonnance rendue sur requête et signifiée à l'autre partie par acte d'avoué ou par exploit. — V. *Formule* n° 7.

102. Les parties sont tenues de se présenter pour fournir débats, soutènements et réponses sur le procès-verbal du juge-commissaire. Si toutes ou l'une d'elles ne se présentent pas, l'affaire est portée à l'audience sur un simple acte (C. proc. civ., art. 538).

103. Le juge-commissaire dresse procès-verbal de la discussion. Si les parties s'accordent, il constate la transaction, et alors, pour avoir un titre exécutoire, le créancier prend un jugement d'expédient ou d'homologation. Si, au contraire, elles ne s'accordent pas, le juge-commissaire les renvoie à l'audience, pour être statué sur son rapport au jour indiqué. Elles sont tenues de s'y trouver sans aucune sommation (C. proc. civ., art. 539).

104. *Jugement sur le compte.* — Au jour indiqué, le commissaire fait son rapport à l'audience, les avoués prennent leurs conclusions et le tribunal statue. S'il n'est pas assez éclairé, il peut renvoyer jusqu'à ce qu'il ait obtenu de plus amples renseignements, et même ordonner un nouveau compte, si celui qui est présenté est irrégulier (Cass., 21 avril 1830). Si l'oyant est défaillant, les articles justifiés sont alloués (C. proc. civ., art. 542).

105. Le jugement qui intervient sur l'instance du compte contient le calcul de la recette et de la dépense et fixe le reliquat précis, s'il y en a un (C. proc. civ., art. 540).

106. Si le reliquat est en faveur du comptable, il produit intérêts du jour où les avances sont constatées, s'il s'agit d'un mandat volontaire, et s'il s'agit d'une tutelle ou d'une administration judiciaire, du jour de la sommation qui a suivi la clôture du compte (C. civ., art. 2001 et 474).

107. Si, au contraire, le reliquat est en faveur de l'oyant, il porte intérêts du jour de la clôture du compte, s'il s'agit d'une tutelle (C. civ., art. 474); à moins que l'oyant n'ait fait défaut à l'audience, auquel cas le rendant constitué reliquataire garde les fonds, sans intérêts (C. proc. civ., art. 542), et du jour de la mise en demeure, si l'oyant est un mandant ordinaire (C. civ., art. 1996).

108. Le rendant-reliquataire qui garde les fonds doit donner caution ou consigner, à moins qu'il ne s'agisse du reliquat d'un compte de tutelle (C. proc. civ., art. 542).

109. *Appel.* — Le jugement qui intervient contradictoirement sur le compte est susceptible d'appel, et on peut, en général, faire valoir comme griefs les erreurs de calcul, omissions, faux ou doubles emplois.

110. Si l'arrêt confirme le jugement de première instance, l'exécution appartient au tribunal qui a rendu ce jugement (C. proc. civ., art. 472); s'il l'infirme pour vices de forme, la Cour ne peut retenir la cause qu'en se conformant aux règles de l'évocation, c'est-à-dire en prononçant sur le fond par le même arrêt; autrement, elle serait tenue de renvoyer devant un tribunal de première instance; enfin, si l'arrêt modifie ou rectifie le compte rendu et jugé en première instance, la Cour a le choix ou de retenir l'exécution de son arrêt ou de la renvoyer à un autre tribunal du ressort qu'elle indique (C. proc. civ., art. 528).

§ 4. — *De l'action en redressement de compte.*

111. Les demandes en révision de compte sont interdites, lors même que le compte aurait été rendu à l'amiable (C. proc. civ., 541; Cass., 15 mars 1826). La partie qui se trouve lésée par des erreurs, omissions, faux ou doubles emplois sur lequels il n'a pas encore été statué, n'a que l'action en redressement (C. proc. civ., art. 541).

112. Cette action n'est ouverte que pour erreurs de calcul (Cass., 8 juin 1814), pour omission ou manque de quelques articles dans la recette ou la dépense, pour faux emploi, c'est-à-dire pour emploi d'une pièce de comptabilité fausse ou étrangère au compte, et pour double emploi.

113. Elle dure trente ans (Besançon, 5 juill. 1823), et peut s'exercer sans qu'au préalable le jugement du compte ait été attaqué (Cass., 12 janv. 1818); mais on ne pourrait l'intenter si on avait renoncé à réclamer sur les erreurs qui auraient pu se glisser, autrement qu'à l'amiable (Cass., 13 fév. 1837).

114. L'action en redressement de compte est introduite dans la forme ordinaire des *ajournements*.— V. *Formule* n° 8.

115. Elle doit être portée devant le tribunal qui a procédé à l'apurement du compte (Rennes, 8 déc. 1817), car il s'agit moins d'une action principale introductive de l'instance que d'une suite de l'instance du compte : ce qui autorise à penser qu'elle est dispensée du préliminaire de conciliation.

116. S'il s'agissait d'un compte de société rendu devant arbitres, l'action devrait être portée devant les arbitres eux-mêmes, et non devant le tribunal de commerce (Cass., 28 mars 1815). Si le compte était rendu à l'amiable, l'action serait du ressort du tribunal qui aurait dû connaître du compte.

117. Les règles ci-dessus sont applicables à l'action en redressement des comptes courants et en général aux comptes rendus en matière de commerce (Cass., 28 mars 1815; Nancy, 2 mai 1826).

118. Pour que l'action en redressement soit recevable, le demandeur doit indiquer les erreurs, omissions, faux ou doubles emplois dont il sollicite la réformation. Si donc le compte n'était pas détaillé, l'action serait inadmissible (Besançon, 18 juill. 1816).

§ 5. — *Enregistrement.*

119. Le compte qui n'a point encore été arrêté, ou projet de compte, n'est soumis qu'à un droit fixe de 1 fr., à moins qu'il ne soit revêtu des formalités prescrites par l'art. 1326, C. civ., auquel cas il est soumis au droit de 1 pour 100 sur le reliquat dont le rendant se reconnaît débiteur.

120. Tout compte se termine par l'un de ces trois résultats : ou la recette balance la dépense, ou le comptable est débiteur, ou il est déclaré créancier.

121. Au premier cas, l'arrêté de compte est soumis au droit fixe de 2 fr.

(Délib. de la rég., 11 niv. an 9 et 29 sept. 1808) ; il en est de même lorsque le paiement du reliquat est constaté par l'arrêté définitif du compte (Délib. de la rég., 19 janv. 1830).

122. Mais, lorsque l'arrêté de compte constitue le comptable débiteur ou créancier, il est perçu 1 pour 100 sur le reliquat (Inst. de la rég., n° 2, 22 mars 1828). — V. *Compte de bénéfice d'inventaire.*

123. Il est dû un droit de quittance (50 c. par 100 fr.), si l'arrêté de compte constate le remboursement par le comptable de sommes prises sur ses recettes et employées à son usage personnel, ou si le paiement du reliquat a lieu par acte postérieur au compte, ou s'il est établi dans le compte que le comptable a reçu une somme à titre d'émoluments (Délib. de la rég., 19 janv. 1830).

124. L'énonciation à la recette de sommes touchées de différents débiteurs ne donne pas ouverture au droit de quittance (Cass., 11 fév. 1828) ; il en est de même des sommes allouées en dépenses (Cass., 8 mai 1826).

125. Les quittances de fournisseurs, ouvriers, maîtres de pension et autres de même nature produites à l'appui des comptes, sont dispensées de l'enregistrement (C. proc. civ., art. 537). Cette disposition s'applique aux comptes amiables comme aux comptes rendus en justice (Inst. de la rég., 6 oct. et 4 juill. 1809 ; Délib. de la rég., 10 nov. 1829).

126. Mais les pièces n'ayant point été dispensées de la formalité de timbre, il s'ensuit qu'elles y sont soumises (Carré et Chauveau, *Quest.* 1878 ; Sebire et Carteret, n° 88. — *Contrà*, Thomine-Desmazures, t. 2, p. 28).

Formules.

1. *Intimation à fin de rendre compte.*

L'an. . . . ., à la requête de. . . . ., j'ai. . . . . donné intimation à. . . . ., à être et se trouver présent à. . . . ., en l'étude et par-devant Me. . . . ., notaire, le. . . . ., heure de. . . . ., pour y présenter et rendre le compte qu'il doit au requérant des gestion et administration qu'il a eues des biens de ce dernier depuis le. . . . . jusqu'à. . . . ., aux termes d'un pouvoir reçu par Me. . . . ., lui déclarant que, faute d'obéir à la présente intimation, le requérant se pourvoira comme de droit, sous toutes réserves.

V. n° 88.—Coût, tarif, 29: Paris, 2 fr.; R. P. 1 fr. 80 c.; aill., 1 fr. 50 c. Enregistrement de l'exploit, 2 fr. 20 c.

2. *Demande en reddition de compte.*

L'an. . . . ., à la requête de (*donner copie de la non-conciliation, et constituer avoué*), j'ai. . . . . donné assignation à. . . . ., à comparaître le. . . . ., pour, attendu que par suite d'un pouvoir à lui donné par le requérant, par acte du. . . . ., le sieur. . . . . a administré les biens de celui-ci depuis le. . . . . jusqu'au. . . . . ; attendu qu'il n'a jamais rendu compte de sa gestion et que mondit sieur. . . . . est en droit d'exiger ce compte; — Voir dire et ordonner que par-devant celui de MM. les juges qu'il plaira au tribunal de commettre à cet effet, ledit sieur. . . . . sera tenu de présenter et rendre dans la huitaine de la signification du jugement à intervenir le compte détaillé et en bonne forme de la gestion qu'il a eue des biens du requérant pendant le temps susfixé, lequel compte, contenant les recettes et dépenses faites pour le requérant, sera affirmé sincère et véritable par le rendant devant le juge-commissaire ; — Et dans le cas où ledit sieur. . . . . ne rendrait pas le compte dont s'agit dans le délai ci-devant déterminé, se voir condamner, par le jugement à intervenir et sans qu'il en soit besoin d'autre, à être contraint de rendre ledit compte soit par la saisie et la vente de ses biens jusqu'à concurrence de la somme de. . . . . que le requérant conservera entre ses mains provisoirement, soit même par corps, et pour, en outre, voir statuer sur les dépens.

V. n° 50.—Coût, tarif, arg., art. 29 : Paris, 2 fr.; R. P. 1 fr. 80 c.; aill., 1 fr. 50 c. Enregistrement de l'exploit, 2 fr. 20 c.

3. *Assignation à l'effet de recevoir un compte.*

L'an. . . . . ., à la requête de (*donner copie de la non-conciliation et constituer avoué*), j'ai. . . . . donné assignation à. . . . ., à comparaître le. . . . ., pour, attendu (V. *les motifs de la Formule qui précède*) ; — Voir donner acte au requérant de ce qu'il entend rendre compte au sieur. . . . . de la gestion qu'il a eue de ses biens depuis le. . . . . jusqu'à. . . . . ; ce faisant, autoriser ledit sieur. . . . ., à rendre son compte et à l'affirmer sincère et véritable devant tel de MM. les juges qu'il plaira au tribunal de commettre à l'effet de recevoir ledit compte, et s'entendre ledit sieur. . . . . condamner par le jugement à intervenir à payer audit sieur. . . . ., requérant, la somme dont, par l'événement dudit compte, il sera en avance envers ce dernier, avec les intérêts tels que de droit, et, en outre, aux dépens, sous toutes réserves.

V. n° 50. — Coût, V. *Form.* 2.

Enregistrement de l'exploit, 2 fr. 20 c.

4. *Demandeen prorogation de délai.*

L'an. . . . ., à la requête de (*constituer avoué*), j'ai. . . . . donné assignation à. . . . ., à comparaître le. . . . ., pour, — attendu que par jugement (*analyser le jugement qui ordonne le compte*) ; attendu que le délai fixé par ce jugement pour la présentation et l'affirmation du compte expirera le. . . . . . ; attendu que des causes graves (*les énoncer*) ont empêché le requérant de pouvoir se livrer à la rédaction du compte dont s'agit ; — Voir dire et ordonner que le délai fixé par le jugement susdaté sera prorogé jusqu'au. . . . . ., dépens réservés.

V. n° 73. — Coût, V. *Form.* 2.

Enregistrement de l'exploit, 2 fr. 20 c.

5. *Sommation d'être présent à la présentation et à l'affirmation du compte.*

L'an. . . . ., à la requête de (*constituer avoué*), en vertu d'une ordonnance rendue sur requête par M. . . . ., juge commis à l'effet de recevoir le compte dont il va être parlé, le. . . . ., enregistrée le. . . . ., desquelles requête et ordonnance il est avec ces présentes donné copie, j'ai, ... fait sommation au sieur. . . . , de comparaître le. . . . ., heure de. . . . ., en la chambre du conseil du tribunal civil de première instance de. . . . ., devant M . . . ., juge audit tribunal, commissaire en cette partie, pour être présent, si bon lui semble, à la présentation et à l'affirmation du compte des gestion et administration qu'a eues le requérant des biens de. . . . ., et qu'il rend en exécution d'un jugement dudit tribunal en date du. . . . .; déclarant audit sieur. . . . . que, faute d'obéir à la présente sommation, il sera procédé en son absence auxdites présentation et affirmation.

V. n° 92. — Coût, V. *Form.* 1.

Enregistrement de l'exploit, 2 fr. 20 c.

6. *Assignation pour faire prononcer la contrainte.*

L'an. . . ., à la requête de (*constituer avoué*), j'ai. . . . donné assignation à . . ., à comparaître le. . . . . ., pour, — attendu que par jugement du tribunal de. . . . ., en date du. . . . . ., le sieur. . . . . a été condamné à rendre compte, dans le délai de. . . . ., des gestion et administration qu'il avait eues des biens du requérant en qualité de. . . . .; attendu que le délai fixé est expiré sans que le sieur. . . . . ait rendu ledit compte et que le jugement susdaté n'a prononcé aucune contrainte ; — Voir dire que, faute par . . . . de présenter et affirmer le compte dont s'agit dans les. . . . jours de la signification du jugement à intervenir, il y sera contraint par la saisie et la vente de ses biens jusqu'à concurrence de. . . . . et même par corps, et, en outre, s'entendre condamner aux dépens, sous toutes réserves.

V. n° 95. — Coût, V. *Form.* 2.

Enregistrement de l'exploit, 2 fr. 20 c.

7. *Sommation de fournir débats et soutènements.*

L'an. . . . ., à la requête de (*constituer avoué*), en vertu de l'ordonnance rendue sur requête (*l'analyser et en donner copie*), j'ai. . . . . fait sommation à. . . . . de comparaître le. . . . ., heure de. . . . ., en la chambre du conseil du tribunal civil de. . . . . par-devant M. . . . ., juge-commissaire en cette partie, pour fournir débats et soutènements au compte de sa gestion et administration des biens de. . . . . présenté et affirmé par le requérant, le. . . . . ; déclarant au susnommé que, faute de comparaître, il sera procédé tel que de droit, sous toutes réserves.

V. n° 101.— Coût, V. *Form.* 1.

Enregistrement de l'exploit, 2 fr. 20 c.

8. *Demande en redressement de compte.*

L'an. . . . . ., à la requête de (*constituer avoué*), j'ai. . . . . donné assignation à. . . . . , à comparaître le. . . . . ; — pour, attendu que suivant compte arrêté le (*analyser le compte*) ; attendu qu'il a été porté par erreur, au chapitre de la dépense, deux articles (*les désigner*), ce qui porte préjudice au requérant d'une somme totale de. . . . . ; attendu que ces erreurs doivent être réparées ; s'entendre condamner à payer et rembourser au requérant la somme de. . . . ., et en outre voir statuer ce que de raison à fin de dépens.

V. n° 114.— Coût, V. *Form.* 1.

Enregistrement de l'exploit, 2 fr. 20 c.

COMPTE D'ADMINISTRATION LÉGALE.—V. *Tutelle, Usufruit légal.*

COMPTE DE BÉNÉFICE D'INVENTAIRE. — **1.** C'est le compte que l'héritier bénéficiaire est tenu de rendre aux créanciers de la succession et aux légataires du défunt, de l'administration qu'il a eue des biens de la succession.

2. Il n'est dû aucun droit d'enregistrement à raison du reliquat de ce compte (Délib. de la rég., 16 juill. 1825). Mais, si l'héritier bénéficiaire donne en paiement des meubles ou des immeubles, le droit de vente est dû selon la nature des biens (Circul. de la rég., 11 niv. an 9). — V. *Bénéfice d'inventaire*, n°s 33 et suiv.; *Compte*, n° 9.

COMPTE DE COMMUNAUTÉ ENTRE ÉPOUX. — V. *Communauté de biens entre époux*, n°s 247 et suiv., 261 et suiv.; *Compte*, n° 12.

COMPTE COURANT. — **1.** Le compte courant, ainsi appelé parce qu'il est susceptible de recevoir de nouveaux articles tant qu'il n'est pas définitivement arrêté, est le composé des opérations successives faites entre deux individus, et desquelles il résulte qu'ils sont respectivement créanciers et débiteurs l'un de l'autre.

2. Les comptes courants sont principalement en usage chez les commerçants. Toutefois, ces comptes peuvent aussi s'établir, en matière civile, entre simples particuliers, pour le règlement de leurs avances et paiements respectifs (Cass., 9 fév. 1836), et, à plus forte raison, entre un négociant et un individu qui ne l'est pas, par exemple, entre cet individu et le banquier qui reçoit et paie pour lui.

3. Spécialement, les rapports d'affaires qui existent entre un notaire et un négociant, et qui consistent, de la part du notaire, à emprunter en son nom des fonds pour le négociant et à en avancer lui-même les intérêts aux prêteurs, et, de la part du négociant, à envoyer des remises au notaire, constituent un compte courant (Cass., 10 nov. 1818 ; Noblet, *du Compte courant*, n° 12).

4. Mais les avances qu'un huissier fait à ses clients ne peuvent devenir la base d'un compte courant à son profit ; elles ne sont que des prêts ou des actes de mandat. Il suit de là que ces avances ne constituent pas, de la part des clients à qui l'huissier les a faites des actes, de commerce, à raison desquels il puisse les poursuivre devant la juridiction commerciale (Rouen, 20 fév. 1852 ; V. *J. Huiss.*, t. 34, p. 43).

5. De même, les relations habituelles, qui ont existé entre le banquier qui a chargé un huissier du recouvrement de ses valeurs et l'huissier qui a instrumenté dans l'intérêt du banquier, n'ont pas été de nature à justifier l'établissement d'un compte courant entre eux ; et le consentement de l'huissier à l'établissement de ce compte ne peut s'induire des livres du banquier, ni des envois que ce dernier lui a faits tous les six mois des relevés de ses livres, encore bien que l'huissier ait reçu ces relevés, sans protester contre le compte qu'ils constataient (Rouen, 5 fév. 1852 : V. *J. Huiss.*, t. 33, p. 269).

6. Au contraire, lorsque, en dehors des relations habituelles ci-dessus déterminées, un huissier reçoit d'un banquier des effets de commerce que celui-ci passe à son ordre, et que l'huissier encaisse comme tiers porteur, ce genre d'opérations constitue des actes de commerce qui peuvent être l'objet d'un compte courant ; et, dans ce cas, le crédit de l'huissier doit comprendre toutes les sommes que le banquier a reçues des mains des tiers en paiement des avances, déboursés et honoraires dus à l'huissier ; mais on ne peut y admettre les sommes qui lui sont dues par le banquier directement pour avances, déboursés et honoraires (Arrêt de Rouen précité, du 5 fév. 1852).

7. Il a été décidé aussi que les frais et déboursés faits par un huissier dans l'intérêt d'une maison de commerce pouvaient être, du consentement des parties, passés en compte courant, et qu'alors la créance de l'huissier sur la maison de commerce perdait son caractère civil pour prendre celui de créance commerciale (Paris, 7 juin 1851 : V. *J. Huiss.*, t. 32, p. 311).

8. Encore bien que l'une des parties entre lesquelles un compte courant a été établi ne soit pas commerçante, ce compte courant n'en doit pas moins être régi par les principes du droit commercial, s'il est relatif à des opérations de commerce, par exemple, à des négociations d'effets de commerce (Bordeaux, 4 juill. 1832).

9. En matière de compte courant commercial, les intérêts ne sont pas régis par les dispositions du Code civil. Ainsi, ils courent respectivement de plein droit, c'est-à-dire qu'ils sont dus et exigés soit au débit, soit au crédit (Paris, 18 mai 1825 ; Amiens, 9 mai 1826 ; Arrêt de Bordeaux précité du 4 juill. 1832 ; Cass., 11 janv. 1841). Peu importe que le compte courant soit établi entre un négociant et un non-commerçant (Cass., 10 mai 1818). Mais le compte courant civil, c'est-à-dire celui qui existe entre simples particuliers, ne produit pas intérêt de plein droit.

10. Le solde d'un compte courant produit aussi, ou non, des intérêts de plein droit, suivant que le compte courant est commercial ou civil. Ainsi, dans l'espèce prévue au n° 5, comme il n'y a pas compte courant entre le banquier et l'huissier, ce dernier ne doit pas au banquier les intérêts capitalisés tous les six mois des sommes qu'il a prises à la caisse, soit à titre d'à-compte sur les sommes qu'il lui devait pour avances, déboursés et honoraires, soit même à titre de prêt (Rouen, 5 fév. 1852).

11. Les contestations, auxquelles un compte courant peut donner lieu, doivent être portées devant le tribunal civil du domicile du défendeur, s'il s'agit d'un compte courant civil, et, si le compte courant est commercial, devant le tribunal de commerce du domicile du défendeur. Dans ce dernier cas, l'assignation ne peut être donnée devant le tribunal de commerce du domicile du demandeur, à moins qu'il n'existe une convention qui détermine le lieu du domicile de ce dernier comme celui où le paiement du compte doit être effectué (Paris, 5 août 1811).

12. En cas d'erreurs, tout arrêté de compte courant peut être rectifié (Cass., 12 janv. 1818).

13. En principe, la compensation peut tout aussi bien s'opérer entre les opérations portées en compte courant qu'entre les opérations ordinaires. Mais les règles ordinaires de la compensation doivent se combiner avec la nature du compte courant et l'intention présumée des parties.

14. Lorsque le solde d'un compte courant a été définitivement réglé, la dette qui en résulte est soumise à la prescription ordinaire de trente ans, et cette prescription court du jour de la fixation du solde (Noblet, n° 256).

15. L'extrait de compte courant qu'il est nécessaire de produire en justice ne doit pas seulement être sur timbre; il faut de plus qu'il soit enregistré (L. 22 frim. an 7, art. 23).

16. Si le compte est définitivement arrêté entre les parties, il est passible du droit de 1 p. 100 sur le reliquat (même loi, art. 63, § 3, n° 3). Dans le cas contraire, il n'est sujet qu'au droit fixe de 1 fr. (art. 3 et 68, § 1er, n° 51).

17. Il n'est dû aucun droit proportionnel de mutation à raison des ventes de marchandises énoncées dans l'extrait d'un compte courant, ni des sommes que le comptable reconnaît avoir reçues (art. 3 et 69, § 3, n° 3).

COMPTE DE FRUITS. — V. *Fruits*.

COMPTE DE RETOUR. — **1.** On appelle ainsi le compte détaillé des articles qui forment le montant de la retraite que le banquier, porteur d'un effet de commerce protesté à défaut de paiement, tire sur la personne de laquelle il tient cet effet de commerce.

2. Le compte de retour doit être joint à la retraite (C. comm., art. 180), pour que le tiré puisse l'examiner et s'en servir lui-même contre les autres garants.

3. Il ne peut être fait plusieurs comptes de retour sur un même effet de commerce (C. comm., art. 182).

4. Le compte de retour comprend : le principal de la lettre de change protestée, les frais de protêt, la commission de banque, le courtage de la retraite, le droit de l'agent de change pour son certificat, le timbre du compte de retour et de la retraite, les ports de lettres et la perte à la négociation de la retraite (C. comm., art. 181).

5. Il doit énoncer le nom de celui sur qui la retraite est faite et le prix du change auquel elle est négociée. Il doit enfin être certifié par un agent de change, et, dans les lieux où il n'y a pas d'agents de change, par deux commerçants, et être accompagné de la lettre de change protestée, du protêt ou d'une expédition de l'acte de protêt (C. comm., art. 181). — V. *Formule* 1.

6. Lorsque la retraite est faite sur l'un des endosseurs, elle est accompagnée, en outre, d'un certificat qui constate le cours du change du lieu où la lettre de change était payable, sur le lieu d'où elle a été tirée (C. comm., art. 181), afin que l'endosseur, qui se rembourse par une retraite sur le tireur, puisse connaître ce rechange et le faire payer au tireur qui doit le supporter (C. comm., art. 179).

7. A défaut des certificats exigés, il n'est pas dû de rechange (C. comm., art. 186).

8. Le compte de retour est remboursé d'endosseur à endosseur respectivement, et définitivement par le tireur (C. comm., art. 182) de la lettre de change. Le porteur du compte est d'ailleurs subrogé aux droits du tireur de la retraite et peut les exercer à défaut de paiement.

9. A cet effet, il dénonce la lettre de change, le protêt, le compte de retour et la retraite, avec assignation devant le tribunal de commerce pour s'entendre condamner au paiement du montant de la retraite. — V. *Formule* 2.

10. Les comptes de retour doivent être rédigés sur timbre de dimension (Décis. du minist. des fin., 22 fév. 1822).

11. Le certificat qui doit accompagner le compte de retour peut être fait sur ce compte. Il n'en est pas de même du certificat dont il est question au n° 4. Ce certificat doit être fait sur une feuille de timbre séparée.

12. Les comptes de retour ne sont tarifés qu'au droit fixe de 1 fr., et ils peuvent n'être présentés à l'enregistrement qu'avec la retraite (L. 22 frim.

an 7, art. 68, n° 51). En tout cas, ils doivent être enregistrés avant la demande dont il est parlé n° 9.

Formules.

1. *Compte de retour* (V. n° 5).

Compte de retour et frais à une lettre de change (ou un billet à ordre) tirée de. . . . . (ou souscrit à. . . . .) sur. . . . (ou par. . . . .), à l'ordre de. . . . qui l'a passé à. . . . ., à l'échéance du. . . . ., protestée faute de paiement par exploit de. . . .

1° Principal de la lettre de change.	3,000 fr.
2° Enregistrement de la lettre de change et protêt.	
3° Commission de banque à *tant* pour cent	
4° Courtage de la retraite.	
5° Droits de l'agent de change pour certificat de rechange.	
6° Timbre du présent et de la retraite.	
7° Intérêts depuis le protêt jusqu'à.	
8° Ports de lettres.	
9° Perte à la négociation de la retraite.	
TOTAL du présent compte égal au montant de la retraite dont il va être parlé.	

De laquelle somme je prends mon remboursement sur M. . . . ., en ma retraite au. . . . . (ou à *tant* de jours) à l'ordre de M. . . . . .
Fait à. . . . ., le. . . . .

Certificat de l'agent de change.

Je soussigné, agent de change près la bourse de. . . . ., certifie véritable le prix du rechange employé au compte de retour qui précède.
Fait à. . . . ., le. . . . .

Certificat particulier de l'agent de change lorsque la retraite est formée sur un endosseur (V. n° 6).

Je soussigné, agent de change près la bourse de. . . . ., certifie que le cours du change de la place de. . . . . sur celle de. . . . . est à *tant* pour cent de perte.
Fait à. . . . ., le. . . . .

2. *Demande en remboursement de la retraite.*

L'an. . . . ., à la requête de. . . . ., j'ai. . . . ., dénoncé et avec ces présentes donné copie à. . . . ., 1° d'une lettre de change. . . . .; 2° du protêt faute de paiement de cet effet par exploit de. . . . .; 3° du compte de retour. . . . .; 4° et enfin de la retraite. . . . ., à ce qu'il n'en ignore; et à pareille requête, demeure et élection de domicile que dessus, j'ai, huissier susdit et soussigné, donné assignation audit sieur. . . . ., à comparaître le. . . . ., pour s'entendre condamner, même par corps, à payer et rembourser au requérant la somme de. . . . ., montant de la retraite susdatée, les intérêts et les dépens, sous toutes réserves.

V. n° 9. — Coût, tarif, 29 : Paris, 2 fr.; R. R. 1 fr. 80 c.; aill., 1 fr. 50 c.
Enregistrement de l'exploit, 2 fr. 20 c.

COMPTE DE TUTELLE. — V. *Compte*, n°s 6, 26, 38, 61 et 62, et *Tutelle.*

COMPULSOIRE. — **1.** Voie prise par un tiers, dans le cours d'une instance, à l'effet de contraindre un notaire, greffier ou tout autre dépositaire public, à délivrer expédition ou extrait d'un acte dans lequel ce tiers n'a pas été partie (C. proc. civ., art. 846).

§ 1. — *Cas où il y a lieu à compulsoire.—Actes qui peuvent en être l'objet.*
§ 2. — *Procédure. — Frais. — Enregistrement.*
FORMULES.

§ 1. — *Cas où il y a lieu à compulsoire. — Actes qui peuvent en être l'objet.*

2. Le compulsoire ne peut être ordonné qu'autant que la partie qui le demande prouve qu'elle a un intérêt actuel et sérieux à la communication du titre (Cass., 28 janv. 1835); c'est le tribunal qui est juge de l'utilité ou de l'inutilité de cette communication (Bourges, 24 mars 1841).

3. Le compulsoire peut être demandé et ordonné dans le cours d'une instance. Ce cas est celui que prévoit l'art. 846, C. proc. civ. Mais cet article ne doit pas être entendu dans un sens restrictif. Le compulsoire peut aussi être autorisé en dehors de tout procès (Rouen, 13 mars 1826 ; Chauveau sur Carré, *Lois de la procédure, Quest.* 2876; Sebire et Carteret, *Encyclopédie du droit*, v° *Compulsoire*, n° 21. — *Contrà*, Paris, 8 fév. 1810 ; Thomine-Desmazures, *Comment. sur le Cod. de procéd.*, n° 997).

4. Il ne suffit pas, en outre, pour qu'un compulsoire puisse être ordonné, qu'il s'agisse d'un acte authentique. Il faut que l'acte, authentique ou sous seing privé, qui en fait l'objet, soit dans un dépôt public.

5. Le compulsoire n'est pas applicable : 1° aux actes de l'état civil (C. civ., art. 45) ; aux inscriptions hypothécaires (C. civ., art. 2196); aux jugements et autres actes judiciaires dont les greffiers sont dépositaires (C. proc. civ., art. 853) ; aux délibérations des conseils municipaux (L. 18 juill. 1837); aux matrices de rôles des contributions, et généralement à tous les actes renfermés dans des dépôts ouverts à tous les citoyens (Colmar, 14 juin 1814 ; Cass., 23 nov. 1829) ;

6. 2° Aux actes dans lesquels la partie qui demande le compulsoire est intéressée en nom direct, ou est héritière ou ayant droit d'une personne intéressée à l'acte (C. proc. civ., art. 839); aux actes demeurés imparfaits et dont l'une des parties demande expédition ou extrait (C. proc. civ., art. 841. — V. *Copies d'actes*) ; au cas de délivrance d'une seconde grosse (C. proc. civ., art. 844. — V. *Grosse (Seconde)*;

7. 3° Aux actes sous seing privé. Ils sont en effet la propriété exclusive des parties et leur secret est inviolable. Toutefois, le principe général souffre exception à leur égard : 1° en matière correctionnelle ou criminelle, lorsque les papiers du prévenu peuvent conduire à la manifestation de la vérité (C. inst. crim., art. 36), et ce, dans l'intérêt de la vindicte publique seulement (Cass., 17 juin 1834; 2° en matière de commerce ; le juge peut, en cette matière, ordonner, dans certains cas, et même d'office, la représentation des livres d'un négociant (C. comm., art. 14, 15, 496 et 505 ; Cass., 4 fév. 1828).

8. Les actes notariés, quoiqu'étant, avant tout, la propriété des parties contractantes et se rapportant à leurs intérêts privés, peuvent cependant être compulsés. En effet, ces actes faisant foi, même contre les tiers, intéressent la société entière, et, comme ils peuvent porter préjudice, la loi devait permettre d'en prendre communication (Toullier, t. 8, n°s 148 et 149 ; L. 25 vent. an 11, art. 24).

§ 2. — *Procédure. — Frais. — Enregistrement.*

9. Procédure. — *Matières civiles.* — Le compulsoire ne peut être demandé qu'incidemment, et jamais par action principale (C. proc. civ., art. 846; Paris, 8 fév. 1810 ; Rouen, 13 mars 1826). La demande est formée par requête d'avoué à avoué (C. proc. civ., art. 847), à laquelle on peut répondre (Tarif, art. 75; Carré et Chauveau, *Quest.* 2880). Il n'est pas indispensable d'indiquer la date du titre et le nom du notaire qui l'a reçu (Paris, 1er mars 1809).

10. La demande est portée à l'audience sur un simple acte ; le jugement est rendu sommairement, sans aucune procédure, et il est exécutoire nonobstant appel ou opposition (C. proc. civ., art. 847 et 848).

11. Le jugement qui ordonne le compulsoire doit être signifié : 1° non-seulement aux parties en cause, mais encore à toutes les parties intéressées à l'acte (Carré et Chauveau, *Quest.* 2883), avec sommation de paraître chez le dépositaire à jour et heure indiqués pour assister au compulsoire ; 2° et au dépositaire, avec commandement de se trouver chez lui aux jour et heure fixés, et de représenter la pièce. — V. *Formule* 1.

12. Les procès-verbaux de compulsoire sont dressés et l'expédition ou copie délivrée par le notaire ou dépositaire, à moins que le tribunal n'ait commis un de ses membres ou tout autre juge du tribunal de première instance ou un autre notaire (C. proc. civ., art. 849).

13. Lorsque le compulsoire doit se faire par un juge, il fixe, par une ordonnance rendue sur requête, les jour et heure où il aura lieu (Carré et Chauveau, *Quest.* 2884). Ces requête et ordonnance sont signifiées avec le jugement. — V. *suprà*, n° 11, et *Formule* 2. Le compulsoire a lieu au siége du tribunal, et c'est là que le notaire dépositaire de la minute doit faire l'apport de cet acte (Carré et Chauveau, *Quest.* 2885). Ce procès-verbal est rédigé par le juge assisté du greffier du tribunal (Carré et Chauveau, *Quest.* 2890).

14. Si le compulsoire a lieu par un notaire autre que le dépositaire, le jour est fixé par la sommation du poursuivant (V. *suprà*, n° 11), et l'opération doit avoir lieu en l'étude du possesseur de la minute (Carré et Chauveau, *Quest.* 2885). Dans ce cas, l'intimation doit être donnée au notaire commis pour procéder au compulsoire, et au notaire dépositaire, pour représenter la minute, et tous deux doivent viser l'original. — V. *Formule* 1.

15. Dans tous les cas, les parties et leurs avoués peuvent assister au procès-verbal et y faire tels dires qu'il leur convient (C. proc. civ., art. 850 ; Tarif, art. 92 ; Carré et Chauveau, *Quest.* 2888).

16. Lorsque l'une des parties ne comparaît pas, on donne défaut contre elle et l'opération n'en a pas moins lieu (Carré et Chauveau, *Quest.* 2886) ; mais, alors, on ne peut commencer à procéder au compulsoire qu'une heure après l'échéance de celle fixée par la sommation (Carré et Chauveau, *loc. cit*).

17. Les parties peuvent collationner l'expédition ou copie à la minute, dont lecture est faite par le dépositaire. Si elles prétendent qu'elles ne sont pas conformes, il en est référé, à jour indiqué par le procès-verbal, au président du tribunal, lequel fait la collation ; à cet effet, le dépositaire est tenu d'apporter la minute (C. proc. civ., art. 852).

18. Lorsque le compulsoire est fait par un autre que par le notaire dépositaire, celui-ci dresse une expédition ou copie de la pièce et en représente l'original à l'officier commis qui collationne cette expédition ou copie et en fait mention sur l'acte.

19. La demande à fin de compulsoire ne doit pas, en général, retarder le jugement du procès, à moins que le compulsoire n'ait été ordonné comme mesure d'instruction préalable.

20. Frais. — Lorsque les frais et déboursés de la minute de l'acte à compulser sont dus au dépositaire, ce dernier peut refuser expédition, tant qu'il n'est pas payé desdits frais, outre ceux d'expédition (C. proc. civ., art. 851). Il serait donc utile, dans la sommation faite au notaire, de représenter la pièce à compulser, de déclarer à cet officier ministériel qu'au moment du compulsoire il sera payé de ce qui lui est dû ou peut lui être dû pour la minute et de ce qui lui sera dû pour la délivrance de l'expédition. — V. *Formule* 1.—V. aussi *Délivrance d'actes*.

21. Les frais du procès-verbal de compulsoire et ceux du transport par le dépositaire, dans le cas où ce n'est pas le notaire qui compulse, sont avancés par le requérant (C. proc. civ., art. 852).

22. *Matières commerciales.*—Le compulsoire, en matière commerciale, ou plutôt la vérification, ordonnée par un tribunal de commerce, des livres et papiers d'un commerçant, n'est pas soumise aux mêmes formalités que le compulsoire en matière civile (Paris, 28 août 1813).

23. Ainsi, une telle vérification ne serait pas nulle pour défaut de présence ou de citation valable de l'une des parties, quoique le jugement portât qu'elle serait faite parties présentes ou dûment appelées (Paris, 28 août 1813).

24. De même, un procès-verbal de vérification, faite par un juge commis à cet effet, des registres d'un négociant qui se prétend créancier d'une faillite, ne peut être annulé, parce qu'il a eu lieu en l'absence des syndics ou nonobstant leur opposition (Amiens, 9 mai 1821).

25. Enregistrement. — Le procès-verbal de compulsoire est passible du droit fixe de 2 fr. (L. 28 avril 1816, art. 43). L'expédition ou la copie de la pièce compulsée n'est pas soumise à l'enregistrement.

Formules.

1. *Sommation d'être présent au compulsoire chez le notaire dépositaire.*

L'an. . . . ., à la requête de. . . ., j'ai. . . . ., signifié et avec ces présentes donné copie : 1° à. . . . . ; 2° et à Mᵉ. . . . ., notaire à. . . . ., en son domicile, où étant et parlant à sa personne, qui a visé le présent original, d'un jugement (*l'analyser*) ; à ce qu'ils n'en ignorent ; et à mêmes requête, demeure et élection de domicile que dessus, j'ai, huissier susdit et soussigné, donné intimation : 1° à. . . . . . à être et se trouver présent à. . . ., en l'étude de Mᵉ. . . ., notaire, le. . . ., heure de. . . ., pour assister, si bon lui semble, au compulsoire ordonné par le jugement susdaté ; lui déclarant que, faute de comparaître, il sera passé outre et procédé en son absence à ladite opération ; 2° et à Mᵉ. . . . . ., notaire, d'être et se trouver présent en son étude, lesdits jour et heure, pour y faire la représentation des pièces à compulser ; déclarant audit Mᵉ. . . . . que le requérant lui paiera, avant le compulsoire, tout ce qui peut et pourra lui être dû, tant pour les minutes des actes à compulser que pour les expéditions à délivrer et le procès-verbal de compulsoire à dresser, et ajoutant que, faute par ledit Mᵉ. . . . . d'obéir à la présente intimation, le requérant se pourvoira contre lui, sous toutes réserves.

V. nᵒˢ 9, 14 et 20.—Coût, tarif, arg. 29 : Paris, 2 fr.; R. P. 1 fr. 80 c.; aill., 1 fr. 50 c.
Enregistrement de l'exploit, 4 fr. 40 c.

2. *Sommation d'être présent au compulsoire devant le juge commis.*

L'an. . . . . ., à la requête de (*constituer avoué*), j'ai. . . . ., signifié et donné copie à 1°. . . .; 2° et à Mᵉ. . . . ., notaire, à. . . . ., 1° d'un jugement. . . . .; 2° et d'une ordonnance (*les analyser*); à ce qu'ils n'en ignorent ; et à mêmes requête, demeure et élection de domicile que dessus, j'ai, huissier susdit et soussigné, donné intimation à. . . . à comparaître le. . . ., heure de. . . . ., à. . . . ., en la chambre du conseil du tribunal de première instance de. . . . ., devant M. . . . ., juge audit tribunal, commis à l'effet du compulsoire dont il est question, — pour, le sieur. . . . . être présent au compulsoire ordonné par le jugement susdaté ; lui déclarant qu'il sera procédé à ladite opération tant en l'absence que présence de l'intimé ; — et à Mᵉ . . . ., notaire, pour y faire l'apport de *tels actes* dont le compulsoire a été permis ; déclarant audit Mᵉ. . . . . qu'il sera payé (*Le surplus comme à la formule* 1).

V. nᵒ 13. — Coût, V. *Form.* 1.
Enregistrement de l'exploit, 4 fr. 40 c.

CONCERTS. — V. *Actes de commerce*, nᵒ 144.

CONCESSION. — Cession d'une chose en propriété ou jouissance, à titre onéreux ou gratuit. — Ce mot est employé plus particulièrement pour désigner les cessions faites par l'Etat ou des établissements publics.

CONCIERGE. — V. *Exploit.*

CONCILIATION. — **1.** On appelle *conciliation* ou *préliminaire de conciliation* une procédure (en prenant le mot dans le sens le plus large et comme désignant tous les actes de la juridiction, tant volontaire que gracieuse) qui a pour objet la comparution des parties devant un juge de paix, dont la mission consiste à les concilier ou à essayer de les concilier sur une contestation élevée entre elles, avant qu'elles puissent former une demande judiciaire.

2. L'institution du préliminaire de conciliation a été créée par la loi des 16-24 août 1790. Cette loi, qui n'admet pas d'exception à la nécessité d'une tentative de conciliation, exigeait même que l'épreuve fût renouvelée en appel, bien qu'elle n'eût produit aucun résultat en première instance. Mais les rédacteurs du Code de procédure civile n'ont pas conservé cette disposition de la loi de 1790. Ils ont excepté, comme on le verra plus loin, certaines affaires des préliminaires de conciliation et ont dispensé celles qui y sont soumises d'une nouvelle épreuve avant l'instance d'appel.

Indication alphabétique des matières.

§ 1. — *Affaires qui sont ou non soumises au préliminaire de conciliation.*
§ 2. — *Citation en conciliation.*
§ 3. — *Juge de paix compétent.*
§ 4. — *Procédure devant le juge de paix.*
§ 5. — *Effets du préliminaire de conciliation.*
§ 6. — *Enregistrement.*
FORMULES.

---

§ 1er. — *Affaires qui sont ou non soumises au préliminaire de conciliation.*

3. Pour qu'une affaire soit soumise au préliminaire de conciliation, il faut qu'elle réunisse les conditions qui vont être indiquées. L'absence de l'une de ces conditions l'affranchit de cette épreuve (C. proc. civ., art. 48).

4. 1° *La demande doit être principale.*—Toute demande formée pour la première fois contre une partie et qui ne se rattache point soit par son objet, soit par ses motifs, à une autre demande déjà formée par ou contre cette partie, est soumise au préliminaire de conciliation (Bourges, 5 therm. an 8; Besançon, 8 janv. 1818). Mais n'y est pas soumise la demande *immédiate* ou *incidente*, c'est-à-dire celle qui survient dans le cours d'une contestation, dont elle n'est que l'accessoire ou que la modification, par la raison qu'il n'est pas probable que les parties, qui ne se sont pas entendues sur le fond de la contestation, puissent s'accorder sur une circonstance accessoire.

5. On ne doit pas ranger dans la classe des demandes incidentes, et, par conséquent, sont, comme principales, soumises au préliminaire de conciliation :

1° La demande additionnelle à celle déjà formée et sur laquelle les parties sont en instance, par exemple, la demande en paiement d'une indemnité formée contre une personne non comprise dans l'instance pendante par des individus assignés en paiement d'une pension alimentaire, sous prétexte que le demandeur en pension a été à leur charge exclusive pendant plusieurs années (Besançon, 8 janv. 1818; Carré et Chauveau, *Lois de la Proc.*, *Quest.* 206).

6. 2° Les demandes reconventionnelles qui ne servent pas d'exception ou de défense à la demande principale, par exemple, la demande en dommages-intérêts à raison des travaux exécutés sur un immeuble formée incidemment à l'action principale, intentée par l'auteur de ces travaux, en revendication de la propriété de cet immeuble (Agen, 31 mars 1824).

7. 3° Les demandes nouvelles, soit qu'elles tendent au même but qu'une autre demande déjà formée, comme la demande intentée à raison du même objet contre la même personne par d'autres individus que ceux qui ont fait la première demande, soit qu'elles emportent abandon de la demande originaire, par ce qu'elles sont incompatibles avec elle ou qu'elles la rendent inutile (Cass., 11 pluv. an 4, arg.; 22 fév. 1809; Aix, 27 mai 1808; Bordeaux, 3 mars 1827; Boncenne, *Théorie de la Proc.*, t. 2, p. 4; Boitard, *Leçons sur le Code de proc.*, t. 1, p. 105; Carré et Chauveau, *loc. cit.*).

8. 4° Spécialement, la demande en résiliation de bail, formée dans le cours d'une instance en paiement de fermages (Cass., 11 pluv. an 4); la demande en nullité d'un acte de vente, formée dans le cours d'une instance en paiement du prix de cette même vente (Riom, 27 mars 1817); la demande en remboursement du capital d'une rente, formée incidemment dans une instance ayant pour objet le paiement des arrérages dus (Paris, 8 janv. 1825); la demande en nullité d'un acte de vente, comme étant un contrat pignoratif, substituée à une action en rescision du même acte pour cause de lésion (Cass., 22 fév. 1809), et celle à fin de déclaration d'hypothèque, substituée à l'action à fin de paiement de la somme pour laquelle l'hypothèque est réclamée (Aix, 27 mai 1808), encore bien que l'action en rescision et celle en paiement aient été soumises au préliminaire de conciliation. Toutes les demandes dont il est question dans ce numéro sont, en effet, des demandes nouvelles, principales, indépendantes des premières.

9. 5° La demande qu'une partie forme incidemment à une instance pendante devant un tribunal contre son adversaire, à l'effet d'obtenir que ce dernier se désiste d'une instance engagée entre eux devant d'autres juges, sur un objet tout différent (C. cass., 11 déc. 1809).

10. 6° La demande formée au pétitoire après que les parties ont comparu en justice de paix sur une action possessoire à l'égard de laquelle le juge de paix s'est déclaré incompétent (Dijon, 2 déc. 1826).

11. 7° La demande en partage dirigée par un créancier contre son débiteur et contre celui avec lequel il est dans l'indivision (Agen, 6 juill. 1812).

12. 8° La demande en nullité d'une obligation formée par l'héritier à la suite d'une opposition à la notification à lui faite du titre exécutoire contre le défunt (Bourges, 9 mai 1821).

13. 9° La demande en exécution d'un testament, bien qu'elle se trouve être la conséquence d'une demande en déclaration d'absence (Orléans, 21 mars 1822).

14. Mais on doit considérer comme incidente la demande qui a une corrélation manifeste avec une demande antérieure pour laquelle on a comparu au bureau de paix. Ainsi, elle n'est pas soumise au préliminaire de conciliation. Ce principe s'applique à la demande tendante à ce qu'une créance soit déclarée exigible, formée par suite du refus du débiteur de donner à son créancier l'hypothèque que ce dernier a réclamée de lui par une précédente demande présentée au bureau de conciliation. La demande en déclaration d'exigibilité n'est qu'une modification de la première demande, et non une demande nouvelle (Aix, 16 août 1811).

15. Le même principe s'étend aux demandes réduites. Celles-ci sont donc aussi dispensées de l'essai de conciliation. Tel est le cas, par exemple, où, après avoir réclamé le quart d'une succession, le demandeur restreint sa demande au cinquième (Cass., 8 mess. an 11), et celui où le prétendant à un droit de propriété se borne, dans le cours de l'instance, à réclamer un droit d'usage (Cass., 16 nov. 1829).

16. Sont également, par suite du même principe, affranchies du préliminaire de conciliation : 1° La demande reconventionnelle qui n'est qu'une exception de défense à la demande principale; telle est la demande en dommages-intérêts qu'une personne forme reconventionnellement et incidemment à une instance en mainlevée, avec dommages-intérêts, de l'opposition qu'elle avait faite à un mariage, en vertu d'une promesse précédemment consentie (Cass., 17 août 1814).

17. 2° La demande formée par un locataire sur l'assignation ayant pour objet de le contraindre à garnir de meubles la maison louée, à l'effet d'obtenir que le bailleur soit condamné à faire préalablement toutes les réparations dont cette maison a besoin (Boncenne, t. 2, p. 5).

18. 3° La demande que l'une des parties forme, par suite d'un renvoi prononcé par arrêt de cassation, devant le tribunal qui a été désigné pour connaître de cette demande (Cass., 26 pluv. an 11).—V. *infrà*, n° 69, *in fine*.

19. 4° La demande en liquidation de ses reprises intentée par une femme autorisée par le jugement qui a prononcé sa séparation de biens à y faire procéder (Cass., 14 août 1811; Limoges, 25 fév. 1845 : V. *J. Huiss.*, t. 28, p. 28).

20. 5° Toute demande qui n'est que la suite d'une autre, par exemple, l'action en répétition de loyers pour défaut de jouissance, intentée par l'acquéreur d'une manufacture contre le vendeur, postérieurement à une première action en dommages-intérêts qu'il avait formée contre le même pour non-jouissance, première action qui avait subi la tentative de conciliation (Bourges, 16 prair. an 9).

21. 6° La demande en nullité d'un rapport d'experts, lorsqu'elle tend directement à repousser la demande principale (Florence, 23 juin 1810).

22. 7° Le cessionnaire d'une créance en vertu d'un transport irrégulier, qui a cité en conciliation le débiteur, lequel a refusé de se concilier, en se fondant précisément sur l'irrégularité du transport, peut, après avoir fait régulariser son titre, former une demande en paiement contre le débiteur, sans être obligé de renouveler la tentative de conciliation (Cass., 11 nov. 1851 ; V. *J. Huiss.*, t. 33, p. 122).

23. 8° Il a été décidé ainsi que, lorsque, dans une citation en conciliation suivie d'un procès-verbal de non-conciliation, le demandeur avait déclaré qu'il se proposait de former contre le défendeur une action en délaissement d'immeubles avec restitution de fruits et dommages-intérêts, ce dernier avait le droit d'assigner, sans préliminaire de conciliation, le demandeur qui ne donne aucune suite au procès-verbal de non-conciliation, pour se voir déclarer non recevable ou mal fondé dans la prétention qu'il avait manifestée, et de conclure à des dommages-intérêts en réparation du préjudice causé par la citation (Bordeaux, 15 fév. 1851 ; V. *J. Huiss.*, t. 32, p. 335).

24. 2° *La demande doit être introductive d'instance* (C. proc. civ., art. 48).— C'est là une condition distincte de la première. Une demande peut, en effet, être principale, sans être introductive d'instance. Une demande introductive d'instance est celle qui sert de fondement à l'instance primitive, sans être formée à l'occasion d'une demande déjà pendante.

25. Ainsi, par exemple, la demande en garantie et la demande en intervention, qui sont bien des demandes principales relativement au garant et à l'intervenant, ne sont pas introductives d'instance, puisqu'elles viennent s'enter sur des instances précédemment engagées; et elles sont, dès lors, dispensées du préliminaire de conciliation (C. proc. civ., art. 49-3° ; Liége, 30 juin 1810 ; Cass., 30 août 1825 ; Bordeaux, 14 mars 1831). Cela s'applique à l'intervention des créanciers du mari dans une instance en séparation de biens (C. proc. civ., art. 871).

26. Il en est de même de la mise en cause d'un tiers (Cass., 20 fruct. an 11; 17 pluv. an 13), de la demande en péremption d'instance (Poitiers, 14 août 1806 ; C. proc. civ., art. 400), et de la tierce opposition à un jugement (Rennes, 21 déc. 1824 ; Bordeaux, 14 mars 1831).

27. Mais l'action en garantie formée après le jugement rendu contre le demandeur est distincte et indépendante de la demande originaire. Elle est alors non seulement principale à l'égard du garant, mais aussi introductive d'instance. Elle doit donc subir la tentative de conciliation (Bourges, 5 therm. an 8; Boncenne, t. 2, p. 9. — *Contrà*, Carré et Chauveau, *Quest.* 509 *quinquies*).

28. Est également sujette au préliminaire de conciliation la demande en garantie formée dans le cours d'une instance par celui qui a intenté l'action originaire. Spécialement, l'acheteur, qui a formé une demande en revendication contre le détenteur de la chose vendue, ne peut pas, *de plano*, assigner le vendeur pour qu'il soit condamné à le mettre en possession et jouissance de l'objet vendu (Douai, 17 fév. 1849; V. *J. Huiss.*, t. 30, p. 227).

29. 3° *Les parties doivent être capables de transiger* (C. proc. civ., art. 48, n° 1003; C. civ., art. 2045).—Elles doivent être capables de transiger par elles-mêmes et sans autorisation; il ne suffirait pas qu'elles le fussent par l'intermédiaire de leurs administrateurs. C'est ce qui résulte de l'art. 49, C. proc. civ., qui dispense de la tentative de conciliation, soit en demandant, soit en défendant, l'Etat et le domaine, les communes, les établissements publics, les mineurs et les interdits, qui peuvent transiger avec l'autorisation de l'administration ou du conseil de famille.

30. Mais, lorsque dans une action qu'une partie majeure intente conjointement avec un mineur, elle a un intérêt distinct ou divisible, cette partie n'est pas relevée, par la dispense accordée au mineur, de la nécessité d'essayer le préliminaire de conciliation (Cass., 30 mai 1814).

31. Il en est autrement, si les intérêts du majeur et du mineur sont indivisibles, par exemple, s'il s'agit d'une demande en délaissement d'un immeuble dépendant d'une succession commune (Bordeaux, 20 août 1833).

32. Lorsqu'il s'agit d'une action formée contre un majeur et un mineur ayant des intérêts distincts ou divisibles, elle n'est pas dispensée du préliminaire de conciliation.

33. Y est également soumise la demande en reddition de compte que forme un tuteur contre un mandataire, auquel en sa qualité il avait donné pouvoir de toucher une somme appartenant au mineur. Dans ce cas, en effet, l'action est personnelle au tuteur; s'il a donné mandat, c'est sous sa responsabilité, et le mandataire ne doit compte qu'au tuteur, et non au mineur (Poitiers, 13 mai 1829; Magnin, *des Minorités*, t. 2, n. 1417).

34. Au contraire, en sont affranchies l'action dirigée contre un tuteur du chef d'un mineur, par la raison que le tuteur ne peut transiger pour le mineur sur l'objet de l'action, à moins qu'il n'y soit autorisé par le conseil de famille (Magnin, t. 2, n. 1416), et la demande qui intéresse la reddition du compte de tutelle, soit que le mineur devenu majeur la dirige contre son tuteur, soit que celui-ci la forme contre son pupille (C. Nap., art. 472; Riom, 25 mai 1816; Magnin, t. 2, n. 1417).

35. Quant au mineur émancipé, il nous semble que, pour décider s'il doit être dispensé du préliminaire de conciliation, il convient de distinguer entre le cas où la contestation porte sur des objets dont il a la libre disposition, et celui où elle porte sur des objets à l'égard desquels il ne peut transiger sans l'assistance de son curateur (C. Nap., art. 481 et 482. — V. cependant Chauveau sur Carré, t. 1, *Quest.* 217).

36. L'individu pourvu d'un conseil judiciaire est affranchi de la tentative de conciliation (C. Nap., art. 513, arg.).

37. Il en est de même du curateur à une succession vacante (C. proc. civ., art. 49-1°).

38. ...Du curateur comptable nommé à un absent par les envoyés en possession (Rennes, 20 août 1813; Chauveau sur Carré, *Quest.* 207 *ter.*), et des envoyés eux-mêmes en possession provisoire des biens d'un absent (Boncenne, t. 2, p. 15).

39. Les demandes formées par les syndics d'une faillite, dans l'intérêt de la masse des créanciers, ne sont pas non plus soumises au préliminaire de conciliation, même lorsqu'il y a un contrat d'union conférant aux syndics le pouvoir de transiger (Paris, 10 juin 1836).

40. ...Ainsi que les demandes formées par ou contre un héritier bénéficiaire en cette qualité (Grenoble, 16 mars 1823; Toulouse, 12 déc. 1835; Boncenne, t. 2, p. 15; Boitard, t. 1, p. 90).

41. ...De même que celles intentées contre un légataire universel qui a accepté sous bénéfice d'inventaire (Orléans, 6 août 1812).

42. Mais celui qui agit comme héritier pur et simple n'est pas dispensé du préliminaire de conciliation, par cela seul qu'il agit conjointement avec des héritiers bénéficiaires, si l'action est divisible (Toulouse, 12 déc. 1835).— V., pour l'application du même principe, *suprà*, nos 30 et 32.

43. La contestation, dans laquelle est intéressée une femme mariée, qui a été autorisée à ester en jugement relativement à cette contestation, n'est dispensée du préliminaire de conciliation qu'autant que l'objet de la contestation n'est pas susceptible de transaction de la part de la femme (V. Boncenne, t. 2, p. 17; Sebire et Carteret, *Encyclopédie du droit*, v° *Conciliation*, n° 40). Lorsqu'il y a lieu au préliminaire de conciliation, le mari ne peut être appelé à se présenter pour sa femme au bureau de paix, surtout lorsqu'il s'agit d'une action immobilière qui la concerne exclusivement et qu'elle se propose d'intenter (Sebire et Carteret, v° *Conciliation*, n° 42). — Toutefois, il est d'usage de citer en conciliation le mari et la femme, pour que celui-ci l'autorise à accepter les transactions qui pourraient être proposées. Mais cette marche n'est pas obligatoire. — V. *infrà*, nos 67, 105, 106 et 109.

44. Si la femme mariée est séparée de biens, la contestation relative à sa fortune mobilière, puisque la séparation de biens lui en a rendu la libre administration, est, à plus forte raison, soumise à l'essai de conciliation. Il peut en être de même de la contestation qui ne regarde que ses immeubles, lorsqu'elle en a la libre disposition.

45. 4° *L'objet de la demande doit être susceptible de transaction* (C. proc. civ., art. 48).—Or, les objets non susceptibles de transaction sont ceux sur lesquels la loi défend de compromettre (V. *Compromis*).

46. Ainsi, sont, comme n'étant pas susceptibles de transaction, dispensées du préliminaire de conciliation, les demandes en désaveu, en vérification d'écritures, en règlement de juges, en renvoi, en prise à partie (C. proc. civ., art. 49-7°), celles qui sont relatives à des questions d'état, les demandes en séparation de corps, demandes à l'égard desquelles le président du tribunal remplit les fonctions de conciliateur, celles en séparation de biens (C. proc. civ., art. 49-7°), et les demandes sur les tutelles et curatelles (même art.).

47. L'action intentée sur l'intérêt civil qui résulte d'un délit, étant susceptible de transaction, est soumise au préliminaire de conciliation (C. Nap., art. 2046; C. proc. civ., art. 48; C. instr. crim., art. 4).

48. 5° *L'affaire doit être de la compétence des tribunaux de première instance* (C. proc. civ., art. 48).—En conséquence, sont dispensées du préliminaire les affaires dont la connaissance est attribuée en premier ressort aux Cours impériales, aux juges de référés, aux juges de paix, aux conseils de prud'hommes et aux tribunaux de commerce. L'art. 49-4°, C. proc. civ., en exempte formellement les demandes en matière de commerce. Il suit de là que, dans le cas où une assignation est donnée devant un tribunal de première instance jugeant commercialement à défaut de tribunal de commerce, il n'y a pas lieu à conciliation (Turin, 17 janv. 1807).

49. La dispense concernant les demandes en matière de commerce s'applique à la demande en paiement d'un billet à ordre, alors même qu'il ne porte que des signatures d'individus non commerçants.

50. 6° *La demande ne doit pas requérir célérité* (C. proc. civ., art. 49-2°).—Or, on doit, en général, réputer urgentes et requérant célérité, considérer comme dispensées à ce titre de la tentative de conciliation, les causes pour lesquelles on a obtenu du président la permission d'assigner à bref délai (Sebire et Carteret, *Encyclop. du droit*, v° *Conciliation*, nos 47 et 48).

51. On doit spécialement ranger parmi les causes qui requièrent célérité les demandes de mise en liberté, celles en mainlevée de saisie ou opposition, en paiement de loyers, fermages ou arrérages de rentes ou pensions, celles des avoués en paiement de frais, les demandes contre un tiers saisi, et en général sur les saisies, sur les offres réelles, sur la remise des titres et sur leur communication (C. proc. civ., art. 49-5° et 7°).

52. Le Code de procédure ne désignant que les demandes en mainlevée d'opposition, il s'ensuit que la dispense qui les concerne ne peut être étendue aux demandes en mainlevée d'inscription hypothécaire (Montpellier, 3 fév. 1816; Caen, 13 nov. 1839.—V. cependant Troplong, *des Hypothèques*, t. 3, n° 774 *bis*).

53. ...A la demande en nullité d'un commandement, formée par voie d'opposition à ce commandement signifié par le créancier à son débiteur, en vertu d'un titre exécutoire (Trib. civ. de Briançon, 25 nov. 1846; V. *J. Huiss.*, t. 28, p. 198.—V. cependant les observations qui suivent ce jugement).

54. La disposition précitée relative aux demandes des avoués en paiement de leurs frais (*V. suprà*, n° 51) est applicable aux demandes de même nature formées par les huissiers. Il y a, en effet, analogie entre la position de ces derniers officiers ministériels et celle des avoués pour les demandes en paiement de frais. Ces frais doivent être taxés, et la cause requiert célérité à l'égard des huissiers comme des avoués, parce qu'il importe de ne pas les déranger de leurs fonctions (Carré et Chauveau, t. 1, *Quest.* 211; Boitard, t. 1, p. 97; Sebire et Carteret, *Encyclop. du droit*, v° *Conciliation*, n° 54).

55. La dispense dans le cas de remise de titres est générale; elle ne doit pas être restreinte au cas où les pièces sont réclamées à un mandataire, à un dépositaire, ou à un officier ministériel. Ainsi, est affranchie de l'essai de conciliation la demande en remise de l'expédition d'un acte de vente formée par l'acquéreur contre le vendeur (Bourges, 11 juill. 1828; Chauveau sur Carré, *Quest.* 218 *bis*).

56. L'énumération faite, d'après l'art. 49-5° et 7°, au n° 51, des causes dispensées du préliminaire, comme urgentes, est évidemment incomplète. La dispense s'étend à toutes les demandes, de quelque nature qu'elles soient, qui requièrent célérité, et notamment à la demande tendant à rentrer dans les lieux d'où l'on a été expulsé arbitrairement (Bruxelles, 18 avril 1831), à la demande en résiliation de bail, faute de paiement des loyers et arrérages (Rennes, 18 mars 1818), et à la demande en dommages-intérêts formée devant le tribunal civil par un accusé absous contre son dénonciateur (Paris, 30 janv. 1817; Nîmes, 19 juin 1819. — *Contrà*, Chauveau sur Carré, *Quest.* 206).

57. Du reste, il n'est pas nécessaire de faire préalablement déclarer l'urgence (Bruxelles, 18 avril 1831), ni d'obtenir la permission du président (Chauveau sur Carré, *Quest.* 209 *quater*). Mais le défendeur a le droit de contester l'urgence, et le tribunal devant lequel il oppose le défaut de tentative de conciliation apprécie si, d'après les circonstances et la nature de la demande, le demandeur a pu le saisir directement.

58. Toutefois, lorsque le président, considérant que la cause requérait célérité, a permis d'assigner à bref délai, le tribunal ne peut ensuite déclarer que la cause n'était pas urgente et qu'elle devait être soumise au préliminaire de conciliation. L'appréciation des cas qui requièrent célérité et qui donnent lieu d'assigner à bref délai est abandonnée à l'arbitrage du président (Colmar, 17 avril 1817.—*Contrà*, Paris, 28 juill. 1851 : V. *J. Huiss.*, t. 32, p. 334).

59. 7° *La demande ne doit être formée que contre une ou deux personnes seulement* (C. proc. civ., art. 49-6°).—Les demandes formées contre plus de deux parties, encore qu'elles aient le même intérêt, sont dispensées du préliminaire de conciliation, parce que le nombre des intéressés rend presque certain à l'avance que la conciliation sera tentée inutilement. La dispense ne s'applique, comme on le voit, qu'au cas où il y a plus de deux défendeurs, et non à celui où il y plus de deux demandeurs (Besançon, 24 janv. 1809; Chauveau sur Carré, *Quest.* 212 *bis*).

60. Pour fixer le nombre des défendeurs, on doit prendre en considération, non pas l'intérêt que les parties ont dans la cause, mais le nombre des personnes assignées. Ainsi, une demande formée contre plus de deux parties est dispensée du préliminaire de conciliation, lors même que l'une d'elles est sans intérêt dans la cause (Bordeaux, 19 août 1829 ; Carré et Chauveau, t. 1, *Quest.* 212; Boncenne, t. 2, p. 7), à moins que ce ne soit par dol que cette partie soit appelée dans la cause, auquel cas le demandeur serait renvoyé à se pourvoir suivant les formes ordinaires (Sebire et Carteret, v° *Conciliation*, nos 64 et 70).

61. Toutefois, si plusieurs défendeurs doivent figurer dans la même instance, il faut, pour que l'action soit affranchie de la tentative de conciliation, qu'ils aient tous le même intérêt, de telle sorte que, s'il s'agissait de transiger, le concours de tous fût nécessaire. Il suit de là que la dispense ne peut avoir lieu que lorsque les parties sont assignées aux mêmes fins, en vertu des mêmes titres, par exemple, comme héritiers ou débiteurs solidaires, et non lorsqu'elles sont assignées collectivement, par un même exploit, à raison de contestations différentes, étrangères les unes aux autres, soit en vertu de titres différents, soit en vertu du même titre (Nîmes, 10 fév. 1841; Boncenne, t. 2, p. 14; Sebire et Carteret, v° *Conciliation*, n° 66).

62. En conséquence, sont soumises au préliminaire de conciliation : 1° la demande contre plusieurs acquéreurs en résolution de leurs contrats d'acquisition, lorsque chacun a un contrat particulier (Riom, 27 mai 1817; Nancy, 20 juin 1824; Besançon, 22 mai 1827).

63. ... 2° La demande en expulsion de lieux formée contre plusieurs individus ayant pris à bail, par un seul acte, chacun un terrain spécial ou une maison particulière, dans un domaine appartenant au bailleur moyennant un prix spécial, et sans qu'aucune solidarité ait été stipulée entre eux (Bourges, 21 juill. 1838).

64. ... 3° La demande formée contre plusieurs créanciers hypothécaires en mainlevée de leurs inscriptions, lorsque chacun des créanciers a un titre distinct et particulier (Caen, 13 nov. 1839).

65. ... Peu importe que quelques-uns des défendeurs aient des exceptions différentes à proposer (Montpellier, 7 fév. 1839).

66. L'action dirigée contre plus de deux personnes en leur qualité de membres d'une société civile n'est point dispensée du préliminaire de conciliation, parce que, chacun des associés n'étant obligé d'exécuter que sa promesse personnelle et individuelle (C. Nap., art. 1862), ils ne forment pas un être moral ayant des droits et des obligations qui lui soient propres (Carré et Chauveau, t. 1, *Quest.* 213; Boitard, t. 1, p. 94; Boncenne, t. 2, p. 11; Sebire et Carteret, v° *Conciliation*, n° 64). Mais il en est autrement en matière de société commerciale.

67. Les maris et leurs femmes, mariés sous le régime de communauté, ne forment qu'une seule personne : d'où il suit qu'une demande intentée contre deux maris et leurs femmes, conjointement obligés, n'est pas, s'ils sont mariés sous le régime de la communauté, une demande dirigée contre plus de deux défendeurs (Boncenne, t. 2, p. 10; Sebire et Carteret, v° *Conciliation*, n° 65). Il en est de même lorsque les maris ne sont assignés que pour autoriser leurs femmes (Bourges, 9 juill. 1821), quel que soit le régime sous lequel les époux soient mariés. Mais, dans le cas de séparation de biens contractuelle ou judiciaire, chaque époux doit être compté pour un défendeur, parce que chacun a alors des intérêts distincts, une administration à part, et que la division des droits et des obligations se fait entre eux comme entre des étrangers qui ont contracté conjointement (Boncenne, *loc. cit.*). Si, dans une même instance dirigée contre le mari et la femme communs en biens, les époux avaient chacun des intérêts distincts, et que le consentement de l'un et de l'autre fût nécessaire pour la transaction qui pourrait intervenir, il nous semble qu'alors ils devraient également être considérés comme deux défendeurs (Sebire et Carteret, *loc. cit.*).

68. Enfin, aux causes que nous avons indiquées comme étant dispensées du préliminaire de conciliation, il faut ajouter celles qui sont *exceptées par la loi* (C. proc. civ., art. 49-7°).

69. Telles sont notamment la demande à fin de contraindre les experts à déposer leur rapport, dans le cas où ils auraient refusé de le faire (C. proc. civ., art. 320), ou un défendeur à fin de constituer avoué, lorsque, avant le changement d'état ou le décès du demandeur, il n'en avait pas constitué (art. 345); la demande contre un notaire ou autre dépositaire pour obtenir expédition ou copie d'un acte (art. 839); les demandes en validité de saisie-arrêt (art. 566) et en déclaration affirmative (art. 570); toute contestation incidente à une poursuite de saisie immobilière (art. 718); la demande en rectification d'actes de l'état civil (art. 856), ou en annulation de délibération de conseil de famille (art. 883); la demande à porter devant un tribunal civil, lorsque la Cour de cassation a renvoyé devant ce tribunal, après avoir cassé un arrêt rendu en matière criminelle, en ce qui concerne seulement les intérêts civils (C. inst. crim., art. 429).

70. La demande intentée par un Français contre un étranger n'est pas dispensée du préliminaire de conciliation. Peu importe que l'étranger n'ait pas de domicile en France. L'étranger défendeur doit être cité en conciliation devant le juge de paix de sa résidence; s'il n'a pas de résidence en France, devant le juge de paix du domicile du demandeur (Cass., 22 avril 1818; Chauveau sur Carré, *Quest.* 207 *ter;* Sebire et Carteret, v° *Conciliation*, n° 75).

71. La réclamation d'un tiers contre un officier ministériel, ou celle d'un officier ministériel contre son confrère, sont également soumises au préliminaire de conciliation; le renvoi ordonné par le tribunal, devant la chambre de discipline, ne peut remplacer la conciliation (Sebire et Carteret, *loc. cit.*).

72. Si l'art. 49, C. proc. civ., dispense certaines causes du préliminaire de conciliation, il n'interdit pas au demandeur de tenter d'abord cette voie. Il suit de là que, dans ces sortes de causes, les parties, demandeur et défendeur, peuvent se présenter devant le juge de paix, qui, alors, ne peut refuser de les entendre; et, s'il parvient à les concilier, il dresse acte de leurs conventions. Toutefois, il faut faire exception pour certaines matières. Ainsi, deux époux ne pourraient se concilier sur une demande en séparation de biens, en ce sens qu'ils ne pourraient régler à l'amiable les conditions de cette séparation (Sebire et Carteret, v° *Conciliation*, nos 77 et suiv.).

73. L'exception résultant du défaut de préliminaire de conciliation doit être présentée en première instance; si elle ne l'a point été, elle est couverte et ne peut plus être proposée en appel (Bordeaux, 13 juill. 1845 : V. *J. Huiss.*, t. 27, p. 78).

§ 2. — *Citation en conciliation.*

74. Autrefois la citation en conciliation avait lieu en vertu d'une cédule délivrée par le juge de paix au demandeur ou à son fondé de pouvoir (Décr. 26 niv. an 4, art. 4). Mais aucune disposition du Code de procédure n'autorise préalablement la nécessité de cette cédule. Cependant, il est assez généralement d'usage que la citation en conciliation soit précédée d'une lettre adressée au défendeur par le juge de paix pour l'inviter à se présenter à son cabinet, à l'effet de s'y concilier, si faire se peut, sur telle affaire. Ce n'est que si le défendeur ne consent pas à se présenter volontairement devant le juge de paix qu'il est cité devant lui en conciliation.

75. La citation doit être donnée par un huissier. L'art. 52, C. proc. civ., ne conférait qu'aux huissiers de la justice de paix, c'est-à-dire aux huissiers audienciers, le droit de signifier la citation. Mais cet article a été abrogé par la loi du 25 mai 1838. En effet, aux termes de l'art. 16 de cette loi, tous les huissiers d'un même canton peuvent faire toutes les citations devant la justice de paix.

76. Nous avons dit au mot *Citation* (n°s 7 et suiv.) que le juge de paix peut interdire à tous les huissiers de son canton de donner aucune citation en justice sans avoir, au préalable, appelé, sans frais, les parties devant lui. L'art. 17 de la loi du 25 mai 1838, en vertu duquel cette interdiction peut avoir lieu, est-il applicable aux citations en conciliation ?

Pour la négative, on dit que l'art. 17 de la loi précitée n'a rapport qu'aux affaires dans lesquelles le juge de paix statue comme juge, et non à celles qui sont de la compétence des tribunaux de première instance; que la loi de 1838 s'est bornée à modifier la compétence du juge de paix, et qu'elle n'a rien changé aux attributions gracieuses de ce magistrat; que le mot *Causes*, employé par l'art. 17, ne saurait s'appliquer au préliminaire de conciliation, parce que ce préliminaire n'est point une *cause;* que toute autre interprétation conduirait à exiger dans la même affaire deux préliminaires de conciliation, l'un sur invitation amiable, l'autre sur citation régulière; qu'ainsi ce serait ajouter aux prescriptions de la loi et dépasser le but que le législateur s'est proposé d'atteindre (Foucher, *Comment. de la loi des justices de paix*, n° 477; Curasson, *Compétence des juges de paix*, t. 2, n° 2483; Brossard, *Juridiction des juges de paix*, n° 591; Allain, *Manuel encyclopédique des juges de paix*, t. 1, n° 663; Dissertation insérée dans le *Journ. des Huiss.*, t. 27, p. 145).

Mais nous ne pouvons partager cet avis; les expressions : *dans toutes les causes*, employées par la loi de 1838, sont très-générales, elles nous paraissent embrasser toutes espèces d'affaires, non-seulement celles dans lesquelles le juge de paix doit statuer comme juge, mais aussi celles qui sont de la compétence des tribunaux de première instance, et à l'égard desquelles le juge de paix n'a à remplir que le rôle de *conciliateur*. Vainement on prétend que, en se servant du mot *causes*, le législateur a voulu exclure de l'application de l'art. 17 précité le préliminaire de conciliation : c'est distinguer là où la loi ne distingue pas. D'ailleurs, il est toujours préférable de faire comparaître les parties devant le juge de paix en vertu d'un avertissement préalable plutôt qu'en vertu d'un exploit de citation. Le magistrat aura bien plus de chances d'amener les parties à un arrangement, si tout ce qui ressemble aux formes rigoureuses de la procédure est évité. La raison et les termes de la loi justifient donc l'application de l'art. 17 aux citations en conciliation (V., dans le sens de cette dernière opinion, *Circul. du ministre de la justice* du 6 juin 1838; Bénech, *Traité des justices de paix*, p. 454; Chauveau sur Carré, *Quest.* 220 *bis;* Bonnier, *Éléments de la procédure*, t. 1, n° 458,

p. 385 ; Sebire et Carteret, v° *Conciliation*, n° 86 ; *Bulletin spécial des Huissiers*, t. 7, p. 265).

77. Il résulte de là que, dans le cas où la citation en conciliation a été notifiée avant tout avertissement préalable, le juge de paix peut, suivant les circonstances, condamner le demandeur aux dépens de cette citation (V. *Bulletin spécial des Huissiers*, *loc. cit.*).

78. La citation en conciliation est en général soumise aux mêmes formalités que la citation en matière de compétence (V. *Citation*, § 1) ; nous signalerons cependant deux différences.

79. Ainsi, d'abord, il n'est pas nécessaire que, comme lorsqu'il s'agit de la citation en justice (V. *Citation*, n°s 12 et 17), la citation en conciliation contienne les moyens qu'on se propose de faire valoir à l'appui de la demande : il suffit qu'elle énonce sommairement l'objet de la conciliation (C. proc. civ., art. 52 ; Carré et Chauveau, t. 1, *Quest.* 221 ; Boncenne, t. 2, p. 38 ; Boitard, t. 1, p. 138 ; Levasseur, *Manuel des justices de paix*, édit. revue par Toussaint, n° 236 ; Sebire et Carteret, v° *Conciliation*, n° 85). Cependant on ne peut dissimuler qu'il est plus convenable d'indiquer les moyens de la demande.—V. *Formule* 1.

80. La seconde différence consiste dans le délai pour comparaître. Ce délai doit être de trois jours au moins (C. proc. civ., art. 51). Il est donc franc, c'est-à-dire que, dans les trois jours indiqués, on ne doit comprendre ni le jour de la citation, ni celui de la comparution. Par exemple, la citation notifiée à la date du 5 doit être donnée pour comparaître le 9 (C. proc. civ., art. 1033, arg. ; Boncenne, t. 2, p. 30 ; Levasseur, n° 237 ; Sebire et Carteret, n° 83).

81. De plus, ce délai est sujet à augmentation à raison des distances, lorsque le cité est domicilié au delà de trois myriamètres du lieu de la comparution (C. proc. civ., art. 5 et 1033). En conséquence, est nulle la citation en conciliation qui n'accorde point au défendeur un délai supplémentaire à raison des distances, encore bien qu'elle lui ait été remise dans le lieu où siége le juge de paix (Cass., 21 fév. 1837 : V. *J. Huiss.*, t. 18, p. 145 ; Boncenne, t. 2, p. 30 et 31 ; Levasseur, *loc. cit.* ; Sebire et Carteret, *loc. cit.*).

82. Si le défendeur est étranger, il a droit aux délais accordés par l'art. 73, C. proc. civ. Pour ce qui concerne le délai de la citation en matière de compétence, V. *Citation*, n°s 25 et suiv.

83. Si quelques-unes des formalités prescrites pour la validité de la citation en matière de compétence étaient omises dans la citation en conciliation, cette omission ne pourrait entraîner la nullité de cette dernière citation qu'autant qu'elle porterait sur un point qui toucherait à l'essence même de l'acte (Boncenne, t. 2, p. 28 ; Boitard, t. 1, p. 136).

§ 3. — *Juge de paix compétent.*

84. Dans le cas où les parties comparaissent volontairement pour tenter la conciliation, elles peuvent se présenter devant le juge de paix qu'elles préfèrent, quel que soit d'ailleurs leur domicile, et les conventions arrêtées devant le magistrat de leur choix sont obligatoires : tous les juges de paix, en effet, sont également compétents, *ratione materiæ*, pour concilier les parties, lorsqu'elles se présentent volontairement (Turin, 29 vent. an 12 ; Merlin, *Rép.*, v° *Bureau de conciliation*, n° 3 ; Boitard, t. 1, p. 121).

85. Mais, lorsque le demandeur doit procéder par voie de citation, il est tenu d'appeler le défendeur, en matière réelle comme en matière personnelle, devant le juge de paix du domicile de ce dernier (C. proc. civ., art. 50-1°) ; c'est là une dérogation au principe général de l'art. 59 du même Code.

86. Toutefois, dans le cas d'élection de domicile pour l'exécution d'un acte, le défendeur doit être cité en conciliation devant le juge de paix de ce domicile, et non devant le juge de paix de son domicile réel (Cass., 9 déc. 1851 : V. *J. Huiss.*, t. 33, p. 12.— *Contrà*, Chauveau sur Carré, t. 1, *Quest.* 219 *bis*).

87. S'il y a deux défendeurs, le demandeur peut citer à son choix devant le juge de paix du domicile de l'un d'eux (C. proc. civ., art. 50-1°).

88. En matière de société, autre que celle de commerce (car, à l'égard des sociétés de commerce, il n'y pas lieu au préliminaire de conciliation), tant qu'elle existe, la citation doit être donnée devant le juge de paix du lieu où elle est établie (art. 50-2°), c'est-à-dire devant le juge de paix du lieu où elle a son siége principal.

89. Si la société n'a pas de siége principal, il nous semble qu'alors il faut revenir au droit commun. Ainsi, la citation ne devra pas être donnée devant le juge de paix du lieu où la société a été contractée, comme on l'a prétendu (V. Carré et Chauveau, t. 1, *Quest.* 232, note 3), mais devant celui du domicile de l'un des associés (Sebire et Carteret, v° *Conciliation*, n° 89).

90. Une fois la société dissoute, on rentre également dans le droit commun. Cependant on devrait encore citer devant le juge de paix du lieu de la société, s'il s'agissait de la demande en rescision du partage fait entre les associés.

91. En matière de succession, la citation doit être portée devant le juge de paix du lieu où la succession est ouverte : 1° pour les demandes entre héritiers, jusqu'au partage inclusivement (C. proc. civ., art. 50-3°), et même pour les demandes, entre héritiers, en rescision de partage ou en garantie de lots, parce que les contestations auxquelles le partage donne naissance empêchent qu'il soit considéré comme définitif (C. Nap., art. 822 ; Chauveau sur Carré, t. 1, *Quest.* 219 *ter ;* Boncenne, t. 2, p. 27.—*Contrà*, Boitard, t. 1, p. 129 ; Sebire et Carteret, v° *Conciliation*, n° 90).

92. 2° Pour les demandes qui seraient intentées par les créanciers du défunt avant le partage (C. proc. civ., art. 50-3°). Il faut comprendre ici sous le mot *créanciers* tous ceux qui ont à réclamer quoique ce soit contre la succession (Carré et Chauveau, *Quest.* 233, note 1 ; Sebire et Carteret, n° 91).

93. S'il n'y a qu'un héritier, la citation des créanciers doit être donnée devant le juge de paix du domicile de cet héritier ; alors, il n'y a plus de motif pour sortir de la règle générale (Boncenne, t. 2, p. 27 ; Sebire et Carteret, n° 93).

94. 3° Pour les demandes relatives à l'exécution des dispositions à cause de mort, jusqu'au jugement définitif (C. proc. civ., art. 50-3°). On a prétendu que les mots : *jugement définitif*, devaient être pris ici dans le sens de ceux-ci : *partage définitif* (Carré et Chauveau, t. 1, *Quest.* 233, note 3). Nous croyons, au contraire, qu'on doit conserver aux mots *jugement définitif* leur signification propre, car celui au profit duquel existe une disposition à cause de mort vient en quelque sorte prendre part lui-même à la succession comme héritier, et ses droits particuliers sont réglés, non par le partage qui se fait entre les héritiers ordinaires, mais bien par le jugement définitif qui intervient, s'il y a contestation sur la disposition faite à son profit (V. aussi, en ce sens, Sebire et Carteret, n° 92).

95. Si la citation en conciliation a été donnée devant un juge de paix autre que celui indiqué par la loi, la comparution du défendeur, sans élever aucune réclamation, couvre l'incompétence, et l'empêche de s'en prévaloir plus tard devant le tribunal (Rennes, 9 fév. 1813 ; Pau, 6 juill. 1837 ; Carré et Chauveau, *Quest.* 234 ; Boncenne, t. 2, p. 32 ; Boitard, t. 1, p. 145 ; Sebire et Carteret, nos 94 et 95).

§ 4. — *Procédure devant le juge de paix.*

96. *Cas où les parties comparaissent.*— Les parties doivent comparaître en personne, et, en cas d'empêchement, par un fondé de pouvoir (C. proc. civ., art. 53).

97. Elles sont seules juges de l'empêchement, et ne sont même pas tenues d'alléguer les motifs de cet empêchement (Sebire et Carteret, v° *Conciliation*, n° 98; Levasseur, édit. revue par Toussaint, n° 244).

98. Le juge de paix ne peut ordonner la comparution personnelle d'une partie (Sebire et Carteret, n° 99). Mais il a le droit, lorsque la partie comparaît en personne, de refuser d'entendre le défenseur officieux dont elle se ferait accompagner (Chauveau sur Carré, t. 1er, *Quest.* 222).

99. Les parties jouissent, pour le choix de leur mandataire, de la plus grande latitude. Elles peuvent, contrairement à la loi du 27 mars 1791, le prendre parmi les personnes attachées à quelque titre que ce soit à l'ordre judiciaire (Boncenne, t. 2, p. 38).

100. Ainsi, un greffier de justice de paix, bien qu'il paraisse peu convenable qu'il s'abstienne de ses fonctions pour jouer le rôle de mandataire devant le tribunal auquel il est attaché, peut cependant valablement accomplir ce mandat (Rennes, 16 août 1817).

101. Sous l'empire de l'ancien droit, il avait été jugé que la partie, qui s'était fait représenter en conciliation par un huissier, ne pouvait, et surtout pour la première fois en appel, demander la nullité du procès-verbal de non-conciliation, sous prétexte que la loi du 27 mars 1791 lui défendait de se faire représenter par cet officier ministériel (Cass., 4 germ. an 8). Depuis la promulgation de la loi du 25 mai 1838, des auteurs ont prétendu que l'art. 18 de cette loi, qui interdit aux huissiers le droit de représenter les parties en qualité de procureur fondé ou de les assister comme conseil dans *toutes les causes* portées devant la justice de paix, contenait, pour ces officiers ministériels, la prohibition de comparaître au bureau de conciliation en qualité de mandataires (V. notamment Carré et Chauveau, t. 1, *Quest.* 222). Mais ne peut-on pas dire que l'interdiction prononcée par l'art. 18 de la loi du 25 mai 1838 ne doit s'appliquer que lorsqu'il s'agit de matières contentieuses, et non d'une cause portée devant la juridiction gracieuse?

102. Il n'est pas nécessaire que le mandat donné par la personne citée, pour la représenter au bureau de conciliation, le soit par acte authentique; il peut être sous seing privé, pourvu qu'il soit écrit sur papier timbré et enregistré. Toutefois, il est plus prudent que la procuration soit revêtue de la forme authentique; car le demandeur peut refuser de reconnaître l'écriture et la signature d'un pouvoir sous seing privé, et, en ce cas, le mandant ne se trouvant plus représenté, serait passible de l'amende édictée par l'art. 56, C. proc. civ. (Sebire et Carteret, v° *Conciliation*, n° 101).

103. Il n'est pas non plus nécessaire que le mandat contienne le pouvoir de transiger, comme l'exigeait l'art. 16 de la loi du 27 mars 1791 (Boncenne, t. 2, p. 142; Sebire et Carteret, n° 100. — *Contrà*, Levasseur, n° 245); le pouvoir de se concilier emporte nécessairement celui de transiger (Douai, 13 mai 1836).

104. Enfin, le mandat pour se concilier n'a pas besoin d'être exprès et spécial. Ainsi, le mandat de citer devant les tribunaux, de poursuivre tous les procès qui pourraient exister ou être intentés, de les faire juger par arbitres ou autrement, est suffisant pour comparaître en conciliation (Bordeaux, 4 fév. 1835: V. *J. Huiss.*, t. 16, p. 243).

105. Le mari, lorsqu'il s'agit d'actions mobilières ou possessoires appartenant à sa femme, peut, sans pouvoir de celle-ci, la représenter au bureau de conciliation. Il en est de même, encore bien que la conciliation ait pour objet une action immobilière intéressant exclusivement la femme. Car, en paraissant en conciliation sur une action qui intéresse sa femme, le mari ne fait qu'un acte conservatoire, utile et nécessaire, puisque sans cela la femme serait passible de l'amende, et ne pourrait être admise à discuter ses droits en justice qu'après l'avoir acquittée (Cass., 10 mars 1814; Rennes, 9 fév. 1813; C. civ., art. 1428). Mais si, dans les cas qui viennent d'être indiqués, la comparution du mari, sans pouvoir de sa femme, empêche que celle-ci soit passible de l'amende, ce ne peut être que lorsque les tiers déclarent ne pouvoir se concilier. Ces derniers peuvent, en effet, refuser d'accepter la transaction proposée par le mari ou de lui faire eux-mêmes des propositions d'arrangement, s'il ne représente pas un pouvoir de sa femme (Cass., 14 nov. 1831).

106. Il résulte de là que, si le mari a comparu au bureau de conciliation tant en son nom personnel que comme mandataire de sa femme, encore bien qu'il ne fût pas muni de son pouvoir, celle-ci n'est pas recevable à arguer du défaut de procuration, alors surtout qu'elle a déjà procédé conjointement avec son mari, sans réclamer (Carré et Chauveau, t. 1er, *Quest.* 223).

107. Lorsque le juge de paix a constaté la suffisance et la régularité du mandat et consenti à entendre le mandataire, la qualité de ce dernier ne peut plus être contestée devant les tribunaux (Rennes, 16 août 1817).

108. Les frais de procuration et la vacation du mandataire sont à la charge du mandant.

109. Une femme mariée est suffisamment autorisée à comparaître devant le bureau de conciliation par cela même qu'elle est autorisée à plaider (Cass., 3 mai 1808).

110. Il est d'usage que la comparution en conciliation ne soit pas publique. Mais le juge de paix peut, selon qu'il le juge convenable, pour atteindre plus efficacement son but, ordonner la publicité de la comparution.

111. Il n'a pas le droit de faire aux parties des interpellations en la forme d'un interrogatoire (Cass., 2 mars 1807). Il peut seulement leur faire les questions nécessaires pour bien savoir ce qu'elles veulent dire, et, dans le cas où elles refuseraient de répondre, il ne doit pas insister (Carré et Chauveau, t. 1er, *Quest.* 227).

112. Lors de la comparution, le demandeur peut expliquer sa demande, la restreindre, et même l'augmenter (C. proc. civ., art. 54). Ainsi, il peut, par exemple, réclamer les intérêts d'un capital. Mais il ne peut former une demande nouvelle distincte de celle qui est l'objet de la citation en conciliation (Carré et Chauveau, t. 1er, *Quest.* 311, note 1re; Levasseur, n° 248).

113. De son côté, le défendeur peut former les demandes qu'il juge convenables (C. proc. civ., art. 54), pourvu qu'elles ne constituent qu'une défense à celle formée contre lui (Cass., 17 août 1814).

114. Si l'une des parties défère le serment à l'autre, le juge de paix le reçoit ou fait mention du refus de le prêter (C. proc. civ., art. 55). La partie à qui le serment est déféré peut le référer à l'autre. Mais le juge de paix ne peut pas déférer le serment d'office (Levasseur, *loc. cit.*). Le serment ne peut non plus être déféré par un mandataire sans un pouvoir spécial (Carré et Chauveau, *Quest.* 236). Si le serment était déféré à une partie représentée par un mandataire, le juge de paix ne pourrait ordonner la comparution de la partie, et devrait se borner à consigner la réponse du mandataire (Carré et Chauveau, *Quest.* 238).

115. Le refus de prêter le serment déféré ne produit aucune des conséquences prévues par l'art. 1361, C. Nap. (Cass., 17 juill. 1810; Carré et Chauveau, *Quest.* 239; Boncenne, t. 2, p. 43). Aucun résultat n'a été produit et il y a eu seulement essai inutile de conciliation. Si le serment a été prêté, il produit l'effet du serment décisoire (C. Nap., art. 1358; Carré et Chauveau, *loc. cit.*). — V. *Serment.*

116. Le juge de paix doit dresser procès-verbal de la conciliation ou de la non-conciliation. S'il y a eu arrangement, le procès-verbal en contient les conditions; s'il n'y en a pas eu, il doit faire sommairement mention que les parties n'ont pu s'accorder (C. proc. civ., art. 54); dans ce dernier cas, le juge de paix ne pourrait refuser d'insérer les dires, aveux et dénégations des parties (Carré et Chauveau, *Quest.* 228).

117. Les conventions des parties insérées au procès-verbal ont force d'obligation privée (C. proc. civ., art. 54) : ainsi, elles ne sont pas exécutoires comme les actes devant notaire ; elles n'emportent pas hypothèque, mais l'acte qui les contient n'en est pas moins authentique et fait foi jusqu'à inscription de faux (C. civ., art. 1319 ; Bordeaux, 11 janv. 1837). L'aveu fait au bureau de conciliation a le caractère d'un aveu judiciaire (Toullier, t. 10, n° 271 ; Boncenne, t. 2, p. 42 ; Turin, 6 déc. 1808).

118. Il n'est pas nécessaire que le procès-verbal soit rédigé en un seul original, lorsqu'il y a plusieurs parties (Boncenne, t. 2, p. 45); cet acte est valable, nonobstant le défaut de signature des parties, s'il est fait mention de leur refus ou de leur impuissance de signer (Boncenne, *loc. cit.*).

119. Si la conciliation se termine par un compromis, le juge de paix peut y être nommé arbitre (Carré et Chauveau, *Quest.* 3260). Il en est de même du greffier. Mais on ne pourrait constituer le juge de paix juge du différend, si la demande était hors de sa compétence à raison de la matière.

120. *Cas où les parties font défaut.* — En cas de non-comparution de l'une des parties, il en est fait mention sur le registre de la justice de paix et sur l'original ou la copie de la citation, sans qu'il soit besoin de dresser de procès-verbal (C. proc. civ., art. 58).

121. Celle des parties qui ne comparaît pas doit être condamnée à une amende de 10 fr., et toute audience doit lui être refusée jusqu'à ce qu'elle ait justifié de la quittance (art. 56).

122. La partie qui a encouru l'amende peut en obtenir la remise, en justifiant d'un événement de force majeure qui l'a mise dans l'impossibilité d'obéir à la citation (Cass., 19 floréal an 12). Un certificat d'indigence ou l'irrégularité de la citation seraient insuffisants.

123. C'est au tribunal de première instance à prononcer l'amende, et non au juge de paix (Cass., 28 août 1832). Il suit de là que, si la demande est abandonnée avant d'avoir été portée devant le tribunal de première instance, l'amende ne peut être prononcée par aucun tribunal.

124. Lorsqu'on veut faire réformer le jugement qui prononce l'amende, on doit mettre en cause la régie de l'enregistrement (Cass., 20 juin 1810).

125. L'amende, une fois prononcée, ne se prescrit que par 30 ans (Cass., 11 nov. 1806).

§ 5. — *Effets du préliminaire de conciliation.*

126. Le préliminaire de conciliation produit trois effets principaux : d'abord, il autorise à poursuivre l'action devant le tribunal ; on doit, à peine de nullité, donner copie, avec l'ajournement, du certificat de non-conciliation ou de non-comparution (C. proc. civ., art. 48-6°).

127. Le défaut de tentative de conciliation entraîne la nullité de la demande ; mais cette nullité n'est pas d'ordre public, et le défendeur ne peut s'en prévaloir dès qu'il a conclu au fond (Cass., 19 janv. 1825).

128. Ensuite, le préliminaire de conciliation interrompt la prescription et fait courir les intérêts, le tout, pourvu que la demande soit formée dans le mois à dater du jour de la comparution ou de la non-conciliation (C. proc. civ., art. 57). Mais il n'est pas nécessaire que la demande ait été suivie d'un jugement (Cass., 17 nov. 1807). Le délai d'un mois fixé par cet article n'est point susceptible d'augmentation à raison des distances (Paris, 4 juill. 1809).

129. La prescription serait interrompue même dans le cas où l'affaire ne serait pas sujette au préliminaire de conciliation (Cass., 9 nov. 1809). Mais la demande formée sans préliminaire de conciliation, dans les cas où ce préliminaire est indispensable, n'interrompt pas la prescription (Cass., 30 mai 1814).

130. Si la citation était suivie d'un compromis, elle n'empêcherait la prescription qu'autant que ce compromis ne tomberait pas en péremption (Grenoble, 1er août 1833 : V. *J. Huiss.*, t. 15, p. 288).

131. Le tentative de conciliation ne fait courir les intérêts de plein droit qu'autant qu'ils ont été expressément demandés.

132. La comparution volontaire des parties au bureau de paix nous paraît devoir produire les mêmes effets que la comparution par suite de citation. Car, par la comparution volontaire, la volonté d'agir est aussi bien manifestée, le défendeur est aussi bien averti que par la citation. Le système contraire aurait d'ailleurs pour résultat d'empêcher la comparution volontaire, que le législateur a voulu favoriser (C. civ., art. 2248 ; Carré et Chauveau, t. 1er, *Quest.* 248 et 249 ; Boncenne, t. 2, p. 59 ; Troplong, *Prescription*, t. 2, n° 590. — *Contrà*, Colmar, 15 juill. 1809).

133. Le préliminaire de conciliation, non suivi d'assignation devant le tribunal, tombe en péremption au bout de trois ans. Après cette époque, il doit être renouvelé, si toutefois l'action n'est pas prescrite (Boncenne, t. 2, p. 61).

§ 6. — *Enregistrement.*

134. La mention de non-comparution de l'une des parties, sur le registre du greffe et sur l'original ou la copie de la citation, est dispensée de l'enregistrement (Décis. du minist. des fin., du 7 juin 1808).

135. Il n'en est pas de même du procès-verbal de non-conciliation, il est soumis au droit fixe de 1 fr. (L. 22 frim. an 7, art. 68, n° 47 ; Décis. du minist. des fin., du 10 sept. 1823).

136. S'il y a procès-verbal de conciliation, il est passible des droits proportionnels auxquels sont assujetties les conventions qu'il contient, si elles avaient été réalisées devant notaire ; — s'il n'y a pas lieu de percevoir de droits proportionnels, il est passible du droit de 1 fr. (Délib. de la régie, du 12 juill. 1817).

137. Les droits sont les mêmes dans le cas de comparution volontaire que dans le cas de comparution sur citation (Même délib.).

Formules.

1. *Citation en conciliation.*

L'an. . . . ., à la requête de. . . ., j'ai, ... donné citation au sieur. . . . . à comparaître le. . . ., heure de. . . . ., au bureau de conciliation établi près la justice de paix de. . . . ., au lieu ordinaire des séances, rue. . . . ., n°. . ., pour, — attendu que, suivant acte reçu par Me. . . . ., le requérant est propriétaire d'une pièce de pré sise à. . . . ., contenant. . . . .; — attendu que le cité s'est emparé, sans droit ni qualité, de cette même pièce de pré, il y a environ dix ans ; — attendu que nul n'a le droit d'usurper le bien d'autrui, et que le cité doit être contraint au délaissement de l'objet susdésigné ; — se concilier, si faire se peut, sur la demande que le requérant se propose de former contre lui devant le tribunal compétent, pour voir dire et ordonner que le requérant sera reconnu propriétaire de ladite pièce de pré ; que le cité sera tenu d'en faire le délaissement dans le jour de la signification du jugement à intervenir ; qu'il sera condamné à payer au requérant, pour la valeur des fruits indûment perçus, la somme de. . . . ., et, à titre de dommages-intérêts, la somme de . . . ., aux intérêts et aux dépens ; déclarant au cité que, faute de comparaître, il encourra l'amende de 10 fr. prononcée par loi, etc.

V. n° 79.—Coût, tarif, 1 fr. 50 c.
Enregistrement de l'exploit, 1 fr. 10 c.

2. *Pouvoir pour comparaître en conciliation.*

Je soussigné. . . . . donne pouvoir à. . . . . de, pour moi et en mon nom, comparaître au bureau de paix et conciliation tenu par M. le juge de paix de. . . . ., sur la demande que j'ai formée (ou formée contre moi), par exploit de. . . . ., en date du . . . . ., enregistré; se concilier, si faire se peut, sur ladite demande; traiter, transiger, compromettre, passer et signer tous procès-verbaux, élire domicile et faire généralement tout ce qui sera utile à mes intérêts.

Fait à. . . . ., le. . . . . (1).

Coût (il n'est rien alloué).

Enregistrement, 2 fr. 20 c.

CONCLUSIONS.— 1. Exposé sommaire des réclamations d'une partie et des motifs qui en établissent la justice.

2. Les conclusions forment la partie la plus importante de la procédure : on doit donc les rédiger avec soin, précision et clarté : de leur rédaction dépend souvent, en effet, le sort du procès.

3. L'obligation de prendre des conclusions existe aussi bien pour le défendeur que pour le demandeur.

4. Les conclusions sont principales ou subsidiaires, exceptionnelles ou au fond, écrites ou verbales ; il y a, en outre, les conclusions motivées, rectificatives, additionnelles, etc.

5. On entend par *conclusions principales* celles qui sont prises dans la demande introductive d'instance et contiennent, dans toute leur latitude, les prétentions des parties quant au fond des droits contestés, et par *conclusions subsidiaires* celles qui indiquent soit les prétentions auxquelles on se réduit pour le cas où le juge ne voudrait pas adjuger les conclusions principales, soit une demande tendante à fournir telle ou telle preuve à l'appui des conclusions principales non suffisamment justifiées.

6. Les *conclusions au fond* sont celles qui portent sur la demande même, et tendent à la faire admettre ou à la faire déclarer mal fondée, et les *conclusions exceptionnelles* celles qui n'ont pour objet que d'obtenir une mesure préjudicielle, par exemple, un renvoi devant un autre tribunal, une communication de pièces, la mise en cause d'un garant.

7. On appelle *conclusions écrites* celles prises dans les exploits d'assignation et les actes signifiés d'avoué à avoué, et *conclusions verbales* celles prises à l'audience.

8. Les *conclusions motivées* sont celles que les avoués se signifient dans le cours d'une instance et auxquelles il est joint des moyens sommaires (C. proc. civ., art. 406 et 972).

9. Devant les tribunaux de paix, les conseils de prud'hommes, les tribunaux de commerce, les tribunaux de simple police et les tribunaux correctionnels, les conclusions peuvent être prises verbalement, à l'audience, par les parties elles-mêmes ou leurs fondés de pouvoirs : aucune loi n'oblige à rédiger, dans les instances pendantes devant ces tribunaux, les conclusions par écrit, et à les remettre sur le bureau (Cass., 14 août 1823).

10. Devant les tribunaux de première instance et les Cours impériales, les avoués, et, devant la Cour de cassation et le conseil d'Etat, les avocats, ont seuls le droit de conclure pour les parties qu'ils représentent.

11. Les conclusions définitives doivent être signifiées par l'avoué trois jours au moins avant l'audience et réitérées de vive voix à l'audience. Ce sont seulement ces dernières conclusions qui sont à considérer, les parties

(1) Si le pouvoir n'a pas été écrit par le mandant, il importe que ce dernier mette de sa main, avant sa signature, ces mots : *Bon pour pouvoir.*

étant réputées renoncer à celles prises précédemment (Décr., 30 mars 1808, art. 68, 70 et 73).

12. Dans un procès, les seules conclusions qui puissent être analysées dans les qualités d'un jugement sont celles qui ont été signifiées de partie à partie, ou qui ont été prises sur la barre par l'avocat ou la partie assistée de l'avoué et dont il a été demandé et donné acte (Paris, 12 avril 1813). — V. cependant *suprà*, n° 9.

13. Nous avons dit que les conclusions devaient être prises par le demandeur et par le défendeur. En ce qui concerne le *demandeur*, il doit prendre littéralement des conclusions dans l'exploit introductif d'instance; c'est dans ces conclusions qu'il expose l'objet précis de sa réclamation : ce qui constitue rigoureusement la contestation sur laquelle le juge doit prononcer. — V. *Ajournement, Assignation, Citation, Conciliation.*

14. Le *défendeur* doit également prendre des conclusions, avant et pendant l'audience, devant les tribunaux civils de première instance et les Cours impériales (Décr. 30 déc. 1808, art. 68 et 73) ; devant les autres tribunaux, il lui suffit de présenter ses moyens de défense et de conclure verbalement. — V. *suprà*, n° 9.

15. Les conclusions primitives des parties peuvent être expliquées et modifiées en tout état de cause, même après les plaidoiries (Décr., 30 mars 1808, art. 72; Rennes, 28 mai 1817). Mais on ne peut plus changer ni modifier les conclusions lorsque le ministère public a été entendu (Décr., 30 mars 1808, art. 87 ; Poitiers, 9 janv. 1823 ; Paris, 25 juin 1825), ou lorsque le tribunal a clos les débats (Grenoble, 3 juin 1825 ; Rennes, 3 août 1825). On peut seulement remettre, sur-le-champ, de simples notes (Décr., 30 mars 1808, art. 87).

16. Lorsqu'un jugement ordonne un délibéré sans rapport, on ne peut signifier de nouvelles conclusions entre le jugement qui ordonne et celui qui vide le délibéré ; il en serait autrement, s'il devait y avoir un rapport. — V. *Délibéré.*

17. En appel, les explications ou modifications des conclusions des parties doivent se trouver implicitement contenues dans les conclusions primitives, ou n'être que l'accessoire de ces conclusions. Toute demande nouvelle est interdite. — V. *Appel en matière civile*, n°s 359 et suiv.

18. Les conclusions produisent trois effets principaux : 1° elles servent à déterminer la compétence des tribunaux (V. *Appel en matière civile*, n°s 319 et suiv., 358 et suiv., 369 et suiv., 381 et 420, et *Degré de juridiction*).

19. Ainsi, quand l'objet des conclusions prises devant un tribunal ne lui permet de prononcer qu'à charge d'appel, la rectification de ces conclusions à l'audience, en l'absence du défendeur, ne l'autorise pas à prononcer en dernier ressort (Cass., 6 juill. 1814).

20. 2° Les conclusions respectivement prises à l'audience mettent la cause en état et rendent le jugement contradictoire. — V. *Jugement, Reprise d'instance.*

21. 3° Elles déterminent les points sur lesquels le jugement doit statuer. Le jugement doit prononcer sur tous les points compris dans les conclusions et ne peut prononcer sur d'autres. Autrement, il y aurait ouverture à requête civile. — V. *Requête civile.*

22. Les conclusions signifiées doivent être écrites sur papier timbré. L'acte de signification est soumis, comme tous les autres actes d'avoué à avoué, à un droit fixe d'enregistrement de 50 c. devant les tribunaux de première instance, et de 1 fr. devant les Cours impériales (L. 28 avril 1816, art. 41 et 42).

CONCORDAT. — Pris dans un sens général, ce mot signifie une espèce de *transaction*. Plus spécialement, il s'emploie pour désigner le traité qui intervient entre un failli et ses créanciers, traité par lequel ces derniers remettent le failli à la tête de ses affaires, en lui accordant des délais pour se libérer, ou en lui faisant remise d'une portion de leurs créances.—V. *Faillite*.

CONCOURS D'ACTIONS. — V. *Action*, nos 96 et 99.

CONCURRENCE. — Ce mot s'emploie pour exprimer la prétention de plusieurs personnes à une même chose ou l'égalité de droits entre plusieurs personnes sur une même chose. — V. *Avoué*, *Contribution de deniers*, *Copie de pièces*, *Huissier*, *Hypothèque*, *Prisée de meubles*, *Privilége*, *Ordre*, *Vente publique de meubles*, *Vente de fruits et récoltes*.

CONCUSSION.—**1.** On désigne par ce mot le fait de tout fonctionnaire, officier public ou receveur des deniers publics ou communaux, qui abuse de la puissance ou des devoirs attachés à l'exercice de la fonction ou de la charge publique dont il est investi, pour exiger ou percevoir des droits qu'il sait n'être pas dus ou excéder ceux qui sont dus, et celle de leurs commis ou préposés qui, par abus de l'autorité à eux conférée par leurs chefs, exigent ou perçoivent aussi sciemment, au nom de ces derniers, des droits, taxes ou salaires non dus (C. pén., art. 174).

2. Les fonctionnaires ou les officiers publics, qui se rendent coupables de concussion, sont punis de la peine de la réclusion; leurs commis ou préposés, d'un emprisonnement de deux ans au moins et de cinq ans au plus (même art.). Ainsi, à l'égard des fonctionnaires ou officiers publics, la concussion est un *crime ;* à l'égard de leurs commis ou préposés, un *délit*.

3. Indépendamment des peines ci-dessus, une amende, dont le *maximum* est le quart des rétributions et des dommages-intérêts, et le *minimum* le douzième, doit être prononcée contre les coupables de concussion (même art. 174).

4. De ce qui précède, il résulte que trois conditions sont nécessaires pour constituer le crime de concussion. Il faut : 1° que la perception qui a été faite soit illégitime ou illicite; 2° que l'agent de cette perception soit un fonctionnaire ou officier public ; 3° qu'il ait connu l'illégitimité de la perception.

5. Nous ferons remarquer, en outre, que, pour qu'il y ait concussion, il ne suffit pas qu'un fonctionnaire ou officier public ait perçu ce qui ne lui était pas dû. Il faut que la perception illicite du fonctionnaire ou de l'officier public se rattache à l'exercice même de ses fonctions ou de sa profession, qu'elle en soit une extension. Toute les fois qu'il n'y aura pas de corrélation entre la perception illégale et la fonction ou la charge du coupable, ce ne sera point le crime de concussion qui aura été commis, mais ce pourra être tout autre crime ou délit.

6. Ces principes posés, examinons si les huissiers doivent être compris dans la disposition de l'art. 174 précité du Code pénal. La solution affirmative de cette question ne nous paraît susceptible d'aucun doute. Les huissiers sont, en effet, des officiers publics, à la profession desquels se rattache la perception de taxes, droits et salaires. Il est vrai que l'art. 66 du décret du 16 fév. 1807, qui prévoit les exactions des huissiers, ne les qualifie point de concussion, et qu'il ne prononce contre ceux qui s'en sont rendus coupables que la peine de la restitution et de l'interdiction. Mais le décret du 18 juin 1811 (art. 64 et 86) veut que, outre la destitution et l'amende encourues par les huissiers qui ont exigé d'autres ou de plus forts droits que ceux qui leur sont attribués, il puisse, suivant la gravité des cas, y avoir lieu à l'application de la disposition de l'art. 174, C. pén.

7. Dans quelles circonstances les huissiers peuvent-ils donc être réputés concussionnaires ? Nous signalerons d'abord le cas où les droits perçus pour le fisc par les huissiers sur chacun des actes de leur ministère dépassent le chiffre de ce qui a été versé à l'Etat.

8. Un second cas résulte de l'art. 625, C. proc. civ., aux termes duquel les huissiers, personnellement responsables du prix des adjudications, ne peuvent recevoir des adjudicataires aucune somme en sus de l'enchère, à peine de concussion.

9. La perception, par les huissiers, de salaires ou émoluments supérieurs à ceux qui sont alloués par les tarifs, ne peut-elle pas aussi constituer un cas de concussion ? Il faut distinguer.

Si les émoluments ou salaires ont été volontairement offerts aux huissiers par les parties pour les indemniser de leurs soins ou de démarches particulières, ou si les huissiers en ont fait la demande en proposant de se soumettre à la taxe, ce n'est là, en général, qu'une contravention disciplinaire, dont la peine doit être empruntée à la loi spéciale.

Mais, si des huissiers ont exigé des salaires supérieurs au tarif, comme une allocation conforme à ce tarif, cette *exigence* constitue l'abus de droits attachés à l'exercice de leur profession et entraîne nécessairement l'application de l'art. 174.

V., dans le sens de cette distinction, Cass., 15 mai 1821 ; 7 avril 1842; Carnot, *Comment. du Code pénal*, sur l'art. 174, t. 1er, p. 530, n° 11; Bourguignon, sur l'art. 174, n° 2 ; Chauveau et Hélie, *Théorie du Code pénal*, 1re édit., t. 4, p. 110 et suiv. ; Massabiau, *Manuel du procureur du roi*, t. 3, n° 2548 ; *J. Huiss.*, t. 18, p. 287.

10. Il en doit être ainsi surtout alors que l'huissier refuse de donner quittance des salaires par lui réclamés (Cass., 15 juill. 1808 : V. *J. Huiss.*, t. 10, p. 91).

11. C'est également le crime de concussion, et non une escroquerie ou un vol, comme l'a décidé la Cour de cassation par arrêt du 7 sept. 1810, que commet l'huissier qui, afin d'augmenter la somme de ses salaires, suppose, dans un mémoire de frais, des actes qui n'existent pas.

12. Le décret du 5 nov. 1851, contenant le tarif des droits dus aux officiers ministériels pour honoraires de ventes publiques volontaires de fruits et récoltes et de coupes de bois taillis, interdit aussi formellement, sous peine de suspension et de destitution, et sans préjudice de l'action en répétition de la partie lésée et des peines prononcées par la loi contre la concussion, toutes perceptions directes ou indirectes, autres que celles qu'il autorise, à quelque titre et sous quelque dénomination qu'elles aient lieu (art. 5 et 6).

13. L'art. 174 s'applique aussi aux avoués (Décr., 16 fév. 1807, art. 151) aux commissaires-priseurs (C. proc. civ., art. 625; L. 18 juin 1843, art. 3 Décr., 5 nov. 1851, art. 5 et 6 ; — V. *Commissaire-priseur*, n° 28); aux agents de change et courtiers de commerce (Arrêté du 27 prair. an 10, art. 20. —V. *Agent de change*, n° 29), qui exigent et reçoivent au delà des droits qui leur sont attribués par le tarif ; aux notaires, non lorsqu'ils exigent des honoraires trop élevés, parce qu'ils sont autorisés à traiter à l'amiable de leurs honoraires avec les parties (L. 25 niv. an 11, art. 51), sauf le cas prévu par le décret précité du 5 nov. 1851, mais lorsqu'ils se font rembourser de plus forts droits d'enregistrement, et autres, que ceux qu'ils ont payés au Trésor ; aux porteurs de contraintes qui commettent des exactions dans l'exercice de leurs fonctions (Cass., 6 oct. 1837; Massabiau, *loc. cit.*), et aux officiers de l'état civil qu'à tous dépositaires de leurs registres qui perçoivent d'autres et de plus forts droits que ceux qui sont fixés par les règlements (Décr., 12 juill. 1807, art. 4).

14. Nous avons dit que l'illégitimité de la perception ne suffisait pas pour constituer la concussion, et qu'il fallait, de plus, que cette illégitimité eût été connue de l'officier public. Ainsi, si la perception illicite est le résultat d'une erreur ou se fonde sur une fausse interprétation de la loi ou d'un règlement, elle ne peut être un élément constitutif de la concussion (Chauveau et Hélie, t. 4, p. 121). Par exemple, on ne peut considérer comme concussionnaire le greffier d'une justice de paix qui perçoit de bonne foi, et en vertu d'un usage ancien, un droit qui n'est réellement pas dû d'après la loi, l'usage suffisant pour exclure toute idée de mauvaise foi de la part de cet officier public (Cass., 7 sept. 1838), spécialement, un droit de quinze centimes en dehors du tarif, pour la convocation des conseils de famille, comme indemnité de ses démarches et pour le couvrir de ses faux frais (Cass., 12 sept. 1850 : V. *J. Huiss.*, t. 32, p. 278).

15. Il a été jugé aussi que le greffier de justice de paix qui, de bonne foi, avait perçu, pour l'expédition d'un procès-verbal de non-conciliation, le droit proportionnel alloué par la loi du 21 prair. an 7, au lieu du droit fixe alloué par l'art. 10 du tarif de 1807, n'était pas concussionnaire et passible des peines portées par l'art. 4 de la loi précitée du 21 prair. an 7, et qu'il s'exposait seulement à la destitution et à la restitution aux parties des droits indûment perçus (Orléans, 7 avril 1838 : V. *J. Huiss.*, t. 20, p. 43 ; Cass., 7 sept. 1838 : V. t. 22, p. 182).

16. Ce ne sont pas seulement les fonctionnaires ou officiers publics que l'art. 174 autorise à poursuivre comme concussionnaires. Cet article établit, comme on l'a vu, une seconde catégorie de personnes pouvant se rendre coupables de concussion : ce sont les commis ou préposés des fonctionnaires, officiers publics ou percepteurs de taxes. Or, il nous semble qu'on doit entendre, en cette matière, par *commis* ou *préposés*, les individus qui ne sont point personnellement revêtus d'un caractère public, et qui, en exigeant ou recevant ce qu'ils savent n'être pas dû ou excéder ce qui est dû, n'agissent qu'au nom, dans l'intérêt et sous la responsabilité de leurs supérieurs (Chauveau et Hélie, t. 4, p. 116).

17. Si l'officier public a eu connaissance des exactions, des perceptions illicites imputées à son commis ou préposé, cette connaissance doit le faire considérer comme complice (Chauveau et Hélie, t. 4, p. 115).

18. Mais cette complicité constitue-t-elle un crime ou seulement un délit? Nous croyons qu'elle constitue un crime ; car le crime de concussion résultant de la simple perception illicite, et cette perception étant évidemment, dans le cas dont il s'agit, le fait commun de l'officier public et de son commis ou préposé, la circonstance qu'elle a été effectuée par ce dernier ne peut changer, à l'égard du premier, le caractère de l'incrimination, la nature de la criminalité. Il en serait ainsi, encore bien que l'officier public n'eût pas personnellement profité des exactions de son commis ou préposé.

CONDAMNATION. — **1.** Ce mot se dit du jugement qui condamne et de la chose à laquelle on est condamné.

2. Le *condamné* est celui contre lequel il a été prononcé une condamnation en matière civile et criminelle.

3. Nul ne peut être condamné, en quelque matière que ce soit, sans avoir été entendu ou dûment appelé pour se défendre. L'inobservation de cette règle fondamentale est un cas de nullité radicale de la condamnation (Merlin, *Rép.*, v° *Condamnation*). — V. *Huissier*.

4. En matière de simple police, la non-comparution du prévenu n'autorise pas le tribunal à prononcer, sur la simple allégation du plaignant, sans autre preuve, une condamnation (Cass., 18 nov. 1824).

5. En matière civile, les condamnations sont *provisoires*, comme lorsqu'elles n'ont pour objet qu'une mesure temporaire en attendant le jugement de la contestation principale, ou *définitives*, *contradictoires* ou *par défaut* (V. *Jugement*), *par corps* (V. *Contrainte par corps*) ou simplement *pécuniaires*.

6. La condamnation est dite *solidaire*, lorsqu'elle peut s'exécuter solidairement contre plusieurs personnes. — V. *Solidarité*.

7. Elle est dite *alternative*, lorsqu'elle laisse au débiteur la faculté de se libérer en faisant ou en payant une chose ou une autre, à son choix.

8. On appelle condamnations *civiles* les dommages-intérêts ou autres réparations auxquels un prévenu ou accusé est condamné envers la partie plaignante. — V. *Action civile*.

9. Lorsqu'une partie se désiste de ses prétentions, on dit qu'elle *subit* ou *passe condamnation*.

CONDICTIO INDEBITI. — On appelait ainsi, en droit romain, la répétition de ce qui avait été reçu sans cause ou payé par erreur.

CONDITION. — **1.** Ce mot a, dans le langage du droit, plusieurs acceptions. Il s'emploie souvent pour désigner l'état, la qualité d'une personne, état ou qualité à raison desquels cette personne a des droits et des devoirs particuliers (V. C. Nap., art. 12 et 19).

2. On entend quelquefois aussi par *conditions* les éléments indispensables à l'existence d'un acte ou d'un droit (V. C. Nap., art. 335, 1108 et 2219), et même les clauses ou dispositions contenues dans un contrat (V. C. civ., art. 530, 1121 et 2013).

3. Enfin, dans son acception technique, le mot *condition* désigne un événement futur et incertain de l'existence ou de la non-existence duquel on fait dépendre l'accomplissement, la modification, la suspension ou la résolution d'une obligation ou d'une disposition (C. Nap., art. 1168). C'est pris dans ce dernier sens que le mot *condition* fait l'objet de cet article.

Indication alphabétique des matières.

§. 1er. — *Des conditions en général.*

4. La condition à laquelle est subordonnée l'existence d'un acte ou d'un droit imprime à cet acte ou à ce droit un caractère particulier. Ainsi, l'obligation ou la disposition soumise à cette condition prend le nom de *conditionnelle* (C. Nap., art. 1168, 2132, 2148-4°, et 2163) ou d'*éventuelle* (art. 2148 et 2163), par opposition à l'obligation ou à la disposition *certaine* (C. Nap., art. 2213; C. proc. civ., art. 551) ou *pure et simple* (C. Nap., art. 1014 et 1584).

5. L'obligation conditionnelle prend date du jour où elle a été consentie, et non pas du jour où la condition apposée s'est accomplie, ni de celui où le débiteur a été condamné à en payer le montant (Cass., 16 mars 1831).

6. Le droit qu'a le créancier en vertu d'une obligation conditionnelle est cessible et transmissible par succession (C. Nap., art. 1179).

7. Il ne faut pas confondre la condition avec le terme. Pour constituer une condition, l'événement prévu doit être *futur* et *incertain* (C. Nap., art. 1168). Un événement présent ou passé, mais ignoré des parties, ne saurait être considéré comme la condition d'un contrat (Toullier, t. 6, n° 475). Dans ce cas, l'obligation existe du jour où elle a été contractée. De même, il n'y aurait pas condition, s'il était certain que l'événement arrivera, quoiqu'il soit incertain quand il arrivera, comme dans le cas où je m'engage à vous donner telle somme lorsque je mourrai; il y aurait simplement terme : alors, en effet, l'obligation n'est pas suspendue, l'exigibilité en est seulement différée (Toullier, t. 6, n° 477; Duranton, t. 11, n° 10).

8. Il ne faut pas non plus confondre la condition avec le *mode*. Ce mot s'emploie pour désigner les clauses accessoires qui imposent aux parties certaines charges ou obligations qui modifient le contrat ou la disposition (Toullier, t. 6, n° 469). A la différence de la condition, le mode ne suspend jamais l'exécution du contrat ou de la disposition (Toullier, t. 6, n° 505). Mais le mode et la condition ont cela de commun que le défaut d'accomplissement du mode, comme le défaut d'accomplissement ou l'accomplissement de la condition, entraîne la résolution du contrat (Toullier, t. 6, n° 506).

9. Pour bien faire comprendre la différence entre la condition et le mode, prenons un exemple. L'obligation est *conditionnelle*, lorsqu'elle est ainsi conçue : Vous me donnerez tel immeuble, si je donne telle somme à Pierre, ou si je fais telle chose; au contraire, si je vous donne tel immeuble à la charge de payer telle somme ou de faire telle chose, l'obligation est *modale*.

10. La solution de la question de savoir s'il y a condition ou mode dépend des expressions employées. Ainsi, la particule *si* emporte, par elle-même et sans équivoque, l'idée de condition; les mots : *en cas que*, *supposé que*, *à moins que*, *qu'autant que*, établissent également l'existence de la condition. Les mots : *afin que*, *à charge de*, *à condition de*, n'expriment le plus souvent qu'une charge, un mode (Toullier, t. 6, nos 510, 512 et 518).

11. Les termes *pourvu que*, et les conjonctions *lorsque*, *quand*, n'emportent condition qu'autant que l'intention des parties leur donne ce sens : cela nous conduit à dire que la solution de la question de savoir s'il y a mode ou condition est abandonnée à l'appréciation des magistrats, qui doivent avoir égard plutôt à la commune intention des contractants qu'au sens littéral des termes (C. Nap., art. **1156**; Toullier, t. **6**, n° 513).

12. Les conditions, pour être valables, doivent s'appliquer à une chose possible, non contraire aux bonnes mœurs, ni prohibée par les lois (C. Nap., art. **1172**).

13. On distingue deux sortes d'impossibilités : l'impossibilité *naturelle* ou *physique*, et l'impossibilité *morale*. La condition de toucher le ciel ou de construire un édifice en trois jours est physiquement impossible. L'impossibilité est morale lorsque le fait prévu est contraire aux lois ou aux mœurs : d'où il suit que la condition moralement impossible se confond avec la condition illicite et avec la condition immorale.

14. L'impossibilité relative ou personnelle, c'est-à-dire celle qui n'existe qu'à l'égard d'une seule personne, ne vicie pas la condition (Toullier, t. **6**, n°s 481 et 482).

15. Si la condition imposée renferme des faits distincts, dont les uns sont possibles et les autres impossibles, elle ne doit pas être rangée parmi les conditions complétement impossibles. Ainsi, elle doit être accomplie pour ce qui est possible, elle n'est impossible que pour le surplus.

16. La condition de ne pas faire une chose impossible ne rend pas nulle l'obligation contractée sous cette condition (C. Nap., art. **1173**). Il en est de même de deux conditions qui s'entredétruisent (Duranton, t. **11**, n° 33; Sebire et Carteret, *Encyclopédie du droit*, v° *Condition*, n° 203).

17. La condition contraire aux bonnes mœurs ou immorale est celle qui méconnaît les préceptes de morale et d'honnêteté généralement admis, gêne la liberté des personnes, ou contrarie les principes religieux de celui à qui elle est imposée (Pothier, *des Obligations*, n° 204; Duranton, t. **11**, n° 34; Sebire et Carteret, *Encyclopédie du droit*, v° *Condition*, n° 138).

18. La condition contraire aux lois ou illicite est celle qui non-seulement porte à commettre les infractions prévues par les lois pénales, mais encore a pour but de conduire à des actions défendues ou réprouvées par la loi (Toullier, t. 5, n° 168).

19. La condition de ne pas faire une chose immorale ou illicite n'entraîne pas la nullité de l'obligation à laquelle elle est apposée, si d'ailleurs cette obligation a une cause valable (Duranton, t. **11**, n° 35).

20. Dans les contrats, la nullité de la condition rend nulle l'obligation (C. Nap., art. **1172**). Au contraire, dans les dispositions entre-vifs ou testamentaires, les conditions impossibles, celles qui sont contraires aux lois ou aux mœurs, sont réputées non écrites (C. Nap., art. **900**).

21. La preuve qu'une condition est impossible, immorale ou illicite, est à la charge de celui qui prétend que la condition doit être rejetée comme telle. Dans le doute, les juges doivent se décider pour le maintien de la condition (Toullier, t. **6**, n° **488**).

§ 2. — *Des diverses espèces de conditions.*

22. Les conditions se divisent en *expresses* ou *tacites*, en *suspensives* ou *résolutoires*, en *casuelles*, *potestatives* et *mixtes*, et en *positives* et *négatives*.

23. La condition *expresse* ou *formelle*, appelée par les jurisconsultes romains condition *intrinsèque*, et nommée aussi dans la pratique condition *de fait*, est celle qui est textuellement exprimée dans l'acte ; elle ne doit point être étendue au delà des termes que la convention comporte.

24. La condition *tacite* ou *sous-entendue*, nommée aussi condition *de droit*, et appelée par les jurisconsultes romains condition *extrinsèque*, est celle qui, inhérente à la nature même de l'acte, est suppléée, dans le silence du contrat, soit par la loi, soit par la nature des choses, soit par la volonté présumée des contractants.

25. La condition *tacite* résulte *de la loi*, comme dans le cas des art. 920, 953, 954, 955, 960, 1088, 1184, 1588 et 1657, C. Nap. Elle résulte *de la nature des choses*, lorsque la chose qui est l'objet du contrat n'existe point encore: par exemple, la vente d'un poulain à naître d'une jument est nulle, si la jument avorte : la naissance du poulain est ici la condition tacite. Elle résulte *de la volonté présumée des contractants*, lorsque, m'ayant fait un legs d'une pièce de terre sous une condition, vous me léguez *de plus* une autre pièce de terre.

26. La distinction des conditions expresses ou tacites s'applique aussi bien à la condition suspensive qu'à la condition résolutoire (C. Nap., art. 1183 et 1184).

27. Considérées sous le rapport de l'effet qu'elles doivent produire sur les droits qui en dépendent, les conditions sont *suspensives* ou *résolutoires*.

28. Ainsi, la condition *suspensive* est celle qui fait dépendre l'existence ou l'exécution d'une convention d'un événement futur et incertain, ou d'un événement arrivé, mais encore inconnu des parties (C. Nap., art. 1088, 1168 et 1181).

29. La condition *résolutoire* est celle qui, lorsqu'elle s'accomplit, opère la révocation de l'obligation, et qui remet les choses au même état que si l'obligation n'avait pas existé. — V. *Action résolutoire*.

30. Lorsque l'événement prévu est plus ou moins indépendant de la volonté des parties, les conditions sont dites *casuelles*, *potestatives* et *mixtes*.

31. L'art. 1169, C. Nap., définit ainsi la condition *casuelle* : « Celle qui dépend du hasard, et qui n'est nullement au pouvoir du créancier ou du débiteur ». Par exemple, la vente dont le prix est laissé à l'arbitrage d'un tiers est faite sous une condition *casuelle* (Duranton, t. 16, n° 110 ; Troplong, *de la Vente*, t. 1er, n° 53).

32. Aux termes de l'art. 1170, même Code, la condition *potestative* est celle qui fait dépendre l'exécution de la convention d'un événement qu'il est au pouvoir de l'une ou de l'autre des parties contractantes de faire arriver ou d'empêcher.

33. Comment concilier cette définition avec l'art. 1174, C. Nap., qui déclare nulle toute obligation contractée sous une condition potestative de la part de celui qui s'oblige? On a dit que, pour l'application de ce dernier article, il fallait distinguer entre la condition *purement* potestative, *si je veux*, et la condition *simplement* potestative, *si je fais telle chose* : la première annulerait la convention, la seconde la laisserait subsister (Pothier, *des Obligations*, n° 48; Toullier, t. 6, nos 494 et 495; Zachariæ, t. 2, p. 297). Cette interprétation est parfaitement admissible. En effet, le but des rédacteurs du Code Napoléon n'a pas été d'annuler la disposition subordonnée à un fait qui est au pouvoir de celui qui s'oblige. Ils ont voulu dire seulement que l'accomplissement d'une pareille condition ne rétroagissait pas au jour du contrat (V. aussi en ce sens Championnière et Rigaud, *des Droits d'enregistrement*, nos 708 et suiv.; Sebire et Carteret, *Encyclopédie du droit*, v° *Condition*, n° 48).

34. Ainsi, toute obligation emportant la nécessité de donner, de faire ou de ne pas faire quelque chose (C. Nap., art. 1101), l'engagement de payer telle somme, *si je veux*, est nulle (art. 1174), parce que cette nécessité se trouve détruite par la condition *si je veux*. Mais est valable l'obligation de payer telle somme, *si je bâtis* ou *ne bâtis pas un mur*. L'exécution de l'obligation est suspendue jusqu'à l'accomplissement de la condition. De même, la promesse de payer *quand je le pourrai* est valable, car il y a là plutôt un terme qu'une condition (Duranton, t. 11, nos 28 et 29).

35. Par suite du même principe, on doit considérer comme nulle l'obligation de donner ou de faire quelque chose, *si je le juge raisonnable*, cette condition étant la même que celle *si je veux*, mais, au contraire, comme valable, l'obligation de donner ou de faire quelque chose, *si cela est raisonnable*, par la raison que la condition est ici indépendante de la volonté de l'obligé (Toullier, t. 6, no 499 ; Duranton, t. 11, nos 21 et suiv.; Sebire et Carteret, vo *Condition*, no 188).

36. La promesse de vendre un objet, *si je me décide à l'aliéner*, a été déclarée nulle (Grenoble, 23 mai 1829 ; Cass., 9 juill. 1834). Mais cette décision a été justement critiquée (Troplong, *de la Vente*, nos 52 et 132). La condition n'est pas là, en effet, purement potestative : la personne qui a contracté la promesse peut être forcée d'aliéner par suite de l'état de ses affaires ou des poursuites de ses créanciers (Sebire et Carteret, *eod. verb.*, no 190).

37. S'il est interdit au débiteur de stipuler une condition qui fasse dépendre l'existence de l'engagement de son pur arbitre, il est permis, au contraire, au vendeur de faire dépendre de sa seule volonté la résolution de la vente, comme dans le cas où elle a lieu à réméré, et à un bailleur de faire dépendre également de sa volonté la durée du bail (Toullier, t. 6, no 497).

38. Quant à la condition potestative de la part du créancier, elle n'annule pas la disposition qui en dépend. Mais cette condition, très-fréquente surtout dans les actes de dernière volonté, suspend l'exercice du droit qui y est subordonné (Cass., 10 mai 1831 ; Championnière et Rigaud, *Des droits d'enregistrement*, nos 713 et suiv.).

39. La condition *mixte* est celle qui dépend tout à la fois de la volonté d'une des parties contractantes et de la volonté d'un tiers (C. Nap. art., 1171) : telle est la condition d'épouser une personne déterminée, celle d'acheter un terrain dont un individu est aujourd'hui propriétaire.

40. La condition qui dépend tout à la fois de la volonté de l'une des parties et du hasard doit également être considérée comme mixte (Toullier, t. 6, no 500 ; Duranton, t. 11, no 19 ; Sebire et Carteret, vo *Condition*, no 48, *in fine*).

41. Considérées en elles-mêmes, les conditions sont *positives* ou *négatives*. La condition *positive*, appelée aussi condition *affirmative*, est celle dont l'accomplissement consiste dans l'arrivée d'un événement ; la condition *négative* est celle qui consiste dans le cas où un événement n'arrivera pas (Pothier, *des Obligations*, no 200 ; Toullier, t. 6, no 501).

§ 3. — *De l'accomplissement des conditions.*

42. Si la condition est *positive*, elle est accomplie lorsque l'événement prévu est arrivé ; et, si la condition est *négative*, elle est accomplie lorsqu'il est certain que l'événement n'arrivera pas (C. Nap., art. 1176 et 1177). — V. *infrà*, no 51.

43. De plus, toute condition doit être accomplie de la manière que les parties ont vraisemblablement voulu et entendu qu'elle le fût (C.Nap., art. 1175). On doit donc rechercher quelle a été leur commune intention en stipulant la condition (art. 1156).

44. La condition est réputée accomplie, lorsque c'est le débiteur, obligé sous cette condition, qui en a empêché l'accomplissement (C. Nap., art. 1178). — V. *infrà*, no 50.

45. Il n'est pas indispensable que la condition soit accomplie précisément de la manière et dans la forme stipulée ; elle peut l'être par équivalent, à moins qu'il ne soit prouvé que l'intention des parties a été que la condition fût accomplie *in formâ specificâ*. L'intention de permettre l'accomplissement par équipollents se présume facilement. Ainsi, lorsqu'il a été stipulé qu'un paiement serait fait en argent monnayé, la condition sera, en règle générale, valablement accomplie par le paiement en pièces d'or de la somme convenue. Il n'en serait autrement qu'autant qu'il aurait été expressément stipulé que le paiement ne pourrait avoir lieu qu'en argent monnayé (Pothier, n° 206; Toullier, t. 6, n° 587; Sebire et Carteret, v° *Condition*, n°s 391 et suiv.).

46. En ce qui concerne la question de savoir si la condition peut valablement être accomplie après la mort du stipulant, il faut distinguer : s'il s'agit d'un fait personnel que le stipulant pouvait seul accomplir, la question doit être négativement résolue; mais ses héritiers ou ayants cause peuvent accomplir la condition, si les parties n'ont eu en vue que le fait en lui-même (Pothier, n° 208; Toullier, t. 6, n° 595).

47. Les incapables, mineurs, interdits et femmes mariées, peuvent valablement accomplir, sans autorisation, les conditions qui leur ont été imposées (Toullier, t. 6, n° 596), à moins cependant qu'en accomplissant la condition ils ne fassent un acte qui leur soit interdit par la loi (Sebire et Carteret, v° *Condition*, n° 399).

48. Lorsqu'une convention est subordonnée à plusieurs conditions, on doit distinguer si les conditions sont apposées disjonctivement ou conjonctivement. Dans le premier cas, il suffit que l'une ou l'autre des conditions soit accomplie pour que l'engagement existe; dans le second, toutes doivent être accomplies. Mais, souvent, pour déterminer si plusieurs conditions ont été apposées disjonctivement ou conjonctivement, il faudra rechercher l'intention des parties et le but dans lequel les conditions ont été établies (Pothier, n° 223; Toullier, t. 6, n° 597; Sebire et Carteret, n°s 400 et suiv.). Il en sera de même lorsque plusieurs conditions auront été apposées sans conjonction ni disjonction; et, s'il est impossible de découvrir l'intention des parties, les conditions devront être réputées conjointes, surtout si la convention est du nombre de celles à l'égard desquelles le doute doit s'interpréter en faveur du débiteur (Toullier, et Sebire et Carteret, *loc. cit.*).

49. Quoique l'objet de la condition soit par lui-même divisible, l'accomplissement de cette condition est cependant indivisible, si elle consiste dans un événement purement casuel, car cet événement ne peut s'accomplir pour partie, ou si elle est potestative, par exemple, lorsqu'il s'agit de payer une somme d'argent. Mais, si la condition est imposée au profit de plusieurs personnes, et que la chose soit divisible, l'une de ces personnes peut, en exécutant pour sa part la condition, demander sa part dans la chose (Pothier, n°s 215 et suiv.; Toullier, t. 6, n°s 598 et suiv.).

50. La condition, positive ou négative, peut être établie avec terme fixe (C. Nap., art. 1176 et 1177). — Lorsque l'obligation a été contractée sous la condition qu'un événement arrivera dans un délai déterminé, cette condition est défaillie, si le délai est expiré sans que l'événement soit arrivé (art. 1176). Les juges ne peuvent, sous aucun prétexte, proroger le délai (Sebire et Carteret, v° *Condition*, n° 408). Cependant, ce principe doit souffrir exception lorsque l'inaccomplissement de la condition provient du fait du débiteur (V. *suprà*, n° 44). Cette exception est la seule qui puisse être admise : ainsi, on ne doit pas considérer la condition comme accomplie, si l'empêchement provient de force majeure ou de la volonté d'un tiers (Pothier, n° 213; Toullier, t. 6, n° 610). — V. toutefois *Legs*, *Testament*.

51. Lorsqu'un délai a été fixé pour l'accomplissement d'une condition négative, cette condition est accomplie lorsque le temps est expiré sans que l'événement soit arrivé; elle peut même s'accomplir avant l'expiration de ce temps, lorsqu'il est certain que l'événement n'arrivera pas (C. Nap., art. 1177. — V. *suprà*, n° 42).

52. La preuve que la condition est accomplie ou défaillie doit être faite d'après les règles du droit commun (C. Nap., art. 1315). Ainsi, celui qui réclame un droit dépendant d'une condition doit, lors même que cette condition consiste dans un fait négatif, prouver qu'elle s'est réalisée (Toullier, t. 6, n° 619).

53. En cas de contestation sur la réalisation de la condition, le créancier doit assigner le débiteur pour voir dire qu'il sera admis à prouver que l'événement est arrivé ou qu'il est certain qu'il n'arrivera pas, et par suite pour voir ordonner que, la condition étant accomplie, l'obligation est exigible. — V. *Formule* 1.

54. Si le terme est apposé à la condition et à l'obligation à la fois ou seulement à l'obligation, l'accomplissement de la condition avant le terme fixé ne donne pas lieu à l'exécution immédiate de cette obligation, qui n'est exigible qu'après l'expiration du terme (Pothier, n° 237; Toullier, t. 6. n°s 617 et 618; Sebire et Carteret, n°s 430 et suiv.). Dans le doute, le terme doit être considéré comme apposé à l'obligation (C. Nap., art. 1162).

§ 4. — *De l'effet des conditions. — Condition suspensive. — Condition résolutoire. — Enregistrement.*

55. Toute condition est suspensive ou résolutoire. Dans le premier cas, elle suspend la naissance de l'obligation; dans le second, elle suspend sa résolution. Cette suspension, qui est le principal effet de toute condition, produit d'importantes conséquences. Pour les déterminer, trois époques distinctes sont à considérer à l'égard de la condition suspensive et de la condition résolutoire : 1° celle où la condition est en suspens; 2° celle où elle est accomplie; et 3° celle où elle est défaillie.

56. Condition suspensive. — Tant que la condition est *en suspens*, l'obligation n'existe point encore; il n'y a qu'une espérance qu'elle pourra prendre naissance. Mais, si l'obligation est incertaine, il existe cependant un lien, un créancier et un débiteur (Arg., art. 1180 et 1182, C. Nap.) : il suit de là que, jusqu'à ce que la condition soit accomplie ou défaillie, le débiteur ne peut se soustraire à l'engagement qu'il a pris.

57. Pendant cette première époque, la propriété et la possession continuent à reposer sur la tête du débiteur, qui fait les fruits siens (Toullier, t. 6, n° 545), et la chose reste toujours à ses risques (C. Nap., art. 1182; Zachariæ, *Cours de droit civil français*, t. 2, § 302). Il en conserve la libre disposition, et peut, en conséquence, l'aliéner, la grever d'usufruit, de servitudes ou d'hypothèques. Mais les aliénations et charges par lui consenties sont résolubles dans le cas d'accomplissement de la condition (Toullier, t. 6, n° 526; Troplong, *de la Vente*, t. 1er, n° 54). En sa qualité de propriétaire, le débiteur aurait sans aucun doute le droit d'exercer l'action en revendication soit contre le tiers qui se serait emparé de la chose, soit même contre le créancier qui s'en serait mis en possession *pendente conditione*. Enfin, le paiement qu'il ferait par erreur, avant l'accomplissement de la condition, serait sujet à répétition (C. Nap., art. 1376 et 1377; Sebire et Carteret, v° *Condition*, n°s 232 et suiv.).

58. A l'égard du créancier, l'espérance qui résulte pour lui de l'obligation conditionnelle consentie à son profit constitue incontestablement, *pendente conditione*, un droit éventuel, qui fait partie de ses biens, qu'il peut hypothéquer et aliéner, mais sous la même condition que celle qui lui est imposée, et qu'il transmet à ses héritiers, s'il vient à mourir avant l'accomplissement de la condition (C. Nap., art. 1179; Toullier, t. 6, n°s 527 et suiv.; Sebire et Carteret, v° *Condition*, n°s 242 et suiv.).

59. Comme conséquence du droit éventuel dont il est investi et qu'il ne peut dépendre du débiteur de paralyser, l'art. 1180, C. Nap., lui permet de faire aussi, avant que la condition soit accomplie, tous actes conservatoires.

60. Par exemple, il peut, pendant que la condition est en suspens prendre une inscription conditionnelle pour la sûreté de sa créance, requérir la transcription, s'il s'agit d'une donation entre-vifs, assigner en déclaration d'hypothèque, interrompre les prescriptions et empêcher les déchéances, demander la séparation des patrimoines, requérir l'apposition des scellés et s'opposer à leur levée, et se faire colloquer provisoirement sur le prix des biens du débiteur saisis et vendus à la requête d'autres créanciers. — V. *Contribution, Hypothèque, Ordre, Scellés.*

61. Mais a-t-il, *pendente conditione*, la faculté de faire des saisies-arrêts, une saisie-exécution et une saisie immobilière? — V. *Saisie-arrêt, Saisie-exécution, Saisie immobilière.*

62. Lorsque la condition *est accomplie*, son effet rétroagit au jour auquel l'engagement a été contracté (C. Nap., art. 1179 et 1181). D'incertaine qu'elle était jusque-là, la convention devient pure et simple; la chose est due au créancier par le seul effet de la loi et sans aucune demande; il en est propriétaire, et elle est à ses risques.

63. L'accomplissement de la condition rend donc l'obligation parfaite, et le débiteur doit délivrer la chose en l'état où elle se trouvait au moment de la convention. Cependant, la loi établit, à cet égard, quelques restrictions pour le cas où la chose a péri ou s'est détériorée pendant que la condition était en suspens.

64. Si la chose est entièrement périe sans la faute du débiteur, l'art. 1182, alin. 2, C. Nap., déclare que *l'obligation est éteinte*. Cette locution est inexacte : l'obligation n'est pas éteinte; elle n'a jamais existé. C'est, dans ce cas, le débiteur qui supporte la perte, à moins de convention contraire.

65. Dans le cas où la perte totale a eu lieu, *pendente conditione*, par le fait ou la faute du débiteur, ce dernier doit payer la valeur de la chose, et même des dommages-intérêts, s'il y a lieu (Duranton, t. 11, n° 79; Sebire et Carteret, v° *Condition*, n° 281).

66. Lorsque la chose s'est détériorée, il faut distinguer entre le cas où la détérioration a eu lieu sans la faute du débiteur et celui où elle provient de sa faute. Si la chose s'est détériorée sans la faute du débiteur, le créancier a le choix ou de résoudre l'obligation ou d'exiger la chose dans l'état où elle se trouve, sans diminution de prix (C. Nap., art. 1182, alin. 3). Si, au contraire, la chose s'est détériorée par la faute du débiteur, le créancier a le droit ou de résoudre l'obligation, ou d'exiger la chose dans l'état où elle se trouve, avec des dommages intérêts (même art., alin. 4).

67. Les dommages-intérêts qui, dans ce dernier cas, peuvent être dus au créancier, sont fixés à raison de la valeur de la chose au temps de la réalisation de la condition (Toullier, t. 6, n° 540; Sebire et Carteret, n° 284).

68. Quoique, lorsque la condition est accomplie, la chose soit due au créancier par le seul effet de la loi (V. *suprà*, n° 62), une procédure est cependant souvent nécessaire pour opérer l'exécution de la mise en possession.

69. Si la condition est apposée à un testament, le légataire doit, après son accomplissement, demander la délivrance du legs (V. *Legs*). Si elle est apposée à un contrat, il y a lieu de faire la distinction suivante : ou la convention contient obligation de payer une somme d'argent, ou elle contient obligation de livrer une chose quelconque, un meuble, par exemple. Dans le premier cas, le créancier fait au débiteur commandement de payer. Dans le second, le débiteur fait sommation au créancier de prendre livraison de la chose, ou le créancier met le débiteur en demeure d'opérer cette livraison. — V. *Formule 2.*

70. S'il y a détérioration, la sommation faite par le débiteur au créancier doit interpeller ce dernier de déclarer s'il entend résoudre l'obligation ou exiger la chose en l'état où elle se trouve, sans diminution de prix. La mise en demeure faite par le créancier doit contenir la déclaration de sa part qu'il ne demande aucune diminution de prix et l'offre de payer ce prix immédiatement lors de la livraison; ou, s'il prétend qu'il y a eu faute de la part du débiteur, la déclaration qu'il se réserve de réclamer des dommages-intérêts (V. *suprà*, nº 66). — V. *Formule* 2.

71. Si le débiteur refuse de livrer la chose, il faut distinguer entre le cas où elle consiste en un meuble et celui où elle consiste en un immeuble. S'il s'agit d'un meuble, le créancier assigne le débiteur pour voir dire qu'il sera tenu de le livrer dans tel délai, sous la contrainte de telle somme. S'il s'agit d'un immeuble, il conclut à ce que le débiteur soit tenu d'en délaisser la jouissance et à ce que le créancier soit autorisé à en prendre possession, et, au besoin, à faire procéder à l'expulsion des locataires dont les baux sont entachés de fraude.

72. Si, en optant pour la conservation de la chose, le créancier prétend que les détériorations qui existent sont le résultat de la faute du débiteur, il assigne ce dernier pour voir dire qu'il sera admis à faire la preuve de ce fait, et que des experts seront nommés afin de procéder à l'estimation et de fixer les dommages-intérêts. — V. *Formule* 3.

73. Si, au contraire, c'est le créancier qui refuse de prendre livraison, on doit distinguer s'il y a ou s'il n'y a pas détérioration. Dans le premier cas, le débiteur assigne le créancier pour voir dire qu'il sera tenu de prendre livraison de l'objet, et que lui, débiteur s'en trouvera libéré, en le déposant, s'il s'agit d'un meuble, dans tel endroit. Dans le second, il conclut à ce que le créancier soit déchu de son droit d'option, et ensuite à ce que l'obligation soit résolue. — V. *Formule* 4.

74. De l'effet rétroactif attribué à la réalisation de la condition, il résulte que les aliénations que le débiteur conditionnel a pu consentir, et que les charges qu'il a pu imposer sur la chose, *pendente conditione*, sont résolues (C. Nap., art. 2125 et 2182; Montpellier, 13 fév. 1828; Toullier, t. 6, nº 544; Duranton, t. 11, nº 67; Troplong, *Vente* t. 1er, nºs 54 et 160; Sebire et Carteret, nº 287). Mais les baux faits sans fraude par le débiteur conditionnel doivent être maintenus (C. Nap., art. 1673; Toullier, t. 6, nº 576; Sebire et Carteret, nº 288).

75. Lorsque la condition *est défaillie*, l'obligation est, de droit et à l'insu des parties, considérée comme n'ayant jamais existé (Zachariæ, t. 2, § 302, note 33; Sebire et Carteret, nº 305). En conséquence, toutes les aliénations, hypothèques et charges consenties par le débiteur, sont maintenues.

76. Si, pendant que la condition était en suspens, le créancier avait été mis en possession, il serait tenu de restituer les fruits, et il n'aurait pu prescrire la chose qui faisait l'objet du contrat (Toullier, t. 6, nº 547; Sebire et Carteret, nº 301).

77. Les dispositions soumises à une condition suspensive ne peuvent être considérées comme opérant une obligation assujettie au droit proportionnel; elles ne sont passibles que du droit fixe. Il n'y a que la réalisation de la condition qui puisse donner ouverture au droit proportionnel (Cass., 28 janv. 1819; 24 déc. 1821; 27 mai 1823; 13 avril 1825; 12 juill. 1832; 10 janv. 1833).

78. Toutefois, les donations que contient un contrat de mariage, bien que soumises à une condition suspensive, sont dès à présent passibles du droit proportionnel (Rolland de Villargues, *Répert. du Notariat*, vº *Enregistrement*, nºs 119 et 120).

79. Dans le cas où la condition vient à défaillir, la régie ne peut percevoir aucun des droits auxquels l'accomplissement de la condition aurait pu donner lieu (Championnière et Rigaud, *Traité des droits d'enregistrement*, n° 697).

80. Condition résolutoire. — La condition résolutoire, lorsqu'elle *est pendante*, ne suspend point l'exécution de l'obligation (C. Nap., art. 1183, alin. 2). — Sur les caractères particuliers de la condition résolutoire, V. *Action résolutoire*, nos 2 et suiv. Nous ne nous occupons ici que de ses effets.

81. Du principe que la condition résolutoire ne suspend pas l'exécution, il résulte que la propriété et la possession de la chose, qui est l'objet de la disposition, passent sur la tête de celui qui a acquis sous cette condition; que, jusqu'à son accomplissement, il fait les fruits siens, qu'il peut valablement hypothéquer ou aliéner, sauf la résolution des hypothèques ou aliénations, si la condition s'accomplit, et que la prescription court à son profit contre les tiers, mais non contre la personne en faveur de laquelle la condition a été établie. Il résulte aussi que celui qui a aliéné sous condition résolutoire, conservant sur la chose dont il est dessaisi un droit suspendu par une condition, peut aliéner et hypothéquer sous la même condition (Toullier, t. 6, n° 548; Troplong, *de la Vente*, nos 734 et suiv.; Duvergier, *de la Vente*, t. 2, nos 29 et suiv.; Zachariæ, t. 2, § 302; Sebire et Carteret, v° *Condition*, nos 310 et suiv.).

82. Celui auquel doit profiter la condition résolutoire peut faire tous les actes conservatoires du droit éventuel que la réalisation de la condition fera naître à son profit (C. Nap., art. 1180; Zachariæ, *loc. cit.;* Sebire et Carteret, n° 315).

83. Le principal effet de la condition résolutoire, lorsqu'elle *est accomplie*, est d'opérer la révocation de l'obligation et de remettre les choses au même état que si l'obligation n'avait pas existé (C. Nap., art. 1183).

Ainsi, par exemple, en matière de vente d'immeubles, l'acquéreur doit rendre l'immeuble vendu, les fruits par lui perçus, et indemniser le vendeur des détériorations arrivées à l'immeuble par sa faute. De son côté, le vendeur doit restituer le prix principal ou la portion du prix par lui reçue, ensemble les intérêts des sommes reçues à compter du jour de la recette et la plus-value des impenses (Arg., art. 1183, C. Nap.; Troplong, *de la Vente*, nos 651 et suiv.; Duvergier, *de la Vente*, nos 452 et suiv.; Toullier, t. 6, n° 563).

84. Jugé en ce sens que le vendeur ne pourrait retenir les intérêts en compensation des fruits perçus, à moins que les juges ne reconnaissent qu'il en doit être ainsi à titre de dommages-intérêts (Cass., 13 juill. 1834).

85. Néanmoins, la Cour suprême a décidé qu'un contrat, qui contient des obligations dont l'exécution doit avoir lieu à des époques successives, ne peut se résoudre que pour l'avenir et conserve son effet pour le passé, alors surtout qu'il a rapporté à la partie qui en demande la nullité les avantages qu'elle s'en était promis (Cass., 27 mai 1839). Tel serait, par exemple, le cas de résolution d'un *bail*. — V. ce mot.

86. L'obligation de restituer les fruits et de payer une indemnité pour dégradations ne s'étend point au tiers détenteur de bonne foi, et celui-ci peut exiger du demandeur en résolution le montant de la plus-value des constructions ou la valeur de la main d'œuvre et des matériaux, au choix de ce dernier (Duvergier, *Vente*, nos 455 et 456).

87. Par suite du principe que la résolution remet les choses en l'état où elles étaient avant l'obligation, la propriété de l'immeuble retourne sur la tête du vendeur comme si elle y avait toujours résidé; la possession de l'acquéreur se joint à la possession antérieure du vendeur, et compte à ce dernier pour compléter la prescription, ou pour exercer l'action possessoire, s'il y a lieu ; toutes les charges créées sur l'immeuble s'évanouissent par l'effet du jugement (Rouen, 13 juill. 1825).

88. Quoique ce principe soit certain, cependant on ne l'applique pas aux baux faits sans fraude par l'acquéreur (Toullier, t. 6, n° 576 ; Troplong, *Vente*, n° 651 ; Duvergier, *Vente*, n° 457).

89. Pour obtenir, lorsque la condition résolutoire vient à s'accomplir, la révocation de l'obligation et la remise des choses au même état que si cette obligation n'avait pas existé, la marche à suivre varie suivant que la condition est expresse ou tacite. Lorsqu'elle est expresse, c'est-à-dire dans le cas de l'art. 1183, C. Nap., la réalisation de l'événement, résolvant l'obligation, mais non le contrat, fait naître entre les parties de nouveaux engagements, et c'est au moyen des actions propres à chaque contrat qu'elles en obtiendront réciproquement l'exécution (Toullier, t. 6, n°s 564 et suiv.). Si la condition est tacite, c'est-à-dire dans le cas de l'art. 1184, C. Nap., la résolution doit être demandée en justice, et les tribunaux peuvent accorder au défendeur un délai selon les circonstances. — V. *Action résolutoire.*

90. Lorsque la condition résolutoire *est défaillie*, la disposition qui y était subordonnée doit être considérée comme ayant été pure et simple dès le principe (Zachariæ, t. 2, § 302-3°, p. 303), et, en conséquence, les aliénations, hypothèques et charges consenties, *pendente conditione*, par celui qui était devenu propriétaire sous cette condition, sont valables, tandis que celles qui auraient pu l'être par celui qui avait cessé d'être propriétaire sous la même condition sont résolues de droit.

91. Comme les dispositions soumises à une condition résolutoire produisent immédiatement leur effet, elles sont, dès lors, *pendente conditione*, passibles du droit proportionnel.

92. Les jugements portant résolution de contrat pour *cause de nullité radicale* ne donnent lieu qu'au droit fixe de 5 fr. (L. 22 frim. an 7, art. 68, et 28 avril 1816, art. 45).

Si la résolution était prononcée par arrêt de Cour d'appel, le droit serait de 10 fr. (L. 28 avril 1816, art. 45).

93. Ne sont pas soumis au droit proportionnel les jugements qui prononcent la résolution de la vente d'un bien appartenant à autrui (Délib., 12 juill. 1836).

94. ...Ou de la vente d'une maison dont le vendeur ne posseédait que la moitié (Solut., 28 mars 1832).

95. Ne sont également soumis qu'au droit fixe les jugements portant résolution de contrats de vente pour défaut de paiement quelconque sur le prix, lorsque l'acquéreur n'est point entré en jouissance (L. 27 vent. an 9, art. 12).

96. Mais sont passibles du droit de 4 pour 100 (Décis. min. fin., 7 nov. 1823 ; Solut., 31 juill. 1828 ; Inst. gén., 31 déc. 1839) les résolutions pour inexécution des conditions (Cass., 13 vendém. an 10).

97. ... Pour défaut de paiement de prix, lorsque l'acquéreur a commencé à jouir ou lorsqu'il a fait un paiement quelconque à valoir (Cass., 5 mars 1811 ; 18 nov. 1822 ; 31 déc. 1823).

98. Le droit proportionnel de 5 fr. 50 c. pour 100 fr. est exigible, lorsque la résolution est prononcée au profit du cessionnaire des droits et actions du vendeur (Cass., 26 août 1839 ; Inst. gén., 31 déc. 1839 ; Délib., 22 mai 1836).

99. La résolution judiciaire d'un bail (Cass., 14 août 1832), d'une vente de marchandises pour défaut de livraison (Sol. de la rég., 6 oct. 1830), d'une cession d'étude (Délib. rég., 7 fév. 1834), donne ouverture au droit de *rétrocession*. — V. ce mot.

100. L'appel du jugement de résolution n'empêche pas la perception du droit de rétrocession (Cass., 21 nov. 1827 ; Inst. rég., 22 mars 1818).

Formules.

1. Demande à fin de faire déclarer que l'événement prévu est arrivé.

L'an. . . . . ., à la requête de... (*donner copie de la non-conciliation et constituer avoué*), j'ai. . . . ., donné assignation à. . . . . ., à comparaître le. . . . ., pour, attendu que suivant acte (*l'analyser*); attendu que l'événement prévu par la condition stipulée en cet acte est arrivé le. . . . . .; que dès lors l'obligation qu'il contient est parfaite et doit être exécutée; Attendu néanmoins que ledit sieur. . . . . . se refuse à l'exécution de ladite obligation jusqu'à ce qu'il soit juridiquement établi que ledit événement est bien arrivé et qu'il importe au requérant de faire constater ce fait; — Voir dire et ordonner que le requérant sera admis à prouver, par témoins, à l'audience qui sera indiquée par le tribunal, que ledit événement est arrivé, et, en outre, pour voir statuer ce qu'il appartiendra à l'égard des dépens, sous toutes réserves.

V. n° 53. — Coût, tarif, arg. 29 origin. : Paris, 2 fr.; R. P. 1 fr. 80 c.; ailleurs, 1 fr. 50 c.; copie, le quart.

Enregistrement de l'exploit, 2 fr. 20 c.

2. Sommation de prendre livraison ou de livrer la chose.

L'an. . . . ., à la requête de. . . . ., j'ai, ..., fait sommation à. . . . .; — attendu que par acte (*l'analyser*); attendu que l'événement prévu par cette condition est arrivé ainsi qu'il est établi par (*énoncer le jugement, les actes ou les faits qui établissent que l'événement est arrivé*); attendu dès lors que la condition stipulée audit acte est accomplie, qu'ainsi l'obligation dudit jour est parfaite et doit recevoir son exécution;

Sommation de prendre livraison. — de se trouver à. . . . ., le. . . . ., heure de. . . . . ., pour prendre livraison de (*désigner les objets*); et, attendu que lesdits objets ont été détériorés sans la faute du requérant, j'ai également fait sommation audit sieur . . . . . de me déclarer si, usant du bénéfice de l'art. 1182, Cod. Nap., il entend résoudre l'obligation susdatée ou accepter les objets ci-devant désignés, sans diminution de prix; — *Ou* : et attendu que lesdits objets ont été détériorés par la faute du requérant, j'ai également, etc...., il entend résoudre ladite obligation ou accepter les objets ci-devant désignés, sauf à régler ultérieurement les dommages-intérêts dus. A ce que dessus, ledit sieur. . . . . . m'a répondu (*consigner la réponse*).

Sommation de livrer.—de se trouver le. . . . . ., heure de. . . . ., à. . . . .; pour livrer au requérant (*désigner les objets. et, s'il y a détérioration, déclarer que le requérant n'entend pas résoudre l'obligation, et qu'il réclamera ou ne réclamera pas de dommages-intérêts. Au dernier cas on ajoute*) : aux offres que fait le requérant, en opérant la livraison desdits objets, d'en payer le prix immédiatement.

V. n°s 69 et 70. — Coût, V. *Formule* 1.

Enregistrement de l'exploit, 2 fr. 20 c.

3. Demande à fin de livraison par le créancier contre le débiteur.

L'an. . . . ., à la requête de... (*donner copie de la non-conciliation et constituer avoué*), j'ai, ..., donné assignation à . . . . . ., à comparaître le. . . . .; pour; attendu que par acte (*l'analyser*); attendu que la condition est accomplie. . . . .; attendu que par exploit du. . . . . . sommation a été faite à (*analyser la sommation*); attendu que les objets ci-devant détaillés ont été détériorés par la faute du sieur. . . .; attendu que par suite des détériorations des dommages-intérêts sont dus au requérant; voir dire et ordonner que (*dans tel délai*) le sieur. . . . . . sera tenu de livrer au requérant. en son domicile et aux frais de ce dernier, lesdits objets, sous la contrainte de. . . . . . . qui seront acquis au requérant, dès que le délai fixé sera expiré (*ou voir dire et ordonner que, dans tel délai, ledit sieur. . . . . ., sera tenu de délaisser au requérant la jouissance desdits immeubles, que ce dernier sera autorisé à en prendre possession et au besoin à faire procéder à l'expulsion de tous locataires et jouissants*); voir également ordonner que le demandeur sera admis à prouver les détériorations par lui ci-devant articulées; que cette preuve faite, il sera procédé par experts du choix des parties, sinon nommés d'office, à la visite et à l'estimation des objets; que, sur leur rapport dûment déposé, le requérant sera admis à prendre telles conclusions qu'il avisera, sous toutes réserves).

V. n° 72. — Coût, V. *Formule* 1.
Enregistrement de l'exploit, 2 fr. 20 c.

4. *Demande à fin de livraison formée contre le créancier.*

L'an. . . . (*comme à la formule qui précède*) ; voir dire et ordonner que ledit sieur sera tenu de prendre livraison desdits objets dans (*tel délai*), sinon et faute de ce faire, que le requérant se trouvera libéré desdits objets par le dépôt qu'il en fera aux frais et risques du défendeur (*ou* voir dire qu'il sera tenu de prendre jouissance desdits immeubles, et qu'à partir de telle époque ils seront à ses risques et périls).

S'il y a détérioration : Voir ordonner que le défendeur sera déchu du droit d'option que lui confère l'art. 1182, Cod. Nap., et que le contrat dudit jour sera résolu purement et simplement, et considéré comme n'ayant jamais existé, et pour en outre voir statuer ce que de raison à l'égard des dépens.

V. n° 73. — Coût, V. *Formule* 1.
Enregistrement de l'exploit, 2 fr. 20 c.

CONDITION RÉSOLUTOIRE.—V. *Action résolutoire, Condition.*

CONDITION DES SOIES. — Etablissement où l'on soumet la soie, avant de la vendre au marchand ou fabricant qui doit la mettre en œuvre, à des opérations qui ont pour objet de la dégager de l'eau qu'elle peut renfermer, afin que son poids puisse être exactement déterminé. — Les entrepreneurs ou fermiers d'une condition pour les soies sont rangés, par la loi du 25 avril 1844, dans la deuxième classe des patentables.

CONDITION SUSPENSIVE. — V. *Condition.*

CONDUCTEURS. — **1.** Les rouliers, charretiers et tous conducteurs de voitures quelconques et bêtes de charge, qui contreviennent aux règlements en vertu desquels ils sont obligés de se tenir constamment à portée de leurs chevaux et de leurs voitures, d'occuper un seul côté des rues, routes ou chemins publics, de se ranger devant toutes autres voitures, et de laisser libre à leur approche au moins la moitié des rues, routes ou chemins, encourent une amende de 6 à 10 fr. (C. pén., art. 475-3°).

2. Cette amende est encourue, quoique aucun accident ne soit résulté de la contravention (Cass., 24 fév. 1827 ; 28 août 1829).

3. Dans le cas où les charretiers ou autres conducteurs de voitures obstruent les rues, routes et chemins, la gendarmerie peut saisir leurs voitures (L. 28 germ. an 6).

4. Les contrevenants, indépendamment de l'amende et même de l'action criminelle, lorsqu'il y a lieu, peuvent être passibles de dommages-intérêts à raison du préjudice causé par leur négligence. Leurs maîtres sont civilement responsables des réparations civiles prononcées envers les parties lésées (C. civ., art. 1382 et 1384). — V. *Action civile, Justice de paix, Roulage, Voitures publiques.*

CONFESSION.—On se servait de ce mot, dans l'ancienne jurisprudence, pour désigner le témoignage d'une partie sur la vérité d'un fait ou d'un droit invoqué contre elle. Le Code civil a substitué à ce mot celui d'*aveu*. — V. *Aveu.*

CONFESSOIRE (ACTION). — V. *Action confessoire, Servitude.*

CONFINS.— Tenants et aboutissants, ou limites. d'un héritage. — V. *Aboutissants, Bornage, Exploit, Saisie immobilière.*

CONFIRMATION. — Approbation d'un acte précédemment fait, action de consentir à son exécution. — V. *Acte confirmatif, Ratification.*

CONFISCATION. — Attribution au fisc, et quelquefois à des particuliers, de tout ou partie des biens appartenant à des individus condamnés pour certains crimes, délits ou contraventions. — **V.** ***Brevet d'invention, Chasse, Vente de marchandises neuves.***

CONFISEUR. — Les confiseurs sont rangés dans la troisième classe des patentables.

CONFLIT. — **1.** Dissidence qui existe entre deux autorités, soit de même nature, soit de nature différente, au sujet de leur compétence ou de leurs attributions.

2. Lorsque la dissidence s'élève entre deux tribunaux de même nature, par exemple, entre deux tribunaux civils, on l'appelle *conflit de juridiction* (V. *Règlement de juges*). Quand elle s'établit entre deux autorités de nature différente, entre l'autorité judiciaire et l'autorité administrative, on la nomme *conflit d'attribution*.

3. Le conflit, soit d'attribution, soit de juridiction, est positif ou négatif : *positif*, lorsque les deux autorités se déclarent simultanément compétentes pour connaître de la même contestation ; *négatif*, lorsqu'elles refusent toutes deux, pour cause d'incompétence, de se saisir de l'affaire.

4. Le conflit d'attribution est considéré, dans l'usage, comme le conflit proprement dit, comme le seul auquel appartienne véritablement la dénomination de *conflit*. Nous nous en occuperons ici exclusivement.

Indication alphabétique des matières.

§ 1. — *Du conflit positif.*

Art. 1er. — Dans quels cas le conflit peut être élevé. — Par qui et dans quels délais il peut l'être. — Formalités, arrêté de conflit. — Dépôt, communication.

5. ***Dans quels cas le conflit peut être élevé.*** — Il est de règle générale, en cette matière, que le conflit ne peut être élevé que lorsque l'affaire est, de sa nature, administrative, et que contre les actes de l'autorité judiciaire.

6. Par application de cette règle, il ne peut y avoir lieu à conflit : 1° devant les juridictions de l'ordre administratif, par exemple entre un préfet et son conseil de préfecture, ou entre deux conseils de préfecture (Dufour, *Droit administratif*, t. 2, n° 782; Sebire et Carterel, *Encyclopédie du droit*, v° *Conflit*, n° 44 ; Cons. d'Etat, 24 mars 1832).

7. 2° En matière criminelle (Ord. 1er juin 1828, art. 1), par la raison que les procès criminels ne peuvent, sous aucun rapport, rentrer dans la compétence administrative.

8. 3° En matière correctionnelle, si ce n'est, par exception, dans les deux cas suivants : lorsque la répression du délit est attribuée par une disposition législative à l'autorité administrative, ou lorsque le jugement à rendre par le tribunal dépend d'une question préjudicielle dont la connaissance appartient à l'autorité administrative, en vertu d'une disposition législative, et dans ce dernier cas, le conflit ne peut être élevé que sur la question préjudicielle (Ord. 1er juin 1828, art. 2).

9. Mais, en matière de simple police, le conflit peut être élevé : car on ne peut induire du silence de l'ordonnance précitée la prohibition d'élever le conflit dans les cas où il est nécessaire. D'ailleurs, l'ordonnance de 1828 ne procède que par voie d'exclusion, et, comme le principe général est le droit d'élever le conflit, ce droit subsiste dans tous les cas où une disposition spéciale ne l'a pas supprimé (Dufour, t. 2, n° 779 ; Foucard, *Droit administratif*, t. 3, n° 338 ; Sebire et Carteret, v° *Conflit*, n° 56 ; Cons. d'Etat, 13 janv. 1813 ; 4 mars 1819).

10. 4° Devant les justices de paix, le conflit ne peut être élevé que sur l'appel devant le tribunal civil (Conseil d'Etat, 11 janv., 28 mai et 12 août 1829 ; 12 janv. 1835 ; 5 sept. 1836 ; 4 avril et 27 juin 1837 ; Dufour, t. 2, nos 780 et 781 ; Sebire et Carteret, nos 57 et 58).

11. 5° Ni devant les tribunaux de commerce ; mais, comme dans le cas précédent, le conflit peut être élevé sur l'appel (Cons. d'Etat, 29 mars 1832 ; Dufour, Sebire et Carteret, *loc. cit.*).

12. Ne peuvent donner lieu au conflit : 1° le défaut d'autorisation, soit de la part du Gouvernement, lorsqu'il s'agit de poursuites dirigées contre ses agents, soit de la part du conseil de préfecture, lorsqu'il s'agit de contestations judiciaires dans lesquelles les communes ou les établissements publics sont parties ; 2° le défaut d'accomplissement des formalités à remplir devant l'administration préalablement aux poursuites judiciaires.

13. Les jugements d'*actions possessoires*, ne préjugeant ni la compétence, ni le fond, ne peuvent pas non plus donner lieu au conflit d'attribution (Cons. d'Etat, 18 fév. et 24 mars 1824 ; 26 juill. 1826 ; 24 janv., 4 juin et 28 août 1827 ; 28 mars 1838), à moins qu'ils n'ordonnent la destruction d'un ouvrage construit par l'autorité administrative (Cass., 18 août 1808 ; Cons. d'Etat, 22 janv. 1824).

14. Il en est de même des jugements qui statuent sur des *questions de qualité* (Cons. d'Etat, 8 nov. 1829).

15. *Par qui le conflit peut être élevé.* — Les préfets des départements ont seuls le droit d'élever le conflit (Arrêté, 13 brum. an 10, art. 2 ; arg., art. 6, ord. 1er juin 1828).

16. Ainsi, le conflit ne peut être élevé ni par l'autorité judiciaire contre des actes de l'autorité administrative ;

17. Ni par le conseil d'Etat (Cons. d'Etat, 17 mai 1812) ;

18. Ni par les ministres (Cons. d'Etat, 24 mars 1829) ;

19. Ni par les conseils de préfecture (Cons. d'Etat, 16 juill. 1816; 9 avril 1817).

20. Si un tribunal se permettait d'élever le conflit, ce serait aux parties, dans leur intérêt privé, ou au procureur général, dans l'intérêt de la loi, à demander la réformation du jugement par les voies ordinaires (Cons. d'Etat, 3 juill. 1822).

21. *Délais pendant lesquels le conflit peut être élevé.* — Le conflit ne peut être élevé avant que la juridiction ordinaire ait été mise en demeure de se prononcer elle-même sur la compétence par un mémoire du préfet, auquel on donne le nom de *déclinatoire* (Ord., 1er juin 1828, art. 7 ; Cons. d'Etat, 29 mars et 3 déc. 1831). C'est dans la quinzaine qui suit l'envoi, au préfet, par le procureur impérial, du jugement qui rejette le déclinatoire, que le préfet doit prendre l'arrêté du conflit (Ord., 1er juin 1828, art. 8).

22. Il ne peut jamais être élevé de conflit après des jugements rendus en dernier ressort ou acquiescés, ni après des arrêts définitifs (Même ord., art. 4).

23. Si le jugement est en premier ressort et si le conflit n'a pas été élevé en première instance, il ne peut l'être que dans le cas où il y a appel, et alors il doit être formé dans la quinzaine qui suit l'acte d'appel (Ord., art. 4 et 8).

24. Le conflit peut également être élevé, encore bien que le jugement ait été rendu en dernier ressort, lorsqu'il a été interjeté appel de ce jugement pour cause d'incompétence, et c'est toujours dans le délai de quinzaine qui suit la signification de l'acte d'appel qu'il doit l'être (Cons. d'Etat, 19 oct. 1838 ; 4 mai 1843).

25. On ne peut élever de conflit sur un pourvoi en cassation, ni sur la requête civile.

26. *Formalités. — Arrêté de conflit.* — Lorsqu'un préfet estime que la connaissance d'une question portée devant un tribunal de première instance, ou devant un tribunal de police correctionnelle ou de simple police, est attribuée par une disposition législative à l'autorité administrative, il peut, alors même que l'administrative n'est pas en cause, demander le renvoi de l'affaire devant l'autorité compétente (Ord., 1er juin 1828, art. 6).

27. A cet effet, il adresse au procureur impérial un mémoire dans lequel est rapportée la disposition législative qui attribue à l'administration la connaissance du litige. Le procureur impérial fait connaître, dans tous les cas, au tribunal, la demande formée par le préfet, et requiert le renvoi, si le déclinatoire lui paraît fondé (art. 6).

28. Lorsque le tribunal a statué sur le déclinatoire, le procureur impérial adresse au préfet, dans les cinq jours qui suivent le jugement, copie de ses conclusions ou réquisitions et du jugement rendu sur la compétence. La date de l'envoi est consignée sur un registre à ce destiné (art. 7).

29. L'arrêté, par lequel le préfet élève le conflit et revendique la cause, doit viser le jugement intervenu et l'acte d'appel, s'il y a lieu, et contenir textuellement la disposition législative qui attribue la connaissance du point litigieux à l'administration (art. 9).

30. *Dépôt, communication et transmission des pièces.* — Dès que le conflit est élevé, le préfet est tenu de faire déposer son arrêté et les pièces y visées au greffe du tribunal. Il lui est donné récépissé de ce dépôt sans délai et sans frais (Ord., 1er juin 1828, art. 10).

31. Si, dans le délai de quinzaine, l'arrêté n'a pas été déposé au greffe, le conflit ne peut plus être élevé devant le tribunal saisi de l'affaire (art. 11) ; si, au contraire, il a été déposé en temps utile, le greffier le remet immédiatement au procureur impérial, qui le communique au tribunal réuni en la chambre du conseil et requiert qu'il soit sursis à toute poursuite judiciaire (art. 12).

32. Après cette communication, l'arrêté et les pièces sont rétablis au greffe, où ils restent déposés pendant quinze jours. Le procureur impérial en prévient les parties ou leurs avoués, lesquels peuvent en prendre communication, sans déplacement, et remettre, dans le même délai de quinzaine, au parquet du procureur impérial, leurs observations sur la question de compétence, avec tous les documents à l'appui (art. 13).

33. Le procureur impérial transmet de suite au garde des sceaux l'arrêté du préfet, ses propres observations et celles des parties avec toutes les pièces jointes. La date de l'envoi est consignée sur un registre à ce destiné. Dans les vingt-quatre heures de la réception de ces pièces, le ministre de la justice les transmet au secrétariat général du conseil d'Etat, et il en donne avis au magistrat qui les lui a transmises (art. 14).

34. Toutefois, ces formalités ne sont pas prescrites à peine de nullité (Cass., 26 mars 1834).

ART. 2. — Jugement du conflit.

35. Avant la constitution de 1848, le pouvoir de statuer sur les conflits était un des attributs du conseil d'Etat. La Constitution de 1848 (art. 89 et 90) avait transféré ce pouvoir à une juridiction spéciale, créée sous la dénomination de *Tribunal des conflits*, et organisée par un règlement du 26 oct. 1849, et par la loi des 4-8 fév. 1850. Mais le décret du 25 janv. 1852, sur l'organisation nouvelle du conseil d'Etat, fit rentrer dans ses attributions le jugement des conflits d'attributions entre l'autorité administrative et l'autorité judiciaire (art. 1er).

36. Les conflits positifs d'attribution n'ont point été créés dans l'intérêt des particuliers. Dès lors, le conseil d'Etat ne saurait en être saisi de la même manière que des affaires contentieuses. Le ministre de la justice peut seul les lui soumettre.

37. Il doit être statué sur le conflit dans le délai de deux mois à dater de la réception des pièces au ministère de la justice (Ord. 12 mars 1831, art. 7). Ce délai est suspendu pendant les mois de septembre et d'octobre (Ord. 19 juin 1840, art. 35).

38. Si, un mois après l'expiration du délai précité, lequel court du jour où il est constaté que toutes les pièces, et non pas seulement l'arrêté de conflit (Cass., 21 juill. 1839), ont été reçues par le ministre de la justice, le tribunal n'a pas reçu la notification du décret rendu sur le conflit, il pourra procéder au jugement de l'affaire (Ord. 11 mars 1831, art. 7).

39. La notification dont il s'agit ne doit pas être faite par un huissier. La raison en est que les décisions en matière de conflits, aujourd'hui appelées *décrets de conflits*, sont des actes de haute administration et non des arrêts. La lecture qui en est faite à l'audience par le ministère public tient lieu de signification suffisante (Douai, 14 juin 1834).

40. Il résulte encore du même principe qu'un décret de conflit ne peut prononcer aucune condamnation de dépens (Ord. 12 déc. 1831, art. 7), qu'il n'est pas soumis au droit d'enregistrement, alors même que les parties intéressées seraient intervenues par la production d'un mémoire, et qu'il doit faire réserve des droits et moyens des parties.

§ 2. — *Du conflit négatif.*

41. Le conflit négatif d'attribution résulte de la double déclaration d'incompétence faite respectivement par l'autorité judiciaire et par l'autorité administrative (V. *suprà*, n° 3), saisies toutes deux de la même affaire.

42. Cette déclation doit porter sur les mêmes points ; elle doit être absolue et non conditionnelle. Enfin, la décision administrative et le jugement desquels

8.

elle émane ne doivent pas être susceptibles de recours à l'autorité supérieure hiérarchique.

43. Le conflit négatif constitue un véritable règlement de juges (Ord. 12 déc. 1821, art. 8), sur lequel il appartient également au conseil d'Etat de statuer (Cons. d'Etat, 15 avril 1828; Dufour, t. 2, n° 825).

44. Mais, à la différence des conflits positifs, les conflits négatifs d'attribution ont été établis dans l'intérêt des parties, et non en vue de l'ordre public: de sorte que les parties intéressées ont seules, à l'exclusion des préfets, le droit de les élever (Cons. d'Etat, 17 avril 1822; 3 sept. 1823; 24 mars 1824; 12 janv. 1825; 11 janv. 1826).

45. Les conflits négatifs, étant élevés par les parties intéressées, doivent être portés au conseil d'Etat par une requête, avec constitution d'avocat. Ils y sont instruits et jugés conformément aux règles tracées par le décret du 22 juill. 1806 pour les affaires contentieuses (Dufour, t. 2, n° 826).

46. Par une conséquence nécessaire, les voies d'opposition, de tierce opposition et de requête civile, sont admises, suivant les circonstances, contre les décrets rendus en matière de conflit négatif.

47. Si le conseil d'Etat reconnaît que l'une des deux autorités était compétente, il annule la décision de l'autorité qui à tort s'est déclarée incompétente, et renvoie les parties devant elle à l'effet d'être statué sur le fond. Si les deux autorités étaient véritablement incompétentes, et que l'affaire soit de la compétence de l'autorité judiciaire, le conseil d'Etat renvoie devant cette autorité, mais sans désignation de tribunal. Dans le cas où l'affaire rentre dans les attributions de l'autorité administrative, il peut, sans excéder ses pouvoirs, désigner le tribunal devant lequel les parties sont renvoyées.

48. Lorsqu'il y a conflit négatif, la Cour de cassation ne peut, avant la décision du conseil d'Etat sur ce conflit, statuer sur le pourvoi en cassation formé contre le jugement par lequel l'autorité judiciaire s'est déclarée incompétente (Cass., 21 janv. 1807).

CONFRÈRE. — Nom donné aux personnes qui font partie d'un même corps, d'une même compagnie.— V. *Collègue*.

CONFUSION. — **1.** Réunion dans un même sujet de plusieurs qualités qui s'entre-détruisent, et, plus spécialement, réunion dans la même personne des qualités de créancier et de débiteur de la même dette. S'il y a des dettes différentes, elles sont éteintes par compensation, et non par confusion (C. Nap., art. 1300; Toullier, t. 7, n° 421; Duranton, t. 12, n° 467).

2. La confusion s'opère de différentes manières: 1° entre un créancier non solidaire et un débiteur non solidaire; 2° entre un créancier solidaire et un débiteur solidaire; 3° entre un créancier et la caution; 4° entre un débiteur et la caution.

3. Mais il ne s'opère pas de confusion proprement dite lorsque l'un de deux créanciers solidaires succède à l'autre, ou l'un de deux débiteurs solidaires à son codébiteur, ou l'une de deux cautions solidaires à son cofidéjusseur, et cela parce que, quand deux obligations sont également fortes, également principales, elles restent entières l'une et l'autre, quoique réunies sur la même tête (Toullier, t. 7, n°s 433 et suiv.; Duranton, t. 12, n° 471).

4. Il résulte de ce principe que le créancier solidaire qui a succédé à l'autre a le choix de former sa demande en son nom ou au nom de celui auquel il succède contre le débiteur ou la caution (Mêmes auteurs).

5. Il ne s'opère point de confusion non plus lorsque l'Etat succède à son débiteur, en cas de déshérence. Les cautions ou fidéjusseurs de ce dernier ne se trouvent donc libérés que jusqu'à concurrence de la valeur des biens recueillis par l'Etat (Toullier, t. 7, n° 435).

6. Lorsque l'État, n'étant point payé intégralement, veut poursuivre la caution de son débiteur, il doit lui signifier, soit avec le commandement, soit avec l'ajournement, s'il n'existe pas de titre paré, un compte en règle constatant l'emploi de l'actif de la succession et établissant la qualité de la dette restant à payer.

7. *Confusion entre un créancier ordinaire et un débiteur.* — La dette est éteinte en totalité, si l'individu, qui réunit les deux qualités, est seul héritier (C. Nap., art. 1300; Toullier, t. 7, n° 424), et pour sa portion seulement, s'il y a plusieurs héritiers (Toullier, *loc. cit.*). Dans ce dernier cas, l'obligation existe pour le surplus de la dette.

8. La confusion qui s'opère dans la personne du débiteur principal profite à la caution (C. Nap., art. 1301).

9. *Confusion entre un créancier solidaire et un débiteur solidaire.* — La créance solidaire n'est éteinte que pour la part et portion du débiteur ou du créancier en la personne de qui s'opère la confusion (C. Nap., art. 1301). Cependant, si le bénéfice de l'obligation n'était point partageable entre les divers créanciers, chacun d'eux pourrait encore exiger l'exécution totale (Toullier, t. 7, n° 433 ; Duranton, t. 12, n° 471).

10. *Exemple :* Jean, Louis et Nicolas doivent solidairement à Pierre, Paul et Jacques 600 fr. Jean succédant à Pierre, l'obligation s'éteint pour sa part, c'est-à-dire pour 200 fr. Louis et Nicolas ne pourront donc être contraints de payer que les 400 fr. restant. Mais si, au lieu de 600 fr., ils étaient débiteurs d'un objet indivisible, par exemple d'un cheval, d'un achalandage de fonds de commerce, Paul et Jacques pourraient exiger la totalité de l'objet, sauf à Jean à contribuer pour un tiers envers ses codébiteurs au paiement et à profiter pour pareille portion du cheval ou de l'achalandage.

11. *Confusion entre un créancier et la caution.* — L'obligation accessoire du cautionnement est éteinte, car personne ne peut être caution à son profit ; mais la dette principale n'en subsiste pas moins (C. Nap., art. 1301 ; Toullier, t. 7, n° 429; Duranton, t. 12, n° 476). *Exemple* : Pierre est créancier de Paul de 600 fr., cautionnés par Jacques qui a donné une hypothèque. Pierre succède à Jacques : le cautionnement est éteint ainsi que l'hypothèque y attachée, et Pierre ne pourra répéter ses 600 fr. que de Paul, débiteur principal.

12. *Confusion entre le débiteur et la caution.* — Le cautionnement est aussi éteint: mais il y a cette différence avec l'hypothèse prévue dans le numéro qui précède, que l'hypothèque donnée par la caution subsiste (Toullier, t. 7, n° 427 ; Duranton, t. 12, n° 473). Ainsi, prenant le même exemple, Pierre pourra réclamer de Paul les 600 fr. et exercer l'hypothèque donnée par Jacques, caution.

13. Lorsque le cautionnement est plus avantageux au créancier que l'obligation principale, par exemple lorsque le fidéjusseur a cautionné un mineur, une femme mariée, la confusion n'éteint pas entièrement le cautionnement, lequel est un obstacle à ce que la caution, comme héritière du mineur, demande la rescision de l'obligation, de même que si elle n'avait pas cautionné (Toullier, t. 7, n° 428; Duranton, t. 12, p. 475).

14. Celui qui a cautionné deux débiteurs solidaires et qui succède à l'un d'eux reste caution de l'autre; de même, celui qui s'est rendu caution envers deux créanciers solidaires et qui succède à l'un d'eux demeure obligé envers l'autre, sauf son action contre le débiteur, en sa qualité d'héritier du créancier (Toullier, t. 7, n° 432; Duranton, t. 12, n° 477).

15. *Effets de la confusion.* — La confusion n'équivaut pas proprement à un paiement; elle décharge plutôt la personne du débiteur qu'elle n'éteint la dette. Aussi admet-on que la dette fait partie de l'actif ou du passif de la

succession pour calculer la réserve (Toullier, t. 7, n° 436; Duranton, t. 12, p. 482).

16. Les effets produits par la confusion ne sont irrévocables qu'autant que le titre sur lequel repose la confusion est lui-même irrévocable.

17. Il résulte de ce principe que la confusion cesse : 1° lorsque l'héritier mineur se fait restituer contre une acceptation onéreuse faite par son tuteur (Toullier, t. 7, n° 437) ; 2° lorsque celui à qui une succession est déférée la vend à un tiers, ou lorsque, étant grevé de substitution, il est obligé de rendre les biens par lui recueillis (Toullier, t. 7, nos 438 et 439), et, en général, toutes les fois que le titre qui la produisait est anéanti.

18. Toutes les fois qu'un huissier est chargé de diriger des poursuites et qu'on allègue une confusion, il doit régler la manière de procéder sur les principes que nous venons d'exposer, et, en conséquence, cesser les poursuites si la dette est éteinte, les continuer pour une somme moindre ou contre d'autres personnes, si la dette n'est éteinte que pour partie et à l'égard de l'un des débiteurs ou cautions.

CONGÉ D'ACQUIT. — Certificat que le maître donne à l'apprenti ou à l'ouvrier à l'expiration de l'engagement de celui-ci. — V. *Apprentissage.*

CONGÉ (DÉFAUT).— Jugement qui renvoie le défendeur de la demande lorsque le demandeur ne s'est pas présenté pour la justifier. — V. *Jugement.*

CONGÉ (LOUAGE). — Avertissement par lequel l'une ou l'autre des parties déclare qu'elle entend faire cesser le louage.— V. *Bail (en général).*

CONGRÉGATION RELIGIEUSE. — V. *Communauté religieuse.*

CONJOINTS. — Ce mot s'emploie plus particulièrement pour désigner ceux qui sont unis par le lien du mariage (C. Nap., art. 767 et suiv.). Quelquefois, on appelle aussi *conjoints* ceux qui ont ensemble un droit ou titre commun, ou sont tenus d'une même obligation, tels que des cohéritiers, des colégataires, des cocréanciers, des coobligés. — V. *Legs, Obligation, Succession.*

CONJONCTIVE. — Ce mot sert à qualifier l'obligation qui contient plusieurs choses réunies par une conjonction ; ainsi, cette obligation est dite *conjonctive* (V. *Obligation*). — La conjonction qui lie entre elles deux choses faisant l'objet d'une même obligation, et plus généralement deux membres de phrase, se nomme *particule conjonctive.*

CONNAISSEMENT. — Reconnaissance écrite, donnée par le capitaine d'un navire, des marchandises qui y sont chargées, pour être transportées (C. comm., art. 281 et suiv.). L'acte qui constate cette reconnaissance est, pour les transports par mer, ce que la lettre de voiture est pour les transports par terre. — V. *Charte-partie.*

CONNEXITÉ. — Rapport ou liaison qui existe entre deux ou plusieurs affaires, lesquelles doivent, par suite, être jointes pour qu'il y soit statué par un seul et même jugement. — V. *Exception.*

CONQUÊT. — V. *Acquêt, Communauté de biens entre époux.*

CONSANGUIN. — S'emploie pour désigner un parent du côté paternel, par opposition au mot *utérin*, qui désigne un parent du côté maternel, et au mot *germain*, qui désigne un parent tout à la fois du côté du père et du côté de la mère. — V. *Succession.*

CONSEIL. — **1.** Avis donné à quelqu'un sur ce qu'il doit faire ou ne pas faire.

2. Celui qui donne un conseil de bonne foi n'est pas responsable des suites qu'il peut avoir. Il en est autrement, lorsque le conseil a été donné avec l'intention de nuire.

3. Celui qui donne le conseil de commettre un crime ou un délit peut être poursuivi comme complice de ce crime ou délit. — V. *Complicité*.

CONSEIL DE DISCIPLINE. — V. *Chambre de discipline des huissiers, Discipline, Garde nationale.*

CONSEIL D'ÉTAT. — **1.** Corps administratif composé de magistrats nommés par l'Empereur (Décr. 25 janv. 1852, art. 4), et dont la mission consiste à éclairer et assister le Gouvernement dans l'exercice des attributions dévolues au pouvoir exécutif, et à statuer sur les affaires contentieuses dont la connaissance est attribuée à l'autorité administrative.

2. Le conseil d'Etat, dont l'Empereur est président, se compose d'un vice-président, de conseillers d'Etat en service ordinaire, de conseillers d'Etat en service extraordinaire, de maîtres des requêtes, d'auditeurs et d'un secrétaire général (Décr. 25 janv. 1852, art. 2 et 5). Les ministres ont aussi rang, séance et voix délibérative au conseil d'Etat (art. 3).

Indication alphabétique des matières.

---

§ 1er. — *Attributions du conseil d'Etat.*

3. Comme on l'a vu par la définition qui précède, les attributions du conseil d'Etat sont de deux sortes. Il est à la fois *Pouvoir consultatif* et *Autorité judiciaire*. Nous avons déjà, au mot *Compétence administrative* (V. ce mot, § 6), et au mot *Conflit* (V. aussi ce mot), fixé les limites de la juridiction du conseil d'Etat comme *autorité judiciaire*, seul rapport sous lequel nous ayons à envisager cette juridiction. Nous nous bornerons ici à faire connaître, d'une manière générale, les conditions qui sont exigées pour qu'une décision en matière administrative puisse être portée devant le conseil d'Etat, et les formalités et la procédure qui doivent être suivies.

4. L'action de déférer au conseil d'Etat les décisions ou actes administratifs à l'égard desquels la loi lui attribue juridiction se nomme spécialement *recours*, tandis que la dénomination de *pourvoi* s'applique généralement à l'action de déférer à la Cour de cassation les jugements ou arrêts rendus par les tribunaux civils.

§ 2. — *Conditions requises pour l'admission du recours au conseil d'Etat.*

5. Pour que le recours au conseil d'Etat soit admissible, il faut : 1° que la matière de la contestation soit contentieuse, 2° que la partie ait qualité et action, 3° que le recours ne soit pas dirigé intempestivement, 4° qu'il ne soit pas exercé tardivement, 5° que la décision n'ait pas été acquiescée ou exécutée, 6° qu'il n'y ait pas chose irrévocablement jugée, 7° qu'il n'y ait pas défaut d'intérêt ou d'objet, 8° qu'il n'y ait pas déchéance, 9° et enfin qu'il n'y ait pas défaut de droit positif.

6. L'absence de l'une de ces conditions entraîne le rejet du recours, sans qu'il soit besoin d'examiner le fond de la question.

7. La matière doit être contentieuse. Or, ce caractère ne saurait être attribué à la décision qui ne fait pas obstacle à l'action ultérieure des parties devant l'autorité administrative ou devant l'autorité judiciaire, à celle qui émane d'une autorité qui ne ressortit pas au conseil d'Etat, à cause de sa nature ou de l'interdiction des lois et règlements.

8. Par exemple, les arrêtés de préfets ou de conseils de préfecture, qui ne constituent que de simples avis, les décisions de ministres et les arrêtés de préfets ou de conseils de préfecture qui se bornent à déclarer leur incompétence, les décrets qui constituent des règlements et prescrivent des mesures d'administration publique (Cons. d'Etat, 22 déc. 1824), et les arrêtés et décisions qui, après avoir statué dans les limites de leur compétence, réservent aux tribunaux le jugement des questions d'état, de servitude, de domicile, d'hérédité, de titres, de transactions et conventions privées de toute nature (Cons. d'Etat, 17 août 1825), ne sont pas susceptibles de recours au conseil d'Etat.

9. Il faut avoir qualité et droit d'agir. Ne réunissent pas ces deux conditions : 1° ceux qui, à l'égard des biens communaux, agissent en leur nom, ou au nom d'un commune, sans y être valablement autorisés, comme les habitants d'une commune qui réclament en leur nom privé la propriété d'un bien prétendu communal (Cons. d'Etat, 6 sept. 1826), ou qui attaquent un acte du Gouvernement autorisant l'échange d'un chemin vicinal, sur lequel ils ne prétendent aucun droit de propriété ou de jouissance (Cons. d'Etat, 14 juill. 1831); 2° un maire qui ne justifie pas de pouvoirs à lui donnés par le conseil municipal (Cons. d'Etat, 20 fév. 1835); 3° le préfet, lorsqu'il attaque des décisions qui lèsent les particuliers (Cons. d'Etat, 16 juin 1824); 4° le ministre qui este en justice au nom d'une fabrique ou d'une commune (Cons. d'Etat, 19 déc. 1821); 5° la femme qui ne justifie pas de l'autorisation de son mari (Cons. d'Etat, 1er mars 1826).

10. Le recours ne doit pas être intempestif. Or, il est intempestivement dirigé lorsqu'il l'est contre des demandes, soit principales, soit d'intervention, soit même accessoires, qui n'ont été ni présentées, ni instruites, ni jugées en première instance, contre des arrêtés de conseils de préfecture pris par défaut, contre la plupart des arrêtés des préfets, qui statuent dans les limites de leur compétence ; et contre les décisions de ministres rendues en matière contentieuse, sans que les parties aient été entendues (Cons. d'Etat, 23 mai 1834). Enfin, le recours à l'appui duquel les parties ne produisent ni la décision attaquée, ni pièces, ni moyens, doit être considéré comme intempestif (Cons. d'Etat, 5 déc. 1834).

11. Le recours doit être exercé en temps utile; il est tardif, lorsqu'il est formé plus de trois mois après la signification de la décision attaquée. — V. *infrà*, nos 17 et suiv.

12. Il ne doit pas y avoir eu acquiescement à la décision ou exécution de cette décision. L'acquiescement ou l'exécution résulte de ce qu'on a payé ou reçu sans protestation ni réserves les sommes allouées par la décision qu'on attaque, ou de ce qu'on y a pleinement adhéré par une reconnaissance expresse ou tacite (Cons. d'Etat, 12 janv. 1835).

13. La chose jugée constitue aussi une fin de non-recevoir contre le recours au conseil d'Etat. Ce recours est donc non recevable, lorsqu'il tend à remettre en question devant l'autorité administrative la chose irrévocablement jugée par la même autorité ou les tribunaux (Cons. d'Etat, 12 déc. 1834.)

14. Il y a lieu aussi d'appliquer ici la règle : *Point d'intérêt, point d'action*. Il n'y a point d'intérêt, lorsqu'on demande un règlement de juges et qu'il n'y a pas de conflit négatif (Cons. d'Etat, 31 juill. 1822); lorsqu'il n'y a pas de procès, comme lorsqu'on demande la confirmation d'un acte qui n'est pas attaqué (Cons. d'Etat, 12 janv. 1825) ; lorsqu'on ne produit pas la décision qu'on attaque et que rien ne constate que cette décision ait existé.

15. Il ne faut pas non plus, pour l'admissibilité du recours, que la partie ait encouru la déchéance du droit de le former.

16. Enfin, le droit de la partie à former le recours doit être positif. Il y a absence de droit positif, lorsqu'on réclame l'exécution d'un marché dont on ne justifie pas, le paiement de bons qu'on ne représente pas ou qui sont surchargés et irréguliers, ou le paiement de dommages causés à sa propriété par un fait de guerre et de force majeure, ou lorsqu'on attaque des décisions ministérielles qui refusent d'autoriser l'établissement de lavoirs sur le terrain d'autrui, et dans d'autres cas analogues.

§ 3. — *Délai pendant lequel le recours peut et doit être formé.— Point de départ de ce délai. — Signification.*

17. Le recours au conseil d'Etat n'est recevable que pendant trois mois (Règl., 22 juill. 1806, art. 11).

18. Ce délai est augmenté d'un mois pour les décisions du conseil privé de la Martinique et de la Guadeloupe (Cons. d'Etat, 24 mars 1832; 31 oct. 1833), de deux mois pour celles de la Corse (Cons. d'Etat, 12 déc. 1834), et de cinq mois pour celles du conseil privé de l'île Bourbon (Cons. d'Etat, 31 mars 1835).

19. On ne compte dans le délai ni le jour de la signification ni celui de l'échéance (Cons. d'Etat, 17 juin 1818; 15 et 21 juill. 1832) : V. *J. Huiss.*, t. 141, p. 86).

20. Il ne court que contre des arrêtés définitifs et des arrêtés interlocutoires qui préjugent le fond (Cons. d'Etat, 19 juill. 1826), et non contre des arrêtés préparatoires et de sursis (Même décis.).

21. Le délai n'est pas interrompu par des protestations (Cons. d'Etat, 6 juill. 1810), ni par un acte extrajudiciaire portant déclaration qu'on entend déférer la décision au conseil d'Etat (Cons. d'Etat, 25 juin 1817), ni enfin par le recours devant le ministre (Cons. d'Etat, 16 juill. 1817).

22. Dans tous les cas, il ne commence à courir que du jour de la notification de la décision qu'on a intérêt à attaquer. Ainsi, spécialement, le recours au conseil d'Etat formé par une commune contre un arrêté rendu par le préfet, en conseil de préfecture, contre cette commune au profit d'un particulier, doit être interjeté, non dans les trois mois à partir du jour où le conseil municipal a acquis une connaissance complète de cet arrêté, mais dans les trois mois du jour où il a été notifié à la commune, à la requête de la partie adverse (Cons. d'Etat, 29 nov. 1852 : V. *J. Huiss.*, t. 34, p. 252). Par cette décision, le conseil d'Etat est revenu sur sa jurisprudence antérieure. Il avait, en effet, précédemment décidé que le délai de trois mois courait à partir du jour où la partie condamnée avait eu connaissance de l'arrêté, autrement que par une notification (V. *J. Huiss.*, t. 14, p. 90; t. 33, p. 147). La décision du 29 nov. 1852 nous paraît d'autant plus préférable qu'elle est conforme aux termes de l'art. 11 du règlement du 22 juill. 1806.

23. Lorsqu'il s'agit de décisions intervenues entre particuliers et entre corporations ou communes, la notification doit en être faite par le ministère d'un huissier, à personne ou à domicile, conformément aux règles prescrites par l'art. 443, Cod. proc. civ. (Cons. d'Etat, 17 oct. 1834).

24. Cette notification doit avoir lieu à la requête de la partie intéressée (Cons. d'Etat, 2 juin 1832), et être faite à la personne qui a capacité pour la recevoir (Cons. d'Etat, 4 juin 1833). — V. *Formule* 1.

25. Lorsque la partie est décédée après la signification qui lui a été faite, on doit en faire une nouvelle aux héritiers, conformément à l'art. 447, Cod. proc. civ. (Cons. d'Etat, 18 août 1833).

26. La notification, qu'elle soit faite à la requête des communes ou aux communes, doit avoir lieu aussi par le ministère d'un huissier (Cons. d'Etat, 23 juin 1824), et, lorsqu'elle est faite aux communes, la copie doit être laissée au maire, ou, en son absence, à l'adjoint, à moins qu'ils ne soient eux-mêmes parties intéressées (Cons. d'Etat, 16 juin 1831 ; 16 nov. 1835).

27. C'est également par huissier que la notification doit être faite soit au Trésor, soit à la requête du Trésor (Cons. d'Etat, 18 juill. 1821), soit aux fabriques, hospices et autres établissements publics, ou à leur requête (Cons. d'Etat, 14 août 1822), soit au domaine ou à sa requête (Cons. d'Etat, 6 juill. 1835), soit enfin aux ministres ou à leur requête, lorsque la décision concerne les administrations générales qui leur sont subordonnées (Cons. d'Etat, 7 fév. 1834).

28. La signification irrégulière ne fait pas courir les délais du recours. C'est au conseil d'Etat à apprécier la régularité de la signification (Cons. d'Etat, 23 juill. 1823 ; 26 août 1824 ; 22 juin 1825). A cet égard, les tribunaux sont incompétents (Mêmes décisions).

29. L'expiration des délais ci-dessus fixés emporte déchéance du droit de former recours au conseil d'Etat, et cette déchéance, étant d'ordre public, doit même être prononcée d'office (Cons. d'Etat, 7 juin 1826).

30. Mais, pour obtenir que la déchéance soit prononcée, il faut prouver qu'elle est encourue, soit par la représentation de l'original (Cons. d'Etat, 4 nov. 1835), soit par des actes décisifs (Cons. d'Etat, 20 juill. 1832), soit par la reconnaissance de la partie adverse (Cons. d'Etat, 17 juill. 1816 ; 5 mai 1830). Cette preuve incombe aussi bien aux ministres, demandeurs en déchéance, qu'aux particuliers (Cons. d'Etat, 7 fév. 1834 ; 12 janv. 1835).

31. Lorsqu'il s'agit de décisions rendues par les ministres au profit de l'Etat, la notification a lieu par lettres des ministres, ou des directeurs généraux, ou des autres agents à ce spécialement délégués, à Paris, et par les préfets, intendants militaires et autres agents, dans les départements (Cons. d'Etat, 10 août 1825).

32. Ce principe souffre quelques exceptions. Ainsi, l'arrêt de la Cour des comptes rendu au profit de l'Etat (Cons. d'Etat, 28 juill. 1819), l'arrêté de conseil de préfecture en matière de domaines nationaux ou de domaines engagés, ou en toute autre matière, et la décision ministérielle portant contrainte (Cons. d'Etat, 18 juill. 1821), doivent être notifiés par le ministère d'un huissier. — V. *Formule* 1.

32 *bis*. Toutefois, en matière de voirie, la notification peut se faire par un garde du génie assermenté (Cons. d'Etat, 19 janv. 1832).

32 *ter*. Lorsqu'avant de déposer son recours, une partie condamnée signifie à son adversaire qu'elle se pourvoit devant le conseil d'Etat, il y a lieu d'exiger d'elle le droit d'enregistrement établi par l'art. 47 de la loi du 28 avr. 1816, et ce droit doit être perçu au bureau où le recours est enregistré (Solut. de la régie du 4 janv. 1832 : V. *J. Huiss.*, t. 14, p. 55 et 56, à la note).

§ 4. — *Procédure devant le conseil d'Etat.*

33. Instances introduites a la requête des parties. — Le recours de la part des parties est formé par une requête signée d'un avocat au conseil d'Etat. Elle doit, à peine de rejet, contenir l'exposé sommaire des faits et moyens, les conclusions, les noms et demeures des parties, et l'énonciation des pièces dont on entend se servir et qui doivent y être jointes (Règl. 22 juill. 1806, art. 1).

34. Lorsque c'est un étranger qui est demandeur, il doit fournir, s'il en est requis, la caution *judicatum solvi* (Décr., 7 fév. 1809 ; Cons. d'Etat, 26 août 1824). — V. *Etranger, Exception.*

35. Le recours au conseil d'Etat ne suspend pas l'exécution des décisions contre lesquelles on s'est pourvu. Ces décisions sont exécutoires par provision, s'il n'en est autrement ordonné (Règl., 22 juill. 1806, art. 3).

36. Les parties, pour écarter cette exécution provisoire, peuvent solliciter un sursis. Lorsque le comité du contentieux du conseil d'Etat est d'avis de l'accorder, il est fait à cet égard un rapport au conseil d'Etat, qui prononce (Même art.). Mais, avant, le comité peut ordonner la communication au défendeur de la requête à fin de sursis, pour qu'il y réponde. Si le comité est d'avis de rejeter la demande, il conclut à ce qu'il soit défendu au fond.

37. La requête au fond et les autres productions des parties sont déposées au secrétariat du conseil d'Etat. Elles y sont inscrites, ainsi que la remise qui en est faite au maître des requêtes par le ministre de la justice, pour préparer l'instruction (Règl., 22 juill. 1806, art. 2), et faire le rapport.

38. Après le rapport de l'affaire, si le conseil d'Etat estime que la requête doit être admise, il en ordonne la communication aux parties intéressées (Règl., 22 juill. 1806, art. 4). Les requêtes qui sont déclarés inadmissibles ne sont point communiquées.

39. L'ordonnance de soit-communiqué doit être signifiée, à peine de déchéance, dans le délai de trois mois, à ceux qui demeurent en France, et, dans le même délai, augmenté à raison des distances, conformément à l'art. 73, C. proc. civ., à ceux qui demeurent hors de la France continentale (Règl., 22 juill. 1806, art. 12 et 13).

40. La signification doit être faite à toutes les personnes que le demandeur indique comme ses adversaires en tête de sa requête ; elle se fait aux particuliers, à personne ou à domicile, et, aux communes, corporations, établissements publics ou administrations, en la personne des maires ou adjoints, des préfets, des administrateurs, des directeurs, et elle doit être visée par eux ; en cas d'absence de la partie, la signification est déposée au parquet du procureur impérial, et affichée.

41. La signification a lieu par le ministère d'un huissier. — V. *Formule* 2. Mais, lorsque le recours est formé contre une décision ministérielle, la signification de l'ordonnance de soit-communiqué se fait par lettre adressée au ministre.

42. La signification est valable, quoiqu'elle ne contienne pas le texte de l'ordonnance de soit-communiqué ; il suffit qu'elle renferme la copie intégrale de la requête en pourvoi (Cons. d'Etat, 18 janv. 1831).

43. Il est de même lorsqu'elle est faite au domicile élu par le défendeur (Cons. d'Etat, 28 fév. 1831 ; 25 janv. 1833). Dans le cas de procès entre deux sections de commune, elle est faite au maire (Cons. d'Etat, 21 mars 1821). Mais elle est nulle, si elle n'a pas été visée par ce fonctionnaire (Cons. d'Etat, 16 juin 1831).

44. Le demandeur doit justifier de la signification par la représentation de l'original ; faute de ce faire, le conseil d'Etat prononce d'office la déchéance (Cons. d'Etat, 16 nov. 1825 ; 18 janv. 1826).

45. Les parties sont tenues de répondre et de fournir leurs défenses, savoir : dans le délai de quinze jours, si leur demeure est à Paris ou n'en est pas éloignée de plus de cinq myriamètres ; dans le mois, si elles demeurent dans les ressorts des Cours de Paris, Orléans, Rouen, Amiens, Douai, Nancy, Metz, Dijon et Bourges ; dans les deux mois, si elles sont domiciliées dans les autres Cours de France. A l'égard des colonies et des pays étrangers, les délais sont réglés par l'ordonnance de soit-communiqué. Tous ces délais courent du jour de la signification de la requête. Dans les matières urgentes, ils peuvent être abrégés par le garde des sceaux (Règl., 22 juill. 1806, art. 4).

46. La signature de l'avocat au pied de la requête, soit en demande, soit en défense, vaut constitution et élection de domicile chez lui (Même règl., art. 5), et les significations sont valablement faites à la partie à ce domicile. On ne peut élire domicile ailleurs.

47. Quinzaine après les défenses, le demandeur peut présenter et signifier une seconde requête ; le défendeur a le droit d'y répondre dans la quinzaine suivante. Il ne peut y avoir plus de deux requêtes (Même règl., art. 6).

48. Lorsque le jugement est poursuivi contre plusieurs parties dont les unes ont fourni leurs défenses et dont les autres sont en défaut de les fournir, il est statué à l'égard de toutes, par la même décision (art. 7).

49. Les avocats des parties peuvent prendre communication des pièces, lesquelles ne peuvent être déplacées sans le consentement de la partie qui les a produites, à moins qu'il n'y en ait minute. La communication ne peut jamais prolonger les délais (art. 8, 9 et 10).

50. Si, d'après l'examen d'une affaire, il y a lieu d'ordonner que des faits ou des écritures soient vérifiés, ou qu'une partie soit interrogée, le ministre de la justice désigne un maître des requêtes ou commet sur les lieux un juge de paix, un préfet ou un sous-préfet, et il règle la forme et les délais dans lesquels il doit être procédé aux actes d'instruction (Même règl., art 14 et 15 ; Cons. d'Etat, 5 mai 1830).

51. Le comité du contentieux peut ordonner la mise en cause des personnes qui doivent figurer au procès (Cons. d'Etat, 3 juin 1831), requérir, admettre ou refuser des expertises (Cons. d'Etat, 5 mai 1830), nommer d'office des experts, à défaut du choix des parties (Cons. d'Etat, 25 juin 1817), ordonner des enquêtes (Cons. d'Etat, 15 août 1834), et faire procéder à des vérifications de lieux (Cons. d'Etat, 6 juin 1834). Dans aucun cas, le conseil n'est lié par le rapport des experts (Cons. d'Etat, 19 janv. 1825 ; 5 mai 1830).

52. Lorsque, avant de faire droit sur un recours dont il est saisi, le conseil d'Etat ordonne qu'une question préjudicielle sera soumise aux tribunaux, on ne peut revenir devant lui qu'après qu'il y a eu chose jugée (Cons. d'Etat, 10 avril 1818).

53. Instances introduites au rapport d'un ministre. — Dans les affaires contentieuses introduites au conseil sur le rapport d'un ministre, il est donné, dans la forme administrative, avis à la partie de la remise des mémoires et pièces fournis par les agents du Gouvernement, afin qu'elle puisse prendre communication dans la forme et fournir sa réponse dans le délai prescrits (Règl., 22 juill. 1806, art. 16). — V. *suprà*, nos 45 et 49.

54. Lorsque, dans les affaires où le Gouvernement a des intérêts opposés à ceux d'une partie, l'instance est introduite à la requête de cette partie, le dépôt, qui est fait au secrétariat du conseil, de la requête et des pièces, vaut notification aux agents du Gouvernemnnt. Il en est de même pour tous les actes de l'instruction (Règl., 22 juill. 1806, art. 17).

55. Dans ce cas, le délai pour fournir réponse ne court qu'à partir de la lettre qui transmet au ministre le pourvoi dirigé contre lui, et non du jour du dépôt.

56. Incidents. — Les demandes incidentes sont formées par une requête sommaire déposée au secrétariat du conseil. Le ministre de la justice en ordonne, s'il y a lieu, la communication à la partie intéressée, pour y répondre dans les trois jours de la signification ou autre bref délai qui est déterminé (Règl., 22 juill. 1806, art. 18).

57. Pour la signification, V. *suprà*, nos 41 et suiv., et *Formule* 3. — Cette signification pourrait-elle avoir lieu à l'avocat de la partie ? Nous ne le pensons pas (Arg., art. 18 et 28, Règl., 22 juill. 1806 ; Ord., 18 janv. 1826, art. 10).

58. Les demandes incidentes sont jointes au principal et il y est statué par la même décision (Règl., 22 juill. 1806, art. 17) ; elles suivent le sort de la procédure ordinaire. Néanmoins, lorsqu'il y a lieu à quelque disposition provisoire et urgente, le rapport en est fait par un maître des requêtes, et il y est pourvu par le conseil, ainsi qu'il appartient (Même règl., art. 19).

59. La demande incidente ne peut être formée qu'autant qu'elle se rattache à la contestation actuelle (Cons. d'Etat, 8 mars 1814).

60. Dans le cas d'une demande en inscription de faux contre une pièce produite, le ministre de la justice fixe le délai dans lequel la partie qui l'a produite est tenue de déclarer si elle entend s'en servir (Règl. précité, art. 20). Cette fixation est notifiée à la partie, avec sommation de déclarer si elle entend ou non se servir de la pièce. — V. *suprà*, nos 41 et suiv., et 57, et *Formule* 3.

61. Si la partie ne satisfait pas à cette sommation, ou si elle déclare qu'elle n'entend pas se servir de la pièce, cette pièce est rejetée. Si la partie déclare qu'elle entend se servir de la pièce, le conseil d'Etat statue, sur l'avis de la commission, soit en ordonnant qu'il sera sursis à la décision de l'instance principale, jusqu'après le jugement de l'inscription de faux par le tribunal compétent, soit en prononçant la décision définitive, si cette décision ne dépend pas de la pièce arguée de faux (Règl., 22 juill. 1806, art. 20), par exemple, lorsque le pourvoi n'est pas recevable en la forme ou lorsque les délais sont expirés (Cons. d'Etat, 19 mai 1815).

62. S'il s'agit d'une intervention, la demande doit être formée par requête ; le ministre de la justice ordonne, s'il y a lieu, que cette requête soit communiquée aux parties, pour y répondre dans le délai qu'il fixe (Règl., art. 21). — Pour la signification de l'ordonnance et de la requête, V. *suprà*, n°s 41 et suiv., et 57, et *Formule* 3.

63. Pour intervenir dans une instance, il faut avoir intérêt à le faire (Cons. d'Etat, 25 juill. 1833) ; en conséquence, est recevable l'intervention du propriétaire dans la cause de son fermier (Cons. d'Etat, 28 mai 1835).

64. Mais ne peuvent intervenir les personnes qui n'ont pas été parties dans la décision contre laquelle on s'est pourvu.

65. L'intervention ne peut retarder la décision de l'affaire principale instruite au moment où elle est formée (Règl. 22 juill. 1806, art. 21). Elle tombe avec le désistement de la partie principale.

66. Dans les affaires qui ne sont point en état d'être jugées, la procédure est suspendue par la notification du décès de l'une des parties (Même art.). Cette notification a lieu par exploit du ministère d'huissier (V. *Formule* 4); à moins que l'Etat ne soit intéressé dans la contestation ; dans ce cas, l'envoi de l'acte de décès au ministre de la justice suffirait, selon nous.

67. La notification du décès d'une partie ne peut retarder la décision d'une affaire, lorsqu'il ne s'agit que de prononcer sur la compétence et que l'affaire est en état d'être jugée sous ce rapport (Cons. d'Etat, 13 janv. 1816).

68. Mais la procédure est suspendue par le décès, la démission, l'interdiction ou la destitution de l'avocat de l'une des parties. La suspension dure jusqu'à la mise en demeure pour reprendre l'instance ou constituer avocat (Règl. précité, art. 21). Cette mise en demeure a lieu par exploit du ministère d'huissier. — V. *Formule* 5.

69. Toutefois, dans ce cas, la décision, si l'affaire est en état, ne peut être différée (art. 23).

70. L'acte de révocation d'un avocat, par sa partie, est sans effet pour la partie adversaire, s'il ne contient pas la constitution d'un autre avocat (art. 24). — V. *Révocation.*

71. En cas de désaveu, il faut distinguer s'il porte sur des actes ou procédures faits ailleurs qu'au conseil d'Etat, ou à ce conseil.

72. Au premier cas, si le désaveu peut influer sur la décision de la cause, la demande doit être communiquée aux autres parties. Si le ministre de la justice estime que le désaveu mérite d'être instruit, il renvoie l'instruction et le jugement devant les juges compétents pour y être statué dans le délai réglé. A l'expiration de ce délai, il est passé outre au rapport de l'affaire principale, sur le vu du jugement du désaveu ou faute de rapporter ce jugement (même Règl., art. 25).

73. Au second cas, il est procédé contre l'avocat sommairement et dans les délais fixés par le ministre de la justice (art. 26).

74. Quant au désistement, il doit, pour être valable, être signifié d'avocat à avocat (Cons. d'Etat, 20 avril 1835), être accepté par le défendeur (Cons. d'Etat, 16 fév. 1835), être pur et simple, et non conditionnel (Cons. d'Etat,

2 déc. 1829), et autorisé, s'il est donné par une commune (Cons. d'Etat, 3 déc. 1828). — V. *Formule* 6.

75. Si deux instances tendent à l'annulation de la même décision, par les mêmes moyens, il y a lieu de les joindre (Cons. d'Etat, 25 juill. 1834). Il en est de même, lorsque deux décisions différentes présentent à juger les mêmes questions de compétence (Cons. d'Etat, 2 juill. 1828), ou lorsqu'elles ont été prises entre les mêmes parties et sur les mêmes objets, ou lorsqu'elles ont été l'objet de deux recours dans le même intérêt.

76. En ce qui concerne la récusation, il est douteux que les art. 378 et 382, C. proc. civ., puissent être appliqués aux conseillers d'Etat. — V. *Récusation.*

77. Enfin, la péremption d'instance n'est point admise devant le conseil d'Etat (Cons. d'Etat, 9 janv. 1832).

§ 5. — *Décisions du conseil d'Etat. — Voies de recours contre ces décisions. — Dépens.*

78. Les décisions du conseil d'Etat contiennent les noms et qualités des parties, leurs conclusions et le vu des pièces principales. Elles doivent être revêtues de la formule exécutoire (V. *Formule exécutoire*). Elles ne sont mises à exécution contre une partie qu'après avoir été préalablement signifiées à l'avocat au conseil qui a occupé pour elles (Règl., 22 juill. 1806, art. 27 et 28).

79. Les décisions par défaut, c'est-à-dire celles qui ont été rendues sans que la partie adverse ait été appelée ni entendue, ou sans qu'elle ait été représentée par une personne ayant qualité à cet effet (Cons. d'Etat, 27 juin 1834), sont seules susceptibles d'opposition, dans les trois mois seulement du jour où elles ont été notifiées (art. 29).

80. Cette notification doit avoir lieu par lettres, lorsque la décision est au profit de l'Etat; et, par huissier, lorsque la décision est au profit d'un particulier ou d'une commune ou corporation (Cons. d'Etat, 4 juin 1816; 31 janv. 1817). — V. *Formule* 7.

81. Si le comité du contentieux est d'avis que l'opposition doive être reçue, il fait son rapport au conseil, qui remet, s'il y a lieu, les parties dans le même état où elles étaient auparavant (Règl. précité, art. 30). La décision qui a admis l'opposition est signifiée, dans la huitaine à compter du jour de cette décision, à l'avocat de l'autre partie (Même art.).

82. L'opposition d'une partie défaillante à une décision rendue contradictoirement avec une autre partie ayant le même intérêt n'est pas recevable (art. 31).

83. A l'égard des décisions contradictoires, le recours n'est admis que dans deux cas : lorsque la décision a été rendue sur pièces fausses (art. 32) qui lui ont servi de fondement, et lorsque la partie a été condamnée faute de représenter une pièce décisive qui était retenue par son adversaire (Même art.; Cons. d'Etat, 10 juill. 1835).

84. Ce recours doit être formé dans les trois mois du jour où les pièces fausses ou décisives ont été recouvrées, ou du jour où la signification des actes administratifs qui les relatent ou les contiennent a été faite à la partie qui les oppose (Règl., 22 juill. 1806; art. 33). Il est admis de la même manière que l'opposition à une décision par défaut (Même art.)— V. *suprà*, n°s 79 et suiv.

85. Lorsque le recours est admis dans l'année où la décision a été rendue, la notification en est faite soit au domicile de l'avocat qui a occupé pour le défendeur; s'il n'est admis qu'après l'année, la notification en est faite aux parties, à personne ou à domicile, pour y fournir réponse dans le délai du règlement (art. 34 et 35). — V. *suprà*, n°s 40 et suiv.

86. Un second recours n'est jamais recevable lorsqu'il a été statué sur un premier (art. 36).

87. Enfin, en ce qui concerne la tierce opposition, elle ne peut être formée qu'en matière contentieuse et par des personnes qui n'ont pas été appelées ou représentées aux décisions qui les lèsent. Elle a lieu par requête en la forme ordinaire, et, sur le dépôt qui en est fait au secrétariat du conseil, il est procédé comme il est dit *suprà* n°s 33, 37 et suiv. (art. 37).

88. Ce que nous avons dit au n° 85 est applicable à la tierce opposition (art. 39).

89. La partie qui succombe est condamnée en 150 fr. d'amende, sans préjudice des dommages-intérêts de la partie, s'il y a lieu (art. 38).

90. En matière non contentieuse, la partie, qui se croit lesée par une décision du conseil d'Etat, peut s'adresser directement au chef du Gouvernement, par voie de pétition, et demander la formation d'une commission spéciale pour faire examiner la validité de ses plaintes et réclamations (art. 40 ; Cons. d'Etat, 11 déc. 1816 ; 26 août 1818).

91. Le conseil d'Etat statue sur les dépens qui sont liquidés et taxés par un maître des requêtes, sauf révision par le ministre de la justice (Règl., 22 juill. 1806 ; art. 41 et 43).

92. Il n'est employé aucuns frais de voyage, séjour ou retour des parties ni aucuns frais de voyage d'huissier au delà d'une journée (art. 42).

93. Les frais faits devant le conseil d'Etat, en ce qui concerne les avocats et les greffiers, ont été fixés par le tarif contenu en l'ordonnance royale du 18 janv. 1826.

94. Quant aux honoraires des huissiers au conseil d'Etat, l'ordonnance du 18 janv. 1826 ne les fixe pas. Mais, comme, par son art. 1er, elle déclare le règlement de 1738 applicable aux dépens devant le conseil d'Etat, il s'ensuit que les exploits des huissiers doivent être tarifés selon les dispositions de ce même règlement de 1738.

§ 6. — *Avocats et huissiers au conseil d'Etat.*

95. Les avocats au conseil d'Etat ont le droit exclusif de faire tous actes d'instruction et de procédure, et de profiter des copies des requêtes et ordonnances ; ils sont responsables de la correction desdites copies, et passibles seuls d'amende dans le cas où ces copies ne sont pas correctes et lisibles.

96. Les huissiers à la Cour de cassation sont huissiers au conseil d'Etat.

97. Ils ont le droit exclusif de faire les significations d'avocat à avocat, et celles aux parties ayant leur demeure à Paris (Règl., 22 juill. 1806, art. 51), à peine de nullité (Chauveau, *Comment. sur le tarif*, Introd., p. 44). Ailleurs, les significations aux parties peuvent être faites par tous huissiers. — V. *Huissier*.

Formules.

1. *Signification d'arrêté pour faire courir le délai du pourvoi.*

L'an. . . . ., à la requête de. . . . ., élisant domicile en sa demeure, j'ai. . . . ., signifié et avec ces présentes donné copie au sieur. . . . ., au nom et comme maire de la commune de. . . . ., en son domicile où étant et parlant à sa personne, qui a visé le présent original ; — d'un arrêté pris par le conseil de préfecture de. . . . ., le. . . . . ., portant (*l'analyser*), à ce qu'il n'en ignore et ait à y avoir égard. Et j'ai. . . .

V. n° 24. — Coût, tarif du 16 fév. 1807. arg. art. 29. Orig. : Paris, 2 fr. ; R. P. 1 fr. 80 c. ; aill., 1 fr. 50 c.

Enregistrement de l'exploit, 2 fr. 20 c. (Arg. art. 43, L. 28 avr. 1816).

2. *Signification de la requête et de l'ordonnance de soit-communiqué.*

L'an. . . . . ., à la requête de. . . . ., élisant domicile en la demeure de M^e. . . . ., avocat au conseil d'Etat et à la Cour de cassation, demeurant à Paris, rue. . . . ., nº. . . ., lequel est constitué à l'effet d'occuper sur la requête dont on va parler et ses suites, j'ai. . . . ., signifié et avec ces présentes donné copie à M. . . . ., au nom et comme maire de la commune de. . . . . ., en son domicile où étant et parlant à sa personne, qui a visé le présent : 1° de la requête en date du. . . . ., signée de mondit sieur. . . . ., avocat, enregistrée le. . . . ., et déposée le. . . . . au secrétariat du conseil d'État, contenant, au nom du requérant, le pourvoi contre un arrêté du conseil de préfecture de. . . . en date du. . ., rendu au profit de la commune de. . . ., au sujet de. . . . .; 2° et de l'ordonnance de soit-communiqué rendue sur la proposition du comité du contentieux par M. le garde des sceaux, le. . . . . ., enregistrée le. . . .; à ce que ledit sieur. . . . ., audit nom, n'en ignore, et lui faisant sommation de prendre et fournir ses défenses dans les délais fixés par l'art. 4 du règlement du 22 juillet 1806, je lui ai. . . .

V. nº 41. — Coût, règl. 1738, tit. 16, art. 22. Orig. : 1 fr. 50 c., y compris la copie ; copie de pièces, par rôle, 12 c. 1/2 ; transport, voyage. 1 fr. par demi-myriamètre.

Enregistrement de l'exploit, 5 fr. 50 c. (L. 28 avr. 1816, art. 45.)

3. *Signification de demande incidente.*

L'an. . . ., à la requête de. . . . ., élisant domicile en la demeure de Mᵉ. . . . ., avocat au conseil d'État et à la Cour de cassation, demeurant à. . . . ., rue. . . . ., lequel est constitué à l'effet d'occuper sur la requête dont on va parler et ses suites ; j'ai. . . . ., signifié et avec ces présentes donné copie à. . . . . : 1° d'une requête formée au nom du requérant par M. . . . ., son avocat, le. . . . ., enregistrée le. . . . ., déposée au secrétariat du conseil d'État, le. . . . ., contenant. . . . . ; 2° de l'ordonnance de soit-communiqué rendue par M. le garde des sceaux de France, le. . . . ., le tout dûment signé et en forme, à ce que mondit sieur. . . . n'en ignore. Lui faisant sommation de répondre à ladite requête dans le délai de trois jours (*ou autre délai, s'il en a été fixé un par l'ordonnance*), sous toutes réserves.

V. nºˢ 57, 60 et 62. — Coût, V. *Formule* 2.

Enregistrement de l'exploit, 5 fr. 50 c. — V. *Formule* 2.

4. *Signification de décès à la partie.*

L'an. . . . ., à la requête de. . . ., agissant au nom et comme héritier de. . . . ., partie dans l'instance engagée devant le conseil d'État avec le sieur. . . . ., par pourvoi du. . . . ., j'ai, ..., signifié et avec ses présentes donné copie audit sieur. . . . de l'expédition d'un acte dressé par (*analyser l'acte de décès*) ; à ce que mondit sieur. . . . n'en ignore : lui déclarant que la présente signification lui est faite afin de suspendre ladite instance conformément à l'art. 21 du règlement du 22 juill. 1806, sous toutes réserves.

V. nº 66. — Coût, V. *Formule* 2.

Enregistrement de l'exploit, 5 fr. 50 c. — V. *Formule* 2.

5. *Sommation de reprendre l'instance et de constituer avocat.*

L'an. . . . . ., à la requête de. . . . . ., élisant domicile (*constituer avocat*), j'ai fait sommation à. . . . ., héritiers de. . . . ., parties en l'instance pendante au conseil d'État, au sujet de. . . . ; de — attendu que ledit sieur. . . . . est décédé le. . . . .; que, par exploit de. . . . ., son décès a été notifié au requérant, et que dès lors l'instance a été suspendue jusqu'à ce jour ; attendu que trois mois et quarante jours se sont écoulés depuis le décès dudit sieur. . . ., et que ses héritiers ont dû prendre qualité ; attendu qu'il importe au requérant que le débat existant soit vidé ; — d'ici huit jours reprendre ladite instance, et à cet effet constituer un avocat au conseil ; — déclarant que, faute de ce faire, il sera procédé tel que de droit, sous toutes réserves.

Ou — Fait sommation à. . . . ., de, — attendu que Mᵉ. . . . ., son avocat en l'instance engagée. . . . ., est décédé le (*ou* a été interdit, *ou* destitué, *ou* a donné sa démission) ; attendu que ce fait a suspendu ladite instance et qu'il importe au requérant de la continuer, — sous huit jours reprendre ladite instance et constituer à cet effet un nouvel avocat, sous toutes réserves.

V. nº 68. — Coût, V. *Formule* 2.

Enregistrement de l'exploit, 5 fr. 50 c. — V. *Formule* 2.

6. *Signification de désistement.*

L'an. . . . ., à la requête de Me. . . . . . avocat au conseil d'Etat et à la Cour de cassation, et du sieur. . . . ., ci-après nommé, demeurant à Paris, rue. . . . ., élisant domicile en sa demeure, j'ai. . . . ., signifié à Me, ..., avocat audit conseil, et de. . . . ., demeurant à. . . . ., copie du désistement qui précède ; à ce qu'il n'en ignore, et ait à y avoir égard, etc.

V. n° 74. — Coût, V. *Formule* 2.

Enregistrement de l'exploit, 5 fr. 50 c. — V. *Formule* 2.

NOTA. *Cet exploit se met à la suite du désistement de l'avocat.*

7. *Signification d'ordonnance rendue par défaut.*

L'an. . . . ., à la requête de (*élection de domicile chez l'avocat*), j'ai signifié et avec ces présentes donné copie à. . . . . d'une décision rendue en conseil d'Etat, en date du. . . . ., au profit de. . . . ., par défaut contre. . . . ., et signifiée à avocat le. . . . ; à ce qu'il n'en ignore et ait à y avoir égard, etc.

V. n° 80. — Coût, V. *Formule* 2.

Enregistrement de l'exploit, 5 fr. 50 c. — V. *Formule* 2.

CONSEIL DE FAMILLE. — **1.** Assemblée de parents ou d'amis présidée par le juge de paix, et dont les fonctions consistent à délibérer sur ce qui intéresse la personne et les biens d'un mineur, d'un interdit ou d'un absent.

Indication alphabétique des matières.

§ 1. — *Composition et convocation.*
§ 2. — *Compétence. — Responsabilité.*
§ 3. — *Délibérations. — Notification. — Réformation.*
§ 4. — *Homologation. — Procédure.*
§ 5. — *Timbre et enregistrement.*
FORMULES.

§ 1er. — *Composition et convocation.*

2. *Composition.* — Des règles particulières sont tracées par le Code Napoléon (art. 405 et suiv.) pour la composition des conseils de famille. Ces règles diffèrent suivant qu'il s'agit d'enfants légitimes, d'enfants naturels ou d'enfants admis dans les hospices.

3. Lorsqu'il s'agit d'enfants légitimes, le conseil de famille doit être composé, outre le juge de paix, qui en est le président, de six parents ou alliés pris tant dans la commune du lieu où la tutelle s'est ouverte que dans la distance de deux myriamètres, moitié du côté paternel et moitié du côté maternel, en suivant l'ordre de proximité dans chaque ligne. Le parent doit être préféré à l'allié du même degré, et parmi les parents du même degré, le plus âgé au plus jeune (C. Nap., art. 407).

4. A défaut de parents ou alliés en nombre suffisant, sur les lieux ou dans la distance ci-dessus fixée, le juge de paix peut appeler, soit des parents ou alliés domiciliés à de plus grandes distances, soit, dans la commune même, des citoyens connus pour avoir eu des relations d'amitié avec le père ou la mère du mineur (C. Nap., art. 409).

5. Le juge de paix peut, lors même qu'il y a sur les lieux un nombre suffisant de parents ou alliés, permettre de citer, à quelque distance qu'ils soient domiciliés, des parents ou alliés plus proches en degrés, ou de mêmes degrés que les parents ou alliés présents, de manière toutefois que cela s'opère en retranchant quelques-uns de ces derniers et sans excéder le nombre déterminé au n° 3 (C. Nap., art. 410).

6. Ce nombre ne peut être augmenté que dans un seul cas : c'est lorsque les frères germains du mineur et les maris des sœurs germaines sont six et au delà ; ils sont tous membres du conseil de famille et ils le composent seuls, avec les veuves d'ascendants et les ascendants valablement excusés, s'il y en a (C. Nap., art. 408).

7. Ainsi, les ascendants non excusés font partie du nombre des six parents nécessaires pour composer le conseil de famille. Quant aux ascendants excusés et aux veuves d'ascendants, ils doivent être convoqués ; mais comme ils ne sont point membres nécessaires, ils sont libres d'assister ou de ne pas assister au conseil de famille.

8. Si le nombre des frères germains est inférieur à six, il faut, outre les ascendantes et les ascendants excusés, appeler d'autres parents pour compléter le conseil (C. Nap., art. 408).

9. On peut appeler comme membres d'un conseil de famille : l'époux remarié, soit qu'il ait des enfants de sa première femme (Cass., 16 juill. 1810), soit qu'il n'en ait pas (Cass., 24 fév. 1825) ; les frères germains et les ascendants de la femme qui produisait l'affinité, fût-elle décédée avec ou sans enfants ; ceux qui ont donné précédemment leur avis sur l'objet de la délibération (Paris, 27 janv. 1820) ; le subrogé tuteur, lorsque les intérêts du pupille ne sont pas en opposition avec ceux du tuteur (Cass., 3 sept. 1806) ; le parent qui provoque la destitution du tuteur (Cass., 12 mai 1830) ; la veuve, lorsqu'il s'agit de délibérer si la tutelle doit lui être conservée en cas de convol (Bordeaux, 17 août 1825) ; le juge de paix et les membres qui ont pris part aux délibérations d'un premier conseil de famille dont les opérations ont été annulées (Paris, 27 janv. 1820).

10. Ne peuvent être membres des conseils de famille : les mineurs, excepté le père ou la mère ; les interdits ; les femmes autres que la mère et les ascendantes ; tous ceux qui ont ou dont les père et mère ont avec le mineur un procès dans lequel l'état de ce mineur, sa fortune ou une partie notable de ses biens, sont compromis (C. Nap., art. 442) ; les individus auxquels les tribunaux correctionnels ont interdit le droit de suffrage dans les délibérations des conseils de famille, conformément à l'art. 42, C. pén. ; ceux condamnés aux travaux forcés à temps, ou au bannissement, et ceux frappés de mort civile (C. Nap., art. 25).

11. En matière d'interdiction, ceux qui la provoquent ne peuvent faire partie du conseil de famille. Cependant l'époux ou l'épouse et les enfants de la personne dont l'interdiction est provoquée y sont admis, sans y avoir voix délibérative (C. Nap., art. 495).

12. Lorsqu'il s'agit d'enfants naturels, comme il est de principe qu'ils n'ont point d'autres parents que leurs père et mère, leur conseil de famille ne peut être composé que d'amis (Toullier, t. 2, n° 1113 ; Cass., 3 sept. 1806 ; 7 juin 1820).

13. Quant aux enfants admis dans les hospices, à quelque titre et sous quelque dénomination que ce soit, ils sont sous la tutelle des commissions administratives de ces maisons, lesquelles désignent un de leurs membres pour exercer, le cas advenant, les fonctions de tuteur ; les autres membres forment le conseil de tutelle (L. 5 pluv. an 13, art. 1 ; Décr., 19 janv. 1811).

14. Le Code Napoléon n'a point prononcé la peine de nullité pour contravention à ses prescriptions sur la composition du conseil de famille, afin de laisser aux tribunaux la faculté de décider si les circonstances sont assez graves pour motiver cette nullité (Toullier, t. 2, n° 1119 ; Agen, 10 déc. 1806 ; Riom, 25 nov. 1828 ; Cass., 30 avril 1834 ; Colmar, 14 juill. 1836).

15. C'est par application de ce principe que la Cour de cassation a décidé, le 22 juill. 1807, que la composition d'un conseil de famille était régulière, quoiqu'on eût préféré l'allié au parent du même degré.

16. *Convocation.* — La convocation du conseil de famille doit avoir lieu pendant toute la tutelle, devant le juge de paix du domicile du mineur au moment de l'ouverture de la première tutelle, soit pour la nomination d'un nouveau tuteur, soit pour toute autre cause (Magnin, *de la Tutelle*, n° 78 ; Duranton, t. 3, n° 453 ; Toullier, t. 2, n° 1114 ; Cass., 29 nov. 1809 ; 23 mars 1819 ; Rennes, 3 août 1818).

17. Il en est de même, en matière de tutelle légale, lorsqu'il s'agit de procéder au remplacement d'un subrogé tuteur : le conseil doit être convoqué devant le juge de paix où la tutelle s'est ouverte et non devant celui du domicile du tuteur (Cass., 11 mai 1842). Mais, lorsqu'après une tutelle légale s'ouvre une tutelle dative par le décès du dernier mourant des père et mère, c'est devant le juge du domicile de ce décès que doit être convoqué le conseil de famille (Cass., 10 août 1825).

17 *bis*. Lorsqu'un ascendant a, par son testament, fait une substitution d'une partie de sa fortune au profit de ses petits-enfants mineurs, sans désigner le tuteur chargé de l'exécution de cette substitution, le conseil de famille, pour la nomination de ce tuteur, doit se réunir, non devant le juge de paix du domicile des appelés, mais devant celui du lieu de l'ouverture de la succession (C. Nap., art. 1057; Angers, 12 avr. 1852 : V. *J. Huiss.*, t. 34, p. 83).

18. L'assemblée se tient de droit chez le juge de paix, à moins qu'il ne désigne un autre local (C. Nap., art. 415).

19. La convocation peut être faite à la diligence soit des parents du mineur, soit de ses créanciers ou d'autres parties intéressées, soit même d'office et à la poursuite du juge de paix compétent. Toute personne peut même dénoncer à ce juge de paix le fait qui donne lieu à la nomination du tuteur (C. Nap., art. 406). En matière d'interdiction, c'est le tribunal qui ordonne l'assemblée de famille.

20. Le juge de paix fixe le jour et le lieu de l'assemblée, de manière à ce qu'il y ait toujours, entre la citation notifiée et le jour indiqué pour la réunion du conseil, un intervalle de trois jours au moins, quand toutes les parties citées résident dans la commune ou dans la distance de deux myriamètres; s'il y en a qui résident au delà, le délai est augmenté d'un jour par trois myriamètres (C. Nap., art. 411).

21. Ordinairement, pour éviter des frais, la fixation des jour, heure et lieu où doit se tenir l'assemblée, se fait verbalement et est portée à la connaissance des membres du conseil par lettres missives. Ce n'est qu'en cas de difficulté qu'on procède autrement. Alors, la partie qui requiert la convocation peut obtenir du juge de paix une *cédule* (V. ce mot et la *Formule* 4), ou un procès-verbal dressé par suite de sa réquisition et constatant la composition du conseil et le permis d'assigner. — Si c'est le juge de paix qui agit d'office, il dresse un procès-verbal constatant les motifs qui le font agir, et la composition du conseil.

22. Le procès-verbal dressé par le juge est signifié aux membres choisis, avec intimation de se trouver aux lieu, jour et heure fixés. — V. *Formule* **1**. — Si la convocation a lieu à la requête du juge de paix, la citation est donnée sur papier visé pour timbre et enregistrée en débet. Il en est de même en cas d'indigence des mineurs, constatée par un certificat du maire ou du commissaire de police.

23. Les membres du conseil de famille comparaissent en personne ou par un mandataire spécial qui ne peut représenter plus d'un membre (C. Nap., art. 412), afin qu'il y ait toujours six votants. Ainsi, un membre ne pourrait voter à la fois en son nom et comme mandataire (Turin, 20 fév. 1807).

24. Le pouvoir peut être sous seing privé (Colmar, 25 avril 1817). Il n'est pas nécessaire qu'il énonce l'opinion que le mandataire doit émettre (Paris, 26 avril 1851 : V. *J. Huiss.*, t. 32, p. 263).

25. Toute personne convoquée en conseil de famille, et qui, sans excuse légitime, ne comparaît point, encourt une amende qui ne peut excéder 50 fr., et qui est prononcée par le juge de paix, sans appel (C. Nap., art. 413). L'amende ne serait pas encourue, si l'un des membres présents refusait de délibérer (Cass., 10 déc. 1828). Dans tous les cas, pour que l'amende puisse être prononcée, il faut qu'il y ait eu citation régulière.

26. S'il y a excuse, s'il convient d'attendre le membre absent ou de le remplacer, le juge de paix peut ajourner l'assemblée ou la proroger (C. Nap., art. 414).

§ 2. — *Compétence.* — *Responsabilité.*

27. *Compétence.*—Les attributions du conseil de famille sont nombreuses: 1° Il procède à la nomination des tuteurs (C. Nap., art. 405), des tuteurs *ad hoc* (C. Nap., art. 318), des tuteurs spéciaux et particuliers (C. Nap., art. 838; C. proc., art. 968), des cotuteurs (C. Nap., art. 396), des protuteurs (art. 417), des curateurs à l'émancipation (art. 480), des curateurs au ventre (art. 393), des tuteurs et subrogés tuteurs aux condamnés (C. pén., art. 29);

28. ...A la destitution et à l'exclusion des tuteurs, cotuteurs et curateurs (C. Nap., art. 446);

29. 2° Il délibère sur le mariage des mineurs, lorsqu'ils n'ont ni père ni mère, ni aïeuls ni aïeules (C. Nap., art. **160**); sur l'opposition à y former (art. 175);

30. ...Sur la tutelle officieuse (art. 361) ;

31. ...Sur la confirmation du tuteur nommé par la mère remariée, maintenue dans la tutelle (art. 400) ;

32. ...Sur le choix pour tuteur de l'un des deux bisaïeuls de la ligne maternelle (art. 404) ;

33. ...Sur la fixation des dépenses du mineur et les frais d'administration (art. 454), et sur l'obligation d'employer l'excédant des revenus (art. 455) ;

34. ...Sur l'autorisation à donner au tuteur pour prendre à ferme ou acheter les biens du mineur (art. 450), aliéner ou hypothéquer les mêmes biens (art. 457), accepter ou répudier les successions et donations (art. 461 et 463), introduire une action relative aux droits immobiliers du mineur ou y acquiescer (art. 464), provoquer un partage (art. 465 et 817), transiger (art. 467), ou faire détenir le mineur par voie de correction (art. 468) ;

35. 3° Il délibère également sur l'émancipation (art. 478) et sur la révocation de l'émancipation (art. 485) ;

36. ...Sur l'interdiction (C. Nap., art. 494; C. proc. civ., art. 882), et sur la mainlevée de l'interdiction (Arg. art. 896, C. proc. civ.) ;

37. ...Sur la nomination d'un conseil judiciaire (C. Nap., art. 514) ;

38. ...Sur la manière de régler les conventions matrimoniales des enfants d'un interdit (art. 511) ;

39. ...Sur la restriction ou la radiation des hypothèques des mineurs (C. Nap., art. 2141 et 2143) ;

40. ...Et, enfin, sur tous les actes qui ne sont pas d'une administration ordinaire.

40 *bis.* Sur la question de savoir si le conseil de famille peut autoriser le tuteur à céder un office dont le titulaire est décédé, laissant des enfants mineurs, V. *Office.*

41. Quelquefois les parents sont appelés à donner leur avis sans être constitués en conseil de famille : par exemple, la mère survivante et non remariée ne peut faire détenir son enfant que sur l'avis des deux plus proches parents paternels ; l'hypothèque générale de la femme sur les immeubles de son mari ne peut être réduite que sur l'avis de ses plus proches parents (C. Nap., art. 381 et 2144).

42. *Responsabilité.* — Les membres du conseil de famille ne sont point responsables de la gestion du tuteur qu'ils ont nommé en prenant les précautions convenables (Toullier, t. 2, n° 1119).

43. Mais ils seraient soumis à une responsabilité dont le principe se puise dans les art. 1382 et 1383, C. Nap., s'ils avaient agi avec une indifférence telle que la faute devrait être assimilée au dol, par exemple, s'ils avaient nommé pour tuteur un dissipateur, un homme en état de faillite (Duranton, t. 3, n° 473).

§ 3. — *Délibération.* — *Notification.* — *Réformation.*

44. *Délibération.* — Le juge de paix, comme président du conseil de famille, a la police de l'assemblée, mais il ne peut appliquer les art. 10 et 11, C. proc. civ., pour les faits qui se passent au sein du conseil de famille.

45. Le juge de paix ne prononce comme juge que dans un seul cas : c'est lorsqu'il applique l'amende prévue par l'art. 413, C. Nap. — V. n° 25.

46. Il ne peut être récusé que lorsqu'il se trouve dans l'un des cas énumérés en l'art. 44, C. proc. civ. — V. *Récusation.*

47. La présence des trois quarts au moins des membres convoqués est indispensable pour qu'on puisse délibérer (C. Nap., art. 415).

48. Le juge de paix a voix délibérative et prépondérante en cas de partage (C. Nap., art. 416).

49. La majorité absolue des suffrages est nécessaire pour former la délibération (Bruxelles, 15 mars 1806; Metz, 16 fév. 1812; Duranton, t. 3, n° 466. — *Contrà*, Toullier, t. 2, n° 1121), à peine de nullité (Aix, 10 mars 1840).

50. Dans aucun cas le tuteur ne peut voter pour la nomination du subrogé tuteur (C. Nap., art. 425).

51. Toute délibération qui n'est pas unanime doit contenir l'avis de chacun des membres qui composent le conseil (C. proc. civ., art. 883), à moins que la délibération ne soit pas sujette à l'homologation (Metz, 16 fév. 1812; Paris, 6 oct. 1814. — *Contrà*, Angers, 6 août 1819), ou qu'il ne s'agisse du refus d'autorisation pour un mariage.

52. Lorsque la délibération prononce une exclusion ou une destitution de tuteur, elle doit être motivée et ne peut être prise qu'après avoir entendu ou appelé le tuteur (C. Nap., art. 447).

53. Hors ce cas, on peut se dispenser d'exprimer au procès-verbal les motifs des différents avis émis par les membres, même lorsqu'il s'agit d'enlever la tutelle à la mère qui se remarie (Cass., 17 nov. 1813; Paris, 11 déc. 1821).

54. *Notification.* — La notification de la délibération du conseil de famille est prescrite lorsque le tuteur nommé est absent; elle a lieu à la diligence du membre de l'assemblée désigné par elle, dans les trois jours de sa date, outre un jour par trois myriamètres de distance entre le lieu où s'est tenu l'assemblée et le domicile du tuteur (C. proc. civ., art. 882). — V. *Formule* 2.

55. Cette notification est nécessaire, lors même que le tuteur a été représenté par un mandataire à la délibération, si le mandat ne contenait pas le pouvoir de proposer les excuses.

56. Le membre désigné, qui ne fait pas la notification dans le délai prescrit, est passible des dommages-intérêts résultant du tort que sa négligence a occasionné au mineur.

57. Si aucun membre n'avait été désigné pour faire la notification, elle pourrait l'être par toute partie intéressée (Arg. art. 406, C. proc. civ.).

58. Les diligences du tuteur, non présent à la délibération qui lui a déféré la tutelle, à l'effet de convoquer le conseil de famille pour délibérer sur ses excuses, doivent avoir lieu dans les trois jours à partir de la notification qui lui a été faite de sa nomination, outre un jour par trois myriamètres de distance du lieu de son domicile au lieu de l'ouverture de la tutelle; passé ce délai, il serait non recevable (C. Nap., art. 439).

59. Le tuteur doit donc s'adresser au juge de paix et obtenir de ce magistrat une cédule indiquant la convocation et la composition du conseil de famille à l'effet de statuer sur ses excuses, puis signifier cet acte aux membres de ce conseil.—V. *Formule* 1.

60. Si les excuses sont rejetées, le tuteur peut se pourvoir devant les tribunaux (C. Nap., art. 440).

61. *Réformation.* — Les personnes qui peuvent se pourvoir contre les délibérations du conseil de famille sont : 1° le tuteur nommé en son absence et qui a des excuses à faire valoir (C. Nap., art. 438; C. proc. civ., art. 882); 2° le tuteur exclu ou destitué (C. Nap., art. 448); 3° le tuteur en exercice, le subrogé tuteur, le curateur, les membres du conseil de famille qui n'ont point été d'avis de la délibération (C. proc. civ., art. 883); 4° les parents qui n'ont point été appelés à la délibération, mais qui auraient dû l'être; et 5° le mineur, s'il était émancipé, et en général ceux qui auraient un juste motif de s'intéresser au mineur, et même un tiers auquel la délibération causerait préjudice.

62. La demande doit être formée, savoir : s'il s'agit par le tuteur exclu ou destitué de se faire maintenir dans la tutelle, contre le subrogé tuteur (C. Nap., art. 448; Carré et Chauveau, *Lois de la Procédure*, *Quest.* 2997; Arg., Paris, 6 oct 1814); et, dans tous les autres cas, contre les membres du conseil de famille qui ont été d'avis de la délibération (C. proc. civ., art. 883).

63. On ne peut jamais intimer le juge de paix (Carré et Chauveau, *Quest.* 2998); mais on peut le prendre à partie dans les cas prévus par la loi (Cass., 29 juill. 1812).—V. *Prise à partie.*

64. La demande est dispensée du préliminaire de conciliation (C. proc. civ., art. 883). — V. *Conciliation*, n° 69.

65. Avant de la former, on doit distinguer si la délibération est ou non sujette à l'homologation. Au premier cas, on doit se borner à former opposition à l'homologation (V. *infrà*, n° 81, et *Formule* 5), et à proposer ses moyens pour empêcher que l'homologation ait lieu. Au second cas, on retire une expédition de la délibération, on la signifie aux membres qui ont été d'avis de la prendre, et on les assigne pour voir dire que la délibération sera annulée ou modifiée suivant les circonstances (Carré et Chauveau, *Quest.* 2999).— V. *Formule* 3.

66. Les délibérations ne peuvent être attaquées que par voie d'action principale, et non par voie d'appel (Rennes, 31 août 1818; Cass., 18 juill. 1826).

67. Si le cas requiert célérité, on assigne à bref délai en vertu de la permission du juge.

68. La demande doit être portée devant le tribunal dans l'arrondissement duquel s'est tenue l'assemblée du conseil de famille (Carré et Chauveau, *loc. cit.*).

69. Elle doit être jugée sommairement (C. proc. civ., art. 884).

70. Lorsqu'il s'agit de la destitution ou de l'exclusion d'un tuteur, ceux qui ont requis la convocation du conseil de famille peuvent intervenir dans l'instance (C. Nap., art. 449).

71. Le tribunal qui annule une délibération portant nomination de tuteur ne peut nommer lui-même un tuteur (Cass., 27 nov. 1816; Orléans, 9 août 1817). De même, le tribunal qui destitue un tuteur ne peut désigner celui que doit nommer le conseil de famille (Montpellier, 9 prair. an 13).

72. Le jugement rendu est susceptible d'appel (C. proc. civ., art. 889).

73. Si le demandeur succombe, le tribunal peut le condamner aux dépens personnellement, ou les compenser, ou ordonner que les frais seront employés en dépenses d'administration (Rennes, 31 août 1818). Dans le cas contraire, ceux qui ont été d'avis de la délibération peuvent être condamnés aux dépens (C. Nap., art. 441; C. proc. civ., art. 132).

§ 4.—*Homologation.—Procédure.*

74. Toute délibération d'un conseil de famille, dont la loi n'ordonne pas l'homologation, vaut par elle-même et doit être exécutée, si elle n'est point attaquée. Lorsque la loi prescrit cette formalité, la délibération n'est exécutoire qu'après qu'elle a été remplie.

75. On doit faire homologuer les délibérations qui prononcent l'exclusion ou la destitution du tuteur (C. Nap., art. 448); celles qui autorisent à emprunter pour le mineur, aliéner ou hypothéquer ses immeubles (art. 458), et celles qui règlent les conventions matrimoniales de l'enfant d'un interdit (art. 511).

76. Certains actes concernant le mineur ne sont valables qu'après qu'ils ont été autorisés par le conseil de famille et homologués, mais dans ce cas ce sont les actes et non la délibération qui sont soumis à la formalité.—V. *Partage*, *Transaction.*

77. Toutes les autres délibérations présentant un intérêt moins grave ne sont pas soumises à l'homologation (Paris, 6 oct. 1814; Toulouse, 11 juin

1819), à moins qu'un membre n'y forme opposition (Amiens et Angers, 6 août 1819).

78. Lorsqu'il y a lieu à homologation, une expédition de la délibération est présentée au président du tribunal, qui met au bas une ordonnance de soit-communiqué au ministère public et commet un juge pour faire le rapport au jour indiqué. Le procureur impérial donne ses conclusions au bas de l'ordonnance, et la minute du jugement est mise à la suite des conclusions sur le même cahier (C. proc. civ., art. 885 et 886). Le tribunal statue à l'audience ou en la chambre du conseil, selon qu'il y a ou non discussion.

79. Si le tuteur ou autre chargé de poursuivre l'homologation ne le fait pas dans le délai fixé par la délibération, ou, à défaut de fixation, dans le délai de quinzaine, l'un des membres du conseil de famille peut poursuivre l'homologation contre lui et à ses frais sans répétition (C. proc. civ., art. 887). Le délai n'est pas sujet à augmentation à raison des distances.

80. Le tuteur ou le membre en retard de faire homologuer doit être assigné sur la poursuite en homologation.—V. *Formule 4*.

81. Ceux des membres du conseil qui croient devoir s'opposer à l'homologation doivent le déclarer par acte extrajudiciaire à celui qui est chargé de la poursuite (C. proc. civ., art. 888). — V. *Formule* 5. Alors, on doit les appeler à l'homologation.— V. *Formule* 6. S'ils n'ont pas été appelés, ils ont le droit de former opposition (C. proc. civ., art. 888). Cette opposition est recevable tant que la délibération n'a pas été exécutée.

82. Le ministère des avoués est nécessaire (Tarif du 16 fév. 1807, art. 17, 18 et 50).

83. L'appel du jugement d'homologation n'est recevable qu'autant que l'homologation est devenue contentieuse, car autrement elle ne constituerait qu'un acte de juridiction volontaire qui devrait être attaqué devant les premiers juges (Turin, 29 juill. 1809).

84. L'appel interjeté d'après l'avis unanime d'un conseil de famille et tendant à faire changer quelques dispositions peut être valablement signifié au procureur impérial (Trèves, 11 fév. 1811).

85. L'homologation ne peut pas couvrir les vices de la délibération (Turin, 5 mai 1810; Magnin, n° 360). Ainsi, pour demander la nullité d'une délibération, il est inutile d'appeler du jugement qui l'a homologuée (Aix, 5 fév. 1832).

§ 5.—*Timbre et enregistrement.*

86. Les citations et procès-verbaux des conseils de famille doivent être écrits sur timbre.—V. cependant *suprà*, n° 22.

87. Les avis de parents sont tarifés au droit fixe de 4 fr. (L. 28 avril 1816; L. 19 juill. 1845, art. 5), excepté ceux contenant émancipation, qui sont soumis au droit de 5 fr. 50 c. par chaque émancipé (L. 22 frim. an 7, art. 68).

88. Il n'est dû aucun droit proportionnel pour la fixation des honoraires du tuteur (Cass., 3 janv. 1827; Inst., 30 juin 1817), ni pour l'autorisation de vendre les immeubles, afin de payer les dettes (Délib. de la régie des 20 mars 1820 et 21 avril 1821; Cass., 26 nov. 1827). Il en serait autrement, si le tuteur était autorisé à garder certaines sommes appartenant au mineur, à la charge d'en servir les intérêts : le droit d'obligation serait dû (Inst., 31 août 1809).

Formules.

1. *Signification du réquisitoire et de l'ordonnance du juge et citation.*

L'an. . . . ., à la requête de. . . . ., j'ai. . . . . signifié et avec ces présentes donné copie à. . . . ., composant, avec le requérant, le conseil de famille du mineur. . . . ., enfant issu du mariage de. . . . ., — de l'expédition d'un procès-verbal dressé par M. le juge de paix du canton de. . . . ., le. . . . ., contenant (*analyser le procès-verbal*), à ce que lesdits sieurs. . . . . n'en ignorent ; et, à même requête, j'ai donné citation aux susnommés en parlant comme dessus, à comparaître le. . . . . heure de. . . . ., à. . . . ., devant M. le juge de paix du canton de. . . . ., pour faire partie du conseil de famille dudit mineur et prendre part à toutes délibérations ; leur déclarant que, faute de comparaître, ils seront condamnés à l'amende prévue par la loi, etc.

V. n° 59.—Coût, tarif, 21. 1 fr. 50 c.

Enregistrement de l'exploit, 1 fr. 65 c.

2. *Notification de l'avis du conseil de famille au tuteur nommé.*

L'an. . . . ., à la requête de. . . . ., désigné par la délibération du conseil de famille ci-après énoncée pour faire la présente notification, élisant domicile en sa demeure, j'ai. . . . ., notifié et avec ces présentes donné copie au sieur. . . . . d'une délibération (*l'analyser*) ; à ce qu'il n'en ignore ; lui déclarant que, s'il a des excuses à proposer, il doit les faire valoir d'ici à trois jours, outre les délais accordés à raison des distances, etc.

V. n° 54.—Coût, V. *Formule* 1.

Enregistrement de l'exploit, 1 fr. 65 c.

3. *Demande à fin de réformation d'une délibération.*

L'an. . . . ., à la requête de. . . . ., frère germain de. . . . ., fils mineur issu de. . . . ., pour lequel requérant domicile est élu à (*constituer avoué*), j'ai. . . . . donné assignation à. . . . . à comparaître dans les délais de la loi, devant. . . . . pour, — attendu que les parties, composant le conseil de famille dudit mineur, ont été appelées à délibérer le. . . . ., devant M. le juge de paix du canton de. . . . ., sur la nécessité de vendre *tel immeuble* pour payer *telles dettes;* que suivant délibération dressée le. . . . ., enregistrée, et dont il est, avec ces présentes, donné copie, les intimés ont été d'avis de vendre ledit immeuble et que le requérant a été d'un avis contraire ; attendu que l'intérêt du mineur est de conserver l'immeuble susdésigné par *tels motifs;* — Voir dire et ordonner que la délibération dudit jour. . . . . sera rejetée purement et simplement, avec défenses au sieur. . . . ., tuteur, d'en poursuivre l'homologation ; que par le jugement à intervenir et sans qu'il en soit besoin d'autre, ledit tuteur sera autorisé à emprunter, pour *tel délai*, la somme de. . . . ., pour ledit mineur ; à affecter et hypothéquer *tels immeubles;* à employer la somme empruntée à payer les créanciers sérieux et légitimes de. . . . ., suivant leurs droits ; et pour répondre et procéder comme de raison, à fin de dépens.

V. n° 65.—Coût, tarif, 29 : Paris, 2 fr.; R. R. 1 fr. 80 c.; aill., 1 fr. 50 c.

Enregistrement de l'exploit, 2 fr. 20 c. (L. 28 avr. 1816, art. 43).

4. *Demande en homologation contre le tuteur.*

L'an. . . . ., à la requête de. . . . ., ayant fait partie du conseil de famille du mineur ci-après nommé, pour lequel domicile est élu à . . (*constituer avoué*), j'ai.. . . . donné assignation à. . . . ., chargé par la délibération dont il va être parlé de poursuivre l'homologation de ladite délibération, à comparaître. . . . .; pour, — attendu que plus de quinze jours se sont écoulés depuis ladite délibération et que le sieur. . . . . ne se met pas en devoir de la faire homologuer ; — Voir dire et ordonner que la délibération (*l'analyser*) sera homologuée selon sa forme et teneur; et pour en outre répondre comme de raison à fin de dépens, auxquels ledit sieur. . . . . sera personnellement condamné, et que sous aucun prétexte il ne pourra employer en compte de tutelle, etc.

V. n° 80.—Coût, V. *Formule* 3.

Enregistrement de l'exploit, 2 fr. 20 c.

5. *Opposition à l'homologation.*

L'an. . . . ., à la requête de. . . . ., ayant fait partie du conseil de famille du mineur. . . . ., j'ai . . . . ., signifié et déclaré à. . . . ., tuteur dudit mineur et en cette qualité chargé de poursuivre l'homologation de la délibération dont on va parler ; que le requérant entend contester la délibération (*l'analyser*), et en conséquence qu'il est opposant comme par ces présentes il s'oppose à ce qu'autrement qu'en sa présence, ou lui dûment appelé, le sieur. . . . . en poursuive l'homologation; déclarant audit sieur. . . . . que, faute d'avoir égard à la présente opposition, le requérant se pourvoira sous toutes réserves.

V. nos 65 et 81.—Coût, *Formule* 3.

Enregistrement de l'exploit, 2 fr. 20 c.

6. *Assignation à l'opposant pour être présent à l'homologation.*

L'an. . . . . ., à la requête de. . . . . ., tuteur de. . . . . . (*constituer avoué*), j'ai,. . . . . donné assignation à. . . . . ., opposant suivant exploit de. . . . ., à l'homologation dont on va parler, à comparaître le. . . . ., heure de. . . ., à. . . ., devant. . . . ., pour assister et être présent, si bon lui semble, à l'homologation, que le requérant poursuit, de la délibération (*l'analyser*), et faire valoir les moyens qu'il a à proposer contre ladite délibération ; — déclarant audit sieur. . . . . que, faute de se présenter, il sera procédé, en son absence, sous toutes réserves, etc.

V. no 81.—Coût, tarif 29. V. *Formule* 3.

Enregistrement de l'exploit, 2 fr. 20 c.

CONSEIL DE PRÉFECTURE.—1. Juridiction qui prononce en première instance, et sauf recours au conseil d'Etat, sur la plupart des affaires contentieuses de la compétence de l'autorité administrative.

2. Chaque département a son conseil de préfecture composé de trois ou cinq membres; il est présidé par le préfet, qui a voix prépondérante en cas de partage (L. 28 pluv. an 8, tit. 2, art. 5).

3. Les conseils de préfecture n'ont ni prétoire, ni ministère public, ni greffe, ni avoués, ni huissiers. La procédure à suivre devant eux n'a été déterminée par aucune loi ni par aucun règlement.

4. En matière contentieuse, ils ne peuvent s'abstenir de prononcer pour cause de récusation. Tous actes de récusation des préfets ou conseillers de préfecture sont nuls, ainsi que les arrêtés qui les admettent (Arr. régl., 19 fruct. an 9, art. 6; Cons. d'Etat, 26 juill. 1826).

5. Devant les conseils de préfecture, l'instruction des affaires se fait sans plaidoirie ni publicité, par écrit et sur simples mémoires, communiqués, par voie administrative, soit aux directeurs locaux des différentes parties du service public pour avoir leur avis, soit aux parties adverses pour avoir leurs défenses. Les conseils de préfecture peuvent, par des arrêtés préparatoires et selon les matières, ordonner, pour s'éclairer, des apports de pièces, des levées de plans, des expertises, des vérifications d'actes et de faits, des descentes de lieux.

6. Quant à l'étendue des attributions, ou, en d'autres termes, de la compétence des conseils de préfecture, elle a été déterminée sous le mot *Compétence administrative*.—V. ce mot, § 4.

7. Les arrêtés rendus en matière contentieuse par les conseils de préfecture ont la forme, le caractère et les effets des jugements.

8. Il suit de là qu'ils peuvent être annulés pour certains vices de forme, lorsque, par exemple, ils n'ont été délibérés que par deux conseillers (Cons. d'Etat, 6 sept. 1825), ou lorsque, parmi les conseillers qui les ont signés, il s'en trouve un qui exerce une profession incompatible (Décr., 3 août 1809; 16 fév. 1811), comme le notariat (Cons. d'Etat, 10 vent. an 13; 5 août 1809), ou s'ils n'ont été ni portés sur le registre des délibérations, ni signés (Cons. d'Etat, 16 fév. 1825), ou s'ils ne sont pas motivés (Cons. d'Etat, 19 déc. 1834), ou si, en matière pénale, ils n'énoncent pas les termes de la loi appliquée (C. inst. crim., art. 163; Cons. d'Etat, 21 avril 1830), ou si, au lieu de statuer sur des contestations, ils se bornent à donner un avis (Cons. d'Etat, 11 août 1824).

9. Mais on ne pourrait faire annuler un arrêté par cela seul qu'il aurait été rendu un jour férié (Cons. d'Etat, 30 mai 1824).

10. Sur le point de savoir si les arrêtés des conseils de préfecture emportent hypothèque, contrainte par corps et taxe de dépens, V. *Compétence administrative*, n° 32.

11. Une fois rendus, les arrêtés des conseils de préfecture appartiennent aux parties qui les ont obtenus, et les droits qu'ils consacrent leur sont acquis.

12. Mais les arrêtés des conseils de préfecture doivent être régulièrement signifiés avant d'être mis à exécution et pour faire courir les délais de recours. — V. à cet égard *Compétence administrative*, n° 33. — V. aussi *Conseil d'Etat*, nos 17 et suiv.

13. En ce qui concerne la mise à exécution des arrêtés des conseils de préfecture, V. *Compétence administrative*, n° 32. — V. aussi *Exécution*. L'exécution n'en est suspendue que par l'opposition formée contre eux (Cons. d'Etat, 6 mai 1830).

14. S'il s'élève des difficultés sur l'exécution, elles doivent être portées devant le tribunal de première instance, à moins que la loi ne l'ait réglé autrement (L. 12 sept. 1791; 9 frim. an 7; 9 flor. an 11). — V. *Compétence administrative*, n° 36.

15. Les arrêtés ne peuvent être attaqués lorsqu'ils ont été volontairement exécutés ou acquiescés (Déc., 19 oct. 1806), ou lorsqu'ils ont servi de base à des jugements passés en force de chose jugée (Cons. d'Etat, 18 juill. 1821).

16. On ne peut se pourvoir contre les arrêtés des conseils de préfecture que de la manière suivante : si l'arrêté est préparatoire, ou s'il est par défaut, et que, dans ce dernier cas, il n'ait pas été exécuté (Cons. d'Etat, 1er août 1834), on doit y former opposition devant le conseil de préfecture par voie administrative, le recours au conseil d'Etat n'étant pas ouvert contre ces arrêtés (Cons. d'Etat, 19 juill. 1833). Si l'arrêté contradictoire est interlocutoire et préjuge le fond, ou s'il est par défaut et a été exécuté, ou enfin s'il est définitif, on doit se pourvoir au conseil d'Etat dans les trois mois de la date de la signification régulière ou de l'exécution. — V. *Compétence administrative*, nos 34 et 35, et *Conseil d'Etat*, nos 17 et suiv.

17. Les arrêtés des conseils de préfecture peuvent également être attaqués par la voie de la tierce opposition, lorsqu'ils font grief à des tiers qui n'y ont pas été représentés (Cons. d'Etat, 27 mai 1816; 27 mars 1830; 17 mars 1835; 8 janv. 1836).

18. Outre leur caractère de juges, les conseillers de préfecture ont aussi le caractère de conseils du préfet, pour l'assister et l'éclairer dans certains cas : alors leurs arrêtés n'ont que le caractère et la force d'un simple avis, ne constituent pas des jugements, sont inattaquables devant le conseil d'Etat et ne font pas obstacle à ce que les actions judiciaires suivent leurs cours (Cons. d'Etat, 26 déc. 1834).

CONSEIL DE PRUD'HOMMES.—V. *Prud'hommes*.

CONSEIL DE TUTELLE. — **1.** Conseil spécial nommé par le mari à la mère survivante et sans l'avis duquel elle ne peut faire aucun acte relatif à la tutelle ou certains actes déterminés (C. Nap., art. 391).

2. Les actes passés par la tutrice sans l'avis du conseil de tutelle sont valables, si les tiers ont contracté de bonne foi, c'est-à-dire s'ils ont ignoré la nomination du conseil (Delvincourt, *Cours de Code civil*, édit. de 1824, notes, p. 269, notes sur la p. 107, n° 4).

3. Les actions intentées par la mère tutrice sans l'avis du conseil le sont valablement; de même, sont valables les demandes formées contre la tutrice seulement, sans mettre en cause le conseil qui lui est désigné pour donner son avis.—V. *Tutelle.*

CONSEIL JUDICIAIRE. — **1.** Conseil nommé par la justice à une personne que la loi frappe, à cause de sa faiblesse d'esprit ou de sa prodigalité, d'une certaine incapacité, et sans l'assistance duquel cette personne ne peut ni plaider ni aliéner ses biens.

2. La nomination du conseil judiciaire ne peut être provoquée que dans deux circonstances : 1° pour faiblesse d'esprit (C. Nap., art. 499), et 2° pour prodigalité (art. 513).

3. La question de savoir quand il y aura faiblesse d'esprit ou prodigalité suffisante pour motiver la nomination d'un conseil judiciaire est abandonnée à l'appréciation des tribunaux (Cass., 5 juill. 1837; 4 juill. 1838).

4. La nomination d'un conseil judiciaire peut être provoquée par ceux qui ont le droit de demander l'interdiction (C. Nap., art. 514.—V. *Interdiction*), excepté par le ministère public (Besançon, 25 août 1810; Toullier, t. 2, n° 1373; Duranton, t. 2, n° 803; Zachariæ, *Cours de droit civil*, § 139, t. 1er, p. 274).

5. Le prodigue ou le faible d'esprit peut-il lui-même demander qu'il lui soit nommé un conseil judiciaire ? L'ancienne jurisprudence accordait ce droit au prodigue, et la Cour de Lyon l'a reconnu à un sourd-muet, par arrêt du 14 janv. 1812. S'appuyant sur l'ancienne jurisprudence, Toullier, t. 2, n° 1373, pense que le faible d'esprit ou le prodigue pourrait, encore aujourd'hui, provoquer lui-même la nomination d'un conseil judiciaire. Nous ne pouvons admettre cette opinion, car tout ce qui touche à l'état des personnes doit être indépendant de leur volonté (V. en ce sens Duranton, t. 2, nos 803 et 804; Aubry et Rau sur Zachariæ, t. 1er, p. 274, note 5).

6. Le tribunal, saisi d'une demande en interdiction non suffisamment justifiée, peut nommer d'office un conseil judiciaire (C. Nap., art. 499).

7. Le conseil est choisi par le tribunal (C. Nap., art. 513), le plus souvent sur l'indication de la famille, et pris ordinairement parmi les magistrats, les avocats, les notaires ou les avoués. — On peut nommer plusieurs conseils à la même personne (Toullier, t. 2, n° 1377). Mais il faut qu'il y ait nécessité, car c'est compliquer sa position.

8. La demande peut être formée, soit par action principale, soit incidemment à une instance en interdiction ; elle est formée, instruite et jugée de la même manière que la demande en interdiction (C. Nap., art. 514). — V. *Interdiction.*

9. Le jugement ne peut être rendu que sur les conclusions du ministère public (C. Nap., art. 515). Il doit être affiché et publié comme en matière d'interdiction (C. proc. civ., art. 897).

10. Il est sujet à appel (C. proc. civ., art. 894); mais le prodigue peut acquiescer au jugement qui lui nomme un conseil, et, dans ce cas, l'appel qu'il en interjette ultérieurement est non recevable.

11. L'appel, de la part de celui à qui il a été nommé un conseil, est interjeté contre la personne qui a provoqué l'interdiction ou la nomination du conseil, et, de la part du provoquant, contre celui à qui on voulait faire nommer un conseil (C. proc. civ., art. 894).

12. La nomination d'un conseil judiciaire diffère de l'interdiction en ce qu'elle n'opère point un changement d'état aussi complet que celle-ci. La position civile de la personne qui a reçu un conseil se trouve seulement modifiée dans certains actes. Ainsi, elle ne peut plaider, transiger, emprunter, recevoir un capital mobilier, en donner décharge, aliéner, grever ses biens d'hypothèque, sans l'assistance de son conseil (C. Nap., art. 499 et 513).

13. Spécialement, elle ne peut, sans l'assistance de son conseil, ni interjeter appel, ni se pourvoir en cassation (Cass., 13 fév. 1844), ni se désister d'une instance qu'elle a régulièrement intentée (Bruxelles, 27 nov. 1823).

14. Quant à tous les actes pour lesquels l'assistance du conseil n'a pas été expressément requise, la capacité de l'individu pourvu du conseil ne diffère en rien de celle de toute autre personne maîtresse de ses droits. Il conserve l'entière administration et la libre disposition de ses revenus ; il peut, sans son conseil, contracter mariage, rédiger ses conventions matrimoniales, pourvu qu'elles ne contiennent point de donation entre-vifs (Toullier, t. 2, nos 1378 et 1379), donner à son conjoint, ou recevoir de lui par acte à cause de mort, et faire son testament (Cass., 17 mars 1813).

15. La personne placée sous l'assistance d'un conseil agit par elle-même (Cass., 20 mars 1813). Le conseil ne paraît point en nom dans les procès que cette personne soutient ou dans les actes qu'elle passe ; il n'y est nommé que comme l'assistant et l'autorisant.

16. Si le conseil refusait l'autorisation qui lui serait demandée, la personne placée sous son assistance pourrait s'adresser à la justice et obtenir l'autorisation du tribunal (Toullier, t. 2, n° 1382).

17. Si l'individu, pourvu d'un conseil judiciaire, avait une action à exercer contre ce conseil, le tribunal devrait lui nommer un conseil *ad hoc* (Turin, 12 avril 1808).

18. Les actions formées contre l'individu assisté d'un conseil judiciaire doivent être dirigées contre cet individu, et, seulement pour l'assister, contre son conseil. Une copie distincte doit être donnée à chacun d'eux. — V. *Exploit.*

19. La personne pourvue d'un conseil ne peut seule donner à sa femme une autorisation valable (Cass., 11 août 1840). Mais elle pourrait, assistée de son conseil, conférer cette autorisation (Paris, 27 août 1833).

20. Les actes, pour lesquels le conseil judiciaire doit être consulté, sont nuls de droit, s'ils ont été passés sans son assistance depuis que le jugement de nomination a été rendu public, conformément à l'art. 501, C. Nap. (Cass., 29 juin 1819). Mais ils seraient valables, si le jugement n'avait pas été rendu public (Cass., 16 juill. 1810. — *Contrà*, Duranton, t. 3, n° 771).

21. Les actes passés antérieurement au jugement par l'individu pourvu d'un conseil sont valables. Cependant, s'ils n'avaient pas encore acquis date certaine, ils pourraient être annulés.

22. Le jugement de nomination d'un conseil judiciaire ne peut être révoqué qu'en observant les formalités prescrites pour la mainlevée de l'interdiction (C. Nap., art. 514). — V. *Interdiction.*

CONSENTEMENT. — **1.** Adhésion que l'on donne à la volonté manifestée par une autre personne.

Indication alphabétique des matières.

§ 1. — *Proposition ou offres. — Révocation et acceptation.*
§ 2. — *Des vices du consentement.*
FORMULES.

---

§ 1er. — *Proposition ou offres. — Révocation et acceptation.*

2. Toute convention suppose une proposition ou des offres de la part de l'une des deux parties, et l'acceptation de cette proposition ou de ces offres de la part de l'autre, et, de plus, des deux côtés, l'intention de rendre la convention obligatoire. Il en est ainsi même à l'égard des contrats judiciaires (Cass., 13 mai 1824 ; Bordeaux, 1er mars 1832).

3. Tant que la proposition ou les offres n'ont point été acceptées, elles peuvent être révoquées, même dans le cas où elles auraient été faites à plusieurs personnes dont quelques-unes ont accepté, s'il résulte des circonstances qu'elles n'ont été faites que dans l'intention qu'elles seraient acceptées par toutes les parties. Mais elles ne pourraient être révoquées, si celui qui les a faites s'était engagé à ne pas les révoquer pendant le temps nécessaire pour leur acceptation.

4. La révocation des offres ou de la proposition, comme leur acceptation, peut avoir lieu verbalement en présence de témoins, ou par acte sous seing privé, ou par acte notarié, selon qu'elles ont été faites dans l'une ou l'autre de ces formes. Il est prudent de signifier, par acte extrajudiciaire, la révocation ou l'acceptation, et, dans le cas de révocation, de faire signer l'exploit par la partie. — V. *Formules* 1 et 2.

5. La preuve de la proposition, comme celle de la révocation ou de l'acceptation, ne pourrait avoir lieu par témoins qu'autant qu'il s'agirait de matières admettant la *preuve testimoniale* (V. ce mot).

6. Le concours de la proposition et de l'acceptation forme le *consentement*, base de toute convention, et sans lequel aucun contrat ne peut exister (C. Nap., art. 1108).

§ 2. — *Des vices du consentement.*

7. Il n'y a point de consentement valable s'il n'a été donné que par erreur, ou s'il a été extorqué par violence ou surpris par dol (C. Nap., art. 1109).

8. *De l'erreur.* — L'erreur porte sur la nature du contrat, ou sur le motif, ou sur la personne, ou sur l'objet, ou sur le droit.

9. L'erreur sur la nature du contrat empêche toute obligation. Ainsi, la partie qui voulait acheter n'est pas liée si on lui a fait souscrire un bail ; il n'y a ni vente ni louage. Toutefois, l'emploi d'une dénomination impropre dans un contrat ne suffit pas pour en changer la nature (Cass., 3 déc. 1832 ; Duranton, t. 10, n° 118).

10. La volonté, base du consentement, étant toujours déterminée par un motif, si ce motif n'existe pas ou s'il est faux, le consentement tombe, et, avec lui, le contrat. Mais on ne se détermine pas toujours par un motif unique ; au motif principal, il se joint ordinairement des motifs accessoires, qui aident et concourent à déterminer la volonté. La fausseté ou la non-existence de ces motifs accessoires n'anéantit pas l'obligation. On reconnaîtra le motif accessoire en examinant les différentes clauses de la convention (Toullier, t. 6, nos 37 et suiv. ; Duranton, t. 10, n° 110 ; C. Nap., art. 1974, 1975, 2055, 2056 et 2057).

11. L'erreur sur la personne annule le contrat, lorsque la considération de la personne a été la cause principale de la convention (C. Nap., art. 1110). C'est ce qui a lieu dans le mariage (Toullier, t. 6, n° 49), dans les libéralités, lorsque l'erreur tombe sur la personne du donataire ou du légataire (Toullier, t. 6, n° 51 ; Duranton, t. 10, n° 120), dans le prêt gratuit et le commodat (Toullier, *loc. cit.*), et dans les contrats à titre onéreux, lorsque les circonstances sont telles qu'il en résulte que les contrats n'auraient pas eu lieu avec une autre personne, par exemple, s'il s'agit d'ouvrages d'art (Toullier, t. 6, n° 52; Duranton, t. 10, n° 123). Il n'en serait pas de même s'il s'agissait d'un louage d'ouvrages pour lequel une personne peut être remplacée par une autre, par exemple, d'un transport de marchandises.

12. L'erreur sur le nom de l'individu avec lequel on a contracté ne peut être un motif d'annulation, lorsque l'identité est constante.

13. Quant à l'erreur sur la qualité, elle peut faire annuler le consentement, si l'on n'a traité que par suite de la qualité que l'on supposait à telle personne, comme dans le cas où la convention est intervenue au sujet d'une affaire intéressant une succession avec tel individu qu'on croyait à tort avoir la qualité d'héritier (Duranton, t. 10, n° 126).

14. L'erreur sur l'objet est une cause de nullité, lorsqu'elle tombe sur la substance de la chose au sujet de laquelle le contrat a eu lieu (C. Nap., art. 1110), par exemple, lorsque vous ayant acheté tel cheval, vous m'en livrez un autre, ou lorsque vous me vendez un tableau comme étant de tel maître, tandis qu'il est de tel autre. — V. *Office*.

15. Si l'erreur ne portait que sur la dénomination de la chose ou sur ses qualités accidentelles, telles que la solidité ou le teint d'une étoffe, elle n'anéantirait pas la convention (Toullier, t. 6, n°s 56 et 57; Duranton, t. 10, n°s 115 et 116); elle pourrait seulement autoriser la partie trompée à réclamer des dommages-intérêts.

16. L'erreur de droit, c'est-à-dire celle qui tombe sur un point de droit, et on ne peut assimiler à l'erreur sur la loi l'erreur sur la jurisprudence (Cass., 20 août 1829), annule la convention, lorsqu'elle a été le motif déterminant du consentement; peu importe qu'elle tombe sur le fond du droit ou la forme des actes (Toullier, t. 6, n°s 69 et suiv.) — V. *infrà*, n° 20.

17. Ce principe souffre trois exceptions. Ainsi, la convention ne serait pas nulle pour erreur de droit : 1° si, outre le motif erroné, la partie a pu être déterminée par une autre cause, par exemple, par le désir d'accomplir une obligation naturelle (Toullier, t. 6, n° 68); 2° en matière de *transaction* (C. Nap., art. 2052).—V. ce mot; 3° en matière d'aveu judiciaire (C. Nap., art. 1356). — V. *Aveu*, n° 19.

18. L'erreur de fait, c'est-à-dire celle qui porte sur un fait, annule également la convention, lorsqu'elle en a été la cause principale ou le seul fondement (Toullier, t. 6, n° 67). Ce principe ne souffre pas d'exception en matière de transaction ni d'aveu judiciaire.— V. *Aveu*, n° 19, et *Transaction*.

19. Ce qui a été payé par suite d'une erreur de fait ou de droit est sujet à répétition (C. Nap., art. 1377). — V. *Paiement*.

20. L'erreur commune, c'est-à-dire celle de toutes les parties, sur un point de droit ou sur un point de fait, n'autorise aucune d'elles à se faire restituer contre la convention.

21. L'erreur peut être établie par tous les genres de preuve admis par la loi.

22. L'erreur, lorsqu'elle est reconnue, n'annule pas la convention de plein droit; elle donne seulement lieu à une action en nullité (C. Nap., art. 1117). — V. *Nullité*.

23. *De la violence.* — La violence est physique ou morale : *physique*, lorsque, de vive force, on a conduit la main d'une partie pour lui faire signer une convention ; bien que la loi ne parle pas de cette espèce de violence, elle n'en est pas moins une cause de nullité; *morale*, lorsque la violence est de nature à faire impression sur une personne raisonnable et qu'elle peut lui inspirer la crainte d'exposer sa personne ou sa fortune à un mal considérable et présent. On a égard à l'âge, au sexe et à la condition des personnes (C. Nap., art. 1112).

24. Le mal dont on est menacé doit être considérable et présent : tel serait la crainte de la mort, de blessures, etc. ; du reste, les tribunaux sont appréciateurs des circonstances et décident, eu égard à la position de l'individu, si la violence a pu déterminer le consentement.

25. Il n'y a point à distinguer si la violence morale a été exercée sur la partie contractante ou sur son époux, son épouse, ses descendants ou ses ascendants. Dans l'un comme dans l'autre cas, elle annule la convention (C. Nap., art. 1113).

26. On ne considère pas comme une violence suffisante pour faire annuler le contrat la crainte révérentielle envers le père, la mère ou autre ascendant (C. Nap., art. 1114), la crainte révérentielle de la femme envers son mari, de l'inférieur ou domestique envers son supérieur ou son maître (Duranton, t. 10, nos 155 et 156), et la menace par un père à son enfant de le priver de sa succession (Duranton, *loc. cit.*).

27. La violence est une cause de nullité, encore qu'elle ait été exercée par un tiers, autre que celui au profit duquel la convention a été faite (C. Nap., art. 1111).

28. La crainte d'une chose juste et conforme à la loi n'a jamais été considérée comme une cause de nullité. Ainsi, celui qui a souscrit un engagement dans la crainte de la contrainte par corps, ou d'une saisie, ou d'une peine prononcée par la loi, ne peut demander la nullité de cet engagement, sous prétexte qu'il est vicié par la crainte (Merlin, *Quest. de droit*, v° *Crainte ;* Toullier, t. 6, n° 81 ; Duranton, t. 18, n° 143; Cass., 29 messid. an 11 ; Colmar, 10 nov. 1809; Paris, 12 fév. 1806).

29. La violence peut être constatée par témoins ou par présomptions. Mais, pour être admis à en faire la preuve, il faut articuler des faits précis. On peut prouver la violence à quelque époque que ce soit ; peu importe qu'on n'ait pas protesté depuis le contrat (Toullier, t. 9, nos 173 et suiv. ; Duranton, t. 10, n° 160).

30. La violence n'annule pas le contrat de plein droit ; elle donne lieu à une action en nullité (V. *Nullité*) qui peut être exercée non-seulement contre celui qui a commis la violence, mais encore contre celui qui en a profité (Toullier, t. 9, n° 173).

31. Le contrat une fois anéanti, on peut revendiquer les immeubles entre les mains des tiers. Quant aux meubles, la possession en vaut titre, et la revendication en est impossible (C. Nap., art. 2279).

32. Toutefois, l'action en nullité pour cause de violence ne serait plus recevable, si, depuis que la violence a cessé, le contrat avait été approuvé soit expressément, soit tacitement, soit en laissant expirer le temps légal de la restitution (C. Nap., art. 1115).

33. *Du dol.* — Le dol, qu'on peut définir l'art de tromper la personne, à la différence de la *fraude*, qui est l'art de violer les lois en trompant les magistrats ou les tiers par la forme des actes (Chardon, *Traité du Dol*, t. 1, p. 4), est positif ou négatif, principal ou accidentel : *positif*, lorsqu'on emploie des manœuvres pour faire croire ce qui n'est pas ; *négatif*, lorsqu'on dissimule certaines choses pour faire naître ou entretenir l'erreur de l'autre partie; *principal*, lorsqu'il a déterminé le contrat ; *accidentel*, lorsqu'il ne porte que sur des accessoires.

34. Ce qui caractérise le dol, ce sont les manœuvres, machinations et tromperies pratiquées par l'une des parties envers l'autre, et non le simple fait de la *lésion*, lequel donne lieu à l'action en rescision (Cass., 4 juin 1810 ; C. Nap., art. 1116).

35. Pour que le dol puisse être opposé, il faut que les manœuvres prati-

quées par l'une des parties aient été telles qu'il soit évident que, sans ces manœuvres, l'autre partie n'aurait pas contracté (C. Nap., art. 1116).

36. Les manœuvres doivent avoir été pratiquées par l'une des parties; si elles avaient eu lieu par un tiers, la convention ne serait nulle qu'autant que la partie qui en profite aurait été complice; dans tous les cas, la partie trompée aurait une action en dommages-intérêts contre le tiers.

37. Le dol ne se présume pas; il doit être prouvé (C. Nap., art. 1116). Cette preuve a lieu par présomptions ou par témoins.

38. Le dol principal, qu'il soit positif ou négatif, n'entraîne pas de plein droit l'annulation du contrat; il donne lieu seulement à *l'action en nullité*. Quant au dol accidentel, il ne donne ouverture qu'à une action en dommages-intérêts.

39. Lorsque le contrat est annulé, on peut exercer la revendication contre les tiers détenteurs d'immeubles (Duranton, t. 10, n° 180).—V. *suprà*, n° 31.

Formules.

1. *Révocation de la proposition ou des offres.*

L'an. . . . ., à la requête de. . . . ., j'ai,. . . . ., signifié et déclaré à. . . . ., que le requérant entend révoquer, comme en effet il révoque purement et simplement, par ces présentes, la proposition qu'il a faite audit sieur. . . . ., le. . . . ., en présence de témoins (ou par lettre du. . . . ., ou par acte sous seing privé du. . . . ., ou par acte notarié), de lui vendre *telle chose*, pour *tel prix*; déclarant audit sieur. . . . . que ladite proposition n'ayant point été acceptée, le requérant entend qu'elle soit considérée comme nulle et non avenue; et le requérant a signé après lecture, etc.

V. n° 4.—Coût, tarif, arg., art. 29. Orig. : Paris, 2 fr.; R. P. 1 fr. 80 c.; aill. 1 fr. 50 c.; cop., le 1/4.

Enregistrement de l'exploit, 2 fr. 20 c. (L. 28 avr. 1816, art. 43).

NOTA. *Si la révocation était contenue dans un acte sous seing privé ou devant notaire, il suffirait de notifier cet acte.*

2. *Acceptation de la proposition ou des offres.*

L'an. . . . ., à la requête de. . . . ., j'ai,. . . . ., signifié et déclaré à. . . . ., que le requérant accepte par ces présentes la proposition que ledit sieur. . . . . lui a faite, le. . . . ., de faire *telle chose*, moyennant *telle somme* payable à *telle époque*, et qu'il offre audit sieur. . . . . de réaliser ladite convention par acte devant notaire et aux frais de lui requérant; déclarant que faute par ledit sieur. . . . . d'avoir égard à la présente acceptation, le requérant se pourvoira, sous toutes réserves.

V. n° 4.—Coût, V. *Formule* 1.

Enregistrement de l'exploit, 2 fr. 20 c. (L. 28 avr. 1816, art. 43).

CONSERVATEUR DES HYPOTHÈQUES. 1. Préposé de l'administration de l'enregistrement et des domaines, établi dans chaque chef-lieu d'arrondissement, pour accomplir les formalités hypothécaires.

2. Les conservateurs des hypothèques sont chargés : 1° de l'exécution des formalités prescrites pour la conservation des hypothèques et la consolidation des mutations de propriétés immobilières, et 2° de la perception des droits établis pour chacune de ces formalités (L. 21 vent. an 7, art. 3).

3. Les formalités que les conservateurs sont tenus de remplir comprennent notamment les inscriptions d'hypothèques, les transcriptions, les radiations, etc.

4. Ils sont tenus : 1° d'avoir des registres sur lesquels ils inscrivent, jour par jour, et par ordre numérique, les remises qui leur sont faites d'actes de mutation, pour être transcrits, ou de bordereaux, pour être inscrits (C. Nap., art. 2200);

5. 2° De donner au requérant une reconnaissance sur papier timbré, qui rappelle le numéro du registre sur lequel la remise a été inscrite (art. 2200) ;

6. 3° De transcrire les actes de mutation et d'inscrire les bordereaux sur les registres à ce destinés, à la date et dans l'ordre des remises qui leur ont été faites (art. 2200) ;

7. 4° De délivrer à tous ceux qui le requièrent copie des actes transcrits sur leurs registres et celle des inscriptions subsistantes, ou certificat qu'il n'en existe aucune (art. 2196) ;

8. 5° D'effectuer sans retard la transcription des actes de mutation, l'inscription des droits hypothécaires, et la délivrance des certificats requis (art. 2199).

9. En cas de refus ou de retard de la part des conservateurs, il en est dressé sur-le-champ procès-verbal à la diligence des requérants, soit par un juge de paix, soit par un *huissier*, soit par un notaire assisté de deux témoins (art. 2199). — V. *Formule* 1.

10. 6° De tenir leurs registres sans aucun blanc ni interligne et d'y faire de suite les mentions de dépôts, les inscriptions et transcriptions (article 2203) ;

11. 7° D'ouvrir leurs bureaux 8 heures tous les jours, de 8 heures du matin à 4 heures après midi (*Dictionnaire de l'Enregistr.*, v° *Conservateur des hypothèques*), excepté les jours fériés (Inst. gén., n°s 362 et 433).—V. *Jour férié*.

12. Le conservateur qui contrevient : 1° aux dispositions des numéros 4 et suivants, encourt une amende de 200 à 1,000 fr. pour la première contravention, et la peine de la destitution pour la seconde (C. Nap., art. 2202), et 2° à celles du numéro 10, une amende de 1,000 à 2,000 fr. (art. 2203). Dans tous les cas, les conservateurs sont tenus de dommages-intérêts envers les parties à raison du préjudice que leur négligence ou leur refus a pu leur causer. Ces dommages-intérêts sont prélevés sur le cautionnement des conservateurs, avant l'amende (C. Nap., art. 2202 et 2203).

13. Nous avons dit ci-dessus (n° 9) comment se constatait le refus d'accomplir la formalité requise ou le retard apporté dans son accomplissement. Mais, en cas de retard ou de négligence, on doit nécessairement constater : 1° le jour de la remise des pièces ; 2° celui où l'on a demandé des états, certificats et inscriptions : cela se fait, dans le premier cas, par la remise que fait le conservateur d'un bulletin de dépôt ; dans le second, par une sommation (V. *Formule* 2), et 3° le jour du refus : ce qui a lieu par un procès-verbal (V. *Formule* 3).

14. Les conservateurs sont responsables du préjudice résultant : 1° de l'omission sur leurs registres des transcriptions d'actes de mutations et des inscriptions requises en leurs bureaux, et 2° du défaut de mention dans leurs certificats de plusieurs des inscriptions existantes, à moins que, dans ce dernier cas, l'erreur ne provienne de désignations insuffisantes qui ne puissent leur être imputées (C. Nap., art. 2197).

15. L'omission se prouve par un certificat délivré par le vérificateur de l'enregistrement, et constatant que la transcription n'a pas été opérée ou que l'inscription n'a pas été prise, et le défaut de mention, par le rapprochement de deux états ou certificats dont l'un est également délivré par le vérificateur de l'enregistrement.

16. La responsabilité des conservateurs cesse dix ans après leurs fonctions (Cass., 22 juill. 1816). Mais l'action en garantie, à raison de la nullité d'une inscription provenant de leur fait, peut être exercée dans ce délai, encore qu'il se soit écoulé plus de dix ans depuis la date de l'inscription (Cass., 2 déc. 1816).

17. Les demandes en dommages-intérêts de la part des parties contre les conservateurs sont suivies d'après les formes ordinaires de la procédure entre particuliers (Inst. gén., 22 nov. 1820, n° 959). En conséquence, on doit les citer d'abord en conciliation, et ensuite les assigner devant le tribunal civil du lieu où ils ont rempli leurs fonctions, quand même ils seraient sortis de place, ou encore quand même l'action serait dirigée comme leurs ayants cause (L. 21 vent. an 7, art. 9). — V. *Formule 4.*

18. L'assignation serait valablement donnée au bureau où ils ont exercé (L. 21 vent. an 7, art. 9).

19. Les salaires des conservateurs doivent être payés d'avance par ceux qui requièrent les formalités et sont fixés indépendamment des droits d'hypothèque et de timbre (L. 21 vent an 7, art. 15 et 27). Ils ont été réglés de la manière suivante par un décret du 21 sept. 1810 :

TARIF *des salaires des conservateurs.*

N°s D'ORDRE.	DÉSIGNATION DES FORMALITÉS.	DROITS.
		fr. c.
1	Enregistrement et reconnaissance des dépôts d'actes de mutation pour être transcrits, et bordereaux pour être inscrits.	0 25
2	Inscription de chaque droit d'hypothèque ou de privilége, quel que soit le nombre des créanciers, si la formalité est requise par le même bordereau.	1 00
3	Chaque inscription faite d'office par le conservateur en vertu d'un acte translatif de propriété soumis à la transcription.	1 00
4	Chaque déclaration, soit de changement de domicile, soit de subrogation, soit de tous les deux, par le même acte. . . .	0 50
5	Chaque radiation d'inscription.	1 00
6	Chaque extrait d'inscription ou certificat qu'il n'en existe aucune.	1 00
7	Chaque rôle de transcription d'acte de mutation contenant vingt-cinq lignes à la page et dix-huit syllabes à la ligne.	1 00
8	Chaque certificat de non-transcription d'un acte de mutation.	1 00
9	Chaque rôle d'écriture du conservateur des copies collationnées des actes déposés ou transcrits dans les bureaux. .	1 00
10	Chaque duplicata de quittance.	0 25
11	Chaque rôle de transcription de procès-verbal de saisie immobilière et de la dénonciation de la saisie (C. proc. civ., art. 678).	1 00
12	Enregistrement de chaque exploit de notification au saisi et aux créanciers inscrits (C. proc. civ., art. 693).	1 00
13	Pour l'acte du conservateur constatant son refus de transcription, en cas de précédente saisie (C. proc. civ., art. 680).	1 00
14	Radiation de la saisie immobilière.	1 00

V. *Enregistrement, Huissier, Hypothèque, Timbre.*

Formules.

1. *Procès-verbal constatant le refus du conservateur.*

L'an. . . . ., à la requête de. . . . ., élisant domicile en sa demeure, je, ... me suis transporté à. . . . ., au bureau de M. . . . ., conservateur des hypothèques de l'arrondissement de. . . . ., où étant et parlant à mondit sieur le conservateur, qui a visé le présent original (*en cas de refus, faire viser l'original par le procureur impérial*), je lui ai représenté l'expédition d'un acte reçu par. . . . ., contenant vente par. . . . ., à. . . . ., de. . . . ., et lui ai fait sommation d'opérer à l'instant même la transcription de ladite expédition que j'offrais de lui remettre, ainsi que la somme de. . . . ., en pièces de. . . . ., pour le coût de ladite transcription, sauf à parfaire en cas d'insuffisance, d'après la fixation des droits que mondit sieur le conservateur peut faire de suite;—à ce que dessus ce dernier m'a répondu (*consigner la réponse*), contre laquelle réponse j'ai fait toutes protestations; et, sous toutes réserves expresses, j'a laissé. . . .

V. nº 9.—Coût, tarif, arg. 29. Paris, 2 fr.; R. P. 1 fr. 80 c.; aill., 1 fr. 50. c, Cop, le 1/4.

Enregistrement de l'exploit, 2 fr. 20 c. (L. 28 avr. 1816, art. 43).

VISA. *Visé par nous, conservateur des hypothèques, le présent procès-verbal dont copie nous a été remise. A. . . . ., le. . . . .*

2. *Sommation de délivrer des expéditions, états et certificats.*

L'an. . . . ., à la requête de. . . . ., je. . . . . (*comme à la formule qui précède*); je lui ait fait sommation de me délivrer, dans le délai de vingt-quatre heures, état des inscriptions subsistantes sur. . . . ., et lui ai offert pour le coût dudit état la somme de. . . . ., en pièces de. . . . ., sauf à parfaire immédiatement d'après la taxe de mondit sieur le conservateur; à quoi celui-ci m'a répondu qu'il acceptait lesdites offres, et a signé, etc.

V. nº 13.—Coût, V. *Formule* 1.

Enregistrement de l'exploit, 2 fr. 20 c. (Même loi).

3. *Procès-verbal constatant le retard ou la négligence.*

L'an. . . . ., à la requête de. . . . ., je (*comme à la formule* 1), et lui ai déclaré que, suivant récépissé émané de lui, il lui avait été déposé, le. . . . ., l'expédition d'un acte reçu par Me. . . . ., contenant. . . . ., à l'effet d'en opérer la transcription, et que, depuis ce dépôt, le délai de quinzaine prescrit par la loi étant expiré, le requérant était en droit de se faire remettre ladite expédition dûment transcrite; c'est pourquoi je lui ai, en effet, fait sommation de me remettre, à l'instant même, cette expédition, aux offres de solder ce qui pourrait rester dû, outre les droits déjà payés;—à quoi il m'a été répondu (*consigner la réponse*), contre laquelle réponse j'ai fait toutes protestations, etc. . . .

V. nº 13.—Coût, V. *Formule* 1.

Enregistrement de l'exploit, 2 fr. 20 c. (Même loi).

4. *Assignation en dommages-intérêts.*

L'an. . . . ., à la requête de (*donner copie de la non-conciliation et constituer avoué*), j'ai,. . . . ., donné assignation à. . . . ., au bureau de la conservation des hypothèques de. . . . ., où étant et parlant à. . . . ., à comparaître. . . . ., pour, —attendu que le requérant est créancier du sieur. . . . ., de la somme de. . . . ., suivant obligation du. . . . .; attendu que pour sûreté de cette somme une inscription a été prise au bureau des hypothèques de. . . ., le. . . . ., vol. . . . ., nº. . . . ., ainsi qu'il résulte de la mention mise au bas du bordereau de ladite inscription, par mondit sieur. . . . ., alors conservateur; que cette inscription frappait sur une maison sise à. . . . .; attendu que cette maison a été vendue à. . . . ., par. . . . , suivant acte reçu par . . . . ., le. . . . . ., et transcrit au bureau des hypothèques de. . . . .; attendu que sur cette transcription mondit sieur. . . . . a omis la délivrance de l'inscription dudit sieur. . . . .; que cette inscription frappait utilement, ainsi qu'il résulte de l'ordre ouvert, sur le prix de ladite maison, au tribunal de. . . ., le. . . . .; attendu dès lors que le requérant n'a pu être appelé audit ordre et produire comme créancier sur ladite maison; attendu que cette propriété était le seul gage du requérant; que d'ailleurs son débiteur est aujourd'hui totalement insolvable; —S'entendre condamner à payer au requérant la somme de. . . . . ., pour le montant de sa créance en principal, intérêts et frais, et en outre aux dépens, sous réserves.

V. nº 17.—Coût, V. *Formule* 1.

Enregistrement de l'exploit, 2 fr. 20 c. (Même loi).

CONSERVATOIRE (ACTE). — V. *Acte conservatoire.*

CONSERVATOIRE (ACTION). — V. *Acte conservatoire.*

CONSERVES ALIMENTAIRES (MARCHANDS DE). — Les

marchands de conserves alimentaires sont rangés dans la troisième classe des patentables (Balmelle, *Code des patentes*, p. 59).

CONSIGNATAIRE. — Celui qui reçoit, à titre de consignation, soit une somme d'argent pour remettre à qui de droit, soit des marchandises, pour les vendre ou les garder en dépôt.—V. *Commissionnaire*, *Commissionnaire de transport*.

CONSIGNATION. — **1**. Dépôt fait entre les mains des préposés de la caisse des dépôts et consignations, ou de toutes autres personnes désignées par le juge, d'une somme dont un débiteur veut se libérer.

2. La consignation est volontaire ou forcée. Elle est *volontaire*, toutes les fois qu'elle n'est ni ordonnée par la justice, ni prescrite par la loi ; elle est *forcée*, quand elle est imposée par la loi ou par la justice.

3. Il ne faut pas confondre avec la consignation volontaire une espèce de prêt, connu sous le nom de *dépôt volontaire*, dépôt qui est fait par des particuliers, non à titre de libération, mais pour utiliser des capitaux improductifs, et que la caisse des consignations est autorisée à recevoir. — V. *Caisse des dépôts et consignations*, n° 4.

3 *bis*. Diverses ordonnances avaient réglé le taux des intérêts que devaient produire aux particuliers les sommes faisant l'objet de *dépôts volontaires* (V. *Caisse des dépôts et consignations*, n° 7). Ces ordonnances ont été récemment remplacées par d'autres dispositions législatives. Ainsi, un décret du **11 janv. 1854** a décidé que l'intérêt et les conditions de dépôts volontaires effectués par les particuliers à la caisse des dépôts et consignations, à Paris, seraient réglés à l'avenir par des arrêtés du directeur général, pris de l'avis de la commission de surveillance et revêtus de l'approbation du ministre des finances. Or, en exécution de ce décret, un arrêté du 31 du même mois de janvier a réglé l'intérêt des sommes volontairement déposées à partir du 1er fév. 1854 à 4 p. 100, à partir du jour du versement. Le règlement des intérêts a lieu, sur la demande des parties, au 30 juin ou 31 décembre de chaque année, ou lors du remboursement pour solde de tous les dépôts existant au même compte. Enfin, d'après l'arrêté précité du 31 janv. 1854, le remboursement total ou partiel des sommes déposées doit avoir lieu dix jours après que la demande en est parvenue au secrétariat de l'administration.

Indication alphabétique des matières.

§ 1er. — *De la consignation volontaire.*

4. En général, toute personne, débitrice d'une somme quelconque, peut la consigner, lorsque le créancier refuse de la recevoir (C. Nap., art. 1257). — V. *infrà*, n° 29.

5. Spécialement : 1° Le débiteur négociant ou non négociant (Cass., 12 mess. an 9,) d'un effet négociable, négocié ou non négocié (Cass., 5 oct. 1814), et dont le porteur ne s'est pas présenté dans les trois jours de l'échéance, est autorisé à consigner la somme portée au billet (L. 6. therm. an 3 ; ord. 3 juill. 1816, arg. art. 2).

6. Le dépôt, qui, pour être valable, n'a pas besoin d'être fait immédiatement après les trois jours (Cass., 3 brum. an 8), doit contenir la date du billet, celle de l'échéance et le nom du propriétaire originaire. Quand le porteur se présente, le débiteur n'est tenu que de lui remettre l'acte de dépôt en échange du billet (L. 6 therm. an 3, art. 2). — V. *Formule* 1.

7. 2° Toute personne que la loi ou un jugement astreint à donner un cautionnement peut fournir en place un nantissement en argent ; à cet effet, elle consigne une somme suffisante (C. Nap., art. 2041 ; C. proc. civ., art. 167 ; C. Inst. crim., art. 117.—V. *Formule* 2), dépose au greffe du tribunal civil le récépissé constatant la consignation, et le notifie à la partie adverse avec l'acte de dépôt (C. proc. civ., arg., art. 518). — V. *Formule* 3.

8. 3° Le rendant compte qui se reconnaît reliquataire (C.P.C., art. 42) peut consigner le reliquat de son compte.

9. 4° L'acquéreur, dans le cas de vente volontaire, notamment dans l'hypothèse prévue par l'art. 2186, C. Nap. (Toullier, t. 7, n° 215), peut aussi consigner, déposer son récépissé au greffe du tribunal, et le notifier aux créanciers inscrits. — V. *Formule* 3.

10. 5° L'acquéreur d'immeubles saisis peut, avant l'adjudication, consigner une somme suffisante pour acquitter en principal et frais le montant des créances inscrites, et celle du saisissant, s'il n'est pas inscrit, à la charge de signifier le procès-verbal de consignation aux créanciers inscrits (C. proc. civ., art. 687). — V. *Saisie immobilière.*

11. 6° Enfin, en matière de folle enchère, l'acquéreur peut également consigner pour éviter la revente. — V. *Folle enchère.*

§ 2. — *De la consignation forcée.*

12. La consignation est obligatoire : 1° pour l'adjudicataire de biens immeubles vendus sur saisie, lorsqu'elle est prescrite par le cahier des charges (Merlin, *Répert.*, v° *Consignation*, n° 52), ou lorsqu'elle est ordonnée, soit sur la demande d'un ou de plusieurs créanciers (Ord., 3 juill. 1816, art. 2, nº 10), soit sur celle de l'adjudicataire qui craint qu'une consignation volontaire ne soit contestée.

13. 2º Pour l'acquéreur de meubles de toute espèce, par suite de saisie ou de vente volontaire, lorsque, dans le mois qui suit la dernière séance du procès-verbal de vente, le débiteur et ses créanciers opposants ne se sont pas entendus sur la distribution des sommes provenant desdites ventes. Dans ce cas, on ne peut contraindre l'acquéreur à consigner qu'après l'expiration de la huitaine qui suit le mois dont nous venons de parler (Ord., 3 juill. 1816, art. 2 et 8; C. proc. civ., art. 657).

14. 3º Pour le tiers saisi frappé de plusieurs oppositions, lorsque le jugement qui fixe ce qu'il doit payer l'a ordonné (C. proc. civ., art. 657), et que dans le mois de ce jugement les opposants ne peuvent s'entendre. Comme dans le cas précédent, on ne peut contraindre le tiers saisi qu'après l'expiration de la huitaine qui suit le mois dont il vient d'être parlé (Ord., 3 juill. 1816, art. 2 et 8; Bordeaux, 4 mai 1832).

15. 4º Pour l'adjudicataire d'un navire qui n'en paie pas le prix dans les 24 heures de son adjudication (C. com., art. 209; Ord., 3 juill. 1816, art. 2, nº 4).

16. 5º Pour l'héritier bénéficiaire, à l'égard des sommes existantes ou recouvrées dans la succession, à moins qu'il ne donne caution (Même ord., art. 2, nº 12; Aix, 28 nov. 1831). — V. *Bénéfice d'inventaire.*

17. 6º Pour le curateur à une succession vacante (Même ord., art. 2, nº 13; C. Nap., art. 813; avis Cons. d'Etat, 13 oct. 1809).

18. 7º Pour le notaire chargé des recouvrements d'une succession litigieuse, en cas de séquestre (Montpellier, 19 juin 1827).

19. 8º Pour les sommes trouvées lors d'une apposition de scellés ou d'un inventaire (Ord., 3 juill. 1816, art. 2; C. proc. civ., art. 921). Le récépissé est inventorié avec les papiers de la succession ou de la faillite.

20. 9º Pour les deniers provenant des ventes de marchandises des faillis et du recouvrement de leurs dettes actives (C. com., art. 489; Ord., 3 juill. 1816, art. 2, nº 11).

21. 10º Pour les officiers ministériels :

1º Lorsqu'ils ont procédé à la vente d'objets appartenant à une succession vacante (Cass., 21 juin 1825);

2º Lorsqu'ils ont fait des offres réelles non acceptées : ils doivent consigner dans les 24 heures, à moins qu'ils n'en aient été dispensés par un écrit émané de ceux qui les ont chargés de faire ces offres (C. Nap., art. 1257);

3º Lorsqu'en pratiquant une saisie, ils trouvent des sommes d'argent chez le débiteur saisi, à moins qu'ils n'en soient dispensés par le saisissant, le saisi et les opposants (C. proc. civ., art. 590; Ord., 3 juill. 1816, art. 2, nº 7);

4º Lorsqu'ils procèdent aux ventes de meubles dont ils font les recouvrements, qu'il y a des oppositions et que les opposants ne s'entendent pas dans le mois (Ord., 3 juill. 1816, art. 2, nº 7; Cass., 26 juill. 1827. — V. *suprà*, nº 13;

5º Lorsque, chargés d'incarcérer un individu, ils ont reçu de lui le montant des condamnations prononcées à sa charge : ils doivent consigner dans les 24 heures (Même ord., art. 2).

22. 11º Pour le geolier, qui a reçu du débiteur incarcéré les sommes nécessaires à l'élargissement de celui-ci, lorsqu'elles ne sont pas acceptées par les créanciers (Même ord., art. 2).

23. 12º Pour la portion saisissable des appointements ou traitements civils et militaires, arrêtés entre les mains des payeurs, agents ou préposés chargés d'effectuer des versements à la décharge de l'Etat (Ord. 1er oct. 1837, art. 1er). — V. *Saisie-arrêt.*

24. 13º Pour l'administration, lorsqu'elle prend possession des immeubles expropriés pour cause d'utilité publique, si les ayants droit ne peuvent ou veulent recevoir les sommes allouées comme indemnité (L. 3 mai 1841 art. 53).

25. Le débiteur en retard de consigner doit être mis en demeure de le faire, à la requête de l'un des intéressés, par une sommation. — V. *Formule* 5. En cas de refus, on l'assigne pour voir dire qu'il sera tenu de consigner dans tel délai, et que, faute de ce faire, il sera contraint par la saisie et vente de ses biens jusqu'à concurrence de telle somme, et même par corps, lorsqu'il y a lieu. — V. *Formule* 6.

26. Tout officier ministériel, notaire, courtier, commissaire-priseur, huissier ou geolier, en retard d'effectuer les consignations dont ils est tenu, encourt les peines prononcées par les lois contre les rétentionnaires de deniers publics; en outre, le directeur général de la caisse peut décerner, ou si c'est dans les départements, faire décerner des contraintes contre eux pour les obliger à effectuer lesdites consignations (Ord. 3 juill. 1816, art. 6, 9 et 10).

27. Pour l'exécution de ces contraintes, il est procédé comme pour celles décernées en matière d'enregistrement, et la procédure est communiquée au ministère public (Même ord., art. 9). — V. *Contrainte, Enregistrement, Finances.*

28. Dans tous les autres cas, les préposés de la caisse n'ont aucune action pour le versement des sommes à consigner (L. 28 niv. an 13, art. 6).

§ 3. — *Des offres.*

29. En général, la consignation volontaire doit être précédée d'offres réelles, afin de constater le refus du créancier.—V. *Offres réelles.*

30. Ce principe ne peut recevoir d'application que lorsque les offres sont utiles et possibles. Or, les offres sont inutiles : 1° de la part d'un adjudicataire des biens d'un failli qui a rempli les formalités de purge (Cass., 11 mai 1825); 2° de la part d'un adjudicataire d'immeubles frappés d'inscriptions hypothécaires (Bordeaux, 28 mars 1833); 3° de la part de l'acquéreur d'un immeuble saisi (Bordeaux, 22 juin 1836); et 4° de la part de l'acquéreur qui consigne son prix dans le cours de l'ordre : il suffit qu'avant la clôture de l'ordre il fasse connaître la consignation (Amiens, 20 fév. 1840; Metz, 12 août 1845).

31. Toutefois, lorsque l'impossibilité de recevoir, de la part du créancier, n'est pas absolue, par exemple, lorsqu'il existe seulement quelques inscriptions dont il n'a pu obtenir la mainlevée, nous croyons qu'il serait prudent de faire des offres sous condition, et de déclarer que, faute de rapporter les mainlevées, il sera procédé à la consignation.

32. En matière de consignation forcée, il n'est en aucun cas nécessaire de faire préalablement des offres réelles.

§ 4. — *Lieu où la consignation doit être faite, et conditions requises pour sa validité.*

33. La consignation doit avoir lieu, si elle est forcée, à la caisse de l'arrondissement du lieu où est situé le domicile du débiteur, et, si elle est volontaire, à la caisse du lieu désigné pour le paiement, et, s'il n'y en a pas de désigné, à celle du domicile du créancier (C. Nap., art. 1247; Caen, 6 fév. 1826).

34. S'il s'agit d'un corps certain, la consignation doit être faite au lieu déterminé par le tribunal sur la demande du débiteur (C. Nap., art. 1264).

35. Toute consignation, pour être valable, doit réunir plusieurs conditions. Il faut :

1° Qu'il y ait dessaisissement réel des deniers (C. Nap., art. 1259-2°);

2° Que la somme déposée soit exigible au moment de la consignation (C. Nap., art. 1258; Cass., 18 brum. an 7);

3° Que la consignation soit de la totalité de la somme exigible en principal, intérêts (jusqu'au jour de la consignation) et frais (C. Nap., art. 1258-3°; C. proc. civ., art. 816; Duranton, t. 12, n° 222).

36. Décidé, toutefois, que, dans les consignations forcées, l'omission des intérêts n'entraîne pas la nullité de la consignation (Toulouse, 22 nov. 1820).

37. La consignation serait valable, si la somme consignée excédait la totalité de la dette (Toullier, t. 7, n° 193).

38. En aucun cas, la mention des espèces consignées n'est exigée (Cass., 15 vent. an 12).

39. La consignation précédée d'offres est soumise, en outre, à quelques formalités particulières. Ainsi, sur le refus du créancier d'accepter les offres, on doit lui signifier une sommation contenant l'indication du jour, de l'heure et du lieu où la chose offerte sera consignée (C. civ., art. 1259), à peine de nullité (Colmar, 9 mai 1807).

40. Cette sommation peut être faite, soit par le procès-verbal d'offres lui-même, soit par acte séparé. Elle doit naturellement être signifiée au domicile réel du créancier. Néanmoins, il a été décidé qu'elle est valablement notifiée au domicile élu pour l'exécution du contrat (Bordeaux, 28 mars 1833).—V. *Formule* 7.

41. La consignation doit être constatée, à peine de nullité (Nîmes, 22 août 1809), par procès-verbal du ministère d'un huissier ou d'un notaire (Toullier, t. 7, n° 200), mentionnant le refus du créancier de recevoir, ou sa non-comparution et le dépôt (C. Nap., art. 1259). Il en est fait deux copies dont l'une pour le créancier, s'il est présent, et l'autre pour la caisse (Tarif de 1807, art. 60). L'original doit être visé par le préposé à la caisse (Arg. art. 1039, C. proc. civ.).—V. *Formule* 8.

42. La loi n'ayant fixé aucun délai dans lequel la consignation doit s'opérer à partir des offres, il s'ensuit qu'elle peut toujours avoir lieu, sauf aux tribunaux à examiner si le retard apporté par le débiteur n'a pas eu pour but de lui faire gagner des intérêts, et à obliger ce dernier à tenir compte de ces mêmes intérêts jusqu'au jour du dépôt (Toullier, t. 7, n° 233).

43. Si le créancier n'est pas présent à la consignation, le procès-verbal qui en a été dressé doit lui être signifié, avec sommation de retirer la chose déposée (C. civ., art. 1259).—V. *Formule* 9.

44. Cette formalité, au sujet de laquelle la loi ne fixe aucun délai, n'est pas indispensable pour la validité de la consignation. On ne pourrait donc exiger les intérêts de la somme consignée dans l'intervalle qui s'écoulerait entre la consignation et la sommation dont nous venons de parler.

45. Les offres réelles et la consignation peuvent être contestées tant en la forme qu'au fond; il devient donc indispensable de faire statuer par un jugement sur leur validité ou leur nullité.

46. La demande est principale ou incidente : au premier cas, elle est formée par exploit (C. proc. civ., art. 815. — V. *Formule* 10), et dispensée du préliminaire de conciliation; au second, elle est intentée par requête d'avoué à avoué (C. proc. civ., art. 815). —V. *Offres réelles*.

47. Aucun délai n'a été fixé pour faire statuer sur la nullité ou la validité de la consignation; mais il est de l'intérêt des parties de provoquer un jugement le plus tôt possible (Duranton, t. 12, n° 227).

48. Lorsque la consignation n'est pas précédée d'offres réelles (V. *suprà*, n°s 30 et suiv.), c'est-à-dire lorsqu'il existe des créanciers inscrits ou opposants, le débiteur n'est tenu ni d'appeler ces créanciers pour être présents à la consignation, ni de leur signifier cette consignation (Toullier, t. 7, n° 217). Ces formalités seraient en effet inutiles et par conséquent frustratoires.

49. Doit-il dans ce cas être dressé procès-verbal de la consignation ?)n, suivant Toullier, t. 7, n° 217. Quant à nous, nous croyons qu'il serait udent de dresser acte de la consignation, de déposer cet acte au greffe du bunal devant lequel l'ordre ou la distribution doit s'ouvrir, et de le notifier qui de droit.—V. *suprà*, n°ˢ 7 et suiv.

50. En matière de consignation forcée, il est inutile de remplir aucune rmalité, et même de dresser procès-verbal de la consignation (Toulouse, 22 iv. 1820).

51. La consignation régulièrement faite libère le débiteur, dépositaire ou sponsable, envers le créancier poursuivant (C. civ., art. 1257), qui devient éancier direct de la caisse. Mais elle ne libère pas également le propriétaire de somme consignée envers ses créanciers inscrits ou opposants. Ceux-ci, en fet, ne doivent imputer sur leurs créances que les sommes qu'ils retirent de caisse (Cass., 17 niv. an 7 ; 16 juin 1813).

52. Nonobstant la consignation, le créancier poursuivant pourrait continuer les poursuites à ses risques et périls, s'il croyait les offres insuffisantes Cass., 4 juill. 1838).

53. Les frais de la consignation et des offres sont à la charge du créancier (C. Nap., art. 1260), lors même qu'il déclarerait accepter la somme onsignée.

§ 5. — *Des oppositions sur les sommes consignées.*

53 *bis*. Toute consignation a lieu à la charge des oppositions qui existent u moment où elle est effectuée : en conséquence, celui qui consigne est tenu le dénoncer ces oppositions au créancier (C. proc. civ., art. 817).

54. Cette dénonciation peut avoir lieu, soit par la notification du procès-verbal de consignation, lorsque le créancier est absent (V. *suprà*, n° 43), soit par acte séparé ; dans tous les cas, on donne la copie entière des oppositions.—V. *Formule* 9.

55. La loi n'ayant fixé aucun délai pour cette dénonciation a laissé toute latitude au débiteur qui ne peut jamais être responsable de la perte d'intérêts résultant du retard (Carré et Chauveau, *Lois de la Procédure*, *Quest.* 2793).

56. La consignation volontaire ne libérant définitivement le débiteur que du jour où elle a été validée par l'acceptation du créancier ou par un jugement passé en force de chose jugée, il s'ensuit que jusque-là tous les créanciers du consignataire peuvent faire des oppositions à la délivrance des sommes consignées, et cela entre les mains du préposé à la caisse. — V. *Formule* 12.

57. Les créanciers de celui auquel la somme consignée a été offerte peuvent également faire des oppositions pendant le même temps. Si elles sont d'une date antérieure à celle des créanciers du débiteur, ils sont payés de préférence à ceux-ci ; si elles sont postérieures, ils viennent en concurrence avec ces derniers, mais seulement pour le montant de la somme offerte, car ils ne peuvent représenter leur débiteur que pour cette somme (Duranton, t. 12, n° 239).—V. *Formule* 12.

58. En matière de consignation forcée, ou lorsque la consignation volontaire est validée, le consignataire est complétement dessaisi, et ses créanciers ne peuvent plus faire aucune opposition sur la somme consignée.

59. Il n'en est pas de même des créanciers de celui auquel la somme consignée est due : ils peuvent faire des oppositions jusqu'à ce qu'ils aient encouru la forclusion ou la déchéance prononcée par les art. 660 et 759, C. proc. civ., en cas d'ordre ou de contribution, ou jusqu'à ce que la justice ait ordonné que la somme serait versée entre les mains de personnes désignées.—V. *Formule* 12.

60. Les sommes déposées ou consignées ne peuvent être saisies-arrêtées que dans les formes prescrites par la loi (V. *Saisie-arrêt*). Sont cependant dispensées des formes légales les oppositions faites : 1° par le déposant qui déclare avoir perdu son récépissé (2e ord. 3 juill. 1816, art. 7). Dans ce cas, l'opposition est insérée par extrait dans le journal officiel aux frais et diligences du réclamant, et un mois après la caisse est valablement libérée, en lui remboursant le montant du dépôt sur quittance motivée (même ord., art. 11) ; 2° par les agents ou syndics d'un failli, comme il est dit dans l'art. 149, C. comm. (même ord., art. 7).

61. Les saisies-arrêts, oppositions et autres actes ayant pour objet d'arrêter le paiement des sommes versées, à quelque titre que ce soit, à la caisse des dépôts et consignations et à celle de ses préposés, n'ont d'effet que pendant cinq années à compter de leur date, lorsqu'elles ont été faites à la caisse ou à celle de ses préposés, et à compter du jour de la consignation, lorsqu'elles ont été faites ailleurs (L. 9 juill. 1836 ; 8 juill. 1837 ; Ord. 1er oct. 1837).

62. Faute de les renouveler avant l'expiration de ce délai, elles sont rayées d'office, quels que soient d'ailleurs les actes, traités ou jugements intervenus sur lesdites oppositions et significations (L. 8 juill. 1837).

§ 6. — *Remise des sommes consignées.*

63. Le montant de la consignation volontaire peut être remis à celui qui l'a faite : 1° tant qu'il n'y a pas eu acceptation régulièrement signifiée au préposé de la caisse par le créancier auquel la consignation était destinée ; 2° ou tant qu'il n'y a pas eu de jugement passé en force de chose jugée, validant la consignation et régulièrement signifié ; 3° ou lorsque la consignation a été déclarée nulle ou insuffisante ; 4° ou lorsque le créancier y consent, quoiqu'il y ait eu acceptation et jugement passé en force de chose jugée.

64. Dans ces divers cas, s'il n'existe aucune opposition, le préposé de la caisse doit remettre les fonds sur une simple réquisition verbale, sans exiger autre chose que son récépissé quittancé (Avis cons. d'Etat, 16 mai 1810 ; 2e Ord. 3 juill. 1816, art. 6).

65. En cas de refus, la caisse doit être mise en demeure par une réquisition de paiement signifiée, à Paris, au directeur de la caisse, en la personne du chef du bureau du contentieux, et, dans les départements, au préposé de la caisse ; cette réquisition doit contenir élection de domicile dans le lieu où demeure le préposé de la caisse, et offres de remettre les pièces à l'appui ; l'original doit être visé (C. proc. civ., art. 1039 ; L. 28 niv. an 13, art. 4 ; Ord. 3 juill. 1815, art. 15). — V. *Formule* 13.

66. Si la caisse ou ses préposés refusent d'obtempérer à la réquisition dans les dix jours de sa date, ils doivent donner connaissance des motifs de leur refus par notification au domicile élu dans ladite réquisition (V. *Formule* 14) ; faute de quoi, ils sont contraignables par corps au paiement de la somme consignée, et la caisse est en outre responsable des sommes reçues et des intérêts (Ord., 3 juill. 1816, art. 15 et 16). — V. *Caisse des dépôts et consignations*. — V. aussi *Formule* 15.

67. Lorsque la caisse a notifié son refus, il y a lieu d'examiner s'il est fondé. Il n'est fondé que dans deux cas : lorsqu'il y a des oppositions, ou lorsque les pièces produites à l'appui de la réquisition ne sont pas régulières. Dans tous les cas, c'est au tribunal à apprécier les motifs et à décider si la caisse doit se libérer, ou si le réclamant sera tenu de rapporter mainlevée des oppositions, ou de régulariser les pièces produites (V. *Formule* 16). Celui qui succombe supporte les dépens ; toutefois, lorsque le directeur général a approuvé le refus du préposé, la caisse en est tenue, si ce dernier est condamné.

68. En ce qui concerne le montant de la consignation forcée, il ne peut

…e retiré que dix jours après la signification d'un jugement passé en force … chose jugée, ou d'un acte authentique, le tout intervenu entre toutes les …rties et les tiers acceptants ou opposants, s'il y en a (L. 28 niv. an 13, …t. 4; Avis cons. d'Etat, 16 mai 1810; Bordeaux, 6 sept. 1831).

69. Les créanciers ou opposants qui prétendent obtenir la remise d'une …mme consignée doivent signifier une réquisition comme il est dit ci-dessus, …65. S'ils justifient de pièces établissant leurs droits, ils obtiennent cette …mise.

70. Cette justification a lieu, en cas d'ordre ou de contribution, par la présentation des mandements ou bordereaux de collocation délivrés en con…rmité des art. 671 et 771, C. proc. civ.; toutefois, la caisse ne peut être …nue de payer avant la remise d'un extrait du procès-verbal d'ordre ou de …ntribution délivré par le greffier et contenant : 1° les noms et prénoms des …éanciers colloqués ; 2° les sommes qui leur sont allouées ; et 3° mention de …rdonnance du juge, qui, à l'égard des ordres, ordonne la radiation des in…riptions, et, à l'égard des contributions, fait mainlevée des oppositions des …éanciers forclos ou rejetés. Cet extrait doit être remis dans les dix jours de … clôture du procès-verbal d'ordre, par l'avoué poursuivant, à peine de dom…ages-intérêts (Ord., 3 juill. 1816, art. 17). — V. *Distribution par con…ibution, Ordre.*

71. Cependant, le défaut de cette remise d'extrait ne pourrait être opposé …x créanciers qui présenteraient des bordereaux délivrés en vertu de l'art. …58, C. proc. civ. (Ord., 3 juill. 1816, art. 17).

72. Lorsqu'il n'y a eu ni ordre ni contribution, la justification a lieu par la …présentation du jugement passé en force de chose jugée qui valide l'opposi…on ou qui attribue tout ou partie de la somme consignée au réclamant.

§ 7. — *Timbre et enregistrement.*

73. Les récépissés délivrés par le préposé de la caisse doivent être sur …apier timbré. Ils sont passibles du droit fixe de 1 fr. 10 c., et aucun délai … a été fixé pour leur enregistrement (Inst. gén., 22 pluv. an 13).

74. Les quittances constatant le remboursement total ou partiel, quit…ances qui peuvent être sous seing privé, sont enregistrées gratis, si elles ne …ontiennent qu'une décharge vis-à-vis de la caisse (Décis. min. fin., 4 août …836).

75. Lorsque le déposant vient à perdre son récépissé, il peut former à la …aisse une opposition au remboursement, fondée sur cette cause, sans em…loyer les formes prescrites par les art. 557 et suiv., C. proc. civ.

Formules.

1. *Consignation pour se libérer d'un effet négociable.*

L'an. . . . ., à la requête de. . . . ., lequel fait élection de domicile à. . . . . …e. . . . ., soussigné, me suis transporté à. . . . ., chez le sieur. . . . ., domicile …lu pour le paiement d'un billet à ordre de la somme de mille francs souscrit par le …equérant, au profit de. . . . ., le. . . . ., échu dès le. . . . ., où étant et parlant … . . . .; je lui ai déclaré que je me présentais à l'effet d'acquitter ledit billet et que …e lui faisais sommation de me le remettre à l'instant, dûment acquitté, en payant; à …e que dessus ledit sieur. . . . . m'a répondu que personne ne s'était présenté chez …ui pour toucher ladite somme; qu'il n'était pas porteur dudit billet et qu'en consé…quence il ne pouvait rien recevoir, ni rien remettre; sommé de signer, y a consenti (*ou* a …efusé de le faire); vu sa réponse, j'ai déclaré audit sieur. . . . . que j'allais à l'in…stant consigner ladite somme de mille francs.

Et, de suite, en effet, je me suis transporté à la caisse des dépôts et consignations de …'arrondissement de. . . . . ., sis à. . . . . . ., rue. . . . . . où étant, j'ai déclaré à …M. . . . . ., chef du bureau des consignations (*ou* préposé à ladite caisse), en parlant …. . . . ., qui a visé le présent, que je venais au nom de mon requérant déposer la somme de mille francs pour le paiement du billet dont est ci-dessus parlé ; et je lui ai réellement déposé ladite somme de mille francs, en deux cents pièces de cinq francs, dont il m'a donné récépissé. J'ai, en conséquence, dressé le présent procès-verbal dont une copie a été remise à mondit sieur. . . . ., chef du bureau des consignations, et dont une autre sera remise aujourd'hui au sieur. . . . ., afin de tenir lieu du dépôt, en sa demeure, de la somme consignée.

V. n° 6.—Coût, tarif, 60. Orig.: Paris, 5 fr.; R. P. 4 fr. 50 c.; aill., 4 fr. Cop., le 1/4.

Enregistrement de l'exploit, 2 fr. 20 c.

VISA. *Visé par nous, préposé à la caisse des consignations de. . . . ., le présent original dont copie nous a été remise conformément à la loi. A. . . . ., le. . . . .*

2. *Procès-verbal de consignation de sommes pour fournir un nantissement ou pour se libérer du prix d'immeubles grevés.*

L'an. . . . ., à la requête de. . . . ., je,. . . . ., me suis transporté à. . . . ., où étant, j'ai déclaré à. . . . ., en parlant à sa personne qui a visé le présent.

PREMIÈRE ESPÈCE. — *Consignation pour fournir un nantissement.* — Que, suivant jugement rendu par le tribunal de. . . . ., le. . . . ., il avait été condamné à fournir un cautionnement suffisant pour assurer le paiement de la somme de mille francs payables dans deux ans, sans intérêts, au sieur. . . . .; que ne pouvant trouver de caution et profitant des dispositions de l'art. 2041, C. Nap., il venait de consigner ladite somme de mille francs.

DEUXIÈME ESPÈCE. — *Consignation par le reliquataire.* — Que, suivant jugement du tribunal de. . . . ., rendu par défaut contre. . . . . et contenant le compte de la gestion des biens et affaires dudit sieur. . . . ., par le requérant, son mandataire, ce dernier a été reconnu reliquataire d'une somme de. . . . .; que, conservant cette somme entre ses mains, l'art. 542, C. pr. civ., l'oblige à fournir caution ; qu'il ne peut trouver personne qui puisse donner de cautionnement, et qu'en conséquence il vient, en exécution des dispositions de l'art. 2041, C. Nap., consigner ladite somme de. . . . .

TROISIÈME ESPÈCE. — *Consignation par l'acquéreur d'immeubles.* — Que, suivant contrat reçu par Me. . . . ., notaire à. . . . ., le. . . . . (*ou suivant jugement, etc.*), il avait acquis du sieur. . . . . une maison sise à. . . . ., composée de. . . . .; que sur la transcription d'une expédition de cet acte opérée au bureau des hypothèques de. . . . ., le. . . . ., vol. . . . ., n°. . . . ., il avait été délivré dix inscriptions, ainsi que le constate l'état donné sur ladite transcription, et signé du conservateur, à la date du. . . . .; que les formalités prescrites pour la purge des hypothèques par les art. 2183 et 2184, C. Nap., ont été remplies, ainsi qu'il résulte d'un exploit de notification dressé par. . . . ., huissier à. . . . ., le. . . . .; que, depuis cette dernière époque, plus de quarante jours se sont écoulés sans qu'il soit survenu de surenchère conformément à l'art. 2185 du même Code ; qu'enfin, d'après l'art. 2186 dudit Code, la valeur de ladite maison est définitivement fixée au prix porté au contrat susdaté, et qu'en consignant cedit prix, le requérant s'en trouvera valablement libéré ; qu'en conséquence je venais effectuer ladite consignation.

Et, de suite, en effet, j'ai déposé réellement à mondit sieur. . . . ., en pièces de. . . . ., la somme de. . . . ., dont il m'a donné récépissé, pour les causes dont est ci-dessus parlé ; et j'ai dressé le présent procès-verbal dont j'ai laissé copie à mondit sieur. . . .

(*Lorsqu'on consigne le prix d'une vente, on doit énoncer les inscriptions.*)—Et j'ai déclaré à mondit sieur. . . . . que ladite somme avait été consignée à la charge des dix inscriptions dont est ci-dessus parlé, savoir : la première au profit de. . . . ., contre. . . . ., à la date du. . . . ., vol. . . . ., n°. . . ., pour la somme de. . . . ., la seconde, etc.

V. n° 7.—Coût, V. *Formule 1.*

Enregistrement de l'exploit, 2 fr. 20 c.

VISA.—V. *Formule 1.*

3. *Notification de l'acte de dépôt du procès-verbal de consignation et du récépissé.*

L'an. . . . ., à la requête de. . . . ., j'ai,. . . . ., signifié et avec ces présentes donné copie à M. . . . ., de l'expédition dûment signée et en forme d'un acte reçu au greffe du tribunal de. . . . ., le. . . . ., contenant le dépôt : 1° d'un procès-verbal (*analyser le procès-verbal de consignation*), 2° et du récépissé (*analyser le récépissé*); à ce que mondit sieur n'en ignore et ait à y avoir tel égard que de raison, etc.

V. nos 7 et 9. — Coût, orig. : Paris, 2 fr.; R. P. 1 fr. 80 c.; aill., 1 fr. 50 c. Cop., le 1/4.

Enregistrement de l'exploit, 2 fr. 20 c.

4. *Notification du procès-verbal de consignation et du récépissé à la partie adverse et au greffier.*

L'an. . . . ., à la requête de. . . . ., j'ai,. . . . ., signifié 1° à M. . . . ., greffier du tribunal civil de. . . . ., au greffe dudit tribunal, où étant et parlant à mondit sieur, ..., qui a visé le présent; 2° à M. . . . ., copie entière, 1° d'un procès-verbal de consignation (*l'analyser*); 2° d'un récépissé (*l'analyser*), le tout dûment signé, scellé et en forme; à ce qu'ils n'en ignorent et aient, chacun en ce qui le concerne, à y avoir tel égard que de droit.

Coût, V. *Formule* 1.

Enregistrement de l'exploit, 2 fr. 20 c.

VISA. *Visé par nous greffier du tribunal de. . . . . le présent original dont copie nous a été remise ainsi que celle des pièces y énoncées. A. . . . ., le. . . . .*

5. *Sommation de consigner.*

L'an. . . . ., à la requête de. . . . ., j'ai. . . . . fait sommation à. . . . . de, — attendu que le sieur. . . . . a procédé, suivant procès-verbal de son ministère en date du. . . . ., à la vente des meubles et effets mobiliers saisis sur le sieur. . . . .; attendu que plusieurs oppositions ont été faites entre ses mains sur le produit de cette vente, et que depuis plus d'un mois que cette opération est terminée, le créancier et les opposants n'ont pu s'entendre; — consigner d'ici vingt-quatre heures le produit de ladite vente à la charge des oppositions qui existent; déclarant au susnommé que, faute de ce faire, le requérant se pourvoira, sous toutes réserves.

V. n° 25. — Coût, V. *Formule* 3.

Enregistrement de l'exploit, 2 fr. 20 c.

6. *Assignation faute de consigner.*

L'an. . . . ., à la requête de (*constituer avoué*), j'ai,. . . . ., donné assignation à. . . . ., à comparaître. . . . ., pour, — attendu (*motifs de la sommation n° 5, énoncer cette sommation*); — Voir dire et ordonner que, dans le jour de la signification du jugement à intervenir, le sieur. . . . . sera tenu de déposer à la caisse des consignations de. . . . . la somme de. . . . ., sinon qu'il y sera contraint par la saisie et la vente de ses biens jusqu'à concurrence de. . . . . et même par corps; et en outre s'entendre condamner aux dépens.

V. n° 25. — Coût, V. *Formule* 3.

Enregistrement de l'exploit, 2 fr. 20 c.

7. *Sommation d'être présent à la consignation.*

L'an. . . . ., à la requête de. . . . ., j'ai,. . . . ., fait sommation à. . . . ., de comparaître le. . . . ., heure de. . . . ., à la caisse des dépôts et consignations de l'arrondissement de. . . . ., sise à. . . . ., rue. . . . ., pour être présent, si bon lui semble, au dépôt que fera le requérant de la somme de. . . . . . ., offerte audit sieur, ..., par exploit du ministère de. . . . ., en date du. . . . .; lui déclarant que, faute de se présenter, il sera donné défaut contre lui à (*heure*). . . . ., et procédé tant en son absence que présence.

V. n° 40. — Coût, V. *Formule* 3.

Enregistrement de l'exploit, 2 fr. 20 c.

8. *Procès-verbal de consignation par suite d'offres.*

L'an. . . . ., à la requête de. . . . ., je, ..., me suis transporté à. . . . ., où étant, j'ai déclaré à. . . . . que je venais opérer une consignation au nom du requérant, par suite d'offres réelles faites à sa requête, au sieur. . . . ., suivant procès-verbal de mon ministère, du. . . . ., et en conséquence de la sommation faite audit sieur. . . . . par autre exploit de mon ministère, en date du. . . . ., avec déclaration qu'il serait procédé à ladite consignation, tant en l'absence que présence dudit sieur. . . . .

Et après avoir attendu jusqu'à. . . . ., sans que ledit sieur. . . . . se soit présenté ni personne pour lui, j'ai donné défaut contre le susnommé, et j'ai à l'instant réellement déposé à mondit sieur. . . . ., préposé à la caisse des dépôts et consignations, la somme totale de. . . . . . ., en pièces de. . . . . . ., composée de 1° celle de. . . . ., etc.; de laquelle somme de. . . . . mondit sieur. . . . . m'a donné récépissé.—A l'appui de cette consignation, j'ai déposé à mondit sieur. . . . .: 1° l'original du procès-verbal d'offres précité; 2° l'original de la sommation susénoncée; 3° copie de l'opposition faite par. . . . ., déclarant que ladite consignation a eu lieu à la charge de cette opposition

Et j'ai dressé le présent procès-verbal en présence de (*noms et prénoms du créancier opposant, s'il est présent*); copies duquel procès-verbal ont été remises, savoir: une au préposé à la caisse et une au créancier présent, etc.

V. n° 41.—Coût, V. *Formule* 1.

Enregistrement de l'exploit, 2 fr. 20 c.

Visa.—V. *Formule* 1.

9. *Signification du procès-verbal de consignation, du récépissé, et dénonciation des oppositions.*

L'an. . . . ., à la requête de. . . . ., j'ai. . . . ., signifié et avec ces présentes donné copie à. . . . .: 1° d'un procès-verbal de consignation (*l'analyser*); 2° du récépissé (*l'analyser*); 3° de la copie des oppositions faites sur la somme consignée: savoir, la première (*les analyser*); à ce que ledit sieur. . . . . . n'en ignore, lui faisant sommation de retirer la somme déposée en satisfaisant aux charges de droit, etc.

V. n°s 43 et 54.—Coût, V. *Formule* 3.

Enregistrement de l'exploit, 2 fr. 20 c.

10. *Demande en validité ou en nullité de consignation.*

L'an. . . . ., à la requête de (*constituer avoué*), j'ai,. . . . ., donné assignation à. . . . ., à comparaître. . . . ., pour,—attendu (*énoncer les offres, la sommation et la consignation*); attendu que le tout est régulier et que les formalités prescrites par la loi ont été remplies exactement (*ou* attendu que les offres et la consignation sont d'une somme inférieure à celles dues au requérant; qu'en effet ce dernier est créancier de. . . . .; que dès lors elles sont nulles et ne peuvent produire aucun résultat);—Voir dire et ordonner que ladite consignation et les actes qui l'ont précédée produiront l'entière libération du sieur. . . . . envers le sieur. . . . .; que ce dernier ne pourra plus réclamer aucuns deniers du requérant pour raison de l'objet qui a donné lieu à la consignation; s'entendre le sieur. . . . . condamner aux dépens que le requérant sera autorisé à prélever sur la somme consignée;—(*ou* voir dire et ordonner que cette nullité sera reconnue; qu'en conséquence ladite consignation sera considérée comme n'ayant jamais existé; voir dire cependant que le requérant sera autorisé à toucher le montant de cette consignation et à l'imputer jusqu'à due concurrence sur sa créance, et s'entendre, ledit sieur. . . . ., condamner aux dépens dans lesquels entreront les frais d'offres et ceux de la consignation, etc.

V. n° 46.—Coût, V. *Formule* 3.

Enregistrement de l'exploit, 2 fr. 20 c.

11. *Procès-verbal de consignation forcée.*

L'an. . . . ., à la requête de. . . . ., je. . . . ., me suis transporté à. . . . . où étant, j'ai déclaré à. . . . ., en parlant à sa personne, lequel a visé le présent, que je venais opérer une consignation (*énoncer ici les causes de la consignation*), et, de suite, en effet, j'ai réellement déposé à mondit sieur. . . . . qui m'en a donné récépissé, la somme de. . . . ., en pièces de. . . . ., savoir, 1°. . . . .; déclarant à mondit sieur. . . . . que la présente consignation a eu lieu à la charge des six oppositions ci-après, savoir: la première, à la requête de. . . . ., par exploit de. . . . ., et pour sûreté d'une somme de. . . . .; la 2e etc. A l'appui de cette consignation j'ai déposé les six copies desdites oppositions.

Et j'ai dressé le présent procès-verbal dont copie a été remise à mondit sieur. . . ., etc.

Coût, V. *Formule* 1.

Enregistrement de l'exploit, 2 fr. 20 c.

Visa.—V. *Formule* 1.

Nota.—*Si le dépôt est fait par un officier ministériel* (V. nos 18 et 21), *il supprime seulement ces mots:* A LA REQUÊTE DE, *etc., et continue: je. . . . . etc.*

12. *Opposition sur la somme consignée.*

L'an. . . . ., à la requête de. . . . ., élisant domicile à (*dans le lieu où est établie la caisse*), en vertu d'un acte. . . ., j'ai. . . . ., signifié et déclaré à M. . . ., préposé à la caisse des dépôts et consignations de. . . . ., en son bureau sis à. . . . ., où étant et parlant à sa personne, lequel préposé a visé le présent, que le requérant s'oppose à ce que mondit sieur. . . . . se dessaisisse, paie et vide ses mains en celles de qui que ce soit, sans y appeler le requérant, de toutes sommes qui ont été consignées en ses mains par (*ou* au profit de. . . .), à peine de tous dépens, dommages-intérêts.

La présente opposition est faite pour sûreté et avoir paiement de la somme de. . . ., due en vertu du titre susdaté, etc.

V. nos 56, 57 et 59.—Coût, V. *Formule* 3.

Enregistrement de l'exploit, 2 fr. 20 c.

Visa.—V. *Formule* 1.

13. *Réquisition de paiement.*

L'an. . . . ., à la requête de. . . . ., élisant domicile *lieu* (*ou où est établi la caisse*), j'ai,. . . . . ., signifié et déclaré à . . . . . ., que le requérant (*établir ici en vertu de quel titre le requérant a droit de retirer tout ou partie de la somme consignée*); qu'en conséquence il requiert et fait sommation audit sieur. . . . . de lui remettre et payer, soit de suite, soit d'ici dix jours, ladite somme de. . . . ., à valoir sur celle consignée entre ses mains suivant procès-verbal de. . . . ., aux offres de déposer de suite les pièces venant à l'appui de la présente réquisition et qui consistent en. . . .; et de donner toutes quittances. A ce que dessus ledit sieur m'a répondu qu'il examinerait les pièces déposées et que dans le délai prescrit il répondrait au présent réquisitoire, soit en payant, soit en faisant notifier les causes de son refus; et a signé, etc.

V. no 65.—Coût, V. *Formule* 3.

Enregistrement de l'exploit, 2 fr. 20 c.

Visa.—V. *Formule* 1.

14. *Notification du refus.*

L'an. . . . ., à la requête de M. le directeur général de la caisse des dépôts et consignations, poursuite et diligence de M. . . . ., préposé à la caisse des consignations de. . . . ., demeurant à. . . . , ., élisant domicile en son bureau sis à. . . . . ., j'ai,. . . ., signifié et déclaré à. . . . ., au domicile élu en la réquisition par lui signifiée au requérant par exploit de. . . . ., à. . . . ., où étant et parlant à. . . . ., que mondit sieur le préposé à la caisse des dépôts et consignation de . . . . refuse de remettre audit sieur. . . . . la somme par lui réclamée suivan ladite réquisition par le motif que (*consigner les motifs de refus*), etc.

V. no 66.—Coût, V. *Formule* 3.

Enregistrement de l'exploit, 2 fr. 20 c.

Visa. — V. *Formule* 1.

15. *Assignation faute de repondre à la réquisition.*

L'an. . . . ., à la requête de (*donner copie de la non-conciliation et constituer avoué*), j'ai,. . . . ., donné assignation à. . . . . ., préposé à la caisse des dépôts et consignations de. . . . ., en son bureau, où étant et parlant à sa personne, lequel a visé le présent; à comparaître. . . . ., pour, attendu (*énoncer le récépissé et la réquisition*);

attendu que plus de dix jours se sont écoulés depuis ledit réquisitoire et que ledit sieur. . . . . n'a ni remis la somme consignée ni notifié les motifs de son refus; — voir dire et ordonner que la caisse des dépôts et consignations sera tenue de payer et rembourser au requérant ladite somme de. . . . .; que ledit sieur. . . . ., préposé à ladite caisse, sera contraint par corps à ce remboursement, et en outre s'entendre condamner aux dépens, sous toutes réserves.

V. n° 66.—Coût, V. *Formule* 3.
Enregistrement de l'exploit, 2 fr. 20.

VISA.—V. *Formule* 1.

16. *Assignation pour faire statuer sur le refus.*

L'an. . . . . ., à la requête de (*donner copie de la non-conciliation et constituer avoué*), j'ai,. . . . ., donné assignation à. . . . ., préposé. . . ., à comparaître. . . . ., pour,—attendu (*énoncer le récépissé, les pièces en vertu desquelles on réclame la consignation, s'il y en a, la réquisition, la notification du refus*), desquels récépissé et pièces à l'appui de la réclamation il est avec ces présentes donné copie; attendu que les motifs sur lesquels le refus du préposé est fondé n'existent pas; qu'il n'y a aucune opposition que les pièces produites sont régulières; que rien dès lors ne peut s'opposer à la remise des fonds consignés;—voir dire que la caisse des dépôts et consignations sera tenue de remettre ladite somme de. . . . ., que ledit sieur. . . . ., préposé, sera contraint, même par corps, à effectuer ce paiement, et en outre s'entendre condamner aux dépens, sous toutes réserves.

V. n° 67.—Coût, V. *Formule* 3.
Enregistrement de l'exploit, 2 fr. 20 c.

VISA.—V. *Formule* 1.

CONSIGNATION D'ALIMENTS. — Dépôt entre les mains du geôlier d'une somme fixée par la loi pour la nourriture du débiteur incarcéré. — V. *Contrainte par corps.*

CONSIGNATION D'AMENDE. — Versement préalable imposé, dans certains cas, aux parties qui veulent se pourvoir en appel, en cassation ou en requête civile. — V. *Appel en matière civile, Cassation, Requête civile.*

CONSIGNATION DE FRAIS. — Dépôt par la partie civile, entre les mains du greffier ou du receveur d'enregistrement, des frais présumés d'un procès en matière criminelle, correctionnelle ou de police.—V. *Action civile.*

CONSISTOIRE ISRAÉLITE OU PROTESTANT. — V. *Établissement public.*

CONSORTS. — **1.** Personnes qui ont le même intérêt dans une affaire, dans un procès : tels sont les créanciers et débiteurs solidaires, les associés, les copartageants, etc.

2. Les consorts doivent être assignés par copies séparées; ils doivent être désignés individuellement dans l'assignation et dans les qualités du jugement. — V. *Ajournement*, *Appel en matière civile*, *Cassation*, *Exploit*, *Jugement.*

CONSTITUTION D'AVOUÉ. — **1.** Désignation de l'avoué qui doit occuper pour une partie dans une instance.

2. Sur le point de savoir dans quels cas le ministère des avoués est nécessaire, facultatif ou prohibé, V. *Avoué*, n°s 13 et suiv.

3. Le demandeur constitue avoué par l'ajournement ou l'acte d'appel (V. *Ajournement*, *Appel en matière civile*, *Exploit*), et le défendeur par un simple acte d'avoué à avoué (C. proc. civ., art. 75).

4. Ce dernier peut constituer avoué tant qu'un jugement par défaut n'a pas été obtenu (Orléans, 16 mars 1809).

5. Quelquefois, la loi désigne elle-même l'avoué qui doit occuper pour une partie. — V. C. proc. civ., art. 1038 et 1030, *Contribution*, *Ordre*, *Scellés*.

6. Dans les demandes intentées à bref délai, le défendeur peut faire présenter à l'audience un avoué auquel il est donné acte de sa constitution, qu'il doit réitérer dans le jour par acte d'avoué (C. proc. civ., art. 76).

7. Ce mode de constitution d'avoué n'est pas admis quand l'assignation est donnée dans le délai ordinaire (Orléans, 2 déc. 1813). Alors, le tribunal doit donner défaut, à moins qu'il n'y ait consentement de l'avoué de la partie adverse à ce qu'une pareille constitution soit acceptée.

8. Le défendeur et le demandeur ne peuvent révoquer leur avoué sans en constituer un autre. Les procédures faites et les jugements obtenus contre l'avoué révoqué et non remplacé sont valables (C. proc. civ., art. 75). — V. *Mandat. Révocation*.

9. La constitution d'avoué produit, entre l'avoué et son client, les effets d'un mandat (Cass., 2 août 1813; 20 mars 1817), non gratuit (V. *Avoué*, nos 48 et suiv.). Et, à l'égard de la partie adverse, elle a pour résultat de la forcer à signifier à l'avoué, représentant légal de son client, tous les actes d'instruction.

10. Dès que l'avoué est constitué, il est réputé avoir pouvoir de sa partie, et cette présomption ne peut être détruite, à l'égard de l'adversaire, que par un jugement de désaveu.

CONSTITUTION DE NOUVEL AVOUÉ. — **1.** Désignation volontaire ou forcée d'un avoué, en remplacement d'un autre avoué précédemment constitué, et qui, depuis, a donné sa démission, a été interdit ou destitué, ou est décédé (C. proc. civ., art. 344).

2. La simple révocation de l'avoué ou la déclaration qu'il n'a plus mandat pour occuper ne donne pas lieu à une demande en constitution de nouvel avoué (C. proc. civ., art. 75 et 344; Chauveau sur Carré, *Lois de la procédure*, t. 3, *Quest.* 1280 *ter*; Boitard, *Leçons sur le Code de procédure*, t. 2, p. 281).

3. Toutefois, les décès, démissions, interdictions ou destitutions des avoués, ne donnent lieu à constitution de nouvel avoué, que lorsqu'ils surviennent avant que l'affaire soit en état.

4. Le jugement de l'affaire qui est en état n'est différé par aucun de ces événements (C. proc. civ., art. 342).

5. Lorsque des conclusions ont été prises par un avoué, l'affaire se trouvant en état, il s'ensuit que le refus de cet avoué de plaider, après les conclusions prises, n'est pas une cause de constitution de nouvel avoué; le refus n'empêche pas le tribunal de juger (Décr., 30 mars 1808, art. 28; Aix, 31 mai 1808; Cass., 23 mars 1819; Carré et Chauveau, t. 3, *Quest.* 1278).

6. Dans les affaires qui ne sont pas en état, les procédures faites et les jugements obtenus depuis les décès, démissions, interdictions ou destitutions des avoués des parties, sont nuls, s'il n'y a constitution de nouvel avoué, sans qu'il soit besoin de notifier ces événements (C. proc. civ., art. 344).

7. La disposition de l'art. 344 est applicable au cas de mort civile des avoués, comme à celui de mort naturelle (Locré, t. 21, p. 486, n° 174).

8. Ainsi que nous l'avons dit n° 1, la constitution de nouvel avoué est volontaire ou forcée. La constitution volontaire a lieu dans la forme réglée par l'art. 347, C. proc. civ., c'est-à-dire par un simple acte d'avoué à avoué. Lorsque la partie qui doit constituer un nouvel avoué ne se dispose pas à le faire volontairement, il faut alors recourir à la justice pour l'y contraindre : ce qu'on fait au moyen d'une assignation.

9. Cette assignation, qui n'a pour objet qu'une demande incidente, ne doit point être précédée de l'essai de conciliation (C. proc. civ., art, 345; Chauveau sur Carré, t. 3, sur l'art. 346, p. 235).

10. Elle doit être signifiée dans les formes prescrites, et dans les délais fixés au titre *des Ajournements;* elle doit, en outre, contenir les noms des avoués qui occupaient lors de la suspension de la procédure, et celui du rapporteur, s'il y en a un (C. proc. civ., art. 346). — V. *Formule.*

11. Toutefois, l'omission dans l'assignation des noms de l'avoué et du rapporteur n'en entraîne point la nullité (Pigeau, *Commentaire*, t. 1er, p. 613; Thomine-Desmazures, *Commentaire sur le Code de procédure civile*, t. 1er, p. 553; Carré et Chauveau, t. 3, *Quest.* 1286).

12. La demande en constitution de nouvel avoué ne peut être contestée (Arg., art. 348, C. proc. civ.), si ce n'est dans le cas où les parties assignées à cette fin auraient renoncé à la succession (Chauveau sur Carré, t. 3, *Quest.* 1289 *bis;* Carré, sur l'art. 349, t. 3, p. 243); et, alors, le demandeur doit faire créer un curateur à la succession vacante, l'assigner en constitution de nouvel avoué et suivre contre lui (Carré et Chauveau, t. 3, *Quest.* 1290).

13. Le jugement rendu par défaut contre une partie, sur la demande en constitution de nouvel avoué, doit être signifié par un huissier commis (C. proc. civ., art. 350).—V., au surplus, *Reprise d'instance*, pour ce qui concerne les règles relatives au jugement, à sa signification et aux moyens de recours contre ce jugement.

14. Les principes que nous venons d'exposer, s'appliquent aux demandes en constitution de nouvel avoué, soit en matière ordinaire, soit en matière sommaire. Seulement, en matière sommaire, il n'est dû que les déboursés (Boucher d'Argis, *Dictionnaire de la taxe en matière civile*, v° *Reprise d'instance en matière sommaire*, p. 286).

Formule.

L'an. . . . ., à la requête du sieur. . . . ., demeurant. . . . ., pour lequel domicile est élu à. . . . ., rue. . . . ., en l'étude de Me. . . . ., avoué près le tribunal civil de première instance (*ou* la Cour) de. . . . ., qui continuera d'occuper (*ou occupera*) pour lui, j'ai. . . . ., soussigné, donné assignation au sieur. . . . ., demeurant à. . . . ., en sondit domicile (*s'il y a lieu*), distant de ma résidence de (*nombre des myriamètres et demi-myriamètres*), en parlant à. . . ., à comparaître, d'aujourd'hui à huitaine franche, outre un jour par trois myriamètres de distance, à l'audience du tribunal civil (*ou* de la Cour) de. . . . ., séant en cette ville, au palais de justice, à. . . . . (heure), pour, — Attendu que, par exploit de. . . . ., en date du. . . . ., enregistré. . . . ., le requérant a formé contre le sieur. . . . ., une demande tendant à. . . . .; attendu que ledit sieur. . . . . avait constitué Me. . . . . pour avoué, et que ce dernier est décédé (*ou s'est démis de ses fonctions, a été interdit ou destitué*) le. . . . ., sans que le sieur. . . . . ait depuis constitué un nouvel avoué,—entendre dire et ordonner qu'il sera tenu de constituer un nouvel avoué sur la demande susénoncée, pour procéder d'après les derniers errements de la procédure, conformément à la loi; que, faute par lui de ce faire, il sera contre lui donné défaut et passé outre au jugement de la cause, et qu'en conséquence, les conclusions prises par le requérant en l'exploit susdaté lui seront adjugées, et s'entendre en outre condamner aux dépens. Et je lui ai, audit domicile, en parlant comme dessus, laissé copie du présent dont le coût est de. . . . .

V. n° 10. — Coût, tarif 29 : Paris, 2 fr.; R. P. 1 fr. 80 c.; aill., 1 fr. 50 c.; copie le 1/4.

Enregistrement de l'exploit, 2 fr. 20 c.

CONSTITUTION DE RENTE. — V. *Rente*, *Rente perpétuelle*, *Rente viagère.*

CONSTRUCTIONS. — **1.** Pris dans un sens général, ce mot désigne tous les ouvrages de main d'homme, achevés ou non, tels que bateaux, canaux, églises, forges, machines, maisons, murs, etc., mais, plus spécialement, les ouvrages de maçonnerie et autres édifices tenant au sol. C'est sous ce dernier rapport que nous l'envisageons ici.

2. Aux termes de l'art. 674, C. Nap., celui qui fait creuser un puits ou une fosse d'aisances près d'un mur mitoyen ou non ; celui qui veut y construire cheminée ou âtre, forge, four ou fourneau, y adosser une étable, ou établir contre ce mur un magasin de sels ou amas de matières corrosives, est obligé de laisser la distance prescrite par les règlements et usages particuliers sur ces objets, ou à faire les ouvrages prescrits par les mêmes règlements et usages, pour éviter de nuire au voisin.

3. Le décret du 7 mars 1808, encore en vigueur, veut aussi que nul ne puisse, sans autorisation, élever aucune habitation, ni creuser aucun puits, à moins de cent mètres des nouveaux cimetières transférés hors des communes, en vertu des lois et règlements (art. 1er).

4. La loi du 25 mai 1838 (art. 6-3°) fait entrer dans les attributions des juges de paix les actions relatives aux constructions et travaux énoncés dans l'art. 674 précité du Code Nap., lorsque la propriété ou la mitoyenneté du mur ne sont pas contestées. Ces magistrats connaissent de ces actions à la charge d'appel.

5. Dans le cas de contestations sur la propriété ou la mitoyenneté du mur, elles doivent être portées devant les tribunaux civils de première instance.

6. L'art. 674 s'en réfère, comme on l'a vu, pour la distance et les ouvrages prescrits, aux règlements et usages particuliers, sans fixer, comme le fait l'art. 671, même Code, pour les plantations, la distance à observer, à défaut de règlements et usages. Dès lors, en cas d'absence de règlements ou d'usages locaux, c'est au juge qu'il appartient d'y suppléer à l'aide de l'expérience des gens de l'art (Allain, *Manuel encyclopédique des juges de paix*, t. 2, nos 1626, 1627 et 1632 ; Levasseur, *Manuel des juges de paix*, édition revue par Toussaint, n° 72, p. 100).

7. Ainsi, spécialement, il peut, lorsqu'un four n'a pas été construit d'après les règles de l'art, et que ce vice de construction cause un dommage au voisin, en ordonner la démolition, bien qu'aucune loi ou règlement n'ait prescrit la distance à observer pour la construction des fours ou les ouvrages à faire pour ne pas préjudicier au voisin (Cass., 29 janv. 1829).

8. L'art. 6-3°, L. 25 mai 1838, attribue aux juges de paix compétence, non-seulement pour vérifier si les distances et conditions prescrites par les lois, règlements ou usages, ont été observées et ordonner qu'elles le soient, mais aussi pour apprécier le préjudice que l'inobservation des distances et conditions exigées a pu causer, et, par suite, statuer sur les dommages-intérêts.

9. L'énumération faite par l'art. 674, C. proc., ne doit pas être considérée comme limitative. Le principe qu'il consacre, et, par voie de conséquence, la compétence des juges de paix, peuvent être étendus à des cas analogues à ceux qu'il prévoit, par exemple au cas de construction des tuyaux d'une fournaise (Allain, t. 2, n° 1636 ; Levasseur, *loc. cit.*).

10. Les obligations imposées par l'art. 674, peuvent concerner l'intérêt public, comme celles qui ont pour objet de prévenir les incendies ou l'infection des eaux, etc., ou seulement l'intérêt des particuliers. Les constructions intéressant l'ordre public et la sécurité générale sont soumises à la surveillance spéciale de l'autorité administrative, qui, à cet égard, a le droit de suppléer à l'insuffisance des règlements et usages existants, en prenant tous autres règlements qui lui paraissent utiles et nécessaires, et, dans ce cas, les voisins ne peuvent, par une convention stipulée entre eux, se dispenser de l'observation des distances et ouvrages exigés. Mais, lorsque les conditions de construction n'ont été établies qu'en faveur des particuliers, ceux-ci peuvent y déroger, y renoncer (Allain, t. 2, n° 1633 ; Levasseur, *loc. cit.*).

11. La contravention aux règlements et usages qui déterminent les distances et toutes autres conditions à observer dans les constructions peut donner lieu, outre l'action civile, à une action en simple police (C. pén., art. 471-15°).

12. Sur la question de savoir si les entreprises de constructions peuvent être considérées comme des actes de commerce, V. *Acte de commerce*, nos 85 et suiv., *Commerçant*, *Compétence commerciale*, n° 51.

13. Du principe que la propriété du sol emporte la propriété du dessus et du dessous, il résulte que les constructions élevées sur un terrain sont toujours présumées faites par le propriétaire à ses frais et lui appartenir; mais cette présomption doit céder à la preuve contraire (C. Nap., art. 551, 552 et 553).

14. Lorsqu'il est établi que les constructions ont été faites par un tiers avec ses matériaux, le propriétaire du fonds a le droit ou d'obliger ce tiers à les enlever, ou de les retenir en remboursant la valeur des matériaux et le prix de la main-d'œuvre au constructeur (C. Nap., art. 555). Il suit de là que les constructions qu'un tiers a fait établir à ses frais ou avec ses matériaux sur le terrain d'autrui, ne peuvent être saisies immobilièrement sur ce tiers (V. *J. Huiss.*, t. 33, p. 228).

15. Il a été jugé, spécialement, que les constructions élevées par le preneur sur un terrain qui lui avait été donné à bail ne pouvaient être l'objet d'une saisie immobilière de la part de ses créanciers, alors surtout qu'il avait été stipulé entre le preneur et le bailleur que, à l'expiration du bail, ces constructions demeureraient la propriété de ce dernier, au prix d'estimation (Cass., 19 fév. 1849.—V. *J. Huiss.*, t. 30, p. 164).

16. Les créanciers du constructeur ne peuvent saisir que la somme représentant le prix de la construction, lorsque le propriétaire déclare vouloir la garder, ou que les matériaux provenant de la démolition, lorsqu'il l'oblige à l'enlever (V. *J. Huiss.*, t. 33, p. 228 et suiv.).

17. Si, au moment où les créanciers du constructeur se proposent d'exercer contre lui des poursuites, le propriétaire du sol n'a point encore usé de la faculté que lui accorde l'art. 555, Cod. Nap., ils peuvent, comme exerçant les droits de leur débiteur (art. 1166), faire au propriétaire sommation d'avoir à se prononcer, et, sur son refus d'obéir à la sommation, le contraindre judiciairement à faire option; car c'est cette option seule qui détermine le droit du débiteur et le rend certain. La saisie du prix ou des matériaux ne peut donc être faite qu'après que l'option a eu lieu (V. *J. Huiss.*, t. 33, p. 229 *in fine*).

18. A l'égard du propriétaire du sol, les constructions qui y ont été élevées par un tiers ont un caractère immobilier, et peuvent être saisies immobilièrement sur lui, s'il déclare vouloir les garder. S'il veut contraindre le constructeur à les enlever, ses créanciers peuvent alors, en déclarant, comme exerçant ses droits, les retenir, les saisir immobilièrement (Persil, *Comment. sur la loi du 2 juin 1841 sur les ventes judiciaires de biens immeubles*, t. 1er, n° 9; *J. Huiss.*, t. 33, p. 228).—V. *Saisie immobilière.*

CONSULS. — **1.** Agents ou délégués envoyés par un gouvernement, en pays étrangers, dans les places de commerce, et surtout dans les ports de mer, pour y protéger et faciliter les relations commerciales entre le pays qui les envoie et celui où ils sont envoyés, pour veiller à la conservation des droits et privilèges de leurs nationaux, et pour remplir à leur égard certaines fonctions administratives et judiciaires.

2. La protection qu'un consul doit à ses nationaux est générale. Cependant, elle ne lui permet pas de défendre, même en vertu d'un pouvoir, les intérêts d'un individu absent et assigné devant le tribunal du pays où il exerce ses fonctions. Il ne peut que fournir des notes propres à éclairer les juges sur la demande formée par un des membres de la nation qu'il représente (Décis. du conseil des prises, 29 prair. an 8).

3. Chargé d'exercer la police sur les navires de commerce français dans les ports de leur arrondissement, ils ont qualité pour recevoir les plaintes que les passagers peuvent avoir à faire contre les capitaines ou les équipages (Ord., 7 août 1832, art. 19). En cas de contestation entre les capitaines et leurs équipages ou les passagers, ils les concilient ou les jugent (même article).

4. D'autres obligations sont imposées aux consuls en ce qui concerne les navires de commerce, soit pendant leur séjour dans les ports de leur arrondissement, soit pour leur départ, soit en cas de naufrage. Elles sont principalement déterminées par l'ordonnance du 29 oct. 1833.

5. Les consuls sont investis de certaines attributions municipales. Ainsi, d'abord, ils sont autorisés à remplir, à l'étranger, pour leurs nationaux, les fonctions d'officiers de l'état civil (C. Nap., art. 48). Ils ont aussi le droit de délivrer des passeports aux Français, et aux étrangers, si les lois ou les usages du pays où ils sont établis ne s'y opposent pas (Ord., 25 oct. 1833, art. 1 et 4). Pour s'assurer la protection des consuls, les Français qui arrivent dans les lieux de leur résidence doivent soumettre leur passeport au visa de ces fonctionnaires (Même ord., art. 2). C'est encore aux consuls qu'il appartient de revêtir les actes des autorités ou fonctionnaires publics étrangers de la formalité de la légalisation, nécessaire pour leur exécution en France (Même ord., art. 6, 7 et 8).

6. Toutefois, la légalisation par les consuls de ces actes ne suffit point seule pour qu'il puisse en être fait usage en France; il faut que leur signature elle-même soit préalablement légalisée par le ministre des affaires étrangères, ou par les fonctionnaires qu'il a délégués à cet effet (Même ord., art. 9).

7. Les arrêts, jugements ou actes rendus ou passés en France ne peuvent également être exécutés ou admis dans les consulats qu'après avoir été légalisés par le ministre des affaires étrangères ou par les fonctionnaires par lui délégués (Même ord., art. 10).

8. C'est par l'intermédiaire des consuls que sont transmis, sans frais, aux parties intéressées qui se trouvent dans le lieu de leur résidence, les exploits signifiés, en vertu de l'art. 69, C. proc. civ., aux parquets des procureurs généraux et impériaux, et dont le ministre des affaires étrangères leur fait l'envoi (art. 11).

9. Quant à la juridiction des consuls en matière civile ou en matière commerciale, elle est volontaire ou forcée.

10. Ainsi, un consul est valablement choisi comme arbitre par ses nationaux dans des contestations soit civiles, soit commerciales.

11. La juridiction forcée des consuls est très-étendue; ils statuent sur les contestations, de quelque nature qu'elles soient, qui s'élèvent entre des Français (Edit de juin 1778).

12. Mais l'admission d'un consul, même avec droit de juger, n'entraîne pas, pour les magistrats des lieux, obligation de faire exécuter ses sentences, qui, par conséquent, restent sans force dans le pays où elles sont rendues. Il n'en est autrement qu'en matière de prises maritimes (Cass., 29 mars 1809).

13. Jugé que l'acte passé en France par des étrangers devant le consul de leur nation est authentique; les tribunaux français peuvent en ordonner l'exécution provisoire (Rennes, 6 avril 1835.—V. *J. Huiss.*, t. 17, p. 31). — V. *Contrainte par corps.*

CONSULS DES MARCHANDS. — Nom sous lequel les premiers tribunaux de commerce furent institués à Paris et dans les principales villes de

France (Ord. 1563; 28 avril 1565; Décl. du 6 fév. 1566). — V. *Tribunaux de commerce.*

CONSULTATION. — **1.** Avis motivé donné par un ou plusieurs avocats sur une question de droit ou sur un procès.

2. Une consultation de trois avocats est nécessaire pour former une requête civile (C. proc. civ., art. 495). — Le tuteur ne peut également transiger au nom du mineur que de l'avis de trois jurisconsultes (C. proc. civ., art. 467). — V. *Conseil, Requête civile, Transaction, Tutelle.*

CONTENANCE. — V. *Saisie immobilière, Vente.*

CONTENTIEUX. — **1.** Ce qui est susceptible de litige. C'est en ce sens qu'on dit : *droit contentieux, affaire contentieuse.*

2. Les affaires contentieuses civiles ou commerciales sont, suivant leur nature, de la compétence des tribunaux civils et des justices de paix ou des tribunaux de commerce. Les affaires contentieuses administratives sont jugées par les conseils de préfecture et le conseil d'Etat. — V. *Compétence administrative, Compétence civile, Compétence commerciale, Conseil d'Etat, Conseil de préfecture.*

CONTESTATION. — Cette expression, à la différence du mot *contentieux*, qui indique un droit ou une chose susceptible de litige, s'emploie pour désigner le débat, le litige engagé, le procès porté devant l'autorité compétente.

CONTESTATION EN CAUSE. — Terme de pratique usité autrefois pour désigner le premier appointement (V. *Appointement*) qui intervenait sur les demandes et défenses des parties, après que leurs moyens avaient été déduits à l'audience (Ferrière, *Nouvelle introduction à la pratique*, t. 1er, v° *Contestation en cause*).

CONTEXTE. — Lorsqu'on dit qu'un acte doit être écrit en un seul et même contexte, on entend par là qu'il doit être rédigé sans blanc, lacune ni intervalle. — V. *Procès-verbal, Saisie-exécution.*

CONTIGUITÉ. — Etat de deux héritages, maisons, terres, bois ou autres, qui se touchent. — V. *Bornage.*

CONTINUATION DE COMMUNAUTÉ. — Autrefois, sous l'empire de certaines coutumes, la communauté qui avait existé entre les conjoints se continuait après le décès de l'un d'eux lorsqu'elle n'avait pas été dissoute par un inventaire régulier. Mais, aujourd'hui, la communauté est dissoute de plein droit par la mort de l'un des époux. — V. *Communauté de biens entre époux*, nos 179, 181 et 185.

CONTRADICTOIRE. — Ce qui se fait en présence des parties intéressées. Un jugement est contradictoire, lorsque toutes les parties ont posé des conclusions relatives au fond. — V. *Jugement.*

CONTRAINTE. — **1.** La contrainte, soit physique, soit morale, étant exclusive de toute volonté libre, vicie le consentement qui est la base de toute convention. — V. *Consentement.*

2. Dans la pratique, le mot *contrainte* s'emploie aussi pour désigner un mode d'exécution résultant d'une obligation ou d'une condamnation.

CONTRAINTE ADMINISTRATIVE. — **1.** Mandement décerné contre un redevable de deniers publics ou de droits dus au fisc, et contenant l'ordre de payer la somme due et le pouvoir de saisir, au besoin, les biens et la personne même du débiteur, dans les cas où la loi autorise contre lui ce mode de poursuites (Sebire et Carteret, *Encyclopédie du droit*, v° *Contrainte*, n° 1).

Indication alphabétique des matières.

§ 1. — *Des contraintes en général. — Effets.*
§ 2. — *Matières dans lesquelles il y a lieu à décerner contrainte. — Formalités.*
§ 3. — *De l'opposition aux contraintes. — Compétence.*
Formules.

§ 1er. — *Des contraintes en général. — Effets.*

2. Toutes les fois qu'une somme est due au trésor public, et qu'il n'existe pas de titre exécutoire, une contrainte peut être décernée pour en faciliter et en accélérer le recouvrement. Spécialement, il y a lieu de délivrer des contraintes en matière de contributions directes et indirectes, de douanes, d'enregistrement, de timbre, et généralement pour le recouvrement de toutes les recettes attribuées au domaine.

3. Les contraintes décernées dans les limites et avec les formalités voulues par la loi produisent, relativement aux actes d'exécution qu'elles autorisent, les mêmes effets que ceux attribués à un jugement (Av. cons. d'Etat, 25 therm. an 12).

4. Celles qui sont soumises au visa d'un juge de paix ou d'un président de tribunal civil doivent être, à peine de nullité, non-seulement *visées*, mais encore déclarées exécutoires (Cass., 8 mai 1809; L. 22 frim. an 7, art. 64), c'est-à-dire intitulées et terminées de la même manière que les jugements.

5. Toutefois, la nullité résultant du défaut de visa et d'exécutoire se trouve couverte par le silence des parties (Cass., 14 nov. 1835).

6. Quant aux contraintes décernées par le ministre des finances, lesquelles ne sont soumises au visa d'aucun fonctionnaire, elles sont exécutoires sans mandement de justice, l'art. 545, C. proc., ne leur étant point applicable (LL. 12 vend. an 13, et 18 vent. an 8).

7. Les contraintes emportent-elles hypothèque? Une distinction est à faire : les contraintes décernées par un ministre (LL. 2 mess. an 6, 12 vend. et 13 frim. an 8), de même que celles en matière de douanes (L. 22 août 1791, tit. 13, art. 23), et de contributions indirectes (Sebire et Carteret, v° *Contrainte*, n° 23), emportent hypothèque ; mais celles délivrées en matière d'enregistrement (Cass., 28 janv. 1828; Championnière et Rigaud, *Traité des droits d'enregistrement*, t. 4, n° 4016), et de contributions directes (Durieu, *Poursuites en matière de contributions directes*, t. 1, p. 466; Favard, *Rép.*, v° *Exécution des jugements*), ne jouissent pas du même privilége.

8. Les contraintes ministérielles emportent contrainte par corps (LL. 2 mess. an 6; 18 vent. an 8). Sur le point de savoir s'il en est de même des contraintes délivrées par les agents de l'administration, V. *Contrainte par corps*.

§ 2. — *Matières dans lesquelles il y a lieu à décerner contrainte. — Formalités.*

9. *Contributions directes.* — Les contraintes en matière de contributions directes sont délivrées par le receveur particulier des finances contre les contribuables en retard de se libérer, et doivent être visées par le sous-préfet Elles ne sont pas sujettes au timbre (Circ. du minist. des finances, 12 avr. 1837; Règl. 21 déc. 1839, art. 25).

10. Les contraintes sont signifiées à la requête du percepteur, aux redevables, soit par un porteur de contraintes (V. *Porteur de contraintes*), soit par un huissier (avis du cons. d'Etat, 13 août 1841 : voy. *J. Huiss.*, t. 23, p. 177), avec commandement de payer dans les trois jours, sous peine de saisie et vente des meubles (Lerat de Magnitot, *Dictionn. de droit public et administratif*, t. 1, p. 328).

11. Mais l'huissier qui signifie une contrainte ne peut être forcé d'accepter seulement la commission payée aux porteurs de contraintes. Les émoluments qui lui sont dus doivent être fixés, dans ce cas, conformément au tarif ordinaire (avis cons. d'Etat, 13 août 1841 : voy. *J. Huiss.*, t. 23, p. 177).

12. Le commandement est valable, encore bien qu'il ne contienne pas copie intégrale de la contrainte, si d'ailleurs il contient copie du rôle en ce qui concerne le contribuable et mention de la contrainte (Cass., 12 fév. 1845).

13. Faute par le débiteur de satisfaire au commandement, il est procédé à la saisie de ses meubles et des fruits pendants par racines, lui appartenant, et, huit jours après la saisie, à la vente des meubles et fruits, avec les formalités de dénonciation de vente, procès-verbaux et affiches dans les formes usitées (Règl. 21 déc. 1839, art. 63, 80 et suiv.).

14. Les porteurs de contraintes ont le droit de faire tous les actes qui doivent précéder la vente, et même celui de procéder à cette vente, partout où ne réside pas un commissaire-priseur (L. 23 juill. 1820, art. 21; Règl. 21 déc. 1839, art. 81).

15. La vente doit être discontinuée, dès que son produit est suffisant pour solder le montant des contributions et des frais (L. 23 juill. 1820, art. 21).

16. Les huissiers peuvent aussi procéder aux divers actes dont nous venons de parler, concurremment avec les porteurs de contraintes. — V. *Huissier*.

17. Sur la question de savoir si un percepteur peut forcer un huissier, ayant procédé à une vente mobilière, de lui verser immédiatement, sur les deniers de cette vente, le montant de ce que le saisi doit au Trésor pour contributions directes, ou si l'huissier n'est pas fondé à exiger qu'une opposition régulière lui soit signifiée par acte d'huissier, à la requête du percepteur, lorsqu'il n'en a formé aucune dans le procès-verbal, V. *Vente publique de meubles*.

18. *Contributions indirectes.* — Les contraintes en matière de contributions indirectes sont décernées contre les redevables, à défaut de paiement des droits, par le directeur ou receveur de la régie, visées et rendues exécutoires, sans frais, par le juge de paix du canton où le bureau de perception est établi (Décr. 1er germ. an 13, art. 44).

19. Elles sont notifiées soit par les préposés de la régie, soit par un huissier, avec commandement de payer (Même décr., art. 44 ; V. aussi *J. Huiss.*, t. 35, p. 32).

20. Faute par le débiteur d'obéir à la contrainte, il est procédé à la saisie et à la vente de ses meubles par un huissier et dans les formes prescrites au titre des saisies-exécutions. — V. *Saisie-exécution.*

21. L'huissier peut procéder à une saisie-exécution, même en vertu d'une contrainte notifiée par les employés des contributions indirectes (V. *J. Huiss.*, t. 35, p. 32).

22. *Douanes.* — En matière de douanes, les contraintes sont décernées par le receveur de douanes et visées par le juge de paix du canton.

23. Elles peuvent être signifiées avec commandement de payer, soit par un préposé des douanes (Cass., 1er et 18 déc. 1830), soit par un huissier. Mais, faute de paiement, l'huissier seul procède aux actes d'exécution dans les formes voulues par la loi. — V. *Contrainte par corps*, *Saisie-exécution.*

24. *Enregistrement.* — Il y a lieu de décerner une contrainte, en matière d'enregistrement, pour recouvrement de droits d'actes enregistrés que l'officier public ou les parties refusent de payer, de droits dus pour actes non enregistrés, de supplément de droits dus pour insuffisance d'évaluation de revenu, de droits de mutation et de droits non perçus sur des actes enregistrés, sans qu'il soit nécessaire, dans ces différents cas, de dresser un procès-verbal préalable.

25. Il y a également lieu de délivrer une contrainte, mais seulement après qu'il a été dressé procès-verbal de la contravention, pour le recouvrement des amendes encourues pour défaut de communication aux préposés de la régie d'actes et répertoires, des amendes encourues pour contravention aux dispositions de la loi du 22 frim. an 7 sur la tenue et le visa des répertoires, et des amendes pour contravention en matière de timbre et de ventes de meubles.

26. Les contraintes sont décernées par le receveur ou préposé de la régie, et visées et déclarées exécutoires par le juge de paix du canton où le bureau est établi (L. 22 frim. an 7, art. 64 ; L. 28 avr. 1816, art. 76).

27. Pour qu'une contrainte puisse être exécutoire et interrompre la prescription, il est nécessaire que le visa du juge de paix soit apposé non-seulement sur l'original de la contrainte, mais encore sur la copie signifiée au redevable. La contrainte, dont la copie est dépourvue de cette formalité, ne peut interrompre la prescription que si elle est suivie dans l'année d'une contrainte régulière et enregistrée, et d'une instance devant les juges compétents (Trib. civ. de Châteaudun, 11 avril 1851 : V. *J. Huiss.*, t. 34, p. 247 ; *Bull. spéc. des Huiss.*, t. 9, p. 110).

28. Les contraintes sont signifiées aux redevables, à personne ou à domicile, à peine de nullité (L. 22 frim. an 7, art. 64 ; Cass., 23 fév. 1807), à la requête du directeur général, par le ministère d'un huissier, avec commandement de payer. Faute par le débiteur d'obéir au commandement, il est procédé à la saisie et vente de ses meubles. — V. *Saisie-exécution.*

29. Les contraintes pour droits et revenus domaniaux doivent être décernées par le directeur de l'enregistrement, visées et déclarées exécutoires par le président du tribunal civil de la situation des biens (L. 12 sept. 1791), puis signifiées et exécutées comme il est dit au numéro précédent.

30. *Contraintes ministérielles.* — Le ministre des finances a le droit de décerner des contraintes pour assurer la rentrée de toutes les sommes dues au trésor public, et dont le recouvrement n'est pas réglé par des lois spéciales (LL. 12 vend. et 13 frim. an 8 ; Arrêté, 18 vent. an 8).

31. Ces contraintes doivent être signifiées avec commandement de payer. On doit donner copie de la contrainte ; mais il n'est pas nécessaire de donner copie des pièces qui lui ont servi de base (Av. cons. d'Etat, 9 vent. an 9).

§ 3. — *De l'opposition aux contraintes.—Compétence.*

32. *Contributions directes.*—Un principe commun à toutes les contraintes, en cette matière, c'est que la contrainte elle-même ne peut être l'objet d'aucun litige devant les tribunaux (Av. cons. d'Etat, 25 therm. an 12). Lors donc que le fond du droit est contesté, l'opposition doit être portée devant le conseil de préfecture (L. 28 pluv. an 8).—V. *Conseil de préfecture.*

33. Mais les tribunaux sont compétents pour statuer sur tout ce qui se rattache à la forme et à la régularité des actes d'exécution, qui n'ont été que la conséquence de la contrainte, de même que sur toutes les autres difficultés de nature à être résolues d'après les principes du droit commun (Sebire et Carteret, v° *Contrainte administrative*, n° 27).

34. Lorsque, dans ces différentes circonstances, on forme opposition aux actes d'exécution, l'opposition doit être motivée, et contenir élection de domicile dans la commune où siége le tribunal (Cass., 23 flor. an 13), constitution d'avoué et assignation devant le tribunal du lieu où le bureau est établi (Cass., 5 mai 1806).—V. *Formule* 1.

35. *Contributions indirectes.*—L'opposition peut porter non-seulement sur la régularité des actes, mais encore sur le fond du droit (L. 5 vent. an 12, art. 88; Cass., 5 mars 1823; 3 juin 1833).

36. L'opposition doit être motivée, et contenir élection de domicile dans la commune où siége le tribunal et assignation à jour fixe, dans un délai qui ne peut excéder huit jours, devant le tribunal du lieu où est établi le bureau, le tout à peine de nullité (Décr. 1er germ. an 13, art. 45). La constitution d'avoué n'est pas nécessaire (Cass., 26 mars 1827).—V. *Formule* 2.

37. L'opposition à la contrainte n'est pas suspensive (L. 28 avril 1816; Cass., 6 août 1817).

38. L'instruction se fait comme en matière d'enregistrement (LL. 27 vent. an 9; 5 vent. an 12). Le jugement sur le fond du droit est en dernier ressort et sans appel (L. 28 avril 1816, art. 46).

39. *Douanes.*—L'opposition peut porter sur le fond du droit (V. *Douanes*). Elle a lieu en la forme ordinaire avec citation; elle doit être portée devant le juge de paix du lieu le plus voisin du bureau où les droits sont dus; elle n'est reçue qu'autant que les droits ont été préalablement consignés (L. 4 août 1791, tit. 13, art. 22).—V. *Formule* 3.

40. *Enregistrement et domaines.*—L'opposition peut porter sur le fond du droit. Elle doit, à peine de nullité, être motivée (Trib. civ. (S), 21 janv. 1836 : V. *J. Huiss.*, t. 17, p. 113; 2 juin 1853 : V. *J. Huiss.*, t. 35, p. 15). Elle doit aussi contenir assignation devant le tribunal de première instance, du lieu de la situation du bureau qui a décerné la contrainte en matière d'enregistrement, ou du lieu de la situation des biens en matière de domaines. Enfin, elle doit encore contenir élection de domicile dans le lieu où siége le tribunal (L. 22 frim. an 7, art. 64). Mais il n'est pas nécessaire qu'elle contienne constitution d'avoué.—V. *Formule* 4.

41. La nullité de l'opposition pour défaut de motifs n'emporte pas déchéance; la partie peut en former une nouvelle; aucun délai de rigueur n'est fixé à cet égard (V. *J. Huiss.*, t. 17, p. 113).

42. Il n'est pas nécessaire, pour la validité d'une contrainte décernée par l'administration de l'enregistrement, que l'assignation qu'elle doit contenir soit donnée à jour fixe; elle peut l'être à comparaître après l'expiration du délai ordinaire des ajournements (L. 22 frim. an 7, art. 64; Trib. civ. d'Amiens, 27 mars 1852 : V. *J. Huiss.*, t. 35, p. 16).

43. L'omission, dans l'exploit d'opposition, d'élection de domicile dans la commune où siége le tribunal, n'entraîne pas nullité de cet exploit (Trib.

civ. de Tulle, 8 mars 1852; V. *J. Huiss.*, t. 33, p. 258; *Bull. spécial des Huiss.*, t. 8, p. 278).

44. L'opposition, lorsqu'elle est régulière, suspend l'exécution de la contrainte (Même loi, art. 64).—V. *Enregistrement.*

45. *Contraintes ministérielles.* — L'opposition sur le fond du droit ne peut être portée que devant le conseil d'Etat (Cons. d'Etat, 23 nov. 1831). Quant à celle sur l'irregularité des actes d'exécution, V. ci-dessus, n° 33.

Formules.

1. *Opposition en matière de contributions directes.*

L'an. . . ., à la requête de (*élection de domicile et constitution d'avoué*), j'ai. . . ., signifié et déclaré à M. . . . ., percepteur des contributions directes, au nom de l'administration générale des contributions, en son bureau sis à. . . . ., où étant et parlant à. . . . ., que le requérant s'oppose à la saisie pratiquée en son domicile par exploit de. . . . ., et au commandement à lui signifié par autre exploit du même porteur de contrainte en date du. . . . ;

Et à pareilles requête, demeure et constitution d'avoué que dessus, j'ai donné assignation à mondit sieur. . . . ., audit nom, à comparaître. . . . ., pour, — attendu (*déduire les motifs*); voir dire et ordonner que lesdits commandement et saisie-exécution seront dès lors nuls et de nul effet; se voir par suite et à raison du préjudice causé, condamner en. . . . . de dommages-intérêts et aux dépens.

V. n° 34.—Coût, tarif, arg., art. 29. Orig. : Paris, 2 fr.; R. P. 1 fr. 80 c.; aill. 1 fr. 50 c.; cop., le 1/4.

Enregistrement : gratis, si les droits réclamés ne s'élèvent pas à 100 fr., et 1 fr. 10 c. si lesdits droits s'élèvent au-dessus de cette somme (L. 22 frim. an 7, art. 68 ; 16 juin 1824; Règl. 21 déc. 1839, art. 97.

2. *Opposition en matière de contributions indirectes.*

L'an. . . . ., à la requête de (*élection de domicile*), j'ai. . . . ., signifié et déclaré à M. . . . ., receveur des contributions indirectes, au nom de la régie desdites contributions, en son bureau sis à. . . . ., où étant et parlant à. . . . .;—que le requérant s'oppose formellement à l'exécution de la contrainte (*l'analyser*); et à mêmes requête et élection de domicile que dessus, j'ai huissier soussigné, donné assignation à mondit sieur. . . . ., audit nom, à comparaître le (*fixer le jour*), pour, — attendu (*déduire les motifs*); — Voir dire que ladite contrainte sera déclarée nulle et sans effet ainsi que les actes d'exécution qui en ont été la suite, et en outre voir condamner la régie des contributions indirectes aux dépens, sous toutes réserves.

V. n° 36.—Coût, V. *Formule* 1.

Enregistrement.—V. *Formule* 1.

3. *Opposition en matière de douanes.*

L'an. . . . ., à la requête de. . . . ., j'ai,. . . . ., signifié et déclaré à. . . . ., receveur des douanes, au nom de la Direction générale des douanes, en son bureau sis à. . . . ., que le requérant s'oppose formellement à la contrainte (*l'analyser*); et à même requête, j'ai, huissier susdit, donné citation à. . . . ., à comparaître devant M. le juge de paix du canton de. . . . ., le. . . . ., pour, — attendu que les droits réclamés par ladite contrainte ont été consignés entre les mains de mondit sieur. . . . ., receveur, suivant sa quittance du. . . . .; attendu (*déduire les motifs*); voir dire que ladite contrainte sera déclarée nulle, en conséquence que la somme consignée sera restituée au requérant dans le jour de la signification du jugement à intervenir, sinon que ledit sieur. . . . . sera contraint à cette restitution personnellement, par toutes voies de droit; et en outre, s'entendre, la Régie des douanes, condamner aux dépens, sous toutes réserves.

V. n° 39.—Coût, tarif, arg., art. 21. Orig.: Paris, 1 fr. 50 c.; R. P. 1 fr. 35 c.; aill., 1 fr. 25 c.; Cop. le 1/4.

Enregistrement de l'exploit, 1 fr. 65 c.

4. *Opposition en matière d'enregistrement et de domaines.*

L'an. . . . ., à la requête de (*élection de domicile*), j'ai. . . . ., signifié et déclaré à M. . . . ., receveur de l'enregistrement et des domaines, en son bureau sis à. . . ., que le requérant s'oppose à la contrainte (*l'analyser*); et à mêmes requête et élection de domicile, j'ai, huissier soussigné, donné assignation à mondit sieur. . . . ., audit nom, à comparaître devant. . . ., pour, — attendu (*énoncer les motifs*); — Voir dire que ladite contrainte a été à tort et illégalement décernée; qu'elle sera déclarée nulle et non avenue ainsi que tous les actes qui en ont été la suite; que les droits réclamés ne sont pas dus et ne seront pas payés, et en outre pour s'entendre, ledit sieur. . . . ., audit nom, condamner aux dépens, sous toutes réserves.

V. n° 40. —Coût, V. *Formule* 1.

Enregistrement de l'exploit, 2 fr. 20 c. (L. 28 avr. 1816, art. 43).

CONTRAINTE PAR CORPS. — 1. Voie d'exécution que la loi, dans certains cas, accorde au créancier contre son débiteur, pour le contraindre, par l'emprisonnement, à remplir ses engagements.

Indication alphabétique des matières.

SECT. Ire. — *Historique.*

1. La loi des Douze Tables autorisait les créanciers à s'emparer de leur

débiteur et à le faire vendre. Mais pouvaient-ils se partager son corps ? C'est là une question sur laquelle les Romains eux-mêmes étaient en désaccord.

3. La contrainte par corps, telle qu'elle existe chez nous, n'a aucun rapport avec la disposition précitée de la loi des Douze-Tables. Ce ne fut que beaucoup plus tard que prit naissance l'usage de l'emprisonnement pur et simple du débiteur.

4. En France, la contrainte par corps, exercée d'abord pour toute espèce de dette, fut restreinte par Philippe le Bel au cas où le débiteur s'y était volontairement soumis. Mais elle ne tarda pas à devenir de style et à être introduite dans tous les contrats.

5. L'ordonnance de Moulins (1566) régularisa cet état de choses. Elle permit de prononcer la contrainte par corps pour *toutes les condamnations* de sommes pécuniaires. Mais, en même temps, elle défendit de l'exercer avant quatre mois à partir de la signification du jugement à personne ou domicile (art. 48). Sous l'empire de cette ordonnance, la durée de la contrainte par corps était illimitée.

6. Dans l'ordonnance de 1667, Louis XIV modifia profondément la législation sur la contrainte par corps. Cette ordonnance établit une distinction entre les dettes civiles et les dettes commerciales ; elle détermina les cas où la contrainte par corps pouvait avoir lieu, et la prohiba dans tous les autres cas ; elle régla aussi les formes et le mode d'exécution.

7. Les ordonnances de 1673 et de 1681 n'apportèrent aucune innovation importante à la législation antérieure. L'ordonnance de 1673 indiqua les actes commerciaux qui devaient nécessairement entraîner la contrainte par corps.

8. Jusqu'à la loi des 16-24 août 1790 qui maintint cette voie d'exécution, elle fut encore l'objet d'un grand nombre de dispositions législatives, qui en réglèrent l'exercice.

9. Le 25 août 1792, l'Assemblée législative décréta que la contrainte par corps ne serait plus exercée à l'avenir pour dettes de mois de nourrices ; et, le 9 mars 1793, la Convention nationale ordonna l'élargissement de tous les détenus pour dettes, et décréta l'abolition de la contrainte par corps.

10. Mais cette abolition, qui, dans l'origine, avait un caractère absolu, ne le conserva pas longtemps. Le 30 du même mois de mars, la Convention, expliquant son décret précédent, déclara que la contrainte par corps continuerait à subsister en matière de commerce et en matière criminelle, et la rétablit aussi contre les comptables de deniers publics.

11. La suppression de la contrainte par corps, même pour dettes purement civiles, ne fut pas non plus de longue durée. La loi du 24 vent. an 5 rapporta le décret du 9 mars 1793 et remit en vigueur les lois anciennes jusqu'à la promulgation d'une loi nouvelle. Cette loi fut celle du 15 germ. an 6.

12. La loi du 15 germ. an 6 était divisée en trois titres, relatifs, le premier, à la contrainte en matière civile, le second, à la contrainte en matière commerciale, et le troisième, au mode d'exécution des jugements emportant contrainte par corps.—Le premier fut abrogé par le Code Napoléon ; le troisième, par le Code de procédure civile ; le second, par la loi du 17 avril 1832 seulement.

13. Les lois des 4 flor. an 6 et 10 sept. 1807 vinrent ensuite réglementer la contrainte par corps pour engagements de commerce entre Français et étrangers.

14. Le grand nombre de dispositions législatives sur la contrainte par corps fit sentir le besoin d'une refonte générale. De là, la loi du 17 avr. 1832, qui a abrogé les lois des 15 germ. et 4 flor. an 6 et celle du 10 sept. 1807.

15. Tel était l'état de la législation sur la contrainte par corps, lorsque survint la Révolution de 1848. Le Gouvernement provisoire décréta alors, le 9 mars 1848 (V. *J. Huiss.*, t. 29, p. 91), que, dans tous les cas où la loi auloi faisait la contrainte par corps, comme moyen, pour le créancier, d'obtenir le paiement d'une dette pécuniaire, cette mesure devait cesser d'être appliquée jusqu'à ce que l'Assemblée nationale eût définitivement statué sur la contrainte par corps. Et, par un décret explicatif du 12 du même mois (V. *J. Huiss.*, t. 29, p 90), il ordonna la mise en liberté immédiate et provisoire de tous les détenus pour dettes, sans distinction entre les dettes civiles et les dettes commerciales. Le 19 mai suivant, un décret de la Commission exécutive a déclaré que celui du 9 mars n'était pas applicable au recouvrement des amendes et réparations prononcées au profit de l'Etat en matières criminelle, correctionnelle ou de simple police (V. *J. Huiss.*, t. 29, p. 141).

16. La contrainte par corps a été rétablie, mais avec quelques adoucissements, par la loi des 13-16 déc. 1848 (V. *J. Huiss.*, t. 30, p. 95 et suiv.).

17. L'art. 15 de cette dernière loi portait que, dans les trois mois qui suivraient sa promulgation, un arrêté du Pouvoir exécutif, pris dans la forme des règlements d'administration publique, modifierait le tarif des frais en matière de contrainte par corps. C'est pour satisfaire à cette disposition qu'a été rendu l'arrêté du 24 mars 1849 (V. *J. Huiss.*, t. 30, p. 159).

SECT. II.— *De la contrainte par corps en matière civile et commerciale.*

CHAP. 1er. — *Règles générales.*

18. La contrainte par corps n'est pas une peine proprement dite ; elle n'est considérée que comme un moyen d'exécution ; et ce moyen n'a pas été établi en vue de l'ordre public, mais uniquement dans l'intérêt du créancier ; à la différence des autres voies d'exécution, il est purement personnel au débiteur.

19. Il suit de là : 1° que le droit d'exercer la contrainte par corps se transmet du créancier à ses héritiers et ayants cause, mais que, à l'égard du débiteur, il s'éteint avec sa personne et ne passe point à ses héritiers (Arg. art. 2, L. 17 avril 1832 ; Sebire et Carteret, *Encyclop. du droit*, v° *Contrainte par corps*, n° 40) ;

20. 2° Que, en principe, les voies d'exécution se cumulant, la contrainte par corps peut être exercée concurremment avec une saisie ;

21. 3° Que le créancier peut renoncer soit à faire prononcer la contrainte par corps dans les cas où la loi autorise cette voie d'exécution, soit à l'exercer, lorsqu'elle est prononcée. Lorsqu'il y a doute sur la question de savoir s'il y a renonciation de la part du créancier, ce doute doit s'interpréter dans un sens favorable au débiteur.

22. La contrainte par corps a pu être exercée sous la loi du 17 avr. 1832 contre l'individu à l'égard duquel elle avait été prononcée antérieurement à cette loi, pour une somme inférieure à 200 fr. (Paris, 18 avr. 1834 : V. *J. Huiss.*, t. 15, p. 204).

23. Il ne faut pas confondre la contrainte par corps avec l'emploi de la force publique par laquelle on oblige certains individus à remplir un devoir : par exemple, une femme à rentrer au domicile conjugal (Cass., 9 août 1826 ; Nancy, 11 avr. 1826 (V. *J. Huiss.*, t. 7, p. 245) ; Aix, 29 mars 1831 (V. *J. Huiss.*, t. 14, p. 88) ; un mineur à venir habiter avec son tuteur (Bastia, 31 août 1826).

24. Le législateur a tempéré la rigueur de la contrainte par corps par quelques règles générales que nous allons retracer sous le paragraphe suivant.

§ 1er. — Défense de stipuler et prononcer la contrainte par corps hors des cas permis.— En vertu de quels actes elle peut être exercée.

25. *Première règle.*—Les juges ne peuvent prononcer la contrainte par corps, les parties ne peuvent s'y soumettre, les notaires et greffiers la stipuler, que dans les cas déterminés par la loi, à peine de nullité, dépens, domma-

12.

ges-intérêts (art. 2063, C. Nap.), et, en outre, contre les juges, à peine d'être pris à partie (L. 15 germ. an 6 ; Arg. art. 505, C. proc. civ.; 2063, C. Nap.). —V. *Prise à partie.*

26. Aux termes de la première disposition de l'art. 2062, C. Nap., il était permis de stipuler dans un acte de bail la contrainte par corps contre les fermiers pour le paiement des fermages des biens ruraux. Mais cette disposition a été abrogée par l'art. 2 de la loi des 13-16 déc. 1848 sur la contrainte par corps.

27. Quant à la seconde disposition du même art. 2062, portant que les fermiers et colons partiaires peuvent être contraints par corps, faute par eux de représenter, à la fin du bail, le cheptel de bétail, les semences et les instruments aratoires qui leur ont été confiés, à moins qu'ils ne justifient que le déficit de ces objets ne procède point de leur fait, elle est restée en vigueur. —V. *infrà*, nos 95 et suiv.

28. La contrainte par corps ne peut être prononcée d'office. On doit même y conclure en première instance, avant la clôture des débats, sans quoi on serait présumé y avoir renoncé (Coin-Delisle, *De la Contrainte par corps*, sur l'art. 2063, n° 5, et sur l'art. 20, L. 17 avr. 1832 ; Pardessus, *Droit comm.*, t. 6, n° 1512).

29. Si le tribunal avait prononcé un premier jugement portant condamnation du principal, sans que la contrainte eût été requise, il ne pourrait la prononcer sur une demande nouvelle (Paris, 28 germ. an XIII ; Pardessus, *loc. cit.*).

30. Mais, pour prononcer la contrainte par corps, les juges peuvent s'appuyer sur des moyens autres que ceux invoqués par le demandeur (Paris, 6 janv. 1832; Sebire et Carteret, v° *Contrainte par corps*, n° 30).

31. Lorsque les juges ont prononcé la contrainte par corps hors des cas déterminés par la loi, le jugement est nul, mais seulement au chef de la contrainte par corps (Coin-Delisle, sur l'art. 2063, n° 8).

32. Si cette contrainte a été stipulée dans des actes en dehors des hypothèses permises, la stipulation est également nulle (Coin-Delisle, sur le même article, n° 10; Merlin, *Quest. de droit*, v° *Domaine public*, § 5).

33. Par suite, est nul, au chef de la contrainte, l'acquiescement à un jugement qui accorde illégalement ce moyen d'exécution (Coin-Delisle, même article, n° 12 ; Paris, 12 juill. 1825 ; 2 juill. 1827 ; 19 déc. 1832 (V. *J. Huiss.*, t. 15, p. 49) ; 26 oct. 1837 ; Rouen, 5 nov. 1827; Bordeaux, 21 déc. 1825).—V. *infrà*, n° 51.

34. *Deuxième règle.* — On ne doit jamais prononcer la contrainte par corps contre le débiteur au profit : 1° de son mari ni de sa femme, et 2° de ses ascendants, descendants, frères ou sœurs, ou alliés au même degré. Les individus ci-dessus mentionnés, et contre lesquels il serait intervenu des jugements de condamnation par corps, ne pourront être arrêtés en vertu desdits jugements (L. 17 avril 1832, art. 19).

35. Cette exception s'applique à la parenté adoptive comme à la parenté naturelle (Coin-Delisle, sur l'art. 19, n° 1, L. 17 avr. 1832).

36. Une nouvelle extension a été donnée à cette exception par la loi des 13-16 déc. 1848. Ainsi, d'après l'art. 10 de cette loi, la contrainte par corps ne peut être prononcée ni exécutée au profit de l'oncle ou de la tante, du grand-oncle ou de la grand'tante, du neveu ou de la nièce, du petit-neveu ou de la petite-nièce, ni des alliés au même degré.

37. La loi des 13-16 déc. 1848 veut également que, en aucune matière, la contrainte par corps ne puisse être exercée simultanément contre le mari et la femme, même pour des dettes différentes (art. 11).

38. De ce que la contrainte par corps n'a pas lieu entre parents et alliés au degré ci-dessus fixé, il suit que la cession de la créance à un étranger ne peut lui faire produire un mode d'exécution qui n'y était pas attaché dans l'origine (Paris, 22 fév. 1810 ; et que, si l'un des parents ou alliés achète d'un tiers une créance sur son parent, la contrainte s'éteint aussitôt, malgré toute subrogation (Coin-Delisle, sur le même article, n° 2).

39. Cette règle, toutefois, n'est pas applicable aux effets négociables : ainsi, dans ce cas, la contrainte par corps sommeille, tant que le titre est aux mains d'une personne à qui la loi défend d'en faire usage, pour redevenir possible, lorsque l'effet passe en d'autres mains (Bourges, 8 mai 1837; Paris, 1er avril 1840 ; 3 mars 1842).

40. *Troisième règle.*—Dans tous les cas où la loi l'autorise, la contrainte par corps ne peut être exercée qu'en vertu d'un jugement (C. Nap., art. 2067). Ainsi, encore bien qu'elle soit légalement stipulée dans un acte authentique, elle ne peut être pratiquée en vertu de cet acte ; un jugement doit nécessairement en autoriser l'exercice.

41. La contrainte par corps doit être prononcée par le jugement même qui statue sur la contestation (V. *suprà*, nos 28 et suiv., et *infrà*, n° 43); les juges d'appel ne peuvent la prononcer qu'autant qu'il y aurait été conclu en première instance et que les juges auraient omis de statuer, ou l'auraient refusé à tort (*Coin-Delisle*, sur l'art. 2067, n° 8).

42. De ce que la loi n'exige qu'un jugement, sans préciser par quel tribunal il doit être rendu, il suit que la contrainte par corps peut être prononcée : 1° par les tribunaux de commerce ; 2° par les juges de paix ; 3° par les arbitres forcés ; 4° par les arbitres volontaires, lors même qu'ils sont amiables compositeurs, *dans les matières de leur compétence, et lorsque la loi autorise* cette voie d'exécution.

43. Par exception au principe qui veut que la contrainte par corps ne puisse être exercée qu'en vertu d'un jugement, la loi admet cependant qu'elle peut être pratiquée : 1° contre la caution judiciaire, en vertu de la soumission faite au greffe (C. proc. civ., art. 519.—V. *infrà*, n° 76); 2° contre les débiteurs de deniers et effets mobiliers publics, en vertu de contraintes (L. 17 avril 1832, art. 46.—V. *Contrainte administrative*, et *infrà*, sect. III); 3° contre les étrangers, en vertu d'une simple ordonnance (V. *infrà*, sect. IV); 4° contre le témoin qui ne comparaît pas après réassignation, en vertu de l'ordonnance du juge-commissaire, et pour le paiement de l'amende de 100 fr. (C. proc. civ., art. 264); et 5° contre l'avoué en retard de rétablir les pièces communiquées, en vertu de l'ordonnance (C. proc. civ., art. 191) rendue par le tribunal (Coin-Delisle, sur l'art. 2067, n° 3; Chauveau sur Carré, *Lois de la proc.*, *Quest.* 794).

44. Les juges ont la faculté d'accorder, lorsqu'ils le croient convenable, un sursis à l'exercice de la contrainte par corps (C. proc. civ., art. 126 et 127; Boncenne, *Théor. de la proc.*, t. 2, p. 534; Carré et Chauveau, *Quest.* 542), lors même qu'elle est prononcée impérativement par la loi (Coin-Delisle, sur l'art. 2067, n° 10 ; Sebire et Carteret, v° *Contrainte par corps*, n° 36). Toutefois, dans ce dernier cas, le sursis doit être demandé ; il ne peut, en effet, être accordé d'office qu'en matière de contrainte facultative (Boitard, *Leçons sur le Code de procédure civile*, t. 1er, p. 508).

45. Spécialement, les tribunaux peuvent, dans l'intérêt des enfants mineurs du débiteur et par le jugement de condamnation, surseoir, pendant une année au plus, à l'exécution de la contrainte par corps (L. 13-16 déc. 1848, art. 11).

46. Lorsque le sursis a été accordé conditionnellement, si le débiteur ne remplit pas les conditions imposées, la contrainte peut être exercée avant l'expiration du délai fixé par le sursis (Aix, 17 juin 1835). S'il s'agissait d'une obligation de faire, le défaut d'exécution devrait être préalablement constaté par une mise en demeure.

47. *Quatrième règle.*—Le jugement qui prononce la contrainte par corps doit nécessairement déterminer le montant des condamnations pour lesquelles elle est ordonnée. La contrainte n'ayant pas lieu au-dessus de 300 fr. en matière civile, et 200 fr. en matière de commerce, les juges ne peuvent savoir, lorsque la condamnation est indéterminée, s'ils ont ou non le droit de prononcer la contrainte (Sebire et Carteret, vº *Contrainte par corps*, nº 38).

48. Mais rien ne les empêche, lorsqu'ils condamnent, par exemple, un défendeur à des dommages-intérêts qui seront soumis par état, de prononcer, dès à présent, la contrainte par corps pour le cas où les dommages-intérêts excéderaient 300 fr. (Sebire et Carteret, *loc cit.*).

49. Dans ce cas, comme lorsque la contrainte par corps a été prononcée pour tout autre objet susceptible de liquidation en argent, la contrainte ne peut être exercée que lorsque cette liquidation a été faite (C. proc. civ., art. 552).

§ 2. — De la réformation des jugements quant au chef de la contrainte par corps.

50. Les jugements qui prononcent illégalement la contrainte par corps peuvent être attaqués, quant à ce chef, soit par la voie de l'opposition, soit par celle de l'appel.

51. L'acquiescement donné à ces jugements n'est pas un obstacle à ce que leur réformation en soit demandée (V. *suprà*, nº 33, et *infrà*, nº 57; L. 13-16 déc. 1848, art. 7), pourvu néanmoins que la demande soit faite dans les délais légaux (Toulouse, 28 janv. 1831; Bordeaux, 9 fév. 1832 : V. *J. Huiss.*, t. 14, p. 277).

52. *Opposition.*—L'opposition est recevable contre les jugements par défaut pendant les délais fixés par la loi, eu égard à la juridiction qui a rendu le jugement.—V. *Jugement par défaut*.

53. Décidé spécialement que l'opposition n'est plus recevable, lorsque le jugement par défaut a été suivi d'un procès verbal de carence et d'un arrêté de compte reconnu et acquiescé (Paris, 4 janv. 1840). Cette décision n'est qu'une application du principe général que l'exécution des jugements par défaut constitue une fin de non-recevoir contre l'opposition qui pourrait y être formée plus tard (C. proc. civ., art. 158 et 159).

54. Si l'acquiescement au jugement qui prononce la contrainte par corps, avant l'expiration des délais d'opposition, rend cette voie de recours non recevable en ce qui concerne l'existence de la créance, il nous semble qu'elle peut encore être employée, tant que les délais ne sont point expirés, pour faire vérifier la nature et le caractère de cette créance, et obtenir, par suite, la réformation du chef du jugement relatif à la contrainte par corps (Arg. art. 7, L. 13-16 déc. 1848).

55. *Appel.* L'appel, en matière de contrainte par corps, est admis contre les jugements par défaut, lorsque l'opposition n'est plus recevable, et contre les jugements contradictoires, encore qu'ils soient rendus en dernier ressort (L. 17 avr. 1832, art. 20; Paris, 14 août 1829 : V. *J. Huiss.*, t. 11, p. 142).

56. Nous croyons, en effet, que le jugement en dernier ressort, qui refuse de prononcer la contrainte par corps demandée est, comme celui qui la prononce, susceptible d'appel (Caen, 1er oct. 1831; Paris, 11 août 1841). Cependant, la Cour de Paris, par un arrêt antérieur du 14 août 1839, avait décidé que ce jugement ne pouvait être attaqué que par la voie du pourvoi en cassation ou de la requête civile, suivant les circonstances. C'est aussi cette dernière opinion qui est professée par MM. Coin-Delisle (sur l'art. 20, nº 3, L. 17 avr. 1832), et Carré et Chauveau (*Quest.* 2675).

57. La loi des 13-16 déc. 1848 a modifié la législation antérieure en ce qui concerne le délai d'appel, en prorogeant ce délai relativement au débiteur,

Ainsi, le débiteur contre lequel la contrainte par corps a été prononcée par jugement des tribunaux civils ou de commerce conserve le droit d'interjeter appel du chef de la contrainte dans les trois jours qui suivent l'emprisonnement ou la recommandation, lors même qu'il aurait acquiescé au jugement, et que les délais ordinaires de l'appel seraient expirés (art. 7).

58. L'appel est, en principe, suspensif de l'exécution de la contrainte par corps, à moins que le jugement ne soit exécutoire par provision.—V. *Exécution provisoire.*

59. En matière civile, l'exécution provisoire du jugement qui prononce la contrainte par corps ne peut jamais être ordonnée sans caution (Pau, 24 juill. 1823; Rennes, 6 avril 1835). Il en est autrement en matière commerciale (C. proc. civ., art. 439; C. comm., art. 647; C. Nap., art. 207; Carré et Chauveau, *Quest.* 2676; Coin-Delisle, sur l'art. 2068, n° 2).

60. L'appel, recevable au chef de la contrainte par corps, d'un jugement en dernier ressort au principal, qu'il s'agisse d'une dette civile ou commerciale, n'est pas suspensif (L. 17 avr. 1832, art. 20).

61. Dans ce cas, le créancier peut, nonobstant l'appel, et sans qu'il y ait obligation de fournir caution, poursuivre l'exécution du jugement, encore bien que l'exécution provisoire n'en ait pas été ordonnée (Paris, 27 août 1836).

62. En dehors de cette exception, l'appel, interjeté dans le délai utile, empêche non-seulement l'exécution de la contrainte par corps, mais même la continuation de l'emprisonnement, s'il a été opéré (Limoges, 13 oct. 1842; Pigeau, *Comment.*, t. 2, p. 281; Carré et Chauveau, *Quest.*, 2076; Coin-Delisle, sur l'art. 2068, n° 4; Duranton, t. 18, p. 556).

63. Mais, si l'appel a été interjeté après l'expiration des délais ordinaires, et dans les trois jours qui suivent l'emprisonnement, le débiteur doit *rester en état* (L. 13-16 déc. 1848, art. 7). Ces mots nous semblent signifier que l'emprisonnement continue dans ce cas, nonobstant l'appel.

CHAP. 2. — *Contrainte par corps en matière civile.*

§ 1er. — Dans quels cas la contrainte par corps doit ou peut être ordonnée.

64. Dans certains cas, la loi prescrit aux juges de prononcer la contrainte par corps; dans d'autres, elle leur laisse seulement la faculté de l'ordonner : de là la distinction entre la contrainte par corps *impérative*, et la contrainte par corps *facultative*. La contrainte par corps *conventionnelle* est celle qui résulte d'une convention.

65. *Contrainte impérative.*—Les juges ne peuvent se dispenser de prononcer la contrainte par corps :

1° Pour stellionat (C. Nap., art. 2059). Peu importe que le stellionat n'ait pas causé de préjudice : ce serait donc en vain que le stellionataire offrirait un supplément de garantie ou prouverait que celles qui restent sont suffisantes (Paris, 5 mess. an 11; 6 janv. 1810; 12 déc. 1816; Cass., 19 juin 1816; Coin-Delisle, sur l'art. 2059, n° 19).

66. Si cependant les faits constitutifs du stellionat ont cessé avant toute demande judiciaire, par exemple si l'emprunteur qui a dissimulé des hypothèques a désintéressé les créanciers, la contrainte par corps peut ne pas être prononcée (Coin-Delisle, n° 20).—V. *Stellionat.*

67. 2° Pour dépôt nécessaire (C. Nap., art. 2060). Cette disposition est applicable aux voituriers par terre et par eau, comme aux aubergistes (Paris, 19 avril 1809; Coin-Delisle, sur l'art. 2060, n° 2). — V. *Dépôt.*

68. 3° En cas de réintégrande, pour le délaissement, ordonné par justice, d'un fonds dont le propriétaire a été dépouillé par voies de fait, pour la restitution des fruits qui en ont été perçus pendant l'indue possession, et pour le paiement des dommages-intérêts adjugés au propriétaire (C. Nap., art. 2060). —V. *Action possessoire*, n°s 115, 119 et 495.

69. Mais la contrainte par corps ne peut être prononcée contre un héritier présomptif, condamné à restituer à un héritier plus proche les biens ou la valeur des biens de la succession dont il s'était d'abord mis en possession (Caen, 23 fév. 1825).

70. 4° Pour répétition de deniers consignés entre les mains de personnes publiques établies à cet effet (C. Nap., art. 2060). —V. *Caisse des dépôts et consignations.*

71. 5° Pour représentation de choses déposées aux séquestres, commissaires, et autres gardiens (même art.).

72. Ainsi, spécialement, la contrainte par corps doit être prononcée : contre le saisi immobilièrement, resté en possession des immeubles, pour la représentation des fruits ou les dégradations par lui commises postérieurement à la transcription au bureau des hypothèques (C. proc. civ., art. 683; Pigeau, *Comment.*, t. 2, p. 303 ; Carré et Chauveau, *Quest.* 2259 ; Paignon, *de la Saisie immobilière*, t. 1, p. 89) ;—V. *infrà*, n° 92.

73. ...Contre le gardien d'une saisie-exécution, d'une saisie-brandon, d'une saisie-gagerie, d'une saisie-revendication, d'une saisie-arrêt sur débiteur forain (C. proc. civ., art. 596, 603, 821, 823, 824 et 830);

74. Le saisi n'est contraignable par corps qu'autant qu'il a été constitué gardien (C. pén., art. 400 ; Rouen, 10 juin 1824).

75. ...Contre le gardien choisi par le président du tribunal pour recevoir les effets et papiers inventoriés (C. proc. civ., art. 943), et, en général contre tous les gardiens et gérants choisis dans les cas prévus par les art. 1264, C. Nap.; 594, 628 et 914, C. proc. civ.; 106, 172 et 200, C. comm. ;

76. 6° Contre les cautions judiciaires (C. Nap., art. 2060). Ce n'est que de la part des cautions des contraignables par corps qu'une soumission expresse est nécessaire (Turin, 28 mars 1806; Carré et Chauveau, *Quest.* 1829; Merlin, *Rép.*, v° *Contrainte par corps*, n° 15 ; Thomine-Desmazures, *Comment. sur le Code de procédure*, t. 2, n° 568 ; Coin-Delisle, sur l'art. 2060, n°s 17 et suiv.) ;—V. *suprà*, n° 43.

77. 7° Contre tous officiers publics, pour la représentation de leurs minutes, quand elle est ordonnée (C. Nap., art. 2060). Ces mots *tous officiers publics* comprennent toutes les personnes préposées par la loi à la garde d'actes publics, civils ou administratifs; notaires, greffiers, archivistes, conservateurs des hypothèques;—V. *Archives*, *Compulsoire*, *Copies d'actes.*

78. 8° Contre les notaires, les avoués, les huissiers, pour la restitution des titres à eux confiés et des deniers par eux reçus pour leurs clients par suite de leurs fonctions (C. Nap., art. 2060) ;

79. 9° Contre les greffiers, les commissaires-priseurs, les gardes de commerce (L. 13-16 déc. 1818, art. 3), les agents de change et les courtiers (Durand, *de la Contrainte par corps*, n°s 14 et suiv.), pour les mêmes causes.

80. Par les mots *titres à eux confiés*, il faut entendre ceux que leurs clients leur confient et ceux que la nature de leurs fonctions oblige d'autres personnes à leur communiquer (C. proc. civ., art. 191).

81. Mais, pour que la contrainte par corps puisse être prononcée contre les officiers ministériels pour restitution des titres, il faut qu'ils aient reçu ces titres en cette qualité, à raison de leurs fonctions. Ainsi, l'officier ministériel, qui a traité pour son client, mais en qualité de simple mandataire *ad negotia*, ne peut être condamné par corps à la remise des titres et papiers que le client avait laissés en ses mains pour la transaction dont il l'avait chargé (Cass., 1er fév., 1820 ; Coin-Delisle, sur l'art. 2060, n° 24).

82. Les *deniers par eux reçus pour leurs clients* sont ceux qui ont été remis aux officiers ministériels précités pour leurs clients par un tiers, ou par leurs clients eux mêmes pour en faire, dans l'intérêt de ces derniers, un emploi déterminé. Cela conduirait à penser que la contrainte peut être prononcée contre un officier ministériel qui a reçu d'un de ses clients des fonds pour se couvrir d'avances à faire, lorsque le procès n'a pas eu de suite ou que l'acte projeté n'a pas été dressé. Mais ce dernier point est contesté. Au contraire, il n'est pas douteux que la contrainte ne puisse être refusée contre l'huissier qui a reçu des deniers pour faire des offres qui n'ont pas eu lieu, parce qu'alors il était consignataire (Delvincourt, *Comment. du Code Napoléon*, t. 3, note 10 sur la page 189 ; Coin-Delisle, sur l'art. 2060, n° 25).

83. Il résulte de là que, ainsi que le dit l'art. 2060, C. Nap., les deniers doivent avoir été reçus par suite des fonctions des officiers ministériels, c'est-à-dire pour l'accomplissement d'un acte de leur ministère ou par une conséquence nécessaire de leur charge. La nature des dispositions rigoureuses de l'art. 2060 exige que l'application en soit restreinte aux cas prévus (Paris, 6 janv. 1832).

84. Le notaire qui détourne les fonds par lui reçus pour en faire le placement nous semble, dès lors, être contraignable par corps en vertu de l'art. 2060, car c'est évidemment par suite de ses fonctions qu'il a reçu ces fonds (Lyon, 3 fév. 1830 : V. *J. Huiss.*, t. 11, p. 224; Paris, 29 janv. et 31 juill. 1835; 18 janv. 1836; Bourges, 11 déc. 1839). En admettant par les arrêts précités cette interprétation, la Cour de Paris est revenue sur sa jurisprudence antérieure (Arrêts des 6 janv. 1830 et 22 mars 1832).

85. Il n'y a pas lieu de distinguer, pour l'application de l'art. 2060, si les deniers reçus excèdent ou non la somme de 300 fr. Un officier ministériel doit donc être condamné par corps à la restitution des sommes qu'il a reçues par suite de ses fonctions pour un de ses clients, encore bien que ces sommes et les dommages-intérêts auxquels il est en outre condamné ne s'élèvent pas à 300 fr. C'est ce que la Cour de cassation a décidé à l'égard d'un huissier par arrêt du 4 fév. 1819 (V. *J. Huiss.*, t. 1, p. 205) ;

86. 9° Contre les dépositaires publics de pièces pouvant servir de pièces de comparaison dans une procédure en vérification d'écritures, à qui il a été ordonné, par ordonnance du juge, d'apporter lesdites pièces au lieu où se fait la vérification (C. proc. civ., art. 201) ;

87. 10° Contre les dépositaires publics de la minute d'une pièce arguée de faux, lorsqu'ils ne la représentent pas dans le temps qui leur est prescrit par le juge-commissaire (C. proc. civ., art. 221) ;

88. 11° Contre les maris ou tuteurs, dans les cas prévus par l'art. 2136, C. Nap. ;

89. 12° Contre le surenchérisseur devenu adjudicataire, pour le paiement de la différence entre son prix et celui de la vente (C. proc. civ., art. 710) ;

90. 13° Contre le fol enchérisseur, pour le paiement de la différence entre son prix et celui de la revente sur folle enchère (C. proc. civ., art. 740) ;

91. 14° Contre le notaire ou autre dépositaire qui refuse de délivrer expédition ou copie d'un acte aux parties intéressées en nom direct, héritiers ou ayants droit (C. proc. civ., art. 839) ;—V. *Copie d'actes*.

92. 15° Contre la partie saisie qui ne délaisse pas la possession de l'immeuble après la signification du jugement d'adjudication (C. pr. civ., art. 712); —V. *suprà*, n° 72.

93. 16° Contre les témoins assignés dans une enquête et qui font encore défaut après réassignation pour le paiement de l'amende de 100 fr. (C. proc. civ., art. 264).

94. *Contrainte facultative.* — Les juges ont la faculté de prononcer la contrainte par corps :

1° Contre ceux qui refusent d'obéir au jugement rendu au pétitoire et passé en force de chose jugée qui les condamne à désemparer un fonds (C. Nap., art. 2061); — V. *Action pétitoire.*

95. 2° Contre les fermiers et colons partiaires, faute de représenter, à la fin du bail, le cheptel de bétail, les semences et les instruments aratoires qui leur ont été confiés, s'ils ne justifient que le déficit ne procède pas de leur fait (C. Nap., art. 2062.— V. *suprà*, n° 27).

96. Cette disposition ne s'applique pas aux engrais (Coin-Delisle, sur l'art. 2062, n° 10).

97. Elle est inapplicable aussi au cas où le cheptel, les semences et instruments aratoires ont été confiés par tout autre que par le propriétaire, et à celui d'enlèvement furtif ou de vente fictive du cheptel pendant le cours du bail (Coin-Delisle, même art., n° 8) ;

98. 3° Contre tous comptables pour les contraindre à affirmer le compte qu'ils ont présenté (C. proc. civ., art. 534) ;

99. 4° Pour dommages-intérêts en matière civile au-dessus de 300 fr. (C. proc. civ., art. 126).

100. Mais la contrainte ne pourrait être prononcée pour dépens (Cass., 30 déc. 1828 : V. *J. Huiss.*, t. 10, p. 137; 17 janv. 1832 ; 30 juill. 1833), bien qu'ils soient accordés à titre de dommages-intérêts (Toulouse, 20 fév. 1832 : V. *J. Huiss.*, t. 13, p. 254) ;

101. 5° Pour reliquats de comptes de tutelle, curatelle, ou de toute administration confiée par justice et pour toutes restitutions à faire par suite de ces comptes (C. proc. civ., art. 126).

102. Les cotuteurs peuvent aussi être contraints par corps à la restitution de leur compte (Cass., 12 août 1828) ; —V. *Compte, Compte de tutelle.*

103. 6° Pour le paiement de l'amende, des dommages-intérêts, et même pour le principal de la dette, contre celui qui a dénié une pièce, lorsque la dénégation a été jugée mal fondée (C. proc. civ., art. 213) ; — V. *Vérification d'écriture.*

104. 7° Contre les avoués qui, dans les instructions par écrit, ne rétablissent pas les productions prises en communication dans la huitaine de la signification du jugement qui le leur ordonne (C. proc. civ., art. 107) ;

105. 8° Contre tout individu qui a dénié une pièce écrite ou signée de lui, pour l'amende, les dépens, dommages et intérêts et même pour le principal (C. proc. civ., art. 213).

106. 9° Contre les dépositaires, non fonctionnaires publics, d'une pièce arguée de faux et dont le juge commissaire a ordonné l'apport au greffe (C. proc. civ., art. 221) ;

107. 10° Contre toute personne non publique, dépositaire de pièces de comparaison nécessaires dans une instance en vérification d'écriture (C. proc. civ., art. 201).

108. *Contrainte conventionnelle.* — Cette contrainte ne peut être prononcée qu'en vertu d'une stipulation expresse des parties et dans les circonstances où elle est autorisée par la loi.—V. *suprà*, n°s 26, 43 et 147.)

109. Elle a lieu contre les cautions des contraignables par corps lorsqu'elles se sont soumises à cette contrainte (C. Nap., art. 2060-5°).

110. L'art. 2062, C. Nap., qui permettait de stipuler la contrainte par corps dans les baux à ferme des biens ruraux pour le paiement des fermages, a été abrogé par l'art. 2 de la loi des 13-16 déc. 1848.—V. *suprà*, n° 26.

§ 2. — Pour quelle somme la contrainte par corps peut être ordonnée.

111. La contrainte par corps, sauf le cas prévu au n° 85, ne peut être prononcée qu'autant que le montant de la condamnation est de 300 francs au moins (C. Nap., art. 2065). Ainsi, une condamnation dont le montant s'élève précisément à 300 fr. peut entraîner la contrainte par corps. Cette somme peut se composer, soit du capital seulement, soit du capital et des intérêts échus au moment du jugement, soit uniquement des intérêts (Duranton, t. 18, n° 479). Mais on ne peut avoir égard aux frais (Riom, 29 juin 1819; Sebire et Carteret, v° *Contrainte par corps*, n° 143). Toutefois, pour dommages-intérêts, la contrainte ne peut être prononcée que dans le cas où la somme excède 300 fr. (C. proc. civ., art. 126).

112. L'art. 2065, C. Nap., ne faisant aucune distinction, s'applique à tous les cas ci-devant énumérés et dans lesquels on peut prononcer la contrainte par corps. Ainsi, en matière de dépôt nécessaire, de réintégrande, de refus de représenter des minutes ou des titres, elle n'a lieu que lorsque le préjudice causé ou les dommages-intérêts réclamés excèdent 300 fr. — V. néanmoins *suprà*, n° 85.

113. Lorsque plusieurs personnes sont condamnées par le même jugement, on ne doit avoir égard qu'à la portion à la charge de chacune et non à l'intégralité de la condamnation, à moins qu'il n'y ait solidarité (Cass., 3 déc. 1827; 3 fév. et 3 juin 1843).

114. La contrainte ne pourrait être prononcée pour le solde inférieur à 300 francs d'une créance s'élevant dans l'origine à un chiffre excédant cette somme. Mais une fois prononcée, elle peut être pratiquée pour une somme réduite à moins de 300 fr. par des paiements partiels (Sebire et Carteret, v° *Contrainte par corps*, n° 141).

§ 3. — Personnes soumises ou non à la contrainte par corps.

115. En règle générale, toute personne est soumise à la contrainte par corps, à moins qu'elle ne se trouve comprise dans l'une des exceptions ci-après, qui ont leur cause dans l'âge, le sexe ou la position sociale des individus.

116. La contrainte par corps ne peut être prononcée :

1° Contre certains parents et alliés du créancier; — V. *suprà*, n°s 34 et suiv.

117. 2° Contre les mineurs (C. Nap., art. 2064), même émancipés (Coin-Delisle, sur l'art. 2064, n° 6).

118. La contrainte par corps ne peut même être prononcée contre des majeurs à raison de dettes civiles qu'ils auraient valablement contractées en minorité et ratifiées depuis leur majorité (Rouen, 15 nov. 1825 ; Coin-Delisle, sur l'art. 2064, n° 5).

119. Elle peut l'être contre les interdits et les individus pourvus d'un conseil judiciaire. Toutefois, en ce qui concerne l'exécution, une distinction est à faire entre ces deux classes de personnes. A l'égard du prodigue, la contrainte peut toujours être mise à exécution (Bruxelles, 13 avr. 1808). Mais elle ne peut être exécutée contre l'interdit que lorsqu'il a recouvré l'usage de ses facultés (Sebire et Carteret, v° *Contrainte par corps*, n° 54) ;

120. 3° Contre les septuagénaires, qui ont commencé leur 70e année (C. Nap., art. 2066 ; L. 17 avr. 1832, art. 4) : peu importe qu'ils soient Français ou étrangers (L. 17 avr. 1832, art. 18). Cette prohibition souffre exception dans le cas de stellionat (C. Nap., art. 2066 ; L. 17 avr. 1832, art. 18) ;

121. 4° Contre les femmes et les filles (C. Nap., art. 2066), étrangères ou françaises (L. 17 avr. 1832, art. 18), si ce n'est pour stellionat (C. Nap., art. 2066).

122. La contrainte par corps pour cause de stellionat n'a lieu contre les femmes, pendant le mariage, que lorsqu'elles sont séparées de biens, ou qu'elles ont des biens dont elles se sont réservé la libre administration, et à raison des engagements qui concernent ces biens (C. Nap., art. 2066).

123. Décidé qu'elle ne peut être prononcée contre les femmes et les filles :

1° lorsqu'elles ont été constituées gardiennes à une saisie (Paris, 14 août 1829); 2° en matière de revente sur folle enchère (Lyon, 20 juin 1822); 3° pour dommages-intérêts (Cass. 17 janv. 1832; Paris, 26 fév. 1829 : V. *J. Huiss.*, t. 10, p. 222; 26 déc. 1827 : V. *J. Huiss.*, t. 9, p. 297); 4° en matière de réintégrande (Cass., 20 mai 1818 : V. *J. Huiss.*, t. 4, p. 239 et 240); 5° pour reliquat de compte de tutelle (Bastia, 31 août 1826).

124. Autrefois, la contrainte par corps, lorsqu'elle avait été prononcée contre un pair de France, ne pouvait être mise à exécution qu'en vertu de l'autorisation de la chambre des pairs (Charte de 1830, art. 29; Décis. chamb. des pairs, 24 sept. 1831), même pour dettes antérieures à l'élévation à la pairie (Paris, 19 juin 1826 : V. *J. Huiss.*, t. 8, p. 282). L'autorisation pouvait être donnée, quoique déjà elle eût été refusée pour la même dette (Décis. chamb. des pairs, 20 janv. 1831 : V. *J. Huiss.*, t. 13, p. 257). Elle devait être demandée, quoique le membre n'eût pas encore été admis à siéger (Paris, 13 nov. 1831 : V. *J. Huiss.*, t. 13, p. 298).

125. La contrainte ne pouvait non plus être exercée contre les membres de la chambre des députés, pendant la session et durant les six semaines qui la précédaient ou la suivaient (Charte de 1830, art. 43) : peu importait que la session prît fin par la dissolution ou la clôture ordinaire (Trib. civ. (S.), 1er juill. 1842).

126. Aujourd'hui, la contrainte par corps peut-elle être exercée contre un député au Corps législatif sans l'autorisation préalable de ce Corps? Nous ne le pensons pas. Une loi de l'Assemblée nationale, du 21 janv. 1851, veut qu'aucune contrainte par corps ne puisse être mise à exécution contre un représentant du peuple, sans l'autorisation préalable de l'Assemblée nationale (art. 1er). Cette loi n'a pas, ce nous semble, cessé d'être en vigueur.

127. La demande en autorisation doit être adressée au président du Corps législatif. Elle doit être accompagnée de toutes les pièces justificatives (L. 21 janv. 1851, art. 2).

128. Mais ce n'est que pour la mise à exécution que l'autorisation est nécessaire. La position de député au Corps législatif n'est point un obstacle à ce que la contrainte soit prononcée.

129. La contrainte par corps peut également être prononcée contre les militaires en activité de service. Mais elle ne peut être exécutée contre eux, même dans le cas où elle a pour cause des dettes antérieures au service (Carré et Chauveau, *Quest.* 2467; Fœlix, *Comment. sur la loi du* 17 *avr.* 1832, chap. 1er, § 2; Sebire et Carteret, v° *Contrainte par corps*, n° 64; Caen, 22 juin 1829 : V. *J. Huiss.*, t. 10, p. 321.—V. cependant, en sens contraire, trib. civ. (S.), 30 avr. 1833; trib. sup. d'Alger, 17 août 1836; Coin-Delisle, sur l'art. 2069, n° 41; Pardessus, n° 1509).

130. Le capitaine et les gens de l'équipage qui sont à bord, ou qui, sur les chaloupes, se rendent à bord pour faire voile, ne peuvent non plus être arrêtés pour dettes, si ce n'est à raison de celles qu'ils auraient contractées pour le voyage; et encore, dans ce cas, s'ils donnent caution, ils ne peuvent être arrêtés (C. comm., art. 231).

131. En principe, l'exercice de fonctions publiques n'empêche pas la mise à exécution de la contrainte par corps. Cependant, cette règle comporte quelques exceptions. Ainsi, la contrainte par corps ne peut être exécutée contre un soldat au poste, contre un garde national en faction ou sous les armes (Thomine-Desmazures, n° 911; Coin-Delisle, sur l'art. 2069, n° 37; Sebire et Carteret, v° *Contrainte par corps*, n° 63);

132. ...Contre un magistrat ou un avocat, au moment où ils se rendent à l'audience (Thomine-Desmazures, *loc. cit.*), ni contre un huissier procédant à un acte d'exécution;

133. ...Ni contre le failli déposé dans la maison d'arrêt ou gardé par un officier de police (C. comm., art. 455), alors même qu'il est stellionataire (Metz, 2 nov. 1837);

134. ...Ni contre les agents diplomatiques (L. 13 vent. an 2).—V. *Agent diplomatique*, n° 3. Mais les consuls ne sont point considérés comme des agents diplomatiques, et, dès lors, à moins d'exceptions écrites dans les traités, ils sont contraignables par corps (Paris, 28 avr. 1841. — V. *Agent diplomatique*, n° 7);

135. ...Ni contre le mari et la femme simultanément pour la même dette. —V. *suprà* n° 37.

136. Mais la contrainte par corps peut être exercée contre un pâtre ou berger, un voiturier, un postillon, un conducteur de diligences, ou contre un débiteur voyageant à cheval, sauf à l'officier qui procède à l'arrestation à prendre les mesures nécessaires à la garde, conservation ou conduite des troupeaux, chevaux ou voitures; autrement, il serait passible de dommages-intérêts (Thomine-Desmazures, n° 911; Coin-Delisle, sur l'art. 2069, n° 37).

§ 4. — Durée de l'emprisonnement.

137. En matière civile, dans les cas où la contrainte par corps est impérative, la durée de l'emprisonnement doit être fixée par le jugement qui prononce la contrainte par corps. Sous l'empire de la loi du 17 avr. 1832 (art. 7), cette durée était d'un an au moins et de dix ans au plus. D'après la loi des 13-16 déc. 1848, la durée de la contrainte par corps doit également être fixée par le jugement de condamnation, mais dans les limites de six mois à cinq ans (art. 12). Néanmoins, les lois spéciales qui assignent à la contrainte une durée moindre continueront à être observées (même article).

137 bis. La durée de la contrainte par corps doit toujours être fixée par le jugement de condamnation, même au cas de stellionat (Cass., 13 avr. 1836; 12 nov. 1838; Aix, 30 mars 1838; Nîmes, 1er août 1838).

138. S'il s'agit de l'exécution de condamnations intervenues dans les cas où la contrainte est simplement facultative ou conventionnelle, la durée est également de six mois à cinq ans (L. 13-16 déc. 1848, art. 12).

139. Si le jugement qui prononce la contrainte a omis d'en fixer la durée, que faut-il décider? Comment faut-il procéder? 1er *système :* Le créancier doit, si le jugement est en premier ressort, en interjeter appel et faire combler la lacune par l'arrêt; si le jugement est en dernier ressort, ou si l'omission a été commise à la fois dans le jugement de première instance et dans l'arrêt confirmatif, se pourvoir en cassation (Cass., 26 fév. 1835; 12 nov. 1838). 2e *système :* Le tribunal peut réparer son omission par un jugement postérieur (Aix, 30 mars 1838; Amiens, 6 nov. 1839). 3e *système :* La durée de la contrainte se trouve de plein droit fixée au minimum (Paris, 9 juin 1836; Nîmes, 1er août 1838; Coin-Delisle, sur l'art. 7, L. 17 avr. 1832, n° 5). Le premier système est celui qui nous paraît le plus conforme aux principes. Nous croyons, en effet, d'une part, que le tribunal ou la Cour, dessaisis par leur jugement, ne peuvent eux-mêmes, sur la demande d'une des parties, corriger l'omission qu'ils ont commise, et, d'autre part, que la fixation faite *de plano*, par suite de cette omission, de la durée de la contrainte au minimum, est arbitraire (V. aussi en ce sens, Sebire et Carteret, v° *Contrainte par corps*, nos 148 et 149).

140. L'emprisonnement subi par le débiteur compte pour *toutes les dettes* n'entraînant pas un emprisonnement plus long, à condition : 1° que toutes les dettes aient été contractées antérieurement à l'arrestation et soient échues au moment de l'élargissement, et 2° que l'élargissement ait eu lieu par suite de l'expiration de la durée de l'emprisonnement (L. 17 avr. 1832, art. 27; Sebire et Carteret, v° *Contrainte par corps*, n° 155).

141. Cette règle ne s'applique pas aux dettes nées depuis l'arrestation et échues avant l'élargissement. La durée de l'emprisonnement, à raison de ces dettes, peut être aussi longue que si le débiteur n'en avait encore subi aucun (Sebire et Carteret, n° 158).

142. Lorsqu'il y a emprisonnement, en cas de contrainte plus longue que celle déjà subie, le temps pendant lequel a duré la première détention doit être compté pour la durée de la nouvelle incarcération (L. 17 avr. 1832, art. 27).

143. L'emprisonnement cesse du jour où le débiteur a atteint sa soixante-dixième année (Même loi, art. 6).

CHAP. 3. — *Contrainte par corps en matière commerciale.*

§ 1er. — Contre quelles personnes elle peut ou non être prononcée.

144. La contrainte par corps, en matière de commerce, est impérative, au moins lorsqu'elle est prononcée en vertu de l'art. 1er de la loi du 17 avr. 1832. Mais elle devient facultative, lorsqu'elle a lieu pour dommages-intérêts, en vertu de l'art. 126-1°, C. proc. civ., et les règles qui régissent la contrainte facultative en matière civile lui sont applicables (Colmar, 17 mars 1810).

145. Au surplus, les principes généraux applicables à la contrainte par corps en matière civile le sont aussi à la contrainte par corps en matière commerciale. Ainsi, il faut que la contrainte soit prononcée, car elle n'a pas lieu de plein droit; il faut aussi qu'elle soit demandée, le créancier étant toujours maître de renoncer à son droit.

146. La contrainte par corps doit être prononcée contre toute personne condamnée, pour dette commerciale, au paiement d'une somme principale de 200 fr. et au-dessus (L. 17 avr. 1832, art. 1er). — V. *Acte de commerce, Commerçant.*

147. La contrainte par corps ne peut être prononcée contre la caution non commerçante des contraignables par corps, qu'autant qu'elle s'est expressément soumise à cette voie d'exécution (C. Nap., art. 2060; Cass., 21 juill. 1824; 20 août 1833 : V. *J. Huiss.*, t. 15, p. 106; Lyon, 15 déc. 1832 : V. *J. Huiss.*, t. 15, p. 106).

148. Sont exempts de la contrainte par corps:

1° Les femmes et les filles non légalement réputées marchandes publiques, les mineurs non commerçants ou qui ne sont point réputés majeurs pour faire leur commerce (V. *Autorisation pour faire le commerce, Commerçant*), les veuves et les héritiers des justiciables des tribunaux de commerce assignés devant ces tribunaux en reprise d'instance ou par action nouvelle en raison de leur qualité (L. 17 avr. 1832, art. 2);

149. 2° Les individus non négociants, pour signatures apposées, soit à des lettres de change réputées simples promesses aux termes de l'art. 112, C. comm., soit à des billets à ordre, à moins que ces signatures n'aient eu pour cause des opérations de commerce, trafic, change, banque et courtage (Même loi, art. 3);

150. 3° Les débiteurs qui ont commencé leur soixante-dixième année (Même loi, art. 4): c'est là une innovation; avant la loi de 1832, en effet, les septuagénaires n'étaient pas affranchis de la contrainte par corps pour dette commerciale (Cass., 12 frim. an 14 : V. *J. Huiss.*, t. 5, p. 281; 15 juin 1813 : V. t. 6, p. 139; 7 août 1815 : V. t. 7, p. 283);

151. 4° Certains parents ou alliés du créancier. — V. *suprà*, nos 34 et suiv.

152. Mais la contrainte par corps peut être prononcée contre un associé au profit de son associé (Cass., 22 mars 1813; 28 juin 1834; Paris, 8 août 1825; Lyon, 28 déc. 1826; Coin-Delisle, sur l'art. 1er, L. 17 avr. 1832, n° 20; Sebire et Carteret, v° *Contrainte par corps*, n° 170);

153. 5° Le failli, pour raison des frais de gestion des syndics de la faillite (Bordeaux, 8 janv. 1833 : V. *J. Huiss.*, t. 14, p. 181) ;

154. 6° Le mandant, pour raison de lettres de change tirées par son mandataire en vertu d'un pouvoir en termes généraux (Aix, 10 juin 1833 : V. *J. Huiss.*, t. 15, p. 260).

155. En matière commerciale, comme en matière civile, si la contrainte par corps peut être prononcée à la fois contre le mari et contre la femme, elle ne peut cependant être exécutée contre l'un et l'autre simultanément, même pour dettes différentes.—V. *suprà*, n° 37.

§ 2. — Pour quelle somme la contrainte peut être prononcée.

156. La contrainte ne peut être prononcée que pour une *somme principale* de 200 fr. et au-dessus (L. 17 avr. 1832, art. 1er) : d'où il suit que les intérêts ne doivent pas être pris en considération pour former ce chiffre, alors même qu'ils sont dus depuis plusieurs années et capitalisés avec la demande (Coin-Delisle, sur l'art. 1er, L. 17 avr. 1832, n° 24; Sebire et Carteret, v° *Contrainte par corps*, n° 176).

157. Mais si la somme principale excède 200 fr., la contrainte peut bien alors être prononcée pour les intérêts, en vertu du principe que les accessoires suivent le sort du principal, et parce que si la loi a pu dire que la contrainte par corps n'aurait pas lieu pour une somme principale inférieure à 200 fr., elle n'a pas dérogé à ce principe, lorsque la somme est supérieure (Sebire et Carteret, n° 177).

158. La règle posée ci-dessus, n° 156, n'est pas applicable : 1° aux intérêts d'un *compte courant* (Gouget et Merger, *Dictionn. de droit comm.*, v° *Contrainte par corps*, n° 121; Sebire et Carteret, n° 178); et 2° aux intérêts et frais du compte de retour d'une lettre de change (Cass., 5 nov. 1835 : V. *J. Huiss.*, t. 17, p. 211; Paris, 28 sept. 1843). Ainsi, ces intérêts et frais peuvent servir à composer la somme principale de 200 fr.

159. Les dépens ne peuvent être ajoutés à la dette originaire pour atteindre le chiffre de 200 fr. et autoriser la contrainte (Cass., 4 janv. 1825 : V. *J. Huiss.*, t. 6, p. 137; Coin-Delisle, sur l'art. 1er, L. 17 août 1832, n° 21).

160. La contrainte par corps ne peut être prononcée pour appointements dus par un négociant à ses employés, quel qu'en soit le chiffre (Cass., 15 avr. 1829 : V. *J. Huiss.*, t. 10, p. 310).

161. Mais elle peut l'être pour toutes espèces de reliquats de comptes d'administration confiée par justice, telle que l'administration des agents et syndics d'une faillite, et pour le paiement d'obligations notariées emportant hypothèque (Paris, 6 août 1829 : V. *J. Huiss.*, t. 10, p. 368).

162. Lorsqu'une personne est créancière d'une somme supérieure à 200 fr., en vertu de plusieurs titres dont chacun est inférieur à cette somme, la contrainte ne peut être prononcée qu'autant que les divers titres ont une cause commune et constituent, en réalité, une même dette (Grenoble, 26 juill. 1838; Paris, 30 avr. 1845; Sebire et Carteret, v° *Contrainte par corps*, n° 180). Spécialement, on ne peut voir qu'une seule et même dette, procédant de la même cause, dans des prêts successifs faits en vertu d'un compte courant (Sebire et Carteret, n° 181). Mais la contrainte ne pourrait être prononcée au profit de l'individu qui, étant créancier de 120 fr. pour prêt, devient cessionnaire d'un tiers sur le même débiteur d'une créance de 90 fr.

§ 3. — Durée de l'emprisonnement.

163. En matière commerciale, la durée de la contrainte par corps n'a pas besoin d'être déterminée par le jugement de condamnation, par le motif qu'elle est fixée par la loi (L. 13-16 déc. 1848, art. 12).

164. L'emprisonnement pour dette commerciale cesse de plein droit après trois mois, lorsque le montant de la condamnation *en principal* ne s'élève pas à 500 fr.; après six mois, lorsqu'il ne s'élève pas à 1,000 fr.; après neuf mois, lorsqu'il ne s'élève pas à 1500 fr.; après un an, lorsqu'il ne s'élève pas à 2,000 fr.—L'augmentation se fait ainsi successivement de trois mois en trois mois pour chaque somme en sus qui ne dépasse pas 500 fr., sans pouvoir excéder trois années pour les sommes de 6,000 fr. et au-dessus (L. 13-16 déc. 1848, art. 4). Cette disposition remplace l'art. 5 de la loi du 17 avr. 1832.

165. D'après l'art. 4 de la loi de 1848, c'est encore le *principal* de la dette qui sert à déterminer la durée de la contrainte par corps. On ne peut la grossir des accessoires, par exemple des intérêts et des dépens. Toutefois, et par exception, il faut comprendre dans le principal les frais de protêt, de rechange, par le motif que les intérêts de ces frais sont dus à compter du jour de la demande en justice (C. comm., art. 185 et 187; Durand, *de la Contrainte par corps*, n° 34).— V. *suprà*, n°s 156 et suiv.

166. La durée de l'emprisonnement se trouve irrévocablement fixée au moment de la condamnation ; il suit de là que les à-comptes donnés depuis ne modifient en rien cette durée (Bastia, 19 juin 1833 ; Paris, 11 août 1841). Une proposition en sens contraire avait été faite lors de la discussion sur la loi de 1848. Mais elle a été repoussée. Il n'en est pas de même des à-comptes payés avant l'obtention du jugement. Ceux-ci doivent être déduits du principal de la dette.

167. Lorsque, dans une même demande, le créancier a réuni plusieurs créances inférieures chacune à 500 fr., on ne doit déterminer la durée de la contrainte par corps d'après le montant total des condamnations, qu'autant que ces créances ont une origine commune (Paris, 8 avril 1841).

168. La période de *trois mois* et de *six mois* se calcule de quantième à quantième. Ainsi, l'emprisonnement opéré le 15 février pour une somme inférieure à 500 fr. cesse de plein droit le 15 mai, après 89 jours, tandis que du 15 juin au 15 septembre il aurait duré 92 jours (Durand, n° 30).

169. L'art. 6 de la loi du 17 avril 1832, qui veut que la contrainte par corps cesse de plein droit du jour où le débiteur a commencé sa soixante-dixième année, continue d'être en vigueur.

170. Pour toute condamnation en principal au-dessous de 500 fr., même en matière de lettre de change et de billet à ordre, le jugement peut suspendre l'exercice de la contrainte par corps pendant trois mois au plus à compter de l'échéance de la dette (L. 13-16 déc. 1848, art. 5).

171. Cette suspension peut être prononcée d'office ; elle n'empêche pas le créancier de poursuivre son débiteur par les autres voies d'exécution.

SECT. III. — *Contrainte par corps envers l'Etat en matière de deniers et effets mobiliers publics.*

172. Sont soumis à la contrainte par corps pour raison du reliquat de leurs comptes, pour déficit ou débet constatés à leur charge et dont ils ont été responsables :

1° Les comptables de deniers publics ou d'effets mobiliers publics et leurs cautions ; leurs agents ou préposés qui ont personnellement géré ou fait la recette ; toutes personnes qui ont perçu des deniers publics dont elles n'ont point effectué le versement ou l'emploi, ou qui, ayant reçu des effets mobiliers appartenant à l'Etat, ne les représentent pas, ou ne justifient pas de l'emploi qui leur avait été prescrit (L. 17 avril 1832, art. 8).

173. 2° Les comptables chargés de la perception des deniers ou de la garde et de l'emploi des effets mobiliers appartenant aux communes, aux hospices, aux établissements publics, ainsi que leurs cautions, leurs agents et préposés ayant personnellement géré ou fait la recette (même loi, art. 9).

174. 3° Tous entrepreneurs, fournisseurs, soumissionnaires et traitants, qui ont passé des marchés ou traités intéressant l'Etat, les communes, les établissements de bienfaisance et autres établissements publics et qui sont déclarés débiteurs par suite de leurs entreprises (même loi, art. 10);

Leurs cautions, ainsi que leurs agents et préposés qui ont personnellement géré l'entreprise, et toutes personnes déclarées responsables des mêmes services (même art.).

175. 4° Tous redevables, débiteurs et cautions de droits de douanes, d'octroi et autres contributions indirectes, qui ont obtenu un crédit et qui n'ont pas acquitté à l'échéance le montant de leur soumission ou obligation (même loi, art. 11).

176. Les femmes et les filles ne sont pas exemptes de la contrainte par corps en matière de deniers et effets mobiliers publics. Mais elle ne peut être prononcée contre les septuagénaires (même loi, art. 12).

177. La contrainte par corps s'exerce rarement en vertu d'un jugement contre les personnes ci-dessus désignées. Elle a lieu le plus souvent en vertu d'une contrainte ou d'un arrêté administratif (V. *Contrainte administrative*). Et, dans ce cas, les tribunaux ne peuvent statuer sur l'apurement des comptes et la fixation du débet. Ils ne peuvent connaître que des difficultés relatives à l'observation des formes (Coin-Delisle, sur l'art. 7, L. 17 avr. 1832, n° 3; Sebire et Carteret, v° *Contrainte par corps*, n° 188).

178. La contrainte par corps établie contre les personnes qui viennent d'être énumérées est impérative. Elle ne peut avoir lieu que pour une somme principale excédant 300 fr. (L. 17 avr. 1832, art. 13).

179. La durée de la contrainte, d'après l'art. 12 de la loi des 13-16 déc. 1848, modificatif de l'art. 13 de la loi du 17 avr. 1832, doit être fixée dans les limites de six mois à cinq ans, comme en matière civile.

180. Lorsque la contrainte par corps a lieu en vertu, non d'un jugement, mais d'une contrainte administrative, la durée de l'emprisonnement doit être fixée par cette contrainte (Coin-Delisle, sur l'art. 7, L. 17 avr. 1832, n° 9; Sebire et Carteret, n° 189).

SECT. IV. — *Contrainte par corps à l'égard des étrangers.*

CHAP. 1er. — *Dans quels cas et pour quelles sommes la contrainte par corps a lieu contre les étrangers.*

181. Tout jugement, qui intervient au profit d'un Français contre un étranger non domicilié en France, emporte la contrainte par corps, à moins que la somme ne soit inférieure à 150 fr., sans distinction des dettes civiles et des dettes commerciales (L. 17 avr. 1832, art. 14).

182. La contrainte a lieu de plein droit : d'où il suit qu'elle n'a pas besoin d'être demandée ni prononcée (Bordeaux, 16 fév. 1830; Sebire et Carteret, v° *Contrainte par corps*, n° 192; Coin-Delisle, sur l'art. 14, L. 17 avr. 1832, n° 4).—V. Toutefois, *infrà*.

183. Les Français, même ceux établis en pays étranger, pourvu que ce ne soit pas sans esprit de retour, sont seuls autorisés à réclamer le bénéfice de l'art. 14 précité (Paris, 18 avril 1835). Mais l'étranger, qui a été admis à établir son domicile en France, ou qui même y a obtenu la jouissance des droits civils, ne jouit pas de ce bénéfice (Bruxelles, 20 avr. 1819; 3 juill. 1828; Douai, 7 mai 1828; Paris, 8 janv. 1831; Coin-Delisle, *loc. cit.*, n° 6; Sebire et Carteret, n° 197).

184. Lorsqu'une créance sur un étranger, appartenant originairement à un autre étranger, est devenue la propriété d'un Français, pour savoir si ce dernier peut obtenir la contrainte par corps, il nous semble qu'il faut faire une distinction : Si le Français est devenu créancier par voie de cession, la ces-

sion n'ayant pu lui conférer des droits plus étendus ni plus rigoureux que ceux de son cédant, il ne peut invoquer l'application de l'art. 14 de la loi du 17 avr. 1832 (V. Merlin, *Quest. de droit*, v° *Etranger*, nos 3 et 4; Coin-Delisle, sur l'art. 15, n° 7). Mais il en est autrement, s'il s'agit d'un titre, tel qu'un billet à ordre ou lettre de change, transmissible par la voie de l'endossement (Paris, 29 nov. 1831; 6 déc. 1836; Douai, 12 janv. 1832; Coin-Delisle, *loc. cit.*; Nouguier, *de la Lettre de change*, t. 1, p. 487.—*Contrà*, Aix, 25 août 1828; Pau, 27 mai 1830).—MM. Fœlix, *Comment. sur la loi du* 17 *avril* 1832, sur l'art. 15, n° 9, et Sebire et Carteret, n° 203, pensent, au contraire, que dans tous les cas, la protection de l'art. 14 doit être accordée au Français.

185. La contrainte n'a pas lieu :

1° Contre l'étranger domicilié en France (L. 17 avril 1832, art. 14).

186. Mais le domicile de l'étranger en France doit être légalement établi (C. Nap., art. 13). Un domicile de fait, suivi d'une résidence prolongée d'un établissement par mariage ou de commerce, et de l'acquisition d'immeubles, serait insuffisant pour affranchir l'étranger de la contrainte par corps (Douai, 9 déc. 1829; Paris, 25 avril 1834; 25 août 1832; 21 avril 1838; 25 août 1842; 1er avril 1844; Coin-Delisle, sur l'art. 14, n° 2; Sebire et Carteret, nos 200 et suiv.).

187. 2° Contre l'étranger, pour dettes commerciales, lorsqu'il a atteint sa soixante-dixième année, et pour dettes civiles, le cas de stellionat excepté, lorsqu'il a atteint aussi sa soixante-dixième année (Loi 17 avril 1832, art. 18).

188. Les femmes étrangères, marchandes publiques, sont, pour faits de leur commerce, soumises à la contrainte par corps jusqu'à ce qu'elles aient commencé leur soixante-dixième année (Sebire et Carteret, n° 193; Coin-Delisle, sur l'art. 81, n° 1). Mais elles sont affranchies de la contrainte par corps pour dettes civiles, sauf le cas de stellionat (L. 17 avril 1832, art. 18).

189. 3° Contre certains parents et alliés, et contre le mari et la femme simultanément.—V. *suprà* nos 34 et suiv.

190. L'état de minorité du débiteur étranger ne le soustrait pas à la contrainte par corps. La loi n'admet, en effet, aucune exception à l'égard des mineurs. Il en était ainsi d'ailleurs sous la loi du 10 sept. 1807 (Paris, 19 mai 1830 : V. *J. Huiss.*, t. 11, p. 336; Bordeaux, 23 déc. 1828 : V. *J. Huiss.*, t. 10, p. 228; Coin-Delisle, sur l'art. 18, n° 2; Sebire et Carteret, n° 194).

191. On a vu précédemment (n° 181) que la contrainte par corps ne peut être prononcée contre des étrangers qu'autant que la somme principale, c'est-à-dire le capital de la dette, n'est pas inférieure à 150 fr. Elle ne peut avoir lieu pour les dépens qu'autant que la somme principale excède 150 fr. (Sebire et Carteret, n° 204. — *Contrà*, Metz, 11 fév. 1820 : V. *J. Huiss.*, t. 2, p. 85). Mais, dans le cas où cette somme est inférieure à 150 fr., le débiteur étranger ne peut être condamné par corps aux dépens d'un incident, alors même qu'ils dépassent 150 fr. (Sebire et Carteret, *loc. cit.*— *Contrà*, Coin-Delisle, sur l'art. 14, n° 3).

192. Quant à la durée de la contrainte par corps contre les étrangers, elle n'est plus déterminée, en matière civile, par l'art. 17 de la loi du 17 avril 1832, mais par la disposition de l'art. 12 de la loi des 13-16 déc. 1848. Ainsi, elle doit maintenant être fixée dans les limites de six mois à cinq ans.

193. Il nous semble aussi qu'on ne peut plus appliquer à la durée de la contrainte par corps prononcée contre des étrangers pour dettes commerciales l'art. 17 de la loi du 17 avril 1832. Les dispositions du titre 2 de la loi des 13-16 déc. 1848, qui fixent la durée de la contrainte par corps en matière commerciale, ne distinguent pas entre le cas où la contrainte est prononcée contre des étrangers et celui où elle l'est contre des Français. Ces dispositions sont générales et nous paraissent devoir être suivies aussi bien dans un cas que dans l'autre (V. cependant Durand, *de la Contrainte par corps*, n° 100).

194. Nous avons dit précédemment (V. n° 182) que la contrainte par corps contre des étrangers a lieu de plein droit et n'a pas besoin d'être prononcée. Ce principe reçoit une entière et absolue application en matière commerciale, la loi de 1848 fixant elle-même, comme nous venons de le faire remarquer, la durée de la contrainte. Mais, en matière civile, il est nécessaire que les tribunaux déterminent cette durée, puisqu'elle peut varier de six mois à cinq ans. Il résulte de là que la durée de la contrainte par corps peut être plus longue en matière civile qu'en matière commerciale. Cette différence porte aussi bien sur les Français que sur les étrangers. Et on ne peut se dissimuler que c'est là une anomalie qu'il conviendrait de faire disparaître.

195. L'étranger doit être déchargé de la contrainte par corps, si, depuis le jugement, il a obtenu l'autorisation d'établir son domicile en France (Paris, 28 avril 1834 : V. *J. Huiss.*, t. 15, p. 229).

196. L'emprisonnement cesse aussi dès que le débiteur a atteint sa soixante-dixième année, le cas de stellionat excepté (L. 17 avril 1832, art. 18).

CHAP. 2. — *De l'arrestation provisoire.*

197. Avant le jugement de condamnation, mais après l'échéance ou l'exigibilité de la dette, le président du tribunal de première instance, dans l'arrondissement duquel se trouve l'étranger non domicilié, peut, s'il y a de suffisants motifs, ordonner son arrestation provisoire, sur la requête du créancier français (L. 17 avril 1832, art. 15).

198. L'art. 15 précité n'accorde qu'au créancier français le droit de faire procéder à l'arrestation provisoire. Un étranger, même légalement domicilié en France et y jouissant des droits civils, ne pourrait la requérir contre un étranger non domicilié (Douai, 7 mai 1828; Paris, 21 mars 1842).

199. L'arrestation provisoire peut être ordonnée : 1° dans le cas où le terme de l'obligation est échu, lors même que le titre de créance serait attaqué par la voie de l'inscription de faux principal, et qu'il aurait, en conséquence, été sursis à faire droit sur la demande en paiement (Cass., 26 oct. 1809); 2° au profit d'un Français, tiers porteur d'une traite échue, tirée par un étranger, en pays étranger (Paris, 29 nov. 1831 : V. *J. Huiss.*, t. 13, p. 332).

200. L'arrestation provisoire n'a pas lieu ou cesse : 1° si l'étranger justifie qu'il possède sur le territoire français un établissement de commerce ou des immeubles, le tout d'une valeur suffisante pour assurer le paiement de la dette; 2° s'il fournit pour caution une personne domiciliée en France et reconnue solvable (L. 17 avril 1832, art. 16).

201. La caution peut être une personne étrangère. La loi exige seulement qu'elle soit reconnue solvable et domiciliée en France. Elle doit être acceptée ou constituée dans les formes prescrites.—V. *Cautionnement.*

202. L'autorisation de procéder à l'arrestation provisoire est donnée par une ordonnance du président inscrite au bas de la requête qui lui est adressée à cet effet, sans que le débiteur soit assigné (Paris, 5 déc. 1839).

203. Cette ordonnance ne peut être attaquée par action principale en nullité devant le tribunal, elle doit l'être, ce nous semble, par la voie de l'appel. Car on ne peut rendre le tribunal juge des ordonnances rendues par son président dans le cercle de ses fonctions spéciales (Cass., 22 avril 1818; Pau, 27 mai 1830 : V. *J. Huiss.*, t. 12, p. 61; Douai, 12 janv. 1832 : V. *J. Huiss.*, t. 13, p. 132; Bordeaux, 6 déc. 1833; Cadrès-Delisle, sur l'art. 15, n° 2; Sebire et Carteret, v° *Contrainte par corps*, n° 207. — V. *Contrà*, Cass., 9 mai 1837 : *J. Huiss.*, t. 18, p. 302).

204. Le délai pour interjeter appel est de trois mois (C. proc. civ., art. 443; Douai, 12 janv. 1832 : V. *J. Huiss.*, t. 13, p. 132).

205. Cet appel, ayant pour l'étranger détenu le même intérêt qu'une demande en élargissement, doit, par analogie, s'il le requiert, être jugé, sans instruction, à la première audience, préférablement à toutes les autres causes, sans remise ni tour de rôle (Arg., art. 805; C. proc, civ.).

206. Toutes les formalités ordinaires de l'arrestation et de l'écrou (V. *infrà*, sect. VI, §§ 2 et 3) sont applicables à l'arrestation provisoire (L. 17 avril 1832, Arg., art. 32). En conséquence, elle serait nulle, si elle était pratiquée à une heure à laquelle il est défendu aux huissiers d'instrumenter, par exemple, au mois de novembre, avant six heures du matin (Metz, 11 fév. 1820 : V. *J. Huiss.*, t. 2, p. 85).

207. Néanmoins, le créancier n'est pas tenu de se conformer à l'art. 780, C. proc. civ., qui prescrit une signification et un commandement préalable (L. 17 avril 1832, art. 32).

208. Il a même été jugé que l'huissier n'est pas obligé de se munir d'un pouvoir spécial (Bordeaux, 24 mai 1826; Cass., 20 fév. 1827), et que l'ordonnance du président ne doit pas, à peine de nullité, être signée du greffier (Pau, 27 mai 1820 : V. *J. Huiss.*, t. 12, p. 61).

209. Dans les cas d'arrestation provisoire, le créancier est tenu de se pourvoir en condamnation dans la huitaine de l'arrestation du débiteur, faute de quoi celui-ci peut demander son élargissement (L. 17 avr. 1832, art. 15).

210. Cette huitaine n'est pas franche; cependant, on ne doit pas compter le jour de l'arrestation : ainsi, le débiteur incarcéré le 17 peut valablement être assigné en condamnation le 25 (Arg., art. 363, 723 et 763, C. proc. civ.; Turin, 14 mai 1808; Toulouse, 22 mars 1827; Cass., 8 août 1809; Trib. civ. (S.), 28 sept. 1833).

211. La mise en liberté est prononcée par ordonnance de référé, sur une assignation donnée au créancier par l'huissier que le président a commis dans l'ordonnance même qui autorisait l'arrestation, et, à défaut de cet huissier, par tel autre qui est commis spécialement (L. 17 avr. 1832, art. 15).

212. L'étranger provisoirement arrêté pour une dette échue ne peut obtenir son élargissement provisoire, en opposant, comme exception au fond, la prescription de la dette (Cass., 12 juin 1817).

SECT. V. — *De la contrainte par corps en matière criminelle, correctionnelle et de police.*

CHAP. 1er. — *Personnes soumises à la contrainte. — Exemptions.*

213. Toute personne condamnée pour crime, délit ou contravention, au paiement des frais, amendes, dommages-intérêts et restitutions dues soit à l'Etat, soit à la partie civile, est de droit soumise à la contrainte par corps (C. pén., art. 52, 467 et 469; L. 22 août 1791, tit. 11, art. 6; L. 4 germ. an 2, tit. 6, art. 4, etc.), sans distinction d'âge ni de sexe (Coin Delisle, observations générales au tit. 5 de la loi du 17 avr. 1832, n° 2; Sebire et Carteret, v° *Contrainte par corps*, n° 220).

214. Les mineurs et les septuagénaires y sont également soumis (Coin-Delisle, Sebire et Carteret, *loc. cit.*). Seulement, une faveur est accordée par la loi aux septuagénaires, quant à la durée de la contrainte. — V. *infrà*, n° 235.

215. En principe, la contrainte ayant lieu *de plein droit*, il n'est pas nécessaire que le jugement la prononce. Une exception a été introduite en faveur des mineurs non âgés de 16 ans accomplis par la loi des 13-16 déc. 1848, dont l'art. 8, paragraphe dernier, est, en effet, ainsi conçu : « La contrainte par corps, en matière criminelle, correctionnelle et de simple police ne sera exercée, dans l'intérêt de l'Etat ou des particuliers, contre les individus âgés de moins de 16 ans accomplis à l'époque du fait qui a motivé la poursuite, qu'autant qu'elle aura été formellement prononcée par le jugement de condamnation ».

216. La contrainte peut également être prononcée : 1° contre les cautions fournies par les prévenus lors de leur mise en liberté provisoire (C. inst. crim., art. 120); 2° contre les témoins qui ne comparaissent pas devant les juges d'instruction, les tribunaux correctionnels ou les Cours d'assises (C. inst. crim., art. 80, 157 et 304); 3° contre les dépositaires publics et particuliers de pièces arguées de faux ou pouvant servir de pièces de comparaison (même Code, art. 452 et suiv.).

217. Mais elle ne pourrait avoir lieu, en vertu de l'art. 52, C. pén. : 1° contre les personnes civilement responsables (Cass., 18 mai 1813; Orléans, 8 janv. 1844 ; Coin-Delisle, *loc. cit.*, n° 3), si ce n'est dans les cas où la loi déclare expressément la partie civile contraignable par corps (C. for., art. 46 et 206); 2° contre la partie civile condamnée aux dommages-intérêts envers le prévenu ou l'accusé, acquitté ou absous (Nîmes, 19 juin 1819). Mais elle peut être prononcée en vertu de l'art. 126-1°, C. proc. civ. (Sebire et Carteret, n°s 221 et suiv., et 237).

218. La contrainte par corps a toujours lieu de plein droit pour sûreté des condamnations aux frais envers l'Etat, même contre les personnes civilement responsables et la partie civile, non en vertu de l'art. 52, C. pén., mais aux termes des art. 157 et 174 du décret du 18 juin 1811, et de l'art. 368, C. inst. crim. (Sebire et Carteret, n° 239).

219. Enfin, les incapacités relatives dont il est parlé plus haut s'appliquent aussi à la contrainte en matière criminelle, correctionnelle et de police. Ainsi, elle ne peut être prononcée au profit du mari, de la femme, des ascendants, des descendants, des frères ou sœurs de ses débiteurs, alliés au même degré, etc. (V. *suprà* n°s 34 et suiv.). Le mari et la femme ne peuvent non plus être emprisonnés pour la même dette (V. *suprà*, n°s 37 et 135). Les exemptions qui concernent les députés au Corps législatif, les militaires en activité de service (V. *suprà* n°s 124 et suiv., 129 et suiv.), sont également applicables à la contrainte par corps en matière criminelle, correctionnelle et de police (V. Sebire et Carteret, v° *Contrainte par corps*, n° 220).

CHAP. 2. — *Condamnations entraînant la contrainte par corps.*

220. En matière criminelle, correctionnelle ou de police, la contrainte par corps a lieu pour toutes les condamnations pécuniaires et notamment pour celles à l'amende, aux restitutions, aux réparations civiles, aux dommages-intérêts et aux frais envers l'Etat ou les particuliers (C. pén., art. 46, 52, 467 et 469 ; C. inst. crim., art. 80, 120, 157, 355, 452 et 456 ; C. for., art. 211 et 217; Cass., 19 vent. an 12; Bordeaux, 15 nov. 1828).

221. Les tribunaux civils, saisis de l'action en réparation d'un crime ou d'un délit, peuvent-ils prononcer la contrainte par corps? Une distinction est à faire : si l'action civile est intentée avant l'action publique, la Cour de cassation a décidé que les tribunaux civils *peuvent* prononcer la contrainte, en vertu de l'art. 126, C. proc. civ. (arrêt du 18 nov. 1834). Ainsi, d'après la Cour de cassation, la contrainte serait facultative pour les tribunaux civils. Mais la Cour de Paris a jugé, au contraire, par arrêts des 6 janv. et 22 mai 1832, et 16 nov. 1833, que la contrainte était de droit. Nous préférons, quant à nous, le système admis par la Cour de cassation. Si l'action civile n'est intentée qu'après le jugement ou l'arrêt de condamnation sur l'action publique, les tribunaux civils *doivent* alors prononcer la contrainte, en vertu de l'art. 52, C. pén. (Cass., 16 juill. 1817; Douai, 29 juill. 1839).

222. La contrainte par corps prononcée par les Cours d'assises, les tribunaux correctionnels ou de police, a lieu de plein droit, sauf l'exception indiquée plus haut (V. n° 215); elle pourrait donc être exercée, quoique le jugement de condamnation ne l'adjugeât pas (C. pén., art. 52). Ainsi jugé à l'égard des amendes en matière de contributions indirectes (Cass., 14 fév. 1832: V. *J. Huiss.*, t. 14, p. 120), et à l'égard des dépens envers le fisc en matière de simple police (Cass., 2 janv. 1807).

CHAP. 3. — *Durée de la contrainte.*

223. La loi du 17 avr. 1832 a déterminé la durée de la contrainte par corps prononcée en matière criminelle, correctionnelle ou de police, au profit de l'État et au profit des parties civiles ; et la loi des 13-16 déc. 1848 a laissé subsister plusieurs de ses dispositions.

224. Lorsque la condamnation est prononcée *au profit de l'État*, la loi du 17 avr. 1832, après avoir posé en principe que les condamnés doivent subir l'effet de cette contrainte jusqu'à ce qu'ils aient payé le montant de la condamnation, ou fourni une caution admise par le receveur des domaines, ou, en cas de contestation de sa part, déclarée bonne et valable par le tribunal civil de l'arrondissement (art. 34), a cependant permis aux tribunaux d'en fixer la durée de la manière suivante :

225. Si la condamnation est supérieure à 100 fr. et moindre que 300 fr., la durée de la contrainte nous paraît pouvoir être déterminée, par le jugement, dans les limites de six mois à cinq ans (Arg., art. 39); si elle s'élève à 300 fr., la durée de la contrainte peut être déterminée, même dans le cas d'insolvabilité constatée, dans les limites d'un an à dix ans (art. 40).

226. Ces dispositions n'ont point été modifiées, en ce qui concerne les condamnations prononcées au profit de l'État, par la loi des 13-16 déc. 1848. Mais il en est autrement de l'art. 35 de la loi du 17 avr. 1832.

227. Aux termes de ce dernier article, les condamnés, qui justifiaient de leur insolvabilité suivant le mode prescrit par l'art. 420, C. inst. crim., devaient être mis en liberté après avoir subi quinze jours de contrainte, lorsque l'amende et les autres condamnations pécuniaires n'excédaient pas 15 fr.; un mois, lorsqu'elles s'élevaient de 15 à 50 fr.; deux mois, lorsqu'elles s'élevaient de 50 à 100 fr.; et quatre mois, lorsqu'elles excédaient 100 fr. Mais, d'après l'art. 8, § 1er, de la loi des 13-16 déc. 1848, la durée de la contrainte ne peut, dans ce cas, excéder trois mois. Si le condamné ne fait point la justification exigée, la durée de l'emprisonnement doit être du double (art. 8, § 3). L'insolvabilité est justifiée par un certificat du percepteur et un certificat d'indigence délivré par le maire.

228. L'art. 8 n'ayant réduit que le maximum de la durée a, ce nous semble, maintenu le minimum. Il résulte de là que la durée de la contrainte ne peut être moindre que quinze jours ni excéder trois mois. Pour la fixer, les tribunaux peuvent, comme autrefois, prendre en considération le plus ou moins d'importance de la condamnation.

229. Mais, dans tous les cas, le condamné, qui n'est point dans une position qui permette de le considérer comme insolvable, peut toujours obtenir immédiatement sa liberté, soit en payant, soit en fournissant une caution. Celui-là même qui est insolvable peut, au moyen d'une caution, faire cesser la contrainte. A cet effet, le condamné doit offrir au receveur de l'enregistrement, représentant l'administration générale de l'enregistrement et des domaines, la caution qu'il veut faire recevoir, lui faire sommation de déclarer s'il l'accepte ou entend la refuser, et, s'il la refuse, l'assigner sans délai. Il est utile de lui faire viser l'original de l'exploit. — V. *Formule* 1. — L'État est toujours contraint d'accepter la caution déclarée bonne et valable.

230. Lorsque les condamnations sont prononcées *au profit d'une partie* *civile*, il faut distinguer si elles sont inférieures à 300 fr., ou si elles s'élèvent à cette somme ou au-dessus.

231. Dans le premier cas, si le débiteur fait les justifications prescrites par l'art. 39, L. 17 avr. 1832, c'est-à-dire s'il fournit une caution reconnue valable par le créancier, ou déclarée telle par jugement, ou s'il justifie de son insolvabilité, la durée de la contrainte doit être la même que pour les condamnations prononcées au profit de l'Etat (L. 13-16 déc. 1848, art. 8, § 2), c'est-à-dire qu'elle ne peut excéder trois mois, ni être moindre que quinze jours. S'il ne fait pas ces justifications, la durée de l'emprisonnement est du double (même loi, art. 8, § 3), soit six mois. Ainsi se trouve abrogée la disposition de l'art. 39, L. 17 avr. 1832, qui voulait que, à défaut des justifications exigées, la durée de la contrainte pût être déterminée par le jugement de condamnation dans les limites de six mois à cinq ans.

232. Mais la loi de 1848 n'a apporté aucune modification aux dispositions de la loi de 1832 relatives au cas où la condamnation s'élève à 300 fr. et au-dessus. Or, aux termes de l'art. 40 de cette dernière loi, lorsque la condamnation prononcée en faveur d'un particulier s'élève à 300 fr., la durée de la contrainte par corps doit être déterminée, comme lorsqu'elle l'est en faveur de l'Etat, par le jugement de condamnation, dans les limites d'un an à dix ans, encore bien que l'insolvabilité du débiteur puisse être constatée.

233. Il existe cependant à cet égard une différence notable entre les parties civiles et l'Etat. Ainsi que nous l'avons vu, l'Etat est toujours contraint d'accepter la caution déclarée bonne et valable, quel que soit le montant de la condamnation (V. *suprà*, nos 224, 229 et 231). Au contraire, les parties civiles ne sont tenues de l'accepter que dans le cas où la créance n'excède pas 300 fr. (Coin-Delisle, sur l'art. 40, L. 17 avr. 1832, no 2).

234. Il nous reste à faire connaître quelques règles communes au cas où la contrainte est prononcée *au profit de l'Etat* et celui où elle l'est *au profit des parties civiles*.

235. Ainsi, d'abord, dans l'un et l'autre cas, si le débiteur a commencé sa 70e année avant le jugement, la contrainte par corps doit être déterminée dans la limite de trois mois à trois ans. S'il a atteint sa 70e année avant d'être écroué ou pendant son emprisonnement, la durée de la contrainte est, de plein droit, réduite à la moitié du temps qui reste à courir (L. 13-16 déc. 1848, art. 9).

236. Dans tous les cas où la durée de la contrainte par corps doit être fixée, elle ne peut l'être d'une manière hypothétique ou conditionnelle. Elle doit avoir pour base une somme liquide et certaine (Cass., 20 avr. 1837), alors même qu'il s'agit de dépens (Cass., 6 oct. 1836).

237. Lorsque la contrainte par corps a cessé, à raison de l'insolvabilité du condamné (V. *suprà*, nos 227 et 231), elle peut être reprise, mais une seule fois, et quant aux restitutions, dommages et intérêts et frais seulement, s'il est jugé contradictoirement avec le débiteur qu'il lui est survenu des moyens de solvabilité (L. 17 avr. 1832, art. 36).

238. Un jugement est nécessaire pour réincarcérer le débiteur. Ce jugement ne peut être obtenu qu'au tribunal civil, seul juge de l'exécution (Coin-Delisle, sur l'art. 36). Si le débiteur fournit caution, il ne peut être réincarcéré une troisième fois (Coin-Delisle, *loc. cit.*).

SECT. VI. — *Mode d'exécution de la contrainte par corps, prononcée soit en matière civile et commerciale, soit au profit de l'Etat, soit contre des étrangers.*

239. La contrainte par corps est mise à exécution par l'arrestation du débiteur déclaré contraignable et par son emprisonnement dans un lieu affecté aux détenus pour dettes.

240. Parmi les formalités à remplir pour cette exécution, les unes doivent précéder l'arrestation, les autres concernent l'arrestation elle-même, d'autres enfin doivent suivre cet acte. Nous nous occuperons successivement de ces différentes formalités.

§ 1er. — Formalités qui doivent précéder l'arrestation.

241. 1° *Signification du jugement.*—La signification pure et simple du jugement ne doit-elle pas précéder la signification avec commandement? On distingue à cet égard entre les jugements contradictoires et les jugements par défaut. La signification pure et simple des premiers n'est jamais nécessaire. Mais quelques auteurs enseignent que les seconds doivent préalablement être signifiés purement et simplement (Carré, *Lois de la proc.*, *Quest.* 2630; Coin-Delisle, sur l'art. 2069, C. Nap., n° 11; Arg., Nancy, 23 juill. 1813). Cependant il faudrait admettre une exception à ce système pour le cas où un jugement par défaut commettrait un seul et même huissier pour les significations à faire en vertu des art. 156, 435 et 780, C. proc civ.; alors, la signification du jugement avec commandement tendant à contrainte par corps serait suffisante.

242. Toutefois, quelle que soit la commission confiée à l'huissier, si le jugement par défaut est rendu contre avoué, il doit nécessairement être signifié préalablement au commandement par corps, en vertu de l'art. 155, C. proc. civ. (Pigeau, *Comment.*, t. 2, p. 462; Carré et Chauveau, *Quest.* 2630).

243. Quoi qu'il en soit, aucune contrainte par corps ne peut être mise à exécution avant la signification, avec commandement, du jugement qui l'a prononcée (C. proc. civ., art. 780).

244. Cette signification doit être faite par un seul et même acte (Arg., art. 583, C. proc. civ.; Tarif de 1807, art. 51; Caen, 14 déc. 1824; Bourges, 23 avr. 1825; Pigeau, *Comment.*, t. 2, p. 312. Carré et Chauveau, *Quest.* 2629; Coin-Delisle, sur l'art. 2069, n° 8).—V. *Formule* 2.

245. Elle serait nulle, si elle avait lieu par actes séparés, comprenant, l'un, la signification du jugement, l'autre, le commandement (mêmes autorités). Quelques Cours s'étaient prononcées en sens contraire (Toulouse, 11 fév. 1808; Rennes 18 août 1810; Limoges, 18 janv. 1811). Mais leur interprétation paraît avoir été généralement repoussée.

246. Le jugement doit être signifié en entier, et non pas seulement par extrait. Ainsi, l'omission d'une portion de ce jugement, et notamment de ce qui fait partie de son dispositif, par exemple, de la disposition qui n'ordonne l'exécution provisoire qu'à la charge de donner caution, vicie la signification et annule l'emprisonnement (Nîmes, 22 mars 1813; Coin Delisle, sur l'art. 2069, n° 9).

247. Quand il y a plusieurs décisions judiciaires, dont les unes complètent les autres, elles doivent, à peine de nullité, être simultanément signifiées en tête du commandement : si donc l'on procède en vertu d'un jugement de débouté d'opposition, on doit signifier le jugement par défaut et le jugement de débouté (Limoges, 26 mai 1823; Caen, 14 déc. 1824; Coin-Delisle, *loc. cit.*), alors même que le dernier relaterait la substance du premier.

248. Mais, si un jugement par défaut emportant la contrainte par corps a été signifié avec commandement avant l'opposition du débiteur, ce jugement peut être exécuté après la signification du jugement de débouté d'opposition, sans qu'il soit nécessaire de signifier un nouveau commandement (Aix, 9 nov. 1822; Rouen, 9 janv. 1826; Coin-Delisle, *loc. cit.*).

249. La signification du jugement faite avant le commandement par un huissier non commis doit être renouvelée lors du commandement (C. proc. civ., art. 780; Caen, 14 déc. 1824).

250. Lorsque le jugement prononçant la contrainte par corps a été, sur l'appel, confirmé, on doit signifier en même temps l'arrêt confirmatif (Colmar, 20 août 1808).

251. Il est nécessaire aussi de faire un nouveau commandement, alors même que le jugement a été signifié, avant l'appel, avec commandement (Bruxelles, 21 août 1821).

252. Si l'appel a été plus tard déclaré non recevable, il a été cependant décidé qu'on pouvait se dispenser de signifier l'arrêt (Bruxelles, 22 juill. 1809; Arg., Rouen, 9 janv. 1826). Néanmoins, la prudence exige, en pareil cas, de signifier avec un nouveau commandement l'arrêt qui rend au jugement sa force, et nous conseillons aussi de ne pas hésiter à faire cette signification.

253. Si l'on agit en vertu d'une sentence arbitrale, on doit signifier avec le commandement non-seulement la sentence arbitrale, mais encore l'ordonnance d'*exequatur*, à peine de nullité (Paris, 30 nov. 1836).

254. Mais on peut se dispenser de donner, en tête du commandement, copie : 1° de l'acquiescement du débiteur à un jugement par défaut (Paris 17 sept. 1829 : V. *J. Huiss.*, t. 11, p. 203; Coin-Delisle, sur l'art. 2069, n° 9, *in fine*); 2° du certificat de non-opposition au jugement qui a prononcé la contrainte contre un gardien qui n'a pas reproduit les effets saisis (Besançon, 22 mars 1809; Chauveau sur Carré. *Quest.* 2629 *bis*).

255. Il nous semble que la signification avec commandement doit être un acte personnel de celui qui veut exercer la contrainte. Dès lors, nous ne croyons pas que le cessionnaire d'une créance puisse se prévaloir d'un commandement qui aurait été signifié par le cédant (Paris, 30 janv. 1833. — *Contrà*, Chauveau sur Carré, *Quest.* 2625 *bis*).

256. 2° *Commission de l'huissier.*—La signification doit être faite par un huissier commis, même dans le cas où la contrainte par corps est prononcée au profit d'une partie civile pour le recouvrement des dommages et intérêts et restitutions auxquels un prévenu a été condamné par un tribunal correctionnel (Aix, 25 fév. 1828).

257. L'huissier doit être commis *par le jugement* qui prononce la contrainte, ou *par le président* du tribunal de première instance du lieu où se trouve le débiteur (C. proc. civ., art. 780).

258. Par ces mots : *du lieu où se trouve le débiteur*, il faut entendre, non pas le lieu où le débiteur est présent au moment où la requête est présentée, mais le lieu soit de son domicile, soit de sa résidence habituelle (Toulouse, 11 août 1828 : V. *J. Huiss.*, t. 10, p. 271; Coin-Delisle, sur l'art. 2069, n° 13).

259. Tout tribunal qui a le droit de prononcer la contrainte par corps a aussi le droit de commettre un huissier pour la signification du jugement et le commandement par corps. Ainsi, l'huissier peut être commis aussi bien par les juges de paix et les tribunaux de commerce jugeant par défaut ou contradictoirement que par les tribunaux civils (Carré et Chauveau, *Quest.* 684 et 2631; Thomine-Desmazures, t. 2, p. 346 n° 901; Boitard, t. 2, p. 535; Coin-Delisle, sur l'art. 2069, n° 10; Rouen, 20 juill. 1814; Nancy, 21 août 1809; 23 juill. 1823; 23 mars 1843; Toulouse. 28 juill. 1824; Aix, 23 août 1826; Lyon, 23 mai 1827; Douai, 19 fév. 1828 et 23 nov. 1839. —*Contrà*, Orléans, 26 déc. 1810; Toulouse, 21 mai 1824 : V. *J. Huiss.*, t. 7, p. 275, et t. 8, p. 317; Lyon, 10 avr. 1826).

260. Les tribunaux peuvent commettre un huissier hors de leur territoire (Douai, 19 fév. 1828).

261. L'huissier, commis uniquement afin de signifier le jugement par défaut, ne peut, en vertu de la même commission, signifier le commandement tendant à contrainte par corps. Les commissions sont, de leur nature, spéciales (Carré et Chauveau, *Quest.* 2630; Coin-Delisle, sur l'art. 2069, n° 11; *J. Huiss.*, t. 11, p. 161; Orléans, 26 déc. 1810; Toulouse, 21 mai 1824:

J. Huiss., t. 7, p. 275, et t. 8, p. 317; Lyon, 10 avr. 1826 : *J. Huiss.*, t. 7 p. 277. — *Contrà*, Lyon, 22 août 1826; 23 mai 1827 : *J. Huiss.*, t. 8, p. 289; Toulouse, 28 juill. 1824 : *J. Huiss.*, t. 7, p. 273). Mais le tribunal peut commettre le même huissier tout à la fois pour la signification du jugement et du commandement.

262. Lorsque l'huissier n'a pas été commis par le jugement qui prononce l'emprisonnement, il ne peut l'être que par le président du tribunal civil. Le président du tribunal de commerce est incompétent à cet égard (C. proc. civ., art. 780).

263. L'ordonnance du président, qui commet un huissier, peut être rendue sans l'assistance du greffier : elle n'a donc pas besoin d'être signée par lui (Nîmes, 4 mai 1824; Aix, 15 nov. 1824; Pau, 27 mai 1830; Riom, 3 août 1837. — *Contrà*, Toulouse, 1er déc. 1824).

264. Il n'est pas non plus nécessaire qu'elle soit revêtue de la formule exécutoire (Montpellier, 22 août 1827 : *J. Huiss.*, t. 9, p. 221).

265. L'ordonnance est périmée en même temps que le commandement, c'est-à-dire par le laps d'une année (*J. Huiss.*, t. 12, p. 319; Grenoble, 29 août 1820; Poitiers, 9 janv. 1845. — V. cependant Coin-Delisle, sur l'art. 2069, no 12).

266. La commission donnée à l'huissier l'autorise à faire toutes les significations nécessaires, soit par suite de la nullité de la première signification, soit pour toute autre cause, pourvu que ce soit dans l'année du premier commandement (Cass., 26 nov. 1810; Arg., art. 784, C. proc. civ.).

267. 3o *Formes de la signification. — Irrégularités. — Péremption.* — La signification est soumise aux formalités générales des exploits (V. *Commandement, Exploit*). — V. *Formule* 2. — Dans l'usage, elle porte que, faute par le débiteur de payer, il y sera contraint par corps. Cette mention, quoique non exigée par la loi, est utile, en ce qu'elle distingue le commandement tendant à contrainte sur les personnes des commandements à fin de contrainte sur les biens.

268. Le commandement n'est pas nul, s'il ne contient pas les mots : *de par la loi et justice*, s'il est fait en vertu d'un jugement revêtu de la formule exécutoire (Bordeaux, 24 nov. 1829).

269. La date du jour où le commandement est fait suffit. Il n'est pas nécessaire d'indiquer l'heure à laquelle la signification a eu lieu (Rouen, 17 juin 1818. — *Contrà*, Paris, 17 déc. 1817).

270. La signification doit contenir élection de domicile dans la commune où siége le tribunal qui a rendu le jugement, si le créancier n'y demeure pas (C. proc. civ., art. 780).

271. Cette règle est applicable au cas où le jugement est émané d'un tribunal de commerce (Nîmes, 4 mai 1824; Montpellier, 24 août 1827; Coin-Delisle, sur l'art. 2069, no 16). Quelques auteurs (V. notamment Delvincourt, *Institutes de droit commercial*, t. 2, p. 497) enseignent, au contraire, que, si le jugement a été rendu par un tribunal de commerce, placé dans une autre ville que le tribunal de première instance, l'élection de domicile doit être faite dans le lieu où siége ce dernier tribunal, parce que c'est lui qui doit connaître de l'exécution du jugement.

272. Quand l'élection de domicile a été faite par l'incarcérant avant le commandement, il n'est pas tenu de la réitérer dans cet acte (Rennes, 18 août 1810). Mais il est prudent qu'elle y soit réitérée.

273. L'élection de domicile ne peut profiter qu'au débiteur soumis à la contrainte. Ainsi, le créancier ne peut être assigné par d'autres au domicile élu (Cass., 17 juill. 1810). — V. *infrà* no 392.

274. La signification doit être faite à la personne ou au domicile du débiteur. Elle est valablement faite à son dernier domicile connu, encore bien qu'il l'ait abandonné depuis longtemps pour occuper ailleurs des fonctions publiques (Paris, 25 janv. 1808). Peu importe qu'il ait déclaré changer de domicile, s'il n'a pas indiqué le lieu de son nouvel établissement. Néanmoins la signification faite à un domicile que le débiteur avait quitté depuis plus de trente ans a été avec raison annulée (Paris, 28 fév. 1807).

275. Une nouvelle signification, faite au dernier domicile du débiteur, ne prouve pas par elle-même que la partie reconnaissait l'insuffisance de la première (Paris, 25 janv. 1808). Il suit de là que la nullité de la seconde ne peut entraîner la nullité de la première (Chauveau sur Carré, *Quest.* 2627 *bis*).

276. Lorsque le débiteur n'a pas de domicile connu, le commandement peut lui être signifié au parquet du procureur impérial (Arg., art. 69, 8°, C. proc. civ.; Metz, 30 déc. 1817).

277. Si la signification avait eu lieu par un huissier commis et le commandement par un huissier non commis, l'emprisonnement serait nul (Colmar, 31 mai 1808).

278. Est nul le commandement signifié : 1° au débiteur, et remis à sa femme, dans un hôtel garni où il ne réside que passagèrement (Bruxelles, 24 oct. 1808); 2° au domicile élu où le débiteur ne réside pas (Coin-Delisle, sur l'art. 2069, n° 13).

279. Lorsque le commandement est irrégulier, il doit être renouvelé complétement et non rectifié en sa partie défectueuse. L'huissier commis peut signifier le nouveau commandement.

280. Le commandement tendant à contrainte par corps est périmé au bout d'une année entière : en conséquence, l'arrestation du débiteur ne peut avoir lieu qu'en vertu d'un nouveau commandement fait par un huissier commis à cet effet (C. proc. civ., art. 784).

281. Ce commandement est, en général, soumis aux mêmes formalités que le premier. Ainsi, une nouvelle commission du président est indispensable (Rennes, 28 sept. 1814).

282. Nous croyons aussi que, dans ce cas, une nouvelle signification du jugement doit être faite avec le nouveau commandement (Bourges, 23 avril 1825; Coin-Delisle, sur l'art. 2069, n° 15. — *Contrà*, Toulouse, 11 fév. 1808; Carré, *Quest.* 2668).

283. *Délai qui doit s'écouler entre le commandement et l'arrestation.* — Aucune contrainte par corps ne peut être mise à exécution qu'un *jour* après le commandement (C. proc. civ., art. 780). Le mot *jour* s'entend d'un *jour franc*, qui commence à l'instant où finit le jour dans lequel a été fait le commandement, et non pas seulement de vingt-quatre heures (Rouen, 17 juin 1818; Bourges, 2 juill. 1825; Thomine-Desmazures, n° 903; Carré et Chauveau, *Quest.* 2628; Coin-Delisle, sur l'art. 2069, n° 14). Ainsi, si le commandement a eu lieu le 1er, l'arrestation ne peut être opérée avant le 3.

284. La loi, en accordant un jour, suppose que le jugement est susceptible d'exécution. Si donc l'on se trouvait dans le cas des art. 155, 449 et 450, C. proc. civ., on devrait avoir égard aux délais pendant lesquels les jugements ne sont pas exécutoires aux termes desdits articles. — V. *Appel en matière civile, Jugement par défaut, Exécution provisoire.*

285. S'il y a eu opposition ou appel, l'arrestation ne peut avoir lieu qu'un jour après la signification, avec nouveau commandement, du jugement de débouté d'opposition ou de l'arrêt confirmatif (Arg., Colmar, 20 août 1808; Coin-Delisle, sur l'art. 2069, n° 14).

286. Le débiteur peut assigner en référé, lors du commandement, en vertu de l'art. 806, C. proc. civ. (Bruxelles, 20 déc. 1810).

287. *Pouvoir donné à l'huissier.* — Aucun huissier ne peut procéder à l'arrestation d'un débiteur, sans être muni d'un pouvoir spécial donné par le créancier (C. proc. civ., art. 556), par acte sous seing privé, ou devant notaire (Bruxelles, 13 juin 1807). — V. *Formule* 3.

288. Dans la première forme, il a date certaine, à l'égard du débiteur, par l'énonciation, dans les pièces de la procédure, qu'il existait au moment de l'arrestation, et par la représentation qui en est faite au débiteur (Cass., 24 janv. 1814).

289. Les gardes du commerce ont également besoin d'un pouvoir (Carré et Chauveau, *Quest.* 1920 ; Coin-Delisle, sur l'art. 2069, n° 19).

290. Il n'est pas nécessaire que le pouvoir spécial soit signifié, ni qu'il soit enregistré avant l'emprisonnement, ni qu'il contienne le nom de l'huissier.

291. Néanmoins, l'emprisonnement serait nul, si l'huissier qui y a procédé avait substitué son nom à celui d'un autre huissier, postérieurement à l'enregistrement (Rouen, 4 fév. 1819).

292. La remise du jugement ne vaudrait pouvoir d'emprisonner le débiteur qu'autant qu'elle aurait été accompagnée du pouvoir de mettre le jugement à exécution dans *toutes les formes exécutoires* (Bruxelles, 13 juin 1807).

293. Le défaut de pouvoir entraînerait la nullité de l'emprisonnement (Lyon, 4 sept. 1810 ; Rouen, 10 août 1822. — *Contrà*, Rouen, 14 oct. 1808 ; Paris, 25 janv. 1810). Mais l'huissier n'est pas tenu, à peine de nullité, de représenter le pouvoir dont il est porteur, s'il n'en est pas requis (Montpellier, 19 juin 1807), et si le créancier ne le désavoue pas (Bruxelles, 29 juin 1808).

294. L'emprisonnement effectué en vertu d'un pouvoir donné par une personne décédée à l'époque où il a eu lieu est valable. si l'huissier ignorait le décès (Paris, 21 fév. 1826 : V. *J. Huiss.*, t. 7, p. 45).

295. Mais l'emprisonnement commencé sans pouvoir spécial ne peut être validé par un mandat postérieur (Coin-Delisle, sur l'art. 2069, n° 17 ; Arg., Cass., 6 janv. 1812. — *Contrà*, Poncet, *des Jugements*, t. 2, n° 372).

§ 2. — De l'arrestation.

296. *Par qui elle peut être opérée.* — L'arrestation du débiteur ne peut être opérée que par un huissier (C. proc. civ., art. 556), excepté à Paris, où ce droit appartient exclusivement aux gardes du commerce (Décr., 14 mars 1808). — V. *Gardes du commerce.*

297. Il n'est pas exigé, à peine de nullité, que l'huissier soit revêtu de son costume (Merlin, *Répert.*, v° *Costume ;* Carré et Chauveau, *Quest.* 2667). — V. *Costume.*

298. *Assistance de recors.* — L'huissier doit être assisté de deux recors (C. proc. civ., art. 783) ou témoins.

299. Les recors doivent être Français, majeurs, non parents ni alliés des parties ou de l'huissier jusqu'au degré de cousin issu de germain, ni ses domestiques (Arg., art. 585, C. proc. civ. ; Delvincourt, *Institutes de droit commercial*, t. 2, p. 515 ; Pardessus, t. 5, n° 1516).

300. Des gendarmes peuvent être employés pour recors (Nîmes, 12 juill. 1826 ; Bordeaux, 2 avril 1833 : V. *J. Huiss.*, t. 14, p. 310).

301. Un étranger non naturalisé ne pourrait être témoin ; cependant, il a été décidé que le procès-verbal ne serait pas nul, si l'huissier avait pu croire que cet étranger, depuis longtemps domicilié et marié en France, exerçant les fonctions de garde champêtre, était Français (Grenoble, 9 nov. 1825 : V. *J. Huiss.*, t. 7, p. 339).

302. L'huissier ne pourrait se faire assister de plus de deux recors (V. *infrà* n°s 394 et suiv.), ni employer la force armée, si ce n'est dans le cas de rébellion (C. proc. civ., arg. art. 785 ; Montpellier, 30 juill. 1839).

303. Toutefois, si l'huissier avait à craindre des excès ou violences de la part du débiteur, il pourrait se faire autoriser à l'avance, par le président, à requérir la force armée; et le juge de paix pourrait lui-même accorder cette permission, s'il s'agissait d'opérer l'arrestation dans une maison.

304. Si l'huissier avait requis la force armée, sans qu'il y eût rébellion et sans autorisation du président, l'arrestation ne devrait pas être annulée pour ce motif. Seulement, l'huissier serait, selon les circonstances, passible de peines disciplinaires, et les frais occasionnés par la présence de la force armée resteraient à la charge du créancier (Metz, 20 juill. 1827; Carré et Chauveau, *Quest.* 2665).

305. *Jours, heure et lieux où l'arrestation peut ou non avoir lieu.* — Le débiteur ne peut être arrêté :

1° Les jours de *fête légale* (C. proc. civ., art. 781). — V. *Fête légale.*

306. Mais le président du tribunal peut accorder la permissson d'exécuter la contrainte, même ces jours-là (Bruxelles, 21 mai 1853), alors surtout qu'il y a péril en la demeure (C. proc. civ., art. 1037; Carré et Chauveau, *Quest.* 2639. — *Contrà*, Coin-Delisle, sur l'art. 2069, n° 36).

307. 2° Avant le lever ni après le coucher du soleil (C. proc. civ., art. 781).

Les mots *lever* et *coucher* du soleil doivent être pris dans le sens astronomique; ils ne doivent pas s'entendre du temps fixé par l'art. 1037 pour les exécutions en général.

308. Ainsi, l'arrestation serait nulle, si elle avait été faite une minute après le coucher du soleil (Colmar, 16 therm. an 12), ou avant le lever du soleil, quoique à une heure permise par l'art. 1037 (Bruxelles, 1er mars 1813), par exemple, quatre minutes seulement avant le lever du soleil (Colmar, 31 août 1810).

309. Mais l'emprisonnement serait valablement effectué après le coucher du soleil, si l'arrestation avait eu lieu avant (Grenoble, 9 nov. 1825 : V. *J. Huiss.*, t. 7, p. 339).

310. Une ordonnance sur requête ne peut valablement autoriser un créancier à faire exécuter la contrainte par corps contre son débiteur tous les jours, à toute heure : en conséquence, l'arrestation opérée, en vertu de cette ordonnance, à huit heures du soir, dans l'étude d'un agréé, est nulle (Paris, 9 mars 1853 : V. *J. Huiss.*, t. 34, p. 307).

311. Lorsqu'il y a incertitude sur l'heure de la capture, le tribunal peut ordonner une enquête pour savoir si elle a eu lieu avant ou après le lever ou le coucher du soleil (Nîmes, 4 mai 1824).

312. On doit, du reste, pour déterminer si l'arrestation a été faite en temps utile, s'en rapporter plutôt au fait réel qu'à une erreur d'expression qui se rencontrerait dans le procès-verbal (Chauveau sur Carré, *Quest.* 2637; Riom, 14 oct. 1808).—V. *infrà* n° 398.

313. L'huissier qui a commencé l'arrestation en temps utile doit la continuer après l'expiration de ce temps; il ne peut scinder son opération et la remettre au lendemain à raison de l'heure avancée (Bastia, 26 août 1826).

314. 3° Dans les édifices consacrés au culte, pendant les exercices religieux seulement (C. proc. civ., art. 781).

Ces mots, *exercices religieux*, s'entendent de toute cérémonie quelconque, indépendamment de celles qui se font publiquement, au milieu d'un concours de fidèles. Ainsi, par exemple, la confession constitue un exercice religieux (Cass., 7 oct. 1824; Coin-Delisle, sur l'art. 2069, n° 21; Carré et Chauveau, *Quest.* 2648).

315. Un débiteur ne peut non plus être arrêté au milieu d'une cérémonie *extérieure* du culte, spécialement lorsqu'il assiste à un enterrement, encore bien qu'il soit en dehors de l'église (Thomine-Desmazures, n° 911. — V. cependant Carré et Chauveau, *Quest.* 2641).

316. Mais on pourrait arrêter un débiteur dans un édifice consacré au culte, hors le temps des exercices religieux (Carré et Chauveau, *Quest.* 2642). Seulement, dans ce cas, l'huissier devrait remplir les formalités prescrites par le n° 5 de l'art. 781 (Carré et Chauveau, *Quest.* 2648 ; Coin-Delisle, sur l'art. 2069, n° 28).

317. 4° Dans le lieu et pendant la tenue des séances des autorités constituées (C. proc. civ., art. 781). La prohibition n'existe que pour le *lieu des séances*. Ainsi, l'arrestation dans les cours et dépendances serait valable (Carré et Chauveau, *Quest.* 2643 ; Pardessus, t. 5, n° 1514 ; Coin Delisle, même article, n° 22). Il en serait de même : 1° de celle faite dans les bureaux (mêmes autorités), et 2° de celle faite dans le lieu des séances, avant ou après leur tenue (mêmes autorités), pourvu que l'huissier soit assisté du juge de paix (Coin-Delisle, même article, n° 28).

318. On doit entendre par *autorité constituée* toutes les autorités légalement établies, par exemple, les Cours et tribunaux, les conseils de guerre, les conseils de prud'hommes, les assemblées législatives, les conseils d'arrondissement, de département, les assemblées électorales (Carré et Chauveau, *Quest.* 2645 ; Coin-Delisle, sur l'art. 2069, n°s 23 et 24).

319. Un négociant peut être arrêté à la Bourse (Coin-Delisle, même article, n° 25 ; Carré et Chauveau, *Quest.* 2646).

320. Le débiteur peut-il être arrêté dans son domicile ou dans le domicile indiqué par lui comme étant le sien ? L'art. 581-5°, C. proc. civ., veut que le débiteur ne puisse être arrêté dans une maison quelconque, même dans son domicile, à moins qu'il n'ait été ainsi ordonné par le juge de paix du lieu, lequel juge de paix doit, dans ce cas, se transporter dans la maison avec l'officier ministériel. Mais la disposition de cet article qui exige la présence du juge de paix pour l'arrestation même au domicile du débiteur a été modifiée, pour Paris, par l'art. 15 du décret du 14 mars 1808. Il résulte de cet article que la présence du juge de paix a cessé d'être nécessaire, depuis la promulgation du décret précité, pour l'arrestation, par un garde du commerce, du débiteur dans son domicile, si ce n'est dans le cas où ce débiteur en refuse l'entrée (Trib. civ. de la Seine (2 jugements), 2 juin 1853 : V. *J. Huiss.*, t. 34, p. 206). Il en est de même lorsque l'arrestation est opérée à un domicile indiqué par le débiteur comme étant le sien ; peu importe que son véritable domicile soit ailleurs (mêmes jugements).

321. Lorsque le garde du commerce, chargé de procéder à l'arrestation du débiteur à son propre domicile, a été autorisé, par ordonnance du président du tribunal, à se faire assister, en l'absence ou en cas d'empêchement du juge de paix, par le commissaire de police, l'assistance de ce dernier fonctionnaire étant une précaution surabondante ne vicie pas l'arrestation (Trib. civ. de la Seine, 2 juin 1853 (*aff.* Ajuston) : *J. Huiss.*, t. 34, p. 207), alors surtout que le commissaire de police n'a été appelé que pour le cas d'ouverture de portes, et que, le débiteur n'ayant opposé aucun refus, il ne lui a fait aucune injonction (Trib. civ. de la Seine, 2 juin 1853 (*aff.* Castillon) : *J. Huiss.*, t. 34, p. 208 ; 13 août 1853 : *J. Huiss.*, t. 34, p. 269). — V. *Garde du commerce*.

322. L'art. 581-5° étant seul applicable aux huissiers qui exécutent la contrainte par corps, il s'ensuit que, pour arrêter un débiteur, même dans son propre domicile, ils sont tenus de se faire assister du juge de paix ou d'un de ses suppléants (Colmar, 12 mars 1828 : V. *J. Huiss.*, t. 11, p. 18). Mais il nous semble que si, dans le cas d'absence ou d'empêchement du juge de paix et de ses suppléants, ils se faisaient assister, en vertu d'une ordonnance du président du tribunal, par le commissaire de police, pour le cas d'ouverture de portes, on pourrait leur appliquer sans inconvénient ce qui a été décidé à l'égard des gardes du commerce.

323. On doit considérer comme faisant partie du domicile du débiteur le corps de logis, les cours et jardins clos, qui en dépendent (Lyon, 10 juin 1824; Limoges, 7 mars 1828.

324. L'huissier qui, après s'être assuré de la présence du débiteur dans sa maison, et dans la supposition que les portes peuvent lui en être refusées, établit des témoins aux portes afin d'empêcher l'évasion, avant d'aller requérir l'assistance du juge de paix, ne contrevient pas à l'art. 781, C. proc. civ. (Toulouse, 20 août 1827 : *J. Huiss.*, t. 10, p. 298). Mais il ne peut, même seulement pour rechercher si le débiteur est dans son domicile, y pénétrer sans l'assistance du juge de paix. — V. *infrà* n° 328.

325. Dans le cas où il y a lieu de procéder à l'arrestation du débiteur dans le domicile d'un tiers, le garde du commerce, et, à plus forte raison, l'huissier, doivent, à peine de nullité de l'arrestation, être assistés par le juge de paix ou l'un de ses suppléants. Le commissaire de police ne peut valablement remplacer le juge de paix ou ses suppléants, même en vertu d'une ordonnance du président du tribunal (Paris, 4 mai 1853 : *J. Huiss.*, t. 34, p. 166); peu importe que le tiers ne refuse pas ou refuse l'entrée de son domicile (V. cependant trib. civ. de la Seine, 2 juin 1853 (*aff.* Castillon); *J. Huiss.*, t. 34, p. 208).

326. Par le domicile d'un tiers, il faut entendre certains lieux publics, comme la salle à boire d'un marchand de vins (Trib. civ. de la Seine, 24 oct. 1827), la boutique d'un restaurateur (Paris, 25 juin 1827), les salles des cours des Facultés (Coin-Delisle, sur l'art. 2069, n° 28).

327. Mais on ne peut considérer comme maison *tierce* : 1° la prison où le débiteur s'est rendu momentanément (Grenoble, 30 août 1839); 2° le navire entré dans le port (Bastia, 26 août 1826). Dans ces lieux, le débiteur peut être arrêté sans l'intervention du juge de paix.

328. Nous avons dit que, sauf le cas d'absence ou d'empêchement du juge de paix ou de ses suppléants, l'arrestation du débiteur dans son domicile devait être précédée de l'ordonnance de l'un de ces magistrats et de son transport au susdit domicile. L'arrestation ne serait même pas validée, si l'huissier n'avait appelé le juge de paix qu'après avoir pénétré dans le domicile du débiteur, quoique ce fût avant son enlèvement (Paris, 22 juin 1809 : *J. Huiss.*, t. 9, p. 197; Coin-Delisle, sur l'art. 2069, n° 3).

329. L'arrestation serait également nulle, si le débiteur, sauvé de sa maison dans une maison voisine, avait été arrêté dans cette dernière maison en l'absence du juge de paix, quoique ce magistrat eût accompagné l'huissier chez le débiteur (Limoges, 27 mars 1828 : *J. Huiss.*, t. 9, p. 197).

330. ...Si l'huissier avait cerné le débiteur dans l'intérieur d'une maison pour l'empêcher de fuir jusqu'à l'arrivée du juge de paix (Coin-Delisle, sur l'art. 2069, n° 31).

331. Lorsque la présence du juge de paix est indispensable, il est inutile que l'huissier présente une requête à ce magistrat pour obtenir de lui une ordonnance spéciale par laquelle il déclare qu'il se transportera au domicile du débiteur; il suffit qu'il requière verbalement l'assistance du juge de paix, et que ce dernier défère à sa réquisition, en se transportant dans la maison et en ordonnant à l'huissier de faire l'arrestation.

332. La loi ne prescrivant aucune forme pour la constatation de ces formalités, il s'ensuit que l'arrestation est régulièrement faite lorsque l'huissier a constaté dans son procès-verbal la réquisition par lui adressée au juge de paix, l'ordre que ce magistrat lui a donné de procéder à l'arrestation, son transport au domicile du débiteur et son assistance à l'arrestation (Colmar, 10 déc. 1819; Lyon, 7 mai 1825 : *J. Huiss.*, t. 6, p. 334; Pardessus, t. 5, n° 1514; Coin-Delisle, sur l'art. 2069, n° 32).

333. Le juge de paix n'a pas même besoin de signer le procès-verbal, car ce procès-verbal est un acte authentique qui prouve sa présence jusqu'à inscription de faux (Paris, 25 fév. 1808; Pardessus et Coin-Delisle, *loc. cit.*).

334. Il doit être procédé immédiatement à toutes les formalités indiquées ci-dessus, à peine de nullité de l'arrestation. Ainsi, il y aurait nullité, si, après avoir requis le juge de paix et obtenu l'ordonnance de ce dernier, l'huissier interrompait son opération et la recommençait le lendemain, sans répéter la réquisition et le transport du juge (Riom, 21 sept. 1831).

335. Nous avons dit précédemment que, en cas d'absence ou d'empêchement de la part du juge de paix, l'huissier peut requérir l'un de ses suppléants. Nous avons même émis l'avis que, dans le cas où il s'agissait de procéder à l'arrestation du débiteur dans son domicile, il pouvait, en vertu d'une ordonnance du président du tribunal, se faire assister du commissaire de police dans les villes où il en existe un. Mais, lorsqu'il n'en existe pas, il ne pourrait, en aucun cas, requérir l'assistance du juge de paix du canton voisin (Chauveau sur Carré, *Quest.* 2652; Coin-Delisle, sur l'art. 2069, n° 33. — *Contrà*, Carré, même quest.; Pardessus, t. 5, n° 1514).

336. L'absence ou l'empêchement du juge de paix est suffisamment constaté par l'ordonnance du suppléant, sa signature et son transport en la demeure du débiteur (Colmar, 12 mars 1828).

337. Le juge de paix qui refuserait de déférer à la réquisition de l'huissier pourrait, suivant les circonstances, commettre un déni de justice et se rendre passible de dommages-intérêts (Pardessus, t. 5, n° 1514; Chauveau sur Carré, *Quest.* 2652 *bis*).

338. Le débiteur ne peut être arrêté lorsque, appelé comme témoin devant un juge d'instruction, ou devant un tribunal de première instance, ou une Cour impériale ou d'assises, il est porteur d'un sauf-conduit (C. proc. civ., art. 782; C. inst. crim., art. 55 et suiv.).

339. Le sauf-conduit peut être accordé soit par le juge d'instruction, soit par le président du tribunal ou de la Cour où les témoins doivent être entendus. Les conclusions du ministère public sont nécessaires (C. proc. civ., art. 782).

340. Le sauf-conduit ne pourrait être délivré par les juges de paix ni par les tribunaux de commerce (Cass., 17 fév. 1807 : *J. Huiss.*, t. 5, p. 341). Lorsqu'un témoin appelé devant eux a besoin d'un sauf-conduit, il doit recourir au président du tribunal de première instance (Avis cons. d'État, 30 avril-30 mai 1807; Carré et Chauveau, *Quest.* 2653; Pardessus, t. 5, n° 1515). Néanmoins, le tribunal de commerce a le droit d'accorder un sauf-conduit au failli (C. comm., art. 472 et 473). — *V. Faillite.*

341. Le sauf-conduit doit régler la durée de son effet, à peine de nullité (C. proc. civ., art. 782). Ainsi, l'arrestation serait valable, si le sauf-conduit n'exprimait pas sa durée (Cass., 5 vendém. an 11; 17 fév. 1807; Pardessus, *loc. cit.*; Coin-Delisle, sur l'art. 2069, n° 43). Le sauf-conduit ne peut être étendu au delà du temps nécessaire pour que les débiteurs puissent porter témoignage.

342. Des termes restrictifs de l'art. 782, il suit que le sauf-conduit serait nul, s'il était accordé à un débiteur qui ne serait pas appelé en témoignage en matière civile, criminelle ou de police, par exemple, s'il était cité pour assister au rapport qui serait fait d'une affaire qui le concerne (Cass., 17 fév. 1807; Merlin, *Quest. de droit*, v° *Sauf-conduit*, n° 4; Coin-Delisle, *loc. cit.*).

343. Le débiteur, porteur d'un sauf-conduit, ne peut être arrêté ni le jour fixé pour sa comparution, ni pendant le temps nécessaire pour aller et venir (C. proc. civ., art. 782).

344. Enfin, le débiteur ne peut être arrêté par un créancier isolément, s'il est en état de faillite. — V. *Faillite.*

345. Lorsque, malgré ses démarches, l'huissier ne peut parvenir à découvrir et à arrêter le débiteur, doit-il dresser un procès-verbal de perquisition? Le décret du 16 fév. 1807 n'avait pas expressément prévu ce cas. Toutefois, l'art. 53, § 2, contenait une disposition de laquelle il semblait résulter que cette question devait être négativement résolue. Il portait, en effet, qu'i ne pouvait être passé en taxe aucun procès-verbal de perquisition, sans distinction. Cependant, les auteurs s'accordaient généralement à reconnaître que ce cas devait faire exception à la règle de l'art. 53, et ils appliquaient alors, par analogie, pour la fixation des émoluments dus pour le procès-verbal dont il est parlé dans la question ci-dessus, l'art. 20, § 2, du décret du 14 mars 1808, portant que, si un garde du commerce n'avait pu effectuer l'arrestation, il devait néanmoins dresser un procès-verbal de perquisition, pour lequel il était payé le tiers de ce qui était alloué pour l'arrestation (Pigeau, *Comment.*, t. 2, p. 293, n° 19; Berriat-Saint-Prix, *Procédure civile*, p. 632, notes 18 et 19; Chauveau (Adolphe), *Comment. du Tarif*, t. 2, p. 272, n° 35; N. Carré, *de la Taxe en matière civile*, n° 535. — *Contrà*, Boucher d'Argis, *Nouveau dictionnaire de la taxe en matière civile*, p. 142, n° 9). Mais l'art. 20, § 2, du décret du 14 mars 1808, a été abrogé par l'arrêté du 24 mars 1849, qui modifie le tarif des frais en matière de contrainte par corps, de sorte que, depuis la promulgation de cet arrêté, les gardes du commerce ont cessé d'avoir le droit de dresser un procès-verbal de perquisition dans le cas où ils ne pouvaient parvenir à l'arrestation. La même interdiction est évidemment applicable aux huissiers.

346. *Rébellion.*—Le fait de la rébellion par un contraignable par corps donne lieu contre lui à des poursuites plus ou moins graves, suivant les circonstances (C. proc. civ., art. 785; C. pén., art. 188 et 209; C. inst. crim., art. 554), et autorise l'huissier à prendre certaines mesures.

347. Ainsi, il peut établir garnison aux portes pour empêcher l'évasion, et requérir la force armée (C. proc. civ., art. 785). La garnison laissée aux portes ne pourrait, en l'absence de l'huissier, arrêter le débiteur. Elle ne peut que l'empêcher de s'évader.

348. Mais quand y a-t-il rébellion? Lorsqu'on résiste avec violence à l'exécution d'un jugement, encore que l'arrestation soit illégale ou nulle pour défaut d'assistance du juge de paix. Le débiteur n'a que le droit de demander la nullité de l'emprisonnement; il ne peut se constituer juge de son illégalité (Cass., 14 avr. 1820; 5 janv. 1821; Chauveau et Hélie, *Théorie du Code pénal*, 1re édit., t. 4, p. 310).

349. Toutefois, il a été décidé qu'il n'y avait pas rébellion de la part du débiteur qui, arrêté dans une maison habitée, sans l'assistance du juge de paix, repoussait la force par la force (Lyon, ... sept. 1826 : V. *J. Huiss.*, t. 7, p. 313).

350. Le simple refus d'obéir, sans voies de fait, ne saurait constituer une rébellion : l'huissier peut facilement, dans ce cas, à l'aide de ses recors, s'emparer de la personne du débiteur (Edit de juill. 1778, art. 8; Chauveau et Hélie, t. 4, p. 305).—V. au surplus *Rébellion.*

351. *Référé.*—Le débiteur arrêté a le droit, jusqu'à la clôture du procès-verbal d'arrestation et d'écrou, de demander à être conduit en référé (C. proc. civ., art. 786); et il doit, à peine de nullité de l'emprisonnement, être obtempéré à sa réquisition (Toulouse, 30 avr. 1825 : *J. Huiss.*, t. 6, p. 369; Trib. civ. de la Seine, 2 juin 1853 : *J. Huiss.*, t. 34, p. 206).

352. De plus, l'huissier qui refuserait d'obtempérer à la demande du débiteur serait condamné à 1,000 fr. de dommages-intérêts (L. 17 avr. 1832, art. 22).

353. Le refus de l'huissier peut être prouvé par témoins (Carré et Chauveau, *Quest.* 2694; Coin-Delisle, sur l'art. 2069, n° 52).

354. Lorsque le débiteur use de la faculté que lui accorde l'art. 786 précité, il doit être conduit sur-le-champ devant le président du tribunal de première instance du lieu où l'arrestation a été faite, lequel statue en état de référé. Si l'arrestation est faite hors des heures de l'audience, il doit être conduit chez le président (même article).

355. Si, dans ce dernier cas, les démarches faites pour qu'il soit statué sur la demande du débiteur d'être conduit en référé n'ont pu obtenir de résultat, l'huissier, qui a procédé à l'arrestation, satisfait aux prescriptions de la loi, en écrouant provisoirement le débiteur, et en le conduisant dès le lendemain, à sept heures du matin, devant le président du tribunal (Trib. civ. de la Seine, 2 juin 1853 : *J. Huiss.*, t. 34, p. 207).

356. Le débiteur peut se pourvoir en référé, même lorsqu'il est déjà entre deux guichets : ce droit ne lui est enlevé que lorsque le procès-verbal d'écrou est terminé (Toulouse, 30 avr. 1825 : *J. Huiss.*, t. 6, p. 369).

357. Devant le président, le débiteur comparaît sans le ministère d'avoué. Le créancier est représenté par l'huissier. L'ordonnance de référé est consignée sur le procès-verbal de l'huissier, et doit être exécutée sur-le-champ (C. proc. civ., art. 787).

358. Le président est juge des difficultés d'exécution, par exemple, de la non-identité de la personne arrêtée (Pardessus, t. 5, n° 1518) ; de la nullité de la copie du commandement (Paris, 17 déc. 1817) ; de la forme, de l'heure et du lieu de l'arrestation, de la validité du pouvoir de l'huissier (Coin-Delisle, sur l'art. 2069, n° 53) ; des exceptions de paiements justifiés par acte authentique et faits postérieurement à la condamnation (Coin-Delisle, *loc. cit.*), et des délais accordés par acte notarié pour l'exécution du jugement (Bruxelles, 20 déc. 1810). Mais il ne peut, dans aucun cas, examiner le mérite de la condamnation. Ainsi, si le jugement était passé en force de chose jugée, la contrainte devrait être exécutée, quoiqu'elle eût été indûment prononcée (Pardessus, t. 5, n° 1518 ; Coin-Delisle, *loc. cit.*).

359. Le président ne peut statuer que provisoirement ; il ne peut qu'accorder ou refuser la mise en liberté provisoire, avec ou sans caution. — Pour une décision définitive, le débiteur doit s'adresser au tribunal. — V. *infrà* n°s 486 et suiv.

360. *Sursis.*—Le débiteur peut obtenir un sursis à l'exécution d'un jugement par défaut, en déclarant y former opposition (Carré et Chauveau, *Quest.* 2680). De même, il est facultatif au juge de suspendre la contrainte par corps pendant la demande en cession de biens formée par le débiteur (Grenoble, 22 mai 1834).

361. Mais l'exécution d'un jugement passé en force de chose jugée ne serait pas suspendue par l'opposition au commandement ou à l'ordonnance de commission de l'huissier (Montpellier, 22 août 1827), ni par une opposition au bureau des gardes du commerce, avec allégation de compensations non justifiées (Paris, 7 juin 1810).

362. L'appel qui serait interjeté sur le procès-verbal de l'huissier ne pourrait arrêter l'exécution, puisque l'art. 456, C. proc. civ., exige que l'appel soit signifié à personne ou domicile (Carré et Chauveau, *Quest.* 2676).

363. *Conduite du débiteur en prison.*—Lorsque le débiteur ne requiert pas qu'il en soit référé, ou si, en cas de référé, le président ordonne qu'il soit passé outre, le débiteur est conduit dans la prison du lieu, et, s'il n'y en a pas, dans celle du lieu le plus voisin (C. proc. civ., art. 788).

364. Si le débiteur avait été conduit dans une prison autre que celle du lieu, ou, à défaut de prison dans ce lieu, dans une autre prison que celle du lieu le plus voisin, l'emprisonnement ne serait pas nul ; seulement l'huissier serait passible de dommages-intérêts (Toulouse, 9 janv. 1809).

365. Mais que doit-on entendre par la prison du lieu ? Celle établie au chef-lieu d'arrondissement du lieu où le débiteur est arrêté. Il ne pourrait être conduit dans une prison d'un autre arrondissement, mais plus voisine du lieu de la capture que la première. L'huissier qui opère l'arrestation ne peut d'ailleurs instrumenter que dans son arrondissement.

366. Lorsque, à raison de l'heure à laquelle l'arrestation a eu lieu et de la distance qui se trouve entre l'endroit où l'arrestation a été opérée et la prison où le débiteur doit être écroué, l'huissier n'a pas le temps de conduire le débiteur à ce dernier lieu et de rédiger ses procès-verbaux avant l'heure à laquelle la prison se ferme, il doit le déposer momentanément dans le lieu de détention le plus prochain pour qu'il y passe la nuit, dresser procès-verbal de ce dépôt, et le lendemain conduire le débiteur en prison.—V. *Formule4*.

367. Lorsqu'il n'y a pas de lieu de détention très prochain, l'huissier ne peut, de sa propre autorité, séquestrer le débiteur dans une maison particulière; il doit se retirer devant l'autorité locale pour se faire désigner le lieu où le débiteur sera momentanément déposé et gardé à vue, le tout à peine de nullité (Toulouse, 1er sept. 1824; Bordeaux, 20 nov. 1829; Pardessus, t. 5, n° 1517); il doit dresser procès-verbal de ce dépôt, et, le lendemain, conduire le débiteur en prison.—V. *Formule 4*.

368. L'emprisonnement serait nul, si le débiteur, au lieu d'avoir été conduit dans la prison la plus voisine, l'eût été, même de son consentement, dans une maison particulière, pour y passer la nuit (Bordeaux, 17 juill. 1811; 20 nov. 1829 : V. *J. Huiss.*, t. 11, p. 251; Pardessus, *loc. cit.*).

369. Mais il n'y aurait pas nullité de l'emprisonnement, si l'huissier, avant de conduire le débiteur en prison, avait consenti, sur la demande de celui-ci, à le mener dans une maison, pour y proposer un arrangement à ses créanciers (Grenoble, 9 nov. 1825 : *J. Huiss.*, t. 7, p. 339).—Lorsqu'il y a tentative d'arrangement, et que le débiteur a requis référé, le président du tribunal peut aussi différer de statuer pendant quelques heures, en le laissant dans son cabinet, portes ouvertes.

370. On ne pourrait non plus considérer comme détention arbitraire la station momentanée faite dans une auberge, pour donner de l'avoine et accorder quelques instants de repos au cheval qui conduit la voiture sur laquelle se trouve l'huissier, ses recors et le débiteur arrêté (Colmar, 10 déc. 1819; Pardessus, t. 5, n° 1517).

371. L'huissier ou tous autres qui conduisent, reçoivent ou retiennent le débiteur dans un lieu de détention non légalement désigné comme tel, doivent être poursuivis comme coupables du crime de détention arbitraire (C. proc. civ., art. 788; C. pén., art. 122).

372. Le débiteur, arrêté légalement un jour *non férié*, peut être conduit en prison un jour férié (Bourges, 26 août 1823), ou un jour non férié, après le coucher du soleil (Grenoble, 9 nov. 1825; Carré et Chauveau, *Quest.* 2687).

§ 3. — Formalités qui suivent l'arrestation.

373. L'arrestation et l'emprisonnement d'un débiteur sont constatés, soit par deux procès-verbaux particuliers auxquels le Code donne le nom de procès-verbaux d'emprisonnement et d'écrou (C. proc. civ., art. 783 et 789), soit par un seul et même procès verbal (Tarif, arg. art. 55; Riom, 25 nov. 1830; Paris, 30 janv. 1833; Nancy, 21 août 1838; Rouen, 1er mars 1843. —*Contrà*, Paris, 13 janv. 1842). — Selon nous, on les distinguerait mieux sous les noms de procès-verbaux de capture ou d'arrestation, et d'emprisonnement ou d'écrou.

374. Les procès-verbaux doivent contenir le récit fidèle et détaillé de ce qui s'est passé; toutes les circonstances présentant quelque importance doivent y être rappelées. Ainsi, on doit consigner les réquisitions du débiteur, ses réponses, sa rébellion, l'autorisation et l'assistance du juge, l'établissement de gardiens aux portes, etc. — V. au surplus les formules qui se trouvent ci-après, à la fin de l'article.

375. Les procès-verbaux d'arrestation et d'écrou doivent être dressés le jour de l'arrestation, et la copie doit en être laissée ce jour même au débiteur incarcéré (Bastia, 26 août 1826).—V. *infrà* n° 417.

376. Toutefois, l'écrou n'étant pas, à proprement parler, un acte d'exécution, mais la suite nécessaire et la continuation d'un acte d'exécution légalement effectué, il peut être rédigé soit après le coucher du soleil (Grenoble, 9 nov. 1825), soit un jour férié (Bourges, 26 août 1833; Carré et Chauveau, *Quest.* 2687 et 2689 *bis*).

377. La copie des procès-verbaux d'arrestation et d'écrou doit être remise au débiteur incarcéré, en parlant à sa personne, et mention de cette remise doit être faite dans le procès-verbal d'écrou (C. proc. civ., art. 789), et dans la copie qui est laissée au débiteur incarcéré.

378. La validité de l'un des procès-verbaux n'empêche pas de prononcer la nullité de l'arrestation pour irrégularités commises dans l'autre. Ainsi, l'omission: 1° d'élection de domicile dans le procès-verbal d'écrou, quoique cette élection ait été faite dans le procès-verbal d'arrestation (Aix, 23 août 1826); 2° de la mention de la remise de la copie du procès-verbal d'arrestation dans le procès-verbal d'écrou, bien que cette mention ait été faite dans le procès-verbal d'arrestation (Nîmes, 29 juill. 1829), et 3° de la remise de la copie de l'écrou dans le procès-verbal d'écrou (Riom, 28 avr. 1808), entraîne la nullité de l'emprisonnement.

379. Ces dispositions générales exposées, nous allons faire connaître les règles spéciales à chaque procès-verbal, au procès-verbal d'arrestation et au procès-verbal d'écrou.

380. 1° ***Procès-verbal d'arrestation.***—Le procès-verbal d'arrestation ou d'emprisonnement est soumis aux formalités ordinaires des exploits, et, en outre, aux formalités suivantes : il doit contenir : 1° itératif commandement; 2° élection de domicile dans la commune où le débiteur doit être détenu, si le créancier n'y demeure pas, et 3° mention des deux recors dont l'huissier est assisté (C. proc. civ., art. 783).—V. *Formule* 4.

381. 1° L'itératif commandement doit exprimer exactement le montant de la créance, afin que le débiteur sache quelle somme il faudra consigner pour obtenir son élargissement (Arg., art. 783 et 798, C. proc. civ.; Carré et Chauveau, *Quest.* 2661; Coin-Delisle, sur l'art. 2069, n° 47).

382. Mais il a été décidé que le procès-verbal de capture faisait suffisamment connaître le montant de ce qui était dû par le débiteur, s'il énonçait la somme principale, le jour depuis lequel les intérêts avaient pris cours, et que le taux de ces intérêts était celui fixé par la loi, et qu'il n'était pas nul pour n'avoir pas exprimé formellement le montant des intérêts (Aix, 15 nov. 1824).

383. La Cour de Nancy, par arrêt du 21 août 1838, a jugé qu'il suffisait, quant au montant de la créance, de s'en référer au précédent commandement. Cette décision ne nous paraît pas pouvoir être suivie. En cette matière, le débiteur doit être mis à portée de payer à l'instant même, entre les mains de l'huissier, qui a pouvoir pour recevoir, afin de reconquérir par là sa liberté. Or, pour cela, il est nécessaire que l'itératif commandement énonce exactement le montant de tout ce que doit le débiteur. Il est possible, en effet, qu'il ait perdu le premier commandement ou qu'il ait oublié ce qu'il contenait. Le mot *itératif* exprime d'ailleurs clairement que l'intention du législateur a été que les formalités prescrites pour le premier commandement fussent observées dans le second.

384. Toutefois, il n'est pas indispensable de signifier une seconde fois le jugement de condamnation, ni d'exhiber les titres sur lesquels la contrainte est fondée (Rennes, 1er juin 1818; Paris, 29 août 1829).

385. Le procès-verbal doit contenir la réponse du débiteur; mais l'omission de cette formalité n'entraînerait pas la nullité de l'emprisonnement. L'arrestation suffit pour faire présumer, jusqu'à preuve contraire, que le débiteur n'a pas obéi au commandement.

386. Lorsque, depuis le premier commandement, il s'est écoulé un délai de vingt quatre heures, le créancier n'est pas obligé de laisser encore écouler le même délai entre l'itératif commandement et l'emprisonnement (Bruxelles, 29 juin 1808; C. proc. civ., art. 781).

387. L'huissier, qui, comme nous l'avons dit, a pouvoir pour recevoir le montant de la créance, a aussi qualité pour donner quittance, et il doit remettre, dans les vingt-quatre heures, la somme par lui reçue, au créancier, et, si ce dernier ne l'accepte pas, la déposer à la caisse des consignations (Ord., 3 juill. 1816, art. 2).

388. 2° L'élection de domicile ne peut être suppléée par une constitution d'avoué faite dans le procès-verbal (Lyon, 9 mai 1828 : V. *J. Huiss.*, t. 9, p. 307). — V. *infrà* n° 411.

389. Mais la mention de la demeure du poursuivant, s'il réside au lieu où le débiteur doit être détenu, dispense d'élire dans ce lieu un autre domicile.

390. Si la commune où est située la prison est la même que celle où siége le tribunal qui a rendu le jugement prononçant la contrainte par corps, le premier commandement contenant déjà élection de domicile dans cette commune, on peut, à la rigueur, se dispenser de la renouveler dans le procès-verbal d'emprisonnement. Mais il est plus prudent de la réitérer.

391. La nouvelle élection de domicile contenue dans le procès-verbal de capture fait cesser celle indiquée dans le commandement (Delvincourt, *Institutes de droit commercial*, t. 2, p. 515; Pardessus, t. 5, n° 1516; Carré et Chauveau, *Quest.* 2663; Coin-Delisle, sur l'art. 2069, n° 48).

392. Dans tous les cas, l'élection de domicile ne profite qu'au débiteur incarcéré; nul autre que lui ne pourrait assigner le créancier au domicile élu (Cass., 17 juill. 1810; 3 juin 1812; Paris, 26 juin 1811; Nîmes, 15 nov. 1824). — V. *suprà*, n° 273.

393. Indépendamment du domicile élu, le procès-verbal de capture doit encore énoncer, à peine de nullité, le domicile réel du créancier (Arg., art. 783, C. proc. civ.; Aix, 23 août 1826). Cette formalité est d'ailleurs commune à tous les exploits (V. *Exploit*). Mais la mention de la demeure du créancier équivaut à celle du domicile (Pau, 27 mai 1830).

394. 3° Le procès-verbal d'arrestation doit contenir aussi, à peine de nullité, quoique la loi ne parle pas de cette mention, les noms des recors qui ont assisté l'huissier (Coin-Delisle, sur l'art. 2069, n° 49). Il ne suffirait pas que la mention de leurs noms se retrouvât dans la copie de l'acte d'écrou (Riom, 6 mai 1819).

395. Les recors doivent nécessairement signer l'original ou la copie du procès-verbal d'emprisonnement (Arg., art. 585, C. proc. civ.; Riom, 6 mai 1819; Pardessus, n° 1516; Delvincourt, t. 2, p. 515. — V. cependant Nancy, 21 août 1838; Coin-Delisle, n° 49).

396. L'huissier ne peut se faire accompagner de plus de deux recors. Nous avons dit précédemment (V. n° 299) que ces recors devaient être Français et majeurs, et qu'ils ne devaient être ni parents ni alliés des parties ou de l'huissier jusqu'au degré de cousin issu de germain, ni domestiques de ce dernier.

397. Toutefois, l'art. 783, C. proc. civ., ne spécifiant pas les qualités requises dans les recors, il s'ensuit que la parenté ne peut être un motif suffisant pour annuler le procès-verbal, alors qu'il n'y a pas de fraude alléguée (Coin-Delisle, *loc. cit.*).—V. *suprà* nos 298 et suiv.

398. Le procès-verbal d'emprisonnement peut ne pas contenir l'heure de l'arrestation (Nîmes, 4 mai 1824). Il suffit que cette arrestation ait eu lieu à une heure légale (V. *suprà*, nos 307 et suiv.). Mais le débiteur peut prouver qu'elle a été opérée en dehors de cette heure (V. aussi *suprà*, nos 311 et 312).

399. 2° *Procès-verbal d'écrou.*—Le procès-verbal d'écrou est l'acte qui constate que le geolier a fait passer l'individu arrêté entre les deux guichets dans l'intérieur de la prison, c'est-à-dire qu'il l'a *écroué.*

400. Le procès-verbal ou acte d'écrou a toujours été rédigé valablement par les huissiers, avant comme depuis le Code de procédure : l'intention du législateur, dit Pigeau, *Comment.*, t. 2, p. 321, a été que l'écrou fût fait par l'officier qui emprisonne (Arrêt de règlement du parlem. de Paris, 18 juin 1717, art. 24 et 25 ; Edit de juill. 1778, art. 9 ; Tarif de 1807, art. 53 et 55; Paris, 14 déc. 1807 : V. *J. Huiss.*, t. 6, p. 209 ; 23 janv. 1808 ; Merlin, *Répert.*, v° *Ecrou ;* Coin-Delisle, sur l'art. 2069, n° 61; Carré et Chauveau, *Quest.* 2686).

401. Mais, la loi étant muette sur l'officier qui a le droit de rédiger l'écrou, il n'y a pas nullité, s'il est dressé par le geôlier (Toulouse, 1er sept. 1824 ; Nancy, 21 août 1838 ; Carré et Chauveau, *loc. cit.;* Coin-Delisle, *loc. cit.*), alors surtout qu'il est fait en présence de l'huissier, qui le signe. Car, de cette manière, il s'en approprie évidemment toutes les énonciations (Coin-Delisle, *loc. cit.*—*Contrà*, Besançon, 23 juill. 1812 ; 5 juill. 1814).

402. Lorsque c'est l'huissier qui fait le procès-verbal d'écrou, il doit le transcrire sans changement sur les registres de la geôle, à la suite de la copie du jugement.—V. *Formule* 5.

403. Si le procès-verbal d'écrou est rédigé par le même acte que le procès-verbal d'emprisonnement, ce procès-verbal doit être transcrit en entier sur les registres du geôlier, à peine de nullité (Trib. civ. de Bourbon-Vendée, 25 oct. 1844 : V. *J. Huiss.*, t. 25, p. 341).

404. Le procès-verbal d'écrou est soumis à certaines formalités que nous allons énumérer. On remarquera que les quatre premières sont communes à l'écrou et au procès-verbal d'arrestation.

405. Ainsi, il doit contenir :

1° *Le jugement* (C. proc. civ., art. 789) qui prononce la contrainte par corps.

406. Ce jugement doit être représenté au geôlier, qui le transcrit sur son registre (C. proc. civ., art. 790).

407. La transcription peut ne pas avoir lieu en entier : il suffit de rapporter les parties constitutives du jugement (Toulouse, 11 août 1828).

408. Faute par l'huissier de représenter le jugement, le geôlier doit refuser de recevoir le débiteur et de l'écrouer (C. proc. civ., art. 790) ;

409. 2° Les *noms* et *domicile* du créancier (C. proc. civ., art. 789). Le domicile est suffisamment indiqué par ces expressions : *habitant de tel endroit* (Pau, 16 fév. 1813; 29 juill. 1814) ;

410. 3° *L'élection de domicile* par le créancier, dans la commune où se fait l'emprisonnement, s'il n'y demeure pas (C. proc. civ., art. 789).

411. Cette élection ne peut être suppléée par une constitution d'avoué (Lyon, 9 mars 1828.—V. *suprà* n° 388), ni par l'élection de domicile faite dans le commandement ou dans le procès-verbal de capture (Aix, 23 août 1826 ; Nîmes, 15 juin 1829 : V. *J. Huiss.*, t. 10, p. 368) ;

412. 4° *Les noms, demeure et profession du débiteur* (C. proc. civ., art. 789). Les *noms* comprennent le nom de famille et les prénoms.

413. L'omission des prénoms pourrait, dans certains cas, entraîner la nullité, par exemple, si, de deux frères tenus solidairement de la même dette, l'un seulement est emprisonné et n'est désigné que par ces mots: *L'un des deux frères* (Bordeaux, 20 mars 1829 : V. *J. Huiss.*, t. 10, p. 269) ;

414. 5° La *consignation d'aliments* d'avance et pour trente jours au moins (C. proc. civ., art. 789; L. 17 avr. 1832, art. 28). — V. *infrà*, sect. IX ;

415. 6° *Mention de la copie* qui doit être laissée au débiteur, parlant à sa personne, tant du procès-verbal d'emprisonnement que de l'écrou (C. proc. civ., art. 789), à peine de nullité (Lyon, 10 mai 1832: V. *J. Huiss.*, t. 14, p. 244; Bordeaux, 23 avr. 1844).

416. Si cette mention avait été omise dans l'écrou, elle ne pourrait être réparée par une signification faite postérieurement à l'emprisonnement (Riom, 28 avr. 1808; Pau, 16 fév. 1813; 27 juill. 1814; Nîmes, 27 juill. 1829).

417. L'emprisonnement est également nul, lorsque l'huissier, procédant à l'incarcération, s'est retiré de la prison, sans avoir remis au débiteur copie du procès-verbal d'écrou, encore bien qu'il soit revenu peu de temps après pour effectuer cette remise (Lyon, 9 fév. 1853: V. *J. Huiss.*, t. 34, p. 221 ; Carré et Chauveau, *Quest.* 2690 ; Chauveau et Glandaz, *Formulaire de procédure*, t. 2, p. 174, note 15).

418. Il n'est pas nécessaire que l'écrou contienne la mention du *parlant à* : la loi ne l'exige pas, et d'ailleurs l'indication que la copie du procès-verbal de capture et de celui d'écrou a été remise au débiteur, au moment de son écrou, la remplace suffisamment (Riom, 14 oct. 1808).

419. L'emprisonnement serait nul, quoique l'original de l'écrou fût régulier, si la copie laissée au débiteur contenait une omission (Paris, 9 germ. an 13). Il en serait de même, si c'était la copie qui fût régulière, et l'original irrégulier (Poitiers, 8 janv. 1845). De même encore, l'emprisonnement serait nul, si le chiffre de la créance était moindre dans la copie de l'écrou que dans l'original ;

420. 7° *Signature de l'huissier, du geôlier et des recors.* — Le procès-verbal doit être signé par l'huissier (C. proc. civ., art. 789). Il est prudent, mais il n'est pas indispensable qu'il soit signé par le geôlier (Riom, 14 oct. 1808). A plus forte raison, il n'est pas nécessaire qu'il fasse mention de la signature du geôlier (Toulouse, 11 fév. 1808). Quant à la signature des recors, elle est tout à fait inutile. — V. *Formule* 5.

421. En faisant passer le débiteur sous la garde du geôlier, l'acte d'écrou décharge complétement l'huissier, et le débiteur n'est définitivement constitué prisonnier que lorsqu'il est dressé.

SECT. VII. — *Exécution de la contrainte en matière criminelle, correctionnelle et de police.*

422. 1° *Condamnations au profit de l'Etat.*—Les arrêts, jugements et exécutoires portant condamnation, au profit de l'Etat, à des amendes, restitutions, dommages-intérêts et frais en matière criminelle ou de police, ne peuvent être exécutés, par la voie de la contrainte par corps, que cinq jours après commandement qui sera fait aux condamnés, à la requête du receveur de l'enregistrement et des domaines (L. 17 avr. 1832, art. 33). — V. *Formule* 6.

423. Dans le cas où le jugement n'aurait pas été précédemment signifié au débiteur, le commandement portera en tête un extrait de ce jugement, lequel contiendra le nom des parties et le dispositif. Sur le vu du commandement et sur la demande du receveur de l'enregistrement et des domaines, le procureur impérial adresse les réquisitions nécessaires aux agents de la force publique et autres fonctionnaires chargés de l'exécution des mandements de justice. Si le débiteur est détenu, recommandation peut être ordonnée immédiatement après la notification du commandement (même article).

424. 2° *Condamnations au profit des particuliers.*—Les arrêts et jugements contenant des condamnations au profit des particuliers, pour réparation de crimes, délits ou contraventions commis à leur préjudice, seront, à leur diligence, signifiés et exécutés suivant les mêmes formes et voies de contrainte que les jugements portant des condamnations au profit de l'Etat (Même loi, art. 38).

425. Toutefois, les parties poursuivantes sont tenues de pourvoir à la consignation d'aliments, lorsque la contrainte a lieu à leur requête et dans leur intérêt (Même article).

SECT. VIII. — *Des recommandations.*

426. La recommandation est une opposition mise à la sortie du débiteur détenu, par ceux qui auraient eu le droit de le faire arrêter, s'il n'était déjà emprisonné. Ainsi, le débiteur ne peut être recommandé par ceux qui n'ont pas le droit d'exercer contre lui la contrainte par corps, par exemple, en vertu d'un titre, même authentique, non suivi de jugement (Carré et Chauveau, *Quest.* 2698; Coin-Delisle, sur l'art. 2069, n° 70).

427. Celui qui est arrêté comme prévenu d'un délit peut aussi être recommandé, et il doit être retenu par l'effet de la recommandation, encore qu'il ait été acquitté, et que son élargissement ait été prononcé (C. proc. civ., art. 792), ou quoique sa mise en liberté provisoire ait été prononcée sous caution (Paris, 1er juin 1810), car le créancier ne peut être contraint d'y consentir (même arrêt).

428. La recommandation pourrait avoir lieu, bien que le débiteur fût détenu à la requête du ministère public, comme auteur d'un crime ou d'un délit dénoncé par le créancier (Toulouse, 16 janv. 1825), à moins que la dénonciation n'ait été faite de mauvaise foi (Rouen, 27 juill. 1813; Cass., 15 juin 1815).

429. Toutefois, on ne peut recommander le failli, emprisonné comme banqueroutier simple par suite d'une condamnation rendue contre lui, alors qu'il est en même temps sous le poids du dépôt ordonné par l'art. 455, C. comm. (Cass., 9 mars 1814; Riom, 25 mai 1829).

430. Le débiteur incarcéré, et dont l'emprisonnement a été déclaré nul, ne peut plus tard se prévaloir de cette décision contre ceux de ses autres créanciers qui l'auraient antérieurement recommandé, pour obtenir sa mise en liberté (Caen, 16 juill. 1827; Toulouse, 12 janv. 1825).

431. Lorsque le débiteur incarcéré, dont l'emprisonnement a été annulé, n'a pu être mis en liberté, à cause d'une recommandation antérieure, il peut être recommandé plus tard par celui qui l'avait fait primitivement incarcérer (Colmar, 25 juin 1830 : V. *J. Huiss.*, t. 12, p. 21).

432. La recommandation est valablement faite tant que l'arrestation continue légalement, c'est-à-dire tant que le jugement qui annule l'emprisonnement n'a pas acquis l'autorité de la chose jugée, ou que le geôlier n'a pas été mis en demeure, par la signification, d'ouvrir les portes (Caen, 16 juill. 1827).

433. Si la recommandation n'a lieu qu'après l'évasion du débiteur de la maison de santé où il avait été autorisé à se retirer, le créancier n'est pas fondé à réclamer contre le chef de cette maison le remboursement de sa créance (Paris, 3 juill. 1832 : V. *J. Huiss.*, t. 13, p. 347).

434. *Formalités.* — La recommandation étant un véritable emprisonnement, on doit observer pour elle les mêmes formalités que pour l'emprisonnement; néanmoins, l'huissier n'est point assisté de recors, et le recommandant est dispensé de consigner les aliments, s'ils ont été consignés (C. proc. civ., art. 791). — V. *Formule* 7.

435. Ainsi, la recommandation ne peut être faite qu'en vertu d'un jugement ; elle doit contenir élection de domicile dans le lieu où siége le tribunal qui a rendu le jugement, si le créancier n'y demeure pas, et être précédée d'un commandement préalable fait par un huissier commis ; enfin, l'huissier doit être porteur d'un pouvoir spécial (Lyon, 4 sept. 1810; Coin-Delisle, sur l'art. 2069, n° 70).

436. Il doit y avoir entre le commandement et la recommandation un jour d'intervalle (C. proc. civ., art. 780 et 793; Coin-Delisle, n° 71).

437. Il a été décidé que le débiteur recommandé qui requérait un référé devait être conduit devant le président du tribunal (Paris, 17 sept. 1829 : V. *J. Huiss.*, t. 11, p. 203). Mais quelques auteurs ont pensé, avec raison ce nous semble, que cette décision ne pouvait être admise ni pratiquée, car un débiteur emprisonné ne peut sortir, même sous la garde d'un huissier, sans ordonnance de justice, et qu'alors il ne pouvait que déduire ses motifs sur le procès-verbal de recommandation, et devait se faire représenter par un avoué (Pigeau, *Comment.*, t. 2, p. 280 ; Carré et Chauveau, *Quest.* 2700 ; Coin-Delisle, n° 75).

438. Lorsque le débiteur refuse de venir entre les deux guichets pour recevoir copie du procès-verbal de recommandation et de l'écrou, on ne peut le contraindre par la force à y venir (*Contrà*, Carré, *Quest.* 2701). L'huissier doit constater le refus du débiteur et remettre la copie au geôlier (Coin-Delisle, n° 76 ; Chauveau sur Carré, *Quest.* 2701).

439. Si, hors le cas de refus du débiteur de venir recevoir la copie du procès-verbal de recommandation, l'huissier la remettait à la personne du concierge, en mentionnant que le débiteur appelé n'a pas voulu venir, la recommandation serait nulle.

440. *Contribution aux aliments.* — Chacun des recommandants est tenu de contribuer aux aliments du débiteur par portion égale (Cass., 18 août 1836 : V. *J. Huiss.*, t. 18, p. 10).

441. Le recommandant qui refuse de contribuer par portion égale, avec l'incarcérateur, au paiement des aliments, peut être assigné par ce dernier devant le tribunal du lieu où le débiteur est détenu (C. proc. civ., art. 793), et même à bref délai, en vertu d'une ordonnance du président.

442. L'assignation peut être donnée soit au domicile réel du recommandant, soit au domicile par lui élu dans le procès-verbal de recommandation (Carré et Chauveau, *Quest.* 2705). — V. *Formule* 8.

443. En ce qui concerne le retrait des aliments consignés, V. *infrà* n°s 458 et suiv.

SECT. IX. — *De la consignation d'aliments.*

444. 1° *Temps pour lequel la consignation doit être faite.*—Le créancier, en privant le débiteur de sa liberté, doit lui assurer des moyens d'existence. A cet effet, la loi l'oblige de consigner par avance des aliments pour trente jours au moins (C. proc. civ., art. 789 et 791 ; L. 17 avril 1832, art. 28).

445. Les consignations pour plus de trente jours ne valent qu'autant qu'elles sont d'une seconde ou de plusieurs périodes de trente jours (L. 17 avril 1832, même art.).

446. L'obligation de consigner des aliments ne commence que de l'instant où le débiteur a été écroué. Ainsi, s'il l'a été le 30, à six heures après-midi, la consignation pourra être renouvelée le trentième jour avant l'expiration de la même heure (Paris, 8 oct. 1834 : V. *J. Huiss.*, t. 16, p. 104 ; Montpellier, 23 fév. 1832 : V. *J. Huiss.*, t. 14, p. 189 ; Chauveau sur Carré, *Quest.* 2695 *bis*).

447. Ainsi, la période de trente jours doit se calculer par heures. C'est donc à tort, selon nous, que quelques Cours et tribunaux (Caen, 1er mars 1830; Paris, 6 déc. 1836; Toulouse, 14 avril 1838; Trib. civ. de la Seine, 7 janv. 1835) ont décidé que la consignation pouvait être renouvelée le trentième jour, quelle qu'ait été l'heure de la confection de l'écrou.

448. L'huissier, qui a fait une incarcération ou une recommandation, doit-il, sous sa responsabilité, prévenir son client du jour où la consignation devra être renouvelée? Que l'huissier soit tenu de prévenir le créancier de l'incarcération, cela est tout naturel : l'huissier doit le faire pour remplir complétement le mandat qu'il a reçu, d'autant plus qu'il reste au mandant quelque chose à faire pour retirer de l'accomplissement du mandat l'effet qu'il en attend. Mais là expire le mandat de l'huissier. Il ne peut être évidemment obligé, par une conséquence de ce mandat, de prévenir le créancier incarcérateur du jour où la consignation devra être renouvelée. Il ne saurait donc, à défaut de le faire, être soumis à des dommages-intérêts. D'ailleurs, le créancier n'est-il pas suffisamment prévenu du jour où il est nécessaire de renouveler la consignation, par l'avis que l'huissier lui a donné du jour de l'écrou? Néanmoins, un arrêt de la Cour de Paris, du 5 avril 1841, a déclaré, mais à tort selon nous, un huissier responsable du défaut de renouvellement de consignation, par cela seul que son clerc avait écrit que le renouvellement devait avoir lieu du 20 au 22, tandis que réellement il eût dû être fait le 15.

449. 2° *Qui peut consigner.* — La consignation peut avoir lieu, soit par le créancier lui-même, soit par un tiers, comme mandataire verbal du créancier (Limoges, 3 sept. 1835 : V. *J. Huiss.*, t. 17, p. 170; Paris, 1er déc. 1834 : V. *J. Huiss.*, t. 16, p. 143).

450. Elle peut être faite à la requête du créancier qui a fait incarcérer, quoiqu'il ait transporté sa créance à un autre, tant que l'acte de transport n'a pas été signifié au débiteur incarcéré (Paris, 15 oct. 1829 : V. *J. Huiss.*, t. 11, p. 29).

451. En cas de décès du créancier, l'huissier qui a fait l'emprisonnement n'aurait pas qualité pour faire, en son nom personnel, la consignation d'aliments (Paris, 17 mars 1826).

452. La consignation faite par le créancier dont le droit de contrainte est éteint est nulle et ne profite pas aux autres créanciers (Rouen, 30 août 1843).

453. 3° *Taux de la consignation.* — Le taux de la consignation est, pour chaque période de trente jours, à Paris, de 30 fr., et ailleurs de 25 fr. (L. 17 avril 1832, art. 28). La consignation doit avoir lieu d'avance (même article; C. proc. civ., art. 791).

454. Mais il n'est pas nécessaire qu'elle soit faite au moment même de l'emprisonnement (Pardessus, t. 5, n° 1519; Coin-Delisle, sur l'art. 2069, n° 66). Ainsi, il a été décidé qu'elle pouvait avoir lieu valablement le jour même de l'emprisonnement, avant toute distribution aux prisonniers (Rouen, 10 vend. an 4).

455. Le créancier n'est pas tenu des frais de maladie du débiteur détenu à sa requête (Cass., 17 juill. 1810; Merlin, *Répert.*, v° *Aliments*, n° 4; Coin-Delisle, n° 68).

456. Les incarcérés à la requête du Trésor public pour dettes envers l'Etat, et, par conséquent, à la requête des administrations telles que celles des contributions indirectes, de l'enregistrement et des domaines, des forêts, etc., sont nourris comme les prisonniers arrêtés à la requête du ministère public, sans qu'il soit besoin de faire pour leurs aliments aucune consignation particulière (Décr., 14 mars 1808, art. 1er et 2; Coin-Delisle, sur l'art. 28, L. 17 avril 1832, n° 3).

457. Mais les communes et établissements publics ne sont point dispensés de la consignation (Coin-Delisle, *loc. cit.*).

458. 4° *Retrait des aliments consignés.* — Les aliments consignés par le créancier incarcérateur ne peuvent être retirés lorsqu'il y a recommandation, si ce n'est du consentement du recommandant (C. proc. civ., art. 791).

459. Lorsque le créancier qui a fait incarcérer le débiteur consent à son élargissement, il peut obtenir du recommandant la restitution des aliments qu'il a consignés pour le temps qui suit son consentement. Les frais d'aliments doivent, en effet, rester à la charge exclusive de ceux qui retiennent le débiteur en prison (Carré et Chauveau, *Quest.* 2704).

460. Les créanciers, qui ont recommandé le débiteur et qui ont fait directement la consignation des aliments, peuvent la retirer sans le consentement de l'incarcérateur. L'obligation imposée à ce dernier par l'art. 791, C. proc. civ., n'est pas réciproque (Colmar, 27 mars 1817; Paris, 7 janv. 1836 : V. *J. Huiss.*, t. 17, p. 174; Thomine-Desmazures, t. 2, n° 924; Coin-Delisle, sur l'art. 2069, n° 82).

461. Il en serait autrement, si la consignation des aliments avait eu lieu par le recommandant contradictoirement avec le créancier incarcérateur (Favard, *Répert.*, v° *Contrainte par corps*, § 4, n° 3; Coin-Delisle, *loc. cit.*).

462. Lorsque les aliments sont simultanément consignés, les consignations contribuant à l'alimentation du débiteur incarcéré, il s'ensuit que le recommandant qui, désintéressé par le débiteur, peut retirer sa consignation, doit subir la réduction de la part pour laquelle il a dû contribuer aux aliments (Paris, 27 fév. 1837).

463. Lorsqu'il y a plusieurs recommandants qui ont consigné, les consignations s'appliquent par égale portion aux aliments du débiteur, quelle que soit d'ailleurs l'imputation faite par le greffier (Cass., 18 avril 1836 : V. *J. Huiss.*, t. 18, p. 10; 19 nov. 1838).

464. 5° *Demande en élargissement pour défaut de consignation d'aliments.*—Faute par le créancier de consigner des aliments, le débiteur peut demander son élargissement. La demande est de la compétence du président du tribunal civil du lieu de la détention (Paris, 26 avril 1853 : V. *J. Huiss.*, t. 34, p. 269).

465. A cet effet, il est présenté au président une requête signée du débiteur et du gardien de la maison d'arrêt pour dettes, ou même certifiée véritable par le gardien, si le détenu ne sait pas signer (C. proc. civ., art. 803 et 805; L. 16 avril 1832, art. 30).

466. A l'appui de sa demande, le débiteur représente le certificat de non-consignation d'aliments délivré par le geôlier, et l'annexe à la requête (C. proc. civ., art. 803).

467. La requête est présentée en duplicata; l'ordonnance du président, aussi rendue par duplicata, est exécutée sur l'une des minutes qui reste entre les mains du gardien; l'autre minute est déposée entre les mains du greffier du tribunal et enregistrée gratis (L. 17 avril 1832, art. 30). Dans ces divers cas, le ministère des avoués n'est pas nécessaire (Coin-Delisle, sur l'art. 30, n° 1er).

468. L'ordonnance du président ne peut être attaquée que par la voie de l'appel (Toulouse, 30 nov. 1836).

469. La demande en élargissement ne serait plus recevable, si le créancier, en retard de consigner, avait fait la consignation avant que cette demande fût formée (C. proc. civ., art. 803), c'est-à-dire avant la présentation de la requête au président, bien que le certificat de non-consignation eût déjà été délivré par le greffier (Paris, 18 juin 1836 : V. *J. Huiss.*, t. 17, p. 305).

470. Mais elle serait valable, si la consignation n'avait eu lieu qu'après la présentation de la requête au président (Douai, 1er sept. 1824; Rouen,

7 avril 1824), alors même que cette requête n'aurait pas encore été répondue (Cass., 27 août 1821).

471. Le débiteur élargi faute de consignation d'aliments ne peut plus être incarcéré pour la même dette (L. 17 avril 1832, art. 31), ni recommandé par le même créancier (Montpellier, 17 août 1827; Caen, 9 mars 1826 : V. *J. Huiss.*, t. 9, p. 71).

SECT. X. — *De l'extraction du débiteur et de sa translation dans une maison de santé ou une autre prison.*

472. Il n'est pas au pouvoir des tribunaux de suspendre ni de modifier, hors des cas prévus par la loi, l'exercice de la contrainte par corps, lorsqu'elle a été exécutée, en accordant l'élargissement provisoire du débiteur, même sous caution et sous la surveillance continuelle d'un huissier ou d'un garde du commerce (Paris, 6 juin 1810; 26 fév. 1819).

473. Ainsi, un détenu pour dettes ne peut obtenir l'extraction momentanée de sa prison, sous la surveillance et la garde d'un huissier, même assisté de deux gendarmes, soit pour aller donner des explications à un arbitre-expert (Paris, 5 déc. 1828 : V. *J. Huiss.*, t. 12, p. 134), soit pour conférer avec son conseil et assister aux plaidoiries (Douai, 7 déc. 1830 : V. *J. Huiss.*, t. 12, p. 135).

474. Cependant, il a été permis à un débiteur de venir expliquer lui-même à l'audience les faits de sa demande en nullité d'emprisonnement, sous la garde d'huissier et à la charge de donner caution (Bruxelles, 25 août 1807).

475. Mais c'est là une exception qui ne peut être étendue. En général, ce n'est que lorsque la présence du débiteur est nécessaire à un acte ou à une opération qui ne peut être faite dans la prison, que les tribunaux peuvent permettre son extraction.

476. L'extraction a lieu sous la conduite, la surveillance et la responsabilité d'un huissier ou d'un garde du commerce. Elle est constatée par un procès-verbal, ainsi que son séjour hors de la prison et sa réintégration. — V. *Formule* 9.

477. Spécialement, le débiteur peut obtenir son extraction, lorsqu'il est appelé à déposer comme témoin, lorsqu'il veut se marier, lorsqu'il s'agit de faire, lors d'un scellé, d'un inventaire ou d'une opération quelconque, une reconnaissance ou une vérification qu'il ne peut faire faire par un tiers (Coin-Delisle, sur l'art. 2069, n° 109).

478. Lorsque le débiteur est atteint d'une maladie grave, capable de mettre sa vie en danger, il peut, en donnant caution, obtenir sa translation dans une maison de santé (Paris, 4 mars 1812; 7 janv. 1814; Carré et Chauveau, *Quest.* 2723; Coin-Delisle, *loc. cit.*). Mais le débiteur est toujours sous l'écrou, les aliments doivent être consignés et les recommandations reçues (Coin-Delisle, *loc. cit.*).

479. La translation est ordonnée par le tribunal, contradictoirement avec les créanciers; elle ne peut l'être par le juge des référés que lorsqu'il y a extrême urgence (De Belleyme, *des Référés*, p. 541).

480. La caution garantissant suffisamment le remboursement des créances, si les créanciers veulent préposer quelqu'un à la garde du débiteur et le faire visiter pour connaître l'état de sa santé, ils ne peuvent le faire qu'à leurs frais (Paris, 4 mai 1812).

481. Lorsque, pour une cause juste et dûment justifiée, par exemple, en cas d'épidémie (Trib. civ. de la Seine, 6 avr. 1832), ou en cas d'insalubrité de la prison, le débiteur demande à être transféré dans une autre prison, le tribunal peut l'ordonner, malgré l'opposition des créanciers, alors surtout que le débiteur offre de se livrer à tous les moyens propres à éviter une évasion

(Agen, 4 déc. 1830; 16 nov. 1836; Bordeaux, 5 fév. 1839 : V. *J. Huiss.*, t. 20, p. 180; Chauveau sur Carré, *Quest.* 2683 *bis*).

482. Lorsque la nouvelle prison est située dans le même arrondissement, la translation doit avoir lieu par un huissier qui en dresse procès-verbal. — V. *Formule* 10. Il en serait de même, quoique la prison choisie par le détenu fût plus éloignée.

483. Les tribunaux, dans le cas où un détenu pour dettes demande sa translation d'une prison dans une autre, doivent concilier, en pareille occurrence, les intérêts du débiteur avec les droits du créancier, et ils ne peuvent autoriser la translation qu'autant que l'exécution de cette mesure ne rencontre pas d'impossibilité légale (Montpellier, 31 juill. 1839 : V. *J. Huiss.*, t. 23, p. 150).

484. La translation d'un détenu, de Perpignan à Paris, notamment, a été refusée, bien que le débiteur offrît de se faire conduire en poste, à ses frais, accompagné d'un officier de gendarmerie et d'un gendarme, par ce double motif : 1° qu'il pouvait surveiller ses affaires, quoiqu'à une distance fort éloignée, et 2° que la surveillance par un officier de gendarmerie était insuffisante. Le droit d'opérer la translation n'appartient qu'à un huissier, parce qu'il est responsable en cas d'évasion, responsabilité qui ne pèse pas sur un officier de gendarmerie (même arrêt de Montpellier).

485. Le débiteur malade ne pourrait être autorisé, même en donnant caution, à se faire soigner dans sa propre maison (Paris, 7 janv. 1814; Nîmes, 27 août 1838 : V. *J. Huiss.*, t. 20, p. 178; Coin-Delisle, sur l'art. 2069, n° 109; Chauveau sur Carré, *Quest.* 2723).

SECT. XI. — *De la demande en nullité de l'emprisonnement, et de l'élargissement.*

CHAP. 1er. — *Demande en nullité de l'emprisonnement.*

486. A défaut d'observation des formalités prescrites pour l'emprisonnement ou les recommandations, le débiteur peut demander la nullité de l'emprisonnement (C. proc. civ., art. 794); et les tribunaux ne peuvent se dispenser de la prononcer (Lyon, 9 mai 1828), ni accueillir une fin de non-recevoir tirée de l'acquiescement du débiteur (Montpellier, 19 juin 1807) : peu importe aussi que le débiteur n'ait fait aucune protestation dans le procès-verbal d'emprisonnement (Rennes, 28 déc. 1814; Metz, 30 déc. 1817).

487. La demande peut être fondée soit sur des moyens du fond, soit sur des moyens de forme; et le rejet des moyens du fond n'empêche pas de proposer les moyens de forme (C. proc. civ., art. 794; Montpellier, 19 juin 1807).

488. Dans le premier cas, c'est-à-dire lorsque la demande repose sur des moyens du fond, elle doit être portée devant le tribunal du lieu de l'exécution du jugement (C. proc. civ., art. 794); ce tribunal est celui qui a rendu la décision emportant contrainte par corps. Toutefois, une Cour impériale ne peut être saisie de la demande qu'autant que la contrainte résulte d'un arrêt infirmatif (Chauveau sur Carré, *Quest.* 2708).

489. Si la contrainte a été prononcée par un tribunal de commerce, la demande en nullité fondée sur des moyens du fond doit être portée devant le tribunal civil du lieu de la détention, ce tribunal devant être considéré comme celui de l'exécution (C. proc. civ., art. 553 et 794; Carré et Chauveau, *Quest.* 2707).

490. Dans le second cas, c'est-à-dire lorsque la demande repose sur des moyens de forme, elle doit être portée devant le tribunal du lieu où le débiteur est détenu (C. proc. civ., art. 794), même lorsque l'emprisonnement est opéré en vertu d'un arrêt infirmatif d'une sentence rendue par ce tribunal (Carré et Chauveau, *Quest.* 2708; Coin-Delisle, sur l'art. 2069, n° 88), ou lorsque la demande est fondée sur des actes d'exécution du jugement portant contrainte (Nancy, 21 nov. 1831 ; V. *J. Huiss.*, t. 14, p. 131).

491. La demande ne pourrait être portée, en référé, devant le président du tribunal du lieu où le débiteur est emprisonné (C. proc. civ., art. 794), et, s'il avait statué sur une pareille demande, son ordonnance pourrait être attaquée par la voie de l'appel pour incompétence, quoique la somme pour laquelle l'emprisonnement a eu lieu soit inférieure à 1,000 fr. (L. 17 avr. 1832, art. 20 ; Bruxelles, 27 juin 1807).

492. Dans tous les cas, la demande peut être formée à bref délai, en vertu de permission de juge, et l'assignation donnée par huissier commis au domicile élu par l'écrou (C. proc. civ., art. 795).

493. Cette disposition étant facultative, le débiteur peut, s'il le préfère, faire assigner par huissier de son choix, dans les délais ordinaires (Carré et Chauveau, *Quest.* 2714 ; Coin-Delisle, sur l'art. 2069, n° 89). — V. *Formule* 11.

494. Lorsque l'assignation est donnée à bref délai au domicile élu dans l'écrou, il n'y a pas lieu à augmentation de délai à raison de la distance du domicile réel (Cass., 20 mars 1810 ; Bordeaux, 1er déc. 1831 ; Chauveau et Carré, *Quest.* 2715 ; Pardessus, t. 5, n° 1522 ; Coin-Delisle, *loc. cit.*).

495. Il en serait autrement, si le débiteur assignait le créancier à son domicile réel : il faudrait alors augmenter les délais en raison de la distance du domicile au tribunal compétent (Carré et Chauveau, *Quest.* 2714 et 2715).

496. Le tribunal peut, comme nous l'avons déjà fait remarquer (V. *suprà*, n° 474), autoriser le débiteur, qui demande la nullité de l'emprisonnement, à prendre au greffe communication des pièces, et à assister à l'audience sous la garde d'un huissier. Dans ce cas, l'extraction du débiteur est constatée par un procès-verbal ainsi que son séjour hors de la prison et sa réintégration (V. aussi *suprà* n° 476). — V. *Formule* 9.

497. Le débiteur pourrait demander au tribunal du lieu de sa détention son élargissement provisoire, en attendant le jugement définitif que le tribunal du lieu de l'exécution doit rendre sur le fond (Arg., art. 554, C. proc. civ. ; Carré et Chauveau, *Quest.* 2711). — V. *infrà* nos 511 et suiv.

498. La cause doit être jugée sommairement, sur les conclusions du ministère public (C. proc. civ., art. 795) ; le défaut de conclusions du ministère public donne ouverture à requête civile contre le jugement (Cass., 22 mars 1809).

499. Si l'emprisonnement est déclaré nul, le créancier peut être condamné à des dommages-intérêts envers le débiteur (C. proc. civ., art. 794), et, en outre, à l'impression et à l'affiche du jugement (C. proc. civ., art. 1036 ; Carré et Chauveau, *Quest.* 2725 ; Coin-Delisle, sur l'art. 2069, n° 91).

500. Celui qui a été incarcéré par erreur de nom ne peut réclamer de dommages-intérêts, s'il a lui-même contribué à entretenir l'erreur (Paris, 26 nov. 1807 ; 19 janv. 1808).

501. La nullité de l'emprisonnement, pour quelque cause qu'elle soit prononcée, n'entraîne point la nullité des recommandations (C. proc. civ., art. 796) faites par d'autres créanciers, alors même qu'elles n'auraient eu lieu que depuis la demande en nullité de l'emprisonnement (Caen, 16 juill. 1827 ; Carré et Chauveau, *Quest.* 2718).

502. Toutefois, ce principe reçoit exception, lorsque la nullité est prononcée pour défaut d'aliments, ou lorsque la recommandation a été faite par le même créancier, avant qu'il ne soit statué sur la demande en nullité, même en vertu d'un jugement nouveau (Colmar, 31 août 1810 ; Toulouse, 12 janv. 1825 ; Limoges, 26 mai 1832 ; Carré et Chauveau, *Quest.* 2717 ; Coin-Delisle, sur l'art. 2069, n° 79). Dans les deux cas, la nullité de l'emprisonnement entraîne la nullité des recommandations.

503. Le tribunal qui prononce la nullité de l'emprisonnement ne peut ordonner l'exécution provisoire de son jugement, nonobstant appel (Paris, 14 sept. et 9 janv. 1808; Amiens, 22 nov. 1821; Nancy, 21 nov. 1831; Carré et Chauveau, *Quest.* 2739), même à la charge de donner caution (Carré et Chauveau, *loc. cit.;* Pardessus, t. 5, n° 1522).

504. Il suit de là que le débiteur ne peut être mis en liberté que lorsque le jugement est passé en force de chose jugée : car, en ordonnant l'élargissement immédiat, ce serait, par le fait, prononcer l'exécution provisoire, rendre l'appel illusoire et sortir des bornes prescrites par l'art. 135 du Cod. proc. civ.

505. L'appel peut, comme la demande, être signifié au domicile élu par l'écrou (Bordeaux, 1er déc. 1831).

506. Le jugement et les pièces qui constatent que l'autorité de la chose jugée est acquise sont signifiés au geôlier, avec sommation de représenter le débiteur, lequel est mis en liberté, par l'huissier qui en décharge le registre d'écrou.—V. *Formule* 16.

507. Le débiteur dont l'emprisonnement est déclaré nul ne peut être arrêté à la requête du même créancier et pour la même dette qu'un jour au moins après sa sortie (C. proc. civ., art. 797).

508. Cet article prévoit le cas où le débiteur qui était arrêté est mis en liberté. Mais, s'il était retenu pour d'autres causes, en vertu de recommandations valables, le créancier incarcérant ne pourrait également, pour la même créance, le recommander avant l'expiration du délai fixé par l'art. 797 (Thomine-Desmazures, n° 929). Nous ne croyons donc pas qu'il puisse réparer la nullité de l'emprisonnement par une recommandation immédiate (V. cependant Carré, *Quest.* 2719). Il nous semble que c'est aussi à tort que M. Coin-Delisle (sur l'art. 2069, n° 95) refuse au créancier, dont l'emprisonnement a été annulé, le droit de faire une recommandation pour la même créance, tant que les recommandations faites par d'autres créanciers subsistent. Il est juste, en effet, que le droit des créanciers ne puisse pas être indéfiniment paralysé par l'existence de ces recommandations.

509. Le délai d'un jour dont parle l'art. 797 précité est franc. Mais nous ne pensons pas qu'il doive être augmenté à raison de la distance de la prison au domicile du débiteur (Coin-Delisle, n° 93.—*Contrà* Carré, *Quest.*, 2720).

510. Mais tout autre créancier que l'incarcérant peut immédiatement, sans attendre qu'il se soit écoulé un jour, exercer la contrainte par corps, soit par voie d'arrestation, soit par voie de recommandation (Toulouse, 12 janv. 1825; Caen, 16 juill. 1827).

CHAP. 2. — *De l'élargissement.*

511. *Elargissement provisoire.*—L'art. 798, C. proc. civ., voulait que le débiteur, qui avait demandé la nullité de l'emprisonnement, ne pût, en attendant le jugement, obtenir son élargissement provisoire qu'en consignant entre les mains du geôlier de la prison les causes de son emprisonnement et les frais de capture.

512. On entendait par *causes de l'emprisonnnement* et *frais de capture* le principal de la créance, les intérêts échus, les frais de l'instance, ceux de l'expédition et de la signification du jugement et des arrêts, s'il y avait lieu, enfin ceux de l'exécution relative à la contrainte par corps seulement (Arg., art. 800, C. proc. civ.; L. 17 avr. 1832, art. 23), et non ceux d'exécution étrangers à cette contrainte, tels que ceux faits pour saisies-arrêts, saisies-exécutions.

513. L'art. 798 était applicable aussi bien lorsque l'emprisonnoment avait eu lieu pour dettes commerciales que lorsqu'il avait eu lieu pour dettes civiles. Mais la loi du 17 avr. 1832 l'a modifié en ce qui concerne l'emprisonnement pour ces dernières dettes.

514. Ainsi, d'après l'art. 24 de cette loi, le débiteur, si la contrainte par corps a été prononcée pour dette civile, peut obtenir son élargissement en payant ou consignant le tiers du principal de la dette et de ses accessoires, et en donnant, pour le surplus, une caution acceptée par le créancier ou reçue par le tribunal civil dans le ressort duquel le débiteur est détenu.—V. *Cautionnement*, et *Formule* 12.

515. Aujourd'hui, il n'y a plus de distinction à faire à cet égard entre les dettes commerciales et les dettes civiles. Les dispositions des art. 24 et 25 de la loi du 17 avr. 1832 ont, en effet, été déclarées applicables par la loi des 13-16 déc. 1848 aux matières commerciales (art. 6).

516. La caution est tenue de s'obliger solidairement avec le débiteur à payer, dans un délai qui ne peut excéder une année, pour les deux tiers restant dus (L. 17 avr. 1832, art. 25 ; L. 13-16 déc. 1848, art. 6).

517. A l'expiration de ce délai, le créancier, s'il n'est pas intégralement payé, peut exercer de nouveau la contrainte par corps contre le débiteur principal, sans préjudice de ses droits contre la caution (même loi, art. 26).

518. En cas de refus, de la part du geôlier, de recevoir la consignation, comment doit-il être procédé ? — V. *infrà* nos 530 et 531.

519. Cette consignation n'a d'autre but que d'obtenir l'élargissement du débiteur avant le jugement de la demande en nullité : de sorte que, si l'emprisonnement était annulé, le débiteur, qui n'aurait pas consigné, n'en devrait pas moins, évidemment, être mis en liberté.

520. Lorsque l'emprisonnement est annulé, la consignation doit être remise au débiteur ; le geôlier ne l'a pas reçue comme mandataire du créancier ; elle ne peut être remise à ce dernier qu'en vertu soit du consentement du débiteur, soit d'un jugement qui l'ordonne (Pardessus, t. 5, n° 1522 ; Thomine-Desmazures, n° 931 ; Coin-Delisle, n° 90. — V. cependant Carré et Chauveau, *Quest.* 2722, qui pensent que la consignation appartient au créancier, et que le débiteur peut seulement obtenir des dommages-intérêts et se faire autoriser à les retenir sur la consignation).

521. *Élargissement définitif.* — Le débiteur peut obtenir son élargissement définitif :

1° Par le consentement du créancier qui l'a fait incarcérer, et des recommandants, s'il y en a (C. proc. civ., art. 800).

522. Ce consentement doit être donné soit devant notaire, soit sur le registre d'écrou (C. proc. civ., art. 801), soit à la suite d'une sommation faite au créancier par un huissier (Carré et Chauveau, *Quest.* 2740).

523. Si le consentement était donné par lettre ou par acte sous seing privé, le débiteur devrait faire ordonner son élargissement par le tribunal, contradictoirement avec le créancier. Cependant, si le directeur de la prison connaissait l'écriture et la signature du créancier, il pourrait ordonner immédiatement l'élargissement (de Belleyme, *des Référés*, p. 539).

524. Le consentement peut aussi être donné par un mandataire muni d'un pouvoir spécial et authentique, et le geôlier a le droit, dans tous les cas, d'exiger que l'acte constatant le consentement, ainsi que la procuration, soit annexé à son registre.

525. Le créancier qui a consenti à la mise en liberté de son débiteur ne peut le réincarcérer pour la même dette, à moins qu'il ne se soit réservé cette faculté et que le débiteur n'ait accepté cette réserve (Paris, 6 juill. 1826 ; Toulouse, 3 mars 1830). Mais la réserve et l'exception doivent être expresses (V. *J. Huiss.*, t. 35, p. 92).

526. 2° Par le paiement ou la consignation des sommes dues tant au créancier qui a fait emprisonner qu'aux recommandants, des intérêts échus, des frais liquidés, de ceux d'emprisonnement et des aliments consignés (C. proc. civ., art. 800).

527. Le débiteur n'est pas tenu d'offrir une somme quelconque pour les frais non liquidés (Carré et Chauveau, *Quest.* 2730), ni même les frais liquidés, qui sont relatifs à d'autres exécutions que la contrainte par corps (Arg., art. 23, L. 17 avril 1832).

528. La consignation, lorsqu'elle est faite par le débiteur au cas de refus de la part du créancier, doit être intégrale, pure, simple et sans condition (Cass., 27 fév. 1807 ; Coin-Delisle, sur l'art. 2069, n° 98) ; elle n'a pas besoin d'être précédée d'offres réelles (Carré et Chauveau, *Quest.* 2741 ; Coin-Delisle, n° 100) ; et elle doit avoir lieu entre les mains du geôlier, sans qu'il soit besoin de la faire ordonner (C. proc. civ., art. 802). — V. *Formule* 12.

529. Il ne suffirait pas que le débiteur offrît de déposer le montant de la créance, les intérêts et les frais, à la Caisse des consignations (Trib. civ. de la Seine, 23 juill. 1853 : V. *J. Huiss.*, t. 34, p. 269).

530. En cas de refus de la part du geôlier, il est assigné à bref délai devant le tribunal du lieu de la détention, en vertu de permission. L'assignation est donnée par huissier commis (C. proc. civ., art. 802).

531. Il est prudent de mettre le créancier en cause, quoique la loi ne l'ordonne pas, car le refus du geôlier ne peut avoir d'autre motif que la crainte d'une action de la part du créancier, et ce dernier ne peut demander son renvoi devant le tribunal de l'exécution (Carré et Chauveau, *Quest.* 2742). — V. *Formule* 13.

532. Lorsque le geôlier ne conteste pas, il peut élargir de suite le débiteur, sans attendre le consentement du créancier.

533. La somme consignée est remise au créancier, s'il l'accepte (Chauveau sur Carré, *Quest.* 2743). A défaut d'acceptation de la part du créancier dans les vingt-quatre heures, le geôlier doit la déposer à la Caisse des consignations (Arg., art. 2, n° 4, Ord., 3 juill. 1816).

534. 3° En matière civile, par le bénéfice de la cession de biens (C. proc. civ., art. 800). Mais il faut que la cession soit admise par le tribunal (Cass., 23 fév. 1807) et réitérée par le débiteur (Carré et Chauveau, *Quest.* 2733), sauf au tribunal à ordonner un sursis, s'il le croit utile (Arg., art. 900, C. proc. civ. ; Grenoble, 22 mai 1834). — V. *Cession de biens.*

535. 4° Par le défaut de consignation d'aliments (C. proc. civ., art. 800). — V. *suprà* n°s 464 et suiv.

536. 5° Pour insuffisance d'aliments consignés. Et, dans ce cas, la demande en élargissement doit être portée devant le tribunal entier, à la différence de la demande en élargissement pour défaut de consignation d'aliments, qui est de la compétence du président du tribunal civil (Paris, 26 avril 1853 : V. *J. Huiss.*, t. 34, p. 269).

537. 6° Lorsque le débiteur a commencé sa soixante-dixième année, en matière commerciale comme en matière civile, s'il n'est pas stellionataire (C. proc. civ., art. 800). — V. *suprà* n°s 120 et 150.

538. Il fait signifier son acte de naissance aux créanciers, avec sommation de consentir à sa mise en liberté, et, en cas de refus, il les assigne, car le geôlier ne peut élargir qu'en vertu du consentement des créanciers ou du jugement qui l'ordonne (Carré et Chauveau, *Quest.* 2736).—V. *Formule* 14.

539. 7° Par l'expiration de la durée légale de la contrainte ou du temps fixé par le jugement (V. sect. II, chap. 2, § 4, et chap. 3, § 3, sect. V, chap. 3). Dans ce cas, l'élargissement a lieu de plein droit, sur le vu du jugement.

540. 8° Si, depuis l'emprisonnement, le créancier est devenu l'allié du débiteur au degré prévu par l'art. 19 de la loi du 17 avril 1832. — V. *suprà* n°s 34 et suiv.

541. La demande en élargissement est portée au tribunal dans le ressort duquel le débiteur est détenu (C. proc. civ., art. 805; Nancy, 7 juill. 1831 : V. *J. Huiss.*, t. 13, p. 18).

542. Elle est formée à bref délai, au domicile élu par l'écrou, en vertu de la permission du juge, sur requête présentée à cet effet; elle est communiquée au ministère public, et jugée sans instruction, à la première audience, préférablement à toutes autres causes, sans remise ni tour de rôle (C. proc. civ., art. 805).

543. Elle doit être communiquée non-seulement au créancier qui a fait incarcérer, mais encore aux recommandants. — V. *Formule* 13.

544. Le juge n'est pas obligé de commettre un huissier pour la signification de l'assignation à fin d'élargissement; toutefois, il est prudent, pour éviter toute surprise, qu'il prenne cette mesure.

545. Les formalités prescrites par l'art. 805 constituent la procédure ordinaire qui doit être suivie dans le cas de demande en élargissement; elles doivent être observées toutes les fois que la loi n'y a pas dérogé par une exception particulière.

546. Le jugement qui prononce l'élargissement doit être signifié au créancier, et le débiteur est mis en liberté comme il est dit plus haut. — V. *Formule* 15.

SECT. XII. — *Enregistrement.*

547. Le commandement tendant à contrainte par corps est soumis au droit fixe de 2 fr. (L. 28 avril 1816, art. 43).

548. Il en est de même :

1° Des procès-verbaux d'emprisonnement et de recommandation (même loi, art. 43);

2° Des assignations, soit en contribution aux aliments du débiteur incarcéré, soit en nullité de l'emprisonnement (même art.).

549. Le pouvoir donné par le créancier à l'huissier ou au garde du commerce, afin de procéder à l'arrestation, est soumis aussi au droit fixe de 2 fr. (même loi, art. 41).

550. Toutes les ordonnances du président du tribunal de première instance, rendues sur requête, sont passibles du droit fixe de 3 fr. (même loi, art. 44).

SECT. XIII. — *Émoluments.*

551. Le décret du 16 fév. 1807 avait fixé les droits ou émoluments dus aux huissiers pour les différents actes de leur ministère en matière de contrainte par corps (V. art. 51 et suiv.). Mais les art. 51 à 58 de ce décret ont été abrogés par l'arrêté du 24 mars 1849, qui modifie le tarif des frais en matière de contrainte par corps (art. 8). Ces frais sont, aujourd'hui, ainsi taxés :

552. 1° Rédaction du pouvoir spécial exigé par l'art. 556, C. proc. civ. (Tarif 24 mars 1849, art. 4). . . . . 1 fr.

553. 2° Signification du jugement qui prononce la contrainte par corps, avec commandement (C. proc. civ., art. 780; Tarif, 24 mars 1849, art. 1er) :

Original.	2 f.	00 c.
Copie, le quart.	0	50
Droit de copie du jugement.	2	00

554. Il ne peut être passé d'autres droits en taxe, dans le cas où la signification et le commandement sont faits par actes séparés (même art.).

555. 3° Procès-verbal d'emprisonnement d'un débiteur, y compris l'assistance de deux recors et l'écrou (C. proc. civ., art. 783 et 789; Tarif, 24 mars 1849, art. 2, § 1er) :

A Paris.	40 f. 00 c.
Ailleurs.	30 00
Copie du procès-verbal d'emprisonnement et de l'écrou, le tout ensemble.	2 00

556. Il ne peut être passé en taxe aucun procès-verbal de perquisition, pour lequel les huissiers n'ont point de recours, même contre leur client, les sommes ci-dessus leur étant allouées en considération de toutes les démarches qu'ils peuvent faire. Il en est de même en ce qui concerne les gardes du commerce (même art., § 2).

557. Aucun procès-verbal de perquisition ne pouvant, depuis la promulgation du tarif du 24 mars 1849, être dressé dans le cas où l'arrestation n'aurait pu s'effectuer, il s'ensuit que si, malgré la prohibition résultant de ce tarif, il en était dressé un, ce procès-verbal ne pourrait être passé en taxe.

558. Mais, si l'arrestation n'avait pu être suivie d'emprisonnement, soit parce qu'il y aurait eu paiement ou opposition, soit parce que le débiteur se serait échappé sans la faute de l'huissier ou du garde du commerce, il nous semble qu'alors le procès-verbal d'arrestation devrait être taxé comme le procès-verbal d'emprisonnement lui-même (V. *suprà* n° 555; Cass., 19 juill. 1841; Avis conf. de la chambre des huissiers de Paris, 2 mars 1830 : V. *J. Huiss.*, t. 11, p. 275).

559. 4° Vacation tendant à obtenir l'ordonnance du juge de paix, à l'effet, par ce dernier, de se transporter dans le lieu où se trouve le débiteur condamné par corps, et à requérir son transport (C. proc. civ., art. 781; Tarif, 24 mars 1849, art. 2, § 3). . . . . 2 fr.

560. La réquisition de l'huissier devant être consignée sur son procès-verbal (V. *suprà* n° 332), il ne peut être présenté de requête ni alloué aucun droit à ce sujet (Circul. du minist. de la just., 20 mai 1822).

561. 5° Transport du juge de paix à l'effet d'être présent à l'arrestation d'un débiteur condamné par corps, dans le domicile où ce dernier se trouve (Tarif du 16 fév. 1807, art. 6; Tarif supplément., art. 1, 2 et 3) :

A Paris, Lyon, Bordeaux et Rouen.	10 f. 00 c.
Dans les villes où siége une Cour impériale, et dans celles dont la population excède 30,000 âmes.	9 00
Dans les autres villes où il y a un tribunal de première instance.	7 50
Ailleurs.	5 00

562. 6° Frais alloués aux huissiers et aux gardes du commerce pour leur voyage, qui ne peut excéder une journée de cinq myriamètres, savoir :

Au delà d'un demi-myriamètre, et jusqu'à un myriamètre, pour aller et retour.	4 f. 00 c.
Au delà d'un myriamètre, par chaque demi-myriamètre, sans distinction.	2 00

Il ne leur est rien alloué pour leur transport jusqu'à un demi-myriamètre (Tarif, 24 mars 1849, art. 7).

563. 7° Pour le salaire de la garnison établie aux portes en vertu de l'art. 785, C. proc. civ., il est alloué une journée de garde (Chauveau Adolphe, *Comment. du Tarif*, t. 2, p. 274, n° 38; N. Carré, *Taxe en matière civile*, édit. de 1851, p. 285, n° 536).

564. Mais lorsque l'huissier requiert, en vertu du même article, la force

armée, est-il dû une indemnité aux gendarmes qui l'assistent ? On peut soutenir, pour la négative, que l'assistance que les gendarmes prêtent dans ce cas aux huissiers rentre essentiellement dans leurs fonctions (Décr., 4 août 1806, art. 133). Mais nous croyons, et c'est aussi l'avis de MM. Chauveau (Adolphe), t. 2, p. 271, n° 32, et N. Carré, *loc. cit.*, qu'on peut appliquer ici, par analogie, les art. 77 du décret du 18 juin 1811 et 6 du décret du 7 avril 1813, qui accordent aux gendarmes, pour capture de la personne en exécution d'un jugement de simple police :

A Paris.	5 f. 00 c.
Dans les villes de 40,000 âmes et au-dessus. . . .	4 00
Dans les autres villes et communes.	3 00

565. 8° Vacation en référé, si le débiteur arrêté le requiert (C. proc. civ., art. 786; Tarif, 24 mars 1849, art. 2, § 4). . . . . . . 5 fr.

566. 9° Acte de recommandation d'un débiteur emprisonné sans assistance de recors (C. proc. civ., art. 792 et 793 ; Tarif, 24 mars 1849, art. 2, § 5). . . . . 3 f 00 c.

Chaque copie à donner au débiteur et au geôlier, le quart. 0 75

567. 10° Aux gardes du commerce, en vertu de l'art. 3 du tarif de 1849 :

Pour le dépôt des pièces par le créancier.	3 f. 00 c.
Pour le visa apposé sur chaque pièce produite ou signifiée par le créancier ou le débiteur. . . .	0 25
Pour le certificat mentionné en l'art. 11 du décret du 14 mars 1808, droit de recherche compris. .	2 00

568. Il n'est alloué aucun droit au gardien ou geôlier, à raison de la transcription sur son registre du jugement prononçant la contrainte par corps (Tarif, 24 mars 1849, art. 5).

569. 11° Signification du jugement qui déclare un emprisonnement nul (C. proc. civ., art. 796; Tarif de 1849, art. 1er, § 2) :

Original.	2 f. 00 c.
Pour la copie à laisser au gardien et au geôlier, le quart.	0 50

570. Les simples déboursés de timbre et d'enregistrement sont alloués aux huissiers, lorsqu'ils sont justifiés par pièces régulières (Tarif de 1849, art. 6).

571. Les autres exploits, ainsi que les autres copies de pièces, lorsqu'il y a lieu d'en faire, sont réglés comme en matière ordinaire. — V. les *Formules*.

Formules.

1. *Présentation de caution et assignation.*

L'an. . . . ., à la requête de. . . . . (*constitution d'avoué*), j'ai. . . . ., signifié et déclaré à M. . . . . ., receveur de l'enregistrement et des domaines au bureau de. . . . ., au nom de l'administration générale de l'enregistrement et des domaines, en son bureau sis à. . . . ., où étant et parlant à sa personne qui a visé le présent. —Que, suivant jugement du tribunal de police correctionnelle de. . . ., le sieur. . . . a été condamné à. . . . . d'amende et aux frais s'élevant à. . . . .; que, par suite de ce jugement, le requérant a été incarcéré à la prison de. . . . ., le. . . . . ; qu'aujourd'hui, usant du bénéfice de l'art. 34 de la loi du 17 avr. 1832, il présente, pour obtenir sa liberté, en qualité de sa caution, la personne du sieur. . . . ., qui m'accompagne, et qui va, à l'instant même, s'engager, par acte devant notaire, à payer dans le délai d'un mois et solidairement avec le débiteur ladite somme de. . . . . ;—Et, de suite, j'ai fait sommation à mondit sieur. . . . . de me déclarer s'il entend accepter ladite caution ; à quoi ce dernier m'a répondu. . . . . (*consigner la réponse*).

Et à mêmes requête, élection de domicile et constitution d'avoué que dessus, j'ai, huissier susdit et soussigné, donné assignation à mondit sieur. . . . . à comparaître dans le délai de la loi. . . . ., pour,—Attendu le refus qui vient d'avoir lieu ; attendu que la caution présentée remplit les conditions de capacité et de solvabilité voulues par la loi;—Voir dire et ordonner que ladite caution sera admise purement et simplement, qu'elle fera sa soumission au greffe du tribunal et que, cette opération terminée, le sieur. . . . . sera immédiatement mis en liberté sur le vu de ladite soumission; et, en outre, s'entendre condamner aux dépens, sous toutes réserves.

V. nº 229.—Coût, tarif, arg. 29; origin. : Paris, 2 fr.; R. P., 1 fr. 80 c. ; ailleurs, 1 fr. 50 c.; copie, le quart.

Enregistrement de l'exploit, 2 fr. 20 c.

2. *Signification du jugement qui prononce la contrainte, et commandement par corps.*

L'an. . . . ., à la requête de. . . . . (*élire domicile dans la commune où siége le tribunal qui a rendu le jugement*), j'ai. . . . ., soussigné, commis à l'effet des présentes par ordonnance de M. le président du tribunal civil de. . . . ., en date du. . . . ., enregistré à. . . . ., dont il est avec ces présentes donné copie (*ou*, commis à l'effet des présentes par le jugement dont on va parler), signifié et avec ces présentes donné copie à. . . . ., demeurant à. . . . ., en son domicile, en parlant à. . . . .; — de la grosse d'un jugement contradictoirement rendu entre les parties, par le tribunal de. . . . ., le. . . . . ., dûment signée, scellée, enregistrée le. . . . . ., soumis au droit de greffe le. . . . ., signifiée à avoué le. . . . ., et déjà signifiée à partie par exploit de. . . . ., le. . . . ., portant condamnation par corps au profit de. . . . . contre. . . . ., de la somme de. . . . .; à ce qu'il n'en ignore.

Et à pareilles requête, demeure et élection de domicile que dessus, j'ai, huissier susdit et soussigné, fait commandement, de par la loi et justice, à. . . . . ., de, présentement et sans délai, payer au requérant ou à moi, huissier, pour lui porteur de pièces, aux offres de droit, la somme de. . . . ., pour le principal des condamnations prononcées par ledit jugement au profit du requérant; celle de . . . . pour les intérêts de cette somme courus depuis le. . . . jusqu'à. . . . .; et celle de. . . . . pour frais faits jusqu'à ce jour, sauf taxe; sous réserve de tous autres dus, droits, moyens et actions généralement, lequel sieur. . . . . ayant refusé de payer, je lui ai, en parlant comme dessus, déclaré que, faute par lui de le faire dans le délai de 24 heures, il y sera contraint par toutes voies de droit et notamment par corps; etc.

V. nºs 244 et 267. — Coût, V. *suprà* nº 563.

Enregistrement de l'exploit, 2 fr. 20 c.

3. *Pouvoir donné à l'huissier.*

Je, soussigné (*noms et demeure*), donne pouvoir à M. . . . ., huissier, demeurant à. . . . ., de, — pour moi et en mon nom, — mettre à exécution la contrainte par corps prononcée à mon profit, contre. . . . ., par jugement du tribunal de. . . . ., en date du. . . . .; faire à cet effet toutes significations et commandements, toutes perquisitions légales, requérir l'assistance du juge de paix, faire tous procès-verbaux de capture et d'écrou, assister à tous référés, opérer toutes consignations d'aliments et généralement faire tout ce qui sera nécessaire.

Fait à. . . . ., le. . . . .

V. nº 287. — Coût, V. *suprà* nº 562.

Enregistrement de l'exploit, 2 fr. 20 c.

4. *Procès-verbal d'arrestation ou de capture.*

L'an. . . . ., le. . . . ., ... heures du matin, à la requête de. . . . . (*élection de domicile dans la commune où le débiteur doit être détenu*); — en vertu de la grosse en forme exécutoire d'un jugement par corps rendu contradictoirement entre les parties, au profit de. . . . . contre. . . . . par le tribunal de. . . . . ., dûment signé, scellé et enregistré;

En conséquence d'un exploit du ministère de. . . . . ., commis à cet effet par ordonnance de. . . . ., lequel exploit contenant, à la requête de. . . . ., au sieur. . . . . ci-après nommé : 1° signification dudit jugement ; 2° commandement par corps de payer le montant des condamnations en principal et accessoires; 3° refus de paiement :

Et, à défaut par ledit sieur. . . . . . d'avoir satisfait audit commandement dans le délai de 24 heures, prescrit par la loi,

J'ai. . . . ., soussigné. . . . . ., porteur d'un pouvoir spécial sous seing privé, donné par le requérant à l'effet des présentes, en date du. . . . ., enregistré à. . . . ., le. . . . ., et dont il est avec ces présentes donné copie,

Assisté de. . . . ., tous deux témoins, exprès requis, majeurs et citoyens français,

Fait itératif commandement, de par la loi et justice, à. . . . . ., trouvé à. . . . ., hors son domicile, sur la place publique de. . . . . ., où étant et parlant à sa personne,

De payer immédiatement au requérant, ou à moi huissier, pour lui porteur de pièces, aux offres de droit, la somme totale de. . . . ., composée, savoir : 1° de. . . . . pour le principal des condamnations prononcées par ledit jugement; 2° de. . . . . pour les intérêts de cette somme courus jusqu'aujourd'hui; 3° de. . . . . pour frais, non compris le présent, et sauf taxe; sous réserve de tous autres dus, droits et actions;

A quoi le sieur. . . . . m'a répondu (*consigner la réponse*), et l'ayant sommé de signer, il a refusé;

Vu laquelle réponse que j'ai prise pour refus de paiement, j'ai déclaré audit sieur. . . . . . . que je l'arrêtais de par la loi et justice, qu'il était mon prisonnier et que je le sommais de me suivre à l'instant même à la maison d'arrêt pour dettes, sise à. . . . ., rue. . . . .

PREMIÈRE HYPOTHÈSE. — *Rébellion.* — Le sieur. . . ., . n'obtempérant point à ma sommation, je l'ai fait appréhender au corps par mes témoins, et l'ai moi-même saisi par le collet. Dans cette position, il s'est violemment débattu, a blessé le sieur. . . . ., l'un de mes témoins, est parvenu à s'échapper et s'est réfugié dans la maison du sieur. . . . .

DEUXIÈME HYPOTHÈSE. — *Réquisition des gendarmes et du juge de paix.* — Je me suis aussitôt transporté dans ladite maison, où étant et ayant reconnu la présence dudit sieur. . . . . ., débiteur, j'en suis sorti et j'ai établi mes deux témoins gardiens aux portes extérieures.

Puis je me suis immédiatement transporté : 1° chez M. le brigadier de gendarmerie de. . . . ., et j'ai requis ce fonctionnaire, par un acte séparé (V. *Réquisitoire*), de me prêter mainforte, ce qu'il a fait en ordonnant aux sieurs. . . . .. gendarmes de sa brigade, de m'accompagner ; 2° et chez M. le juge de paix du canton de. . . . . où étant et parlant à ce magistrat, je lui ai donné connaissance des faits qui précèdent; et après lui avoir exhibé la grosse du jugement susdaté, je l'ai requis de m'accompagner à l'effet d'opérer l'arrestation dudit sieur. . . . . ., sur quoi M. le juge de paix a rendu l'ordonnance suivante :

« Nous, juge de paix du canton de. . . . ., sur l'exposé qui vient de nous être fait
« par le sieur. . . . ., huissier à. . . . .; vu la grosse du jugement du. . . . . le
« commandement qui a été fait au sieur. . . ., et l'art. 781, C. proc. civ., avons rendu
« l'ordonnance suivante : —Attendu que ledit jugement prononce la contrainte par corps
« et que le refuge du débiteur dans une maison tierce est le seul obstacle qui s'oppose
« à son arrestation; attendu que la loi nous accorde le droit de faire cesser cet obstacle
« en accompagnant l'huissier ;—Disons que nous allons immédiatement nous transporter
« ter dans la maison où est réfugié le sieur. . . . ., accompagné de l'huissier, de ses
« témoins et de la force publique. »

(*Signature du juge de paix.*)

Et de suite, assisté de mondit sieur le juge de paix, des gendarmes et de mes témoins, j'ai pénétré dans la maison du sieur. . . . . ., où étant, M. le juge de paix m'a ordonné de me saisir de la personne du sieur. . . . ., ce que j'ai fait, en le prenant au collet et en ordonnant aux gendarmes et à mes témoins de s'emparer aussi de sa personne, ce qu'ils ont fait.

TROISIÈME HYPOTHÈSE. — *Dépôt dans un lieu de détention.* — Et attendu qu'il est. . . . heures du soir et qu'il nous est impossible de conduire le sieur. . . . . à. . . . . dans la prison destinée à le recevoir, nous l'avons déposé, pour y passer la nuit, dans la prison de. . . . . ., où étant arrivé et parlant au sieur. . . . ., gardien de ladite prison, nous lui avons remis la personne du sieur. . . ., aux charges de droit; ce qu'il a reconnu en faisant mention de ce dépôt sur son registre d'écrou et le signant en cet endroit de notre procès-verbal ;

Puis, j'ai dressé ledit procès-verbal que j'ai signé, ainsi que mes recors et les gendarmes.

Le lendemain, ... heure de. . . . ., je. . . . ., me suis transporté, assisté de. . . . ., à la prison de. . . . ., où étant, j'ai fait sommation au sieur. . . . ., gardien, de me représenter la personne du sieur. . . . . . ., ce qu'il a fait, et, en conséquence, je l'ai déchargé de la garde dudit sieur. . . . ., par une mention sur le registre d'écrou, en marge de l'inscription dudit sieur. . . . . .

QUATRIÈME HYPOTHÈSE. — *Dépôt dans un lieu désigné par l'autorité locale.* — Et attendu qu'il est. . . . . heures du soir, et qu'il nous est impossible de conduire le sieur. . . . . à la prison destinée à le recevoir; qu'il n'existe point dans la commune de. . . . . de lieu de détention légalement désigné; —je me suis transporté chez M. le maire de ladite commune, où étant et parlant à ce fonctionnaire, je lui ai donné connaissance de l'objet de ma visite et l'ai prié de me désigner un endroit où le sieur. . . pourrait passer la nuit, gardé par mes témoins; — déférant à ma demande, M. le maire m'a désigné la maison du sieur. . . . ., cabaretier à. . . . ., et a signé.

Vu cette désignation, j'ai fait conduire le sieur. . . . . dans ledit cabaret, en recommandant qu'on lui fournît ce dont il aurait besoin, et j'ai établi comme gardiens lesdits sieurs. . . . ., mes témoins, pour empêcher toute évasion.

Puis, j'ai dressé le présent procès-verbal que j'ai signé, ainsi que mes témoins.

Et le. . . . , heure de. . . . ., je me suis transporté à. . . . ., où étant, j'ai trouvé les sieurs. . . . . ., gardiens établis par mon procès-verbal, lesquels m'ont représenté la personne du sieur. . . . .; et, de suite, assisté de. . . . ., j'ai conduit le sieur. . . . . à. . . . .

CINQUIÈME HYPOTHÈSE. — *Référé.* — Le sieur. . . . . ayant requis qu'il en fût référé devant M. le président du tribunal de première instance de. . . . ., nous l'avons de suite conduit devant mondit sieur le président, où étant et après avoir expliqué à ce magistrat le sujet de notre transport, il a entendu le débiteur et nous-même; puis il a rendu l'ordonnance suivante :

« Nous, président du tribunal de. . . . ., au principal, renvoyons les parties à se « pourvoir; et cependant, dès à présent et par provision, attendu que la signification du « jugement dont s'agit a été faite régulièrement, disons qu'il sera passé outre à l'emprisonnement du sieur. . . . ., ce qui sera exécuté nonobstant appel et sans y préjudicier; et attendu l'urgence, disons que la présente ordonnance sera exécutée avant « son enregistrement, à la charge que cette formalité sera remplie dans les 24 heures, « et avons signé. » (*Signature du président.*)

Vu laquelle ordonnance, j'ai à l'instant conduit ledit sieur. . . . . . . à la maison d'arrêt pour dettes sise à. . . . ., où nous sommes arrivés à. . . . . heures, et là j'ai réitéré audit sieur. . . . . le commandement de payer, auquel il a refusé de satisfaire; en conséquence, je lui ai déclaré que j'allais à l'instant même l'écrouer sur les registres de ladite maison d'arrêt.

A ce qu'il n'en ignore, je lui ai laissé copie du présent procès-verbal, signé de moi et de mes témoins. Coût. . . . .

V. nos 466 et 467. — Coût, V. *suprà* n° 565.

Enregistrement de l'exploit, 2 fr. 20 c. (L. 28 avril 1816, art. 43).

5. *Procès-verbal d'emprisonnement ou d'écrou.*

L'an. . . . ., le. . . . ., heure de. . . . ., à la requête de. . . . . (*élection de domicile dans le lieu où le débiteur est détenu*);

En vertu de la grosse en forme exécutoire d'un jugement rendu par le tribunal de. . . . ., le. . . . ., contradictoirement et par corps, au profit du requérant, contre le sieur. . . . . ., ci après nommé, portant condamnation au paiement de la somme de. . . . .; ledit jugement dûment signé, scellé, enregistré, signifié et exécuté;

Et en conséquence du procès-verbal de capture du sieur. . . ., dressé par l'huissier soussigné, en date de ce jour, qui sera enregistré avec ces présentes, et duquel procès-verbal il vient d'être donné copie audit sieur. . . . . .,

Je. . . . ., soussigné,

Assisté de. . . . ., témoins français, majeurs, expressément requis, me suis transporté à. . . . ., en la maison d'arrêt pour dettes;

Où étant arrivé, toujours accompagné de mes témoins, j'ai écroué le sieur. . . . . susnommé, en parlant à sa personne, sur le registre de ladite maison, folio. . . ., et l'ai laissé à la garde du sieur. . . . ., geôlier de ladite maison d'arrêt, lequel, en parlant à sa personne, et sur l'exhibition que je lui ai faite du jugement susdaté, a promis de se charger de la personne dudit sieur. . . . ., s'en est chargé en effet, et s'est obligé de le représenter, quand il en sera légalement requis.

J'ai consigné à l'instant, entre les mains dudit sieur. . . . ., gardien de la maison d'arrêt, la somme de. . . . ., pour trente jours d'aliments à fournir au sieur. . . . ., plus la somme de. . . . . pour droits de greffe, papier, quittance et transcription sur ledit registre du jugement susénoncé et du présent.

Et j'ai laissé et délivré : 1° audit sieur. . . . ., en parlant à sa personne, entre les deux guichets, comme lieu de liberté, copie du présent, avec observation que copie du procès-verbal de capture vient de lui être remise à l'instant même, ainsi que le constate au surplus ledit procès-verbal ; 2° et audit sieur. . . . ., geôlier, aussi copie du présent, le tout signé de moi, de mes témoins et dudit sieur. . . . ., geôlier.

V. nos 402 et 420. — Coût : Le coût de ce procès-verbal est compris dans ce qui est alloué pour le procès-verbal de capture.—V. *suprà* n° 565.

Enregistrement de l'exploit, 2 fr. 20 c.

6. *Signification et commandement par corps, en matière criminelle, à requête de la régie de l'enregistrement.*

L'an. . . . ., à la requête de M. . . . ., receveur de l'enregistrement et des domaines, demeurant à. . . . . ., agissant au nom de l'administration générale de l'enregistrement et des domaines, pour lequel domicile est élu (*dans la commune où siége le tribunal qui a rendu le jugement*), j'ai. . . . ., signifié et avec ces présentes donné copie à. . . . ., de l'extrait, contenant les noms des parties et le dispositif d'un jugement rendu par le tribunal de police correctionnelle de. . . . ., le. . . . . ., portant condamnation contre le requérant, d'une somme de. . . . ., et ai fait commandement de par la loi et justice audit sieur. . . . . de présentement payer au requérant, ou à moi huissier, pour lui porteur, aux offres de droit, la somme de. . . . . ., composée de. . . . . ., sous réserve de tous autres droits, dus et actions généralement, lequel sieur. . . . . ayant refusé de payer, je lui ai déclaré que, faute par lui de ce faire dans le délai de cinq jours, et icelui passé, il y serait contraint par toutes voies de droit etnotamment par corps, etc. ;

V. n° 422. — Coût : V. *Formule* 2.

Enregistrement de l'exploit, gratis (L. 16 juin 1824, art. 6.).

7. *Procès-verbal de recommandation.*

L'an. . . . . ., le. . . . ., à la requête de. . . . ., en vertu de la grosse (*le tout comme à la formule n° 4*), j'ai. . . . ., soussigné (*l'assistance de recors est inutile*), fait itératif commandement de par la loi et justice à. . . . ., demeurant ci-devant à. . . . ., et maintenant détenu pour dettes à la maison d'arrêt de. . . . ., sise à. . . . ., où étant et parlant à la personne dudit sieur. . . . ., amené à l'effet des présentes entre les deux guichets comme lieu de liberté, de payer (*comme à la formule* n° 4), lequel sieur. . . . ., en parlant comme dessus, ayant refusé de payer, je lui ai déclaré qu'en vertu dudit jugement j'allais l'écrouer et le recommander sur le registre de ladite maison d'arrêt.

(Si le débiteur requiert qu'il en soit référé. — V. *Formule n°* 4 , 5e *hypothèse*.)

Et m'étant en effet présenté au sieur. . . . ., gardien-chef de ladite maison d'arrêt, en parlant à sa personne, j'ai écroué et recommandé ledit sieur. . . . . sur le registre, folio. . . ., et l'ai laissé à la garde du sieur. . . . . ., lequel, sur l'exhibition que je lui ai faite de la grosse du jugement susdaté, a promis de se charger dudit sieur. . . . . ., et s'est obligé de le représenter, quand il en sera légalement requis; et, attendu que des aliments ont été consignés pour le mois, je n'en ai point consigné mais j'ai payé audit gardien la somme de. . . . . pour droit de transcription du jugement susdaté et du présent, compris le papier timbré.

Puis, j'ai, audit sieur. . . . ., toujours en parlant à sa personne, entre les deux guichets comme lieu de liberté, et audit sieur. . . . ., gardien, parlant à lui-même, laissé à chacun séparément copie du présent procès-verbal signé de ce dernier et de moi.

V. n° 434.—Coût : V. *suprà* n° 576.

Enregistrement de l'exploit, 2 fr. 20 c. (L. 28 avril 1816, art. 43).

8. *Demande à fin de contribution aux aliments.*

L'an. . . . . ., à la requête de. . . . . (*constituer avoué*), en vertu de l'ordonnance rendue par M. le président (*l'analyser*), et dont il est avec ces présentes donné copie, j'ai. . . . ., commis à l'effet des présentes par ladite ordonnance, donné assignation à. . . . . (*au domicile élu par le procès-verbal de recommandation*). à comparaître le. . . . ., pour,—attendu que, par exploit. . . . . (*énoncer l'écrou*); attendu que, par autre exploit. . . . . . (*énoncer la recommandation*); attendu que ledit sieur. . . . . doit contribuer pour moitié aux aliments consignés par. . . . . ;—voir dire qu'il sera tenu de payer et rembourser au sieur. . . . . la somme de. . . . ., pour sa part, depuis le. . . . . jusqu'à. . . . . ., des aliments payés par le requérant au sujet de l'emprisonnement dont il est ci-dessus parlé; qu'à l'avenir, les aliments seront consignés par le requérant, et que ledit sieur. . . . . sera tenu de lui rembourser la moitié des sommes consignées, sur le vu de la quittance du geôlier, sinon y sera contraint en vertu du présent jugement et sans qu'il en soit besoin d'autre; et, en outre, s'entendre condamner aux dépens, sous toutes réserves.

V. nº 442.—Coût, tarif, 27. Orig.: Paris, 2 fr.; R. P., 1 fr. 80 c.; aill., 1 fr. 50 c.; Cop., le 1/4.

Enregistrement de l'exploit, 2 fr. 20 c.

9. *Procès-verbal d'extraction et de réintégration du débiteur.*

L'an. . . . . ., à la requête de. . . . ., demeurant ci-devant à. . . . . . ., et maintenant détenu pour dettes à la maison d'arrêt de. . . . . ., et en vertu d'une ordonnance rendue sur requête à lui présentée par M. le président du tribunal de première instance de. . . . ., le. . . . ., enregistrée, et qui permet au sieur. . . . . d'assister à. . . . ., je. . . . ., commis à l'effet des présentes par ladite ordonnance, me suis transporté à la maison d'arrêt de. . . ., où étant et parlant à. . . ., concierge de ladite maison, ai donné à ce dernier connaissance de ladite ordonnance et lui ai fait sommation de me représenter et me confier la personne du sieur. . . ., son prisonnier, aux offres de l'en décharger. Obtempérant à ma sommation, ledit sieur. . . . . a, en effet, remis à ma garde le sieur. . . . . . .; et, en conséquence, je l'ai déchargé par une mention signée de moi en marge de l'écrou. De suite, j'ai conduit ledit sieur. . . . . . à. . . . ., où il est resté jusqu'à. . . . . heures du soir. Et l'opération, pour laquelle l'extraction a été permise, étant terminée, j'ai reconduit ledit sieur. . . . . . à ladite maison d'arrêt pour dettes, où, étant arrivé, je l'ai remis et confié à la garde dudit sieur. . . . . ., concierge, qui s'est obligé le représenter à toute réquisition légale. Après avoir fait mention de cette réintégration sur le registre, en face de l'écrou du sieur. . . . ., j'ai laissé à ce dernier, en parlant à sa personne, entre les deux guichets comme lieu de liberté, et au geôlier, à chacun séparément, copies du présent signé de moi et du geôlier. Coût. . . . . .

V. nºˢ 476 et 496.—Selon nous, cet acte doit être taxé comme le procès-verbal d'emprisonnement, attendu son analogie.—V. *Formule* 4.

Enregistrement de l'exploit, 2 fr. 20 c.

NOTA. *L'original de cet exploit est remis au créancier qui en donne récépissé; en cas de refus de le recevoir, on pourrait le lui signifier.*—V. Signification.

10. *Procès-verbal de translation.*

L'an. . . . . ., en vertu d'un jugement rendu par le tribunal de. . . . ., entre le requérant et ses créanciers. . . . ., ordonnant. . . . . . (*comme à la formule précédente*), j'ai, de suite, conduit ledit sieur. . . . . . en la maison d'arrêt pour dettes, sise à. . . . . ., rue. . . . . ., où étant arrivé et parlant au sieur. . . . . . ., geôlier, je lui ai déclaré que, en exécution du jugement susdaté, je lui remettais la personne dudit sieur. . . . . ., à l'effet de l'écrouer sur les registres de ladite maison d'arrêt; à quoi ledit sieur. . . . . . m'a répondu qu'il se chargeait du sieur. . . . . ., et s'obligeait de le représenter toutes les fois qu'il en serait légalement requis.

Le sieur. . . . . . ayant écroué ledit sieur. . . . . sur les registres de la maison d'arrêt, folio. . . ., je lui ai consigné, pour trente jours d'aliments, la somme de. . . . . ., et payé, pour droit de transcription du jugement susdaté et timbré, la somme de. . . .

Et j'ai laissé copie du présent et du jugement susdaté : 1º audit sieur. . . . ., débiteur; 2° et à mondit sieur. . . . .; quant à l'original du présent, il sera remis, sur récépissé, au créancier incarcérateur. Coût. . . . .

V. n° 482.—Coût, V. *Formule* 9.

Enregistrement de l'exploit, 2 fr. 20 c.

11. *Demande en nullité de l'emprisonnement.*

L'an. . . . ., à la requête de (*constituer avoué*), et en vertu de l'ordonnance de M. le président du tribunal civil de (*analyser cette ordonnance*), et de laquelle il est avec ces présentes donné copie, j'ai. . . . ., commis à l'effet des présentes par ladite ordonnance, donné assignation à (*au domicile élu par l'écrou*), à comparaître le. . . . ., pour,—attendu que, par procès-verbaux du ministère de (*énoncer les procès-verbaux de capture et d'écrou*); attendu que le commandement par corps qui a précédé l'emprisonnement a été signifié par un huissier non commis; que, dès lors, il est nul aux termes de l'art. 78, C. proc. civ.; que cette nullité entraîne celle de tous les actes qui ont suivi ledit commandement et notamment celle de l'emprisonnement;—voir déclarer nuls et vexatoires lesdits commandement et emprisonnement, ordonner la mise en liberté du requérant par tous gardiens et geôliers; s'entendre, le sieur. . . . . . ., condamner en. . . . . de dommages-intérêts et aux dépens, sous toutes réserves.

V. n° 493.—Coût, V. *Formule* 1.

Enregistrement de l'exploit, 2 fr. 20 c.

12. *Consignation entre les mains du geôlier.*

L'an. . . . ., à la requête de. . . . ., demeurant à. . . . ., et maintenant détenu pour dettes à la maison d'arrêt de. . . . . ., j'ai. . . . . . ., signifié et déclaré à M. . . . . ., geôlier de ladite maison, demeurant à. . . . ., en parlant à sa personne, que je venais opérer, entre ses mains, une consignation au nom du requérant et pour le compte et pour le profit du sieur. . . . ., son créancier; de suite, en effet, j'ai réellement compté et délivré la somme de. . . . . . en pièces de. . . . . ., composée, savoir: 1° de. . . . . . pour le principal d'un jugement (*énoncer les causes de la consignation*), lui déclarant que la présente consignation est faite pour obtenir immédiatement la mise en liberté du débiteur requérant, et, en outre, à la charge, en l'acceptant, d'en donner quittance; à ce que dessus mondit sieur. . . . . a répondu. . . . .

En cas d'acceptation : qu'il acceptait lesdites offres; en conséquence, je lui ai remis la somme offerte, qu'il a reçue après vérification et dont il m'a donné quittance: puis, il m'a remis à l'instant la personne du sieur. . . . . ., que j'ai mis immédiatement en liberté, après avoir déchargé ledit sieur. . . . . . de la garde de. . . . . . par une mention mise en marge de l'écrou et signée de moi.

En cas de refus : qu'il refusait *par tel motif*, contre laquelle réponse j'ai fait toutes protestations; et après avoir remporté la somme offerte, j'ai laissé copie du présent audit sieur. . . . .

V. n°s 514 et 528. — Coût, arg. tarif, art. 60. Origin., Paris, 5 fr.; R. P. 4 fr. 50 c.; aill., 4 fr. Cop., le 1/4.

Enregistrement de l'exploit, 2 fr. 20 c.

13. *Assignation en élargissement contre le geôlier et le créancier.*

L'an. . . ., à la requête de (*constituer avoué*), et en vertu de l'ordonnance (*l'analyser*), et dont il est avec ces présentes donné copie, j'ai. . . . . commis à cet effet, par ladite ordonnance, donné assignation : 1° à. . . . ., geôlier; 2° à. . . . . ., créancier (*au domicile réel ou à celui élu par l'écrou*), à comparaître le. . . . . ., pour, — attendu (*énoncer l'emprisonnement*); attendu que par exploit de. . . . . ., huissier à. . . . ., le sieur requérant a offert de consigner (*analyser la consignation*); attendu que le requérant a le plus grand intérêt à faire valider cette consignation à l'effet d'obtenir sa mise en liberté;—voir déclarer ladite consignation suffisante et régulière; ordonner, en conséquence, que le sieur. . . . . . ., en remettant entre les mains du sieur. . . . . ., geôlier, la somme de. . . . . . ., sera libéré du montant de sa dette envers. . . . . . . et de suite mis en liberté; s'entendre, en outre, le sieur. . . . . ., geôlier, attendu son refus, condamner en. . . . . de dommages-intérêts et aux dépens, sous toutes réserves.

V. n°s 531 et 543.—Coût, V. *Formule* 1.

Enregistrement de l'exploit, 2 fr. 20 c.

14. *Demande en élargissement.*

L'an. . . . ., à la requête de (*constituer avoué*), et en vertu de l'ordonnance de **M.** le président (*analyser cette ordonnance*), et de laquelle il est avec ces présentes donné copie, j'ai. . . . . ., commis à l'effet des présentes par ladite ordonnance, donné assignation : 1° à. . . . . . ., créancier incarcérateur (*au domicile élu par l'écrou*) ; 2° à. . . . . ., créancier recommandant (*au domicile élu par la recommandation*), à comparaître le. . . . . ., pour, — attendu que le requérant, condamné pour dette civile, autre que le stellionat, a atteint sa 70e année, le. . . . . ., ainsi qu'il résulte de son acte de naissance ; attendu qu'une expédition de cet acte a été par lui signifiée aux sieurs. . . . . . . par exploit de. . . . . ., avec sommation de mettre le requérant en liberté ; attendu qu'ils n'ont point obéi à cette sommation et que le requérant a le droit d'obtenir sa liberté aux termes de l'art. 6 de la loi du 17 avril 1832, — voir dire et ordonner que le requérant sera mis en liberté ; que les portes de la prison lui seront ouvertes par tous geôliers à peine de dommages-intérêts, et en outre s'entendre condamner en. . . . . . . de dommages-intérêts et aux depens, sous toutes réserves.

V. n° 538.—Coût, V. *Formule* 1.

Enregistrement de l'exploit. 2 fr. 20 c.

15. *Signification du jugement qui prononce la nullité de l'emprisonnement et l'élargissement du débiteur.*

L'an. . . . ., à la requête de. . . . ., j'ai. . . . . ., signifié et avec ces présentes donné copie au sieur. . . . ., geolier de la maison d'arrêt pour dettes établie à. . . . ., où étant et parlant à sa personne, de la grosse d'un jugement (*l'analyser*) ; et, attendu que ce jugement est passé en force de chose jugée, ainsi qu'il résulte : 1° de la signification qui en a été faite à avoué le. . . . . ., et à partie le. . . . . . ; 2° du certificat du greffier du tribunal de. . . . . ., constatant qu'il n'a été porté au rôle aucune opposition ; 3° du certificat du greffier de la Cour impériale de. . . . ., établissant qu'aucun appel n'a été inscrit au rôle jusqu'à ce jour ; desquels actes il est avec ces présentes également donné copie ; j'ai, huissier susdit et soussigné, fait sommation audit sieur. . . . . . ., geôlier, de me représenter la personne du sieur. . . . . ., aux offres de le décharger de la garde dudit sieur. . . . . ., par une mention signée de moi et mise en marge de l'écrou. Obéissant à ma sommation, ledit sieur. . . . . m'a représenté mon requérant que j'ai à l'instant mis en liberté ; et après en avoir déchargé le sieur. . . . . ., geolier, par une mention sur son registre d'écrou, j'ai dressé le présent procès-verbal dont je lui ai laissé copie, ainsi que celle des actes susdatés. Coût. . . . . .

V. n° 546.—Coût : V. *suprà* n° 579.

Enregistrement de l'exploit, 2 fr. 20 c.

CONTRARIÉTÉ DE JUGEMENTS.—**1.** Opposition entre les dispositions de deux arrêts ou jugements en dernier ressort, rendus par deux tribunaux différents ou par le même tribunal, entre les mêmes parties, pour les mêmes objets et sur les mêmes moyens (C. proc. civ., art. 480 et 504).

2. La contrariété de jugements rendus en dernier ressort, entre les mêmes parties et sur les mêmes moyens, en différents tribunaux, donne ouverture à cassation. — V. *Cassation*, nos 47 et suiv.

3. Si la contrariété existe entre des arrêts ou jugements rendus par les mêmes Cours ou tribunaux, elle donne ouverture à requête civile.—V. *Requête civile*.

CONTRAT.—**1**. Ce mot signifie, en général, une convention par laquelle une ou plusieurs personnes s'obligent, envers une ou plusieurs autres, à donner, à faire ou à ne pas faire quelque chose (C. Nap., art. **1101**), et, dans un sens plus restreint, l'acte écrit qui constate la convention (art. **1397**, **1567**, **2181** et **2194**). — V. *Convention*.

2. On distingue plusieurs espèces de contrats :

Le contrat est *synallagmatique ou bilatéral*, lorsque les contractants s'obligent réciproquement les uns envers les autres (C. Nap., art. **1103**).

3. Il est *unilatéral*, lorsqu'une ou plusieurs personnes sont obligées envers une ou plusieurs autres, sans que de la part de ces dernières il y ait d'engagement (même art.).

4. Il est *commutatif*, lorsque chacune des parties s'engage à donner ou à faire une chose qui est regardée comme l'équivalent de ce qu'on lui donne ou de ce qu'on fait pour elle (C. Nap., art. 1104).

5. Il est *aléatoire*, lorsque l'équivalent consiste dans la chance de gain ou de perte pour chacune des parties, d'après un événement incertain (même art.).

6. Le contrat de *bienfaisance* est celui par lequel l'une des parties procure à l'autre un avantage purement gratuit (art. 1105).

7. Enfin, le contrat à *titre onéreux* est celui qui assujettit chacune des parties à donner ou à faire quelque chose (art. 1106).

8. Tous les contrats, soit qu'ils aient une dénomination propre, soit qu'ils n'en aient pas, sont soumis à des règles générales. — V. *Convention*, *Obligation*. Les règles particulières à certains contrats sont indiquées sous les mots relatifs à chacun d'eux. — V. *Bail (en général)*, *Bail à cheptel*, etc., *Donation*, *Échange*, *Rente viagère*, *Vente*.

9. La distinction des contrats étant peu utile dans la pratique, nous bornerons là cet article, en faisant remarquer que nous expliquerons les conséquences que cette distinction peut entraîner au mot *Obligation*.— V. ce mot.

CONTRAT A LA GROSSE.—**1**. Le contrat ou prêt à la grosse est un acte par lequel une personne prête sur certains objets exposés à des risques maritimes; elle consent à la perte de la somme prêtée, si la chose sur laquelle le prêt a été fait vient à périr par cas fortuit, et stipule le remboursement de cette somme avec un profit convenu, si la chose arrive à bon port (C. comm., art. 311 et suiv.).

2. Tout acte de prêt à la grosse peut être négocié par la voie de l'endossement, s'il est à ordre. En ce cas, la négociation de ces actes a les mêmes effets et produit les mêmes actions en garantie que celle des autres *effets de commerce* (C. comm., art. 313). — V. *Effets de commerce*.

CONTRAT DE MARIAGE.—**1**. Convention destinée à régler, quant aux biens qu'ils possèdent ou pourront acquérir, les droits dont deux personnes qui veulent se marier jouiront comme époux l'une à l'égard de l'autre. — V. *Communauté de biens entre époux*, n° 501, *Dot*, *Régime dotal*.

L'*acte* qui sert à constater ces conventions se nomme aussi *Contrat de mariage*.

2. Avant la loi du 10-18 juill. 1850, les conventions matrimoniales, si ce n'est dans le cas des art. 67 et suiv., C. comm., n'étaient pas rendues publiques. Leur existence restait occulte; les époux pouvaient la révéler, si bon leur semblait; mais ils pouvaient aussi la tenir secrète. Les tiers étaient souvent fort embarrassés pour en avoir connaissance, quand on voulait les leur céler, et quelquefois même réduits à l'impossibilité de les découvrir. Le législateur a voulu remédier à ces inconvénients. De là, la loi du 18 juill. 1850.

3. Toutes conventions matrimoniales doivent être rédigées, avant le mariage, par acte devant notaire (C. Nap., art. 1394), et ne peuvent recevoir aucun changement après la célébration du mariage (art. 1395). Les changements qui y seraient faits avant cette célébration doivent être constatés par acte passé dans la même forme que le contrat de mariage, en présence et du consentement simultané de toutes les personnes qui y ont été parties, à peine de nullité (art. 1396 et 1397).

4. Le notaire, qui reçoit un contrat de mariage, doit délivrer aux parties, au moment de la signature de ce contrat, un certificat sur papier libre et sans frais, énonçant ses nom et lieu de résidence, les noms, prénoms, qualités et demeures des futurs époux, ainsi que la date du contrat. Ce certificat indiquera qu'il doit être remis à l'officier de l'état civil avant la célébration du mariage (L. 18 juill. 1850, art. 1er, *in fine*).

5. L'officier de l'état civil interpelle les futurs époux, ainsi que les personnes qui autorisent le mariage, si elles sont présentes, d'avoir à déclarer s'il a été fait un contrat de mariage, et dans le cas de l'affirmative, la date de ce contrat, ainsi que les nom et lieu de la résidence du notaire qui l'a reçu (même loi, art. 1er).

6. L'acte de mariage doit contenir, indépendamment des énonciations mentionnées dans l'art. 76, C. Nap., la déclaration faite sur cette interpellation, qu'il a été ou qu'il n'a pas été fait de contrat de mariage, et, autant que possible, la date du contrat, s'il existe, ainsi que les nom et lieu de résidence du notaire qui l'a reçu, le tout, à peine, contre l'officier de l'état civil, de l'amende fixée par l'art. 50, C. Nap. (même loi, art. 1er).

7. Dans le cas où la déclaration a été omise ou est erronée, la rectification de l'acte, en ce qui touche l'omission ou l'erreur, peut être demandée par le procureur impérial, sans préjudice du droit des parties intéressées, conformément à l'art. 99, C. Nap. (même loi, art. 1er).

8. La rectification demandée dans le cas qui précède par le procureur impérial se fait sans frais, en vertu du décret de 1811.

9. Si l'acte de célébration de mariage porte que les époux se sont mariés sans contrat, la femme est réputée, à l'égard des tiers, capable de contracter dans les termes du droit commun, à moins que, dans l'acte qui contient son engagement, elle n'ait déclaré avoir fait un contrat de mariage (même loi, art. 1er).

10. Les formalités nouvelles exigées par la loi du 18 juillet 1850 n'empêchent pas l'observation des dispositions du Code de commerce relatives à la publication des contrats de mariage des époux qui sont commerçants au moment de la célébration de leur mariage ou le deviennent depuis (C. comm., art. 67 et suiv.).

CONTRAT JUDICIAIRE. — **1.** Convention formée par les parties en instance devant un tribunal et en présence de ce tribunal.

2. Le contrat judiciaire diffère des contrats extrajudiciaires : 1° en ce qu'il ne peut intervenir qu'entre des parties en cause; 2° en ce qu'il est constaté par le juge; 3° en ce que la signature des parties n'est pas nécessaire à sa validité; 4° en ce qu'il ne peut être vicié par l'erreur de droit (Poncet, *des Jugements*, t. 1er, pag. 26 et suiv.; Sebire et Carteret, *Encyclopédie de droit*, v° *Contrat judiciaire*, n° 3).

3. On distingue deux sortes de contrats judiciaires, l'un *exprès*, l'autre *tacite*, suivant qu'ils résultent d'actes positifs, ou de la manière d'agir des parties (Merlin, *Répert.*, v° *Contrat judiciaire*).

4. On considère généralement comme contrats judiciaires exprès l'aveu et le serment faits en justice, le désistement et toutes autres stipulations positives faites soit en présence de la justice, soit au greffe, telles que les adjudications et les cautionnements fournis pour l'exécution d'un jugement. Mais l'acquiescement, lorsqu'il est tacite, constitue un contrat judiciaire tacite.

5. On considère aussi comme contrat judiciaire la déclaration des parties, devant le juge de paix, dans le cas de l'art. 7, C. proc. civ. (Cass., 3 oct. 1808). Mais il n'en est pas de même des transactions qui interviennent au bureau de conciliation; elles n'ont que la force d'obligations privées (C. proc. civ., art. 54; Sebire et Carteret, v° *Contrat judiciaire*, n° 26).

6. Le contrat judiciaire, qu'il soit exprès ou tacite, n'est formé que lorsque le consentement donné par une partie est accepté par l'autre. Jusque-là, la personne qui a donné son consentement peut le révoquer (Cass., 13 mai 1824), à moins cependant que ce consentement ne soit l'acquiescement à une demande formée : car, dans ce cas, il y a concours de la volonté des deux parties (Merlin, *Rép.*, v° *Contrat judiciaire*).

7. Dès l'instant que la proposition faite par une partie a été acceptée par l'autre, le contrat est formé, et aucune des parties ne peut le révoquer, alors même que le juge n'en aurait pas encore donné acte. « Le juge, dit Merlin (*eod verb.*), n'ajoute rien à la vertu intrinsèque du contrat ; il ne fait que le rendre exécutoire en le revêtant de son autorité ». Toutefois, la Cour de Caen a décidé par arrêt du **19** août **1837** que le consentement pouvait être révoqué tant qu'il n'en avait pas été donné acte.

8. Le contrat judiciaire prend le nom de *jugement d'expédient*, lorsqu'il a pour but de terminer la contestation sur tout ou partie de la cause (Poncet, *des Jugements*, t. **1**er, n° **19**). Ce jugement intervient surtout lorsque parmi les intéressés à la transaction se trouvent des incapables. — V. *Expédient*.

9. Les contrats judiciaires s'exécutent de la même manière que les jugements. — V. *Exécution*. Mais on ne peut les attaquer par la voie de l'appel, du pourvoi en cassation ou de la requête civile (Poncet, n° **18** ; Merlin, *Quest. de droit*, v° *Appel*, n° **5** ; Sebire et Carteret, v° *Contrat judiciaire*, n° **29**).

10. Les contrats judiciaires ne sont susceptibles d'être attaqués que par action en nullité pour dol, violence, erreur, et cette action est de la compétence du tribunal devant lequel ils se sont formés (Sebire et Carteret, n° **30**).

11. Les contrats judiciaires donnent naissance, au profit du créancier, à l'hypothèque dont il est parlé à l'art. **2117**, C. Nap. (Sebire et Carteret, n° **23**).

CONTRAT PIGNORATIF. — **1.** Contrat par lequel un débiteur vend un immeuble à son créancier, moyennant la somme due à ce dernier, sous la condition de pouvoir le racheter pour le même prix dans un temps déterminé, immeuble qui est reloué ensuite par le créancier à son débiteur, pour le même temps, moyennant une somme annuelle destinée à tenir lieu des intérêts de la créance.

2. Le contrat pignoratif n'a été défendu ni par le Code Napoléon, ni par la loi du **3** sept. **1807**, ni par celle du **19** sept. **1850** (v. *J. Huiss.*, t. **32**, p. **37**). Mais il doit être annulé comme illicite, s'il a pour résultat d'exiger un intérêt au-dessus du taux légal.

3. Trois éléments essentiels constituent le contrat pignoratif illicite, savoir : **1°** la stipulation de la faculté de rachat ; **2°** la vilité du prix, et **3°** la location faite à l'instant même par le prétendu acquéreur au vendeur (Duranton, t. **16**, n° **430** ; Duvergier, *De la vente*, t. **2**, n° **11** ; Troplong, *De la vente*, t. **2**, n° **695** ; Aix, **10** août **1809**, cass., **22** mars **1810** ; Bordeaux, **27** août **1827** ; **19** avril **1828** ; Montpellier, **25** août **1829** ; Pau, **17** mai **1830** ; Colmar, **12** fév. **1831** ; **28** déc. **1839**).

4. Il n'est pas nécessaire, comme l'ont décidé les cours de Toulouse et de Besançon par arrêts des **10** août **1812** et **3** avril **1822**, pour constituer le contrat pignoratif illicite, qu'il y ait habitude d'usure de la part de l'acquéreur.

5. Quoique la relocation et la faculté de rachat doivent être stipulées à l'instant de la vente, il ne s'ensuit pas qu'elles doivent être contenues dans le même acte ; elles peuvent avoir lieu, au contraire, par actes séparés faits le même jour (Poitiers, **5** prair. an **XII** ; Limoges, **28** juin **1838** ; Montpellier, **25** août **1829**).

6. Toutefois, la stipulation de la faculté de rachat et la relocation ne font pas dégénérer la vente en contrat pignoratif : il faut que la simulation et l'usure soient établies (Cass. **23** déc. **1845**).

7. L'impignoration, c'est-à-dire le caractère usuraire du contrat pignoratif, se prouve non-seulement par témoins, mais encore par des présomptions graves, précises et concordantes (Cass., 22 mars 1810; 18 janv. 1814; 3 mars 1825; Rennes, 20 fév. 1816; Merlin, *Quest. de droit*, v° *Contrat pignoratif*, n° 3; Chardon, *Du dol et de la fraude*, t. 3, n° 512; Duvergier, *De la vente*, t. 2, n° 11), sans qu'il soit besoin d'un commencement de preuve par écrit (Toullier, t. 9, n° 313; Duvergier, *loc. cit.* — *Contrà*, Turin, 9 juill. 1812).

8. L'action qui a pour objet de faire annuler une vente à réméré comme déguisant un contrat pignoratif se prescrit par dix ans, à partir du jour de la vente (Limoges, 9 déc. 1851 : V. *J. Huiss.*, t. 33, p. 43).

9. Lorsqu'un acte de vente à réméré est annulé comme déguisant un contrat pignoratif usuraire, l'acquéreur n'a droit qu'au remboursement de son capital avec intérêts au taux légal, et les sommes qu'il aurait reçues à titre de prix de ferme et qui excéderaient l'intérêt légal devraient être imputées sur le capital (Montpellier, 25 août 1829).

CONTRAT D'UNION. — Contrat qui se forme, de plein droit, entre les créanciers de la faillite, lorsqu'il n'intervient point de concordat (C. comm., art. 529). — V. *Faillite*.

CONTRAVENTION. — 1. Infraction à une loi, à une ordonnance, à un décret, ou même à un règlement en matière fiscale ou de police. Le mot contravention s'emploie aussi généralement pour violation d'une loi, d'une convention, d'une obligation.

2. Les infractions à une obligation, à une convention, ne peuvent jamais donner lieu qu'à une action en dommages-intérêts devant les tribunaux civils. — V. *Convention*, *Dommages-intérêts*.

3. Les infractions aux lois et règlements concernant la profession d'huissier sont punissables d'amendes et de peines disciplinaires. — V. *Chambre de discipline des huissiers*, *Copie de pièces*, *Discipline*, *Enregistrement*, *Poids et mesures*, *Registre de protêts*, *Répertoire*, *Timbre*, *Vente publique de meubles*, etc.

4. Les contraventions à une loi, à un décret ou même à un arrêté de police, rendent ceux qui en sont coupables passibles des peines prononcées par les art. 464 et suiv., C. pén.

5. Les contraventions sont prouvées soit par des procès-verbaux ou rapports, soit par des témoins (C. inst. crim., art. 154). La preuve contraire est admise même lorsqu'un procès-verbal a été dressé, à moins qu'il ne s'agisse d'un délit en matière de forêts, douanes, droits réunis.

6. Les contraventions sont poursuivies à la requête du ministère public ou de la partie lésée. — V. *Action civile*, *Action publique*.

7. La citation doit être notifiée par un huissier (C. inst. crim., art. 145). — V. *Citation*, § 2.

8. Le tribunal compétent pour statuer sur la contravention est celui du lieu où elle a été commise. — V. *Justice de paix*, *Tribunal de police*.

9. Pour la prescription des contraventions et des condamnations auxquelles elles ont donné lieu, V. *Prescription*, *Délit forestier*, *Délit rural*.

CONTRE-AVEU. — On appelait ainsi, dans certaines coutumes, et notamment dans celle de Poitiers, l'opposition formée par le défendeur à une revendication de meubles (Merlin, *Répert.*, v° *Contre-aveu*).

CONTREDIT. — 1. Écritures ou défenses que fournit une des parties contre la production de l'autre dans les affaires qui s'instruisent par écrit. — V. *Instruction par écrit*.

2. En matière de distribution par contribution et d'ordre, on appelle *contredits* les dires par lesquels une ou plusieurs parties contestent l'état provisoire des collocations arrêtées par le juge-commissaire. — V. *Distribution par contribution*, *Ordre*.

CONTRE-ENQUÊTE.—V. *Enquête*.

CONTREFAÇON. — En matière de brevets d'invention, la contrefaçon est l'atteinte portée aux droits du breveté, soit par la fabrication de produits, soit par l'emploi de moyens faisant l'objet de son brevet (L. 5 juill. 1844, art. 40).—V. *Brevet d'invention*.

CONTRE-LETTRE. — **1.** Acte qui a pour objet soit de détruire ou d'annuler un autre acte, soit de déroger à quelques-unes des dispositions qu'il contient.

2. Les contre-lettres peuvent avoir lieu par acte authentique ou sous seing privé; elles n'ont rien par elles-mêmes d'illicite. Mais, lorsqu'elles sont tenues secrètes, elles servent le plus souvent à couvrir ou à préparer la fraude, et, dans ce cas, la justice les réprouve généralement.

3. Qu'elles aient eu lieu par acte public ou sous seing privé, les contre-lettres ne produisent d'effet qu'entre les parties contractantes; elles n'en ont point contre les tiers (C. Nap., art. 1321).

4. Les contre-lettres sous seing privé portant augmentation du prix d'une vente de meubles ou d'immeubles ne sont pas nulles (Cass., 19 janv. 1819; Toullier, t. 8, n° 185; Favard, *Répert.*, v° *Contre-lettre*.—*Contrà*, L. 22 frim. an 7, art. 40; Cass., 10 janv. 1809; Metz, 24 janv. 1823; Merlin, *Répert.*, v° *Contre-lettre*).

5. Mais les contre-lettres portant augmentation du prix de cession d'un office sont nulles comme contraires à l'ordre public.—V. *Office*.

CONTRE-MAITRE. — V. *Actes de commerce*, n° 109; *Compétence commerciale*, n° 38.

CONTRE-MUR. — **1.** Mur adossé à un autre mur pour le garantir et le préserver des dégradations qui pourraient résulter de travaux faits sur le fonds voisin.

2. Nul propriétaire ne pouvant faire sur sa propriété aucune construction ni travail quelconque qui soit incommode ou nuisible à la propriété de son voisin (Arg., art. 674, 675 et 1382, C. Nap.), il suit de ce principe qu'on peut exiger un contre mur dans une foule de circonstances. — V. *Cheminée*, *Citerne*, *Etable*, *Forge*, *Four*, *Magasin de sel*, *Matières corrosives*.

CONTRE-PASSATION D'ORDRE.—Acte par lequel celui au profit de qui un effet de commerce a été endossé par erreur le passe à son tour à l'ordre de son cédant. S'il oublie d'insérer avant sa signature qu'il ne sera tenu d'aucune garantie, il est lié comme s'il était endosseur réel : d'où il suit que, en pareil cas, il est préférable de biffer l'endossement. — V. *Effets de commerce*, *Endossement*.

CONTRIBUTION DE DENIERS. — V. *Distribution par contribution*.

CONTRIBUTIONS COMMUNALES.—Répartition des charges de la commune, telles que celles qui sont relatives à l'entretien des chemins, à l'instruction primaire, etc., entre tous les habitants de cette commune, dans la proportion de leurs ressources personnelles.

CONTRIBUTIONS DIRECTES.—**1.** Impôts assis directement sur les biens meubles ou immeubles, ou sur les personnes, et perçus au moyen de rôles où chaque contribuable est nominativement désigné (Instruct. de l'Assemblée nationale, du 8 janv. 1790).

Indication alphabétique des matières.

§ 1. — *Notions générales. — Poursuites.*

2. Les contributions directes sont divisées en contributions foncières et contributions personnelles et mobilières : les premières sont assises sur les propriétés immobilières, proportionnellement et à raison de leur revenu imposable ; les secondes se répartissent sur les personnes. On range dans cette dernière classe la contribution des portes et fenêtres et les patentes.

3. Elles se recouvrent par l'intermédiaire de percepteurs, receveurs particuliers et receveurs généraux, sur des rôles rendus exécutoires par le préfet du département, à peine de nullité des poursuites (Ord. cons. d'Etat, 5 nov. 1828).

4. Le Trésor peut, en vertu du rôle des contributions directes rendu exécutoire par le préfet, poursuivre le paiement des contributions, tant contre les contribuables que contre ceux qui sont détenteurs de leurs deniers, spécialement contre l'huissier qui détient les deniers provenant de la vente d'effets, fruits et récoltes, saisis contre un contribuable au nom de ses créanciers. L'huissier n'est pas fondé à s'opposer à ces poursuites, en prétendant ou qu'elles le mettent dans la nécessité de faire la consignation exigée par l'art. 657, C. proc. civ., ou que les créanciers du saisi peuvent invoquer sur les deniers de la vente, soit un droit de propriété par suite d'immobilisation des fruits saisis, soit un privilége primant celui du Trésor. L'opposition qu'il fait dans ce cas aux poursuites du Trésor et le retard qu'il occasionne par là dans

le recouvrement de l'impôt le rendent passible de dommages-intérêts envers le Trésor (Riom, 4 mai 1852 : V. *J. Huiss.*, t. 34, p. 190 et suiv.).

5. Tout contribuable qui se croit surtaxé doit former sa demande en décharge ou réduction dans les trois mois (L. 21 avr. 1832, art. 28) à partir de la publication des rôles (L. 4 août 1844, art. 8 ; Ord. cons. d'Etat, 30 juin 1839 ; 12 juin 1845).

6. Les réclamations doivent être écrites sur timbre (L. 13 brum. an 7, art. 12), à moins qu'il ne s'agisse de cotes au-dessous de 30 fr. (L. 21 avril 1832, art. 28). — V. *infrà* n° 45.

7. Toute réclamation doit être accompagnée de la quittance des termes échus ; elle n'empêche pas les poursuites qui pourraient être exercées jusqu'à ce qu'il ait été statué sur la réclamation (L. 21 avril 1832, même art.).

8. Elle doit être adressée au préfet ou sous-préfet, et est transmise par lui au directeur des contributions directes qui donne son avis. Si cet avis est favorable, le conseil de préfecture statue immédiatement ; s'il est contraire, le réclamant peut recourir à une expertise (Même loi, art. 29).

9. Les experts sont nommés, l'un par le sous-préfet, l'autre par le réclamant (L. 2 mess. an 7, art. 202) ; ils procèdent comme il est dit en l'arrêté du 24 flor. an 8, art. 5, 10 et 11. Le contrôleur ou directeur émet ensuite son avis, et le conseil de préfecture statue, sauf recours devant le conseil d'Etat.

10. En principe, le recouvrement des contributions directes ne peut être exigé que des individus portés au rôle, qui est le titre exécutoire à invoquer.

11. Toutefois, les contributions foncières peuvent être exigées :

1° Des fermiers pour les biens qu'ils tiennent à loyer (LL. 3 frim. an 7 ; 4 août 1844) ;

12. 2° Des héritiers et légataires des individus décédés, et cela solidairement, jusqu'à la mutation (Règl. du minist. des fin., 21 déc. 1839, art. 4).

13. Quant aux contributions personnelles, les héritiers ne doivent que le montant de la cote établie au moment du décès (LL. 21 avril 1832 ; 25 avril 1834).

14. Dans certains cas, les propriétaires et principaux locataires sont responsables des contributions personnelle et mobilière de leurs locataires ou sous-locataires (LL. 21 avril 1832, art. 22 et 23 ; 25 avril 1834, art. 25).

15. La Trésor public a un privilége pour sûreté des contributions directes. — V. *Priviléges*.

16. Les poursuites auxquelles le recouvrement des contributions directes peut donner lieu sont exercées par des porteurs de contraintes commissionnés par l'administration, et qui, en cette matière, remplissent les fonctions d'huissiers (Arr., 16 therm. an 8, art. 18). Ils doivent toujours être porteurs de leurs commissions (Règl. du minis. des fin., 21 déc. 1839, art. 3).

17. Les huissiers ont également le droit, lorsqu'ils en sont requis, de faire en cette matière les actes rentrant dans leurs attributions ordinaires (Avis cons. d'Etat, 13 août 1841). — V. *Huissier*.

18. Dix jours après l'échéance d'un douzième échu, le contribuable peut être poursuivi (L. 17 brum. an 5, art. 3 ; Règl. précité, art. 20). Le percepteur est d'ailleurs tenu de prévenir le retardataire huit jours avant le premier acte qui doit donner lieu à des frais, par une sommation délivrée gratis (LL. 25 mars 1817 ; 15 mai 1818). Aucune poursuite donnant lieu à des frais ne peut être exercée qu'en vertu d'une contrainte. — V. *Contrainte administrative*.

19. La première mesure dirigée contre les contribuables retardataires est la *garnison*. Elle consiste à établir un agent d'exécution au domicile des contribuables en retard et à leurs frais.

20. La garnison est collective ou individuelle : ***collective***, lorsqu'elle s lieu à la fois contre plusieurs redevables par un seul garnisaire; *individuelle*, lorsqu'elle s'exerce contre un seul contribuable.

21. Dans l'un et l'autre cas, le garnisaire ne peut être établi pour plus de deux jours chez le contribuable, et pour plus de dix jours dans la même commune (L. 17 brum. an 5; Arr. 16 therm. an 8, art. 51; Règl. 21 déc. 1839, art. 42 et suiv.).

22. Si, dans le délai de trois jours francs, à partir du jour de la cessation réelle de la garnison, le contribuable ne s'est pas libéré, on passe au second degré de poursuites, consistant dans la signification du commandement (Règl. 21 déc. 1839, art. 55; Durieu, *Des poursuites en matière de contributions directes*, t. 2, sous l'art. 55, nos 2 et 3).

23. Trois jours après cette signification, le percepteur peut recourir au troisième degré de poursuites, consistant dans la saisie des meubles et effets et des fruits pendants par racines (Même règl., art. 63). La saisie s'exécute d'après les formes tracées par le Code de procédure (art. 66).

24. En cas d'opposition à la saisie, l'opposant doit se pourvoir auprès du sous-préfet, qui a seul qualité pour ordonner, s'il y a lieu, la suspension des poursuites, et non devant le président du tribunal (Même règl., art. 67), ce magistrat n'ayant pas le pouvoir d'empêcher l'exécution de la contrainte (Paris, 28 janv. 1832). — V. au surplus *Contrainte administrative*. — Si la question que soulève l'opposition est de nature à être soumise aux tribunaux, le sous-préfet doit leur en renvoyer le jugement.

25. S'il s'élève une demande en revendication de tout ou partie des objets saisis, elle ne peut être portée devant les tribunaux qu'après avoir été soumise à l'autorité administrative (L. 12 nov. 1808, art. 4). En pareil cas, le percepteur se pourvoit auprès du sous-préfet par l'intermédiaire du receveur particulier, pour qu'il soit statué par le préfet dans le plus bref délai (Règl. 21 déc. 1839, art. 69).

26. Le recours au préfet n'est qu'une simple formalité préalable qui a pour but, non d'attribuer le jugement de la demande en revendication à l'autorité administrative, mais de la mettre à même de décider si elle doit y faire droit, ou, au contraire, y défendre. Dès lors, l'introduction immédiate de la demande devant les tribunaux ne peut donner lieu à conflit (Ord. cons. d'État, 1er nov. 1820; 20 fév. 1822; Sebire et Carteret, *Encyclopédie de droit*, v° *Contributions directes*, n° 336).

27. Le quatrième degré de poursuites est la vente des meubles et effets saisis, et des fruits pendants par racines. Il peut y être procédé huit jours seulement après la clôture du procès-verbal (Règl. 21 déc. 1839, art. 80). Ce délai de huit jours est franc (Durieu, sous l'art. 80, nos 1 et suiv.). Mais il peut, suivant les circonstances, être abrégé, avec l'autorisation du sous-préfet (Même règl., art. 80).

§ 2. — *Compétence.*

28. *Préfets.* — Les préfets exercent, en cette matière, la juridiction gracieuse. C'est donc à eux qu'on doit s'adresser, par voie de pétition, pour faire statuer, sauf recours, s'il y a lieu, au ministre des finances :

1° Sur les demandes en remise ou modération pour cause de non-habitation, défaut de location, diminution momentanée, perte totale ou temporaire des revenus (Ord. cons. d'État, 29 août et 28 nov. 1834; 7 août 1835; 11 avril 1837; 14 août 1838; 26 déc. 1839; 3 mars 1840), et sur la distribution des fonds de non-valeur (Ord. cons. d'État, 26 oct. 1836);

29. 2° Sur les contestations concernant les receveurs dans leurs rapports soit avec l'administration, soit entre eux, relativement aux faits et opérations de perception (Ord. cons. d'État, 28 avril 1824);

30. 3° Sur les demandes en *revendication* des meubles et autres effets mobiliers, en cas de *saisie*, même de ceux légalement insaisissables. — V. *suprà* nos 25 et 26. — V. *Compétence administrative*.

31. *Conseils de préfecture.* — Le contentieux de l'impôt direct entre le contribuable et les agents de la perception appartient aux conseils de préfecture. Ils ont le droit de statuer spécialement :

1° Sur la quotité de la somme due par les contribuables, les à-comptes payés (Ord. cons. d'État, **15** mars **1836**), la validité des quittances (Ord. cons. d'Etat, 15 juin **1825**), la régularité des poursuites qui ont précédé le commandement (Ord. cons. d'État, **22** fév. **1821**), les demandes en décharge ou réduction en matière de patentes (Balmelle, *Code des patentes*, p. 25, n° 89), les contestations entre les gardiens des saisies et les percepteurs pour le paiement des honoraires (Décr. **8** mars **1811**), et les restitutions de trop-perçu au delà des frais faits (Décr. **18** janv. **1813**);

32. 2° Sur la répartition, entre les contribuables, des sommes accordées pour le dégrèvement, sur la libération des contribuables (Ord. cons. d'Etat, 30 juin 1824), sur les difficultés relatives à l'établissement et au changement des gardiens aux saisies (Décr. **2** janv. **1809**; Ord. cons. d'Etat, **2** juin **1819**), sur celles qui s'élèvent entre un vendeur et un acquéreur, à l'effet de savoir lequel des deux doit payer l'impôt, entre deux communes et un particulier pour double emploi (Décr. **8** oct. **1810**), entre un percepteur et son fondé de pouvoir relativement aux comptes de recettes de deniers publics que ce dernier a faites (Ord. cons. d'Etat, **19** nov. **1821**), entre les préposés des percepteurs, reconnus par l'administration, et les contribuables, pour le recouvrement des contributions (Ord. cons. d'Etat, **17** janv. **1814**);

33. 3° Sur les difficultés entre un percepteur et un fermier chargé par son bail de payer les impôts (Arr. **24** vendém. an **11**; Décr. **29** sept. **1809**, entre les agents de la perception et les communes ou particuliers qui jouissent de droits d'usage dans les bois de l'État, relativement aux contributions à leur charge (Ord. cons. d'Etat, **15** oct. **1830**; **29** août **1834**), entre les agents des contributions et les contribuables, sur la validité et l'exécution des contraintes décernées par les percepteurs (Décr. **20** nov. **1809**), ou des saisies (Décr. **10** juin **1813**) et ventes de fruits pour paiement de contributions;

34. 4° Sur les contestations entre les percepteurs et les tiers, sur les frais de sommation pour réintégration de meubles enlevés au préjudice d'une saisie antérieure (Décr. **28** fév. **1810**), et sur l'annulation des actes faits par les porteurs de contraintes pour le paiement des contributions (Décr. **8** janv. **1813**).

35. En un mot, c'est à l'autorité administrative qu'il appartient de résoudre toutes les difficultés qui touchent à l'assiette et à la répartition de l'impôt, à la fixation des cotes individuelles, à la confection et l'exécution des rôles, au recouvrement, aux actes de poursuite, jusques et y compris la contrainte. — V., au surplus, *Compétence administrative*. *Conseil de préfecture*.

36. *Tribunaux*. — Les tribunaux ont le droit de prononcer, entre les contribuables et les tiers, sur les difficultés qui n'affectent pas l'encaissement effectif de l'impôt et qui résultent soit de conventions particulières, soit des dispositions de la loi civile, ainsi que sur la forme et la validité des moyens et actes judiciaires employés pour parvenir au recouvrement de l'impôt, à partir du commandement, mais sans pouvoir jamais s'immiscer dans la recherche des causes de ces actes (Ord. cons. d'Etat, **14** juill. **1824**).

37. Ainsi, ils sont compétents pour statuer :

1° Sur les contestations auxquelles donnent lieu les poursuites exercées par le Trésor pour le recouvrement des contributions, relativement à la propriété des objets sur lesquels il prétend obtenir son paiement, ou au droit qu'il revendique de primer certains créanciers privilégiés du contribuable (Riom,

4 mai 1852 : V. *J. Huiss.*, t. 34, p. 190); sur la question de savoir si un percepteur est déchu de son privilége sur le prix d'une vente par expropriation forcée, pour ne pas s'être fait colloquer dans le délai légal (Ord. cons. d'Etat, 26 août 1829); sur la distribution des fonds provenant d'une saisie de meubles et effets, faite par un huissier, en vertu d'une décision judiciaire, et à laquelle le percepteur a fait opposition (Arr. 5 brum. an 11 et 9 frim. an 12); sur celle du prix de la vente des meubles d'un percepteur, à laquelle la femme de ce dernier a fait opposition (Arr. 25 flor. an 12);

38. 2° Sur les questions de savoir si un adjudicataire, libéré en vertu d'un jugement d'ordre, a purgé toute charge, même pour contributions (Ord. cons. d'Etat, 19 mars 1820); si les meubles saisis par un percepteur, et revendiqués par un tiers, appartiennent à ce dernier (Ord. cons. d'Etat, 20 fév. 1822; 1er juin 1828); si un particulier, débiteur d'intérêts ou d'arrérages de rentes, est fondé à la retenue de la contribution (Ord. cons. d'Etat, 21 fév. 1820); si les faits reprochés à un porteur de contraintes constituent un délit (Décr. 5 sept. 1810);

39. 3° Sur l'action en remboursement de contributions acquittées par un receveur ou un tiers à la décharge d'un contribuable, et sur le mode de poursuite (Ord. cons. d'Etat, 21 juin 1826); sur les questions de solidarité entre les époux séparés de biens, pour le paiement d'une taxe portée au rôle, sous le nom de l'un d'eux seulement (Ord. cons. d'Etat, 9 avril 1817); sur les contestations entre un fermier et un propriétaire pour contributions acquittées (Ord. cons. d'Etat, 7 nov. 1814), ou entre un fermier et un sous-locataire, au sujet de l'exécution d'une convention privée relative au paiement des contributions (Ord. cons. d'Etat, 23 janv. 1820); sur les demandes en nullité d'incarcérations faites en vertu de contraintes décernées soit par des receveurs généraux, soit par le ministre des finances, contre les percepteurs et les receveurs (Arr. 26 flor. an 12);

40. 4° Sur la contribution de chacun des propriétaires qui ont possédé le même bien, pendant la même année, au paiement des impôts de ladite même année, lorsque le Trésor est satisfait (Ord. cons. d'Etat, 23 janv. 1820); sur les questions préalables d'hérédité, de validité, de saisie et de prescription triennale, élevées par les héritiers d'un contribuable arriéré (Ord. cons. d'Etat, 1er nov. 1826); sur les demandes en répétition formées par une autre commune contre une commune pour trop-perçu dans le produit de leurs biens indivis (Ord. cons. d'Etat, 21 nov. 1826); et sur les contestations entre les huissiers ou leurs héritiers et les percepteurs au sujet du paiement des actes judiciaires, faits à la requête de ces derniers, pour le recouvrement des contributions (Ord. cons. d'Etat, 21 janv. 1824).

41. Mais, s'il s'agissait du règlement de frais faits par les porteurs de contraintes, l'administration serait seule compétente (Ord. cons. d'Etat, 22 janv. 1824);

42. 5° Sur l'attribution entre des propriétaires de prés ou bois de tout ou partie de la contribution à raison des droits de pâturage, d'usage ou d'affouage (Ord. cons. d'Etat, 14 mars 1834); sur la validité extrinsèque des saisies, entre les percepteurs et les contribuables, ainsi que sur les demandes en nullité des commandements qui les ont précédées (Ord cons. d'Etat, 10 fév. 1835); sur les contestations entre un percepteur et son successeur relativement aux contributions perçues par le premier (Ord. cons. d Etat, 20 nov. 1815).

43. Il appartient également aux tribunaux de décerner une contrainte par corps contre un contribuable pour la représentation des objets saisis sur lui pour ses contributions et dont il aurait été constitué gardien judiciaire par le percepteur (Ord. cons. d'Etat, 30 mai 1821); de prononcer, non sur la validité et les motifs des contraintes décernées par les receveurs particuliers contre les percepteurs, mais sur la manière dont elles ont été exercées, et sur l'accomplissement des formalités prescrites par les art. 69 et 70 de la loi du 15 germ. an 6 (Ord. cons. d'Etat, ... déc. 1820) ; et enfin de statuer sur tous les engagements personnels de garantie contractés par les percepteurs avec les contribuables (Ord. cons. d'Etat, 23 juin 1819.

§ 3. — *Timbre et enregistrement.*

44. Les rôles des contributions directes et les extraits qui en sont délivrés sont exempts du timbre (L. 13 brum. an 7, art. 16 . Il en est de même des quittances et des décisions portant décharge, remise ou modération (Même art.).

45. Mais les réclamations ou pétitions des redevables doivent être faites sur papier timbré, à moins qu'elles ne soient relatives à une cote inférieure à 30 fr. (L. 21 avril 1832, art. 28). — V. *suprà* n° 6.

46. Les exploits tendant au recouvrement des contributions directes doivent être enregistrés gratis, quelle que soit la somme demandée, lorsqu'il s'agit de cotes de 100 fr. et au-dessous, dues par le même contribuable. Mais, toutes les fois qu'une cote s'élève à plus de 100 fr., le droit d'enregistrement est exigible, quelque modique que soit la somme qui donne lieu aux poursuites (L. 16 juin 1824, art. 6 ; Décis. du minist. des fin., 11 mars 1850 : V. *J. Huiss.*, t. 32, p. 130). Ce droit est fixe ; il est de un franc.

47. Lorsque le contribuable poursuivi est imposé aux diverses contributions directes (foncière, portes et fenêtres, personnelle et mobilière, patentes), le droit fixe de 1 fr. doit être perçu, si les cotes réunies s'élèvent ensemble à plus de 100 fr., quoique chacune d'elles soit inférieure à cette somme (Sol. de la régie, 17 juill. 1850 : V. *J. Huiss.*, t. 32, p. 130).

CONTRIBUTIONS INDIRECTES. — 1. Contributions assises sur la fabrication, la vente, le transport et l'introduction des objets de consommation et de commerce.

Indication alphabétique des matières.

---

§ 1er. — *Notions générales.*

2. Les contributions indirectes comprennent les droits sur les boissons, les droits de licence, les droits sur les voitures publiques, les cartes à jouer, les sels, les lettres de voiture, les droits de garantie des matières d'or et d'argent, les droits de navigation, les droits de péage sur les ponts, les droits sur les tabacs et sur les poudres, les droits sur les sucres, les droits d'octroi, et enfin les droits de timbre et d'enregistrement.

3. Les débiteurs en retard de se libérer des droits dus à la régie sont poursuivis par la voie de la contrainte. — V. *Contrainte administrative*.

4. Lorsque les employés découvrent une fraude ou même une contravention aux lois régissant la perception des contributions indirectes ils la constatent par un procès verbal qui fait foi en justice jusqu'à inscription de faux (L. 5 vent. an 12), pourvu qu'il soit signé par deux employés (Décr. 1er germ. an 13).

5. Ce procès-verbal doit être, préalablement à toutes les poursuites, notifié au contrevenant. (V. *infrà* n° 27). A cet égard, il a été jugé que la signification faite par des employés de l'administration des contributions à un cabaretier, au lieu où il opérait la vente de ses boissons, quoiqu'il eût sa famille et son ménage dans une autre maison, était valable (Cass., 13 juin 1835 : V. *J. Huiss.*, t. 16, p. 282). Mais cette décision ne peut être étendue à une signification ordinaire faite par un huissier. — V. *Signification*.

6. Les contraventions aux droits de la régie, en matière de contributions indirectes, ne peuvent être constatées et poursuivies que par ses employés (Cass., 11 nov. 1826). Le ministère public serait non recevable à intervenir ou à exercer des poursuites (L. 5 vent. an 12 ; Cass., 18 janv. 18[illegible]8).

7. La régie a un privilége pour le paiement des droits qui lui sont dus (Décr. 1er germ. an 13). — V. *Priviléges*.

§ 2. — *Compétence*.

8. Les contestations qui peuvent s'élever en matière de contributions indirectes appartiennent à deux juridictions, à l'autorité administrative et à l'autorité judiciaire. Celles qui sont dévolues à cette dernière sont jugées soit par les tribunaux civils, soit par les tribunaux correctionnels.

9. Pour la compétence spéciale en matière de *douanes* ou d'*octroi*, voy. ces mots.

10. *Préfets*. — Les préfets, en conseil de préfecture, sont compétents pour prononcer, entre les débitants et la régie, sur les questions d'abonnement des droits de vente de boissons en détail, pour fixer l'équivalent du droit, et pour examiner et apprécier les circonstances particulières et locales qui ont pu influer sur le débit de l'année.

11. ... Sur les réclamations auxquelles peuvent donner lieu les rôles de répartition, entre les débitants, arrêtés par les syndics, rendus exécutoires par le maire et remis au receveur de la régie pour en poursuivre le recouvrement (Ord. cons. d'Etat, 17 juill. 1822).

12. ... Le tout, sauf recours au conseil d'Etat de la part des débitants ou de la régie (Décr. 17 mai 1809; Ord. cons. d'Etat, 8 mai 1822; 27 fév. 1835).

13. *Ministre des finances*. — Le ministre des finances a le droit de faire tous les actes administratifs qui sont propres à préparer et à garantir le recouvrement des contributions. Ainsi, il est compétent pour approuver les tarifs et frais d'établissement de régie et de perception des octrois des villes sujettes au droit d'entree (Ord. cons. d'Etat, 28 juill. 1819).

13 *bis*. ...Pour prononcer sur les abonnements faits dans les villes avec les conseils municipaux ou avec les debitants réunis en corporation (L. 28 avril 1816 ; Ord. cons. d'Etat, 4 juill. 1827).

14. ... Pour statuer sur l'étendue et les effets des cautionnements fournis par des tiers à des employés des contributions indirectes dans le cas de cumulation de plusieurs gestions sur la tête de ces employés tombés en déficit et devenus insolvables (Ord. cons. d'Etat, 3 déc. 1823). — V., au surplus, *Compétence administrative*, *Conseil de préfecture* et *Conseil d'Etat*.

15. *Tribunaux civils.* — Les tribunaux civils sont compétents pour statuer sur toutes les contestations élevées en matière de contributions indirectes, lorsqu'elles portent sur le fond du droit (L. 5 vent. an 12, art. 88); peu importe qu'elles soient introduites soit à la requête de la régie par action directe, soit à la requête des contribuables par opposition à une contrainte décernée contre eux.

16. Il y a contestation sur le fond, et par suite lieu au renvoi par le tribunal correctionnel devant le tribunal civil, lorsqu'un individu, par exemple, un entrepreneur de voitures, prétend être dispensé par la loi d'accomplir la formalité qui donne lieu aux droits réclamés par la régie (Cass., 17 vent. an 13).

17. ... Lorsque l'acheteur d'une récolte de vigne soutient n'être assujetti à aucun droit de vente ni de congé pour les vins qui en proviennent (Cass., 23 juill. 1807).

18. ... Lorsqu'un débitant soutient qu'une boisson, par exemple, la boisson faite avec de l'eau passée sur du marc de raisin, n'est assujettie ni au paiement d'un droit quelconque, ni aux exercices de la régie (Cass., 31 juill. 1812).

19. *Tribunaux correctionnels.* — Les tribunaux correctionnels sont compétents pour prononcer sur toutes contestations entre la régie et les particuliers ne portant point sur le fond du droit, spécialement, sur toutes les contraventions aux lois de perception des droits réunis, dans le but d'éviter le paiement des droits légalement dus (L. 5 vent. an 12, art. 90).

20. Si le fond du droit était contesté, les tribunaux correctionnels devraient se dessaisir et surseoir jusqu'à ce que la question du droit soit jugée par les tribunaux civils. Toutefois, le tribunal ne doit se dessaisir que lorsque l'exception préjudicielle a un fondement raisonnable et peut faire la matière d'un doute.

21. Le tribunal correctionnel est compétent, par exemple, pour statuer sur la question de savoir si un cafetier, qui s'est opposé à l'exercice de ses vins, sous prétexte qu'il ne débite pas de vin, devient justiciable des tribunaux correctionnels (Cass., 9 déc. 1819), si un brasseur peut exiger que les préposés se fassent accompagner d'un officier de police, lorsqu'ils veulent pénétrer dans un bâtiment dépendant de sa brasserie (Cass., 9 avril 1824), et généralement toutes les fois qu'il s'agit de visite et d'exercice que la loi a confiés à l'administration, pour fixer la perception des contributions sur les boissons.

§ 3. — *Procédure.*

22. Le tribunal civil est saisi par l'opposition faite à la contrainte décernée contre le redevable (V. *Contrainte administrative*), et le tribunal correctionnel, par la citation donnée par un huissier ou par le commis, à la requête du directeur général de l'administration, poursuites et diligences du receveur (Décr. 1er germ. an 13, art. 28; L. 15 juin 1835).

23. D'après l'art. 28 du décret du 1er germ. an 13, la citation devrait être donnée dans la huitaine au plus tard de la date du procès-verbal. Toutefois, l'action de la régie n'était pas nulle pour avoir été formée après ce délai (Cass., 15 mai 1830 : V. *J. Huiss.*, t. 12, p. 152; 31 janv. 1834 : V. *J. Huiss.*, t. 15, p. 222).

24. La disposition de l'art. 28 du décret du 1er germ. an 13, relative au délai de la citation, a été abrogée par la loi du 15 juin 1835. Ainsi, d'après cette loi, la citation doit être donnée dans les trois mois au plus tard de la date du procès-verbal, à peine de déchéance. Si le prévenu était en état d'arrestation, la citation devrait être donnée dans le délai d'un mois à partir de l'arrestation, à peine de déchéance (V. *J. Huiss.*, t. 17, p. 28).

25. Il doit y avoir entre la citation et la condamnation un délai d'au moins trois jours francs, outre les délais accordés en raison des distances (Arg. art. 184, C. instr. crim.).

26. La citation serait valable, si elle avait été donnée à comparaître à la première audience qui aura lieu trois jours francs après sa date, et en tant que de besoin, à toutes les audiences suivantes (Cass., 5 et 18 fév. 1808).

27. La constitution d'avoué n'est pas nécessaire (L. 5 vent. an 12, art. 58). De même, le défaut de signification du procès-verbal en tête de la citation n'entraîne pas la nullité de cet acte, lorsque le procès-verbal a été précédemment notifié au contrevenant (Cass., 19 juill. 1811). — V. *suprà* n° 5.

28. Les contestations qui s'élèvent sur le fond du droit sont instruites par les tribunaux civils sur simples mémoires, sans ministère d'avoués. Les jugements sont rendus publiquement, après le rapport d'un juge et sur les conclusions du procureur impérial (L. 5 vent. an 12, art. 58; Cass., 5 mars 1823; 28 mars 1825).

29. En ce qui concerne l'instruction et le jugement des contestations portées devant les tribunaux correctionnels, on suit les règles tracées par le Code d'instruction criminelle.

30. La signification des jugements rendus contre la régie ne peut valablement être faite, à Paris, qu'au siége et dans les bureaux de l'administration; elle ne produirait aucun effet, si elle était faite au bureau du préposé qui a décerné la contrainte (Cass., 6 juill. 1818); ailleurs, cette signification pourrait être faite au bureau du préposé (Arg. art. 69, C. proc. civ.). — V. *Signification.*

31. Les jugements par défaut, même correctionnels, sont susceptibles d'opposition. Cette opposition doit avoir lieu, s'il s'agit d'un jugement du tribunal civil, dans la huitaine à partir de la signification (Cass., 24 août 1810), et, s'il s'agit d'un jugement de tribunal correctionnel, dans les cinq jours à partir également de la signification (C. instr. crim., art. 187; Cass., 22 nov. 1811; 29 mai 1824). — V. *Opposition.*

32. Les jugements des tribunaux civils ne peuvent être attaqués que par la voie du pourvoi en cassation, et non par la voie de l'appel.

33. Il n'en est pas de même des jugements rendus par les tribunaux correctionnels; ceux-ci sont susceptibles d'appel (Décr. 1er germ. an 13).

34. L'appel doit être notifié dans la huitaine de la signification du jugement. Après ce délai, il n'est point recevable, et le jugement est exécuté purement et simplement. L'appel doit contenir assignation à trois jours, outre un jour par deux myriamètres de distance du domicile du défendeur au chef-lieu du tribunal (Décr. 1er germ. an 13, art. 32).

35. Le délai commence à courir, non du jour de la prononciation, mais du jour de la signification du jugement. Ainsi, l'appel est toujours recevable, tant que le jugement n'a pas été signifié. L'art. 203, C. instr. crim., est inapplicable en cette matière (Cass., 16 avril 1819; 27 avril 1821; 8 août 1822).

36. Le délai de huitaine comprend, non le jour de la signification, mais celui de l'échéance (Cass., 27 avril 1821).

37. L'appel doit être interjeté par exploit, et non par déclaration au greffe, conformément à l'art. 203, C. instr. crim. Il n'est pas nécessaire non plus de remettre au greffe une requête contenant les moyens d'appel, ainsi que l'exige le même article.

38. Les formalités pour l'appel prescrites par les art. 61 et 470, C. proc. civ., sont également inapplicables en matière de contributions indirectes. Il suffit de se conformer à l'art. 32 du décret du 1er germ. an 13. En conséquence, l'acte d'appel signifié à la requête de la régie n'est pas nul pour défaut d'énonciation du domicile de l'intimé (Cass., 23 nov. 1810 : V. *J. Huiss.*, t. 4, p. 161).

39. L'appel interjeté dans la huitaine de la signification ne pourrait non plus être annulé parce qu'il ne contiendrait pas assignation à trois jours (Cass., 16 avril 1819).

40. L'assignation sur l'appel doit être signifiée au domicile réel de l'intimé (Cass., 4 déc. 1806). Cependant, un appel signifié par la régie au domicile élu chez un avoué par l'intimé et dont ce dernier avait eu connaissance, a été déclaré valable (Cass., 23 mars 1809).

41. L'exécution des jugements correctionnels, qui condamnent à une amende pour contravention aux lois sur les contributions indirectes, peut être poursuivie par la voie de la contrainte par corps, quoique les juges aient omis de la prononcer (V. *J. Huiss.*, t. 13, p. 199, note sur l'art. 33 de la loi du 17 avril 1832; Cass., 14 fév. 1832 : V. *J. Huiss.*, t. 14, p. 120).

42. Les droits exigibles, c'est-à-dire ceux pour lesquels la régie aurait pu exercer des contraintes, se prescrivent par un an à partir du jour où la contravention a été commise (Décr. 1er germ. an 13, art. 50).

43. Les confiscations et amendes, n'étant exigibles qu'après qu'elles ont été prononcées par des jugements, se prescrivent également par un an, mais seulement à partir du jour où les jugements ont été rendus (Cass., 6 sept. 1806).

§ 4. — *Timbre et enregistrement.*

44. L'art. 1er de la loi du 13 brum. an 7, qui soumet à la formalité du timbre tous les papiers destinés aux actes civils et judiciaires, et aux écritures qui peuvent être produites en justice et y faire foi, est applicable en matière de contributions indirectes.

45. Ainsi, sont assujettis au timbre les congés, passavants, acquits-à-caution, licences, quittances de droits, à quelques sommes qu'ils puissent monter, les originaux et copies de significations, les contraintes, les procès-verbaux de contraventions, et généralement tous les actes faits et délivrés directement par les préposés de la régie aux redevables (Décis. du minist. des fin., 25 mai 1807). Les contraintes sont soumises au timbre, même quand elles seraient enregistrées gratis (Décis. du min. des fin., 14 avril 1807).

46. Les procès-verbaux de contravention, les contraintes, assignations et significations, doivent être enregistrés dans les quatre jours de leur date (L. 22 frim. an 7, art. 20), à peine de nullité des procès-verbaux et exploits (Même loi, art. 34).

47. Les exploits, significations et autres actes faits pour le recouvrement des contributions indirectes, sont sujets au droit fixe de 1 fr., lorsque la somme principale excède 100 fr. (Même loi, art. 68, § 1er, no 30; L. 16 juin 1824, art. 6). Il en est de même des jugements qui statuent sur la réclamation (L. 22 frim. an 7, art. 68, § 1er, no 69).

48. Il est dû un droit particulier pour les assignations données à la requête de la régie, lorsqu'elles contiennent constitution d'avoué (Lettre du dir. gén. de l'enreg., 30 avril 1821).

49 Lorsque les droits et créances qu'il s'agit de recouvrer n'excèdent pas en total la somme de 100 fr., les actes de poursuites et tous autres actes faits tant en action qu'en défense sont enregistrés gratis (L. 16 juin 1824, art. 6 : V. *J. Huiss.*, t. 5, p. 240).

CONTROLE DES ACTES. — **1.** On appelait ainsi autrefois la formalité qui est aujourd'hui connue sous le nom d'*enregistrement*.—V. ce mot.

2. Créé par un édit de 1654, qui ne reçut guère d'exécution, le contrôle des exploits fut rétabli par un édit du mois d'août 1669 et consacré par plusieurs déclarations et arrêts du conseil qui réglèrent définitivement les droits et désignèrent les exploits sujets à la formalité (Ferrière, *Introduction à la pratique*, v° *Contrôle*).

CONTUMACE. — **1.** État de celui qui, mis en accusation, ne se présente pas dans le délai qui lui est fixé, ou qui, ayant été saisi, s'est évadé avant le jugement. On appelle *contumax* celui qui se trouve dans cet état.

2. Les mots *contumace*, *contumax*, ne sont employés et la procédure de contumace n'est appliquée qu'en matière de crimes emportant peines afflictives et infamantes.

3. L'ordonnance qui, conformément à l'art. 465, C. inst. crim., prescrit à l'accusé, qui n'a pu être saisi, de se présenter dans le délai de dix jours, doit être publiée par un huissier à son de trompe ou de caisse, le dimanche, et affichée à la porte du domicile de l'accusé, à celle du maire et à celle de l'audience de la Cour d'assises (C. inst. crim., art. 466).—V. *Formule*.

4. Si, dans les dix jours de cette ordonnance, l'accusé ne se présente pas, il est suspendu de l'exercice des droits de citoyen, ses biens sont séquestrés pendant l'instruction de la contumace, et toute action en justice lui est interdite pendant le même temps (C. inst. crim., art. 465).

5. Toutefois, l'instruction de la contumace n'empêche pas les créanciers de l'accusé de le poursuivre et d'exécuter les condamnations obtenues contre lui, nonobstant le séquestre de ses biens.

6. Si, pendant l'instance civile, la condamnation criminelle intervient, la régie de l'enregistrement doit être appelée en cause (Arg. art. 471, C. inst. crim.).

7. Si le contumax est condamné, ses biens sont, à partir de l'exécution de l'arrêt, considérés et régis comme biens d'absent, et le compte du séquestre sera rendu à qui il appartiendra, après que la condamnation sera devenue irrévocable par l'expiration du délai donné pour purger la contumace (C. inst. crim., art. 471).

8. Le jugement de condamnation est réputé exécuté par la publication qui en est faite. L'art. 472, C. inst. crim., voulait que l'extrait du jugement de condamnation contre un contumax fût affiché par l'exécuteur des jugements criminels à un poteau planté au milieu de l'une des places publiques de la ville, chef-lieu de l'arrondissement où le crime avait été commis. Mais cet article a été abrogé par la loi du 2 janv. 1850.

9. Aux termes de cette loi, l'extrait du jugement de condamnation doit être, dans les huit jours de la prononciation, à la diligence du procureur général ou de son substitut, inséré dans l'un des journaux du département du dernier domicile du condamné. — Il doit être affiché, en outre : 1° à la porte de ce dernier domicile ; 2° de la maison commune du chef-lieu d'arrondissement où le crime a été commis ; 3° du prétoire de la Cour d'assises. — Pareil extrait sera, dans le même délai, adressé au directeur de l'administration de l'enregistrement et des domaines du domicile du contumax.

10. Il résulte de la loi du 2 janv. 1850 qu'il doit être procédé à l'égard du jugement de condamnation, comme à l'égard de l'ordonnance de comparution rendue, aux termes de l'art. 466, C. instr. crim., par le président de la Cour d'assises (V. *suprà* n° 3). Ainsi, en écartant la main de l'exécuteur, la loi de 1850 a fait implicitement entrer dans les attributions des huissiers l'apposition des affiches de l'extrait du jugement de condamnation (V. *J. Huiss.*, t. 33, p. 9).

11. Mais le législateur n'a point imposé aux huissiers l'obligation de procéder eux-mêmes à l'apposition des affiches. La loi de 1850 se borne à dire, en effet, qu'extrait du jugement *sera affiché*. Il suit de là, ce nous semble, que les huissiers peuvent employer, pour l'exécution de cette mesure, l'entremise d'un afficheur, comme ils peuvent l'employer pour l'affiche de l'ordonnance de comparution. Il suffit qu'ils soient présents à l'apposition des affiches. Mais ils doivent toujours y assister, puisqu'ils sont chargés de constater par un procès-verbal l'accomplissement de cette formalité (V. *J. Huiss.*, *loc. cit.*).

12. Le salaire des huissiers, tant pour l'apposition de chacun des trois extraits du jugement de condamnation exigés par la loi du 2 janv. 1850, que pour la rédaction de chacun des procès-verbaux constatant cette formalité, a été réglé par l'art. 1er de l'arrêté ministériel du 15 juin 1850 (V. *J. Huiss.*, t. 33, p. 49) de la manière suivante :

A Paris.	3 f. 00
Dans les villes de 40,000 âmes et au-dessus. . . .	2 50
Et dans les autres villes et communes.	2 00

13. Dans le cas de transport à plus de deux kilomètres, ces officiers ministériels ont droit à l'indemnité de voyage fixée par l'art. 91 du décret du 18 juin 1811 (même arrêté du 15 juin 1850, art. 2.)

14. Cette dépense, c'est-à-dire celle qui est allouée par les art. 1 et 2 précités, doit faire l'objet soit d'un mémoire spécial revêtu des formalités ordinaires, soit d'un article séparé dans les mémoires de frais de justice criminelle fournis par les huissiers (même arrêté, art. 3)

15. Dans l'émolument alloué aux huissiers par l'art. 1er de l'arrêté du 15 juin 1850 se trouve compris le salaire de l'afficheur qu'ils emploient.

16. Les effets attachés à l'exécution du jugement de condamnation par contumace sont produits à partir de la date du dernier procès-verbal constatant l'accomplissement de la formalité de l'affiche prescrite par la loi (L. 2 janv. 1850).

17. Ainsi, à partir de ce procès-verbal, les biens du contumax sont séquestrés. L'administration en appartient à la régie de l'enregistrement et des domaines (Arg. art. 466 et 472, C. inst. crim.). Elle garde cette administration pendant deux ans, si le contumax n'a été frappé que d'une peine de simple police; pendant cinq ans, s'il n'a été frappé que d'une peine correctionnelle (Cass., 5 août 1825; 9 juill. 1829; Sebire et Carteret, *Encyclopédie du droit*, vo *Contumace*, no 11); pendant cinq ans, s'il a été condamné à une peine emportant mort civile (Cass., 1er fév. 1842); et pendant vingt ans, s'il a été condamné à une peine criminelle n'emportant pas mort civile (Sebire et Carteret, *loc. cit.*).

18. Après l'expiration de ces délais, la régie rend compte de son administration, et remet les biens aux héritiers du condamné, s'il a été condamné à une peine emportant mort civile ou s'il est décédé, et, dans les autres cas, au condamné lui même, sa peine étant prescrite.

19. L'art. 29, C. pén., qui veut que quiconque a été condamné.... soit en état d'interdiction légale, ne s'applique qu'aux condamnés contradictoires : en conséquence, il n'y a point lieu de nommer un tuteur ou curateur au contumax ; le législateur a, d'ailleurs, pourvu à l'administration de ses biens (Sebire et Carteret, vo *Contumace*, no 12).

20. Durant le séquestre apposé sur les biens du contumax, il peut être accordé des secours à la femme, aux enfants, aux père et mère de l'accusé, s'ils sont dans le besoin. Les secours sont réglés par l'autorité administrative (C. inst., crim., art. 475).

21. Toute action en justice est interdite au contumax tant en demandant qu'en défendant. Il est représenté en justice dans l'exercice actif ou passif de ses actions par le domaine chargé de l'administration de ses biens (Montpellier, 19 mars 1836).

Formule.

Publication et affiche de l'ordonnance de comparution.

L'an. . . . . . . à la requête de M le procureur général près la Cour impériale de. . . . . (*ou* du procureur impérial près le tribunal civil de. . . . . .), remplissant les fonctions du ministère public près la Cour d'assises de. . . . . ., je. . . . . ., certifie m'être transporté cejourd'hui et avoir fait publier à son de caisse et afficher en ma présence : 1° à la porte du domicile du sieur. . . . . . ; 2° à la porte du domicile de M. le maire de la commune de. . . . . . ; 3° et à la principale porte de l'auditoire de la Cour d'assises de. . . . . . copie de l'ordonnance rendue (*l'analyser*) ; à ce que le public n'en ignore, etc.

V. n° 3. — Coût, tarif crim., art. 71. Orig. : Paris, 18 fr. ; villes de 40,000 habitants et au-dessus, 15 fr. ; ailleurs, 12.

Enregistrement : en débet, 1 fr. 10 c.

NOTA. Le procès-verbal d'affiche du jugement de condamnation est fait dans les mêmes termes. — Pour le coût de ce dernier procès-verbal, V. *suprà*, n° 12.

CONVENANCE. — *Convenances vainquent la loi :* vieil axiome qui a reçu, sous une autre forme, sa consécration dans l'art. 1134, alin. 1er, C. Nap.

CONVENTION.

Indication alphabétique des matières.

1. Consentement ou concours des volontés de deux ou plusieurs personnes sur un même objet.

2. Il ne faut pas confondre la convention avec l'acte ou l'écrit destiné à lui servir de preuve. La convention et l'acte sont, en effet, absolument indépendants l'un de l'autre, de sorte qu'on peut attaquer l'un et respecter l'autre.

3. Les conventions comprennent non-seulement tous les *Contrats* (V. *Contrat*), mais encore tous les pactes particuliers qu'on peut ajouter à chaque contrat, comme les conditions, les charges, les réserves, les clauses résolutoires et autres (Duranton, t. 10, n° 10).

4. Pour qu'une convention soit valable, la loi exige la réunion de quatre conditions essentielles : 1° le consentement de la partie qui s'oblige ; 2° sa capacité de contracter ; 3° un objet certain qui forme la matière de l'engagement ; 4° une cause licite dans l'obligation (C. Nap., art. 1108).

5. *Consentement.* Pour tout ce qui concerne la première condition, à savoir : le consentement de la partie qui s'oblige, V. le mot *Consentement*, où il est traité de tous les caractères qu'il doit réunir pour avoir effet.

6. *Capacité des parties contractantes.* — En règle générale, toute personne peut contracter, si elle n'en est pas formellement déclarée incapable par la loi (C. Nap., art. 1123).

7. Sont déclarés incapables de contracter : les mineurs, les interdits, les femmes mariées dans les cas exprimés par la loi, et généralement tous ceux auxquels la loi interdit certains contrats. — V. *Action en nullité, Action en rescision, Autorisation de femme mariée, Communauté de biens entre époux, Conseil judiciaire, Emancipation, Etablissements publics, Interdiction, Mariage, Minorité, Tutelle, etc.*

8. Il existe encore d'autres incapacités. Ainsi, pour contracter valablement : 1° Il faut être sain d'esprit, c'est-à-dire ne pas être privé soit habituellement, soit momentanément, de l'intégrité de ses facultés intellectuelles (Toullier, t. 10, n° 112; Duranton, t. 10, n° 103). L'individu seulement faible d'esprit n'est pas incapable de contracter, pourvu qu'il soit prouvé qu'il agit en connaissance de cause (Solon, *des Nullités*, n°s 36 et suiv.).

9. 2° Il ne faut pas être ivre. L'ivresse, en effet, est une cause de résolution des contrats, encore qu'il n'y ait eu ni dol ni fraude de la part de celui envers qui l'obligation est contractée (Colmar, 27 août 1819; Angers, 12 déc. 1823; Solon, t. 1, n° 39). — V. *Ivresse.*

10. 3° Le sourd-muet n'est incapable que dans certains cas.—V. *Sourd-muet.*

11. 4° Les individus morts civilement sont d'une incapacité absolue. — V. *Contumace*, n° 17, *Mort civile.*

12. Enfin, il y a des incapacités civiles purement spéciales à certains actes. Telle est, par exemple, celle du tuteur relativement à l'acquisition des biens du mineur, celle des médecins, chirurgiens, etc.—V. *Droits litigieux, Donation, Mandat, Tutelle, Vente.*

13. *Objet et matière des conventions.* — Toute convention a pour objet une chose (V. *Choses*) qu'une partie s'oblige à donner, ou qu'une partie s'oblige à faire ou à ne pas faire (C. Nap., art. 1126).

14. Le simple usage ou la simple possession d'une chose peut être, comme la chose elle-même, l'objet d'un contrat (C. Nap., art. 1127), par exemple, d'un contrat de louage ou de nantissement.

15. Les choses futures peuvent être l'objet d'une convention (C. Nap., art. 1130) : ainsi, on peut déléguer des fermages non échus (Rouen, 28 nov. 1825), vendre les bénéfices qui résulteront de telle entreprise, de telle société (Toullier, t. 6, n° 114), vendre le produit de sa vendange ou de sa pêche.

16. Toutefois, l'obligation ne devient parfaite qu'autant que la chose existe ou se réalise; jusque-là, elle n'est que conditionnelle, à moins qu'on n'ait vendu seulement l'*espérance* (Toullier, t. 6, n° 114; Duranton, t. 10, n° 300).

17. Mais on ne peut ni renoncer à une succession non ouverte, ni faire aucune stipulation sur une pareille succession, même avec le consentement de celui de la succession duquel il s'agit (C. Nap., art. 1130. — V. *Succession*), ni vendre des blés en vert, pendants par racines (V. *Blés en vert*).

18. Les choses possibles peuvent seules être l'objet de la convention; il n'y a pas de contrat, si la chose promise est impossible à donner ou à faire (Toullier, t. 6, n° 121).

19. L'impossibilité peut provenir de la nature des choses ou de la loi : *de la nature des choses*, lorsqu'il s'agit de choses qui n'existent pas et qui ne peuvent pas exister, ou lorsqu'il s'agit de choses qui surpassent les facultés naturelles de l'homme (Toullier, t. 6, n° 122; Duranton, t. 10, n° 304; Merlin, *Répert.*, v° *Vente*); *de la loi*, lorsqu'une chose est défendue par la loi naturelle ou civile (Toullier, *loc. cit.*).

20. Les tribunaux chargés d'apprécier la possibilité ne doivent avoir égard qu'à la chose en elle-même, et il suffit, pour la validité de la convention, qu'elle soit possible, absolument parlant. C'est au débiteur à s'imputer la témérité de son engagement, s'il est au-dessus de ses forces (Duranton, t. 10, nº 317).

21. Les choses et les actions d'autrui n'étant pas en notre pouvoir ne peuvent valablement être la matière d'un contrat (Toullier, t. 6, nº 130): ainsi, nous ne pouvons ni stipuler ni promettre qu'un tiers donnera ou fera, ni nous engager et stipuler en notre propre nom que pour nous-mêmes (C. Nap., art. 1119).

22. C'est par application de ce principe que le legs et la vente de la chose d'autrui sont nuls, sauf de la part de l'acheteur qui a ignoré que la chose vendue fût à autrui à réclamer au vendeur des dommages-intérêts (C. Nap., art. 1021 et 1599). Par *chose d'autrui*, il faut entendre celle qui appartient à une personne déterminée, car, autrement, le contrat serait valable. Je puis, en effet, vous vendre une chose que je n'ai pas, mais que je puis acheter, telle qu'une pendule, une collection de lois (Toullier, t. 5, nº 516). Dans aucun cas, on ne peut vendre des effets publics qu'on n'a pas. — V. C. pén., art. 422.

23. Néanmoins, on peut se porter fort pour un tiers, en promettant le fait de celui-ci, sauf l'action en dommages-intérêts contre celui qui s'est porté fort ou qui a promis de faire ratifier, si le tiers refuse de tenir l'engagement (C. Nap., art. 1120).

24. Lorsqu'il résulte de la convention qu'en promettant le fait d'un tiers, je me suis porté fort de lui, quoique cela ne soit pas stipulé, la convention est valable; exemple : j'ai promis que telle personne se rendrait ma caution, je dois fournir cette caution ou la caution d'une autre personne. Il en est de même, lorsque j'ai promis le fait d'une personne sur laquelle j'ai quelque empire, par exemple, de mon héritier présomptif ou d'un serviteur (Toullier, t. 6, nºs 136 et 137).

25. La convention doit avoir pour objet une chose au moins déterminée quant à son espèce. La quotité de la chose peut être incertaine, pourvu qu'elle puisse être déterminée (C. Nap., art. 1129).

26. Le mot *espèce* est pris ici par opposition au mot *individu*, pour une partie du *genre*. Je m'oblige à vous livrer un *animal* : le contrat est nul, puisqu'on ne peut savoir quelle en est l'espèce. Au contraire, si je vous vends un *cheval*, le contrat est valable, puisque l'espèce est désignée (Toullier, t. 6, nº 140).

27. S'il s'agit de choses fongibles, on doit spécifier la quotité, ou, au moins, il faut que cette quotité puisse être déterminée, si le contrat l'a laissée incertaine. Ainsi, serait nulle l'obligation de fournir du blé, de l'argent, mais serait valable l'obligation de fournir le blé, l'argent, les aliments nécessaires aux besoins d'un individu et de sa famille (Toullier, t. 6, nºs 143 et suiv.).

28. Dans le sens le plus étendu du mot, une chose est déterminée quand on en connaît l'espèce, la qualité et la quantité (Toullier, t. 6, nº 139).

29. L'objet d'une convention doit aussi être utile aux stipulants, et l'intérêt en résultant appréciable à prix d'argent. Ainsi, la promesse d'une chose ou d'un fait manifestement inutile pour celui qui la stipule ne produit aucun effet. Mais il faut, pour cela, que l'inutilité soit bien évidente : car, dans le doute, on devrait exécuter la convention (Toullier, t. 6, nºs 146 et suiv.). Serait nulle, par exemple, comme dénuée de toute utilité, la convention par laquelle je stipulerais une chose qui m'appartient déjà (Pothier, *des Obligations*, nº 151 ; Duranton, t. 10, nº 323).

30. Il ne suffit pas qu'une chose, pour être valablement l'objet d'une convention, soit certaine, possible, déterminée et utile ; il faut de plus qu'elle ne soit pas hors du commerce (C. Nap., art. 1128).

31. Les choses hors du commerce sont celles qui, par leur nature ou leur destination légale, ne sont pas susceptibles de propriété privée, et celles que des lois spéciales ont soustraites momentanément ou pour toujours à la circulation : tels sont l'air, la mer, l'eau courante, les rues, les places publiques (Toullier, t. 6, n° 157).

32. Sont encore hors du commerce : 1° les droits contraires à l'indépendance des personnes ; 2° les choses destinées à des usages publics ; 3° les armes secrètes, les images ou écrits contraires aux mœurs (C. pén., art. 287, 314 et 477).

33. *Cause.*—Dans une convention, la *cause* est ce qui détermine les parties à s'obliger : ex. : vente et acquisition d'un champ moyennant 500 fr. : la cause de l'obligation de l'acquéreur est le champ ; celle de l'obligation du vendeur, les 500 fr.

34. Il ne faut pas confondre la cause avec l'*objet* dont nous venons de parler, et le *motif*, qui est la raison qui porte à contracter : ex. : voulant faire élever un bâtiment, j'achète un terrain moyennant 4,000 fr. ; la cause de mon obligation est le terrain ; le motif, le bâtiment que je veux construire.

35. L'obligation sans cause ne peut avoir aucun effet (C. Nap., art. 1131). Une obligation est sans cause, lorsque la chose que l'une des parties s'est engagée à donner ou à faire a cessé d'exister ou ne peut exister.

36. Cependant, la convention n'en est pas moins valable, quoiqu'aucune cause n'y soit exprimée (C. Nap., art. 1132), si le créancier prouve qu'il existait une cause licite.

37. A l'égard des billets souscrits par des commerçants, ils sont censés faits pour leur commerce, quand une autre cause n'y est pas exprimée (C. comm., art. 638). C'est au débiteur à prouver que la cause présumée n'est pas vraie.—V. *Effets de commerce.*

38. L'obligation sur une fausse cause est nulle (C. Nap., art. 1131). La cause est fausse, lorsqu'elle n'a été que le résultat d'une erreur de fait ou de droit. — V. *Consentement*, n°s 8 et suiv.

39. Toutefois, la fausse cause ne vicie l'acte que lorsque, la fausseté étant démontrée, il n'apparaît pas d'une autre cause légitime et véritable (Toullier, t. 6, n° 176 ; Duranton, t. 10, n° 348 ; Cass., 2 déc. 1812). C'est au débiteur à prouver la fausseté de la cause, celle indiquée étant toujours présumée vraie (Duranton, t. 10, n° 349 ; Paris, 2 mai 1808).

40. La cause illicite annule également la convention (C. Nap., art. 1131). La cause est illicite, quand elle est prohibée par la loi, contraire aux bonnes mœurs ou à l'ordre public (C. Nap., art. 1133) : telles sont les conditions de commettre un vol, de se battre en duel, de laisser construire une cheminée contre un mur sans faire aucun ouvrage intermédiaire.

41. *Effets.* — Les conventions légalement formées tiennent lieu de loi à ceux qui les ont faites (C. Nap., art. 1134).—V. *Convenance.*

42. Elles obligent non-seulement à ce qui y est exprimé, mais encore à toutes les suites que l'équité, l'usage ou la loi donnent à l'obligation d'après sa nature (C. Nap., art. 1135).

43. L'*équité :* s'il est permis à chacun de ménager ses intérêts, de faire sa condition meilleure, il est évident qu'on ne peut, pour atteindre ce résultat, employer la fraude.

44. Les conventions doivent être exécutées avec bonne foi (C. Nap., art. 434). Ainsi, lorsque je ne me suis engagé à ne prendre un ouvrage qu'autant que je le trouverai bon, je ne puis néanmoins le rejeter sans motifs suffisants (Toullier, t. 6, n° 338).

45. L'*usage :* il sert non-seulement à interpréter ce qui est ambigu (C. Nap., art. 1159), mais on doit même suppléer dans le contrat les clauses qui sont d'usage (art. 1160) : ex. : si, dans le bail d'une maison, on avait omis de parler des termes de paiement, le loyer serait payable suivant l'usage du lieu (Toullier, t. 6, n° 339 ; Duranton, t. 10, n° 385). — Pour ce qui concerne l'interprétation des conventions, V., au surplus, *Interprétation*, *Obligation*.

46. La *loi :* lorsque les parties n'y ont pas dérogé, elle est le complément de la convention : ex. : les dispositions sur la garantie en cas de vente doivent recevoir leur application, bien qu'il ne soit pas question de garantie dans l'acte (Toullier, t. 6, n° 349; Duranton, t. 10, n° 386).

47. *Procédure.* — Lorsqu'une convention est nulle comme ne contenant pas les quatre conditions essentielles exigées par l'art. 1108, C. Nap., on se pourvoit contre son exécution, ainsi qu'il est dit au mot *Action en nullité*. —V. ce mot.—V. aussi *Consentement*.

48. Toutefois, lorsque la convention a été ratifiée ou exécutée volontairement, il n'est plus possible de la faire annuler, à moins que le vice qui l'entache ne constitue une nullité d'ordre public.

CONVENTIONS MATRIMONIALES. — V. *Communauté de biens entre époux*, *Contrat de mariage*, *Dot*, *Régime dotal*.

CONVENTION TACITE.—Convention à laquelle il est suppléé par la loi dans le silence des parties (C. Nap., art. 1135).

CONVENTION VERBALE.—Celle qui n'a point été rédigée par écrit. Elle est passible du droit d'enregistrement, lorsqu'il en résulte une transmission de propriété, ou lorsqu'elle donne lieu à une instance, et qu'il est prononcé un jugement en conséquence.—V. *Enregistrement*, *Preuve testimoniale*.

CONVERSION (SAISIE IMMOBILIÈRE).—V. *Saisie immobilière*.

CONVOIS MILITAIRES (ENTREPRENEURS). — Les entrepreneurs généraux des convois militaires sont patentables.

CONVOL.—Mariage contracté après la dissolution d'une union antérieure. —V. *Mariage*, *Tutelle*, *Usufruit légal*.

COOBLIGÉ. — V. *Effets de commerce*, *Obligation solidaire*, *Protêt*, *Solidarité*.

COPARTAGEANT.—V. *Partage*.

COPERMUTANT—V. *Echange*.

COPIE. — **1.** Transcription littérale d'un acte, d'un titre, ou d'un écrit quelconque, que l'on nomme, par opposition, *original* ou *minute*.— V. *Minute*, *Original*.

2. On distingue plusieurs espèces de copies : les copies des actes notariés, parfaits ou imparfaits; les copies des actes publics, dont les officiers de l'état civil, greffiers et autres, sont dépositaires, tels que actes de l'état civil, inscriptions hypothécaires (V. *Conservateur des hypothèques*), matrices de rôles, jugements et autres actes judiciaires ; les copies des exploits du ministère des huissiers ; et les copies des titres et documents faites en tête de ces exploits, lesquelles copies sont connues sous le nom de *copies de pièces* (V. ce mot).

3. En ce qui concerne les copies des actes notariés, on en distingue sept sortes : 1° Les premières grosses en forme exécutoire ; 2° les secondes grosses, également en forme exécutoire, délivrées lorsque la première a été perdue, ou lorsque la créance, qui appartenait d'abord à une seule personne, a été dévolue à plusieurs (V. *Grosse*) ; 3° les premières expéditions, non revêtues de la formule exécutoire (V. *Expédition*) ; 4° les copies ou expéditions tirées, depuis la délivrance des premières expéditions, sur la minute par l'autorité du magistrat et du consentement des parties (C. proc. civ., art. 839 et

841) ; 5° les copies ou expéditions tirées sur la minute sans l'autorité du magistrat ou sans le consentement des parties (C. Nap., art. 1335) ; 6° les copies tirées sur la minute de l'acte par un notaire qui n'en est pas le dépositaire; et 7° les copies de copies, c'est-à-dire celles faites par un notaire, non sur la minute, mais sur d'autres copies de la minute (C. Nap., art. 1335).

4. La copie d'un acte peut ne pas être entière; elle peut avoir lieu par extrait. — V. *Compulsoire, Extrait.*

5. Relativement aux cas dans lesquels on peut obtenir des copies ou expéditions d'actes notariés ou publics, et sur la voie à prendre pour se faire délivrer ces copies ou expéditions, V. *Copies de titres et actes.*

6. Les copies des exploits du ministère des huissiers tiennent lieu d'original aux parties auxquelles elles sont délivrées. — V. *Exploit.*

7. Il résulte de là que ces copies doivent être complètes, correctes et lisibles, à peine du rejet de la taxe et d'amende contre les huissiers (Décr. 14 juin 1813, art. 42 et 43. — V. *Copies de pièces*), et qu'on peut se prévaloir des nullités qu'elles renferment, quoique l'original soit régulier. — V. *Appel en matière civile, Citation, Exploit, Signification.*

COPIE COLLATIONNÉE. — **1.** Copie d'un acte faite par un officier public, qui constate par un certificat, mis au bas de cette copie, qu'elle est conforme à l'acte.

2. La copie collationnée, délivrée par un notaire sur la minute d'un acte que ni lui ni ses prédécesseurs n'avaient reçu, minute qui lui a été seulement représentée par l'une des parties en l'absence des autres, et qu'il a rendue à l'instant même à cette partie, ne peut être considérée comme un titre suffisant pour servir de base à une demande en justice (Cass., 27 janv. 1825 ; Toullier, t. 8, n° 437).

3. A plus forte raison, on ne pourrait faire un commandement ni procéder à aucune exécution en vertu de la copie collationnée d'un titre exécutoire.

4. Mais la copie collationnée pourrait servir de commencement de preuve par écrit (Montpellier, 22 fév. 1831).

5. Les copies collationnées se délivrent soit sur la demande des parties intéressées, soit lorsque le tribunal ordonne une collation de pièces (V. *Collation de pièces, Copie de titres et actes*), soit lorsqu'il ordonne un compulsoire sur la demande d'un tiers (V. *Compulsoire*).

COPIES DE PIÈCES. — **1.** Copies de titres et documents signifiées en tête des exploits, par le ministère des huissiers, soit dans une instance, soit par acte extrajudiciaire.

Indication alphabétique des matières.

§ 1er. — *Historique.*
§ 2. — *Copies de pièces pour lesquelles il y a concurrence entre les avoués et les huissiers, ou droit exclusif en faveur de ces derniers.*
§ 3. — *Copies de pièces contenant par page un nombre de lignes excédant le nombre légal.*
§ 4. — *Copies incorrectes et illisibles.*
§ 5. — *Poursuites en cas d'excédant de lignes et d'illisibilité de copies de pièces. — Prescription.*
§ 6. — *Taxe des copies de pièces.*

§ 1er. — *Historique.*

2. Il n'est pas douteux que la signification des pièces sur lesquelles s'appuie une prétention ne soit le moyen le plus efficace d'éviter un procès. Cependant, l'usage de cette signification a été pendant longtemps repoussé comme inutile, et même comme suspect (Nicias-Gaillard, *Traité des copies de pièces*, p. 24). Il ne s'est introduit en France qu'à une époque peu éloignée, et malgré une opposition énergique (Sebire et Carteret, *Encyclopédie du droit*, v° *Copie de pièces*, n° 1).

3. Avant l'ordonnance de 1563, il n'y avait que les jugements et autres actes judiciaires dont le demandeur était tenu de donner copie au défendeur, et encore lorsque ce dernier l'exigeait. Pour toutes les autres pièces, il n'en était fait qu'une simple communication (Nicias-Gaillard, *loc. cit.*; Sebire et Carteret, n° 2).

4. L'ordonnance de 1563 imposa l'obligation de signifier les titres respectivement invoqués. « Les parties sont tenues, porte en effet l'art. 5 de cette ordonnance, dès le commencement de l'introduction de la cause, de bailler copie, si elle est requise, du contrat, instrument ou pièces sur lesquelles les demandes et défenses sont spécialement fondées. »

5. La signification, comme on le voit, était obligatoire pour le défendeur comme pour le demandeur. Mais il fallait qu'elle fût expressément requise.

6. L'ordonnance de 1667 fit une obligation absolue de ce qui ne devait avoir lieu précédemment que sur la réquisition de la partie intéressée : « Si la demande, dit l'art. 6 du tit. 2 de cette ordonnance, est fondée sur des pièces et des titres, le demandeur sera tenu d'en donner copie dans la même feuille ou cahier de l'exploit, ou au moins des extraits, si les pièces sont trop longues pour être transcrites entièrement ; sinon les copies qu'il en fournira dans le cours de l'instance n'entreront point en taxe et les réponses qui y seront faites seront à ses dépens sans répétitions » (V. t. 1er, *Code de l'Huissier*, p. 60).

7. Mais les abus ne tardèrent pas à se produire. La négligence avec laquelle les copies de pièces étaient faites rendit nécessaires de nouvelles mesures. La déclaration du 19 juin 1791 (art. 5) ordonna que toutes les copies de pièces et écritures, même des exploits, qui seraient signifiées tant de procureur à procureur qu'aux parties, fussent écrites en caractères lisibles (V. t. 1er, *Code de l'Huissier*, p. 70). L'art. 15 de la même déclaration prononça, en cas de contravention à cette disposition, une amende de 300 livres, qui ne pouvait être remise ni modérée, sous quelque prétexte que ce fût, par les juges, à peine d'interdiction de leurs charges, et d'être contraints au paiement desdites amendes en leur propre et privé nom.

8. L'ordonnance de 1667 et la déclaration de 1791 restèrent en vigueur jusqu'à la promulgation du Code de procédure civile. L'art. 65 de ce Code a prescrit à tout demandeur de signifier, avec la demande, copie des pièces sur lesquelles cette demande serait fondée. Et, aux termes de l'art. 28 du Tarif du 16 fév. 1807, les copies doivent être correctes et lisibles, à peine du rejet de la taxe.

9. L'art. 28 du Tarif de 1807 était la seule disposition pénale en cette matière. Le législateur l'a considérée comme insuffisante ; et l'art. 43 du décret du 14 juin 1813, tout en maintenant le rejet de la taxe, a prononcé contre l'huissier la restitution des sommes reçues et une amende de 25 fr. L'art. 44 du même décret a autorisé le ministère public, en cas de récidive, à provoquer la suspension et même le remplacement de l'huissier.

10. Le décret du 29 août 1813, abrogeant l'art. 43 du décret du 14 juin précédent, a, en ce qui concerne les copies incorrectes et illisibles, maintenu la peine du rejet de la taxe, et celle de 25 fr. d'amende contre l'huissier. De plus, ce décret a déterminé, dans un intérêt purement fiscal, le nombre de lignes que les papiers employés aux copies de pièces doivent contenir.

§ 2. — *Copies de pièces pour lesquelles il y a concurrence entre les avoués et les huissiers, ou droit exclusif en faveur de ces derniers.*

11. La question de savoir dans quels cas les avoués et les huissiers ont concurremment le pouvoir de dresser les copies de pièces est assurément une des plus graves et des plus intéressantes pour la corporation des huissiers. Elle a déjà soulevé de longues controverses et divisé les Cours et tribunaux, controverses et dissidence qui sont nées de l'insuffisance de la loi.

12. Aucune disposition législative, en effet, n'a réglé les droits respectifs des avoués et des huissiers en matière de copies de pièces. Les art. 28, 29 et 72 du décret du 16 fév. 1807, exactement analysés, se réduisent à dire que le droit de copie de pièces, ou, en d'autres termes, l'émolument qui y est attaché, appartient soit à l'avoué, soit à l'huissier, selon que cette copie a été faite par l'un ou par l'autre. Il semblerait même résulter de la généralité des termes de ces articles qu'il y aurait concurrence entre les avoués et les huissiers pour toutes espèces de copies. Mais une pareille conséquence n'est point admissible. Si, en effet, il y a des actes, dont les copies peuvent être faites concurremment par les huissiers et par les avoués, il en est d'autres dont le droit de faire les copies est exclusivement réservé aux huissiers. Ce n'est donc pas dans les articles précités du décret de 1807 que se trouvent les éléments de la solution de la question de savoir dans quels cas il y a concurrence entre les huissiers et les avoués pour les copies de pièces, et droit exclusif des huissiers. Il faut les puiser dans les principes dérivant de la nature des fonctions des avoués et des huissiers et des actes dont la copie de pièces est le complément.

13. En règle générale, les huissiers sont les mandataires des parties pour toutes espèces de significations, et, de plus, seuls, ils ont le droit d'imprimer, comme officiers publics, le caractère d'authenticité aux exploits qu'ils signifient. Il n'y a pas lieu de distinguer à cet égard entre les actes qui se rapportent à un procès et ceux qui sont étrangers à toute instance. Si donc les exploits doivent être l'œuvre des huissiers, il en est de même, à plus forte raison, des copies de pièces signifiées en tête de ces exploits : règle qui se justifie d'ailleurs par la maxime que *l'accessoire suit la nature du principal*.

14. Mais, lorsqu'il y a instance engagée, le mandat de représenter les parties appartient alors aux avoués. Ceux-ci, par suite du mandat dont ils sont investis, sont dépositaires des pièces, et, comme il peut y avoir utilité à ce que, pendant la durée de l'instance, ils ne puissent être contraints de s'en dessaisir, ils peuvent, dans ce cas, *concurremment* avec les huissiers, mais non *exclusivement*, ainsi que l'enseigne à tort M. Glandaz, *Encyclopédie du droit*, v° *Avoués*, n° 41, faire et certifier les copies de pièces à signifier pendant le cours de la procédure, quoique la signification soit le droit exclusif des huissiers. Toutefois, cette faculté pour les avoués de dresser et certifier, en concours avec les huissiers, des copies de pièces accessoires à des actes qui sont l'œuvre des huissiers, n'est qu'une faveur qu'ils empruntent de la postulation. Il suit de là que l'immixtion des avoués dans des actes qui n'ont pas besoin de leur concours pour être complets n'est et ne peut jamais être qu'une exception. Cette exception doit, par sa nature, être resserrée dans de justes limites; elle doit être restreinte aux cas où les copies de pièces se rattachent à des actes qui font partie intégrante, soit de l'instance dans laquelle les avoués ont été constitués, soit des fonctions spéciales que la loi leur attribue dans certains cas déterminés. Lorsque cesse la postulation proprement dite, c'est-à-dire en dehors de toute instance, ou lorsqu'ils ne sont pas investis d'un caractère public, les avoués ne sont plus que de simples particuliers qui ne peuvent avoir ni droit ni qualité de s'interposer entre les parties et les huissiers. Il y a lieu alors de rentrer dans la règle générale qui attribue aux huissiers le droit exclusif de certifier toutes espèces de copies de pièces (Cass., 24 août 1831; 22 mai et 5 déc. 1832; 19 janv. 1836; 22 mai 1838 : V. *Bull. spéc. des huiss.*, t. 7, p. 42; Amiens, 24 nov. 1836).

15. A l'aide de ces principes, il est facile de déterminer les actes dans lesquels les copies de pièces peuvent être certifiées concurremment par les huissiers et par les avoués, et ceux dans lesquels le droit de certifier ces copies appartient exclusivement aux huissiers.

Voyons d'abord dans quels cas il y a *concurrence* entre les avoués et les huissiers pour les copies de pièces.

16. Nous avons déjà fait remarquer que les avoués avaient, concurremment avec les huissiers, le droit de faire et de certifier toutes les copies de pièces qui se rattachaient à l'instance dans laquelle ils avaient été chargés d'occuper pour leurs clients. Mais quel est l'acte par lequel l'instance doit être réputée commencée? On a, dans l'intérêt des huissiers, essayé de soutenir que, relativement aux avoués, l'instance n'était liée qu'à partir de la signification de l'exploit d'ajournement contenant leur constitution, et que, par conséquent, les huissiers seuls avaient le droit de certifier les copies de pièces données en tête de cet exploit. Mais ce système n'a pas prévalu. L'instance, en effet, commence par la demande qui en est le principe et la tête. Le mandat conféré à l'avoué constitué par l'exploit introductif d'instance est considéré comme légalement accepté par lui, par le fait seul de sa constitution, avant même la délivrance de la demande. Il suit de là que, dès le moment de la préparation, confiée à ses soins, de l'exploit de demande, il a qualité pour représenter la partie, et, par suite, pour certifier la copie des pièces données en tête de cet exploit (Rouen, 20 janv. 1830 : V. *J. Huiss.*, t. 11, p. 37; Nancy, 25 juill. 1833 : V. *J. Huiss.*, t. 15, p. 116; Cass., 22 mai 1834), soit qu'il s'agisse d'un exploit d'ajournement devant un tribunal civil (Tarif de 1807, art. 28), soit qu'il s'agisse d'un acte d'appel.

17. Ainsi, spécialement, les avoués peuvent, concurremment avec les huissiers, certifier la copie d'une autorisation de conseil de famille donnée en tête de l'exploit d'ajournement, contenant demande en partage au nom d'un mineur (Amiens, 24 nov. 1836);

18. ...les copies des requête et ordonnance en tête d'une assignation à bref délai, d'un exploit contenant demande en séparation de biens, et de la sommation de conjoint demandeur en séparation de corps à son conjoint de se présenter devant le président du tribunal : en effet, par la présentation des requêtes exigées par les art. 72, 75, 865, 875 et 876, C. proc. civ., les avoués ont fait acte de postulation antérieurement aux exploits, qui ne sont que la suite d'une procédure déjà commencée par la production de ces mêmes requêtes (Cass., 22 mai 1838);

19. ...et celles des actes à signifier en tête d'une assignation en reprise d'instance (Même arrêt), ou en validité d'offres réelles (V. *infrà* n° 49), ou en requête civile (Paris, 9 fév. 1833; Cass., 10 janv. 1836).

20. Quoique le ministère des avoués ne soit point obligatoire *en matière de référé* et *en matière correctionnelle*, il y est néanmoins permis (Tarif de 1807, art. 93; C. instr. crim., art. 185 et 204). Il résulte de là qu'il y a droit de concurrence au profit des avoués qui ont été chargés de représenter les parties en référé, ou ont été constitués dans une instance correctionnelle, par exemple, lorsqu'il y a partie civile, pour les copies des pièces données en tête des assignations en référé et les copies des ordonnances de référé, ainsi que pour les copies des pièces à signifier en tête des citations correctionnelles et celles de tous les actes qui se rattachent aux procédures (Paris, 5 août 1834; V. *J. Huiss.*, t. 16, p. 45; Amiens, 24 nov. 1836; Cass., 22 mai 1838; Limoges, 9 avril 1845 : V. *J. Huiss.*, t. 26, p. 337; Dissertation insérée au *J. Huiss.*, t. 24, p. 305). — V. *infrà* n° 38.

21. Nous venons de parler des actes qui ouvrent l'instance. Quant aux actes qui la terminent, c'est-à-dire aux jugements et arrêts, ils sont le complément nécessaire de la procédure, dont ils forment une partie principale et essentielle. La copie de ces jugements (il est entendu qu'il ne s'agit ici que des jugements de tribunaux civils) et arrêts appartient aux avoués de la même manière que la copie des actes à signifier en tête des exploits introductifs d'instance. Il n'y a pas lieu de distinguer, à cet égard, entre les jugements ou arrêts par défaut ou contradictoires, préparatoires, interlocutoires et définitifs, ni entre ceux qui sont signifiés à avoué ou à partie (Tarif du 16 fév. 1807, art. 72; Rouen, 20 janv. 1830 : V. *J. Huiss.*, t. 11, p. 37; Nancy, 25 juill. 1833 : V. *J. Huiss.*, t. 15, p. 116; Cass., 22 mai 1834; 22 mai 1838). — V. *infrà* n°s 39 et 40.

22. Spécialement, les avoués peuvent, concurremment avec les huissiers, certifier la copie des jugements à signifier à des tiers dans le cas prévu par l'art. 548, C. proc. civ. (Cass., 10 janv. 1846);

23. ...et celle des jugements d'adjudication préparatoire et définitive (Cass., 22 mai 1838). — V. *infrà* n° 28.

24. Il importe cependant, en ce qui concerne la copie du jugement d'adjudication définitive, de distinguer entre le cas où l'avoué, qui a poursuivi l'expropriation, s'est rendu adjudicataire pour le compte soit du poursuivant, soit d'un tiers, et celui où l'avoué, qui s'est rendu adjudicataire pour le compte d'un tiers, ne dirigeait point les poursuites. Nul doute que, dans le premier cas, l'avoué poursuivant n'ait concurremment avec l'huissier le droit de certifier la copie du jugement d'adjudication : car, constitué dans l'instance en expropriation qu'il a dirigée, son mandat ne se termine qu'avec la signification du jugement d'adjudication. Mais l'avoué qui, sans avoir dirigé les poursuites en expropriation, sans avoir occupé dans l'instance, se rend adjudicataire pour le compte d'un tiers, doit, ce nous semble, être assimilé à ce tiers; nous croyons donc que, dans ce dernier cas, l'avoué qui s'est rendu adjudicataire ne peut certifier la copie du jugement d'adjudication ; ce droit appartient alors à l'huissier qui a été chargé de la notification du jugement.

25. Le droit de certifier les copies de l'extrait du contrat de vente, de l'extrait de la transcription et du tableau des inscriptions, à donner en tête des notifications que l'acquéreur doit faire, en conformité de l'art. 2183, C. Nap., aux créanciers inscrits, lorsqu'il veut purger leurs hypothèques, appartient aux avoués en concurrence avec les huissiers. En effet, à la différence de la purge légale qui est extrajudiciaire (V. *infrà*, n° 50), celle des hypothèques inscrites constitue une instance qui ne peut être entamée et suivie que par un avoué. Et cette instance commence au moment où les avoués présentent requête au président pour commettre un huissier, afin de faire les notifications prescrites par l'art. 2183 précité (Nancy, 3 juill. 1834; Amiens, 24 nov. 1836).

26. Il en est de même en ce qui concerne les copies des requêtes à fin de commission d'huissier et ordonnance du président, données en tête de l'exploit de notification de surenchère, puisque cet exploit, devant contenir constitution d'avoué et assignation devant le tribunal pour la réception de la caution que doit fournir le surenchérisseur (C. Nap., art. 2185; C. proc. civ., art. 832), est le premier acte de la procédure de surenchère (Nancy, 3 juill. 1834).

27. En matière de saisie-arrêt, si le créancier n'a pas de titre, il doit, comme l'on sait, présenter une requête au président du tribunal à l'effet d'obtenir l'autorisation de saisir-arrêter (C. proc. civ., art. 558). La présentation de la requête et l'obtention de l'ordonnance sont bien l'œuvre de l'avoué. Mais, une fois l'ordonnance obtenue, la postulation de l'avoué ne cesse-t-elle pas? Et la saisie-arrêt étant un acte d'exécution qui rentre exclusivement dans le domaine de l'huissier, n'est-ce pas alors à ce dernier officier ministériel qu'il appartient exclusivement de certifier la copie de la requête et de l'ordonnance, donnée en tête de l'exploit de saisie-arrêt? Il nous semble que la solution affirmative de ces deux questions peut être sérieusement soutenue. Cependant, il a été décidé que l'avoué avait aussi le droit de certifier cette copie, par la raison qu'il était le dépositaire légal des requête et ordonnance (Amiens, 24 nov. 1836). Mais, contre cette raison, ne peut-on pas objecter avec succès que l'instance n'est pas liée par l'obtention de l'ordonnance? Elle ne l'est, en effet, que par la dénonciation du procès-verbal de saisie-arrêt, puisque cette dénonciation seule contient assignation en validité et constitution d'avoué (C. proc. civ., art. 563). N'est-ce pas, dès lors, cette dénonciation qui est le premier acte de la procédure en matière de saisie arrêt? Dans tous les cas, nous croyons que le droit de certifier la copie du procès verbal de saisie-arrêt, donnée en tête de l'exploit de dénonciation, ne peut être contestée à l'avoué (Arrêt d'Amiens précité. — V. aussi *J. Huiss.*, t. 33, p. 202). — V. *infrà* n° 48.

28. En matière de saisie immobilière, l'avoué est constitué par le procès-verbal même de saisie (C. proc. civ., art. 675-6°). A partir de cette constitution, il instruit la procédure. Il s'ensuit qu'il peut authentiquer par sa signature, concurremment avec l'huissier, la copie du procès-verbal de saisie et d'apposition des placards à signifier au saisi, celle des actes à signifier en tête de la notification de la saisie aux créanciers inscrits (Cass., 22 mai 1838), et, comme nous l'avons dit précédemment, celle des jugements d'adjudication préparatoire et définitive (V. *suprà* n°s 23 et 24).

29. Enfin, le droit de certifier la copie d'une ordonnance de juge-commissaire ouvrant un procès-verbal d'ordre, destinée à être signifiée en tête d'une sommation de produire (V. Cass., 22 mai 1838; 8 juin 1852 : V. *J. Huiss.*, t. 33, p. 197), et celle d'un bordereau de collocation dans un ordre (arrêt de cass. précité du 22 mai 1838), entre dans les attributions respectives des avoués et des huissiers.

30. Toutes les fois qu'il y a concurrence entre les avoués et les huissiers, le droit de faire les copies de pièces et de les certifier appartient tout naturellement, de préférence, à celui de ces deux officiers ministériels qui est dépositaire des pièces. Et cette concurrence, ni la volonté des avoués, ni celle des huissiers, ne peuvent l'anéantir. Cependant, puisqu'il y a concurrence, il y a nécessairement faculté de choisir. Sans doute, l'officier ministériel, dépositaire des pièces, ne pourrait être contraint de s'en dessaisir, sur la demande de son concurrent et au profit de ce dernier. Pourquoi? Est-ce parce qu'il tient de la loi le droit de faire la copie de ces pièces? Non, mais parce que le dépôt des pièces en ses mains fait présumer que la partie a voulu lui laisser le travail de la copie de pièces. Mais cette présomption disparaît, lorsque la partie exprime une volonté contraire, manifeste son choix. Elle peut donc enlever au dépositaire de la pièce, par exemple, à l'avoué, le droit d'en faire la copie, pour en investir l'huissier qui ne l'a pas entre les mains. Comment, en effet, refuser à la partie, qui paie les frais, la faculté de choisir entre deux officiers ministériels ayant le même droit? Toutefois, la partie doit exercer son choix avant que les copies de pièces aient été dressées. Car si, au moment de l'option, elles se trouvaient faites, comme elles l'auraient été en exécution d'un mandat tacite, l'officier ministériel dépositaire qui les aurait dressées ne pourrait être privé des émoluments alloués pas la loi. Nous approuvons donc complétement la solution sur ce dernier point, entièrement neuf en jurisprudence, de l'arrêt de la Cour de cassation du 8 juin 1852 (V. *J. Huiss.*, t. 33, p. 197).

31. Lorsque l'avoué peut, concurremment avec l'huissier, faire et certifier la copie de pièces, a-t-il le droit de contraindre ce dernier à recevoir cette copie et à la signifier, en lui remettant les droits dus pour l'original? Si cette question devait être affirmativement résolue, l'huissier ne serait alors considéré que comme un simple instrument. Cependant, il a incontestablement le droit, à cause de la responsabilité qui pèse sur lui, d'examiner si la personne à la requête de laquelle la copie de pièces doit être signifiée a ou non qualité ou capacité pour agir, si la signification n'est pas inutile ou frustratoire. De plus, la solution affirmative aurait pour effet de priver l'huissier d'une faculté qu'on ne peut lui nier, celle d'éclairer la partie sur les suites de l'acte qu'elle signifie, de l'exposer lui huissier à un désaveu, de compromettre sa position, en engageant sa responsabilité, et même de l'empêcher d'invoquer la cause légale de récusation qui pourrait exister en sa personne. Mais, si nous résolvons négativement, en principe, la question ci-dessus posée, nous devons faire remarquer qu'il importe aux huissiers, à leurs intérêts, de n'opposer un refus à l'avoué que lorsqu'ils sont certains que ce refus est bien fondé.

32. L'avoué ne peut surtout obliger un huissier à signifier une copie de pièces qu'il aurait préparée, si cette signification l'exposait à l'amende, soit parce que la copie de pièces contiendrait un excédant de lignes, soit parce qu'elle serait illisible. Quoique l'opinion contraire puisse s'induire de l'arrêt de la Cour de cassation précité, du 22 mai 1834, et de l'arrêt de la Cour de Nancy, du 25 juill. 1833 (V. *J. Huiss.*, t. 15, p. 116), nous n'hésitons pas à la repousser. Le recours même que, dans ce cas, l'huissier peut exercer contre l'avoué, n'autorise pas ce dernier à contraindre un officier ministériel à enfreindre les règlements de sa profession et à s'exposer ainsi à une amende et à une peine disciplinaire.

33. Tout avoué ne peut pas valablement préparer et certifier la copie de pièces, à l'égard de laquelle la concurrence existe. En d'autres termes, cette concurrence doit être entendue, non dans un sens général, absolu, mais dans un sens restreint. Ainsi, l'avoué qui occupe dans une instance peut seul certifier la copie de pièces donnée en tête des actes qui se rattachent à cette instance. Si elles étaient signées par un autre avoué, lequel serait alors sans qualité, cette circonstance pourrait entraîner la nullité de l'exploit de signification. Et l'huissier instrumentaire serait personnellement responsable de cette nullité, sauf son recours contre l'avoué.

34. Nous avons maintenant à énumérer les cas dans lesquels les huissiers ont le droit *exclusif* de faire et certifier les copies de pièces.

35. La Cour de Paris avait, par plusieurs arrêts, attribué aux avoués le droit de faire et certifier, concurremment avec les huissiers, les copies de pièces à signifier en tête des exploits, quoique les copies ne se rattachassent pas à une instance (Paris, 9 fév. 1833; 5 août 1834 (deux arrêts, affaires *Mauger* C. *Thévenin*, et *Anspach* C. *Barbier*). Mais ces arrêts, déférés successivement à la Cour de cassation, ont tous été cassés par elle. Ainsi, l'arrêt du 9 fév. 1833 a été cassé par un arrêt du 19 janv. 1836; celui du 5 août 1834 (affaire *Anspach*), par un arrêt du 28 nov. 1837; et celui de la même date (affaire *Mauger*), par un arrêt du 22 mai 1838. Et il résulte des arrêts de la Cour suprême que nous venons de rappeler que les huissiers ont le droit exclusif de faire et certifier toutes les copies de pièces, soit qu'il s'agisse d'actes extrajudiciaires, soit que les actes se rattachent à des instances dans lesquelles les avoués n'occupent pas ou ne peuvent occuper. On peut citer aussi en ce sens deux arrêts de Cours impériales, l'un de Rouen, du 20 janv. 183 (V. *J. Huiss.*, t. 11, p. 37); et l'autre d'Amiens, du 24 nov. 1836.

36. Ainsi, le ministère des avoués n'étant pas exigé devant les justices de paix, il s'ensuit nécessairement que les huissiers ont le droit exclusif de certifier les copies de pièces données en tête des exploits de citation en conciliation, de citation en justice de paix, et de tous les autres actes énoncés en l'art. 21 du tarif du 16 fév. 1807. L'art. 22 du même tarif ne laisse d'ailleurs aucun doute à cet égard. Cependant, les avoués ont contesté ce principe. Ils ont soutenu qu'ils pouvaient, concurremment avec les huissiers, faire notamment la copie des pièces qui étaient transcrites en tête d'un exploit de citation en conciliation. Mais leur prétention a été repoussée par un arrêt de la Cour de cassation du 22 mai 1832.

37. Les huissiers ont également le même droit exclusif relativement aux copies de pièces signifiées en tête des citations en simple police, aux copies de tous actes à signifier dans le cours des instances devant les tribunaux de simple police, et des jugements rendus par ces tribunaux (V. *J. Huiss.*, t. 33, p. 203).

38. ... relativement aux copies de pièces données en tête des citations en police correctionnelle, des actes signifiés durant le cours des instances introduites devant ces tribunaux, et des jugements qu'ils prononcent, lorsqu'il n'a pas été constitué d'avoué. — V. *suprà* n° 20.

39. Nous avons dit précédemment qu'il y avait concurrence entre les avoués et les huissiers pour la copie des jugements par défaut à signifier (V. *suprà* n° 21). Mais il n'en peut être ainsi quand le jugement est rendu par défaut contre une partie qui n'a pas constitué avoué, c'est-à-dire *faute de comparaître*. Dans ce cas, le jugement doit, à peine de nullité, être signifié par un huissier commis (V. *J. Huiss.*, t. 35, p. 46). Or, cet huissier a alors seul le droit de faire et certifier la copie du jugement. La commission qu'il a reçue du tribunal le lui confère; elle lui en impose même directement l'obligation personnelle. Autrement, d'ailleurs, il n'exécuterait pas d'une manière complète la mission de confiance que le tribunal a cru devoir lui donner (V. *J. Huiss.*, t. 33, p. 10).

40. Spécialement, lorsqu'un huissier a été commis pour la signification d'un jugement de jonction de défaut avec réassignation, il n'appartient qu'à lui de certifier la copie de ce jugement. L'avoué ne peut, à cet égard, réclamer la concurrence.

41. Le ministère des avoués n'étant pas nécessaire dans les procédures instruites et jugées par les tribunaux arbitraux, les copies des pièces qui se rattachent à ces procédures appartiennent aussi exclusivement aux huissiers: peu importe qu'il s'agisse d'arbitrage volontaire ou forcé.

42. Devant les conseils de prud'hommes et les tribunaux de commerce, comme devant les tribunaux arbitraux, le ministère des avoués est interdit; il suit de là qu'ils n'ont ni droit ni qualité pour certifier les copies de pièces signifiées dans les instances instruites devant ces divers tribunaux. Le droit exclusif des huissiers a du reste été maintes fois formellement consacré par plusieurs arrêts en ce qui concerne les assignations devant les tribunaux de commerce et les significations des jugements rendus par ces tribunaux (Cass., 31 août 1831 : V. *J. Huiss.*, t. 12, p. 257; 22 mai 1838; Amiens, 24 nov. 1836; Paris, 19 janv. et 29 mai 1837).

43. En matière d'expropriation pour cause d'utilité publique, le ministère des avoués est également inutile (Arg. art. 37, L. 3 mai 1841); il en résulte qu'ils ne peuvent non plus prétendre à aucune des copies de pièces données en tête des exploits prescrits par la loi du 3 mai 1841.

44. Au nombre des actes extrajudiciaires d'exécution, rentrant dans les attributions exclusives des huissiers, il faut ranger les commandements. Ces actes, pour leur perfection, n'ont, en effet, nul besoin du concours et de l'assistance des avoués, puisque, faits avant et hors tout litige, ils n'amènent pas nécessairement un procès. Or, les copies de titres données en tête des commandements font partie intégrante de ces actes, et, par conséquent, le droit de les certifier appartient exclusivement aux huissiers (V. *J. Huiss.*, t. 33, p. 203, *in fine*).

45. C'est ce qui a été décidé en ce qui concerne les copies des pièces qui doivent être données en tête d'un commandement tendant à saisie immobilière (Tarif du 10 oct. 1841, art. 3, § 3; Inst. du ministre de la just., du 20 août 1842; Cass., 21 fév. 1821 (*Sol. impl.*); 31 août 1831 : V. *J. Huiss.*, t. 12, p. 257; 5 déc. 1832; 28 nov. 1837; 22 mai 1838; Amiens, 24 nov. 1836);

46. .....Ou d'un commandement à fin de saisie-exécution (Cass., 22 mai 1838; Amiens, 24 nov. 1836);

47. .....Ou d'un commandement tendant à contrainte par corps (Arrêt précité de Cass. du 22 mai 1838).

48. Nous avons dit (V. *suprà* n° 27) que la question de savoir s'il y avait concurrence entre les avoués et les huissiers pour les copies des requêtes et ordonnances données en tête d'un exploit de saisie-arrêt pouvait encore faire l'objet d'une difficulté sérieuse. Mais il n'existe aucun doute sur l'exclusion du droit des avoués, lorsque la saisie-arrêt est formée en vertu de titres authentiques ou privés. La raison invoquée pour justifier le concours des avoués dans le cas où la saisie est formée en vertu d'une ordonnance, et tirée de ce qu'ils sont les dépositaires de cette ordonnance, qu'ils ont obtenue, n'existe plus ici. Car, encore bien qu'un avoué soit détenteur des titres qui servent de base à la saisie-arrêt, il ne peut être considéré comme en ayant le dépôt légal. Il est donc certain, pour nous, que la copie des titres en tête de l'exploit de saisie-arrêt ne peut, dans tous les cas, être certifiée que par l'huissier (Trib. civ. de Meaux, 28 mars 1832; *J. Huiss.*, t. 33, p. 204).

49. C'est aussi aux huissiers exclusivement qu'il appartient de certifier les copies de pièces en tête des procès-verbaux d'offres réelles (mais non de la demande en validité de ces offres, ainsi que nous l'avons dit précédemment:

V. n° 19), de la dénonciation d'une saisie-exécution faite hors du domicile et en l'absence du saisi (C. proc. civ., art. 602), de la notification d'une saisie-brandon, de la sommation au tiers détenteur de payer ou de délaisser, ainsi que la copie du transport à signifier au débiteur (Cass., 22 mai 1838), et celle du titre exécutoire contre le défunt, et dont la signification est faite à son héritier (C. Nap., art. 877).

50. Lorsqu'il s'agit de la purge des hypothèques inscrites, nous avons pensé, avec les Cours de Nancy et d'Amiens, qu'il y avait concurrence entre les avoués et les huissiers pour les copies des pièces données en tête des notifications aux créanciers inscrits (V. *suprà* n° 25). Mais il en est autrement, lorsqu'il s'agit de la purge des hypothèques légales. En effet, ni l'art. 2194, C. Nap., ni l'avis du conseil d'État des 9 mai et 1er juin 1807, ni même le tarif de 1807, ne font mention des avoués. Aucune disposition législative n'indique que leur ministère doive être employé dans les formalités à remplir pour purger les hypothèques légales. Ces formalités sont toutes extrajudiciaires. Et si les avoués sont chargés de les remplir, ils n'agissent alors que comme simples mandataires, et non comme officiers ministériels (Cass., 31 mars 1840). Les huissiers ont donc le droit exclusif de faire la copie d'un acte de dépôt d'un contrat, donnée en tête d'un exploit de notification, à l'effet de parvenir à la purge des hypothèques légales (Amiens, 24 nov. 1836; Cass., 22 mai 1838).

51. Lorsque les huissiers ont le droit exclusif de rédiger les copies de pièces données en tête de leurs exploits, ils ne peuvent, en aucun cas, être contraints de recevoir ces copies toutes préparées, soient qu'elles l'aient été par la partie, soit qu'elles l'aient été par un avoué, alors même qu'on leur laisserait la totalité des émoluments. Autrement, ce serait les exposer à engager aveuglément leur responsabilité. D'une part, il leur appartient incontestablement d'examiner si les titres doivent être signifiés. De l'autre, en certifiant la copie, ils doivent évidemment la faire faire eux-mêmes, afin d'être certains de son exactitude. De plus, il est à craindre que, en recevant une copie préparée d'avance, les huissiers ne puissent être supposés avoir fait remise d'une portion de leurs honoraires : ce qui les rendrait passibles d'une peine disciplinaire (Trib. civ. de la Seine 24 nov. 1843; Lettre du procureur impérial près le trib. civ. de Paris, 18 mars 1844).

52. L'huissier qui signifie une copie de pièces, pour laquelle il n'y a pas concurrence entre les avoués et les huissiers, doit la certifier lui-même. Tout autre huissier que celui qui instrumente ne peut la signer. L'exploit de signification pourrait même être déclaré nul, si la copie était certifiée par un autre huissier que l'huissier instrumentaire, dans le cas, par exemple où ce dernier refuserait de se l'approprier, en déclarant ne pas en garantir l'exactitude.

53. Ainsi, spécialement, l'huissier qui a été chargé de l'obtention et de la levée d'un jugement par défaut, soit de justice de paix, soit du tribunal de commerce, ne peut préparer et certifier la copie à signifier. Ce droit appartient exclusivement à l'huissier commis pour la signification (V. *Bull. spéc. des Huiss.*, t. 7, p. 135).

54. Lorsque les avoués et les huissiers ont concurremment le pouvoir de dresser une copie de pièces, cette copie est légalement faite soit par l'un, soit par l'autre, et l'auteur du travail doit en percevoir les émoluments (Cass 22 mai 1834). Mais, dans le cas où les pièces sont du nombre de celles dont la copie doit être faite par l'huissier exclusivement, celui-ci a seul le droit d'en réclamer les émoluments, encore bien que la copie ait été préparée par l'avoué.

55. Dans le cas où, ayant le droit de faire une copie de pièces, l'avoué qui a rédigé cette copie, la remet à l'huissier, celui-ci ne peut, sans aucun doute, la supprimer, pour en faire une nouvelle, afin de s'en approprier l'émolument (Cass., 22 mai 1834 : V. *J. Huiss.*, t. 16, p. 47).

§ 3. — *Copies de pièces contenant par page un nombre de lignes excédant le nombre légal.*

56. Aux termes de l'art. 43 du décret du 14 juin 1813, les papiers timbrés employés aux copies à signifier par les huissiers, ne pouvaient contenir, savoir : plus de 40 lignes par page de moyen papier, et plus de 50 lignes par page de grand papier, à peine d'une amende de 25 fr. contre l'huissier, conformément à l'art. 26 de la loi sur le timbre, du 13 brum. an 7. L'art. 44 du décret précité ajoutait que, en cas de récidive, l'huissier pouvait être suspendu et même remplacé.

57. L'art. 43 du décret du 14 juin 1813 renfermant une lacune a été abrogé et remplacé par l'art. 1er, § 2, du décret du 29 août 1813 (Douai, 26 mars 1835), ainsi conçu : « Les papiers employés aux copies de pièces ne pourront contenir plus de 35 lignes par page de petit papier, plus de 40 lignes par page de moyen papier, et plus de 50 lignes par page de grand papier, à peine de l'amende de 25 fr., prononcée pour les expéditions par l'art. 26 de la loi du 13 brum. an 7 », amende qui a été réduite à 5 fr. par l'art. 10 de la loi du 16 juin 1824.

58. On s'est demandé si l'art. 44 du décret du 14 juin 1813, qui permettait au ministère public de provoquer la suspension de l'huissier contrevenant et même son remplacement, en cas de récidive, était encore en vigueur. On a soutenu l'affirmative, en disant que l'art. 3 du décret du 29 août 1813 n'abroge que les art. 43 et 57, et non l'art. 44 du décret du 14 juin (Carré, *Organisation et compétence*, 2e part., liv. Ier, t. 3, p. 383 (édit. in-4°); *J. Huiss.*, t. 11, p. 151). Mais il est évident que, si l'art. 57 du décret du 14 juin 1813 se trouve indiqué dans l'art. 3 du décret du 29 août, c'est par erreur. L'art. 44 est celui qu'on a voulu abroger; il n'est, en effet, que la suite de l'art. 43. Cette erreur typographique a même été corrigée par MM. Teulet et Urbain Loiseau dans le supplément qu'ils ont placé à la suite de leurs Codes (V. aussi, dans ce dernier sens, Nicias Gaillard, *Traité de la copie de pièces*, p. 75).

59. L'art. 1er du décret du 29 août 1813 est une disposition purement fiscale, qui ne peut être éludée par aucun moyen. Ainsi, l'huissier qui, au lieu d'écrire, comme il est d'usage, dans la largeur du papier, écrirait dans la longueur, commettrait une contravention, bien qu'il n'excédât pas le nombre de lignes déterminé, si ce nombre, d'après un calcul proportionnel, se trouvait supérieur à celui qu'il eût pu en tracer dans l'autre sens (Nicias-Gaillard, *Traité de la copie de pièces*, p. 45, *in fine*).

60. Quoique la copie de pièces, qui excède le nombre légal de lignes, soit imprimée, la contravention n'en existe pas moins, le décret du 29 août 1813 ne faisant aucune distinction entre les copies imprimées et les copies manuscrites (Décis. du minis. des fin., 5 oct. 1821; Trouillet, *Dict. de l'Enregist.*, v° *Huissier*, n° 15).

61. Le décret précité ne s'applique qu'aux copies signifiées, et non aux copies de protêts inscrites sur le registre tenu par les huissiers en conformité de l'art. 176, C. comm. (Décis. de la rég., 16 mai 1831; Trouillet, v° *Huissier*, n° 19; Nicias-Gaillard, p. 74).

62. L'art. 1er du décret du 29 août 1813 a pour but principal d'empêcher que, par l'insertion d'un trop grand nombre de lignes, les officiers ministériels diminuent l'emploi du timbre, et, par suite, les revenus de l'État. Cette raison nous conduit à décider que, le nombre de lignes étant déterminé par chaque page, il y a autant de contraventions, et que, par conséquent, il est dû autant d'amendes, qu'il y a de pages où ce nombre est excédé (Délib. du cons. d'administ. de l'enreg., 24 juin 1830; 9 nov. 1832; Trib. civ. d'Orléans, 30 déc. 1833 : V. *J. Huiss.*, t. 15, p. 212; Trouillet, v° *Huissier*, n° 14; Nicias-Gaillard, p. 33; Sebire et Carteret, *Encyclop. du droit*, v° *Copie de pièces*, n° 9).

63. Mais, si les lignes transcrites sur une feuille excèdent le nombre fixé par le décret, tandis que l'autre en contient un nombre inférieur, il y a lieu d'admettre la compensation d'une feuille à l'autre. Cette compensation est autorisée par l'art. 20 de la loi du 13 brum. an 7 pour les expéditions faites par les notaires. Il y a même raison pour l'appliquer aux copies faites par les huissiers (Décis. des mins. des fin. et de la justice, 14 nov. 1834; Trib. civ. de la Seine, 16 déc. 1846 : V. *Bull. spéc. des Huiss.*, t. 3, p. 65 ; Nicias-Gaillard, p. 32 ; Sebire et Carteret, n° 8).

64. Aux termes d'une décision de l'administration de l'enregistrement, en date du 24 juin 183), le décret du 29 août 1813 comprend, non-seulement les copies d'actes, de jugements et d'arrêts, mais encore celles de toutes autres pièces, sans distinction de l'officier ministériel ou du fonctionnaire qui a fait ces pièces. Il y a donc contravention de la part de l'huissier toutes les fois qu'il signifie une copie *quelconque*, contenant un plus grand nombre de lignes que celui qui est fixé d'après la dimension du papier (Nicias-Gaillard, p. 33 et 34).

65. Mais l'art. 1er du décret du 29 août 1813 s'applique-t-il aux copies que les huissiers signifient de leurs propres exploits ? La régie soutient l'affirmative. Le décret du 29 août 1813, dit-elle, ne distingue pas entre les copies faites par l'huissier d'actes étrangers à son ministère et les copies des actes de son ministère. Le mot *acte* a, dans ce décret, un sens général : il comprend donc les exploits que font les huissiers. D'ailleurs, le décret du 29 août 1813 se réfère à l'art. 19 de la loi du 13 brum. an 9. Il s'applique à la copie que fait un huissier de l'acte dont il a rédigé l'original, comme la loi de brumaire an 9 s'applique à l'expédition que fait un notaire de l'acte dont il a rédigé et dont il conserve la minute. Ce système a été consacré par un arrêt de la Cour de cassation du 10 janv. 1838 (V. *J. Huiss.*, t. 19, p. 159). Cependant, nous ne croyons pas qu'il soit conforme aux termes et à l'esprit du décret du 29 août 1813. Les mots *actes, jugements, arrêts et toutes autres pièces*, employés dans ce décret, indiquent évidemment qu'il n'entend parler que des copies de pièces signifiées avec les exploits, et nullement des copies des exploits. Cette interprétation se trouve confirmée par l'art. 2 du même décret. Dans ce dernier article, en effet, il est question de *copie de citation ou d'exploit*. Or, n'est-il pas évident que, si le législateur eût voulu appliquer à cette copie l'art. 1er, il l'eût formellement comprise dans l'énumération qu'il faisait ? V. dans le sens de cette dernière interprétation Nicias-Gaillard, p. 34 et suiv.; Sebire et Carteret, n° 10.

66. L'huissier qui signifie une copie de pièces dressée et signée par un avoué, et dépassant le nombre de lignes fixé, contrevient-il au décret du 29 août 1813 ? Ce décret ne dispose que pour le cas où les copies sont faites par les huissiers : de sorte que les copies préparées par les avoués ne rentrent pas dans la prévision du législateur. Ces dernières copies ne sont pas, en effet, assujetties au nombre de lignes que fixe le décret précité (Délib. du cons. d'administ. de l'enreg., 19-16 nov. 1834; Boucher d'Argis, *Dict. raisonné de la taxe*, v° *Copie de pièces*, p. 102 ; Nicias-Gaillard, p. 42 et suiv.; Carré, *de la Taxe en matière civile*, p. 58). Or, si les copies de pièces dressées et signées par les avoués ne sont pas soumises à la formalité de ne contenir qu'un certain nombre de lignes par page, il s'ensuit nécessairement que l'huissier, qui signifie une copie de pièces faite et signée par un avoué et dépassant le nombre de lignes fixé, ne contrevient pas au décret du 29 août 1813 (Trib civ. de Nevers, 27 nov. 1837; Nicias-Gaillard, *loc. cit.*; Sebire et Carteret, nº 11).

§ 4. — *Copies incorrectes et illisibles.*

67. « Les copies d'actes, de jugements, d'arrêts et de toutes autres pièces, qui seront faites par les huissiers, doivent être correctes et lisibles, à peine de rejet de la taxe, ainsi qu'il en a été ordonné par l'art. 28 du décret du 16 fév. 1807 pour les copies de pièces faites par les avoués » (Décr. 29 août 1813, art. 1er, § 1er).

L'art. 2 du décret du 29 août 1813 ajoute : « L'huissier qui aura signé une copie de citation ou d'exploit, de jugement ou d'arrêt, qui serait illisible, sera condamné à l'amende de 25 fr. sur la seule provocation du ministère public, et par la Cour ou le tribunal devant lequel cette copie aura été produite. — Si la copie a été faite et signée par un avoué, l'huissier qui l'aura signifiée sera également condamné à l'amende, sauf son recours contre l'avoué, ainsi qu'il avisera ».

68. Il résulte de la combinaison de l'art. 2 et du § 1er de l'art. 1er du décret du 29 août 1813 que deux peines sont prononcées contre les copies illisibles : le rejet de la taxe et l'amende de 25 fr., tandis qu'il n'y a lieu qu'au rejet de la taxe, lorsque les copies sont incorrectes (Nicias-Gaillard, p. 59; Sebire et Carteret, vº *Copie de pièces*, nº 16).

69. Il est à remarquer aussi, en ce qui concerne les copies illisibles, que l'amende est restreinte aux copies de *citations* ou d'*exploits*, de *jugements* ou d'*arrêts* (Décr., 29 août 1813, art. 2), et que le rejet de la taxe est plus général, qu'il s'applique aux copies d'*actes*, de *jugements*, d'*arrêts* et de *toutes autres pièces* (Même décr., art. 1er, § 1er).

70. La contravention résultant de ce qu'une copie est illisible n'est pas, à la différence de celle qui résulte de l'excès de lignes, purement fiscale ; elle touche à un intérêt plus élevé, celui de la justice. Cette considération donne lieu de penser que l'amende de 25 fr. portée, pour ce cas, par l'art. 2 du décret du 29 août 1813, ne devrait pas être réduite à 5 fr., en vertu de l'art. 10 de la loi du 16 juin 1824; et la Cour de cassation elle-même a plusieurs fois appliqué l'amende de 25 fr. à des huissiers qui avaient signifié des copies illisibles (Cass., 23 mars 1830 : V. *J. Huiss.*, t. 11, p. 151; 11 août 1835; 21 avril 1836). On ne peut cependant se dissimuler que cette interprétation ne soit excessivement rigoureuse. Elle n'est pas d'ailleurs adoptée par l'administration de l'enregistrement. Cette administration se montre, en effet, plus favorable et ne recouvre, pour la contravention dont il s'agit, que 5 fr. (Délib., 9 nov. 1832; Sébire et Carteret, vº *Copie de pièces*, nº 11).

71. Mais que doit-on entendre par *copies incorrectes?* Ce sont celles qui, sans cesser d'être lisibles, sont remplies d'abréviations fatigantes, et celles qui sont inexactes, incomplètes, ou pleines de fautes qui en ôtent le sens (*Préambule de la déclaration* du 19 mars 1673; Nicias-Gaillard, p. 61; Sebire et Carteret, vº *Copies de pièces*, nº 16).

72. Si les incorrections, au lieu d'être le résultat de la négligence de l'officier ministériel, étaient faites à dessein, par exemple pour employer le moins possible de papier timbré, tout en portant dans les mémoires de frais les copies entières, la répression du décret du 29 août 1813 serait insuffisante : ce serait alors le cas d'appliquer une décision du ministre de la justice du 16 déc. 1807, et, par suite, les art. 1030 et 1031, C. proc. civ., et les art. 102 et 103 du décret du 30 mars 1808 (Nicias-Gaillard, p. 62).

73. Que doit-on aussi entendre par *copies illisibles?* Dans l'espèce de l'arrêt de la Cour de cassation, du 23 mars 1830, cité au nº 70, la copie du jugement jointe au pourvoi était complétement illisible, à tel point que l'avocat n'avait pu en faire qu'une espèce de traduction dont il lui était impossible de garantir l'exactitude. Mais nous ne croyons pas qu'il soit nécessaire, pour l'application du décret du 29 août 1813, qu'il soit tout à fait impossible de lire la copie signifiée. Le mot *illisible* doit être pris ici dans un sens moins étroit. Ainsi, il suffit, pour qu'une écriture soit dite illisible, qu'on ne puisse la lire que difficilement et à grand'peine (Nicias-Gaillard, p. 61).

74. Spécialement, une copie peut, à raison des abréviations dont elle est remplie, être considérée comme illisible (Cass., 21 avril 1836).

75. La contravention dont nous parlons ici n'étant pas fiscale, il s'ensuit qu'on ne doit pas, dans cette circonstance, calculer par page. C'est la copie tout entière qu'il faut considérer. En conséquence, quel que soit le nombre de pages qui soient illisibles, il n'y a qu'une contravention et qu'une amende (Nicias-Gaillard, p. 55; Sebire et Carteret, n° 13).

76. Mais dès que, dans une copie qui contient un plus ou moins grand nombre de pages, il y en a une qui est illisible, la contravention existe et l'amende est encourue. On ne peut établir aucune compensation entre la partie de la copie qui est illisible et celle qui est lisible (Nicias-Gaillard, p. 55).

77. Nous avons vu précédemment (V. n° 66) que le décret du 29 août 1813 ne s'appliquait qu'aux huissiers, et non aux avoués. Ainsi, encore bien que la copie illisible ait été faite et signée par un avoué, c'est toujours contre l'huissier que l'amende est prononcée. Seulement, afin d'atténuer ce qu'une semblable disposition a d'exorbitant, l'art. 2, § 2, du décret, soumet l'avoué à un recours envers l'huissier. C'est par application de cet article que l'arrêt de la Cour de cassation, du 11 août 1835, en condamnant un huissier qui avait signifié une copie illisible, préparée et signée par un avoué, lui a réservé son recours contre ce dernier. Rien n'est plus juste, puisque, aux termes de l'art 28 du tarif de 1807, le droit de copie appartient à l'avoué.

§ 5. — *Poursuites en cas d'excédant de lignes et d'illisibilité de copies de pièces. — Prescription.*

78. *Poursuites.* — Les contraventions à l'art. 1er, § 2, du décret du 29 août 1813, c'est-dire pour excédant de lignes, doivent être constatées et poursuivies, suivant les formes spéciales au recouvrement des droits de timbre, par la régie de l'enregistrement. Le § 2 de l'art. 1er du décret précité contient, en effet, une disposition purement fiscale; la contravention qu'il punit est une contravention aux lois sur le timbre. Ainsi, l'administration de l'enregistrement doit agir par voie de contrainte (L. 28 avril 1816, art. 76).

79. Lorsque, dans le cours d'un procès, des copies de pièces sont produites, dans lesquelles le nombre de lignes fixé a été dépassé, le ministère public ne peut requérir d'office contre l'huissier qui les a signifiées la condamnation à l'amende (Douai, 26 mars 1835). Mais, chargé de veiller à l'observation des lois, lors même qu'il ne lui appartient pas d'en provoquer directement l'exécution, le ministère public doit, lorsque l'existence d'une contravention lui est révélée, la signaler à la régie, qui la poursuit suivant les formes que lui trace la loi (Nicias-Gaillard, p. 46 et suiv.).

80. Les tribunaux ne peuvent pas davantage prononcer d'office, sur le seul vu de la copie de pièces contenant un excédant de lignes, une condamnation à l'amende contre l'huissier qui a signifié cette copie (Cass., 15 fév. 1841).

81. C'est seulement quand il s'agit de copies illisibles que les poursuites à raison de la contravention résultant de l'illisibilité appartiennent au ministère public; et c'est même sur sa seule provocation que les tribunaux sont autorisés à prononcer l'amende contre l'huissier qui les a signifiées (Douai, 26 mars 1835; Cass., 21 avril 1836). Ainsi, dans ce cas, il n'y a pas lieu d'agir par voie de contrainte; l'amende ne peut être recouvrée qu'en vertu d'un jugement (Instruct., 17 mars 1814).

82. Des termes du § 1er de l'art. 2 du décret du 29 août 1813, il résulte évidemment que le ministère public peut agir par voie de réquisition, c'est-à-dire requérir la condamnation à l'amende incidemment au cours de l'instance dans laquelle la copie illisible a été produite (Nicias-Gaillard, p. 64, *in fine*).

83. Mais peut-il agir par voie d'action directe et principale? Nous ne le pensons pas. Indépendamment de ce que les termes du décret du 29 août 1813 (art. 2, § 1er) ne semblent pas autoriser la voie d'action directe, le principe établi par la loi des 16-24 août 1790, que le ministère public n'a le droit d'agir, en matière civile, que par voie de réquisition, est fondamental et doit recevoir ici son application. Le ministère public ne peut donc provoquer de condamnation contre l'huissier contrevenant que lorsque la pièce incriminée est produite dans un procès (V. aussi en ce sens Nicias-Gaillard, p. 64 et suiv.; Sebire et Carteret, v° *Copie de pièces*, n° 17). Toutefois, la Cour de cassation s'est prononcée en sens contraire par arrêt du 17 déc. 1828.

84. En disant, dans le § 1er de l'art. 2 du décret du 29 août 1813, que la condamnation sera prononcée par la Cour ou le tribunal devant lequel la copie aura été produite, *sur la seule provocation du ministère public*, le législateur a entendu également que l'huissier devait être condamné sans assignation préalable : ainsi, il n'est pas nécessaire qu'il soit entendu ou appelé (Trib. civ. de Chartres, 27 juill. 1827; Nicias-Gaillard, p. 65).

85. Le tribunal ou la Cour devant lesquels la production de la copie de pièces a été faite sont compétents pour condamner l'huissier, en quelque lieu qu'il demeure, et encore bien qu'il soit attaché à un autre tribunal ou à une autre Cour (Même jugement; Nicias Gaillard, *loc. cit.*).

86. Il n'est pas non plus nécessaire que l'illisibilité de la copie soit préalablement constatée par un procès-verbal; l'huissier est condamné sur le vu seul de la production de la pièce illisible (Même jugement; Nicias-Gaillard, *loc. cit.*).

87. *Prescription.*—L'art. 14 de la loi du 16 juin 1824, qui réduit à deux années l'action de la régie pour toute contravention en matière de timbre et d'enregistrement, est applicable au cas de contravention commise par un huissier à l'art. 1er, § 2, du décret du 29 août 1813, qui détermine le nombre de lignes que doivent contenir les copies de pièces.

88. La prescription de deux ans contre l'action de la régie, à raison de cette dernière contravention, ne court que du jour où les préposés ont été mis à portée de constater la contravention par le vu de la copie de pièce elle-même (L. 16 juin 1824, art. 14). La seule présentation de l'original de la signification à la formalité de l'enregistrement ne peut servir de point de départ à la prescription, parce qu'elle ne suffit pas pour faire connaître au receveur si les copies signifiées ne renferment pas un excédant de lignes (Trib. civ. de Lyon, 18 déc. 1850 : V. *J. Huiss.*, t. 33, p. 250).

89. Au contraire, la présentation à l'enregistrement de l'original d'une signification de copie de pièces suffit pour mettre les préposés de la régie à portée de constater la contravention, lorsque cet original contient la mention que la copie a été déposée dans un lieu public, parce que ce lieu est soumis à leurs investigations. Et, dans ce cas, la prescription biennale court du jour de l'enregistrement (V. observations insérées *J. Huiss.*, t. 33, p. 252).

90. Quels sont donc les lieux qui doivent être considérés comme dépôts publics? Par un premier arrêt du 11 nov. 1834, la Cour de cassation a refusé d'attribuer ce caractère au greffe d'une justice de paix. Mais, par un arrêt ultérieur, du 7 août 1844 (V. *J. Huiss.*, t. 25, p. 338, feuille 20), la Cour de cassation a abandonné cette jurisprudence et décidé spécialement que la prescription biennale courait du jour de l'enregistrement de l'original d'un procès-verbal de saisie immobilière, lorsqu'il était mentionné dans cet original que la copie en avait été déposée au greffe de la justice de paix. Cependant, la régie conteste ce point de départ, en prétendant que le dépôt de la copie d'un exploit au greffe ne met point ses préposés à même de connaître la contravention (Délib., 21 juill. 1846). Il est difficile d'admettre cette prétention; car le greffe d'un tribunal peut être à chaque instant l'objet des inspections des employés de la régie; ils ont le droit d'y opérer, en tous temps, toutes vérifications qu'ils jugent convenables (Observations : V. *J. Huiss.*, t. 33, p. 252).

91. Mais les bureaux d'un receveur général ou d'un payeur de département ne sont point des lieux publics, des dépôts publics, dans le sens de l'art. 54 de la loi du 22 frim. an 7, et soumis, comme tels, aux inspections habituelles de la régie. En conséquence, la prescription biennale ne peut courir du jour où la copie d'un exploit de signification de pièces a été remise dans ces bureaux (Trib. civ. de Lyon, 18 déc. 1850 : V. *J. Huiss.*, t. 33, p. 250).

92. Dans ce dernier cas, comme dans tout autre cas où les préposés de la régie n'ont pas été mis à même de constater la contravention, l'action de la régie ne se prescrit que par trente ans, à compter du jour où la contravention a été commise (Nicias-Gaillard, p. 32; Observat. : V. *J. Huiss.*, t. 33, p. 522, *in fine*).

93. Quant à la contravention pour illisibilité de copie de pièces, comme elle n'est pas fiscale, on ne peut, en aucun cas, lui appliquer la prescription de deux ans établie par l'art. 14 de la loi du 16 juin 1824. Le droit de poursuites à raison de cette contravention peut être exercé pendant trente ans (Nicias-Gaillard, p. 56, *in fine;* Sebire et Carteret, v° *Copie de pièces*, n° 13).

§ 6. — *Taxe des copies de pièces.*

94. En principe, le droit de copie de pièces n'est dû qu'autant que l'avoué ou l'huissier qui a fait la copie l'a certifiée et signée (Chauveau, *Comment. du Tarif*, t. 1er, p. 116, n° 47). Mais si la copie, faite sur la demande d'une partie, n'a pas reçu d'emploi dans son intérêt, l'émolument doit néanmoins passer en taxe (Paris, 9 juin 1831).

95. L'émolument dû pour les copies de pièces varie suivant que ces copies sont signées par un huissier ou par un avoué.

96. Emoluments pour les copies de pièces données avec les actes des huissiers des juges de paix, par chaque rôle d'expédition de vingt lignes à la page et dix syllabes à la ligne (quatre cents syllabes pour un rôle) (1er tarif 1807, art. 22; 2e décr. supplém., art. 2 et 3) :

A Paris, Lyon, Bordeaux et Rouen.	0 f.	25 c.
Villes où siége une Cour impériale, ou dont la population excède 30,000 âmes.	0	22 1/2
Autres villes et cantons ruraux.	0	20

97. Emoluments pour les copies de pièces faites par les huissiers près les tribunaux de première instance et les Cours impériales, et données en tête des exploits d'ajournement et autres actes de leur ministère, par rôle contenant vingt lignes à la page et dix syllabes à la ligne (quatre cents syllabes pour un rôle), ou évalué sur ce pied (1er tarif 1807, art. 28 et 29; 2e décr. supplém., art. 2 et 3) :

A Paris, Lyon, Bordeaux et Rouen.	0 f.	25 c.
Villes où siége une Cour impériale, ou dont la population excède 30,000 âmes.	0	22 1/2
Autres villes et cantons ruraux.	0	20

98. A l'égard des copies de pièces faites et signées par les avoués, dans les cas où il y a concurrence entre eux et les huissiers, nous pensons, avec MM. Chauveau (*Comment. du Tarif*, t. 1er, p. 74, n° 44) et N. Carré (*Taxe en matière civile*, édit. de 1851, p. 56), et contrairement à l'opinion de M. Boucher d'Argis (*Dict. de la taxe en matière civile*, p. 100), que le droit qui leur est dû est réglé par l'art. 72 du tarif du 16 fév. 1807, et non par l'art. 28. Ainsi, ce droit est de 30 c. à Paris, et de 25 c. ailleurs, par rôle de vingt-cinq lignes à la page et de douze syllabes à la ligne (six cents syllabes pour un rôle), ou évalué sur ce pied, et il est alloué pour les copies de pièces données soit avec les exploits d'huissiers, soit avec les défenses.

99. Lorsqu'il s'agit de la copie de la grosse d'un jugement, cette grosse devant contenir quatre cents syllabes par rôle, il n'y a point lieu à évaluation. Le droit est dû autant de fois qu'il y a de rôles de grosse.

100. Il y a lieu, au contraire, à évaluation, lorsqu'il s'agit de la copie d'une expédition délivrée par un notaire, cette expédition devant contenir sept cent cinquante syllabes par rôle.

101. La sommation aux créanciers inscrits de produire dans un ordre contient toujours copie de la requête adressée au juge-commissaire, à l'effet d'obtenir le permis de sommer, et de l'ordonnance de ce magistrat. Dès lors, cette copie doit passer en taxe, et elle doit être comptée autant de fois qu'il y a de sommations. C'est ce qui résulte implicitement de l'arrêt de la Cour de cassation du 8 juin 1852 (V. *J. Huiss.*, t. 33, p. 197).

102. Le décret du 29 août 1813 ne rejetant de la taxe que les écritures qui ne sont pas correctes et lisibles, il s'ensuit que les copies de pièces qui contiennent un excédant de lignes ne peuvent, pour ce seul motif, être rejetées de la taxe. On ne peut appliquer ici l'art. 1031, C. proc. civ. Cet article ne concerne que les omissions ou contraventions qui tiennent aux règles de la procédure, et non point les contraventions spéciales à la loi sur le timbre (Nicias-Gaillard, *Traité de la copie de pièces*, p. 44).

103. Des circulaires ministérielles ont défendu aux huissiers de faire abandon aux avoués, agréés, agents d'affaires, de tout ou partie des émoluments auxquels ils ont droit pour les copies de pièces qui leur appartiennent exclusivement; et, en cas de contravention à cette disposition, des peines disciplinaires peuvent être prononcées contre eux soit par les chambres de discipline, soit par les tribunaux. — V. *Chambre de discipline des huissiers*, *Discipline*, *Huissier*.

104. Sur la question de savoir si l'huissier, qui ne comprend point dans le coût d'un exploit le montant du droit de copie de pièces, encourt l'amende prononcée par l'art. 67, C. proc. civ., V. *Exploit*.

105. Émoluments alloués en matière criminelle aux huissiers, pour les copies de pièces, par chaque rôle de trente lignes à la page et de dix-huit à vingt syllabes à la ligne (Décr., 18 juin 1811, art. 71, n° 10) :

A Paris.	0 f. 50 c.
Dans les villes de 40,000 âmes et au-dessus.	0 40
Dans les autres villes et communes.	0 30

COPIE DE TITRES ET PIÈCES.— 1. Transcription littérale d'un titre ou d'un acte appelé *original* ou *minute*, ou même quelquefois d'une copie de ce titre ou acte.

Indication alphabétique des matières.

2. Les greffiers et dépositaires des registres publics sont tenus d'en délivrer, sans ordonnance de justice, expédition, copie ou extrait, à tous requérants, à la charge de leurs droits, à peine de dépens, dommages-intérêts (C. proc. civ., art. 853).

3. Les actes dont la connaissance ne peut être refusée à personne sont les actes de l'état civil (V. *Acte de l'état civil*, n° 4), les inscriptions hypothécaires (V. *Conservateur des hypothèques*), les matrices de rôles (V. *Cadastre*), et les actes judiciaires qui sont reçus ou déposés dans les greffes (Carré et Chauveau, *Lois de la Procédure*, *quest.* 2861).

4. Lorsqu'il a été déjà délivré une première expédition exécutoire d'un jugement, il ne peut en être délivré une seconde à la même partie qu'en vertu d'ordonnance du président du tribunal où il a été rendu (C. proc. civ., art. 854) ; on doit observer, à cet égard, les formalités prescrites pour la délivrance des secondes grosses des actes notariés (même art.). — V. *infrà*, n°s 12 et suiv.

5. L'art. 853, C. proc. civ., veut, comme on l'a vu, que la délivrance soit faite par les greffiers et dépositaires des registres publics, *à la charge de leurs droits*. En conséquence, les greffiers peuvent exiger immédiatement les honoraires et les déboursés qui leur sont dus (Carré et Chauveau, *quest.* 2889).

6. Toutefois, par exception à la disposition de l'art. 853, les premières expéditions des décisions administratives des préfectures, sous-préfectures et municipalités, sont délivrées gratuitement. Mais les secondes ou ultérieures expéditions, et celles des titres, pièces ou renseignements déposés aux archives, sont délivrées à raison de 75 cent. le rôle (Avis du cons. d'Etat, 4 août 1807).

7. Il est aussi certains actes, jugements ou arrêts, dont les greffiers ne sont pas tenus de donner expédition ou communication : telles sont les délibérations d'un conseil de famille, lorsque l'expédition ou la communication en est demandée par des personnes qui n'y ont pas été parties ; les actes de discipline inscrits sur le registre destiné exclusivement aux délibérations d'un tribunal ou d'une Cour (Aix, 11 janv. 1825), spécialement le jugement qui suspend un officier ministériel, si ce n'est à cet officier ministériel.

8. Quant aux actes notariés, ils sont la propriété exclusive des parties intéressées en nom direct, de leurs héritiers et ayants cause. Le notaire, dépositaire des minutes, ne peut leur en refuser expédition, copie ou communication (Chauveau sur Carré, *quest.* 2863 *bis*). Mais il ne peut en donner copie ou communication à des tiers que du consentement des parties intéressées, ou qu'en vertu d'une décision judiciaire (V. *Compulsoire*).

9. Cependant, l'obligation imposée aux notaires ne s'applique point aux actes passés en brevet, à moins que l'original n'ait été rapporté par les parties ou l'une d'elles, avec réquisition au notaire d'en recevoir le dépôt et de le mettre au rang de ses minutes.

10. Voyons maintenant quelles sont les *parties intéressées en nom di-*

rect. Ce sont ceux qui ont contracté pour eux-mêmes, mais non ceux qui ont contracté pour autrui, ni ceux dont il serait parlé dans l'acte, quoiqu'il eût obligation en leur faveur (Rouen, 13 mars 1826; Carré et Chauveau, *quest.* 2863). Par *héritiers* ou *ayants droit*, on entend les héritiers légitimes, les donataires ou légataires universels ou à titre universel, et les acquéreurs à titre particulier, onéreux ou gratuit.

11. Comme, lorsque le titre original subsiste, les copies ne font foi que de ce qui y est contenu (C. Nap., art. 1334. — V. *infrà* n° 29), les parties intéressées, leurs héritiers et ayants cause, ont encore le droit de se faire représenter la minute dont le notaire est dépositaire (Paris, 22 juin 1809.— V. aussi *suprà* n° 8) ; mais, dans ce cas, le notaire a le droit de prendre toutes les précautions qu'il juge convenables, et d'exiger, par exemple, la présence du président du tribunal (Pau, 12 fév. 1833), et, en outre, des honoraires et vacations pour son déplacement (même arrêt).

12. Le notaire ou autre dépositaire qui refuse d'effectuer la délivrance d'une copie doit être assigné à bref délai, en vertu de la permission du président du tribunal de première instance, sans préliminaire de conciliation (C. proc. civ., art. 839).— V. *Formule* 2.

13. Il a été décidé qu'avant de former contre un notaire une demande en délivrance de l'expédition d'un acte, de la minute duquel il était dépositaire, il était nécessaire de le mettre préalablement en demeure, par une sommation, de la délivrer, et que la mise en demeure devait être accompagnée du coût de la minute non payée et de l'expédition réclamée (Trib. civ. de Tarbes, 15 déc. 1852 : V. *J. Huiss.*, t. 34, p. 277).

14. Sans doute, si les frais et déboursés de la minute de l'acte sont dus au dépositaire, il peut refuser expédition, tant qu'il n'est pas payé desdits frais, outre ceux d'expédition. La disposition de l'art. 851, C. proc. civ., est formelle à cet égard.

15. Mais aucune disposition de loi n'exige que la demande en délivrance soit précédée d'une mise en demeure. Nous ne croyons donc pas, contrairement au trib. civ. de Tarbes, que, en l'absence d'une disposition expresse de la loi, la nullité de la demande puisse être prononcée, parce que cette formalité n'aurait pas été remplie (V. aussi, en ce sens, Carré et Chauveau, *quest.* 2864; Chauveau et Glandaz, *Formulaire de procédure*, t. 2, p. 320, note 4). Toutefois, nous croyons qu'il est prudent qu'une mise en demeure soit préalablement faite. — V. *Formule* 1.

16. Si les frais et déboursés de l'acte sont dus, n'importe par qui, ne fût-ce même pas par la partie qui réclame la copie, le notaire peut se refuser d'en faire la délivrance. Mais la délivrance d'une expédition fait présumer le paiement des frais de la minute (Cass., 18 nov. 1813; 13 avril 1826).

17. L'original de l'assignation peut être visé par le notaire ou le dépositaire public auquel elle est signifiée, ou, à son refus, par le procureur impérial (Arg. art. 1039, C. proc. civ.). Mais cette formalité n'est pas indispensable.

18. La demande doit être portée devant le tribunal dans l'arrondissement duquel demeure le dépositaire (Carré et Chauveau, *quest.* 2685). Elle est jugée sommairement, et le jugement exécuté nonobstant opposition ou appel (C. proc. civ., art. 840).

19. Le jugement est exécuté comme les autres jugements. — V. *Exécution.*

Il peut même prononcer la contrainte par corps contre le notaire ou dépositaire (Art. 839. — V. *Contrainte par corps*, n° 91), et le condamner à des dommages-intérêts (Carré et Chauveau, *quest.*, 2866).

20. Les notaires ou dépositaires publics ne peuvent délivrer même de simples copies d'un acte non enregistré (L. 22 frim. an 7, art. 41), ou resté imparfait, sans y avoir été autorisés (C. proc. civ., art. 841).

21. L'acte est imparfait, lorsqu'il n'est pas signé de toutes les parties, lorsqu'il n'est pas revêtu de la signature du notaire ou des témoins, lorsque le notaire qui l'a reçu était incompétent.

22. Quoiqu'un acte ne soit pas enregistré ou soit resté imparfait, une partie peut néanmoins avoir intérêt à s'en faire délivrer une copie. Dans ce cas, elle présente, par l'intermédiaire d'un avoué, une requête au président du tribunal de première instance de la résidence du notaire (C. proc. civ., art. 841).

23. Le président répond à cette requête, s'il y a lieu, par une ordonnance portant autorisation de se faire délivrer copie de l'acte (Cod. proc. civ., art. 842).

24. Si le notaire consent à délivrer la copie, il dresse procès-verbal de la remise de cette pièce, et annexe à ce procès-verbal la requête et l'ordonnance (C. proc. civ., art. 842), qui lui sont remises, mais non signifiées.

25. La notification de la requête et de l'ordonnance ne devient nécessaire que lorsque le notaire refuse d'exécuter l'ordonnance. La notification contient sommation de faire délivrance de la copie demandée (V. *Formule* 3), et, en cas de refus, le notaire est assigné en référé devant le président du tribunal dans le ressort duquel se trouve sa résidence (C. proc. civ., art. 843). C'est la partie qui réclame la copie qui doit introduire le référé (Carré et Chauveau, *quest.* 2870). — V. *Formule* 4.

26. Si le refus du notaire est déclaré mal fondé, cet officier ministériel peut être condamné à des dommages-intérêts (Carré et Chauveau, *quest.* 2868). Mais le juge du référé ne peut prononcer la contrainte par corps pour l'exécution de cette condamnation (Arg. art. 2067, C. Nap.).

27. On n'est pas tenu d'appeler l'autre partie à la délivrance de la copie ; cette pièce, en effet, ne constitue qu'un simple renseignement qui ne peut entraîner contre elle aucune exécution.

28. La délivrance a lieu sans préjudice de l'exécution des lois et règlements sur l'enregistrement, à l'égard de la minute de l'acte ou des grosses ou expéditions qui peuvent en être tirées (C. proc. civ., art. 841).

29. Les copies, lorsque le titre original subsiste, ne font foi que de ce qui est contenu au titre, dont la représentation peut toujours être exigée (C. Nap., art. 1334). Les grosses, étant revêtues de la formule exécutoire, font foi, même dans ce cas, jusqu'à inscription de faux.

30. Le titre original qui ne se retrouve pas est censé ne pas exister; celui qui produit la copie n'est pas tenu de rapporter la preuve de l'événement qui a causé la perte de l'original (Cass., 10 nov. 1830).

31. Lorsque le titre original n'existe plus, les copies font foi d'après les distinctions suivantes :

1° Les grosses ou premières expéditions font la même foi que l'original ; il en est de même des copies qui ont été tirées par l'autorité du magistrat, parties présentes ou dûment appelées, ou de celles qui ont été tirées en présence des parties et de leur consentement réciproque (C. Nap., art. 1335). — V. *Compulsoire*, *Grosse*.

32. 2° Les copies qui, sans l'autorité du magistrat, ou sans le consentement des parties, et depuis la délivrance des grosses ou premières expéditions, ont été tirées sur la minute de l'acte par le notaire qui l'a reçu ou par l'un de ses successeurs, ou par officiers publics qui, en cette qualité, sont dépositaires des minutes, peuvent, en cas de perte de l'original, faire foi quand elles sont anciennes. Elles sont considérées comme anciennes quand elles ont plus de 30 ans; si elles ont moins de 30 ans, elles ne peuvent servir que de commencement de preuve par écrit (C. Nap., art. 1335).

33. 3° Lorsque les copies tirées sur la minute d'un acte ne l'ont pas été par le notaire qui l'a reçu ou par l'un de ses successeurs, ou par officiers publics qui en cette qualité sont dépositaires des minutes, elles ne peuvent servir, quelle que soit leur ancienneté, que de commencement de preuve par écrit (même art.). — V. *Commencement de preuve par écrit*, nos 17 et 18.

34. 4° Les copies de copies peuvent, suivant les circonstances, être considérées comme simples renseignements (même art.).

35. 5° Les copies tirées des registres publics peuvent servir de commencement de preuve par écrit, lorsqu'il est constant que toutes les minutes du notaire, de l'année dans laquelle l'acte paraît avoir été fait, sont perdues, ou que l'on prouve que la perte de la minute de cet acte a eu lieu par un accident particulier, et lorsqu'il existe un répertoire en règle du notaire qui constate que l'acte a été fait à la même date (C. Nap., art. 1336). — V. *Commencement de preuve par écrit*, n° 19.

Formules.

1. *Sommation de délivrer copie d'un acte parfait.*

L'an. . . ., à la requête de. . . . ., j'ai. . . . ., donné sommation à M. . . . ., notaire à. . . . ., où étant et parlant à sa personne, qui a visé le présent, — de, dans le délai de vingt-quatre heures, délivrer au requérant la grosse d'un acte reçu par. . . le. . . ., contenant vente par le requérant à. . . . . . de. . . . ., moyennant. . . . aux offres que fait ledit requérant de payer audit M. . . . ., à l'instant de la délivrance de ladite pièce, et même de consigner de suite tout ce qui peut être dû à mondit sieur. . . . . pour le coût de la minute dudit acte et ce qui lui sera dû pour celui de la grosse demandée : à quoi ledit M. . . . . m'a répondu (*consigner la réponse*); contre laquelle réponse j'ai fait toutes protestations, et, sous toutes réserves, j'ai, etc.

V. n° 15. — Coût, tarif, art. 29 ; Paris, 2 fr. R. P. 1 fr. 80 c.; aill., 1 fr. 50 c. Cop. le 1/4.

Enregistrement de l'exploit, 2 fr. 20 c.

Visa. Visé par nous, notaire à. . . . ., le présent original dont copie nous a été remise. A. . . . ., le. . . . .

2. *Assignation à fin de délivrance.*

L'an. . . . ., à la requête de (*constituer avoué*), et en vertu de l'ordonnance rendue par M. le président du tribunal de première instance de. . . . . ., le. . . . ., étant à la suite d'une requête à lui présentée, desquelles ordonnance et requête il est avec ces présentes donné copie, j'ai. . . . ., donné assignation à. . . . ., qui a visé le présent, à comparaître le. . . . ., heure de. . . . ., devant. . . . . ; — pour, attendu que par acte passé devant ledit sieur . . . ., le requérant a vendu à (*analyser l'acte dont on demande copie*) ; attendu que tout dépositaire d'un acte public est tenu d'en délivrer aux parties intéressées grosse ou expédition ; attendu que par exploit de (*analyser la sommation*); attendu que les retards apportés par. . . . . causent un préjudice considérable au requérant par *telle raison* ; — voir dire que dans le jour de la signification du jugement M. . . . . sera tenu de délivrer à. . . . . la grosse de l'acte susdaté, à la charge par ce dernier de payer les droits dus à raison dudit acte ; sinon et faute de ce faire, que ledit sieur. . . . . y sera contraint par corps ; s'entendre condamner à payer au requérant, à titre de dommages-intérêts, la somme de. . . . ., et en outre aux dépens, sous toutes réserves.

V. n° 12. — Coût, V. *Formule* 1.

Enregistrement de l'exploit, 2 fr. 20 c.

Visa. — V. *Formule* 1.

3. *Sommation de délivrer copie d'un acte imparfait.*

L'an. . . . ., à la requête de. . . . ., j'ai. . . . ., signifié et avec ces présentes donné copie à. . . . ., qui a visé le présent, d'une ordonnance de M. le président (*analyser ladite ordonnance*) ; et, à même requête, j'ai, huissier susdit et soussigné, en vertu de l'ordonnance susdatée, donné sommation à. . . . . de, dans le délai de vingt-quatre heures, delivrer au requérant (*le surplus comme à la formule* 1).

V. n° 25. — Coût, V. *Formule* 1.

Enregistrement de l'exploit, 2 fr. 20 c.

Visa. — V. *Formule* 1.

4. *Assignation à fin de délivrance.*

L'an. . . . . ., à la requête de (*constituer avoué*), j'ai. . . . . ., donné assignation à. . . . ., qui a visé le présent, à comparaître le. . . . ., heure de. . . . . ., . . ., devant M. le président du tribunal de première instance de. . . ., statuant en état de référé; — pour, attendu que le (*analyser l'acte imparfait*); attendu que, quoique cet acte soit imparfait, il importe au requérant d'en avoir une copie; que d'ailleurs le droit de la demander est établi par l'art. 844, C. Nap.; attendu que par ordonnance (*analyser l'ordonnance et la sommation*); — voir dire et ordonner que, dans le jour de la signification du jugement ou ordonnance à intervenir, le sieur. . . . sera tenu de délivrer copie dudit acte (*le surplus comme à la formule* 2).

V. n° 25. — Coût, V. *Formule* 1.

Enregistrement de l'exploit, 2 fr. 20 c.

VISA. — V. *Formule* 1.

COPIE FIGURÉE. Copie faite sur du papier de même grandeur que l'original, avec les mêmes espaces et les mêmes ratures, s'il y en a.

COPROPRIÉTAIRE. Celui qui possède avec un autre la propriété d'une maison, d'une terre, etc. — Le mot *copropriété* s'emploie pour désigner la propriété commune à deux ou plusieurs personnes. — V. *Indivision, Partage, Saisie-brandon, Saisie immobilière.*

COQUETIERS. Les coquetiers avec voitures sont rangés dans la sixième classe des patentables, et les coquetiers avec bêtes de somme, dans la septième classe.

CORAUX. Les préparateurs de coraux et les marchands de coraux bruts sont patentables de troisième classe.

CORBEAUX. — 1. Pierres saillantes placées dans le mur comme pour servir d'appui aux poutres et solives lorsqu'on veut bâtir. Elles sont plates d'un côté et courbées de l'autre.

2. On appelle : *corbeau à droit*, celui qui est dans son sens naturel, c'est-à-dire, le plat en dessus, le courbe en dessous; et *corbeau renversé*, celui dont le courbe est en dessus et le plat en dessous. Le premier est un signe de non-mitoyenneté du mur (C. Nap., art. 654); le second, un signe de mitoyenneté (Solon, *des Servitudes*, p. 123).

3. On ne doit pas confondre les *corbeaux* avec les *harpes* ou *pierres d'attente* qu'on fait saillir sur l'héritage du voisin, pour que, si celui-ci vient à bâtir, les deux maisons se trouvent liées ensemble (Solon, *loc. cit.*). De telles pierres ne peuvent fournir aucune présomption relativement à la mitoyenneté.

CORDIERS. Les fabricants et marchands de cordes harmoniques et métalliques, de câbles et cordages pour la marine, de cordes à puits, de menus cordages, tels que ficelles, longes, traits, etc., sont patentables.

CORDONS (FABRICANTS DE). Les fabricants de cordons en fil, soie, laine, etc., pour leur compte ou à façon, sont patentables.

CORDONNIERS. — Sont patentables.

CORNE (APPRÊTEURS, FABRICANTS, MARCHANDS). Sont patentables; et les établissements consacrés au travail de la corne sont rangés dans la troisième classe des établissements insalubres.

CORPORATION DES HUISSIERS. — V. *Bourse commune, Communauté des huissiers, Huissier.*

CORPS CERTAIN. Objet dont l'individualité est précisée, par exemple, tel cheval, tandis que le *corps incertain* (expression rarement employée) est l'objet désigné seulement par l'indication du genre auquel il appartient, par exemple, un cheval. — V. *Compensation, Legs, Obligation.*

CORPS CONSTITUÉ. 1. Réunion collective des divers membres d'une compagnie ayant pour mission de délibérer et de statuer sur les affaires qui lui sont soumises.

2. On considère comme corps constitués les Cours et tribunaux, les conseils de préfecture, les conseils généraux de département, les conseils d'arrondissement, les conseils municipaux.

3. Mais les chambres de discipline des huissiers ne sont pas des corps constitués (V. *J. Huiss.*, t. 18, p. 59).

CORPUS JURIS. Recueil de droit romain, comprenant les diverses compilations de Justinien, les *Institutes*, les *Pandectes* ou *Digeste*, le *Code* et les *Novelles*.

CORRECTION PATERNELLE. — V. *Puissance paternelle.*

CORRESPONDANCE (DROIT DE). Emolument attribué à l'avoué par chaque jugement définitif et interlocutoire, pour frais de port de pièces et de correspondance, lorsque la partie pour laquelle il postule est domiciliée hors de l'arrondissement du tribunal, tant avec son client qu'avec les huissiers ou autres officiers ministériels (Tarif, 16 fév. 1807, art. 145; Sudraud Desisles, *Manuel du juge taxateur*, p. 111).

CORRESPONDANTS. — V. *Frais et dépens, Huissier.*

CORROYEURS. Les corroyeurs à façon et les marchands corroyeurs sont patentables. — Les établissements de corroyeurs sont classés comme insalubres.

CORRUPTION DE FONCTIONNAIRES PUBLICS. — 1. Crime de tout fonctionnaire public de l'ordre administratif ou judiciaire, de tout agent ou préposé d'une administration publique, qui agrée des offres ou promesses, ou reçoit des dons ou présents pour faire ou s'abstenir de faire un acte de sa fonction ou de son emploi (C. pén., art. 177).

2. Ce mot désigne également le fait de celui qui fait les offres ou promesses, ou propose les dons ou présents, pour corrompre le fonctionnaire public ou tenter de le corrompre. Ce fait constitue un crime ou un simple délit, suivant que la corruption a été consommée ou qu'il n'y a eu que simple tentative (C. pén., art. 179).

3. On doit considérer comme *fonctionnaires publics* dans le sens de l'art. 177, C. pén., tous ceux qui exercent des fonctions publiques à eux déférées par l'autorité légalement constituée.

4. Ainsi, ces mots comprennent les officiers publics, avoués, greffiers, notaires, etc. (Sebire et Carteret, *Encyclopédie du droit*, v° *Corruption de fonctionnaires publics*, n° 12).

5. Jugé spécialement que l'art. 177 est applicable à l'huissier qui reçoit de l'argent pour s'abstenir de mettre à exécution une contrainte par corps (Cass., juill. 1813). — V. *Concussion.*

CORSE. — V. *Cassation*, n° 68, *Exploit, Signification.*

CORSETS (FABRICANTS ET MARCHANDS DE). — Sont patentables.

COSTUME. — 1. Vêtement que les huissiers portent comme signe apparent et distinctif des fonctions dont ils sont revêtus.

2. Le premier vêtement adopté pour les huissiers paraît avoir été porté généralement : c'était un *manteau bigarré*, et, plus tard, *un habit rayé*. La verge ou le bâton a toujours été l'accompagnement obligé de ce costume (Pasquier, *Recherches de la France*, t. 1er, p. 874).

3. Si l'on en croit Rabelais, les huissiers ou sergents portaient, en outre, un *anneau d'argent au pouce gauche*. Cet anneau leur servait problablement à sceller les relations de leurs exploits.

4. L'ordonnance du mois de mai 1425 (art. 110) voulait qu'aucun ne pût être reçu à l'office de sergent, s'il n'était marié, non tonsuré, et ne portait continuellement *habit rayé*.

5. Cette disposition fut textuellement reproduite dans l'art. 1er du chap. 9 de l'ordonnance d'Is-sur-Tille du mois d'oct. 1535 ; et, le 26 fév. 1537, le parlement de Paris rendit un arrêt par lequel il enjoignait aux sergents de ne faire aucun ajournement ni exploit, sans être revêtus du manteau bigarré.

6. Toutefois, l'usage du manteau ou habit bigarré ne s'était pas établi partout. Ainsi, notamment, les sergents du présidial de Chartres n'étaient astreints qu'à porter l'épée (Règlem., 20 oct. 1565).

7. Le manteau ou habit bigarré ne tarda pas, du reste, à être lui-même bientôt abandonné. Un nouveau costume plus simple, moins tranchant, lui fut substitué par l'édit de janv. 1572. Aux termes de l'art. 6 de cet édit, les sergents devaient porter seulement un écusson de trois fleurs de lis, sur l'épaule, et d'une manière visible, avec une baguette en main.

8. Au Châtelet de Paris, il y avait plusieurs classes d'huissiers, ayant chacun un costume particulier, différent.

9. Les sergents du châtelet de Paris, au nombre de douze, et appelés à cause de cette circonstance *sergents de la douzaine*, portaient les couleurs et livrées du prévôt de Paris, avec le hoqueton et la hallebarde (Ferrière, *Introduction à la pratique*, t. 2, v° *Sergent*, p. 720).

10. Les sergents à cheval audit Châtelet portaient dans toutes les cérémonies publiques une sorte d'uniforme militaire.

11. Les huissiers audienciers au même Châtelet portaient, à l'audience, la robe de laine et le bonnet.

12. Le parlement de Paris avait aussi ses huissiers audienciers, qui portaient également la robe de laine et le bonnet.

13. Le premier huissier du parlement de Paris avait un costume distinct pour les cérémonies et les grandes audiences. Il portait la robe rouge, et un bonnet de drap, d'or, selon les uns (V. *J. Huiss.*, t. 26, p. 261, *in fine*), et vert, selon les autres (V. *J. Huiss.*, t. 28, p. 19), retroussé d'hermine, avec une rose de perles.

14. Les huissiers, au nombre de quatre, de la grande chancellerie, portaient la robe de satin noir, le rabat plissé, la toque de velours à cordon d'or, les gants à franges d'or, et au cou une chaîne d'or au bas de laquelle il y avait une médaille d'or : ce qui les avait fait appeler *Huissiers de la chaîne* (V. *J. Huiss.*, t. 26, p. 262).

15. Les lois intervenues après la Révolution de 1789, en déterminant le nouveau costume des huissiers, ne les ont obligés à le porter que dans deux cas : 1° lorsqu'ils font le service des audiences, et 2° lorsqu'ils procèdent à une exécution.

16. D'après l'art. 10 de la loi des 2-11 sept. 1790, sur l'organisation judiciaire, les huissiers faisant le service des audiences devaient être vêtus de noir, porter au cou une chaîne dorée, descendant sur la poitrine, et avoir à la main une canne noire à pomme d'ivoire (V. *J. Huiss.*, t. 1er, p. 114).

17. Ce costume fut changé par l'arrêté du 2 niv. an 11, dont l'art. 8 est ainsi conçu : « Tous les huissiers porteront un habit noir complet, à la française, avec un manteau de laine noire revenant par devant et de la largeur de l'habit; ils auront à la main une baguette noire ».

18. Aux termes de l'art. 28 de la loi du 27 mars 1791, les huissiers, audienciers ou non (V. *J. Huiss.*, t. 28, p. 19, *in fine*), faisant une exécution quelconque, doivent porter à la main une canne blanche, et à la boutonnière une médaille suspendue par un ruban aux trois couleurs et portant ces mots: *Actions de la loi* (V. *J. Huiss.*, t. 1er, p. 146).

19. L'art. 28 de la loi du 27 mars 1791 n'est plus depuis longtemps observé. Ainsi, les huissiers procédant à une saisie, à une arrestation, à une vente publique de meubles, n'ont ni canne blanche ni médaille à la boutonnière. Ils doivent cependant justifier, lorsqu'ils en sont requis, de leur qualité. Cette justification se fait par la représentation de leur médaille.

20. On a souvent agité la question de savoir s'il était utile de faire porter un costume aux huissiers, lorsqu'ils procédaient à une exécution. L'usage de n'en pas porter n'a engendré aucun abus. Néanmoins, si l'on pensait que, dans certains cas, les huissiers eussent besoin d'avoir un signe apparent, il faudrait que ce signe fût de nature à inspirer le respect et la considération. Une ceinture ou une écharpe quelconque nous paraîtraient infiniment plus convenables à cet égard que la canne blanche, dernier vestige d'une législation éteinte depuis longtemps, et la médaille (V. *J. Huiss.*, t. 18, p. 20).

21. La disposition précitée de l'arrêté du 2 niv. an 11, en ce qui concerne le costume des huissiers audienciers, n'est plus également guère observée. Dans presque tous les siéges, les huissiers audienciers sont vêtus de la même manière que les avoués; ils portent la robe de laine noir, la toque noire, avec le rabat blanc plissé (V. *J. Huiss.*, t. 26, p. 260 et suiv.; t. 31, p. 285 et suiv.; t. 32, p. 85 et suiv., et p. 188; t. 33, p. 123 et suiv.; t. 35, p. 37 et s.).

22. Pour obtenir l'autorisation de prendre ce costume partout où ils ne le portent pas encore, les huissiers audienciers doivent s'adresser au président du tribunal auquel ils sont attachés ou au juge de paix. Chargés de régler tout ce qui concerne la police de leurs audiences, les présidents des Cours et tribunaux et les juges de paix peuvent seuls, en effet, ce nous semble, déterminer le costume dont ils croient convenable que les huissiers audienciers soient revêtus (V. *J. Huiss.*, t. 30, p. 232; t. 35, p. 37).

COSTUMIERS. — Sont rangés dans la sixième classe des patentables.

COTE DE PIÈCES ET REGISTRES. — **1.** Marque numérale (en chiffres ou en lettres) dont on fait usage pour mettre en ordre les pièces d'un dossier, d'un inventaire, etc., ou pour indiquer la série des feuillets d'un registre ou d'un répertoire. — V. *Registre*, *Répertoire*.

2. Autrefois on cotait les pièces par les paroles du *Pater*. La première pièce était cotée *Pater*, la seconde *Noster*, et ainsi de suite.

3. Dans les cas où la loi ordonne de coter les pièces ou registres, elle ordonne aussi, le plus souvent, de les parafer. — V. *Parafe*.

4. Le mot *cote* s'emploie aussi pour désigner l'indication sommaire écrite au dos d'un acte, sur l'enveloppe d'une liasse, pour en faire connaître le contenu.

COTE MAL TAILLÉE. — On appelle faire une *cote mal taillée* lorsque, au sujet de plusieurs sommes ou prétentions, on compose en bloc sur le tout, au lieu d'entrer dans la discussion de chaque objet en particulier (Merlin, *Répert.*, v° *Cote*). — V. *Transaction*.

COTONS (MARCHANDS DE). — Les marchands en gros ou en détail de coton filé, ou de coton en laine, de coton cardé ou gommé, sont patentables.

COTRETS (MARCHANDS ET DÉBITANTS). — Sont patentables.

COTUTELLE. — Charge imposée par la loi au second mari d'une femme tutrice, à laquelle le conseil de famille a conservé la tutelle. — V. *Tutelle.*

COUCHER. — Le coucher nécessaire des saisis et de leurs enfants vivant avec eux est insaisissable (C. proc. civ., art. 592). — V. *Saisie-exécution.*

COUCHER ET LEVER DU SOLEIL. — V. *Contrainte par corps, Exécution, Exploit, Signification.*

COULEURS ET VERNIS (FABRICANTS DE). — Sont patentables. — Les fabriques de vernis sont classées comme établissements insalubres.

COUPE DE BOIS.— V. *Vente publique de fruits et récoltes, Vente publique de meubles.*

COUPEURS DE POILS (MARCHANDS ET FABRICANTS). — Sont patentables.

COUPS. — V. *Blessures et coups.*

COUR D'ASSISES. — **1.** Juridiction chargée par la loi de statuer sur les faits qualifiés *crimes* (V. ce mot), et même dans certains cas sur les faits qui ne constituent que des délits et de simples contraventions, et sur les réparations civiles accessoires à l'accusation.

2. Les Cours d'assises sont composées de trois membres de Cours impériales, dont l'un est président, ou d'un conseiller président et de deux juges d'un tribunal de première instance, d'un membre du ministère public, d'un greffier ou commis assermenté, et de douze jurés tirés au sort parmi trente-six jurés tirés aussi au sort sur une liste annuelle dressée conformément à la loi du 10 mai 1853 (V. *J. Huiss.*, t. 34, p. 174).

3. Des huissiers sont aussi près la Cour d'assises du département de la Seine spécialement attachés au service de cette Cour. Le décret du 17 mars 1809 leur avait accordé à chacun une indemnité annuelle de trois mille francs indépendamment du salaire de leurs actes. Mais un arrêté des 19-26 avril 1848 a réduit cette indemnité à quinze cents francs.—V. *Bourse commune*, nos 34 et 35.

4. Devant la Cour, le greffier donne lecture de l'acte d'accusation, le président interroge l'accusé, les témoins sont entendus, le ministère public soutient l'accusation, l'avocat de l'accusé présente sa défense, le président résume les débats et pose les questions aux jurés, ceux-ci délibèrent, rendent leur verdict, et la Cour applique la peine. — V. d'ailleurs C. inst. crim., art. 217 et suiv.; LL. 4 mars 1831; 9 sept. 1835.

5. Nous ne nous occuperons sous cet article que de la notification de la liste des jurés, à faire tant aux jurés qu'à l'accusé. Quant au surplus de la procédure concernant les huissiers, V. *Action civile, Compétence criminelle, Enquête, Instruction criminelle.*

6. *Notification aux jurés.* — La liste entière des jurés appelés à siéger pendant une session n'est pas envoyée aux citoyens qui la composent. Le préfet notifie à chacun d'eux l'extrait de la liste qui constate que son nom y est porté. Cette notification lui est faite huit jours au moins avant celui où la liste doit servir (C. inst. crim., art. 389).

7. Le jour où la liste doit servir est mentionné dans la notification, laquelle contient aussi sommation de se trouver au jour indiqué, sous les peines portées par la loi (même art.).

8. La notification a lieu par le ministère d'un huissier (Tarif, 18 juin 1811, Arg. art. 71) à la personne du juré ou à son domicile, et, s'il n'y a personne à ce domicile, elle est faite à celui du maire ou de l'adjoint, qui est tenu d'en donner connaissance au juré (C. inst. crim., art. 389).

On fait viser l'original dans ce dernier cas.—V. *Formule* 1.

9. *Notification à l'accusé.* — La liste des jurés doit être notifiée à chaque accusé la veille du jour déterminé pour la formation du tableau des douze jurés appelés à prononcer sur son affaire. Cette notification est nulle et tout ce qui s'en est suivi, si elle est faite plus tôt ou plus tard (C. inst. crim., art. 395). Elle a lieu par le ministère d'un huissier (Tarif, 18 juin 1811, art. 71). — V. *Formule* 2.

10. La liste qui doit être notifiée est celle des trente-six jurés et des quatre jurés supplémentaires tirés au sort en vertu de l'art. 388, C. inst. crim. (Cass., 27 avril 1827; 22 janv. et 4 fév. 1830 ; 13 janv. 1831).

11. Lorsque, au jour indiqué, il se trouve moins de trente jurés, le président complète ce nombre (C. inst. crim., art. 393). Dans ce cas, il n'est pas nécessaire de notifier à l'accusé la liste des jurés appelés en remplacement de ceux qui ne se présentent pas (Cass., 14 et 21 juin 1832; 28 juin 1833; 6 fév. 1834).

12. La liste primitive des trente-six jurés est celle dont la loi ordonne la notification à l'accusé (Cass., 17 fév. et 19 mai 1826). Mais il peut être suppléé à la notification de cette liste par la notification de celle des trente arrêtée après le remplacement des jurés absents ou excusés (Cass., 25 juin 1824; 19 mai 1826). Toutefois, la notification de cette dernière liste ne remplit le vœu de la loi qu'autant qu'elle contient les noms de tous les jurés dont elle est composée; il y a nullité, si l'on a omis d'y comprendre un juré qui faisait partie des trente, et si on l'a remplacé par le nom d'un juré sans caractère (Cass., 19 mai 1826; 28 janv. 1835).

13. La nullité de la notification de la liste des jurés, provenant d'une faute grave de la part de l'huissier, et il y a faute grave lorsque les inexactitudes que renferme la liste sont grossières et nombreuses (Cass., 24 oct. 1822; 26 déc. 1823; 25 juin 1824), donne lieu à mettre à la charge de cet officier ministériel les frais de la procédure à recommencer (C. inst. crim., art. 415).— V. aussi Cass., 20 janv. 1854 : *J. Huiss.*, t. 35, p. 98.

Formules.

1. *Notification aux jurés.*

Visé pour timbre gratis, à. . . . . ., le. . . . .

Le receveur,

Extrait à mettre en tête de l'exploit :

Du procès-verbal dressé en l'audience de la Cour impériale de. . . . ., le. . . . . et contenant l'indication des personnes désignées par la voie du sort pour former le jury pendant la session de la Cour d'assises du département de. . . . ., dont l'ouverture a été fixée à (*indiquer le jour*). . . . . heures de. . . . ., il a été extrait ce qui suit :

NOM DU JURÉ.	PRÉNOMS.	PROFESSION.	AGE.	DOMICILE.
»	»	»	»	»

Ordonnance du préfet.

Nous, préfet de. . . . ., vu l'extrait ci-dessus, certifié sincère et véritable, ordonnons que ledit extrait sera notifié au juré y dénommé, huit jours avant celui où la liste doit servir, par. . . . ., huissier à la résidence de. . . . . A. . . . . ., le. . . . . . . Le préfet de. . . . .

(*Signature du préfet.*)

Pour copie conforme :

(*Signature de l'huissier.*)

Exploit :

L'an. . . . ., à la requête de M. le préfet du département de. . . . ., j'ai. . . . . notifié à M. . . . ., en son domicile où étant et parlant à. . . . (*ou bien :* où n'ayant trouvé personne ni aucun voisin pour recevoir la copie et viser l'original, je me suis transporté chez M. le maire de la ville de. . . . ., où étant et parlant à ce magistrat qui a visé l'original, je lui ai remis copie tant du présent que de l'extrait y énoncé), l'extrait de la liste des jurés transcrit ci-dessus, lui faisant sommation de se trouver à. . . . ., le. . . . ., heure de. . . . ., jour de l'ouverture des assises, et lui déclarant que, faute d'obéir à la présente sommation, comme aussi s'il se retire de la session de la Cour d'assises avant l'expiration de ses fonctions, il sera condamné en 500 fr. d'amende, conformément aux art. 396 et 398, C. inst. crim.; à ce qu'il n'en ignore, etc.

V. n° 8.—Coût : Tar. crim., art. 71 ; Orig. : Paris, 1 fr. Villes de 40,000 hab. et au-dessus, 75 c.; aill., 50 c.— Copie : Paris, 75 c. Villes de 40,000 hab. et au-dessus, 60 c.; aill., 50 c.

Enregistrement de l'exploit, *gratis*.

VISA. Visé par nous, maire de . . . ., le présent original dont copie nous a été remise ainsi que celle de l'extrait y énoncé. A. . . . ., le. . . . .

2. *Notification à l'accusé.*

COUR D'ASSISES de. . . . . . .

Visé pour timbre gratis, à. . . . ., le. . . . .
Le Receveur,

Liste des jurés. Extrait des minutes du greffe de la Cour impériale de. . . . .

En exécution de la loi du 10 mai 1853 sur la nouvelle organisation du jury, la Cour impériale d. . . . ., chambre. . . . ., présidée par M. . . . ., président, a, le. . . . 185. . ., procédé au tirage des jurés pour la session des assises du. . . . . trimestre qui s'ouvrira à. . . . ., le. . . . ., et sera présidée par M. le conseiller. . . . .

NUMÉROS du tirage.	NUMÉROS de la liste.	NOMS.	PRÉNOMS.	TITRES, qualifications, professions ou fonctions.	AGE.	DEMEURE.
		JURÉS TITULAIRES.				
1	»	»	»	»	»	»
2	»	»	»	»	»	»
		JURÉS SUPPLÉMENTAIRES.				
1	»	»	»	»	»	»

Pour extrait conforme délivré à M. le procureur général, ce requérant. Le greffier en chef, signé. . . . . et scellé. Pour copie. (*Signature de l'huissier.*)

Exploit :

L'an. . . ., à la requête de M. le procureur général près la Cour impériale de. . . . (*ou* de M. le procureur impérial près le tribunal de. . . . ., et la Cour d'assises de. . . . .), élisant domicile en son parquet, j'ai. . . . ., soussigné, signifié, notifié et en tête des présentes donné copie à. . . . ., accusé détenu à. . . . ., en la maison d'arrêt sise rue. . . . ., où étant et parlant à. . . . ., de la liste des jurés de jugement transcrite ci-dessus, lui déclarant que, devant être traduit demain devant la Cour d'assises et le jury du département de. . . . ., il aura, aux termes des art. 399 à 400 inclusivement, C. inst. crim., ainsi que mondit sieur le procureur général ou impérial, la faculté de récuser, sans exposer de motifs, tels des jurés qu'il jugera à propos, et ce, dans les formes et de la manière prescrite par lesdits articles; et j'ai laissé audit sieur. . . . . copie tant de ladite liste que du présent, etc.

V. nº 9.—Coût : V. *Formule* 1.

Enregistrement de l'exploit, *gratis*.

COUR DE CASSATION. — **1.** Juridiction suprême placée au sommet de la hiérarchie judiciaire, et dont la mission consiste à assurer l'exacte observation des lois, à maintenir l'uniformité de la jurisprudence, et, enfin, à exercer une discipline sur tous les magistrats.

2. La Cour de cassation est composée d'un premier président, de trois présidents et de quarante-cinq conseillers, et divisée en trois sections : la *chambre des requêtes* et la *chambre civile* pour les affaires civiles, et la *chambre criminelle* pour les affaires criminelles (L. 27 vent. an 8, art. 60; Ord., 15 janv. 1826, art. 1er).

3. Il y a, en outre, près la Cour de cassation : 1° un procureur général et six avocats généraux; 2° un greffier en chef et quatre commis-greffiers; 3° un ordre d'avocats (V. *Avocats à la Cour de cassation*), et 4° huit huissiers audienciers.

4. Les huissiers attachés au service de la Cour de cassation sont pris parmi les huissiers exerçant à Paris; ils sont choisis par la Cour, qui peut les révoquer (LL. 2 brum. an 4, art. 11; 27 vent. an 8, art. 70).

5. Ces officiers ont le droit exclusif d'instrumenter pour les affaires de la compétence de la Cour de cassation, dans l'étendue seulement du lieu de sa résidence; ils peuvent d'ailleurs instrumenter concurremment avec les autres huissiers dans tout le département de la Seine (L. 27 vent. an 8, art. 70).— V. *Huissier*.

6. Le traitement des huissiers à la Cour de cassation, comme audienciers, est de 1,800 fr. (Décr., 28 mess. an 12).

7. Les attributions dévolues à la Cour de cassation sont réparties entre les trois chambres qui la composent, de la manière suivante :

8. 1° La chambre des requêtes a pour principale attribution de statuer sur l'admission ou le rejet des pourvois dans les matières civiles (LL. 2 brum. an 4, art. 3; 27 vent. an 8, art. 60).

9. Elle prononce définitivement sur les demandes en *règlement de juges*, en *renvoi d'un tribunal à un autre*, et en *prise à partie* (V. ces mots), lorsqu'elle tend à dénoncer des Cours impériales ou l'une de leurs sections, ou des membres de la Cour de cassation elle-même (Tarbé, *Lois et règlements de la Cour de cassation*, p. 97).

10. ... Et sur les arrêts, jugements et actes judiciaires en matière civile contenant excès de pouvoir, lorsque cet excès de pouvoir lui est dénoncé par le procureur général de l'ordre exprès du Gouvernement, et ce, sans préjudice des droits des parties (L. 27 vent. an 8, art. 80).

11. 2° La chambre civile statue définitivement sur les affaires qui lui sont renvoyées par la chambre des requêtes, sur les pourvois en matière d'expropriation pour cause d'utilité publique, qui sont portés directement devant elle, sans être soumis à l'épreuve de la chambre des requêtes, sur les pourvois en cassation qui lui sont présentés en matière civile par le procureur général dans l'intérêt de la loi, et sur les délits commis par les juges relativement à leurs fonctions.

12. 3° La chambre criminelle prononce définitivement, et sans arrêt d'admission, sur toutes les demandes en cassation en matière de police et en matière correctionnelle et criminelle.

13. Dans certaines circonstances, les diverses chambres de la Cour de cassation se réunissent et statuent en audience solennelle. — V. *Audience solennelle*, *Cassation*, nos 139 et 140.

14. Les vacances de la Cour de cassation commencent le 1er septembre et finissent le 1er novembre. Pendant ce temps, le service des affaires urgentes est fait par la chambre criminelle qui, n'ayant pas de vacances, remplit les fonctions de chambre des vacations.

COUR IMPÉRIALE. — **1.** Juridiction instituée pour connaître des appels des jugements des tribunaux de première instance, des tribunaux de commerce et des tribunaux correctionnels.

2. Il existe vingt-sept Cours impériales. Chacune d'elles se compose d'un premier président, de présidents de chambre et de conseillers dont le nombre varie suivant l'importance de la population du ressort, d'un procureur général, d'avocats généraux et de substituts du procureur général.

3. Les Cours impériales sont divisées en chambres ou sections. Celles qui sont composées de vingt-quatre membres forment trois chambres, dont l'une connaît des affaires civiles, l'autre des mises en accusation, la troisième des appels de police correctionnelle; celles comprenant quarante conseillers ont deux chambres civiles.

4. Le ministère des avoués est forcé devant les Cours impériales. — V. *Avoués*.

5. Chaque Cour impériale a ses huissiers audienciers. Mais les huissiers ordinaires peuvent faire tous les exploits relatifs aux procédures devant les Cours royales, si ce n'est les actes exclusivement attribués aux huissiers audienciers. — V. *Huissier*, *Huissier audiencier*.

6. Les affaires de la compétence des Cours impériales (V. *Compétence civile*, nos 131 et suiv.) sont portées devant elles, soit par ajournement, soit par requête, suivant les circonstances. — V. *Appel en matière civile*.

7. Les moyens d'instruction varient selon que l'affaire est ordinaire ou sommaire; l'arrêt qui intervient peut être contradictoire ou par défaut.

8. Les voies de recours autorisées contre les arrêts des Cours impériales sont, suivant les différents cas, l'opposition, la cassation, la requête civile, la tierce opposition. — V. *Cassation*, *Jugement par défaut*, *Opposition*, *Requête civile*, *Tierce opposition*. — V. aussi *Prise à partie*.

COUR DES COMPTES. — **1.** Juridiction instituée pour la vérification et le règlement de tous les comptes généraux et particuliers qui ont rapport aux finances de l'Etat et des établissements publics. — V. *Compétence administrative*, nos 68 et suiv.

2. L'exécution des arrêts de la Cour des comptes est confiée au ministre des finances qui la fait suivre par l'agent judiciaire établi près de lui, lorsque l'arrêt est rendu sur les comptes des agents du trésor (L. 16 sept. 1807, art. 13), et aux préfets, s'il s'agit de comptes des receveurs des communes et des hospices. Ainsi, c'est à la requête de l'un ou de l'autre de ces fonctionnaires que tous les exploits concernant cette exécution doivent être signifiés.

3. Les voies d'exécution sont la saisie des biens meubles ou immeubles, la vente de ces biens, et la contrainte par corps. — V. *Contrainte par corps*, *Saisie immobilière*.

COURS. — Prix des marchandises, des effets publics et de commerce, d'après les négociations et transactions qui s'opèrent à la bourse.—V. *Agent de change*, n° 9, *Courtier de commerce*.

COURS D'EAU. — **1.** On entend par *cours d'eau* le mouvement naturel et continu d'une eau qui court d'un lieu à un autre. Ce mot s'emploie aussi pour désigner l'étendue en longueur d'un fleuve, d'une rivière, d'un ruisseau. Les eaux qui n'ont pas de cours sont dites *stagnantes*, par opposition aux eaux *courantes*.

2. L'eau, considérée en général et seulement quant à sa substance, n'appartient à personne et rentre dans la classe des choses dont l'usage est à tous; mais, envisagée dans ses rapports avec les lits qui la retiennent et les ouvrages, usines et propriétés qui la bordent, elle peut s'acquérir privativement et donner lieu à de nombreuses difficultés, surtout en ce qui concerne la compétence.

3. Nous traiterons sous cet article des différentes espèces d'eaux, excepté de celles de la *mer* (V. ce mot), de leur propriété et des questions de compétence administrative et judiciaire qui y sont relatives. Quant aux questions concernant la possession, V. *Action possessoire*, n°s 178, 226, 228 et suiv., 236, 237, 239 et suiv., 253, 267, 284, 286, 288, 298, 311, 323, 459 et 517, etc.

Indication alphabétique des matières.

§ 1. — *Des différentes espèces d'eaux et de leur propriété.*
§ 2. — *Compétence.*

---

§ 1er. — *Des différentes espèces d'eaux et de leur propriété.*

4. Les eaux se divisent en deux grandes classes : eaux navigables et flottables, et eaux non navigables ni flottables.

5. EAUX NAVIGABLES ET FLOTTABLES.—*Fleuves et rivières.*—Les eaux navigables sont celles qui portent des bateaux, trains ou radeaux, soit de leur fond, soit avec artifices et ouvrages de main (Garnier, *Régime des eaux*, t. 1, p. 5 ; *Supplément*, p. 12 et 15).

6. Les eaux flottables sont celles où peuvent flotter des bois sans être chargés ou voiturés dans des bateaux. Il y a deux sortes de flottages : l'un à bois réunis en trains ou radeaux, l'autre à pièces de bois isolées ou à bûches perdues. De là, deux espèces bien distinctes de rivières flottables (Garnier, *Régime des eaux*, t. 1er, p. 9).

7. C'est au pouvoir exécutif qu'il appartient de déclarer la navigabilité ou la flottabilité d'un fleuve ou d'une rivière (Décr. 22 janv. 1808 ; 12 nov. 1811 ; L. 15 avril 1829). La déclaration de navigabilité est prononcée par décret du Gouvernement rendu en conseil d'Etat (Daviel, *Cours d'eau*, n° 254 ; Proudhon, *Traité du domaine public*, t. 3, n° 802 ; Solon, *Répertoire administratif*, v° *Eau*, t. 3, p. 29). Cette déclaration peut-être remplacée par l'exercice de la navigation ou du flottage depuis un temps immémorial (Chauveau, *Compétence administrative*, t. 2, p. 607).

8. Les eaux navigables (L. 22 nov. 1790 ; C. Nap., art. 538) et flottables (C. Nap., art. 538 ; L. 15 avril 1829) avec trains et radeaux (Proudhon, n° 859 ; Dufour, *Droit administratif*, t. 2, n° 1092 ; Ord. cons. d'Etat, 21 fév. 1822 ; Cass., 22 août 1823) font partie du domaine public, mais seulement à partir du point où commence la navigabilité ou la flottabilité. Les parties supérieures n'appartiennent point à l'Etat.

9. Font également partie du domaine public, comme accessoires des fleuves navigables ou flottables, 1° les bras desdits fleuves, alors même qu'ils ne sont ni navigables ni flottables (Ord. cons. d'Etat, 22 janv. 1824 ; 11 fév. 1836 ; Décr. 12 juill. 1806) ; 2° les noues, boires et fossés qui ont une communication libre avec les fleuves dont les eaux y entrent pendant toute l'année (Proudhon, t. 1er, p. 39 ; Dufour, t. 2, n° 1096) ; 3° les ports, gares et abreuvoirs ; 4° enfin le lit des fleuves, c'est-à-dire le terrain recouvert par l'eau coulant à pleins bords (Rouen, 31 juill. 1844).

10. Mais ne font pas partie du même domaine : 1° les rivières flottables à bûches perdues ; 2° les affluents des rivières navigables ou flottables avec trains ou radeaux (Garnier, n° 66 ; Daviel, t. 1er, p. 35 ; Dufour, t. 2, n° 1097) ; 3° les courants qui se séparent du fleuve pour n'y plus revenir (Proudhon, n° 700 ; Dufour, t. 2, n° 2095).

11. Les fleuves et rivières navigables ou flottables et leurs accessoires sont imprescriptibles, comme tout ce qui fait partie du domaine public (C. Nap., art. 538; Daviel, t. 1, p. 27; Garnier, t. 1, p. 69). En conséquence, ils ne peuvent donner lieu à aucune question de propriété entre l'Etat et les riverains; ils sont absolument hors du commerce et ne peuvent être l'objet de litige dans aucun cas.

12. Mais il n'en est pas de même de l'usage des eaux dans un intérêt privé, résultant, au profit des riverains, soit d'une prescription antérieure à l'édit de février 1566, soit d'une concession postérieure. Cet usage peut engendrer et donne lieu en effet à de nombreux procès :

1° Entre l'Etat et les particuliers, il ne peut y avoir de litige qu'au sujet de concessions très-anciennes, puisque toutes celles postérieures à l'édit de 1566 sont inefficaces et essentiellement révocables (Edit d'avril 1683; LL. 22 nov. 1790; 14 vent. an 7);

2° Entre particuliers, l'exercice des droits concédés par l'administration ou acquis à titre de prescription fait naître de graves difficultés. — V. *Action possessoire*, et *infrà*, § 2.

13. Les îles, les îlots et les atterrissements qui se forment dans le lit des fleuves et rivières navigables ou flottables, appartiennent à l'Etat, s'il n'y a titre ou prescription contraire (C. Nap., art. 560). Mais ils ne tombent pas dans le domaine public et sont soumis dès lors à tous les principes qui régissent les biens susceptibles de propriété privée.

14. Quant aux alluvions et aux relais, ils appartiennent aux riverains, propriétaires des bords des fleuves ou de la rivière (C. Nap., art. 556). Pour que l'Etat puisse en réclamer la possession, il faudrait qu'il y eût de sa part une jouissance bien caractérisée. — V. *Alluvion*.

15. Aucun établissement quelconque, moulins, usines, écluses, batardeaux, ne peut être formé sur un fleuve navigable ou flottable, sans l'autorisation du Gouvernement (Ord. 1669, tit. 27; Edit de 1683 et de déc. 1693; arrêté du direct., 19 vent. an 6).

16. Aucune prise d'eau ne peut également être faite sur le cours d'un fleuve navigable ou flottable sans autorisation. Le Gouvernement a le droit de ne faire la concession qu'à la charge d'une redevance (L. 16 juill. 1840, art. 8).

17. *Canaux.* — Les canaux navigables ou flottables sont la propriété de l'Etat ou des compagnies autorisées à les entreprendre. Dans ce dernier cas, ils forment une propriété d'une espèce particulière grevée de la servitude perpétuelle de rester en état de canal et de livrer passage à tous ceux qui le réclament. Du reste, les droits des compagnies sont déterminés par l'acte de concession.

18. Les canaux navigables et flottables, qui appartiennent à l'Etat, faisant partie du domaine public, et, dès lors, étant imprescriptibles, ne peuvent donner lieu à aucune action pétitoire ni possessoire.

19. Il en est de même des francs-bords et des arbres qui y sont plantés, toute possession de ces objets n'étant considérée que comme un acte de tolérance (Paris, 12 fév. 1830; Toulouse, 10 sept. 1832; 30 janv. 1833).

20. Quant aux prises d'eau sur les canaux, elles doivent également être autorisées, de même que celles effectuées sur les rivières navigables ou flottables.

21. Eaux non navigables ni flottables. — Les eaux navigables ou flottables, au-dessus de l'endroit où elles commencent à être navigables ou flottables, les rivières non navigables ni flottables et les ruisseaux, appartiennent, quant à leur lit, aux propriétaires riverains et à chacun pour moitié (Cass., 21 fév. 1810; Amiens, 28 janv. 1834). Toutefois, cette solution n'est pas adoptée par tous les auteurs. Quoi qu'il en soit, les riverains sont autorisés à retirer d'assez notables avantages des cours d'eau non navigables ni flottables.

22. Ainsi, aux termes de l'art. 644, C. Nap., celui dont la propriété borde une eau courante non navigable ni flottable peut s'en servir à son passage pour l'irrigation de ses propriétés. Celui dont elle traverse l'héritage peut même en user dans l'intervalle qu'elle y parcourt, mais à la charge de la rendre, à la sortie de ses fonds, à son cours ordinaire.

23. S'il s'élève une contestation entre les propriétaires auxquels les eaux peuvent être utiles, les tribunaux, en prononçant, doivent concilier l'intérêt de l'agriculture avec le respect dû à la propriété, et dans tous les cas observer les règlements particuliers et locaux sur le cours et l'usage des eaux (C. Nap., art. 645).

24. Mais le droit accordé aux riverains par l'art. 644, C. Nap., est entièrement subordonné au pouvoir conféré à l'administration par la loi des 12-20 août 1790, dans des vues d'utilité générale. Par exemple, si un règlement administratif défend toute prise d'eau, les riverains doivent s'y conformer ; si l'administration règle la jouissance des eaux entre les riverains et qu'il y ait à cet égard contestation entre eux, les tribunaux ne peuvent statuer qu'en observant la décision prise par l'autorité administrative. Ce n'est donc qu'à défaut de document général et administratif que les tribunaux peuvent, par application de l'art. 645, C. Nap., procéder au règlement des eaux entre les riverains.

25. Jusqu'à ce qu'il y ait règlement soit administratif, soit judiciaire, le riverain peut effectuer une prise d'eau pour l'irrigation de sa propriété, encore que cette prise d'eau nuise à une usine située en aval, sauf aux tribunaux, en réglant l'usage des eaux entre les deux contendants, à concilier l'intérêt du riverain avec celui de l'usinier (Bordeaux, 23 janv. 1838).

26. De même, tant qu'il n'existe pas de prohibition émanant de l'administration, celui dont l'héritage est traversé par une eau courante peut faire, pour en user, tels travaux qu'il juge convenables, quoique par ces travaux les propriétaires inférieurs doivent recevoir moins d'eau, et même être exposés, dans les temps de sécheresse, à n'en pas recevoir : il suffit que ce propriétaire rende, à la sortie de son fonds, les eaux à leur cours ordinaire (Cass., 15 juill. 1807 ; Paris, 9 juill. 1806 ; Angers, 28 juin 1826 ; Bourges, 18 juill. 1826 ; 7 avril 1827).

27. Les art. 644 et 645, C. Nap., n'ont porté aucune atteinte aux droits légalement acquis avant leur promulgation, en vertu de titres particuliers (Cass., 10 avril 1838 ; 9 août 1843). Ainsi, le riverain qui a acquis d'un seigneur, alors propriétaire d'un cours d'eau, toute l'eau nécessaire au mouvement de son usine, doit être maintenu dans la propriété exclusive de ce droit (Cass., 19 juill. 1830).

28. Aucune usine, aucun moulin ne peut être établi sur un cours d'eau non navigable ni flottable, sans une autorisation résultant d'un décret du Gouvernement (Ord. cons. d'Etat, 13 nov. 1835).

29. *Torrents.* — Les torrents, c'est-à-dire les cours d'eau peu profonds, uniquement alimentés par les pluies ou les fontes de neiges, appartiennent aux propriétaires dont ils traversent ou bordent les héritages. Ceux-ci ont le droit d'y faire librement tous les actes dérivant de la propriété, sans que l'administration puisse exercer aucun contrôle à cet égard. — V. *Action possessoire*, n° 265.

30. Le propriétaire supérieur dont le fonds est traversé par un cours d'eau accidentel a le droit de retenir les eaux sur sa propriété, sans que le propriétaire inférieur puisse s'en plaindre (Caen, 26 fév. 1844).

31. *Canaux.* — Les canaux servant au mouvement des usines et à l'irrigation des propriétés appartiennent à l'usine ou au terrain pour l'usage des quels ils ont été établis : dès lors, ils peuvent être acquis par prescription. — V. *Action possessoire*, n° 255.

32. *Sources.* — Les sources appartiennent à celui sur le fonds duquel elles se trouvent : il peut donc en user à sa volonté, en respectant les droits que les propriétaires des fonds inférieurs (C. Nap., art. 641), et ceux que les communes, villages ou hameaux (C. Nap., art. 643), peuvent avoir acquis par titre ou par prescription. — V. *Action possessoire*, n°s 256 et suiv.

33. *Eaux vicinales.* — On appelle ainsi les eaux pluviales réunies en cours momentané dans les fossés qui bordent les routes et chemins vicinaux. Ces eaux ne sont pas susceptibles d'une possession exclusive. — V. *Action possessoire*, n°s 263 et suiv.

34. *Eaux qui n'ont pas de cours.* — Cette sorte d'eaux comprend les lacs, étangs, mares, sources dont les eaux sont retenues par le propriétaire du fonds, fontaines, citernes, abreuvoirs, puits, égouts. — V. *Action possessoire*, n°s 270 et suiv., *Abreuvoir*, *Egout*, *Etang*, *Mare*, *Puits*.

§ 2. — *Compétence.*

35. Compétence administrative. — *Eaux navigables et flottables.* — Ces eaux étant la propriété de l'Etat, leur administration appartient aux préfets, au ministre de l'intérieur et au Gouvernement, et les contestations que soulève cette administration sont de la compétence des tribunaux administratifs.

36. Ainsi, en ce qui concerne à cet égard les attributions des préfets, c'est à eux qu'il appartient :

1° De proposer les règlements généraux et locaux pour la police de ces eaux (Ord. cons. d'Etat, 23 fév. 1820), de donner leur avis sur les demandes en concession de prise d'eau, d'interpréter les arrêtés réglementaires sur la fixation des points d'eau, de déterminer l'alignement des chemins de halage (Décr. 11 août 1808), de reconnaître et déclarer la navigabilité et la flottabilité d'une rivière (Décr. 22 janv. 1808 ; Ord. cons. d'Etat, 27 déc. 1820), de proposer les changements de direction ou d'élargissement, sauf les questions d'indemnité (L. 16 sept. 1807 ; 8 mars 1810 ; Décr. 23 janv. 1808 ; 17 juill. 1811 ; Ord. cons. d'Etat, 19 mars 1820), et d'ordonner, dans l'intérêt général des propriétaires riverains et de l'ordre public, la construction des barrages et autres travaux pour empêcher la déperdition des eaux (Ord. cons. d'Etat, 20 nov. 1815 ; 23 fév. 1823) ;

37. 2° D'empêcher le détournement des eaux ou l'affaiblissement de leur cours (Arrêté, 19 vent. an 6), d'ordonner le curage et de régler le paiement des frais de cette opération, sauf recours au conseil de préfecture, s'il y a réclamation sur le paiement (Ord. cons. d'Etat, 5 nov. 1823 ; 15 mars et 4 nov. 1835), de prescrire pour cause d'utilité publique le rétablissement des puisards dans les propriétés privées (Ord. cons. d'Etat, 27 mai 1816), de faire ouvrir des fossés ou exécuter des travaux pour amener ou faire écouler les eaux, sauf indemnité (Ord. cons. d'Etat, 18 nov. 1818), de régler les établissements des usines et leur emplacement, la dimension des déversoirs et autres ouvrages d'art, et la hauteur des eaux des moulins (L. 6 oct. 1791 ; Cass., 28 mai 1807 ; Décr. 17 janv. 1812 ; Ord. cons. d'Etat, 26 mai 1824), de statuer sur le changement des vannes, d'autoriser et régler les associations des propriétaires intéressés à des chaussées et digues défensives (Ord. cons. d'Etat, 15 mai 1835), de régler les honoraires dus aux ingénieurs et délivrer exécutoire pour leur paiement (Ord. cons. d'Etat, 10 sept. et 3 déc. 1817), et d'ordonner la destruction ou la suspension des ouvrages d'une usine, de barrages, lavoirs flottants ou autres travaux d'art ;

38. 3° De prescrire la consolidation et l'extension d'une alluvion par des plantations de pieux et ouvrages d'art, sans préjudice des questions de propriété (Décr. 28 mars 1807), et de révoquer les concessions de dériver les eaux, lorsqu'elles ne sont pas fidèlement exécutées (Ord. cons. d'Etat, 18 déc. 1822) ;

39. 4° Enfin, de prendre toutes les mesures de police, de surveillance et de haute administration, qui peuvent intéresser l'ordre public sous le rapport du flottage, de la navigation, de l'intérêt général, des riverains, des passages, des gués et des services publics (Ord. cons. d'Etat, 28 déc. 1816).

40. En ce qui concerne les attributions du ministre de l'intérieur, elles consistent dans le droit :

1° De confirmer, annuler ou modifier les actes des préfets pris en matière de cours d'eau, de recevoir les oppositions en autorisation de constructions d'usines, de préparer les règlements, d'autoriser l'établissement des usines, ainsi que la construction, la destruction et le rétablissement de travaux et ouvrages dans les rivières, et de décider, sur l'opposition formée contre un arrêté de préfet, si une rivière est ou non navigable ;

41. 2° De faire procéder, par des règlements d'administration publique, aux mesures de haute police administrative pour la conservation des ponts et la sûreté des transports par eau, de fixer la part du Gouvernement et des propriétaires réclamants dans les dépenses relatives à l'entretien des écluses et autres ouvrages intéressant la navigation et les usines (Ord. cons. d'Etat, 2 juill. 1820 ; 23 avril 1823), de faire procéder à un règlement d'eau sur la demande des parties, conformément à leurs titres et aux jugements intervenus entre elles, sans préjudice des intérêts de la navigation et des propriétés riveraines (Ord. cons. d'Etat, 24 juin 1839), et de révoquer les autorisations accordées par les préfets (Ord. cons. d'Etat, 7 mai 1823 ; 1er mars 1826).

42. L'autorisation d'établir une usine sur un cours d'eau navigable et flottable, concédée par le ministre de l'intérieur, n'est que provisoire. L'établissement de l'usine ne devient définitif qu'autant que l'autorisation est accordée par le Gouvernement sur l'avis du conseil d'Etat. Alors, l'autorisation devient pour le concessionnaire un titre dont il ne peut toutefois faire usage que sous la réserve des droits d'autrui.

43. Il suit de là :

1° Que la révocation ou modification des autorisations définitives ne peut être prononcée que par le Gouvernement sur l'avis du conseil d'Etat et dans les cas prévus par la loi ou les actes d'autorisation (Ord. cons. d'Etat, 30 oct. 1821 ; 29 juin 1825) ; que le propriétaire de l'usine peut former opposition, par la voie contentieuse, au décret de révocation ;

44. 2° Que, lorsqu'un tiers est lésé par un décret autorisant l'établissement d'une usine, il peut se pourvoir par la voie d'opposition contre ce décret devant le conseil d'Etat (Ord. cons. d'Etat, 8 avril 1829 ; 7 mai 1825).

45. Le conseil d'Etat peut aussi surseoir à la destruction des travaux et ouvrages sur les rivières navigables (Ord. cons. d'Etat, 1er août 1834), ou n'en permettre le maintien que sous certaines conditions (Ord. cons. d'Etat, 24 oct. 1834), ou renvoyer les parties devant les préfets et le ministre de l'intérieur pour faire procéder, dans un délai fixe, à l'accomplissement de ces conditions (Ord. cons. d'Etat, 3 juill. 1820 ; 24 oct. 1824).

46. Les canaux étant assimilés aux cours d'eau navigables et flottables, il appartient, en conséquence, au ministre de l'intérieur de préparer les projets de canaux, de soumettre au Gouvernement les projets de décrets d'autorisation et de concessions de prises d'eau, de procurer l'exécution des lois spéciales, d'ordonner l'abaissement d'une écluse, de prescrire le curage des canaux navigables, et de supprimer les vannes établies.

47. En ce qui concerne les attributions des conseils de préfecture, elles consistent :

1° A ordonner, sur débat et dans l'intérêt public, la destruction des barrages, atterrissements, gords, chaussées, moulins, usines et autres ouvrages construits sans autorisation, et à prononcer des amendes contre les contrevenants (L. 29 flor. an 10; Ord. cons. d'Etat, 1er août 1834); à interdire les entreprises ordonnées par les agents de la navigation (Ord. cons. d'Etat, 24 mars 1820); à défendre d'ouvrir des tranchées; à réprimer les anticipations pratiquées dans les rivières et nuisibles aux cours des eaux (Ord. cons. d'Etat, 1er fév. 1833); à défendre l'ouverture illicite des vannes (Ord. cons. d'Etat, 21 juin 1826), et à ordonner l'enlèvement de lavoirs mobiles construits sans autorisation (Ord. cons. d'Etat, 2 août 1826), et la destruction des plantations faites sans autorisation sur les chemins de halage (Ord. cons. d'Etat, 2 fév. 1825);

48. 2° A connaître des embarras par dépôt, enlèvement de gazon, terre et pierres sur les chemins de halage, des constructions élevées sans alignement et des anticipations sur la largeur légale, des délits commis sur des arbres de l'Etat, de l'extraction illégale des terres, sables et autres matériaux, des prises d'eaux illégales, des dommages causés par les mariniers avec leurs trains et bateaux (L. 6 oct. 1791; Ord. cons. d'Etat, 19 janv. 1825; 8 août 1827; 2 sept. 1829); à prononcer sur les contraventions commises par les flotteurs aux règlements de police et de surveillance émanés de l'autorité administrative (L. 29 flor. an 10; Ord. cons. d'Etat, 15 nov. 1831); à statuer sur la répartition des frais de réparation de dégradations commises par les propriétaires des usines sur les chaussées ou le cours des rivières (Décr. 8 avril 1709), ou dans les pertuis par la flottaison des bois (Décr. 7 fév. 1813; Ord. cons. d'Etat, 3 juin 1820), et à prononcer sur la perception des droits de navigation, les indemnités de chômage temporaire, les contraventions aux arrêtés des préfets, sur les contestations entre les propriétaires d'usines au sujet des entreprises faites par l'un d'eux ou sur l'obstruction d'un passage public, et sur la stagnation des eaux.

49. Les conseils de préfecture ne pourraient appliquer des règlements encore en projet, ni déterminer la hauteur des déversoirs, ni prescrire l'établissement des barrages, ni ordonner la destruction de réparations urgentes faites sans autorisation et qui n'ont occasionné l'exécution d'aucun ouvrage dans le lit de la rivière, ni opéré aucun déplacement de l'usine et aucune innovation dans son système, ni maintenir dans l'exercice d'un droit de pêche.

50. Mais il appartient aux conseils de préfecture de statuer sur les réclamations pour dommages procédant du fait des concessionnaires des canaux, sur les contraventions commises sur les canaux, sur la démolition des ouvrages construits sans autorisation ou hors l'alignement donné par le préfet, et, entre les compagnies des canaux et le Gouvernement, sur l'interprétation des clauses de l'acte de concession et les règlements d'exécution.

51. *Eaux non navigables ni flottables.* — L'administration de chaque département est chargée de rechercher et d'indiquer les moyens de procurer le libre cours des eaux non navigables ni flottables; de diriger autant que possible toutes les eaux du territoire vers un but d'utilité générale, d'après les principes de l'irrigation, et d'empêcher que les chemins, prairies ou propriétés voisines, ne soient submergés par la trop grande élévation des moulins et usines construits ou à construire, des écluses, déversoirs et autres ouvrages d'art (L. 20 août 1790).

52. Ainsi, les préfets sont compétents :

1° Pour donner leur avis sur les demandes en autorisation de moulins et usines (Ord. cons. d'Etat, 13 août 1835); pour fixer, surveiller, maintenir ou rectifier la crue et le nivellement des rivières, les points d'eau, la hauteur et la situation des déversoirs, barrages et autres ouvrages d'art, la dimension des vannages et des biez des moulins, dans l'intérêt général des propriétés riveraines, de la voirie, des usines, des approvisionnements et de l'irrigation

(L. 20 août 1790; 15 oct. 1791; Ord. cons. d'Etat, 23 avril 1832; 31 oct. 1833);

53. 2° Pour proposer la révocation et modification des concessions (Ord. cons. d'Etat, 22 déc. 1824), ordonner toutes les mesures et travaux quelconques pour empêcher que l'écoulement des eaux ne nuise à personne (Ord. cons. d'Etat, 24 janv. 1834), prescrire le changement des vannes (Inst. minist. 19 therm. an 6), et autoriser des innovations à faire dans le système hydraulique ou l'emploi des eaux d'une usine (Ord. cons. d'Etat, 16 nov. 1825);

54. 3° Pour statuer sur les demandes en déplacement d'usines (Ord. cons. d'Etat, 28 août 1822), ordonner la destruction des moulins, ponts, écluses, chaussées, barrages et autres ouvrages non autorisés (Ord. cons. d'Etat, 24 août 1832), homologuer les règlements d'eau (Ord. cons. d'Etat, 2 juin 1819), approuver les mesures de police prises par les maires (Ord. cons. d'Etat, 4 et 18 juin 1823), et ordonner le curage des rivières (Ord. cons. d'Etat, 21 juin 1826);

55. 4° Pour statuer sur les améliorations à faire au cours des rivières (Ord. cons. d'Etat, 17 mars 1825), sur la suppression ou la conservation des aqueducs qui traversent les routes nationales ou départementales (Ord. cons. d'Etat, 14 août 1822), sur la réparation des rives d'un torrent, lorsqu'il n'y a ni règlement ni usages (même ord.), sur le règlement de l'usage des eaux d'un ruisseau et la fixation des heures de lavage (Ord. cons. d'Etat, 26 fév. 1823), et pour fixer les jours et heures d'irrigation (Cass., 10 fév. 1827; 2 nov. 1832; 6 déc. 1833);

56. 5° Pour provoquer, dans un but d'utilité publique, le changement ou le redressement du lit d'un ruisseau, ou la cession d'une usine; prescrire les mesures relatives à l'entretien des digues et ouvrages d'art nécessaires au curage des rivières et ruisseaux; dresser les rôles de répartition de dépenses et les rendre exécutoires, sans préjudice des droits des tiers (Ord. cons. d'Etat, 13 juill. 1828).

57. Mais les préfets ne pourraient pas se rendre juges, entre riverains, d'un litige privé, ni imposer un déplacement de digues, une servitude sur des propriétés particulières, ni autoriser des prises d'eau pour une irrigation, ni réprimer des contraventions de petite voirie.

58. Quant aux eaux qui n'ont pas de cours, si elles sont des propriétés particulières, l'administration ne peut exercer aucun contrôle sur la manière dont les propriétaires en jouissent, et toutes les questions qui s'élèvent à cet égard doivent être soumises aux tribunaux ordinaires.

59. Cependant, le préfet pourrait fixer la hauteur des eaux d'un étang, afin que l'exhaussement des vannes ne pût inonder les propriétés voisines (Décr., 28 mai 1812).

60. Quant aux conseils de préfecture, ils sont compétents :

1° Pour statuer sur les contestations au sujet des dépenses de curage et de la reconstruction ou réparation des digues et autres ouvrages analogues (Ord. cons. d'Etat, 16 fév. 1832; 22 fév. 1833); pour ordonner, sur le recours formé contre un arrêté du préfet, la destruction des travaux faits sans autorisation (Ord. cons. d'Etat, 4 juin 1823), et prononcer sur les difficultés au sujet de l'abaissement ou de la réparation des gués (Ord. cons. d'Etat, 23 juin 1824);

61. 2° Pour appliquer, dans l'intérêt général des propriétaires riverains et de la salubrité publique, les règlements des préfets sur la hauteur d'eau des rivières et la dimension des biez (Ord. cons. d'Etat, 20 nov. 1816); pour prononcer sur le paiement des frais occasionnés par la construction d'un canal non navigable (Ord. cons. d'Etat, 31 mai 1819), connaître des contestations élevées au sujet de l'exécution d'une fontaine autorisée dans une ville (Ord. cons. d'Etat, 2 juill. 1820), faire procéder, par voie d'expertise, au règlement des indemnités à raison du chômage d'usines par suite de travaux publics (L. 16 sept. 1807 ; Ord. cons. d'Etat, 6 déc. 1820), statuer sur les contestations entre les communes et l'Etat sur la propriété des sources minérales (Ord. cons. d'Etat, 9 juill. 1823), sur celles relatives à la confection des travaux et au recouvrement des rôles, lorsqu'il s'agit d'ouvrages exécutés pour opposer une digue au courant (Ord. cons. d'Etat, 22 fév. 1833), et pour ordonner la démolition des ouvrages construits en contravention aux ordonnances d'autorisation (Ord. cons. d'Etat, 9 mai 1834).

62. Les conseils de préfecture sont également compétents pour statuer, en matière de canaux, sur les difficultés élevées à l'occasion de l'exécution des règlements administratifs, sur le mode de répartition des dépenses à la charge des riverains ou associés, sur la répartition du paiement du prix des eaux servant à l'irrigation, etc.

63. Compétence judiciaire. — *Eaux navigables et flottables.* — L'autorité administrative cesse d'être compétente, lorsqu'une contestation sur un cours d'eau navigable ou flottable n'a pas pour objet la police ou l'utilité commune, mais se réfère à l'intérêt privé de ceux entre lesquels elle s'est élevée. Il suit de là qu'il appartient aux tribunaux ordinaires de prononcer sur les contestations relatives :

1° Aux contraventions commises par les propriétaires d'usines, moulins ou terrains riverains, lorsque les contestations qui naissent de ces contraventions n'intéressent que des parties privées et donnent lieu à des dommages-intérêts de particulier à particulier (Décr., 25 avril 1812 ; Ord. cons. d'Etat, 9 janv. 1828) ;

64. 2° A la manière dont les particuliers doivent jouir d'une portion des eaux en vertu des concessions qui leur ont été faites (Ord. cons. d'Etat, 27 juill. 1819) ;

65. 3° Aux questions de possession, qui s'agitent à l'occasion d'anciens règlements d'eaux entre particuliers, ou ne concernent que des atterrissements ou des alluvions (Ord. cons. d'Etat, 21 mars 1821 ; 22 juin 1825 ; 9 janv. 1828) ;

66. 4° Aux demandes en indemnité ou dommages-intérêts, formées soit contre un entrepreneur à raison des travaux qui changent le cours d'une rivière, soit contre des marchands de vin pour dépôts de pièces de vin ou contre des marchands de bois pour dépôts de bois faits sans nécessité et sans autorisation sur des terrains particuliers (Ord. cons. d'Etat, 29 mai 1816 ; 26 juin 1822) ;

67. 5° Aux réclamations formées par les propriétaires de bateaux contre les conducteurs de bacs pour cause de submersion, par la faute de ceux-ci (Décr., 7 août 1810) ;

68. 6° Aux troubles et dommages apportés à la jouissance des fermiers de la pêche et à tous établissements d'exploitation, soit par des particuliers, soit par des entrepreneurs de travaux publics ou autres.

69. Les tribunaux statuent également sur toutes les questions, élevées dans un intérêt privé, de propriété, de servitude, d'usage sur les francs-bords d'un canal ; sur les difficultés entre le concessionnaire d'un canal et un tiers, au sujet de transactions intervenues entre eux ; sur le dommage causé pour défaut d'écoulement des rigoles d'un canal ; et sur l'interprétation des titres respectifs des propriétaires d'usines et des concessionnaires de canaux.

70. ... ainsi que sur les infractions aux règlements de police administrative commises par les maîtres de bateaux, et sur les contraventions commises par les propriétaires d'usines, moulins ou terrains riverains, sur les canaux.

71. *Eaux non navigables ni flottables.* — Les tribunaux ordinaires sont compétents :

1° Pour statuer sur toutes contestations entre particuliers, ou entre conmunes et particuliers, au sujet de la fixation des droits des parties à des dommages-intérêts, de la comparaison des titres anciens avec l'état des lieux, ou de quelque droit de propriété, d'usage ou de servitude, lorsque le droit ne peut être reconnu ou refusé que par suite d'une appréciation des faits ou de la possession, de l'interprétation de conventions privées, ou qu'en vertu de l'application d'actes judiciaires, des principes du droit commun, ou de la destination de père de famille (Ord. cons. d'Etat, 2 août 1834) ; sur la demande formée par un usinier contre un autre usinier, pour cause de changement dans le système hydraulique (Ord. cons. d'Etat, 24 fév. 1830) ; sur les contraventions aux règlements administratifs (Ord. cons. d'Etat, 29 juill. 1829), et sur les constructions faites sans autorisations dans le lit des rivières (Ord. cons. d'Etat, 22 fév. 1833) ;

72. 2° Pour prononcer, dans un intérêt privé, sur l'application des règlements existants, relatifs à l'emploi, au cours et à l'usage des eaux ; et pour, à défaut de règlements, déterminer le mode d'usage des eaux entre tous les riverains (Cass., 10 avril 1821 ; 4 juin 1834 ; 7 mai 1838 ; 19 avril 1841). Mais la décision des tribunaux sur ce dernier point n'empêche pas l'autorité administrative de prendre tel règlement qu'elle juge convenable ;

73. 3° Pour statuer sur les usurpations commises sur les biez et bords des rivières (Décr., 2 juill. 1812 ; 8 mars 1814) ; sur l'application de conventions et transactions particulières qui ont pour objet la propriété, possession ou direction d'un cours d'eau, dans un intérêt purement privé (Ord. cons. d'Etat, 19 déc. 1821 ; Cass., 19 frim. an 8) ; sur les questions de propriété, d'usage et de servitude concernant les sources et fontaines dans les villes et villages, ou les canaux non navigables (Ord. cons. d'Etat, 2 juill. 1821 ; Cass., 29 nov. 1830) ; sur la possession et la propriété d'eaux thermales (Décr., 15 janv. 1809), et sur l'usage des eaux des canaux de dérivation (Ord. cons. d'Etat, 23 avril 1823) ;

74. 4° Pour prononcer sur les contestations entre propriétaires voisins au sujet du desséchement d'un étang particulier (Ord. cons. d'Etat, 20 oct. 1829) ; sur la jouissance d'un cours d'eau, alors même que les eaux serviraient à l'irrigation de propriétés d'origine nationale, si l'acte d'adjudication ne les aliène pas formellement (Décr., 3 vent. an 13 ; Paris, 15 janv. 1808) ; sur les contestations relatives aux canaux qui sont des propriétés communales et lorsqu'on invoque la possession immémoriale, des titres anciens ou des jugements (Décr., 20 sept. 1809 ; 11 août 1811) ; sur les servitudes de passage, et sur les troubles et voies de fait commis dans le lit des lacs et rivières (Ord. cons. d'Etat, 11 août 1824 ; 19 oct. 1825) ;

75. 5° Pour statuer sur la répartition, entre les propriétaires de marais desséchés, des contributions nécessaires à l'entretien et au curage des canaux qui les traversent (Décr., 28 avril 1813) ; sur les contestations entre une société d'arrosants et un propriétaire qui prétend n'en pas faire partie, si la solution de ces contestations dépend de l'examen du contrat de société et de faits particuliers (Ord. cons. d'Etat, 6 fév. 1822) ; sur les troubles et empêchements apportés à l'usage de la pêche par des barrages, digues ou autrement (Décr., 23 avril 1812), et sur les contestations entre les cousagers d'un canal et un fabricant qui réclame une déviation d'eau pour l'alimentation de son usine (Ord. cons. d'Etat, 25 juin 1817), et entre les acquéreurs d'un canal et les actionnaires qui réclament une prise d'eau pour l'arrosement de leurs propriétés (Ord. cons. d'Etat, 20 juin 1821).

COURTIER DE COMMERCE. — 1. Officier public institué par la loi pour s'interposer entre les négociants, et pour faciliter les opérations commerciales.

2. Les courtiers sont nommés par le Gouvernement ; il y en a dans toutes

les villes qui ont une bourse de commerce (C. comm., art. 75); ils sont *officiers* et non *fonctionnaires publics*, car ils n'impriment point à leurs actes le caractère d'exécution parée (Mollot, *Bourses de commerce*, n° 120). La loi les répute commerçants (Arg. art. 89, C. comm.; même Code, art. 632; Mollot, n° 122). — V. *Actes de commerce*, n°s 154 et 155.

3. Les obligations et les prohibitions imposées aux agents de change sont communes aux courtiers (C. comm., art. 85 et suiv.).— V. *Agent de change*.

4. Toutefois, les courtiers ne sont pas tenus de garder le secret de leurs opérations, et ils ne peuvent intenter, en leur propre nom, les demandes résultant des opérations dans lesquelles ils se sont entremis (Pardessus, *Droit commercial*, n° 130).

5. Les courtiers sont soumis au droit de patente.

6. Ils sont divisés en cinq classes : 1° courtiers de marchandises; 2° courtiers d'assurances; 3° courtiers de transport; 4° courtiers interprètes et conducteurs de navires, et 5° courtiers gourmets piqueurs de vins.

7. 1° *Courtiers de marchandises.* — Ils peuvent demeurer sur la même place que leur mandataire, et n'ont le droit d'agir qu'au nom de ce dernier (Mollot, n° 526). Ils ont seuls le droit de faire le courtage des marchandises et d'en constater le cours, d'exercer, concurremment avec les agents de change, le courtage des matières métalliques (C. comm., art. 78), de procéder à la vente aux enchères publiques des effets et marchandises des faillis (C. comm., art. 486), et à la vente en gros de certaines marchandises appartenant à d'autres personnes (Décr., 22 nov. 1811; 17 avril 1812; Ord. 1er juill. 1818; 9 avril 1819).

8. En ce qui concerne les ventes de marchandises neuves, V. *Vente publique de marchandises neuves.*

9. 2° *Courtiers d'assurances.* — Ils rédigent, concurremment avec les notaires, les contrats ou polices d'assurances (C. comm., art. 79). Ils ont seuls le droit de certifier le taux des primes pour tous les voyages de mer ou de rivière (Mollot, n° 553; Pardessus, n° 132).

10. 3° *Courtiers interprètes et conducteurs de navires.* — Ils ont le droit exclusif de faire le courtage des affrètements (C. comm., art. 80), de traduire, en cas de contestation devant les tribunaux, les déclarations, chartes-parties et tous actes de commerce, de constater le cours du fret, de servir de truchement aux étrangers dans les affaires contentieuses de commerce (même art.), de servir de guide aux capitaines marchands, de faire les déclarations à la douane, à l'octroi, au bureau de la marine, et de rédiger les rapports d'avaries et les chartes-parties.

11. Est nulle, comme contraire à l'ordre public, la convention par laquelle un courtier maritime s'interdit, au profit de ses collègues, de faire certains actes de son ministère (Cass., 15 déc. 1845 : *J. Huiss.*, t. 27, p. 42).

12. 4° *Courtiers de transport.* — Ils négocient, à l'exclusion de tous autres, les contrats de transport par terre et par eau (C. comm., art. 89), c'est-à-dire par rivières et canaux. Les commissionnaires de roulage ont presque rendu inutiles les fonctions de ces sortes de courtiers.

13. 5° *Courtiers gourmets piqueurs de vins.* — Ils servent, à l'exception de tous autres, 1° d'intermédiaires dans les ventes de vins en entrepôt; 2° d'experts en cas de contestation sur la qualité des vins (Décr., 15 nov. 1813).

14. Le privilége des courtiers s'étend non-seulement à toutes les opérations de courtage qui ont lieu dans l'enceinte de la Bourse et pendant son ouverture, mais encore à toutes celles qui ont lieu dans la place ou la ville où ils sont préposés. Aucune personne ne peut entrer en concurrence avec eux, à moins que la loi ne le permette, ni s'immiscer dans leurs fonctions (L. 28 vent.

an 9; Arrêté, 27 prair. an 10; Déc., 15 déc. 1813; Cass., 14 août 1818 : V. J. Huiss., t. 2, p. 340).

15. Les courtiers de commerce ne connaissent pour le paiement des droits de commission qui leur sont dus que la personne qui les emploie, encore bien que cette personne agisse pour le compte d'autrui (Paris, 10 nov. 1812).

16. Le droit de courtage leur est indistinctement dû, tant pour la réalisation que pour la revente, lorsqu'il n'y a point eu de convention contraire (même arrêt).

17. Le courtier, appelé amiablement par le syndic d'une faillite pour estimer les marchandises, ne peut exiger que le salaire alloué par le tarif à des experts : mais ce salaire peut être élevé en raison de l'importance de l'opération (Bordeaux, 4 avril 1845 : V. *J. Huiss.*, t. 26, p. 346).

18. La renonciation au salaire ne s'induit pas de ce que le courtier n'aurait fait aucune convention à cet égard (même arrêt).

19. Comme tous mandataires, les courtiers sont tenus envers leurs clients des garanties imposées par le droit commun (C. Nap., art. 1991 et suiv.). Ils garantissent aux tiers l'identité de leurs clients, mais ils ne sont pas tenus de l'exécution du marché, à moins qu'il n'ait excédé l'étendue de leurs pouvoirs, ni de garantir les quantités et qualités des marchandises qu'ils ont vendues de bonne foi, sur échantillon; ils ne répondent pas non plus envers le propriétaire des marchandises perdues ni de l'infidélité des rouliers (Poitiers, 30 therm. an 11).

20. Les courtiers ont un cautionnement affecté par privilége à la garantie des condamnations encourues à raison de l'exercice de leurs fonctions (Arrêtés, 20 germ. an 9, art. 12; 25 niv. an 13, art. 25).

21. Les actions dont les courtiers sont passibles, à cause des actes de leur ministère, sont de la compétence des tribunaux de commerce. Quant à celles qu'ils peuvent intenter, on doit distinguer si l'opération pour raison de laquelle ils réclament des droits constitue, de la part de celui qui l'a faite, un acte de commerce ou un acte purement civil. Au premier cas, l'action est de la compétence du tribunal de commerce; au deuxième cas, de celle du tribunal civil.

22. Les droits des courtiers de commerce sont soumis à la prescription de trente ans (Mollot, n° 608).

COUT. — Ce mot s'emploie pour exprimer les frais occasionnés par un acte, par un exploit. — V. *Exploit*, *Huissier*, *Protêt*, *Tarif*.

COUTELLERIE. — Les fabricants et marchands de coutellerie sont patentables.

COUTUME. — **1.** Usage, transmis d'abord par la tradition et la jurisprudence, rédigé ensuite par écrit soit par les tribunaux, soit par les particuliers, et ayant force de loi dans les provinces, villes ou bourgs où il était pratiqué.

2. Depuis le Code Napoléon et le Code de procédure civile, toutes les dispositions des coutumes relatives aux matières qui font l'objet de ces deux Codes ont été abrogées (L. 30 vent. an 13, art. 7; C. proc. civ., art. 1041).

3. Toutefois, les tribunaux peuvent encore invoquer le droit coutumier pour décider les questions qui n'ont pas été prévues par le Code Napoléon, le Code de procédure civile ou des lois spéciales.— V. *Usage*.

COUTURIÈRES. — Sont patentables.

COUVERTS (FABRICANTS ET MARCHANDS DE). — Sont patentables.

COUVERTURES. — **1.** Les marchands de couvertures de soie, bourre, laine et coton, sont patentables de quatrième classe.

2. Les établissements des couverturiers sont rangés dans la classe des établissements dangereux et insalubres.

COUVREURS. — Les couvreurs, entrepreneurs ou maîtres, sont patentables.

COUVRIR. — En matière de vente, on dit *couvrir* une enchère en élevant le prix à un chiffre plus élevé. En matière de procédure, on dit *couvrir* une exception, une péremption, une nullité, lorsqu'on renonce à l'opposer. — V. *Vente*, *Exception*, *Péremption*, *Nullité*.

CRAINTE. — V. *Consentement*, nos 23 et suiv.

CRAINTE RÉVÉRENTIELLE. — V. *Consentement*, n° 26.

CRAVACHES (MARCHANDS ET FABRICANTS DE). — Sont patentables.

CRAYON. — **1.** L'écriture au crayon ne présentant pas le caractère de fixité et n'ayant pas l'indélébilité que veut la loi, il a été décidé qu'un exploit soit de signification de jugement, soit d'appel, dans la copie duquel le *parlant à* avait été rempli au crayon, était nul (Colmar, 25 avril 1807; Grenoble, 17 août 1822; Bourges, 24 avril 1847 : V. *Bull. spéc. des Huiss.*, t. 3, p. 247), et que l'huissier était responsable des suites de cette nullité (Arrêts précités de Colmar et de Grenoble).

2. Cette décision est rigoureuse. Aucune disposition de loi, en effet, ne prononce de nullité en pareil cas; et l'art. 1030, C. proc. civ., dit formellement qu'aucun exploit ou acte de procédure ne pourra être déclaré nul, si la nullité n'en est pas expressément prononcée par la loi.

3. S'il s'agissait d'un acte sous seing privé, il serait, ce nous semble, difficile de le faire déclarer nul par le seul motif qu'il serait écrit au crayon, surtout si cet acte paraissait sérieux et n'avait pas les caractères d'une simple note, d'un simple projet (Rolland de Villargues, *Répert. du notar.*, v° *Écriture*, n° 9).

4. M. Coin-Delisle, dans son traité *des Donations et testaments*, p. 341, n° 23, enseigne spécialement qu'un testament olographe n'est pas nul par cela seul qu'il a été écrit au crayon.

5. Dans l'usage, le carnet sur lequel les agents de change doivent porter les opérations qu'ils font (V. *Agent de change*, n° 22) est écrit au crayon.

CRAYONS (FABRICANTS ET MARCHANDS DE). — Sont patentables.

CRÉANCE. — **1.** Droit que l'on a contre une ou plusieurs personnes d'exiger d'elles une chose, un fait ou l'abstention d'un fait.

2. Toute créance se réfère nécessairement à une *obligation* : ce sont deux termes corrélatifs.

3. Le mot *créance* s'emploie aussi pour désigner le titre du créancier. — V. *Créancier*, *Obligation*.

CRÉANCE LIQUIDE. — V. *Saisie-arrêt, Saisie-exécution.*

CRÉANCE LITIGIEUSE. — V. *Droits litigieux.*

CRÉANCIER. — **1.** Celui à qui appartient une créance, en d'autres termes, celui envers lequel on est tenu par une obligation quelconque. Le mot créancier est corrélatif de *débiteur*.

2. Le titre de créancier ne donne point un droit sur la chose même : ainsi, il ne peut regarder la chose comme sienne et la revendiquer partout où il la trouve. Elle reste toujours en la possession du débiteur, qui peut en disposer en faveur d'un autre (Merlin, *Rép.*, v° *Créancier*).

3. Ce qui appartient au créancier, c'est un droit à la chose, c'est-à-dire le pouvoir de poursuivre le débiteur ou ses représentants pour les obliger à lui remettre la chose. Il n'en devient propriétaire que par la tradition réelle ou feinte qui en est consentie en sa faveur (Merlin, *loc. cit.*). — V. *Action*, n°s 26 et suiv., 39 et suiv.

4. Suivant que la créance est chirographaire, hypothécaire ou privilégiée, les créanciers sont dits *chirographaires*, *hypothécaires* ou *privilégiés*.

5. Les créanciers chirographaires n'ont aucune préférence et sont payés au marc-le franc sur le prix des biens de leur débiteur (V. *Distribution par contribution*); les créanciers privilégiés ou hypothécaires sont payés avant les autres sur les meubles ou les immeubles du débiteur (C. Nap., art. 2693).— V. *Hypothèque*, *Ordre*, *Privilège*.

5 *bis*. Les créanciers peuvent se mettre à la place les uns des autres. Ainsi, un créancier chirographaire peut acquérir les droits d'un hypothécaire ou d'un privilégié. Toutefois, il ne peut user du privilége ou de l'hypothèque que pour la dette à laquelle ces avantages sont attachés. — V. *Subrogation*.

6. L'obligation est verbale, légale ou écrite : *verbale*, lorsqu'aucun écrit ne la constate, et, dans ce cas, le créancier qui en réclame l'exécution doit prouver son existence (V. *Preuve*, *Preuve testimoniale*); *légale*, lorsqu'elle résulte d'un délit ou d'un quasi-délit, et alors le créancier n'est tenu de prouver que le délit ou le quasi-délit (V. *Action civile*, *Action publique*, *Délit*, *Quasi-délit*); *écrite*, lorsqu'elle résulte d'une convention authentique ou sous signature privée.

7. Dans ce dernier cas, les moyens d'exécution varient suivant que le titre est exécutoire ou non exécutoire :

1° Si le titre est exécutoire, le créancier peut de suite faire saisir les meubles et immeubles du débiteur (V. les diverses *saisies*), et même, dans certains cas, faire emprisonner ce dernier (V. *Contrainte par corps*);

2° Si le titre n'est pas exécutoire, il doit, comme lorsque l'obligation est verbale ou légale, assigner son débiteur devant le tribunal compétent et le faire condamner à l'exécution de l'obligation.

8. Indépendamment des voies de condamnation et d'exécution accordées au créancier, ce dernier peut faire des *actes conservatoires* (V. ce mot, *Faillite*, *Inscription hypothécaire*, *Inventaire*, *Saisie-arrêt*, *Scellés*).

9. Le créancier étant l'*ayant cause* (V. ce mot) de son débiteur, il peut exercer tous les droits et actions appartenant à ce dernier, à l'exception de ceux qui sont exclusivement attachés à sa personne (C. Nap., art. 1166).—V. *Droits personnels*, *Subrogation*.

10. Il peut, par exemple, former une demande en partage contre les cohéritiers ou copropriétaires de son débiteur, ou intervenir dans celle formée contre ce dernier.

11. Après avoir permis aux créanciers d'exercer les droits de leur débiteur, le Code Napoléon leur donne aussi le pouvoir d'attaquer en leur nom personnel les actes que celui-ci a faits en fraude de leurs droits (art. 1167). Ce n'est là que l'application du principe que les biens du débiteur sont le gage commun de ses créanciers (art. 2093).

12. L'action résultant de l'art. 1167, et appelée quelquefois *Action révocatoire* (V. ce mot), n'est admissible que contre les actes frauduleux. Le mot *acte* doit être pris ici dans le sens le plus étendu ; il comprend tous les moyens par lesquels un débiteur non-seulement diminue son patrimoine, mais encore se prive des bénéfices qu'il pouvait réaliser.

13. Ainsi, il y a lieu à l'application de l'art. 1167 précité, non-seulement lorsqu'il s'agit de donations, de ventes faites à vil prix ou moyennant un prix simulé, de transports à des personnes interposées, d'obligations, mais même si, pour frauder ses créanciers, un débiteur, de concert avec son débiteur, consent à la radiation d'une hypothèque, fournit à son débiteur, pour éteindre sa dette, des exceptions qui ne lui sont pas justement acquises, et lui défère le serment sur des faits qu'il peut prouver; s'il transige de mauvaise foi; s'il donne quittance sans paiement; s'il se laisse débouter d'une demande légitime par lui formée, par suite de collusion avec son débiteur, ou s'il se laisse condamner envers un créancier contre lequel il avait de justes défenses; s'il laisse périmer une instance, donne un désistement d'une action légalement intentée ou acquiesce frauduleusement à un jugement rendu contre lui; s'il laisse prescrire une dette, de concert avec son débiteur; en un mot, s'il fait ou cesse de faire quelque chose d'où il résulte une perte ou une diminution volontaire de ses créanciers (Proudhon, *De l'Usufruit*, n° 2366; Toullier, t. 6, n° 366).

14. Les créanciers de l'usufruitier ont aussi le droit de faire annuler la renonciation qu'il aurait faite à leur préjudice (C. Nap., art. 622), et cela, encore bien que celui à qui profite la renonciation n'ait pas participé à la fraude: d'où il suit que, si un père obéré renonçait à l'usufruit que la loi lui donne sur les biens de ses enfants, sa renonciation pourrait être révoquée (Toullier, t. 6, n° 366; Proudhon, n° 2395).

15. L'action révocatoire s'étend même aux cas où le débiteur néglige d'acquérir et d'augmenter ses biens (Toullier, t. 6, n° 370; Proudhon, n° 2368). C'est ainsi que, d'après l'art. 788, C. Nap., les créanciers de celui qui renonce à une succession peuvent se faire autoriser en justice à accepter cette succession du chef de leur débiteur (V. *Succession*). Ils peuvent de même se faire autoriser à accepter les legs particuliers ou à titre universel faits au débiteur, si celui-ci y renonçait (Toullier, t. 6, n° 370).

16. Les créanciers de la femme peuvent aussi attaquer la renonciation à la communauté qui aurait été faite par elle ou ses héritiers en fraude de leurs créances, et accepter de leur chef cette communauté. — V. *Communauté de biens entre époux*, n°s 231 et suiv.

17. Nous avons dit plus haut (V. n° 12) que l'action révocatoire n'est admise que contre les actes frauduleux. Mais quand y a-t-il fraude? Pour qu'il y ait *fraude*, deux conditions sont requises: le *dessein* de frauder et l'*événement*, c'est-à-dire, la perte effective pour les créanciers; de sorte que, si l'événement manque, et qu'aucune perte ne soit éprouvée, l'action doit être rejetée, malgré l'intention qu'aurait eue le débiteur de frauder (Toullier, t. 6, n° 348; Proudhon, n° 2353).

18. Il y a *dessein* de frauder, lorsqu'un débiteur, connaissant son insolvabilité, diminue ou aliène ses biens, quoique, au surplus, il ne songe point à faire tort précisément à telle ou telle personne en particulier (Rolland de Villargues, *Répert.*, v° *Fraude*, n° 13). Mais le fait de la vente de ses biens par un débiteur insolvable, sans intention de frauder ses créanciers, ne pourrait autoriser l'exercice de l'action révocatoire.

19. L'action révocatoire peut-elle être exercée, si ceux avec lesquels le débiteur a traité ont été de bonne foi? Il faut distinguer si les actes sont à titre *onéreux* ou s'ils sont à titre *gratuit*. Dans ce dernier cas, quelle que soit la bonne foi des tiers acquéreurs, le contrat est soumis à l'action révocatoire; ces tiers, en effet, ne perdent rien; ils manquent seulement d'acquérir; ils ne doivent pas s'enrichir aux dépens des créanciers (Pothier, *des Obligations*, n° 153; Toullier, t. 6, n°s 353 et 354; Proudhon, n° 2356). Néanmoins, on ne peut considérer comme libéralité frauduleuse ce qui est donné à titre de dot par le père à sa fille, lorsque le mari ignore la fraude (Toullier, *loc. cit.*; Proudhon, n° 2360). — V. *infrà*, n° 29.

20. Lorsque les actes ont eu lieu à titre *onéreux*, les tiers de bonne foi, c'est-à-dire ceux qui ont ignoré les intentions frauduleuses du débiteur avec lequel ils ont traité, ne peuvent être inquiétés. Mais, s'ils étaient de mauvaise foi, l'acte serait révocable (Toullier, *loc. cit.;* Proudhon, n° 2356; Duranton, t. 10, n° 568; Rolland de Villargues, v° *Fraude*, n°s 17 et 18).

21. Les créanciers postérieurs à l'acte frauduleux ne peuvent l'attaquer par l'action révocatoire (Toullier, t. 6, n° 351; Duranton, t. 10, n° 573). Cependant, la Cour de cassation, par arrêt du 20 mars 1832, a décidé qu'un créancier produisant dans un ordre avait pu contester la demande en collocation d'un prétendu créancier antérieur et faire annuler son titre pour cause de dol et fraude.

22. La preuve de la fraude peut être établie par toutes sortes de moyens, même par des présomptions (C. Nap., art. 1353).— V. *infrà*, n° 29.

23. Les affaires de commerce sont régies par des règles particulières : nous nous occuperons ailleurs de l'action révocatoire contre les actes faits par un débiteur tombé depuis en faillite. — V. *Faillite*.

24. L'action révocatoire n'est accordée aux créanciers que subsidiairement, et dans le cas seulement où les autres biens du débiteur ne suffiraient pas pour payer ses dettes (Toullier, t. 6, n° 344; Proudhon, n° 2358; Rolland de Villargues, v° *Fraude*, n° 7).

25. Il suit de là : 1° que l'action ne peut être admise tant que les affaires du débiteur paraissent en bon ordre;

2° Que le tiers contre lequel les créanciers forment l'action peut exiger que ceux-ci discutent préalablement les autres biens du débiteur;

3° Que, si depuis que la demande en révocation a été formée il survenait au débiteur une succession ou quelque autre événement qui le mît en état de remplir ses engagements, la demande ne devrait pas être admise (Toullier, *loc. cit.*).

26. Si le tiers défendeur à la demande en révocation n'oppose pas la discussion des biens du débiteur, il est censé reconnaître par son silence l'insolvabilité, et les juges peuvent prononcer la révocation, sans ordonner, avant faire droit, que les autres biens du débiteur seront discutés (Cass., 22 mars 1809; Rolland de Villargues, v° *Fraude*, n° 11).

27. L'action révocatoire ne se prescrit que par trente ans à compter du jour des actes frauduleux (Paris, 11 juill. 1829; Toulouse, 15 janv. 1834. — *Contrà*, Colmar, 17 fév. 1830, arrêt qui admet la prescription de dix ans).

28. L'action révocatoire s'introduit par une citation en conciliation, et ensuite par une demande devant le tribunal du domicile du défendeur.— V. *Formule*. — Si les biens faisant l'objet de l'acte qu'on prétend frauduleux étaient passés dans les mains d'un sous-acquéreur, elle n'en devrait pas moins être introduite contre le premier acquéreur, sauf à assigner le sous-acquéreur en déclaration de jugement commun.

29. La fraude ne se présume point; elle doit être prouvée. — V. *suprà*, n° 22. La fraude résulte suffisamment de ce que le débiteur insolvable aliène gratuitement ses biens (Rolland de Villargues, v° *Fraude*, n° 56.—V. aussi *suprà*, n° 19). Elle peut résulter également, lorsqu'il s'agit d'un contrat à titre onéreux, de la vilité du prix (Rolland de Villargues, n° 57), ou de ce que l'acheteur a donné un prix au-dessus de toutes ses ressources (Proudhon, n° 2363).

30. La révocation a pour effet de faire rentrer les biens dans le domaine du débiteur, comme s'ils n'en étaient jamais sortis. Le détenteur doit donc restituer, avec la chose principale, les fruits ou intérêts par lui perçus pendant la durée de sa jouissance. Toutefois, en cas de révocation d'une disposition à titre gratuit, si le tiers possesseur a été de bonne foi, il a fait les fruits siens et ne peut être tenu de les restituer (Toullier, t. 6, n°s 353 et 354; Proudhon, n° 2360).

31. Tous les créanciers du débiteur profitent de la révocation, même ceux qui n'auraient pas été admis à la demander. En effet, les objets que l'action révocatoire a fait rentrer en la possession du débiteur redeviennent le gage commun de ses créanciers. Ils peuvent, dès lors, être saisis ou expropriés à la requête des créanciers postérieurs à l'aliénation et le paiement être distribué tel que de droit.

Formule.

Demande en révocation.

L'an. . . . ., à la requête de (*donner copie du procès-verbal de non-conciliation et constituer avoué*), j'ai. . . . . . ., donné assignation, 1° au sieur A. . . . . . débiteur, 2° et au sieur B. . . . ., bénéficiaire de l'acte ci-après énoncé, à comparaître. . . . ., pour, — Attendu que le requérant est créancier de A. . . . . d'une somme de. . . . . . en principal et des intérêts de cette somme depuis le. . . . .; suivant obligation passée devant M^{e}. . . . . ., notaire à. . . . . ., le. . . . .; le Attendu que, pour avoir paiement de ce qui lui est dû aux termes deladite obligation, le requérant a fait faire commandement à A. . . . ., le. . . . ., par exploit de. . . . .; — Attendu que A. . . . . . n'ayant pas satisfait à ce commandement, le requérant a voulu faire pratiquer une saisie à son domicile, mais que, lorsque l'huissier s'y est présenté à cette fin, A. . . . . a excipé d'une vente de son mobilier qu'il aurait consentie à B. . . . . le. . . . . ., moyennant un prix payé comptant, et du bail que B. . . . . lui aurait fait de ce mobilier; — attendu que cette vente n'est qu'un acte frauduleux consenti par A. . . . . insolvable, et accepté par B. . . . . qui connaissait cette insolvabilité, dans le dessein de soustraire le mobilier du premier aux poursuites du requérant dont il formait le seul gage; — attendu que les faits de fraude résultent suffisamment de la position des sieurs A. . . . . et B. . . . ., de ce que l'acte attaqué a été fait postérieurement aux premières poursuites du requérant, de ce que celui-ci lui a fait un bail de ce même mobilier, etc. (*détailler ici toutes les apparences de fraude qui résultent de l'acte*); — Voir dire et déclarer nuls et de nul effet la vente et le bail de mobilier ci-devant énoncés; en conséquence que A. . . . . . n'a jamais cessé d'en être propriétaire et que le requérant aura le droit de le saisir-exécuter et faire vendre pour le prix à en provenir servir jusqu'à concurrence à payer et rembourser le requérant du montant en principal, intérêts et frais de ce qui lui est dû par A. . . . . ainsi qu'il est dit ci-dessus; s'entendre, en outre, les sieurs A. . . . . . et B, condamner solidairement aux dépens, sous toutes réserves.

V. n° 28.—Coût, tarif, art. 29. Orig. : Paris, 2 fr.; R. P. 1 fr. 80 c.; aill. 1 fr. 50 c.; cop., le 1/4.

Enregistrement de l'exploit, 2 fr. 20 c. (L. 28 avril 1816, art. 43), les deux ajournés ayant le même intérêt.

CRÉATION D'ÉTUDE. — V. *Office*.

CRÉDIT. — Ce mot a plusieurs significations. Il se dit du délai annoncé pour payer une dette, de la réputation d'être solvable et de bien payer, et de l'obligation prise par un banquier de fournir des fonds ou des effets négociables jusqu'à concurrence d'une certaine somme.

CRÉDIT FONCIER.

Indication alphabétique des matières.

1. Institution nouvelle établie en vertu de l'autorisation du Gouvernement, ayant pour objet de faciliter les prêts sur immeubles et la libération des débiteurs. Cette institution fonctionne au moyen de sociétés, connues sous le nom de *Sociétés de crédit foncier*.

2. Les sociétés de crédit foncier ont été créées et organisées par un décret du 28 fév. 1852 (V. *J. Huiss.*, t. 33, p. 93 et suiv.). Il existe déjà plusieurs sociétés de crédit foncier : la *Banque foncière de Paris*, autorisée par un décret du 28 mars 1852 ; la *Société de crédit foncier de Marseille*, autorisée par un décret du 12 sept. 1852, et la *Société de crédit foncier de Nevers*, autorisée par un décret du 20 oct. suivant.

2 *bis*. Les opérations des sociétés de crédit foncier consistent, d'après le décret du 28 fév. 1852 : 1° à prêter sur hypothèque aux propriétaires d'immeubles des sommes remboursables par ces propriétaires au moyen d'annuités comprenant les intérêts, l'amortissement, ainsi que les frais d'administration, et 2° à créer, pour une valeur égale à celle des engagements hypothécaires souscrits, des obligations ou lettres de gage produisant un intérêt annuel, remboursables chaque année au prorata des sommes affectées à l'amortissement.

3. Par l'émission d'obligations ou lettres de gage, les sociétés de crédit foncier contractent vis-à-vis des porteurs l'engagement d'en servir exactement l'intérêt, et celui de les rembourser conformément aux règles prescrites par la loi et par leurs statuts. Dans le cas d'inexécution de ces engagements, les porteurs, malgré le silence du décret du 28 février à cet égard, ont le droit de poursuivre les sociétés en vertu des règles du droit commun, sauf toutefois deux restrictions.

4. Ainsi, d'abord, aux termes de l'art. 17 du décret du 28 fév. 1852, les porteurs de lettres de gages n'ont d'autre action, pour le recouvrement des capitaux et intérêts exigibles, que celles qu'ils peuvent exercer directement contre la société. Il suit, de là, qu'ils ne peuvent agir contre les débiteurs de la société par action directe, en vertu de l'art. 1166, C. Nap.

5. En second lieu, la disposition du droit commun qui permet au créancier d'agir par voie de saisie-arrêt formée entre les mains des débiteurs de son débiteur est également interdite aux créanciers des sociétés de crédit foncier. « Le paiement des annuités, porte en effet l'art. 27 du décret, ne peut être arrêté par aucune opposition ».

6. Les créanciers ont pour sûretés la valeur hypothécaire de leurs titres,

le fonds de garantie ou de réserve; ils sont protégés aussi par la surveillance du Gouvernement. Si l'inexécution des engagements dont il est parlé dans le n° 3 provenait d'un désordre dans les affaires, le Gouvernement pourrait, d'office ou à la requête des parties intéressées, provoquer la liquidation, et, par l'effet de cette mesure, l'actif social serait régulièrement appliqué à éteindre les droits de tous les créanciers (Règlem. d'administr. publ., 18 oct. 1852).

7. L'art. 18 du décret du 28 fév. 1852 déroge encore à un autre principe de droit commun, à l'art. 1242, C. Nap. Ainsi, d'après cet art. 18, il n'est admis aucune opposition au paiement du capital et des intérêts, si ce n'est en cas de perte de la lettre de gage, ou, ajouterons-nous, en cas de vol. Il résulte de là que les porteurs de lettres de gage ou obligations peuvent exiger le paiement du capital ou des intérêts, nonobstant toute saisie-arrêt qui serait formée sur eux entre les mains de la société, et que celle-ci, par conséquent, peut les payer valablement, au préjudice des créanciers opposants. L'art. 18 précité déroge également à l'art. 149, C. comm., en ce qu'il n'admet pas l'opposition en cas de faillite du porteur. Dans cette hypothèse, l'opposition signifiée à la requête du syndic n'empêcherait donc pas la société de se libérer valablement entre les mains du porteur de la lettre de gage (Josseau, *Traité du crédit foncier*, p. 119).

8. Les titres 1, 2 et 3 du décret du 28 fév. 1852, déterminent les règles relatives à l'organisation, au mécanisme et aux opérations des institutions de crédit foncier. Par le titre 4, il leur est accordé certains priviléges pour les mettre à l'abri des dangers auxquels le droit commun aurait pu les exposer. Ces priviléges ont trait les uns à la sûreté du prêt, les autres à son recouvrement.

9. Les priviléges relatifs à la sureté du prêt font l'objet du chap. 1er du titre 4, chapitre qui a été modifié par la loi du 10 juin 1853 (V. *J. Huiss.*, t. 34, p. 209). Ils sont destinés à assurer aux sociétés que leur hypothèque ne sera pas primée par l'apparition de droits occultes, et qu'au jour du paiement elles conserveront sur le gage affecté à leur créance le rang qu'elles avaient à l'époque de l'opération. Ils consistent dans l'application de la purge au contrat de prêt et dans la simplification de cette formalité.

10. Le chapitre 1er du titre 4 du décret du 28 fév. 1852 rendait la purge obligatoire pour les sociétés de crédit foncier; l'art. 2 de la loi du 10 juin 1853 rend désormais cette formalité simplement facultative. Les formalités tracées par la loi du 10 juin 1853 ne concernent que la purge des hypothèques légales qui existe indépendamment de l'inscription, c'est-à-dire celle des femmes mariées, des mineurs et des interdits.

11. Lorsqu'il s'agit d'hypothèques légales connues, il faut, pour en opérer la purge, signifier un extrait de l'acte constitutif d'hypothèque au profit de la société de crédit foncier, aux personnes ayant droit à l'hypothèque légale ou à leurs représentants (L. 10 juin 1853, art. 19). Cet extrait doit contenir, sous peine de nullité, la date du contrat, les nom, prénoms, profession et domicile de l'emprunteur, la désignation et la situation de l'immeuble, ainsi que la mention du montant du prêt (même loi, art. 20). Il contient, en outre, l'avertissement que, pour conserver vis-à-vis de la société de crédit foncier le rang de l'hypothèque légale, il est nécessaire de la faire inscrire dans les quinze jours, outre les délais de distance (même art.), délais qui sont augmentés d'un jour par trois myriamètres de distance entre le lieu où la signification est faite et celui où l'inscription doit être prise (Josseau, p. 145).

12. Lorsque les immeubles, sur lesquels la société prête avec hypothèque, ont, avant de passer dans les mains de l'emprunteur, appartenu à un homme marié ou à un tuteur, et que les hypothèques légales qui les grèvent du chef des précédents propriétaires ne sont pas éteintes et sont connues de la société, a signification de l'extrait doit être faite à la femme et au mari, au tuteur et au subrogé tuteur du mineur ou de l'interdit, au mineur émancipé et à son curateur, à tous les créanciers non inscrits ayant hypothèque légale (L. 10 juin 1853, art. 19).

13. En disant que la signification doit être faite *au mari et à la femme*, l'art. 19 précité suppose que le mariage qui a donné naissance à l'hypothèque légale subsiste encore. Dans ce cas, la signification doit être faite par copies séparées, l'une pour la femme, l'autre pour le mari; il convient que la copie de la femme ne soit pas signifiée *parlant à la personne du mari;* il n'est pas nécessaire cependant qu'elle soit remise à la personne de la femme : elle peut l'être à domicile. L'huissier procéderait de même, si la femme ayant hypothèque légale avait convolé à de secondes noces. Si elle n'était pas remariée, la signification à elle faite serait suffisante (Josseau, p. 146).

14. De ce que la signification doit être faite au tuteur et au subrogé tuteur, il suit que, s'il n'y avait pas de subrogé tuteur nommé, la société pourrait en faire nommer un, afin de lui signifier l'extrait. Si le mineur était devenu majeur, ou si l'interdit avait recouvré sa capacité, la signification ne devrait alors être faite qu'à eux seuls.

15. Par *tous les créanciers non inscrits ayant hypothèque légale*, dont parle l'art. 19 de la loi du 10 juin 1853, il faut entendre, non les créanciers des femmes, des mineurs ou des interdits, qui peuvent, en vertu de l'art. 1166, C. Nap., exercer les droits de leurs débiteurs, mais ceux auxquels la femme a cédé son hypothèque légale, et ceux qui ont droit à l'hypothèque légale comme héritiers des femmes, mineurs ou interdits (Josseau, p. 147).

16. Les significations, dont il vient d'être parlé dans les numéros 12 et suivants, doivent être faites au domicile réel de la personne, si la société le connaît, ou au domicile élu. Si la personne n'a pas de domicile connu en France, elles sont valablement faites au lieu de sa résidence actuelle. Lorsque cette résidence est elle-même inconnue, il y a lieu d'appliquer, par analogie, l'art. 69-8°, C. proc. civ. (Josseau, p. 147 et 148).

17. Si, au moment du contrat, l'emprunteur est marié ou tuteur, la purge des hypothèques légales existant de son chef a lieu de deux manières différentes, selon qu'il s'agit de l'hypothèque légale de la femme, ou de celle du mineur ou de l'interdit.

18. Dans le premier cas, la signification de l'extrait doit être remise à la personne de la femme, à moins qu'elle n'ait assisté au contrat et qu'elle n'ait reçu du notaire l'avertissement que, pour conserver, vis-à-vis de la société de crédit foncier, le rang de son hypothèque légale, elle est tenue de la faire inscrire dans les quinze jours à dater de la signification, outre les délais de distance, et alors la signification peut être faite à son domicile (L. 10 juin 1853, art. 21). L'acte de prêt doit faire mention de l'avertissement, sous peine de nullité de la purge à l'égard de la femme (même art.). Si la femme n'a pas été présente au contrat, ou n'a pas reçu l'avertissement du notaire, et si la signification n'a été faite qu'à domicile, les formalités nécessaires pour la purge des hypothèques légales inconnues (V. *infrà* n° 20) doivent, en outre, être remplies (même loi, art. 22).

19. Dans le second cas, c'est-à-dire si l'emprunteur est, au moment de l'emprunt, tuteur d'un mineur ou d'un interdit, la signification doit être faite au subrogé tuteur et au juge de paix du lieu dans lequel la tutelle s'est ouverte. Dans la quinzaine de cette signification, le juge de paix convoque le conseil de famille en présence du subrogé tuteur. Ce conseil délibère sur la question de savoir si l'inscription doit être prise. Si la délibération est affirmative, l'hypothèque est inscrite par le subrogé tuteur sous sa responsabilité, par les parents ou amis du mineur, ou par le juge de paix, dans le délai de quinzaine de la délibération (L. 10 juin 1853, art. 23).

20. Lorsqu'il s'agit d'hypothèques légales inconnues, existant soit du chef de l'emprunteur, soit du chef des précédents propriétaires, les formalités pour en opérer la purge sont déterminées par l'art. 24 de la loi du 10 juin 1853. Ainsi, d'après cet article, l'extrait de l'acte constitutif d'hypothèque doit être notifié au procureur impérial près le tribunal de l'arrondissement dans lequel l'immeuble est situé. Cet extrait doit, en outre, être inséré, avec la mention des significations faites, dans l'un des journaux désignés pour la publication des annonces judiciaires de l'arrondissement dans lequel l'immeuble est situé; et l'inscription doit être prise dans les quarante jours de cette insertion.

21. La purge, aux termes de l'art. 25 de la loi du 10 juin 1853, est opérée par le défaut d'inscription dans les délais prescrits (V. *suprà* nos 18, 19 et 20).

22. Elle confère aux sociétés de crédit foncier la priorité sur les hypothèques légales. Mais elle ne profite qu'à ces sociétés. Par conséquent, les tiers qui se rendraient acquéreurs immédiatement après la purge opérée au profit d'une société ne seraient pas dispensés, pour se mettre à l'abri des hypothèques légales, de recourir aux formalités prescrites par les art. 2193, 2194 et 2195, C. Nap. (L. 10 juin 1853, art. 25).

23. Les priviléges relatifs au recouvrement du prêt font l'objet du chap. 2 du titre 4 du décret du 28 févr. 1852. Ils consistent dans des droits particuliers et des voies d'exécution plus expéditives que celles décrites par le Code de procédure.

24. La principale obligation de l'emprunteur est le paiement exact de l'annuité. Ici ne s'applique pas l'art. 1244, C. Nap., qui laisse aux juges la faculté, en considération de la position du débiteur, d'accorder des délais modérés pour le paiement et de surseoir à l'exécution des poursuites. « Les juges, porte, en effet, l'art. 26 du décret du 28 fév., ne peuvent accorder aucun délai pour le paiement des annuités. »

25. Nous avons déjà fait remarquer que le paiement des annuités ne pouvait être arrêté par aucune opposition (V. *suprà* no 5). L'art. 28 du décret du 18 févr., dérogeant en cela à l'art. 1154, C. Nap., veut aussi que « les annuités non payées à l'échéance produisent intérêt de plein droit. »

26. En cas de retard par l'emprunteur dans le paiement des annuités, il peut être procédé par la société au séquestre et à la vente des biens hypothéqués. Les formes et les conditions du séquestre et de la vente sont déterminées par les art. 29 et suiv. du décret du 28 févr. 1852.

27. Avant de recourir au séquestre, la société doit commencer par notifier au débiteur en retard une mise en demeure. Quinze jours après cette mise en demeure, elle présente au président du tribunal civil de première instance (du domicile du débiteur : Josseau, p. 173) une requête à l'effet d'obtenir une ordonnance de mise en possession des immeubles hypothéqués. L'ordonnance obtenue, la société prend possession de ces immeubles aux frais et risques du débiteur en retard (Décr., 28 fév. 1852, art. 29).

28. Si les immeubles sont loués ou affermés, la société n'est pas tenue de faire connaître la prise de possession aux locataires ou fermiers. Mais il est prudent qu'elle les en instruise par un acte extrajudiciaire (C. proc. civ., Arg. art. 685).

29. Pendant la durée du séquestre, la société perçoit, nonobstant toute opposition ou saisie, le montant des revenus ou récoltes, et l'applique par privilége à l'acquittement des termes échus d'annuités et des frais. Ce privilége prend rang immédiatement après ceux qui sont attachés aux frais faits pour la conservation de la chose, aux frais de labours et de semences et aux droits du Trésor pour le recouvrement de l'impôt (Décr., 24 févr. 1852, art. 30).

30. Le séquestre créé par le décret du 28 février au profit des sociétés de crédit foncier participe à la fois de la nature du séquestre ordinaire (C. Nap., art. 1955 et suiv.) et de l'antichrèse (C. Nap., art. 2071 et 2072).

31. Ainsi, comme l'antichrésiste, la société doit payer les contributions et les charges annuelles, pourvoir à l'entretien et aux réparations utiles ou nécessaires des immeubles, en prélevant sur les fruits les dépenses relatives à ces diverses objets (C. Nap., art. 2086). Elle peut louer les immeubles ou renouveler les baux, pourvu que ce ne soit pas pour une période de plus de neuf ans (Josseau, p. 174.) Si elle vient à être dépossédée de tout ou partie de ces immeubles, elle doit intenter l'action en réintégrande, mais elle ne peut intenter l'action possessoire (Josseau, *loc. cit.*).

32. Lorsqu'il s'agit de fruits ou récoltes, la société peut les vendre comme le propriétaire lui-même, soit aux enchères, soit à l'amiable, sans être astreinte aux formalités prescrites par l'art. 629, C. proc. civ. (Josseau, *loc. cit.*)

33. Lorsque le séquestre est terminé, la société doit rendre compte de son administration au débiteur. En cas de contestation sur ce compte, il est statué par le tribunal comme en matière sommaire (Décr., 28 fév. 1852, art. 31). Le jugement est susceptible d'appel (Josseau, p. 178).

34. En cas de non-paiement des annuités, la société, indépendamment du droit qui lui appartient de poursuivre le débiteur directement par action personnelle ou indirectement par voie de saisie-arrêt, et de mettre en séquestre les immeubles hypothéqués, peut les faire vendre par expropriation. Aucune limite n'est apportée au choix qu'elle a le droit de faire entre ces trois modes de poursuites. L'expropriation peut également avoir lieu, lorsque, par suite de la détérioration de l'immeuble ou pour toute autre cause indiquée dans les statuts, le capital intégral est devenu exigible (Décr., 28 fév. 1852, art. 32).

35. S'il y a contestation entre la société et l'emprunteur sur la question de savoir si la vente par expropriation doit être poursuivie, il doit être statué par le tribunal de la situation des biens. La cause est instruite et jugée comme en matière sommaire. Le jugement n'est pas susceptible d'appel (même art).

36. La procédure d'expropriation n'est pas soumise à toutes les formalités prescrites par le Code de procédure ; elle a été simplifiée par le décret du 28 fév. 1852.

37. Un commandement doit toujours être le premier acte de la procédure d'expropriation. « Pour parvenir à la vente de l'immeuble hypothéqué, la société de crédit foncier, porte, en effet, l'art. 33 du décret précité, fait signifier au débiteur un commandement dans la forme prévue par l'art. 673, C. proc. civ. » Ainsi, ce commandement doit contenir la copie du titre, l'élection d'un domicile dans le lieu où siége le tribunal qui devra connaître de la saisie, l'énonciation que, faute de paiement, il sera procédé à la vente de simmeubles hypothéqués, et enfin il doit être visé dans le jour par le maire.

38. Nous venons de dire que le commandement doit contenir l'énonciation que, faute de paiement, il sera procédé à la *vente* des immeubles hypothéqués; il est inutile d'y énoncer que, à défaut de paiement, il sera procédé à la *saisie* de ces immeubles, le procès-verbal de saisie ayant été supprimé. En cette matière, le commandement produit tous les effets d'une saisie, lorsqu'il est suivi de la transcription.

39. Il suit de cette dernière considération que, pour faire ce commandement, l'huissier doit, comme pour pratiquer une saisie immobilière ordinaire, être muni d'un pouvoir spécial, conformément à l'art. 556, C. proc. civ. (Josseau, p. 192).

40. De même, si la société laisse écouler plus de quatre-vingt-dix jours entre le commandement et la transcription, ou entre la transcription et les autres formalités qui doivent précéder la vente, elle est tenue de réitérer le commandement. Dans le silence du décret du 28 fév. à cet égard, il y a lieu encore d'appliquer ici l'art. 674, C. proc. civ. (Josseau, *loc. cit.*).

41. Le commandement doit être transcrit au bureau des hypothèques de la conservation des biens (Décr., 28 fév. 1852, art. 33). Aucun délai n'étant fixé par le décret pour l'accomplissement de cette formalité, elle peut être remplie soit le jour même, soit plus tard, mais pourvu que ce soit avant l'expiration de quatre-vingt-dix jours. A compter du jour de la transcription, le débiteur ne peut aliéner au préjudice de la société les immeubles hypothéqués, ni les grever d'aucuns droits réels (même décr., art. 34).

42. Si, dans la quinzaine à partir de la transcription du commandement, il n'y a pas eu paiement, la société fait faire, dans les six semaines qui suivent la même transcription, trois insertions dans l'un des journaux indiqués par l'art. 42, C. comm. (Décr., 28 fév. 1852, art. 33; L. 10 juin 1853, art. 6); l'intervalle de temps entre chaque insertion doit être au moins de dix jours (L. 10 juin 1853, art. 6). Mais peut-il excéder quinze jours (V. décr., 28 fév. 1852, art. 33). Elle doit faire faire également deux appositions d'affiches à quinze jours d'intervalle (même décr., art. 33).

43. Les affiches doivent être placées seulement : dans l'auditoire du tribunal du lieu où la vente doit être effectuée; à la porte de la mairie du lieu où les biens sont situés, et sur la propriété, lorsqu'il s'agit d'un immeuble bâti (même décr., art. 33). Ainsi, les autres appositions qui, dans la procédure ordinaire, doivent, aux termes de l'art. 699, C. proc. civ., être faites à la porte du saisi, à la place principale de la commune, au lieu où se tiennent les marchés voisins, à la porte de l'auditoire du juge de paix, etc., ne sont pas exigées. Toutefois, le décret du 24 février ne défend pas de mettre des placards ailleurs qu'aux trois endroits qu'il indique. Mais combien peut-il en être passé en taxe? C'est une question que résoudra sans doute le tarif qui doit être rédigé en vertu de l'art. 49 du même décret.

44. La première apposition doit être dénoncée dans la huitaine au débiteur et aux créanciers inscrits, au domicile par eux élu dans l'inscription, avec sommation de prendre communication du cahier des charges (Décr., 28 févr. 1852, art. 33).

45. Quinze jours après la dernière insertion dans les journaux et la seconde apposition d'affiches, il est procédé à la vente aux enchères, en présence du débiteur ou lui dûment appelé (même décr., art. 33). Le délai de 15 jours dont il est ici parlé est un *minimum ;* l'adjudication peut avoir lieu à plus de quinze jours d'intervalle après la seconde apposition d'affiches (Josseau, p. 204 et 205).

46. Le décret du 28 février exige seulement que la société appelle à la vente le débiteur. Mais il est évident qu'elle doit y appeler aussi les créanciers inscrits : autrement, la vente n'opérerait pas la purge au profit de l'adjudicataire (Josseau, p. 206).

47. Le tribunal devant lequel la vente doit être poursuivie est celui de la situation des biens ou de la plus grande partie des biens, et c'est en son greffe que le cahier des charges doit être déposé, et ce avant la dénonciation de la première apposition d'affiches. Cependant, ce tribunal peut, sur requête présentée par la société avant la première insertion, ordonner que la vente aura lieu soit devant un autre tribunal, soit en l'étude d'un notaire du canton ou de l'arrondissement dans lequel les biens sont situés. Le jugement qui ordonne le renvoi doit être signifié au débiteur. Mais il n'est pas susceptible d'appel. Le débiteur n'y peut former opposition que dans les trois jours de la signification, en y ajoutant les délais de distance (Décr., 28 fév. 1852, art. 33).

48. Quoique le décret du 28 février n'exige pas expressément la présence du débiteur au jugement de renvoi, il est nécessaire néanmoins de l'y appeler (Josseau, p. 208).

49. L'adjudication est soumise aux formalités et aux règles relatives à l'adjudication en matière d'expropriation ordinaire (V. C. proc. civ., art. 701, 702, 705, 706, 707, 711 et 712). Le décret du 28 février ne contient rien de particulier à cet égard. Ainsi, il est essentiel de fixer le jour de l'adjudication, avant de donner aucune publicité à la vente. Ce jour doit être fixé par le tribunal saisi de la poursuite. La société doit faire sommation au débiteur et aux créanciers inscrits d'assister à la fixation du jour de l'adjudication, comme elle doit les sommer d'assister à l'adjudication elle-même.

50. Les pièces qui doivent être annexées au procès-verbal d'adjudication sont le commandement, les exemplaires des journaux contenant les insertions, les procès-verbaux d'apposition d'affiches, la sommation de prendre communication du cahier des charges et d'assister à la vente (Décr., 28 févr. 1852, art. 34).

51. Le jugement d'adjudication transmet à l'adjudicataire l'immeuble exempt d'hypothèques légales, lorsqu'il y a eu purge et que sommation a été faite aux anciens vendeurs. Ce jugement est signifié au débiteur, les frais de poursuites sont payés par privilége, et la grosse est remise à l'adjudicataire, sur la justification qu'il a satisfait complétement aux conditions du cahier des charges (C. proc. civ., art. 713, 714 et 716).

52. L'art. 38 du décret du 28 fév. 1852 impose à l'adjudicataire une obligation spéciale. Il veut que, dans la huitaine de l'adjudication, il soit tenu d'acquitter, à titre de provision, dans la caisse de la société, les annuités dues, et que, après les délais de surenchère, le surplus du prix soit versé à ladite caisse jusqu'à concurrence de ce qui lui est dû, nonobstant toutes oppositions, contestations et inscriptions des créanciers de l'emprunteur, sauf néanmoins leur action en répétition, si la société avait été indûment payée à leur préjudice.

53. La disposition précitée de l'art. 38 a été déclarée applicable, par l'art. 7 de la loi du 10 juin 1853, à tout acquéreur, soit sur aliénation volontaire, soit sur saisie immobilière.

54. L'action en répétition formée, aux termes dudit art. 38, contre la société qui a indûment touché, doit être portée, non devant le tribunal du domicile de cette société, mais devant le tribunal du lieu où l'ordre est poursuivi, et elle doit être intentée incidemment à cet ordre (Josseau, p. 214).

55. Lorsque la vente s'opère par lots, ou qu'il y a plusieurs acquéreurs non coïntéressés, chacun d'eux n'est tenu même hypothécairement vis-à-vis de la société que jusqu'à concurrence de son prix (Décr., 28 févr. 1852, art. 39).

56. L'adjudication prononcée sur les poursuites de la société est soumise à la surenchère. Cette surenchère a lieu conformément aux art. 708 et suiv., C. proc. civ. Dans le cas de vente devant notaire, elle doit être faite au greffe du tribunal dans l'arrondissement duquel l'adjudication a été prononcée (même décr., art. 40).

57. Si l'adjudicataire n'exécute pas les conditions qui lui sont imposées, l'immeuble est vendu à sa folle enchère; et l'on suit pour la folle enchère les mêmes formalités que pour l'adjudication (art. 41).

58. La société peut, dans l'exercice de ses poursuites, se trouver en contact avec des créanciers du débiteur ou des tiers détenteurs.

59. Elle se trouve en contact avec les créanciers du débiteur, lorsque, au moment où elle commence ses poursuites, une saisie a déjà été pratiquée à leur requête. Voici, dans ce cas, comment les deux intérêts ont été réglés :

« Si, porte l'art. 37 du décret du 28 fév. 1852, lors de la transcription du commandement, il existe une saisie antérieure pratiquée à la requête d'un autre créancier, la société de crédit foncier peut, jusqu'au dépôt du cahier d'enchères et après un simple acte signifié à l'avoué poursuivant, faire procéder à la vente d'après le mode indiqué dans les articles précédents. — Si la transcription du commandement n'est requise par la société qu'après le dépôt du cahier d'enchères, celle-ci n'a plus que le droit de se faire subroger dans les poursuites du créancier saisissant, conformément à l'art. 722, C. proc. civ. — Il n'est accordé, si la société s'y oppose, aucune remise d'adjudication. — En cas de négligence de la part de la société, le créancier saisissant a le droit de reprendre ses poursuites ».

60. La société se trouve en contact avec des tiers détenteurs, lorsque, pendant la durée du contrat, l'emprunteur a volontairement aliéné l'immeuble hypothéqué, et que, par suite du non-paiement des annuités, la société a des poursuites à exercer. Dans cette hypothèse, la situation de la société est définie par l'art. 42 du décret du 28 février, ainsi conçu :

« Tous les droits énumérés dans le présent chapitre (chap. 2, tit. 4) peuvent être exercés contre les tiers détenteurs, après dénonciation du commandement fait au débiteur. — Les poursuites commencées contre le débiteur sont valablement continuées contre lui, jusqu'à ce que les tiers auxquels il aurait aliéné les immeubles hypothéqués se soient fait connaître à la société. Dans ce cas, les poursuites sont continuées contre les tiers détenteurs sur les derniers errements, quinze jours après la mise en demeure ».

61. Les moyens d'exécution concédés aux sociétés de crédit foncier sont entièrement personnels à ces établissements. Il leur est interdit de les transmettre à des tiers qu'ils subrogeraient dans leurs créances. Ces tiers pourraient bien profiter des droits acquis par l'effet de la purge au moment de la subrogation à eux consentie ; mais, pour le recouvrement de la créance cédée, ils devraient se conformer aux principes du droit commun (Josseau, p. 228).

62. Le titre 5 du décret du 28 février 1852 contient des dispositions générales qui ont pour objet, les unes, de soumettre les sociétés à la surveillance du Gouvernement et à certaines prescriptions destinées à les empêcher de s'écarter du but de leur institution, et, les autres, d'assurer leur succès, en favorisant, au moyen de certains droits particuliers, le placement des lettres de gage, la conservation de l'hypothèque et la diminution des frais du prêt. Ces dispositions concernent uniquement l'organisme des sociétés de crédit foncier. Nous n'en ferons donc pas ici l'analyse. Notre but n'a été dans cet article que de faire connaître l'ensemble des actes de procédure pour lesquels le ministère des huissiers était nécessaire.

CRÉDITEUR. Cette expression s'emploie, dans le commerce, à la place de *créancier*, pour désigner le commerçant qui ouvre à un autre commerçant un crédit (V. *Crédit*), et porte sur ses livres au compte de ce dernier toutes les sommes ou valeurs qu'il sort de sa caisse, quel que soit le but ou le résultat de cette remise de sommes ou valeurs ; peu importe qu'elle ait pour objet d'éteindre une obligation ou d'en créer une.

CRÊMIERS. Les crêmiers glaciers ou laitiers sont patentables.

CRÉPINS (MARCHANDS ET FABRICANTS DE).—Sont patentables.

CRETONNIERS. — Les établissements des cretonniers sont rangés dans la classe des établissements insalubres.

CREUSETS (FABRICANTS DE). — Sont patentables.

CRIBLIERS. — Sont patentables.

CRICS (FABRICANTS ET MARCHANDS DE). — Sont patentables.

CRIÉES. — On appelait ainsi, autrefois, des proclamations qui était faites à l'issue de la messe, par le ministère d'huissier, pour annoncer au public qu'un héritage était saisi sur le débiteur, et qu'il serait vendu par décret, c'est-à-dire judiciairement (Ferrière, *Introduction à la pratique*, t. 1, v° *Criées*). — Aujourd'hui, le mot *criée* désigne une adjudication qui se fait en justice. —V. *Saisie immobilière*, *Vente judiciaire.*

CRIER HARO. — C'était, sous la coutume de Normandie, arrêter un homme pour le conduire sur-le-champ devant le juge ou en prison.

CRIEUR PUBLIC. — **1.** Individu qui, en matière de vente publique de meubles, annonce les choses à vendre et les enchères.

2. Autrefois, il y avait des jurés-crieurs. Une ordonnance de Charles VI, de févr. 1415 (art. 165 et suiv.), en avait réglé le nombre et les attributions. Mais leurs offices ont été supprimés en 1790.

3. Hors le cas prévu par l'art. 79 du décret du 8 therm. an 13, qui organise le mont-de-piété de Paris, l'emploi des crieurs, dans les ventes publiques de meubles, n'est plus aujourd'hui obligatoire.

4. Toutefois, il est d'usage que, dans presque toutes les ventes publiques de meubles, l'officier ministériel qui y procède se fasse assister d'un crieur.

5. L'officier ministériel qui, pour ces sortes d'opérations, a besoin d'un crieur, doit faire choix d'une personne étrangère aux parties, et ne doit pas permettre soit à la personne à la requête de laquelle se fait la vente, soit au propriétaire des objets, de se charger eux-mêmes de cette commission (Décis. du minis. de la just., 29 juin 1829).

6. Mais, évidemment, une vente ne peut être annulée par cela seul que le propriétaire des objets a servi de crieur, s'il n'y a pas eu fraude (Rolland de Villargues, *Répert. du not.*, v° *Crieur*, n° 5).—V. *Saisie-exécution*, *Vente de marchandises neuves*, *Vente de fruits et récoltes*, *Vente publique de meubles.*

CRIME. — Infraction que les lois punissent d'une peine afflictive ou infamante (C. pén., art. 1er). — V. *Action civile*, *Action publique*, *Prescription.*

CRIN, CRINIÈRES (FABRICANTS, MARCHANDS, APPRÊTEURS, FRISEURS OU CRÊPEURS DE). — Sont patentables.

CRISTAUX (MANUFACTURIERS, MARCHANDS ET TAILLEURS DE). — Sont patentables. — Les fabriques de cristaux sont rangées dans la classe des établissements insalubres.

CROCHETS POUR LES FABRIQUES D'ETOFFES (FABRICANTS DE). — Sont patentables.

CROIX. — V. *Signature.*

CRUE. — Augmentation ou supplément de prix qui était dû autrefois outre le montant de la prisée des meubles, par ceux qui devaient en rendre la valeur. — La crue a été abolie dans toute la France par le Code de procédure civile (art. 1041).

CUILLERS D'ÉTAIN (FONDEURS AMBULANTS DE). — Sont patentables.

CUIRS (FABRICANTS ET MARCHANDS DE). — Sont patentables. — Les fabriques de cuirs vernis et les dépôts de cuirs verts et peaux fraîches sont rangés dans la classe des établissements insalubres.

CUIVRE (MARCHANDS DE VIEUX). — Sont patentables. — Les

ateliers du désargentage du cuivre par le mélange de l'acide sulfurique et de l'acide nitrique, et les établissements destinés soit à la fonte et au laminage du cuivre, soit au dérochage ou décapage du cuivre, sont rangés dans la classe des établissements insalubres.

CULOTTIERS EN PEAU (MARCHANDS). — Sont patentables.

CULTIVATEUR. — V. *Actes de commerce*, n°s 40 et 43.

CUMUL. — V. *Action*, n°s 96 et 97; *Action possessoire*, n°s 243, 462 492, 500, 508 et suiv.; *Contrainte par corps*, n°s 20 et 134; *Peine*.

CURAGE. — V. *Action possessoire*, n°s 53, 272 et 279; *Cours d'eau*, n°s 37, 46, 54, 56, 60 et 75.

CURATELLE, CURATEUR. — **1.** On donne le nom de *curatelle* à une charge conférée par la justice ou un conseil de famille à l'effet de veiller aux intérêts d'une personne qui ne peut le faire elle-même, et de *curateur*, à la personne investie de cette mission.

2. On ne peut, sans excuses légitimes, refuser de remplir les fonctions de curateur. Le mode de nomination, les causes de destitution et d'incapacité, sont les mêmes pour les curateurs que pour les tuteurs.—V. *Tutelle*.

3. Il y a plusieurs espèces de curateurs :

1° *Curateur à l'absent*. Il est nommé par le tribunal pour gérer les affaires du présumé absent. — V. *Absence*, n°s 7 et 11.

4. Ce curateur reçoit du jugement qui le nomme des pouvoirs dont l'étendue est déterminée par ce jugement. Ordinairement, il peut plaider en sa qualité, sans autorisation expresse, interjeter appel et représenter l'absent dans l'instance sur l'appel (Cass., 25 août 1813).

5. 2° *Curateur au mineur émancipé*. — Ce curateur est nommé par le conseil de familile (C. Nap., art. 480). Dans le cas d'émancipation d'une femme par le mariage, son mari est de droit curateur. Si le mari est lui-même émancipé par le mariage, l'autorisation qu'il donne à sa femme n'est efficace que pour les actes que l'émancipation lui confère le droit de faire seul.

6. Les fonctions du curateur consistent à assister le mineur émancipé pour l'audition du compte de tutelle (C. Nap., art. 480), pour intenter une action immobilière ou y défendre, recevoir et donner décharge d'un capital mobilier (C. Nap., art. 482), et à surveiller l'emploi des capitaux reçus (même art.).

7. Toutes les fois qu'on intente une action en justice concernant un mineur émancipé, on doit agir à sa requête et à celle de son curateur, ce dernier assistant le mineur. De même, lorsqu'on plaide avec un mineur, on doit assigner celui-ci et son curateur, par copies séparées, et ce dernier seulement pour assister le mineur. S'il s'agissait d'objets dont le mineur a la libre disposition, on pourrait se dispenser de mettre le curateur en cause; mais il est plus prudent d'agir en même temps contre lui. — V., au surplus, *Emancipation*, *Exploit*.

8. 3° *Curateur au ventre*. — Lorsque, au décès du mari, la femme déclare être enceinte, il doit être nommé un curateur à l'enfant par le conseil de famille (C. Nap., art. 393).

9. Les fonctions de ce curateur consistent à faire les actes d'administration indispensables, à recevoir les créances, à payer les dettes et à répondre aux actions des créanciers; elles cessent à l'accouchement de la veuve; et alors le curateur devient de plein droit subrogé tuteur (C. Nap., art. 393). Il rend le compte de son administration au tuteur ou aux héritiers de l'enfant, si ce dernier vient à mourir.

10. 4° *Curateur à une succession vacante*. — Lorsque, après l'expiration des délais pour faire inventaire et délibérer, il ne se présente personne qui réclame une succession, qu'il n'y a pas d'héritiers connus ou que les héritiers connus y ont renoncé, cette succession est réputée vacante (C. Nap., art. 811); alors le tribunal de première instance, dans le ressort duquel elle est ouverte, nomme un curateur sur la demande des personnes intéressées ou sur la réquisition du procureur impérial (C. Nap., art. 812; C. proc. civ., art. 998).

11. La demande est formée par une requête non grossoyée (Tarif, 16 fév. 1807, art. 77). Le jugement de nomination est susceptible d'appel (Cass., 7 fév. 1809). En cas de concurrence entre deux ou plusieurs curateurs, le premier nommé est préféré (C. proc. civ., art. 999).

12. Avant tout, le curateur est tenu de faire constater l'état de la succession par un inventaire, si déjà il n'en a été dressé un, et de faire vendre les meubles suivant les formalités prescrites par la loi (C. proc. civ., art. 1000). — V. *Inventaire, Vente de meubles.* Il ne peut vendre les immeubles et rentes qu'en suivant les formes voulues pour la vente des biens d'une succession bénéficiaire (C. proc. civ., art. 1001). — V. *Vente judiciaire d'immeubles.*

13. Le curateur exerce et poursuit les droits de la succession, répond aux demandes formées contre elle, administre et rend compte avec les formalités prescrites pour l'héritier bénéficiaire et sous la charge de faire verser l'argent qui se trouve dans la succession et le prix des meubles et immeubles à la caisse des consignations (C. Nap., art. 813; C. proc. civ., art. 1002). — V. *Bénéfice d'inventaire.*

14. 5° *Curateur à l'immeuble délaissé.* — Lorsque, par suite de l'exercice de l'action hypothécaire, un immeuble est délaissé, le tribunal de la situation doit lui nommer un curateur, à la demande du plus diligent des intéressés (C. Nap., art. 2174). — V. *Action hypothécaire, Délaissement par hypothèque.*

15. 6° *Curateur au bénéfice d'inventaire.* — Il est nommé en la même forme que le curateur à une succession vacante (C. proc. civ., art. 996). — V. *suprà* nos 10 et 11.

16. On peut nommer un curateur : 1° lorsque l'héritier bénéficiaire est seul et qu'il a une action à intenter contre la succession (C. proc. civ., art. 996); 2° lorsque cet héritier abandonne les biens de la succession, en vertu de l'art. 802, C. Nap. — V. *Bénéfice d'inventaire*, n° 45. Cette nomination peut être demandée par celui qui n'a pas encore fait acte d'héritier (Cass., 27 avril 1825), et même pendant les délais pour faire inventaire et délibérer.

17. Le curateur doit administrer et faire vendre les biens avec les formalités prescrites par la loi. — V. *Bénéfice d'inventaire.*

18. 7° *Curateur au mort civilement.* — Il est nommé par le tribunal. — V. *Mort civile.*

19. 8° *Curateur à la révision d'une condamnation.* — S'il y a lieu de réviser une condamnation, et que cette condamnation ait été portée contre un individu mort depuis, la Cour de cassation crée un curateur à sa mémoire avec lequel se fait l'instruction et qui exerce tous les droits du condamné (C. inst. crim., art. 447).

20. 9° *Curateur aux aliénés.* — Un curateur peut être nommé à la personne de tout individu non interdit placé dans un établissement d'aliénés (V. L. 30 *juin* 1838).

CURE, CURÉ. — **1.** On appelle *cure* un office ecclésiastique dont le titulaire est chargé de la direction spirituelle d'un certain nombre de personnes réunies en paroisse, et *curé*, le prêtre investi de cet office.

2. *Biens des cures.* — Dans les paroisses où les curés et desservants possèdent, à ce titre, des biens-fonds ou des rentes, la fabrique est chargée de veiller à la conservation de ces biens (Décr., 6 nov. 1813, art. 1er).

3. Les titulaires exercent les droits d'usufruit sur lesdits biens et en supportent les charges, le tout ainsi qu'il est établi par le Code Napoléon (V. *Usufruit*), et conformément aux applications ci-après (même décr., art. 6).

4. Le procès-verbal de leur prise de possession, dressé par le juge de paix, porte la promesse, par eux faite, de jouir des biens en bons pères de famille, de les entretenir avec soin, et de s'opposer à toute usurpation ou détérioration (même décr., art. 7).

5. Il leur est défendu de consentir aucune aliénation, hypothèque ni servitude, d'opérer aucuns changements dans la nature des biens, aucune diminution dans leurs produits, de faire des baux qui excèdent neuf ans et autrement que par adjudication, et de recevoir aucun pot-de-vin (même décr., art. 8, 9 et 10).

6. Ils peuvent recevoir des capitaux en remplissant certaines formalités ; ils jouissent des bois taillis, conformément à l'art. 590, C. Nap., et des arbres de haute futaie, en se conformant aux règles prescrites pour les bois des communes (même décr., art. 11 et 12). — V. *Action possessoire*, nos 365 et 393).

7. Ils sont tenus de toutes les réparations des biens dont ils jouissent ; mais à l'égard des presbytères, ils ne doivent faire que des réparations locatives (art. 13).

8. *Administration des biens des cures.* — Au décès du titulaire d'une cure, le juge de paix est tenu, d'office, d'apposer les scellés, sans rétribution pour lui ni son greffier, et sans autres frais que le remboursement du papier timbré (même décr., art. 16). Les scellés sont levés à la requête du trésorier, en y appelant les héritiers, ou à la requête de ceux-ci, en y appelant le trésorier (art. 17).

9. Le juge de paix procède, en présence des héritiers et du trésorier, au récolement du précédent inventaire, contenant l'état de la partie du mobilier et des ustensiles dépendants de la cure, ainsi que des titres et papiers la concernant (art. 18). Expédition de l'acte de récolement est délivrée au trésorier par le juge de paix, avec la remise des titres et papiers (art. 19).

10. A chaque mutation de titulaire, le trésorier dresse un récolement des biens et titres de la cure (art. 20).

11. En cas de vacance, les revenus appartiennent à l'ancien titulaire ou à ses héritiers, jusqu'au jour de l'ouverture de la vacance, et au nouveau, depuis le jour de sa nomination. Les revenus qui ont eu cours du jour de l'ouverture de la vacance jusqu'au jour de la nomination sont mis en réserve dans la caisse de la fabrique (art. 24).

12. *Poursuites.* — Les poursuites à fin de recouvrement des revenus sont faites à la requête des titulaires, à leurs frais et risques. Ils ne peuvent, néanmoins, soit plaider en demandant ou en défendant, soit même se désister, lorsqu'il s'agit des droits fonciers de la cure, sans l'autorisation du conseil de préfecture auquel est envoyé l'avis du conseil de fabrique (art. 14).

13. Les frais des procès sont à la charge des curés de la même manière que les dépenses pour les réparations. — V. *suprà* no 7.

14. Le trésorier de la fabrique poursuit les héritiers du titulaire pour qu'ils mettent les biens de la cure dans l'état de réparations où ils doivent les rendre (art. 21).

15. Dans le cas où le trésorier a négligé d'exercer les poursuites à l'époque où le nouveau titulaire entre en possession, celui-ci est tenu d'agir lui-même contre les héritiers ou de faire une sommation au trésorier de la fabrique de remplir à cet égard ses obligations (art. 22). — V. *Formule* **1**.

16. Cette sommation doit être dénoncée par le titulaire au procureur impérial, afin que celui-ci contraigne le trésorier de la fabrique d'agir ou qu'il fasse lui-même d'office les poursuites aux risques et périls du trésorier, et subsidiairement aux risques des paroissiens (art. 22).—V. *Formule* 2.

17. Les contestations sur les comptes ou répartitions des revenus dans le cas de vacance sont du ressort des conseils de préfecture (art. 26).

Formules.

1. *Sommation au trésorier.*

L'an. . . . ., à la requête de M. . . . ., agissant au nom et comme titulaire de la cure de. . . . ., j'ai. . . . ., donné sommation au sieur. . . . ., trésorier de la fabrique établie près l'église de. . . . ., qui a visé le présent original, de, — attendu qu'il dépend de la cure de. . . . . différents biens immeubles consistant en. . . . .; attendu que le précédent titulaire a laissé ces biens et notamment. . . . . en mauvais état de réparations; que ses héritiers sont tenus de rendre lesdits biens en bon état et d'y faire toutes les réparations convenables; attendu que ledit sieur. . . . ., trésorier, n'a pas jusqu'à présent exigé des héritiers du précédent titulaire qu'ils fassent ces réparations et qu'il n'a exercé aucune poursuite à cet égard; — conformément à l'art. 22 du décret du 6 novembre 1813, et d'ici huit jours, exercer toutes les poursuites nécessaires, afin de remettre ès mains et en la possession du requérant lesdits biens en bon état; déclarant audit sieur. . . . ., trésorier, que la présente sommation sera dénoncée à M. le procureur impérial près le tribunal civil de. . . . .

V. n° 15. — Coût, tarif, 29; Orig. : Paris, 2 fr.; R. P. 1 fr. 80 c.; aill., 1 fr. 50 c.; copie, le quart.

Enregistrement de l'exploit, 2 fr. 20 c.

VISA. Visé par nous trésorier de la fabrique de. . . . ., le présent original de sommation dont copie nous a été laissée. A. . . . ., le. . . . .

2. *Dénonciation de sommation.*

L'an. . . . ., à la requête de. . . . ., titulaire de la cure de. . . . ., j'ai. . . . ., signifié, dénoncé et avec ces présentes donné copie à M. . . . ., procureur impérial près le tribunal de première instance de. . . . ., qui a visé le présent, de l'original d'un exploit (*analyser la sommation*); à ce qu'il n'en ignore et ait à contraindre le trésorier de la fabrique à exercer les poursuites voulues par la loi ou à agir lui-même conformément à l'art. 22 du décret du 6 nov. 1813.

V. n° 16. — Coût : V. *Formule* 1.

Enregistrement de l'exploit, 2 fr. 20 c.

VISA. Visé par nous, procureur impérial près le tribunal civil de. . . . ., le présent original dont copie nous a été remise, ainsi que celle de la sommation y énoncée. A. . . . ., le. . . . .

CUREMENT. — Le curement des puits et celui des fosses d'aisances sont à la charge du bailleur, s'il n'y a clause contraire (C. Nap., art. 1756).— V. *Bail à loyer*, n° 18.

CURIOSITÉ (MARCHANDS EN BOUTIQUE D'OBJETS DE). — Sont patentables.

CUVES. — **1.** Les cuves placées par le propriétaire du fonds dans lequel elles se trouvent pour le service et l'exploitation de ce fonds sont immeubles par destination (C. Nap., art. 524).

2. Les fabricants de cuves sont patentables.

D.

DALLES (MARCHANDS DE). — Sont patentables.

DAMASQUINEURS. — Sont patentables.

DANS. Ce mot, lorsqu'il est employé pour la fixation d'un délai, indique que le jour de l'échéance doit y être compris. — V. *Délai*.

DATE. — **1.** Indication du temps, et quelquefois en outre du lieu où un fait s'est accompli, où un acte a été passé.

2. La date est une formalité nécessaire à la perfection des actes publics, judiciaires ou extrajudiciaires.

3. Ainsi, elle est prescrite, à peine de nullité :

1° Dans les actes notariés (L. 25 vent. an 11, art. 12 et 66);

4. 2° Dans tous les exploits des huissiers. — V. *Ajournement*, *Appel en matière civile*, nos 284 et suiv., *Citation*, nos 12, 13, 63 et 93, *Contrainte par corps*, n° 269, *Exploit*, etc.

5. 3° Dans les jugements ou arrêts, quoique le Code de procédure ne s'explique pas à cet égard. Mais le défaut de date dans la grosse ou la copie signifiée d'un arrêt ne donne pas ouverture à cassation, lorsqu'il est constaté que la date se trouve sur la minute (Cass., 14 avril 1824), V. *Jugement*.

6. En ce qui concerne l'absence de date dans un jugement arbitral, V. *Arbitrage*, n° 84.

7. Dans les actes sous seing privé, la date est toujours utile; elle prévient les fraudes et les suppositions; elle met à même de reconnaître s'ils ont été souscrits par des personnes capables ou incapables; mais, en général, elle n'est point exigée à peine de nullité. — V. *Acte sous seing privé*, nos 7, 9, 16, et 17.

8. Toutefois, le principe que, dans les actes sous seing privé, la date n'est pas absolument indispensable, souffre exception à l'égard : 1° des testaments olographes ou mystiques (V. *Testament*); 2° des lettres de change, billets à ordre et endossements de ces effets (V. *Effets de commerce*); 3° des polices d'assurances (C. comm., art. 332. — V. *Assurance maritime*, n° 19); et 3° des livres sur lesquels les agents de change et courtiers sont tenus d'indiquer chacune de leurs opérations (C. comm., art. 84. — V. *Agent de change*, n° 21).

9. La date doit indiquer en général l'année, le mois et le jour où l'acte est passé ou signifié (C. Nap., art. 1328, 1750, 2148, etc.; C. proc. civ., art. 61). On suit, à cet égard, le calendrier grégorien. — V. *Calendrier*, nos 5 et 6.

10. La loi entend parler ici du jour du mois, qui est indiqué par le quantième de ce mois. Quoique la mention du jour de la semaine ne soit jamais exigée, il est néanmoins des cas dans lesquels elle peut être utile : c'est lorsqu'il s'agit d'actes qui ne peuvent être faits ni les dimanches ni les jours fériés. Ainsi, il est d'usage d'énoncer le jour de la semaine dans les inventaires et les procès-verbaux de comparution.

11. L'indication du mois et du jour peut aussi quelquefois être remplacée par des équivalents. Par exemple, on ne pourrait annuler un acte, s'il était daté de la *veille de l'Assomption*, du *lendemain de Noël*, ou du *premier de l'an* 185...

12. La date doit-elle indiquer l'heure où l'acte a été fait? L'art. 34, C. Nap., l'exige pour les actes de l'état civil. La loi du 25 vent. an 11 ne prescrit pas cette indication dans les actes notariés. Cependant, il est utile qu'un notaire énonce l'heure dans un testament qu'il reçoit ou dans tout autre acte à l'occasion duquel une question de priorité peut s'élever.

13. L'art. 173 de l'ordonnance de Blois voulait que les huissiers et sergents mentionnassent, dans leurs exploits de saisie-arrêt ou saisie-exécution, s'ils avaient été faits avant ou après-midi, et l'ordonnance de 1667 (tit. 19, art. 15, et tit. 33, art. 4) avait reproduit la même disposition. Mais le Code de procédure n'a point exigé, en règle générale, que les exploits signifiés et les procès-verbaux dressés par les huissiers continssent la mention de l'heure. Toutefois, il est des cas où cette mention est nécessaire (V. *Citation*, nos 13, 19 et 63; C. Nap., art. 1259; C. proc. civ., art. 8, 28, 29, 201, 204, 208,

259, 267, 269, 297, 315, 317, 327, 407, 417, 418, 440, 617, 618, 678, 808, 844, 914, 916, 931, 967 et 1034; C. Comm., art. 332).

14. Dans les inventaires, ventes aux enchères, procès-verbaux et actes dont la confection peut exiger plusieurs séances, on doit indiquer à chaque séance l'heure du commencement et celle de la fin, pour établir la perception des droits d'enregistrement (Décr., 10 brum. an 14), et pour fixer les honoraires dus à l'officier ministériel instrumentaire.

15. Si, hors les cas déterminés par la loi, l'huissier n'est pas obligé, pour la régularité de ses exploits, de mentionner l'heure, il ne s'ensuit pas qu'il ne puisse le faire, surtout quand il y a utilité. La mission qui lui est donnée de constater la remise comprend, en effet, celle de préciser le moment de cette remise. Et l'énonciation par lui inscrite dans son exploit fait foi de l'heure qu'il y indique (Merlin, *Répert.*, v° *Péremption*).

16. Lorsque, de deux exploits signifiés le même jour, un seul indique l'heure, on peut néanmoins prouver par témoins ou à l'aide de présomptions que l'autre est antérieur (Cass., 6 août 1811; Angers, 26 juill. 1827; Bordeaux, 18 mars 1830). Mais, dans le doute, la priorité doit être attribuée à l'exploit contenant l'indication de l'heure (même arrêt de Bordeaux, 18 mars 1830).

17. A plus forte raison, lorsque deux exploits ont été faits le même jour, sans qu'aucun mentionne l'heure, la priorité de l'un sur l'autre peut être établie, soit d'après les énonciations contenues dans ces exploits, soit par la preuve testimoniale (Cass., 15 juill. 1818), soit par des présomptions (Bordeaux, 2 déc. 1828). Elle peut l'être même d'après la nature plus ou moins favorable des deux exploits.

18. Quant à la mention du lieu, elle est indispensable dans les actes publics, lorsqu'ils doivent porter avec eux-mêmes la preuve qu'ils ont été reçus par des officiers publics ayant le droit d'instrumenter dans le lieu où ils ont été rédigés (C. Nap., art. 1317).

19. Ainsi, l'énonciation du lieu est prescrite, à peine de nullité, dans les actes notariés (L. 25 vent. an 11, art. 12 et 68).

20. ... Et, par la même raison, dans les exploits d'huissiers.

21. Mais, lorsque la loi n'exige pas une indication plus spéciale, il suffit d'énoncer dans l'acte le nom de la ville ou commune où il a été fait (Bruxelles, 10 juin 1819).

22. Dans les actes sous seing privé, la mention du lieu, le plus souvent, n'est pas nécessaire. Il a été jugé, par exemple, qu'un testament était valable, quoiqu'il n'énonçât pas le lieu où il avait été fait (Cass., 6 janv. 1814; Bordeaux, 26 janv. 1829).

23. La date, dans les actes notariés, doit être mise en toutes lettres, à peine de 20 francs d'amende (LL. 25 vent. an 11, art. 13; 16 juin 1824, art. 27). Mais l'énonciation de la date en chiffres ne serait pas une clause de nullité de l'acte (Rolland de Villargues, *Répert. du Notariat*, v° *Date*, n°s 24 et 25).

24. Au contraire, dans les exploits d'huissiers, la date peut n'être pas écrite en toutes lettres (Besançon, 12 fév. 1810). L'énonciation de la date en chiffres dans un exploit ne rend pas même l'huissier passible d'amende. Mais les huissiers connaissent parfaitement les inconvénients que présentent le mode de dater en chiffres, et ils ne l'emploient jamais. — V. *Chiffres*.

25. La loi n'a point ordonné d'apposer la date plutôt au commencement qu'à la fin de l'exploit; il s'ensuit qu'elle peut être indifféremment mise à l'un de ces deux endroits. Dans la pratique, les huissiers mettent la date au commencement.

26. Les noms des mois ne doivent pas être écrits en abréviation (Toullier, t. 7, n° 501).

27. La mention de la date doit être entière aussi bien sur la copie de l'exploit que sur l'original. L'exploit est nul, si, par exemple, la date du mois se trouve en blanc sur la copie, encore bien qu'elle soit remplie dans l'original, et l'huissier est responsable de cette nullité (Colmar, 28 août 1812).

28. De même, un exploit est nul, lorsque la mention du jour n'y a pas été remplie, quoique la mention du mois qui s'y trouve suffise pour établir qu'il a été signifié en temps utile (Metz, 18 juin 1819 : V. *J. Huiss.*, t. 1er, p. 87 et suiv.).

29. Dans les actes notariés, toute date surchargée est nulle (L. 25 vent. an 11, art. 16). Dans les exploits d'huissiers, la date surchargée ne peut être une cause de nullité que lorsque la surcharge laisse de l'incertitude sur la date véritable (Cass., 11 juin 1810). — V. *Exploit.*

30. Quant aux erreurs ou omissions qui se glissent dans les dates des actes, elles ne sont pas suffisantes pour les faire annuler, lorsqu'on peut les réparer ou rectifier à l'aide des énonciations des actes eux-mêmes, et des faits constants qui se rattachent à ces énonciations (Cass., 30 nov. 1811 ; 3 août 1819 : V. *J. Huiss.*, t. 1er, p. 47; 12 juin 1821; Rouen, 23 juill. 1825). — *V.*, au surplus, *Appel en matière civile*, nos 286 et suiv., et *Exploit.*

31. L'antidate constitue un *faux* (V. ce mot) et rend nul l'acte sur lequel elle a été apposée (Souquet, *Dict. des temps légaux*, t. 1er, *Introduction*, n° 150).

32. Les exploits devant contenir, à peine de nullité, la mention de leur date, il en résulte qu'on ne peut être admis à prouver l'année, le mois, le jour et le lieu où ils ont été faits. Mais, lorsqu'il s'agit d'un acte pour lequel la date n'est point exigée à peine de nullité, cette date peut être établie soit par témoins, soit à l'aide de présomptions.

33. La date des actes notariés et des exploits d'huissiers fait foi à l'égard de toutes personnes (C. Nap., art. 1319). Elle ne peut être attaquée que par la voie de l'*inscription de faux* (V. ce mot). Relativement à la foi due à la date des actes sous seing privé, *V. Acte sous seing privé*, nos 16 et suiv.

34. Le défaut de date dans un acte translatif de propriété n'est point un obstacle à la perception des droit et double droit de mutation, lorsqu'il résulte des autres énonciations de l'acte que les parties n'étaient plus dans le délai utile pour le faire enregistrer.

DATE CERTAINE.—C'est celle qui, dans un acte sous seing privé, est devenue telle par l'une des circonstances énoncées en l'art. 1328, C. Nap. — V. *Acte sous seing privé*, nos 16 et suiv.

DATION EN PAIEMENT. — **1.** Acte par lequel un débiteur donne à son créancier, qui l'accepte (C. Nap., art. 1243), une chose en paiement d'une autre chose qui lui était due.

2. La dation en paiement n'est forcée que dans un seul cas. Ainsi, le débiteur ne peut contraindre son créancier à accepter autre chose que ce qui lui est dû que lorsque l'obligation lui accorde la faculté de se libérer en donnant une chose déterminée à la place de celle qui fait l'objet de l'obligation (Arg. art. 1189, C. Nap.).

3. S'il y a refus de la part du créancier de recevoir la chose, le débiteur doit lui faire des offres et les faire valider par le tribunal, en faisant déclarer la dation accomplie, et, par suite, la libération effectuée. — V. *Offres réelles.*

4. Dans tous les autres cas, la dation en paiement ne peut s'opérer que du consentement du créancier (C. Nap., art. 1243) ; alors, elle prend le caractère d'un contrat particulier, dont les règles lui deviennent en général applicables; par exemple, la dation en paiement est une vente ou un transport suivant qu'on donne un meuble, un immeuble ou une créance en place de la somme due (Toullier, t. 12, n° 46).

5. La dation en paiement, volontaire ou forcée, produit l'extinction de la dette et de toutes les garanties qui y étaient attachées (Arg. art. 1234, C. Nap.); elle décharge la caution, et ne saurait faire revivre la créance qui a été l'objet de la dation, de telle sorte que, si le créancier avait été évincé de la chose qui lui a été donnée en paiement, il ne pourrait exercer d'action en vertu de son premier titre; il ne pourrait agir qu'en vertu du nouveau contrat.

6. La dation en paiement transportant au créancier la propriété de la chose donnée, il s'ensuit qu'elle diffère de la cession de biens qui n'ôte point au débiteur la propriété des choses abandonnées. — V. *Cession de biens.*

7. L'enregistrement perçoit un droit de transport ou de vente, selon que la dation en paiement a pour objet une créance ou des meubles et des immeubles (V. *Transport-Cession*, *Vente*); mais il n'est dû aucun droit particulier sur la créance que donne l'acquéreur (L. 22 frim. an 7, art. 10).

DÉBATS DE COMPTE.—Contredits que l'oyant élève contre le compte établi par le vendeur. — V. *Compte*, n°s 101 et suiv.

DÉBET. — 1. On appelle ainsi le reliquat que reste devoir le rendant compte après l'apurement du compte (C. proc. civ., art. 540). — V. *Compte*.

2. Certains actes sont enregistrés en *débet*, c'est-à-dire que les droits auxquels ils donnent lieu ne sont pas perçus sur-le-champ et sont à recouvrer. — V. *Enregistrement*.

3. De même aussi, dans certaines circonstances, les papiers employés par les huissiers pour la rédaction de leurs exploits doivent être visés pour timbre en *débet*. — V. *Assistance judiciaire*, n° 31, *Timbre*.

DÉBIT.—En matière de comptabilité, on appelle *débit* la partie d'un compte où l'on inscrit ce qui a été payé à quelqu'un ou pour quelqu'un, par opposition à *crédit*, qui est la partie d'un compte où l'on inscrit ce qui a été reçu de quelqu'un. Dans le commerce, ces deux parties de compte sont souvent désignées par les mots *doit* et *avoir*.

DÉBITEUR. — 1. On appelle ainsi celui qui doit une somme ou une chose quelconque, par opposition au *créancier*, qui est celui auquel la somme ou la chose est due. Le terme de *débiteur* est donc corrélatif à celui de *créancier*.

2. Le débiteur est tenu de remplir ses obligations sur tous ses biens meubles et immeubles (C. Nap., art. 2092), si ce n'est sur ceux déclarés insaisissables (V. *Saisie-arrêt*, *Saisie-exécution*, *etc.*).

3. Les frais de paiement ou d'exécution sont à sa charge (C. Nap., art. 1248.)— V. *Paiement*.

4. Au surplus, les obligations du débiteur se définissent parfaitement par les droits du créancier, droits que nous avons précédemment exposés. — V. *Créancier*. — V. aussi *Action révocatoire*, *Contrainte par corps*.

DEBITIS. — Lettres de chancellerie, autrefois en usage dans quelques provinces de France, et par lesquelles il était enjoint aux sergents ou huissiers de contraindre les débiteurs au paiement des sommes qu'ils devaient, par l'exécution et la vente de leurs meubles, par la saisie réelle de leurs héritages, et même par l'emprisonnement de leurs personnes (Ferrière, *Introduction à la pratique*, t. 1er, v° *Debitis*).

DÉBOURSÉS. — 1. Avances faites par un officier ministériel pour le compte de son client. — V. *Avances*.

2. Nous ne parlerons ici que des déboursés faits par les huissiers. Ces déboursés comprennent les droits de timbre et d'enregistrement, le port des pièces et même la correspondance, et le salaire qui, dans certaines circonstances, est payé aux afficheurs pour apposition de placards.

3. Les frais de voyage ou de nourriture des huissiers qui se transportent hors de leur résidence, quoique de véritables déboursés, sont néanmoins assimilés par la loi à des émoluments ou honoraires (Tarif, 16 fév. 1807, art. 23 et 66). — V. *Emoluments*, *Honoraires*, *Transport*.

4. Mais les huissiers ne peuvent considérer comme déboursés le timbre des répertoires où les actes sont inscrits et réclamer à ce titre, de leurs clients, une portion de ce timbre. L'obligation de tenir des répertoires est, en effet, une charge imposée à ces officiers ministériels, comme celle de verser un cautionnement.

5. Les déboursés ne peuvent passer en taxe qu'autant que la somme qu'on justifie avoir payée était légalement due (Sudraud-Desisles, *Manuel du juge taxateur*, v° *Déboursés ;* V. Fons, *Tarifs en matière civile*, p. 271).

6. Lorsqu'un acte, dressé et signifié par un huissier, a été reconnu inutile, le juge taxateur peut rejeter de la taxe tout l'article honoraires et déboursés relatif à cet acte. A l'égard des actes frustratoires, par exemple dans le cas où l'huissier a employé plus de papier timbré qu'il n'était nécessaire, le juge doit rejeter l'excédant des frais qui en résulte.

7. Toutefois, les avances de droits de timbre et d'enregistrement, dont le paiement provisoire est forcé, ne peuvent être rejetées, encore bien qu'il soit allégué par les parties que l'huissier eût pu les éviter en donnant à l'acte une autre forme, ou à l'affaire une autre direction. S'il y a lieu à restitution, c'est aux parties à la demander. — V. *Dépens*, *Enregistrement*.

8. A l'égard des sommes payées aux greffiers et aux notaires pour le coût des grosses des jugements et obligations qu'ils délivrent ; aux avoués, pour les frais par eux faits dans les affaires dont ils ont été chargés ; aux conservateurs des hypothèques, pour droits sur des inscriptions ; et aux receveurs d'enregistrement, pour amende sur des billets à protester, ou pour enregistrement sur des actes à énoncer dans les exploits, les huissiers sont considérés comme les mandataires de leurs clients, et les règles du mandat leur sont applicables. — V. *Mandat*.

9. Sur le point de savoir par quel laps de temps se prescrit l'action des huissiers en paiement des avances ou déboursés qui leur sont dus, V. *Huissier*.

DÉBOUTÉ. — **1.** Terme de pratique employé pour exprimer que la demande d'une partie a été rejetée par un motif tiré du fond du procès.

2. Le jugement, rendu sur l'opposition formée par le défendeur à un jugement qui l'a condamné par défaut, se nomme *débouté d'opposition*.

3. Le débouté entraîne toujours la condamnation du demandeur aux dépens (C. proc. civ., art. 130).

4. Il ne doit pas être confondu avec le *hors de cause*, qui est prononcé lorsque les demandes sont sans objet ou sans intérêt. — V. *Hors de cause*.

DÉBRIS OU CHAIRS D'ANIMAUX. — Les dépôts, ateliers ou fabriques où ces matières sont préparées pour être employées à quelque fabrication, sont rangés dans la classe des établissements insalubres.

DÉCADE, DÉCADI. — La décade était, sous le calendrier républicain, une des divisions du mois en trois parties, de dix jours chacune. Le décadi était le dixième jour de chaque décade (V. *Calendrier*). Ce jour était férié. Depuis le rétablissement du calendrier grégorien, les décadis ont été remplacés par les dimanches.

DÉCATISSEURS. — Sont patentables.

DÉCÈS. — **1.** Le décès d'une personne se prouve par l'acte de l'état civil qui le constate, ou par témoins dans certains cas. — V. *Actes de l'état civil*, n° 6.

2. En matière de procédure, le décès de la partie ou de son avoué interrompt le cours de l'affaire qui n'est pas en état. — V. *Appel en matière civile*, n°s 230 et suiv. ; *Arbitrage*, n°s 50 et 51 ; *Cassation*, n°s 116 et 117 ; *Constitution de nouvel avoué*, *Incident*, *Reprise d'instance*. — V. aussi *Absence*, *Acte sous seing privé*, *Adoption*, *Cautionnement*, *Cédule*, *Communauté de biens entre époux*, *Conciliation*, *Mort civile*, *Scellés*, *Succession*, *etc.*

DÉCHARGE. — **1.** Acte qui constate qu'une personne a remis les deniers, pièces et autres objets dont elle était dépositaire. Le mot *décharge* s'emploie aussi comme synonyme de *quittance*, et alors il indique la libération qu'on obtient de quelque obligation ou charge.

2. Une décharge est nécessaire : 1° au mandataire qui rend compte de sa gestion (V. *Mandat*) ; 2° à toute personne en possession de pièces ou de sommes qu'on lui a remises et qu'elle doit rendre (V. *Dépôt*) ; et 3° à l'officier ministériel qui a procédé à une vente publique de meubles (V. *Vente publique de meubles*).

3. Les huissiers doivent justifier à la chambre de discipline, pour obtenir le certificat de quitus indispensable à l'effet de retirer leur cautionnement, des décharges des ventes de meubles auxquelles ils ont procédé. — V. *Cautionnement des huissiers*, n° 78.

4. Pour pouvoir donner une décharge, il faut avoir qualité et capacité, c'est-à-dire qu'il faut que la personne à laquelle on remet la chose ait droit de la recevoir, qu'elle ne se trouve pas dans un des cas d'incapacité prévus par la loi. — V. *Convention*, n°s 6 et suiv.

5. S'il existait des oppositions sur le prix de la vente ou la somme à déposer, et que les opposants ne pussent s'entendre, on devrait consigner. — V. *Consignation*.

6. Les décharges des prix des ventes mobilières faites par les huissiers peuvent être mises à la suite ou en marge des procès-verbaux (L. 13 brum. an 7 ; Avis cons. d'Etat, 21 oct. 1809).

7. Dans ce cas, les quittances et décharges doivent être rédigées en forme authentique, c'est-à-dire que l'officier public atteste que la partie a comparu devant lui pour régler le reliquat de la vente dont elle donne décharge. Cet acte est signé tant par l'officier que par la partie, et, si la partie ne sait pas signer, par deux témoins (Avis cons. d'Etat, 21 oct. 1809).—V. *Formule* 1.

8. Les décharges de sommes et pièces déposées peuvent avoir lieu sous signature privée. — V. *Formule* 2.

9. S'il s'agit de pièces confiées aux huissiers dans l'exercice de leurs fonctions, ils en sont déchargés après deux ans depuis la commission ou la signification des actes dont ils étaient chargés (C. Nap., art. 2276). — V. *Huissier*.

10. Les décharges faites dans la forme authentique doivent, comme les autres exploits, être enregistrées dans les quatre jours de leur date (Avis cons. d'Etat, 21 oct. 1809).

11. Toute décharge pure et simple est soumise au droit fixe de 2 fr. 20 c. (L. 28 avril 1816). Si l'acte, quoique qualifié décharge, contient libération ou quittance d'une dette, le droit de 50 c. par 100 fr. est exigible (L. 22 frimaire an 7, art. 69).

Formules.

1. *Décharge du prix d'une vente publique de meubles.*

Et le. . . . ., en notre étude et devant nous, Pierre Lambert, huissier. . . . . ., soussigné, et en présence de. . . . . . ., témoins exprès appelés, aussi soussignés, a comparu la dame. . . . . . ., laquelle nous ayant requis de lui rendre compte de la vente que nous avions faite à sa requête, suivant procès-verbal de notre ministère en date du. . . . . . ., nous lui avons présenté ce compte de la manière suivante :

Ladite vente s'est élevée à. . . . . 600 fr.

Sur cette somme, l'huissier soussigné a payé :

1° A M. . . . . ., pour *telle cause*.	200 fr.	
2° A M. . . . . ., pour.	100 00	
Total.	300 fr.	

Et il retient :

1° La somme de 65 fr. 20 c. pour frais à lui dus par la comparante.	65 f. 20 c.	72 10	
2° Pour le coût du présent.	6 90		
Total général à déduire.		372 10	372 10
Reste à remettre à la comparante.			227 90

Laquelle somme de 227 fr. 90 c. cette dernière reconnaît avoir reçue à l'instant de l'huissier soussigné ; en conséquence, elle lui consent décharge définitive et sans réserve du produit de la vente susdatée. Dont acte signé de nous et des témoins, la comparante ayant déclaré ne savoir signer.

V. n° 7. — Coût, le tarif n'alloue rien pour cet acte.

Enregistrement de l'exploit, 2 fr. 20 c.

2. *Décharge de pièces.*

Je soussigné. . . . . ., reconnais que M. . . . . ., huissier à. . . . ., m'a remis cejourd'hui les pièces ci-après (*les détailler*), lesquelles pièces sont les seules que j'avais confiées à mondit sieur. . . . . . pour poursuivre le recouvrement d'une créance de. . . . . . sur. . . . . . ; dont décharge sans aucune réserve.

Fait à. . . . ., le. . . . . .

V. n° 8. — Coût, rien alloué.

DÉCHÉANCE. — Perte d'un droit par le défaut d'exercice de ce droit dans le temps prescrit par la loi, ou l'accomplissement des formalités imposées par la loi ou la convention. — V. *Condition, Délai, Péremption d'instance, Prescription.*

DÉCHETS DE COTON (MARCHANDS DE). — Sont patentables.

DÉCHIREURS OU DÉPÉCEURS DE BATEAUX. — Sont patentables.

DÉCIME. — Impôt extraordinaire d'un décime par franc à percevoir sur certains droits. Etabli par la loi du 6 prair. an 7, ce droit a été maintenu par les lois de finances postérieures, sur les droits d'enregistrement, d'hypothèque et de greffe, et sur les amendes. — V. *Enregistrement.*

DÉCISION. — Résolution prise par une autorité constituée. Les décisions des tribunaux civils de première instance et des tribunaux de commerce se nomment *jugements* (V. *Jugements*) ; celles des Cours impériales, *arrêts* (V. *Arrêt*) ; celles des tribunaux arbitraux, des juges de paix et des conseils de prud'hommes, *sentences* (V. *Arbitrage, Juge de paix, Prud'hommes*).

DÉCISION ADMINISTRATIVE. — Décision prise par les divers organes de l'administration, ministres, conseil d'Etat, conseils de préfecture, sous-préfets, préfets, directeurs généraux, conseil général de département, conseil municipal, maire, dans l'exercice de leurs fonctions. — V. *Arrêté administratif, Compétence administrative, Conseil d'Etat, Conseil de préfecture, Contributions directes, Contributions indirectes, Décision ministérielle, Enregistrement, Maire, Préfet, etc.*

DÉCISION DISCIPLINAIRE.—V. *Chambre de discipline des huissiers, Discipline.*

DÉCISION MINISTÉRIELLE. — **1.** On appelle ainsi, en général, l'acte par lequel un ministre se prononce sur un objet qui rentre dans ses attributions. Cependant, il ne faut pas confondre cet acte avec l'instruction ou la circulaire ministérielle. — V. *Circulaire ministérielle, Instruction ministérielle.*

2. Les ministres statuent, en vertu du pouvoir qui leur est propre, sur un objet déterminé, soit en prenant eux-mêmes l'initiative, soit qu'ils aient été saisis par des pétitions ou mémoires que leur adressent les parties intéressées.

3. Il y a deux sortes de décisions ministérielles : celles que les ministres prennent sur des objets de pure administration, et celles par lesquelles ils statuent comme juges du contentieux administratif sur les difficultés qui ressortissent à leur juridiction. Ces dernières décisions sont toujours susceptibles de recours au conseil d'Etat. — V. *Compétence administrative*, § 5 ; *Conseil d'Etat.*

4. A la différence des circulaires ministérielles, les décisions ministérielles ont toute la force des jugements lorsqu'elles prononcent au contentieux dans les limites de la juridiction ministérielle.

5. Les décisions rendues par les ministres en matière contentieuse doivent être notifiées ; elles ne sont point exécutoires contre les parties qui ne les connaissent pas.

6. La notification est d'ailleurs nécessaire pour faire courir, à l'égard de la partie qui n'a point été appelée à se défendre, le délai de l'opposition.

DÉCISOIRE (SERMENT). — V. *Serment.*

DÉCLARATION.—**1.** Acte par lequel une personne donne connaissance soit de sa volonté, soit d'un fait ou d'une convention.

2. La déclaration qui a pour but de s'opposer aux prétentions d'un tiers prend le nom de *protestation* (V. ce mot) ; celle qui change les dispositions d'un acte s'appelle *contre-lettre* (V. ce mot).

3. Il est impossible d'indiquer toutes les circonstances dans lesquelles on peut faire des déclarations. La loi n'a indiqué que certains cas principaux dans lesquels une déclaration est nécessaire. — V. les mots suivants.

4. Les déclarations qui ne contiennent ni libération, ni obligation, ni transmission, sont sujettes au droit fixe de 2 fr. (L. 28 avril 1816, art. 43, n° 9).

DÉCLARATION AFFIRMATIVE. — V. *Saisie-arrêt.*

DÉCLARATION AU PROFIT D'UN BAILLEUR DE FONDS. — C'est celle que le titulaire d'un office fait au profit de la personne qui lui a fourni son cautionnement. — V. *Cautionnement des huissiers*, § 4.

DÉCLARATION D'ABSENCE. — V. *Absence-Absent*, § 2.

DÉCLARATION D'ACCOUCHEMENT ET DE DÉCÈS. — V. *Accouchement, Actes de l'état civil*, n° 13.

DÉCLARATION D'ARBRES A ABATTRE. — Cette déclaration est exigée de celui qui a des chênes à abattre dans les localités où le martelage est indispensable aux besoins de la marine (C. forest., art. 124, 125 et 135).

DÉCLARATION DE CESSATION DE FONCTIONS. — Pour obtenir le remboursement du cautionnement du titulaire d'un office, il est nécessaire de produire une déclaration de la cessation de ses fonctions. — V. *Cautionnement des huissiers*, nos 75 et suiv.

DÉCLARATION DE CHANGEMENT DE DOMICILE. — V. *Domicile, Exploit, Inscription hypothécaire.*

DÉCLARATION DE COMMAND. — **1.** Celle faite au profit d'une personne qui a donné l'ordre d'acquérir pour elle.

2. Les déclarations de command peuvent avoir lieu : 1° dans les adjudications et ventes d'immeubles (L. 22 frim. an 8, art. 68); 2° dans les transports ou cessions d'obligations et de rentes (Décis. des min. des fin. et de la just., 31 déc. 1808 et 10 janv. 1809); et 3° dans les baux, adjudications de récoltes et coupes de bois, lorsque la faculté en a été réservée.

3. La déclaration de command fait supposer l'existence d'un mandat entre le command et l'acquéreur; d'où il suit qu'elle ne fait que confirmer ce mandat (Toullier, t. 8, n° 173). Ainsi, la déclaration de command, faite dans les termes et délais convenus, substitue le command au mandataire; de sorte que ce dernier est censé n'avoir jamais été acquéreur, et que le command est réputé tenir la propriété des mains du vendeur lui-même (Cass., 27 janv. 1808; Merlin, *Répert.*, v° *Vente*, § 3).

4. Un avoué peut faire une déclaration de command pour son père (Poitiers, 31 août 1831 : V. *J. Huiss.*, t. 13, p. 24).

5. Lorsqu'une déclaration de command, faite au profit d'un incapable par l'avoué adjudicataire, a été annulée, l'adjudication doit l'être aussi, et ne peut rester à la charge de l'avoué, simple mandataire de son client (Paris, 20 mai 1835 : V. *J. Huiss.*, t. 16, p. 255).

6. Les déclarations de command ne peuvent avoir lieu que par acte public (L. 22 frim. an 7, art. 98); elles font preuve contre toutes personnes, même contre les tiers (Toullier, t. 8, n° 182).

7. Les déclarations de command ne sont soumises qu'au droit fixe de 3 fr., lorsqu'il y a eu réserve dans l'acte, que les déclarations ont eu lieu par acte public, qu'elles sont gratuites et sans aucune novation, et qu'elles sont notifiées à la régie dans les 24 heures du contrat (L. 22 frim. an 7, art. 68; 28 avril 1816, art. 44).

8. Ce délai de 24 heures est de rigueur; de sorte que si l'adjudication ou la vente est datée de l'heure, le délai part de cette heure; au cas contraire, on a le lendemain toute la journée, c'est-à-dire jusqu'au moment où les actes judiciaires ne peuvent plus être signifiés pour faire la notification (Décis. de la régie, 6 juill. 1818).

9. La notification doit avoir lieu par exploit du ministère d'huissier (Décis. du min. des fin., 18 brum. an 9; Cass., 3 vent. an 11; 15 oct. 1806; 31 mai 1825). L'exploit doit être visé par le receveur. V. *Formule.*

10. La notification doit être faite au receveur du bureau où l'acte doit être enregistré. Néanmoins, celle qui est faite dans les 24 heures au receveur d'un autre bureau est valable (solut. de la rég., 8 mai 1841).

11. La déclaration de command, non enregistrée ni signifiée dans les 24 heures de sa date, est soumise au droit de 5 et demi pour 100 ; il n'y a pas lieu à déduire le droit de transcription (délib. de la rég., 14 juin 1833. V. *J. Huiss.*, t. 17, p. 88).

12. La déclaration de command, faite à la suite d'une vente volontaire, mais plus de 24 heures après l'adjudication, donne lieu au droit proportionnel, encore bien que le délai expirât un jour férié (Trib. civ. de la Seine, 11 déc. 1834; délib. de la rég., 21 avril 1835. V. *J. Huiss.*, t. 17, p. 87).

13. Il a été décidé de même en matière de vente judiciaire (Cass., 1er déc. 1830.—*Contrà*, Bruxelles (Cass.), 12 fév. 1833).

14. Si la déclaration de command avait été faite dans les 24 heures, elle n'aurait donné lieu qu'à la perception du droit fixe, encore bien qu'elle n'eût été enregistrée que le surlendemain (Décis. de la rég., 10 mai 1832).

15. D'après le même principe, la régie a également décidé que lorsque la déclaration de command est faite par huissier dans les 24 heures, elle ne donne lieu qu'au droit fixe, quoiqu'elle n'ait été présentée qu'après la clôture des registres du receveur de l'enregistrement (Délib., 31 déc. 1833).

16. Jugé aussi que, lorsqu'une adjudication a eu lieu devant notaire, la veille d'un jour de fête, avec faculté d'élire command, la déclaration de command, faite le lendemain du jour férié, ne donne lieu qu'au droit fixe (Cass., 15 nov. 1837. V. *J. Huiss.*, t. 19, p. 167. V. aussi les observations qui suivent cet arrêt).

17. Les règles ci-dessus ne concernent pas la déclaration d'adjudicataire que l'avoué, dernier enchérisseur, est tenu de faire, dans les trois jours, aux termes de l'art. 709, C. proc. civ. Cette déclaration n'est, en effet, passible que du droit fixe de 2 fr. (Solut. de la rég., 3 nov. 1830), et n'est pas soumise à l'enregistrement ou à la notification au receveur dans les trois jours (Cass., 3 sept. 1810; 23 août 1816; Inst. gén. de la rég., 27 août 1811).

Formule.

Notification de déclaration de command.

L'an. . . . ., heure de . . . . ., à la requête de M. . . . ., élisant domicile en sa demeure, j'ai. . . . ., notifié et avec ces présentes donné copie à M. . . . . . receveur de l'enregistrement et des domaines au bureau de. . . . . ., en parlant à sa personne, qui a visé le présent, d'un acte reçu par (*analyser la déclaration*); lui déclarant que la présente notification lui est faite conformément à la loi, afin d'éviter qu'il soit perçu sur ledit acte un nouveau droit de mutation, ajoutant que ce même acte sera soumis à la formalité de l'enregistrement dans les délais voulus, etc.

V. nº 9.—Coût, tarif, arg. art. 29. Orig., Paris, 2 fr.; R. P. 1 fr. 80 c.; aill., 1 fr. 50 c.; Cop., le 1/4.

Enregistrement de l'exploit, 2 fr. 20 c. L. 28 avril 1816, art. 43.

DÉCLARATION D'EMPLOI. — Celle faite par un débiteur pour constater que les deniers employés à payer sa dette proviennent d'un tiers.— V. *Privilége*, *Subrogation*.

DÉCLARATION EN MATIÈRE D'ENREGISTREMENT.—Celle qui, dans certains cas, doit être faite par les parties pour la perception des droits d'enregistrement sur les actes et mutations. — V. *Enregistrement.*

DÉCLARATION DE FAILLITE. — V. *Faillite.*

DÉCLARATION D'HYPOTHÈQUE. — Acte par lequel un tiers reconnait qu'un immeuble est affecté et hypothéqué à une créance. — V. *Action en déclaration d'hypothèque.*

DÉCLARATION DE JUGEMENT COMMUN. — Disposition par laquelle le tribunal ou la Cour déclare que le jugement ou l'arrêt prononcé sera commun avec telle ou telle partie. — V. *Jugement commun.*

DÉCLARATION D'OPPOSITION A LA REMISE DES DENIERS PROVENANT D'UNE VENTE DE MEUBLES.— V. *Vente publique de meubles.*

DÉCLARATION DE SUCCESSION.— V. *Enregistrement*, *Succession.*

DÉCLARATION DE VENTE DE MEUBLES. — V. *Vente publique de meubles.*

DÉCLINATOIRE. — Exception par laquelle une partie demande le renvoi de la cause devant un autre tribunal que celui qui en a été saisi. — V. *Connexité, Exception, Litispendance.*

DÉCOMPTE. — Établissement des déductions ou prélèvements à faire sur une somme dont on est débiteur. — V. *Ordre.*

DÉCONFITURE. — **1.** Etat d'un débiteur non commerçant qui, à raison de l'insuffisance de son actif, est dans l'impossibilité de payer ses dettes.

2. Il y a déconfiture, lorsque tous les biens, tant meubles qu'immeubles, d'un débiteur, ne suffisent pas à ses créanciers apparents (Cout. de Paris, art. 180) ; lorsqu'il résulte de la discussion de tous ses biens qu'il est insolvable (Cass., 21 mars 1822) ; lorsqu'il y a eu de sa part cession judiciaire de biens (Arg. art. 1268, C. Nap.); ou, enfin, lorsque, ses biens étant vendus, le peu de ressources qui lui restent est dans une énorme disproportion de valeur avec les dettes à acquitter (Bruxelles, 23 mai 1811).

3. Mais l'état de déconfiture d'un individu ne résulterait pas uniquement d'un procès-verbal de carence, ni de simples protêts, ni même d'une insolvabilité notoire (Rennes, 24 mars 1812).

4. L'état de déconfiture d'un officier ministériel peut donner lieu contre lui à des peines disciplinaires, à sa suspension et même à sa destitution. — V. *Discipline, Office.*

5. Quoique la déconfiture ait quelque analogie avec la *faillite* (V. ce mot), les règles de celle-ci ne lui sont cependant pas applicables. En effet, la faillite a reçu une organisation particulière de la loi commerciale, au lieu que la loi civile a laissé la déconfiture dans le droit commun.

6. C'est par application de ce principe qu'il est admis : 1° qu'il est inutile de faire fixer par un jugement l'époque à laquelle la déconfiture a commencé (Rennes, 23 mai 1811) ; 2° que les créanciers du débiteur insolvable ne peuvent demander l'annulation des ventes consenties par lui sous le prétexte qu'il les a faites pendant sa déconfiture (Cass., 2 sept. 1812) ; 3° que l'art. 2146, C. Nap., et l'art. 446, C. comm., qui prononcent la nullité des inscriptions, des hypothèques et des actes translatifs de propriété, ne s'appliquent point au non-négociant tombé en déconfiture, sauf toutefois les cas de fraude (Rennes, 24 mars 1812 ; Cass,, 11 fév. 1813).

7. De même, le débiteur insolvable ne peut demander un secours sur ses biens (Toullier, t. 7, n° 257) ; l'atermoiement par lui fait avec la majorité de ses créanciers ne lie pas la minorité (Paris, 14 mai 1812) ; il conserve la liberté de sa personne, à moins qu'il n'ait contracté des dettes entraînant la contrainte par corps ; il ne peut jamais être déclaré banqueroutier, ni être traduit devant les tribunaux correctionnels, à raison du désordre de ses affaires et de l'imprudence de ses opérations.

8. La déconfiture n'ôte pas non plus au débiteur l'administration de ses biens ; il peut les vendre, en disposer, les grever d'hypothèque, et, sauf les cas de fraude, les actes qu'il fait sont valables. Chacun de ses créanciers doit poursuivre individuellement le recouvrement de sa créance par les voies ordinaires.

9. Mais la déconfiture fait perdre le bénéfice du terme de paiement (Arg. art. 1188 et 1913, C. Nap.; C. pén., art. 124 ; Toullier, t. 6, n° 670 ; Rennes, 24 mars 1812) ; rend exigibles les créances de la femme (C. Nap., art. 1446) ; autorise le vendeur à suspendre la livraison de la chose vendue, tant qu'il ne lui a pas été donné caution (C. Nap., art. 1613) ; rend exigible le capital d'une rente perpétuelle (art. 1913) ; dissout la société (art. 1865); met fin au mandat (art. 2003); et ouvre au profit de la caution le droit d'agir en indemnité avant d'avoir payé (Arg. art. 2032, C. Nap.). — V. *Cautionnement.*

DÉCORATION. — **1.** Pris dans un sens général, ce mot désigne un insigne accordé à ceux qui, pendant la guerre ou durant la paix, ont rendu des services à leur pays.

2. Mais, quelquefois, ce mot s'emploie aussi pour désigner les marques distinctives dont sont revêtus certains officiers ministériels. — V. *Costume.*

3. Le port public par un individu d'une décoration qui ne lui appartient pas constitue un délit qui est puni d'un emprisonnement de six mois à deux ans (C. pén., art. 259).

4. Sur la question de savoir si les décorations conférées à un militaire ou à toute autre personne sont saisissables, V. *Saisie-exécution.*

DÉCORATIONS. — Ceux qui entreprennent les décorations et ornements des salles, magasins ou autres établissements, sont commerçants.

DÉCORS ET ORNEMENTS D'ARCHITECTURE (MARCHANDS DE). — Sont patentables.

DÉCOUPEURS D'ÉTOFFES OU DE PAPIERS. — Sont patentables.

DÉCOUPOIRS.—Les fabricants de découpoirs, pour leur compte ou à façon, sont patentables.

DÉCOUVERTE. — On appelle ainsi, en matière d'enregistrement, l'action par les employés de l'administration de rechercher et de constater les droits d'enregistrement ou de timbre non payés, les contraventions commises et les amendes encourues. — V. *Enregistrement, Exploit, Timbre.*

DÉCRET. — La dénomination de *décret* était autrefois réservée aux lois rendues par l'Assemblée constituante (Décr., 24 juin 1790) et la Convention. Elle a été également appliquée, après la Révolution du 24 février 1848, aux actes du Gouvernement provisoire et à ceux de l'Assemblée constituante. Aujourd'hui, la même dénomination est attribuée aux lois rendues par le Corps législatif, aux décisions du conseil d'Etat et aux actes qui émanent de l'Empereur dans l'exercice du pouvoir exécutif. — V. *Loi, Ordonnance.*

DÉCRET D'AJOURNEMENT PERSONNEL. — V. *Ajournement personnel.*

DÉCRET D'ASSIGNÉ POUR ÊTRE OUÏ.— V. *Assignation pour être ouï.*

DÉCRET D'IMMEUBLES. — On appelait ainsi, dans l'ancien droit, le jugement qui permettait aux mineurs la vente de leurs biens, celui qui autorisait la vente judiciaire des immeubles saisis réellement sur un débiteur, et celui qui en prononçait l'adjudication.

DÉCROIRE. — Droit de commission extraordinaire accordé au commissionnaire qui se porte garant envers son commettant de la solvabilité des personnes avec lesquelles il contracte.

DÉCROTTEURS EN BOUTIQUE. — Sont patentables.

DÉCRUEURS DE FIL. — Sont patentables.

DÉDIT. — **1.** Ce mot signifie, en fait de convention, le refus par quelqu'un de tenir sa promesse, la rétractation qu'il fait de sa parole et de son obligation. Il s'emploie aussi pour désigner la peine stipulée dans un acte contre celui des contractants qui ne voudra pas exécuter sa promesse ou son obligation.

2. Le dédit diffère essentiellement de la clause pénale (V. *Obligation*), en ce que celle-ci a pour objet d'assurer l'exécution de l'obligation, qu'elle n'éteint point cette obligation, et qu'elle donne seulement au créancier la faculté de demander, à son choix, l'exécution de l'obligation ou la peine stipulée (C. Nap., art. 1226 et 1228), tandis que le dédit, au contraire, donne au débiteur le droit de s'affranchir de son obligation, en payant la somme convenue (Arg. art. 1190, C. Nap.).

3. Comme on le voit, le dédit suppose une obligation ou au moins une promesse, mais avec faculté de la rétracter moyennant un prix ; ce prix étant au choix du débiteur, on doit poursuivre contre lui l'exécution de l'obligation principale jusqu'à ce qu'il ait signifié, par un acte signé de lui, au créancier, qu'il entend se dédire, et qu'il ait offert le montant du dédit. — V. *Formule*.

4. Suivant Toullier (t. 6, nos 804 et 805), au contraire, le dédit ne suppose point une autre obligation. Ainsi, il ne voit, dans la promesse de faire une chose dans tel délai ou de payer une indemnité, qu'une seule obligation, celle de payer l'indemnité ; et il conclut de là qu'il n'y a d'obligation que par l'événement de la condition et que le créancier ne peut jamais réclamer que l'indemnité. D'après cette manière de voir, on ne devrait rien faire avant l'expiration du délai accordé ; et, ce délai passé, on demandera simplement l'indemnité.

5. On peut citer comme un exemple fréquent de la convention de dédit, la dation d'*arrhes* (V. ce mot).

Formule.

Signification de dédit et offres.

L'an. . . . ., à la requête de. . . . . ., j'ai. . . . . signifié et déclaré à. . . . ., que le requérant, par suite du commandement à lui fait par exploit de. . . . . entend se dédire et se rétracter, comme d'ailleurs il s'en est expressément réservé le droit, de l'obligation par lui souscrite au profit du sieur. . . . ., suivant acte devant Me. . . . ., de faire *telle chose*, à la charge bien entendu de payer audit sieur. . . . . la somme de. . . . ., montant du dédit stipulé audit acte, et a, ledit sieur requérant, signé en cet endroit de l'original et de la copie (*Signature du requérant*) ;

Et, de suite, à même requête que dessus, j'ai, huissier susdit et soussigné, offert réellement et à deniers découverts, en pièces de. . . . ., monnaie ayant cours légal, audit sieur. . . . . la somme totale de. . . . ., composée : 1° . . . . ., pour le prix du dédit ci-dessus signifié ; 2° . . . . ., pour frais faits jusqu'à ce jour, sauf taxe et sauf aussi à parfaire en cas d'insuffisance ; lui déclarant que les présentes offres lui sont faites sous la seule condition d'en donner quittance ; à ce que dessus ledit sieur. . . . . m'a répondu (*consigner la réponse*) ; contre laquelle réponse j'ai fait toutes protestations, et j'ai remporté la somme offerte, puis laissé copie du présent.

V. n° 3. — Coût, V. *Offres réelles*.

Enregistrement de l'exploit : *en cas de refus des offres*, 2 fr. 20 c ; *en cas d'acceptation*, droit de quittance. — V. *Quittance*.

DÉFAILLANT. — C'est celui qui ne comparaît pas sur la citation, l'assignation ou la sommation à lui donnée. Devant les tribunaux civils, le défaillant est celui qui ne constitue pas avoué. — V. *Jugement par défaut*.

DÉFAUT. — 1. Non-comparution sur une citation, assignation ou sommation. On donne aussi ce nom au jugement rendu contre le défaillant.

2. A ce dernier point de vue, on distingue plusieurs défauts : *défaut faute de comparaître*, celui qui est prononcé contre une partie qui n'a pas constitué avoué ; *défaut faute de plaider* ou *de conclure* ou *contre avoué*, celui qui est prononcé contre la partie qui a constitué avoué, mais qui n'a pas posé

qualités ; *défaut-congé*, celui qui est pris contre le demandeur ; et *défaut profit-joint*, celui qui, lorsqu'il y a plusieurs défendeurs, dont les uns comparaissent, tandis que les autres ne comparaissent pas, est pris contre ces derniers, avec injonction prononcée par le tribunal de les réassigner, réassignation pour laquelle un huissier est commis. V. *Huissier commis*.

3. Lorsque, dans le cours de l'audience où le défaut a été pris contre une partie qui n'avait pas posé qualités, celle-ci le fait, le jugement n'est pas alors porté sur la feuille : c'est ce qu'on appelle *rabattre un défaut*.

DÉFAUT D'INTÉRÊT. — Tout le monde connaît ce proverbe : *point d'intérêt, point d'action*. Le défaut d'intérêt constitue donc une fin de non-recevoir péremptoire.— V. *Action*, nos 67 et 69; *Appel en matière civile*, nos 107, 115 et suiv.; *Cassation*, n° 6; *Exception*, *Intérêt*.

DÉFAUT DE MOTIFS. — V. *Cassation*, n° 43; *Jugement*.

DÉFAUT DE QUALITÉ. — Le défaut de qualité est une fin de non-recevoir.—V. *Exception*.

DÉFAUTS OU VICES DE LA CHOSE LOUÉE OU VENDUE. —V. *Bail (en général)*, nos 31 et suiv. et 116 ; *Office*, *Vente*, *Vices rédhibitoires*.

DÉFENDEUR. — **1.** Celui contre lequel la demande est formée. En appel, le défendeur se nomme *intimé* (V. *Appel en matière civile*, n° 3).

2. Lorsqu'il y a plusieurs défendeurs à une même demande, il doit être laissé à chacun d'eux une copie séparée de l'exploit d'assignation.—V. *Ajournement*, n° 38 ; *Appel en matière civile*, nos 299 et suiv. ; *Cassation*, nos 118 et 119; *Exploit*.

3. Dans le même cas, l'affaire est dispensée du préliminaire de conciliation.— V. *Conciliation*, nos 59 et suiv.

4. Le domicile du défendeur sert souvent à déterminer la compétence. — V. *Compétence civile*, nos 48 et suiv.; *Compétence commerciale*, nos 62 et suiv.

DÉFENSE. — **1.** On appelle ainsi l'ensemble des moyens employés par une partie pour repousser une demande formée contre elle.

2. Consacré par nos lois de la manière la plus absolue, le droit de défense existe aussi bien en matière civile qu'en matière criminelle. Il est de principe fondamental que nul ne peut être légalement atteint dans ses biens comme dans sa personne, sans s'être défendu ou sans avoir été mis à portée de se défendre.

3. S'il a été décidé qu'un avoué de première instance condamné d'office par une Cour impériale aux frais d'une procédure frustratoire, sans avoir été ni partie au procès, ni appelé, ni entendu, ne pouvait pas se pourvoir en cassation contre l'arrêt de la Cour (Cass., 7 mars 1831), il ne soit pas de là qu'il soit obligé de subir sans réclamation la condamnation prononcée contre lui; il peut former tierce opposition contre l'arrêt de la Cour, lorsqu'il lui est opposé.

4. Dans une espèce où des procédures ou actes frustratoires avaient été laissés par le tribunal de première instance à la charge de l'huissier qui les avait faits sans qu'il eût été appelé en cause, la Cour de Rennes a décidé, par arrêt du 11 avril 1835, que cet officier ministériel pouvait former opposition au jugement rendu contre lui.

5. Si le droit de défense en lui-même est inviolable, il est toutefois en matière civile soumis, dans son exercice, à des règles particulières.

6. Ainsi, d'abord, les défenses sont de deux sortes : ou, sans s'occuper du fond de l'affaire, on prétend que le demandeur ne peut être admis à établir le mérite de ses prétentions, et l'on conclut à ce qu'il soit déclaré non recevable; ou bien on prétend que la demande est mal fondée, et l'on conclut à ce que celui qui l'a formée en soit débouté. Dans le premier cas, les défenses s'appellent *exception*, *fin de non-recevoir* (V. ces mots); dans le second, *défenses au fond* ou *défenses proprement dites*.

7. Les exceptions et fins de non-recevoir doivent, en général, être proposées avant les défenses au fond.—V. *Exception*, *Fins de non-recevoir*.

8. Les défenses des parties peuvent être présentées sous une double forme: par écrit, ou verbalement à l'audience.

9. Devant les tribunaux de commerce, les tribunaux arbitraux, les conseils de prud'hommes et les justices de paix, la défense est purement verbale; elle n'admet aucune écriture, en ce sens qu'aucune défense écrite n'est tarifée.

10. Elle peut être présentée, soit par les parties elles-mêmes, soit par un fondé de pouvoir. Le pouvoir peut être donné au bas de l'original ou de la copie de l'assignation (C. comm., art. 627).

11. Toutefois, devant les tribunaux de commerce et les justices de paix, les huissiers ne peuvent ni assister comme conseils, ni représenter les parties en qualité de procureurs fondés (C. comm., art. 627; L. 25 mai 1838, art. 18). L'incapacité qui frappe les huissiers à l'égard de la juridiction commerciale et des justices de paix existe-t-elle lorsqu'il s'agit des conseils de prud'hommes ou des tribunaux arbitraux ?—V. *Huissier*.

12. Devant les tribunaux de première instance et les Cours impériales, les défenses écrites sont proposées sous la forme de requêtes ou de conclusions motivées. —V. *Conclusions*, *Requêtes*.

13. Elles doivent être signées par un avoué (C. proc. civ., art. 77), le ministère des avoués étant nécessaire devant ces Cours et tribunaux. — V. *Avoué*.

14. Elles sont signifiées par un huissier audiencier. — (V. *Acte d'avoué à avoué*, *Conclusions*, *Huissier audiencier*).

15. Les défenses fournies par le défendeur doivent être signifiées dans la quinzaine du jour où il a constitué avoué (C. proc. civ., art. 77); elles doivent contenir offre de communiquer les pièces à l'appui ou à l'amiable, d'avoué à avoué, ou par la voie du greffe (même art.). Dans la huitaine suivante, le demandeur doit faire signifier sa réponse aux défenses (art. 78).

16. Si le défendeur n'a point fourni ses défenses dans le délai de quinzaine, le demandeur poursuit l'audience par un simple acte d'avoué à avoué (art. 79), que l'on nomme *Avenir* (V. ce mot). Après l'expiration du délai accordé au demandeur pour faire signifier sa réponse, la partie la plus diligente peut poursuivre l'audience sur un simple acte d'avoué à avoué; le demandeur peut même poursuivre l'audience après la signification des défenses, et sans y répondre (art. 80).

17. Les défenses verbales sont présentées à l'audience, soit par les parties elles-mêmes, avec l'assistance d'un avoué, à moins que les Cours et tribunaux ne reconnaissent la nécessité de leur interdire ce droit, soit par un avocat, ou, dans certain cas, par un avoué. — V. *Avocat*, *Avoué*.

18. Devant la Cour de cassation et le conseil d'Etat, les requêtes et mémoires doivent être signés, et les défenses orales présentées par un avocat à cette Cour et à ce conseil. —V. *Avocat à la Cour de cassation*, *Cour de cassation*.

19. La défense des accusés en matière criminelle doit s'exercer avec liberté complète. Devant les Cours d'assises, l'accusé peut librement se choisir un conseil ou défenseur, soit parmi les avocats, soit quelquefois même parmi les avoués du ressort de la Cour d'assises. S'il ne le fait pas, le président de cette Cour lui en nomme un d'office.

20. Devant les tribunaux de police correctionnelle, si le prévenu n'a pas fait choix d'un défenseur, le président n'est pas tenu de lui en nommer un d'office. Il en est de même devant les tribunaux de simple police.

21. En matière disciplinaire, le magistrat inculpé a le droit de se faire assister d'un avocat. Les officiers ministériels ont le même droit.

DÉFENSES SUR APPEL. —On nomme ainsi la décision par laquelle un tribunal d'appel empêche l'exécution provisoire d'une sentence rendue par le juge du premier degré hors des cas prévus par la loi. — V. *Exécution provisoire.*

DÉFENSEUR. — Celui qui se charge de défendre une cause devant un tribunal. — V. *Avocat*, *Avocat à la Cour de cassation*, *Agréé*, *Avoué*, *Défense*, *Huissier.*

DÉFENSEUR OFFICIEUX. — Titre donné aux particuliers qui se livraient habituellement à la défense des parties, à l'époque où les avocats et les avoués avaient été supprimés. — Il y a encore aujourd'hui, dans quelques justices de paix, des praticiens qui se donnent le titre de *défenseurs officieux.*

DÉFINITIF (JUGEMENT).—V. *Appel en matière civile*, *Cassation*, *Jugement.*

DÉFRICHEMENT. —Action de mettre en valeur un terrain inculte, et, en matière forestière, essartement des bois et conversion du sol en terre arable.—Les compagnies de défrichement sont patentables.

DÉGAT. — En termes de police rurale et forestière, on appelle *dégâts* les ravages commis par les bestiaux dans les héritages et dans les forêts (V. *Animaux*, *Délit*). Le mot *dégât* s'emploie aussi pour signifier le dommage causé par les personnes aux propriétés d'autrui (V. *Dégradation*, *Destruction*, *Dommage*).

DÉGRADATION. —**1.** On entend ici par ce mot le dommage ou la détérioration, et non la *destruction* (V. ce mot), occasionné à des immeubles.

2. Les dégradations commises sur des immeubles dont une personne a la jouissance, et qui sont le fait soit de cette personne, mais sans malveillance de sa part, soit des animaux lui appartenant, donnent lieu contre elle à une action en indemnité.

3. Elle ne peut être exposée à cette action à cause des détériorations qui sont le résultat du temps ou de quelque cas fortuit, à moins qu'il n'y ait eu faute de sa part (C. Nap., arg. art. 1302, 1372, 1732, 1807 et 1881).

4. L'action en indemnité, dont il vient d'être parlé, doit être portée devant le tribunal civil, et le tribunal compétent nous paraît être celui du lieu de la situation des immeubles.

5. Les dégradations causées par un propriétaire sur les immeubles qu'il a hypothéqués à la garantie d'obligations par lui contractées, peuvent être considérées comme une diminution de sûreté dans le sens de l'art. 1188, C. Nap., et autoriser la demande en déchéance du terme. — V. *Hypothèque*, *Obligation.*

6. Le saisi qui commet des dégradations sur l'immeuble saisi est condamné par corps à des dommages-intérêts, et peut même être poursuivi par la voie criminelle, suivant la gravité des circonstances (C. proc. civ., art. 683).

7. Toute dégradation commise, dans un but malveillant et avec intention de nuire, par des individus sur des immeubles dont ils ont la jouissance, ou dont ils n'ont ni la propriété ni la jouissance, indépendamment de ce qu'elle les soumet à l'action civile en réparation du dommage causé (V. *Action civile*), les rend passibles de peines criminelles ou correctionnelles (C. pén., art. 437, 438, 444 et suiv., 456, 457 et 462).

DÉGRADATION CIVIQUE. — La dégradation civique est une peine principale ou accessoire, mais le plus souvent accessoire, qui consiste dans la privation des droits politiques et d'un grand nombre de droits civils (C. pén., art. 34 et suiv.).

DÉGRAISSEURS. — Sont patentables. — Les établissements des dégraisseurs-teinturiers sont rangés dans la troisième classe des établissements insalubres.

DÉGRAS (FABRICANTS DE). — Les fabriques de dégras ou huile épaisse à l'usage des tanneurs sont rangées dans la première classe des établissements insalubres.

DEGRÉ. — Ce mot a plusieurs acceptions : sous le rapport de l'enseignement, il se dit du grade que l'on obtient dans une faculté ; sous le rapport de la juridiction, il en indique l'ordre hiérarchique (V. *Degrés de juridiction*) ; sous celui de la parenté, il fait connaître la distance qui sépare ceux qui sont unis par les liens du sang ; et, enfin, sous le rapport des substitutions, il indique la place qu'occupe le substitué.

DEGRÉS DE JURIDICTION. — **1.** Ces mots s'emploient pour exprimer l'ordre hiérarchique des tribunaux devant lesquels on peut porter successivement la même affaire. Le mot *ressort* est souvent pris comme synonyme de *degré de juridiction*. Ainsi, dire qu'une affaire doit être jugée en *premier ressort* et en *dernier ressort*, c'est dire qu'elle doit subir le premier et le second degré de juridiction.

Indication alphabétique des matières.

SECT. Ire. — *Juridiction administrative.*

2. Dans les affaires administratives, il existe deux et même quelquefois trois degrés de juridiction : *deux degrés*, lorsque les affaires sont soumises en premier ressort aux ministres ou aux conseils de préfecture, et, en dernier ressort, au conseil d'Etat; *trois degrés*, lorsque les préfets doivent statuer : alors le second degré appartient aux ministres, et le troisième au conseil d'Etat. Toutes les fois que nous avons traité d'une question administrative, nous avons indiqué l'autorité qui devait en connaître en premier ressort et fait connaître si elle devait subir deux ou trois degrés de juridiction.

3. Du reste, en matière administrative, quelque modique que soit l'objet de la contestation, le recours à l'autorité supérieure est toujours ouvert; mais on ne pourrait dans aucun cas franchir le premier degré de juridiction et s'adresser directement au second. Ainsi, ni les ministres ni le conseil d'Etat ne pourraient statuer sur une affaire qui devait être soumise en premier ressort, soit aux préfets, soit aux conseils de préfecture.

4. Toutes les affaires soumises à la Cour des comptes ne subissent qu'un seul degré; les arrêts de cette Cour ne peuvent être sujets qu'à la révision ou à la cassation. — V. *Cour des comptes.*

— Voy., d'ailleurs, *Chemins*, *Commune*, *Compétence administrative*, *Comptables publics*, *Conseil d'Etat*, *Conseil de préfecture*, *Contributions directes*, *Contributions indirectes*, *Cours d'eau*, *Culte*, *Expropriation pour utilité publique*, *Fonctionnaires*, *Marais*, *Mines*, *Ventes administratives*, etc.

SECT. II. — *Juridiction civile et commerciale.*

§ 1. — *Principes généraux.*

5. En matière civile et commerciale, il n'existe que deux degrés de juridiction; la Cour de cassation n'en constitue point un troisième (V. *Cassation*, n° 2). Les tribunaux civils de première instance et les tribunaux de commerce forment, en général, le premier degré, et les Cours impériales le second; c'est-à-dire que les uns jugent en premier ressort, et les autres en dernier ressort. Mais, relativement aux affaires soumises aux justices de paix et aux conseils de prud'hommes, ces tribunaux forment le premier degré de juridiction, et les tribunaux civils et de commerce le second.

6. En principe, toute affaire doit subir les deux degrés de juridiction. Toutefois, cette règle ne saurait être absolue. En effet, beaucoup de contestations sont affranchies du second degré, soit à cause de la modicité de leur intérêt, soit à cause de leur nature particulière.

7. D'autres, à raison des circonstances dans lesquelles elles se présentent, peuvent franchir le premier degré et être soumises pour la première fois au juge supérieur. C'est ce qui a lieu :

1° A l'égard des demandes formées par un avoué en paiement des frais qui lui sont dus ou en remboursement des honoraires qu'il a payés à l'avocat pour sa plaidoirie d'appel. — V. *Avoué*, n° 60; *Compétence civile*, n° 19; *Frais et dépens ;*

2° A l'égard des demandes accessoires ou servant de défense à l'action principale (C. proc. civ., art. 464 et 465). — V. *Appel en matière civile*, n°s 359 et suiv.;

3° Dans les cas d'évocation par les juges d'appel (C. proc. civ., art. 473). — V. *Appel en matière civile*, n° 375 ; *Evocation.*

4° Dans le cas d'intervention en appel (V. *Appel en matière civile*, n°s 173 et suiv.), ou de *tierce opposition* (V. ce mot);

5° A l'égard d'une demande en garantie, lorsque le garant est en cause en appel. — V. *Appel en matière civile*, n° 373.

8. D'autres, enfin, peuvent ne subir qu'un seul degré de juridiction, quoiqu'elles soient susceptibles des deux degrés, par suite du consentement ou de la renonciation des parties. C'est ce qui arrive :

1° Lorsque le demandeur a porté son action devant les juges du degré supérieur et que le défendeur n'a pas opposé l'incompétence. Ainsi, spécialement, une Cour impériale peut connaître d'une action récursoire en garantie, formée pour la première fois en cause d'appel, lorsque le garant a comparu et n'a pas demandé son renvoi (Cass., 20 juill. 1830) ;

2° Lorsque les parties ont prorogé, dans les cas où cela est permis, la juridiction du tribunal qui devait prononcer en premier ressort. — V. *Appel en matière civile*, n°s 78 et suiv., *Compétence*, *Compétence civile*, *Prorogation de juridiction.*

3° Lorsque les parties ont acquiescé au jugement, dans le cas où l'acquiescement est possible. — V. *Acquiescement*, n°s 6 et 11; *Appel en matière civile*, n°s 80 et suiv.

9. Mais les cas où l'on peut franchir le premier degré et ceux où l'on peut renoncer au second sont exceptionnels; le retour au principe est toujours favorable; ainsi, dès qu'il peut s'élever le moindre doute, soit sur la nature de la cause, soit sur l'intention des parties, on doit se décider pour la règle des deux degrés. En effet, lorsque, en l'absence d'une disposition de la loi, les parties n'ont pas expressément manifesté à cet égard leur consentement, la violation des deux degrés de juridiction est une nullité d'ordre public qui donne ouverture à la cassation (Cass., 20 brumaire an 14; 9 oct. 1811). — V. *Cassation*, n° 46.

10. Il est, comme on le voit, fort important de fixer le ressort, c'est-à-dire de déterminer quelles affaires peuvent être jugées en premier ou en dernier ressort; mais, comme le ressort ne se règle qu'eu égard à la valeur ou à la nature de la demande, sans prendre en considération la condamnation (Cass., 27 oct. 1813), nous devons dire, avant tout, comment la demande doit être appréciée.

§ 2. — *Appréciation de la demande relativement au ressort.*

11. On distingue deux espèces de demandes : les unes sont *indéterminées ;* les autres, *déterminées.*

Les premières sont toutes celles qui, par leur nature ou le défaut de renseignements et documents suffisants, échappent à toute fixation de valeur en capital ou en revenu. Elles subissent forcément le deuxième degré de juridiction,

— V. *infrà* nos 64 et suiv. Les secondes, au contraire, sont celles dont le montant peut être fixé sur le vu de l'exploit introductif d'instance ou des conclusions prises postérieurement.

12. Ces dernières demandes sont soumises au second degré de juridiction, ou en sont affranchies, selon qu'elles excèdent ou sont inférieures à une certaine somme (V. *infrà* nos 34 et suiv). De là, la nécessité de savoir quelles choses doivent entrer dans la formation du chiffre de la demande.

13. La jurisprudence et les auteurs ont admis qu'on devait avoir égard : 1° *Au principal* demandé par les conclusions de l'exploit introductif d'instance. Mais, comme le demandeur peut toujours, jusqu'au jugement définitif, augmenter ou diminuer la demande originaire, et que, de son côté, le défendeur peut acquiescer à une partie de la demande, on doit, pour fixer le ressort, considérer la demande telle qu'elle se trouve au moment où l'affaire est prête à recevoir jugement.

14. Ainsi, lorsque la personne, qui a demandé 1,600 fr., réduit ensuite sa demande à 1,500 fr., le jugement qui condamne au paiement de ces 1,500 francs est rendu en dernier ressort. Il en est de même, si l'objet de la demande, non déterminé dans l'origine, vient à l'être postérieurement, et que l'évaluation qui en est faite n'excède pas cette somme. (Cass., 1er juil. 1812).

15. Si celui qui a, en premier lieu, réclamé 1,000 fr., augmente plus tard sa demande, par des conclusions additionnelles, de 600 francs, par exemple, pour dommages-intérêts, le jugement est susceptible d'appel (Cass., 29 germ. an 9; 1er avril 1823).

16. Ainsi encore, lorsqu'à une demande d'une somme de 2,000 fr., le défendeur acquiesce pour 600 francs, cet acquiescement réduisant le litige à une somme inférieure à 1,500 fr., il s'ensuit que le jugement est en dernier ressort (Toulouse, 12 juill. 1828; Besançon, 26 mars 1828; Dijon, 1er fév. 1830; Bourges, 2 déc. 1830; Poitiers, 27 janv. 1831).

17. 2° *Aux intérêts* ou *arrérages* échus avant la demande (Cass., 22 juill. 1807; 18 août 1830; Bordeaux, 13 juin 1837; Montpellier, 30 juill. 1840; Pigeau, *Commentaire*, t. 1, p. 513; Poncet, *des Jugements*, t. 1, p. 293).

18. On ne doit calculer les intérêts que jusqu'au jour du premier acte de l'instance; ceux courus pendant l'instance ne peuvent être ajoutés au principal de la demande (Agen, 19 août 1820 ; Amiens, 30 déc. 1825).

19. A l'égard des effets de commerce, le protêt est considéré comme le premier acte de l'instance judiciaire : de sorte qu'on ne doit faire concourir à fixer le taux du dernier ressort que les intérêts échus avant le protêt, et non ceux échus postérieurement (Rouen, 28 nov. 1826; Paris, 8 déc. 1827; Lyon, 16 janv. 1836; Bordeaux, 1er juin 1837 : *J. Huiss.*, t. 18, p. 349).

20. Mais les intérêts d'un effet de commerce dus par le souscripteur depuis le jour du paiement fait par l'endosseur doivent être joints au capital pour déterminer le taux du ressort (Cass., 18 nov. 1807; Orléans, 4 juill. 1817; Merlin, *Quest. de droit*, v° *Dernier ressort*, § 10).

21. 3° *Aux dommages-intérêts* résultant du contrat même ou de toute autre cause antérieure à la demande (Nîmes, 8 mars et 26 avril 1813; Cass., 9 sept. 1806 ; 7 mai 1829), quoiqu'ils soient réclamés par des conclusions additionnelles (V. *suprà* n° 15).

22. Mais, si les dommages-intérêts étaient demandés par suite et à l'occasion de la demande principale et pour une cause postérieure à l'introduction de l'instance, on ne devrait pas les réunir à cette demande pour fixer le ressort (Cass., 7 avril 1807; 21 déc. 1825).

23. Décidé qu'on ne peut joindre au principal les dommages-intérêts réclamés à l'occasion de la nullité d'une saisie et d'un commandement; ils sont considérés comme soufferts depuis l'instance (Cass., 28 fév. 1821; 19 avril et 18 janv. 1830).

24. 4° *Aux frais* dont la cause est antérieure à la demande. Ce principe est la conséquence de celui que nous avons adopté *suprà*, n°s 17 et suiv. Il a été décidé, par application de ce principe, qu'on devait ajouter au principal les frais d'un acte notarié (Cass., 13 frim. an 14), et ceux de transport d'une créance (Turin, 28 août 1811).

25. Doit-on compter pour fixer le taux du ressort les frais de protêt? L'affirmative résulte d'un arrêt de la Cour de Rennes, du 22 avril 1839 (*J. Huiss.*, t. 20, p. 268). Mais la Cour de Rouen s'est prononcée en sens contraire par arrêt du 28 nov. 1829 (*J. Huiss.*, t. 9, p. 224).— V. *Protêt.*

26. Toutefois, la Cour de cassation a jugé, par arrêt du 21 déc. 1825, qu'on ne devait pas réunir au principal d'une demande en restitution du prix de la vente d'un cheval les frais de pansement, médicaments et voyages nécessités par la maladie du cheval. Il nous semble qu'il faut distinguer, à cet égard, entre les frais faits avant et ceux faits depuis l'introduction de l'instance.

27. Dans tous les cas, on ne pourrait comprendre dans le principal de la demande les frais d'offres réelles et de consignation (Rennes, 26 août 1820; Arg. Bourges, 16 mai 1823; Dijon, 5 janv. 1830). Mais on doit y comprendre le montant de l'amende, qui n'est que la conséquence des dommages qui ont donné lieu à l'action civile (Metz, 12 mars 1833).

28. Si, avec la demande en paiement d'une somme de 1,500 francs, un exploit introductif d'instance contient la demande en remboursement du coût de l'enregistrement du titre, le tribunal de première instance ne peut statuer sur cette action qu'en premier ressort (Cass., 5 mars 1807; Paris, 7 nov. 1825: *J. Huiss.*, t. 7, p. 309).

29. 5° *A la contrainte par* corps. Quoique la contrainte par corps ne doive être considérée que comme un accessoire de la demande principale, le jugement qui la prononce n'est jamais rendu qu'en premier ressort (V. *Contrainte par corps*, n°s 55 et suiv.).

30. Quant aux *dépens* dont la condamnation est prononcée, ils doivent suivre en tout le sort de la demande principale; peu importe, d'ailleurs, le chiffre auquel ils s'élèvent. Ainsi, si les dépens se rattachent à une demande inférieure à 1,500 fr., bien qu'ils excèdent cette somme, le jugement, relativement au chef de condamnation à ces dépens, est en dernier ressort; si, au contraire, ils étaient inférieurs à 1,500 fr., mais se rattachaient à une demande principale supérieure à cette somme, la décision en ce qui les concerne serait susceptible du second degré (Bourges, 25 nov. 1822; Paris, 19 janv. 1826; Bordeaux, 14 août 1829). Décidé, au contraire, que le chef du jugement qui prononce la condamnation aux dépens est susceptible d'appel, lorsque ces dépens s'élèvent à une somme supérieure au taux du dernier ressort, le chiffre de la demande principale fût-il inférieur à ce taux (Colmar, 27 mai 1833).

31. Les dépens faits dans une précédente instance doivent être ajoutés au principal de la somme réclamée par une nouvelle demande formée à l'occasion de la même créance (Cass., 11 vent. an 9). — V. *suprà* n° 24.

32. Spécialement, la demande formée devant le tribunal civil contre un huissier en condamnation au paiement d'une lettre de change supérieure à 1,500 fr., en ajoutant au capital les intérêts échus et les frais faits devant le tribunal de commerce où le porteur de la lettre de change avait poursuivi en remboursement son endosseur, lettre de change devenue irrecouvrable par la faute de l'huissier, est susceptible des deux degrés de juridiction (Nanci, 29 janv. 1831 : *J. Huiss.*, t. 12, p. 177).

§ 3. — *Du premier et du dernier ressort.*

33. Justices de paix. — Nous indiquerons au mot *Justice de paix* (V. ce mot) les contestations sur lesquelles les juges de paix prononcent en premier ou en dernier ressort.

34. Tribunaux de première instance.— *Demandes personnelles et mobilières.* — Les tribunaux civils de première instance connaissent en dernier ressort des *demandes personnelles et mobilières* jusqu'à concurrence de 1,500 francs de principal (L. 11 avril 1838, art. 1). — V. *Action personnelle.*

35. Il faut ranger dans cette catégorie :

1° Les demandes formées par une seule personne, en vertu d'une cause unique, contre plusieurs autres personnes, si ces demandes réunies n'excèdent pas 1,500 fr. Si, par leur réunion, elles dépassaient cette somme, le jugement serait susceptible d'appel, encore bien que chaque chef de demande, apprécié isolément, fût inférieur à 1,500 fr. Mais, si les demandes procédaient de titres différents et personnels à chacun des défendeurs, le ressort se déterminerait par l'importance de chaque chef de demande (Merlin, *Répert.*, v° *Dernier ressort*, § 6 ; Cass., 17 nov. an 13 ; Lyon, 2 mars 1833 ; Rennes, 30 mai 1839 : *J. Huiss.*, t. 20, p. 266).

36. Il y a lieu de faire la même distinction à l'égard des demandes formées par plusieurs personnes contre une seule (Bordeaux, 27 août 1833 : *J. Huiss.*, t. 18, p. 55).

37. Le jugement serait en dernier ressort, si le créancier d'une somme supérieure à 1,500 fr. due par plusieurs débiteurs non solidaires avait demandé contre l'un d'eux, pour sa part personnelle, une somme inférieure à ce chiffre (Cass., 12 août 1806). Il en serait de même d'une demande formée contre un débiteur solidaire pour sa part, si elle était inférieure à 1,500 fr., encore bien que la dette totale excédât cette somme.

38. 2° Les demandes en paiement de loyers et fermages n'excédant pas 1,500 francs (Bourges, 2 avril 1811), et celles en validité de congé, en résiliation ou en réduction de bail, lorsque le montant des années restant à courir et les dommages-intérêts réclamés n'excèdent pas 1,500 francs (Bruxelles, 5 mai 1808 ; Cass., 15 févr. 1819 ; Orléans, 13 mai 1819 ; Amiens, 8 avril 1823).

39. 3° Les demandes en paiement d'arrérages de rentes, s'ils ne s'élèvent pas à 1,500 fr., et les demandes en délivrance de denrées dues également à titre de rente, lorsqu'elles sont évaluées à un chiffre inférieur à cette somme (Cass., 23 juin 1817), encore bien qu'elles aient en même temps pour objet le renouvellement du titre constitutif des rentes (Paris, 20 janv. 1810). Mais, si le montant des arrérages échus excédait 1,500 francs, ou si la demande d'une rente en denrées n'était pas évaluée en argent quant à son capital et aux arrérages échus, le jugement ne serait qu'en premier ressort (Cass., 14 prair. an 13 ; 6 mai 1807 ; 25 juill. 1808).

40. 4° Les demandes en validité de saisies-arrêts pratiquées pour une somme inférieure à 1,500 fr. (Agen, 21 avril 1812 ; Paris, 30 mai 1813 ; Colmar, 11 déc. 1815 ; Amiens, 5 août 1826 ; Orléans, 2 déc. 1828 ; Bourges, 2 mars 1832 ; Paris, 27 juin 1835 : *J. Huiss.*, t. 17, p. 54), quoique les sommes arrêtées soient supérieures (Cass., 15 mai 1839). S'il est dû au saisissant plus de 1,500 fr., ou s'il y a des opposants dont les créances réunies à celles du saisissant dépassent cette somme, le jugement est susceptible d'appel (Cass., 30 nov. 1826).

41. Quant aux jugements qui statuent sur les contestations relatives aux déclarations affirmatives, il a été décidé qu'ils étaient en premier ressort, quelle que fût la somme due au saisissant, fut-elle même inférieure à 1,500 fr.

(Paris, 7 mai 1817; 18 mars 1837; Colmar, 8 janv. 1830; Aix, 22 nov. 1834 : *J. Huiss.*, t. 16, p. 208). Mais on peut citer en sens contraire un arrêt de la Cour de Paris du 13 mai 1832. Dans une espèce où les sommes dues au saisissant et aux créanciers intervenants excédaient, réunies, le taux du premier ressort, la Cour de cassation a, le 30 novembre 1826, admis l'appel. Ce dernier arrêt ne juge pas le principe; toutefois, il implique plutôt une décision conforme à celle de l'arrêt de la Cour de Paris du 15 mai 1832. — V. *Saisie-arrêt*.

42. 5° Les oppositions à une saisie-exécution faite pour une somme inférieure à 1,500 fr., quoique le saisi ait invoqué la nullité des titres en vertu desquels on avait procédé à la saisie (Bordeaux, 28 fév. 1826 ; 10 avril 1827; Toulouse, 26 janv., 13 mars et 5 juin 1827); la demande en nullité d'une saisie foraine pratiquée pour une somme inférieure à 1,500 fr., par le motif qu'elle n'est pas foraine dans le sens de la loi (Bruxelles, 14 janv. 1822). — V. *Saisie-exécution*, *Saisie foraine*.

43. Mais est en premier ressort et susceptible d'appel, le jugement qui statue sur une demande en revendication d'objets saisis d'une valeur indéterminée ou supérieure à 1,500 fr., bien que la créance qui a motivé la saisie soit inférieure à cette somme (Bordeaux, 27 nov. 1828; 25 janv. 1839 : *J. Huiss.*, t. 20, p. 224; Toulouse, 11 janv. 1838 : *J. Huiss.*, t. 19, p. 183). —V. *Saisie-exécution*.

44. Il en est de même du jugement qui statue sur une demande en nullité d'une saisie-brandon faite pour une somme inférieure à 1,500 fr., lorsque le saisi a en outre conclu, à raison du préjudice par lui éprouvé antérieurement à l'instance, à des dommages-intérêts qui, réunis à la demande principale, excèdent le taux du dernier ressort (Bordeaux, 12 avril 1836 : *J. Huiss.*, t. 17, p. 245). — V. *Saisie-brandon*.

45. ... Du jugement qui, validant une saisie-gagerie, ordonne, conformément aux dernières conclusions du demandeur, le paiement d'une somme de plus de 1,500 fr. pour loyers échus au jour du jugement, quoique, dans l'exploit introductif d'instance, on n'eût réclamé qu'une somme moindre (Bordeaux, 6 mai 1834 : *J. Huiss.*, t. 15, p. 321). Mais est en dernier ressort le jugement qui prononce sur la validité d'une saisie-gagerie faite pour une somme moindre de 1,500 fr. (Bordeaux, 13 mai 1834 : *J. Huiss.*, t. 14, p. 321).

46. 6° Les contestations qui s'élèvent en matière d'ordre et de distribution par contribution, lorsque la somme à distribuer est inférieure à 1,500 francs; peu importe que la créance sur laquelle il y a contestation soit supérieure à cette somme: on n'a égard absolument qu'à la somme à répartir. La jurisprudence est aujourd'hui constante sur ce point (Orléans, 19 nov. 1819 et 26 avril 1822; Aix, 9 fév. 1825; Lyon, 27 avril 1825; Limoges, 24 fév. 1826; Grenoble, 1er mai 1830; Agen, 25 janv. 1834; Montpellier, 4 déc. 1838; Toulouse, 17 déc. 1838).

47. 7° Les demandes de la régie en paiement de revenus domaniaux inférieurs à 1,500 fr. (Arg. Cass., 23 mars 1808).

48. 8° Les contestations qui s'élèvent entre la régie et les contribuables relativement aux contributions indirectes et à l'enregistrement, quelle que soit leur valeur (Décr., 6 et 7 sept. 1790, art. 2; L., 22 frim. an 7, art. 65). —V. *Contributions indirectes*, n° 32; *Douanes*, *Enregistrement*.

49. Sur la question de savoir si les décisions des tribunaux de première instance relativement à la détermination de la résidence des huissiers ordinaires sont rendues en premier ou en dernier ressort, V. *Huissier*.

50. *Actions réelles ou immobilières.*—Les tribunaux civils de première instance connaissent aussi en dernier ressort des *actions réelles* ou *immobi-*

lières jusqu'à soixante francs de revenu, déterminé soit en rentes, soit par prix de bail (L. 11 avr. 1838. art. 1er).

51. Ce mode d'évaluation étant le seul énoncé dans la loi, il ne semble pas qu'on puisse en admettre un autre, et spécialement l'estimation en capital donnée par le défendeur à l'objet du litige, quoiqu'il rapporte, à l'appui de son évaluation, un acte authentique.

52. Les contestations qui s'élèvent au sujet de saisies immobilières comprenant des biens dont le revenu est au-dessous de 60 francs sont jugées en dernier ressort par les tribunaux de première instance, encore bien qu'il soit dû au saisissant plus de 1,500 fr. Ce qui ici détermine le ressort, c'est l'importance des biens saisis, et non la créance du saisissant (Cass., 22 mai 1833; 23 août 1836; 15 juill. 1840; Toulouse, 20 mai 1828; 20 avr. 1840; Rennes, 27 juill. 1827).

53. *Demandes reconventionnelles ou en compensation.*—Les tribunaux civils de première instance statuent également en dernier ressort sur les *demandes reconventionnelles* ou *en compensation* formées dans les limites de leur compétence en dernier ressort (L., 11 avr. 1838, art. 2).—V. *Compensation*, *Reconvention*.

54. Mais ils jugent en premier ressort dans le cas contraire. Ainsi, lorsqu'un huissier réclame pour avances et honoraires une somme au-dessous de 1,500 fr., et que son client allègue reconventionnellement qu'il y a entre eux un compte à faire pour sommes excédant 1,500 fr., le jugement qui adjuge à l'huissier le montant de sa demande n'est pas en dernier ressort (Cass., 18 avril 1821 : *J. Huiss.*, t. 5, p. 44).

55. Si la demande reconventionnelle ou en compensation excédait les limites ci-dessus indiquées, le tribunal ne pourrait prononcer sur la demande principale et la demande reconventionnelle ou en compensation qu'en premier ressort, encore bien que la première fût inférieure à 1,500 fr. ou à 60 fr. de revenu déterminé en rente ou par prix de bail (L., 11 avril 1832, art. 2).

56. *Demandes incidentes.* — Les *demandes incidentes* formées par le demandeur pendant l'instance sont des accessoires de la demande principale dont elles suivent le sort, sans influer sur les degrés de juridiction qu'elle doit parcourir (Colmar, 16 avril 1808 ; Metz, 17 juill. 1823).

57. Ainsi, notamment, la demande en validité d'offres d'une somme inférieure à 1,500 fr., faite par un avoué à un huissier pour honoraires et déboursés d'une signification, est jugée en dernier ressort par le tribunal de première instance, quoique l'huissier ait soulevé, à l'occasion de cette demande, la question de savoir à qui des avoués ou des huissiers est dû le droit de copie d'un jugement signifié (Bordeaux, 20 fév. 1834 : *J. Huiss.*, t. 15, t. 243).

58. Ainsi encore, lorsqu'une partie a fixé à une somme au-dessous de 1,500 fr. des droits résultant d'un bail, et qu'ensuite, sur la demande en paiement de cette somme, elle conclut à la nullité de cette fixation, le tribunal civil, en l'annulant, peut prononcer en dernier ressort, quoique le prix du bail excède 1,500 fr. (Nîmes, 2 avril 1813).

59. De même, est en dernier ressort le jugement qui statue sur la demande en nullité d'une enquête dont l'objet est d'obtenir une condamnation d'une valeur au-dessous de 1,500 fr. (Grenoble, 2 mars 1822), et sur une inscription de faux incident, si l'objet de la demande n'excède pas 1,500 fr. (Caen, 14 déc. 1821 ; Toulouse, 13 avril 1825 ; Montpellier, 29 nov. 1828).

60. *Demandes accessoires.*— Les *demandes accessoires* ne doivent pas être distinguées en cette matière des demandes incidentes ; comme elles, elles suivent le sort de la demande principale à laquelle elles se rattachent, et l'on n'y a point égard pour la détermination du premier ou du dernier ressort (Lyon, 27 avril 1839 ; Douai, 22 juin 1842).—V. *Accessoire*, n° 12.

61. *Demandes en garantie.*—Les demandes en garantie et sous-garantie formées par suite d'une action principale suivent le sort de cette action, et ne peuvent être portées en appel quand celle-ci est jugée en dernier ressort (Rennes, 30 mai 1839; *J. Huiss.*, t. 20, p. 266). — V. *Garantie.*

62. *Dommages-intérêts.* — Les *demandes en dommages-intérêts* formées reconventionnellement et fondées exclusivement sur la demande principale suivent aussi en tout le sort de cette demande, quel que soit d'ailleurs le chiffre auquel elles s'élèvent (L., 11 avril 1838, art. 2).

63. *Demandes déterminées supérieures à* 1,500 *fr. ou à* 60 *fr. de revenu.* — Les tribunaux de première instance ne statuent qu'à charge d'appel sur les actions personnelles ou mobilières dont la valeur excède 1,500 fr., et sur les actions réelles ou immobilières relatives à des objets dont le revenu excède 60 fr. par an, par prix de bail ou en rentes (L., 11 avril 1838, art. 1er).

64. *Demandes indéterminées.* — Les demandes peuvent être indéterminées, soit à raison de la nature particulière du procès qui ne porte pas sur un intérêt d'argent, soit parce que cet intérêt ne saurait être apprécié d'après les bases fixées par la loi, soit parce que, bien que l'objet du litige soit susceptible d'appréciation, le demandeur ne lui a pas assigné de valeur.

65. Dans ce dernier cas, les juges ne doivent évaluer l'objet en litige qu'autant que cette évaluation peut se faire d'après des bases certaines. Ainsi, lorsque le montant d'une demande non déterminée peut être fixé par des règlements publics, cette demande doit être jugée en dernier ressort, si elle n'excède pas 1,500 fr. (Bourges, 27 juin 1810). Mais la valeur d'une demande qui n'a pas été déterminée ne peut l'être d'après des calculs certains (Rennes, 18 juin 1810 ; Limoges, 14 juill. 1813).

66. Lorsqu'il n'existe aucune base légale d'évaluation, la demande non déterminée est toujours susceptible des deux degrés de juridiction ; les juges ne sauraient même ordonner aux parties d'estimer la valeur du litige, pour déterminer le ressort.

67. La demande qui contient deux chefs principaux, dont l'un seulement est indéterminé, est susceptible des deux degrés de juridiction. Il en est de même de la demande qui contient des conclusions alternatives, dont les unes sont indéterminées. Ainsi, dans ces deux cas, le jugement ne peut être rendu en dernier ressort (Colmar, 15 nov. 1815 ; Orléans, 17 mai 1822 ; Rouen, 3 fév. 1845. — *Contrà* Bordeaux, 6 mars 1833 ; Limoges, 16 janv. 1839 ; Riom, 9 mars 1843).

68. Les demandes indéterminées par leur nature et sur lesquelles les tribunaux ne peuvent prononcer qu'à charge d'appel sont celles qui ont pour objet l'état des personnes, la qualité de Français ou d'étranger, la validité ou la nullité d'un mariage ; celles qui concernent les séparations de corps et de biens, et la filiation légitime ou naturelle ; et les procès ayant pour objet principal la qualité dont un citoyen est revêtu dans la vie civile, comme celle d'héritier (Cass., 23 brum. an 12), d'associé ou de tuteur (Cass., 26 vend. an 8).

69. Telles sont également les tierces oppositions principales, s'il s'agit uniquement de savoir si la demande est ou non recevable (Besançon, 16 juin 1809); les demandes en nullité d'instance pour défaut d'autorisation (Toulouse, 20 août 1827) ; les questions de compétence ; les demandes en reddition de compte sans évaluation du reliquat possible (Cass., 17 brum. et 9 germ. an 11. — V. *Compte*, n° 76); les demandes en remise des titres d'une succession (Cass., 3 pluv. an 13 ; Besançon, 28 juill. 1823) ; les demandes en partage d'une communauté (Cass., 23 brum. an 12), et la demande en partage d'une succession, encore bien qu'elle soit formée par le créancier d'un cohéritier (Rennes, 14 janv. 1825).

70. Enfin, sont encore indéterminées par leur nature la demande en cession de biens formée par un débiteur contre ses créanciers (Bordeaux, 13 mars 1828); celle en nullité d'une décision arbitrale pour cause d'incompétence (Nîmes, 17 nov. 1828); la contestation ayant pour objet de savoir quelles sont les réserves que le vendeur d'une coupe de bois a pu faire lors de la vente (Bourges, 8 avril 1825), et la demande en délivrance de seconde grosse (Bordeaux, 20 janv. 1831).

71. Mais lorsque, sur une demande en paiement d'un billet dont le montant ne s'élève qu'à 1,500 fr., le défendeur prétend qu'il n'a signé cet effet que par complaisance, et en demande la remise, cette défense ne rend pas la demande indéterminée, et par suite ne sert pas à fixer le taux du dernier ressort (Bordeaux, 1er juin 1837 : *J. Huiss.*, t. 18, p. 349).

72. Les demandes réelles ou immobilières indéterminées sont la demande en revendication d'immeubles dont la valeur n'est pas déterminée (Cass., 12 juin 1810 ; 19 fév. 1821); la demande en rescision ou en nullité de la vente d'un immeuble (Cass., 11 oct. 1808), en démolition de constructions (Cass., 23 prair. an 12), et la demande en partage d'un immeuble (Cass., 26 oct. 1808), dont le revenu n'est déterminé ni en rente ni par prix de bail; la demande en reconnaissance d'une servitude (Cass., 27 juill. 1808); la demande en subrogation intentée par des cohéritiers contre un cessionnaire de droits héréditaires (Cass., 3 fruct. an 5); la demande en déguerpissement d'un immeuble dont le revenu n'est pas déterminé (Bruxelles, 7 mars 1810); la demande en supplément d'hypothèque (Bruxelles, 23 mai 1810); la demande alternative en paiement d'une somme inférieure à 1,500 fr. ou en délaissement d'immeuble dont la valeur n'est pas légalement connue (Paris, 18 mars 1826; Grenoble, 25 juin 1827), et la demande en résolution d'une vente pour défaut de paiement (Montpellier, 7 fév. 1828).

73. Si, dans l'intention de faire subir à son action les deux degrés de juridiction, le demandeur a négligé de l'évaluer d'après le prix du bail ou de la rente, le défendeur a le droit de le faire lui-même, pourvu que l'évaluation soit déterminée en rente ou par prix de bail.

74. TRIBUNAUX DE COMMERCE. — Ils statuent en dernier ressort :

1° Sur toutes les demandes dont le principal n'excède pas la somme de 1,500 fr. (L. 5 mars 1840);

2° Sur toutes celles à l'égard desquelles les parties, justiciables de ces tribunaux et usant de leurs droits, ont déclaré vouloir être jugées définitivement et sans appel (même loi).

75. Ils ne peuvent connaître qu'en premier ressort de toutes autres affaires qui leur sont soumises (V. *Compétence commerciale*), et spécialement des demandes indéterminées (Cass., 2 prair. an 12).

76. ARBITRES. — En matière d'arbitrage volontaire, les arbitres ne prononcent jamais qu'en premier ressort sur les contestations qui leur sont soumises (Arg. art. 1023, C. proc. civ.) : d'où il suit que leurs sentences sont toujours susceptibles du second degré de juridiction, quelle que soit d'ailleurs la valeur du litige.

77. Il n'en est pas de même en matière d'arbitrage forcé. Les arbitres prononcent, en dernier ressort, jusqu'à concurrence de 1,500 fr., et, au-dessus de cette somme, en premier ressort (Metz, 15 fév. 1823; Lyon, 21 mars 1823). — V. *Arbitrage*.

78. CONSEILS DE PRUD'HOMMES. — En ce qui concerne l'étendue de la compétence des conseils de prud'hommes en premier et en dernier ressort, V. *Prud'hommes*.

SECT. III. — *Juridiction criminelle.*

79. Le principe des deux degrés de juridiction existe en matière criminelle d'une manière plus générale encore qu'en matière civile. Le premier degré appartient aux tribunaux de simple police et aux tribunaux correctionnels; le second aux tribunaux correctionnels pour les affaires de simple police, et aux tribunaux correctionnels d'appel ou aux Cours impériales pour les affaires correctionnelles. — V. *Appel en matière criminelle.*

80. *Tribunaux de simple police.* — Ils ne statuent en dernier ressort que lorsqu'ils prononcent des amendes, restitutions ou autres réparations civiles n'excédant pas 5 francs, outre les dépens. Si les amendes, restitutions et autres réparations surpassent cette somme, ou si un emprisonnement est prononcé, le jugement doit subir le second degré de juridiction (C. inst. crim., art. 172).

81. En matière de simple police, quelle que soit la demande des parties ou la peine prononcée par la loi, c'est la condamnation seule qui règle le ressort (même art.).

82. *Tribunaux correctionnels.* — Ces tribunaux ne statuent jamais qu'en premier ressort (C. inst. crim., art. 199), excepté 1° lorsqu'ils prononcent sur une contravention de police (C. inst. crim., art 192 ; 2° lorsqu'ils jugent en vertu de la compétence spéciale établie par la disposition des art. 35 et 36 de la loi du 19 vent. an 11 relative à l'exercice de la médecine.

83. Spécialement, le jugement par lequel le tribunal correctionnel déclare qu'un fait incriminé comme présentant les caractères du délit de diffamation n'est, en réalité, qu'une simple injure, statue en dernier ressort (Riom, 24 déc. 1829 : *J. Huiss.*, t. 11, p. 237).

84. Sauf les deux exceptions dont nous venons de parler, les jugements rendus par les tribunaux de police correctionnelle doivent subir le deuxième degré de juridiction, quelle que soit la demande ou la condamnation (Cass., 16 mai 1825; Bordeaux, 29 juill. 1830).

DÉGUERPISSEMENT. — **1.** Abandon que pouvait faire l'acquéreur d'un immeuble grevé de rente foncière, pour se soustraire à cette charge.

2. La faculté de déguerpir ne peut plus être exercée, à moins que les immeubles n'aient été achetés avant le Code Napoléon, ou que l'acquéreur qui les a achetés depuis à charge de rente ne se soit formellement réservé cette faculté. Le déguerpissement ne peut être partiel.

3. Il se fait par acte devant notaire ou sous seing privé, et, en cas de contestation, par acte au greffe du tribunal du lieu de la situation de l'immeuble. Cet acte doit être notifié au vendeur par exploit du ministère d'un huissier.—V. *Signification.*

4. Le déguerpissement a pour effet de faire retourner la propriété au vendeur ou à ses représentants, d'anéantir tous les droits du déguerpissant et d'affranchir l'immeuble de toutes charges et dettes créées par ce dernier.

5. Il ne faut pas confondre le déguerpissement avec le délaissement par hypothèque. Le délaissement par hypothèque ne reporte pas la propriété sur la tête du vendeur; il investit seulement les créanciers auxquels il est fait du droit de faire vendre aux enchères l'immeuble délaissé. — V. *Délaissement par hypothèque.*

DÉLAI. — **1.** Temps accordé par la loi, par le juge ou par les parties, pour faire un acte quelconque.

Indication alphabétique des matières.

§ 1. — *Des délais en général.*

2. Des délais ont été fixés par la loi pour l'exercice de certains droits et de certaines actions; ils varient suivant les circonstances. Les cas dans lesquels la loi a fixé des délais sont trop nombreux pour qu'il soit possible de les énumérer ici. Nous les avons fait connaître en traitant des diverses matières auxquelles ces délais se rattachent. — V. *Abandon de biens, Absence-Absent, Acquiescement, Acte conservatoire, Acte sous seing privé, Action civile, Action hypothécaire, Action en nullité, Action possessoire, Action publique, Ajournement, Appel en matière civile, Appel en matière criminelle, Arbitrage, Assignation à bref délai, Baux (les divers), Bénéfice d'inventaire, Bourse commune des huissiers, Cassation, Cession de biens, Citation, Communauté de biens entre époux, Conciliation, Contrainte par corps, Domicile, Effets de commerce, Exploit, Faillite, Garantie, Hypothèque, Jugement par défaut, Obligation, Péremption, Prescription, Protêt, Reprise d'instance, Saisies (les diverses), Succession, Vices rédhibitoires, etc.*

3. Les juges peuvent accorder des délais pour le paiement d'une obligation, pour faire une option, pour remplir une formalité; ils peuvent aussi fixer l'étendue des délais nécessaires aux parties dans tous les cas où la loi ayant accordé des délais, elle n'en a pas déterminé la durée.

4. Les parties peuvent fixer elles-mêmes des délais pour l'exécution des obligations qu'elles contractent, mais, dans ce cas, la durée de ces délais dépend uniquement des stipulations qui ont été faites.

5. Celui à qui un temps a été donné ne peut être mis en demeure tant que le délai n'est pas entièrement expiré. Il doit jouir de ce délai dans toute son intégrité, à moins que les sûretés par lui données ne se trouvent diminuées ou détruites par son propre fait.

6. Les délais sont des espèces de prescriptions. Ainsi considérés, ils sont régis par les lois en vigueur au moment où ils ont commencé à courir. Leur observation est généralement appuyée pour sanction de la déchéance ou de la nullité, quelquefois même de dommages-intérêts, et du rejet de la taxe, comme lorsqu'il s'agit d'un acte tardivement signifié.

7. Quoique les déchéances établies par le Code de procédure ne soient pas comminatoires, les juges ne peuvent cependant les prononcer là où la loi ne les prononce point (Cass., 2 fév. 1826).

8. Toute exception fondée sur l'échéance d'un délai fatal peut être proposée en tout état de cause, de même qu'une prescription (Arg. Limoges, 5 mai 1833; Cass., 10 déc. 1839).

§ 2. — *Comment les délais doivent être comptés. — Point de départ. — Terme.*

9. Les délais se comptent par heures, par jours, par mois et par années.

10. Les délais ne se comptent par *heures* que dans le cas où la loi ou les parties l'ont expressément déclaré ou stipulé; alors, la computation a lieu d'heure à heure (Cass., 8 janv. 1807; Carré et Chauveau, *Lois de la Procédure*, *quest.* 3415). — Exemples : l'âge de majorité se compte d'heure à heure : d'où il suit que l'enfant né le 1er janv. 1840 à 6 heures du matin sera majeur à la même heure du même jour de l'année 1861). — Un procès-verbal, rédigé le 14 d'un mois, à 6 heures du matin, et qui doit être affirmé dans les 24 heures, est nul, si l'affirmation n'a été faite que le 15, à 7 heures du soir (L., 9 flor. an 7, art. 6 et 10; Cass., 5 janv. 1809). — Pour conserver le droit d'agir en dommages-intérêts contre le capitaine du navire, l'art. 456, C. comm., exige qu'il y ait protestation dans les 24 heures de l'arrivée des marchandises. — La surenchère, en matière de saisie immobilière, doit être dénoncée dans les 24 heures (C. proc. civ., art. 711).

11. En matière de simple police, il doit s'écouler 24 heures entre la dénonciation d'une opposition et le jugement de cette opposition (C. inst. crim., art. 146 et suiv.). L'affaire appelée le lendemain fait présumer que ce délai s'est écoulé; mais cette présomption n'exclut pas la faculté de prouver l'heure à laquelle la signification a eu lieu (Cass., 14 fév. 1834).

12. Ainsi, lorsqu'il est dit que, *dans les vingt-quatre heures* qui suivront tel acte, telle chose sera faite, le délai ne comprend que les 24 heures qui suivent l'heure mentionnée dans la date de l'acte : si cet acte a été fait le 20, à 10 heures du matin, le délai expire le 21, à 10 heures du matin. Toutefois, cette manière de compter le délai ne peut s'appliquer qu'au cas où la loi exige que l'heure soit indiquée dans l'acte. Dans le cas où cette indication n'est pas prescrite, le délai de 24 heures comprend tout le jour qui suit celui dont l'acte porte la date (Rolland de Villargues, *Répert. du notariat*, v° *Délai*, nos 15 et 16).

13. Le juge des référés, les juges de paix et le président d'un tribunal de commerce, peuvent permettre d'assigner d'heure à heure (V. C. proc. civ., art. 417 et 418; *Exploit*).

14. A part les cas exceptionnels dont il vient d'être parlé, les délais se comptent par *jours*. Le jour s'entend de l'espace qui s'écoule de minuit à minuit, et non du délai de 24 heures à partir de l'acte qui fait courir le délai (Bourges, 2 juill. 1825; Troplong, *Prescription*, n° 813).

15. Dans le cas où les délais se comptent par jour, il n'y a ni avantage ni inconvénient à faire des actes plutôt à une heure qu'à une autre du même jour. Toutefois, certains actes ne peuvent être faits que pendant une partie des heures de la journée : tels sont les transcriptions au bureau des hypothèques, les significations et exécutions (C. proc. civ., art. 1037). — V. *Contrainte par corps*, *Exécution*, *Exploit*, *Hypothèque*.

16. Dans le temps d'un délai quelconque, tous les jours sont continus et utiles, et, par conséquent, les jours de fêtes et de vacations comptent. Ainsi, les délais dans lesquels doivent être faits les actes judiciaires, les exploits et significations, ne doivent pas être augmentés, lorsque le dernier jour du délai est un jour férié. — V. *Exploit*, *Jour férié*.

17. Décidé, conformément à cette règle, que, si le délai expire un jour férié, l'acte prescrit ne peut être notifié le lendemain, spécialement lorsqu'il s'agit d'appel en matière d'ordre (Bordeaux, 4 juin 1835), ou en matière correctionnelle (Cass., 28 août 1812), et lorsqu'il s'agit d'opposition à un jugement par défaut de justice de paix (Cass., 25 nov. 1824; 26 mai 1834).

18. Mais la règle ci-dessus souffre exception : 1° en matière de protêts (C. comm., art. 162. — V. *Effets de commerce*); 2° en matière d'enregistrement des actes (L. 22 frim. an 7, art. 25. — V. *Enregistrement*); 3° lorsque le délai n'est que d'un jour ou de 24 heures, ce délai ne pouvant s'entendre que d'un jour ou de 24 heures utiles. Ainsi, si le délai de 24 heures accordé pour la dénonciation d'une surenchère expire un jour de fête légale, cette dénonciation peut être faite le lendemain (Cass., 28 nov. 1809; 22 juill. 1828).

19. Les jours bissextiles se comptent dans les délais de jour, mais non dans les délais par mois et par année (Merlin, *Répert.*, v° *Jour bissextile*).

20. Les délais de *mois* se calculent du quantième au quantième correspondant du mois suivant, sans avoir égard au nombre de jours dont chaque mois est composé (Arg. art. 2261, C. Nap.; Paris, 9 août 1811; Grenoble, 12 mars 1812; Cass., 12 mars 1816; Toullier, t. 6, n° 683).

21. Toutefois, le quantième du mois peut ne pas se trouver dans le mois suivant. Par exemple, le délai d'un mois peut partir du 31 janvier (*dies à quo*), alors il expirera le dernier jour du mois de février (Cass., 12 mars 1816; 13 août 1817). De même, si le jour *à quo* se trouve le 28 février, le mois n'expirera que le 31 mars.

22. L'art. 40, C. pén., fait exception à cette règle, en disposant que la peine d'un mois d'emprisonnement est de trente jours. La peine doit être d'une durée égale, en quelque temps de l'année qu'elle soit prononcée.

23. Les délais d'*années* se comptent de la date d'une année à celle d'une autre. Ainsi, la somme stipulée payable dans un an, du 1er février 1854, ne sera exigible que le 2 février 1855, le jour *à quo* n'étant jamais compté dans le délai, tandis que le dernier jour de ce délai (*dies ad quem*) y est compris tout entier.

24. Nous venons de dire que le jour *à quo*, c'est-à-dire celui à partir duquel le délai commence à courir, ne doit jamais être compté dans le délai. C'est là une règle générale applicable dans tous les cas où la loi ou les parties n'y ont pas dérogé et où la nature de la matière ne s'y oppose pas (Cass., 27 fév. 1815; 5 avril 1825; Toullier, t. 6, n° 682).

25. Les mots *à dater du, depuis, à courir du* (Toullier, t. 6, n° 684; Troplong, *des Hypothèques*, t. 1, n° 300), *à dater de ce jour* (Besançon, 20 mars 1809), *à partir de* (Caen, 19 fév. 1825), *à compter de* (Bordeaux, 23 janv. 1826), *dans la quinzaine de telle opération* (C. proc. civ., art. 680; Troplong, *loc. cit.*; Cass., 16 janv. 1822), sont exclusifs du jour *à quo* et signifient *à dater de l'expiration de ce jour*. Au contraire, les mots *à compter du, du jour*, doivent être, dans certaines circonstances, pris dans un sens inclusif (V. notamment art. 26 et 1153, C. Nap., et 22, C. pén.).

26. Il est des événements qui, comme la force majeure, ne permettent pas de faire pendant le délai ce qui était prescrit. Ces événements en opèrent la suspension. Ainsi, les délais d'appel, de pourvoi en cassation, de notification, d'admission du pourvoi, sont suspendus par une invasion ou l'état de blocus (Cass., 14 fév. 1806; 24 janv. et 21 juin 1815). De même, aucune prescription ou déchéance ne peut être encourue par les militaires en état de guerre (Cass., 10 nov. 1818).

27. Le jour *ad quem*, c'est-à-dire celui de l'échéance du délai, se trouve, en général, compris dans ce délai. Mais il y est compris tout entier. Ainsi, lorsqu'un jugement accorde trois semaines (21 jours à partir du 9 décembre) pour faire une déclaration, on peut la faire le 30, mais on ne serait plus recevable à la faire le 31 du même mois (Lyon, 7 fév. 1831).

28. Le principe que nous venons d'énoncer subit une exception à l'égard des délais fixés pour les ajournements, citations et autres actes faits à personne ou à domicile. Dans ces délais, le jour de la signification et celui de l'échéance ne sont jamais comptés (C. proc. civ., art. 1083). Ex. : un ajournement pour comparaître le 15 ne serait pas valablement donné le 7 (V. *Ajournement*, n° 54); une citation en justice de paix pour se présenter le 4 ne peut être signifiée le 3 (V. *Citation*, n° 26) ; l'obligation imposée par la loi de répondre à un acte ou de faire une chose dans le délai de quatre jours à compter d'une sommation ou d'un autre exploit signifié à personne ou à domicile est valablement remplie le sixième jour, y compris le jour de la signification.

29. Cette exception s'étend au délai concernant les assignations données au domicile des avoués en matière d'enquêtes (Cass., 11 janv. 1815), et l'opposition à un jugement par défaut (Merlin, *Répert.*, v° *Délai*, sect. 1re, § 3), à moins qu'il n'y ait eu constitution d'avoué (Cass., 5 fév. 1811), et au délai *d'appel*. — V. *Appel en matière civile*, n° 202).

30. Les mots *dans* ou *pendant*, employés dans la fixation d'un délai, indiquent que le jour *ad quem* doit y être compris (Caen, 6 mai 1825). Ainsi, le jour *ad quem* fait nécessairement partie du délai de huitaine pour la notification d'une demande en validité de saisie-arrêt, de quatre jours pour l'enregistrement des exploits, de dix jours pour appeler du jugement qui statue sur les contestations en matière d'ordre, de quarante jours pour la notification d'une surenchère, et du délai de quinzaine accordé par un jugement à une partie pour faire une option (Cass., 9 fév. 1825).

§ 3. — *Augmentation à raison des distances.*

31. L'augmentation de délai est accordée pour le temps qu'exige le transport des parties, ou la transmission de l'acte dont elles sont tenues de justifier. Elle est, en général, d'un jour par trois myriamètres, et de deux jours également par trois myriamètres, quand il y a lieu à voyage ou envoi et retour (C. proc. civ., art. 1033; C. Nap., art. 411 et 439). — V. toutefois C. Nap., art. 2061 et 2185, et C. comm., art. 165 et 201.

32. Que signifient ces derniers mots de l'art. 1033, C. proc. civ. : *voyage ou envoi et retour?* Ils doivent s'entendre comme s'il y avait : *voyage et retour*, ou *envoi et retour : voyage* de l'huissier chargé de signifier l'exploit, et *retour* avec l'original signifié; *envoi* de l'exploit pour être signifié, et *retour* ou *renvoi* de l'original de l'exploit signifié. Ainsi, un individu domicilié à Caen est assigné pour comparaître devant un tribunal de Paris : dans ce cas, un jour par trois myriamètres sera ajouté au délai de huitaine; mais, si l'habitant de Caen est obligé d'assigner en garantie une personne domiciliée à Bordeaux, il faudra y ajouter encore deux jours par trois myriamètres, c'est-à-dire le temps d'envoyer et de renvoyer l'assignation (Carré, *Lois de la Procédure*, *Quest.* 3413; Boitard, *Leçons sur le Code de procédure*, t. 3, p. 514; Souquet, *Dict. des temps légaux*, *introduction*, p. 18, n° 96).

33. A l'égard de la partie, le mot *voyage* ne s'entend que du simple déplacement qu'elle est obligée d'effectuer pour se transporter d'un lieu à un autre. L'augmentation d'un jour par trois myriamètres ne s'étend pas au retour. Ainsi, celui qui est assigné à comparaître devant un tribunal situé à neuf kilomètres de son domicile aura droit à un délai supplémentaire de trois jours pour arriver au tribunal ; il ne pourra prétendre à un nouveau délai de trois jours pour s'en retourner.

34. Quant à la distance, la loi prend en général pour points de départ le domicile de celui à qui l'on notifie et le lieu de la comparution : par exemple, la commune du tribunal où il est cité, celle où l'on doit vendre les meubles saisis, celle où on l'a nommé tuteur, celle où il doit fournir caution ou faire vérifier ses créances (C. proc. civ., art. 1033, 175, 630, 602, 614, 882 et 993, C. comm., art. 511).

35. Lorsqu'il y a plusieurs défendeurs, on calcule le délai d'après le domicile le plus éloigné (C. proc. civ., art. 97, 151 et 175). Ce délai profite à toutes les parties (Rennes, 29 janv. 1817).

36. Lorsque la signification a lieu à un domicile élu, l'augmentation de délai doit se compter, non de ce domicile, mais du domicile réel (Cass., 4 juin 1806 ; Agen, 6 fév. 1810) ; on ne pourrait, en outre, accorder un délai supplémentaire pour la distance qui se trouve entre le domicile élu et le domicile réel (Cass., 9 juin 1830). — V. toutefois *Douanes*.

37. L'augmentation de délai ne peut être divisée ; en d'autres termes, une distance moindre que celle fixée par la loi ne peut donner lieu à aucune augmentation (Gênes, 29 août 1812 ; Poitiers, 20 fév. 1827 ; Bordeaux, 26 mai 1827 ; Limoges, 15 fév. 1837 ; Cass., 10 déc. 1839 ; 14 août 1840). Spécialement, il n'y a pas lieu d'augmenter le délai d'un jour à raison des fractions qui existent au delà des trois myriamètres de distance (Poitiers, 29 avril 1831). Cependant, M. Chauveau, dans ses observations sur Carré, *quest.* 3414, qui admet que toute distance inférieure à trois myriamètres (et il entend parler des trois premiers myriamètres) ne donne pas lieu à augmentation de délai, pense que, ces trois premiers myriamètres complétés, toute fraction rend le délai susceptible d'une augmentation d'un jour (*Sic*, Besançon, 25 mai 1812 ; Riom, 8 janv. 1824 ; Bordeaux, 27 nov. 1829).

38. Nous avons dit précédemment que l'augmentation était, en général, d'un jour par trois myriamètres de distance (V. *suprà* n° 31). Toutefois, elle est d'un jour par deux myriamètres et demi excédant les cinq myriamètres de distance entre le domicile du cédant d'un effet de commerce et l'endroit où cet effet est payable, pour la notification du protêt et de l'assignation (C. comm., art. 165). — V. *Protêt*. De même, le délai de trois jours pour la notification du procès-verbal de saisie des navires et l'assignation est augmenté d'un jour à raison de deux myriamètres et demi, dans le cas prévu par l'art. 201, C. comm. — V. *Saisie de navires*. — V. aussi *Contrainte par corps*, *Saisie immobilière*, *Surenchère*.

39. L'augmentation de délai n'est applicable qu'au délai général des assignations, et non aux délais spéciaux, tel que le délai fixé pour l'adjudication définitive (Cass., 21 août 1816), le délai pour interjeter appel (V. *Appel en matière civile*, n° 220), et pour se pourvoir en cassation (V. *Cassation*, n° 59), et quelques autres délais du même genre.

40. L'exploit qui, dans l'indication du délai, ne comprend pas celui à raison de la distance, est-il nul ? — V. *Ajournement*, n° 52 ; *Exploit*.

§ 4. — *Prorogation et abréviation de délai.*

41. Le délai accordé par la loi et augmenté à raison de la distance se nomme *délai ordinaire ;* on appelle *délai extraordinaire* celui qui est prorogé ou abrégé par le juge.

42. Dans certains cas, le juge peut proroger, pour cause d'insuffisance, les délais accordés par la loi ou par la justice. Mais la prorogation doit être accordée avant l'expiration du délai (C. proc. civ., art. 74, 179 et 279 ; Cass., 28 mars 1827).

43. Le délai ne peut être abrégé par le juge qu'autant que la loi l'y autorise. Toutefois, les délais de distance ne sont pas susceptibles d'abréviation.— V. *Assignation à bref délai*, n° 3.

44. Le juge peut permettre d'assigner d'heure à heure, ou de jour à jour. Dans ce dernier cas, le délai d'un jour doit, en général, être franc (C. proc. civ., art. 72 et 1033). Cependant la Cour de cassation, par arrêt du 30 juill. 1828, a validé une assignation donné le 19 pour le 20. Mais la Cour de Lyon, par arrêt du 22 juin 1831, a annulé une assignation donnée le 11 pour le 12.

§ 5. — *Délais accordés par jugement. — Délai de grâce.*

45. Lorsqu'il est ordonné par un jugement soit contradictoire, soit par défaut, que telle chose sera faite dans tel délai, ce délai ne commence à courir que du jour de la signification du jugement, ou, s'il y a appel, que du jour de la signification de l'arrêt confirmatif (Cass., 12 juin 1810 ; 24 août 1830; Bordeaux, 14 août 1833).

46. Toutefois, le délai accordé par un jugement contradictoire pour faire une option peut courir du jour de la prononciation, si les juges l'ont ordonné (Cass., 9 fév. 1825).

47. Les délais ne courent qu'en faveur de la partie qui a fait signifier le jugement (Cass., 17 prair. an 12), excepté lorsqu'il s'agit d'enquête, et, en cette matière, ils courent même contre celui qui a fait signifier le jugement (C. proc. civ., art. 257).

48. Quelquefois le juge peut accorder un délai pour le paiement, en ordonnant en même temps qu'il soit sursis à l'exécution des poursuites, toutes choses demeurant en état. C'est ce délai qu'on appelle *délai de grâce* (C. Nap., art. 1244 et 1655; C. proc. civ., art. 122).— V. *Paiement.*

49. Le délai de grâce court du jour du jugement, s'il est contradictoire, et, s'il est par défaut, du jour de la signification.

DÉLAI POUR FAIRE INVENTAIRE ET DÉLIBÉRER. — V. *Bénéfice d'inventaire, Communauté de biens entre époux.*

DÉLAISSEMENT PAR HYPOTHÈQUE. — **1.** Abandon que fait le détenteur de l'immeuble hypothéqué pour se décharger des poursuites des créanciers inscrits du chef des précédents propriétaires.

2. Tout créancier inscrit sur un immeuble a le droit, lorsque cet immeuble est vendu ou donné, soit d'obliger le nouveau détenteur à notifier son contrat d'acquisition, à l'effet de purger l'immeuble des dettes qui le grèvent (V. *Purge des hypothèques*), soit de l'obliger à délaisser cet immeuble (C. Nap., art. 2168).

3. A cet effet, il fait commandement au débiteur originaire de le payer et sommation au tiers détenteur de notifier, payer ou délaisser dans le délai de 30 jours (art. 2170). Ce délai expiré, l'immeuble vendu peut être saisi sur lui (art. 2169). — V. *Action hypothécaire.*

4. Le délaissement peut être fait par tous tiers détenteurs, acquéreurs, donataires ou héritiers d'acquéreurs ou de donataires, qui ne sont pas personnellement obligés à la dette et qui ont la capacité d'aliéner (art. 2172).

5. Le prodigue et le faible d'esprit, avec l'assistance de leur conseil (C. Nap., art. 499 et 513), la femme mariée, avec l'autorisation de son mari (art. 217), les mineurs et les interdits, avec l'autorisation du conseil de famille homologuée par le tribunal, les syndics définitifs d'une faillite (C. comm., art. 534), et le mari à l'égard des biens de la communauté, sans le consentement de sa femme (Bruxelles, 9 flor. an 13), peuvent opérer le délaissement par hypothèque.

6. Mais le délaissement ne peut être fait par les envoyés en possession provisoire des biens d'un absent (C. Nap., art. 128. — V. *Absence-Absent*, nos 28 et suiv.), ni par l'acquéreur qui a notifié son contrat aux créanciers inscrits, avec offres de payer le prix de son acquisition (Paris, 9 déc. 1833 : V. *J. Huiss.*, t. 17, p. 285), ni par le détenteur qui s'est chargé par son contrat d'acquisition du paiement de la créance hypothéquée (Cass., 21 mai 1807; Bruxelles, 12 mai 1810; Rouen, 12 juill. 1823), ou qui a accepté la délégation de son prix faite au profit des créanciers du vendeur (Paris, 11 mars 1812), ou lorsque le prix est supérieur aux créances inscrites (Rouen, 12 juill. 1823; Paris, 2 mars 1833).

7. Le délaissement peut avoir lieu, quoique le tiers détenteur n'ait pas payé le prix de son acquisition, et sans aucune dénonciation préalable au vendeur, si les termes du contrat ne s'y opposent pas (Cass., 8 août 1816), ou quoique, poursuivi par l'action hypothécaire, il ait été condamné par jugement à payer, si l'option de délaisser ne lui a pas été donnée (Cass., 14 messid. an 13).

8. Il se fait au greffe du tribunal de première instance de la situation des biens, et il en est donné acte par ce tribunal (C. Nap., art. 2174). Une fois fait, il ne peut plus être rétracté (Riom, 17 avril 1820; Paris, 9 déc. 1833).

9. Lorsque le tribunal en a donné acte, le délaissement doit être notifié au créancier qui exerçait l'action hypothécaire et au débiteur originaire. — V. *Formule*.

10. Sur la demande du plus diligent des intéressés, le tribunal crée à l'immeuble délaissé un curateur sur lequel la vente de l'immeuble est poursuivie dans les formes prescrites pour les *expropriations* (C. Nap., art. 2174). — V. *Curatelle*, n° 14.

11. La sommation faite au tiers détenteur n'a pas besoin d'être renouvelée contre le curateur; et il n'est pas nécessaire de mettre le débiteur originaire en cause; mais on doit y mettre le délaissant, qui reste propriétaire de l'immeuble jusqu'à l'adjudication définitive. — V. *Déguerpissement*, n° 5.

12. Cela est si vrai, qu'il peut reprendre l'immeuble jusqu'à l'adjudication, en payant la dette et les frais (C. Nap., art. 2173), et que, si l'immeuble produit au delà des créances hypothécaires, l'excédant doit lui être remis (Colmar, 22 nov. 1831) ou à ses créanciers inscrits, s'il en a sur l'immeuble délaissé (C. Nap., art. 2177).

13. Mais, sous un autre point de vue, l'acquéreur qui délaisse est censé n'avoir pas possédé : ainsi, les servitudes et droits réels qu'il avait sur l'immeuble renaissent provisoirement après le délaissement et définitivement après l'adjudication (C. Nap., art. 2177).

14. Le tiers détenteur qui délaisse répond des détériorations provenant de son fait, et doit restituer les fruits; mais il peut répéter les impenses qu'il a faites et exercer un recours en garantie contre son vendeur, débiteur principal.

Formule.

Notification d'abandon.

L'an. . . . ., à la requête de. . . . ., élisant domicile en sa demeure, j'ai. . . . , notifié et avec ses présentes donné copie 1° à. . . . . ., créancier poursuivant, et 2° à. . . . . . ., débiteur originaire, 1° de l'expédition d'un acte reçu au greffe du tribunal de (*analyser le délaissement*), et 2° d'un jugement (*analyser le jugement qui donne acte du délaissement*), le tout dûment signé et en forme; à ce que lesdits sieurs. . . . . n'en ignorent et aient tel égard que de raison à la présente notification; et j'ai, sous toutes réserves, etc.

V. n° 9. — Coût, tarif, art. 29; Orig. : Paris, 2 fr.; R. P., 1 fr. 80 c.; ailleurs, 1 fr. 50 c.; copie, le 1/4.

Enregistrement de l'exploit, 4 fr. 40 c.

DÉLAISSEMENT MARITIME. — Acte par lequel l'assuré abandonne à l'assureur le navire et les marchandises assurées, pour être payé du montant de l'assurance. — V. *Assurance maritime*, nos 32 et suiv.

DÉLÉGATION. — **1.** Acte par lequel un débiteur donne à son créancier un autre débiteur qui s'oblige à sa place à payer sa dette.

2. On distingue deux sortes de délégation : la délégation *parfaite*, qui opère novation, et la délégation *imparfaite*, qui ne renferme qu'une *indication de paiement*.

3. La délégation parfaite suppose le concours de trois personnes : 1° le *délégant*, qui est le débiteur ; 2° le *délégué*, qui s'engage à acquitter la dette et devient par là débiteur personnel du créancier ; 3° le *délégataire*, ou créancier qui accepte la délégation et décharge le délégant (C. Nap., art. 1275). L'acceptation doit être notifiée au débiteur délégué ; jusque-là, celui-ci est réputé ne la point connaître et peut payer au délégant (Toullier, t. 7, n° 287). — V. *infrà* n° 9.

4. Elle emporte novation ou substitution d'une nouvelle obligation à l'ancienne, laquelle est éteinte par changement de débiteur ; elle opère même novation par changement de créancier : car le nouveau débiteur est en général débiteur du délégant (Art. 1271).

5. Lorsque le créancier a déchargé le débiteur qui a fait la délégation, il n'a point de recours contre ce dernier, si le délégué devient insolvable, à moins que l'acte n'en contienne une réserve expresse ou que le délégué ne soit déjà en faillite ouverte ou tombé en déconfiture au moment de la délégation (art. 1276).

6. Cette réserve expresse change la nature de la convention, qui n'est plus une simple délégation ; si le créancier n'est pas entièrement soldé, il a le droit de répéter le surplus de sa créance. Mais la délégation n'en a pas moins produit son effet à l'égard des accessoires de la créance primitive : ainsi, les cautions sont libérées, les priviléges et hypothèques éteints, s'ils n'ont été aussi réservés expressément.

7. La délégation est imparfaite toutes les fois que la convention ne réunit pas le concours des trois personnes indiquées ci-dessus (V. n° 3); spécialement, lorsqu'un débiteur indique à son créancier une personne de qui il recevra le paiement de la somme due : le débiteur ne cesse pas d'être obligé envers son créancier ; la personne indiquée ne devient point obligée ni à la place de ce dernier ni même concurremment avec lui (C. Nap., art. 1277).

8. La personne indiquée étant étrangère à la délégation, le délégataire doit la lui faire notifier; s'il ne le fait pas, il ne peut que sommer le délégué de payer. A défaut de paiement, il n'a aucune action contre lui ; il ne peut recourir que contre le délégant.

9. Tant que la délégation n'a point été acceptée par le créancier délégataire, le débiteur peut la révoquer. De même, tant que la délégation n'a point été acceptée par le délégué ou ne lui a pas été notifiée, on peut faire des oppositions entre ses mains. — V. *suprà* n° 3.

10. Il est dû le droit d'un pour cent sur les délégations de créance à terme et les délégations de prix stipulées dans un contrat, sans énonciation de titre enregistré. Le droit de deux pour cent est exigible sur les délégations de rentes perpétuelles ou viagères et de pensions à titre onéreux. Enfin, il n'est dû que le droit fixe d'un pour cent sur les acceptations de créances à terme faites par actes séparés, lorsque le droit proportionnel a été acquitté pour la délégation, et sur celles qui se font dans les actes mêmes de délégation de créances aussi à terme (L., 22 frim. an 7, art. 68 et 69).

11. La loi ne faisant point de distinction, le droit proportionnel d'un pour cent est dû aussi bien sur une délégation imparfaite que sur une délégation parfaite de créances à terme (Cass., 31 déc. 1823; Décis. de la rég., 7 fév. 1824).

12. Si la délégation a lieu par un contrat de vente et pour le prix y stipulé envers un créancier qui a un titre enregistré, il n'est dû aucun droit, si ce créancier n'accepte pas, et, s'il accepte, il ne peut être perçu que le droit fixe d'un franc (Cass., 2 avril et 21 juill. 1828).

DÉLÉGATION DE JURIDICTION.—Commission par laquelle un juge ou un tribunal en charge un autre de remplir ses fonctions.—V. *Compétence*, nos 5, 6 et 24; *Juridiction.*

DÉLÉGATION D'UN NOTAIRE. — Commission donnée à un notaire par le tribunal, dans les partages judiciaires, et dans les ventes de biens de mineurs ou interdits (C. proc. civ., art. 747, 904, 955 et suiv., 970, 977, 981, 988 et 1001). — V. *Partage, Vente judiciaire d'immeubles.*

DÉLIBÉRATION. — Résolution arrêtée par une personne ou par une assemblée. — V. *Avis de parents, Bourse commune des huissiers, Chambre de discipline des huissiers, Conseil, Conseil de famille, Consultation, Discipline, Enregistrement, Faillite.*

DÉLIBÉRÉ. — **1.** Ce mot s'emploie, dans son acception la plus ordinaire, pour désigner la conférence secrète dans laquelle les juges, soit à l'audience, soit à la chambre du conseil, arrêtent les dispositions du jugement, et, dans un sens plus restreint, un mode particulier d'instruction, qui consiste dans l'examen des pièces du procès, dont est chargé l'un des juges avec mission de faire son rapport à l'audience. — V. *Appointement.*

2. On distingue le délibéré ordinaire (C. proc. civ., art. 116) du délibéré avec rapport (Art. 93 et 94). Le délibéré ordinaire est vidé de suite, à moins que la cause ne soit continuée à la prochaine audience; dans ce dernier cas, le tribunal ou le juge de paix indique le jour où le jugement sera prononcé; mais l'omission de cette formalité n'emporte pas nullité (Cass., 24 juill. 1818).

3. Le délibéré avec rapport est ordonné par un jugement prononcé à l'audience; ce jugement nomme le rapporteur et indique le jour où le rapport sera fait (C. proc. civ., art. 93 et 95).

4. Le jugement qui ordonne un délibéré n'est qu'un simple préparatoire (Cass., 12 fév. 1822). Il doit être exécuté sans qu'il soit besoin de le lever et signifier (C. proc. civ., art. 94).

5. Il termine l'instruction (Cass., 27 fruct. an 8; 7 therm. an 11; Caen, 24 mars 1825; Boncenne, *Théorie de la procédure*, t. 2, p. 312). Ainsi, lorsque le délibéré a été prononcé, on ne peut plus former de demandes incidentes, interjeter appel incident, ni intervenir, et, lors du rapport, les avocats ne peuvent pas obtenir la parole.

6. Le jugement sur délibéré ne peut être rendu que par les magistrats qui ont assisté à toutes les audiences et qui ont concouru à sa rédaction (L. 20 avril 1810, art. 7; Cass., 24 avril 1816); cependant, la présence d'un nouveau juge ne vicierait pas le jugement, si les conclusions avaient été reprises et le rapport fait devant lui (Cass., 1er fév. 1820).

DÉLIMITATION.—Opération qui consiste à fixer la ligne séparative d'héritages contigus, ligne sur laquelle les bornes doivent être placées. Le bornage sert à constater cette opération. — V. *Bornage, Bornes, Justice de paix.*

DÉLIRE.—Les personnes atteintes de délire, c'est-à-dire privées momentanément de l'usage de la raison, sont incapables de contracter tant que dure le délire (Toullier, t. 6, no 112).

DÉLIT. — **1.** Le mot *délit*, dans son acception la plus étendue, signifie toute infraction à la loi pénale (V. *Contravention*), sans égard à la peine; c'est ainsi que l'on donne le nom de *délits ruraux* aux contraventions rurales (V. *Délit rural*). Mais, dans un sens restreint, ce mot signifie une infraction punie d'une peine correctionnelle (C. pén., art. 1er).

2. Les délits sont personnels (L. 21 janv. 1790, art. 1er), en ce sens que chacun est tenu de subir la peine qu'il a encourue à raison du délit dont il s'est rendu coupable. L'action publique ne peut donc être intentée que contre l'auteur du délit (V. *Action publique*).

3. Mais, dans certains cas, diverses personnes sont civilement responsables des délits commis par d'autres, c'est-à-dire du préjudice résultant pour autrui de ces délits, par exemple, les pères, des délits commis par leurs enfants; l'héritier, des délits commis par le défunt (V. *Action civile*, *Responsabilité*). S'il y avait eu condamnation à l'amende avant la mort du coupable, son héritier serait également tenu de payer cette amende (Merlin, *Répert.*, v° *Délit*, § 8, n° 4). — V. au surplus *Frais et dépens*, *Huissier*, *Postulation*, *Saisie-arrêt*, *Surenchère*.

DÉLIT D'AUDIENCE. — **1.** On appelle ainsi tout fait répréhensible qui a eu lieu à l'audience d'un tribunal : ce qui comprend non-seulement les contraventions, les délits et les crimes, mais aussi certains manquements que la loi s'est bornée à soumettre à des mesures d'ordre ou de police. — V. *Audience*, nos 9 et suiv.

2. Il a même été décidé qu'une Cour impériale était compétente pour connaître des faits disciplinaires découverts à son audience, encore qu'ils eussent été commis par un avoué de première instance et par un huissier dans la procédure antérieure au jugement frappé d'appel (Caen, 27 déc. 1843). La circonstance de la découverte à l'audience des faits reprochés serait, d'après cet arrêt, seule attributive de la compétence (*Contrà* Cass., 19 déc. 1845). — V. au surplus *Discipline*.

DÉLIT DE CHASSE. — V. *Chasse*.

DÉLIT FORESTIER. — **1.** Infraction aux lois sur la conservation, la surveillance et la police des bois et forêts.

Indication alphabétique des matières.

---

§ 1. — *Délits forestiers. — Peines. — Dommages-intérêts.*

2. *Extractions ou enlèvements prohibés.* — Les extractions ou enlèvements non autorisés de pierre, sable, minerai, terre ou gazon, tourbe, bruyères, genêts, herbages, feuilles vertes ou mortes, engrais existants sur les forêts, glands, faînes et autres fruits ou semences des bois et forêts, donnent lieu à une amende de 10 à 30 fr. par charretée ou tombereau pour chaque bête attelée, de 5 à 15 fr. par chaque bête de somme, et de 2 à 6 fr. par chaque charge d'homme (C. for., art. 144).

3. Quoique l'art. 144 précité ne parle pas des dommages-intérêts à accorder aux propriétaires qui ont souffert des extractions ou enlèvements non autorisés, il n'est pas douteux qu'ils ont droit à une réparation soit aux termes de l'art. 202, C. forest., soit d'après l'art. 1382, C. Nap.

4. Les landes contiguës aux forêts et en faisant partie sont soumises au même régime: en conséquence, l'extraction de pierres faites dans ces landes est punie d'après l'art. 144, C. for. (Cass., 15 mai 1830).

5. *Défense d'entrer dans les bois hors des chemins ordinaires avec instruments tranchants, voitures,* etc. — Celui qui est trouvé dans les bois et forêts, hors des routes et chemins ordinaires, avec serpettes, cognées, haches, scies et autres instruments de même nature, est condamné à une amende de 10 fr. et à la confiscation desdits instruments (C. for., art. 146).

6. Ceux dont les voitures, bestiaux, animaux de charge ou de monture, sont trouvés dans les forêts, hors des routes et chemins ordinaires, sont condamnés : — par chaque voiture, à une amende de 10 fr., pour les bois de dix ans et au-dessus, et de 20 fr., pour les bois au-dessous de cet âge; par chaque tête ou espèce de bestiaux non attelés, aux amendes fixées *infrà* n° 25: le tout sans préjudice des dommages-intérêts (C. for., art. 147).

7. Cet article ne déroge pas à l'art. 41, tit. 2, L. 28 sept.-6 oct. 1791, qui permet aux voyageurs et voituriers de passer sur les propriétés riveraines, lorsque le chemin public est impraticable. Il n'y a donc pas lieu d'excepter de l'application de cette règle les chemins qui traversent les bois soumis au régime forestier (Cass., 16 août 1828; Grenoble, 9 mai 1834), sauf l'indemnité qui peut être due par la commune.

8. *Prohibition de porter ou d'allumer du feu.* — Il est défendu de porter et d'allumer du feu dans l'intérieur et à la distance de 200 mètres des bois et forêts, sous peine d'une amende de 20 à 100 francs, sans préjudice, en cas d'incendie, des peines portées par le Code pénal, et de tous dommages-intérêts, s'il y a lieu (C. for., art. 148).

9. *Incendie.* — Les usagers, qui, en cas d'incendie, refusent de porter des secours dans les bois soumis à leur droit d'usage, sont traduits en police correctionnelle, privés de ce droit pendant un an au moins et cinq ans au plus, et condamnés, en outre, aux peines portées en l'art. 475, C. pén. (C. forest., art. 149).

10. *Élagage des lisières.* — Les propriétaires riverains des bois et forêts ne peuvent se prévaloir de l'art. 672, C. Nap., pour l'élagage des lisières desdits bois et forêts, si les arbres de lisières ont plus de 30 ans. Tout élagage qui serait exécuté sans l'autorisation des propriétaires des bois et forêts donne lieu à l'application des peines portées par l'art. 196 (C. for., art. 150). — V. *infrà* n° 21. Quant aux arbres qui ont moins de 30 ans, ils peuvent être élagués conformément à l'art. 672, C. Nap.

11. Quand les arbres de lisière, qui ont plus de 30 ans, seront abattus, les arbres qui les remplaceront devront être élagués conformément à l'art. 672 précité, lorsque l'élagage en sera requis par les riverains (Ord., 1er août 1827, art. 176).

12. La loi n'ayant pas défendu de couper les racines des arbres de lisière qui ont plus de 30 ans, on reste à cet égard sous l'empire du droit commun, et, par conséquent, le voisin peut couper celles des racines qui s'étendent sur son terrain, sans encourir aucune amende (C. Nap., art. 672).

13. *Coupe ou enlèvement d'arbres.* — La coupe ou l'enlèvement d'arbres ayant deux décimètres de tour et au-dessus donne lieu à une amende déterminée d'après l'essence et la circonférence de ces arbres. A cet effet, les arbres sont divisés en deux classes : la première comprend les chênes, hêtres, charmes, ormes, frênes, érables, platanes, pins, sapins, mélèses, châtaigniers, noyers, alisiers, sorbiers, cormiers, mérisiers et autres arbres fruitiers; la seconde, toutes les espèces non comprises dans la première classe. — Si les arbres de la première classe ont deux décimètres de tour, l'amende sera de 1 fr. par chacun de ces deux décimètres, et s'accroîtra ensuite progressivement de 10 cent. par chacun des autres décimètres. Si les arbres de la seconde classe ont deux décimètres de tour, l'amende sera de 50 cent. par chacun de ces deux décimètres, et s'accroîtra ensuite progressivement de 5 cent. par chacun des autres décimètres. La circonférence est mesurée à un mètre du sol (C. for., art. 192). L'amende ne peut jamais être augmentée pour des fractions de décimètres (Cass., 10 juill. 1829).

14. Lorsque l'arbre a été enlevé et façonné, le tour en est mesuré sur la souche (et il n'est pas nécessaire que le mesurage ait lieu à un mètre du sol : Cass., 18 juill. 1834); si la souche a été enlevée, le tour est calculé dans la proportion d'un cinquième en sus de la dimension totale des quatre faces de l'arbre écarri; si l'arbre et la souche ont disparu, la grosseur de l'arbre est arbitrée par le tribunal d'après les documents du procès (C. for., art. 193).

15. Un tribunal ne pourrait arbitrer la grosseur, si la souche existait (Cass., 14 janv. 1830), ni se déclarer incompétent pour cet arbitrage, lorsque la souche est enlevée (Cass., 14 mai 1831).

16. L'amende, pour coupe et enlèvement de bois qui n'ont pas deux décimètres de tour, est, pour chaque charretée, de 10 fr. par bête attelée, de 5 francs par chaque charge de bête de somme, et de 2 fr. par fagot, fouée ou charge d'homme. S'il s'agit d'arbres semés ou plantés dans les forêts depuis moins de cinq ans, la peine est d'une amende de 3 fr. par chaque arbre, quelle qu'en soit la grosseur, et, en outre, d'un emprisonnement de six à quinze jours (C. for., art. 194). Cet article est applicable à toutes les productions du sol des forêts ayant moins de deux décimètres de tour, notamment aux houx (Pau, 5 mars 1830).

17. Pour déterminer ce qui constitue un *fagot* dans le sens de l'art. 194 précité, on doit avoir égard au mode employé par les délinquants pour la coupe et l'enlèvement du bois, et non à la quantité de bois coupée et enlevée. Par exemple, si un procès-verbal constate l'enlèvement de six fagots, l'amende doit être prononcée autant de fois qu'il y a de fagots coupés ou enlevés, bien que, réunis, ils n'excèdent point le volume ou le poids d'une charge d'homme (Cass., 29 janv. 1829; 15 mars 1832; 18 juill. 1834. — *Contrà* Nancy, 1er fév. 1834).

18. Le fait d'avoir été trouvé coupant, avec des serpes, du bois pour en faire des fagots, ne constitue que le délit prévu par l'art. 194, C. for., et non celui puni par l'art. 146, même Code (Cass., 21 nov. 1828). — V. *suprà*, n° 5.

19. Quiconque arrache des plants dans les bois et forêts est puni d'une amende de 10 fr. à 300 fr.; et, si le délit a été commis dans des semis ou plantations exécutés de main d'homme, il doit être prononcé, en outre, un emprisonnement de quinze jours à un mois (C. for., art. 195).

20. Aucune amende n'est encourue pour la coupe de jeunes brins qui ont moins de deux décimètres de tour et dont on fait des harts, liens, etc.; mais les juges peuvent prononcer des dommages-intérêts.

21. *Arbres éhouppés, écorcés, mutilés* ou *ébranchés.*— Ceux qui, dans les bois et forêts, ont éhouppé (c'est-à-dire enlevé la cime), écorcé ou mutilé des arbres, ou qui en ont coupé les principales branches, doivent être punis comme s'ils les avaient abattus par le pied (C. for., art. 196). Cet article est applicable à celui qui fait sauter avec une hache quelques morceaux de bois d'un arbre (Cass., 25 juin 1830), et à celui qui écorche un arbre avec l'essieu d'une voiture (Cass., 29 fév. 1828).

22. *Enlèvement de chablis et bois de délit.* — L'enlèvement des chablis et bois de délit entraîne les mêmes amendes et restitutions que le fait de les avoir abattus sur pied (C. for., art. 197). Ainsi, l'individu qui enlève du bois provenant d'un arbre déjà abattu (Cass., 24 sept. 1829) ou s'approprie, pour le façonner, un arbre abattu, encourt les mêmes peines que s'il l'avait abattu lui-même (Nanci, 15 fév. 1833).

23. *Dépaissance.* — Les usagers ne peuvent jouir de leurs droits de pâturage et de pacage que pour les bestiaux à leur propre usage, et non pour ceux dont ils font commerce, à peine d'une amende double de celle prononcée par l'art. 199, C. for. (C. for., art. 70 et 120). — V. *infrà* n° 25.

24. Il leur est défendu, nonobstant tous titres et possessions contraires, de conduire et faire conduire des chèvres, brebis ou moutons, dans les forêts ou sur les terrains qui en dépendent, à peine, contre les propriétaires, d'une amende double de celle prononcée par l'art. 199, et contre les pâtres ou bergers, de 15 francs d'amende. En cas de récidive, le pâtre est condamné, outre l'amende, à un emprisonnement de 5 à 15 jours (Cod. for., art. 78, 100 et 120).

25. Les propriétaires d'animaux trouvés de jour en délit dans les bois de dix ans et au-dessus sont condamnés à une amende de 1 fr. pour un cochon; 2 fr. pour une bête à laine; 3 fr. pour un cheval ou autre bête de somme; 4 fr. pour une chèvre; 5 fr. pour un bœuf, une vache ou un veau; l'amende est double, si les bois ont moins de dix ans : le tout sans préjudice des dommages-intérêts (C. for., art. 199).—V. *Dépaissance.*

26. *Circonstances aggravantes.* — Dans le cas de récidive, la peine est toujours doublée. Il y a récidive, lorsque, dans les douze mois précédents, il a été rendu contre le délinquant ou contrevenant un premier jugement pour délit ou contravention en matière forestière (C. for., art. 200). Les peines sont également doublées, lorsque les délits ou contraventions ont été commis dans la nuit, ou que les délinquants ont fait usage de la scie pour couper les arbres sur pied (C. for., art. 201).

27. *Dommages-intérêts.* — Comme tous les délits en général, les délits forestiers donnent lieu, outre l'action publique, à une action en dommages-intérêts pour réparation du préjudice causé par le délit. Mais il n'est dû aucune réparation, si le délit n'a pas causé de préjudice au propriétaire du bois (Cass., 20 mars 1830; 16 fév. 1832).

28. Il suit de là que ce dernier peut prendre l'initiative et citer directement le délinquant devant les tribunaux de répression.—V. *Action civile.*

29. Dans tous les cas où il y a lieu à adjuger des dommages-intérêts, ils ne peuvent être inférieurs à l'amende simple prononcée par le jugement (C. for., art. 202). Ils appartiennent, ainsi que les restitutions, au propriétaire; quant aux amendes et confiscations, elles appartiennent toujours à l'État (Art. 204).

§ 2. — *Constatation des délits. — Saisie.— Vente.*

30. Les délits forestiers sont constatés par procès-verbaux des gardes forestiers (C. for., art. 160 et 188). Les gardes sont autorisés à saisir les bestiaux trouvés en délit, et les instruments, voitures et attelages des délinquants, et à les mettre en séquestre; ils peuvent suivre les objets enlevés par les délinquants jusque dans les lieux où ils ont été transportés, pénétrer, pour les y retrouver, dans les maisons et enclos, en se faisant assister du juge de paix, requérir directement la force publique, et conduire, dans le cas de flagrant délit, le délinquant devant le juge de paix (C. for., art. 161, 162, 163, 164 et 189).

31. Les gardes doivent écrire eux-mêmes leurs procès-verbaux, les signer, et affirmer, au plus tard le lendemain de la clôture, devant le juge de paix du canton ou l'un de ses suppléants, ou devant le maire ou l'adjoint soit de la commune de leur résidence, soit de celle où le délit a été commis ou constaté, le tout à peine de nullité. Toutefois, si, par suite d'un empêchement quelconque, le procès-verbal est seulement signé par le garde, mais non écrit en entier de sa main, l'officier public qui en reçoit l'affirmation doit lui en donner préalablement lecture, et faire ensuite mention de cette formalité, le tout également sous peine de nullité (C. for., art. 165 et 189). Les procès-verbaux que dressent les agents forestiers, les gardes généraux et les gardes à cheval, soit isolément, soit avec le concours d'un garde, ne sont point soumis à l'affirmation (C. for., art. 166).

32. Lorsque le procès-verbal porte saisie, il en est fait, aussitôt après l'affirmation, une expédition qui est déposée dans les 24 heures au greffe de la justice de paix, pour qu'il en puisse être donné communication à ceux qui réclameraient les objets saisis (C. for., art. 167 et 189).

33. Les procès-verbaux doivent être enregistrés, sous peine de nullité, dans les quatre jours qui suivent celui de l'affirmation, ou celui de la clôture du procès-verbal, s'il n'est pas sujet à l'affirmation (C. forest., art. 170 et 189).

34. Les juges de paix peuvent donner mainlevée provisoire des objets saisis, à la charge du paiement des frais de séquestre, et moyennant une bonne et solvable caution. En cas de contestation sur la solvabilité de la caution, il est statué par le juge de paix (C. for., art. 168 et 189), lequel est saisi de la difficulté par une citation donnée à l'agent forestier.

35. Si, dans le cas où ce sont des bestiaux qui ont été saisis, ils ne sont pas réclamés dans les cinq jours qui suivent le séquestre, ou s'il n'est pas fourni bonne et valable caution, le juge de paix en ordonne la vente à l'enchère, au marché le plus voisin. Il y est procédé à la diligence du receveur des domaines, qui la fait publier 24 heures d'avance (C. for., art. 169 et 189).

36. Les frais du séquestre et de vente sont taxés par le juge de paix, et prélevés sur le produit de la vente; le surplus reste déposé entre les mains du receveur des domaines jusqu'à ce qu'il ait été statué en dernier ressort sur le procès-verbal (C. for., art. 169). Toutefois, lorsque le délit a été commis dans des bois appartenant à des particuliers, le produit net de la vente doit être déposé à la caisse des consignations (art. 189).

37. Si la réclamation n'a lieu qu'après la vente des bestiaux saisis, le propriétaire n'a droit qu'à la restitution du produit net de la vente, tous frais déduits, dans le cas où cette restitution est ordonnée par le jugement (C. for., art. 169 et 189).

§ 3. — *Poursuites. — Administration forestière. — Citation. — Compétence. — Jugement. — Voies de recours. — Particuliers.*

38. Administration forestière. — L'administration forestière est chargée, tant dans l'intérêt de l'Etat que dans celui des autres propriétaires de bois et forêts soumis au régime forestier, des poursuites en réparation de tous délits et contraventions commis dans ces bois et forêts (C. for., art. 159).

39. Les bois soumis au régime forestier sont : 1° les bois et forêts qui font partie du domaine de l'Etat ; 2° ceux appartenant aux communes, à des sections de commune, et aux établissements publics ; 3° les bois et forêts dans lesquels l'Etat, les communes et les établissements publics ont des droits de propriété indivis avec des particuliers (C. for., art. 1er).

40. Les actions sont exercées par les agents forestiers au nom de l'administration forestière, sans préjudice du droit qui appartient au ministère public (C. for., art. 159). Elles sont intentées à la *requête* de l'administration, *poursuite et diligence* de l'inspecteur ou sous-inspecteur, et même d'un garde général, remplissant par intérim les fonctions de sous-inspecteur (Cass., 29 oct. 1824).

41. *Citation.* — La demande est introduite par une citation qui doit, à peine de nullité, contenir la copie du procès-verbal et de l'acte d'affirmation (C. for., art. 172). Toutefois, la citation serait valable, quoique l'original ne contînt pas copie du procès-verbal et de l'acte d'affirmation, si le prévenu avait reçu copie de ces actes avec celle de la citation (Bordeaux, 8 mars 1833).

42. Une citation a aussi été déclarée valable, quoique la copie du procès-verbal contînt une erreur ou l'omission de l'enregistrement (Cass., 30 janv. 1834), et quoique cette copie fût à la fin de l'exploit et qu'elle ne fût pas certifiée véritable (Cass., 6 mars 1834). Mais est nulle la citation dont la copie n'est pas signée par l'officier qui la délivre (Décis. minist., 13 août 1818).

43. La citation peut être signifiée soit par un huissier, soit par un garde de l'administration forestière (C. for., art. 173).—V. *Citation*, § 3.

44. *Compétence.* — Toutes les actions et poursuites exercées au nom de l'administration forestière, en réparation de délits ou contraventions, sont portées devant les tribunaux correctionnels qui, seuls, sont compétents pour en connaître (C. for., art. 171).

45. *Jugement.* — Les agents forestiers ont le droit d'exposer l'affaire devant le tribunal et sont entendus à l'appui de leurs conclusions (C. for., art. 174).

46. Les délits ou contraventions en matière forestière sont prouvés soit par procès-verbaux, soit par témoins, à défaut de procès-verbaux ou en cas d'insuffisance de ces actes (C. for., art. 175). Les procès-verbaux font foi, et il est reçu ou refusé toute preuve contraire, suivant ce qui est prescrit aux art. 176, 171 et 178, C. for.

47. Tout prévenu peut s'incrire en faux contre les procès-verbaux des gardes ou agents forestiers. Dans ce cas, il est tenu d'en faire, par écrit et en personne, ou par un fondé de pouvoir spécial par acte notarié, la déclaration au greffe du tribunal, avant l'audience indiquée pour la citation. Cette déclaration est reçue par le greffier du tribunal; elle est signée par le prévenu ou son fondé de pouvoir, et dans le cas où il ne saurait ou ne pourrait signer, il en est fait mention expresse (C. for., art. 179).

48. Au jour indiqué pour l'audience, le tribunal donne acte de la déclaration, et fixe un délai de trois jours au moins et de huit jours au plus, pendant lequel le prévenu est tenu de faire au greffe le dépôt des moyens de faux, et des noms, qualités et demeures des témoins qu'il veut faire entendre (Même art.).

49. A l'expiration de ce délai, et sans qu'il soit besoin d'une citation nouvelle, le tribunal admet les moyens de faux, s'ils sont de nature à détruire l'effet du procès-verbal, et il est procédé sur le faux conformément aux lois. Dans le cas contraire, ou faute par le prévenu de remplir toutes les formalités ci-dessus prescrites, le tribunal déclare qu'il n'y a lieu à admettre les moyens de faux et ordonne qu'il soit passé outre au jugement (Même art.).

50. Le prévenu contre lequel a été rendu un jugement par défaut est encore admissible à faire sa déclaration d'inscription de faux pendant le délai accordé pour se présenter à l'audience sur l'opposition par lui formée (C. for., 180). — V. *Opposition*.

51. Lorsque l'un des prévenus seulement forme inscription de faux, le procès-verbal fait foi contre les autres, à moins que le fait sur lequel porte l'inscription de faux ne soit indivisible et commun aux autres prévenus (Même Code, art. 181).

52. Si, dans une instance en réparation de délit ou contravention, le prévenu excipe d'un droit de propriété ou autre droit réel, le tribunal saisi de la plainte statue en se conformant aux règles suivantes : l'exception préjudicielle n'est admise qu'autant qu'elle est fondée, soit sur un titre apparent, soit sur des faits de possession équivalents, personnels au prévenu et par lui articulés avec précision, et que si le titre produit ou les faits articulés sont de nature, dans le cas où ils seraient reconnus par l'autorité compétente, à ôter au fait qui sert de base aux poursuites tout caractère de délit ou de contravention. Dans le cas de renvoi à fins civiles, le jugement fixe un bref délai dans lequel la partie qui a élevé la question préjudicielle doit saisir les juges compétents de la connaissance du litige et justifier de ses diligences ; sinon, il est passé outre. Toutefois, en cas de condamnation, il est sursis à l'exécution du jugement, sous le rapport de l'emprisonnement, s'il a été prononcé, et le montant des amendes, restitutions et dommages-intérêts, est versé à la caisse des dépôts et consignations pour être remis à qui il est ordonné par le tribunal qui statue sur le fond du droit (C. for., art. 182).

53. *Voies de recours.* — Le droit d'appeler des jugements, et de se pourvoir en cassation contre les jugements et arrêts en dernier ressort, appartient aux agents de l'administration des forêts ; mais il ne peuvent se désister de leurs appels, sans l'autorisation spéciale de l'administration (C. for. art. 183).

54. Le ministère public a également la faculté de se pourvoir par appel ou par recours en cassation contre les jugements et arrêts ; il peut user de son droit, lequel est indépendant de celui de l'administration, alors même que celle-ci ou ses agents auraient acquiescé aux jugements et arrêts (C. for., art. 184).

55. Les agents de l'administration des forêts ne peuvent interjeter appel des jugements rendus sur les seules poursuites du ministère public.

56. Les dispositions du Code d'instruction criminelle sur la poursuite des délits et contraventions, sur les citations et délais, sur les défauts, oppositions, jugements, appels et recours en cassation, sont d'ailleurs applicables à la poursuite des délits et contraventions spécifiés par le Code forestier, sauf les modifications résultant de ce qui est dit ci-dessus (C. for., art. 187). — V. *Appel en matière criminelle, Cassation, Citation, Jugement, Opposition.*

57. PARTICULIERS. — Les procès-verbaux dressés par les gardes des bois et forêts des particuliers ne font foi que jusqu'à preuve contraire (C. for., art. 188) ; ils doivent être remis, dans le délai d'un mois à dater de l'affirmation, au procureur impérial ou au juge de paix, suivant leur compétence respective (C. for., art. 191).

58. Ce que nous avons dit ci-dessus nos 33, 41 et suiv., 46, 52 et 56, est applicable aux poursuites exercées au nom et dans l'intérêt des particuliers, à raison des délits et contraventions commis dans les bois et forêts leur appartenant (C. for., art. 189).

59. Pour ces délits et contraventions, la compétence est la même que celle tracée par le Code d'instruction criminelle (C. for., art. 190). — V. *Compétence criminelle, Tribunaux correctionnels.*

§ 4. — *Exécution des jugements.*

60. Les jugements rendus à la requête de l'administration forestière ou sur la poursuite du ministère public sont signifiés par simple extrait qui contient le nom des parties et le dispositif du jugement. Cette signification fait courir les délais de l'opposition et de l'appel (C. for., art. 209). Elle a lieu par le ministère d'un huissier ou d'un garde forestier (C. for., art. 173). Les extraits des jugements sont remis par les greffiers aux agents forestiers dans les trois jours qui suivent leur prononciation (Ord., 1er août 1827, art. 188).

61. Le recouvrement de toutes les amendes forestières est confié aux receveurs de l'enregistrement et des domaines. Ces receveurs sont également chargés du recouvrement des restitutions, frais et dommages-intérêts résultant des jugements rendus pour délits et contraventions dans les bois soumis au régime forestier (C. for., art. 210). A cet effet, quinze jours après la signification, l'agent forestier remet au receveur l'original de l'exploit de signification (Ord., 1er août 1827, art. 188).

62. Les jugements portant condamnation à des amendes, restitutions, dommages-intérêts et frais, sont exécutoires par la voie de la contrainte par corps, et l'exécution peut en être poursuivie cinq jours après un simple commandement fait aux condamnés. En conséquence, et sur la demande du receveur de l'enregistrement, le procureur impérial adresse les réquisitions nécessaires aux agents de la force publique (C. for., art. 211).

63. La contrainte par corps dure tant que le condamné n'a pas payé, ou fourni caution admise par le receveur, ou, en cas de contestation, déclarée bonne et valable par le tribunal civil (C. for., art. 212); néanmoins, celui qui justifie de son insolvabilité suivant le mode prescrit par l'art. 420, C. instr. crim., est mis en liberté après quinze jours de détention, si l'amende et les autres condamnations pécuniaires n'excèdent pas 15 fr., après un mois, si elles ne s'élèvent pas au-dessus de 50 fr., et après deux mois, quel que soit le montant de la condamnation. En cas de récidive, la durée de la détention est double (C. for., art. 213). — V. *Contrainte par corps*, nos 223 et suiv. — V. aussi, en ce qui concerne l'exécution des art. 211, 212 et 213 précités, décis. minist., 2 nov. 1829 (*J. Huiss.*, t. 10, p. 246 et suiv.). Dans tous les cas, la détention employée comme moyen de contrainte est indépendante de l'emprisonnement prononcé lorsque la loi l'inflige (C. for., art. 214).

64. Les jugements contenant des condamnations au profit des particuliers pour réparations des délits et contraventions commis dans leurs bois sont signifiés et exécutés, à leur diligence, suivant les mêmes formes et voies de contrainte que les jugements rendus à la requête de l'administration. Le recouvrement des amendes est opéré par les receveurs de l'enregistrement (C. for., art. 215).

65. La mise en liberté des condamnés ne peut être accordée en vertu des art. 212 et 213 (V. *suprà* n° 63), qu'autant que la validité de la caution ou l'insolvabilité du condamné a été, en cas de contestation de la part des propriétaires, jugée contradictoirement (C. for., art. 217).

§ 5. — *Prescription. — Enregistrement. — Taxe.*

66. *Prescription.* — Les actions en réparation des délits et contraventions en matière forestière se prescrivent par trois mois, à compter du jour où les délits et contraventions ont été constatés, lorsque les prévenus sont désignés dans les procès-verbaux. Dans le cas contraire, le délai de la prescription est de six mois, à compter du même jour (C. for., art. 185). Le délai ne part

qu'à compter du procès-verbal définitif qui constate le délit (Cass., 20 oct. 1832) ; il se calcule de quantième à quantième, date par date (Cass., 27 déc. 1811).

67. Les délits non constatés sont soumis à la prescription de trois ans à compter du dernier acte de procédure (Cass., 6 fév. et 8 mai 1830).

68. La prescription est interrompue pendant trois ans par une citation régulière (Cass., 1er mars 1833), encore qu'il n'y ait pas eu d'audience (Cass., 29 avril 1808). — Pour la prescription de la peine, V. *Prescription*.

69. *Enregistrement*. — Les procès-verbaux des gardes forestiers qui intéressent l'Etat, les communes et les établissements publics, sont enregistrés en débet (C. for., art. 170). — V. *suprà* n° 33.

70. Ceux des gardes forestiers particuliers sont sujets au droit de 2 fr. 20 c. (L. 28 avril 1816, art. 43).

71. La signification d'un jugement par défaut, faite d'après l'art. 209, C. for. (V. *suprà* n° 60), n'étant pas un acte de poursuite tendant au recouvrement des sommes dues à l'Etat, mais simplement un acte nécessaire pour faire acquérir à ce jugement la force de la chose jugée, ne doit pas être enregistrée gratis, quoique la condamnation qu'il prononce n'excède pas 100 fr. Mais il en est autrement de l'exploit de signification de jugement contenant commandement de payer (L. 16 juin 1824, art. 6 ; Décis. de l'administr. de l'enreg. : V. *J. Huiss.*, t. 13, p. 261).

72. *Taxe*. — Les exploits faits par les gardes forestiers sont taxés comme ceux faits en justice de paix (C. for., art. 173) ; ceux faits par les huissiers sont tarifés en la manière ordinaire.

DÉLIT DE PRESSE. — V. *Diffamation*, *Presse*, *Outrage*.

DÉLIT RURAL. — **1.** Infraction aux lois qui protègent la propriété rurale et l'agriculture.

Indication alphabétique des matières.

§ 1. — *Faits considérés comme délits ruraux. — Pénalités.*

2. *Abandon d'animaux, garde à vue, dégâts, pâture.* — Les dégâts que les bestiaux de toute espèce laissés à l'abandon font sur les propriétés d'autrui, soit dans l'enceinte des habitations, soit dans un enclos rural, soit dans les champs ouverts, doivent être payés par les personnes qui ont la jouissance de ces bestiaux ; et, si elles sont insolvables, par celles qui en ont la propriété (L. 28 sept.-6 oct. 1791, tit. 2, art. 12).

3. Les conducteurs de bestiaux revenant des foires ou les menant d'un lieu à un autre ne peuvent les laisser pacager sur les terres des particuliers ni sur les communaux, sous peine d'une amende de la valeur de trois journées de travail, outre le dédommagement. L'amende est égale au dédommagement, si le dommage est fait sur un terrain ensemencé, ou non dépouillé de sa récolte, ou dans un enclos rural (même loi, art. 25).

4. L'expression de *bestiaux* employée dans la loi de 1791 comprend non-seulement tous les quadrupèdes domestiques réunis en troupeau, tels que vaches, chèvres, moutons, mais encore toutes les bêtes de trait et de somme.— V. *Animaux*, n° 33.

5. A défaut de paiement du dommage dans la huitaine du délit, les bestiaux, s'ils ont été saisis, sont vendus jusqu'à concurrence de ce qui est dû. Il peut même y avoir lieu envers les conducteurs à un emprisonnement qui ne peut excéder trois jours. — V. *Animaux*, nos 34, 35 et 39.

6. Quiconque est trouvé gardant à vue ses bestiaux dans les récoltes d'autrui est condamné, en outre du paiement du dommage, à une amende égale à la somme du dédommagement, et peut l'être, suivant les circonstances, à une détention qui ne doit pas excéder une année (L. 28 sept.-6 oct. 1791, tit. 2, art. 26).

7. La *garde à vue* diffère de l'*abandon*, en ce que les faits constitutifs de ce dernier délit ne supposent aucune intention coupable, mais seulement une simple négligence, tandis que, pour qu'il y ait délit de *garde à vue*, il faut que les bestiaux aient été introduits volontairement et le délit commis sous les yeux ou au su du délinquant, gardien ou propriétaire.

8. Il est défendu de mener sur le terrain d'autrui des bestiaux, de quelque nature qu'ils soient, et notamment dans les prairies artificielles, dans les vignes, oseraies, dans les plants de câpriers, dans ceux d'oliviers, de mûriers, de grenadiers, d'orangers et d'arbres du même genre, dans tous les plants ou pépinières d'arbres fruitiers ou autres, faits de main d'homme, à peine de 11 à 15 francs d'amende (C. pén., art. 479, n° 10).

9. Dans les lieux qui ne sont sujets ni au parcours ni à la vaine pâture, pour toute chèvre qui est trouvée sur l'héritage d'autrui contre le gré du propriétaire, il est payé une amende de la valeur de trois journées de travail par le propriétaire de la chèvre. Dans les pays de parcours ou de vaine pâture, où les chèvres ne sont pas rassemblées et conduites en troupeau commun, celui qui a des animaux de cette espèce ne peut les mener aux champs qu'attachés, sous peine d'une amende d'une journée de travail par tête d'animal; dans tous les cas, la peine ne peut être au-dessous de trois journées de travail. En quelque circonstance que ce soit, lorsque les chèvres ont fait du dommage aux arbres fruitiers ou autres, haies, vignes, jardins, l'amende est doublée, sans préjudice du dédommagement dû au propriétaire (L. 28 sept.-6 oct. 1791, tit. 2, art. 18).

10. Dans les lieux de parcours ou de vaine pâture, comme dans ceux où ces usages ne sont point établis, les pâtres et les bergers ne peuvent mener les troupeaux d'aucune espèce dans les champs moissonnés et ouverts que deux jours après la récolte entière, sous peine d'une amende de la valeur de trois journées de travail ou trois jours d'emprisonnement; l'amende est doublée, si les bestiaux ont pénétré dans un enclos rural (Même loi, tit. 2, art. 22; L. 23 therm. an 4, art. 2).

11. Le fait d'avoir laissé des volailles à l'abandon ou de les avoir gardées à vue dans les récoltes d'autrui constitue un délit rural passible des peines de simple police (Cass., 18 nov. 1824). Le droit de *tuer* les volailles, accordé par l'art. 12 de la loi de 1791, n'existe que lorsqu'elles sont laissées à l'abandon.— V. *Animaux*, nos 36 et suiv.

12. Il a été jugé qu'il y avait délit rural dans le fait d'avoir laissé pâturer une vache sur le terrain d'autrui, alors même que cette vache ne se serait

introduite sur ce terrain que parce que le propriétaire n'aurait pas tenu sa haie en état de clôture (Cass., 16 juill. 1824); dans le fait par un copropriétaire d'avoir fait paître ses bestiaux dans un terrain encore indivis sans le consentement de son copropriétaire (Cass., 1er déc. 1827); dans le fait par un individu de conduire son troupeau sur un terrain qui ne lui appartient pas, quoiqu'il n'y ait pas eu de dommage (Cass., 14 juin 1822); et dans le fait d'avoir mené des bestiaux pâturer sur des champs non entièrement récoltés, encore bien qu'aucun préjudice n'en soit résulté (Cass., 11 brum. an 7; 25 fév. 1811).

13. *Glanage, grappillage, râtelage et chaumage.*—Le *glanage* et le *râtelage* consistent à ramasser, avec ou sans râteaux, les épis détachés que le cultivateur a laissés sur son champ après l'enlèvement de sa récolte; le *grappillage*, à recueillir, après les vendanges, les grappes de raisin tombées ou éparses sur les ceps; le *chaumage*, à enlever les chaumes qu'a laissés le cultivateur quand il a scié les blés à la faucille. C'est à l'autorité administrative qu'il appartient de faire des règlements sur l'exercice de ces droits.

14. Le glanage, le râtelage et le grappillage ne peuvent être exercés, sans la permission du propriétaire, que dans les lieux où les usages de glaner, de râteler et de grappiller sont reçus. Pour assurer l'exercice de ces usages, les propriétaires des champs ouverts au glanage, râtelage et grappillage, et toutes autres personnes, ne peuvent y mener leurs troupeaux que deux jours après la récolte entière (L. 1791, tit. 2, art. 22; Cass., 18 oct. 1817). Par ces mots *deux jours* la loi entend qu'il y aura un jour franc, c'est-à-dire qu'un champ récolté le lundi ne pourra être pâturé que le mercredi.

15. Le glanage, râtelage ou grappillage dans des champs non entièrement dépouillés et vidés de leurs récoltes, ou avant le moment du lever ou après celui du coucher du soleil, est puni d'une amende d'un à cinq fr. (C. pén., art. 471, n° 10), et suivant les circonstances, d'un emprisonnement de trois jours au plus (art. 473).

16. Cette disposition ne s'applique qu'aux champs ouverts. Le glanage, râtelage ou grappillage dans un enclos rural, ne peut jamais avoir lieu sans le consentement du propriétaire (L. 1791, tit. 2, art. 21).

17. Les mêmes règles et les mêmes peines sont applicables au chaumage qui a lieu, sans le consentement du propriétaire, avant la fin de la récolte du chaume.

18. *Maraudage.* — Le maraudage consiste dans l'enlèvement frauduleux de productions de la terre non encore détachées du sol.

19. Il ne faut pas confondre le maraudage avec le vol de récoltes défini et puni par l'art. 388, C. pén., et les art. 2 et 13 de la loi du 24 juin 1824. Ainsi, pour que le délit de maraudage existe, il faut : 1° que les récoltes ou autres productions utiles de la terre n'en aient pas été détachées par le propriétaire avant leur enlèvement frauduleux (Cass., 6 nov. 1812); 2° que cet enlèvement n'ait pas été fait par plusieurs personnes, qu'il n'ait pas eu lieu la nuit, qu'on n'ait employé ni sacs ni paniers ou autres objets équivalents, ni voiture, ni animaux de charge (C. pén., art. 388, 471, n° 9, 475, n° 15); 3° qu'il n'ait pas été commis par escalade dans un enclos ou jardin (Cass., 17 oct. 1811; 31 janv. 1828).

20. La loi punit : 1° ceux qui, sans aucune des circonstances prévues en l'art. 388, dérobent des récoltes ou autres productions utiles de la terre non détachées du sol, d'une amende de six à dix francs et d'un emprisonnement de trois jours au plus (C. pén., art. 475, n° 15); et 2° ceux qui, sans autre circonstance, ont cueilli ou mangé, sur le lieu même, des fruits appartenant à autrui, d'une amende de 1 fr. à 5 fr. (C. pén., art. 471, n° 9).

21. *Inondation.* — L'inondation des chemins publics ou des propriétés par la faute des particuliers est prévue et punie par les art. 15, L. 28 sept.-6 oct. 1791, et 457, C. pén.

22. Aux termes de l'art. 15 de la loi des 28 sept.-6 oct. 1791, personne ne peut inonder l'héritage de son voisin, ni lui transmettre volontairement les eaux d'une manière nuisible, sous peine de payer le dommage et une amende qui ne peut excéder la somme du dédommagement.

23. L'art. 15 précité s'applique au cas où la hauteur du déversoir n'a pas été fixée par l'administration. Mais, lorsqu'elle l'a été, c'est l'art. 457, C. pén., qu'il faut alors appliquer. Or, d'après cet article, les propriétaires ou fermiers, ou toute personne jouissant de moulins, usines ou étangs, qui, par l'élévation du déversoir de leurs eaux au-dessus de la hauteur déterminée par l'autorité compétente, ont inondé les chemins ou les propriétés d'autrui, sont punis d'une amende qui ne peut excéder le quart des restitutions et des dommages intérêts ni être au-dessous de 50 francs. S'il est résulté du fait quelques dégradations, la peine est, outre l'amende, d'un emprisonnement de six jours à un mois.

24. Pour qu'il y ait lieu à l'application soit de l'art. 15 de la loi de 1791, soit de l'art. 457, C. pén., il faut qu'il y ait eu inondation réalisée de chemin ou de propriété d'autrui, et que cette inondation soit le résultat de la volonté ou de la négligence du propriétaire; car, s'il y avait force majeure, ce dernier ne serait soumis à aucune responsabilité.

25. *Clôtures.* — En ce qui concerne le délit de destruction de clôture, V. *Clôtures*, nos 18 et suiv. Quant à la simple dégradation de clôture, elle est réprimée par l'art. 17, encore en vigueur (Poitiers, 18 déc. 1830), de la loi de 1791, et donne lieu à une amende de trois journées de travail, et à un emprisonnement qui ne peut excéder un mois.

26. *Passage sur le terrain d'autrui.* — Le fait par un voyageur de déclore un champ pour se faire un passage ne cesse d'être punissable que lorsque le chemin public est reconnu impraticable. — V. *Chemins impraticables.*

27. Ceux qui, n'étant ni propriétaires, ni usufruitiers, ni locataires, ni fermiers, ni jouissant d'un terrain ou d'un droit de passage, ou qui n'étant agents ni préposés d'aucune de ces personnes, sont entrés et ont passé sur ce terrain, ou sur partie de ce terrain, s'il est préparé ou ensemencé, sont passibles d'une amende d'un à 5 fr. (C. pén., art. 471, n° 13). Il en est de même de ceux qui ont laissé passer leurs bestiaux ou leurs bêtes de trait, de charge ou de somme, sur le terrain d'autrui, avant l'enlèvement de la récolte (même art., n° 14). Cette dernière disposition ne s'applique qu'au cas où les fruits ont été coupés, mais ne sont pas encore enlevés (Cass., 12 sept. 1822).

28. Sont punis d'une amende de 6 à 10 francs inclusivement et peuvent être condamnés à un emprisonnement de trois jours : 1° ceux qui, n'étant propriétaires, usufruitiers, ni jouissant d'un terrain ou d'un droit de passage, y sont entrés et y ont passé dans le temps où ce terrain était chargé de grains en tuyaux, de raisins ou autres fruits mûrs ou voisins de la maturité; 2° ceux qui ont fait ou laissé passer leurs bestiaux, animaux de trait, de charge ou de monture, sur le terrain d'autrui, ensemencé ou chargé d'une récolte, en quelque saison que ce soit, ou dans un bois taillis appartenant à autrui (C. pén., art. 475, nos 9 et 10).

29. *Dommages causés à des animaux.* — En ce qui concerne les blessures faites à des animaux, et l'empoisonnement des chevaux, bêtes de voiture, de monture ou de charge, des bestiaux à cornes, des moutons, chèvres ou porcs, ou des poissons dans des étangs, viviers ou réservoirs, V. *Animaux*, nos 15 et suiv.

30. Ceux qui, sans nécessité, tuent l'un des animaux mentionnés ci-dessus, sont punis ainsi qu'il suit : si le délit a été commis dans les bâtiments, enclos et dépendances ou sur les terres dont le maître de l'animal tué était propriétaire, locataire ou fermier, la peine est un emprisonnement de deux mois à six mois; s'il a été commis dans des lieux dont le coupable était propriétaire, locataire, colon ou fermier, l'emprisonnement est de six jours à un mois; s'il a été commis dans tout autre lieu, il est de quinze jours à six semaines de prison. — En cas de violation de clôture, le maximum de la peine est toujours prononcé (C. pén., art. 453).

31. Ceux qui ont tué, sans nécessité, un animal domestique dans un lieu dont celui à qui cet animal appartient est propriétaire, locataire, colon ou fermier, sont punis d'un emprisonnement de six jours à six mois. Le maximum de la peine est prononcé, s'il y a eu violation de clôture (Cod. pén., art. 454).

32. Dans les cas prévus aux nos 30 et 31, il doit être en même temps prononcé une amende qui ne peut excéder le quart des restitutions et dommages-intérêts ni être au-dessous de 16 fr. (C. pen., art. 455).

33. Si la mort avait eu lieu sans qu'il y eût eu volonté de tuer, une amende de 11 à 15 fr. devrait alors seulement être prononcée (C. pén., art. 479, nos 2, 3 et 4). — V. *Animaux*, no 13, *Epidémie*, *Epizootie*.

§ 2. — *Constatation et poursuite des délits ruraux. — Compétence. — Prescription.*

34. Les délits ruraux sont constatés par procès-verbaux dressés par les maires, adjoints, commissaires de police ou gardes champêtres (C. inst. crim., art. 11 et 16). Ces procès-verbaux font preuve par eux-mêmes des délits qu'ils constatent. Mais, à défaut de procès-verbaux ou dans le cas où ils seraient insuffisants, la preuve peut en être faite par témoins.

35. L'action est introduite par une *citation* (V. ce mot), soit à la requête de la partie lésée, soit à la requête du ministère public, lequel peut l'intenter d'office indépendamment de toute plainte de la partie lésée (Cass., 27 août 1819; 31 oct. 1822). La citation ne pourrait être donnée à la requête du garde champêtre (Cass., 15 dec. 1827 : *J. Huiss.*, t. 9, p. 293).

36. La compétence se détermine par la fixation de la peine. Ainsi, l'action doit être portée devant le tribunal de simple police lorsque le fait n'est puni que d'une amende de 15 fr. ou au-dessous, et d'un emprisonnement qui n'excède pas cinq jours (C. inst. crim., art. 137 et 138). Mais, si la peine excède 15 francs d'amende ou cinq jours d'emprisonnement, ou si elle n'est pas déterminée par la loi, comme dans le cas où elle consiste en une amende égale au dommage ou double, le tribunal de police correctionnelle peut seul alors connaître du délit (Cass., 27 mai 1808; 31 oct. 1822; 20 août 1824; 15 fév. 1828).

37. Dans les cas où l'amende est égale au dommage ou double, l'estimation, lorsque le propriétaire garde le silence, n'en peut être ordonnée que par le tribunal saisi de la demande (Cass., 20 janv. 1826). Un juge de paix ne pourrait, dans aucun cas, faire faire l'estimation du dommage à l'effet de savoir s'il est compétent pour connaître de l'affaire.

38. Les délits ruraux se prescrivent : 1° s'il s'agit d'un délit réprimé par le Code pénal, par trois ans, lorsqu'il est de la compétence des tribunaux correctionnels, et par un an, lorsqu'il est déféré aux tribunaux de simple police (C. inst. crim., art. 638 et 640); 2° et, s'il s'agit d'un délit puni par la loi de 1791, par un mois (L. 28 sept.-6 oct. 1791, tit. 1er, art. 8). Cette prescription s'applique à l'action civile comme à l'action publique. Pour la prescription de la peine, V. *Prescription*.

DÉLIVRANCE.—**1.** On appelle ainsi, en général, la mise d'un droit ou d'une chose quelconque en la possession de celui qui en est devenu propriétaire (C. Nap., art. 1136 et 1604).

Indication alphabétique des matières.

---

§ 1. — *Comment, en quel temps, en quel lieu et aux frais de qui la délivrance doit s'effectuer. — Actions qui naissent de l'obligation de délivrer la chose.*

2. Le mode de délivrance diffère selon la nature des objets vendus. Ainsi, pour les immeubles, le vendeur a rempli l'obligation de les délivrer, lorsqu'il a remis les clefs, s'il s'agit d'un bâtiment, ou quand il a remis les titres qui établissent sa propriété (C. Nap., art. 1605).

3. Cependant, quoique la délivrance n'ait pas été faite, l'acheteur n'est pas moins, dès l'instant du contrat, propriétaire de l'immeuble vendu, en sorte qu'une seconde vente suivie de tradition ou de mise en possession ne peut prévaloir sur la première, si toutefois celle-ci a date certaine.

4. A l'égard des effets mobiliers, la délivrance s'opère, ou par la tradition réelle, ou par la remise des clefs des bâtiments qui les contiennent, ou même par le seul consentement des parties, si le transport ne peut pas s'en faire au moment de la vente, ou si l'acheteur les avait déjà en son pouvoir à un autre titre (C. Nap., art. 1606).

5. Il y a tradition réelle, lorsque l'effet mobilier vendu est remis en la possession de l'acheteur. A l'égard d'une coupe de bois, la tradition réelle résulte suffisamment ou d'un commencement d'exploitation, de l'établissement d'un garde de vente et du paiement des contributions (Cass., 21 juin 1820), ou de l'empilage fait par l'acheteur, et de l'apposition de sa marque sur les bois vendus, gisant encore sur le terrain (Cass., 15 janv. 1828).

6. La tradition par la remise des clefs est ce qu'on appelle la *tradition symbolique ;* elle produit le même effet que la tradition réelle.

7. La tradition par le seul consentement des parties est la *tradition feinte.* Ce mode de délivrance n'a d'effet qu'à l'égard des parties, mais non vis-à-vis des tiers; l'art. 1141, C. Nap., reconnaît, en effet, comme seul propriétaire celui de deux acquéreurs d'une même chose mobilière qui se trouve, de bonne foi, en possession réelle, quoique son titre soit postérieur en date. Ce principe a été appliqué par l'arrêt de la Cour de cassation du 21 juin 1820, au cas de vente d'une coupe de bois.

8. En ce qui concerne la délivrance ou tradition des droits incorporels, V. *Transport-Cession.*

9. La délivrance doit être faite dans le temps convenu (C. Nap., art. 1610), et, si aucun terme n'a été fixé, au moment du paiement du prix, à moins qu'il n'ait été accordé un délai pour le paiement (art. 1612), auquel cas la livraison doit être effectuée de suite.— V. *infrà* n° 14.

10. Elle doit se faire au lieu où était, au temps de la vente, la chose qui en a fait l'objet, s'il n'en a été autrement convenu (art. 1609). Le vendeur ne peut déplacer la chose vendue sans motif légitime, et l'acheteur peut refuser de la recevoir ailleurs que dans le lieu désigné par la loi ou la convention.

11. Lorsque la convention stipule que la délivrance se fera dans un lieu *ou* dans un autre, elle doit se faire en entier dans l'un des deux endroits, au choix du vendeur.

12. A moins de stipulation contraire, les frais de la délivrance sont à la charge du vendeur, et ceux de l'enlèvement à la charge de l'acheteur (C. Nap., art. 1608). S'il s'agit d'immeubles vendus à mesure fixe, le vendeur doit payer les frais d'arpentage; mais, s'ils sont vendus en corps, ces frais sont à la charge de l'acquéreur.

13. A l'égard des marchandises et de toutes choses destinées à la consommation, on doit consulter l'usage des localités.

14. L'acheteur ne peut, d'après ce qui a été dit n° 9, demander la délivrance avant le paiement du prix, si le vendeur ne lui a pas accordé de délai pour ce paiement, lequel, à moins de convention contraire, ne peut être partiel.

15. Il ne le peut également, lorsque, un délai lui ayant été accordé pour le paiement, il est tombé en faillite ou en déconfiture, s'il ne donne caution de payer au terme convenu (C. Nap., art. 1613), lorsqu'il est reconnu que le vendeur ignorait son insolvabilité, ou qu'il a été trompé dans les sûretés qu'il lui a données (Paris, 30 vent. an 11), ou qu'il a par son fait diminué ces sûretés.

16. De l'obligation imposée au vendeur de délivrer la chose à l'époque convenue naît pour l'acquéreur une action consacrée par l'art. 1610, C. Nap., article qui accorde à ce dernier la faculté de demander la résolution de la vente, ou sa mise en possession, si le retard ne vient que du fait du vendeur. Cette action est mobilière ou immobilière selon la nature de l'objet vendu.

17. Soit que l'acquéreur demande la résolution de la vente, soit qu'il ne demande que sa mise en possession, il lui est dû des dommages intérêts, s'il est résulté pour lui un préjudice du défaut de délivrance au temps convenu (C. Nap., art. 1611). Mais l'acquéreur n'est plus recevable à demander des dommages-intérêts, lorsqu'il a reçu l'objet vendu, sans réserves, après l'expiration du terme accordé pour la délivrance.

18. Lorsque l'acquéreur veut exercer l'une ou l'autre des actions qui lui sont dévolues par l'art. 1610 (V. *suprà* n° 16), il doit commencer par mettre le vendeur en demeure, au moyen d'une sommation, de lui livrer les objets vendus. Il convient d'accorder un délai d'au moins un jour franc, afin que le vendeur se prépare à la délivrance, et de fixer l'heure à laquelle l'acheteur se présentera pour prendre livraison.— V. *Formule* 1.

19. Au jour fixé, ce dernier se rend au lieu indiqué, assisté d'un huissier.

Si le vendeur est présent, cet officier ministériel réitère la sommation, et fait des offres d'argent ou de caution (V. *suprà* nos 14 et 15), si cela est nécessaire ; puis, il constate le refus de livrer. Si le vendeur n'est pas présent, il constate que l'acheteur s'est présenté, et que, après une heure d'attente, le vendeur n'est pas venu pour opérer la délivrance. — V. *Formule* 2.

20. Après ces formalités, le vendeur est cité en *conciliation*, s'il y a lieu, et, ensuite, devant le tribunal compétent. L'acheteur conclut à ce que la résolution de la vente soit prononcée, ou à ce qu'il soit mis en possession, et, en tous cas, à ce qu'il lui soit accordé des dommages-intérêts. — V. *Formule* 3. L'acheteur, après avoir intenté l'une des actions, peut l'abandonner pour exercer l'autre.

21. Les juges peuvent ne pas accueillir la demande en résolution formée par l'acquéreur pour défaut de délivrance dans le temps convenu ; ils ont la faculté d'accorder, suivant les circonstances, un délai au vendeur pour effectuer la livraison (Cass., 8 oct. 1807 ; Bordeaux, 8 août 1829 ; Aix, 4 mai 1832).

22. Lorsque le vendeur d'une chose mobilière, condamné à la livrer, la garde néanmoins en sa possession, l'acheteur doit alors, en vertu du jugement de condamnation, lui faire faire un commandement de la remettre, et, s'il n'obéit pas à ce commandement, l'huissier peut, un jour après, se rendre au lieu où est la chose et la faire transporter au domicile de l'acheteur. Il dresse un procès-verbal de son opération. — V. *Formule* 4.

§ 2. — *Dans quel état la chose doit être délivrée. — Qualité. — Défaut ou augmentation de contenance. — Actions qui en résultent. — Prescription.*

23. La chose doit être délivrée en l'état où elle se trouve au moment de la vente. Depuis ce jour, tous les fruits appartiennent à l'acquéreur (C. Nap., art. 1614). Le vendeur doit donc conserver la chose jusqu'au moment de la livraison. La question de savoir sur lequel, du vendeur ou de l'acquéreur, doit tomber la perte ou la détérioration de la chose vendue avant la livraison, est jugée d'après les règles du titre *des contrats ou des obligations en général* (C. Nap., art. 1824). — V. *Obligation.*

24. L'obligation de délivrer la chose comprend ses accessoires et tout ce qui a été destiné à son usage perpétuel (C. Nap., art. 1615). Ainsi, la vente d'un domaine comprend les animaux attachés à la culture, les instruments aratoires et tous les autres objets qui sont immeubles par destination ; la vente d'un fonds de commerce sans restriction comprend l'achalandage et les insignes servant à signaler et à accréditer l'établissement (Paris, 19 nov. 1824), et même quelquefois la cession ou rétrocession du bail de la boutique (Rouen, 9 juin 1828).

25. Le vendeur doit aussi remettre les titres de propriété, et faire la tradition de l'augmentation survenue à la propriété depuis la vente. Mais cette dernière obligation souffre exception en ce qui concerne l'augmentation résultant d'alluvion, lorsque, la contenance de l'immeuble ayant été indiquée dans l'acte de vente, l'alluvion se trouve excéder cette contenance (Paris, 2 juill. 1831).

26. La chose doit être livrée de la qualité convenue, sinon l'acquéreur peut demander des dommages-intérêts, et même la résolution, lorsqu'il est certain qu'il n'aurait pas acheté, s'il eût connu la qualité. Toutefois, si l'erreur ne portait que sur des qualités accidentelles et vagues, la convention devrait être exécutée.

27. L'acheteur, qui veut réclamer des dommages-intérêts ou demander la résolution de la vente à raison de la mauvaise qualité des objets vendus, doit faire constater l'état de ces objets au moment où il en prend livraison. A cet effet, il présente une requête au président du tribunal qui doit connaître de l'action ou au juge de paix si ce magistrat est compétent, afin de faire nommer des experts, sur le rapport desquels il est procédé comme il est dit au mot *Expertise* (V. ce mot).

28. Lorsqu'il s'agit de meubles et que la vente a eu lieu au poids, au compte ou à la mesure, le vendeur est obligé de délivrer la quantité de la chose stipulée en la convention (Arg. art. 1616 et 1617, C. Nap.). Si cela lui est impossible, il est tenu de souffrir une diminution proportionnelle sur le prix. Si la vente avait été faite en bloc, l'acheteur ne serait pas fondé à se plaindre de la tare ou du déficit causé par la compression des marchandises. Quant à la mesure, elle se règle par le lieu du contrat ou par celui de la délivrance.

29. Lorsqu'il s'agit d'immeubles, si la vente a été faite avec indication de la contenance, à raison de tant la mesure, le vendeur est obligé de délivrer à l'acquéreur, s'il l'exige, la quantité indiquée au contrat, et, si la chose ne lui est pas possible, ou si l'acquéreur ne l'exige pas, le vendeur est obligé de souffrir une diminution proportionnelle du prix (C. Nap., art. 1617). Si la différence en moins était telle qu'elle rendît la chose impropre à l'usage auquel on la destinait, l'acquéreur pourrait demander la résolution de la vente (Duvergier, *de la Vente*, n° 286 ; Duranton, t. 16, n° 223. — *Contrà* Troplong, *de la Vente*, n° 330).

30. Si, au contraire, il se trouve une contenance plus grande que celle exprimée au contrat, l'acquéreur a le choix de fournir le supplément du prix, ou de se désister du contrat, si l'excédant est d'un vingtième au-dessus de la contenance déclarée (C. Nap., art. 1618).

31. Dans tous les autres cas, soit que la vente soit faite d'un corps certain et limité, soit qu'elle ait pour objet des fonds distincts et séparés, soit qu'elle commence par la mesure, ou par la désignation de l'objet vendu suivie de la mesure, l'expression de cette mesure ne donne lieu à aucun supplément de prix, en faveur du vendeur, pour l'excédant de mesure, ni, en faveur de l'acquéreur, à aucune diminution du prix pour moindre mesure, qu'autant que la différence de la mesure réelle à celle exprimée au contrat est d'un vingtième en plus ou en moins, eu egard à la valeur de la totalité des objets vendus, s'il n'y a stipulation contraire (C. Nap., art. 1619).

32. Dans le cas de cet article, le vingtième se calcule non sur le nombre effectif de mesures, mais sur l'augmentation ou la diminution que l'excédant ou le déficit doit opérer dans le prix. Exemple : une vente a pour objet un corps de biens dont la contenance déclarée est de quarante hectares en terres labourables et de dix hectares en vignes, ensemble de cinquante hectares. S'il manque deux hectares de vignes, la différence de contenance ne sera que d'un vingt-cinquième ; mais, malgré cela, il y aura lieu à diminution du prix, si la valeur des deux hectares de vignes manquant dépasse le vingtième de ce prix (Zachariæ, *Cours de droit civil français*, t. 2, p. 511).

33. Lorsque la vente a lieu *sans aucune garantie* de contenance, cette stipulation emporte dérogation à l'art. 1619. Ainsi, elle rend l'acquéreur non recevable à demander une diminution de prix, quoique le déficit soit de plus d'un vingtième (Cass., 16 nov. 1828 ; Bourges, 31 août 1831 ; Troplong, *Vente*, t. 1er, n° 341 ; Duvergier, *Vente*, t. 1er, n° 305 ; Zachariæ, t. 2, p. 511). Il n'en est pas de même, du moins en général, et sauf l'interprétation de l'intention des parties, de la formule *ou environ*, qui est ajoutée à l'indication de la contenance (Troplong, n° 340 ; Zachariæ, *loc. cit.*).

34. Lorsque, dans le cas de l'art. 1619, il y a lieu à augmentation du prix pour *excédant* de mesure, l'acquéreur a le choix ou de se désister du contrat ou de fournir le supplément du prix, et ce, avec les intérêts, s'il a gardé l'immeuble (C. Nap., art. 1620). Il en serait de même, s'il y avait *déficit* (Duvergier, *Vente*, t. 1er, no 289).

35. Dans tous les cas où l'acquéreur, usant du droit qui lui appartient, se désiste du contrat, le vendeur doit lui restituer, outre le prix, s'il l'a reçu, les frais de contrat (C. Nap., art. 1621).

36. Sil a été vendu deux fonds par le même contrat, et pour un seul et même prix, avec désignation de la mesure de chacun, et qu'il se trouve moins de contenance en l'un et plus en l'autre, on fait compensation jusqu'à due concurrence ; et l'action, soit en supplément, soit en diminution du prix, n'a lieu que suivant les règles ci-dessus établies (C. Nap., art. 1623). Ainsi, il n'y a lieu à supplément ou à diminution de prix, qu'autant qu'il reste, après la compensation, une différence de valeur d'un vingtième au moins.

37. Lorsqu'il s'agit de vérifier la contenance des objets vendus, et que l'une des parties refuse de procéder amiablement à cette opération, l'autre peut lui faire donner une sommation à l'effet de se trouver sur les lieux pour opérer le mesurage. — V. *Formule* 5. Si elle se présente et qu'elle consente à l'arpentage, l'arpenteur désigné dresse procès-verbal de l'opération ; si elle ne se présente pas ou ne consent pas à l'opération, l'arpenteur dresse également un procès-verbal dans lequel il fait mention de l'absence ou du refus de la partie. Ces formalités ne sont pas prescrites par la loi, on peut en conséquence se dispenser de les accomplir ; si nous les indiquons, c'est afin de donner les moyens d'éviter un procès, dont les frais seraient en disproportion avec la matière qui en ferait l'objet.

38. Si l'arpentage ne peut avoir lieu sur la sommation, on cite alors la partie refusante, d'abord en conciliation, puis devant le tribunal de la situation de l'immeuble litigieux, pour voir dire que cet immeuble sera arpenté par experts du choix des parties, sinon nommés d'office. — V. *Formule* 6. Ces experts font un rapport, le déposent, et le tribunal statue sur les conclusions prises en conséquence du rapport. — V. *Expertise*.

39. Lorsqu'il est constaté par un arpentage amiable que la contenance indiquée au contrat n'est pas exacte, on doit distinguer : 1° s'il y a déficit, l'acheteur peut demander le surplus de la mesure ou une diminution du prix (V. *suprà*, nos 29, 31 et 34, et *Formule* 7) ; 2° s'il y a augmentation, l'acquéreur a le droit ou de conserver l'excédant de mesure, en offrant le surplus du prix (V. *suprà* nos 30 et 34, et *Formule* 8), ou de se désister du contrat (V. *suprà*, mêmes numéros, et *Formule* 9).

40. Le désistement doit être signifié par exploit signé de la partie. Il doit contenir en même temps restitution du prix payé et des frais de contrat et demande de dommages-intérêts. Si la partie ne sait ou ne peut signer, le désistement doit avoir lieu devant notaire, et alors on signifie l'expédition de l'acte qui en a été dressé.

41. Dans le cas d'augmentation, le vendeur peut faire sommation à l'acquéreur de déclarer s'il entend conserver l'excédant de mesure, et l'assigner en paiement de cet excédant. — V. *Formule* 10.

42. Les demandes formées dans les cas prévus nos 31, 39, 40 et 41, sont soumises au préliminaire de conciliation ; elles doivent être portées devant le tribunal de la situation des biens, à l'exception de celles en restitution de prix et en augmentation qui doivent être portées devant celui du domicile du défendeur.

43. L'action en supplément de prix de la part du vendeur, et l'action en diminution de prix ou en résiliation du contrat de la part de l'acquéreur, doivent être intentées dans l'année, à compter du jour du contrat, à peine de déchéance (C. Nap., art. 1622). Toutefois, il peut résulter des conventions des parties que le délai d'un an ait un autre point de départ.

44. La prescription d'un an a lieu aussi bien lorsque l'action découle des conventions des parties, que lorsqu'elle est fondée sur les dispositions de la loi (Troplong, *Vente*, n° 349; Duvergier, *Vente*, n° 303; Colmar, 29 mai **1817**; Agen, 7 juill. 1832; Cass., 22 juill. 1834. — *Contrà* Bordeaux, 19 mars 1811; Montpellier, 5juill. 1827); elle court contre toutes personnes, sauf les recours de celles privilégiées contre qui de droit (Duranton, t. 16, n° 237; Troplong, *loc. cit.*).

Formules.

1. *Sommation de délivrer l'objet vendu.*

L'an. . . . ., à la requête de. . . . ., j'ai, ..., fait sommation au sieur. . . ., de, — attendu que suivant acte reçu par Me. . . . . ., notaire à. . . ., le sieur. . . . a vendu au requérant la quantité de 500 stères de bois en cordes, livrables le. . . . à. . . . .; attendu que ce délai est expiré et que le requérant s'est constamment refusé d'effectuer la livraison dudit bois, — se trouver et être présent à. . . ., le, ... heure de. . . . ., pour livrer au requérant les 500 stères de bois à lui vendus suivant l'acte précité; déclarant audit sieur. . . . . qu'il sera payé comptant du bois dont il effectuera la délivrance, et que, faute par lui d'obéir à la présente sommation, le sieur. . . se pourvoira contre lui, sous toutes réserves.

V. n° 18. — Coût, tarif, art. 29; Orig. : Paris, 2 fr.; R. P., 1 fr. 80 c.; aill., 1 fr. 50 c. Cop. le 1/4.

Enregistrement de l'exploit, 2 fr. 20 c.

2. *Procès-verbal de délivrance ou de refus de délivrance.*

L'an. . . . ., heure de. . . . . . ., à la requête de. . . . ., je, ..., par suite de la sommation faite, par exploit de mon ministère en date du. . . . ., au sieur. . . ., de se trouver au lieu ci-après indiqué, jour et heure ci-dessus, à l'effet d'opérer la délivrance des objets dont on va parler, me suis transporté à. . . . ., assisté du sieur. . . ., mon requérant.

1° *Le vendeur est présent.* — Nous avons trouvé le sieur. . . . ., auquel, en parlant à sa personne, j'ai, huissier soussigné, réitéré la sommation de livrer à l'instant au requérant les 500 stères de bois de corde qu'il lui a vendus suivant acte du. . . ., aux offres de payer immédiatement ledit bois; à quoi il m'a été répondu par ledit sieur. . . . . . qu'il refusait d'effectuer la livraison demandée par *tel motif*, et ledit sieur. . . . ., sommé de signer sa réponse, a refusé; dont acte, que j'ai dressé pour servir ce que de raison, et duquel j'ai laissé copie audit sieur. . . . . Coût...

Ou — A quoi ledit sieur a fait réponse qu'il était prêt à livrer le bois vendu, et de suite, en effet, il a livré à mon requérant lesdits 500 stères de bois, lesquels ce dernier lui a payés en lui remettant en pièces de cinq francs la somme de. . . . ., dont le sieur. . . . . lui a consenti quittance; dont acte signé des parties et dont copie a été remise à. . . . . ., Coût...

2° *Le vendeur est absent.* — Nous n'avons pas trouvé le vendeur ni personne pour lui, et, après avoir attendu en vain jusqu'à. . . . ., nous nous sommes retirés; et j'ai dressé le présent procès-verbal pour valoir ce que de raison. Coût...

V. n° 19. — Coût : — Selon nous, cet acte doit être taxé par vacations comme un procès-verbal de *Saisie-exécution* (V. ce mot).

Enregistrement de l'exploit, 2 fr. 20 c.; et s'il y a livraison et que l'acte soit signé des deux parties, le droit de 2 fr. 20 c. pour cent francs est dû.

3. *Demande à fin de résolution ou de livraison.*

L'an. . . . ., à la requête de (*constituer avoué et donner copie de la non-conciliation*), j'ai, ..., donné assignation à. . . . ., à comparaître le. . . . ., pour, — attendu (*analyser la vente, la sommation et le procès-verbal de défaut de livraison*); attendu que le retard apporté par l'intimé à effectuer la livraison du bois vendu a causé un préjudice considérable au requérant, par suite de la diminution survenue depuis la vente jusqu'à ce jour sur le prix des bois;

Demande à fin de résolution. — Voir dire et ordonner que, dans le jour de la signification du jugement à intervenir, le sieur. . . . . sera tenu de livrer au requérant le bois qu'il lui a vendu, sinon et faute de ce faire, que la vente susdatée sera résolue de plein droit; que, dans ce dernier cas, le sieur. . . . . . sera condamné à payer et restituer au requérant la somme de. . . . . ., pour les frais du contrat susdaté; et, en tous cas, s'entendre condamner en. . . . . de dommages-intérêts et aux dépens, sous toutes réserves;

Demande à fin de livraison. —Voir dire et ordonner que, dans le jour de la signification du jugement à intervenir, le sieur . . . . sera tenu de livrer au requérant le bois qu'il lui a vendu, sinon et faute de ce faire, qu'il y sera contraint par toutes voies de droit; en conséquence, que le requérant pourra lui-même prendre livraison desdits objets, en remplissant les formalités prescrites en pareil cas, et en se faisant, au besoin, assister de la force armée; s'entendre en outre condamner en. . . . . de dommages-intérêts et aux dépens, sous toutes réserves.

V. n° 20.—Coût, tarif, art. 29; Orig.: Paris, 2 fr. 20 c.; R. P., 1 fr. 80 c.; aill., 1 fr. 50 c.; Cop. le 1/4.

Enregistrement de l'exploit, 2 fr. 20 c.

4. *Procès-verbal de délivrance forcée.*

L'an. . . . ., à la requête de. . . . ., élisant domicile (*dans la commune de l'exécution*); en vertu d'un jugement rendu par le tribunal de. . . . ., le. . . . ., signifié à avoué le. . . . ., et à partie par exploit de. . . . ., et continuant les poursuites commencées et notamment le commandement portant refus de livraison et de paiement, par exploit de. . . . . ., le. . . . . ., j'ai,. . . . . ., fait itératif commandement, de par la loi et justice, au sieur. . . . . ., de, présentement et sans délai, 1° livrer au requérant la quantité de 500 stères de bois qu'il lui a vendus par acte du. . ., et qu'il a été condamné à livrer suivant le jugement susdaté; 2° de payer la somme de. . . . . ., montant des dommages-intérêts alloués au requérant par ledit jugement, sous réserve de tous autres dus, droits et actions; lequel sieur. . . . . . ayant refusé de livrer ledit bois et de payer lesdits dommages-intérêts, je lui ai déclaré que j'allais à l'instant enlever le bois vendu et ensuite saisir ses meubles et effets mobiliers; et de suite, en effet, m'étant transporté dans la cour du sieur. . . . ., attenant à sa maison et où se trouve déposé le bois vendu, j'ai fait mesurer ledit bois par le sieur. . . . ., géomètre à. . . . . ., et, après avoir reconnu que la quotité vendue s'y trouvait, j'ai donné l'ordre à mon requérant de l'enlever, ce qu'il a fait avec des chevaux et voitures par lui amenés à cet effet; et M. . . . ., géomètre, a signé avec moi en cet endroit, et s'est retiré.

Cette opération terminée, je me suis rendu en la maison du sieur. . . . ., où étant, j'ai saisi, exécuté et mis sous la main de la loi et justice les objets dont suit le détail :— V. *Saisie-exécution.*

V. n° 22. — Coût : V. *Formule* 2.

Enregistrement de l'exploit, 2 fr. 20 c.— V. d'ailleurs *Saisie-exécution.*

5. *Sommation à l'effet de procéder au mesurage.*

L'an. . . . ., à la requête de. . . . ., j'ai. . . . . fait sommation au sieur. . . ., à l'effet de se trouver à. . . . ., le. . . . ., heure de. . . . . ., assisté d'un arpenteur de son choix, si bon lui semble, pour procéder conjointement avec le requérant et le sieur. . . . ., arpenteur géomètre, demeurant à. . . . ., choisi par ce dernier, à l'arpentage et au mesurage de. . . . ., terre en labour, sise à. . . . ., commune de. . . (*tenants et aboutissants*), et vendue par le sieur. . . . . . au sieur. . . . ., suivant acte du. . . . .; déclarant audit sieur. . . . . . que, faute de se présenter, il sera procédé contre lui tel que de droit, sous toutes réserves.

V. n° 37. — Coût : V. *Formule* 3.

Enregistrement de l'exploit, 2 fr. 20 c.

6. *Demande à fin de mesurage.*

L'an. . . ., à la requête de (*constituer avoué, donner copie de la non-conciliation et du procès-verbal de défaut de mesurage, s'il y en a un*), j'ai. . . . ., donné assignation à. . . . . ., à comparaître. . . . . ., pour, — attendu qu'il importe au requérant de vérifier, contradictoirement avec le sieur. . . . ., son vendeur, la mesure attribuée à l'objet vendu; attendu que ce dernier s'est refusé jusqu'à ce jour à un arpentage amiable, ce qui est prouvé par la sommation et le procès-verbal (*les analyser*); — voir dire et ordonner que par experts du choix des parties, sinon nommés d'office, il sera procédé à l'arpentage et au mesurage des objets vendus, pour, ensuite, sur le rapport desdits experts dressé et déposé conformément à la loi, être conclu et statué ce qu'il appartiendra, sous toutes réserves.

V. n° 38. — Coût : V. *Formule* 3.

Enregistrement de l'exploit, 2 fr. 20 c.

7. *Demande en fournissement de mesure ou en diminution de prix.*

L'an. . . . . ., à la requête de. . . . . . (*constituer avoué et donner copie de la non-conciliation*), j'ai. . . . ., donné assignation à. . . . . à comparaître. . . . . pour, — attendu que suivant contrat (*analyser la vente*); attendu que suivant procès-verbal (*analyser le procès-verbal de mesurage*); attendu qu'il résulte de ce procès-verbal qu'il existe un déficit de. . . . . . dans la mesure énoncée audit contrat; — Voir dire et ordonner que le sieur. . . . . sera tenu de fournir au sieur. . . . . la quantité indiquée au contrat sus-daté, sinon et faute de ce faire dans le jour de la signification du jugement à intervenir, qu'il y sera contraint par toutes voies de droit, et en outre s'entendre condamner aux dépens.

Ou, — Attendu qu'il est impossible au sieur. . . . . de fournir la mesure par lui vendue; — Voir dire et ordonner que le prix fixé au contrat susdaté subira une réduction de. . . . ., et, en outre, s'entendre condamner aux dépens.

V. n° 39. — Coût : V. *Formule* 3.

Enregistrement de l'exploit, 2 fr. 20 c.

8. *Déclaration et offres du supplément de prix.*

L'an. . . . ., à la requête de. . . . ., j'ai,. . . . ., signifié et déclaré à. . . . .; attendu (V. *Formule* 7) que le requérant entend exécuter le contrat susdaté et conserver l'excédant de mesure qui se trouve exister dans l'objet vendu; et, de suite, à même requête, j'ai fait offre au sieur. . . . . . de la somme de. . . . . ., en pièces de. . . . . ., monnaie ayant cours, pour le prix de cet excédant; à ce que dessus le sieur. . . . . m'a répondu : — V. *Offres réelles.*

V. n° 39. — Coût et enregistrement de l'exploit, V. *Offres réelles.*

9. *Désistement.*

L'an. . . . ., à la requête de. . . . ., j'ai,. . . . ., signifié et déclaré à. . . . .; attendu (V. *Formule* 7) que le requérant se désiste purement et simplement de la vente du. . . . .; qu'il entend que cette vente soit considérée comme nulle et non avenue et qu'il veut en un mot être regardé comme n'ayant jamais acquis;

Et, à même requête que dessus, j'ai, huissier susdit et soussigné, donné citation à. . . . . à comparaître le. . . . ., au bureau de paix et conciliation, pour se concilier, si faire se peut, sur la demande que le requérant se propose de former contre lui devant tribunal compétent, pour le faire condamner à lui payer et rembourser 1° la somme de. . . . pour le prix de ladite vente payée au sieur. . . . .; 2° celle de. . . . ., pour les intérêts de cette somme courus jusqu'à ce jour; 3° et celle de. . . . . pour dommages-intérêts, sous toutes réserves.

V. n° 39. — Coût : V. *Formule* 3.

Enregistrement de l'exploit, 2 fr. 20 c.

10. *Demande en augmentation.*

L'an. . . . . ., à la requête de (*constituer avoué*), j'ai,. . . . . ., donné assignation (V. *Formule* 7); — voir dire et ordonner que, dans les 24 heures de la signification du jugement à intervenir, le sieur. . . . sera tenu de déclarer au requérant s'il entend exécuter ou résilier le contrat de vente du. . . .; sinon et faute de ce faire, il sera considéré comme acquéreur définitif; qu'en conséquence, il conservera l'excédant de mesure, qu'il paiera pour cet excédant au requérant la somme de. . . . .; et, en outre, s'entendre condamner aux dépens, sous toutes réserves.

V. n° 41. — Coût : V. *Formule* 3.

Enregistrement de l'exploit, 2 fr. 20 c.

DÉLIVRANCE D'ACTES. — V. *Copie de titres et pièces.*

DÉLIVRANCE DE LEGS. — V. *Legs, Testament.*

DEMANDE. — **1.** Prétention élevée par une personne contre une autre. La demande est dite *judiciaire* lorsqu'elle, est portée en justice, et la demande judiciaire s'appelle plus spécialement *action* (V. ce mot, n° 2). Celui qui intente la demande prend le nom de *demandeur*, et celui qui y défend le nom de *défendeur* (V. ce mot).

2. La demande qui sert de base à une instance est dite *principale*, par opposition à la demande *accessoire*, qui ne porte que sur un point se rattachant à la demande principale, telle que celle qui a pour objet les intérêts, les dépens. La demande principale est *ordinaire* ou *sommaire*.

3. On nomme *incidente* la demande qui est formée dans le cours de l'instance et a pour objet un point de contestation non prévu dans la demande principale et se rattachant à cette demande. — V. *Incident*.

4. La demande *reconventionnelle* est celle qui est formée par le défendeur contre le demandeur devant le même tribunal; elle est une exception ou défense à la demande principale. — V. *Degrés de juridiction*, *Reconvention*. — Cette demande est valablement formée par exploit à domicile (Poitiers, 13 fév. 1827 : V. *J. Huiss.*. t. 10, p. 19).

5. On appelle demande *alternative* celle qui a pour objet d'obtenir du défendeur, soit une chose, soit une autre, à son choix. — V. *Action possessoire*, *Déguerpissement*, *Délaissement par hypothèque*, *Obligation*.

6. La demande est *subsidiaire*, lorsqu'elle tend à faire déclarer nulle une obligation, et, pour le cas où la nullité ne serait pas admise, à la faire déclarer prescrite.

7. Lorsque deux demandes sont formées par le même exploit, quoique par la même personne, on dit qu'elles sont *distinctes*, lorsque l'une ne se rattache en rien à l'autre, qu'elles sont évidemment séparées. — V. *Degrés de juridiction*.

8. Sur le point de savoir ce que l'on doit entendre par demande *en garantie*, *indéterminée*, *nouvelle*, V. *Degrés de juridiction*, *Garantie*, *Demande nouvelle*.

DEMANDE EN DISTRACTION DE DÉPENS. — Demande faite par un avoué dans le but de toucher de la partie condamnée ses déboursés et honoraires sur les dépens alloués à la partie pour laquelle il a occupé. — V. *Frais et dépens*.

DEMANDE EN DISTRACTION D'OBJETS SAISIS. — V. *Saisie-exécution*, *Saisie-immobilière*.

DEMANDE EN PAIEMENT DE FRAIS. — V. *Avoué*, *Frais et dépens*, *Huissier*.

DEMANDE NOUVELLE. — **1.** Demande qui est formée pour la première fois en appel, et qui n'est ni un accessoire de l'action principale (V. *Demande*), ni un moyen de défense contre cette action.

2. *Matières civiles.*—En principe, aucune demande nouvelle ne peut être formée en cause d'appel. Il n'est fait exception que pour les demandes nouvelles qui ne sont qu'une compensation ou une défense à l'action principale (C. proc. civ., art. 464).—V. *Appel en matière civile*, n°s 359 et suiv.

3. Il résulte de l'art. 464 précité que toute demande qui ne tend pas à écarter l'action principale est une demande nouvelle qu'on ne peut introduire en cause d'appel. Nous avons déjà donné dans les n°s 359 et suiv. du mot *Appel en matière civile* quelques exemples de demandes nouvelles qu'on ne peut former en appel. Nous ajouterons qu'on doit encore ranger dans cette catégorie la demande qui tend à obtenir la propriété d'un terrain sur lequel en première instance on avait seulement réclamé un droit d'usage (Cass., 27 mai 1839); celle en résiliation de bail, quand on en a demandé d'abord la nullité (Cass., 8 pluv. an 15); celle en rescision, pour cause de lésion, d'un partage dont on a demandé la nullité pour cause de dol (Bourges, 19 mai 1824); celle en nullité d'un acte dont on a primitivement demandé la rescision (Agen, 29 déc. 1812; Montpellier, 22 mai 1813); la demande en résolution de vente, lorsqu'on n'a en première instance demandé que la distribution du prix (Amiens, 27 nov. 1824); la demande en séparation de corps formée sur l'appel d'un jugement qui a prononcé la séparation de biens (Cass., 26 mars 1828); la demande en dommages-intérêts encourus antérieurement à la demande primitive (Cass., 31 août 1830), et enfin la demande en renvoi devant arbitres (Metz, 9 janv. 1833).

4. Les demandes qui ont déjà été présentées en première instance, mais sur lesquelles le tribunal n'a pas statué, ne sont pas considérées comme nouvelles: on peut donc les présenter de nouveau en appel (Bourges, 23 avril 1825; Cass., 3 juill. 1828; 4 juin 1833).

5. Il en est de même de la demande par laquelle on reproduit ses conclusions principales qu'on avait modifiées en première instance, sans les abandonner (Cass., 11 juill. 1833), et celle par laquelle on restreint ses conclusions primitives (Cass., 28 janv. 1808; 1er sept. 1813; 14 juill. 1824). — V. *Appel en matière civile*, n° 361.

6. Celui qui a intenté une action en paiement d'arrérages échus d'une rente peut demander en appel que le débiteur soit condamné au service de la rente pour l'avenir (Colmar, 24 août 1822). Cette dernière demande est considérée comme implicitement comprise dans la première. — Celui qui en première instance s'en est rapporté à justice peut attaquer en appel la décision des premiers juges (Cass., 7 mai 1834). — Jugé aussi que le demandeur originaire peut interjeter appel contre l'assigné en garantie, encore que devant les premiers juges il n'ait pas pris de conclusions contre lui, et qu'il n'ait pas subi de condamnation à son profit (Rennes, 30 janv. 1834).

7. Il ne faut pas confondre les moyens nouveaux avec les demandes nouvelles. Tous les moyens nouveaux sont admissibles en appel, à moins qu'il ne s'agisse d'exceptions qui doivent être proposées *in limine litis*. — V. *Exception*.

8. Ainsi, une preuve qu'on n'avait point offerte en première instance est recevable en appel (Agen, 12 mai 1830). On peut prétendre pour la première fois en appel que son adversaire doit être condamné, parce qu'il n'a pas prouvé sa possession (Cass., 1er sept. 1813). Un associé peut, après avoir demandé la nullité du traité social, quant à certaines clauses, conclure en appel à ce que la société soit déclarée nulle pour défaut de publicité (Cass., 22 juill. 1825). On peut demander en appel, à titre de servitude, un droit de secondes herbes réclamé en première instance à titre de propriété (Cass., 7 mars 1826). — V. au surplus *Appel en matière civile*, n° 367.

9. Mais le défaillant ne peut opposer pour la première fois en appel la péremption d'un jugement par défaut (Rennes, 6 janv. 1836: V. *J. Huiss.*, t. 18, p. 183).

10. Nous avons aussi fait remarquer au mot *Appel en matière civile* (nos 362 et suiv.) que les demandes qui n'étaient que des accessoires de la demande principale pouvaient également être formées en appel. Or, on doit considérer comme demandes accessoires: l'action en subrogation contre un cessionnaire de droits litigieux (Grenoble, 19 mai 1828); la demande en nomination d'un séquestre des biens litigieux (Toulouse, 22 juin 1831); celle en réparation d'un préjudice causé, dans le cours d'une instance, à une partie intervenante, par le concert frauduleux des parties principales (Cass., 13 nov. 1833), et la demande en destruction d'une grange construite sur le terrain en litige depuis la demande en revendication de ce terrain (Cass., 2 déc. 1828). — V. *Contrainte par corps*, nos 28 et 29.

11. On peut aussi, sur l'appel, conclure aux dommages-intérêts soufferts depuis le jugement de première instance, les dommages-intérêts n'étant qu'un accessoire de la demande principale. Mais, pour qu'il en soit ainsi, le préjudice doit résulter des faits sur lesquels la demande originaire a été fondée. Des faits nouveaux, quoique identiques par leur nature à ceux qui font la base de la condamnation première, ne peuvent donner lieu qu'à une action nouvelle (Amiens, 7 mars 1839).

12. Nous avons vu précédemment (n° 2) que, aux termes de l'art. 464, C. proc. civ., le défendeur peut former en cause d'appel toutes les demandes nouvelles qui ne sont que la défense à l'action principale. Il est assez difficile de définir d'une manière précise les caractères qu'une demande devra présenter pour ne constituer qu'une défense à l'action principale. Les juges d'appel apprécieront si la demande portée devant eux pour la première fois est ou non une demande nouvelle (Cass., 6 juin 1831).

13. Spécialement, on doit considérer comme défense à l'action principale : la demande à fin de rapport à la masse de la succession, de choses données, formée par le légataire attaqué en réduction de legs (Cass., 29 août 1826) ; la fin de non-recevoir prise de ce que l'action a été tardivement formée (Paris, 2 mai 1827) ; la demande en nullité du titre en vertu duquel il a été procédé à une saisie-exécution, demande formée par le garant du saisi (Cass., 29 août 1832) ; la demande du débiteur au préjudice duquel une saisie-arrêt a été pratiquée, en nullité du titre du saisissant (Limoges, 30 janv. 1822) ; la demande en nullité d'une saisie-arrêt faite sans titre, et non suivie d'une demande en validité (Rennes, 29 avril 1816).

14. Mais on ne peut proposer pour la première fois en appel les motifs de récusation d'un magistrat de première instance, comme moyens de nullité du jugement auquel il a concouru (Bordeaux, 13 mars 1833); ni contre des experts des moyens de récusation qu'on n'a pas présentés en première instance (Bourges, 24 juill. 1832).

15. Le demandeur originaire peut aussi former, pour la première fois, en appel, une demande nouvelle, si elle est la défense à la défense du défendeur (Bourges, 4 déc. 1830). Ainsi, lorsque, sur une demande en dommages-intérêts pour indû passage sur un chemin, le défendeur, tout en avouant le fait, prétend avoir le droit de passer et offre la preuve de sa possession annale, le demandeur peut conclure à ce que le passage, ne constituant qu'une servitude discontinue, soit à l'avenir interdit au défendeur (Cass., 1er fév. 1830).

16. De même, le demandeur peut en appel, par voie d'exception, demander la nullité d'un titre, quoique, en première instance, il n'ait conclu qu'à la réduction de la somme stipulée en ce titre (Cass., 31 déc. 1833).

17. *Matières criminelles.*—En matière criminelle, les demandes nouvelles sont également prohibées en appel. Ainsi, lorsqu'un procès-verbal constate deux contraventions, dont une seule a été déférée au tribunal de première instance, le tribunal d'appel ne peut connaître de l'autre (Cass., 5 déc. 1828).

18. On ne peut même, lorsqu'on n'a poursuivi un délit que comme simple en première instance, prétendre en appel qu'il a été commis avec des circonstances aggravantes, par exemple, qu'un délit de pêche a été commis en temps et avec des engins prohibés (Cass., 29 avril 1830).

19. Mais le poursuivant pourrait : 1° rectifier ses conclusions, dans le cas, par exemple, où il aurait requis l'application à un fait d'une peine prononcée contre un autre (Pau, 24 déc. 1829) ; 2° présenter de nouveaux moyens et produire de nouvelles pièces (Cass., 5 flor. an 13) ; 3° prouver le délit par témoins, en cas d'insuffisance du procès-verbal (Cass., 1er déc. 1826).

20. Le prévenu peut former de nouvelles demandes en appel, pourvu qu'elles soient une exception ou une défense à l'action intentée contre lui. Ainsi, quoiqu'en première instance le prévenu d'un délit forestier n'ait demandé la nullité de la citation que parce qu'elle n'avait pas été enregistrée, il peut en appel demander cette nullité par le motif que l'original ne fait pas mention qu'il lui a été donné copie de l'affirmation (Cass., 26 mai 1832).

DEMANDE RECONVENTIONNELLE. — V. *Demande*, n° 4.

DEMANDEUR.—V. *Demande, Demande nouvelle, Exploit.*

DÉMÉNAGEMENTS (ENTREPRENEURS DE). — Sont patentables.

DÉMENCE.—Etat d'une personne privée de raison au point de ne pouvoir apprécier le caractère et la portée de ses actes. — V. *Aliénés, Conseil judiciaire, Consentement, Convention, Interdiction.*

DEMEURE — **1.** Ce mot s'emploie pour indiquer le lieu de l'habitation d'une personne. La demeure d'une personne peut bien ne pas être son domicile (C. Nap., Arg. art. 102). Il suit de là que lorsque la loi n'exige, dans les actes de procédure, que la mention de la demeure, il n'est pas nécessaire de rechercher si le domicile est établi ailleurs. — V. *Ajournement*, *Appel en matière civile*, nos 294 et 295, *Citation, Domicile, Exploit.*

2. Le même mot sert aussi à désigner le retard apporté par un débiteur à l'exécution de son obligation. Dans notre droit, le débiteur n'est exactement en retard de payer, de donner ou de faire ce qu'il doit, que du jour où il a été judiciairement interpellé à cet effet. L'acte qui constate cette interpellation se nomme *Mise en demeure*.—V. ce mot et *Sommation.*

DÉMISSION (OFFICE).—**1.** Acte par lequel on déclare vouloir cesser les fonctions que l'on exerce.

2. La démission est ordinairement le fait de la volonté libre du titulaire; mais quelquefois elle lui est imposée par les circonstances. —V. *Destitution, Discipline.*

3. Les tribunaux ne peuvent en aucun cas ordonner par jugement qu'un titulaire se démettra de ses fonctions (Aix, 5 janv. 1830 ; Agen, 6 janv. 1836; Bordeaux, 7 mai 1834), ni le contraindre à donner sa démission en prononçant une suspension contre lui (Montpellier, 25 fév. 1833).

4. Néanmoins, il est des circonstances où un huissier est de droit réputé démissionnaire : 1° s'il ne réside pas dans le lieu qui lui a été fixé (V. *Huissier*, *Résidence*); 2° s'il exerce des fonctions incompatibles avec sa profession (V. *J. Huiss.*, t. 35, p. 60. — V. aussi *Huissier, Incompatibilité*); 3° s'il ne rétablit pas dans les six mois son cautionnement absorbé par l'effet de la garantie (V. *Cautionnement des huissiers*, nos 28 et suiv.).

5. La démission ne peut être donnée que par ceux qui ont le droit de disposer de l'office.—V. *Office.*

6. Les officiers ministériels étant créés pour les besoins des citoyens, un office ne peut rester vacant. Le Gouvernement, lorsqu'un huissier est dans le cas d'être remplacé, ou lorsque s'étant volontairement démis, il ne fait pas de présentation, fixe un délai pour effectuer cette présentation ; et, à l'expiration de ce délai, il pourvoit d'office au remplacement (Déc. du minist. de la just., 10 mars 1837).

7. La démission peut être faite soit par acte devant notaire, soit par déclaration au greffe, soit par acte sous seing privé, et elle est déposée ensuite au parquet.

8. Lorsqu'il y a lieu de remplacer un titulaire qui s'est mis dans l'impossibilité de conserver ses fonctions, la démission est rédigée dans la forme d'une supplique adressée à l'Empereur pour lui demander d'agréer la personne indiquée comme successeur, et, dans les autres cas, soit de cette manière, soit dans la forme d'un désistement en faveur du candidat. Quelle que soit sa forme, elle doit être écrite sur timbre (Inst. de la régie, 20 juill. 1843) et légalisée; mais elle n'est pas soumise à l'enregistrement.—V. *Formule*.

9. Jusqu'à ce qu'elle ait été acceptée par une décision ministérielle, la présentation peut être révoquée par le titulaire démissionnaire (Dard, *des Offices*, p. 164 et 231; Décis. du minist. de la just., 5 mai 1834; 9 janv. 1837; Ord., 30 mars 1838). Mais la déclaration qu'un officier ministériel ferait du retrait de sa démission ne pourrait avoir de valeur que devant le Gouvernement, auquel il appartient d'accueillir ou de repousser une pareille rétractation (Morin, *de la Discipline*, t. 2, n° 500 *in fine*, p. 28).

10. Quant au cessionnaire, il peut également se rétracter tant que la présentation faite en sa faveur n'a pas été acceptée par le Gouvernement.

11. La rétractation du cédant ou du cessionnaire pourrait donner lieu à des dommages-intérêts pour inexécution du traité. Un jugement du tribunal civil d'Amiens, du 12 août 1844, et un arrêt de la Cour impériale de Paris, du 14 janv. 1845, ont en effet formellement décidé que la rétractation du cédant ou du cessionnaire, avant la nomination, les soumettait à des dommages-intérêts l'un envers l'autre. La Cour impériale d'Aix s'était aussi prononcée dans le même sens par arrêt du 5 janv. 1830.

12. Sur la question de savoir si la démission d'un officier ministériel peut être refusée par le Gouvernement, et si l'officier démissionnaire n'est pas tenu de remplir ses fonctions jusqu'à la nomination de son successeur, V. *Office*.

Formule.

Démission.

Je soussigné (*nom et prénoms*), demeurant à. . . . ., arrondissement de. . . . ., département de. . . . ., déclare me démettre en faveur de. . . . . (*nom, prénoms, demeure et qualités*) des fonctions d'huissier près le tribunal civil et de première instance de. . . . ., dont je suis revêtu. Je supplie S. M. l'Empereur de vouloir bien agréer ledit tieur. . . . . pour mon successeur.

A. . . . . ., le. . . . . . (*Signature du démissionnaire*).

Légalisation. — Le maire de la commune de. . . . . ., certifie que la signature ci-dessus apposée est bien celle de. . . . ., huissier à. . . . . A.. . . . ., en mairie, le. . . . . (*Signature du maire et cachet de la mairie*).

DÉMISSION DE BIENS. — **1.** On appelait ainsi, dans l'ancien droit, la disposition par laquelle un individu, devançant l'ouverture de sa succession, faisait à ses héritiers présomptifs l'abandon de l'universalité de ses biens.

2. Ce mode de disposer a été implicitement aboli par l'art. 893, C. Nap., et par l'art. 7 de la loi du 30 vent. an 12 (Cass., 6 fruct. an 14). Il a été remplacé à quelques égards par le partage d'ascendants.—V. *Partage d'ascendants*.

DÉMOLITION. — **1.** La démolition des constructions doit être considérée sous le double rapport de l'ordre public et de l'intérêt privé.

2. La démolition est ordonnée dans un intérêt d'ordre public, lorsqu'elle a pour objet des constructions élevées en contravention aux règlements et arrêtés administratifs, ou des constructions qui sont reconnues en état de dégradation et de vétusté. De plus, les propriétaires qui sont en contravention aux règlements administratifs peuvent être passibles d'une amende (C. pén., art. 471).

3. L'intérêt privé exige que, lorsqu'on démolit un bâtiment avec l'intention de le reconstruire, on en fasse, avant la démolition, constater l'alignement et les limites avec les voisins (V. *Alignement*, § 1); et, si l'immeuble à démolir a droit à des servitudes ou s'il en supporte, on doit les constater, soit à l'amiable, soit en justice, afin de les rétablir dans le même état.

4. Lorsque l'alignement n'a pas été concerté avec le voisin, et qu'en reconstruisant la maison ou le mur, il y a eu anticipation, on peut, quelque légère qu'elle soit, demander la démolition de la construction (Cass., 22 avril 1823).—V. *Action possessoire.*

5. L'opération de l'alignement terminée, si la maison à démolir tient à d'autres bâtiments séparés par un mur mitoyen, on doit mettre, par une signification, le voisin en demeure de prendre les précautions convenables.—V. *Formule.* Du reste, c'est aux voisins à faire, à leurs dépens, les étaiements nécessaires pour soutenir leurs maisons; mais c'est à celui qui démolit à faire faire chez les voisins et à ses frais la réparation des dégradations causées par les percements faits pour le descellement des poutres et autres choses semblables (Arg. art. 662, C. Nap.; Paillet, *des Servitudes*, p. 771; Merlin, *Répert.*, v° *Démolition*).

6. Si, par suite de la démolition, le mur mitoyen perdait son appui et se trouvait en danger de tomber, le propriétaire de la maison démolie pourrait contraindre son voisin à faire étayer (Merlin, *eod. verb.*).

7. Lorsque les bâtiments à démolir ne sont pas adossés à des murs mitoyens, on doit également faire une sommation aux voisins d'étayer (V. *suprà*, n° 5); mais, comme dans ce cas la démolition n'a lieu que dans l'intérêt de celui qui démolit, et non dans l'intérêt du voisin, il est juste que ce dernier soit remboursé de ce que les travaux d'étaiement lui ont coûté.

8. Les matériaux provenant d'une démolition, de même que ceux assemblés pour construire un bâtiment, jusqu'à ce qu'ils aient été employés, sont meubles et peuvent être saisis-exécutés (C. Nap., art. 532; Duranton, t. 4, n° 111; Lyon, 23 déc. 1811.—*Contrà* Toullier, t. 3, n° 19), qui considère ces matériaux comme immeubles à cause de leur destination.—V. *Constructions.*

9. Lorsque, pour arrêter les progrès d'un incendie, une maison a été démolie, celui à qui elle appartenait a le droit de réclamer une indemnité contre le propriétaire du bâtiment dans lequel l'incendie s'est déclaré, (et, si ce dernier est excusable ou insolvable, contre les propriétaires préservés. Tous les auteurs sont d'accord sur ce point.

Formule.

Sommation d'étayer.

L'an. . . . ., à la requête de. . . . ., j'ai. . . . . ., signifié et déclaré à. . . . ., que mondit sieur. . . . . . est dans l'intention de démolir une maison sise à. . . . ., tenant d'un côté audit sieur. . . . ., mur mitoyen; d'autre côté. . . . ., et qu'il commencera les travaux de démolition le. . . . .. à. . . . ., heures du matin; et j'ai, en conséquence, fait sommation audit sieur. . . . . de prendre, d'ici le délai ci-dessus fixé, toutes les précautions convenables et qu'il jugera nécessaires à l'effet de se garantir de tout accident et de toutes dégradations par suite de la démolition; lui déclarant que, faute par lui de ce faire, il sera seul passible de sa négligence et supportera personnellement les pertes qui en seront le résultat, etc.

V. n° 5.—Coût, tarif, art. 29. Orig.: Paris, 2 fr.; R. P., 1 fr. 80 c.; aill., 1 fr. 50 c.; Cop. le 1/4.

Enregistrement de l'exploit, 2 fr. 20 c.

DÉNÉGATION D'ÉCRITURE.—V. *Vérification d'écriture.*

DÉNI DE JUSTICE. — 1. Refus que fait un juge de rendre la justice, lorsqu'elle lui est demandée.

2. Il y a déni de justice: 1° quand les juges refusent de répondre aux requêtes ou négligent de juger les affaires en état et en tour d'être jugées (C. proc. civ., art. 506); 2° lorsqu'ils refusent de juger sous prétexte du silence, de l'obscurité ou de l'insuffisance de la loi (C. Nap., art. 4 ; C. pén., art. 185).

3. Le déni de justice est une cause de *prise à partie* (C. proc. civ., art. 505).—V. *Prise à partie*.

4. Pour les peines encourues par les juges qui se rendent coupables d'un déni de justice, V. C. pén., art. 185.

Formule.

Réquisition pour constater un déni de justice.

L'an. . . . . ., à la requête de. . . . ., lequel fait élection de domicile en sa demeure, j'ai, ..., soussigné, prié et invité M. . . . . ., juge au tribunal de première instance de. . . . ., en la personne de Me. . . . ., greffier dudit tribunal, en son greffe, sis à. . . . ., en parlant à. . . . ., de répondre à la requête à lui présentée par le sieur. . . . , le. . . . ., ladite requête tendant à. . . . . , et afin que M. . . . . n'en ignore et qu'il veuille bien satisfaire à la présente invitation, je lui ai, en la personne de Me. . . . . ., greffier, laissé copie du présent exploit, dont le coût est de. . . . .

DENIER A DIEU.—**1.** Pièce de monnaie que, dans certaines conventions verbales, l'un des contractants donne comme signe de l'engagement.

2. Le *denier à Dieu* a une origine très-ancienne. Il n'est en usage aujourd'hui que dans les locations qui se contractent verbalement, dans les achats qui se font dans les foires et marchés ou à la campagne, et dans le louage des domestiques.

3. On l'appelle *denier à Dieu*, et non, comme le dit Pothier, *denier d'adieu*, parce que, dans l'origine, il consistait en un denier qui, s'il n'était pas retiré, devait être converti en un usage pieux, comme une aumône.

4. Lorsqu'il a été donné un *denier à Dieu*, chacun des contractants peut se dédire dans les 24 heures en le reprenant ou en le renvoyant à celui qui l'a donné; mais, à l'expiration de ce temps, la convention est définitive et irrévocable (Duvergier, *Louage*, t. 1er, no 51). A l'égard des domestiques, il a été admis en usage que le maître pouvait refuser de recevoir le domestique en perdant le denier à Dieu.

5. L'engagement, quel qu'il soit, s'il est dénié, ne peut être prouvé que suivant les règles générales prescrites au titre des obligations. — V. *Bail*, *Preuve*.

6. En matière commerciale, le denier à Dieu peut être considéré comme une présomption suffisante pour asseoir la décision des juges ou admettre la preuve testimoniale (Cass., 24 mars 1825).

7. Dans tous les cas, le denier à Dieu ne s'impute point sur le prix et ne peut être la matière d'une restitution au double dans le cas où l'engagement ne s'accomplit pas. C'est en cela surtout qu'il diffère des *arrhes* (V. ce mot).

DENIERS. — Ce mot s'emploie pour indiquer une somme d'argent. Ainsi, on dit : *deniers dotaux*, *deniers pupillaires*, *deniers communaux*. On appelle *deniers publics* ceux qui appartiennent à l'Etat et qui proviennent de la perception des impôts ou de toute autre branche de revenu public (V. *Comptables publics*, *Concussion*, *Contrainte administrative*, *Contrainte par corps*, *Contributions directes*, *Contributions indirectes*, *Douanes*, *Octroi*, *Saisie-arrêt*, etc.). Les *deniers à découvert* sont ceux que l'on exhibe réellement en offrant le paiement (V. *Offres réelles*). On nomme *deniers d'entrée* ceux que l'on donne en sus du prix d'un bail, d'une vente (V. *Epingles*, *Office*). Ils diffèrent des *arrhes* et du *denier à Dieu*, en ce qu'ils ne sont qu'une suite de l'accomplissement de la convention.

DENIZATION. — Concession de certains droits faite en Angleterre aux étrangers. Cette concession n'équivaut pas à la naturalisation.

DÉNONCIATION. — **1.** Ce mot désigne, en matière civile, la signification faite à un tiers d'un acte d'une procédure dans laquelle il n'est pas partie, afin qu'il n'en ignore ou qu'il ait à intervenir.—V. *Bail*, nos 34 et suiv., *Garantie*, *Ordre*, *Saisie-arrêt*, *Saisie immobilière*, *Surenchère*, *Usufruit*.

2. En matière criminelle, il s'entend de l'action de déclarer à la justice un crime, un délit ou une contravention, en désignant ou sans désigner ceux qui en sont les auteurs.

3. Tout fonctionnaire qui, dans l'exercice de ses fonctions, acquiert la connaissance d'un crime ou d'un délit, est tenu d'en donner avis sur-le-champ au procureur impérial près le tribunal dans le ressort duquel ce crime ou ce délit a été commis (C. inst. crim., art. 29).

DÉNONCIATION CALOMNIEUSE. — **1.** Acte par lequel un individu dénonce spontanément et avec mauvaise intention, par écrit, à un officier de justice ou de police, une autre personne comme ayant commis un fait répréhensible, lequel fait est faux ou n'est pas prouvé. Cet acte constitue un délit.

2. Celui qui a fait une dénonciation calomnieuse est puni d'un emprisonnement d'un mois à un an et d'une amende de 100 fr. à 3,000 fr. (C. pén., art. 373); c'est la seule peine qui puisse lui être infligée, l'art. 374 du même Code ayant été abrogé par l'art. 26 de la loi du 17 mai 1819 (Cass., 7 déc. 1833).

3. L'individu qui, dans une plainte adressée au ministère public, attribue à un huissier l'intention de lui dérober la connaissance de l'exploit qu'il est chargé de lui signifier, et argue de mensonge le transport de cet huissier à son domicile, se rend coupable envers lui de dénonciation calomnieuse, s'il est établi par l'instruction suivie sur cette plainte et l'ordonnance de non-lieu qu'il a agi méchamment (Trib. corr. de la Seine, 26 mai 1852 : V J. *Huiss.*, t. 33, p. 187).

4. La personne qui a été victime d'une dénonciation calomnieuse a le droit de réclamer des dommages-intérêts contre l'auteur de cette dénonciation.

5. Elle peut déférer le délit aux tribunaux correctionnels, seuls compétents pour en connaître, soit par voie de citation directe, soit par voie de plainte.

6. Mais l'une ou l'autre voie n'est ouverte que lorsque les faits imputés ont été déclarés faux ou non prouvés par l'autorité compétente (Cass., 25 oct. 1816; 11 et 25 sept. 1817; 25 fév. 1826; 12 mai et 22 déc. 1827; 7 fév. 1835).

7. Il en est ainsi, encore bien que l'action directe n'ait pour objet que de réclamer des dommages-intérêts (Cass., 30 déc. 1813; Paris, 16 nov. 1811; 15 juill. 1818).

8. Lorsqu'il s'agit d'une dénonciation faite contre un officier ministériel (notaire, avoué, huissier), et que cette dénonciation porte uniquement sur des faits susceptibles d'une répression disciplinaire, l'appréciation de cette dénonciation, de la vérité ou de la fausseté des faits dénoncés, rentre dans les attributions de la chambre de discipline. Ainsi, lorsque cette chambre déclare que la dénonciation n'est aucunement fondée et que le procureur impérial approuve l'avis émis par elle, la question sur la vérité des faits imputés est alors résolue par l'autorité compétente.

9. Dans ce cas, le tribunal correctionnel, saisi de l'action en dommages-intérêts intentée par l'officier ministériel contre l'auteur de la dénonciation, doit punir ou acquitter ce dernier. Il ne peut surseoir à statuer jusqu'à ce que la chambre de discipline ait déclaré que la dénonciation était calomnieuse, ni mettre à la charge de l'officier ministériel plaignant la preuve négative des faits diffamatoires (Cass., 18 sept. 1830 : V. *J. Huiss.*, t. 12, p. 95). Le caractère calomnieux résulte suffisamment de ce que la dénonciation n'est pas reconnue fondée.

10. Lorsque l'action n'a pour objet que de faire condamner l'auteur de la dénonciation reconnue calomnieuse à des dommages-intérêts, elle peut être portée indistinctement soit devant le tribunal correctionnel, soit devant le tribunal civil (Cass., 23 fév. 1838 ; Bourges, 18 août 1838 ; Lyon, 18 août 1828).

11. Si, par suite d'une dénonciation calomnieuse, un individu a été traduit devant une Cour d'assises, c'est au contraire devant cette Cour qu'il doit porter sa demande en dommages-intérêts (C. inst. crim., art. 359 ; Paris, 13 juillet 1818).

DÉNONCIATION DE NOUVEL OEUVRE. — Action accordée pour faire réprimer le trouble apporté à notre possession par des travaux exécutés sur le terrain d'autrui. — V. *Action possessoire*, sect. 2, § 2.

DÉNONCIATION DE PROTÊT. — Acte par lequel le porteur d'un effet de commerce dénonce au souscripteur et aux endosseurs qu'il a fait protester cet effet faute de paiement ou d'acceptation. — V. *Effets de commerce*, *Protêt*.

DENRÉES. — V. *Actes de commerce*, nos 16, 17, 30 et 62.

DENRÉES COLONIALES (MARCHANDS DE). — Sont patentables.

DENTELEURS DE SCIES. — Sont patentables.

DENTELLES (MARCHANDS DE). — Les marchands de dentelles en gros, demi-gros et détail, sont patentables.

DÉPAISSANCE (DROIT DE). — Faculté de faire paître des bestiaux sur le terrain d'autrui. Les contestations relatives au droit de dépaissance sont de la compétence des tribunaux civils, et non de l'autorité administrative. — V. *Délit forestier*, nos 23 et suiv., *Délit rural*.

DÉPARTAGER. — Faire cesser le partage occasionné par deux avis différents appuyés chacun par un nombre égal de voix. — V. *Arbitrage*, *Jugement*.

DÉPARTEMENT. — V. *Chef-lieu*, *Circonscription*.

DÉPECEURS DE VOITURES. — Sont patentables.

DÉPENDANCES. — V. *Appartenances*, *Vente*.

DÉPENS. — V. *Frais et dépens*.

DÉPENSES. — **1.** Ce mot, qui, dans la pratique, est quelquefois employé comme synonyme d'*impenses*, indique, dans l'acception exacte, les sommes payées pour quelque chose que ce soit relativement à celui qui les débourse, tandis que le mot *impenses* désigne la somme payée relativement à la chose dans l'intérêt de laquelle il en a été fait emploi. — V. *Communauté de biens entre époux*, n° 175.

2. Le mot *dépenses* s'emploie aussi pour désigner le chapitre d'un compte où l'on fait mention de l'emploi qui a été fait de sommes reçues. — V. *Compte*, nos 84 et suiv.

DÉPLACEMENT. — L'huissier qui se déplace ou se transporte d'un lieu à un autre, en parcourant la distance déterminée par la loi, a droit à une indemnité. — V. *Transport*.

DÉPLACEMENT DE BORNES. — V. *Bornes*.

DÉPLACEMENT DE MEUBLES. — V. *Saisie-exécution, Saisie-gagerie.*

DÉPLACEMENT DE MINUTES. — Il a lieu seulement dans le cas d'inscription de faux et de vérification d'écriture (L. 25 vent. an 11, art. 22; C. pén., art. 201 et 222). — V. *Dépositaire public, Dépôt public, Faux, Vérification d'écriture.*

DÉPORT. — Déclaration d'un arbitre qu'il entend ne pas remplir la mission qui lui est confiée (V. *Arbitrage*, nos 45 et suiv.), ou d'un magistrat, qu'il entend s'abstenir d'un acte de ses fonctions (V. *Récusation*).

DÉPORTATION. — Peine afflictive et infamante qui consiste à transporter l'individu qui y a été condamné hors de sa patrie, dans un lieu déterminé, où il est contraint de résider. La déportation s'applique principalement aux crimes politiques. Elle emporte la *mort civile* (V. ce mot). Toutefois, le Gouvernement peut accorder au condamné l'exercice des droits civils ou de quelques-uns de ces droits (C. pén., art. 18).

DÉPOSITAIRE. — On appelle ainsi celui à qui un dépôt a été confié. L'acceptation d'un dépôt impose à celui qui s'en est chargé certaines obligations. — V. *Dépôt.* — V. aussi *Commissionnaire, Commissionnaire au mont-de-piété, Commissionnaire de transport.*

DÉPOSITAIRE PUBLIC. — **1.** Le détournement ou la soustraction par un dépositaire ou comptable public (V. *Comptable public*) des deniers publics ou privés, ou effets actifs en tenant lieu, ou des pièces, titres, actes, effets mobiliers qui étaient entre ses mains en vertu de ses fonctions, constitue un crime ou un délit, suivant que les choses détournées ou soustraites sont d'une valeur supérieure ou inférieure à trois mille francs (C. pén., art. 169 et suiv.).

2. Il a été décidé spécialement, par application de cette disposition, que l'huissier qui procédait à une vente publique de meubles et en recevait le prix, étant spécialement désigné par la loi pour ces sortes d'opérations, devenait dépositaire et comptable public du prix, et que, dès lors, s'il en disposait pour ses propres affaires, il se rendait coupable du crime ou du délit de détournement prévu et puni par les art. 169 et suiv., C. pén. (Cass., 18 déc. 1812; Rouen, 3 déc. 1839; Bourges, 21 janv. 1853 : V. *J. Huiss.*, t. 34, p. 122.—V. aussi, dans le même sens, Carnot, *Comment. sur le Code pénal*, art. 169, n° 4; Chauveau et Hélie, *Théorie du Code pénal*, 2e édit., t. 2, p. 582; Morin, *Répert. de droit crim.*, vis *Abus de confiance*, § 2, n° 7, et *Forfaiture*, n° 21). — V. *Abus de confiance*, n° 10.

3. En pareil cas, l'intention frauduleuse, nécessaire pour constituer le crime ou le délit, résulte suffisamment de l'usage abusif et illégal que l'huissier a fait du prix de la vente par lui reçu et de l'impossibilité où il s'est mis de l'exhiber à toute réquisition. La restitution des fonds détournés, faite postérieurement aux poursuites, n'efface pas le crime ou le délit et n'arrête point le cours de la justice; elle ne peut que servir de circonstances atténuantes (Arrêt de Bourges précité, du 21 janv. 1853; V. aussi Bordeaux, 16 janv. et 2 déc. 1852 : *J. Huiss.*, t. 33, p. 314, et t. 34, p. 66).

4. L'art. 173, C. pén., prévoit et punit la soustraction ou le détournement des actes et titres, qui, quelle que soit leur importance, n'ont pas une valeur déterminée et précise, et leur destruction et leur suppression. Aux termes de cet article, tout juge, administrateur, fonctionnaire ou *officier public*, qui aura *détruit, supprimé, soustrait* ou *détourné* les actes et titres dont il était dépositaire en cette qualité, ou qui lui auront été remis ou communiqués à raison de ses fonctions, sera puni des travaux forcés à temps.

D'après le même article, tous les agents, préposés ou commis, soit du Gouvernement, soit des dépositaires publics, qui se rendent coupables des mêmes soustractions, sont soumis à la même peine.

5. Les mots *officier public*, employés dans l'art. 173, comprennent les officiers ministériels, et notamment les *avoués*, *notaires* et *huissiers*. Ainsi, un arrêt de la Cour de cassation, du 10 mai 1823, a considéré comme constituant le crime puni par cet article le fait par un avoué d'avoir détruit deux contredits compris dans un procès-verbal d'ordre qu'il avait reçu de confiance des mains du greffier (Bourguignon, *Jurisprud. des Codes crim.*, t. 3, p. 176).

6. Mais, comme il n'entre pas dans les fonctions des notaires de recevoir en dépôt des actes sous seing privé qui peuvent avoir pour résultat de modifier ou de détruire l'effet des actes notariés, un tel dépôt doit être considéré comme étranger à la qualité du notaire, et, dès lors, la suppression par ce dernier de l'acte sous seing privé ne constitue qu'un simple *abus de confiance* (V. ce mot), et non le crime prévu par l'art. 173 (Cass., 24 juin 1841).

7. Dans le cas de saisie-arrêt entre les mains d'un dépositaire de deniers publics, l'exploit doit être visé par lui; mais il n'y a pas lieu de l'assigner en déclaration affirmative (C. proc. civ., art. 561 et 669). — V. *Saisie-arrêt.*

8. Les dépositaires de minutes d'actes publics sont tenus de les déposer au greffe du tribunal lorsqu'une inscription de faux est formée ou qu'il y a lieu à vérification d'écriture.— V. *Déplacement de minutes, Dépôt public, Faux, Vérification d'écriture.*

DÉPOSITION. — V. *Enquête, Témoin.*

DÉPOT. — **1.** Le dépôt, en général, est un contrat par lequel une personne confie une chose à une autre qui s'oblige à la garder et à la restituer en nature (C. Nap., art. 1915). Dans cette acception étendue, le dépôt comprend le dépôt proprement dit et le séquestre (art. 1916).

2. Le dépôt proprement dit est *volontaire* ou *nécessaire*, suivant qu'il a lieu hors le cas d'une absolue nécessité, ou par suite d'événements qui ne permettent point de prendre un autre parti.

3. Le séquestre est également de deux espèces : il est *conventionnel* ou *judiciaire*.

4. Il sera traité du séquestre au mot SÉQUESTRE (V. ce mot). Nous ne nous occuperons ici que du dépôt proprement dit.

Indication alphabétique des matières.

SECT. Ire. — DU DÉPOT VOLONTAIRE.

ART. 1er. — *De la nature et de l'essence du contrat du dépôt.*

5. Le dépôt n'est parfait que par la tradition réelle ou feinte de la chose déposée (C. Nap., art. 1919).

La tradition feinte a lieu lorsque celui à qui l'on se propose de confier un dépôt est déjà détenteur à un autre titre de la chose qu'on veut déposer. Elle n'est autre que la convention que la personne qui détient déjà la chose à un autre titre la détiendra désormais *à titre de dépôt*.

6. Il n'est pas nécessaire, pour la validité du contrat de dépôt, que la tradition soit faite et reçue par le déposant et le dépositaire eux-mêmes ; elle peut être faite ou reçue par d'autres en leur nom et par leur ordre, ou avec leur approbation.

7. L'art. 1922, C. Nap., porte que le dépôt ne peut régulièrement être fait que par le propriétaire de la chose déposée, ou de son consentement exprès ou tacite.

Néanmoins, le législateur, en interdisant, par l'art. 1938, au dépositaire le droit d'exiger de celui qui fait le dépôt la preuve qu'il est propriétaire de la chose déposée, a reconnu formellement que le dépôt pouvait aussi être valablement effectué par celui qui n'était pas propriétaire de la chose, et même par celui qui la détenait de mauvaise foi, par exemple, comme l'ayant volée (Duranton, t. 18, n° 27; Duvergier, *Continuation* de Toullier, t. 6, n° 387).

Mais, lorsque la chose d'autrui a été déposée sans le consentement exprès ou tacite du véritable propriétaire, celui-ci ne peut être soumis à l'action *depositi contraria* : c'est là peut-être ce que l'art. 1922 a voulu dire. Si le dépositaire a fait quelques dépenses pour la conservation de la chose, il ne peut avoir contre le véritable propriétaire que l'action *negotiorum gestor* (Zachariæ, *Cours de droit civil français*, t. 3, p. 109, et Aubry et Rau, ses annotateurs, *eod. loc.*, note 4).

8. La chose même du dépositaire peut-elle lui être remise en dépôt? La négative résulte de l'art. 1946, C. Nap. Cependant, cette solution doit recevoir exception, lorsque le dépôt d'une chose entre les mains du propriétaire est fait par celui qui a sur cette chose un droit de rétention. Par exemple, l'usufruitier d'une chose, ou celui qui l'a reçue en nantissement, peut valablement la donner à titre de dépôt au propriétaire de cette chose (Pothier, *du Dépôt*, nº 4; Duvergier, nºs 388 et 389).

9. De ce que le contrat de dépôt ne se forme que par la tradition de la chose, Pothier, (nºs 7 et 20), et, après lui, quelques auteurs modernes, entre autres M. Delvincourt, en ont conclu que c'était un contrat *réel*. Nous voulons bien également appliquer cette dénomination au contrat de dépôt, si elle doit être employée uniquement pour signifier que c'est la tradition seule de la chose qui fait naître les obligations du dépositaire, ou en d'autres termes rend applicables les art. 1927 et suiv., C. Nap. Car nous ne croyons pas que la simple promesse de se charger d'une chose *à titre de dépôt* doive être, comme sous l'empire des lois romaines, dénuée de tout effet. Ainsi, en cas de refus d'accomplir cette promesse, celui qui l'a faite pourrait être, selon nous, condamné envers l'autre partie à des dommages-intérêts. Telle est aussi l'opinion de M. Duvergier (t. 6, nºs 382 et 383).

10. Une autre condition essentielle, requise pour la formation du contrat de dépôt, est le concours des volontés du déposant et du dépositaire. « Il faut, dit Pothier (nº 15), que celui qui donne la chose à l'autre ait la volonté de la lui donner pour la garder, et que celui qui la reçoit ait la volonté de la recevoir pour la garder. Si l'une des parties compte faire un certain contrat, et que l'autre s'imagine faire un contrat d'une autre espèce, il n'intervient entre elles aucun contrat faute de consentement ».

Toutefois, il n'est pas nécessaire que le consentement des parties soit exprès; un consentement tacite suffit. Ce consentement tacite résulte notamment de ce que le déposant a porté ou fait porter une chose et l'a laissée chez le dépositaire, au vu et su de ce dernier (Pothier, nº 14; Colmar, 26 juill. 1809).

11. L'erreur sur la qualité et la quantité de la chose déposée ou sur la personne des contractants doit-elle empêcher le contrat d'être valable (C. Nap., art. 1110)? Pothier (nºs 16 et 17) et M. Duranton (t. 18, nºs 9 et 10) se sont prononcés pour la négative. Cependant il nous semble, comme à M. Duvergier (t. 6, nº 398), que si le dépositaire, croyant prendre en dépôt une chose dont la garde n'avait aucun inconvénient et ne présentait aucun danger, a reçu une chose dont la détention n'est pas exempte de périls ou exige des soins tout particuliers, ou que s'il n'a accepté un dépôt que dans la pensée qu'il était fait par un ami à qui il voulait rendre service, tandis qu'en réalité il l'a reçu d'un homme qui lui est inconnu ou indifférent, l'erreur peut, dans ces cas, être une cause de nullité de contrat. M. Duvergier enseigne encore que le contrat devrait être déclaré nul, si le dépôt, au lieu d'être donné à une personne digne de toute confiance, avait été par erreur remis à une autre personne d'une probité douteuse.

12. Le contrat de dépôt donnant naissance à des obligations réciproques entre les parties ne peut régulièrement intervenir qu'entre personnes capables de contracter (C. Nap., art. 1925, alin. 1er).

Néanmoins, si une personne capable de contracter accepte le dépôt fait par une personne incapable, elle est tenue de toutes les obligations d'un véritable dépositaire; elle peut être poursuivie par le tuteur ou administrateur de la personne qui a fait le dépôt (art. 1925, alin. 2).

Ce n'est que l'incapable qui est recevable à proposer la nullité du dépôt qu'il a fait ou reçu (art. 1125).

13. La personne capable qui a fait un dépôt à un incapable n'a que l'action en revendication, ou, plus exactement, l'action en restitution de la chose déposée, tant qu'elle existe dans la main du dépositaire; et, si elle n'y existe

25.

plus, il n'a droit qu'au remboursement de ce dont l'incapable a profité (art. 1926).

Quoique cet article ne comprenne dans ses termes que le cas où le déposant est une personne capable, sa disposition devrait également être étendue à celui où le déposant serait lui-même incapable (Aubry et Rau, sur Zachariæ, t. 3, p. 109, note 1re; Duvergier, t. 6, n° 393).

14. Lorsque le mineur, déjà doué de discernement, a reçu une chose en dépôt, s'il l'a laissée périr par son dol, ou s'il l'a détournée ou dissipée, il est alors, non pas en vertu du contrat de dépôt, puisque ce contrat ne peut exister à son égard, mais à raison de son dol, responsable de la perte de cette chose (Duranton, t. 18, n° 35; Zachariæ, t. 3, p. 109, et Aubry et Rau, *ibid.*, note 3; Duvergier, t. 6, nos 394 et suiv.), sans préjudice des peines correctionnelles qui peuvent être prononcées contre lui au cas de détournement ou de dissipation, conformément à l'art. 408, C. pén.

15. Le but principal que les parties se proposent par la tradition de la chose doit être, pour qu'il y ait dépôt, la *garde* de cette chose. Si la tradition est faite avec une autre intention, il n'y a pas contrat de dépôt.

Par exemple, lorsqu'une personne confie des titres à son avoué pour défendre à un procès, cette remise constitue, non un contrat de dépôt, mais un mandat, parce qu'elle a pour objet la défense au procès (Pothier, n° 9).

De même, lorsqu'une chose est confiée à une personne, non point avec la simple charge de la garder et de la restituer, mais avec la mission d'en faire dans l'intérêt du propriétaire un emploi convenu, spécialement lorsque des traites sont confiées pour être négociées ou lorsque de l'argent est remis à quelqu'un par le débiteur pour être porté à son créancier, il y a encore mandat, et non pas contrat de dépôt (Cass., 20 mai 1814; Duranton, t. 18, n° 13; Aubry et Rau, sur Zachariæ, t. 3, p. 107, note 3).

Enfin, doit être considérée comme constituant un mandat, et non un contrat de dépôt, la convention par laquelle une personne se charge de retirer des mains d'un tiers une chose appartenant à une autre (par exemple, de retirer des mains d'un débiteur la somme qu'il doit), et de la restituer à cette dernière sur l'avis qu'elle lui donnera (Duranton, n° 14; Aubry et Rau, *loc. cit.*, note 1re).

16. Quand le but principal de la tradition de la chose a été la *garde* de cette chose, le contrat ne laisse pas d'être un contrat de dépôt, quoiqu'on y ait ajouté quelque autre convention, par exemple, celle que le dépositaire pourra se servir de la chose déposée (art. 1930; Pothier, n° 10; Zachariæ, t. 3, p. 107).

Mais, si la chose déposée est du nombre de celle qui se consomment par l'usage, l'usage qu'en fait le dépositaire du consentement du déposant ne fait-il pas dégénérer le dépôt en prêt de consommation?

Cette question divisait les commentateurs du droit romain. Perezius (*Comment.* sur le titre *du dépôt*, au Code, n° 5) soutenait l'affirmative. Lauterbach (*Comment.* sur le titre *du dépôt*, au Digeste, nos 2 et 3) prétendait au contraire que le dépôt de choses fongibles fait avec faculté pour le dépositaire de s'en servir ne perdait point par cela seul son caractère, mais que c'était un *dépôt irrégulier*.

Pothier, après avoir, dans son traité *du dépôt* (n° 11), dit d'abord que la clause qui permet au dépositaire de se servir des choses n'empêche pas que le contrat ne soit un contrat de dépôt, tant qu'il n'a point été fait usage des choses déposées, mais que dès l'instant où elles ont été employées, le contrat se trouve transformé en prêt de consommation, qualifie dans un autre passage (n° 82) de *dépôt irrégulier* le dépôt de choses fongibles fait avec autorisation pour le dépositaire de s'en servir.

Les auteurs modernes sont également partagés sur la solution de cette question. — MM. Aubry et Rau, sur Zachariæ (t. 3, p. 108, note 4), pensent que le dépôt de choses fongibles fait avec autorisation pour le dépositaire de se servir de ces choses ne dégénère pas en contrat de prêt de consommation, et qu'il conserve sa nature propre, notamment en ce qui concerne l'obligation du dépositaire de restituer la chose à première réquisition.

Mais M. Duvergier (n° 404) enseigne au contraire que la consommation par le dépositaire des choses fongibles qui lui ont été confiées donne naissance au contrat de prêt de consommation.

17. Il est même de l'essence du contrat de dépôt que, quand l'objet de ce contrat est une somme d'argent, l'on spécifie les espèces ou les pièces de monnaie qui composent la somme déposée, et non pas seulement la quotité de cette somme : autrement, il n'y a qu'un simple prêt (Besançon, 13 nov. 1811). Les espèces ou les pièces de monnaie peuvent être spécifiées soit dans l'acte même de dépôt, soit dans un acte séparé signé du dépositaire.

18. L'importance qu'il y a à bien distinguer le contrat de dépôt du contrat de mandat ou de prêt de consommation, c'est que le bénéfice de cession est refusé au dépositaire qui commet quelque infidélité dans la garde du dépôt, tandis qu'il ne peut être refusé au mandataire ou à l'emprunteur (V. *Cession de biens*) ; c'est que le mandataire et l'emprunteur peuvent opposer au mandant ou au prêteur la compensation, tandis que le dépositaire ne peut l'opposer au déposant ; c'est que les soins que le mandataire doit apporter à l'exécution du mandat ne sont pas les mêmes que ceux que le déposant doit à la chose déposée ; enfin, c'est que le dépôt, comme nous le verrons ci-après (n° 21), est essentiellement gratuit, à la différence du mandat et du prêt de consommation, dans lesquels il est permis de stipuler un salaire.

19. Toutes les choses mobilières qui sont dans le commerce peuvent être l'objet du contrat de dépôt. Mais n'y a-t-il que les choses mobilières qui soient susceptibles d'être la matière de contrat? un immeuble peut-il être donné en dépôt? Cette question était autrefois controversée (V. Pothier, n° 3). Le Code l'a formellement tranchée, en disposant, dans l'art. 1918, que « le dépôt ne peut avoir pour objet que des choses mobilières ».

Le législateur a, il est vrai, qualifié de *dépôt* l'envoi en possession provisoire des biens (meubles ou immeubles) d'un absent (C. Nap., art. 125). Mais, par là, il a voulu dire seulement que le mandat judiciaire donné aux envoyés en possession aurait les caractères du dépôt, afin de limiter l'étendue de leurs pouvoirs et de les rendre responsables comme des dépositaires (Duranton, t. 18, n° 22 ; Duvergier, t. 6, n° 411, note).

20. Le but principal du dépôt étant, comme nous l'avons dit, la garde de la chose, il s'ensuit que ni la propriété, ni même la possession de cette chose, ne sont acquises au dépositaire par la tradition qui lui est faite. (Pothier, n° 12 ; Duvergier, t. 6, n° 412).

21. Il est encore de l'essence du contrat de dépôt d'être gratuit (art. 1917). — V. *suprà*, n° 18. Si un salaire était stipulé, ce ne serait plus un dépôt, mais un louage ou un contrat innommé, suivant que le salaire consisterait en argent ou en autre chose. Toutefois, rien ne s'oppose à ce que des présents soient faits ou des honoraires donnés au dépositaire en échange des soins qu'il apporte à la garde de la chose (Pothier, n° 13 ; Duvergier, t. 6, nos 408 et suiv.).

Art. 2. — *De la preuve du contrat de dépôt.*

22. La preuve du contrat de dépôt est soumise aux mêmes règles que la preuve des autres contrats. Ainsi, aux termes des art. 1341 et 1923, C. Nap., le dépôt volontaire doit être prouvé par écrit ; la preuve testimoniale n'en est point reçue pour valeur excédant 150 fr. Et l'art. 1924 ajoute que « lorsque le dépôt, étant au-dessus de cent cinquante francs, n'est point prouvé par écrit, celui qui est attaqué comme dépositaire en est cru sur sa déclaration, soit pour le fait même du dépôt, soit pour la chose qui en faisait l'objet, soit pour le fait de la restitution ». Le dépositaire est cru également sur son affirmation pour l'emploi des sommes déposées (Riom, 26 déc. 1808).

23. La qualité du dépositaire n'est nullement à considérer pour déterminer par quel genre de preuve un contrat de dépôt peut être constaté.

Spécialement, on ne peut, par le motif que le dépositaire est commerçant, l'astreindre à l'apport de ses registres ni admettre contre lui une preuve testimoniale, hors le cas de l'art. 1923, pour établir le dépôt fait entre ses mains d'un billet à tout autre titre que celui d'opération commerciale (Bourges, 17 août 1822).

24. La règle établie par les art. 1923 et 1924 est tellement absolue que les juges ne pourraient, contre la déclaration du dépositaire, se décider par des présomptions, soit sur le fait même du dépôt, soit sur la chose qui en a été l'objet, soit sur le fait de la restitution (Cass., 18 mars 1807).

25. Mais le serment pourrait-il être, sur ces mêmes faits, déféré au dépositaire? Nous le pensons; car la preuve du dépôt devant être régie par les mêmes principes que celle des autres contrats, il en résulte que l'art. 1358, C. Nap., qui veut que le serment puisse être déféré sur quelque espèce de contestation que ce soit, est applicable en cette matière (Duranton, t. 18, n° 29; Aubry et Rau, sur Zachariæ, t. 3, p. 110, note 7).

26. On doit, par la même raison, admettre la preuve testimoniale, en matière de dépôt, dans tous les cas où elle est admise pour établir l'existence d'un autre contrat (C. Nap., art. 1347). Ainsi, peut être prouvé par témoins le dépôt excédant 150 francs, lorsqu'il existe déjà un commencement de preuve par écrit (Cass., 1er juill. 1806; 3 déc. 1818; Duranton, *loc. cit.;* Duvergier, t. 6, n° 418).

Mais la Cour de cassation a jugé, par arrêt du 6 nov. 1838, que la déclaration par un dépositaire actionné en restitution de dépôt qu'il n'a entre les mains que les objets qu'il offre de remettre ne peut former un commencement de preuve par écrit qui permette la preuve testimoniale à l'égard d'autres objets qui lui sont en outre réclamés et qu'il nie avoir à rendre.

27. Le dépôt peut encore être prouvé par témoins, quelle que soit la valeur de l'objet déposé et quoiqu'il n'y ait pas de commencement de preuve par écrit, lorsque le déposant a été dans l'impossibilité de se procurer une preuve écrite du contrat (art. 1348).

28. Lorsque le fait du dépôt n'est pas contesté par le dépositaire, la preuve testimoniale est également admissible pour savoir quel est l'auteur de ce dépôt, encore bien qu'il n'y ait pas de commencement de preuve par écrit et que la valeur de l'objet déposé excède 150 fr. (Cass., 9 juill. 1806).

29. Hors le cas que nous venons de signaler, la preuve par témoins du fait d'un dépôt au-dessus de 150 francs ne peut être recevable, même devant les tribunaux correctionnels, sur une plainte en abus de confiance. Autrement, la prohibition de la preuve testimoniale serait facilement éludée.

30. Si l'acte qui constate le dépôt est sous seing privé, il n'est pas nécessaire qu'il soit fait en double original. Le dépôt n'étant qu'un contrat synallagmatique imparfait, il n'y a pas lieu d'appliquer ici l'art. 1325, C. Nap.

Mais, quand l'acte qui constate le dépôt n'est pas écrit en entier de la main du dépositaire, il est indispensable qu'il soit revêtu de la formalité prescrite par l'art. 1326, C. Nap., c'est-à-dire qu'il contienne un *bon* ou *approuvé* portant en toutes lettres la somme ou la quantité des objets déposés (Cass., 12 janv. 1814; Toullier, t. 8, n° 304; Duranton, t. 18, n° 32; Duvergier, t. 6, nos 420 et 421).

ART. 3. — *Des obligations du dépositaire.*

31. Deux obligations sont imposées au dépositaire : 1° celle de garder la chose ; 2° celle de la restituer en nature.

§ 1er. — De l'obligation de garder la chose.

32. Sous l'empire des lois romaines, qui admettaient la division tripartite des fautes en lourdes, légères et très-légères, le dépositaire ne devait compte de la détérioration ou de la valeur de la chose déposée que lorsque la diminution de valeur ou la perte de cette chose avait été occasionnée par sa faute lourde. Il ne répondait ni de la faute très-légère ni de la faute légère.

Pothier (n° 23) enseigne également que le dépositaire est responsable de sa faute lourde. Mais il n'admet pas qu'il puisse être tenu de la faute légère ordinaire, s'il est reconnu qu'il est de caractère à en commettre de pareilles dans ses propres affaires, par ce qu'alors il n'a point, en la commettant, manqué de fidélité à la garde du dépôt.

33. Dans l'art. 1137, C. Nap., le législateur avait déclaré d'abord, d'une manière générale, que l'obligation de veiller à la conservation de la chose soumettait celui qui en était chargé à y apporter tous les soins d'un bon père de famille (ce qui aurait rendu le dépositaire responsable de la faute très-légère); mais, par une seconde disposition, il s'est réservé la faculté de restreindre cette obligation relativement à certains contrats, sous les titres qui les concernent. De là l'art. 1927 portant que « le dépositaire doit apporter dans la garde de la chose déposée les mêmes soins qu'il apporte dans la garde des choses qui lui appartiennent ». Le dépositaire n'est donc point assujetti aux soins *d'un bon père de famille*, ainsi que cela a été d'ailleurs formellement reconnu lors de la discussion de cet article au conseil d'Etat (V. Poncelet, *Motifs, Rapports et opinions*, etc., t. 2, p. 625. — *Contrà* Duranton, t. 18, n° 38).

34. De ce que le dépositaire ne doit apporter à la garde des choses déposées que les soins qu'il a coutume d'apporter aux siennes, il suit que si dans un danger où sa propre chose ou celle du déposant doit inévitablement périr, il a préféré sauver sa propre chose, il ne peut être tenu à aucune responsabilité envers le déposant (Pothier, n° 29; Duvergier, t. 6, n° 428. — *Contrà* Duranton, *loc. cit.*).

Mais cette solution devrait recevoir exception, si la chose déposée était d'un plus grand prix. Dans ce cas, en effet, on serait fondé à dire au dépositaire que si la chose lui eût appartenu, il ne l'eût pas laissé périr, qu'il devait d'autant plus la préférer à la sienne qu'il aurait eu le droit de réclamer du déposant la valeur de sa propre chose abandonnée pour le salut de la chose déposée (C. Nap., art. 1947; Duvergier, n° 429).

35. La responsabilité du dépositaire est plus étendue dans les cas suivants, prévus par l'art. 1928 :

1° S'il s'est offert lui-même pour recevoir le dépôt, parce qu'il a ainsi empêché le déposant de le confier à un autre plus soigneux que lui ;

2° S'il a stipulé un salaire, parce qu'alors il n'y a pas, ainsi que nous l'avons dit (n° 21), contrat de dépôt, mais contrat de louage ;

3° Si le dépôt a été fait uniquement pour son intérêt. Mais il est assez difficile de trouver un exemple de dépôt fait dans l'intérêt exclusif du dépositaire ;

4° S'il a été convenu expressément qu'il répondrait de toute espèce de faute ; c'est alors la convention qui fait la loi des parties.

Toutefois, le législateur n'a point entendu tracer par cet article une règle absolue. Il appartient aux magistrats d'apprécier les différentes circonstances qui peuvent aggraver la position du dépositaire (Duvergier, t. 6, n° 438).

36. Le dépositaire n'est pas tenu de la perte totale ou partielle de la chose déposée, arrivée par des accidents de force majeure, à moins que ces accidents ne soient survenus depuis qu'il a été mis en demeure de restituer (art. 1929). — Cependant si, dans ce dernier cas, la chose eût également péri entre les mains du déposant, le dépositaire ne serait pas responsable (Duvergier, t. 6, n° 441).

Le dépositaire serait également responsable de la perte de la chose arrivée par un événement de force majeure, encore qu'il n'eût point été mis en demeure, si, pouvant prévoir et éviter cet événement, il ne l'eût pas fait, parce qu'alors il y aurait faute lourde de sa part (Poitiers, 26 therm. an 10).

37. Lorsque la chose déposée a péri par un événement de force majeure, la présomption est que cet événement est survenu par la faute du dépositaire. Par conséquent, il doit, pour se soustraire à la responsabilité, prouver qu'il lui a été impossible de le prévoir et de l'empêcher (Metz, 24 déc. 1825; Cass., 14 juin 1827).

38. L'obligation du dépositaire de veiller avec fidélité à la garde de la chose déposée renferme implicitement la prohibition de se servir de cette chose, sans la permission expresse ou présumée du déposant (art. 1930).

Si le dépositaire se servait de la chose déposée sans le consentement exprès ou tacite du déposant, il commettrait une faute qui le rendrait responsable de la perte de cette chose arrivée même par cas fortuit (Duvergier, t. 6, n° 443).

39. La fidélité à laquelle est tenu le dépositaire lui impose encore l'obligation de ne point chercher à connaître quelles sont les choses qui lui ont été déposées, si elles lui ont été confiées dans un coffre fermé ou sous une enveloppe cachetée (art. 1931).

La Cour de cassation a, par application de cet article, décidé, le 4 août 1811, que le notaire qui avait été chargé, à titre de dépôt, d'un paquet cacheté pour n'être ouvert qu'en présence des parties, ne pouvait être obligé de l'ouvrir et de le communiquer aux préposés de l'enregistrement, sous prétexte que ce paquet renfermerait des actes sur lesquels des droits devraient être perçus.

§ 2. — De l'obligation de restituer la chose.

40. Le dépositaire doit rendre identiquement la chose qu'il a reçue. — Ainsi, le dépôt des sommes monnayées doit être rendu dans les mêmes espèces qu'il a été fait, soit dans le cas d'augmentation, soit dans le cas de diminution de leur valeur (art. 1932).

41. Lorsque les choses déposées étant fongibles, le dépositaire a obtenu du déposant la permission de s'en servir, l'obligation de restituer se règle alors d'après les principes du contrat de prêt de consommation. —V. ***Prêt de consommation.***

42. Dans le cas où des espèces monnayées sont déposées sans que le dépositaire soit autorisé à en faire usage, il faut, pour assurer l'exécution de l'obligation de les rendre *in individuo*, les spécifier dans l'acte de dépôt ou dans un acte séparé.—V. *suprà* n° **17**.

43. Le dépositaire n'est tenu de rendre la chose déposée que dans l'état où elle se trouve au moment de la restitution. Les détériorations qui ne sont pas survenues par son fait ou par sa faute sont à la charge du déposant (art. 1933).

44. Le dépositaire auquel la chose a été enlevée par une force majeure, et qui a reçu un prix ou quelque chose à la place, doit restituer au déposant ce qu'il a reçu (art. 1934). Le déposant ne cessant point d'être propriétaire de la chose déposée (V. n° 20), c'est à lui, en effet, qu'appartiennent tous les droits qui naissent de la propriété de cette chose.

45. L'héritier du dépositaire est soumis aux mêmes obligations que lui. Toutefois, s'il a vendu de bonne foi la chose dont il ignorait le dépôt, il n'est tenu que de rendre le prix qu'il a reçu, ou de céder son action contre l'acheteur, s'il n'a pas touché le prix (art. 1935). Le déposant pourrait également exercer l'action en nullité de la vente, qui compèterait à l'héritier du dépositaire (Duranton, t. 18, n° 48; Duvergier, t. 6, n° 462).

Si, au lieu de vendre la chose, l'héritier du dépositaire l'avait, toujours dans l'ignorance du dépôt, consommée ou donnée, il ne serait obligé qu'à en payer la valeur au temps de la consommation ou de la donation, quand même elle serait inférieure à celle du temps de la demande (Duranton, *loc. cit.;* Zachariæ, t. 3, p. 111; Duvergier, n° 463).

46. Lorsque le dépositaire, ou l'héritier du dépositaire, connaissant le dépôt, vend la chose déposée, le déposant n'a point d'action en revendication contre le tiers détenteur. Celui-ci se trouve protégé par la règle qu'en fait de meubles la possession vaut titre. L'art. 2279, C. Nap., fait, il est vrai, exception à cette règle pour le cas de perte ou de vol de la chose. Mais la vente que fait l'héritier du dépositaire connaissant le dépôt, ou le dépositaire lui-même, ne constitue point un vol, légalement parlant, mais un délit connu sous le nom d'*abus de confiance* (Duranton, *eod. loc.;* Duvergnier, n° 466).

47. Si la chose déposée a produit des fruits qui aient été perçus par le dépositaire, il est obligé de les restituer. Il ne doit aucun intérêt de l'argent déposé, si ce n'est du jour où il a été mis en demeure de faire la restitution (art. 1936); — Encore bien qu'il ait fait usage des sommes déposées, soit du consentement du déposant (Duranton, t. 18, n° 52), soit même sans son autorisation (Duvergier, t. 6, n° 470. — *Contrà* Duranton, n° 53).

Toutefois, si le dépositaire avait lui-même retiré des intérêts des sommes déposées en les prêtant à des tiers, il nous semble alors moral et équitable que le déposant puisse en exiger aussi de lui. C'est ce qu'enseignent également MM. Duranton (n° 53) et Zachariæ (t. 3, p. 111). Mais M. Duvergier (n° 471) soutient l'opinion contraire en se fondant sur ce que le dépositaire qui prête à intérêts les sommes déposées est passible d'une peine correctionnelle.

48. Pour mettre en demeure, conformément à l'art. 1936, le dépositaire d'une somme d'argent, et le soumettre, par conséquent, au paiement des intérêts de cette somme, il n'est pas nécessaire d'une demande en justice; il suffit d'une simple sommation (C. Nap., art. 1139; Duranton, t. 8, n° 51; Aubry et Rau, t. 3, p. 111, note 6; Duvergier, n° 469).

49. Le dépositaire doit restituer la chose déposée, ou à celui qui la lui a confiée, ou à celui au nom duquel le dépôt a été fait, ou à celui qui a été indiqué pour le recevoir (art. 1937).

L'indication d'un tiers pour recevoir le dépôt n'ôte pas au déposant le droit de réclamer lui-même la chose déposée. Mais, si le dépositaire s'est engagé envers le tiers désigné pour la restitution, la chose déposée ne peut plus être rendue au déposant que du consentement de ce tiers (Cass., 26 août 1813; Riom, 5 janv. 1814).

Lorsque la remise d'un dépôt à un tiers indiqué par le déposant est subordonnée à certaines conditions, la déclaration du dépositaire relativement à la nature et à l'accomplissement de ces conditions doit faire foi en justice, à moins qu'il n'y ait juste motif de suspecter sa sincérité (Angers, 25 mars 1819).

50. Il peut arriver que l'indication d'un tiers pour la réception d'un dépôt ne soit qu'un moyen de déguiser un avantage indirect. Aussi la Cour de Riom a-t-elle jugé, le 23 avril 1811, que le dépositaire devait, lorsqu'il en était requis, déclarer si le dépôt avait été fait à une personne incapable, qu'il ne lui suffisait pas de dire qu'il l'avait rendu à la personne désignée pour le recevoir.

51. Avant d'opérer la restitution, le dépositaire ne peut exiger de celui qui a fait le dépôt la preuve qu'il était propriétaire de la chose déposée (art. 1938, alin. 1er).

Néanmoins, si le dépositaire découvre que la chose a été volée, et quel en est le véritable propriétaire, il doit (sous peine de dommages-intérêts, et même d'être déclaré complice du vol) dénoncer à celui-ci le dépôt qui lui a été fait, avec sommation de le réclamer dans un délai déterminé et suffisant (V. *Formule* 1). Si celui auquel la dénonciation a été faite néglige de réclamer le dépôt, le dépositaire est valablement déchargé par la tradition qu'il en a faite à celui duquel il l'a reçu (Même art., alin. 2).

Si la chose, au lieu d'être volée, a été perdue, le dépositaire doit également dénoncer avec sommation au véritable propriétaire, lorsqu'il vient à le connaître, le fait du dépôt (Duranton, t. 18, n° 58 ; Duvergier, t. 6, n° 476. — *Contrà* Zachariæ, et Aubry et Rau, t. 3, p. 113).

52. En cas de mort naturelle ou civile du déposant, la chose déposée ne peut être rendue qu'à son héritier (art. 1939, alin. 1er), alors même que, dans l'acte de dépôt, un tiers aurait été désigné pour la recevoir après la mort du déposant (Duvergier, t. 6, n° 483 ; Cass., 22 nov. 1819 ; 16 août 1842).

Cependant, il en serait différemment, si le dépôt consistait en titres souscrits au profit de ce tiers par le déposant (Paris, 19 janv. 1843), ou si le déposant s'était lui-même interdit le droit de réclamer la restitution de la chose déposée (Nîmes, 3 déc. 1822), à moins encore que, dans ce dernier cas, le dépôt ne cachât un avantage indirect (V. *suprà* n° 50).

53. Lorsque le déposant laisse plusieurs héritiers, et que la chose est divisible, le dépositaire doit en faire la restitution à chacun d'eux dans la proportion de sa part héréditaire (art. 1939, alin. 2).

Le dépositaire qui remettrait la chose à un seul des héritiers resterait soumis envers les autres à l'action de dépôt pour la restitution de leur part (Duvergier, t. 6, n° 479).

54. Si la chose déposée est indivisible, les héritiers doivent s'accorder entre eux pour la recevoir (art. 1939, alin. 3).

On doit considérer comme indivisible le dépôt d'un sac contenant une somme d'argent, si ce sac est cacheté. On ne peut donc l'ouvrir pour en retirer la part de l'un des héritiers qui la réclame (Duvergier, n° 481. — *Contrà* Pothier, n° 54 ; Duranton, n° 59).

Si les héritiers ne s'accordent point pour la restitution de la chose, l'un d'entre eux peut en obtenir provisoirement la remise en donnant caution.

De son côté, le dépositaire peut les mettre en demeure de retirer le dépôt (V. *Formule* 1). Si cette mise en demeure reste sans effet, il les fait alors assigner aux fins de voir ordonner qu'il remettra la chose à l'un d'eux ou qu'il la déposera dans un endroit désigné (V. *Formule* 3).

55. Lorsque c'est le dépositaire qui est mort laissant plusieurs héritiers, chacun d'eux est tenu de l'action de dépôt pour sa portion héréditaire. Dans le cas où l'un de ces héritiers est seul détenteur de la chose déposée, il peut être poursuivi pour le tout.

56. Si le déposant a changé d'état, par exemple, si la femme, libre au moment où le dépôt a été fait, s'est mariée depuis et se trouve en puissance de mari, si le majeur se trouve frappé d'interdiction, dans tous ces cas et autres de même nature, le dépôt ne peut être restitué qu'à celui qui a l'administration des droits et des biens du déposant (art. 1940).

Et *vice versâ*, si le dépôt a été fait par un tuteur, par un mari ou par un administrateur, dans l'une de ces qualités, il ne peut être restitué qu'à la personne que ce tuteur, ce mari ou cet administrateur représentaient, si leur gestion ou leur administration est finie (art. 1941).

57. Lorsque le contrat de dépôt désigne le lieu dans lequel le restitution doit être faite, le dépositaire est tenu d'y porter la chose déposée. S'il y a des frais de transport, ils sont à la charge du déposant (art. 1942).

58. Si le contrat ne désigne point le lieu de la restitution, elle doit être faite dans le lieu même du dépôt (art. 1943), c'est-à-dire dans le lieu où se trouve la chose au moment où la restitution est demandée, quoiqu'il soit éloigné de celui où elle a été remise, pourvu toutefois que le dépositaire l'y ait transportée sans mauvaise intention (Pothier, n° 57; Duranton, t. 18, n° 67; Duvergier, t. 6, n° 488).

59. Le dépôt doit être remis au déposant aussitôt qu'il le réclame, alors même que le contrat aurait déterminé un délai pour la restitution (art. 1944). Lorsque le contrat n'indique aucun terme pour la restitution, le dépositaire peut, quand bon lui semble, se démettre du dépôt en restituant la chose déposée (Zachariæ, t. 3, p. 114). Voici à cet égard la procédure qu'il peut y avoir lieu de suivre : si le dépositaire refuse de rendre le dépôt au déposant qui le réclame, celui-ci doit le mettre en demeure de le lui restituer par une sommation (V. *Formule* 1), et, dans le cas où le dépositaire n'obéit pas à cet acte, l'assigner pour voir dire qu'il sera contraint à la remise, ou autrement condamné à payer telle somme (V. *Formule* 3) ; si, au contraire, aucun délai n'ayant été fixé pour la restitution, le dépositaire veut contraindre le déposant à reprendre sa chose, il le met à cet effet en demeure par une sommation (V. *Formule* 1), et si, nonobstant cette sommation, le déposant persiste à refuser de recevoir sa chose, le dépositaire doit alors l'assigner à fin d'être autorisé à la déposer dans un endroit désigné (Aubry et Rau, sur Zachariæ, *eod. loc.*, note 14. — V. *Formule* 3).

60. Encore bien qu'il n'existât pas de terme, ou que le terme fixé pour la restitution fût arrivé, le déposant ne pourrait exiger la restitution de la chose déposée, s'il existait entre les mains du dépositaire une saisie-arrêt ou une opposition, qu'en rapportant la mainlevée de cette saisie-arrêt ou opposition (art. 1944).

61. Lorsque le débiteur s'est rendu coupable d'infidélité, la loi le déclare déchu du bénéfice de cession de biens (art. 1945). Mais on ne doit pas induire de là que le dépositaire soit soumis à la contrainte par corps (Duvergier, t. 6, n° 500). — V. *Contrainte par corps*, nos 106, 107 et 216.

62. Toutefois, la déchéance du bénéfice de cession n'est pas la seule peine infligée au dépositaire infidèle. Le Code pénal (art. 408) punit d'emprisonnement et d'amende le dépositaire qui détourne ou dissipe les choses confiées à sa garde. — V. *Abus de confiance*.

63. Enfin, l'art. 1946 dispose que toutes les obligations du dépositaire cessent, s'il vient à découvrir et à prouver qu'il est lui-même propriétaire de la chose déposée, à moins qu'il ne se trouve dans le cas exceptionnel où le propriétaire peut devenir dépositaire de sa chose (V. *suprà* n° 8).

ART. 4. — *Des obligations du déposant.*

64. Le déposant est tenu de rembourser au dépositaire les dépenses qu'il a faites pour la conservation de la chose déposée, et de l'indemniser de toutes les pertes que le dépôt peut lui avoir occasionnées (art. 1947).

Relativement aux dépenses, il y a cependant une distinction à faire entre celles qui sont nécessaires, et celles qui sont simplement utiles : les premières doivent être remboursées intégralement ; les secondes ne doivent l'être que jusqu'à concurrence de la plus-value qu'elles ont produite (Duranton, t. 18, n° 73 ; Aubry et Rau, t. 3, p. 114, note 1re ; Duvergier, t. 6, n° 502).

Quant aux pertes, il est évident qu'il ne s'agit ici que de celles qui sont arrivées sans la faute ou sans la négligence du dépositaire. On peut citer notamment comme exemple de pertes dont il doit être indemnisé le cas où, pour sauver d'un incendie ou de tout autre danger la chose déposée, il a laissé périr les siennes propres (V. n° 34).

65. Pour assurer au dépositaire le remboursement de ce qui lui est dû à raison du dépôt, la loi lui a conféré le droit de retenir la chose déposée jusqu'à ce qu'il ait été entièrement payé (art. 1948). Ce droit peut être exercé indistinctement contre le déposant et contre ses créanciers. La loi ne distingue pas.

66. Mais, si la chose déposée est vendue, le dépositaire a-t-il, pour tout ce qui lui est dû à raison du dépôt, un privilége sur le prix? MM. Duranton (t. 18, n° 74) et Troplong (*des Hypothèques*, t. 1er, n° 257) ne lui accordent de privilége que pour le remboursement des dépenses faites pour la conservation de la chose, conformément à l'art. 2102, n° 3, C. Nap. M. Duvergier (t. 6, n° 506) pense, au contraire, qu'on doit étendre le privilége du dépositaire à tout ce qui lui est dû à raison du dépôt.

SECT. II. — DU DÉPOT NÉCESSAIRE.

67. Le dépôt nécessaire est celui qui a été forcé par quelque accident, tel qu'un incendie, une ruine, un pillage, un naufrage ou autre événement imprévu (art. 1949), ou a été fait, en l'absence de tout accident, par un voyageur dans l'auberge ou l'hôtellerie où il est descendu (art. 1952).

68. Les dispositions de la loi concernant le dépôt volontaire sont applicables au dépôt nécessaire (art. 1951).

69. Toutefois, la preuve testimoniale inadmissible, en matière de dépôt volontaire, quand il s'agit d'une valeur au-dessus de cent cinquante francs, peut être reçue, dans le même cas, pour le dépôt nécessaire (art. 1950).

70. Il est également fait exception aux règles relatives au dépôt volontaire en ce qui concerne l'étendue de la responsabilité des aubergistes ou hôteliers. Ainsi, ils sont responsables des effets apportés par le voyageur qui loge chez eux, le dépôt de ces sortes d'effets étant regardé comme un dépôt nécessaire (C. Nap., art. 1952).

71. Ils sont également responsables du vol et du dommage des effets du voyageur, soit que le vol ait été fait ou que le dommage ait été causé par les domestiques et préposés de l'hôtellerie, ou par des étrangers allant et venant dans l'hôtellerie (art. 1953).

72. Dans le cas de contestation sur l'apport des effets réclamés dans l'auberge, c'est au voyageur à en faire la preuve (Duranton, t. 18, n° 67).

73. Mais les aubergistes ne sont pas responsables des vols faits avec force armée ou autre force majeure (C. Nap., art. 1954).

74. Il résulte de l'art. 1952 précité que le dépôt n'est considéré comme nécessaire qu'à l'égard des effets apportés par le voyageur qui loge dans l'auberge. Le dépôt fait par un voyageur dans un hôtel où il ne logerait pas ne présenterait point ce caractère (Cass., 10 janv. 1832). — V. *Contrainte par corps*, nos 67 et 112.

SECT. III. — ENREGISTREMENT.

75. Le dépôt est tarifé : 1° s'il s'agit de sommes déposées chez des particuliers, au droit d'un franc par cent francs (L. 22 frim. an 7, art. 69, § 3, n° 3), à moins que le dépôt n'ait été fait pour en opérer le placement, auquel cas il ne serait dû que le droit fixe de 2 fr. 20 c. (Délib. de la rég., 23 sept. 1825);

2° S'il s'agit d'effets mobiliers également déposés chez des particuliers, au droit fixe d'un franc;

3° S'il s'agit de sommes et effets déposés chez des officiers publics et n'opérant pas la libération des opposants, au droit fixe de 2 fr. 20 c. (L. 28 avril 1816, art. 43).

76. Quant aux décharges de dépôts, n'importe à qui elles soient données, elles ne sont soumises qu'au droit de 2 fr. 20 c. (Arg. art. 43, L. 28 avril 1816).

77. Les reconnaissances de dépôt ne sont pas assujetties au timbre proportionnel, à moins qu'elles n'aient le caractère d'une obligation (Instr. de la rég., 27 mai 1808).

Formules.

1. *Sommation.*

L'an. . . . . ., à la requête de. . . . . ., j'ai,. . . . ., fait sommation à. . . . , de ; — attendu que suivant acte reçu (*analyser le dépôt*) :

Sommation de retirer le dépôt : D'ici huit jours retirer le dépôt fait suivant l'acte (ou la convention verbale) susénoncé; déclarant audit sieur. . . . . que la chose déposée sera transportée le. . . . ., heure de. . . . ., à. . . . ., et que, faute d'obéir à la présente sommation dans le délai fixé, le requérant se pourvoira, sous toutes réserves.

Sommation de remettre le dépôt. Transporter à. . . . ., le. . . . ., heure de. . . ., les objets à lui déposés, afin de les remettre et délivrer au requérant qui se trouvera à cet effet, aux lieu, jour et heure indiqués, aux offres de rembourser audit sieur... les frais de transport; déclarant à ce dernier que faute d'obéir à la présente sommation, le requérant se pourvoira contre lui, sous toutes réserves.

Sommation de retirer des effets volés. (*Donner copie de l'acte de dépôt, et, s'il n'y en a pas, désigner les effets*) ; attendu que lesdits effets paraissent avoir appartenu audit sieur. . . . ., qui ne les a ni vendus ni donnés; que, dès lors, il en a été dépouillé injustement, par ruse et sans son consentement; — retirer lesdits objets d'ici. . . jours au domicile du requérant qui les tiendra à son entière disposition jusqu'à cette époque; déclarant audit sieur. . . . . que, faute de se présenter dans ledit délai et icelui expiré, le requérant remettra lesdits effets au dépositaire.

Réponse. — A ce que dessus ledit sieur. . . . . a répondu (*consigner la réponse : en cas de refus, protester; en cas d'acceptation, terminer ainsi*) : lequel sieur. . . . . a dit qu'il se présenterait aux lieu, jour et heure indiqués à l'effet de retirer (ou remettre) le dépôt dont s'agit; et a signé. . . .

V. n°s 51, 54 et 59. — Coût, tarif, art. 29. — Paris, 2 fr.; R. P., 1 fr. 80 c.; aill. 1 fr. 50 c. Cop. le 1/4.

Enregistrement de l'exploit, 2 fr. 20 c.

NOTA. Si, au jour fixé, on se présente pour retirer le dépôt, on doit en donner une décharge sur le procès-verbal; si on ne se présente pas, ou si on refuse de recevoir la chose, ou d'en donner décharge, on dresse également un procès-verbal constatant ces faits. — V. *Formule* 2.

2. *Procès-verbal contenant décharge ou constatant le refus.*

L'an. . . . ., à la requête de. . . . ., je. . . . . ., en conséquence de la sommation (*l'analyser*), me suis transporté à. . . . ., assisté du sieur. . . . ., où étant arrivés à. . . . ., heure de. . . . .. nous avons trouvé le sieur. . . . ., auquel, en parlant à sa personne, j'ai réitéré la sommation de retirer (ou remettre) les effets à lui déposés suivant l'acte susénoncé, lesquels ont été apportés ici et sont offerts audit sieur. . . . .; à quoi le sieur. . . . . a répondu qu'il était prêt à recevoir lesdits effets, et de suite en effet ils lui ont été remis, ce qu'il reconnaît; il en donne, en conséquence, décharge, sans réserve; et a signé (*si le dépositaire ne sait signer, la décharge doit être faite devant notaire*); — *ou* à quoi ledit sieur. . . . . a répondu qu'il refusait de recevoir lesdits effets *par telle raison;* etc.

Coût : — Cet acte doit être taxé par vacation.— V. *Saisie-exécution.*

Enregistrement de l'exploit, 2 fr. 20 c.

3. *Assignation.*

L'an. . . . ., à la requête de (*constituer avoué et donner copie de la non-conciliation*), j'ai,. . . . ., donné assignation à. . . . ., à comparaître. . . . ., pour ; — attendu que suivant acte (*énoncer le dépôt*); attendu que par exploit de (*énoncer la sommation*) ; attendu que par autre exploit de (*analyser le procès-verbal*);

Attendu qu'aucun terme n'ayant été fixé pour la remise du dépôt, le dépositaire peut contraindre le déposant à le retirer ; — voir dire et ordonner que dans le jour de la signification du jugement à intervenir les sieurs. . . . . devront s'entendre entre eux et retirer ledit dépôt ; sinon et faute de ce faire, que le requérant sera autorisé à le remettre au sieur. . . . . ., l'un d'eux ; qu'en cas de refus de ce dernier de le recevoir, le requérant pourra le déposer à. . . . . ., et en outre lesdits sieurs. . . . ., s'entendre condamner aux dépens, sous toutes réserves.

Ou voir dire et ordonner que dans le jour de la signification du jugement le sieur. . . sera tenu de retirer les objets déposés ; sinon et faute de ce faire, que le requérant sera autorisé à les déposer à. . . . . . aux frais, risques et périls du sieur. . . ., et en outre, ce dernier, s'entendre condamner aux dépens.

Ou voir dire et ordonner que dans le jour de la signification du jugement à intervenir, le sieur. . . . . . sera tenu de remettre au requérant les effets déposés ; sinon et faute de ce faire, qu'il sera contraint à cette remise par toutes voies de droit (et même par corps, *si le dépôt était nécessaire*), jusqu'à concurrence de la somme de. . . . ; et, en outre, s'entendre condamner aux dépens, sous toutes réserves.

V. nos 54 et 59. — Coût, tarif, 29. Or. : Paris, 2 fr.; R. P., 1 fr. 80 c.; aill., 1 fr. 50 c. Cop. le 1/4.

Enregistrement de l'exploit, 2 fr. 20 c.

DÉPOT (VIOLATION DE). — V. *Abus de confiance, dépositaire public, Dépôt.*

DÉPOT CONFIÉ A UN HUISSIER. — **1.** Nous avons fait remarquer au mot *Dépositaire public* (V. ce mot) que, relativement au prix des ventes publiques de meubles opérées par leur ministère, et aux actes et titres qui leur avaient été confiés en leur qualité, les huissiers étaient réputés dépositaires publics. Mais l'huissier qui, en dehors de ce cas, reçoit un dépôt, n'est qu'un simple dépositaire non soumis aux dispositions des art. 169 et suiv., C. pén. (Arg. Cass. 15 avril 1813).

2. Mais il est contraignable par corps pour la restitution de ce dépôt (V. *Contrainte par corps*, nos 78, 85 et suiv., 106 et suiv.) ; de plus, la violation de ce dépôt le rend coupable d'abus de confiance (V. *Abus de confiance, dépôt*).

3. Si l'huissier, inculpé d'avoir détourné à son profit une somme d'argent qu'on prétend lui avoir été confiée à titre de dépôt, avoue dans l'interrogatoire qu'il subit que cette somme n'a pas été laissée entre ses mains à titre de prêt, cet aveu judiciaire équivaut à un commencement de preuve par écrit (C. Nap., art. 1347; arg. Cass. 6 oct. 1826).

4. En ce qui concerne les dépôts faits entre les mains des clercs des huissiers, V. *Clercs*, no 14.

DÉPOT DE PIÈCES ET ACTES. — **1.** On appelle ainsi la remise faite à un dépositaire public de pièces et actes, soit pour qu'ils soient communiqués à qui de droit, soit pour qu'ils fassent partie des minutes du dépositaire.

2. Les dépôts pour minute se font chez les notaires. Des dépôts se font aussi aux greffes dans un grand nombre de cas. Nous mentionnerons ici seulement le dépôt qui doit être fait, par extrait, de tout contrat de mariage entre époux dont l'un est commerçant, dans le mois de sa date, aux greffes des tribunaux civil et de commerce du domicile du mari (C. proc. civ., art. 872) et en la chambre des avoués et des notaires (C. comm., art. 67). — V. *Contrat de mariage*, no 10.

3. Les huissiers ne sont pas tenus, comme les notaires, de déposer le double de leur répertoire, chaque année, au greffe du tribunal civil de leur arrondissement. Ils ne sont pas obligés non plus de déposer leur signature et parafe avant d'entrer en fonctions.—V. *Huissier, Registre, Répertoire.*

DÉPOT NÉCESSAIRE.—V. *Dépôt.*

DÉPOT PUBLIC. — **1.** Lieu ou sont déposées les minutes d'actes, des écrits ou papiers de toute nature, dont la conservation intéresse la société, et dont il ne peut être donné connaissance ou copie que sous certaines conditions.

2. Les greffes des tribunaux, les études de notaires, les cabinets des officiers publics qui procèdent aux ventes de meubles en ce qui concerne les procès-verbaux de ventes, les bureaux des conservateurs des hypothèques, ceux des receveurs de l'enregistrement, les préfectures, sous-préfectures et mairies, sont des dépôts publics.

Voy., au surplus, *Archives*, *Compulsoire*, *Copies de titres et pièces*, *Conservateur des hypothèques*, *Dépositaire public*, *Enregistrement*, *Greffe*, *Receveur d'enregistrement*, *Timbre*.

DÉPOT VOLONTAIRE.—V. *Dépôt*.

DÉPOTS ET CONSIGNATIONS. —V. *Caisse des dépôts et consignations*, *Consignation*.

DÉPUTÉ AU CORPS LÉGISLATIF. —V. *Contrainte par corps*, nos 125 et suiv., 219.

DERNIER RESSORT. —V. *Appel en matière civile*, nos 30 et suiv., *Arbitrage*, n° 55, *Cassation*, nos 21 et suiv., *Compétence civile*, nos 41 et suiv., *Compétence commerciale*, nos 97 et suiv., *Contrainte par corps*, nos 50 et suiv., *Degrés de juridiction*, *Prorogation de juridiction*, *Saisie immobilière*, *Tierce opposition*, etc.

DÉROGATION.—Modification partielle apportée à une loi ou à une convention.—V. *Abrogation*, *Loi*, *Obligation*.

DÉS A COUDRE (FABRICANTS DE).—Sont patentables.

DÉSAVEU.—**1.** Désapprobation de la conduite d'un officier ministériel ou d'un défenseur qu'une partie accuse d'avoir agi pour elle sans mandat ou d'avoir excédé ses pouvoirs. Le mot *désaveu* s'emploie aussi pour désigner l'acte judiciaire par lequel la partie manifeste sa désapprobation.

Indication alphabétique des matières.

§ 1.—*Personnes qui peuvent être désavouées.*
§ 2.—*Cas dans lesquels il y a lieu à désaveu.*
§ 3.—*Delais et formes du désaveu. — Compétence. — Effets.*
FORMULES.

§ 1er.—*Personnes qui peuvent être désavouées.*

2. Nul ne peut agir au nom d'autrui sans mandat. Le mandat est de deux sortes : extrajudiciaire ou ordinaire, et judiciaire ou *ad lites.* —V. *Mandat.*

3. Ce n'est que contre le mandataire judiciaire ou *ad lites* que l'action en désaveu peut être intentée. Le mandant n'a contre le mandataire ordinaire qui excède ses pouvoirs qu'une action en dommages-intérêts.

4. La raison de cette différence est simple. Le mandat ordinaire ne se présume pas. Les tiers avec lesquels on contracte comme mandataire d'une personne doivent exiger l'exhibition du mandat. Tout acte fait par un tiers au nom d'une personne dont il n'a pas reçu de pouvoirs est nul de plein droit. Il suffit, pour le faire tomber, de le dénier, lorsqu'il est opposé (C. Nap., art. 1998). Il n'en peut être ainsi, lorsqu'il s'agit d'un acte fait par un mandataire judiciaire : d'abord, parce que le mandat *ad lites* comporte par lui-même une certaine latitude, et, ensuite, à cause du caractère public de celui qui exerce ce mandat. De là la nécessité de suppléer, pour ce cas, à la disposition de l'art. 1998 précité, par l'action en désaveu.

5. Le Code de procédure civil a textuellement admis le désaveu contre les avoués (V. *Avoué*, nos 29 et suiv.). Ce sont eux, en effet, qui sont les mandataires *ad lites* par excellence.

6. Le règlement du 28 juin 1738 (tit. 9) et le décret du 22 juillet 1806 (tit. 2, § 5) soumettent aussi expressément au désaveu les avocats à la Cour de cassation, qui remplissent devant cette Cour le rôle dévolu aux avoués devant les autres tribunaux.—V. *Avocat à la Cour de cassation.*

7. Sous l'empire de l'ancienne jurisprudence, les huissiers étaient, comme les avoués, soumis à l'action en désaveu (Pothier, *Mandat*, nos 128 et 129). Il n'est pas à croire que le législateur ait entendu s'écarter en ce point de l'ancienne jurisprudence. La section du Tribunat avait, il est vrai, déclaré que les règles posées au titre du désaveu étaient communes aux avoués et aux huissiers. Mais, si cette assimilation n'a pas été expressément consacrée, c'est uniquement par inadvertance, et non pas parce qu'il se serait élevé sur ce point quelque doute. D'ailleurs, les termes généraux de l'art. 352, C. proc. civ., et la circonstance que dans plusieurs cas les huissiers doivent être munis d'un pouvoir spécial (C. proc. civ., art. 556), nous semblent autoriser l'action en désaveu contre les huissiers. Tous les auteurs qui ont écrit sur le Code de procédure se sont également prononcés en ce sens (V. Merlin, *Répert.*, v° *Désaveu ;* Pigeau, *Comment. sur la procédure*, t. 1er, p. 411 ; Carré et Chauveau, *Lois de la procédure*, t. 3, p. 249, n° 294 et note 1 ; Thomines-Desmazures, *Comment. sur le Code de procéd.*, t. 1er, p. 558 ; Boitard, *Leçons sur le Code de procédure civile*, t. 2, p. 29 ; Bonnier, *Eléments de procédure civile*, t. 2, p. 396, n° 1281). C'est aussi ce qui résulte de la jurisprudence.—V. *infrà* nos 20 et suiv.

8. Les notaires sont également sujets à désaveu vis-à-vis de celui au nom duquel ils instrumentent, lorsqu'ils remplissent les fonctions d'huissiers, en signifiant des actes respectueux et en faisant des offres réelles et des protêts (V. Bonnier, *loc. cit.*). Mais, dans tous les autres cas, leurs actes ne peuvent être attaqués que par la voie de l'action en nullité ou par celle de l'inscription de faux (Boitard et Bonnier, *loc. cit.*).

9. Les greffiers ne sont pas soumis au désaveu. L'action en nullité et l'inscription de faux sont les seules voies ouvertes contre leurs actes (Boitard, *loc. cit.*).

10. Les avocats, autres que les avocats à la Cour de cassation, ne sont pas mandataires *ad lites*, n'ont pas le caractère d'officiers publics ; ils sont seulement chargés de porter la parole sous la direction de l'avoué. C'est à l'avoué à désapprouver les aveux ou consentements par eux faits ou donnés dans leurs plaidoiries, lorsqu'ils sont préjudiciables à la cause. S'il ne l'a pas fait, c'est lui alors qui est exposé à l'action en désaveu (Rennes, 17 août 1818; Merlin, *Répert.*, v° *Avocat*, § 8, n° 2; Thomine-Desmazures, t. 1er, p. 559 ; Carré et Chauveau, t. 3, *quest.* 1295; Boitard, t. 2, p. 30; Bonnier, t. 2, p. 397, n° 1282).

11. L'action en désaveu est-elle ouverte contre les agréés? — V. *Agréé*, n° 29, où la question a été affirmativement résolue, mais d'une manière générale. Nous ajouterons ici que les agréés ne peuvent être soumis à l'action en désaveu que dans le cas où cette action serait ouverte contre les avoués. Ainsi, il n'y aurait pas lieu contre eux à désaveu, s'ils avaient agi sans mandat (Bonnier, t. 2, n° 1283).

12. Ce que nous venons de dire des agréés s'applique à tous ceux qui représentent une partie devant un tribunal de commerce, et notamment aux avoués qui, dans les villes où il n'existe pas d'agréés, instruisent les procédures devant les tribunaux de commerce (Paris, 12 avril 1806 ; Carré et Chauveau, t. 4, *Quest.* 1296; Bonnier, *loc. cit.*).

13. Les gardes du commerce ne sont pas sujets au désaveu, car ils ne peuvent procéder à l'exécution de la contrainte par corps qu'en vertu d'un pouvoir spécial, et le créancier ne peut leur confier ses titres que dans le but de faire incarcérer le débiteur, tandis qu'il est possible qu'il les confie à un huissier dans une autre intention.

14. En matière correctionnelle, le désaveu n'est pas admis, même en ce qui concerne les intérêts civils. — Il ne l'est pas non plus en matière de simple police, quoique l'art. 152, C. inst. crim., accorde à l'inculpé la faculté de se faire représenter par un fondé de pouvoir. Si celui qui s'est présenté pour un inculpé n'a point de mandat, le jugement est par défaut et susceptible d'opposition. Si l'existence du mandat est reconnue, l'inculpé n'a contre le mandataire qui en a excédé les bornes qu'une action en dommages-intérêts (Chauveau sur Carré, t. 3, *Quest.* 1296 *bis*).

§ 2. — *Cas dans lesquels il y a lieu à désaveu.*

15. L'art. 352, C. proc. civ., est ainsi conçu : « Aucunes offres, aucun aveu ou consentement ne pourront être faits, donnés ou acceptés sans un pouvoir spécial, à peine de désaveu ».

16. Cette disposition n'a eu pour objet que de spécifier les cas dans lesquels l'officier ministériel serait réputé avoir excédé les bornes de son mandat. Mais elle n'exclut point l'hypothèse où il serait allégué que l'officier n'avait reçu aucuns pouvoirs de son client. Ainsi, soit pour l'avoué, soit pour l'huissier, il y a lieu à désaveu, alors même que l'un et l'autre ont agi sans mandat, que le mandat est dénié par le client (Bruxelles, 29 mai 1833; Chauveau sur Carré, t. 3, *Quest.* 1301; Boitard, t. 2, p. 30 et suiv.; Bonnier, t. 2, n° 1284).

17. Le mandat dont parle l'art. 352 précité peut être écrit et détaillé ; et la prudence commande à l'officier ministériel de l'exiger ainsi. Mais il peut aussi s'induire d'une simple lettre, de la remise des pièces, et même être prouvé par témoins, s'il y a commencement de preuve par écrit ou si l'objet du procès n'excède pas 150 fr. Il peut aussi s'induire de l'exécution volontaire du jugement rendu depuis l'acte sur lequel porte le désaveu : dans ce cas, l'exécution constitue une fin de non-recevoir contre l'action en désaveu (Nancy, 27 août 1831 : *J. Huiss.*, t. 13, p. 15).

18. Il n'est pas nécessaire que l'officier ministériel tienne directement les pièces des mains de son client. Ainsi, l'avoué qui les a reçues d'un tiers peut être désavoué (Nîmes, 29 janv. 1832), alors surtout que la remise n'a eu lieu que par suite de dol et fraude de la part du tiers (Lyon, 1er avril 1834).

19. L'avoué porteur d'un exploit d'ajournement mentionnant sa constitution justifie suffisamment du pouvoir qu'il a d'agir pour le demandeur (Bordeaux, 31 mai 1839 : *J. Huiss.*, t. 20, p. 262) ; et ce pouvoir doit être tenu pour valable aussi longtemps que le demandeur n'a pas désavoué l'huissier qui a fait et remis l'exploit, et fait juger le désaveu valable (Orléans, 7 avril 1813; Rennes, 9 mars 1818; Bruxelles, 21 sept. 1831).

20. De même, la remise de pièces à un huissier (sauf les cas prévus par l'art. 556, C. proc. civ.), soit par la partie, soit par l'avoué de celle-ci, vaut pouvoir d'instrumenter (Bordeaux, 20 déc. 1839) : d'où il suit qu'un huissier ne peut être désavoué pour avoir donné une assignation, après la remise de pièces à cet effet, en vertu d'une ordonnance du juge, alors surtout que le fait de cet assignation n'a causé aucun préjudice à la partie (Paris, 4 fév. 1808; Carré et Chauveau, t. 3, *Quest.* 1297).

21. Jugé cependant que l'huissier, qui n'a pas reçu les pièces directement de la partie au nom de laquelle il agit, et qui a exploité à son insu, et sans prendre les précautions nécessaires pour avoir son aveu, peut être désavoué (Paris, 31 janv. 1815).

22. Il résulte de ce qui précède qu'on ne doit pas considérer comme limitative la disposition de l'art. 352, C. proc. civ., et qu'il existe d'autres causes de désaveu que celles prévues par cet article. Tout acte pour lequel la loi n'a point exigé un pouvoir spécial peut donner lieu à une action en désaveu contre l'officier ministériel qui l'a fait, si cet acte rentrait dans ses attributions, et s'il ne justifie pas d'une manière générale qu'il en ait été chargé par son client (*J. Huiss.*, t. 10, p. 115, n° 64 ; Bonnier, t. 2, n° 1285). Une autre condition pour qu'il y ait à raison de cet acte ouverture à l'action en désaveu, c'est qu'il ait été préjudiciable à la partie. *Pas d'intérêt, pas d'action :* ici surtout s'applique cette maxime, le désaveu étant une mesure extrême (Besançon, 4 août 1808; Orléans, 10 juill. 1813; Bruxelles, 29 oct. 1818).

23. Il a été décidé, par application de ces principes, que la voie de désaveu n'est pas nécessaire lorsque l'huissier fait au nom d'un créancier un acte hors du cercle de ses attributions et en opposition avec le titre dont il est porteur, par exemple, s'il accepte un paiement en billets, au lieu d'un paiement en espèces stipulé dans le titre. Il suffit, dans ce cas, au créancier, pour ne pas être lié, de ne pas ratifier ce qui a été fait par l'huissier (Cass., 3 août 1840).

24. On ne peut pas non plus désavouer un huissier, parce que, chargé de signifier un commandement tout préparé, tendant à saisie-exécution, à la requête d'une partie non domiciliée dans la commune du débiteur, il y a ajouté une élection de domicile dans cette commune, conformément à l'art. 384, C. proc. civ. (Chauveau et Glandaz, *Formulaire de procédure*, t. 1er, p. 204, 2e col., note 5).

25. Mais il y a lieu à désaveu contre l'huissier qui a signifié un jugement sans réserves, si le défaut de réserves a porté préjudice à celui au nom duquel la signification a été faite (Bruxelles, 24 mars 1810).

26. .... Qui, dans un exploit d'opposition, a requis terme et délai au nom d'un individu, sans que ce dernier lui eût donné à cet effet un pouvoir spécial, ce qui emportait de la part de cet individu acquiescement à une condamnation prononcée, encore bien que l'huissier n'eût agi que sur la demande d'un tiers qui lui représentait un acte faux, non encore attaqué (Paris, 7 fév. 1824).

27. Plus généralement, lorsque l'huissier, qui agit en cette qualité dans le cercle de ses attributions, pour l'exécution d'un titre dont il est porteur, oblige par son fait le créancier, ce dernier ne peut méconnaître ce fait qu'en le faisant déclarer nul par la voie du désaveu (Cass., 3 août 1840).

28. M. Chauveau (*Lois de la Procédure*, t. 3, *Quest.* 1298 *bis*) prévoit un cas spécial de désaveu contre l'huissier. « Lorsqu'un huissier, dit-il, énonce dans un exploit des faits étrangers à ce qui s'est passé en sa présence, il ne peut leur donner le caractère d'authenticité, *puisqu'ils ne sont pas de son ministère*. Cependant, s'ils sont avancés par le mandataire du demandeur, leur allégation est censée l'ouvrage de ce dernier, et, pour en détruire l'effet, il doit nécessairement désavouer l'huissier qui les a exprimés ».

29. Mais, lorsqu'il est constant qu'un exploit de signification de jugement a été rédigé par l'avoué qui l'a envoyé tout préparé à l'huissier, la partie à la requête de laquelle la signification a eu lieu ne doit former son action en désaveu que contre l'avoué, et non contre l'huissier (Bruxelles, 7 juill. 1820).

30. Si l'art. 352, C. proc. civ., a exigé, à peine de désaveu, un pouvoir spécial pour les offres, aveux ou consentements, c'est que faire ou accepter des offres, aveux ou consentements, ce n'est plus défendre les droits de la partie, mais en disposer. Toutefois, pour que les offres, aveux ou consentements, faits par un officier ministériel au nom de son client, puissent donner lieu au désaveu, il faut qu'ils soient acceptés par la partie adverse. Si celle-ci déclare ne pas vouloir en profiter, le désaveu n'est pas possible. Il en est de même lorsque la partie au nom de laquelle les offres ou aveux ont été faits a exécuté volontairement le jugement rendu depuis (Nancy, 27 août 1831).

31. Lorsque l'officier ministériel, chargé d'intenter l'action en résolution d'une vente pour non-paiement du prix, s'en désiste après avoir accepté l'offre faite par l'acheteur de laisser prélever la somme réclamée sur le prix à provenir de la vente de ses biens, il ne peut être exposé à l'action en désaveu pour avoir excédé ses pouvoirs, car, le paiement du prix étant assuré, l'abandon de l'action en résolution ne cause aucun préjudice au vendeur (Lyon, 30 juin 1831.— V. *suprà* n°s 20, 22 et 30).

32. On peut former un désaveu contre l'huissier même après le jugement du procès dans lequel ont été faits les actes désavoués (Cass., 27 août 1835 : *J. Huiss.*, t. 17, p. 42).

33. Les décisions judiciaires, rendues en différentes circonstances où l'on soutenait que l'action en désaveu était ou non ouverte, sont fort nombreuses. Nous ne pouvions ici les rappeler toutes. Notre but a été seulement de faire connaître les principes généraux qui régissent l'action en désaveu, de manière à rendre facile aux huissiers le moyen de ne pas s'y exposer. Nous ajouterons seulement, comme complément à ces principes, que le désaveu peut être dirigé, soit contre un acte qui a été l'objet d'une instance ou produit pendant le cours d'un procès, soit contre un acte sur lequel il n'a jamais existé d'instance.

§ 3. *Délais et formes du désaveu. — Compétence. — Effets.*

34. La loi ne fixe aucun délai pour intenter l'action en désaveu. Cette action dure trente ans à compter du jour où a été fait l'acte qu'il s'agit de désavouer (Cass., 18 août 1807; Paris, 9 mai 1812; Carré et Chauveau, t. 3, *Quest.* 1307). Mais, si la partie avait approuvé cet acte, soit expressément, soit tacitement, son action en désaveu ne serait plus recevable.

35. Toutefois, l'action en désaveu formée à l'occasion d'un jugement passé en force de chose jugée est soumise à un délai spécial. Cette action ne peut être reçue après la huitaine, à dater du jour où le jugement doit être réputé exécuté, aux termes de l'art. 159, C. proc. civ. (C. proc. civ., art. 362).

36. Le renvoi à l'art. 159 n'a pas d'autre objet que d'indiquer des modes d'exécution qui, lorsqu'ils ont été suivis, rendent l'action en désaveu non recevable. Il suit de là que l'art. 362 précité s'applique aussi bien aux jugements contradictoires qu'aux jugements par défaut (Boitard, t. 2, p. 312; Carré et Chauveau, *Quest.* 1318).

37. Du reste, le délai fixé par l'art. 362 n'est pas applicable, lorsque c'est l'officier ministériel désavoué qui a fait l'acte d'exécution qui a pu être ignoré par la partie, et spécialement lorsqu'il s'agit de la signification qu'un avoué a fait faire au nom et à l'insu de son client de la signification d'un jugement de première instance, dont celui-ci n'a eu non plus aucune connaissance (Bruxelles, 25 sept. 1821). Dans ce cas, l'action en désaveu peut être exercée pendant trente ans.

38. La signification d'un jugement ou arrêt, sous la réserve de faire statuer sur un chef de conclusions omis dans les conclusions déposées, ne constitue point une exécution dans le sens de l'art. 362, C. proc. civ., et ne peut, dès lors, servir de point de départ au délai de huitaine après lequel l'action en désaveu n'est plus recevable (Cass., 22 mars 1843 : *J. Huiss.*, t. 24, p. 229).

39. L'action en désaveu peut être principale ou formée incidemment à une demande principale. Dans l'un et l'autre cas, elle est dispensée du préliminaire de conciliation.— V. *Conciliation*, n° 46.

40. Le désaveu (et il ne s'agit ici que du désaveu formé contre un avoué) est fait au greffe du tribunal qui doit en connaître, par un acte signé de la partie, ou du porteur de sa procuration spéciale et authentique, et contenant les moyens, conclusions et constitution d'avoué (C. proc. civ., art. 353). Si la partie ne sait pas signer, elle est obligée de donner un pouvoir, car le greffier ne peut suppléer à ce défaut en mentionnant la cause de l'impossibilité (Carré et Chauveau, t. 3, *Quest.* 1306). — V. *Formule* 1.

41. L'art. 353 exigeant que la procuration soit spéciale, un fondé de procuration générale ne peut valablement signer un acte de désaveu (Cass., 1er fév. 1820; Chauveau sur Carré, t. 3, *Quest.* 1306 *bis*).

42. Le désaveu principal, c'est-à-dire celui qui est formé hors d'une instance ou au sujet d'un acte ne se rattachant pas à une instance pendante, doit être signifié par exploit à personne ou domicile, et cet exploit doit contenir assignation, sans qu'il soit nécessaire d'y reproduire les moyens et conclusions contenus dans l'acte de désaveu (V. *Formule* 4). Il est délivré, à cet effet, par le greffier, une expédition de l'acte de désaveu, et c'est cette expédition qui est signifiée.

43. Lorsque le désaveu est formé dans le cours d'une instance encore pendante, c'est-à-dire lorsqu'il est incident, il est signifié, sans autre demande, par acte d'avoué, tant à l'avoué contre lequel le désaveu est dirigé, qu'aux autres avoués de la cause; et ladite signification vaut sommation de défendre au désaveu (C. proc. civ., art. 354).

44. Si l'avoué n'exerce plus ses fonctions, le désaveu est signifié par exploit à son domicile (art. 355), exploit qui doit contenir ajournement, car l'avoué qui a cessé ses fonctions n'est plus qu'un simple particulier (Carré et Chauveau, t. 3, *Quest.* 1309 *ter*). S'il est mort, le désaveu est signifié à ses héritiers, avec assignation au tribunal où l'instance est pendante, et notifié aux parties de l'instance par acte d'avoué à avoué (Cod. proc. civ., art. 355).

45. Dans ce dernier cas, nous croyons que le désaveu ne doit pas être signifié aux héritiers collectivement, par un exploit laissé au domicile du défunt, mais qu'il doit l'être à chacun d'eux individuellement. Ici ne s'applique pas le § 3 de l'art. 447, C. proc. civ. (Chauveau sur Carré, t. 3, *Quest.* 1309 *bis.* — *Contrà* Boitard, t. 2, p. 35).

46. Le désaveu dirigé contre un huissier, un agréé, ou un fondé de pouvoirs, doit être signifié par exploit à personne ou domicile, alors même qu'il est incident (Arg. Bruxelles, 7 déc. 1812; Toulouse, 24 avril 1841).

47. Le désaveu formé après le jugement contre un avoué qui a occupé dans l'instance doit l'être également par exploit signifié à personne ou domicile. L'instance n'existant plus, les parties ne sont plus en présence, et l'acte d'avoué à avoué n'est plus praticable (Chauveau sur Carré, t. 3, *Quest.* 1307 *bis*).

48. Toute demande en désaveu doit être communiquée au ministère public (C. proc. civ., art. 359).

49. Suivant l'art. 356, même Code, le désaveu (et il s'agit ici du désaveu incident) est toujours porté au tribunal devant lequel la procédure désavouée a été instruite, encore que l'instance dans le cours de laquelle il est formé soit pendante devant un autre tribunal; et le désaveu est dénoncé aux parties de l'instance principale, qui sont appelées dans celle de désaveu. Cette dénonciation doit avoir lieu aussi bien lorsque le désaveu est formé contre un huissier que lorsqu'il l'est contre un avoué.—V. *Formules* 2 et 3.

50. Lorsque le désaveu concerne un acte sur lequel il n'y a point d'instance, c'est-à-dire lorsqu'il est principal, la demande doit être portée au tribunal du défendeur (C. proc. civ., art. 358).

51. Il résulte de l'art. 356 précité que, si le désaveu a lieu sous l'appel pour les procédures faites au tribunal de première instance, c'est devant ce dernier tribunal que l'action doit être portée, sauf dénonciation de l'acte de désaveu aux parties de la cause principale à personne ou à domicile réel (Carré et Chauveau, t. 3, *Quest.* 1310).

52. Il a été jugé par application de ce principe qu'une Cour impériale est incompétente pour statuer, incidemment à une contestation dont elle est saisie, sur une action en désaveu dirigée contre un huissier, relativement à l'exploit de signification du jugement dont il a été interjeté appel (Bruxelles, 24 mars 1810).

53. Mais, l'exploit d'appel étant incontestablement le premier acte de procédure de l'instance d'appel, il s'ensuit que la demande en désaveu formée contre l'huissier qui a rédigé et signifié cet exploit ne peut être portée que devant la Cour saisie de l'appel, et non devant le tribunal de première instance du domicile de l'huissier, dont l'incompétence, dans ce cas, est absolue et *ratione materiæ* (Douai, 26 fév. 1820; Chauveau sur Carré, t. 3, *Quest.* 1310).

54. Encore bien qu'un jugement de première instance ait été infirmé sur l'appel, ou que l'affaire ait été renvoyée devant un autre tribunal, ce n'est pas la Cour impériale qui est compétente pour connaître du désaveu formé relativement à un acte se rattachant à ce jugement, mais uniquement le tribunal de première instance qui l'a rendu (Chauveau sur Carré, t. 3, *Quest.* 1310 *bis*).

55. Lorsque le désaveu est formé contre un huissier, un agréé ou un mandataire, à raison d'un acte fait dans une instance pendante devant un tribunal de commerce, doit-il être porté à ce tribunal ou devant le tribunal civil? Cette question présente une certaine difficulté. Deux systèmes, en effet, sont en présence. L'un consiste à soutenir que le tribunal civil est seul compétent. Il se fonde sur ce que la juridiction commerciale étant exceptionnelle ne peut s'étendre à une contestation civile que la loi n'a pas spécialement comprise dans ses attributions, et sur ce que l'art. 359, C. proc. civ., qui exige l'audition du ministère public sur toute demande en désaveu, exclut par cela même, nécessairement, la compétence du tribunal de commerce (Rennes, 9 mai 1810; Nîmes, 11 juin 1823 ; 22 juin 1824 ; Carré, t. 3, *Quest.* 1311 ; Bonnier, t. 2, n° 1293). L'autre système consiste, au contraire, à reconnaître la compétence du tribunal de commerce. A l'appui de ce dernier système, on invoque d'abord la généralité des termes de l'art. 356, C. proc. civ. Peu importe, dit-on, que la loi prescrive l'audition du ministère public : car elle la prescrit aussi en matière civile ; et cependant l'on décide généralement que la requête civile a lieu devant les tribunaux de commerce. Enfin, on ajoute que l'action en désaveu n'est pas, par sa nature, en dehors de la compétence *ratione materiæ* du tribunal de commerce. Le désaveu, en effet, attaque le fond de la cause ; il tend à lui faire donner une solution (C. proc. civ., art. 360). Or, cette cause est commerciale. M. Chauveau, dans ses observations sur Carré, *loc. cit.*, admet ce dernier système, en faveur duquel la Cour de Rouen s'est aussi prononcée par arrêt du 1er mars 1811.

56. La demande en désaveu portée devant le tribunal civil est instruite en la forme ordinaire (Tarif, 16 fév. 1807, art. 75). L'officier ministériel ne peut opposer contre cette demande l'exception tirée de ce que la pièce désavouée n'a pas encore été accueillie (Bruxelles, 25 sept. 1821).

57. Lorsque le désaveu est formé incidemment, il a pour effet de suspendre l'instance principale jusqu'au jugement du désaveu (C. proc., art. 357). Cet effet est produit dès que la demande est formée au greffe. Le tribunal saisi de l'instance principale ne peut, à peine de nullité de la procédure, passer outre (même art.), à moins toutefois que le procès puisse être jugé indépendamment de l'acte désavoué (Bonnier, t. 2, n° 1295). Mais le tribunal a la faculté de déterminer un délai dans lequel le désaveu devra être jugé, sinon il sera fait droit sur la demande principale (art. 357).

58. Lorsque, devant les juges d'appel, un sursis est demandé à raison d'un désaveu formé contre l'avoué de première instance, les juges peuvent examiner s'il y a dans les faits invoqués un désaveu devant avoir quelque influence sur le fond du procès, et, dans le cas de l'affirmative, le sursis ne peut être refusé (Montpellier, 16 juill. 1844 : *J. Huiss.*, t. 25, p. 350).

59. La nullité d'une procédure poursuivie au mépris d'une action en désaveu peut être demandée devant le tribunal même auprès duquel a été faite cette procédure, si elle n'est pas terminée par un jugement définitif. Dans le cas où ce jugement a été rendu, il faut l'attaquer par les voies légales de recours (Bonnier, *loc. cit.*).

60. Si le désaveu est déclaré valable, le jugement, ou les dispositions du jugement relatives aux chefs qui ont donné lieu au désaveu, demeurent annulés ou comme non avenus. Le désavoué est condamné, envers le demandeur et les autres parties, en tous dommages-intérêts, même puni d'interdiction, ou poursuivi extraordinairement, suivant la gravité du cas et la nature des circonstances (C. proc. civ., art. 360).

61. Jugé, par application de cet article, que, en admettant le désaveu, les tribunaux doivent condamner l'huissier aux frais de tous les actes et à la garantie des condamnations qu'il a occasionnées à la partie qui le désavoue (Paris, 31 janv. 1815). Cependant, il y a lieu d'admettre une exception en ce qui concerne les condamnations et poursuites contre l'huissier désavoué, pour le cas où il a été induit en erreur (Pigeau, *Comment.*, t. 1er, p. 623, n° 8) ; par exemple, lorsqu'il a agi sur la vue d'un acte faux, mais qu'il a cru sincère (Paris, 7 fév. 1824 : *J. Huiss.*, t. 6, p. 30). La disposition de l'art. 360, en ce qui concerne les dommages-intérêts, est d'ailleurs purement facultative (Cass., 27 août 1835 : *J. Huiss.*, t. 17, p. 42).

62. Si le désaveu est rejeté, il est fait mention du jugement de rejet en marge de l'acte de désaveu, et le demandeur peut être condamné, envers le désavoué et les autres parties, en tels dommages et réparations qu'il appartient (C. proc. civ., art. 361).

63. Il y a lieu de rejeter le désaveu lorsque la partie a volontairement exécuté le jugement rendu depuis l'acte qui fait l'objet du désaveu (V. *suprà* n° 30), ou lorsqu'en retirant les pièces des mains de son avoué, elle a reconnu que les frais lui étaient dus (Bordeaux, 31 mai 1839: *J. Huiss.*, t. 20, p. 262).

64. Le désaveu principal et même le désaveu incident constituent une demande ordinaire susceptible des deux degrés de juridiction. Car l'un et l'autre intéressent l'honneur, la réputation de l'officier ministériel qu'ils exposent à des peines graves : ce qui suffit pour qu'ils ne puissent être jugés qu'en premier ressort (Bordeaux, 20 déc. 1839; Thomine-Desmazures, t. 1er, p. 569; Carré et Chauveau, t. 3, *quest.* 1317; Bonnier, t. 2, n° 1299. — *Contrà* Cass., 5 therm. an 13; Merlin, *Répert.*, v° *Désaveu*, n° 8).

Formules.

1. *Acte de désaveu.*

L'an. . . . ., le. . . . ., au greffe du tribunal de première instance de. . . . ., a comparu le sieur. . . . ., demeurant à. . . . ., lequel, assisté de Me. . . . ., qu'il constitue pour son avoué, a dit et déclaré :

(Désaveu incident) qu'il désavoue le sieur. . . . ., huissier, demeurant à. . . ., en ce que, dans la cause pendante en ce tribunal entre le sieur. . . . ., d'une part, et le comparant, d'autre part, il a signifié (*indiquer l'acte désavoué*), sans mandat à cet égard de la part dudit comparant; qu'en effet (*faire connaître les moyens à l'appui du désaveu*) ; c'est pourquoi le comparant conclut à ce qu'il lui soit donné acte de son désaveu, à ce que l'acte signifié soit déclaré nul, et à ce que le sieur. . . . . . soit condamné en. . . . . francs de dommages-intérêts.

(*Si le désaveu est formé après le jugement*) Et, attendu que le jugement rendu contradictoirement entre les parties, le. . . . ., est uniquement motivé sur (*rappeler le fait désavoué*), le comparant conclut, en outre, à ce qu'il plaise au tribunal déclarer l'acte dont s'agit et le jugement susénoncé nuls et de nul effet, remettre les parties au même état où elles étaient avant la signification de l'acte du. . . . ., faire défense audit sieur. . . . . . de mettre à exécution le jugement susénoncé, et condamner le sieur. . . . . aux frais de la procédure et en. . . . . francs de dommages-intérêts, et aux dépens de l'instance en désaveu.

(Désaveu principal) qu'il désavoue le sieur. . . . ., huissier, en ce que ce dernier, dans un commandement de payer en date du. . . . ., signifié à la requête du comparant et enregistré le. . . . ., lui a donné, sans en avoir reçu aucun pouvoir, la qualité d'héritier de feu. . . . .. son oncle, ce qui peut porter un préjudice notable audit comparant; c'est pourquoi le comparant requiert qu'il lui soit donné acte de son désaveu, et conclut à ce que le désaveu soit déclaré valable et le sieur. . . . condamné en. . . francs de dommages-intérêts et aux dépens.

De tout ce que dessus, nous avons donné acte au comparant qui a signé avec Me.. . . ., son avoué, et nous greffier, après lecture.

V. n° 40.

2. *Assignation en désaveu incident contre un avoué à l'occasion d'un acte fait dans une autre instance.*

L'an. . . ., le. . . ., à la requête du sieur. . . . (*constitution d'avoué*), j'ai. . . ., signifié, et, avec celle des présentes, donné copie au sieur. . . . ., avoué près le tribunal civil de. . . . ., de l'expédition de l'acte de désaveu dressé au greffe dudit tribunal le. . . . ., enregistré, par lequel le requérant désavoue ledit sieur. . . . . pour avoir (*analyser le désaveu*), et, attendu qu'il importe au requérant que le désaveu soit déclaré valable, puisqu'on lui oppose l'acte désavoué, dans une nouvelle instance pendante entre lui et le sieur. . . . . devant le tribunal de. . . . . ., j'ai donné assignation audit sieur. . . . . à comparaître le. . . . . devant le tribunal de. . . . ., pour voir adjuger audit requérant les conclusions par lui prises dans l'acte de désaveu, sous toutes réserves.

V. n° 49.— Coût, tarif, art. 29. Orig. : Paris, 2 fr.; R. P., 1 fr. 80 c.; aill., 1 fr. 50
Copie le 1/4.
Enregistrement de l'exploit, 2 fr. 20

3. *Assignation en désaveu incident contre un huissier.*

L'an. . . . ., le. . . . ., à la requête du sieur. . . . . (*constitution d'avoué*), j'ai. . . . ., soussigné, signifié, et, avec celle des présentes, donné copie au sieur. . . ., huissier près le tribunal de. . . . ., demeurant à. . . . ., de l'expédition de l'acte de désaveu dressé au greffe de ce tribunal, le. . . . ., enregistré, par lequel le requérant désavoue ledit sieur. . . . ., pour avoir, dans l'instance qui existe (ou a existé) entre le requérant et le sieur. . . . . devant ledit tribunal (*indiquer l'acte désavoué*), et, attendu qu'il importe au requérant de désavouer ledit acte qu'on prétend lui opposer dans l'instance, ou sur lequel le jugement intervenu est motivé, j'ai donné assignation audit sieur. . . . . à comparaître le. . . . . devant le tribunal de. . . . ., pour voir adjuger au requérant les conclusions par lui prises dans l'acte de désaveu, sous toutes réserves.

V. n° 49. — Coût et enregistrement : V *Formule* 2.

4. *Assignation en désaveu principal contre un huissier.*

L'an. . . . ., le. . . . ., à la requête du sieur. . . . . (*constitution d'avoué*), j'ai. . . . ., soussigné, signifié, et, avec celle des présentes, donné copie au sieur. . . ., huissier, demeurant à. . . ., de l'expédition d'un acte fait au greffe du tribunal de. . . ., le. . . . ., enregistré, et contenant désaveu par le requérant dudit sieur. . , . . ., en ce que, par un commandement de payer, en date du. . . . ., enregistré, il a donné au requérant, sans aucune autorisation de sa part, la qualité d'héritier de feu. . . . ., son oncle, et j'ai donné assignation audit sieur. . . . . à comparaître le. . . . ., devant le tribunal de. . . . ., pour voir dire que le désaveu dont il s'agit sera déclaré bon et valable, et s'entendre condamner en. . . . . francs de dommages-intérêts, et aux dépens, sous toutes réserves.

V. n° 42. — Coût et enregistrement : V. *Formule* 2.

DÉSAVEU D'ENFANT OU DE PATERNITÉ. — V. *Filiation légitime.*

DESCENDANTS. — Ce sont ceux qui sont issus les uns des autres, comme les enfants, les petits-enfants, les arrière-petits-enfants, etc., sans distinction de sexe ni de degré. — Le mot *descendants* est le corrélatif du mot *ascendants*. — V. *Aliments, Ascendants, Mariage, Puissance paternelle, Réserve, Succession.*

DESCENTE SUR LES LIEUX. — **1.** Transport d'un juge, assisté du greffier, sur les lieux contentieux, pour y recueillir les renseignements nécessaires à la décision du procès. Ainsi, la descente sur les lieux est un mode d'instruction.

2. La descente sur les lieux est appelée aussi quelquefois *accès de lieux*, ou *visite de lieux*. Les descentes de lieux faites par les juges de paix sont spécialement désignées par le Code de procédure civile (V. liv. 1er, tit. 8) sous la dénomination de *visites des lieux*.

3. *Juges de paix.* — Lorsqu'il s'agit, soit de constater l'état des lieux, soit d'apprécier la valeur des indemnités et dédommagements demandés, le juge de paix ordonne que le lieu contentieux sera visité par lui, en présence des parties (Cod. proc. civ., art. 41). Si la visite n'avait pas été ordonnée par un jugement préalable, le jugement qui serait rendu sur la contestation serait nul (Cass., 11 juin 1830).

4. De ce que l'art. 41 précité exige que la visite ait lieu en présence des parties, on doit conclure que, lorsque le jugement est rendu par défaut, il faut en lever une expédition et la signifier au défaillant avec sommation de se présenter sur les lieux contentieux (V. *Formule*); autrement, il serait impossible à ce dernier de profiter du bénéfice de la loi.

5. Si l'objet de la visite ou de l'appréciation exige des connaissances étrangères aux juges, le juge de paix ordonne que des gens de l'art, qu'il nomme par le même jugement, feront la visite avec lui et donneront leur avis (C.

proc. civ., art. 42). Les parties ne pourraient elles-mêmes nommer les gens de l'art qui doivent assister le juge de paix.

6. La nécessité de la visite de lieux est laissée à l'appréciation du juge de paix. Si un rapport d'experts peut suffire, ce magistrat ne doit pas ordonner une visite de lieux.

7. Le juge de paix peut rendre son jugement sur le lieu même, sans désemparer. Dans les causes non sujettes à l'appel, il n'est point dressé de procès-verbal de la visite de lieux ; dans les causes qui y sont sujettes, il en est dressé un (C. proc. civ., art. 42 et 43).

8. *Tribunaux de première instance.* — Les tribunaux de première instance peuvent ordonner des descentes sur les lieux, soit d'office, soit sur la demande de l'une des parties (C. proc. civ., art. 295). Mais, quoique toutes les parties demandent l'accès de lieux, le tribunal peut le refuser (Cass., 26 avril 1825 ; 11 déc. 1827), surtout si un rapport d'expert peut suffire. Et même, dans ce dernier cas, le tribunal ne peut l'ordonner d'office, la réquisition de l'une des parties est indispensable (C. proc. civ., art. 295).

9. Le jugement qui ordonne une descente des lieux indique qu'elle aura lieu, soit par le tribunal tout entier (Cass., 9 fév. 1810), soit par l'un des juges commis à cet effet (C. proc. civ., art. 296), soit par un juge de paix auquel il est donné une commission rogatoire (Bordeaux, 15 mars 1809), soit par un juge commis par le président d'un autre tribunal sur requête à lui présentée.

10. Ce jugement doit être levé et signifié à avoué et à domicile. L'expédition est nécessaire au juge et aux parties pour savoir sur quoi doit porter l'examen. Toutefois, si la descente a lieu le jour même du jugement, la signification n'est pas possible ; il suffit d'une simple sommation ; et, dans ce cas, le jugement est exécutoire sur minute. Lorsque le jugement est par défaut, il doit toujours être signifié à domicile, ainsi que l'ordonnance du juge commis (V. *suprà* n° 4, et *infrà* n° 14).

11. Avant de mettre le jugement à exécution, la partie requérante, c'est-à-dire celle qui a provoqué la descente, ou celle qui a le plus d'intérêt à ce qu'elle ait lieu, si elle a été ordonnée d'office, doit consigner au greffe les frais de transport (C. proc. civ., art. 301).

12. Par frais de transport on comprend ceux des voyages, séjour et retour, du juge commis et du greffier, et même les frais de l'huissier audiencier dont le juge commis a requis l'assistance (Chauveau sur Carré, *Lois de la Procédure, quest.* 1154 *bis*).

13. Le Code ne dit pas quelle est la somme à consigner pour frais de transport. Il faut recourir à cet égard, pour ce qui concerne les frais de transport du juge et du greffier, aux art. 88 et 89 du décret du 18 juin 1811. L'indemnité allouée à l'huissier audiencier se détermine par l'art. 66 du Tarif de 1807.

14. La consignation faite, on présente une requête au juge commis qui fixe, par une ordonnance, les lieu, jour et heure de la descente. Copie de ces requête et ordonnance est signifiée par acte d'avoué à avoué et vaut sommation pour le jour indiqué (C. proc. civ., art. 297 ; Tarif, art. 92) ; s'il n'y a pas d'avoué, la signification doit être faite à la partie défaillante, par exploit à domicile (V. *Formule*).

15. La présence du ministère public n'est nécessaire que dans le cas où il est lui-même partie (C. proc. civ., art. 300).

16. Sur la minute de son procès-verbal, le juge commis doit faire mention des jours employés aux transport, séjour et retour (C. proc. civ., art. 298). Si, ne pouvant terminer l'opération en un jour, le juge continue la descente à jour fixe, il est inutile de signifier cette remise.

17. L'expédition du procès-verbal est levée au greffe et signifiée par la partie la plus diligente aux avoués des autres parties; et, trois jours après, elle peut poursuivre l'audience sur un simple acte (C. proc. civ., art. 299). S'il y avait des parties défaillantes, la signification devrait leur être faite à domicile (V. *Formule*).

18. Les frais de descente sont supportés par la partie qui succombe.

Formule.

Signification à partie et intimation.

L'an. . . . . ., à la requête du sieur . . . . (*constitution d'avoué*), j'ai, ... , signifié, et, avec celle des présentes, donné copie au sieur. . . . . de (*analyser le jugement, les requête et ordonnance, ou le procès-verbal*);

Et j'ai, huissier susdit et soussigné, donné intimation audit sieur. . . . . . de se trouver :

A (*indiquer l'endroit*), le. . . . ., heure. . . . ., pour assister à la descente des lieux ordonnée par le jugement susdaté, lui déclarant que, faute de se présenter, il sera donné défaut contre lui et procédé tant en son absence que présence ;

Ou par-devant MM. les président et juges composant le tribunal civil et de première instance de. . . . ., le. . . . , au palais de justice, rue de. . . . ., pour répondre et procéder sur et aux fins du procès-verbal susdaté, et voir adjuger au requérant les conclusions par lui prises en l'instance dont s'agit, etc.

V. nos 4, 10, 14 et 17. — Coût et enregistrement. — V. *Ajournement et citation.*

DESCRIPTION (PROCÈS-VERBAL DE). — V. *Scellés.*

DÉSERTION D'APPEL. — On appelait ainsi, dans l'ancien droit, le fait par une partie de ne pas relever appel dans le délai fixé par la loi. — V. *Appel désert.*

DÉSHÉRENCE. — Droit pour l'Etat de recueillir les biens dépendants de successions abandonnées ou auxquelles ne se trouve appelée aucune des personnes désignées par la loi. — V. *Succession.*

DÉSIGNATION. — V. *Exploit, Saisie immobilière.*

DÉSISTEMENT. — **1.** Dans l'acception la plus large, ce mot signifie la renonciation à un acte, à un droit, à une réclamation quelconque. Mais le Code de procédure ne l'emploie que pour désigner la renonciation à une instance.

Indication alphabétique des matières.

§ 1er. — *Diverses espèces de désistement. — Cas dans lesquels il peut avoir lieu.*

2. Le désistement est amiable ou judiciaire : *amiable*, lorsque les parties, le demandeur et le défendeur, sont d'accord pour le donner et l'accepter ; *judiciaire*, lorsqu'il est fait et accepté dans les termes de l'art. 402, C. proc. civ., ou lorsque, à défaut d'acceptation volontaire, il en est donné acte par jugement ou arrêt.

3. Le désistement est exprès ou tacite : *exprès*, lorsqu'il est constaté par un acte quelconque ; *tacite*, lorsqu'il résulte soit du silence de la partie, soit d'actes qui impliquent de sa part l'intention de ne pas continuer à réclamer un droit, à poursuivre une instance.

4. Le désistement a de l'analogie avec la transaction, l'acquiescement, la péremption et la prescription. Mais il en diffère sous plusieurs rapports. — V. *Acquiescement, Péremption, Prescription, Transaction.*

5. En principe, toute matière est susceptible de désistement. Toutefois, dans les matières qui intéressent l'ordre public, il faut distinguer entre le désistement de l'instance et le désistement de l'action. Le premier peut bien avoir lieu (Cass., 10 mai 1809). Mais l'action ne peut jamais s'éteindre que par l'expiration du temps accordé pour l'exercer.

6. Le désistement peut porter non-seulement sur l'action et l'instance, mais aussi sur un acte isolé de procédure.

7. Il convient de se désister : 1° de l'action, lorsqu'on reconnaît qu'elle est mal fondée ; 2° de l'instance, lorsqu'elle a été engagée prématurément, qu'elle est irrégulière en la forme, ou enfin si elle a été portée devant un juge incompétent ; 3° d'un acte de procédure, lorsqu'il est vicieux.

8. Le désistement a pour objet, soit de prévenir des condamnations ou d'éviter des frais, soit de reconnaître qu'une prescription se trouve accomplie.

9. Tout demandeur principal, incident ou intervenant, peut se désister en tout état de cause, soit en première instance, soit en appel, soit en cassation, soit devant le conseil d'Etat, jusqu'à la décision du litige (Angers, 8 déc. 1818 ; Cass., 12 déc. 1820). Cependant, il a été décidé, mais en matière criminelle, que le désistement d'un pourvoi en cassation ne pouvait plus être utilement déclaré après que le rapport de l'affaire avait été fait à l'audience (Cass., 2 oct. 1834).

10. Toutefois, le désistement d'instance ne peut avoir lieu, si l'instance est pour l'adversaire l'origine d'un droit qu'il lui importe de conserver. Ainsi, le désistement de l'appel principal ne fait point tomber l'appel incident.

11. Peut-on se désister d'un jugement ? La partie qui a obtenu le jugement peut valablement renoncer aux droits qu'il lui a accordés contre son adversaire. Mais elle ne peut renoncer à l'instance terminée par ce jugement, pour en intenter une nouvelle. Elle ne le pourrait que si la partie condamnée interjetait appel.

12. Lorsque, de deux tribunaux également compétents, l'un a été saisi et a déjà rendu un jugement préjugeant le fond, le demandeur ne peut plus se désister de son action pour la porter devant l'autre tribunal (Cass., 19 mars 1812; Rennes, 21 nov. 1818).

13. Mais la partie qui a traduit un individu, pour contravention, devant le tribunal de simple police, peut se désister de son action (en payant les frais) avant que la cause ait été liée devant ce tribunal, et traduire ensuite le même individu devant le juge de paix jugeant à fins civiles (Paris, 17 déc. 1839).

§ 2.— *Personnes capables de se désister.*

14. Comme tout contrat, le désistement n'est valable qu'autant qu'il réunit les conditions essentielles pour la validité des conventions. Il suppose le concours libre de deux volontés : il ne doit donc être entaché ni de dol, ni d'erreur, ni de violence. A défaut du concours libre des deux volontés, la justice peut donner acte du désistement (V. *suprà* n° 2).

15. Le désistement, dans le cas où il y a plusieurs demandeurs, ne profite qu'à celui qui le donne. Il ne profite point ni ne nuit aux autres.

16. Quant à la capacité requise pour pouvoir valablement se désister, elle varie suivant qu'il s'agit de l'action, de l'instance ou d'un acte de la procédure.

17. Le désistement de l'*action* emportant aliénation du fond du droit ne peut être valablement donné que par des personnes capables de disposer du droit auquel il se réfère :

18. Ainsi, ne peuvent se désister d'une action :

1° Le mineur. Il y aurait lieu à restitution en sa faveur, par cela seul qu'il résulterait pour lui du désistement une simple lésion (Cass., 4 mars 1806).

19. 2° Le mineur même émancipé, à moins qu'il ne s'agisse d'une action relative à un objet dont il a l'administration (Arg. art. 481, C. Nap.).

20. 3° Les interdits (C. Nap., art. 509). — V. *Interdiction.*

21. 4° Les individus pourvus d'un conseil judiciaire, à moins qu'il ne s'agisse d'une action relative à un objet dont ils ont l'administration, ou qu'ils ne soient assistés de leur conseil. — V. *Conseil judiciaire.*

22. 5° La femme mariée (Arg. art. 215, C. Nap.), qu'elle soit séparée de biens (Cass., 12 fév. 1828) ou mariée sous le régime dotal (Limoges, 7 fév. 1842), sans l'autorisation de son mari ou de justice.

23. 6° Tous ceux qui administrent pour autrui, tels que les tuteurs, curateurs, envoyés en possession provisoire, sans avoir été valablement autorisés. — V. *Tutelle*, *Absence-Absent*, n° 33.

24. 7° Le maire d'une commune, lorsqu'il n'a point été autorisé par une délibération du conseil municipal, approuvée par le conseil de préfecture, sur l'avis de trois jurisconsultes désignés par le préfet (Cass., 31 janv. 1837). — V. *Commune.*

25. 8° Les fabriques d'église, si elles n'ont point été autorisées ; et l'autorisation doit être donnée dans la même forme que pour la commune. — V. *Fabrique d'église.*

26. 9° Les syndics provisoires d'une faillite (Nancy, 13 août 1839). — V. *Faillite.*

27. Le désistement de l'*instance* n'ayant pas d'autre objet que l'anéantissement d'une procédure vicieuse ou inutile, pour lui en substituer une plus régulière, ne préjudicie pas au fond même du droit. Il suit de là que tous ceux qui ont pouvoir d'administrer, soit pour eux-mêmes, soit pour autrui, ont capacité pour se désister d'une instance (Chauveau sur Carré, *Lois de la Procéd.*, *quest.* 1452). Cependant cette opinion n'est pas admise par certains auteurs, lesquels exigent pour se désister de l'instance la même capacité que pour se désister de l'action. Mais nous croyons que c'est à tort, car le désistement de l'instance n'emporte aucune aliénation ; il ne constitue ni une transaction, ni un acquiescement ; il remet seulement les choses au même état où elles étaient avant la demande (C. proc. civ., art. 403).

28. Ainsi, les syndics d'une faillite, quoiqu'ils n'aient pas capacité pour transiger sur les droits de la faillite, peuvent se désister d'un jugement entaché de nullité, pour en obtenir un nouveau, alors surtout que le désistement est donné sous la réserve expresse du fond du droit (Cass., 27 juin 1843).

29. Il a été jugé également qu'un tuteur se désiste valablement d'un jugement qui statue sur les droits mobiliers de son pupille (Grenoble, 26 août 1825).

30. Toutefois, si la perte du droit devait être la conséquence indirecte du désistement, comme dans le cas où le délai de la prescription se serait accompli dans l'intervalle écoulé depuis le premier exploit jusqu'au jour du désistement, il ne pourrait plus être donné par l'incapable ou l'administrateur (Chauveau sur Carré, *quest.* 1452). Il en serait de même, si le désistement avait pour effet de donner au jugement l'autorité de la chose jugée.

31. Le désistement d'un *acte de procédure*, ne portant atteinte ni à l'action ni à l'instance, peut être fait par tout mandataire ou administrateur, quoiqu'il n'ait pas qualité pour disposer de l'action. Il n'a pour but que de mettre à couvert la responsabilité de celui qui a fait l'acte irrégulier.

§ 3. — *Formes du désistement.*

32. Le désistement amiable peut avoir lieu dans les formes et aux conditions qu'il plaît aux parties d'adopter. La loi ne l'a soumis à aucune règle spéciale. Ainsi, il peut être fait et accepté verbalement.

33. Le désistement judiciaire a lieu, lorsque l'adversaire a constitué avoué, par un simple acte signé de la partie ou de son mandataire et signifié d'avoué à avoué (C. proc. civ., art. 402) ; et, lorsque l'adversaire n'a pas constitué avoué, soit par exploit signifié à personne ou domicile, soit par acte authentique ou sous seing privé, soit même par lettre (Thomine-Desmazures, *Comment. sur le Code de procéd.*, t. 1er, p. 620). Cependant, la Cour de cassation a, par arrêt du 21 nov. 1833, refusé de donner acte d'un désistement de pourvoi donné par une simple lettre.

34. Dans le cas où le désistement a lieu par acte d'avoué à avoué, la signature de la partie ou de son mandataire (ce dernier doit avoir à cet effet un pouvoir spécial : Besançon, 20 fév. 1807) doit se trouver non-seulement sur l'original, mais aussi sur la copie (Bruxelles, 25 mai 1810. — *Contrà* Orléans, 5 mai 1822).

35. Lorsque le désistement est fait par acte d'huissier, il est également essentiel que la signature de la partie qui fait signifier ce désistement ou de son mandataire soit donnée sur la copie comme sur l'original. Car, si le désistement, par exemple, n'était signé que sur l'original, il suffirait de faire disparaître cet original pour qu'il devînt impossible au défendeur d'établir le consentement donné par le demandeur au désistement (Agen, 28 janv. 1833 ; Colmar, 3 avril 1843 ; Chauveau sur Carré, *quest.* 1456 ; Bonnier, *Eléments de procédure*, t. 2, n° 1275, p. 391.— *Contrà* Paris, 25 mars 1814 ; Toulouse, 3 fév. 1832 : *J. Huiss.*, t. 13, p. 357 ; Douai, 3 juin 1835 : *J. Huiss.*, t. 16, p. 334). — V. *Formule* 1.

36. Le désistement non signé par la partie ou par toutes les parties qui le donnent est nul (Lyon, 14 déc. 1810 ; 30 juin 1831 ; Agen, 29 déc. 1824 ; Amiens, 2 juin 1821 ; Chauveau sur Carré, *loc. cit.*) ; et il ne peut être suppléé à l'absence de signature par la mention que l'avoué ou l'huissier ferait de l'impossibilité où est la partie de signer. Mais les tribunaux pourraient se montrer moins sévères pour le défaut de signature sur l'original seul, car la signature de la partie sur la copie forme une preuve suffisante de l'existence du désistement (Bonnier, *loc. cit.*).

37. Au surplus, la partie qui a omis de signer un acte de désistement peut réparer cette omission par un acte subséquent (Aix, 3 mars 1807).

38. Le désistement consigné dans un procès-verbal dressé par un juge de paix, même incompétent, est valable, si ce procès-verbal est signé des parties (Turin, 23 juin 1807).

39. Lorsque le désistement est donné par acte authentique ou sous seing privé, cet acte doit être signifié à l'adversaire par exploit à personne ou domicile (V. *Formule* 2). Il importe aussi de faire connaître immédiatement le désistement aux avoués en cause. Car les procédures faites par ceux-ci depuis le désistement et avant qu'ils en eussent eu connaissance ne pourraient point être considérées comme frustratoires.

40. Le désistement peut encore être fait à l'audience par la partie ou son fondé de pouvoir ; dans ce cas, la signature du désistant n'est point exigée ; le jugement emporte constatation authentique de son consentement (Cass., 3 oct. 1808 ; 12 mai 1813 ; Bonnier, t. 2, n° 1275, p. 391).

41. Toutes les fois que le désistement d'action ou d'instance a lieu par acte d'avoué, par exploit d'huissier ou par acte sous seing privé, la partie adverse peut ne pas s'en contenter et exiger, si elle y a intérêt, qu'il soit passé acte authentique du désistement ou qu'il en soit donné acte par un jugement aux frais du désistant (Caen, 19 fév. 1823 ; Riom, 7 juill. 1825 ; Toulouse, 19 fév. 1836 ; Bordeaux, 31 mars 1843 ; Dijon, 27 fév. 1844 ; Bonnier, *loc. cit.*).

42. Au nombre des conditions que doit réunir le désistement pour être valable, il faut encore en indiquer une autre : c'est qu'il doit être pur et simple, surtout lorsqu'il s'agit du désistement de l'action (Turin, 8 juill. 1807 ; Paris, 24 août 1810 ; Bordeaux, 22 août 1826).

43. En général, le désistement ne se présume pas (Chauveau sur Carré, *quest.* 1458). Cependant, un acte émané d'une partie peut être considéré comme exclusif de l'intention d'user d'un droit et d'une procédure et comme constituant alors un désistement de l'action, de l'instance ou d'un acte de procédure.

44. Spécialement, lorsqu'une partie désavoue les poursuites faites en son nom par un officier ministériel, elle est censée s'en être désistée et est désormais non recevable à les reprendre (Paris, 3 juill. 1812).

45. Dans tous les cas où une partie laisse prescrire l'action (C. Nap., art. 2262 et 2281), ou se périmer un acte de procédure (C. proc. civ., art. 565), ou l'instance elle-même (art. 397), il y a désistement tacite.

§ 4. — *Acceptation du désistement.*

46. Le désistement d'action ou d'instance doit être accepté pour devenir irrévocable. Jusqu'à l'acceptation, le contrat judiciaire n'est pas formé, et le désistement peut être rétracté (Lyon, 14 déc. 1810 ; Cass., 4 juill. 1810 ; 9 déc. 1824 ; 5 déc. 1838 ; Carré et Chauveau, *quest.* 1466). — V. *Formule* 4.

47. L'acceptation du désistement d'action ou d'instance doit être faite par personnes capables. Elle a lieu dans les mêmes formes que le désistement. — V. *Formule* 3. — Elle peut être tacite, résulter de faits et d'actes quelconques.

48. La rétractation du désistement n'est soumise à aucune forme spéciale. Elle peut être faite par acte d'avoué à avoué, par exploit, par acte authentique ou sous seing privé. — V. *Formule* 4.

49. L'acceptation ou la rétractation faite par acte d'avoué à avoué ou par exploit doit, comme le désistement, être signée par la partie.

50. Le défendeur peut refuser d'accepter le désistement d'instance, si la procédure est régulière (Cass., 1er juill. 1818), ou si le désistant fait des réserves de nature à faire renaître l'action ou le droit dont il se désiste (Bordeaux, 22 août 1826).

51. Si le défendeur refuse sans cause légitime d'accepter le désistement, le demandeur peut former une action contre lui devant le tribunal, pour voir dire que ce désistement sera tenu pour accepté, et que le défendeur sera condamné aux dépens (Cass., 12 déc. 1820).— V. *Formule* 5.

52. Néanmoins, il est des cas où l'acceptation n'est pas nécessaire, par exemple, lorsqu'il s'agit du désistement d'un simple acte de procédure, de l'exploit d'ajournement avant la constitution d'avoué par le défendeur (Bruxelles, 27 oct. 1824), d'une contrainte à laquelle il a été formé opposition (Liége, 15 oct. 1823), ou d'un appel (Cass., 21 déc. 1819; Toulouse, 3 fév. 1832 : *J. Huiss.*, t. 13, n° 357).

53. L'acceptation d'un désistement nul ou conditionnel le rend irrévocable et couvre la nullité, de même qu'il ôte la faculté de revenir contre la condition imposée.

§ 5. — *Effets du désistement.*

54. Le désistement produit ses effets du jour de l'acceptation, lorsque cette formalité est nécessaire, et, lorsqu'elle ne l'est pas, du jour de la signification du désistement.

55. Le désistement *d'une action* entraîne tout à la fois la renonciation à l'action et à la procédure à laquelle elle a donné lieu ; celui *d'une instance* emporte de plein droit consentement que les choses soient remises au même état où elles étaient avant la demande (C. proc. civ., art. 403) ; et celui d'un *acte de procédure* annule cet acte complétement (Même art.).

56. Le désistement de l'appel a pour effet de donner au jugement la force de la chose jugée ; mais celui de la procédure en cause d'appel n'éteint pas le droit de former un nouvel appel, si le désistant est encore dans les délais prescrits par l'art. 443, C. proc. civ. (Bordeaux, 14 juill. 1829 : *J. Huiss.*, t. 10, p. 314).

57. Le désistement d'action, d'instance ou d'un acte de procédure, emporte de plein droit soumission de la part du désistant de payer les frais (C. proc. civ., art. 403).

58. Le désistant est contraint à ce paiement, lorsqu'il y a instance, soit par une simple ordonnance du président, mise au bas de la taxe, parties présentes, ou appelées par acte d'avoué à avoué, ordonnance qui est exécutoire nonobstant appel ou opposition (Même art.), soit en vertu du jugement qui constate ou valide le désistement, lorsqu'il n'y a pas d'instance, soit par les voies ordinaires. — V. *Action*, *Frais et Dépens*.

59. Le désistement de la partie civile ou du plaignant ne peut avoir aucune influence sur l'action publique. Le désistement du ministère public lui-même ne dessaisit pas le tribunal de la prévention (Cass., 6 déc. 1834).

60. A l'égard des tiers, c'est-à-dire de toutes personnes qui ne sont pas représentées par le requérant, le désistement est sans effet : ainsi, le désistement, par un créancier, de la saisie immobilière par lui pratiquée sur un tiers acquéreur, n'est pas un obstacle à ce que le vendeur qui est intervenu continue les poursuites (Cass., 30 août 1825).

61. Si le désistement était frauduleux, les créanciers du désistant pourraient le faire révoquer (Paris, 24 fév. 1806).

62. Le désistement d'une instance d'appel ne nous semble pas devoir donner lieu à la restitution de l'amende, car, aux termes de l'art. 7 de l'arrêté du 10 flor. an 11, pour que l'amende soit restituée, il faut que l'appel soit déclaré fondé. Or, le désistement fait obstacle à ce que le mérite de l'appel puisse être apprécié (Bruxelles, 9 déc. 1806. — *Contrà* Chauveau sur Carré, *quest.* 1693). En matière d'inscription de faux, l'amende est encourue, lorsque le désistement n'intervient qu'après l'admission de la demande (C. proc. civ., art. 247). — V. *Faux.*

63. Devant la Cour de cassation, le désistement du pourvoi en matière civile ne rend pas l'amende restituable; en matière criminelle, l'amende est restituée (C. inst. crim., art. 436 ; Cass. 31 déc. 1824).

§ 6. — *Enregistrement.*

64. L'acte de désistement est assujetti à l'enregistrement (L. 22 frim. an 7, art. 68, § 2, n° 8).

65. S'il est pur et simple, il est passible du droit fixe de 2 fr. (L. 28 avril 1816, art. 43, n° 12).

66. S'il contient obligation de sommes ou transmission mobilière ou immobilière, il donne lieu au droit proportionnel.

Formules.

1. *Désistement.*

L'an. . . . . ., le. . . . ., à la requête de. . . . ., j'ai, ..., signifié à. . . ., que le requérant se désiste purement et simplement (*énoncer ici d'une manière précise l'action, l'instance ou l'acte desquels on se désiste. — Si le désistement a lieu par un mandataire, on continue ainsi* :) le présent désistement est fait et signé par le sieur. . . . ., stipulant au nom et comme mandataire du requérant, suivant pouvoir spécial reçu par M^e^. . . . ., notaire à. . . . ., le. . . . ., enregistré, et dont il est, avec celle des présentes, donné copie; et a, le désistant, signé en cet endroit de l'original et de la copie (*Signature du désistant ou de son mandataire*); j'ai ensuite fait sommation audit sieur. . . . . de déclarer à mon requérant, dans le délai de. . . ., s'il entendait accepter ou refuser le présent désistement, avec observation qu'en cas d'acceptation le requérant lui en passera acte devant notaire aux frais de lui requérant, et paiera tous les frais faits jusqu'à ce jour, d'après taxe, et qu'en cas de refus, ce dernier se pourvoira, sous toutes réserves.

V. n° 35.— Coût, tarif, art. 29. Orig. : Paris, 2 fr.; R. P., 1 fr. 80 c.; aill., 1 fr. 50 c.; Cop. le 1/4.

Enregistrement de l'exploit, 2 fr. 20 c.

2. *Signification de désistement.*

L'an. . . . ., à la requête de. . . . ., j'ai, ..., signifié, et, avec celle des présentes, donné copie au sieur. . . . . d'un acte (*analyser le désistement*) ; et j'ai fait sommation (*Le surplus comme à la formule* 1).

V. n° 39. — Coût : V. *Formule* 1.

Enregistrement de l'exploit, 2 fr. 20 c.

3. *Acceptation de désistement.*

L'an. . . ., à la requête de. . . ., j'ai, ..., signifié et déclaré au sieur. . . ., que le requérant accepte le désistement à lui signifié par. . . . . ., suivant exploit de. . . . .; et a, ledit requérant, signé en cet endroit de l'original et de la copie (*Signature*); et j'ai donné intimation audit sieur. . . . ., à l'effet de se trouver à. . . ., le. . . , en l'étude et devant M^e^. . . . . ., notaire, pour passer acte à ses frais dudit désistement, sous toutes réserves.

V. n° 47. — Coût : V. *Formule* 1.

Enregistrement de l'exploit, 2 fr. 20 c.

4. *Rétractation de désistement.*

L'an. . . . . ., à la requête de. . . . ., j'ai, ..., signifié et déclaré à. . . ., que le requérant rétracte purement et simplement le désistement par lui signifié à. . . ., suivant exploit de. . . . ., en date du. . . . .; entendant que ledit désistement soit considéré comme nul et non avenu, et que les choses restent en l'état où elles étaient avant l'acte rétracté; et a, le requérant, signé en cet endroit (*Signature*); etc.....

V. n° 46 et 48.—Coût : V. *Formule 1*.

Enregistrement de l'exploit, 2 fr. 20 c.

5. *Assignation en cas de refus d'acceptation.*

L'an. . . . . ., à la requête de. . . . . (*constituer avoué et donner copie de la non-conciliation*), j'ai, ..., donné assignation à. . . . ., à comparaître le. . . . .; pour, — attendu que, par exploit en date du. . . . ., le requérant a signifié à l'intimé le désistement de (*analyser le désistement*); attendu que jusqu'à ce jour ce désistement n'a point été accepté, et que faute d'acceptation il est sans effet et ne produit point l'extinction de l'instance (ou de l'action); — voir dire que ledit désistement sera déclaré valable et tenu pour accepté; en conséquence que l'instance formée par. . . . . contre. . . . . sera éteinte complétement; et, en outre, s'entendre condamner aux dépens à partir dudit désistement, mais non compris les frais de ce désistement, sous toutes réserves, etc...

V. n° 31. — Coût : V. *Formule 1*.

Enregistrement de l'exploit, 2 fr. 20.

DESSAISISSEMENT. — Renonciation faite par un particulier à la propriété ou à la possession d'une chose pour la transmettre à un tiers (C. Nap., art. 893, 1138, 1583 et 2183). — V. *Cession de biens*, *Délivrance*, *Donation*, *Faillite*, *Vente*.

DESSÉCHEMENT DE MARAIS. — V. *Cours d'eau*, n° 75; *Marais*.

DESSINS DE FABRIQUE. — **1**. Dessins destinés à être imprimés sur une étoffe ou sur un tissu, ou à être appliqués sur tout autre produit au moyen d'un procédé mécanique.

2. La contrefaçon d'un dessin de fabrique dont le dépôt a été régulièrement fait constitue un délit punissable des peines portées en l'art. 425, C. pén., et qui peut être poursuivi devant les tribunaux correctionnels.

3. La demande en revendication du dessin contrefait doit être portée devant le tribunal de commerce (L. 18 mars 1806, art. 15). — V. *Prud'hommes*.

DESSINATEURS. Les dessinateurs pour fabrique sont patentables. Mais les dessinateurs-artistes qui ne vendent que le produit de leur art sont exempts de la patente (L. 25 avril 1844, art. 13).

DESTINATION DU PÈRE DE FAMILLE. — **1**. Disposition ou arrangement que le propriétaire de deux héritages contigus a fait pour leur usage respectif.

2. Si, par une cause quelconque, les deux fonds viennent à appartenir à différents maîtres, ou si l'un d'eux seulement sort des mains du premier propriétaire, le profit qu'un des deux héritages retirait de l'autre doit être quelquefois maintenu comme constituant un droit de servitude (C. Nap., art. 692).

3. Les servitudes ne peuvent être établies par destination du père de famille qu'aux conditions suivantes :

1° Il faut qu'il existe deux héritages divisés d'exploitation ou deux maisons séparées.

Si le propriétaire, porte l'art. 694, C. Nap., de deux héritages entre lesquels il existe un signe apparent de servitude, dispose de l'un des héritages sans que le contrat contienne aucune convention relative à la servitude, elle continue d'exister activement ou passivement en faveur du fonds aliéné ou sur le fonds aliéné.

Cet article n'est pas applicable au cas où un propriétaire d'un même fonds le divise et le vend en deux lots (Cass., 10 mai 1825).

4. Toutefois, il est des circonstances qui, appréciées par les magistrats, peuvent amener une autre solution. Par exemple, il a été décidé que l'acquéreur du deuxième étage d'une maison dans lequel il existait un évier dont l'usage était commun avec le premier étage avant la vente devait souffrir cet usage commun, nonobstant même la clause d'affranchissement de toute servitude insérée au contrat (Cass., 8 déc. 1824).

5. 2° Il faut que les deux fonds actuellement divisés aient appartenu au même propriétaire, et que ce soit par lui que les choses aient été mises dans l'état duquel résulte la servitude (C. Nap., art. 693). La preuve de ce fait peut avoir lieu par titre ou même par témoins (Cass., 6 nov. 1828. — *Contrà* Pardessus, *Servitudes*, n° 394, qui n'admet que la preuve littérale).

6. 3° Il faut que les arrangements faits par le propriétaire originaire des deux fonds aient eu lieu de manière à faire présumer l'intention d'établir la servitude, qu'ils aient eu pour objet l'utilité des deux fonds.

7. 4° Enfin, il faut que la servitude soit continue et apparente. Ce n'est, en effet, qu'à l'égard de cette espèce de servitude que la destination du père de famille peut valoir titre (C. Nap., art. 692). — V. *Action possessoire*, n° 469, *Servitudes*.

DESTITUTION. — **1.** C'est la privation pour un officier ministériel de l'exercice de ses fonctions.

2. Tous les huissiers sont tenus, lorsqu'ils en sont requis, de prêter leur ministère, sauf les cas de parenté ou d'alliance, d'intérêt personnel contraire, de suspension (V. *infrà* n° 12) ou de maladie. L'huissier qui, sans cause valable d'empêchement, refuserait de faire le service d'audience dûment requis, ou d'instrumenter pour le ministère public ou un particulier, serait passible de destitution et de dommages-intérêts (Décr. 18 juin 1811, art. 85; 14 juin 1813, art. 42).

3. L'huissier qui signifierait des actes contraires aux lois et aux actes du Gouvernement encourrait également la peine de la destitution (Arrêté, 29 niv. an 11; Carnot, *Discipline judiciaire*, p. 128; Morin, *Discipline*, t. 1er, p. 227, note 6). La circonstance que l'acte qu'on le charge de signifier est contraire aux lois et aux actes du Gouvernement est une cause valable d'empêchement.

4. La peine de la destitution peut aussi être prononcée contre tout huissier qui tient auberge, cabaret, café, tabagie ou billard, même sous le nom de sa femme, s'il n'y est spécialement autorisé (Décr. 14 juin 1813, art. 41).

5. ... Contre les notaires et huissiers qui ne laissent pas copie exacte des protêts qu'ils dressent, ou qui omettent de les inscrire en entier, jour par jour et par ordre de dates, dans un registre particulier, coté, parafé et tenu dans les formes prescrites pour les répertoires (C. comm., art. 176).

6. ... Contre l'huissier qui charge un huissier d'une autre résidence d'instrumenter pour lui, à l'effet de se procurer un droit de transport qui ne lui aurait pas été alloué, s'il eût instrumenté lui-même, et contre celui qui lui a prêté sa signature, mais dans le cas de récidive seulement (Décr. 14 juin 1813, art. 36).

7. ... Contre l'huissier qui exige et perçoit d'autres et plus forts droits que ceux qui lui sont attribués par la loi (Décr. 18 juin 1811, art. 64 et 86; Tarif du 5 nov. 1851 sur les ventes de fruits et récoltes, art. 5).

8. A ces différents cas de destitution qui résultent de textes de loi, la jurisprudence en a ajouté quelques autres, qu'il convient d'indiquer ici.

9. Ainsi, il a été décidé que la dissimulation, par un officier ministériel, de partie du prix moyennant lequel la cession de l'office lui a été consentie, est un acte répréhensible, un manquement aux devoirs de sa profession, qui peut, suivant les circonstances, donner lieu à sa destitution (Circul. du min. de la just., 21 fév. 1817 ; Orléans, 7 fév. 1846 : *J. Huiss.*, t. 27, p. 105 ; Morin, *de la Discipline*, t. 2, n° 652).—V. *Discipline*, nos 32 et 32 *bis*.

10. La destitution est encourue, surtout lorsqu'à la dissimulation du prix se joignent d'autres faits non moins graves, par exemple, si l'officier ministériel a abandonné, quoique momentanément, son étude, à cause de l'embarras de ses affaires et de l'impossibilité où il se trouve de faire face à ses engagements (Trib. civ. de la Seine, 23 juill. 1852 : *J. Huiss.*, t. 33, p. 307).

11. L'officier ministériel, et spécialement le notaire, qui tombe en déconfiture par suite de dépenses de luxe extraordinaires, après avoir abusé des sommes déposées en ses mains, manque de la manière la plus grave aux devoirs de sa profession et encourt la peine de la destitution (Paris, 10 nov. 1845 : *J. Huiss.*, t. 27, p. 202). Dans l'espèce de cet arrêt, il s'agissait d'un notaire.

12. Il en est de même lorsqu'il se sert du nom d'un confrère pour instrumenter, au mépris de la peine de suspension prononcée contre lui (Trib. civ. d'Evreux, 23 mai 1846 : *J. Huis.*, t. 27, p. 333). — V. *suprà* n° 2. — V. aussi *Discipline*, n° 31.

12 *bis*. La destitution peut également être prononcée contre l'huissier qui fait remettre par un tiers les copies des exploits qu'il est chargé de signifier.— V. *Discipline*, n° 14.

13. En matière disciplinaire, tous les faits qui entachent la considération de l'officier ministériel sont punissables : il n'y a aucune distinction à faire à cet égard entre l'homme privé et l'homme public. Ainsi, des faits coupables, exclusivement relatifs à la vie privée d'un officier ministériel, peuvent, suivant leur gravité, faire prononcer contre lui la peine de la destitution, et la démission par lui donnée de ses fonctions ne le soustrait point à l'application de cette peine (Cass., 7 avril 1851 : *J. Huiss.*, t. 33, p. 83). — V. *infrà* n° 23. — V. aussi *Discipline*, nos 36 et suiv.

14. Un officier ministériel remplissant des fonctions administratives (par exemple, celles de maire) ne peut être poursuivi, pour des faits relatifs à ces fonctions, en destitution de sa position d'officier ministériel, sans l'autorisation préalable du Gouvernement (Nîmes, 19 juill. 1836 : *J. Huiss.*, t. 18, p. 119).

15. Les chambres de discipline des communautés d'huissiers n'ont en aucun cas le droit de prononcer la destitution. Mais il en est autrement des tribunaux civils. Ceux-ci ont sur les huissiers de leur ressort un pouvoir disciplinaire très étendu. Ils peuvent, lorsque la gravité des faits reprochés leur paraît l'exiger, prononcer contre un huissier, par voie de mesure disciplinaire, la peine de la destitution. C'est ce qui résulte de la combinaison des art. 102, 103 et 104 du décret du 30 mars 1808, auxquels il n'a point été dérogé par le décret du 14 juin 1813, ainsi que le déclare l'art. 75 de ce dernier décret (Morin, *Discipline*, t. 1er, p. 243, n° 305). En ce qui concerne les notaires, l'art. 53 de la loi du 25 vent. an 11 attribue en termes formels aux tribunaux civils de leur résidence le droit de prononcer contre eux la destitution.

16. Le jugement par lequel un tribunal civil prononce contre un officier ministériel la destitution est susceptible d'appel.

17. Le Gouvernement, qui nomme tous les officiers ministériels, peut aussi les révoquer. En vertu du pouvoir absolu de discipline qu'il a sur eux, et dont l'exercice appartient au ministre de la justice, ce dernier peut anéantir la condamnation à la destitution, et lui substituer une condamnation moindre. Il peut, d'un autre côté, dans le cas où les tribunaux n'ont pas cru devoir appliquer la destitution, proposer au Gouvernement de la prononcer. Il le peut alors même que les faits n'auraient encore donné lieu à aucune déci-

27.

sion judiciaire, sur le simple rapport qui lui est fait de ces faits par le procureur général. — V. *Discipline*, n° 113.

18. La question de savoir si un officier ministériel peut être révoqué ou destitué par un acte du Gouvernement, non provoqué par le tribunal devant lequel cet officier a été traduit disciplinairement, rendu *proprio motu*, a été autrefois l'objet de longues et sérieuses controverses (V. *J. Huiss.*, t. 15, p. 1 à 32 ; t. 16, p. 101, 129 et suiv., et 137). Mais, aujourd'hui, il ne semble pas qu'aucune difficulté puisse s'élever sur cette question. La jurisprudence a, en effet, décidé qu'un officier ministériel pouvait être destitué par le Gouvernement, *proprio motu*, quoique la destitution n'eût pas été provoquée par jugement (Circul. du minis. de la just., 21 fév. 1817 ; ord. Cons. d'Etat, 14 déc. 1833 : *J. Huiss.*, t. 15, p. 32 ; trib. corr. de Niort, 3 janv. 1835 : t. 16, p. 97 ; Cass., 11 avril 1835 : t. 16, p. 129 ; Trib. corr. de la Seine, 8 avril 1837 : t. 18, p. 188 et suiv. ; Paris, 27 mai 1837 : t. 18, p. 235).

19. L'acte (ordonnance ou décret) par lequel le Gouvernement révoque ou destitue un officier ministériel, étant pris dans les limites du pouvoir disciplinaire qui lui est conféré à l'égard des officiers ministériels, ne peut être attaqué devant le conseil d'Etat par la voie contentieuse (Ord. cons. d'Etat, 14 déc. 1833 : *J. Huiss.*, t. 15, p. 32 ; 13 déc. 1845 ; 10 (et non 11) déc. 1846, *affaire* Maillard : *J. Huiss.*, t. 27, p. 334 ; 9 avril 1849).

20. Lorsque, traduit devant les tribunaux criminels comme accusé de faux ou de tout autre crime ou prévenu d'un délit, un officier ministériel est acquitté, il peut néanmoins être destitué, pour avoir donné lieu contre lui à des plaintes en matière criminelle à raison d'actes de son ministère, par le tribunal de première instance dans le ressort duquel il exerce ses fonctions. Ce n'est point là violer la maxime : *Non bis in idem* ; c'est appliquer une peine disciplinaire, qu'il appartient aux tribunaux de prononcer toutes les fois qu'ils reconnaissent que des fautes commises par un officier ministériel sont assez graves pour l'en rendre passible (Cass., 24 juin 1828 : *J. Huiss.*, t. 9, p. 365).

21. Spécialement, un notaire acquitté par une Cour d'assises, devant laquelle il avait été traduit comme coupable de concussion et de faux, peut ensuite être destitué par le tribunal civil par forme de discipline (Cass., 13 janv. 1825 : *J. Huiss.*, t. 7, p. 7 ; Poitiers, 20 fév. 1845 : t. 26, p. 220). Ce qui a été jugé à l'encontre d'un notaire le serait aussi à l'encontre d'un huissier. — V. au surplus *Discipline*.

22. La destitution ne peut plus être prononcée contre l'officier ministériel qui a cessé d'être en exercice. Car, alors, la peine serait sans objet. Ainsi, l'action disciplinaire à fin de destitution d'un officier ministériel est éteinte par le remplacement de cet officier et l'installation de son successeur. Dans ce cas, le tribunal civil saisi de l'action disciplinaire doit déclarer qu'il n'y a lieu à statuer (Cass., 11 juill. 1827 ; Trib. civ. de Wassy, 23 nov. 1838 : *J. Huiss.*, t. 20, p. 154).

23. Mais la démission seule, même accompagnée de la présentation d'un successeur, ne suffirait pas pour éteindre la poursuite disciplinaire et empêcher que la destitution ne pût être prononcée. C'est par application de ce principe qu'il a été décidé que la démission offerte par un officier ministériel, et non encore agréée, ne mettait point obstacle à la demande en destitution dirigée contre lui (Nîmes, 19 juill. 1836 : *J. Huiss.*, t. 18, p. 119). — V. aussi *suprà* n° 13.

24. La destitution fait perdre à l'officier ministériel qui l'a encourue le bénéfice de l'art. 91 de la loi du 28 avril 1816 ; il n'a plus le droit de présenter un successeur (Décis. administr., 16 fév. 1835 : *J. Huiss.*, t. 18, p. 21 ; Trib. civ. de Largentière, 31 mai 1844 : t. 26, p. 278).

25. Si c'est un notaire qui est frappé de destitution, il ne peut pas davantage, dans l'intervalle qui s'écoule entre sa destitution et la nomination de son successeur, disposer des minutes de son étude, et, par exemple, les remettre à l'un des notaires de son canton. Ce serait à tort que le président du tribunal l'autoriserait à faire cette remise (Trib. civ. de Largentière (jugement précité); Angers, 11 fév. 1841 : *J. Huiss.*, t. 22, p. 344).

26. La cession faite par un officier ministériel après et nonobstant sa destitution ne peut produire aucun effet (Riom, 10 fév. 1845 : *J. Huiss.*, t. 27, p. 150).

27. Par suite de la perte par le titulaire destitué du droit de présenter un successeur, le choix et la nomination de ce successeur appartiennent exclusivement au Gouvernement. Pour ce qui concerne la marche à suivre lorsqu'il s'agit de pourvoir à une place vacante par suite de destitution, V. *J. Huiss.*, t. 31, p. 136. Le décret qui nomme le successeur et règle les conditions auxquelles ce dernier est appelé à remplacer l'officier ministériel destitué n'est pas plus que le décret de révocation susceptible d'être attaqué par la voie contentieuse devant le conseil d'Etat (Décr. cons. d'Etat, 17 fév. 1853 : *J. Huiss.*, t. 34, p. 90).

28. Sur la question de savoir quels sont, en cas de destitution d'un officier ministériel, les droits de ses créanciers et ceux du précédent vendeur non payé sur l'indemnité mise par le Gouvernement à la charge du nouveau titulaire, V. *Office*.

DESTRUCTION. — **1.** La loi se sert de cette expression pour désigner une certaine atteinte portée à la propriété publique ou privée et qui puise son principe dans une intention malveillante.

2. Ceux qui détruisent volontairement des édifices, ponts, digues ou chaussées ou autres constructions appartenant à autrui; ceux qui, par des voies de fait, s'opposent à la confection de travaux autorisés par le Gouvernement; et ceux qui détruisent, abattent ou mutilent des monuments, statues et autres objets destinés à l'utilité et à la décoration publique, et élevés par l'autorité publique ou avec son autorisation, sont passibles de peines correctionnelles ou criminelles (C. pén., art. 95, 96, 257, 434, 437 et 438).

3. Tout pillage et tout dégât de denrées ou marchandises, effets, propriétés mobilières, commis en réunion ou bande et à force ouverte, sont punis par les art. 440, 441, 442 et 443, même Code.

4. Quiconque empoisonne des bestiaux ou des poissons, et tue sans nécessité des bestiaux ou des animaux domestiques, est passible de l'application des art. 452, 453 et 454, même Code. — V. *Animaux*, nos 15 et suiv., *Délit rural*, nos 29 et suiv.

5. Ceux qui dévastent des récoltes sur pied ou des plants venus naturellement ou faits de main d'homme, en champ ouvert ou dans les pépinières et non dans les bois et forêts, sont punissables de peines correctionnelles (C. pén., art 444; Cass., 22 fév. 1821).

6. Ceux qui détruisent des instruments d'agriculture, des parcs de bestiaux, des cabanes de gardiens, sont punis d'un emprisonnement d'un mois à un an (C. pén., art. 451).

7. Tout individu qui souffre d'un délit ou d'un crime de la nature de ceux que nous venons d'énumérer a droit à des dommages-intérêts qu'il peut réclamer devant les tribunaux civils ou de répression.

V. *Action civile. Action publique*, *Animaux*, *Arbres*, *Bestiaux*, *Clôture*, *Dégradation*, *Délit forestier*, *Délit rural*, *Epidémie*, *Incendie*, *Inondation*, *Suppression de titres*, etc...

DÉSUÉTUDE. — Ce mot s'emploie pour exprimer le non-usage d'une loi. « Rien, dit Merlin (*Répert.*, v° *Désuétude*), ne prouve mieux l'inconvénient d'une loi que la désuétude dans laquelle elle est tombée par elle-même ».

DÉTENTEUR. — On appelle ainsi celui qui jouit d'un bien dont un autre a la propriété, en d'autres termes, celui qui a la possession de fait et non de droit. On nomme *tiers détenteur* celui qui possède, à titre de propriétaire, un immeuble grevé d'une action propre à en amener la dépossession.

V. *Action possessoire*, nos 404, 408 et 414, *Action résolutoire, Action révocatoire, Créancier, Délaissement par hypothèque, Donation, Saisie-immobilière, Vente.*

DÉTENTION. — **1.** Ce mot est employé, dans l'usage, comme synonyme de *possession*. Il exprime le fait matériel de la possession d'une chose jointe à l'intention de la conserver. — V. *Action possessoire*, n° 121, *Détenteur, Meubles, Possession.*

2. Celui qui détient un immeuble de bonne foi, en vertu d'un titre dont il ignore les vices, fait les fruits siens (Cod. Nap., art. 549 et 550). — V. *Fruits.*

DÉTENTION ARBITRAIRE. — V. *Contrainte par corps*, nos 569 et suiv., *Huissier.*

DÉTÉRIORATION. — V. *Bail (en général)*, nos 76 et suiv., *Dégradation, Destruction, Réparations, Succession bénéficiaire, Usufruit.*

DÉTOURNEMENT. — V. *Abus de confiance, Dépositaire public.*

DETTE. — **1.** Ce que l'on doit à quelqu'un. — Ce mot s'emploie aussi quelquefois pour exprimer ce qui est dû à quelqu'un (V. *Créance, Créancier*).

2. De là la distinction des dettes *passives* et *actives*. On appelle *dettes passives* celles qu'on est obligé de payer, et *dettes actives* celles dont on a le droit d'exiger le paiement.

3. Les dettes sont aussi personnelles ou réelles : *personnelles*, lorsqu'elles sont contractées par le débiteur personnellement (V. *Obligation*); *réelles*, lorsqu'elles résultent uniquement de la détention ou possession d'un immeuble, comme celle du tiers détenteur vis-à-vis des créanciers hypothécaires (V. *Délaissement par hypothèque*).

4. On appelle *dette chirographaire* celle qui résulte d'une convention verbale ou d'un titre sous seing privé; *dette hypothécaire*, celle qui est garantie par une hypothèque; et *dette privilégiée*, celle à raison de laquelle un créancier est préféré à tout autre.

5. Les dettes sont aussi *pures et simples* ou *conditionnelles* (V. *Condition*), *exigibles* ou *à terme*, *solidaires* ou *non solidaires* (V. *Solidarité*). —V. aussi *Saisie-arrêt, Saisie-exécution.*

6. Elles sont dites *mobilières*, lorsqu'elles ont pour objet une somme d'argent ou un meuble; et *immobilières*, lorsqu'elles ont pour objet un immeuble, comme celle de livrer un champ, une maison.

DETTES DE L'ÉTAT, DETTES PUBLIQUES.—**1.** Dans le langage du droit, on entend par *dettes de l'Etat* ou *dettes publiques* les engagements de toute nature qui sont à la charge de l'Etat.

2. Mais, dans le langage usuel, on entend plus particulièrement par *dettes de l'Etat* les obligations que le Gouvernement contracte tous les jours dans l'intérêt des services publics ou pour toutes autres causes, et qui ne sont pas liquidées; et par *dettes publiques*, celles qui résultent de la création des rentes et des emprunts et que les pouvoirs de l'Etat ont consacrées.

3. La liquidation des dettes de l'Etat appartient à l'autorité administrative, et non aux tribunaux civils (L. 16-21 fruct. an 3; Ord. cons. d'Etat, 4 mars 1819; 13 nov. 1822; 4 fév. 1824).

DEUIL. — **1.** Ce mot s'emploie spécialement pour désigner la somme nécessaire à l'acquisition des vêtements qui doivent être portés pendant un certain temps par la femme après le décès de son mari.

2. Le deuil de la femme est aux frais des héritiers du mari. Il est dû, sous quelque régime que la femme se soit mariée, et même lorsqu'elle renonce à la communauté (C. Nap., art. 1481 et 1570); et il se règle sur la fortune du mari (C. Nap., art. 1481) au jour de son décès.—V. *Communauté de biens entre époux*, nos 201 et suiv.

3. Les sommes dues pour le deuil sont *insaisissables* (Bellot des Minières, *Contrat de mariage*, t. 2, p. 508), et considérées comme frais funéraires; elles jouissent du privilége accordé par l'art. 2101, C. Nap.

DÉVERSOIR. — Endroit par lequel s'écoule, au moyen d'une vanne, le trop-plein des eaux qui servent à faire mouvoir une usine. — V. *Action possessoire*, nos 273 et 279; *Cours d'eau*, nos 37, 49 et 52.

DEVOIRS. — Obligations morales imposées aux huissiers à raison des fonctions qu'ils remplissent et dont l'inexécution peut quelquefois donner lieu contre eux à l'application de peines disciplinaires. — V. *Bourse commune des huissiers*, *Chambre de discipline des Huissiers*, *Destitution*, *Discipline*, *Exploit*, *Huissier*, *Office*.

DÉVOLUTION. — V. *Appel en matière civile*, nos 328 et suiv.; *Succession*.

DIAMANTS ET PIERRES FINES (MARCHANDS DE). — Sont patentables.

DIFFAMATION. — **1.** Allégation ou imputation d'un fait qui porte atteinte à l'honneur ou à la considération de la personne ou du corps auquel il est imputé (L. 17 mai 1819, art. 13).—V. *Calomnie*, *Injure*, *Outrage*.

2. Ainsi, il y a diffamation contre un huissier de la part de membres de la chambre de discipline des huissiers qui, dans un article publié dans des journaux à l'occasion d'une délibération ayant pour objet d'arrêter un prétendu empiétement que des agréés se seraient permis sur les attributions des huissiers, signalent leur confrère comme étant à la merci des agréés et comme ayant manqué à l'honneur en ne remplissant pas la promesse qu'il aurait faite de souscrire à cette délibération (V. *J. Huiss.*, t. 14, p. 339).

3. Mais l'huissier qui, sans faire connaître sa qualité, se rend au siége d'une compagnie houillère, y interpelle son représentant, et rédige un procès-verbal constatant les réponses qui lui ont été faites, mais hors la présence de celui qu'il a interpellé et sans requérir sa signature, ne peut se plaindre d'avoir été diffamé, lorsque l'on contredit dans un journal ses allégations, surtout s'il est établi que la dénégation opposée à l'huissier avait pour objet, non de l'offenser, mais de se défendre (Trib. corr. de Saint-Etienne, 17 déc. 1847 : *J. Huiss.*, t. 29, p. 11).

4. De même, il n'y a pas diffamation envers un huissier, lorsque, sur la demande que cet officier ministériel fait à une partie du salaire qui lui est dû à raison d'une signification délivrée à sa requête, cette partie lui reproche publiquement d'avoir commis une irrégularité ou une fausseté dans la procédure, s'il est certain que cet huissier n'a réellement pas reçu mandat de la partie d'agir pour elle (Cass., 19 avril 1810).

5. Le particulier qui se prétend diffamé par des inculpations dirigées contre lui par un maire, et insérées dans une délibération du conseil municipal, ne peut intenter l'action en justice contre le maire à raison de ces inculpation ; il n'a d'autre voie pour obtenir réparation que le recours à l'autorité administrative supérieure, laquelle y fait droit, s'il y a lieu, après vérification des faits (Décr. cons. d'Etat, 11 avril 1848 : *J. Huis.*, t. 31, p. 98).

6. Avant la révolution de 1848, les tribunaux civils étaient compétents pour connaître d'une action en dommages-intérêts fondée sur des diffamations dirigées, par la voie de la presse ou par tout autre moyen de publication, contre tout fonctionnaire ou contre tout citoyen revêtu d'un caractère public, à raison de leurs fonctions ou de leur qualité. Mais le décret du 29 mars 1848 a déclaré à cet égard l'incompétence des tribunaux civils et prescrit de ne pas poursuivre l'action civile résultant de la diffamation dans le cas dont il s'agit, séparément de l'action publique (Art. 1 et 2).

7. Ce décret avait maintenu la compétence des Cours d'assises relativement aux diffamations commises par la voie de la presse ou par tout autre moyen de publication contre les fonctionnaires ou contre tout citoyen revêtu d'un caractère public. Le décret des 31 déc. 1851-3 janv. 1852 a, au contraire, déféré la connaissance de tous les délits prévus par les lois sur la presse et commis au moyen de la parole aux tribunaux correctionnels.

8. Du reste, avant le décret du 29 mars 1848 et celui des 31 déc. 1851-3 janv. 1852, il avait été décidé que la diffamation commise envers un huissier à raison d'actes par lui faits dans l'exercice de ses fonctions devait être jugée par le tribunal correctionnel (Cass., 25 juin 1831 : *J. Huiss.*, t. 13, p. 149).

9. ....Que c'était également devant le tribunal correctionnel que devait être portée la plainte en diffamation à raison d'actes relatifs à leurs fonctions intentée par un avoué et un notaire contre un journaliste, ainsi que la plainte également intentée contre un journaliste par une chambre de discipline des notaires (Paris, 23 juin 1836 (3 arrêts) : *J. Huiss.*, t. 17, p. 330; Cass., 9 sept. 1836 : *J. Huiss.*, t. 18, p. 59).

10. Mais les huissiers qui agissent pour l'exécution d'un mandat de justice sont revêtus d'un caractère public, et alors celui qu'ils accusent de diffamation à raison d'actes par eux faits relativement à cette exécution est recevable à faire contre eux, devant le tribunal correctionnel, la preuve par témoins du prétendu fait diffamatoire (Cass., 31 déc. 1835 : *J. Huiss.*, t. 18, p. 142).

11. L'action civile, résultant des délits commis par la voie de la presse ou par tout autre moyen de publication contre les fonctionnaires ou contre tout citoyen revêtu d'un caractère public, s'éteint de plein droit par le seul fait de l'extinction de l'action publique (Décr. 29 mars 1848, art. 2).

V. *Chambre de discipline des huissiers*, nos 92, 141 et 163, *Dénonciation calomnieuse*.

DIGESTE. — On appelle ainsi un recueil de fragments empruntés à des jurisconsultes romains, qui fut promulgué en l'année 533 de J.-C. par ordre de l'empereur Justinien.

DIGUE. — **1.** Construction établie sur le bord des fleuves et des rivières dans le but de préserver un héritage de l'inondation.

2. Le propriétaire inférieur ne peut élever des digues qui empêchent l'écoulement des eaux (C. Nap., art. 640). Il n'y a pas lieu de distinguer à ce égard entre les eaux qui ont un cours permanent et les eaux pluviales (Aix, 19 mai 1813).

3. Si le propriétaire contrevient à l'art. 640 précité, on peut l'attaquer par la voie de l'action en dénonciation de nouvel œuvre, ou tout simplement en rétablissement des lieux dans leur état primitif.—V. *Action possessoire*, nos 88, 104, 272 et 518.

4. Mais on a le droit de construire des digues pour se préserver de l'inondation du torrent ou du fleuve qui borde son héritage, lors même que ces digues feraient refluer les eaux d'une manière préjudiciable aux voisins (Aix, 19 mai 1813).

5. Le décret du Gouvernement qui autoriserait la construction d'une digue le long d'une rivière non navigable pourrait être attaqué devant le conseil d'Etat, s'il blessait des droits particuliers (Ord. cons. d'Etat, 18 mars 1816).

6. Les réparations des dommages causés aux digues contre les torrents, rivières et fleuves, et sur les bords des lacs et de la mer, sont poursuivies par voie administrative. Quant aux délits, ils sont poursuivis devant les tribunaux de répression (L. 16 sept. 1807, art. 27). — V. au surplus *Cours d'eau*, nos 56, 57, 60 et 61).

DILATOIRE (EXCEPTION). — On appelle *exception dilatoire* celle qui est proposée dans le but d'obtenir l'ajournement de la demande et la suspension de l'instance. — V. *Exception.*

DILIGENCES (ENTREPRENEURS DE).—Sont patentables.

DIMANCHE. — V. *Délai, Exploit, Jour férié, Protêt, Saisie-exécution, Vente publique de meubles.*

DIMENSION. — Etendue en hauteur et en largeur des feuilles de papier, d'après laquelle le droit de timbre est perçu. — V. *Affiches*, nos 21 et 22, *Saisie immobilière, Timbre.*

DIORAMA (DIRECTEUR DE). — Est patentable.

DIRE. — Observation, réquisition ou contestation faite par une partie ou son mandataire sur un procès-verbal ou sur un cahier des charges.—V. *Compulsoire*, n° 15, *Distribution par contribution, Ordre, Saisie immobilière.*

DIRE D'EXPERTS. — Déclaration des experts sur un objet soumis à leur appréciation ou vérification. — V. *Expertise.*

DISCIPLINE. — **1.** « Règlement, ordre, règle de conduite commune à tous ceux qui font partie d'un corps, d'un ordre » (*Dictionnaire de l'Académie*). Ainsi, la discipline du corps des huissiers est la manière de se conduire selon les lois, les règles professionnelles de ce corps.

2. Le *pouvoir disciplinaire* est l'institution qui doit faire observer ces lois et ces règles.

Indication alphabétique des matières.

---

§ 1. — *Infractions ou contraventions à la discipline. — Peines disciplinaires.*

3. Les infractions à la discipline comportent différents degrés, soit dans la culpabilité de l'officier ministériel qui les commet, soit dans le trouble apporté à la discipline. Il était nécessaire d'établir des peines diverses, en les graduant selon la gravité relative des infractions. Nous avons indiqué au mot *Chambre de discipline des huissiers*, nos 53 et suiv., les peines de discipline qui ont été placées par le législateur dans les attributions de cette chambre. Il nous reste à parler ici de celles que les tribunaux peuvent appliquer lorsqu'ils jugent en matière de discipline. Nous ne nous occuperons de ces peines et des circonstances qui peuvent donner lieu à leur application qu'au seul point de vue des officiers ministériels.

4. Les peines qui peuvent être disciplinairement prononcées par les tribunaux contre les officiers ministériels ont été spécifiées par le législateur ; elles sont mentionnées dans l'art. 102 du décret du 30 mars 1808, article qui est ainsi conçu :

« Les officiers ministériels, qui seraient en contravention aux lois et règlements, pourront, suivant la gravité des circonstances, être punis par des injonctions d'être plus exacts ou circonspects, par des défenses de récidiver, par des condamnations de dépens en leur nom personnel, par des suspensions à temps : l'impression et même l'affiche des jugements, à leurs frais, pourront aussi être ordonnées ; et leur destitution pourra aussi être provoquée, s'il y a lieu ».

Il est aujourd'hui reconnu que ce n'est pas seulement le droit de provoquer la destitution qui appartient aux tribunaux jugeant disciplinairement, mais même celui de la prononcer. — V. *Destitution*, n° 15.

5. Il a été décidé qu'un tribunal, appelé à juger disciplinairement, en audience publique, un notaire qui, dans un discours prononcé dans l'assemblée générale des notaires, avait oublié ses devoirs de subordination envers la magistrature, n'avait pu ordonner la publication et l'affiche de son jugement (Douai, 13 fév. 1843 : *J. Huiss.*, t. 24, p. 372). Il est vrai que l'art. 53 de la loi du 25 vent. an 11 n'autorise pas la publication et l'affiche du jugement. Mais le tribunal ne puisait-il pas dans l'art. 102 précité du décret du 30 mars 1808, article qui nous paraît général et devoir s'appliquer à tous les officiers ministériels sans distinction, le droit de prescrire ces mesures, s'il les jugeait utiles dans l'intérêt de l'ordre et de la discipline (Arg. décis. du min. de la justice, 12 janv. 1843 : *J. Huiss.*, t. 24, p. 221)?

6. Les tribunaux, jugeant disciplinairement, ne peuvent qu'appliquer les peines qui sont textuellement prononcées par la loi. Ainsi, ils ne sauraient, en aucun cas, ordonner que leur jugement sera transcrit sur le registre des délibérations de la chambre, après avoir été lu à tous les membres de la compagnie convoqués à cet effet en assemblée générale (Douai, 13 fév. 1843 : *J. Huiss.*, t. 24, p. 372).

7. Mais, si le législateur a prévu que des contraventions aux lois et règlements pouvaient être commises par les officiers ministériels, et prescrit des peines pour leur répression, il ne s'est pas expliqué sur ces contraventions. Dès lors, les tribunaux sont investis d'un droit et d'un pouvoir absolus pour les constater et les définir ; ils ont toute latitude pour appliquer disciplinairement l'une des peines mentionnées en l'art. 102 précité du décret de 1808 (V. *Motifs* de l'arrêt de Nancy du 25 juin 1826 : *J. Huiss.*, t. 14, p. 252). Et, il faut le reconnaître, l'espace est assez vaste pour que toutes les contraventions, de quelque nature qu'elles soient, trouvent une répression juste et proportionnée à leur gravité.

8. L'appréciation des fautes commises par les notaires dans l'exercice de leurs fonctions appartient exclusivement aux tribunaux. En conséquence, le jugement par lequel un tribunal prononce contre un notaire disciplinairement poursuivi telle peine plutôt que telle autre, en se fondant sur la gravité du fait reproché et sur ce que l'intérêt de la société exige l'application de cette peine, échappe, sous le rapport de cette appréciation, à la censure de la Cour de cassation (Cass., 24 juin 1828 : *J. Huiss.*, t. 9, p. 365). Il en serait de même, si le jugement était rendu contre un avoué ou contre un huissier.

9. L'avoué qui fait signifier et l'huissier qui signifie au président du tribunal, en la personne du greffier, une sommation de déposer et de signer dans les 24 heures la minute d'un jugement tel qu'il a été prononcé à l'audience, avec déclaration que, faute de satisfaire à ladite sommation, l'avoué se réserve expressément de se pourvoir par toutes les voies de droit, et notamment par l'inscription de faux, manquent l'un et l'autre au respect dû à la magistrature en général et au chef de la compagnie en particulier et sont tous les deux passibles de peines disciplinaires. Mais le tribunal jugeant en assemblée générale à la chambre du conseil peut, s'il reconnaît qu'il existe en leur faveur des circonstances atténuantes, leur enjoindre simplement d'être plus circonspects à l'avenir (Trib. civ. de Draguignan (Ch. du cons.), 13 août 1840 : *J. Huiss.*, t. 22, p. 194).

10. Lorsqu'il s'agit d'une contravention commise à l'audience par un officier ministériel, et spécialement par un avoué, le tribunal n'est pas obligé de prononcer cumulativement les peines portées aux art. 89 et 90, C. proc. civ.; il a la faculté de ne prononcer que l'une ou l'autre de ces peines; il peut donc appliquer seulement à cet officier ministériel, par voie de discipline, la suspension momentanée de ses fonctions (Orléans, 25 fév. 1829 : *J. Huiss.*, t. 10, p. 236).

11. La suspension peut être prononcée contre les avoués et les huissiers qui excèdent les bornes de leur ministère (C. proc. civ., art. 132), ou qui ont fait des procédures et actes nuls, ou des actes ayant donné lieu à l'amende (C. proc. civ., art. 1031), ou qui ont exigé de plus forts droits que ceux alloués par le tarif (Décr., 16 fév. 1807, art. 66 et 151; Loi-tarif, 18 juin 1843, art. 3; Décr.-tarif, 5 nov. 1851, art. 5).

12. Lorsqu'un huissier signifie l'exploit d'appel d'un jugement légalement rendu en dernier ressort, signification qui est un acte non seulement frustratoire, mais encore attentatoire à l'autorité du tribunal, et perçoit un droit de vacation pour l'enregistrement de cet exploit, la Cour, devant laquelle l'exploit est produit et la perception du droit de vacation révélée, peut, à raison de ces faits, condamner l'huissier, par voie disciplinaire, à la suspension (Colmar, 24 déc. 1807 : *J. Huiss.*, t. 10, p. 84, n° 21). Déjà, avant le décret du 30 mars 1808, il avait été jugé que les tribunaux avaient le droit de suspendre les huissiers de leurs fonctions (Cass., 22 germ. an 11 : *J. Huiss.*, t. 10, p. 72, n° 9).

13. Il peut également y avoir lieu à prononcer disciplinairement la suspension contre les huissiers qui omettent d'indiquer au bas de leurs actes le coût de ces actes (Décr., 16 fév. 1807, art. 66. — V. *Exploit*), ou qui se rendent, même indirectement, adjudicataires des objets qu'ils sont chargés de vendre (Décr., 14 juin 1813, art. 38. — V. *Vente publique de meubles*), ou qui sont convaincus, pour la deuxième fois, d'avoir signifié une copie d'exploit illisible ou contenant un nombre de lignes excédant celui fixé par la loi (Décr., 14 juin 1813, art. 44. — V. *Copie de pièces*).

14. L'huissier qui, même sans mauvaise intention, fait remettre par un tiers les copies des exploits qu'il est chargé de signifier, manque aux obligations qui lui sont imposées. Il peut, à raison de ce fait, être l'objet d'une poursuite disciplinaire (V. *infrà* n° 42), indépendante de l'action correctionnelle ouverte contre lui par l'art. 45 du décret du 14 juin 1813 (V. *Exploit*, *Huissier*). Ainsi, après que, aux termes de cet article, le tribunal correctionnel l'a condamné à l'amende et à la suspension, le tribunal réuni en assemblée générale, à la chambre du conseil, peut, appréciant la conduite de l'huissier au point de vue disciplinaire, prononcer contre lui l'une des peines de discipline spécifiées par le décret de 1808, même la destitution, s'il lui paraît que l'huissier l'a encourue. — V. *infrà* n° 44.

15. L'huissier qui signifie un acte de son ministère, en abandonnant une partie de ses émoluments à l'avoué par lequel cet acte est rédigé, contrevient aux devoirs et aux règlements de sa profession. C'est ce qui résulte d'un grand nombre de délibérations de chambre de discipline d'huissiers, rapportées dans le *Journal des Huissiers*. Et si la chambre de discipline estime que, à raison des circonstances, cet huissier a encouru une peine disciplinaire plus grave que celles que la loi l'autorise à prononcer (V. *Chambre de disci-*

pline des Huissiers, nos 53 et suiv.), elle peut, par une délibération, autoriser le syndic à le traduire devant le tribunal réuni en assemblée générale à la chambre du conseil (V. *J. Huiss.*, t. 10, p. 161 et suiv.).

16. L'avoué qui fait préparer dans son étude des exploits et dresser des copies de pièces du ministère exclusif des huissiers, et l'huissier qui consent, sans que l'intérêt du client l'exige, à signifier ces actes à la rédaction desquels il est étranger, manquent à leur devoir et sont passibles de peines disciplinaires (V. *J. Huiss.*, t. 27, p. 225 et 321). Cette manière d'opérer fait présumer entre l'avoué et l'huissier un accord blâmable et indique que l'un de ces officiers fait remise à l'autre d'une partie de ses émoluments. Mais, en supposant même qu'il ne soit fait aucune remise d'honoraires à l'avoué par l'huissier, ce dernier n'en compromet pas moins la dignité de son caractère d'officier public, en se condamnant au rôle de simple porteur de copies, et en percevant un émolument à raison d'un travail auquel il est étranger. En consacrant ces principes par un arrêté disciplinaire, en date du 4 juin 1844 (V. *J. Huiss.*, t. 26, p. 129 et suiv.), le tribunal de Charolles a, dans l'espèce qui lui était soumise, enjoint seulement à l'avoué et à l'huissier d'être plus circonspects à l'avenir. Le 3 septembre suivant, le ministre de la justice a approuvé cet arrêté. V. aussi, dans le même sens, un arrêté du ministre de la justice, du 28 sept. 1846 (*J. Huiss.*, t. 27, p. 289).

17. L'huissier qui, pour la signification d'actes dont les copies de pièces lui appartiennent exclusivement, fait remise de tout ou partie de ses émoluments aux avoués, notaires ou agents d'affaires qui les ont fait préparer, peut, suivant les circonstances, être disciplinairement condamné à la peine de la suspension (V. *J. Huiss.*, t. 24, p. 18, où se trouve rapporté un arrêté du tribunal de Condom, qui l'a décidé ainsi, arrêté qui paraît avoir été rendu vers la fin de 1842).

18. Décidé également que l'huissier qui favorise l'immixtion d'un agent d'affaires dans les fonctions d'huissier, en lui prêtant son concours et sa signature, et en lui faisant remise d'une partie de ses honoraires, manque essentiellement à ses devoirs, et doit être frappé de peines disciplinaires. Dans l'espèce, l'huissier a été suspendu pendant un mois de ses fonctions. Quoique déjà plusieurs fois la chambre de discipline des huissiers eût prononcé contre lui des peines disciplinaires, il n'en avait pas moins persisté dans les mêmes torts (Trib. civ. de la Seine, Ch. du cons., 24 nov. 1843 : *J. Huiss.*, t. 25, p. 63). Cet arrêté disciplinaire a été approuvé par M. le ministre de la justice.

19. Sur la question de savoir si les huissiers, qui se chargent du recouvrement des effets de commerce, excèdent les bornes de leur ministère, et commettent une infraction au décret du 14 juin 1813, à raison de laquelle ils puissent être punis disciplinairement, V. *Huissier*.

20. L'huissier qui instrumente pour ses parents au degré prohibé (Code proc. civ., art. 4 et 66) commet un manquement à ses devoirs qui peut entraîner contre lui l'application d'une peine disciplinaire.—V. *infrà* n° 61.

21. Le tribunal civil de la Seine, par un arrêté pris, en 1834, en assemblée générale à la chambre du conseil, a aussi décidé que l'huissier qui donnait une assignation à un ambassadeur étranger encourait une peine disciplinaire, et lui a enjoint d'être plus circonspect à l'avenir (V. *J. Huiss.*, t. 16, p. 335).

22. L'huissier qui, sans cause justifiée d'impossibilité, comme dans le cas de maladie ou d'absence, mais par indifférence, par oubli de ses devoirs, n'assiste point à l'assemblée générale de sa corporation, commet une faute, un manquement à l'ordre et aux règlements qui régissent sa profession, qui le rend passible de peines disciplinaires (V. *J. Huiss.*, t. 20, p. 65 ; *Assemblée générale des Huissiers*, n° 5). C'est ce qui a été décidé aussi plusieurs fois en ce qui concerne les notaires (V. notamment Bourges, 23 juill. 1827 : *J. Huiss.*, t. 9, p. 23). — V. *infrà* n° 70.

23. Il a même été décidé qu'un tribunal pouvait, pour forcer un officier ministériel à se présenter devant la chambre de discipline, à la censure de laquelle sa conduite avait été déférée, le suspendre de ses fonctions, jusqu'à ce qu'il s'y fût présenté (Cass., 3 nov. 1806). Cette décision, antérieure au décret de 1808, devrait encore être suivie aujourd'hui. La résistance, en effet, d'un officier ministériel, à obéir à l'appel légal de paraître devant la chambre dont il est justiciable, est un fait blâmable qui donne lieu à l'application de l'art. 102 du décret.

24. Le notaire qui signe un acte de vente auquel il n'a pas assisté et qui est l'ouvrage de son clerc commet une infraction grave aux devoirs de sa profession. L'usage, même constant, d'une telle manière de procéder, surtout dans les ventes en détail de peu d'importance, n'est qu'un abus, puisqu'il est contraire à la loi organique du notariat, et ne peut par conséquent servir d'excuse au notaire poursuivi. Toutefois, ce dernier peut, à raison de circonstances atténuantes qui sont reconnues exister en sa faveur, n'être condamné qu'à la peine de discipline de censure, avec injonction de ne plus, à l'avenir, signer d'actes passés et rédigés par un tiers hors de sa présence (Nancy, 25 juin 1826 ; *J. Huiss.*, t. 14, p. 252). Il résulte de cet arrêt que *jamais l'usage ne doit prévaloir sur la loi*, et que jamais le clerc d'un officier ministériel ne doit se permettre un acte que la signature de son patron peut seule authentiquer. V. aussi, dans le même sens, un jugement du 15 janv. 1846, rapporté, *J. Huiss.*, t. 27, p. 302.

25. Le notaire qui, pour diminuer les droits d'enregistrement, consent à insérer dans l'acte de vente un prix inférieur à celui qu'il sait avoir été réellement stipulé entre les parties, peut, à raison de sa conduite antérieure et du peu de gravité de la faute, n'être disciplinairement condamné qu'à l'une des peines de discipline prononcées par les art. 13 et 14 de l'ordonn. du 4 janv. 1843, par exemple, au rappel à l'ordre (Dijon, 25 fév. 1846 : *J. Huiss.*, t. 27, p. 232).

26. La censure avec réprimande et injonction de se renfermer à l'avenir dans les actes de son ministère à été prononcée contre un notaire qui plaçait en son nom personnel des sommes dont il n'avait que le dépôt (Trib. civ. du Mans, 3 janv. 1846 : *J. Huiss.*, t. 27, p. 180).

27. A été seulement rappelé à l'ordre, parce que des circonstances atténuantes ont été reconnues exister en sa faveur, un notaire qui avait procédé à une vente publique d'immeubles en détail à la suite ou au milieu de distributions de vins (Metz, 2 juin 1845 : *J. Huiss.*, t. 27, p. 189). L'huissier qui, chargé de procéder à une vente publique de meubles, emploierait, pour exciter les enchères, les mêmes moyens, serait également passible de peines disciplinaires.

28. Est passible de la suspension l'officier ministériel, et notamment le notaire, qui, par l'irrégularité de sa conduite dans l'exercice de ses fonctions, expose sa clientèle à des chances préjudiciables à ses intérêts, et qui, d'ailleurs, par la position dans laquelle il s'est placé, soit par légèreté, soit par des opérations irréfléchies, et en quelque sorte étrangères à ses fonctions, est amené à un désordre dans ses propres affaires qui ne lui permet pas d'apporter à celles de ses clients le calme de l'esprit et l'attention qu'il leur doit exclusivement, et a même motivé contre lui des condamnations emportant contrainte par corps (Toulouse, 13 juin 1836 : *J. Huiss.*, t. 18, p. 51).

29. Il en est de même du notaire qui, malgré les injonctions qui lui ont été faites, se transporte plusieurs fois par semaine, à jours fixes, dans des communes situées hors de son ressort, pour y recevoir des actes, et contrevient ainsi à l'obligation que la loi (L. 25 vent. an 4, art. 4) lui impose de résider dans la commune qui lui a été fixée par le Gouvernement (Paris, 31 janv. 1843 : *J. Huiss.*, t. 25, p. 7). — V. *infrà* n° 81.

30. La peine de la suspension peut être prononcée contre un notaire pour des faits même non prévus par la loi du 25 vent. an 11, spécialement pour détournement de clientèle (Trib. civ. de Castellane, 5 janv. 1844 : *J. Huiss.*, t. 25, p. 299).

31. L'officier ministériel qui se sert du nom d'un confrère pour instrumenter, au mépris de la peine de la suspension prononcée contre lui, encourt la destitution ; le confrère qui lui a prêté son nom peut être frappé de suspension (Trib. civ. d'Evreux, 23 mai 1846 : *J. Huiss.*, t. 27, p. 332). Dans l'espèce, il s'agissait de notaires ; mais les mêmes peines pourraient, dans le même cas, être appliquées à des huissiers. — V. *Destitution*, n° 12.

32. L'officier ministériel qui dissimule dans une contre-lettre le prix réel de l'office qu'il cède ou qu'il achète est passible de peines disciplinaires (Rennes, 1er avril et 28 mars 1840 : *J. Huiss.*, t. 21, p. 241 et 252 ; Trib. civ. de Vouziers, 6 janv. 1843 : *J. Huiss.*, t. 28, p. 309 ; Paris, 5 mars 1852 : t. 33, p. 224 ; Orléans, 7 fév. 1846 : *J. Huiss.*, t. 27, p. 277 ; Morin, *Discipline*, t. 2, n° 652). — *Destitution*, nos 9 et 10.

32 bis. De même, lorsque le cessionnaire d'un office ministériel s'engage envers son cédant, non en vertu d'une contre-lettre, mais d'honneur, à lui payer une somme plus forte que celle portée au traité de cession soumis à l'approbation du Gouvernement, le titulaire, qui dissimule cet engagement, manque à ses devoirs et se rend passible d'une peine disciplinaire (Riom, 11 avril 1844 : *J. Huiss.*, t. 35, p. 179).

33. L'officier ministériel qui, malgré les avertissements du syndic de sa compagnie, persiste à ne pas vouloir faire cesser une association illicite qui existe entre lui et son prédécesseur, peut être poursuivi et puni disciplinairement (Cass. 16 nov. 1846 : *J. Huiss.*, t. 28, p. 187).

34. Il en est de même de l'officier ministériel qui, en dehors du traité ostensible, a pris l'engagement de faire participer son vendeur aux bénéfices de l'étude pendant un certain temps ; et il peut y avoir lieu, suivant les circonstances, de prononcer contre cet officier ministériel (dans l'espèce, il s'agissait d'un notaire) la peine de la suspension (Douai, 23 avr. 1850 : *J. Huiss.*, t. 32, p. 171).

35. Une chambre de discipline elle-même peut quelquefois encourir des peines disciplinaires : ce qui arrive lorsqu'elle improuve, par une délibération, les poursuites dirigées au criminel contre un membre de la compagnie ; et, dans ce cas, les membres de la chambre de discipline peuvent être condamnés individuellement à la peine de la suspension. C'est ce qui a été décidé à l'égard d'une chambre de discipline des notaires qui, dans une délibération, avait innocenté un notaire que la chambre des mises en accusation avait renvoyé pour faux devant la Cour d'assises (Trib. civ. de Neufchâtel, 27 mars 1844 : *J. Huiss.*, t. 25, p. 154).

36. Un officier ministériel n'est pas passible de peines disciplinaires à raison seulement d'infractions ou de contraventions aux lois et règlements qui régissent l'exercice de sa profession ; il peut aussi être l'objet de poursuites disciplinaires à raison de faits passés dans ses relations de la vie privée (Décis. discipl., 8 nov. 1836 : *J. Huiss.*, t. 18, p. 115 ; Cass., 7 avr. 1851 : *J. Huiss.*, t. 33, p. 83). — V. *Destitution*, n° 13.

37. Il doit notamment être censuré avec réprimande, lorsqu'il a écrit à une femme à l'occasion d'une vente qu'elle lui a faite une lettre dans laquelle il est reconnu qu'il a, par le ton qui y règne, manqué à ses devoirs et méconnu le caractère de sa profession (Décis. discipl. précitée du 8 nov. 1836).

38. Un officier ministériel (spécialement, un notaire) peut même être suspendu de ses fonctions pour des faits qui y sont étrangers, par exemple, pour s'être livré à des voies de fait, devant le maire de sa commune, envers un receveur des contributions indirectes (Trib. de Thionville, Ch. du cons., 8 mai 1844 : *J. Huiss.*, t. 26, p. 57).

39. La privation de voix délibérative dans l'assemblée générale pendant quatre ans a aussi été prononcée par la chambre de discipline contre un notaire qui avait tenu méchamment des propos calomnieux sur la conduite d'un de ses collègues, qui se présentait comme candidat aux élections des membres de la chambre de discipline. La Cour de cassation a, par arrêt du 10 avril 1849 (V. *J. Huiss.*, t. 30, p. 361), rejeté le pourvoi formé contre cette délibération ; elle a considéré que la chambre de discipline n'avait pas violé les règles de la compétence ni commis un excès de pouvoir.

40. L'officier ministériel, qui remplit en même temps les fonctions de maire de sa commune, ne peut être poursuivi disciplinairement pour des faits relatifs à ces dernières fonctions, sans l'autorisation préalable du Gouvernement (Nîmes, 19 juill. 1836 : *J. Huiss.*, t. 18, p. 119). — V. *Destitution*, n° 14.

41. L'acquittement ou la condamnation sur les poursuites criminelles ou correctionnelles dirigées contre un officier public ne paralyse point l'action disciplinaire à raison des mêmes faits : à ce cas ne s'applique pas la règle *non bis in idem*. En effet, l'action criminelle ou correctionnelle et l'action disciplinaire, l'une ayant pour objet la répression de crimes et délits, l'autre étant instituée pour la conservation des sentiments d'honneur et de délicatesse chez les officiers ministériels, sont régies par des principes différents, et s'exercent indépendamment l'une de l'autre (Cass., 31 oct. et 20 nov. 1811 ; 13 janv. 1825 : *J. Huiss.*, t. 7, p. 7 ; 24 juin 1828 : *J. Huiss.*, t. 9, p. 365 ; 1er mai 1829 (V. *Motifs* de l'arrêt) : *J. Huiss.*, t. 10, p. 239; 29 déc. 1836: même rec., t. 18, p. 84; Nîmes, 19 juill. 1836 : t. 18, p. 119 ; Limoges, 21 juin 1838 : t. 20, p. 81 ; 9 nov. 1852 : t. 34, p. 96 ; Trib. civ. de Thionville, 8 mai 1844 : t. 26, p. 57 ; Poitiers, 20 fév. 1845 : t. 26, p. 220. — *Contrà* Cass., 24 janv. 1837 : t. 18, p. 199).

42. C'est par application du même principe qu'il a été décidé que l'arrêt d'une chambre de mise en accusation qui déclare n'avoir lieu de suivre contre un huissier prévenu de n'avoir pas remis lui-même la copie d'un exploit, sur le fondement que l'huissier n'a pas agi frauduleusement, ne fait pas obstacle à ce que cet huissier soit pour le même fait poursuivi disciplinairement (Cass., 1er mai 1829 : *J. Huiss.*, t. 10, p. 238).—V. aussi *suprà* n° 14.

43. Mais une chambre d'accusation, saisie de la connaissance d'une prévention qui a pour but d'établir qu'un officier ministériel a commis un faux dans l'exercice de ses fonctions, ne peut pas, lorsqu'elle déclare qu'il n'y a lieu à accusation, ordonner que le prévenu sera traduit, à la diligence du procureur général, devant la chambre de discipline de sa compagnie, pour être prononcé contre lui telle peine de discipline que ladite chambre jugera convenable (Cass., 8 oct. 1829: *J. Huiss.*, t. 10, p. 344).

44. Les décisions disciplinaires ne peuvent pas non plus arrêter la vindicte publique, lorsque surtout de l'instruction et de la condamnation disciplinaire résulte la connaissance d'un crime ou d'un délit. Ainsi, l'huissier, qui a été condamné disciplinairement par un tribunal jugeant en assemblée générale à la chambre du conseil, pour avoir fait remettre par des tiers des copies d'actes de son ministère qu'il devait remettre lui-même, peut encore être poursuivi, à raison du même fait, par le ministère public, devant le tribunal correctionnel, aux termes de l'art. 45 du décret du 14 juin 1813 (Riom, 1er déc. 1829 : *J. Huiss.*, t. 11, p. 10). De même, un notaire, censuré par la chambre pour l'attestation d'un fait évidemment faux, pourrait ensuite être traduit, à cause du même fait, devant la Cour d'assises. — V. *suprà* n° 14.

45. La juridiction des chambres de discipline et la juridiction disciplinaire des tribunaux sont également distinctes et indépendantes l'une de l'autre :

d'où il suit que la délibération par laquelle une chambre de discipline renvoie un notaire de la plainte qui a été portée contre lui devant elle ne fait point obstacle à ce que ce notaire soit traduit disciplinairement par le ministère public, à raison du même fait, devant le tribunal civil (V. jugement du trib. civ. de Castellane rapporté *J. Huiss.*, t. 25, p. 298).

46. L'action disciplinaire, démembrement de l'action publique, ne peut être exercée, lorsque l'application de la peine ne peut être accomplie. Ainsi, l'officier ministériel décédé ne peut plus être poursuivi et condamné disciplinairement (Trib. civ. de Wassy (V. *Motifs* du jugement), 23 nov. 1838 : *J. Huiss.*, t. 20, p. 155).

47. De même, l'action disciplinaire est éteinte par le remplacement de l'officier ministériel inculpé et l'installation de son successeur (Cass. 11 juill. 1827; trib. civ. de Wassy, 23 nov. 1838 : *J. Huiss.*, t. 20, p. 154). Mais la démission seule, même accompagnée de la présentation d'un successeur, non encore agréé, ne suffit pas pour éteindre les poursuites disciplinaires et enchaîner l'action du ministère public (Nîmes. 19 juill. 1836 : *J. Huiss.*, t. 18, p. 119; Cass. 7 avril 1851 : t. 33, p. 83). La raison de cette différence consiste en ce que, dans le premier cas, la poursuite ne peut plus avoir d'objet, tandis que, dans le second, la peine encourue peut encore être appliquée. — V. *Destitution*, n°s 22 et 23.

48. La prescription de dix ans établie par l'art. 637, C. instr. crim., ne s'applique pas à l'action disciplinaire. Cette prescription n'est relative qu'à l'action publique criminelle. L'action disciplinaire, ayant pour objet de veiller à ce que le dépôt des fonctions publiques ne soit confié qu'à des mains pures, doit pouvoir s'exercer, par le but même de son institution, sur tous les actes des officiers ministériels, sans que ceux-ci puissent se mettre à l'abri sous la protection du temps qui ne relève jamais des forfaitures à l'honneur. Ainsi, des faits qui se sont passés il y a plus de dix ans peuvent encore servir de base à l'action disciplinaire (Limoges, 21 juin 1838 : *J. Huiss.*, t. 20, p. 81).

49. Lorsqu'un notaire, poursuivi devant le tribunal civil pour contraventions à l'art. 13 de la loi du 25 vent. an 11, vient à décéder avant qu'il n'ait été statué sur la poursuite, celle-ci ne peut être reprise contre ses héritiers, alors même qu'il ne s'agit que d'une condamnation à l'amende; car, quoique les amendes prononcées par la loi du 25 vent. an 11 contre les notaires qui contreviennent à ses dispositions doivent être prononcées par les tribunaux civils, elles ont néanmoins le caractère de peines, et, par suite, elles sont personnelles (Nancy, 30 août 1844 : *J. Huiss.*, t. 26, p. 93). Il résulte de là qu'alors même que l'amende aurait été disciplinairement prononcée avant le décès du notaire inculpé, le recouvrement ne pourrait en être poursuivi contre ses héritiers. Les mêmes principes s'appliquent en pareil cas aux héritiers d'un huissier.

§ 2. — *Juridiction ou pouvoir disciplinaire. — Compétence.*

50. Les tribunaux de première instance ont un pouvoir disciplinaire sur tous les officiers ministériels qui exercent leurs fonctions dans l'étendue de leur arrondissement. Les Cours impériales ont également plénitude de juridiction non-seulement sur les officiers ministériels qui sont établis près d'elles, mais aussi sur ceux qui sont attachés aux tribunaux inférieurs de leur ressort. Ainsi, elles peuvent infliger à ces derniers officiers ministériels des peines disciplinaires, lorsqu'elles sont saisies de l'appel d'un jugement qui a refusé de reconnaître la faute ou d'appliquer la peine (Cass. 19 août 1835). Mais ce cas n'est pas le seul où les Cours impériales peuvent prononcer disciplinairement à l'égard des officiers ministériels attachés aux tribunaux de première instance de leur ressort.

51. Quant au mode d'exercice du pouvoir disciplinaire qui appartient aux tribunaux de première instance et aux Cours impériales, il faut, en principe, distinguer entre les faits qui ont été commis ou découverts à l'audience et ceux qui ne se sont point passés ou n'ont pas été découverts à l'audience.

52. Dans le premier cas, la chambre du tribunal ou de la Cour devant laquelle les faits ont eu lieu ou ont été découverts peut seule les réprimer disciplinairement (Décr. 30 mars 1808, art. 103, alin. 1er).

53. C'est par application de cette disposition qu'il a été décidé que les fautes commises par un avoué et un huissier dans une procédure devant un tribunal de première instance, qui les a complétement ignorées ou n'a pas aperçu le caractère répréhensible dont elles sont empreintes (dans l'espèce, il s'agissait d'actes qui avaient eu pour résultat d'augmenter inutilement les frais de la procédure), peuvent être relevées par la Cour impériale saisie de l'appel du jugement rendu sur cette procédure, et cette Cour est alors compétente pour prononcer contre l'avoué et l'huissier une condamnation disciplinaire (Caen, 27 déc. 1843 : *J. Huiss.*, t. 25, p. 82). — V. cependant les observations critiques qui, dans le *Journal des Huissiers*, suivent cet arrêt. — V. aussi *Délit d'audience*, n° 2.

54. Toutefois, l'attribution donnée à chaque chambre de tribunal ou de Cour, relativement aux fautes commises ou découvertes à l'audience, est purement facultative; elle n'exclut pas, lorsqu'elle n'est point exercée, la juridiction du tribunal réuni, sur citation ultérieure du ministère public, à la chambre du conseil (Arrêté du ministre de la justice, 31 déc. 1843 : *J. Huiss.*, t. 25, p. 137).—V. *infrà* n° 111.

55. Il est à remarquer que c'est à *chaque chambre* des tribunaux, et non aux membres des tribunaux, que l'art. 103, alin. 1er, du décret du 30 mars 1808, confère le droit de connaître des fautes de discipline commises ou découvertes à l'audience. Dès lors, un juge-commissaire aux ordres et contributions ne peut, pour sanction d'un règlement par lequel il détermine les jour, lieu et heure de ses séances, établir et prononcer des peines disciplinaires contre les officiers ministériels du ressort. La Cour de cassation a, en effet, par arrêt du 15 juin 1846 (V. *J. Huiss.*, t. 27, p. 316), annulé, pour excès de pouvoir, un pareil règlement pris par un membre du tribunal de première instance de Vic (Meurthe), juge-commissaire aux ordres, et l'ordonnance par laquelle ce magistrat avait suspendu pendant un mois un avoué, par la raison qu'il s'abstenait de ses audiences sans motifs connus et faisait ainsi traîner en longueur les procédures.

56. Dans le second cas, c'est-à-dire lorsque les fautes n'ont pas été commises ou découvertes à l'audience, les mesures disciplinaires sont arrêtées par le tribunal en assemblée générale, à la chambre du conseil, après avoir appelé l'officier ministériel inculpé (Décr. 30 mars 1808, art. 103, alin. 2).

57. Cette dernière disposition a excité de nombreuses réclamations qui sont restées sans résultat. Cependant il est possible d'en donner une raisonnable explication. Devant le tribunal, le débat public peut, en cas de condamnation, ajouter au déshonneur de l'huissier, de tout officier ministériel, contre lequel une plainte particulière ou la voix publique a révélé des faits que réprouvent les lois de son ministère, et lui enlever à jamais sa réputation et la confiance publique. Au contraire, devant la chambre du conseil, en dehors des luttes passionnées de l'audience, les choses se passent comme en famille. Si une peine, même sévère, est appliquée à l'officier ministériel, le silence de la chambre du conseil et l'absence de tout contradicteur protégent son honneur et sa fortune.—V. *infrà* n° 82.

58. Mais la condition indispensable pour que l'action disciplinaire soit déférée à une juridiction secrète, à la chambre du conseil, c'est qu'il ne s'agisse que de la simple répression d'un oubli de ses devoirs par l'officier ministériel, que de l'application d'une peine purement disciplinaire. Si cet officier ministériel est en butte à des récriminations personnelles, s'il y a débat entre ses intérêts privés et ceux d'autrui, si des demandes de restitution ou des dommages-intérêts le menacent dans sa fortune, alors c'est un procès *ordinaire* qui doit se vider entre lui et son adversaire, suivant les formes *ordinaires*. De ce procès peut naître plus tard l'action disciplinaire devant la chambre du conseil.

59. Ainsi, les tribunaux réunis en assemblée générale à la chambre du conseil ne sont pas compétents pour condamner un huissier ou un avoué à l'amende, à la restitution et aux dommages-intérêts (Décr. 14 juin 1813, art. 71 et 73; Cass. 3 mars 1829 : *J. Huiss.*, t. 10, p. 230; Paris, 21 avril 1836: *J. Huiss.*, t. 17, p. 120), et à plus forte raison pour le condamner à l'emprisonnement (Cass., 17 nov. 1830 : *J. Huiss.*, t. 12, p. 85). Ces condamnations ne peuvent être prononcées que par un jugement, en audience publique. Autrement, il y aurait de la part des tribunaux un excès de pouvoir qui rendrait leur décision d'appel et susceptible de recours en cassation.—V. *infrà* n°s 65, 86 et 116.

60. Ainsi encore, un tribunal réuni en assemblée générale à la chambre du conseil est incompétent pour statuer sur des fautes de discipline commises par un officier ministériel, spécialement par un avoué, ou découvertes à sa charge à l'audience, alors surtout qu'il n'a été dressé aucun procès-verbal ni tenu aucune note des faits répréhensibles (Aix, 8 sept. 1821 : *J. Huiss.*, t. 3, p. 364).—V. *suprà* n°s 52 et suiv., et *infrà* n°s 67 et 111.

61. C'est au tribunal assemblé en chambre du conseil, et non au tribunal correctionnel, qu'il appartient de prononcer des peines de discipline contre un huissier qui se serait écarté de ses devoirs en instrumentant pour ses parents au degré prohibé (Grenoble, 16 mai 1827).—V. *suprà* n° 20.

62. Une chambre de mise en accusation n'a pas le droit de connaître des faits qui ne donnent lieu contre un officier ministériel qu'à l'application de mesures disciplinaires. Elle ne peut non plus ordonner au ministère public de faire des poursuites contre un officier ministériel à raison des faits qu'elle n'a pas considérés comme constituant de sa part un crime (Cass. 8 oct. 1829 (V. *Motifs* de cet arrêt) : *J. Huiss.*, t. 10, p. 345).

63. Les actions disciplinaires ayant pour but des mesures d'ordre et d'intérêt public sont de leur nature essentiellement célères : d'où il suit que l'action disciplinaire dirigée contre un notaire peut être portée devant la chambre des vacations (Rennes, 7 janv. 1839 : *J. Huiss.*, t. 20, p. 260).

64. L'art. 19 de la loi du 25 mai 1838, *sur les justices de paix*, permet aux juges de paix, en cas d'infraction, par un huissier de son canton, aux dispositions des art. 16, 17 et 18 de la même loi, de lui défendre de citer devant lui pendant un délai de quinze jours à trois mois. Cette espèce de suspension, qui est prononcée sans appel, ne préjudicie pas à l'action disciplinaire des tribunaux, et n'empêche pas non plus l'action en dommages-intérêts par les parties, s'il y a lieu : c'est ce qui résulte également de l'art. 19 précité.

65. Le juge de paix n'a pas le droit de prononcer, hors le cas prévu par la loi du 25 mai 1838, de peines disciplinaires contre un huissier de son canton. Ainsi, il ne peut, à titre de mesure disciplinaire, lui infliger une amende. En le faisant, il empiète sur les attributions du tribunal de première instance, et commet un excès de pouvoir (Cass. 16 janv. 1844 : *J. Huiss.*, t. 25, p. 96). L'amende ne rentre même pas dans les peines disciplinaires qui peuvent être prononcées contre les officiers ministériels. —V. *suprà* n° 59, et *infrà* n° 86.

66. Aux termes de l'art. 53 de la loi du 25 vent. an 11, toutes destitutions, suspensions, condamnations d'amendes et dommages-intérêts contre les notaires, doivent être prononcées par le tribunal civil de leur résidence, soit à la poursuite des parties intéressées, soit d'office, à la diligence du ministère public.

67. Il s'est élevé, au sujet de cet article, la question de savoir si la chambre du tribunal ou de la Cour, à l'audience de laquelle des fautes de discipline commises par un notaire étaient découvertes, pouvait en connaître incidemment, ou si la répression même de ces fautes ne devait pas être poursuivie par action principale devant le tribunal de la résidence du notaire. Par arrêt du 29 janv. 1839, la Cour d'Orléans s'était prononcée pour la compétence de la chambre du tribunal ou de la Cour devant laquelle ces fautes étaient révélées. Mais, sur le pourvoi formé contre cet arrêt, la Cour de cassation s'est prononcée, par arrêt du 29 mars 1841 (V. *J. Huiss.*, t. 25, p. 24), pour la compétence exclusive du tribunal de la résidence du notaire. Nous doutons que cette doctrine soit véritablement conforme à la loi. D'une part, restreindre aux avocats, avoués, greffiers et huissiers, l'application de l'art. 103 du décret du 30 mars 1808, c'est, ce nous semble, une interprétation que ne comporte pas la généralité des termes de cet article. D'autre part, aucune disposition de la loi du 25 vent. an 11 n'a affranchi les notaires des peines prononcées par l'art. 102 du décret précité. Nous croyons que ce décret, postérieur à la loi du 25 vent. an 11, tout en laissant subsister l'action principale, autorisée par l'art. 53 de cette loi, devant le tribunal de la résidence du notaire disciplinairement inculpé, a modifié cet art. 53 en ce qu'il a attribué compétence au tribunal ou à la Cour devant lesquels étaient commises ou découvertes à l'audience des fautes disciplinaires, relativement à ces fautes, sans aucune distinction entre les officiers ministériels, comme il a permis qu'un notaire puisse être poursuivi disciplinairement devant le tribunal de sa résidence, réuni en assemblée générale à la chambre du conseil, à raison de fautes non commises ou non découvertes à l'audience (V. *infrà* n° 85).

68. Compétents pour prononcer contre les notaires, à raison de fautes graves, la suspension ou la destitution, les tribunaux civils, soit qu'ils statuent administrativement, c'est-à-dire en chambre du conseil, soit qu'ils statuent par jugement, à l'audience, le sont aussi pour appliquer aux faits moins graves l'une des simples peines disciplinaires mises à la disposition des chambres de discipline, par exemple. la censure (Douai, 13 sept. 1834 : *J. Huiss.*, t. 17, p. 29).

69. .... ou la peine du rappel à l'ordre (Amiens, 16 avril 1845 : *J. Huiss.*, t. 26, p. 185).

70. .... et même pour prononcer contre un notaire la simple injonction d'être à l'avenir plus exact, dans le cas, par exemple, où il néglige de se rendre à l'assemblée annuelle (Bourges, 23 juill. 1827 : *J. Huiss.*, t. 9, p. 23). Dans l'espèce de cet arrêt, il s'agissait d'un notaire qui, quoique convoqué pour procéder au renouvellement de la chambre de discipline, ne s'était pas présenté au jour indiqué. Le même droit appartiendrait au tribunal, si c'était un huissier qui eût négligé de se rendre à l'assemblée annuelle. — V. *infrà* n° 22.

71. Mais, lorsqu'un tribunal reconnaît qu'un officier ministériel a commis une faute de nature à entraîner une peine disciplinaire, il ne lui suffit pas de déclarer qu'il a mérité cette peine; il doit la prononcer contre lui par une disposition expresse (Arrêt de Douai précité).

72. En condamnant aux dépens l'officier ministériel disciplinairement poursuivi, le tribunal ne doit pas ajouter à cette condamnation la contrainte par corps. Les art. 52, C. pén., et 194, C. instr. crim., ne sont pas applicables en matière disciplinaire (même arrêt).

§ 3. — *Procédure.*

73. Nous avons fait connaître, v° *Chambre de discipline des huissiers*, nos 116 et suiv., quelles étaient les formes de procéder qui devaient être suivies dans les différents cas où les chambres de discipline des huissiers étaient appelées à statuer sur des matières rentrant dans leurs attributions. Nous n'avons que quelques observations à ajouter ici en ce qui concerne la procédure devant les chambres.

74. Devant la chambre de discipline, les parties plaignantes peuvent se faire assister d'un défenseur. L'officier ministériel inculpé a également le droit de s'y faire assister d'un confrère ou d'un défenseur. L'art. 13 de l'arrêté du 13 frim. an 9 et l'art. 15 de l'arrêté du 2 niv. an 12 ne disent pas le contraire. C'est à tort qu'une chambre de discipline de notaires a fait résulter de ces arrêtés la prohibition de ce droit pour le notaire poursuivi devant elle (V. *J. Huiss.*, t. 18, p. 117).

75. L'officier ministériel inculpé qui, devant la chambre, après avoir entendu les preuves à l'appui du fait reproché, refuse de s'expliquer sur la mise en demeure que lui adresse la chambre, et se retire avant les conclusions du syndic, n'est pas recevable à se pourvoir en cassation contre la délibération qui lui a infligé une peine disciplinaire, sous prétexte qu'il a été porté atteinte au droit de défense (Cass., 16 nov. 1846 : *J. Huiss.*, t. 28, p. 187).

76. Pour arriver à la preuve de la contravention imputée, la chambre de discipline peut se servir de tous les documents qu'elle possède, qu'ils aient ou non un caractère disciplinaire (même arrêt de cass.).

77. Si une chambre de discipline consacre à l'examen d'une affaire disciplinaire plusieurs séances, un des membres peut n'avoir pas assisté à la première séance, dans laquelle de simples explications ont été officieusement demandées à l'inculpé, et concourir cependant à la délibération, lorsqu'il s'est rendu aux autres séances, et que le procès-verbal de la première a été lu en sa présence (L. 20 avril 1810, art. 7; Cass., 16 nov. 1846 : *J. Huiss.*, t. 28, p. 187).

78. Les poursuites disciplinaires contre les officiers ministériels devant les tribunaux doivent être introduites par une citation qui ne peut être signifiée qu'à la requête du ministère public. La partie qui se dit lésée par la faute d'un officier ministériel ne peut intenter elle-même l'action disciplinaire au moyen d'une assignation à comparaître devant le tribunal jugeant disciplinairement, qu'elle ferait délivrer à cet officier ministériel. Elle n'a que la voie de la plainte au ministère public. Cependant, lorsque les faits sont commis à l'audience, ou qu'ils y sont découverts, et que dans ce dernier cas l'officier ministériel est présent, le tribunal peut statuer disciplinairement soit sur la seule réquisition du ministère public, soit même d'office.—V. *infrà* n° 83.

79. Établi pour rechercher les infractions à l'ordre public et en poursuivre la punition, le ministère public a, en matière disciplinaire, une action indépendante de celle des chambres de discipline. Autrement, si celles-ci négligeaient leurs attributions et leurs devoirs, il en résulterait que les fautes même graves commises par des officiers ministériels pourraient rester impunies. Le ministère public n'a même pas besoin d'instruire ces chambres des fautes qu'il veut poursuivre et de leur demander préalablement leur avis. Il peut d'office saisir le tribunal et requérir l'application d'une simple peine de discipline, que la chambre a le droit d'infliger (Bourges, 23 juill. 1827 : *J. Huiss.*, t. 9, p. 23). — V. *Chambre de discipline des huissiers*, nos 70 *ter* et 70 *quater*.

80. Spécialement, le ministère public n'est pas tenu de prendre l'avis de la chambre des avoués, avant de diriger des poursuites disciplinaires contre un avoué (Trib. civ. de Bourbon-Vendée, 4 janv. 1842 : *J. Huiss.*, t. 23, p. 157), ni celui de la chambre des notaires, pour pouvoir poursuivre disciplinairement un notaire (Déc. du minis. de la just., 12 janv. 1843 : *J. Huiss.*, t. 24, p. 221).

81. Le ministère public a aussi qualité pour poursuivre disciplinairement le notaire qui, contrairement à l'art. 4 de la loi du 25 vent. an 11, se transporte plusieurs fois par semaine dans des communes situées hors de son ressort pour y recevoir des actes. Le droit que l'art. 4 précité confère au ministre de la justice de provoquer dans ce cas le remplacement du notaire contrevenant ne fait point obstacle aux poursuites du ministère public (Paris, 31 janv. 1843 : *J. Huiss.*, t. 25, p. 7).—V. *suprà* n° 29.

82. Lorsque les faits de discipline ont été commis ou découverts à l'audience, le tribunal statue par un jugement qui doit être rendu publiquement. Mais, lorsque les faits reprochés à un huissier n'ont pas eu lieu ou n'ont pas été découverts à l'audience, il doit statuer à huis-clos ; les faits doivent être examinés secrètement et en chambre du conseil, pour ménager la réputation de l'officier ministériel inculpé : autrement, il commettrait un excès de pouvoir (Cass., 13 mars 1827 : *J. Huiss.*, t. 8, p. 325).—V. *suprà* n°s 56 et 57.

83. Dans le premier cas, le tribunal a une initiative tout à fait distincte de celle du ministère public. Ainsi, il peut, d'office, encore bien que le ministère public ne fasse aucune réquisition à cet égard, réprimer par l'application d'une peine disciplinaire les faits répréhensibles qui ont été commis par un officier ministériel ou découverts à sa charge à l'audience. Dans le second cas, il ne peut statuer que sur le réquisitoire du ministère public.—V. *suprà* n° 78.

84. Si celui qui impute à un officier ministériel de lui avoir préjudicié par une contravention aux lois et règlements de sa profession ou par un manquement à ses devoirs demande en même temps la réparation de ce préjudice, il doit agir par la voie de l'action personnelle ordinaire, traduire l'officier ministériel devant les tribunaux par une demande régulière, et requérir contre lui la condamnation à des dommages-intérêts : l'action disciplinaire est alors accessoire à cette action civile.

85. Lorsqu'il s'agit de faits répréhensibles à la charge de notaires, et que la répression disciplinaire en est poursuivie par application de l'art. 25 de la loi du 25 vent. an 11, ces faits doivent toujours être jugés disciplinairement en audience publique, et non en la chambre du conseil (Déc. du min. de la just., 16 déc. 1834 : *J. Huiss.*, t. 17, p. 329). Mais, si l'action disciplinaire était exercée en vertu de l'art. 103 du décret du 30 mars 1808, lequel est conçu en termes généraux et s'applique à tous les officiers ministériels, au nombre desquels se trouvent les notaires, le tribunal devrait alors statuer comme à l'égard des avoués et des huissiers, c'est-à-dire en chambre du conseil et en assemblée générale (Arg. Cass., 20 avril 1842 : *J. Huiss.*, t. 23, p. 203).—V. *suprà* n° 67, et *infrà* n° 120.

86. Si les peines de discipline, telles que *réprimande*, *suspension*, *destitution*, peuvent être prononcées contre des huissiers par des arrêtés pris par les tribunaux réunis en chambre du conseil, et par conséquent à huis-clos, il en est autrement de l'amende, de la restitution et des dommages-intérêts. L'amende, la restitution et les dommages-intérêts sortent de la classe des mesures de discipline (Cass., 16 janv. 1844 : *J. Huiss.*, t. 25, p. 96) et ne peuvent être prononcés par les tribunaux qu'en audience publique, et non en la chambre du conseil. S'ils l'étaient par un arrêté, il y aurait excès de pouvoir de la part du tribunal, et cet arrêté devrait être annulé (Décr. 14 juin 1813, art. 71 et 73; Cass., 3 mars 1829 : *J. Huiss.*, t. 10, p. 230). Ainsi, par une étrange bizarrerie qu'il serait utile de faire disparaître, il faut, dans l'état actuel de la législation, plus de garanties pour condamner un huissier à l'amende et à la restitution que pour le suspendre et le priver de ses fonctions.

87. Devant les tribunaux jugeant disciplinairement, l'officier ministériel inculpé doit, comme s'il s'agissait d'une affaire civile ou correctionnelle, être entendu ou appelé : ainsi le veut le droit inviolable de la défense.

88. Si les avoués ont exclusivement le droit de postuler, c'est-à-dire de représenter les parties et de prendre pour elles des conclusions devant les tribunaux près desquels ils sont établis (L. 27 vent. an 8, art. 94), ce droit ne leur appartient cependant que dans les matières civiles ordinaires, mais non lorsqu'il s'agit de poursuites disciplinaires intentées contre un officier ministériel par le ministère public. L'officier ministériel n'a pas plus besoin d'avoué pour sa défense devant le tribunal civil, jugeant disciplinairement, qu'il n'en aurait besoin s'il était appelé devant la chambre de discipline (Douai, 15 juin 1835 : *J. Huiss.*, t. 17, p. 29). Toutefois, il n'en peut être ainsi, ce nous semble, que lorsque le tribunal statue en assemblée générale à la chambre du conseil. Nous croyons que le ministère de l'avoué pouvait être employé, s'il s'agissait de statuer, en audience publique, sur une poursuite disciplinaire dirigée contre un notaire.—V. *infrà* n° 93.

89. Jugé, en effet, qu'un notaire, poursuivi disciplinairement devant le tribunal civil, doit constituer avoué pour empêcher un jugement de défaut (Trib. civ. de Sarreguemines, 6 mars 1844 : *J. Huiss.*, t. 26, p. 32).

90. Mais l'officier ministériel inculpé est-il admis à se faire assister d'un avocat devant le tribunal jugeant disciplinairement en la chambre du conseil? La question s'était élevée, en 1834, devant le tribunal de la Seine. L'officier ministériel inculpé s'y présenta, assisté de son avocat. Le tribunal, après avoir invité l'inculpé et son défenseur à se retirer, fit dire à ce dernier, peu d'instants après, par le greffier en chef, que, l'inculpé n'ayant pas posé de conclusions pour être admis à se faire assister, il n'avait pas à délibérer sur la question (V. *J. Huiss.*, t. 16, p. 335). Il résulte de là qu'un défenseur ne pourrait assister l'officier ministériel inculpé, devant la juridiction disciplinaire, qu'en obtenant d'elle l'autorisation préalable.

91. La Cour de cassation, devant laquelle la même question s'était précédemment présentée, avait d'abord décidé qu'un magistrat cité devant elle par mesure disciplinaire n'avait pas le droit de se faire assister d'un défenseur (Arrêt du 28 nov. 1820). Mais, depuis, la même Cour a reconnu le vice de cette jurisprudence et a autorisé un magistrat traduit devant elle disciplinairement à se faire assister d'un avocat (Arrêt du 14 janv. 1832). Le tribunal civil de Draguignan a, par jugement du 13 août 1840 (V. *J. Huiss.*, t. 22, p. 196), permis à un avoué et à un huissier, disciplinairement poursuivis, et quoiqu'il dût statuer à huis-clos sur la poursuite, de se faire défendre chacun par un avocat.

92. Par le jugement précité du 13 août 1840, le tribunal civil de Draguignan a refusé au barreau le droit d'assister aux audiences tenues, en matière disciplinaire, en la chambre du conseil.

93. Les formes de la procédure civile doivent être observées en matière disciplinaire à l'égard des instances engagées contre les notaires (Douai, 13 sept. 1834 : *J. Huiss.*, t. 17, p. 29; Rennes, 7 janv. 1839 : *J. Huiss.*, t. 20, p. 260; Toulouse, 16 juin 1851; t. 33, p. 223). Ainsi, le jugement qui statue sur une question préalable de compétence et rejette l'exception doit être signifié à avoué (ce qui implique qu'un avoué peut être constitué dans une instance disciplinaire concernant un notaire —V. *suprà* n° 88). Le jugement qui, statuant au fond avant que cette signification n'ait eu lieu, prononcerait une peine disciplinaire contre le notaire poursuivi, devrait être déclaré nul (Arrêt de Rennes précité).

94. Cependant, la Cour de Rennes, après avoir admis, dans le cas qui précède, la nécessité de la signification du jugement à l'officier ministériel inculpé, a décidé, depuis, par arrêt du 21 déc. 1843 (V. *J. Huiss.*, t. 25, p. 42), qu'un jugement contradictoire qui, en matière disciplinaire, ordonnait, sur la demande du ministère public, la preuve par témoins des faits qui étaient l'objet des poursuites, devait être exécuté, quoiqu'il n'eût pas été signifié à l'officier ministériel poursuivi, et que ce dernier pouvait, nonobstant 'absence de signification, en interjeter appel. La doctrine consacrée par l'arrêt de la Cour de Rennes du 7 janv. 1839, cité au n° qui précède, nous paraît préférable. Nous croyons, en effet, que l'action disciplinaire ne peut pas être considérée comme une action *mixte* empruntant ses formes tantôt au Code de procédure civile, tantôt au Code d'instruction criminelle, et qu'elle n'est soumise qu'aux formes de la procédure civile.

95. Si, pour prouver les faits qui sont invoqués contre un notaire poursuivi disciplinairement, à la requête du ministère public, devant le tribunal civil, par application de l'art. 53 de la loi du 25 vent. an 11, il y a lieu de recourir à une enquête, les règles prescrites par le Code de procédure pour les enquêtes en matière civile ordinaire doivent être observées (Toulouse, 16 juin 1851 : *J. Huiss.*, t. 33, p. 223). Ainsi, les noms des témoins que le ministère public veut faire entendre doivent être notifiés au notaire inculpé, conformément à l'art. 261, C. proc. civ. L'art. 153, C. instr. crim., ne doit pas être appliqué ici (V. cependant Dijon, 5 déc. 1844 : *J. Huiss.*, t. 26, p. 107).

96. Ainsi encore, le ministère public ne peut se prévaloir contre un officier ministériel poursuivi disciplinairement des dépositions écrites des témoins entendus dans des informations criminelles et correctionnelles précédemment dirigées contre lui (Toulouse, 16 juin 1851 : *J. Huiss.*, t. 33, p. 224).

97. Toutefois, si l'on a suivi les formalités prescrites par le Code d'instruction criminelle, et qu'il ne soit pas prouvé que le notaire a réclamé l'accomplissement des formalités exigées par le Code de procédure civile, le moyen tiré de l'inexécution des prescriptions de ce dernier Code ne peut, pour la première fois, être soumis à la Cour de cassation (Cass., 18 fév. 1845 : *J. Huiss.*, t. 26, p. 106).

98. Du reste, dans les actions disciplinaires dirigées contre un notaire, les tribunaux ont tout pouvoir pour apprécier la pertinence des faits dont le ministère public demande à faire preuve (Cass., 15 déc. 1846 : *J. Huiss.*, t. 28, p. 232).

99. Les tribunaux ont aussi le droit d'interroger les officiers ministériels cités disciplinairement devant eux, sur les faits qui leur sont reprochés. Ce sont leurs actions personnelles que ces officiers ont à défendre; mieux qu'aucun autre ils sont en mesure de les expliquer. Refuser aux tribunaux le pouvoir de les interroger, ce serait donc enlever à la justice le moyen le plus sûr de s'éclairer elle-même (Toulouse, 5 janv. 1848 : *J. Huiss.*, t. 29, p. 348).

§ 4. — *Voies de recours.*

100. Les décisions disciplinaires rendues par les chambres de discipline des avoués ne sont susceptibles d'aucun recours ni devant les tribunaux (Arrêté, 2 therm. an 10; Trib. civ. de Rouen (*motifs* du jugement), 9 janv. 1843 : *J. Huiss.*, t. 24, p. 92), ni devant le ministre de la justice.

101. Il en est de même des décisions disciplinaires qui émanent des chambres de discipline des huissiers.

102. Aucun recours devant les tribunaux ou devant le ministre de la justice (Décis. du min. de la just., 2 janv. 1837 : *J. Huiss.*, t. 18, p. 117) ne peut non plus être formé contre les délibérations prises par les chambres de discipline des notaires en matière disciplinaire.

103. Spécialement, la décision par laquelle une chambre de discipline de notaires prive un notaire de toute voix délibérative dans les assemblées jusqu'à ce qu'il ait exécuté une précédente décision rendue contre lui ne peut être attaquée ni par l'appel ni par le recours en cassation (Trib. civ. de Rouen, 9 janv. 1843 : *J. Huiss.*, t. 24, p. 92).

104. Mais, si des délibérations prises en matière disciplinaire par des chambres de discipline d'officiers ministériels renfermaient un excès de pouvoir, par exemple, dans l'application de la peine, violaient les lois de la compétence, en statuant sur des faits autres que ceux dont l'appréciation leur est dévolue, ou si elles étaient nulles pour défaut de formes, par exemple, pour défaut de citation qui eût mis l'inculpé à même de produire sa défense, elles seraient alors susceptibles de recours devant la Cour de cassation.— V. *Chambre de discipline des huissiers*, n°s 150 et 151.

105. Aux termes des dispositions de l'alin. 2 de l'art. 103 du décret du 30 mars 1808, les *arrêtés* (c'est le terme dont se sert l'article précité) pris, en matière disciplinaire, par le tribunal réuni en assemblée générale à la chambre du conseil, ne sont point sujets à l'appel (V. sur l'application de cette disposition Riom, 8 avril 1835 : *J. Huiss.*, t. 17, p. 312), ni au recours en cassation.

106. Ainsi, notamment, l'arrêté par lequel un tribunal condamne des huissiers à l'amende pour avoir refusé d'opérer à la bourse commune le versement prescrit par les règlements n'est pas susceptible d'être attaqué par la voie de l'appel (Agen, 22 janv. 1851 : *J. Huiss.*, t. 32, p. 237).

107. Mais l'appel est permis contre le jugement qui condamne un officier ministériel à la peine de la suspension (Décr. 30 mars 1808, art. 103, alin. 2), parce qu'alors il ne s'agit plus d'une mesure de police intérieure confiée administrativement au plein pouvoir du tribunal, mais d'une décision sur des intérêts privés.

108. Il y a lieu, par la même raison, à appel du jugement qui prononce toute autre peine disciplinaire, et quelle que soit cette peine, contre un officier ministériel, pour des fautes qui ont été commises ou découvertes à l'audience ; et l'arrêt qui intervient dans ce cas, comme dans le cas précédent, est susceptible de pourvoi en cassation.

109. Nous devons faire remarquer aussi que la prohibition de l'appel portée par l'art. 103, Décr. 30 mars 1808, n'est relative qu'à la décision au fond. Elle ne peut recevoir d'application lorsque la délibération ou l'arrêté du tribunal est attaqué par le motif qu'il est sorti des limites des attributions qui lui sont dévolues par cet article. Ainsi, on peut relever appel de toute décision rendue en matière disciplinaire par un tribunal de première instance réuni en assemblée générale en la chambre du conseil, pour cause d'incompétence ou excès de pouvoir (Rennes, 24 juill. 1833 : *J. Huiss.*, t. 15, p. 244 ; Cass., 29 déc. 1845 : t. 27, p. 44).

110. Spécialement, les suspensions ne pouvant jamais être que temporaires, comme cela résulte formellement des termes de l'art. 102 du décret du 30 mars 1808, le tribunal qui, par un arrêté disciplinaire, prononcerait contre un officier ministériel une suspension indéfinie, créerait une peine que la loi repousse et commettrait un excès de pouvoir qui permettrait d'attaquer cet arrêt par la voie de l'appel (Arg. Cass., 13 mars 1827 : *J. Huiss.*, t. 8, p. 325).

111. Spécialement encore, l'arrêté par lequel un tribunal applique administrativement en la chambre du conseil, à un avoué, la peine de la suspension, pour paroles outrageantes proférées par lui à l'audience, est incompétemment rendu, et peut, dès lors, pour cette cause, être frappé d'appel (Aix, 8 sept. 1821 : *J. Huiss*, t. 3, p. 364). Dans l'espèce de cet arrêt, il n'avait été dressé aucun procès-verbal des paroles incriminées, et la chambre du conseil n'avait été saisie que par le réquisitoire du ministère public (V. *suprà* n° 60). Mais la chambre du conseil serait compétente pour connaître d'une action disciplinaire, régulièrement intentée par citation signifiée à la requête du ministère public à l'officier ministériel inculpé, à raison de frais que par un jugement précédemment rendu le tribunal aurait déclarés frustratoires (V. *suprà* n° 54) ; et alors ce serait à tort que son arrêté serait frappé d'appel pour cause d'incompétence (V. cependant Rennes, 25 mars 1844 : *J. Huiss.*, t. 25, p. 137).

112. La circonstance qu'un tribunal, divisé en deux chambres et réuni en assemblée générale pour statuer sur un fait de discipline, ne se composait pas des dix membres attachés à ce tribunal, mais seulement de neuf, ne constitue point un motif qui puisse autoriser une exception à l'art. 103 précité, et faire admettre l'appel contre la décision par ce tribunal. Il suffit, en effet, pour la régularité de cette décision, que l'assemblée générale soit composée d'un nombre de juges égal au nombre nécessaire pour composer les deux chambres du tribunal (Rennes, 24 juill. 1833 : *J. Huiss.*, t. 15, p. 244).

113. Les arrêtés pris par un tribunal réuni en assemblée générale à la chambre du conseil et dans les limites de ses attributions sont des mesures administratives qui doivent seulement être soumises à l'approbation du ministre de la justice (Cass., 13 mars 1827 : *J. Huiss.*, t. 8, p. 325). Ces arrêtés lui sont transmis par le procureur général avec ses observations. Il statue sur les réclamations qui lui sont présentées, et peut même provoquer du Gouvernement la destitution de l'officier ministériel, s'il y a lieu (Décr., 30 mars 1808, art. 103, alin. 3. — V. *Destitution*, n° 17).

114. Ainsi, un huissier ne peut interjeter appel d'un arrêté pris par le tribunal de première instance réuni en assemblée générale à la chambre du conseil, et qui le suspend de ses fonctions par mesure de discipline, à raison d'un fait qui n'a été commis ni découvert à l'audience. Il ne peut que porter ses réclamations devant le ministre de la justice. Ce n'est que dans le cas où la décision, qui suspend l'huissier, est prononcée en audience publique, parce qu'alors cette décision est un véritable jugement, que la voie de l'appel est ouverte (Décr., 30 mars 1808, art. 103 ; Grenoble, 31 janv. 1828 : *J. Huiss.*, t. 9, p. 111 ; Nîmes, 31 janv. 1831 : *J. Huiss.*, t. 12, p. 221). — V. aussi *suprà* n°s 107 et 108.

115. Un officier ministériel, et spécialement un avoué, ne peut pas davantage attaquer par la voie de l'appel la décision par laquelle un tribunal réuni en assemblée générale à la chambre du conseil se déclare compétent pour connaître disciplinairement d'un fait qui lui est reproché, quoique ce fait ne se rattache point directement au caractère d'officier ministériel dont il est revêtu, et ne se rapporte qu'à sa conduite comme homme privé (Riom, 8 avril 1835 : *J. Huiss.*, t. 17, p. 312).

116. Mais un officier ministériel qui, par la décision ou l'arrêté d'un tribunal jugeant en assemblée générale et à huis-clos, a été frappé d'une peine disciplinaire et condamné en même temps à des dommages-intérêts envers les parties plaignantes, peut déférer cet arrêté à la Cour par la voie de l'appel, nonobstant la disposition de l'art. 103 du décret du 30 mars 1808 (*J. Huiss.*, t. 17, p. 132. — V. *infrà* n° 59).

117. Toutefois, dans ce cas, la décision attaquée ne peut être réformée que sur le chef qui excédait la compétence de la juridiction disciplinaire ; quant aux chefs relatifs aux mesures de discipline, la Cour ne peut en connaître (même arrêt).

118. Les décisions disciplinaires, quelle que soit la peine qu'elles prononcent, ayant, lorsqu'elles sont rendues en audience publique, le caractère de jugement, sont susceptibles d'appel (V. *suprà* n°s 107, 108 et 114). Spécialement, est recevable l'appel formé contre un jugement par lequel un juge de paix siégeant comme juge de police condamne disciplinairement l'avocat qui assistait le prévenu (Trib. corr. d'Evreux, 9 janv. 1835 : *J. Huiss.*, t. 16, p. 120).

119. Le jugement qui destitue un notaire par application des art. 52 et 53 de la loi du 25 vent. an 11 est également sujet à l'appel (Cass., 21 mai 1844 : *J. Huiss.*, t. 26, p. 39). Il en est de même du jugement qui, par application des mêmes articles, prononce contre un notaire toute autre peine disciplinaire.

120. Nous avons vu précédemment que les arrêtés disciplinaires rendus en la chambre du conseil n'étaient soumis qu'à la révision du ministre de la justice (V. *suprà* n° 113). L'art. 103 du décret du 30 mars 1808, qui autorise cette voie de recours, s'applique sans nul doute aux arrêtés disciplinaires concernant les avoués et les huissiers. Les délibérations des chambres de discipline des notaires n'y sont pas soumises (V. *suprà* n° 102). Les condamnations disciplinaires prononcées en audience publique contre les notaires, par application de l'art. 53 de la loi du 25 vent. an 11, échappent également au droit de révision du ministre (Décis. du minist. de la just., 12 avril 1839 : *J. Huiss.*, t. 20, p. 230). Mais, lorsqu'un notaire a été poursuivi disciplinairement, en vertu de l'art. 103 du décret du 30 mars 1808 (V. *suprà* nos 67 et 85), l'arrêté pris par le tribunal en la chambre du conseil n'est alors attaquable que par la voie de recours au ministre (Cass., 20 avril 1842 : *J. Huiss.*, t. 23, p. 203).

121. La Cour impériale, qui infirme pour incompétence la décision par laquelle un tribunal, réuni en chambre du conseil, a, malgré le renvoi à l'audience publique demandé par un notaire disciplinairement poursuivi, prononcé contre ce notaire la peine de la suspension, peut retenir le fond et le juger en vertu de l'art. 473, C. proc. civ. A ce cas ne s'applique pas l'art. 215, C. instr. crim., qui, en matière correctionnelle, limite le droit qui appartient aux Cours impériales de retenir le fond du procès aux seuls cas où le jugement est annulé pour violation ou omission non réparée des formes prescrites à peine de nullité (Cass., 15 janv. 1835 : *J. Huiss.*, t. 16, p. 106).

122. Les instances en matière disciplinaire devant être instruites et jugées suivant les formes de la procédure civile, il s'ensuit que l'appel d'un jugement qui statue sur une poursuite disciplinaire ne peut être valablement interjeté par une déclaration au greffe du tribunal, comme dans une instance correctionnelle ; il doit l'être par exploit signifié au ministère public, dans le cas où la poursuite a eu lieu à sa requête, s'il est interjeté par l'officier ministériel condamné, et par exploit signifié à la personne ou au domicile de cet officier ministériel, s'il est formé par le ministère public (Douai, 13 sept. 1834 : *J. Huiss.*, t. 17, p. 29).

123. L'acte d'appel doit, à peine de nullité, contenir la date exacte du jugement attaqué. Ainsi, l'exploit par lequel le ministère public interjette appel d'un jugement qui a renvoyé un notaire d'une plainte dirigée contre lui en matière disciplinaire est nul, si le jugement y est désigné sous une fausse date, alors même qu'un seul jugement aurait été rendu entre les parties, et qu'il serait certain que le ministère public a eu l'intention d'appeler de ce jugement (Bruxelles, 24 déc. 1829 : *J. Huiss.*, t. 13, p. 25).

124. Mais l'officier ministériel ne devant pas être assisté d'un avoué, l'acte d'appel signifié à sa requête ne peut être déclaré nul parce qu'il ne contient pas constitution d'avoué (Douai, 15 juin 1835 : *J. Huiss.*, t. 17, p. 29).

125. Il n'est pas nécessaire non plus, en cette matière, de consigner l'amende de fol appel. Si elle a été mal à propos consignée, elle doit être restituée (Douai, 15 juin 1835 : *J. Huiss.*, t. 17, p. 29).

126. Le pourvoi en cassation contre un arrêt statuant en matière disciplinaire est irrégulièrement formé par déclaration au greffe de la Cour d'où émane l'arrêt attaqué. Mais ce pourvoi peut, si le délai prescrit par la loi n'est point encore expiré, être régularisé par le ministère d'un avocat à la Cour de cassation (Cass., 29 déc. 1845 : *J. Huiss.*, t. 27, p. 44).

127. Sur la question de savoir si, en matière disciplinaire, il y a lieu à l'application du droit de grâce, V. *Chambre de discipline des huissiers*, n° 152.

DISCUSSION. — **1.** Action de rechercher, saisir et faire vendre les biens du principal obligé, avant ceux des personnes qui ne sont obligées que secondairement à la même dette, ou certains biens du débiteur avant certains autres.

2. L'*exception* ou le *bénéfice de discussion* est le droit accordé à celui qui n'est tenu que secondairement de demander que le créancier discute préalablement les biens du débiteur principal. — V. *Bénéfice de discussion.*

3. Ce bénéfice a lieu : 1° En matière de vente à réméré (C. Nap., art. 1666. — V. *Réméré*); — 2° En matière de cautionnement (V. *Cautionnement*, nos 31 et suiv.); — 3° En matière d'action en réduction d'une donation exercée par les héritiers contre les tiers détenteurs (C. Nap., art. 930. —V. *Donation*); — 4° En matière hypothécaire (V. *Action hypothécaire*, n° 33).

4. Dans tous les cas, l'exception de discussion doit être proposée sur les premières poursuites (C. Nap., art. 2022), et on doit indiquer les biens que l'on entend faire discuter (art. 2023). — V. *Cautionnement*, nos 36 et 37.

5. En matière de cautionnement, la caution est tenue d'avancer les frais de la discussion (V. *Cautionnement*, n° 36).

Mais, en matière de réduction de donation, le tiers détenteur n'est pas tenu de faire cette avance (Duranton, t. 8, n° 374). En matière d'action hypothécaire, le tiers détenteur n'est tenu d'avancer les mêmes frais qu'autant que le créancier l'exige (Cass., 21 mars 1827). Il en est de même en matière de réméré.

6. Pendant la discussion, il est sursis à toutes poursuites (C. Nap., art. 2170). Mais, une fois qu'elle est opérée, si le créancier n'est pas désintéressé, il peut de nouveau poursuivre la caution ou le tiers détenteur.

7. Il est des cas où un créancier ne peut faire vendre certains biens de son débiteur qu'après avoir poursuivi son paiement sur d'autres biens. Ainsi, il ne peut poursuivre la vente : 1° des biens libres, qu'en cas d'insuffisance des biens hypothéqués (C. Nap., art. 2209); — 2° des biens soumis à une hypothèque subsidiaire, qu'après la discussion de ceux qui ont été hypothéqués purement et simplement (Merlin, *Répert.*, v° *Discussion*); — 3° de ceux dont le revenu est égal à la créance, si le débiteur en offre la délégation (C. Nap., art. 2212); — et 4° des biens d'un mineur ou d'un interdit, qu'après la discussion de son mobilier (C. Nap., art. 2206 et 2207), — et même de ses créances (Turin, 14 août 1811).—V. *Saisie immobilière.*

DISJONCTION DE CAUSES. — **1.** Séparation de deux ou plusieurs demandes qui avaient été jointes par un précédent jugement pour être jugées ensemble, ou de plusieurs chefs de conclusions réunis dans la même demande.

2. La disjonction a lieu lorsque, l'une des demandes étant prête à recevoir jugement, l'autre n'a point encore reçu le degré d'instruction nécessaire. Le jugement de disjonction statue sur la première demande, sauf à faire droit plus tard sur la seconde (C. proc. civ., art. 184).

3. La disjonction est demandée à l'audience par une requête précédemment signifiée, ou par un simple acte de conclusions. Il nous semble qu'elle peut même être prononcée d'office, car un tribunal ne peut être contraint par le silence des parties de statuer sur une cause qui n'est pas instruite.

DISJONCTIVE. — Particule qui, en joignant les membres de la phrase, sépare les choses dont on parle. Les mots *ou*, *soit*, *soit que*, *ni*, sont des particules disjonctives. — V. *Conjonctive.*

DISPOSITIF. — **1.** Partie du jugement ou de l'arrêt qui contient ce qui a été statué ou ordonné par le juge ; elle suit immédiatement les *motifs*.

2. Le jugement réside dans le dispositif (V. *Jugement*) ; si ce dispositif est conforme à la loi, il doit être maintenu, quoique les motifs soient vicieux (Rennes, 6 déc. 1808 ; Merlin, Répert., v° *Disposition*).

3. Chaque disposition d'un jugement sur des chefs distincts est considérée comme un jugement séparé. En conséquence, on peut exécuter les dispositions du jugement qui sont favorables, et appeler de celles qui préjudicient (Limoges, 1er juill. 1817).

4. De même, la requête civile peut être valablement dirigée contre un des chefs d'un arrêt ou jugement en dernier ressort (C. proc. civ., art. 482). — V. *Requête civile*.

DISPOSITION. — Manifestation de la volonté, soit du législateur, soit du juge, soit de l'homme privé. — V. *Clause, Contre-Lettre, Dispositif, Donation* (les divers mots), *Enregistrement, Jugement, Obligation, Testament*.

DISPOSITION RÉGLEMENTAIRE. — V. *Chambre de discipline des Huissers*, n° 65 ; *Compétence*, nos 20 et suiv.

DISTANCES. — V. *Assignation à bref délai*, n° 3, *Citation*, nos 28 et suiv., 77 et 79, — *Délai, Procès-verbal, Saisie-exécution, Saisie immobilière, Transport*.

DISTILLATEURS. — Sont patentables.

DISTRACTION (DEMANDE EN). — Action exercée par un tiers dont la propriété a été comprise à tort dans une saisie immobilière. — V. *Saisie immobilière*.

DISTRACTION DE DÉPENS. — V. *Avoué*, nos 52, 53 et 59, *Frais et dépens*.

DISTRIBUTION DES CAUSES. — On appelle ainsi la distribution que le président fait chaque jour d'audience, dans les tribunaux composés de plusieurs chambres, des causes dans lesquelles le défendeur a constitué avoué, entre les différentes chambres, sur le rôle général, de la manière qu'il trouve la plus convenable pour l'ordre du service et l'accélération des affaires (Décr. 30 mars 1808, art. 61). — *Appel de causes, Causes, Placet*.

DISTRIBUTION PAR CONTRIBUTION. — **1.** Répartition *au marc le franc*, entre les créanciers d'un débiteur, de ses deniers arrêtés ou provenant de la vente de ses effets mobiliers par suite de saisie-arrêt, de saisie-exécution, de saisie-brandon, ou de saisie de rentes.

2. On appelle cette répartition *distribution par contribution*, parce qu'elle n'a lieu que lorsque le montant des dettes du débiteur saisi excède la somme à distribuer, et que chacun des créanciers contribue, sauf le cas de privilége, à la perte commune.

Indication alphabétique des matières.

§ 1. — *De la distribution par contribution en général.*
§ 2. — *Essai de contribution amiable. — Effets.*
§ 3. — *Contribution judiciaire.*
§ 4. — *Distribution des cautionnements des officiers ministériels.*
FORMULES.

---

§ 1er. — *De la distribution par contribution en général.*

3. *Cas dans lesquels il y a lieu à contribution.* — Le patrimoine de tout débiteur est le gage commun de ses créanciers, et ceux-ci, eu égard au chiffre de leurs créances, y ont un droit égal, à moins qu'il n'y ait des causes légitimes de préférence (C. Nap., art. 2094.— V. *Privilége*). Il suit de là que, en cas d'insuffisance des biens du débiteur, chaque créancier non privilégié doit supporter une perte égale aux autres créanciers et dont le montant varie à raison de l'importance de sa créance. C'est là la seule circonstance où il y ait lieu à distribution par contribution. Mais il suffit, pour provoquer cette opération, que le paiement intégral des créances soit douteux.

4. Toutefois, si un créancier prétendait que les deniers déposés ou saisis sont suffisants pour désintéresser tous les créanciers, il pourrait obtenir son paiement, par provision, à la charge de donner caution de rapporter la somme payée.—Dans ce cas, son action serait valablement formée contre le débiteur, sans appeler en cause les autres créanciers. — V. *Formule* 1.

5. Quoique les fonds soient insuffisants, il est évident qu'il n'y aurait pas lieu à contribution, s'il n'existait qu'un seul créancier. Tous les deniers reviendraient à ce dernier, et il pourrait se faire autoriser à les recevoir par un jugement rendu contradictoirement avec le débiteur. — V. *Formule* 2.

6. Lorsque les biens du débiteur suffisent au paiement des dettes, il n'y a point lieu à contribution; on suit une autre marche; et, à cet égard, il importe de faire les distinctions suivantes: ou le débiteur, d'accord avec ses créanciers, leur délègue par acte notarié les fonds déposés; alors, cet acte est signifié au dépositaire, et en cas de refus de sa part de les restituer, il est poursuivi, à la requête des créanciers, par les voies et moyens de droit (V. *Contrainte par corps*, *Dépôt*, *Saisie-exécution*);—ou le débiteur n'est d'accord qu'avec la majorité de ses créanciers, il délègue à ceux qui composent cette majorité, tant pour eux que pour les récalcitrants, une somme suffisante pour éteindre toutes les dettes; cette délégation est signifiée aux créanciers qui contestent, et l'homologation en est poursuivie contre eux devant le tribunal, qui condamne les contestants aux dépens; — ou, enfin, le débiteur ne s'entend pas avec ses créanciers; dans ce cas, ceux-ci doivent prendre contre lui un jugement qui les autorise à toucher du dépositaire des fonds la somme qui leur est due. — V. *Formule* 3.

7. Peut-on provoquer la distribution d'une somme attribuée exclusivement à un créancier par un jugement qui valide une saisie-arrêt par lui pratiquée? En d'autres termes, le premier créancier saisissant doit-il être payé de préférence à un créancier opposant postérieurement au jugement de validité? Cette question a été affirmativement résolue par un grand nombre d'arrêts (Cass., 28 fév. 1822; Nancy, 28 août 1824; Lyon, 24 août 1827; 22 mars 1830; Nîmes, 28 fév. 1832. — *Contrà* Paris, 8 juin 1828). — V. d'ailleurs *Saisie-arrêt*.

8. *Entre quelles personnes la contribution a lieu.* — Ordinairement, la distribution a lieu entre tous les créanciers du débiteur. Chacun d'eux peut la provoquer. Le plus souvent, elle s'opère entre les créanciers chirographaires; mais les créanciers hypothécaires, lorsque l'ordre n'a pas été ouvert ou lorsqu'ayant produit à cet ordre ils n'ont pas été colloqués en totalité sur le prix des immeubles, peuvent y prendre part et recevoir comme les autres ce qui peut leur revenir (C. comm., art. 552 et suiv.).

9. On n'est tenu d'appeler à la distribution que les créanciers connus. Le seul moyen qu'ils ont de se faire connaître, c'est de pratiquer des oppositions entre les mains du dépositaire ou débiteur des sommes à distribuer, ou de produire à la contribution avant la forclusion. — V. *Consignation, Saisie-arrêt*. — V. aussi *infrà* nos 34 et suiv.

10. *Droits des créanciers d'un créancier qui néglige de produire ou qui est colloqué.* — Si un créancier négligeait de former opposition, ses créanciers pourraient la faire en son lieu et place; mais, dans ce cas, ils seraient tenus de la lui notifier.

11. Les créanciers du créancier colloqué peuvent se faire attribuer le mandement de la somme accordée à ce dernier; à cet effet, ils présentent une requête, demandent la nomination d'un juge-commissaire et procèdent de la même manière que s'il s'agissait d'une nouvelle distribution. — V. *infrà*, §§ 2 et 3.

12. *Sur quelle somme la contribution peut s'ouvrir.* — La contribution s'ouvre : 1° Sur le prix de tous les meubles ou sur toutes les sommes appartenant au débiteur (C. proc. civ., art. 656). Toutefois, cette règle reçoit exception à l'égard des fruits de l'immeuble hypothéqué échus depuis la dénonciation de la saisie au débiteur, lesquels sont immobilisés (C. proc. civ., art. 689) et distribués par voie d'*ordre* (Cass. 3 nov. 1813), et à l'égard des arrérages de rentes hypothéquées avant la loi du 11 brumaire an 7, échus depuis la dénonciation de la saisie au débiteur, ces fruits étant aussi immobilisés et distribués par voie d'ordre (C. proc. civ., art. 655).

13. 2° Sur le prix des immeubles du débiteur, lorsque les créanciers hypothécaires ou privilégiés ont été payés, ou s'il n'en existe pas.

14. 3° Sur le montant de la collocation faite dans un ordre à un créancier par suite d'une inscription prise par ses créanciers personnels et en leur nom; cette collocation est réservée pour être distribuée entre ces derniers avant la clôture de l'ordre. — V. *Ordre*.

15. 4° Sur les collocations faites à plusieurs créanciers ayant un privilége du même ordre : ces créanciers doivent, en effet, partager entre eux, au marc le franc, les sommes à eux allouées en masse.

16. Mais on ne peut pas ouvrir de contributions sur les deniers à provenir d'une créance qui n'est pas encore exigible (Paris, 8 juin 1836 : *J. Huiss.*, t. 17, p. 274).

§ 2. — *Essai de contribution amiable. — Effets.*

17. Toutes les fois qu'il y a lieu à contribution, la loi veut que les parties tentent de regler leurs droits à l'amiable. L'art. 656, C. proc. civ., porte, en effet, que, si les deniers arrêtés ou le prix des ventes ne suffisent pas pour payer les créanciers, ceux-ci sont tenus, dans le mois, de convenir de la distribution par contribution. — Ce délai d'un mois court : pour les sommes saisies-arrêtées, du jour de la signification au tiers saisi du jugement qui fixe sa dette ; pour les deniers provenant de ventes ordonnées par justice ou résultant de saisies-exécutions, saisies foraines, saisies-brandons ou même de ventes volontaires, du jour de la dernière séance du procès-verbal de vente; pour les sommes provenant de saisies de rentes ou d'immeubles, du jour du jugement d'adjudication (Ord. roy., 3 juill. 1816, art. 8).

18. Pendant ce délai, le saisi ou l'un de ses créanciers peut sommer les parties intéressées de se trouver chez un notaire pour se régler à l'amiable; celle qui s'y refuse sans de justes motifs doit supporter les frais de la distribution (Arg. art. 130, C. proc. civ.). — V. *Formule* 4.

19. Si les parties s'accordent, elles font entre elles tels arrangements qu'elles jugent convenables ; si elles ne s'entendent pas, le notaire dresse procès-verbal et constate les motifs de refus des parties qui ont contesté; on lève expédition de ce procès-verbal, et on ouvre la distribution.

20. L'essai de distribution amiable n'est pas prescrit par la loi à peine de nullité. Ainsi, le silence des parties pendant un mois suffit pour qu'il soit permis de suivre l'exécution des art. 657 et suiv., C. proc. civ.

§ 3. *Contribution judiciaire.*

21. *Nécessité de consigner.* — Il ne peut être procédé à aucune distribution avant que la consignation des deniers à partager n'ait été effectuée (Ord. roy., 3 juill. 1816, art. 4). Mais un jugement peut ordonner au détenteur de garder les fonds jusqu'à la distribution.

22. Faute par les créanciers de s'entendre dans le mois qui suit la vente, l'officier qui a procédé à cette opération est tenu de consigner, dans la huitaine suivante, le prix de ladite vente, sous la déduction de ses frais d'après taxe faite sur la minute du procès-verbal et dont il est fait mention dans les expéditions (C. proc. civ., art. 657). —V. *Consignation*, n°s 18 et 21.

23. L'huissier qui négligerait ou refuserait de consigner pourrait être assigné en référé devant le président du tribunal pour voir ordonner le dépôt, ou devant le tribunal pour s'entendre condamner aux intérêts et même à des dommages-intérêts en cas de préjudice pour les créanciers. Il s'exposerait même à une destitution, s'il n'obéissait pas à une injonction de dépôt (Ord. roy., 3 juill. 1816, art. 10).—V. *Destitution, Discipline.*

24. Tous autres détenteurs de fonds appartenant à un débiteur sur lequel on veut ouvrir une contribution, tiers-saisis, adjudicataires de rentes, curateur à succession, sont également tenus de consigner (Ord. roy., 1816, art. 2, §§ 7 et 13); toutefois, la consignation ne peut être exigée du tiers saisi que dans la huitaine qui suit le mois écoulé depuis la signification du jugement qui valide la saisie-arrêt (Arg. art. 657, C. proc. civ.; Pau, 11 déc. 1822). Le tiers saisi peut retenir ses frais réglés selon la taxe (Carré et Chauveau, *Lois de la Procédure, Quest.* 2165). — V. *Consignation*, n° 14.

25. Le détenteur qui a payé une dette privilégiée doit en consigner la quittance ; dans tous les cas, comme il n'est pas juge des privilèges, il est garant des paiements qu'il fait mal à propos, sauf son recours.

26. *Tribunal compétent.* — La distribution par contribution doit être portée : 1° s'il s'agit de deniers provenant d'une vente judiciaire, devant le tribunal dans le ressort duquel a été exécuté le jugement qui a ordonné la vente (Arg. cass., 3 fruct. an 13); 2° si les deniers proviennent d'une vente amiable, devant le tribunal dans le ressort duquel la vente a eu lieu ; 3° s'ils proviennent d'une saisie-arrêt, devant le tribunal qui l'a déclarée valable (Cass., 23 août 1809).

27. Si deux saisies sur le même débiteur ont donné lieu à deux demandes en distribution devant deux tribunaux différents, les procédures doivent être réunies et continuées devant le tribunal premier saisi des poursuites (Arrêt de cass. précité du 23 août 1809).

28. Le tribunal civil devrait rester saisi, alors même que, pendant la poursuite, le débiteur serait tombé en faillite (Paris, 5 juin 1823).

29. *Nomination du juge-commissaire.* — Lorsque l'essai de distribution amiable a été vainement tenté, ou lorsque le délai d'un mois fixé pour cet essai est expiré, et que la consignation a eu lieu, la distribution peut être poursuivie par le saisi ou ses créanciers. A cet effet, l'avoué de la partie la plus diligente demande la nomination d'un juge-commissaire, sur un registre tenu au greffe du tribunal (C. proc. civ., art. 658 ; Ord. roy., 1816, art. 4). L'acte de réquisition doit contenir mention de la date et du numéro de la consignation. — V. *Caisse des dépôts et consignations*, n° 12.

30. S'il y a plusieurs avoués qui agissent simultanément, le président décide quelle réquisition on doit recevoir (Tarif, 16 fév. 1807, art. 95 et 130). En marge de la réquisition, le président nomme le juge-commissaire (C. proc. civ., art. 658).

31. *Sommation de produire et de contredire.*—Le poursuivant présente au juge commis une requête à l'effet d'être autorisé à sommer les créanciers opposants de produire leurs titres de créances (C. proc. civ., art. 659 ; Tarif, 16 fév. 1807, art. 96). A cette requête on annexe l'état des opposants. Le juge commis rend son ordonnance et commet un huissier pour faire les sommations.

32. Les sommations de produire se font aux créanciers par acte d'avoué, si des avoués ont été constitués, sinon à partie ou à domicile ; on donne en tête copie des requête et ordonnance en vertu desquelles elles sont faites (Arg. art. 659, C. proc. civ.; Carré et Chauveau, *Quest.* 2171). On n'est tenu de sommer que les créanciers opposants; mais on doit les sommer tous. — V. *Formule* 5.

33. La partie saisie doit aussi être sommée de prendre communication des productions, et d'y contredire, s'il y a lieu (C. proc. civ., art. 659). — V. *Formule* 5.

34. *Production, Forclusion.* — Dans le mois de la sommation, les créanciers opposants doivent produire leurs titres ès-mains du juge commis et présenter en même temps à ce magistrat une requête contenant demande en collocation et constitution d'avoué. Si l'on a droit à un privilége, on doit le demander (C. proc. civ., art. 660 et 661). Le délai d'un mois ne court qu'à partir de la dernière sommation.

35. A l'égard des créances qui, par leur nature, ne sont pas accompagnées de titres, il suffit d'une demande en collocation (Paris, 30 juill. 1828).

36. Faute de produire dans le délai fixé, les créanciers sont forclos (C. proc. civ., art. 660). Ils ne peuvent même produire avant la clôture du règlement provisoire, encore qu'ils se chargent de supporter les frais de la production (Paris, 27 juin 1811 ; Bordeaux, 30 mars 1829. — *Contrà* Paris, 13 août 1811 ; 11 déc. 1822).

37. La forclusion établie par l'art. 660 précité est tellement absolue qu'elle s'étend aux créanciers non opposants et qui en cette qualité n'ont pas reçu de sommation, surtout si la production n'a eu lieu qu'après la clôture du règlement provisoire (Paris, 7 et 30 juill. 1829). Toutefois, en matière de faillite, la forclusion ne s'applique pas aux créanciers non opposants tant que la distribution n'est pas consommée par le paiement des bordereaux (Rouen, 18 avril 1828). — V. *Faillite.*

38. La forclusion n'éteint pas le titre du créancier forclos; seulement, elle le prive du droit de concourir à la distribution des deniers à partager au moment où elle est encourue. S'il survenait une augmentation de capital, ou si les deniers n'étaient pas absorbés par la collocation de ceux qui ont produit, les créanciers forclos viendraient, dans le premier cas, en concurrence avec ceux qui ont produit, et, dans le second cas, ils partageaient entre eux l'excédant.

39. Lorsque, avant le règlement définitif, il survient de nouvelles sommes à distribuer, on doit faire de nouvelles sommations; mais on ne doit les faire qu'aux créanciers dont les oppositions affectent ces sommes.

40. *Collocation provisoire.* — Lorsque le délai fixé pour produire est expiré, le commissaire dresse, même d'office, l'état de distribution sur les pièces produites (C. proc. civ., art. 663). Les créanciers privilégiés sont colloqués pour la totalité de leurs créances; si des fonds manquent sur des privilégiés au même degré, il s'établit entre eux une contribution. Lorsque les créanciers privilégiés sont payés, le surplus des fonds est partagé entre les créanciers ordinaires au marc le franc de leurs créances. Dans tous les cas, les frais de poursuite de la contribution sont prélevés avant toute créance autre que celle pour loyers dus au propriétaire (C. proc. civ., art. 662).

41. Si la somme à distribuer vient d'un défunt, ses créanciers sont préférés à ceux de l'héritier, pourvu qu'ils aient demandé la *séparation des patrimoines* (V. ce mot), qu'ils aient exercé ce droit dans les trois années du décès, s'il s'agit de meubles, et qu'ils n'aient pas accepté l'héritier pour débiteur. — V. *Novation.*

42. Le procès-verbal contenant l'état de distribution est clos provisoirement : il ne doit être ni levé ni signifié, et il n'est enregistré que lors de la délivrance des mandements aux créanciers (Tarif, 16 fév. 1807, art. 99).

43. *Privilége du propriétaire.* — Lorsqu'il est dû des loyers, le propriétaire a la faculté d'appeler, par acte d'avoué, l'avoué de la partie saisie et l'avoué le plus ancien des opposants (Tarif, art. 98) devant le juge-commissaire qui, statuant en état de référé, peut ordonner la distraction de la masse des sommes dues au propriétaire et la remise immédiate de ces mêmes sommes (C. proc. civ., art. 661). Si le saisi n'a pas constitué d'avoué, il est sommé par acte extrajudiciaire (V. *J. Huiss.*, t. 13, p. 319). — V. *Formule* 6.

44. L'ordonnance rendue par le juge-commissaire dans le cas qui précède est définitive ; seulement, si elle est par défaut, on peut y former devant lui opposition ; et, si elle est contradictoire et que la matière soit susceptible d'appel, on peut se pourvoir par cette voie (Cass., 12 oct. 1812 ; Trib. civ. de la Seine, 4 fév. 1834).

45. L'ordonnance par laquelle le juge-commissaire statue sur le privilége du propriétaire ne doit pas être levée et signifiée (V. *J. Huiss.*, t. 13, p. 319). Cependant, cela est contraire à un arrêt de la Cour de Caen du 29 déc. 1851 (V. *J. Huiss.*, t. 33, p. 259). La Cour de Caen a, en effet, décidé que l'ordonnance dont il s'agit n'avait pas le caractère d'un référé ordinaire, mais bien celui d'une décision contradictoire rendue à l'occasion d'un incident. Toutefois, il n'y a lieu, selon elle, de signifier cette ordonnance qu'à l'avoué le plus ancien au moment où elle a été rendue, et non aux créanciers surtout non produisants. Elle ajoute que la signification à cet avoué fait courir les délais de l'appel, lequel est non recevable, s'il a été interjeté après l'expiration du délai de dix jours.

46. *Dénonciation de l'état de distribution.* — Le poursuivant est tenu de dénoncer, par acte d'avoué, la clôture de l'état de distribution tant aux créanciers produisants qu'au débiteur, avec sommation d'en prendre communication et de contredire sur le procès-verbal du commissaire dans la quinzaine (C. proc. civ., art. 663). Si le débiteur n'a pas d'avoué, la dénonciation lui est faite par exploit à personne ou à domicile. — V. *Formule* 7.

47. Faute par les créanciers et la partie saisie de prendre communication et de contredire dans le délai fixé, ils demeurent forclos, sans nouvelle sommation ni jugement, et il n'est fait aucun dire (C. proc. civ., art. 664).

48. La contestation élevée dans les délais par un créancier profite à tous les autres, même à ceux qui ont laissé passer la quinzaine (Paris, 30 juill. 1829).

49. *Contestations sur le règlement provisoire.* — Lorsque le débiteur ou l'un des créanciers opposants veut contester le règlement provisoire, il le fait sur le procès-verbal du commissaire par un dire signé de son avoué (C. proc. civ., art. 663). — V. *suprà* n° 46. Le juge-commissaire renvoie à l'audience, qui est poursuivie par la partie la plus diligente, sur un simple acte d'avoué à avoué, sans autre procédure (C. proc. civ., art. 666).

50. L'ordonnance de renvoi à l'audience ne doit pas être levée et signifiée (V. *J. Huiss.*, t. 13, p. 319).

51. Le créancier contestant, celui contesté, la partie saisie et l'avoué le plus ancien des opposants sont seuls en cause ; le poursuivant ne peut être appelé en cette qualité (C. proc. civ., art. 667).

52. Le jugement est rendu sur le rapport du juge-commissaire et les conclusions du ministère public (C. proc. civ., art. 668). Il est susceptible d'appel, si la somme réclamée ou contestée excède 1,500 fr. — V. *Degrés de juridiction*, n° 46. Cet appel doit, à peine de nullité, être interjeté dans les dix jours de la signification à avoué (C. proc. civ., art. 669), ou à la personne ou au domicile de la partie, s'il n'y a pas d'avoué de constitué. Le délai de dix jours doit être augmenté en raison des distances du domicile réel de chaque partie (Nanci, 14 mars 1825 : *J. Huiss.*, t. 12, p. 122).

53. La signification sans réserve entre avoués d'un jugement en matière de distribution par contribution fait courir le délai de l'appel, même à l'égard du créancier pour lequel occupe l'avoué qui a signifié (Cass., 24 avril 1833 : *J. Huiss.*, t. 14, p. 306).

54. La signification à avoué du jugement fait également courir le délai d'appel, quoiqu'elle ne soit pas revêtue des formalités prescrites pour les exploits (Paris, 12 mai 1835 : *J. Huiss.*, t. 16, p. 162).

55. L'acte d'appel, lorsque les parties ont constitué avoué, doit être, à peine de nullité (Cass., 19 janv. 1831 : *J. Huiss.*, t. 12, p. 124 ; 7 avril 1832 : *J. Huiss.*, t. 33, p. 262), signifié au domicile de ce dernier ; et, dans tous les cas, il doit contenir citation et énonciation de griefs (C. proc. civ., art. 669). Toutefois, le défaut d'énonciation de griefs n'emporterait pas nullité (Rouen, 9 déc. 1813). Faite à la partie qui a constitué avoué, la signification serait nulle (Cass., 19 avril 1826). Mais l'acte d'appel doit être signifié par exploit à personne ou à domicile, lorsque la partie n'a pas constitué avoué. On ne peut intimer sur l'appel que les parties indiquées *suprà*, n° 51 (C. proc. civ., art. 669). — V. *Formule* 8.

56. Le créancier qui, dans une contribution, n'a ni contredit le règlement provisoire, ni contesté en première instance, ne peut interjeter appel incident (Paris, 11 juill. 1836 : *J. Huiss.*, t. 17, p. 315).

57. Si, dans le cas d'appel du jugement sur des contestations dont le règlement provisoire a été l'objet, l'appelant doit intimer, outre le créancier contestant ou contesté, l'avoué le plus ancien des opposants (C. proc. civ., art. 667), cette mesure n'est pas néanmoins prescrite à peine de nullité, et son omission ne rend pas l'appel non recevable (Bordeaux, 3 juill. 1851 : *J. Huiss.*, t. 33, p. 139).

58. L'appel est jugé comme en matière sommaire. L'arrêt contient liquidation des frais. Il doit être signifié à personne ou à domicile pour faire courir les délais du pourvoi en cassation.

59. S'il n'y avait contestation que sur les créances ordinaires, le commissaire pourrait, en renvoyant les parties à l'audience, arrêter la distribution des créances privilégiées. Mais cela n'a presque jamais lieu, le dépositaire des deniers ne pouvant être tenu de payer avant qu'on ait justifié que tous les créanciers ont été colloqués (Arg. art. 768, C. proc. civ.).

60. *Demande en subrogation.* — Lorsque le poursuivant abandonne son action ou néglige de faire les actes nécessaires, l'un des opposants peut demander à l'audience d'être subrogé à la poursuite (Arg. art. 779, C. proc. civ.). Il y a négligence et retard, lorsque, par exemple, on n'a pas, dans les délais fixés, requis l'ordonnance du juge pour sommer de produire, fait les sommations, ou dénoncé la clôture du procès-verbal.

61. La subrogation peut également être demandée par le débiteur saisi, par les créanciers des opposants, par le dépositaire de fonds, en un mot par tous ceux qui ont le droit de poursuivre la contribution.

62. Elle est demandée par requête insérée au procès-verbal et signifiée au poursuivant par acte d'avoué. La demande est jugée sommairement en la chambre du conseil, et le tribunal peut prononcer de suite la subrogation ou accorder un délai au poursuivant pour mettre à fin les poursuites.

63. *Règlement définitif, Paiement.* — S'il n'y a point de contestation, le juge-commissaire clôt son procès-verbal, arrête la distribution et ordonne la délivrance des mandements aux créanciers, qui sont tenus d'affirmer la sincérité de leurs créances (C. proc. civ., art. 665). Cette affirmation est faite entre les mains du greffier par la partie assistée de son avoué.

64. Lorsqu'il y a eu contestation, le juge ne clôt son procès-verbal et n'ordonne la délivrance des mandements de collocation qu'après l'expiration des délais d'appel, et, en cas d'appel, qu'après la signification de l'arrêt au domicile de l'avoué (C. proc. civ., art. 670).

65. Huitaine après la clôture du procès-verbal et aussitôt après l'affirmation de la sincérité de la créance, le greffier délivre le mandement de collocation au créancier qui le requiert (C. proc. civ., art. 671).

66. Les intérêts des sommes admises en distribution cessent du jour de la clôture du procès-verbal de distribution, s'il ne s'élève pas de contestations; en cas de contestations, du jour de la signification du jugement qui a statué; en cas d'appel, quinzaine après la signification du jugement sur l'appel (C. proc. civ., art. 672).

67. Lorsque l'état des créanciers est arrêté et les mandements délivrés, nul ne peut s'opposer au versement des fonds et provoquer une nouvelle distribution en formant tierce-opposition au règlement. Dans ce cas, la forclusion est acquise même à l'égard des créanciers opposants non avertis, sauf leur recours contre ceux qui ont négligé de les avertir (Paris, 1er juin 1807, Bruxelles, 15 janv. 1812; Toulouse, 12 avril 1820).

68. Les mandements délivrés sont exécutoires contre les détenteurs de fonds, lesquels doivent payer sur la signification qui leur en est faite (V. *Formule* 9). Si le mandement était délivré sur le préposé à la caisse des consignations, il suffirait de le remettre, sans signification.

69. En cas de refus de payer de la part des tiers, on les y contraint par les voies ordinaires; et si le refus émane des préposés à la caisse des consignations, on leur signifie une réquisition de paiement. — V. *Consignation*, nos 63 suiv.

70. La caisse des consignations ne peut, sur la signification qui lui est faite de l'ordonnance attributive de la somme déposée au propriétaire à titre de privilége, avec production des certificats établissant la notification à l'avoué le plus ancien et la non-existence d'appel dans les délais, refuser d'exécuter cette ordonnance, sous prétexte qu'elle n'a point été signifiée aux créanciers qui n'ont pas produit dans les délais utiles (Caen, 29 déc. 1851 : *J. Huiss.*, t. 33, p. 259).

71. Le détenteur des fonds ne peut être tenu de payer avant qu'on lui ait remis ou signifié l'état de distribution (Ord. roy. 3 juill. 1816, art. 17).

§ 4. — *Distribution des cautionnements des officiers ministériels.*

72. Le cautionnement des officiers ministériels peut être frappé d'opposition (V. *Cautionnement des huissiers*, nos 60 et suiv.), et s'il l'est pour des sommes qui excèdent sa quotité, il est distribué en justice.

73. La procédure est la même que pour la distribution par contribution des sommes appartenant à de simples particuliers.—V. *suprà*, § 3.

74. Le paiement ne peut avoir lieu que lorsque le jugement qui l'ordonne a été affiché dans le local des séances du tribunal près lequel l'officier remplit ses fonctions ; cette affiche doit rester trois mois (L. 25 niv. an 13); on justifie de cette formalité par un certificat du greffier. — V. *Cautionnement des huissiers*, n° 66.

75. Si l'officier, dont on a distribué le cautionnement, est un agent de change, le jugement doit être affiché pendant les trois mois dans le lieu des séances du tribunal de commerce et à la bourse près laquelle il exerce. On produit à la caisse d'amortissement, pour pouvoir toucher, le certificat du syndic de cette bourse et celui du greffier du tribunal de commerce.

Formules.

1. *Demande en paiement provisoire, en donnant caution.*

L'an. . . . . ., à la requête du sieur. . . . . . (*constituer avoué et donner copie de la non-conciliation*), j'ai. . . . . ., donné assignation à. . . . . ., à comparaître le. . . . . ., pour, — attendu que le requérant est créancier de. . . . . . fr., du sieur. . . . . ., suivant jugement du. . . . . . ; attendu que le. . . . . ., il a été déposé pour ledit sieur. . . . . ., débiteur, à la caisse des dépôts et consignations de. . . . . ., la somme de. . . . . . ; attendu que, par exploit de. . . . . ., le requérant a formé opposition sur cette somme pour avoir paiement de ce qui lui est dû ; attendu qu'il n'existe que quatre autres oppositions sur ladite somme dont le montant, réuni à ce qui est dû au requérant, est inférieur à la somme consignée ; attendu dès lors que les fonds sont suffisants et que tous les créanciers seront désintéressés ;—Voir dire et ordonner que le requérant sera autorisé à retirer de la caisse des dépôts et consignations de. . . . . ., sur la somme de. . . . . ., déposée par. . . . . . à cette caisse, les. . . . . . fr. qui lui sont dus, à la charge toutefois par ledit sieur. . . . . ., requérant, de fournir caution ou hypothèque suffisantes pour la restitution de tout ou partie de ladite somme, s'il y a lieu ; et, en outre, ledit sieur. . . . . ., s'entendre condamner aux dépens, sous toutes réserves.

V. n° 4.—Coût, tarif, art. 29; Orig. : Paris, 2 fr.; R. P., 1 fr. 80 c.; aill., 1 fr. 50 c.; copie, le quart.

Enregistrement de l'exploit, 2 fr. 20 c.

2. *Demande en autorisation de recevoir les fonds déposés, lorsqu'il n'y a qu'un seul créancier.*

L'an. . . . . . (*comme à la formule qui précède*), pour ; — attendu qu'il n'existe d'autre opposition que celle du requérant, que dès lors il a seul droit à la somme consignée ; — Voir dire et ordonner que le requérant sera autorisé à recevoir, pour l'imputer sur sa créance, ladite somme ; que le préposé à la caisse des dépôts et consignations de. . . . . ., sera tenu de la remettre au requérant sur le vu du présent, et, en outre, le sieur. . . . . ., s'entendre condamner aux dépens, sous toutes réserves.

V. n° 5. — Coût : V. *Formule* 1.

Enregistrement de l'exploit, 2 fr. 20 c.

3. *Demande par les créanciers en autorisation de recevoir une somme due à leur débiteur.*

L'an. . . . ., à la requête du sieur. . . . . . (*constituer avoué et énoncer la non-conciliation*), j'ai. . . . . ., donné assignation à. . . . . ., à comparaître le. . . . ., pour, — attendu que tous les susnommés, créanciers du sieur. . . . . ., ont intérêt à ce que ce qui est dû à ce dernier et constitue leur gage ne leur soit pas enlevé; attendu que le sieur. . . . . est débiteur envers le sieur. . . . . ., d'une somme de. . . . . ; que pour éviter de nombreuses saisies-arrêts qui diminueraient les garanties des requérants, il conviendrait que cette somme fût touchée par eux et déposée ; attendu que cette mesure ne peut être qu'utile au sieur. . . . . . ;—Voir dire et ordonner que les requérants (ou le sieur. . . . . ., l'un d'eux) seront autorisés à recevoir du sieur. . . . ., la somme de. . . . . ., due par lui au sieur. . . . . .; que celui-ci sera tenu de payer cette somme sur le vu de la signification du présent, sinon contraint; que ladite somme, une fois reçue, sera déposée à la caisse des consignations de. . . . . ., pour, sur icelle, être ouvert toutes contributions, etc.

V. n° 6.—Coût : V. *Formule* 1.

Enregistrement de l'exploit : *autant de droits de 2 fr. 20 c. qu'il y a de créanciers ayant un intérêt distinct.*

4. *Intimation pour procéder à une distribution amiable.*

L'an. . . . . ., à la requête du sieur. . . . . ., j'ai. . . . . ., donné intimation au sieur. . . . . ., à l'effet de se trouver à. . . . . ., en l'étude de Me. . . . . ., notaire, le. . . . . ., heure de. . . . . ., pour ;—attendu que, le. . . . . ., il a été déposé à la caisse des consignations de. . . . . ., la somme de. . . . . ., appartenant au sieur. . . . . .; (ou attendu que par procès-verbal du ministère de. . . . . ., en date du. . . . . ., il a été procédé à la vente des meubles saisis sur. . . . . ., laquelle vente s'est élevée à. . . . . .); attendu que sur cette somme les intimés ont fait opposition ; attendu que, pendant le mois qui suit la signification (ou la vente), chacun des créanciers peut tenter une distribution amiable, conformément à l'art. 656, C. proc. civ., afin d'éviter des frais; — procéder, s'il est possible, conjointement avec le requérant et les autres créanciers opposants du sieur. . . . . ., à la distribution de la somme consignée (ou produite par la vente); déclarant au sieur. . . . . . que, faute par lui de comparaître ou de s'entendre, sans de justes motifs, sur ladite distribution, il sera passible des frais qu'elle occasionnera, sous toutes réserves.

V. n° 18.—Coût : V. *Formule* 1.

Enregistrement de l'exploit : V. *Formule* 3.

5. *Sommation aux opposants de produire leurs titres, et à la partie saisie de contredire, s'il y a lieu.*

L'an. . . . . ., le. . . . . ., en vertu de l'ordonnance dûment enregistrée, délivrée le. . . . . ., par M. . . . . ., juge au tribunal civil de. . . . . ., commis aux opérations dont il va être parlé, ladite ordonnance étant au bas de la requête à lui présentée, desquelles requête et ordonnance il est, avec celle des présentes, donné copie, et à la requête du sieur. . . . . ., demeurant à. . . . . ., pour lequel domicile est élu en la demeure de Me. . . . . ., avoué près ledit tribunal, sise à. . . . . ., rue. . . . . ., lequel occupera sur la poursuite de contribution dont s'agit, j'ai. . . . . ., soussigné, commis à cet effet par l'ordonnance susdatée, fait sommation : 1° au sieur. . . . . ., demeurant à. . . . . ., en son domicile, en parlant à. . . . . .;

2° Au sieur. . . . ., demeurant à. . . . ., en son domicile, en parlant à. . . . .,

Tous créanciers du sieur. . . . . ., ayant formé opposition à ce qu'il soit procédé à la distribution dont est question, sans leur présence ;

3° Et au sieur. . . . . ., demeurant à. . . . . . ., partie saisie, en son domicile en parlant à. . . . . .;

De, à l'égard des opposants, produire, dans le délai d'un mois, leurs titres, avec acte contenant demande en collocation et constitution d'avoué, au greffe du tribunal de. . . . ., et ès mains de M. . . . . ., juge audit tribunal, commis pour faire la distribution par contribution des deniers provenant de la vente des meubles, effets et marchandises du sieur. . . . . ., demeurant à. . . . . ., contribution que le requérant a ouverte par procès-verbal, en date du. . . . . ., sous le n° . . ., et dûment enregistré;

Et, à l'égard du sieur. . . . . ., partie saisie, de prendre dans le même délai, communication des pièces produites à l'appui des demandes en collocation et contredire, s'il y a lieu ;

A ce que du tout les susnommés n'ignorent, leur déclarant que faute de satisfaire à la présente sommation dans le délai ci-dessus, ils encourront les peines prononcées par la loi ; et je leur ai, en leursdits domiciles, laissé à chacun séparément copie certifiée sincère et véritable, et signée de Me. . . . . ., des requête et ordonnance susénoncées et du présent dont le coût est de. . . . . .

V. nos 32 et 33. — Coût : V. *Formule* 1.

Enregistrement de l'exploit : *autant de droits de 2 fr. 20 c. qu'il y a d'intimés ayant un intérêt distinct.*

6. *Assignation à la partie saisie pour faire statuer sur le privilége du propriétaire.*

L'an. . . . ., à la requête du sieur. . . . . ., (*constituer avoué*), j'ai, ..., donné assignation au sieur. . . . ., partie saisie, en son domicile, et parlant à. . . . , à comparaître le. . . . . , heures du matin, en la chambre du conseil du tribunal de. . . . . ., et par-devant Me. . . . . ., juge audit tribunal, commis pour faire la contribution des deniers dont s'agit;

Pour, — attendu que le requérant a un privilége certain sur le prix des meubles et effets qui ont été vendus sur le sieur. . . . . ., son locataire, et qui garnissaient les lieux qu'il occupait dans la maison du requérant ; — attendu que le privilége des loyers est accordé pour un an à partir de l'expiration de l'année courante, quand il n'y a pas de bail; — attendu qu'aux termes de la loi, le propriétaire n'a pas besoin d'attendre l'événement de la contribution pour obtenir son paiement;—voir dire et ordonner que, sur les deniers provenant de la vente dont s'agit, le sieur. . . . . . sera payé par privilége et préférence à tous autres créanciers : 1° de la somme de. . . . . ., pour une année, qui écherra le. . . ., des loyers de l'appartement qu'occupait ledit sieur. . . ., dans la maison du requérant; 2° de la somme de. . . . . ., pour le coût d'une sommation de payer et d'une opposition; et 3° des frais faits pour l'obtention de l'ordonnance à intervenir, laquelle sera exécutée comme ordonnance sur référé nonobstant appel, etc.

V. n° 43. — Coût : V. *Formule* 1

Enregistrement de l'exploit, 4 fr. 40 c.

7. *Dénonciation de la clôture du procès-verbal de contribution à la partie saisie.*

L'an. . . . . ., à la requête du sieur. . . . . ., (*constituer avoué*), j'ai, ..., soussigné, commis à cet effet, signifié et dénoncé au sieur. . . . ., demeurant à. . . ., que le règlement provisoire des deniers provenant de la vente des meubles et effets du sieur. . . . . ., a été dressé par M. . . . . ., juge au tribunal de. . . . . ., et commissaire en cette partie, le. . . . . ., sous le n°. . . . . .; le sommant en conséquence d'en prendre communication, et de contredire sur le procès-verbal de contribution dans le délai de quinzaine; et lui déclarant que, faute par lui de ce faire dans ledit délai, il sera et demeurera forclos, et que la distribution desdits deniers sera définitivement arrêtée, et les mandements de collocation délivrés conformément aux bases du règlement provisoire, etc.

V. n° 46. — Coût : V. *Formule* 1.

Enregistrement de l'exploit : V. *Formule* 5.

8. *Appel d'un jugement rendu sur les contestations de la distribution.*

L'an. . . . . ., à la requête du sieur. . . . . ., demeurant à. . . . . ., lequel élit domicile en la demeure de Me. . . . . ., avoué à la Cour impériale de. . . . . ., lequel occupera sur l'assignation ci-après, j'ai. . . . . ., soussigné, signifié et déclaré ; 1° au sieur. . . . . ., partie saisie, demeurant à. . . . ., au domicile de Me. . . . ., son avoué, sis à. . . . . ., en parlant à. . . . . .;

2° Au sieur. . . . . . ., créancier contesté demeurant à. . . . . ., au domicile de Me. . . . . ., son avoué, sis à. . . . . ., en parlant à. . . . . . ;

3° Et à Me. . . . . ., avoué au tribunal de. . . . . ., et le plus ancien des avoués des créanciers opposants sur le sieur. . . . . ., demeurant à. . . . . ., en son domicile, en parlant à. . . . . .,

Que ledit sieur. . . . . . interjette appel du jugement contradictoirement rendu entre les parties, en la. . . . . . chambre du tribunal de. . . . . ., le. . . . . ., signifié à avoué le. . . . . ., et ce, pour les torts et griefs que lui cause ce jugement; et j'ai donné assignation aux susnommés, domicile et parlant comme dessus, à comparaître d'aujourd'hui à huitaine franche, délai de la loi, à l'audience et par-devant MM. les président et conseillers de la Cour impériale séant à. . . . . ., première chambre, ..., heures du matin, pour (*énoncer les conclusions tendantes à la réformation du jugement de première instance*).

Et ai laissé à chacun séparément copie du présent exploit dont le coût est de. . . . .

V. n° 55. — Coût : V. *Formule* 1.

9. *Signification du mandement de collocation au dépositaire.*

L'an. . . . . ., à la requête du sieur. . . . . ., demeurant à. . . . . ., lequel fait élection de domicile en la demeure de Me. . . . . ., avoué au tribunal de. . . . ., sise à. . . . . ., j'ai, ..., soussigné et avec ces présentes donné copie au sieur. . . . . ., en son domicile, en parlant à. . . . . ., — d'un mandement de collocation délivré au requérant par le greffier du tribunal de. . . . . ., le. . . . . ., enregistré, dans la contribution ouverte sur les sommes saisies-arrêtées entre les mains dudit sieur. . . . . ; à ce que du contenu audit mandement le susnommé n'ignore et ait à y satisfaire, je lui ai, en parlant comme dessus, laissé copie dudit mandement et du présent exploit dont le coût est de. . . . . .

V. n° 68. — Coût : V. *Formule 1*.
Enregistrement de l'exploit, 2 fr. 20 c.

DISTRICT. — Circonscription territoriale qui a formé pendant un temps une division du département. Cette circonscription, qui avait été créée par la loi du 22 déc. 1789, avait été maintenue par la constitution du 3 sept. 1791. Mais les districts furent supprimés par la constitution du 5 fruct. an 3.

DIVERTISSEMENT. — V. *Bénéfice d'inventaire*, n° 14, *Communauté de biens entre époux*, nos 194, 237 et suiv.

DIVIDENDE. **1.**—Part afférente à chaque créancier dans la répartition de l'actif d'un débiteur failli. — V. *Faillite*. — V. aussi *Distribution par contribution*.

2. On appelle également *dividende* la part qui revient à chaque actionnaire dans les bénéfices faits par une société. — V. *Société*.

DIVISIBILITÉ. —V. *Action*, n° 13; *Appel en matière civile*, nos 129, 171, 172, 226, 228, 300; *Compétence commerciale*, n° 67 ; *Conciliation*, nos 30 et suiv., 42; *Condition*, n° 49; *Dépôt*, n° 54; *Enregistrement*, *Exploit*, *Indivisibilité*, *Obligation*.

DIVISION (BÉNÉFICE DE). — V. *Bénéfice de division*, *Cautionnement*, nos 39 et suiv., *Discussion*, *Obligation*.

DIVORCE. — Le Code Napoléon avait reconnu deux sortes de divorce : le divorce pour cause déterminée ou judiciaire, et le divorce par consentement mutuel. L'un et l'autre ont été supprimés par la loi du 18 mai 1816.

DIVULGATION DE SECRETS. — **1.** Toutes les personnes dépositaires, *par état ou profession*, de secrets qu'on leur confie, qui, hors le cas où la loi les oblige à se porter dénonciateurs, révèlent ces secrets, sont punies d'un emprisonnement d'un mois à six mois, et d'une amende de 100 fr. à 500 (C. pén., art. 378).

2. Au nombre des personnes réputées dépositaires par état ou profession des secrets confiés, la loi désigne nominativement les médecins, chirurgiens, officiers de santé, pharmaciens et sages-femmes. Mais cette énumération n'est pas limitative. On a dû dès lors rechercher à quelles autres personnes pouvait encore s'appliquer l'art. 378 précité.

3. En première ligne se place le prêtre dépositaire des secrets qui lui sont confiés sous le sceau de la confession. Vient ensuite l'avocat : comme le prêtre, en effet, il reçoit dans l'exercice de ses fonctions les aveux des parties : il doit considérer ces révélations comme un dépôt inviolable. La confiance que sa profession attire serait un détestable piége, s'il pouvait en abuser au préjudice de ses clients. Le secret est donc la première loi de ses fonctions : s'il l'enfreint, il prévarique (Chauveau et Hélie, *Théorie du Code pénal*, 1re édit., t. 6, p. 520).

4. Les avoués ne sont pas moins que les avocats assujettis à l'obligation du secret. Car, participant à la défense des parties, ils ont évidemment les mêmes devoirs que les avocats (Cass., 18 juin 1835).

5. Autrefois, les notaires étaient aussi rangés parmi les personnes qui ne devaient pas révéler les faits qu'ils ne savaient que par le secret de leur profession (Jousse, *Instruction criminelle*, t. 2, p. 104; Muyart de Vouglans, *Lois criminelles*, p. 784). Il nous semble qu'il en doit être de même aujourd'hui. Ainsi, nous croyons qu'un notaire n'est point tenu de déposer en justice sur les faits dont il a eu connaissance à raison de l'exercice de ses fonctions (*J. Huiss.*, t. 12, p. 86, note; Montpellier, 24 sept. 1827; Carnot, *Commentaire du Code pénal*, sur l'art. 378, *notes additionnelles*, n° 5. — *Contrà* Cass., 23 juill. 1830; *J. Huiss.*, t. 12, p. 86; Chauveau et Hélie, t. 6, p. 523).

6. Jugé de même qu'un huissier peut refuser de déposer en justice, comme témoin, sur les faits qui ne sont parvenus à sa connaissance qu'en sa qualité d'officier ministériel, et qu'il est recevable à intervenir dans l'instance qui a pour objet de l'astreindre à déposer de ces faits (Trib. civ. de Compiègne, 18 déc. 1851 : *J. Huiss.*, t. 33, p. 114).

DIXIÈME, VINGTIÈME. — **1.** Le *dixième* était une imposition extraordinaire que le roi levait quelquefois sur ses sujets dans les besoins pressants de l'Etat.

2. Cet impôt a été remplacé, aux termes d'un édit du mois de mai 1749, par une imposition annuelle qui consistait dans la vingtième partie du revenu des contribuables et qui prit le nom de *vingtième*. Cette imposition ne devait être que temporaire.

3. Le *vingtième* a été supprimé par la loi des 22 nov.-1er déc. 1790, pour faire place à la contribution foncière.

4. On trouve cependant encore quelques souvenirs de l'ancien *dixième*. Ainsi, 10 pour 100 du produit net des octrois doivent être prélevés pour le pain de soupe des troupes (LL. 24 avril 1806, art. 75; 28 avril 1816, art. 153). De même, un décime par franc doit être perçu en sus des droits d'enregistrement, de greffes, de douanes, des amendes.— V. *Enregistrement*, *Greffe* (*droits de*).

DOL. — Manœuvres pratiquées pour tromper quelqu'un et le déterminer à faire une chose qui est nuisible à ses intérêts ou à ne pas faire une chose qui lui est utile. — V. *Acquiescement*, n° 8; *Aveu*, n° 4; *Compromis*, n° 49; *Consentement*, n° 33 et suiv.; *Dépôt*, n° 14; *Dommages-intérêts*, *Fraude*, *Manœuvres frauduleuses*, *Obligation*, *Office*, *Prise à partie*, *Requête civile*, *Simulation*, *Tierce opposition*.

DOMAINE. — **1.** Ce mot s'emploie comme synonyme de *propriété*, et alors il exprime le droit absolu de disposer d'une chose; il s'emploie aussi pour indiquer l'objet même de la propriété, comme un fonds de terre, un corps de fermes.

2. En matière de bail emphytéotique, on distingue le *domaine direct* et le *domaine utile*. — V. *Bail emphytéotique*, n° 4.

DOMAINE CONGÉABLE. — **1.** Immeuble dont la jouissance est concédée précairement, avec aliénation des constructions et plantations, mais sous la réserve de congédier le preneur en le remboursant. On appelle *bail à domaine congéable ou à convenant* (V. ce mot) l'acte qui règle les droits des parties.

2. Le bail à convenant doit être rédigé par écrit (L. 6 août 1791); il participe à la fois du bail à ferme, en ce que le colon jouit précairement du fonds à la charge d'une prestation annuelle, et de la vente sous condition résolutoire, en ce qu'il opère le transport des édifices et superficies dans la propriété desquels le bailleur peut toujours rentrer.

3. Le bailleur reste propriétaire du sol, des bois de haute-futaie, des arbres propres à faire du merrain et des rabines.

4. Il a la faculté perpétuelle et imprescriptible de congédier le domanier et de rentrer dans la propriété de son domaine en remboursant la valeur des édifices et superficies (Toullier, t. 3, n° 103; Proudhon, *de l'Usufruit*, n° 387).

5. Le mot *superficies* comprend les murs de clôture, fossés, engrais, bois puinais, taillis, arbres fruitiers, ou pépinières, plants, et en général les améliorations utiles, mais non les arbres forestiers, noyers et châtaigniers.

6. Le preneur est propriétaire des édifices et superficies qui sont considérés entre ses mains, à l'égard des tiers, comme des immeubles; il peut en disposer comme bon lui semble, les affermer, aliéner à titre gratuit ou onéreux; il peut même les hypothéquer, mais sans préjudicier aux droits du propriétaire du fonds. — V. *Bail à domaine congéable*, n°s 4 et 7.

7. Il peut, pendant la durée de sa jouissance, intenter toutes actions réelles et possessoires pour raison des édifices et superficies, sans le consentement du propriétaire.

8. Il a le droit, comme le propriétaire, de faire cesser le bail à son expiration (L. 6 août 1791, art. 11; Cass., 17 avril 1815; 8 déc. 1829).

9. Mais il doit jouir en bon père de famille, réparer les dégradations provenant de son fait (V. *Bail à domaine congéable*, n° 3), et payer les contributions foncières.

10. L'acte par lequel le bailleur congédie le preneur ou par lequel ce dernier renonce au bail se nomme *congément*. Le congément ne peut être donné qu'à la fin du bail. Il a lieu par exploit signifié à personne ou à domicile. — V. *Formule* 1.

11. Le congément n'est valable qu'autant que le prisage des édifices et superficies a été demandé et terminé six mois avant l'expiration de la jouissance. En conséquence, le congément doit être donné à un terme assez éloigné pour qu'il soit possible de procéder à ce prisage.

12. Faute par les parties de s'entendre à l'amiable sur le prisage, la plus diligente assigne l'autre en validité du congément et conclut à ce que, par experts choisis, sinon nommés d'office, il soit procédé à cette opération. — V. *Formule* 2.

13. Si, à la fin du bail, il n'y a point eu de congément, il s'opère une tacite réconduction.

14. Les anciens usages, appelés *usements*, qui régissaient autrefois les baux à domaine congéable, ont été maintenus par la loi du 6 août 1791 qui les a purgés de tout ce qui s'y trouvait de féodal.

Formules.

1. *Congément.*

L'an. . . . ., à la requête du sieur. . . . . ., j'ai, ..., signifié et déclaré au sieur. . . . ., que le requérant entend que ledit sieur. . . . . cesse, à compter du 29 septembre prochain, la jouissance et l'exercice de tous les autres droits à lui concédés sur (*désigner les biens*), suivant acte reçu par. . . . . . et contenant bail à domaine congéable; lui déclarant que le requérant est prêt et offre de lui payer le montant de la valeur des édifices et superficies desdits biens d'après un prisage amiable ou judiciaire; etc.

V. n° 10.—Coût, tarif, art. 29; Orig.: Paris, 2 fr.; R. P., 1 fr. 80 c.; aill., 1 fr. 50 c.; Cop. le 1/4.

Enregistrement de l'exploit, 2 fr. 20 c.

2. *Assignation en validité de congément et en nomination d'experts.*

L'an. . . . . ., à la requête du sieur. . . . . . (*constituer avoué et donner copie de la non-conciliation*), j'ai. . . . ., donné assignation au sieur. . . . ., à comparaître le. . . . ., pour, — attendu que suivant acte reçu par (*analyser le bail à convenant*); attendu que par exploit de (*analyser le congément*); attendu que le requérant, en rentrant dans la propriété des édifices et superficies desdits biens, est tenu d'en payer la valeur d'après estimation; — voir déclarer valable ledit congément, ordonner qu'il produira son entier effet, et que, faute par le sieur. . . . . . de l'exécuter, il y sera contraint par toutes voies de droit; en conséquence, voir dire que par experts du choix des parties, sinon nommés d'office, il sera procédé au prisage des objets considérés comme édifices et superficies; pour, ensuite, sur leur rapport, dressé et déposé conformément à la loi, être conclu et statué ce qu'il appartiendra, etc.

V. n° 12. — Coût : V. *Formule* 1.

Enregistrement de l'exploit, 2 fr. 20 c.

DOMAINE DE L'ÉTAT. — **1.** Ensemble des biens meubles et immeubles que l'Etat possède, en vertu de contrats civils, d'actes législatifs, et des art. 33, 539, 541 et 768, C. Nap.

2. Les biens de l'Etat sont administrés par la régie de l'enregistrement et des domaines, à l'exception des forêts qui sont régies par une administration particulière. — V. *Forêts.*

3. Les préposés de l'enregistrement et des domaines sont chargés d'opérer le recouvrement des revenus des biens de l'Etat et de recevoir le prix des ventes; en cas de retard des redevables, il est décerné des contraintes contre eux. — V. *Contrainte administrative.*

4. Les actions relatives aux biens de l'Etat, lorsqu'il s'agit des revenus et créances, sont suivies d'après le mode de procéder prescrit en matière d'enregistrement (L. 27 vent. an 9; Cass. 5 mars 1811.—V. *Enregistrement*). Toutefois, lorsque les contestations par leur importance excèdent 1,500 fr., elles sont susceptibles des deux degrés de juridiction (Cass. 27 mai 1807; 23 mars 1808).

5. S'il s'agit d'actions concernant la propriété des biens, elles sont intentées par les préfets ou dirigées contre eux, au nom de l'Etat. Ils doivent être assignés en leur personne ou à leur domicile (Déc. 28 oct. et 5 nov. 1790; L. 28 pluv. an 8, art. 3; C. proc. civ., art. 69). Les préfets n'ont pas besoin d'autorisation (Ord. cons. d'Etat, 26 mars 1823).

6. Toutes les questions domaniales, autres que celles concernant la vente des biens nationaux, sont de la compétence des tribunaux ordinaires (Ord. cons. d'Etat, 23 fév. 1820). — V. *Compétence administrative, Compétence civile.*

7. La constitution d'avoué n'est nécessaire que lorsqu'il s'agit, dans l'instance, de la propriété des biens; elle serait inutile, s'il n'était question que de la perception des revenus. Dans le premier cas, en effet, l'instruction est faite en la manière ordinaire; dans le second, au contraire, elle a lieu par simples mémoires, sans plaidoiries (Cass. 13 pluv. et 4 vent. an 11; 16 juin 1807; Toulouse, 19 juin 1832).

DOMAINE PRIVÉ. — **1.** On comprend sous ce nom tous les biens que le chef de l'Etat peut posséder et transmettre comme particulier.

2. Toutes les actions qui concernent le domaine privé sont dirigées par ou contre l'administrateur de ce domaine (V. *Plaider par procureur*); elles sont instruites et jugées dans les formes ordinaires.

DOMAINE PUBLIC. — **1.** Ensemble des biens dont l'usage ou la jouissance appartiennent au public.

2. Parmi les choses que l'on considère comme étant des dépendances du

domaine public sont les rues, places, fleuves, rivières, rades, chemins publics, etc.

3. Les tribunaux ordinaires sont seuls compétents pour connaître des questions de propriété qui intéressent le domaine public. — V. *Compétence, Compétence civile.*

DOMAINES ENGAGÉS OU ÉCHANGÉS.— 1. On comprend sous cette dénomination les biens qui composaient, avant 1789, le domaine de l'Etat, et qui en ont été détachés par échange ou autre mode d'aliénation, contrairement au principe de droit public qui en prononçait l'inaliénabilité.

2. Les contestations qui peuvent s'élever sur cette matière sont dévolues à l'autorité administrative lorsque, la domanialité étant reconnue, il ne s'agit plus entre l'Etat et l'engagiste que de l'exécution de la loi du 14 vent. an 7, et aux tribunaux, lorsqu'il s'agit de statuer sur la domanialité et sur toutes les contestations entre l'engagiste et des tiers, sans intérêt pour l'Etat.

DOMAINES NATIONAUX.— 1. Les mots *domaines nationaux* sont pris ici dans le même sens que les mots *biens nationaux*.— V. *Biens nationaux.* Nous n'avons à ajouter que quelques mots en ce qui concerne la compétence.

2. Lorsqu'il s'agit d'interpréter les actes administratifs de ventes de domaines nationaux, le sens des clauses de ces actes et leurs effets, de statuer sur leur exécution et de déterminer la nature et l'étendue des biens qui ont fait l'objet de ces actes, la demande doit être portée devant le conseil de préfecture, qui juge sauf recours au conseil d'Etat.

3. Mais les questions qui ne peuvent être résolues que par l'application des titres anciens, les règles du droit commun et les usages locaux, sont de la compétence des tribunaux ordinaires. Ainsi, c'est à ces tribunaux qu'il appartient de prononcer sur les questions de servitude, de mitoyenneté et autres de même nature, sur les actions en restitution de fruits, en déguerpissement et en dommages-intérêts, sur les prescriptions opposées par les tiers à l'acquéreur ou par celui-ci aux tiers, sur les actions possessoires, les empiétements commis par les tiers, etc. — V. *Compétence administrative*, *Compétence civile.*

DOMESTIQUE. — 1. Ce mot ne s'emploie, dans le langage moderne, que pour désigner ceux qui, placés dans un état absolu et continuel de dépendances, comme les laquais, portiers, cuisiniers, etc., rendent à la personne des services tout à fait subalternes.

2. Ainsi, il ne s'applique pas à ceux qui, quoique faisant partie d'une maison, sont subordonnés à la volonté du maître et en reçoivent des gages, comme les bibliothécaires, précepteurs, secrétaires, intendants, clercs de notaires, d'avoués, d'huissiers, commis des marchands, élèves en pharmacie, etc., encore bien qu'ils soient logés et nourris dans la maison de celui qui les emploie.

3. Il ne faut pas confondre non plus avec les domestiques : 1° les gens de travail, c'est-à-dire ceux dont l'engagement peut commencer et finir dans la même journée, ou durer un mois et même une année, comme les moissonneurs, charretiers, bergers, etc., et 2° les ouvriers, c'est-à-dire tous ceux qui exercent sous autrui un métier mécanique ou manuel.—V. *Gens de travail, Ouvrier.*

4. En ce qui concerne la forme et la durée du louage des domestiques, V. *Louage d'ouvrage et d'industrie.*

5. Les contestations qui s'élèvent entre le maître et le domestique sur les conditions de l'engagement et le paiement des gages sont de la compétence des juges de paix. Ils en connaissent sans appel jusqu'à la valeur de cent francs, et à charge d'appel, à quelque valeur que la demande puisse monter (L. 25 mai 1838, art. 5).

6. L'action des domestiques qui se louent à l'année pour le paiement de leurs gages se prescrit par un an (C. Nap., art. 2262).— V. *Prescription*.

7. Ils ont un privilége sur les meubles et sur les immeubles pour les gages de l'année échue et pour ce qui leur est dû sur l'année courante (C. Nap., art. 2101 et 2104). — V. *Privilége*.

8. D'après l'art. 1384, C. Nap., les maîtres sont, aujourd'hui comme autrefois, responsables du dommage que leurs domestiques peuvent causer à autrui dans les fonctions auxquelles ils les ont employés.—V. *Responsabilité*.

9. En principe, les domestiques ne sont point considérés comme les mandataires de leurs maîtres pour acheter à crédit les provisions du ménage (Cass., 22 janv. 1813 ; Paris, 13 sept. 1828).

10. Mais un domestique peut valablement recevoir la copie d'un exploit signifié à son maître (C. proc. civ., art. 68), comme aussi un exploit concernant un domestique lui est valablement signifié au domicile de son maître, le domicile des domestiques étant chez la personne qu'ils servent (C. Nap., art. 109). — V. *Domicile*, nos 23 et 24, *Exploit*.

11. L'état de domestique engendre certaines incapacités. Ainsi, les domestiques ne peuvent assister, comme témoins, un notaire dans la réception des actes authentiques (L. 25 vent. an 11, art. 9), si n'est lorsqu'il s'agit d'un testament (C. Nap., art. 980).

12. Ils ne peuvent non plus assister, comme témoins, l'huissier au service duquel ils sont attachés, en matière de saisie-exécution, de saisie-brandon et de saisie-gagerie (C. proc. civ., art. 585 et 634), ni comme recors, en matière de *contrainte par corps* (V. ce mot, nos 299 et 396).

13. Les domestiques de celui contre qui il est procédé à une saisie-exécution ne peuvent être établis gardiens des objets saisis que de son consentement et de celui du créancier saisissant (C. proc. civ., art. 598).—V. *Saisie-exécution*.

14. La qualité de domestique est également un motif de reproche contre le témoin dans une enquête (C. proc. civ., art. 35, 262 et 283). — V. *Enquête*.

15. Mais les domestiques attachés au service de la personne ne sont pas, comme autrefois (L. 22 mars 1831, art. 2), déclarés incapables de faire partie de la garde nationale; seulement, ils sont placés dans la réserve (L. 13 juin 1851, art. 14).

16. L'incompatibilité entre l'exercice des droits de citoyen et l'état de domestique attaché au service de la personne a été également supprimée. Ainsi, aujourd'hui, les domestiques jouissent des droits politiques; ils sont électeurs.

17. Les domestiques peuvent, après le décès de leur maître, requérir, en cas d'absence du conjoint ou des héritiers, l'apposition des scellés (C. proc. civ., art. 909).—V. *Scellés*.

18. Les domestiques sont capables, sauf le cas de suggestion, de recevoir par testament de leurs maîtres, et les legs qui leur sont faits ne sont pas censés faits en compensation de leurs gages (C. Nap., art. 1023).

DOMICILE. — **1.** Lieu où chaque personne a son principal établissement, le siége de ses affaires, et où seulement elle doit jouir de certains droits.

2. Le *domicile* est le rapport établi par la loi entre une personne et le lieu où elle exerce ses droits. Au contraire, la *demeure* ou *résidence* est le lieu où habite une personne, sans y avoir le siége de ses affaires.

3. Il y a deux espèces de domiciles : le domicile civil et le domicile politique. Le domicile civil est réel ou électif.

Indication alphabétique des matières.

§ 1er. — *Domicile civil réel.*

4. Le domicile de tout Français, quant à l'exercice de ses droits civils, est au lieu où il a son principal établissement (C. Nap., art. 102), c'est-à-dire au lieu où est le centre, le siége de ses affaires, et duquel il ne s'éloigne qu'avec l'espoir et le désir d'y revenir.

5. Il n'est pas toujours facile de reconnaître d'une manière certaine le lieu du principal établissement d'une personne qui réside alternativement dans deux endroits différents. Cependant, on peut regarder comme signes caractéristiques du domicile : 1° le paiement du droit de patente dans une commune, 2° le service de la garde nationale dans tel endroit, 3° la comparution comme défendeur en matière personnelle devant tel tribunal, sans y avoir proposé le déclinatoire.

6. A défaut d'établissement principal, le domicile d'un individu est au lieu où ses père et mère avaient leur domicile au moment où il lui a été permis de s'en choisir un lui-même, tant qu'il n'a pas manifesté d'une manière expresse et positive l'intention de s'établir ailleurs (Cass., 1er mars 1826 ; Toullier, t. 1, n° 371 ; Duranton, t. 1, n° 355). Cette disposition s'applique aux militaires qui se rendent aux armées (Cass., 11 vend. an 13).

7. Une fois que le domicile est acquis, l'intention suffit seule pour le conserver ; bien plus, l'intention de conserver son domicile est toujours présumée surtout à l'égard du domicile d'origine. Ainsi, le domicile d'origine ne se perd pas par la résidence en pays étranger, quoiqu'on s'y soit marié, qu'on y ait élevé sa famille et établi le siége de ses affaires (Paris, 30 juill. 1811).

8. L'ancienne jurisprudence reconnaissait en certains cas deux domiciles (Duparc-Poullain, *Principes de droit*, t. 2, p. 8). Aujourd'hui, un individu peut bien avoir plusieurs résidences; mais il ne peut avoir qu'un seul domicile. C'est, par application de ce principe, que la Cour de Lyon a décidé, le 6 août

1829, que l'exploit d'appel qui énonce que le domicile de l'intimé est dans tel lieu qu'il désigne, et qui est signifié dans un autre lieu que le même exploit qualifie aussi de domicile de l'intimé, est nul.

9. Mais, le véritable domicile n'étant pas toujours le domicile apparent, il s'ensuit qu'il est quelquefois difficile de reconnaître en quel lieu un individu qu'on veut assigner a véritablement, réellement son domicile. Aussi, a-t-on, avec raison, ce nous semble, admis la validité d'un exploit signifié : 1° au siége de l'un des établissements de commerce d'un individu qui n'a pas fait connaître par des faits certains lequel de ces établissements il entendait choisir pour son domicile (Arrêt du parlement de Paris du 6 sept. 1670 ; Delvincourt, t. 1, p. 250, note 8 sur la page 41) ; 2° au lieu où une société commerciale a réellement le centre de ses opérations, bien que l'acte de société indique un autre lieu comme étant le siége de cette société (Cass., 23 nov. 1836 ; Riom, 5 août 1844) ; 3° au lieu habité par une personne pendant la majeure partie de l'année et qui paraît être le siége de sa fortune et de ses affaires, encore bien que son véritable domicile soit dans un autre lieu qu'elle n'occupe qu'accidentellement (Cass., 28 déc. 1815 ; 16 fév. 1819 ; Metz, 1er mars 1821).

10. L'art. 102, C. Nap., est applicable à l'étranger qui est autorisé à résider en France (C. Nap., art. 13), et même à celui qui y réside, sans autorisation (Cass., 8 therm. an 8. — *Contrà* Duranton, t. 1, n° 363).

11. Le droit d'avoir ou de se choisir un domicile n'appartient qu'aux personnes qui ont la libre disposition de leur personne.

12. *Femme mariée.* — Ainsi, la femme mariée n'a pas d'autre domicile que celui de son mari (C. Nap., art. 108), quel que soit le régime auquel elle est soumise (Cass., 26 juill. 1808), alors même qu'elle serait judiciairement séparée de biens (Cass., 20 avril et 26 juill. 1808 ; 1er mai 1823 ; Colmar, 12 juill. 1806 ; Paris, 19 avril 1817).

13. Mais, en cas de séparation de corps, la femme a de droit un domicile distinct de celui de son mari (Toullier, t. 1, n° 773).

14. Lorsque le mari est interdit, le domicile de la femme, si elle n'en est pas nommée tutrice, est le même que celui du tuteur à l'interdiction de son mari (Duranton, t. 1, n° 371). Si elle est nommé tutrice, elle a son domicile propre.

15. La femme qui fait un commerce séparé de celui de son mari peut avoir un domicile particulier pour les actes de ce commerce, et le mari, à raison de ces faits, est même valablement assigné à ce domicile (Delvincourt, t. 1, p. 251, note 5 sur la page 42).

16. *Mineur.* — Le mineur non émancipé a son domicile chez ses père, mère ou tuteur (C. Nap., art. 108). S'il est enfant naturel, il a son domicile chez celui de ses père et mère qui l'a reconnu ; s'il n'est pas reconnu, il a pour domicile, jusqu'à sa majorité, l'hospice où il a été élevé.

17. *Mineur émancipé.* — Le mineur émancipé est présumé avoir conservé le domicile de ses père et mère ou de son tuteur. Mais il peut en choisir un autre (Merlin, *Répert.*, v° *Domicile*, § 5, n° 3 ; Duranton, t. 1, n° 369).

18. *Interdits.* — A l'égards des majeurs interdits, ils ont leur domicile chez leur tuteur (C. Nap., art. 108 et 509). Quant à l'individu muni d'un conseil judiciaire, il conserve son domicile particulier et a le droit de s'en choisir un autre (C. Nap., art. 513).

19. *Condamnés.* — Les condamnés aux travaux forcés à temps, à la réclusion et à la détention, sont, pendant la durée de leur peine, en état d'interdiction légale (C. pén., art. 29) ; en conséquence, pendant cette peine, leur domicile est chez leur tuteur (Duranton, t. 1, n° 372). Le mort civilement conserve son ancien domicile jusqu'à l'exécution de l'arrêt (Paris, 30 janv. 1817).

20. Les déportés par condamnation judiciaire, et les condamnés aux travaux forcés à perpétuité étant frappés de mort civile (C. pén., art. 18), n'ont plus de domicile. Il n'en est pas de même des déportés par mesure législative ou politique : ils conservent leur ancien domicile (Cass., 6 frim. an 11). Quant aux condamnés au banissement et aux condamnés à des peines correctionnelles, ils conservent le domicile qu'ils avaient avant leur condamnation (Duranton, t. 1, nos 372 et 373).

21. *Invalides.* — Les invalides ont leur domicile à l'hôtel dans lequel ils habitent (Paris, 16 janv. 1807). De même, ceux qui sont admis pour leur vie dans un établissement public, par exemple un hospice, sont domiciliés dans le lieu où se trouve cet établissement.

22. *Etudiants.* — Les étudiants n'acquièrent point le domicile dans le lieu où ils résident pour leurs études; ils conservent celui qu'ils avaient chez leurs parents ou tuteurs (Duranton, t. 1, n° 370).

23. *Majeurs servant habituellement chez autrui.* — Les majeurs qui servent ou travaillent habituellement chez autrui ont le même domicile que la personne qu'ils servent ou chez laquelle ils travaillent, lorsqu'ils demeurent avec elle dans la même maison (C. Nap., art. 109).

24. Cet article n'est pas applicable : 1° aux femmes ni aux mineurs; ils conservent, même en travaillant chez autrui, les unes le domicile conjugal, les autres le domicile de leurs père et mère ou tuteur (Duranton, t. 1, n° 374); 2° au majeur marié, qui a un domicile où réside sa femme, et qui est inscrit à la contribution personnelle et mobilière de la commune où est ce domicile; 3° au majeur qui louant ses services n'habite point dans la maison du maître. — V. *Domestique*, n° 10.

25. Le domicile est attributif de juridiction dans certains cas (V. *Compétence civile*, *Compétence commerciale*, *Conciliation*); il détermine l'ouverture de la succession (C. Nap., art. 110), et sert à régler certains avantages locaux (C. for., art. 103).

§ 2. — *Changement de domicile.*

26. Tout individu peut changer de domicile. Ce changement s'opère par le fait d'une habitation réelle dans un autre lieu, joint à l'intention d'y fixer son principal établissement (C. Nap., art. 103). Ainsi, comme on le voit, le seul concours du *fait* et de *l'intention* suffit pour faire acquérir un nouveau domicile et faire perdre celui qu'on a voulu quitter, sans qu'il soit nécessaire d'attendre l'expiration d'un délai, ni de faire aucune déclaration (Cass., 22 flor. an 10; Limoges, 1er sept. 1813; Duranton, t. 1, n° 357). L'intention sans le fait n'établirait pas le changement de domicile (Cass., 9 juin 1830).

27. La preuve du fait est toujours facile à établir. Quant à celle de l'intention, elle peut résulter soit d'une déclaration expresse faite tant à la municipalité du lieu que l'on quitte, qu'à celle du lieu où l'on transfère son domicile (C. Nap., art. 104), soit de circonstances dont l'appréciation est abandonnée à la sagesse des tribunaux (C. Nap., art. 105).

28. La déclaration de transporter son domicile, faite seulement à une municipalité, ne suffit pas si ce transport n'est pas effectué par un abandon réel du domicile actuel (Bordeaux, 30 août 1811; Poitiers, 23 juin 1819), et, dans ce cas, un exploit est valablement signifié à l'ancien domicile (Cass., 7 nov. 1832).

29. L'individu appelé à une fonction publique temporaire ou révocable conserve le domicile qu'il avait auparavant, s'il n'a pas manifesté d'intention contraire (C. Nap., art. 106). Ainsi, les députés, procureurs impériaux, préfets, militaires, etc., conservent leur ancien domicile, s'il n'est pas établi qu'ils aient eu l'intention de l'abandonner (Cass., 11 mars 1812; 1er mars 1826).

30. Cette intention peut résulter soit de déclarations, soit de circonstances (Cass., 11 juill. 1831) appréciées par les tribunaux, dont la décision à cet égard n'est pas soumise à la censure de la Cour de cassation (Cass., 20 juin 1832).

31. Il a été jugé que la volonté, de la part d'un fonctionnaire révocable, de transporter son domicile dans le lieu où il exerce ses fonctions, résulte du fait d'avoir figuré dans des testaments et actes de l'état civil, d'avoir donné une procuration ou passé un acte où il s'est dit domicilié dans ce lieu, d'avoir refusé une fonction plus lucrative ailleurs, d'y avoir payé ses contributions et supporté les charges municipales, d'y avoir fait un bail pour 9 ans, et enfin de n'avoir conservé aucun logement dans son domicile originaire (Cass., 11 juill. 1831).

32. Le député qui, outre le domicile politique qu'il a dans un lieu, a un domicile de fait dans un autre lieu où il a un appartement meublé à ses frais et où il paie sa contribution personnelle, est justiciable des tribunaux de ce dernier domicile pour le paiement des objets par lui achetés et livrés à ce domicile (Paris, 25 mai 1826).

33. L'acceptation de fonctions conférées à vie emporte translation immédiate du domicile du fonctionnaire dans le lieu où il doit exercer ses fonctions (C. Nap., art. 107). Par fonctions conférées à vie, il faut entendre des fonctions irrévocables; par exemple, celles d'un percepteur étant révocables n'emportent pas de droit translation de domicile (Cass., 11 mars 1812 : *J. Huiss.*, t. 7, p. 199).

34. Tous les titulaires ecclésiastiques inamovibles sont domiciliés dans le lieu où ils résident. Il en est de même des notaires, avoués, huissiers. Le domicile est changé du jour de la prestation de serment de ces derniers. On ne peut d'ailleurs déroger à la disposition de l'art. 107.

35. Lorsque, dans l'intervalle de l'instruction au jugement de première instance ou pendant l'instance d'appel, l'une des parties change son domicile, sans faire les déclarations prescrites par l'art. 104, elle doit notifier ce changement à son adversaire. — V. *Formule* 1.

36. Faute de faire cette notification, elle est valablement assignée au domicile où l'instance a commencé (Cass., 13 germ. an 12), et le jugement par défaut lui est régulièrement signifié à ce dernier domicile (Cass., 11 juin 1825).

37. Mais, lorsque les déclarations prescrites par l'art. 104 ont été faites, on ne peut pas assigner la partie à son ancien domicile (Nîmes, 3 mai 1808 ; Paris, 10 juin 1811). Toutefois, la déclaration de domicile pourrait être anéantie par les juges en s'appuyant sur des déclarations contenues dans des actes postérieurs (Cass., 23 janv. 1827 ; 27 fév. 1834).

§ 3. — *Domicile élu.*

38. On appelle *domicile élu* celui qui, en vertu de la loi, d'une convention ou de la volonté de l'une des parties, est indiqué pour l'exécution d'un acte ou d'un jugement, ou pour l'instruction d'un procès.

39. Il ne faut pas confondre le domicile élu avec le *lieu* fixé pour le paiement d'une dette. Celui-ci n'autorise pas les créanciers à y notifier leurs poursuites (Cass. 29 oct. 1810). Toutefois, dans ce cas, il est bon, avant d'exercer des poursuites au domicile réel, de constater par une sommation qu'aucuns fonds n'ont été déposés au domicile indiqué pour le paiement, et qu'il n'y a point eu d'offres réelles; car sans cette précaution, on s'exposerait à une procédure nulle et à des dommages-intérêts de la part du créancier.

40. L'élection de domicile est légale ou forcée, conventionnelle, volontaire ou facultative.

41. Dans certains actes, l'élection de domicile est prescrite par la loi, dans le but de faciliter les moyens de se défendre contre une exécution (C.

Nap., art. 176 et 2148; C. proc. civ., art. 61, 422, 435, 559, 569, 584, 634, 637, 673, 783, 789 et 927).

42. L'élection de domicile ne profite qu'aux personnes vis-à-vis desquelles elle est prescrite : ce serait donc irrégulièrement que d'autres feraient à ce domicile des significations pour des causes étrangères à l'acte qui a nécessité cette élection.

43. L'élection de domicile faite pour la procédure perd son effet, non-seulement lorsque l'affaire ou l'opération est terminée (Cass. 14 prair. an 2), mais encore lorsque celui qui l'a faite vient à décéder (Colmar, 5 août 1809).

44. L'élection de domicile faite dans un commandement de payer ne constitue pas mandataire celui chez qui cette élection est faite : le paiement de la somme ne peut être fait qu'entre les mains du créancier (Cass., 6 frim. an 13; Merlin, *Rép.*, v° *Domicile élu*, § 1, n° 4) ; celle prescrite par l'art. 435, C. proc. civ., n'attribue pas au tribunal du domicile élu la connaissance de l'opposition (C. proc. civ., art. 437; Merlin, n° 5). — V. *Ajournement, Appel en matière civile, Contrainte par corps, Exploit, Saisie-arrêt, Saisie-exécution, etc.*— V. *infrà* n° 55.

45. L'art. 111, C. Nap., porte que lorsqu'un acte contient, de la part des parties ou de l'une d'elles, élection de domicile pour son exécution dans un autre lieu que le domicile réel, les significations, demandes et poursuites relatives à cet acte, peuvent être faites au domicile convenu et devant le juge de ce domicile. L'élection de domicile dont parle cet article est appelée *conventionnelle.*

46. L'élection de domicile conventionnelle est attributive de juridiction et produit à l'égard des notifications et exécutions des actes judiciaires, et du jugement sur les difficultés des conventions, tous les effets attachés au domicile réel.

47. On peut donc signifier au domicile élu une citation en conciliation (Cass., 25 germ. an 10. — *Citation*, *Conciliation*), un ajournement (V. *Ajournement*). Mais on ne pourrait y signifier le jugement qui prononce une condamnation (Colmar, 20 mars 1810; Cass., 29 août 1815; Paris, 11 avril 1829). — Sur la question de savoir si l'on peut signifier un commandement tendant à saisie-exécution ou à saisie immobilière, V. *Saisie-exécution, Saisie-immobilière.*

48. L'élection de domicile doit être restreinte au cas spécial pour lequel elle est déterminée et ne peut être étendue au delà de la volonté des parties; ainsi, les significations faites à ce domicile pour des objets étrangers et par des personnes autres que celles pour lesquelles cette élection a été faite sont radicalement nulles (Cass., 8 janv. 1826) : par exemple, la notification du transport d'une créance faite au domicile élu pour l'exécution du contrat est nulle vis-à-vis des tiers (Bruxelles, 30 nov. 1809).

49. L'indication de paiement faite dans un effet de commerce constitue une élection de domicile attributive de juridiction et qui autorise les poursuites, pour arriver au paiement, au domicile élu (Cass., 25 prair. an 10; 4 fév. 1808 ; 17 avril 1811 ; Bruxelles, 30 mars 1807). Mais on ne pourrait signifier le jugement au domicile élu, ni l'acte d'appel d'un jugement (Turin, 29 nov. 1809; Agen, 6 fév. 1810; Colmar, 20 mars 1810; Trèves, 26 fév. 1810).

50. L'élection de domicile n'est pas un obstacle à ce que les actes soient signifiés au domicile réel de la partie. (Merlin, *Répert.*, v° *Domicile élu*, § 2, n° 12), à moins que l'élection de domicile n'ait été faite expressément dans l'intérêt du débiteur, auquel cas ces actes ne peuvent être signifiés qu'au domicile élu.

51. Lorsque, en cas d'élection de domicile pour l'exécution d'un acte, le réancier veut faire des poursuites au domicile réel, il doit auparavant constater qu'il n'y a ni offres réelles ni dépôt de fonds au domicile élu. —V. *suprà* n° 39.

52. Le lieu de l'élection conventionnelle ne peut être changé que du consentement des parties (Cass., 19 janv. 1814), et cette élection n'est pas révoquée, soit par le décès de celui qui l'a faite (Duranton, t. 1, p. 381), soit par le décès ou la cessation des fonctions de la personne chez laquelle le domicile est élu. (Duranton, t. 1, n° 384 ; Cass., 9 janv. 1814). Mais l'une des parties peut, sans le consentement de l'autre, transporter le domicile élu chez une autre personne de la même commune (Duranton, t. 1, n° 381 ; Cass., 19 janv. 1814), à la charge par elle de notifier ce changement à son adversaire.

53. Celui qui fait une élection de domicile doit clairement désigner le lieu du domicile élu ; car, en cas d'ambiguité, elle s'interpréterait contre lui (Cass., 8 therm. an 11 ; 25 vend. an 12).

54. L'élection de domicile conventionnelle constitue un mandat donné à ceux qui habitent le domicile élu pour y recevoir les significations qui seront faites. Si elles refusaient de recevoir ces significations, l'huissier devrait se transporter au parquet, y faire viser son exploit et y remettre la copie.

55. L'indication de l'étude d'un notaire comme lieu de paiement ne donne pas le droit à ce fonctionnaire de recevoir le montant de la dette ; en conséquence, le paiement qui lui serait fait ne libérerait pas le débiteur (Cass., 23 nov. 1830 ; 21 nov. 1836 ; 23 fév. 1837). Il en est de même lorsque l'élection de domicile est faite chez un particulier (Cass., 6 frim. an 13 ; Toullier, t. 7, n° 24).—V. *suprà* n° 44.

56. L'élection de domicile volontaire ou facultative est celle qui est faite, par l'une des parties, depuis la convention qui ne contient aucune élection de domicile, par une signification séparée, et qui doit être signée de la partie. —V. *Formule* 2.

57. Cette élection peut être faite par toutes personnes, même par des étrangers. Elle doit spécifier les actes ou au moins les affaires pour lesquelles elle est faite. Il est loisible à l'adversaire de signifier tous les actes énoncés, soit au domicile élu, soit au domicile réel.

58. Elle n'est attributive de juridiction que lorsqu'elle est acceptée avec cet effet par la partie adverse.

§ 4. — *Domicile politique.*

59. Le domicile politique d'un individu est au lieu où il est appelé à exercer les droits politiques attachés à la qualité de citoyen, et qui consistent principalement dans le droit d'élire les députés au Corps législatif, les conseillers généraux, les conseillers d'arrondissement et les conseillers municipaux. Pour ce qui concerne le domicile politique, son établissement, sa conservation et son changement, V. *Elections.*

Formules.

1. *Notification de changement de domicile.*

L'an. . . . ., à la requête du sieur. . . . ., j'ai. . . . . ., signifié et déclaré au sieur. . . . ; que le requérant a transporté son domicile de. . . . . ., où il était établi, à. . . . . . où il est actuellement ; déclarant au sieur. . . . que la présente notification lui est faite afin qu'il ait à signifier au nouveau domicile du requérant tous les actes nécessités par l'instance pendante entre les parties devant le tribunal de. . . . ., et qui doivent être remis à domicile réel, etc.

V. n° 35.—Coût, tarif, art. 29. Orig. : Paris, 2 fr. ; R. P., 1 fr. 80 c. ; aill., 1 fr. 50 c. ; Cop. le 1/4.

Enregistrement de l'exploit, 2 fr. 20 c.

2. *Signification d'élection de domicile.*

L'an. . . . ., à la requête du sieur. . . . ., j'ai,. . . . ., signifié et déclaré au sieur. . . . ., que le requérant fait élection de domicile à. . . . ., en la demeure de. . . . ., pour l'exécution des conventions arrêtées entre les parties, verbalement à. . . . ., le. . . . . (*ou* suivant acte. . . . .) ; déclarant que le requérant entend que toutes poursuites soient faites à ce domicile, et que là, comme à son domicile réel, il lui soit signifié toutes sommations, citations, assignations, jugements, actes d'appel et généralement tous les exploits faits par suite ou à l'occasion desdites conventions ; et à, le sieur. . . . ., signé en cet endroit.

V. nº 56. — Coût : V. *Formule 1.*
Enregistrement de l'exploit, 2 fr. 20 c.

DOMMAGE. — Ce mot s'emploie pour désigner toute espèce de perte ou de préjudice occasionné à quelqu'un par le fait d'une autre personne. Ce fait donne lieu à une action en réparation (C. Nap., art. 1382 et suiv.). — V. *Animaux, Délit, Délit rural, Responsabilité.*

DOMMAGE AUX CHAMPS. — **1.** On entend par *dommages aux champs* ceux qui, dans les campagnes, sont causés à la terre et à ses productions, quelles qu'elles soient. — V. *Arbres, Bornes, Délit rural, Dégradation, Destruction, Inondation, Récoltes.*

2. Les actions pour dommages faits aux champs, fruits et récoltes, sont de la compétence des juges de paix. — V. *Justice de paix.*

DOMMAGE IMMINENT. — **1.** Celui qui n'est pas encore arrivé, mais qui, selon toute vraisemblance, arrivera : c'est le *damnum infectum* de la loi romaine (Dig., titre *de Damno infecto*, l. 2).

2. Le *damnum infectum* donnait lieu, en droit romain, à l'action *damni infecti*, qui avait pour objet d'obtenir une caution pour le dommage éventuel ; par exemple pour le cas où un bâtiment menaçant ruine endommagerait en tombant le bâtiment voisin, et, à défaut de caution, l'envoi en possession du bâtiment dont la chute était imminente.

3. Le Code Napoléon ne s'explique que sur le dommage arrivé. « Le propriétaire d'un bâtiment, porte l'art. 1386 de ce Code, est responsable du dommage causé par ruine, lorsqu'elle arrive par suite du défaut d'entretien ou par le vice de sa construction ».

4. Le dommage imminent peut-il donc encore aujourd'hui donner ouverture à une action contre le propriétaire? Nous ne croyons pas que l'action *damni infecti* du droit romain, telle qu'elle a été définie au nº 2, soit admise dans notre législation. Toutefois, il nous semble qu'un propriétaire menacé par la chute d'un édifice voisin doit avoir le droit de contraindre le propriétaire de cet édifice, soit à le démolir, soit à le réparer. La Cour d'Amiens, par arrêt du 17 fév. 1837, et la Cour de Rennes, par arrêt du 23 mars 1843 lui ont, avec raison, reconnu ce droit, que quelques auteurs lui accordent également (V. Henrion de Pansey, *Compétence des juges de paix*, chap. 38; Merlin, *Répert.*, vº *Bâtiment*, nº 3 ; Fournel, *du Voisinage*, t. 1er, p. 193. — *Contrà* Bruxelles, 17 mars 1825 ; Duranton, t. 13, nº 729).

5. Mais on ne peut former contre un propriétaire voisin dont le bâtiment menace ruine, une action à l'effet d'obtenir des dommages-intérêts pour la réparation du préjudice qui peut être causé par la chute de ce bâtiment. Une condamnation à des dommages-intérêts ne peut être prononcée que dans le cas de préjudice accompli (Paris, 4 déc. 1841).

DOMMAGES-INTÉRÊTS. — **1.** Indemnité due à une personne pour réparation du préjudice qu'on lui a occasionné, ou pour lui tenir lieu du gain dont on l'a privée par sa faute.

---

§ 1er. — *Cas dans lesquels il y a lieu à dommages-intérêts.*

2. Il y a lieu à dommages-intérêts, en général, toutes les fois qu'un individu a éprouvé un préjudice soit par suite d'un fait nuisible, indépendant de toute convention, soit par suite de l'inexécution d'une convention. Nous ne nous occuperons ici que des dommages-intérêts dus pour inexécution ou retard dans l'exécution des obligations.

3. Toute obligation de faire ou de ne pas faire se résout en dommages-intérêts en cas d'inexécution de la part du débiteur (C. Nap., art. **1142**). Ainsi, on ne peut employer la force pour contraindre le débiteur à faire ce qu'il a promis ou à s'abstenir de faire ce qu'il s'est interdit. Mais un jugement qui ordonnerait de faire une chose, sans prononcer des dommages-intérêts pour le cas d'inexécution, serait sujet à cassation (Cass., 20 juill. 1812).

4. Tout en réclamant des dommages-intérêts, le créancier a le droit de demander que ce qui aurait été fait par contravention à l'engagement de ne pas faire soit détruit; et il peut même se faire autoriser à le détruire aux dépens du débiteur (C. Nap.. art. **1143**).

5. Le créancier peut aussi, en cas d'inexécution, être autorisé à faire exécuter lui-même l'obligation de faire, aux dépens du débiteur (C. Nap., art. **1144**).

6. Ainsi, dans toutes les obligations de faire ou de ne pas faire, le créancier a le droit de demander, à son choix, à être autorisé à faire ce qui était promis ou à détruire ce qui a été fait, et des dommages-intérêts si ce qui n'a pas été fait ou ce qui l'a été contrairement à la convention lui a porté un préjudice, — ou des dommages-intérêts destinés à remplacer le bénéfice de la stipulation principale.

7. Dans les obligations de donner ou délivrer une chose, il n'en est pas de même. Si le créancier l'exige, le débiteur doit lui remettre la chose promise, et, en cas de refus, le créancier peut le contraindre par toutes les voies légales, et, au besoin, s'emparer de l'objet vendu ou donné. — V. *Délivrance.*

8. Si le débiteur cache la chose promise, ou s'il ne l'a pas conservée en bon état, on peut réclamer de lui des dommages-intérêts (C. Nap., art. **1126**).

9. L'inexécution des obligations de payer entraîne des dommages-intérêts qui ne sont autres que les intérêts au taux légal des sommes qui n'en produisent point. — V. *infrà* n° 25.

10. L'inexécution ou le retard d'exécution provient soit du dol du débiteur, soit de sa faute, soit d'un cas fortuit ou d'une force majeure.

11. Il y a dol, toutes les fois que l'une des parties, soit dans le dessein de nuire à l'autre, soit même de mauvaise foi, n'a point exécuté ou a retardé d'exécuter une obligation (Toullier, t. 6, n° 224).

12. Le dol est quelquefois réprimé par une peine; mais, dans tous les cas, il donne lieu à des dommages-intérêts (Toullier, t. 6, nos 223 et 226). C'est au créancier à faire la preuve du dol.

13. Dès que l'obligation n'est pas exécutée aux termes et de la manière convenus, le débiteur est constitué en faute, encore qu'il n'y ait aucune mauvaise foi de sa part (C. Nap., art. **1147**). Alors des dommages-intérêts peuvent être accordés au créancier.

14. On n'admet plus aujourd'hui la distinction des fautes en graves, légères et très-légères (Toullier, t. 6, nos 231 et 234). Toute omission provenant du défaut de soins ou de l'ignorance des choses que l'on pouvait ou que l'on devait savoir est une faute.

15. Le débiteur ne serait tenu d'aucuns dommages-intérêts, s'il justifiait que l'inexécution provient d'une cause étrangère qui ne peut lui être imputée (C. Nap., art. 1147). C'est aux tribunaux à admettre ou rejeter les questions d'excuse et d'imputabilité (Toullier, t. 6, n° 235).

16. Il n'y a également lieu à aucuns dommages-intérêts lorsque, par suite d'une force majeure ou d'un cas fortuit, le débiteur a été empêché de donner ou de faire ce à quoi il était obligé ou a fait ce qui lui était interdit (C. Nap., art. 1148).

17. C'est au débiteur à prouver le cas fortuit. Toutefois, cette preuve ne l'affranchit pas des dommages-intérêts : 1° s'il s'est expressément chargé des cas fortuits ; 2° s'il est en demeure, à moins qu'il ne prouve que la chose aurait également péri entre les mains du créancier, si la livraison eût été faite ; 3° s'il s'agit d'une chose soustraite par lui (C. Nap., art. 1302) ; 4° si le cas fortuit a été précédé d'une faute de sa part (art. 1807) ; dans ce cas, lorsque le débiteur a prouvé le cas fortuit, c'est au créancier à prouver la faute du débiteur qui l'a précédé (art. 1809 ; Toullier, t. 6, n° 228).

18. En général, l'impuissance personnelle et relative ne décharge pas le débiteur des dommages-intérêts. Ainsi, un marchand, qui vend ce qu'il n'a pas et qui ne peut se le procurer par l'effet d'une force majeure, est passible de dommages-intérêts.

§ 2. — *A partir de quelle époque les dommages-intérêts sont dus.*

19. Pour savoir à partir de quelle époque les dommages-intérêts sont dus, il faut distinguer entre les *obligations de ne pas faire* et les *obligations de donner ou de faire.*

20. Dans les *obligations de ne pas faire*, les dommages-intérêts sont dus dès l'instant et par le seul fait de la contravention (C. Nap., art. 1145), sans qu'il soit besoin de mise en demeure. Au contraire, dans les *obligations de donner ou de faire*, les dommages-intérêts ne sont dus que lorsque le débiteur est en demeure de remplir son obligation (C. Nap., art. 1146 ; Toullier, t. 6, n° 239).

21. La mise en demeure a lieu soit par une *sommation* (V. ce mot), soit par un autre acte équivalent, tel qu'*un commandement* (V. ce mot), une *citation* ou un *ajournement* (V. ces mots), ou tout autre acte écrit, propre à certifier que le débiteur est en retard, soit par l'effet de la convention, lorsqu'elle porte que, sans qu'il soit besoin d'acte et par la seule échéance du terme, le débiteur sera en demeure (C. Nap., art. 1139 et 1153 ; Toullier, t. 6, n° 253).

22. Aucun acte ne peut opérer la mise en demeure, lorsqu'il y a empêchement légal de payer au créancier ; par exemple, l'acte d'un mineur non émancipé ne mettrait pas le débiteur en demeure.

23. Par suite de la mise en demeure, le créancier a droit aux fruits de la chose due et aux dommages-intérêts, et le débiteur ne peut plus le forcer, par des offres réelles, à accepter l'exécution de l'obligation principale (Toullier, t. 6, nos 254 et 255).

24. La mise en demeure est purgée par la renonciation expresse ou tacite du créancier ; par le laps d'un mois qui s'est écoulé depuis la citation en conciliation ; par la demande en péremption d'une assignation ; lorsque le créancier ne se présente pas au lieu et au jour fixés par la convention ou la loi (Toullier, t. 6, nos 256 et suiv.).

§ 3. — *Liquidation des dommages-intérêts.*

25. Les dommages-intérêts sont fixés par la loi, la convention des parties, ou le juge : ils sont fixés par la loi dans les obligations qui se bornent au paiement d'une certaine somme d'argent. Alors, en cas de retard dans l'exécution, les dommages-intérêts ne consistent que dans les intérêts légaux (C. Nap., art. 1153) ; par la convention des parties, lorsque celles-ci, pour éviter les difficultés d'une liquidation de dommages-intérêts, stipulent que celle d'entre elles qui n'exécutera pas l'obligation paiera à l'autre une somme fixée : dans ce cas, le juge ne peut augmenter ni diminuer cette somme (art. 1152); par le juge, lorsque la loi et la convention des parties gardent le silence : alors, il peut employer tous les moyens ordinaires d'instruction et surtout ordonner des expertises, s'il y a lieu.

26. En général, les dommages-intérêts dus au créancier sont de la perte qu'il a faite et du gain dont il a été privé (C. Nap., art. 1149). Il doit prouver la perte et l'omission de gain (Duranton, t. 10, n° 471).

27. Le débiteur n'est tenu que des dommages-intérêts qui ont été prévus ou qu'on a pu prévoir lors du contrat, lorsque ce n'est point par son dol que l'obligation n'est pas exécutée (C. Nap., art. 1150); si c'est par son dol, il doit les dommages-intérêts imprévus. — V. *suprà* n°s 11 et suiv.

28. Les dommages-intérêts, même lorsqu'il y a eu dol, ne doivent comprendre, à l'égard de la perte éprouvée par le créancier et du gain dont il a été privé, que ce qui est une suite immédiate et directe de la convention (C. Nap., art. 1151).

29. Les actions en dommages-intérêts sont portées devant le juge du domicile du défendeur. Ce juge apprécie le fait qui donne lieu à l'action et décide si ce fait doit être imputé au défendeur.

30. Si le droit du demandeur est reconnu, il dresse, article par article, la déclaration de ses prétentions. Cette déclaration est signifiée par un simple acte à l'avoué du défendeur, s'il en a constitué un (C. proc. civ., art. 523), sinon par exploit à personne ou à domicile, avec assignation afin de procéder à l'homologation de la déclaration. — V. *Formule* 1.

31. Si l'état des dommages-intérêts peut se baser sur des pièces, elles doivent être communiquées au défendeur, sur le récépissé de son avoué, ou par la voie du greffe (C. proc. civ., art. 523). S'il n'a pas d'avoué, on doit lui déclarer dans l'exploit que le demandeur offre de lui communiquer les pièces justificatives de la demande, s'il y en a.

32. Le défendeur est tenu, dans les délais fixés par les art. 97 et 98, C. proc. civ. (quinze jours), et sous les peines portées auxdits articles (combinées avec celles prononcées par les art. 107 et 191, C. proc. civ.), de remettre lesdites pièces, et, huitaine après l'expiration de ces délais, de faire ses offres au demandeur, de la somme qu'il avise pour les dommages-intérêts (C. proc. civ., art. 524).

33. Ces offres sont faites par acte d'avoué. L'avoué du défendeur doit, de plus, mettre en marge de chaque article de la déclaration la somme offerte pour cet article (Tarif, 16 fév. 1807, art. 142). Les offres doivent être renouvelées par exploit signifié à la partie et suivies de consignation. — V. *Offres réelles*, et *Formule* 2.

34. Lorsque les offres, inférieures au montant de la demande, ne sont pas acceptées par le demandeur, ou lorsque le défendeur laisse écouler le délai de huitaine sans faire d'offres, la cause est portée à l'audience sur un simple acte (C. proc. civ., art. 524) ; la contestation s'instruit suivant les formes ordinaires, et si la demande est trouvée juste et bien vérifiée, le montant de la déclaration est accordé (même art.).

35. Si les offres contestées sont jugées suffisantes, le demandeur est condamné aux dépens, mais seulement du jour des offres (C. proc. civ., art. 825).

36. La solidarité a-t-elle lieu en matière de dommages-intérêts ? Cette question est controversée. On peut citer pour l'affirmative un arrêt de la Cour de Paris, du 26 fév. 1829, et un arrêt de la Cour de cassation, du 11 juin

1826 ; mais, pour la négative, deux arrêts de la Cour de cassation, des 3 déc. 1827 et 17 janv. 1832.

37. Lorsque les dommages-intérêts excèdent 300 fr., la contrainte par corps peut être prononcée par les juges pour en assurer le paiement.— V. *Contrainte par corps.*

Formules.

1. *Signification de la déclaration des dommages-intérêts.*

L'an. . . . ., à la requête du sieur (*constitution d'avoué*), j'ai,. . . . ., signifié et avec celle des présentes donné copie au sieur. . . . . ., de la déclaration détaillée article par article des dommages-intérêts auxquels ledit sieur. . . . . a été condamné envers le requérant par jugement du tribunal de. . . . .; lui déclarant que ledit sieur. . . . . offre de lui communiquer à l'instant même les pièces justificatives de sa demande, et lui faisant sommation de faire ses offres au demandeur d'ici huitaine; et j'ai, huissier susdit et soussigné, donné en même temps assignation audit sieur. . . . ., à comparaître. . . . . ., pour, à défaut par le sieur. . . . . de faire des offres suffisantes dans le délai sus-indiqué voir dire que ladite déclaration sera homologuée purement et simplement, et en conséquence s'entendre condamner à payer au requérant la somme de. . . . . ., montant de ladite déclaration, et aux dépens, sous toutes réserves.

V. nº 30. — Coût, tarif, art. 29; Orig. : Paris, 2 fr.; R. P., 1 fr. 80 c.; aill., 1 fr. 50 c. Cop. le 1/4.

Enregistrement de l'exploit, 2 fr. 20 c.

2. *Offres ou réitération d'offres.*

L'an. . . . . ., à la requête du sieur. . . . ., j'ai, ..., signifié et déclaré au sieur. . . . . ., que, pour satisfaire à la sommation du. . . . . .. contenant signification de la déclaration (*analyser l'acte qui précède*), je venais, au nom de mon requérant (réitérer les offres à lui faites par acte d'avoué en date de. . , ... et) lui offrir, à deniers découverts, en espèces ayant cours légal, la somme de. . . . . ., en pièces de. . . . . ., savoir : 1°. . . . . pour l'art. 1er de ladite déclaration; 2°. . . . ., etc.; le tout pour les dommages-intérêts réclamés par le sieur. . . . ., en vertu du jugement susdaté.

Les présentes offres sont faites à la condition d'en donner bonne et valable quittance et de. . . . . . (*énoncer les autres conditions, s'il y en a*) : à ce que dessus ledit sieur. . . . . a répondu (*consigner la réponse*); contre laquelle réponse j'ai fait toutes protestations; et j'ai remporté la somme offerte, puis laissé copie du présent audit sieur. . . . .

V. nº 33. — Coût : V. *Offres réelles.*

Enregistrement de l'exploit, 2 fr. 20 c.

DOMMAGES PERMANENTS. — 1. On entend par *dommage permanent* la dépréciation perpétuelle que subit une propriété privée, par suite de l'exécution de travaux publics, sans que cette propriété soit matériellement attaquée.

2. Spécialement, ont été considérées comme dommages permanents la suppression du moteur d'une usine (ord. cons. d'Etat, 17 août 1825), la réduction perpétuelle dans la force motrice d'une usine (Cass. 23 nov. 1836; Riom, 33 mai 1838), et l'inondation constante d'une propriété (Rennes, 28 août 1833), par suite de travaux publics.

3.... Ainsi que la simple diminution de jouissance que l'établissement d'un chemin de fer entraîne sur des propriétés de particuliers, par suite de l'exhaussement de la voie publique sur laquelle ces propriétés aboutissent (Colmar, 20 avril 1840).

4. C'est aux tribunaux ordinaires, et non à l'autorité administrative, qu'il appartient de connaître de l'action en indemnité pour dommage permanent. La jurisprudence est constante à cet égard. Nous citerons notamment les arrêts suivants : Cass., 23 nov. 1836; 23 et 30 avril 1838; Riom, 23 mai 1838 ; Colmar, 20 avril 1840; Lyon, 9 déc. 1840; Paris, 20 déc. 1841 ;

Rouen, 17 juill. 1842. Le conseil d'Etat s'est également prononcé dans le même sens (ord. 18 avril 1835 ; 5 sept. 1836 ; 20 juin 1842.

5. L'action en indemnité ne doit pas être exercée d'après les règles tracées par les lois sur l'expropriation pour cause d'utilité publique, mais d'après les principes du droit commun, sauf les modifications commandées par la qualité de l'adversaire contre lequel l'action est dirigée.

DON. — Ce mot s'emploie pour désigner toute espèce de libéralités. Il se confond souvent avec le mot *donation* ; mais il a une signification plus étendue, car il désigne les présents dispensés de rapport par l'art. 852, C. Nap.

DON MANUEL. — **1.** Remise à titre gratuit d'une somme d'argent ou d'autres objets mobiliers, faite de la main à la main.

2. Le don manuel est autorisé par le Code Napoléon ; il ne peut comprendre que des objets mobiliers corporels, et non des meubles incorporels, tels que des créances et des rentes (Cass., 24 juill. 1822 ; 1er fév. 1842).

3. La seule tradition réelle suffit pour le valider (Cass., 23 mai 1822), d'où il suit qu'il est dispensé de la formalité de l'acceptation expresse.

4. Mais le don manuel, à la différence des simples présents ou cadeaux, ne peut être fait ni à un incapable ni à une personne interposée.

5. La preuve du don manuel est soumise aux règles générales ; en conséquence, les personnes intéressées à faire cette preuve ne peuvent la faire par témoins qu'autant que la valeur de l'objet n'excède pas 150 francs (Grenoble, 20 janv. 1826). Si les héritiers du donateur prétendent qu'il y a vol plutôt que don manuel, la présomption est en faveur du don.

6. Les réclamations d'objets que le détenteur retient en vertu d'un don manuel contesté sont de la compétence du tribunal du domicile du défendeur. Elles s'exercent de la même manière que toutes les autres actions.

DON MUTUEL. — **1.** Don par lequel deux personnes se gratifient l'une l'autre. Dans un sens général, les mots *don mutuel* comprennent les donations mutuelles entre-vifs et par testament. Mais, sous le Code Napoléon, l'expression *don mutuel* désigne plus spécialement une donation mutuelle entre-vifs.

2. Les époux peuvent, par contrat de mariage, se faire *réciproquement* ou l'un des deux à l'autre telle donation qu'ils jugent à propos, sous les modifications prescrites par la loi (C. Nap., art. 1091).

3. Mais les époux ne peuvent, pendant le mariage, se faire par un seul et même acte aucune donation mutuelle et réciproque (C. Nap., art. 1097). — V. *Donation entre époux, Donation par contrat de mariage.*

4. Tous individus autres que des époux peuvent se faire une donation réciproque par un seul et même acte, soit par acte entre-vifs, soit par testament (Coin-Delisle, *des Donations*, sur l'art. 894, n° 25).

DONATION. — **1.** Libéralité faite volontairement par une personne à une autre personne qui l'accepte. — Ce mot s'emploie aussi pour désigner l'acte qui constate la libéralité. — Celui qui fait la libéralité se nomme *donateur*, et celui en faveur de qui elle est faite, *donataire*.

2. On peut disposer de ses biens à titre gratuit, c'est-à-dire les donner de deux manières, soit par donation entre-vifs, soit par testament, mais en suivant les formes prescrites par le Code Napoléon (art. 893).

3. La donation en général se subdivise en un grand nombre d'espèces, suivant le point de vue sous lequel on la considère. Ainsi, la donation est *à cause de mort, entre-vifs, testamentaire, universelle, à titre universel, conditionnelle, déguisée, onéreuse, rémunératoire*, etc.

4. Une donation peut être faite sous condition : c'est ce qui résulte des articles 900, 944, 953 et 954, C. Nap. Toutefois, certaines conditions sont prohibées.

5. Une condition résolutoire ou suspensive (V. *Condition*) peut valablement être imposée dans une donation. Cette condition a son effet dès l'instant de la donation ; de sorte qu'il n'est plus en la possibilité du donateur que la donation soit valable ou non.

6. La condition de conserver et de rendre est nulle, lorsqu'elle a été stipulée hors des cas prévus par la loi.—V. *Substitution*.

7. Est nulle la donation entre-vifs faite sous une condition dont l'exécution dépend de la seule volonté du donateur (C. Nap., art. 944). Mais la donation est valable, si la condition est potestative de la part du donataire.

8. Est nulle également la donation qui a été faite sous la condition d'acquitter d'autres dettes que celles existantes à l'époque de la donation et exprimées soit dans l'acte de donation, soit dans l'état y annexé (C. Nap., art. 945).

9. Les conditions impossibles et celles qui sont contraires aux lois et aux bonnes mœurs sont réputées non écrites (C. Nap., art. 900) ; mais elles n'empêchent pas la donation de recevoir son effet.

10. Pour qu'une donation soit valablement faite, il faut que le donateur ait la capacité de donner, et le donataire celle de recevoir.

11. Toutes personnes peuvent donner et recevoir, excepté celles que la loi en déclare incapables (C. Nap., art. 902).

12. Ne peuvent donner : 1° les personnes qui ne sont pas saines d'esprit (C. Nap., art. 901) ; 2° le mineur âgé de moins de seize ans (art. 903), et celui qui est parvenu à l'âge de seize ans, si ce n'est par testament, et jusqu'à concurrence seulement de la moitié des biens dont la loi permet au majeur de disposer (art. 904. — V. *Testament*) ; 3° la femme mariée, sans l'assistance ou le consentement spécial de son mari, ou sans y être autorisée par la justice, à moins que ce ne soit par testament (art. 905) ; 4° le mineur devenu majeur, à son tuteur, qui n'est pas son ascendant, si le compte de tutelle n'a pas été apuré (art. 907).

13. Ne peuvent recevoir : 1° les enfants naturels, une donation excédant ce que la loi leur accorde (C. Nap., art. 908) ; 2° les docteurs en médecine, chirurgiens, officiers de santé et pharmaciens qui ont traité le donateur, une donation faite pendant la maladie dont il est mort, excepté toutefois les dispositions rémunératoires et les dispositions universelles dans le cas de parenté jusqu'au 4e degré et pourvu que le donateur n'ait pas d'héritiers en ligne directe (art. 909) ; 3° les ministres du culte, dans les mêmes circonstances (art. 909) ; 4° les établissements publics, sans autorisation du chef de l'Etat (art. 910) ; 5° l'enfant qui n'est pas encore conçu (art. 906) ; 6° le mort civilement, à moins qu'il ne s'agisse d'une donation alimentaire (art. 25) ; 7° les enfants adultérins ou incestueux, à moins que la donation ne comprenne que des aliments (art. 762).

14. Toute disposition au profit d'un incapable est nulle, soit qu'on la déguise sous la forme d'un contrat onéreux, soit qu'on la fasse sous le nom de personnes interposées, telles sont les père, mère, enfants et descendants, et l'époux de la personne incapable (C. Nap., art. 911).

15. Nous avons dit précédemment qu'une donation pouvait être faite sous conditions. Ou la condition annule la donation, ou elle est réputée non écrite, ou enfin elle est valable.

16. Dans le premier cas, lorsque le donateur est resté en possession des biens donnés, il peut, si l'on venait les lui réclamer, opposer, par voie d'exception, la nullité de la donation ; lorsqu'il n'est pas resté en possession, il peut demander par voie d'action principale la nullité de la donation.

17. Dans le second cas, si le donateur se prévaut de la condition pour refuser l'exécution de la donation, le donataire peut former contre lui une demande à l'effet d'obtenir un jugement qui déclare que la condition doit être réputée non écrite.

18. Enfin, dans le troisième cas, si la condition est résolutoire, le donateur peut, lorsqu'elle vient à s'accomplir, demander la révocation de la donation. — V. *Action révocatoire*, n° 4, *Donation entre-vifs.*

19. Si la donation est nulle pour cause d'incapacité du donateur ou du donataire, on peut opposer cette nullité par voie d'exception ou la faire prononcer par voie d'action principale, suivant les circonstances. — *Action en nullité.*

DONATION A CAUSE DE MORT. — **1.** Donation qui ne doit avoir d'effet qu'à la mort du disposant et qui doit être acceptée par le donataire.

2. Les donations de biens à venir par contrat de mariage et les donations entre époux ont été considérées comme des donations à cause de mort (Rolland de Villargues, *Répert.*, v° *Donation à cause de mort*, n° 9). — V. cependant C. Nap., art. 893. — V. *Donation entre époux, Donation par contrat de mariage.*

DONATION DÉGUISÉE. — **1.** Libéralité qui se cache sous les apparences d'un contrat à titre onéreux, ou qui est faite à des personnes interposées.

2. Les personnes qui ne peuvent recevoir de l'une ou de l'autre de ces manières sont celles que désignent les art. 907, 908 et 909, C. Nap. — V. aussi *Donation*, n° 13.

3. Est nulle la donation faite à un incapable, mais déguisée sous les apparences d'une obligation ou d'une quittance (Cass., 23 avril et 13 nov. 1817).

4. La donation déguisée, qui a lieu au profit d'une personne capable en principe de recevoir, est seulement réductible à la quotité disponible (Cass., 20 oct. 1812 ; 31 juill. 1816 ; 9 juill. 1817 ; 5 avril 1827).

5. Celui qui prétend qu'un acte contient une donation déguisée doit en faire la preuve. Cette preuve se fait par tous les moyens possibles (Toullier, t. 5, n° 77 ; Duranton, t. 8, n° 267). Spécialement, l'existence de l'interposition de personnes peut être établie par des présomptions graves, précises et concordantes (Poitiers, 21 juin 1839).

6. C'est par la voie de l'action en nullité qu'une libéralité déguisée doit être attaquée. — V. *Action en nullité.*

DONATION ENTRE ÉPOUX. — **1.** On appelle *donations entre époux* les libéralités que les époux se font soit par leur contrat de mariage, soit pendant le mariage.

2. Les époux peuvent, soit par leur contrat de mariage, soit pendant le mariage, se faire réciproquement ou l'un des deux à l'autre, toute donation de biens présents et à venir, ou de biens à venir seulement (C. Nap., art. 1091 et suiv.). — V. *Don mutuel.*

3. L'époux mineur peut, par son contrat de mariage, faire les mêmes donations qu'un majeur, pourvu qu'il soit assisté des personnes dont le consentement est requis pour la validité du mariage (C. Nap., art. 1095).

4. Les donations faites par contrat de mariage ne sont point révocables pour cause de survenance d'enfants (C. Nap., art. 960), ni pour cause d'ingratitude (art. 959). Mais elles sont caduques, si le mariage n'a pas lieu (art. 1088).

5. Les donations faites pendant le mariage, quoique qualifiées entre-vifs, sont révocables. La révocation peut être faite par la femme, sans autorisation (C. Nap., art. 1096). Toute donation mutuelle et réciproque entre époux, pendant le mariage, par un seul et même acte, est nulle (art. 1097). — V. *Don mutuel.*

6. Les époux ne peuvent indirectement se faire aucune libéralité qui excède ce que la loi leur permet de se donner (V. *Portion disponible*). Toute donation déguisée ou faite à personne interposée est nulle (C. Nap., art. 1099). Sont réputées faites à personnes interposées les donations de l'un des époux aux enfants ou à l'un des enfants de l'autre époux, issus d'un autre mariage, et celles faites par le donateur aux parents dont l'autre époux est héritier présomptif (art. 1100).

7. L'époux donataire de son conjoint, par acte entre-vifs, de biens à venir, est saisi de la donation dès l'instant du décès du donateur; il n'a donc pas besoin de demander la délivrance comme un légataire.

8. Les donations de biens présents, faites par le contrat de mariage, sont soumises à la moitié des droits dont elles seraient passibles si elles n'étaient pas faites par le contrat (LL. 22 frim. an 7; 28 avril 1816).

9. Celles des biens à venir faites aussi par le contrat sont tarifées au droit fixe de 5 fr. (L. 28 avril 1816, art. 45). Mais au décès du donateur le droit proportionnel est dû sur la valeur des biens transmis. — V. *Succession.*

10. Les donations faites entre époux pendant le mariage, soit de biens présents, soit de biens à venir, étant révocables, ne sont passibles que du droit fixe de 5 fr. (L. 28 avril 1816).

DONATION ENTRE-VIFS. — 1. Acte par lequel on se dépouille actuellement et irrévocablement, à titre gratuit, de tous ses biens ou d'une partie seulement en faveur d'un individu qui l'accepte.

Indication alphabétique des matières.

§ 1er. — *Formes de la donation entre-vifs. — Caractères. — Effets.*

2. Les formes des donations entre-vifs sont réglées par les art. 931 et suiv., C. Nap. Nous ne nous en occuperons ici que pour indiquer les formalités prescrites à peine de nullité et celles dont l'inaccomplissement peut profiter aux tiers.

3. Les donations sont nulles : 1° si elles ne sont pas faites par actes devant notaire, en minute (C. Nap., art. 931) ; 2° si elles ne sont acceptées du vivant du donateur, soit par l'acte de donation, soit par un acte postérieur et authentique dont il reste minute (V. *infrà*, § 2) ; 3° si elles comprennent des biens à venir, à l'égard de ces biens (C. Nap., art. 943 ; 4° si elles comprennent des effets mobiliers dont l'état estimatif n'est pas annexé (C. Nap., art. 948).

4. En ce qui concerne la capacité de donner ou de recevoir, et les conditions qui peuvent être imposées dans une donation entre-vifs, V. *Donation.*

5. Les donations de biens susceptibles d'hypothèque ne produisent d'effet, à l'égard des tiers, qu'autant qu'elles ont été transcrites. Le défaut de transcription peut être opposé par toutes personnes, excepté par le donateur et les personnes chargées de faire faire la transcription (C. Nap., art. 939 et 941).

6. Ainsi, on peut saisir les biens de son débiteur, quoique ces biens aient été donnés par ce dernier, si la donation n'est pas transcrite ; le donateur peut même les vendre, les hypothéquer dans le même cas, et ceux avec lesquels il aura traité seront préférés au donataire ou à ses représentants.

7. Les mineurs, les interdits, les femmes mariées ne sont point restitués contre le défaut d'acceptation (V. *infrà* n° 30) ou de transcription des donations, sauf leur recours contre leurs tuteurs ou maris (C. Nap., art. 942). Ce recours s'exerce en formant une demande afin d'être indemnisé du préjudice causé par le défaut d'acceptation ou de transcription.

8. Pour ce qui concerne la révocation des donations entre-vifs pour cause d'ingratitude et de survenance d'enfants, V. *infrà*, § 3.

9. Le donateur n'est tenu à aucune garantie de l'objet donné, à moins qu'il n'ait agi frauduleusement. Ainsi, en cas d'éviction par suite d'une demande en revendication, ou d'une action hypothécaire, le donataire n'a pas de recours à exercer, même pour la répétition des frais occasionnés pour la donation.

10. Le donataire n'est point obligé au paiement des dettes du donateur. Si donc, on le poursuit en paiement d'une dette hypothécaire, il a le droit de se soustraire à ce paiement en délaissant (C. Nap., art. 2168 et 2172). — V. *Délaissement par hypothèque.*

11. En cas de fraude, les créanciers du donateur peuvent faire révoquer la donation, alors même que le donataire est de bonne foi (Bordeaux, 13 fév. 1826; Paris, 6 juin 1826).

§ 2. — *Acceptation de la donation entre-vifs.*

12. *Nécessité de l'acceptation.* — La donation entre-vifs n'engage le donateur et ne produit d'effet que du jour qu'elle est acceptée en termes exprès (C. Nap., art. 932. — V. *suprà* n° 3). Jusque-là, c'est une simple promesse qui peut être révoquée par le donateur, sans qu'il soit besoin de signifier cette révocation, ni d'en déduire les motifs.

13. Toutefois, sont exceptées de la nécessité de l'acceptation : 1° Les donations, par contrat de mariage, aux époux et aux enfants à naître du mariage (C. Nap., art. 1087) ;

14. 2° Les substitutions autorisées au profit de petits-enfants ou des neveux, encore faut-il que le premier donataire ait accepté (C. Nap., art. 1048, 1049 et 1055 ; L. du 17 mai 1826) ;

15. 3° La donation faite au profit d'un tiers et insérée comme charge dans une autre donation (C. Nap., art. 1121 ; Cass., 5 nov. 1818). Il suffit, pour qu'elle devienne irrévocable, que le tiers ait déclaré (par acte d'huissier ou par acte notarié signifié) vouloir en profiter (Cass., 5 nov. 1818 ; Grenoble, 29 déc. 1825). Jugé aussi que la réserve d'usufruit faite au profit d'un tiers dans une donation ne constitue pas une libéralité soumise à la formalité de l'acceptation (Toulouse, 19 nov. 1832 ; Cass., 28 juin 1837) ;

16. 4° La renonciation d'un légataire en faveur des enfants de son colégataire, décédé avant le testateur, au droit d'accroissement qui lui appartient (Cass., 12 nov. 1822) ;

17. 5° Les remises de dettes et les donations manuelles suivies de tradition ;

18. 6° La donation faite à un enfant naturel et contenant la réduction de ses droits successifs aux termes de l'art. 761, C. Nap. (Cass., 21 avril 1835).

19. *Personnes qui ont capacité pour accepter.* — La donation ne peut être acceptée que par le donataire ou ceux qui le représentent légalement ; et, si c'est le donataire lui-même qui accepte, il faut qu'il soit capable des actes de la vie civile (C. Nap., art. 933), et qu'il ait la capacité de recevoir au moment de la donation.

20. Ainsi, si la donation est faite à un majeur jouissant de ses droits, elle doit être acceptée par lui ou par un fondé de sa procuration spéciale et authentique, et dont une expédition doit être annexée à l'acte d'acceptation (C. Nap., art. 933).

21. La donation faite à un sourd-muet peut être acceptée par lui, s'il sait écrire ; sinon, elle doit l'être par un curateur nommé à cet effet (C. Nap., art. 936).

22. Celle faite à une personne placée sous l'assistance d'un conseil judiciaire peut être acceptée par elle seule (Toullier, t. 5, n° 195 ; Poujol, *des Donations*, sur l'art. 935), pourvu que la donation ne l'oblige qu'à des choses pour lesquelles l'assistance de son conseil n'est pas requise.

23. Une femme mariée, sous quelque régime que ce soit, ne peut accepter la donation qui lui est faite sans l'autorisation de son mari, ou, à son refus, de la justice (C. Nap., art. 934) ; si la femme est mineure, l'autorisation de son mari majeur lui suffit (Arg. art. 935 ; Pau, 11 mars 1811) ; si, au contraire, c'est le mari qui est mineur, il faut à la femme, même majeure, l'autorisation de la justice (C. Nap., art. 218).

24. L'acceptation de la femme sans autorisation de son mari ou de la justice est nulle (Toulouse, 27 janv. 1830 ; Limoges, 15 avril 1836).

25. La donation faite à un mineur non émancipé ou à un interdit ne peut être acceptée par son tuteur qu'avec l'autorisation du conseil de famille (C. Nap., art. 463 et 935). — V. *Conseil de famille*, n° 34.

26. Le mineur émancipé ne peut accepter celle qui lui est faite qu'avec l'assistance de son curateur (C. Nap., art. 935).

27. Néanmoins, les père et mère du mineur émancipé ou non émancipé, ou les autres ascendants, même du vivant des père et mère, quoiqu'ils ne soient ni tuteurs ni curateurs du mineur, peuvent accepter pour lui (C. Nap., art. 935), sans autorisation du conseil de famille (Cass., 25 juin 1812). Les femmes ascendantes n'ont pas besoin de l'autorisation de leur mari pour faire cette acceptation (Toullier, t. 5, n° 198 ; Duranton, t. 8, n° 438 ; Cass., 12 avril 1832).

28. La donation faite au pupille par son tuteur ne peut être acceptée par celui-ci ; elle peut l'être par le subrogé tuteur, autorisé par le conseil de famille, ou par les ascendants. Lorsqu'il n'y a ni subrogé tuteur, ni père, ni mère, ni ascendants, elle ne peut être acceptée que par un tuteur *ad hoc* (Toullier, t. 5, n° 202).

29. Les pères et mères des enfants naturels reconnus peuvent accepter pour eux, s'ils sont mineurs, les donations qui leur sont faites (Toullier, t. 5, n° 199). La donation faite à l'enfant conçu est acceptée soit par ses père et mère ou autres ascendants, soit par le curateur au ventre, avec l'autorisation du conseil de famille (Furgole, ord. 1731, art. 7).

30. Nous avons dit précédemment que les mineurs, les interdits et les femmes mariées n'étaient pas restitués contre le défaut d'acceptation (V. *suprà* n° 7). Il en est de même contre une acceptation nulle (Cass., 11 juin 1816).

31. Les donations qui ont lieu au profit d'établissements publics sont acceptées par les administrateurs autorisés conformément à l'ordonnance du 2 avril 1817.

32. *Formes de l'acceptation.* — L'acceptation doit avoir lieu en termes exprès et formels ; lorsqu'elle n'a pas eu lieu par l'acte même de donation, elle doit être faite du vivant du donateur, par acte postérieur et authentique dont il reste minute, sous peine de nullité (C. Nap., art. 932).

33. *Notification.* La donation n'a d'effet à l'égard du donateur que du jour où l'acte qui constate cette acceptation lui a été notifié (C. Nap., art. 932). Cependant, la notification n'est nécessaire que lorsque la donation est acceptée hors la présence du donateur. Si, en effet, il avait comparu dans l'acte d'acceptation, il en aurait acquis par là une connaissance suffisante qui dispenserait de la notification.

34. La notification de l'acceptation par acte séparé de la donation doit être faite par le donataire au donateur. L'acceptation ne rend la donation parfaite qu'autant que les deux volontés ont pu concourir au moment où elle a eu lieu. La mort du donataire ou son incapacité survenue avant l'acceptation rendrait cette acceptation impossible. Mais si l'acceptation avait eu lieu avant le décès du donataire, les héritiers de ce dernier pourraient valablement la notifier.

35. Lorsque la notification a lieu à la requête d'une femme autorisée en justice, d'un curateur agissant en vertu d'une délibération du conseil de famille, d'un administrateur pourvu de l'autorisation voulue, il est utile de donner copie de ces pièces avec celle de l'acte d'acceptation.

36. La notification se fait régulièrement par un huissier à personne ou domicile. L'huissier la constate par un exploit (V. *Formule* 1). — L'original de la notification de l'acceptation peut être fait à la suite et sur l'expédition même de l'acte d'acceptation.

37. L'action en nullité de l'acceptation d'une donation d'immeubles doit être intentée devant le tribunal de la situation des biens. — V. *Formule* 2.

38. L'action en restitution contre un tuteur doit être portée devant le tribunal de son domicile (C. proc. civ., art. 59). Il n'y a point lieu d'appliquer ici la disposition de l'art. 527, C. proc. civ. — V. *Formule* 3.

39. L'une et l'autre action sont soumises au préliminaire de *conciliation* (V. ce mot).

§ 3. — *Révocation des donations entre-vifs.*

40. Outre les dérogations possibles au principe de l'irrévocabilité des donations, soit par l'effet du droit de retour (C. Nap., art. 951 et 952), soit par l'effet de toute autre condition résolutoire non prohibée, la loi consacre trois exceptions importantes à ce principe : ces exceptions s'appliquent : 1° au cas d'inexécution des conditions sous lesquelles la donation a été faite, pourvu que ces conditions ne soient pas impossibles ni contraires aux lois et aux bonnes mœurs; 2° au cas d'ingratitude de la part du donataire envers le donateur; 3° et au cas de survenance d'enfant au donateur (C. Nap., art. 953).

41. *Révocation pour cause d'inexécution des conditions.* — Si, lorsque des conditions ont été imposées à la donation, le donataire ne les exécute pas, le donateur a le choix, ou d'en exiger l'exécution (C. Nap., art. 1184), ou de demander la révocation pour cause d'inexécution des conditions.

42. La révocation d'une donation pour cause d'inexécution des conditions n'a jamais lieu de plein droit. Elle doit être demandée en justice (C. Nap., art. 956); et la demande ne peut être formée que par le donateur, ses héritiers ou ses créanciers (C. Nap., art. 1166, 1194 et 954).

43. Le donateur ayant contre les tiers détenteurs des immeubles donnés tous les droits qu'il aurait contre le donataire lui-même (C. Nap., art. 954), il s'ensuit qu'il a le choix soit de former l'action contre le donataire en mettant en cause les tiers détenteurs, soit de l'intenter directement contre ces derniers, sauf à ceux-ci à appeler leur vendeur en garantie.

44. Au lieu de demander la révocation, le donateur peut, ainsi que nous l'avons dit (V. *suprà*, n° 41), poursuivre l'exécution des conditions de la donation. Dans ce cas, si les conditions sont de nature à pouvoir être accomplies par toutes sortes de personnes, les tiers peuvent les accomplir au nom et en la place du donataire (Arg. art. 1237, C. Nap.)

45. Le droit de demander la révocation pour cause d'inexécution des conditions dure trente ans à compter du jour où le donataire devait remplir ces conditions (C. Nap., art. 2257 et 2262; Paris, 11 juill. 1829). Mais l'action est soumise à la prescription de dix ou de vingt ans contre les tiers détenteurs de bonne foi (C. Nap., art. 2265; Duranton, t. 8, n° 553).

46. Avant de former la demande en révocation, le donateur doit constater par une mise en demeure ou sommation qu'il y a refus d'exécution des conditions. Ensuite, il cite en conciliation; puis il assigne à fin de révocation (V. *Formule* 4). — Comme la loi n'a pas prononcé la révocation de plein droit, le donataire peut, jusqu'au jugement, l'en empêcher en exécutant les conditions.

47. La révocation, lorsqu'elle est prononcée, résout les aliénations que le donataire aurait consenties et fait rentrer les biens donnés dans les mains du donateur ou des siens, libres de toutes charges et hypothèques du chef du donataire (C. Nap., art. 954) ou des tiers acquéreurs. Le donateur n'est nullement tenu de rembourser à ces derniers le prix de leurs acquisitions, s'ils l'ont payé.

48. Le Code a gardé le silence sur la restitution des fruits dans le cas de révocation dont il s'agit. Proudhon, *de l'Usufruit*, n° 342, pense qu'il faut distinguer entre l'inexécution des conditions ou charges auxquelles le donataire s'est assujetti et l'accomplissement des conditions casuelles résolutoires. Dans le dernier cas, le donataire, de bonne foi jusqu'à l'événement, ne doit restituer les fruits que du jour de la mise en demeure. Dans le premier cas, l'inexécution des charges rend le donataire indigne de la libéralité; il n'y a point de bonne foi de sa part, et, d'après les circonstances, il peut être tenu de restituer les fruits, même ceux perçus entre la donation et la résolution. Quant au tiers détenteur, nous pensons que, à raison de sa bonne foi, il ne devrait les fruits qu'à compter du jour de la demande.

49. *Révocation pour cause d'ingratitude.* — Il y a lieu à révocation de la donation pour cause d'ingratitude : 1° si le donataire a attenté à la vie du donateur; 2° s'il s'est rendu coupable envers lui de sévices, délits ou injures graves; 3° s'il lui refuse des aliments (C. Nap., art. 955).

50. 1° *Attentat.* Il n'est pas nécessaire qu'il y ait eu condamnation du donataire; il suffit qu'il y ait eu de sa part attentat (Toullier, t. 5, n° 331; Duranton, t. 8, n° 555) en connaissance de cause; car la démence du donataire ou la légitime défense rendraient l'art. 955 inexplicable.

51. 2° *Sévices, délits, injures graves.* Par exemple, si le donataire a frappé le donateur, s'il l'a diffamé, s'il lui a imputé des faits coupables ou honteux (Duranton, t. 8, n° 557), quoique ces faits fussent vrais (Toullier, t. 5, n° 332). Du reste, l'appréciation de la gravité des offenses est tout entière dans le domaine du juge (Toullier, t. 5, n° 330; Duranton, *loc. cit.*).

52. 3° *Refus d'aliments.* Il faut, d'une part, que le donateur en ait besoin, et, d'autre part, que le donataire puisse réellement lui en fournir (Duranton, t. 8, n° 558) : peu importe du reste que le donateur ait des enfants (Duranton, *loc. cit.*). C'est au surplus aux tribunaux à apprécier les circonstances.

53. Sont soumises à la révocation pour cause d'ingratitude : les donations manuelles (Coin-Delisle, sur l'art. 955, *Donations*, n° 9) ; les donations onéreuses, jusqu'à concurrence de l'excédant des charges (Duranton, t. 8, n° 592; Coin-Delisle, n° 11), mais si les charges égalent les valeurs des objets donnés, il n'y a point lieu à révocation (Cass., 2 avril 1829 ; 25 mai 1836) ; les donations réciproques (Coin-Delisle, n° 12) ; les donations déguisées sous la forme de contrats onéreux (Toulouse, 9 janv. 1820 ; Cass., 6 nov. 1832) , les donations indirectes, comme les remises de dettes purement gratuites (Duranton, t. 8, n° 593; Coin-Delisle, n° 14); et la renonciation à une succession au profit de l'un ou de plusieurs des cohéritiers (Duranton, t. 8, n° 594).

54. Mais il n'en serait pas de même des donations faites en faveur de mariage ; elle ne sont pas, en effet, révocables pour cause d'ingratitude (C. Nap., art. 959).

55. Comme la révocation pour inexécution des conditions, la révocation pour cause d'ingratitude n'a pas lieu de plein droit; elle doit être demandée en justice (C. Nap., art. 956) dans l'année à compter du jour du délit imputé par le donateur au donataire, ou du jour où le délit a pu être connu par le donateur (art. 957).

56. L'action serait éteinte, quoique l'année ne fût pas écoulée, si le donateur avait expressément remis l'injure ou s'était réconcilié avec le donataire (Toullier, t. 5, n° 335; Duranton, t. 8, n° 561). Mais ce serait au donataire à prouver le fait du pardon ou de la réconciliation (Duranton, *loc. cit.*).

57. La révocation ne pourra être demandée par le donateur contre les héritiers du donataire, ni par les héritiers du donataire contre le donataire, à moins que, dans ce dernier cas, l'action n'ait été intentée par le donateur ou qu'il ne soit décédé dans l'année du délit (C. Nap., art. 957).

58. Les créanciers du donateur décédé n'ont pas le droit d'intenter l'action révocatoire; mais si elle l'a été par le défunt, elle dépend alors de la succession comme toutes les actions en général, et les créanciers peuvent suivre sur la demande et continuer l'instance (Duranton, t. 8, n° 561, et t. 10, n° 559).

59. La révocation peut être demandée contre le mineur et le prodigue. Elle est la peine d'un délit (Arg. art. 1310, C. Nap, ; Duranton, t. 8, n° 564). On devrait cependant avoir égard à l'âge du mineur et à la nature du délit (Duranton, *loc. cit.*).

60. L'action en révocation pour cause d'ingratitude ne peut être intentée que contre le donataire et non contre les tiers détenteurs. — V. *Formule* 5. Elle est soumise au préliminaire de *conciliation*. Extrait de la demande doit être inscrit en marge de la transcription prescrite par l'art. 939. Si cette transcription n'avait pas eu lieu, le donateur pourrait la faire faire, ou faire inscrire l'extrait de sa demande sur le registre des transcriptions.

61. La révocation ne préjudicie ni aux aliénations faites par le donoataire ni aux hypothèques et aux autres charges réelles qu'il a pu imposer sur l'objet de la donation, pourvu que le tout soit *antérieur à l'inscription* dont il est parlé au numéro précédent (C. Nap., art. 958).

62. Mais le donataire, dans le cas de révocation, doit être condamné à restituer la valeur des objets aliénés, *eu égard au temps de la demande*, et les fruits *à compter du jour de cette demande* (art. 958). Par une conséquence naturelle, le donateur devrait être indemnisé par le donataire de la valeur des charges réelles que ce dernier aurait imposées sur les biens, tels que droits de servitude, d'usufruit, etc.

63. *Révocation pour cause de survenance d'enfant.* — Aux termes de l'art. 960, C. Nap., toutes les donations entre-vifs, faites par personnes qui n'avaient point d'enfants ou de descendants *actuellement vivants* dans le temps de la donation, de quelque valeur que ces donations puissent être, et à quelque titre qu'elles aient été faites, et encore qu'elles fussent mutuelles ou rémunératoires, même celles qui auraient été faites en faveur du mariage par autres que par les ascendants aux conjoints, ou par les conjoints l'un à l'autre, demeureront révoquées de *plein droit*, par la survenance d'un enfant légitime du donateur, même d'un posthume, ou par la légitimation d'un enfant naturel par mariage subséquent, s'il est né depuis la donation.

64. La révocation dont parle l'article précité a lieu de *plein droit*. Toute clause ou convention par laquelle le donateur y aurait renoncé serait regardée comme nulle et ne produirait aucun effet (C. Nap., art. 965).

65. Elle a lieu, encore bien que l'enfant du donateur fût conçu au moment de la donation (art. 961), et alors même que le donataire serait entré en jouissance des biens donnés et qu'il y aurait été laissé par le donateur depuis la survenance de l'enfant (art. 962).

66. Le donataire, les héritiers ou ayants cause ou autres détenteurs des choses données, ne peuvent opposer la prescription pour faire valoir la donation révoquée par survenance d'enfant, qu'après une possession de trente années, qui ne commencera à courir que du jour de la naissance du dernier enfant du donateur, *même posthume;* et ce, sans préjudice des *interruptions* telles que de droit (C. Nap., art. 966). Ainsi, le tiers détenteur, même de bonne foi, ne pourrait prescrire par 10 ou 20 ans : les termes absolus de l'art. 966 s'y opposent.

67. De ce que la révocation a lieu de plein droit, on doit conclure que, pour exercer l'action en pareil cas, il suffit de notifier au donataire la donation et l'acte de naissance ou de légitimation de l'enfant, avec sommation de délaisser et remettre la jouissance des biens donnés, et offre de payer les labours faits et les semences et fumiers épandus sur les terres. V. *Formule* 6.— Si le donataire refuse de remettre les biens sur cette sommation, on forme, devant le tribunal de première instance de la situation des biens, après essai de conciliation, une demande à l'effet de faire déclarer que la donation a été révoquée de plein droit dès l'instant de la naissance de l'enfant. S'il y a des tiers qui se refusent de délaisser, on les assigne en déclaration de jugement commun.

68. Si, sur la notification de la naissance de l'enfant, le donataire consentait à remettre les biens et que les tiers acquéreurs refusassent de se dessaisir, on devrait agir contre eux seulement devant le tribunal de la situation des objets vendus, l'action en ce cas étant purement réelle.

69. Les biens compris dans la donation révoquée rentrent dans le patrimoine du donateur, libres de toutes charges et hypothèques du chef du donataire, et sans qu'ils puissent demeurer affectés, même subsidiairement, à la restitution de la dot de la femme de ce donataire, ni de ses reprises ou autres conventions matrimoniales : ce qui a lieu quand même la donation aurait été faite en faveur du mariage du donataire et insérée dans le contrat, et encore que le donateur se serait obligé comme caution par la donation, à l'exécution du contrat de mariage (C. Nap., art. 963).

70. Le donataire ne doit la restitution des fruits par lui perçus, de quelque nature qu'ils soient, que du jour où la naissance ou la légitimation lui aura été *notifiée par exploit*; et ce, quand même la demande pour rentrer dans les biens donnés n'aurait été formée que postérieurement à cette notification (C. Nap., art. 962). Les fruits échus, mais non perçus au moment de la notification, cessent d'appartenir au donataire (Cass., 8 janv. 1816).

71. Les tiers détenteurs ne doivent rendre les fruits que du jour de la demande en revendication formée contre eux (Toullier, t. 5, n° 321), ou du jour de la notification de la naissance de l'enfant avec sommation de délaisser.

72. Les donations ainsi révoqués ne peuvent revivre ou avoir de nouveau leur effet, ni par la mort de l'enfant du donateur, ni par aucun acte confirmatif; et si le donateur veut donner les mêmes biens au même donataire, soit avant ou après la mort de l'enfant par la naissance duquel la donation avait été révoquée, il ne le pourra faire que par une nouvelle disposition (C. Nap., art. 964).

Formules.

1. *Notification de l'acte constatant l'acceptation d'une donation entre-vifs.*

L'an. . . . ., le. . . . ., à la requête du sieur. . . . ., j'ai, ..., notifié et avec ces présentes donné copie au sieur. . . . . ., d'un acte reçu en minute par (*Analyser l'acceptation et l'autorisation, s'il y a lieu*); lui déclarant qu'à partir de cet instant ladite donation est irrévocable et produit son effet, que ledit sieur est dessaisi des biens qu'elle comprend, et que le requérant peut en disposer comme bon lui semble, etc. . . .

V. n° 36. — Coût, tarif, arg. 29. Orig. : Paris, 2 fr.; R. P., 1 fr. 80 c.; aill., 1 fr. 50 c.; Copie le 1/4.

Enregistrement de l'exploit, 2 fr. 20 c.

2. *Assignation en nullité d'une acceptation faite sans autorisation.*

L'an. . . . ., à la requête du sieur. . . . . (*donner copie de la non-conciliation et constituer avoué*), j'ai, ..., donné assignation au sieur. . . . ., à comparaître. . . . ., pour, — attendu que suivant acte (*analyser la donation*);—attendu que par autre acte passé devant M^e^. . . . ., la dame. . . ., donataire, non autorisée à cet effet par son mari ni par justice, a accepté ladite donation;—attendu que cette acceptation ainsi faite sans autorisation est nulle et ne peut produire aucun effet; —voir dire que l'acceptation dont il s'agit sera déclarée nulle et de nul effet; que, en conséquence, elle n'a point lié le requérant et n'a jamais pu lui ôter la propriété et la libre disposition de ses biens, et qu'à l'avenir il en disposera comme de sa chose propre; s'entendre dès lors condamner à délaisser, dans les vingt-quatre heures de la signification du jugement à intervenir, la jouissance des biens donnés, à peine d'y être contrainte par toutes voies de droit, comme aussi à restituer tous les fruits perçus jusqu'au jugement, et en outre aux dépens, sous toutes réserves.

V. n° 37. — Coût : V. *Formule* 1.

Enregistrement, 2 fr. 20 c.—(L. 28 avril 1816, art. 43.)

3. *Assignation en dommages-intérêts contre le tuteur qui n'a pas accepté.*

L'an. . . . ., à la requête du sieur. . . . . (*donner copie de la non-conciliation et constituer avoué*), j'ai, . . . , donné assignation au sieur. . . . ., à comparaître. . . . ., pour, — attendu que par acte (*analyser la donation*); attendu que le sieur. . . . . a eu connaissance de cette donation, ainsi qu'il résulte d'un acte où il a été partie, reçu par M^e^. . . . ., dans lequel acte ladite donation est énoncée; que, nonobstant cela, il ne l'a point acceptée pour le requérant en sa qualité de tuteur; attendu que le donateur est décédé le. . . . ., et que, faute d'acceptation, les biens compris en la donation susdatée sont rentrés dans sa succession; qu'ainsi le requérant en a été privé par le fait de son tuteur; attendu que ce dernier est passible de restitution envers le requérant, son ancien pupille, pour raison de ce défaut d'acceptation ; — s'entendre condamner à payer au requérant la somme de. . . . ., à titre d'indemnité et de dommages-intérêts résultant du défaut d'acceptation de la donation précitée, et, en outre, aux intérêts et aux dépens, sous toutes réserves.

V. n° 38. — Coût : V. *Formule* 1.

Enregistrement, 2 fr. 20 c. — (Loi 28 avril 1816, art. 43.)

4. *Demande en révocation pour cause d'inexécution des conditions de la donation.*

L'an. . . . ., à la requête du sieur. . . . . (*donner copie de la non-conciliation et constituer avoué*), j'ai, ..., donné assignation au sieur. . . . ., à comparaître. . . . ., pour, — attendu que suivant acte passé devant M^e. . . . ., le. . . . ., le requérant a fait donation au sieur. . . . . de divers biens immeubles situés à. . . . ., à la condition par le donataire de lui payer une pension viagère de. . . . . par an ; attendu que le cité doit au demandeur la somme de. . . . . pour deux termes, le dernier échu le. . . . ., de ladite pension viagère ; que, par exploit de. . . . ., le requérant a fait faire audit sieur un commandement de payer qui est resté, jusqu'à ce jour, sans résultat, ce qui constitue bien le cas de révocation prévu par l'art. 953, C. Nap., pour cause d'inexécution de la part du sieur. . . . . de la condition imposée par le requérant à sa libéralité du. . . . . — Voir dire et ordonner que la donation dont il s'agit sera et demeurera révoquée pour cause d'inexécution des conditions sous lesquelles elle a eu lieu ; en conséquence, que les biens y compris rentreront dans les mains du donateur, francs et quittes de toutes dettes, charges et hypothèques du chef du cité, s'entendre en outre condamner à payer ladite somme de. . . . ., montant des arrérages échus, à titre de restitution des fruits perçus antérieurement à ce jour, ceux à percevoir devant appartenir au requérant, et aux dépens, sous toutes réserves.

V. n° 46. — Coût, tarif, arg. 29. Orig. : Paris, 2 fr. ; R. P., 1 fr. 80 c. ; aill., 1 fr. 50 ; Copie, le 1/4.

Enregistrement de l'exploit, 2 fr. 20 c. — (L. 8 avril 1816, art. 43.)

5. *Demande en révocation pour cause d'ingratitude.*

L'an. . . . . ., à la requête du sieur. . . . . (*donner copie de la non-conciliation et constituer avoué*), j'ai, ..., donné assignation au sieur. . . . ., à comparaître. . . . ., pour, — attendu que, par donation du. . . . ., passée devant. . . . ., le requérant a disposé gratuitement envers le sieur. . . . . de tous ses biens meubles et immeubles ; attendu que, depuis, ledit sieur. . . . . se trouvant sans moyens d'existence et dans un état complet d'indigence, s'est adressé plusieurs fois de vive voix au donataire pour lui demander des aliments que ce dernier lui a toujours refusés ; qu'il ne lui en pas fourni davantage sur et depuis la sommation qu'il lui en a fait faire par exploit de. . . . . ; attendu que ce refus obstiné d'aliments prouve une grande ingratitude de la part du sieur. . . . ., et que les donations sont révocables pour cette cause aux termes de l'art. 955, C. Nap. ; — Voir dire et ordonner que la donation dudit jour. . . . . sera révoquée pour cause d'ingratitude ; en conséquence, que les biens de cette donation, encore possédés par le donataire, rentreront dans les mains du requérant ; que les fruits desdits biens cesseront, à compter de ce jour, de profiter au donataire pour appartenir au donateur ; et, pour le cas où le cité aurait aliéné tout ou partie des biens ou les aurait grevés de charges ou d'hypothèques, s'entendre condamner à rendre et restituer au demandeur le prix des aliénations ou à le garantir et indemniser desdites charges ou hypothèques ; s'entendre en outre condamner aux dépens, sous toutes réserves.

V. n° 60. — Coût et enregistrement : V *Formule* 4.

6. *Notification et sommation en cas de révocation par survenance d'enfant.*

L'an. . . . ., à la requête du sieur. . . . ., j'ai, ..., signifié et avec ces présentes donné copie au sieur. . . . ., 1° d'un acte contenant donation (*analyser cet acte*) ; 2° et d'un acte de l'état civil dressé par le maire de la commune de. . . . ., constatant la naissance de. . . . ., comme fils du requérant et de. . . . ., son épouse (*ou l'acte de légitimation*) ;

Et attendu qu'au moment de la donation le donateur n'avait point d'enfant, et qu'il en a un aujourd'hui, ainsi qu'il résulte de l'acte de naissance analysé ci-dessus ; attendu que la naissance de cet enfant révoque de plein droit, aux termes de l'art. 960, C. Nap., la donation susénoncée ; j'ai. . . ., huissier soussigné, fait sommation audit sieur.. . ., en son domicile, et parlant comme dessus, de, dans vingt-quatre heures pour tout délai, quitter la jouissance des biens compris en la donation dudit jour. . . . ., vider les bâtiments donnés, cesser toute espèce d'exploitation des terres, enfin s'arranger de manière à ce que le donateur puisse prendre possession et jouissance desdits biens sans obstacles ni entraves, francs et quittes de toutes charges et hypothèques du chef du donataire, comme de toutes aliénations partielles ou totales qu'il en aurait consenties ; aux offres que fait ici le requérant de rembourser et indemniser ledit sieur. . . . . des impenses, labours, fumiers et semences qui peuvent exister sur les biens donnés, et ce à dire d'experts ; déclarant audit sieur. . . . . que, faute par lui de satisfaire à la présente sommation dans le délai prescrit, le requérant se pourvoira, sous toutes réserves, etc.

V. n° 67. — Coût et enregistrement : V. *Formule* 4.

DONATION ONÉREUSE. — **1.** Celle qui est faite sous des charges imposées au donataire par le donateur, soit à son profit, soit au profit d'un tiers.

2. La donation onéreuse peut être considérée comme renfermant une véritable vente dans le cas où les charges sont assez fortes pour constituer un prix (Cass., 24 nov. 1825).

3. Lorsque le donataire n'exécute pas les charges sous lesquelles la donation a été faite, le donateur peut la faire révoquer. — V. *Donation entre-vifs.*

DONATION PAR CONTRAT DE MARIAGE. — **1.** Donation qui est faite aux futurs époux par leur contrat de mariage, soit par les futurs époux eux-mêmes, soit par des tiers.

2. Cette donation peut avoir pour objet des biens présents, des biens présents et à venir, ou des biens à venir seulement. Dans ce dernier cas, elle est irrévocable, en ce sens que le donateur ne peut plus disposer, à titre gratuit, des biens à venir donnés.

3. La donation par contrat de mariage est caduque, si le mariage ne s'ensuit pas, ou si, comprenant des biens présents et à venir, ou des biens à venir seulement, le donateur survit au donataire.

4. Lorsque la donation comprend des biens présents et à venir, il est libre au donataire, au décès du donateur, de s'en tenir aux biens présents, en renonçant au surplus des biens du donateur. Cette renonciation a lieu par acte devant notaire, et doit être signifiée par exploit, aux héritiers du donateur (C. Nap., art. 1081 et suiv.).

DONATION RÉMUNÉRATOIRE. — **1.** C'est celle qui est faite pour récompenser des services rendus au donateur.

2. La donation rémunératoire est plutôt un mode de paiement qu'une véritable donation. Si elle n'est pas vraiment rémunératoire, elle est révocable pour cause d'ingratitude et de survenance d'enfants (Bruxelles, 16 janv. 1812 ; Cass., 17 août 1831).

3. L'appréciation des services rendus dépend des circonstances et est abandonnée à la prudence et à l'équité des tribunaux. —V. *Donation.*

DONNER ACTE. — Lorsqu'un tribunal constate, sur la demande de l'une des parties, un aveu ou une déclaration faits en justice par son adversaire, on dit qu'il en *donne acte.* — V. *Acquiescement*, n° 32, *Aveu, Désistement.*

DONNEUR D'AVAL. — C'est le tiers qui, étranger à un billet à ordre ou à une lettre de change, se rend caution des souscripteur, tireur, accepteur ou endosseur.—V. *Aval, Effets de commerce, Lettre de change.*

DOREURS, DORURES. — Les doreurs et fabricants ou marchands de dorures sont patentables.

DOSSIER. — Liasse de titres et de pièces de procédure relatifs à une affaire, à un procès. Ces titres et pièces sont généralement réunis dans une feuille de papier qu'on appelle *chemise*. Il existe cependant certaines localités où il est encore d'usage de les réunir dans un sac.

DOT. — Biens que la femme apporte au mari pour supporter les charges du mariage (C. Nap. art. 1540). — V. *Communauté de biens entre époux, Régime dotal.*

DOUAIRE. — **1.** On appelait ainsi, sous l'empire des anciennes coutumes, l'usufruit ou la propriété que les coutumes ou que les conventions matrimoniales accordaient à la veuve et aux enfants d'une portion des biens que le mari possédait au jour du mariage, ou qui lui échéaient en ligne directe, durant le mariage, à titre de succession, de donation ou de legs.

2. La loi du 17 niv. an 11 a probibé l'institution du douaire *coutumier* ou *conventionnel*, et le Code Napoléon a maintenu cette prohibition.

DOUANES. — **1.** Droits fiscaux ou contributions indirectes qui se perçoivent, dans le rayon des frontières de terre et de mer et à l'intérieur, sur les importations, exportations et circulations de certaines marchandises, et dans le cas d'entrepôt.

2. Une administration, connue sous la dénomination de *Douane*, est chargée de la perception des droits de douanes et de la surveillance de l'exécution des lois. Ses préposés constatent les contraventions par des procès-verbaux, et procèdent à la saisie des objets introduits en fraude (L.L. 9 flor. an 7; 28 avril 1816).

3. Comme, en cette matière, les huissiers ont droit, concurremment avec les préposés des douanes, de citer les délinquants et de faire exécuter les jugements, il est utile de tracer ici quelques règles en ce qui concerne la compétence, la procédure et l'exécution des jugements en matière de douanes. — V. *Contrainte administrative.*

Indication alphabétique des matières.

§ 1. — *Compétence.*
§ 2. — *Procédure.*
§ 3. — *Exécution des jugements.*
§ 4. — *Enregistrement.*

FORMULES.

§ 1er. — *Compétence.*

4. La connaissance des contraventions aux lois qui régissent la matière des douanes ou des contestations concernant cette matière appartient en premier ressort aux juges de paix et aux tribunaux correctionnels.

5. *Juges de paix.* — La compétence des juges de paix s'étend à tous les cas qui ne donnent lieu qu'à des contestations civiles.

6. Ainsi, ils connaissent :

1° De toutes les saisies qui n'entraînent pas l'arrestation des prévenus;

7. 2° Des oppositions mises à l'exercice des fonctions des préposés, avec ou sans injure, non accompagnées de voies de fait (L.L. 22 août 1791 ; 4 germ. an 2) ;

8. 3° Des contestations concernant le refus de payer les droits, le non-rapport des acquits à caution, et les autres affaires relatives aux douanes (L. 14 fruct. an 3, art. 10) ;

9. 4° Des contraventions à l'acte de navigation, aux lois sur le cabotage, le transit, les entrepôts, les réexportations, les primes, les perceptions, et des actions exercées par l'administration pour garantie des droits, après la faillite des redevables ;

10. 5° Des contraventions aux lois sur les sels, et à tous les règlements relatifs à la perception de la taxe sur cette denrée, toutes les fois que les contrevenants ne sont point en récidive, ni au nombre de trois et plus (L. 17 nov. 1814) ;

11. 6° De la fixation de celui des deux taux qui, d'après les droits de douanes, doit être perçu (Cass. 2 janv. 1826).

12. Le juge de paix compétent est celui de l'arrondissement dans lequel se trouve le bureau où l'objet a été déposé (L. 17 nov. 1814). Si les objets saisis avaient été déposés dans un bureau autre que celui le plus voisin du lieu de la saisie, sans motifs valables, le juge de paix de ce dernier bureau serait seul compétent (Cass., 3 déc. 1817).

13. Les juges de paix sont encore compétents pour viser et rendre exécutoires les contraintes décernées dans le cas où ce mode de procéder est autorisé par la loi.—V. *Contrainte administrative.*

14. *Tribunaux correctionnels.* — Ils sont compétents pour statuer sur toutes les infractions aux lois de douanes dans tous les cas où la peine entraîne l'emprisonnement, et spécialement : 1° sur toutes contraventions ayant pour objet l'introduction de marchandises prohibées et de celles non prohibées, tarifées à 20 fr. par 100 kilogrammes et au-dessus (L.L. 28 avril 1816 ; 21 avril 1818) ;

15. 2° Sur les faits de contrebande dont la connaissance était attribuée aux cours prévôtales par l'art. 48, tit. 5, L. 28 avril 1816 (L. 28 avril 1818, art. 37, tit. 6) ;

16. 3° Sur les délits en matière de sels, lorsque la fraude est commise par une réunion de trois individus et plus, ou lorsque le prévenu, quoique seul, est en état de récidive (L. 17 nov. 1814, art. 59).

§ 2. — *Procédure.*

17. *Règles générales.* — Les préposés des douanes peuvent faire, pour les droits de la douane, tous exploits et autres actes de justice que les huissiers ont coutume de faire, ou se servir de tel huissier que bon leur semble, notamment pour les ventes d'objets saisis, confisqués ou abandonnés (L. 22 août 1791, tit. 13, art. 18).

18. La forme des actes n'est pas soumise aux règles générales de la procédure ; il suffit qu'ils contiennent les énonciations prescrites par les lois spéciales. Ainsi, est valable : 1° un exploit qui ne contient pas les noms et prénoms des préposés qui le signifient (Cass., 7 brum. an 8); 2° un appel qui ne contient ni les motifs, ni les conclusions de l'appelant (Cass., 17 frim. an 8).

19. Celui qui veut s'inscrire en faux contre un procès-verbal doit en faire la déclaration par écrit, en personne ou par un fondé de pouvor spécial et authentique, et au plus tard à l'audience indiquée par la sommation de comparaître devant le tribunal qui doit connaître de la contravention. Si le déclarant ne sait signer, la déclaration est reçue et signée par le greffier (L., 9 flor. an 7).

20. L'inscription pourrait encore être formée après l'opposition au jugement par défaut (Cass., 23 août 1830).

21. Dans les trois jours suivants, celui qui s'est inscrit en faux doit faire au greffe du tribunal le dépôt des moyens de faux, et des noms et qualités des témoins qu'il veut faire entendre; le tout à peine de déchéance (L., 9 flor. an 7). Le dépôt de la requête est valablement fait par un avoué (Cass., 1er juin 1827).

22. Dans toute action sur une saisie, les preuves de non-contravention sont à la charge du saisi (L., 4 germ. an 2, tit. 6, art. 7).

23. Les procès-verbaux des contraventions dressés par deux préposés font foi jusqu'à inscription de faux (L., 9 flor. an 6, tit. 4, art. 1); en conséquence, sans cette inscription, un prévenu ne peut être admis à aucune preuve contre les faits consignés au procès-verbal (Cass., 30 juill. 1832). Mais la preuve testimoniale est admise, lorsque la contravention n'est constatée que par deux témoins.

24. Les objets saisis pour fraude ou contravention ne peuvent être revendiqués par le propriétaire, ni le prix, qu'il soit consigné ou non, réclamé par aucuns créanciers, même privilégiés, sauf leur recours contre les auteurs de la fraude (L., 22 août 1791, tit. 13, art. 31; Cass., 6 sept. 1834).

25. Pour les peines et amendes à prononcer, V. L.L. 22 août 1790, 28 avril 1816 et 21 avril 1818. L'amende est considérée non comme une peine, mais comme la réparation du préjudice causé à l'Etat; d'où il suit que les pères et mères, civilement responsables de leurs enfants, peuvent y être condamnés en cette qualité (Cass., 6 juin 1811; 30 mai et 3 sept. 1828).

26. Le receveur qui a fait crédit des droits est autorisé, en cas de refus ou de retard des contribuables, à décerner une contrainte. — *Contrainte administrative.*

27. *Procédure devant les tribunaux de paix.* — Lorsqu'il y a un procès-verbal, la citation est donnée par ce procès-verbal, à comparaître dans les 24 heures (L. 9 flor. an 7), c'est-à-dire pendant les 24 heures qui suivent la clôture de cet acte (Cass., 3 juin 1806).

28. Si le prévenu est présent à la rédaction du procès-verbal, la remise de la copie de ce procès-verbal vaut citation; s'il est absent, la copie de cet acte est affichée dans le jour à la porte du bureau du receveur, et cette affiche équivaut à citation (L. 9 flor. an 7).

29. Toutefois, la citation par affiche n'est valable qu'autant que le prévenu et son domicile sont inconnus (Cass., 23 août 1830).

30. Lorsqu'il n'y a pas de procès-verbal, ou lorsque la copie du procès-verbal n'a pas été remise au prévenu ou n'a pas été affichée, la citation peut être donnée, soit par un préposé des douanes, soit par un huissier, à la requête du receveur du bureau où la marchandise est déposée.—V. *Formule* 1.

31. Les procès-verbaux, citations et affiches peuvent être faits tous les jours indistinctement (L. 9 flor. an 7). Mais on ne pourrait indiquer la comparution à un jour férié (Cass., 3 vent. an 10).

32. Il n'y a pas lieu d'augmenter le délai de comparution à raison de la distance du domicile élu par la partie saisie à son domicile réel.

33. Le juge de paix est tenu de prononcer la sentence à l'audience indiquée pour la comparution, ou, au plus tard dans le délai de 3 jours (L. 9 flor. an 7, art. 13). Le jugement serait nul s'il était prononcé hors ce délai (Cass., 5 mars 1812).

34. La signification du jugement obtenu par l'administration doit être faite à la partie, à son domicile réel, si elle en a un, ou au domicile par elle élu dans la commune du bureau où l'objet saisi a été déposé; sinon, au domicile du maire de la commune (L. 14 fruct. an 3, art. 11). — V. *Formule* 2.

35. Si le prévenu ne se présente pas, il est condamné par défaut (C. proc. civ., art. 19). Mais il peut former opposition (Cass., 23 août 1830) dans les trois jours de la signification du jugement (C. proc. civ., art. 20). L'opposition doit contenir sommairement les moyens de la partie opposante et assignation dans les 24 heures. — V. *Formule* 3.

36. Le délai, pour interjeter appel, est de huit jours (Cass., 10 déc. 1830, et ce délai est franc (Cass., 3 mess. an 9). Il court, pour les jugements contradictoires, du jour de la signification, et, pour les jugements par défaut, du jour où l'opposition n'est plus recevable (L. 14 fruct. an 3; C. proc. civ., art. 443).

37. L'acte d'appel est signifié à l'administration, en la personne et au domicile du receveur poursuivant, et à l'inculpé, à son domicile réel, ou élu, s'il en a un dans le lieu de l'établissement du bureau, sinon au domicile du maire de la commune de ce même bureau (L. 14 fruct. an 3, art. 11). L'assignation est donnée à comparaître à trois jours francs (14 fruct. an 3, art. 11; L. 9 flor. an 7), outre un jour par chaque myriamètre de distance entre la commune où est établi le bureau, et celle ou siége le tribunal civil (L. 14 fruct. an 3). — V. *Formule* 4.

38. L'appel n'est pas nul, quoiqu'il ne contienne pas même le sommaire des moyens et conclusions de l'appelant (Cass., 19 frim. an 8).

39. L'appel est porté devant le tribunal civil dans le ressort duquel se trouve le tribunal de paix qui a rendu la sentence attaquée (L. 14 fruct. an 3, art. 6). Il est tenu de prononcer son jugement dans la huitaine (même arrêt). L'instruction de l'affaire a lieu sur simples mémoires et sans frais (L. 4 germ. an 2, tit. 6, art. 17).

40. *Procédure devant les tribunaux correctionnels.* — Le prévenu qui n'a pas été arrêté est cité à comparaître devant le tribunal correctionnel. La citation lui est donnée à son domicile, s'il réside dans le ressort du tribunal; dans le cas contraire, au domicile du procureur impérial près ce même tribunal (L. 28 avril 1816). Il doit y avoir trois jours entre le jour de la citation et celui indiqué pour la comparution. Ce délai n'est pas augmenté à raison de la distance du domicile d'élection au domicile réel (Cass., 19 mars 1807). — V. *Formule* 5.

41. Si la citation est donnée à un étranger, on doit la signifier au parquet du procureur impérial qui vise l'original de l'exploit, et afficher la copie de cet exploit à la porte de l'auditoire du tribunal (C. proc. civ., art. 69 et 70; Cass., 5 août 1807).

42. Si le prévenu comparaît, et qu'il y ait lieu de lui accorder une remise, elle ne peut excéder cinq jours; le cinquième jour, le tribunal prononce, parties présentes ou absentes (L. 28 avril 1816, art. 47). L'instruction est verbale, sur simples mémoires et sans frais de justice (L. 4 germ. an 2, tit. 6, art. 17).

43. Si le prévenu ne comparaît pas en personne, le tribunal est tenu de rendre son jugement (L. 28 avril 1816, art. 46).

44. La signification du jugement doit être faite de la même manière que celle de la citation (Cass., 3 mai 1833. — V. *suprà*, n° 40).

45. L'opposition au jugement par défaut est admise dans les cinq jours de la signification du jugement. Elle est notifiée tant au ministère public qu'au receveur des douanes qui a suivi l'affaire (C. inst. crim., art. 187). — V. *Formule* 6.

46. Le condamné, la partie plaignante ou le ministère public, qui veulent appeler, sont tenus d'en passer déclaration au greffe du tribunal qui a rendu le jugement dans les dix jours au plus tard après celui où il a été prononcé ; et, si le jugement est par défaut, dans dix jours au plus tard après celui de la signification (L. 3 brum. an 4, art. 194; C. inst. crim., art. 203).

47. La requête contenant les moyens d'appel est remise au tribunal correctionnel dans les dix jours accordés par la loi pour appeler ; elle est signée de l'appelant ou de son fondé de pouvoir; le pouvoir est joint à l'acte d'appel : le tout à peine de déchéance (L. 3 brum. an 4, art. 195).

§ 3. — *Exécution des jugements.*

48. Lorsqu'il y a eu saisie, qu'elle a été jugée bonne et qu'il n'y a pas eu d'appel dans la huitaine de la signification, le neuvième jour, le préposé du bureau (ou un huissier) indique la vente par une affiche signée de lui et apposée tant à la porte du bureau qu'à celle de l'auditoire du juge de paix; il procède à la vente cinq jours après (L. 14 fruct. an 3, art. 7). Cette vente a lieu publiquement (même loi, art. 8).

49. Lorsqu'il n'y a pas eu saisie ou lorsque la vente n'a pas été suffisante pour désintéresser l'administration, l'exécution du jugement est poursuivie par toutes les voies ordinaires de droit et même par corps (LL. 22 août 1791 et 4 germ. an 2).

50. L'administration est préférée à tous créanciers pour droits, confiscations, amende et restitutions (L. 4 germ. an 2), sur les meubles et effets mobiliers des redevables, toutefois après le prélèvement 1° des frais de justice et autres privilégiés, et 2° de ce qui peut être dû pour 6 mois de loyer, et, en outre, sauf la revendication des marchandises en nature, encore sous balle et corde (L. 22 avril 1791, tit. 13, art. 22).

§ 4. — *Enregistrement.*

51. Les actes judiciaires en matière de douane sont assujettis au timbre (L. 28 avril 1816, tit. 1, art. 19).

52. Les contraintes, sommations, assignations, significations, saisies-arrêts et autres actes ayant pour objet le recouvrement de droits dus à la régie, sont enregistrés gratis, lorsque la quotité de ces droits est inférieure à 25 fr. (L. 23 frim. an 7, art. 70).

53. L'enregistrement n'a pas lieu gratis, quelque modique que soit la somme, si elle fait partie d'une somme totale supérieure à 25 fr. (Cass., 2 déc. 1806).

54. Si la somme excède 25 fr., il est dû un droit de 1 fr. par chaque exploit (L. 22 frim. an 7, art. 70).

Formules.

1. *Citation en justice de paix.*

L'an. . . . ., à la requête de M. le directeur général des douanes, poursuite et diligence de M. . . . ., receveur des douanes au bureau de. . . ., demeurant à. . . ., élisant domicile en sa demeure, j'ai, ..., donné citation au sieur. . . . . ., à comparaître le. . . . ., pour,—attendu que suivant procès-verbal dressé par. . . . ., préposé des douanes, à. . . . ., le. . . . ., des marchandises ont été saisies sur le sieur. . . . ., au moment où il les introduisait en France, en fraude des droits dus à la régie et s'élevant à. . . . .;— voir dire et ordonner que lesdites marchandises seront confisquées ainsi que les moyens employés pour leur transport; s'entendre condamner aux peines et amendes prononcées par les lois, et en outre aux dépens, sous toutes réserves.

V. n° 31. — Coût : V. *Citation*, *Formule* 1.

Enregistrement de l'exploit, V. *suprà*, n°s 52 et suiv.

2. *Signification.*

L'an. . . . . ., à la requête de (V. *Formule* 1), j'ai, ..., signifié et avec ces présentes donné copie au sieur. . . . ., au domicile par lui élu à. . . . . (*ou* au domicile de M. le maire de la commune de. . . . ., attendu que ledit sieur. . . . . n'a ni domicile réel, ni domicile élu dans ladite commune), de la grosse d'un jugement (*l'analyser*), à fin qu'il ait à y avoir tel égard que de raison, sinon ledit jugement sera exécutoire, etc.

V. n° 34.—Coût et enregistrement de l'exploit, V. *Formule* 1.

3. *Opposition.*

L'an. . . . . ., à la requête du sieur. . . . ., j'ai, ..., signifié et déclaré à M. . . . ., receveur des douanes au bureau de. . . . ., demeurant. . . . ., en son domicile, et parlant à sa personne qui a visé le présent, au nom de l'administration générale des douanes, que le requérant est opposant, comme en effet il s'oppose formellement par ces présentes au jugement rendu contre lui au profit de ladite administration, par le tribunal de paix de. . . . ., le. . . . ., et en même temps, j'ai, huissier susdit et soussigné, donné citation à mondit sieur. . . . ., audit nom, à comparaître le. . . . ., pour,—attendu (*énoncer les moyens de l'opposition*);— voir dire que ledit sieur. . . . . . sera reçu opposant, que le jugement dudit jour sera considéré comme non avenu, et que ledit sieur. . . . ., requérant, sera renvoyé des fins de la demande formée contre lui par l'administration des douanes, et en outre s'entendre, le sieur. . . ., audit nom, condamner aux dépens, sous toutes réserves.

V. n° 35.—Coût : V. *Formule* 1.

Enregistrement de l'exploit, 1 fr. 50 c.

Visa. Visé par nous, receveur des douanes, le présent exploit dont copie nous a été remise. A. . . . ., le. . . . .

4. *Appel.*

L'an. . . . ., à la requête du sieur. . . . ., j'ai, ..., signifié et déclaré à M. . . . ., que le requérant interjette appel du jugement rendu contre lui par le tribunal de paix de. . . . ., le. . . . . .; et, en même temps, j'ai, huissier soussigné, donné assignation à M. . . . ., à comparaître dans le délai de trois jours francs, outre les délais de distance, devant. . . . ., pour, — attendu (*énoncer les moyens d'appel*); — voir dire qu'il a été mal jugé, bien appelé; faisant droit sur ledit appel, que le jugement dont est appel sera mis à néant, le requérant déchargé des condamnations prononcées contre lui; et, faisant droit au principal, déclarer le demandeur, audit nom, non recevable dans sa demande, l'en débouter et le condamner aux dépens.

V. n° 37.—Coût : V. *Appel en matière criminelle, Formule* 1.

Enregistrement de l'exploit, 5 fr. 50 c.—(L. 22 frim. en 7.)

Visa.—V. *Formule* 3.

5. *Citation en police correctionnelle.*

L'an. . . . ., à la requête de (V. *Formule* 1), j'ai, ..., donné citation au sieur. . . . ., au domicile de M. le procureur impérial près le tribunal civil et correctionnel de l'arrondissement de. . . . ., où étant et parlant à ce magistrat qui a visé le présent original, à comparaître le. . . . .; pour, — attendu (*énoncer la saisie*), — voir prononcer la confiscation des objets saisis et de leurs moyens de transport, et en outre s'entendre condamner aux peines et amendes prononcées par les lois, etc. . . . .

V. n° 40.—Coût : V. *Action publique, Formule* 1, *et Citation, Formule* 1.

Enregistrement de l'exploit, V. *suprà*, n°s 52 et suiv.

Visa. Visé par nous, procureur impérial, le présent original dont copie nous a été remise. A. . . . ., le. . . . .

6. *Opposition.*

L'an. . . . ., à la requête du sieur, j'ai, ..., signifié et déclaré, 1° à M. . . . ., receveur des douanes, qui a visé le présent; 2° à M. . . . ., procureur impérial, qui a aussi visé le présent, que le requérant est opposant, etc. . . . .

V. n° 45.—Coût : V. *Formule* 5.

Enregistrement de l'exploit, 1 fr. 10 c.

Visa. V. *Formules* 3 et 5.

DOUBLE DROIT. — Droit simple exigible dans tous les cas, et même droit simple exigible à titre d'amende. Le double droit est encouru pour contravention en matière d'enregistrement. — V. *Amende, Enregistrement, Exploit, Huissier, Office.*

DOUBLE ÉCRIT. — **1**. Acte sous seing privé rédigé en plusieurs originaux, afin que chacune des parties en ait un pour lui servir de titre.

2. Les actes sous seing privé qui contiennent des conventions synallagmatiques ne sont valables qu'autant qu'ils ont été faits en autant d'originaux qu'il y a de parties ayant un intérêt distinct. Il suffit d'un seul original pour les personnes ayant le même intérêt (C. Nap., art. 1325).

3. Par *conventions synallagmatiques* on doit entendre celles où les parties contractantes concourent simultanément, et ont, l'une contre l'autre, une action directe et principale. Tels sont la vente, l'échange, le louage, l'emphytéose, l'antichrèse, la société, le compromis, la transaction (Toullier, t. 8, n° 324; Duranton, t. 13, n°s 145 et 151).

4. Ainsi, les contrats synallagmatiques imparfaits, tels que le dépôt, le prêt à usage, le gage, le mandat, ne sont pas soumis à la formalité du double (Toullier, t. 8, n° 317).

5. En matière de commerce, les doubles originaux ne sont nécessaires qu'autant qu'une loi spéciale les a prescrits, comme par exemple l'art. 39, C. comm. (Toullier, t. 8, n° 342; Trèves, 30 mai 1810. — *Contrà* Cass., 19 déc. 1826).

6. On considère comme ayant le même intérêt, dans le sens de l'art. 1325, les débiteurs solidaires, ceux qui contractent une obligation indivisible (Metz, 6 mai 1827), les copropriétaires qui traitent avec un tiers au sujet de la chose commune, les associés et les coacquéreurs dans les mêmes cas (Amiens, 24 prair. an 13), la caution et le débiteur principal (Turin, 26 mai 1806; Cass., 22 nov. 1825).

7. Chaque original doit contenir la mention du nombre des originaux qui ont été faits (C. Nap., art. 1325). La représentation des doubles ne tiendrait pas lieu de cette mention (Merlin, *Répert.*, v° *Double écrit*, n° 4).

8. Lorsqu'un acte sous seing privé n'est pas fait double ou ne contient pas la mention du fait double, la convention ne se trouve pas nulle pour cela. Cet acte peut au contraire servir de commencement de preuve par écrit (Toullier, t. 8, n° 322; Cass., 14 frim. an 14; Bordeaux, 13 juin 1826; Bourges, 29 mars 1831). En conséquence, la convention peut être prouvée par témoins (C. Nap., art. 1349), par des présomptions graves, précises et concordantes (art. 1353); Toullier, t. 8, n° 322), par la correspondance des deux parties (Toullier, t. 8, n° 336; Merlin, *Répert.*, v° *Double écrit*, n° 11), et par le serment supplémentaire déféré à la partie qui produit l'acte (C. Nap., art. 1367; Toullier, *loc. cit.*).

9. La nullité résultant de l'omission du double ne peut plus être invoquée, dès que, par un fait quelconque postérieur à l'acte, il est devenu impossible à l'une ou l'autre des parties de supprimer la preuve de la convention; par exemple, si l'acte a été déposé chez un notaire par les deux parties (Bordeaux, 13 mars 1818).

10. L'acte non fait double ou qui ne contient pas la mention du fait double est considéré comme régulier à l'égard de celui qui a exécuté la convention qu'il constate (C. Nap., art. 1325; Toullier, t. 8, n° 333; Cass., 15 fév. 1815; 4 mars 1830).

DOUBLE EMPLOI. — Erreur consistant en ce que, dans un compte, on a porté deux fois la même somme, soit en recette, soit en dépense. — V. *Compte*, n°s 37, 109, 111, 112 et 118.

DOUTE. — **1**. Incertitude où l'on est sur la vérité d'un fait, d'une assertion, ou sur la manière d'appliquer une convention, une loi.

2. En matière de conventions, le doute s'interprète contre celui qui a stipulé, et en faveur de celui qui a contracté l'obligation (C. Nap., art. 1162).

3. Lorsqu'il s'agit d'une loi, si c'est en matière favorable, ses dispositions doivent, dans le doute, être étendues ; il en est autrement en matière de rigueur. — V. *Interprétation, Loi.*

DOYEN. — Ce mot s'emploie pour désigner le membre le plus ancien d'une compagnie.

DRAGUEURS (ENTREPRENEURS). — Sont patentables.

DROGUISTES. — Sont patentables.

DROIT. — Ce mot a une foule d'acceptions diverses. Tantôt il désigne l'ensemble, la collection des lois particulières à un peuple, la législation d'un peuple, et c'est dans ce sens qu'on dit le *Droit français* ; tantôt il désigne une faculté accordée et régie par la loi, un pouvoir qui appartient à quelqu'un, comme le droit de propriété, de rétention, etc. ; tantôt il se prend comme synonyme de taxe, redevance, salaire, et c'est en ce sens qu'on dit les droits d'octroi, de douanes, d'enregistrement, de greffe, de copie de pièces, de commission, etc. ; enfin, dans une autre acception, il désigne l'ensemble des devoirs d'une nation envers les autres nations, des membres d'une même nation entre eux ou envers la société, et, sous ce dernier rapport, le droit se divise en droit des gens, en droit civil ou privé, et en droit politique et public.

DROIT ACQUIS. — On appelle ainsi celui qui est déjà acquis à une personne avant le fait ou l'acte qu'on lui oppose pour l'en dépouiller, par opposition à celui qui ne consiste que dans une simple expectative et qu'on nomme *Droit éventuel.*

DROIT CIVIL. — Partie de la législation qui règle les intérêts privés des citoyens, abstraction faite de ceux réglés par les lois commerciales, forestières, etc. — V. *Droits civils.*

DROIT COMMERCIAL. — Ensemble des règles spéciales qui régissent les rapports qui ont pour objet des bénéfices à faire au moyen de la production manufacturière, de l'échange ou du transport des divers produits de la nature et de l'industrie (Molinier, *Droit commercial*, p. 12, n° 5).

DROIT COMMUN. — Se dit par opposition au droit exorbitant ou exceptionnel. Ainsi, le droit est commun lorsqu'il est la règle ordinaire et générale à laquelle on recourt, tandis qu'il est exorbitant ou exceptionnel quand il ne sert que pour des cas particuliers spécialement déterminés.

DROIT COUTUMIER. — Droit consistant dans l'observation des coutumes qui régissaient autrefois une grande partie de la France, et qui ont été abolies par le Code Napoléon. — V. *Coutume.*

DROIT (DE, OU DE PLEIN). — On dit qu'une chose est *de droit* ou *de plein droit*, lorsque la loi l'autorise sans qu'il soit besoin de convention.

DROIT DE PRÉSENTATION. — V. *Office.*

DROIT DES GENS. — Celui qui règle les rapports des nations entre elles, considérées comme personnes collectives, ou les rapports des membres d'une nation avec ceux d'une autre nation. Dans le premier cas, le droit des gens est appelé *droit international*, et dans le second, *droit des gens proprement dit.*

DROIT DE SUITE. — Droit que donne l'hypothèque de suivre l'immeuble en quelques mains qu'il passe, ou que l'on a de revendiquer une chose. — V. *Action hypothécaire*, *Hypothèque*, *Revendication*.

DROIT ÉCRIT. — On désignait ainsi autrefois, en France, le droit romain qui régissait certaines provinces, lesquelles étaient appelées *pays de droit écrit*, par opposition aux *pays coutumiers*.

DROIT ÉTROIT. — On dit qu'un précepte de la loi est de *droit étroit*, lorsque ce précepte doit être appliqué dans son sens littéral, qu'il doit être pris dans sa plus grande rigueur. Les lois pénales, exceptionnelles, fiscales, sont des lois de droit étroit.

DROIT NATUREL. — Ensemble de préceptes universels, immuables et applicables à tous les hommes, sans distinction de nationalité, et, de plus, obligatoires indépendamment de toute promulgation. Ainsi, le précepte qui veut qu'on vénère les auteurs de ses jours est un précepte du droit naturel. Le *droit positif* est venu fortifier le droit naturel, en ajoutant une sanction à ses infractions.

DROIT POLITIQUE. — Ensemble des règles qui ont pour objet direct et principal l'organisation de l'Etat et les rapports des gouvernants et des gouvernés. — V. *Citoyen*, *Droits politiques*.

DROITS CIVILS. — **1.** Facultés ou avantages établis et réglés par le droit civil d'une nation (V. *Droit civil*), et dont la jouissance est essentiellement attachée à la qualité de sujet de cette nation, par exemple à la qualité de Français.

2. Aux termes de l'art. 8, C. Nap., tout Français jouit des droits civils. L'exercice de ces droits, porte l'art. 7, même Code, est indépendant de la qualité de citoyen.

3. Il ne faut pas confondre la *jouissance* avec l'*exercice*. Si tous les Français *jouissent* des droits civils, tous, en effet, ne sont pas aptes à les *exercer*. Ainsi, n'ont pas l'exercice des droits civils les interdits, les mineurs, les femmes mariées dans certains cas, et les condamnés par contumace, pendant les cinq ans qui leur sont accordés pour se présenter (C. Nap., art. 28), quoiqu'ils en aient la jouissance.

4. Au nombre des droits civils, il faut comprendre : la puissance paternelle et maritale, la tutelle, le droit de concourir à toute délibération des conseils de famille, le droit de succéder et de transmettre par succession, le bénéfice de cession judiciaire, le témoignage en justice sous la foi du serment, la qualité de témoin instrumentaire, le droit de procéder en justice, le privilége de n'être contraignable par corps que dans les cas déterminés par la loi.

5. On perd les droits civils : 1° par la perte de la qualité de *Français* (V. ce mot) ; 2° par suite de condamnations pénales (C. pén., art. 9, 28, 42, 43 et 48). Dans ce dernier cas, la privation des droits civils date du jour de l'exécution du jugement (Avis Cons. d'Etat, 8 janv. 1823).

6. Sur le point de savoir quels sont les droits civils dont les étrangers peuvent jouir en France, qu'ils aient ou non été autorisés à y établir leur domicile, V. *Etranger*.

DROITS FACULTATIFS OU DE PURE FACULTÉ. — Droits dont il est libre au propriétaire d'user ou de ne pas user. Ces droits sont imprescriptibles. — V. *Prescription*.

DROITS INCORPORELS. — On appelle ainsi les droits qui résultent des créances, par opposition aux choses corporelles. — V. *Action*, *Biens*, *Transport-cession*.

DROITS LITIGIEUX.—1. Droits dont l'existence et l'étendue sont contestées ou susceptibles de contestation.

Indication alphabétique des matières.

---

§ 1er. — *Personnes auxquelles il est interdit de se rendre cessionnaires de droits litigieux.*

2. En droit romain, les cessions de droits litigieux étaient prohibées ; celles qui étaient faites depuis le procès commencé, *lite pendente*, étaient frappées d'une nullité absolue (Dig. tit. *de Litigiosis*, LL. 1 et 2). Le Code Napoléon, au contraire, a permis la vente et l'acquisition de droits litigieux, par cela seul qu'il ne les a pas défendues.

3. Toutes personnes capables de contracter peuvent, en général, acheter des droits litigieux. Mais les rédacteurs du Code Napoléon voulant placer certains fonctionnaires ou officiers ministériels dans l'impossibilité d'abuser de leur autorité et de leur expérience, et les mettre à l'abri de tout soupçon de cupidité et de prévarication, les ont, par exception, déclarés incapables d'acquérir certains droits litigieux.

4. Ainsi, d'après l'art. 1597, C. Nap., les juges, leurs suppléants, les magistrats remplissant le ministère public, les greffiers, les huissiers, avoués, défenseurs officieux et notaires ne peuvent devenir cessionnaires des procès, droits et actions litigieux qui sont de la compétence du tribunal dans le ressort duquel ils exercent leurs fonctions, à peine de nullité, des dépens et de dommages-intérêts.

5. Toutefois, la prohibition portée par cet article doit être strictement limitée aux divers fonctionnaires et officiers ministériels qu'il désigne ; elle ne peut être étendue par analogie d'une personne à une autre. Par exemple, elle n'atteint point les commissaires-priseurs.

6. Mais, si l'art. 1597 ne parle que des juges, c'est que, à l'époque de la promulgation du Code Napoléon, le mot *juge* était donné à tous les magistrats. Il ne nous paraît donc pas douteux que les membres des Cours impériales ne soient de même que les membres des tribunaux de première instance, civils ou de commerce, compris dans la prohibition. C'est aussi l'avis de MM. Duvergier (*Traité de la Vente*, t. 1, nº 196) et Troplong (*de la Vente*. t. 1, nº 198).

7. Il faut également comprendre dans la prohibition, en vertu de leur qualité de juges, les membres du conseil d'Etat et les conseillers de préfecture appelés à statuer en matière de contentieux administratif (Duvergier, *loc. cit.*), ainsi que les juges de paix (Lyon, 10 juill. 1839).

8. Quant à l'expression *défenseurs officieux*, dont s'est servi le législateur dans l'art. 1597 précité, elle s'applique aux avocats et aux agréés près les tribunaux de commerce (Duvergier, *de la Vente*, t. 1, nº 197; Rolland de Villargues, *Rép. du not.*, vº *Droits litigieux*, nº 16; Troplong, *de la Vente*, t. 1, nº 195).

9. La règle posée en l'art. 1597 est tellement absolue, que les fonctionnaires ou officiers ministériels désignés en cet article ne peuvent se rendre cessionnaires de droits litigieux, même quand il n'y aurait de leur part aucun esprit de lucre et de chicane, et dans le seul but de se garantir d'un préjudice qui les menace (Nîmes, 25 mai 1840).

10. Cependant, l'art. 1597 n'interdit aux fonctionnaires et officiers ministériels qu'il énumère que l'acquisition des droits litigieux *qui sont de la compétence du tribunal dans le ressort duquel ils exercent leurs fonctions*: d'où il résulte qu'ils peuvent devenir cessionnaires de droits litigieux soumis à un tribunal autre que celui près duquel ils exercent leurs fonctions, bien que les deux tribunaux ressortissent de la même Cour impériale (Duvergier, *de la Vente*, t. 1, nº 198; Delvincourt, t. 3, notes, p. 128; Duranton, t. 16, nº 144; Troplong, t. 1, nº 199).

11. C'est, du reste, ce qui a été jugé spécialement pour un avoué (Trèves, 24 juin 1807), et pour un huissier (Colmar, 11 mars 1807).—V. *J. Huiss.*, t. 10, p. 83.

12. Les magistrats, avocats, notaires, avoués, greffiers et huissiers près une Cour impériale, sont incapables dans le ressort de cette Cour. Ils ne peuvent donc pas acheter des droits litigieux de la compétence d'un des tribunaux du ressort (Duranton, t. 16, nº 144; Troplong, *Vente*, t. 1, nº 198). M. Duvergier (*de la Vente*, t. 1, nº 198) admet une exception à ce principe pour le cas où le litige n'est pas susceptible des deux degrés de juridiction. — V. Cependant *J. Huiss.*, t. 10, p. 83 et 84.

13. La Cour de Cassation ayant juridiction sur la France entière, les magistrats, avocats, greffiers et même huissiers près cette Cour ne peuvent se rendre cessionnaires d'aucun procès (Duranton, t. 16, nº 144).

14. La prohibition de l'art. 1597 n'atteint pas seulement les cessions de droits litigieux consenties ouvertement au profit des fonctionnaires et officiers ministériels qu'elle frappe d'incapacité. Elle atteint également les cessions qui leur sont faites sous le nom d'une personne interposée. Ces dernières, de même que les premières, doivent être déclarées nulles. En effet, l'influence de l'incapable, pour être secrète, n'en est pas moins dangereuse (Rousseau de Lacombe, vº *Transport*; Denisart, vº *Droits litigieux*; Duranton, t. 16, nº 140; Duvergier, *Vente*, t. 1, nº 202; Troplong, *Vente*, t. 1, nº 202). Mais l'interposition de personne doit être prouvée; et cette preuve incombe à celui qui allègue l'interposition. S'il n'a point été partie à l'acte de cession, il peut la faire par témoins (C. Nap., art. 1348).

15. La cession de droits litigieux faite conjointement à deux personnes, dont l'une est capable de les acquérir, n'est nulle qu'à l'égard de l'incapable, si les objets cédés sont susceptibles d'être divisés (Poitiers, 18 août 1810).

§ 2. — *Quels sont les* DROITS LITIGIEUX *dont les personnes énumérées dans l'art.* 1594, *C. Nap., ne peuvent se rendre cessionnaires.*

16. Il résulte de quelques documents juridiques que, pour qu'un droit puisse être considéré comme *litigieux* dans le sens de l'art. 1597, C. Nap., il faut que la contestation soit déjà née, que le procès soit déjà commencé *sur le fond* (*Rapport* de M. Faure au tribunat; Rouen, 27 juill. 1808; et *motifs* d'un arrêt de Bordeaux du 29 août 1829). Selon M. Delvincourt, au contraire, un droit doit être réputé *litigieux*, quoiqu'il n'y ait point encore procès engagé sur le fond, si la contestation commence immédiatement après la cession, et s'il est évident que la cession a eu lieu en vue de la contestation (t. 3, notes, p. 128).

17. Il nous semble que ni l'une ni l'autre de ces deux interprétations n'est conforme aux termes et à l'esprit de l'art. 1597, C. Nap. Cet article, en effet, ne prohibe pas seulement l'acquisition des *droits litigieux*, mais bien celle des *procès, droits et actions litigieux*. Or, si par le mot *procès* l'art. 1597 a voulu désigner les contestations déjà nées, il n'a pu entendre parler par les mots *droits et actions* que des contestations à naître. La réunion de ces diverses expressions démontre donc, de la part du législateur, l'intention manifeste d'interdire la cession non-seulement de droits devenus déjà l'objet d'un procès, mais aussi de toute espèce de droits susceptibles de donner naissance à une contestation. C'était en ce sens que les mots *droits litigieux* étaient interprétés sous l'ancienne jurisprudence (Denisart, v° *Vente*, n° 1; Pothier, *Traité de la Vente*, n° 584); et cette interprétation a été, depuis la promulgation du Code Napoléon, généralement admise par la jurisprudence et le. auteurs (Besançon, 12 mai 1808; Poitiers, 18 août 1810; Rennes, 14 déc 1816; Lyon, 10 juill. 1839; Merlin, *Répert.*, v° *Droits litigieux;* Duranton, t. 16, n° 141; Rolland de Villargues, *Répert. du not.*, v° *Droits litigieux* n° 8; Duvergier, *Vente*, t. 1, n° 199; Troplong, *Vente*, t. 1, n° 200).

18. Toutefois, il ne suffit pas, pour qu'un droit puisse être considéré comme litigieux, que celui contre lequel on l'a cédé prétende qu'il a ce caractère. Les tribunaux statuent à cet égard d'après les circonstances (Duvergier, *loc. cit.*).

19. C'est par application de ces principes qu'il a été décidé, notamment, qu'un avoué ne peut acquérir les droits qui ne sont qu'un reliquat éventuel dépendant de la liquidation de comptes respectivement fournis (Rennes, 27 avril 1818).

20. Mais on ne doit pas considérer comme litigieux les droits qui sont dès maintenant certains et dont le recouvrement seulement peut donner lieu à quelques difficultés : tel est le cas d'une créance certaine, liquide, mais dont le recouvrement est devenu incertain par suite de l'insolvabilité du débiteur et peut exiger que des poursuites soient dirigées contre ce dernier.

21. La cession de reprises matrimoniales qui n'ont jamais fait la matière d'un procès, quoiqu'il y ait difficulté par rapport aux biens sur lesquels elles doivent être affectées (Cass., 9 juin 1825), et celle d'un droit non contesté à une succession, lorsqu'il y a seulement instance en partage (Lyon, 24 juill. 1828 : *J. Huiss.*, t. 10, p. 225 et suiv.), ne sont pas non plus des cessions de droits litigitieux interdites aux fonctionnaires et officiers ministériels énumérés dans l'art. 1597, C. Nap.

22. C'est aussi avec raison qu'il a été jugé qu'un huissier n'achetait pas des droits litigieux, en se rendant cessionnaire d'une créance résultant d'un jugement par défaut devenu inattaquable (Bordeaux, 29 août 1829 : *J. Huiss.*, t. 11, p. 91).

23. Mais la prohibition de l'art. 1597 s'applique à la convention connue sous le nom de *pacte de quotâ litis*, c'est-à-dire à la convention par laquelle le propriétaire d'une créance litigieuse en cède une portion à la personne qui se charge de lui en procurer le recouvrement (Troplong, *Vente*, t. 1, n° 197; Nancy, 1er juin 1840 : V. *J. Huiss.*, t. 28, p. 111. — *Contrà* Duvergier, *Vente*, t. 1, n° 201). Ainsi, une convention de cette nature qui interviendrait entre le propriétaire d'une créance et un avoué ou un huissier devrait, selon nous, être déclarée nulle.

§ 3. — *Qui peut demander la nullité de la cession de droits litigieux faite à un incapable.*

24. Autrefois, lorsque les juges, avocats et procureurs se rendaient cessionnaires d'une créance litigieuse, nos anciennes ordonnances prononçaient contre le cédant la perte de ses droits, et contre le cessionnaire une condamnation à l'amende aux frais et dépens ,et quelquefois même une punition exemplaire (Denisart, v° *Droits litigieux*, n° 3). Le Code Napoléon s'est montré moins rigoureux que nos anciennes ordonnances : il ne frappe d'aucune peine le cédant et le cessionnaire, et prononce seulement la nullité de la cession, avec dépens et dommages-intérêts, s'il y a lieu (V. *suprà* n° 4).

25. La nullité des cessions faites en contravention à l'art. 1597, C. Nap., est fondée sur des considérations d'ordre public : d'où il suit qu'elle est absolue et peut être invoquée par toutes les parties qui y ont intérêt.

26. Ainsi, elle peut être opposée non-seulement par celui contre lequel le droit litigieux a été cédé, mais encore par le cédant au cessionnaire (Cass., 14 niv. an 5; Troplong, *Vente*, t. 1, n° 196).

27. Elle peut être également opposée par le cessionnaire au cédant (Duvergier, *Vente*, t. 1, n° 200).

28. Il a été même décidé qu'une partie, qui n'était point intervenue à la cession du reliquat éventuel d'un compte, faite à un avoué, mais était intéressée au règlement de ce compte, avait aussi le droit d'invoquer la nullité de la cession (Rennes, 27 avril 1818).

29. Toutefois, nous ne pensons pas, malgré la nature de la nullité des cessions dont il s'agit, que cette nullité puisse être requise d'office par le ministère public (Cass., 29 fév. 1832.—*Contrà* Amiens, 11 prair. an 13; Duvergier, *loc. cit.*).

30. La nullité peut être proposée soit par voie d'exception, s'il y a instance engagée, soit par voie d'action principale, en la forme ordinaire. — V. *Formule* 1.

§ 4. — *Du retrait des droits litigieux.*

31. Celui contre lequel on a cédé un droit litigieux peut s'en faire tenir quitte par le cessionnaire, en lui remboursant le prix réel de la cession avec les frais et loyaux coûts, et avec les intérêts à compter du jour où le cessionnaire a payé le prix de la cession à lui faite (C. Nap., art. 1699). C'est ce qu'on appelle *retrait litigieux*.

32. Mais, ici, les mots *droits litigieux* ont une signification plus restreinte que celle que nous leur avons donnée *suprà*, nos 16 et suiv. Ainsi, un droit n'est réputé litigieux de manière à autoriser l'exercice du retrait que lorsqu'il y a *procès et contestation sur le fond du droit* (C. Nap., art. 1700).

33. La crainte ou la possibilité d'une contestation sur le droit vendu ne suffirait pas pour que le retrait puisse être exercé ; il faut que le procès soit commencé (Rennes, 18 déc. 1811 ; Paris, 7 juill. 1836; Cass., 20 mars 1843; Duranton, t. 16, n° 532 ; Duvergier, *Vente*, t. 2, n° 359; Troplong, *Vente*, n° 988).

34. Le litige doit donc être né avant la cession (Limoges, 16 mai 1839).

En conséquence, le débiteur ne pourrait, en créant lui-même le litige postérieurement à la cession, se donner le droit d'exercer le retrait (Bordeaux, 19 mars 1841).

35. Le litige doit de plus porter sur le fond du droit, c'est-à-dire sur l'existence même de la créance, et non pas seulement sur la quotité de cette créance (Cass., 5 juill. 1819), ou sur quelques difficultés d'exécution (Cass., 9 juin 1825; Paris, 7 juill. 1836; Riom, 11 mai 1839).

36. Au surplus, la question de savoir s'il y a *procès et contestation sur le fond* n'est pas une question de fait, comme lorsqu'il s'agit d'apprécier si un droit est litigieux (V. *suprà* n° 18), mais une question de droit dont la solution tombe sous la censure de la Cour de cassation (Cass., 13 fév. 1832; 25 juin 1838).

37. La faculté d'opérer le retrait cesse d'être admissible du moment que par un jugement définitif le litige a disparu, et que le droit est devenu certain, encore bien que le débiteur ait conclu subsidiairement au retrait (Cass., 4 mars 1823; 30 mai 1831).

38. Il y a d'ailleurs certains cas dans lesquels, quoiqu'il s'agisse de cession de droits litigieux, l'art. 1699 précité n'est pas applicable. Ainsi, le retrait n'a pas lieu : 1° dans le cas où la cession a été faite à un cohéritier ou copropriétaire du droit cédé; 2° lorsqu'elle a été faite à un créancier en paiement de ce qui lui est dû ; 3° lorsqu'elle a été faite au possesseur de l'héritage sujet au droit litigieux (C. Nap., art. 1701) ; 4° lorsque la créance litigieuse fait partie de plusieurs créances liquidées en masse et a été cédée à un individu qui avait un droit sur l'une de ces créances antérieur au litige (Cass., 25 juin 1838); 5° lorsque la cession a eu lieu à titre gratuit (Cass., 15 mars 1826); 6° lorsqu'elle ne comprend que des immeubles (Cass., 24 nov. 1818); et 7° enfin lorsque la vente de la créance litigieuse a été faite aux enchères par autorité de justice (Nîmes, 29 juin 1836).

39. Le retrait peut être demandé en tout état de cause (Cass., 28 janv. 1836). Cependant, il ne peut plus l'être, lorsque le cessionnaire a fourni sur la légitimité de la créance des preuves de nature à faire rejeter la prétention du débiteur (Pothier, *Vente*, n° 598; Duvergier, *Vente*, t. 2, n° 377; Troplong, *Vente*, n° 999).

40. Il ne peut être demandé par des conclusions subsidiaires (Cass., 1er juin 1831; 8 mars 1832; Bourges, 19 fév. 1838; Duvergier, t. 2, n° 375; Troplong, n° 987).

41. Lorsqu'on veut exercer le retrait, on doit, aussitôt la signification de la cession, déclarer au cessionnaire l'intention du cédé de le rembourser et lui faire offre des sommes dont il est parlé *suprà*, n° 12 (V. *Formule* 2). En cas d'acceptation, on fait constater le paiement par acte devant notaire, si le cessionnaire ne sait signer; et s'il le sait, on donne quittance par l'exploit; en cas de refus, on procède comme il est dit au mot *Offres réelles* (V. ce mot).

§ 5. — *Enregistrement.*

42. Le transport de droits litigieux est passible des droits d'enregistrement résultant de l'espèce de biens que le litige a pour objet, c'est-à-dire 1 p. 100 sur les créances, 2 p. 100 sur les meubles et 5 1/2 p. 100 sur les immeubles, outre le 10e.

43. Le retrait est soumis au droit de 50 c. par 100 fr. sur le montant des sommes remboursées au cessionnaire (Inst. gén., 9 therm. an 12, n° 245).

Formules.

1. *Demande en nullité de cession.*

L'an. . . ., à la requête du sieur. . . (*constituer avoué et donner copie de la non-conciliation*), j'ai. . . ., donné assignation au sieur. . . . ., à comparaître le. . . ., pour,— attendu que suivant acte reçu par Me . . . ., notaire, demeurant à. . . . ., le sieur. . . . s'est rendu cessionnaire de. . . . sur le requérant (*analyser la cession*), duquel acte il est avec ces présentes donné copie ;—attendu que le droit cédé au sieur. . . . était contesté par le requérant, et qu'aussitôt la cession, ledit sieur. . . . dirigea des poursuites contre ce dernier pour lui faire reconnaître le droit cédé; que notamment le.. . . ., par exploit de. . . . ., il lui fit sommation de. . . . .; attendu qu'aux termes de l'art. 1597, C. Nap., la cession susdatée est nulle et de nul effet; que cette nullité, fondée sur l'ordre public, peut être invoquée par toutes personnes et spécialement par celui sur lequel le droit a été cédé ;—voir dire et ordonner que ladite nullité sera reconnue et prononcée; en conséquence, que ladite cession sera reconnue comme nulle et non avenue et le sieur. . . . . déclaré mal fondé dans les poursuites par lui faites jusqu'à ce jour; et en outre, s'entendre condamner aux dépens, sous toutes réserves.

V. no 30.— Coût, tarif, 29. Orig. : Paris, 2 fr.; R. P., 1 fr. 80 c.; aill., 1 fr. 50 c.)

Enregistrement de l'exploit, 2 fr. 20 c.—(L. 28 avril 1816, art. 45.)

2. *Déclaration et offres.*

L'an. . . ., à la requête du sieur . . . ., élisant domicile à. . . . ., j'ai,. . . ., signifié et déclaré au sieur. . . . que le requérant, usant du bénéfice des dispositions de l'art. 1699, C. Nap., entend rembourser ledit sieur de la somme de. . . . ., afin d'éteindre et retirer le droit cédé à ce dernier de. . . . ., suivant acte devant Me. . . . ., à ce que ledit sieur. . . . ., n'en ignore ; et de suite, en conséquence de cette déclaration, j'ai, huissier susdit et soussigné, offert à deniers découverts et réellement compté au sieur. . . . . la somme de. . . ., en pièces de. . . ., dont. . . . pour le principal porté audit contrat. . . . .; pour les intérêts de ce prix depuis le. . . . . jusqu'à ce jour, et pour frais et loyaux coûts; lui déclarant que les présentes offres sont faites à la charge d'en donner quittance en les acceptant; à ce que dessus le sieur. . . . m'a dit et fait réponse (*consigner la réponse, et en cas de refus, assigner en validité des offres et en retrait du droit cédé, en ayant soin de constituer avoué*).

V. no 41. — Coût, tarif, 59. Orig. : Paris, 3 fr.; R. P., 2 fr. 70 c.; aill., 2 fr, 25 c. Cop., le 1/4.

Enregistrement de l'exploit.—V. *Offres réelles.*

DROITS MOBILIERS ET IMMOBILIERS. — Ce sont ceux qui ont pour objets des meubles ou des immeubles. Les créances étant considérées comme meubles, il s'ensuit que les droits mobiliers comprennent les droits incorporels.—V. *Droits incorporels.*

DROITS PERSONNELS ET RÉELS. — **1.** Les premiers sont ceux qui ne peuvent s'exercer que contre la personne même qui s'est directement obligée ou ses héritiers; les seconds sont ceux qui affectent les biens du débiteur et s'exercent contre tous ceux qui les détiennent.

2. Les droits personnels exclusivement attachés à la personne ne peuvent être exercés par les créanciers au nom de leurs débiteurs (C. Nap., art. 1166). Ces droits sont ceux qui demandent une acceptation précise de la personne à laquelle ils sont accordés, ou qui, parvenus dans ses mains, sont incessibles ou intransmissibles à ses héritiers (Proudhon, *de l'Usufruit*, no 2341; Merlin, *Questions de droit*, vo *Hypothèque*, § 4, no 4; Toullier, t. 6, no 375).

3. Sont exclusivement attachés à la personne : les droits d'usage et d'habitation (C. Nap., art. 631 et 634); le droit de retrait successoral (C. Nap., art. 841; Proudhon, no 2345); le droit d'accepter une donation entre-vifs (Toullier, t. 6, no 375); le droit de demander des aliments (C. Nap., art. 205); le droit résultant de l'envoi en possession des biens d'un absent (Metz, 7 août 1823); la faculté de demander la séparation de biens (C. Nap., art. 1446); les demandes en nullité de mariage (art. 139, 180 et 182); l'action en désaveu de paternité (art. 316 et 317); l'action en réclamation d'état (Duranton, t. 10, no 563); et l'action civile contre l'auteur d'un délit (Duranton, *loc. cit.*)

4. Mais ne sont point exclusivement attachés à la personne : les actions en nullité pour défaut d'autorisation maritale ou pour erreur, violence ou lésion (Duranton, t. 10, n° 561. — *Contrà* Toullier, t. 7, n° 566 ; Grenoble, 2 août 1827) ; le droit d'exiger le rapport dû par le cohéritier du débiteur ; l'action en nullité d'un testament qui préjudicie au débiteur (Paris, 24 messid. an 12) ; la faculté d'exercer les droits de la femme en cas de faillite ou déconfiture du mari (C. Nap., art. 1446) ; le droit d'intervenir dans l'instance en séparation de biens ; la faculté d'accepter une communauté ou une succession (art. 788 et 1464) ; et le droit de requérir une inscription.

5. Les créanciers du donateur peuvent demander la révocation de la donation pour cause d'inexécution des conditions de la donation et pour cause de survenance d'enfants. Ils ne peuvent la demander pour ingratitude qu'autant que le donateur l'a intentée en temps utile, avant son décès. —V. *Donation entre-vifs.*

6. Pour exercer les droits de leur débiteur, les créanciers ont-ils besoin d'une subrogation ?—V. *Subrogation judiciaire.*

7. Les droits réels sont un démembrement de la propriété : tels sont le gage, l'hypothèque, les servitudes, l'emphytéose, les droits de pacage, pâturage, affouage. Ces droits peuvent en général être saisis avec l'immeuble auquel ils se rattachent.

DROITS POLITIQUES. — 1. Ce sont ceux que les lois politiques attachent à la qualité de citoyen français. —V. *Citoyen.* — On les appelle aussi, pour cette raison, *droits civiques.*

2. Les droits politiques ou civiques, indépendants des droits civils (C. Nap., art. 7.—V. *Droits civils*), font participer plus ou moins immédiatement ceux qui en jouissent, soit à l'exercice, soit à l'établissement de la puissance et des fonctions publiques.

3. Ils consistent notamment dans la faculté de voter et d'être élu dans les assemblées électorales formées soit pour la nomination des députés, soit pour celle des membres des conseils généraux, d'arrondissement et municipaux (V. *Domicile*, § 4, et *Elections*) ; dans l'aptitude à être admis à tous les emplois ou fonctions publiques ; dans la faculté d'être notaire et dans celle d'être témoin dans les actes notariés, autres toutefois que les testaments (L. 25 vent. an 11, art. 1er et 9 ; C. Nap., art. 980).

4. Est-il nécessaire de jouir des droits politiques pour être admis à exercer la profession d'huissier ? —V. *Citoyen*, n° 10, et *Huissier.*

DROITS SUCCESSIFS. — 1. Droits recueillis à titre de succession.

2. Ces droits peuvent être l'objet d'une cession (C. Nap., art. 1696) ; mais, pour cela, il faut que la succession soit ouverte : car on ne peut faire aucune stipulation sur une succession non ouverte (C. Nap., art. 791, 1130 et 1600). Si la cession comprenait des droits échus et à échoir, elle serait nulle pour le tout (Limoges, 13 fév. 1828).

3. Outre la capacité générale de disposer, il faut, pour céder des droits dans une succession, être réellement appelé à recueillir ces droits ; ainsi la cession faite par l'héritier apparent ne serait pas valable (Cass., 26 août 1833).

4. Il suit de ce principe que les droits immobiliers cédés par l'héritier apparent devraient être restitués au véritable héritier par les tiers détenteurs, à moins qu'ils n'aient acquis la prescription, et que le cessionnaire de l'héritier apparent devrait indemniser le véritable héritier des créances et des meubles dont il aurait profité dans la succession, ou lui restituer ces objets en nature.

5. Le cédant n'est tenu de garantir que sa qualité d'héritier (C. Nap., art. 1696) ; il ne serait soumis à aucun recours, non-seulement si le cession-

naire, par suite de la liquidation de la succession, ne retirait pas le prix de la cession, mais encore s'il était obligé d'acquitter des dettes au delà de l'actif de cette succession.

6. La cession de droits successifs subroge le cessionnaire dans tous les droits et actions, actifs et passifs, attachés à la qualité d'héritier, sans lui transmettre cette qualité, et sans décharger le cédant des obligations qu'elle lui impose, sauf son recours contre le cessionnaire.

7. De là plusieurs conséquences : 1° si le cédant a profité de quelque chose provenant de la succession, fût-ce même d'une somme payée par une personne qui se croyait à tort débitrice de la succession, il doit en indemniser le cessionnaire, à moins qu'il ne se soit réservé les objets dont il a profité (C. Nap., art. 1697) ; 2° de son côté, le cessionnaire doit tenir compte au cédant de ce que ce dernier a payé pour dettes et charges de la succession, s'il n'y a stipulation contraire (C. Nap., art. 1698) ; 3° les créanciers de la succession peuvent réclamer ce qui leur est dû tant au cédant qu'au cessionnaire; 4° enfin le cédant a le droit d'exiger la représentation des quittances des dettes de la succession, et il peut contraindre le cessionnaire à payer les dettes exigibles, encore que les créanciers n'aient commencé aucune poursuite.

8. La cession n'est pas censée comprendre la part qui accroît à l'héritier cédant par suite de la renonciation, postérieure à la cession, de son cohéritier (Cass., 8 fév. 1830), ni les choses qui, presque sans valeur intrinsèque, ont cependant une valeur d'affection pour l'héritier, tels que les portraits de famille, les papiers, les lettres de noblesse, les décorations.

9. Si l'héritier, qui a vendu ses droits, avait accepté sous bénéfice d'inventaire, l'acquéreur profiterait de ce bénéfice en remplissant les conditions prescrites. Si le contrat portait expressément que les droits sont vendus avec le bénéfice d'inventaire, ce bénéfice serait transmis à l'acquéreur qui pourrait alors accepter sous bénéfice d'inventaire (Duranton, t. 16, n° 540). Mais si la vente avait eu lieu avant l'acceptation bénéficiaire et sans transmission expresse du droit d'accepter bénéficiairement, elle emporterait acceptation pure et simple de la part de l'héritier, et l'acheteur ne pourrait se prévaloir du bénéfice d'inventaire (Duranton, *loc. cit.*).

10. L'acquéreur de droits successifs doit respecter les transactions faites avant la cession, et celles qui sont postérieures à cet acte, si dans ce dernier cas les tiers qui ont traité sont de bonne foi et dans l'ignorance de la cession; et sauf la réclamation, dans l'une comme dans l'autre de ces circonstances, de ce que le vendeur a profité à l'occasion de ces transactions.

11. La cession de droits successifs saisit immédiatement le cessionnaire des objets qu'elle comprend, sans qu'il soit besoin de notification ; en effet, la loi ne prescrivant cette mesure que pour les droits ou créances sur des tiers, l'art. 1690 ne peut être appliqué à la transmission des biens d'une succession, car l'existence du droit héréditaire est indépendante de toute action contre les tiers (Cass., 18 nov. 1819 ; 16 juin 1829 ; 21 janv. 1839 ; Amiens, 19 août 1825 ; Toulouse, 24 nov. 1832).—*Contrà* Cass., 23 juill. 1835.

12. Cependant, le défaut de notification présente de graves inconvénients, et, pour les prévenir, il est utile de notifier la cession : 1° aux tiers débiteurs actuels de la succession, et à ceux qui ne l'étant pas au moment de la vente peuvent le devenir, tels que les fermiers, afin qu'ils ne se libèrent pas entre les mains de l'héritier qui a cédé (V. *Formule* 1); car un tel paiement, fait de bonne foi, serait valable, et le cessionnaire n'aurait de recours que contre son cédant ; et 2° aux cohéritiers de ce dernier (V. *Formule* 2) ; si ignorant la cession, ceux-ci procédaient avec le cédant au partage de la succession, ils ne seraient soumis, à raison de ce fait, à aucune responsabilité.

13. Il a même été jugé que tant que le cessionnaire ne se prévaut pas de son transport, d'ailleurs non notifié, les cohéritiers du cédant ne peuvent repousser la demande en partage formée par lui (Bourges, 24 août 1831).

14. Le cessionnaire de droits successifs, qui n'est pas successible du défunt ; peut être écarté du partage, soit par tous les cohéritiers du cédant, soit par un seul, en lui remboursant le prix de la cession (C. Nap., art. 841). —V. *Retrait successoral.*

15. Les cessions de droits successifs sont soumises aux mêmes droits d'enregistrement que les cessions et ventes ordinaires. — V. *Transport-cession*, *Vente.*

16. Lorsque la cession a lieu par un héritier à son cohéritier, elle est déclarative et non attributive de propriété. Elle fait cesser l'indivision et tient lieu de partage (C. Nap., art. 888 et 889). Alors, elle n'est point sujette à transcription, puisque le cédant est censé n'avoir jamais été héritier.

Formules.

1. *Notification aux débiteurs.*

L'an. . . ., à la requête du sieur. . . ., j'ai, . . .signifié et avec ces présentes donné copie aux sieurs. . . . ., les susnommés débiteurs de la succession du sieur. . . . ., de l'expédition d'un acte (*analyser la cession*); leur faisant défenses de se libérer entre les mains de qui que ce soit, sans le consentement du requérant, et leur déclarant que, faute d'avoir égard à la présente notification, ce dernier se pourvoira contre eux, sous toutes réserves.

V. n° 12.—Coût, tarif, arg. 29. Paris, 2 fr.; R. P., 1 fr. 80 c.; aill., 1 fr. 50 c. Enregistrement de l'exploit, 2 fr. 20 c. par chaque débiteur.—V. *Exploit.*

2. *Notification aux cohéritiers du cédant.*

L'an. . . . ., à la requête du sieur. . . . ., élisant domicile à. . . ., j'ai, ..., signifié et avec ces présentes donné copie aux sieurs. . . . ., lesdits sieurs. . . . . héritiers de. . . . ., chacun pour. . . . ., de l'expédition d'un acte (*analyser la cession*), leur déclarant que le requérant s'oppose à ce qu'il soit procédé, hors sa présence, à aucuns comptes, partage et liquidation de la succession de. . . . ., et que faute d'avoir égard à la présente notification, il se pourvoira, sous toutes réserves.

N° 12.—Coût : V. *Formule 1.*

Enregistrement de l'exploit, 2 fr. 20 c. par chaque héritier.—V. *Exploit.*

DUCROIRE. — V. *Décroire.*

DUPLICATA. Double d'une minute, d'un jugement, d'une quittance, d'un écrit quelconque.

FIN DU TOME TROISIÈME.

NOMENCLATURE DES MOTS

CONTENUS

DANS LE 3e VOLUME DE L'ENCYCLOPÉDIE DES HUISSIERS.

fonds; d'absence; d'accouchement et de décès; d'arbres à abattre; de cessation de fonctions; de changement de domicile; de command; d'emploi; en matière d'enregistrement; de faillite; d'hypothèque; de jugement commun; d'opposition à la remise des deniers provenant d'une vente de meubles; de succession; de vente de meubles.
Déclinatoire.
Décompte.
Déconfiture.
Décoration.
Décorations.
Décors et ornements d'architecture (marchand de).
Découpeurs d'étoffes ou de papiers.
Découpoirs.
Découverte.
Décret.
Décret d'ajournement personnel; d'assigné pour être ouï; d'immeubles.
Décroire.
Décroteurs en boutique.
Décrueurs de fil.
Dédit.
Défaillant.
Défaut.
Défaut d'intérêts; de motifs; de qualité.
Défauts ou vices de la chose louée ou vendue.
Défendeur.
Défense.
Défense sur appel.
Défenseur.
Défenseur officieux.
Définitif (jugement).
Défrichement.
Dégât.
Dégradation.
Dégradation civique.
Dégraisseurs.
Dégras (Fabricants de).
Degré.
Degrés de juridiction.
Déguerpissement.
Délai.
Délai pour faire inventaire et délibérer.
Délaissement par hypothèque; maritime.
Délégation.
Délégation de juridiction; d'un notaire.
Délibération.
Délibéré.
Délimitation.
Délire.
Délit.
Délit d'audience; de chasse; forestier; de presse; rural.
Délivrance.
Délivrance d'actes; de legs.
Demande.
Demande en distraction de dépens; en distraction d'objets saisis; en paiement de frais; nouvelle; reconventionnelle.
Demandeur.
Déménagements (entrepreneurs de).
Démence.
Demeure.
Démission (office).
Démission de biens.
Démolition.
Dénégation d'écriture.
Déni de justice.
Denier à Dieu.
Deniers.
Dénization.
Dénonciation.
Dénonciation calomnieuse; de nouvel œuvre; de protêt.
Denrée.
Denrées coloniales (mar. de).
Denteleurs de scies.
Dentelles (marchands de).
Dépaissance (droit de).
Départager.
Département.
Dépéceurs de voitures.
Dépendances.
Dépens.
Dépenses.
Déplacement.
Déplacement de bornes; de meubles; de minutes.
Déport.
Déportation.
Dépositaire.
Dépositaire public.
Déposition.
Dépôt.
Dépôt (violation de); confié à un huissier; de pièces et actes; nécessaire; public; volontaire.
Dépôts et consignations.
Député au corps législatif.
Dernier ressort.
Dérogation.
Dés à coudre (fabricants de).
Désaveu.
Désaveu d'enfants ou de paternité.
Descendants.
Descente sur les lieux.
Description (procès-verbal de).
Désertion d'appel.
Déshérence.
Désignation.
Désistement.
Dessaisissement.
Desséchement de marais.
Dessins de fabrique.
Dessinateurs.
Destination du père de famille.
Destitution.
Destruction.
Détenteur.
Détention.
Détention arbitraire.
Détérioration.
Détournement.
Dette.
Dettes de l'État, dettes publiques.
Deuil.
Déversoir.
Devoirs.
Dévolutions.
Diamants et pierres fines (marchands de).
Diffamation.
Digeste.
Digue.
Dilatoire (exception).
Diligences (entrepren. de).
Dimanche.
Dimension.
Diorama (directeur de).
Dire.
Dire d'experts.
Discipline.
Disjonctive.
Dispositif.
Disposition.
Disposition réglementaire.
Distance.
Distillateurs.
Distraction (demande en).
Distraction de dépens.
Distribution des causes.
Distribution par contrib.
District.
Divertissement.
Dividende.
Divisibilité.
Division (bénéfice de).
Divorce.
Divulgation de secrets.
Dixième. Vingtième.
Dol.
Domaine.
Domaine congéable; de l'État; privé; public.
Domaines engagés ou échangés; nationaux.
Domestique.
Domicile.
Dommage.
Dommage aux champs; imminent.
Dommages-intérêts.
Dommages permanents.
Don.
Don manuel; mutuel.
Donation.
Donation à cause de mort; déguisée; entre époux; entre-vifs; onéreuse; par contrat de mariage; rémunératoire.
Donner acte.
Donneur d'aval.
Doreurs. Dorures.
Dossier.
Dot.
Douaire.
Douanes.
Double droit.
Double écrit.
Double emploi.
Doute.
Doyen.
Dragueurs (entrepreneurs).
Droguistes.
Droit.
Droit acquis; civil; commercial; commun; coutumier; (de ou de plein); de présentation; des gens; de suite; écrit; étroit; naturel; politique.
Droits civils; facultatifs; incorporels; litigieux; mobiliers et immobiliers; personnels et réels; politiques; successifs.
Ducroire.
Duplicata.

www.ingramcontent.com/pod-product-compliance
Lightning Source LLC
Chambersburg PA
CBHW060927220326
41599CB00020B/3047
* 9 7 8 2 0 1 9 2 4 2 0 7 7 *